스 로마사 IV

티투스 리비우스

AB URBE CONDITA LIBRI

리비우스 로마사 IV

로마와 지중해 세계

티투스 리비우스

이종인 옮김

현대
지성

• 일러두기

- 각주는 모두 역자가 붙였습니다.
- 인명과 지명은 외래어표기법을 따랐습니다.

차례

제 1 부

제 2 차 마케도니아 전쟁
B.C. 201~192

제 31 권

필리포스에 대한 전쟁 선포

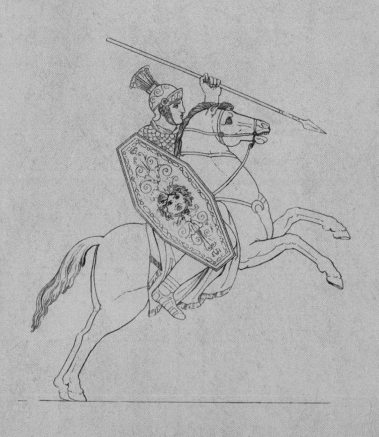

1. 나는 마침내 카르타고 전쟁의 끝에 이르게 되어 기쁘다. 마치 내가 그 전쟁의 고난과 위험을 겪기라도 한 것처럼 악전고투의 연속이었으니 말이다. 그러나 나는 대담하게도 로마의 역사에 관하여 완벽한 이야기를 써보겠다는 의도를 공언했으므로, 그런 거대한 사업의 어떤 특정한 부분을 끝냈다고 해서 너무 기뻐하는 모습을 보이는 건 부적절하다고 생각한다.

그럼에도 불구하고 제1차 포에니 전쟁부터 제2차 포에니 전쟁의 종결까지의 63년[1]이 로마 시의 창건부터 카르타고 인을 상대로 처음 전쟁을 벌였던 아피우스 클라우디우스의 집정관 시절까지의 488년 동안을 커버한 분량과 비슷하다.

이런 사실이 내 마음 속에서 뼈저리게 와 닿자, 나는 마치 해안 근처 얕은 물을 걷게 될 줄 알았다가 이제 막막하기 짝이 없는 바다로 나아가고 있다는 느낌이 들었다. 나는 매번 앞으로 걸어갈 때마다 그

1 기원전 264년에서 기원전 201년까지를 가리킨다. 리비우스는 로마의 건국을 기원전 751년으로 잡고 있다.

깊이를 헤아릴 수 없다고 생각되는 광막한 바다 속으로 빠져 들어가는 느낌이 들었다. 내가 맡은 일은 초기 단계들이 완성되면서 점점 줄어들 것으로 예상했으나, 사정은 그와는 정반대여서 뒤로 갈수록 일의 분량이 더욱 늘어나는 것 같다.

[기원전 201년] 카르타고와의 강화 조약 이후에 마케도니아 전쟁이 시작되었다. 마케도니아와의 충돌은 상황의 위험성, 적군 지휘관의 자질, 교전 부대들의 전력 등에서 포에니 전쟁과는 비교될 수 없는 소규모 전쟁이었다. 하지만 이 전쟁은 포에니 전쟁 못지않게 유명해졌는데, 마케도니아의 옛 명성과 마케도니아 제국의 광대한 영토 때문에 그렇게 되었다. 마케도니아는 정복 사업을 통해 유럽의 광대한 지역을 얻었고 아시아에서는 그보다 더 거대한 영토를 확보했던 것이다.

필리포스와의 전쟁은 이미 근 10년 전부터 시작되었지만, 전투는 3년 전부터 중단된 상태였다. 아이톨리아 인들은 마케도니아 전쟁과 그 이후의 평화에 모두 책임이 있었다. 하지만 지금 로마 인들은 카르타고와 강화를 맺은 상태여서 무엇이든 자유롭게 할 수 있었다. 그들은 필리포스에게 몹시 분개했는데, 그 이유는 필리포스가 아이톨리아 인과 그 지역의 다른 동맹들과 평화 협정을 맺고도 이를 어겼을 뿐만 아니라, 최근에는 한니발과 카르타고 인을 돕고자 지원군과 자금을 보냈기 때문이다.

이제 로마는 그리스의 농촌 지역이 초토화되어 도시로 내몰리게 된 아테네 인들의 간청으로 마케도니아 전쟁을 재개하게 되었다.

2. 그즈음 페르가몬의 아탈로스 왕[2]과 로도스 인이 보낸 사절들이 로마에 도착했고, 아시아의 도시들이 반복적으로 공격을 당했다고 원로원에 보고했다. 원로원은 그 대표단들에게 이 상황에 극히 신중한 주의를 기울일 것이라고 답변했다. 마케도니아 전쟁의 건은 당시 임지에 있던 집정관들에게 전달되었는데, 해당 문제의 논의를 재개하기 위한 예비 조치였다. 그러는 사이에 이집트의 왕 프톨레마이오스 5세[3]에게 세 명의 로마 사절이 파견되었다. 그들은 가이우스 클라우디우스 네로, 마르쿠스 아이밀리우스 레피두스, 그리고 푸블리우스 셈프로니우스 투디타누스였다.

그들의 임무는 한니발과 카르타고 인을 상대로 거둔 로마 인의 승리를 이집트 왕에게 알리는 것이었다. 동시에 로마 인근 동맹들이 로마로부터 이탈하는 등 심각한 상황인데도, 이집트가 로마에 충실한 동맹으로 남은 것에 감사를 표시하라는 지시를 받았다. 로마 사절들은 또한 필리포스의 불법 행위로 로마 인들이 제1차 마케도니아 전쟁을 벌일 때에도 이집트가 로마에게 보였던 우호적 태도를 앞으로도 계속 보여 달라고 요청했다.

이 무렵 갈리아에 나가 있던 집정관 푸블리우스 아일리우스는 자신이 임지에 도착하기 전에 보이이 인(Boii)[4]들이 로마의 동맹국 영토

---

2 소아시아의 페르가몬(현대의 베르가마) 왕국을 다스린 아탈로스 1세를 가리킨다. 아탈로스 왕은 기원전 210년부터 로마의 동맹이었다.

3 프톨레마이오스 5세 에피파네스. 로마와 이집트 사이에는 기원전 273년에 우호조약이 체결되었다. 이 조약은 기원전 210년에 프톨레마이오스 4세 필로파테르에 의해 갱신되었다.

4 갈리아 인의 한 족속. 이들은 포에니 전쟁 때 한니발을 지원했다. 이들은 포 강과 아펜니노 산맥 사이의 지점에서 살았으며 그들의 수도는 펠시나였다. 이 수도는 나중에 보노니아(현대의 볼로냐)로 개명되었다.

를 습격했다는 보고를 받았다. 그에 따라 그 소요사태를 진압하기 위해 임시변통으로 두 군단을 모집했고, 여기에 자신의 군대에서 데려온 네 개의 대대를 추가했다. 이어 아일리우스는 동맹군 지휘관 가이우스 암피우스에게 지시하여 임시변통으로 마련한 이 군대와 함께 움브리아를 경유하여 트리부스 사피니아라 불리는 지역을 통해 나아가 보이이 인들의 영토를 침공하게 했다. 집정관 아일리우스 자신은 산맥을 따라 탁 트인 경로를 통해 같은 방향으로 나아갔다.

집정관의 지시에 따라 적의 영토에 들어선 암피우스는 약탈 작전을 시작했다. 작전은 처음에는 대성공을 거두었고 사상자 숫자도 그리 심각하지 않았다. 그는 나중에 무틸룸이라는 방어 시설을 갖춘 마을 근처의 어떤 장소에서 이미 곡물이 익은 걸 보고 수확하기에 유망한 곳이라고 여겼다. 그는 그 일대 지역을 정찰하지도 않고, 곡식을 수확할 비무장 병사들을 보호하는 충분한 무장 초계병을 두지도 않은 상태로 곡물 수확을 지시했다. 이에 갈리아 인들은 기습 공격을 가했고, 암피우스는 곡식을 수확하던 병사들과 함께 포위되었다. 그러자 무장한 로마 군 병사들 역시 공황에 빠져 도망쳤다. 그리하여 옥수수 밭 이곳저곳에 퍼진 약 7천 명의 로마 군 병사들이 살해되었고 그 중에는 지휘관인 암피우스도 포함되었다.

이에 진지에 있던 나머지 로마 군 병사들도 공포에 휩싸였다. 부대의 지휘관이 전사했다는 걸 알게 된 병사들은 진지를 떠나기로 했고, 그리하여 장비 대다수를 포기하고 거의 통행할 수 없는 산맥의 길을 따라 집정관에게로 돌아왔다. 집정관은 임지에서 이렇다 할 업적을 올리지 못한 채로 로마로 돌아왔다. 그러나 보이이 인들의 영토를 파괴하고 리구리아 부족들 중 하나인 인가우니 부족과 협정을 맺은 것이 업적이라면 업적이었다.

3. 집정관이 소집한 원로원 첫 회의에선 필리포스 문제와 동맹국들의 불만이, 다른 문제들보다 더 우선적으로 다루어져야 한다는 만장일치의 요구가 있었다. 그에 따라 마케도니아 문제가 원로원에 제기되었고, 원로원 의원 전원이 참석한 회의에서 집정관 푸블리우스 아일루스가 지정하는 자에게 임페리움[5]을 부여하여 그나이우스 옥타비우스가 시칠리아에서 데려오는 함대를 인수하고 마케도니아로 건너가기로 결정되었다. 이에 마르쿠스 발레리우스 라이비누스가 법무관 대리로서 파견되었고, 비보 근처에서 그나이우스 옥타비우스에게서 38척의 전함을 인수하고 마케도니아로 나아갔다. 그곳에서 그는 로마 사절 마르쿠스 아우렐리우스를 만났다. 아우렐리우스는 그에게 필리포스가 동원한 군대의 전력, 전함의 수에 관한 자세한 정보를 전했고, 필리포스가 본토 도시들 외에도 섬 지역에서 그 자신이 직접 나서거나 혹은 대표를 보내는 방식으로 병사들을 모았다고 설명했다. 두 사람은 이 전쟁을 추진하는 데 로마가 반드시 엄청난 노력을 들여야 한다는 걸 분명하게 깨달았다. 로마가 주저하면 전에 피로스[6]가 자신의 소규모 왕국을 바탕으로 로마를 공격했던 행동을 필리포

---

5 임페리움(imperium)은 평화시나 전쟁시에 명령을 내리는 권한을 의미한다. 독재관, 집정관, 법무관에게 임페리움이 부여되었으며 임기 내에만 사용할 수 있었다. 임페리움의 소유자는 군대 내에서 사형을 부과하는 권한을 행사할 수 있고, 평화 시에는 민간인에 대하여 최종적 권위를 갖고 있었다. 이 권한은 그들 앞을 걸어가는 길나장이의 권표에 의해 상징되었다.

6 에피로스의 왕. 그의 할머니 트로아스는 알렉산드로스 대왕의 숙모였다. 302년 에피로스의 왕위를 차지한 후 피로스는 그의 장인인 프톨레마이오스 1세가 기원전 297년에 세운 조상의 왕국에 확고히 자리잡았다. 기원전 280년과 275년 사이에 그는 이탈리아 남부 타렌툼 인들의 사주로 이탈리아와 시칠리아의 공략에 나섰다. 그는 헤라클레아와 아스쿨룸에서 로마 인들을 상대로 승리를 거두었으나 별로 실익이 없는 승리였다. 그 후 전투에서는 이겼으나 실제 이익은 없는 승리를 가리켜 "피로스의 승리"라고 부르게 되었

스가 따라할 지도 모르는 일이었다. 그리하여 아우렐리우스는 집정관들과 원로원에게 동일한 정보를 보고하는 서신을 보냈다.

* * *

5. [기원전 200년] 로마가 건설되고 551년이 지나고 푸블리우스 술피키우스 갈바와 가이우스 아우렐리우스 코타가 집정관이던 해에 필리포스 왕을 상대로 제2차 마케도니아 전쟁이 시작되었다. 카르타고 인과의 강화 조약이 승인되고 몇 달 뒤의 일이었다. 당시 새로운 집정관들의 임기가 시작되는 날인 3월 15일, 집정관 푸블리우스 술피키우스는 마케도니아 문제를 최고로 중시하면서 다른 어떤 일보다도 먼저 원로원에 제기했다. 원로원은 집정관들이 먼저 신들에게 훌륭한 희생물로 희생 의식을 치러야 한다는 발의를 통과시켰다. 집정관들은 다음과 같은 형식의 기원을 올리게 되었다.

"로마 인과 그들의 동맹, 그리고 라틴 지위[7]를 지닌 동맹을 위해 원로원과 로마 인들이 연합의 안녕과 새로운 전쟁의 수행을 목적으로 행하는 조치에 대성공을 내려주시기를 기원합니다."

이 희생 의식과 기원이 끝나자 두 집정관은 국가의 안전을 위한 조

다. 그는 곧 이탈리아 공략을 포기하고 그리스로 돌아가 펠로폰네소스 반도의 문제에 휘말리게 되었다. 피로스는 기원전 272년 어떤 여인이 자신의 집 지붕에서 던진 기왓장에 맞아서 아르코스의 거리에서 살해되었다.

7 동맹과 라틴 지위를 지닌 동맹(socii et nomen Latinum). 이탈리아 내의 여러 부족과 로마 사이에 맺어진 서로 다른 수준의 조약을 통칭하는 말. 라틴 인은 혼인과 통상의 권리 등에 있어서 로마와 좀 더 가까운 사이였다. 동맹과의 조약은 그보다 덜 우호적인 것이었다. 하지만 라틴 지위든 동맹이든 전쟁 시에는 로마에 군대를 제공했다. 리비우스는 군사적 상황에서는 이 둘을 거의 구분하지 않았다.

치와 임지 문제를 원로원에서 의논했다.

이 무렵 로마 사절 마르쿠스 아우렐리우스와 법무관 대리 마르쿠스 발레리우스 라이비누스가 보낸 서신이 적기에 로마에 도착하여 마케도니아 전쟁을 지지하는 시민들의 감정을 격앙시켰다. 아테네인이 보낸 사절단도 로마에 도착하여 필리포스가 아테네 영토로 접근 중이며, 농촌 지역과 더 나아가 도시 자체가 로마의 지원이 없으면 이내 그의 수중에 떨어질 거라고 보고했다. 집정관들은 이미 신들에게 바치는 예배 의식이 적절한 절차에 따라 거행되었고, 신들이 집정관의 탄원을 받아들였다는 복점관의 판단을 원로원에 보고해 놓고 있었다. 희생물의 내장에선 좋은 징조가 나타났으며, 로마의 국경 확장과 전쟁의 승리를 나타내는 징조도 아울러 보였다.

이에 발레리우스와 아우렐리우스의 서신이 낭독되었고, 아테네 사절들에게 접견이 허락되었다. 원로원에서는 이어 오래 괴로움을 겪는 동안 계속 충실한 모습을 보이고, 임박한 포위공격의 위협에도 흔들리지 않고 로마에 충성심을 바쳐온 동맹들에게 감사를 표시하는 결의안이 통과되었다. 동맹들을 도와주겠다는 답신은 다음과 같은 조치를 먼저 취한 후에 보내게 되었다. 우선 추첨을 통하여 집정관 임지를 선정하고, 그 다음에 마케도니아를 임지로 맡게 된 집정관이 마케도니아 왕 필리포스를 상대로 전쟁을 선포하는 제안을 시민들 앞에 발표하기로 되었다.

6. 추첨[8] 결과 마케도니아 담당 집정관은 푸블리우스 술피키우스가

---

8 추첨에 해당하는 라틴어는 sors. 가장 중요한 지역(대체로 전쟁이 벌어지는 지역)은 두 집정관이 맡았다. 두 집정관은 상호 합의에 의해 혹은 추첨에 의해 자신의 임지를 결정했다. 법무관의 임지는 원로원이 먼저 배정될 지역을 선정했다. 그리고 각 법무관들은 추첨에

뽑혔다. 그는 다음과 같은 제안을 시민들 앞에서 발표했다.

"마케도니아의 왕 필리포스와 그의 통치를 받는 마케도니아 인에 대한 전쟁 선포는 시민의 뜻이자 명령입니다. 그들은 로마 인의 동맹국들에 부당한 일을 저질렀고, 그들을 상대로 전쟁을 벌였기 때문입니다."

동료 집정관인 아우렐리우스는 이탈리아를 임지로 배정받았다. 추첨에 의해 법무관들에게 분배된 임무는 다음과 같다. 가이우스 세르기우스 플라우투스는 도시 법무관을, 퀸투스 풀비우스 길로는 시칠리아를, 미누키우스 루푸스는 브루티움을, 루키우스 푸리우스 푸르푸리오는 갈리아를 맡게 되었다. 마케도니아 전쟁에 관한 제안은 첫 민회에선 거의 모든 켄투리아[9]가 거부했다. 그것은 포에니 전쟁 당시에 많은 위험과 고난을 겪고서 지칠 대로 지친 로마 시민들의 자연스러운 반응이었다. 시민들은 큰 부담이었던 장기간 전쟁으로 인해 기진맥진한 상태였다. 하지만 이런 반응은 호민관 퀸투스 바이비우스의 사주 때문이기도 했다. 그는 원로원 의원들을 공격하는 전통적인 방법을 쓰기 시작했고, 휴식도 없이 계속 되는 전쟁으로 평민들은 평화의 축복을 단 한순간도 누리지 못한다고 불평했다.

원로원은 호민관의 그런 행동을 용인할 수 없었다. 호민관은 원로원에서 호된 질책을 받았고, 원로원 의원들은 앞다투어 집정관에게

의하여 자신이 가게 될 구체적 지역을 배정받았다.

9 켄투리아 투표 방식은 코미티아 켄투리아타(Comitia Centuriata)의 기본적 방식이다. 켄투리아라는 말은 군단 내의 보병 단위(1백명 규모의 부대)를 가리키는 데에도 사용된다. 왜냐하면 민회는 당초 전쟁에 대비하여 조직된 시민-군인 모임이었기 때문이다. 로마의 민회는 일반적으로 각 단위 별로 "집단" 투표를 한다. 그러니까 각 부족 단위로 먼저 투표를 해서 다수결을 얻은 쪽이 민회에 나가서 부족을 대표하여 한 표를 던지는 것이다.

새로 민회를 열어 전쟁 선언의 법안을 통과시키라고 촉구했다. 의원들은 집정관에게, 시민들의 나태함을 꾸짖고, 이렇게 전쟁을 연기함으로써 로마의 이해관계와 명성이 입게 될 막대한 손해를 설명하라고 촉구했다.

7. 캄푸스 마르티우스에서 열린 민회에서 집정관은 켄투리아가 투표하기 전에 비공식적 연설을 하려고 시민들 앞에 섰다. 그는 이렇게 연설했다.

"시민 여러분, 저는 여러분이 이 문제를 제대로 이해하지 못한 것이라고 생각합니다. 여러분은 전쟁과 평화 중 하나를 선택하라는 요청을 받은 게 아닙니다. 왜냐하면 필리포스는 여러분에게 선택권을 주지 않을 것이기 때문입니다. 그는 적극적으로 육지와 바다에서 우리 로마를 상대로 무한정 적대 행위를 펼치고자 준비를 단단히 하고 있습니다. 이렇게 볼 때, 여러분은 마케도니아로 우리의 군단을 보낼지, 아니면 적을 이탈리아로 들이도록 허용할지 양단간에 결정해야 합니다.

이 두 가지가 어떻게 차이가 나는지는 최근 카르타고와의 전쟁으로 여러분이 몸소 겪은 바 있습니다. 설혹 여러분이 다른 일에서 이런 교훈을 뼈저리게 깨닫지 못했다고 하더라도 사정은 달라지지 않습니다. 사군툼 인들이 카르타고 군에게 포위를 당해 우리에게 동맹으로서 충실하게 지원해 달라고 간청했을 때 우리가 강력하게 그들을 지원했더라면, 또는 우리 선조들이 마메르티니 인들을 도운 것처럼 그들을 도왔더라면 모든 전투는 이곳 이탈리아가 아니라 스페인에서 벌어졌을 것입니다. 이러한 사실은 과연 누가 의심할 수 있겠습니까? 우리는 주저하다 적을 이탈리아 땅으로 들여놓았고, 그 후에는 이루 말할 수 없는 고초와 재앙을 겪었습니다.

이제 우리의 적인 필리포스에 관해 말해봅시다. 그는 사절과 서신을 통해 한니발이 주둔 중인 이탈리아로 건너오겠다는 약속했음에도 불구하고 우리의 성공적인 대응으로 인해 그렇게 하지 못하고 마케도니아에 발이 묶여 있었습니다. 라이비누스에게 함대를 주어 선제공격을 가하는 것으로 우리는 필리포스의 이탈리아 진출을 막아냈습니다. 이 이탈리아 땅에 한니발이라는 적이 이미 들어온 상태에서도 그렇게 했던 것입니다. 그런데 한니발을 우리의 땅에서 몰아내고 카르타고 인에게 승리한 지금 상황에서, 그와 똑같은 일을 하는 걸 주저한다? 이게 말이나 됩니까?

필리포스가 아테네를 함락하도록 방치함으로써 우리가 개입하는 것을 망설인다고 그가 판단하게 되는 경우를 한번 상상해보십시오. 그런 망설임은 정확히 한니발이 사군툼을 약탈할 때 우리가 주저하면서 했던 일입니다. 한니발이 사군툼을 함락시키고 그 도시에서 이탈리아까지 도달하는 데에는 넉 달이 걸렸지만, 우리가 필리포스를 그냥 내버려 두면 그는 코린토스에서 출항한 지 나흘 만에 이탈리아에 도착하게 될 겁니다.

필리포스와 한니발을 비교할 일도 아니고, 마케도니아 인과 카르타고 인을 서로 비교하지 맙시다. 하지만 여러분은 틀림없이 필리포스와 피로스 사이의 유사점은 금방 알아볼 겁니다. 제가 유사점이라고 했습니까? 하지만 두 사람과 두 나라 사이엔 얼마나 큰 차이점이 있는지요! 에피로스는 늘 마케도니아 제국에 소속된 대단치 않은 부속 지역이었고, 지금도 여전히 그렇습니다. 그에 반하여 필리포스는 펠로폰네소스 반도 전역을 지배하고 있고, 그 안엔 아르고스도 포함되어 있습니다. 이 도시는 고대에 날린 명성만큼이나 피로스가 죽은 곳으로도 유명합니다.

이제 당시와 지금의 우리 상황을 비교해봅시다. 피로스가 우리를 공격했을 때 이탈리아 상황이 얼마나 지금보다 더 나았었는지요! 이탈리아의 자원은 또 얼마나 더 온전했는지요! 당시는 훗날 카르타고와의 전쟁에서 전멸한 모든 군대와 지휘관들이 우리에게 고스란히 남아 있던 때였습니다. 하지만 피로스는 우리에게 충격적인 일격을 가했습니다. 승리를 거듭하면서 거의 로마 외곽까지 도달하기도 했지요. 우리 로마를 배신하고 피로스에게 넘어간 건 타렌툼 인들만이 아니었습니다. 대(大) 그리스라 불리는 이탈리아 해안도 함께 배반했지요. 상황이 그렇게 돌아가니까, 그들이 함께 쓰는 그리스 어와 피로스라는 이름에 매혹되었다고 생각할지도 모르겠습니다. 하지만 실은 루카니아 인, 브루티움 인, 삼니움 인 역시 배신했습니다.

만약 필리포스가 이탈리아로 건너오게 되면 그들이 왕에 대한 협조에 소극적인 태도를 보이거나 계속 우리에게 충실하겠습니까? 이들이 카르타고와의 전쟁 후기에 우리에게 충실했던 건 사실입니다. 하지만 그들은 충성을 옮겨 바칠 수 있는 대상이 가까이에 생긴다면 언제든 우리를 배신하고 달아날 자들입니다. 만약 우리가 아프리카로 건너가는 일을 기피했다면, 여러분은 오늘날에도 한니발과 카르타고 인들이 이탈리아 땅에서 적으로 남아 있는 모습을 보았을 것입니다.

그러니 여러분, 이탈리아 대신에 마케도니아가 전장이 되도록 합시다. 적의 도시와 시골을, 불과 칼로 고통 받는 곳이 되게 합시다. 우리는 로마 군이 고국보다 타지에서 더욱 효과적이고 성공적이라는 걸 이미 경험으로 알고 있습니다. 시민 여러분, 이제 투표로 결정해 주십시오. 신들의 자애로운 도움과 여러분의 투표로 원로원의 결의안은 강건하게 지지되어야 합니다. 이 제안을 제시한 건 집정관만이 아닙니다. 불멸의 신들께서도 이 제안을 지원하고 계십니다. 내가 희생 의식을 올릴 때, 이 전쟁에서 나와 원로원, 그리고 시민 여러분, 그리고 우리 동맹과 라틴 지위를 가진 동맹, 그리고 우리 함대와 우리 군대는 대성공으로 축복을 받게 해달라고 간절한 기원을 올리자 신들께서는 흔쾌한 마음으로 응답하시면서 로마가 장차 번창하리라는 징조를 내려주셨습니다."

8. 집정관의 이런 연설 직후 투표가 실시되었고, 시민들은 집정관의 호소에 부응하여 전쟁의 개시에 찬성했다. 그 결과 원로원 결의안을 이행하기 위해 사흘 간의 기원 기간이 선포되었고, 시민들이 승인한 필리포스 상대의 마케도니아 전쟁이 성과를 거둘 수 있도록 모든 신의 신전에서 기원이 올려졌다. 집정관 술피키우스는 전령 사제단[10]에게 마케도니아에 전쟁을 선포하는 것을 필리포스 왕에게 직접 전해야 하는지, 아니면 왕의 영토 내부에서 가장 가까운 요새에 선포하는 것으로 충분한지 결정해달라고 요청했다. 전령 사제단은 집정관이 어느 쪽을 선택하더라도 정당한 선전 포고라고 답변했다. 그러자 원로원은 마케도니아에 사절을 보내는 일을 집정관에게 일임했다. 그는 직접 원로원 의원 중에서 사절을 골라 왕에게 전쟁을 선포하기로 되었다.

원로원은 이어 집정관들과 법무관들에게 군대를 배분하는 문제를 의논했다. 집정관들은 각자 두 군단을 모집하고 베테랑 부대를 제대시키는 권한을 부여받았다. 하지만 술피키우스가 중대한 새로운 전쟁을 지휘하는 임무를 맡았으므로 그는, 푸블리우스 스키피오가 아

---

10 전령 사제단의 라틴어는 fetiales. 20명의 사제로 구성된다. 이들은 전쟁의 선포와 평화를 선언하는 절차와 법률에 관하여 원로원에게 자문한다.

프리카에서 고국으로 데려온 군대 중에 자원자를 받아들여도 좋다는 허가를 받았다. 하지만 병사들 본인이 싫다고 하는데 그들의 의지에 반(反)하여 군대에 편입시키는 건 허락되지 않았다. 법무관 푸리우스 푸르푸리오와 퀸투스 미누키우스 루푸스는 각각 두 집정관에게서 라틴 지위가 있는 5천 동맹군을 받았고, 이 주둔군으로 각자의 임지인 갈리아와 브루티움에서 작전을 지휘하게 되었다. 퀸투스 풀비우스 길로는 집정관 푸블리우스 아일리우스가 지휘했던 군대에 소속된 동맹군과 라틴 지위 동맹군 중 복무 기간이 가장 짧은 병사를 대상으로 5천 명 정도를 선발할 수 있는 권한을 부여받았다. 이 부대는 시칠리아에 주둔하게 될 것이었다.

법무관으로서 지난해 캄파니아를 담당한 마르쿠스 발레리우스 파이토는 한 해 더 지휘권이 연장되었고, 이해에는 법무관 대리 자격으로 사르데냐에 건너가게 되었다. 그 역시 가장 복무 기간이 짧은 자들을, 동맹군이나 라틴 지위를 가진 동맹군에서 선발하여 5천 명 규모의 군대를 편성하는 권한을 받았다.

집정관들은 필요한 상황이 되면 마케도니아에 파견할 2개 도시 군단도 모집하는 권한을 받았다. 이탈리아에는 카르타고와의 전쟁에 참여한 경력자들과 적에 대한 적개심에 불타는 참전 병사들이 많았으므로 충분히 병력을 모집할 수 있을 것으로 예상되었다. 로마는 이해(기원전 200년)에 여섯 군단을 편제하여 운영할 생각이었다.

9. 전쟁 준비가 진행되는 동안 프톨레마이오스 왕이 보낸 사절단이 로마에 도착했다. 그들은 아테네 인이 필리포스에 맞설 수 있도록 도움을 달라고 요청했다는 소식을 원로원에 보고했다. 또 아테네와 이집트가 똑같이 로마의 동맹국이므로, 로마 인의 허락 없이 이집트가 누군가를 지키거나 공격할 함대나 군대를 그리스로 보내는 일은 하

지 않을 것이라고 말했다. 그들은 로마 인이 직접 그리스로 건너가 동맹 그리스를 지키겠다면 이집트에서 움직이지 않을 것이며, 로마 인이 이집트의 직접 행동은 원하지 않고 지원군을 보내길 바란다면 병력을 보내 쉽게 필리포스로부터 아테네를 지켜낼 수 있을 것이니 허락해달라고 했다. 원로원은 프톨레마이오스 왕에게 감사를 표하고 로마 인은 반드시 동맹의 안전을 보장할 것이라고 확언했다. 원로원은 전쟁 수행에 필요한 것이 있으면 왕에게 알리겠다고 하면서 이집트 왕국의 자원이 로마 공화국에 확실하고 믿을 만한 지원이 될 것으로 확신한다고 말했다.

10. 로마의 모든 관심이 마케도니아 전쟁에 집중되는 동안에 갑작스럽게 갈리아에서 봉기가 일어났다는 보고가 들어왔다. 그것은 당시 로마 인들이 전혀 우려하지 않았던 사태였다. 인수브레스, 케노마니, 보이이, 켈리네, 일바테와 다른 리구리아 인들이 무기를 들고 일어났고, 그 지역에 남은 하스드루발 잔존 병력의 생존자인 카르타고인 하밀카르가 그 반란을 지휘하며 플라켄티아[11]를 공격했다. 그들은 그 도시를 약탈하고 분기탱천하며 도시의 대부분을 불태웠다. 그들은 불타는 폐허에서 생존자를 2천 명도 채 남기지 않았고, 이어 인근 도시인 크레모나를 약탈할 생각으로 포 강을 건너려고 강 쪽으로 이동했다. 이 참사 소식은 이웃 도시들에 제때 알려져 식민시 주민들은 성문을 걸어 잠그고 성벽에 경계병을 엄중하게 배치했다. 이렇게 하

11 플라켄티아는 오늘날의 피아첸차이다. 기원전 218년에 식민시로 건설되었으며 갈리아 인들의 침략을 자주 받았다. 여기서 나오는 하밀카르가 누구인지는 불확실하다. 아마도 하스드루발(기원전 207년) 부대 혹은 마고(기원전 203년) 부대의 잔존 병사일 것이다. 만약 하스드루발 부대의 병사였다면 하스드루발이 대패한 메타우루스 강 전투의 생존자일 것이다.

여 그들은 최악의 경우라도 기습 공격으로 점령당하지 않도록 포위 공격에 대비하여 만전을 기했다. 또 그 도시 주민들은 운 좋게도 로마 법무관에게 사절을 보낼 수도 있었다.

루키우스 푸리우스 푸르푸리오는 당시 그 지역의 사령관이었다. 그는 원로원 지시에 따라 동맹군과 라틴 지위 동맹군에서 선발한 5천 명을 제외하곤 모든 군대를 해산한 상태였다. 이 병력을 이끌고 그는 로마에서 가장 가까운 지방인 아리미눔 근처에 진을 쳤다. 이어 원로원으로 서신을 보내 임지의 불안한 상황을 보고했다. 그 보고서에서 푸르푸리오는 카르타고와의 전쟁이라는 엄청난 광풍 속에서도 피해가 없었던 두 식민시 중 하나가 적에게 점령되어 약탈되었고, 다른 하나는 공격을 받고 있다고 보고했다. 그는 자신의 병력으로는 아주 절박한 상태에 놓인 식민도시 주민들을 구원하기에 역부족이며, 원로원이 빨리 대응 조치를 취해줄 것을 건의했다. 만약 그렇게 하지 않는다면 무장한 4만 명의 적에게 5천 동맹군은 중과부적이므로 법무관의 군대마저 적들에게 패배를 당하면, 이미 로마 식민도시를 파괴하여 고양된 적의 사기를 한껏 더 높여줄 것이라고 긴급히 보고했다.

11. 이 보고서를 읽은 원로원 의원들은 재빨리 이런 결정을 내렸다: 집정관 가이우스 아우렐리우스는 지정된 날짜에 에트루리아에서 소집할 예정이던 군단을 대신 아리미눔에서 소집하라. 현지의 형편이 허용한다면 집정관 자신이 직접 그 군단을 이끌고 출전하여 갈리아 반란을 진압하라. 이것이 여의치 않으면 집정관은 법무관 푸르푸리오에게 이런 전언을 보내도록 하라. 법무관은 에트루리아에서 소집된 군단을 접수하고, 지금 휘하에 있는 5천 동맹군은 에트루리아로 보내 그곳의 주둔군으로 삼아라. 그렇게 되면 법무관 푸르푸리

오는 두 군단을 이끌고 식민시 포위공격을 풀러 나설 수 있을 것이었다.

원로원은 또한 카르타고와 누미디아의 마시니사에게 사절들을 보내 협조와 지원을 요청하기로 했다. 이 일로 파견될 로마 사절단의 임무는 이런 것이었다: 우선, 카르타고 시민인 하밀카르가 갈리아에 남아 (그가 하스드루발의 원정군에 소속되었는지, 훗날 마고의 원정군에 소속되었는지는 불명확) 전쟁을 일으켜 협정을 위반하고 있으며, 갈리아 인과 리구리아 인으로 편성된 군대를 이끌고 로마 인과 싸우고 있는 상황을 카르타고에게 알린다. 이어 카르타고 인이 평화를 바란다면 하밀카르를 즉시 소환하여 그의 신병을 로마 인에게 넘기라고 요청한다. 동시에 로마 탈영병들이 아직까지도 전원 로마로 인도되지 않은 점도 지적한다. 실제로 보고에 따르면, 많은 로마 탈영병들이 카르타고에서 정체를 숨기지도 않은 채 살아가고 있었다. 이런 탈영병들을 찾아내 체포하고 빠른 시일 내에 로마로 송환하여 강화 조약의 조건을 충실히 지키도록 하라. 이상이 카르타고로 가는 로마 사절단이 원로원으로부터 받은 지시 사항이었다.

마시니사에 대한 사절단의 임무는 다음과 같은 것이었다. 먼저 마시니사가 선조로부터 내려온 왕국을 회복하고 더 나아가 시팍스[12]의 영토 중 가장 번창하는 부분을 추가하여 영토를 확장한 것을 축하해준다. 또한 필리포스 왕이 포에니 전쟁 중에 카르타고를 적극적으로 지원했고, 이탈리아에서 전쟁이 벌어지는 중에 그리스에 함대와 군

---

12 누미디아에서 마시니사 왕의 라이벌이었던 부족 왕. 시팍스는 기원전 206년 카르타고 편을 들었다가 패배하여 로마 군에게 포로로 잡혀 스키피오의 개선식에서 전리품으로 전시되었다.

대를 보내 로마의 동맹국들을 부당하게 공격한 점 때문에 마케도니아 전쟁이 시작되었다는 점을 알린다. 이렇게 하여 로마의 자원이 필리포스의 공격을 막는데 전용되었기에 따지고 보면 포에니 전쟁 때 아프리카 침공이 연기된 주된 원인은 필리포스였음을 알린다. 또한 마시니사가 누미디아 기병대를 제공하여 마케도니아 전쟁에서 로마를 도울 수 있는지를 물어본다.

동시에 로마 사절은 왕에게 줄 호화로운 선물들을 가지고 갔다. 황금과 은으로 된 그릇, 보라색 토가, 종려나무의 가지를 수놓은 튜닉, 상아로 만든 홀, 가장자리를 자색으로 수놓은 토가,[13] 쿠룰레(고위 관리) 의자 등이었다. 로마 사절들은 또 마시니사 왕이 영토를 지키고 확장하는 데 필요한 것이 있다면 왕의 지원에 대한 보답으로 그것을 적극 제공할 것이라고 약속하기로 되었다.

이 무렵 시팍스의 아들 베르미나가 보낸 사절단이 원로원에 도착했다. 사절단은 베르미나의 실수들을 변명하면서 어린 나이의 객기 때문이라고 설명하고 더 나아가 카르타고 인들이 부정직하다고 온갖 비난을 퍼부었다. 그들은 마시니사가 로마의 적에서 친구가 되었듯이 베르미나도 마시니사에게 뒤지지 않게 로마에 봉사하기 위해 혼신의 노력을 기울일 것이며, 로마 인들을 위해 충실한 도움을 제공하는 데 그 누구에게도 뒤떨어지지 않을 자신이 있다고 호소했다. 사절들은 베르미나가 원로원으로부터 '왕, 동맹, 친구'라는 칭호를 받아야 한다면서 그것을 하사해 달라고 요청했다.

이에 원로원은 그의 아버지 시팍스는 '동맹이자 친구'였으나 갑자

13 라틴어 원어는 toga praetexta. 로마의 의전용 옷으로 왕의 상징물이었다.

기 아무 근거도 없이 로마 인들의 적이 되었으며, 베르미나도 아버지의 전쟁을 따라다니면서 로마 인들을 괴롭히는 역할을 하지 않았냐고 지적했다. 따라서 '왕, 동맹, 친구'라는 칭호를 요청하기 전에 베르미나가 먼저 해야 할 일은 로마 인들에게 평화를 간청하는 것이라고 말했다. 이런 칭호의 명예는 보통 왕들이 로마를 위해 이례적인 도움을 제공한 후에야 로마 인들이 비로소 하사하는 것이었다. 원로원은 사절단에게 로마 사절들이 곧 아프리카에 도착할 것이고, 원로원 지시에 따라 베르미나에게 강화 조건을 제시할 것이니 베르미나가 그 강화 조건에 대하여 로마 사절의 판단을 전적으로 따르라고 당부했다. 원로원은 베르미나가 조건을 추가하거나, 삭제하거나, 변경하길 바란다면 원로원에 새로 요청해야 할 것이라고 말했다.

이런 여러 가지 지시를 받들고 아프리카로 출발한 로마 사절들은 가이우스 테렌티우스 바로, 스푸리우스 루크레티우스, 그리고 그나이우스 옥타비우스였다. 각 사절에겐 5단 노선이 한 척씩 배정되었다.

* * *

14. 카피톨리움에서 신들에게 맹세를 바친 후에, 푸블리우스 술피키우스는 군복을 입은 길나장이들과 함께 로마를 떠나 브룬디시움에 도착했다. 그곳에서 그는 아프리카 군단에서 근무했던 자원(自願) 베테랑들을 휘하 군단에 받아들이고, 그나이우스 코르넬리우스의 함대에서 마케도니아로 건너갈 배들을 골랐다. 이어 그는 브룬디시움에서 출항하여 마케도니아로 건너갔고, 이틀 뒤에 그곳에 도착하여 아테네에서 보낸 사절들을 만났다. 그들은 집정관에게 도시의 포위

공격을 풀어달라고 간청했다. 술피키우스는 즉시 가이우스 클라우디우스 켄토에게 전함 20척과 1천 명의 병사를 주어 아테네로 보냈다.

여기서 한 가지 설명[14]해 두어야 할 것이 있다. 필리포스 왕은 직접 아테네 포위 공격을 지휘하지는 않았다. 그는 당시 주로 아비도스 공격을 직접 챙기고 있었고, 그 전엔 로도스 인들, 그리고 아탈로스 왕과 해전을 벌여서 승부를 결정지으려고 했지만, 어느 교전에서도 이렇다 할 성과를 거두지 못했다. 그럼에도 불구하고 그의 사기는 여전히 높았는데, 타고난 낙천적인 기질 때문이기도 했지만, 시리아 왕인 안티오코스와 맺은 협정 때문이기도 했다. 이 협정에서 두 왕은 이집트의 부(富)를 나누어 갖기로 합의했다. 두 사람은 프톨레마이오스 4세가 죽었다는 소식이 들려온 이후로 이집트의 부에 눈독을 들여왔다.

지금 아테네 인들은 이렇다 할 이유도 없이 필리포스 왕을 상대로 전쟁을 하고 있는 것이었다. 그들은 아테네 인이라는 자부심 이외에는 예전의 위대한 모습을 전혀 갖고 있지 못했다. 엘레우시스 제전을 기념하는 동안에, 입회자가 아닌 두 아카르나니아 청년이 군중을 따라 케레스의 신전으로 들어갔고, 두 청년은 그것이 신성모독인지 알지 못했다. 그들은 엉뚱한 질문을 던지는 바람에 금방 정체가 드러났다. 그들은 그 신전의 사제들 앞으로 끌려갔고, 비록 그들이 실수로 들어온 게 명확했지만, 마치 이루 말할 수 없는 범죄를 저지르기라도 한 것처럼 처형을 당했다. 아카르나니아 인들은 이 충격적인 적대 행위를 필리포스에게 보고했고, 마케도니아 지원군을 보내주어 자신들

---

14 이 설명은 폴리비오스의 『역사』에서 기술된 그리스 측 사정을 따른다는 뜻.

이 아테네 인들을 상대로 전쟁을 일으킬 수 있게 해달라고 요청했다. 처음에 이 군대는 칼과 불로 아티카를 파괴하고 온갖 전리품을 챙겨서 아카르나니아로 돌아갔다.

하지만 그런 식으로 아테네의 자존심에 도전하는 건 적대 행위의 시작이었다. 이후 공동체의 투표에 따라 공식적인 전쟁 선포를 함으로써 본격적인 전쟁이 시작되었다. 마케도니아로 후퇴하던 중인 필리포스를 추격하던 아탈로스 왕과 로도스 인들은 아이기나에 도착했다. 아탈로스는 이어 피라이오스(아테네의 외항)로 건너갔는데, 아테네와의 동맹을 갱신하고 강화하기 위해서였다. 모든 시민들이 그를 만나보려고 아내와 아이를 대동하고 나왔다. 제의를 입은 사제들은 그가 도시로 들어올 때 아탈로스를 열렬히 환영했는데, 마치 신들이 신전에서 그를 맞이하고자 일어난 듯했다.

15. 아테네 시민들은 곧장 민회를 소집했다. 아탈로스 왕이 시민들이 있는 자리에서 자신의 소원을 알릴 수 있게 하기 위해서였다. 하지만 왕은 직접 시민들 앞에 모습을 드러내는 것보다 자신이 선택한 주제와 관련하여 서신을 보내는 것이 왕의 위엄에 더 적합하다고 생각했다. 이렇게 하여 왕은 아테네에 자신의 도움을 나열하는 쑥스러움에서 벗어났고, 또 왕의 겸손한 마음으로는 견디기 힘든 부담인 군중의 우레 같은 박수와 환호로부터 벗어나게 되었다. 아탈로스 왕의 서신은 민회에서 낭독되었는데 다음 세 가지 사항이었다.

첫째로, 왕이 아테네에 여러 도움을 주었음을 상기시켰고,

둘째로, 필리포스를 상대로 한 자신의 전쟁을 언급했다.

마지막으로, 왕은 자신과 로도스 인, 특히 지금 로마 인까지 아테네 인들을 돕고 있는 이런 호기를 잘 활용하여 전쟁에 착수하라고 권고했다. 지금 주저하면서 흘려보낸 기회는 나중에 되찾을 수 없다는

뜻이었다. 이어 로도스 사절들도 민회에서 발언했다. 그들은 얼마 전 마케도니아 인들에게 포획된 아테네 전함 네 척을 되찾아 복구하여 아테네 인들에게 돌려주는 친절을 베풀어서 아테네에서 인기가 높았다.

이 모든 것의 결과는 압도적인 환호 속에서 필리포스에 대하여 전쟁을 선포하는 것으로 결말지어졌다. 아테네 인들은 먼저 아탈로스에게, 그리고 로도스 인들에게 심심한 경의를 표했다. 이 때에 처음으로 '아탈리스'라는 명칭의 부족이 오래전부터 존재해온 열 개의 부족 이외에 추가로 언급되었다.[15] 그러는 사이 로도스 인들은 황금관을 용맹에 대한 보상으로 선물 받았고, 그들이 이전에 아테네 인들에게 자국 시민권을 부여했던 것처럼 아테네 인들도 로도스 사람들에게 아테네 시민권을 부여했다.

이런 절차가 끝난 뒤 아탈로스는 아이기나에 있는 자신의 함대로 돌아왔고, 로도스 인들은 아이기나에서 출발하여 여러 섬들을 거쳐 케아로 항해했다. 그들은 섬들을 거치면서 마케도니아 주둔군이 있는 안드로스, 파로스, 키트노스를 제외하고 모든 섬을 동맹으로 받아들였다. 아탈로스는 아이톨리아에 전령을 보냈고, 그곳에서 사절들을 보내오길 기다리면서 한동안 아이기나에서 움직이지 않고 머물

---

15 폴리비오스 『역사』 16권 25장. 10개 부족은 기원전 508/7년의 클레이스테네스 개혁의 일환으로 설정된 것이다. 기원전 204년에 이르러 3개 부족이 더 추가되었다. 추가된 것들 중 두 부족 마켈론 (기원전 307-306)과 이집트(기원전 224-223년)인데, 마켈론은 폐지되었고 이집트는 계속 유지되었다. 그리하여 아탈리스는 아테네의 12번째 부족이 되었다. 이집트가 어떻게 아테네의 부족이 되느냐고 의아하게 여기는 독자가 있을 텐데, 이 당시 이집트는 알렉산드로스 대왕의 부하 장군이 세운 국가로서 사실상 그리스 사람들의 나라였다. 따라서 프톨레마이오스나 클레오파트라는 그리스 사람이지, 오늘날의 이집트 사람과는 무관하다.

러 있었다. 하지만 아이톨리아 인들이 전령의 말에 자극을 받아서 무기를 드는 일은 없었다. 그들은 강화 조건의 내용이야 어떻든 필리포스와의 강화 조약에 만족했기 때문이었다. 아탈로스와 로도스 인들은 필리포스에 대항하여 계속 압박을 가했다면 '그리스의 해방자'라는 인상적인 칭호를 획득할 수 있었을지도 모른다. 하지만 그들은 필리포스가 헬레스폰토스로 돌아가도록 허용하여 트라키아에서 요충지를 점거하게 함으로써 힘을 키우도록 방치했다. 그 후 전쟁은 계속되어 성공적인 결말을 쟁취하는 영광은 로마 인들에게 넘어갔다.

16. 필리포스는 왕다운 기질을 유감없이 보여주었다. 그는 아탈로스와 로도스 인들의 공격에 저항할 수 없었지만, 그럼에도 불구하고 당면한 로마와의 전쟁에서 전혀 겁먹지 않았다. 그는 휘하 지휘관 중 필로클레스[16]에게 보병 2천과 기병 2백을 주어 아테네 농촌 지역을 완전히 파괴하도록 지시했다. 또한 함대 지휘권을 헤라클리데스에게 넘겨 마로네아로 나아가도록 명령했다. 그러는 사이에 왕은 직접 2천 명의 경보병과 2백 명의 기병을 대동하여 같은 방향으로 육로를 통해 진군했다. 그는 단 한 번의 공격으로 마로네아를 점령했다. 하지만 아이눔을 공격했을 때 그곳을 포위하는 데 큰 문제를 겪었고, 결국 프톨레마이오스의 휘하 지휘관인 칼리메데스의 내부 배신 덕분에 그 도시를 점령할 수 있었다. 왕은 이후 다른 요새인 키프셀라,

16 필리포스가 신임하는 사령관이었으나 필리포스의 두 아들 페르세우스(형)와 데메트리오스(동생) 사이에 왕위 쟁탈전이 벌어졌을 때 페르세우스의 편을 들어 동생을 무고(誣告)하여 죽이는 일에 가담했기 때문에 필리포스에 의해 사형에 처해졌다. 페르세우스는 아버지의 뜻을 따라 로마에 반항적이었으나, 어린 시절 로마에 인질로 잡혀 가 있다가 로마의 위대함을 알게 된 데메트리오스는 친 로마적인 인물이 되어 부왕의 미움을 샀다. 데메트리오스는 조선 시대의 소현세자와 비슷한 점이 많다.

도리스코스, 그리고 세르레움을 점령했다. 이어 그는 케르소네소스로 나아가 엘라이오스와 알로페콘네소스의 자발적인 항복을 받아냈다. 이어서 칼리폴리스와 마디토스도 항복했고, 별로 특기할 것이 없는 성벽을 두른 몇몇 도시도 함께 항복했다.

하지만 아비도스 시민들은 필리포스의 사절들을 받아들이는 것조차 거절하고 왕의 면전에서 성문을 굳게 걸어 닫았다. 필리포스는 오랜 시간을 들여가며 그 도시를 포위 공격했다. 사실 아탈로스와 로도스 인들이 적극적으로 움직여 주었더라면 그 도시의 포위 공격을 좌절시킬 수도 있었다. 아탈로스는 그 도시의 수비군을 보충하는 데 고작 3백 명을 보냈고, 로도스 인들은 테네도스에 정박한 자국 함대에서 고작 4단 노선 한 척을 보냈을 뿐이었다. 후에 아탈로스가 직접 아비도스로 건너갔을 때 당시 도시는 거의 포위를 버틸 수 없는 상태였고, 그는 그 도시 인근에 머물면서 도움을 주겠다는 희망만 주었을 뿐 실제로는 육로로나 해로로나 동맹에게 아무런 도움도 주지 않았다.

17. 처음에 아비도스 인들은 성벽을 따라 투석기를 배치했고, 그렇게 하여 육지로 접근하는 적을 막는 동시에 적 함대가 닻을 내리는 것도 위험하게 만들었다. 하지만 이후 성벽 일부가 붕괴되어 폐허가 되고 땅굴이 내부 성벽에까지 거의 파고 들어갔을 때 그들은 사절단을 필리포스에게 보내 항복 조건을 논의하자고 요청했다. 그들은 로도스 4단 노선과 선원들, 아탈로스의 주둔군을 자유롭게 보내주고, 그 대신 자신들은 옷 한 벌만 챙겨 떠나게 해달라고 제안했다. 이에 필리포스는 무조건 항복이 아니면 강화는 있을 수 없다고 대답했다. 사절들이 필리포스의 답변을 보고하자 절망과 적개심이 뒤섞인 분노가 아비도스 인들 사이에서 활활 불타올랐다. 그들은 이제 사

군툼 인들과 같은 광란의 행동을 벌이기 시작했다. 혼인한 여자들은 모두 상부의 지시에 따라 디아나 신전에 가두었고, 자유민 소년과 소녀, 그리고 보모의 돌봄을 받는 젖먹이들까지 훈련장에 가둬졌다. 포룸엔 황금과 은이 모였고, 귀중한 옷은 항구에 있던 로도스 배와 키지코스 배로 옮겨져 보관되었다. 공공 광장에 제단들이 세워졌고, 사제들이 모였으며 희생물이 준비되었다.

그 다음 조치는 아래와 같은 의무를 수행할 사람을 선택하는 것이었다.

첫째, 무너진 성벽을 지키는 싸움이 벌어지는 동안 군인들이 쓰러지는 걸 보면 즉시 부인들과 자식들을 죽이고, 바다에 황금과 은, 배에 있는 옷을 전부 바다에 던지며 최대한 많은 공적·사적 건물에 불을 지른다.

둘째, 이 끔찍한 행동을 자행할 것을 맹세하고, 사제들의 지시에 따라 저주를 읊어댄다.

셋째, 군 복무 연령대의 남자들은 승리하지 않는 한 아무도 살아서 전열에서 떠나지 않는다고 맹세한다.

아비도스 사람은 신들이 보호해줄 것이라고 생각하면서 아주 완강하게 싸웠고, 밤이 찾아와 전투를 중단할 때가 되자 먼저 전장에서 물러난 건 오히려 필리포스 왕이었다. 왕은 아비도스 사람들의 광분과 격앙에 겁이 났다. 저 끔찍한 계획 중 가장 처참한 일은 도시의 유지급 시민들에게 맡겨졌지만, 아비도스 시민들은 동이 틀 무렵에 전투에서 생존한 병사들이 소수에 불과하고, 생존자들도 상처와 탈진으로 숨이 넘어갈 지경이라는 걸 확인했다. 그러자 그들은 털로 만든 밴드를 머리에 쓴 사제들을 보내 필리포스에게 항복하겠다는 의사를 전달했다.

18. 이렇게 아비도스가 항복하기 전인 시점에, 마르쿠스 아이밀리우스는 필리포스를 찾아온 일이 있었다. 그는 알렉산드리아로 간 세 명의 사절 중에 가장 젊은 사람이었다. 그는 동료 사절들의 허락을 받고 필리포스를 방문했다. 그는 왕이 아탈로스와 로도스 인에게 공격을 가한 것, 그리고 특히 아비도스를 현재 포위하고 있는 일 등에 대하여 항의했다. 필리포스가 아탈로스와 로도스 인들이 정당한 이유 없이 자신을 공격했다고 응수하자, 아우렐리우스는 그렇다면 아비도스 인들도 그런 것이냐고 되물었다. 필리포스는 이렇게 노골적으로 진실을 지적당하는 일이 별로 없었으므로, 로마 사절의 말이 왕에게 하는 말 치고는 너무 노골적이라는 생각이 들었다. 왕은 따라서 이렇게 대답했다.

"젊은 사절이여, 그대는 용모도 준수하고 무엇보다도 로마 인이라는 점 때문에 그런 식으로 지나치게 노골적인 말을 하는 것 같소. 내 입장에선 로마 인들이 상호 간 협정을 기억하고 평화 관계를 유지하는 것이 가장 바라는 바요. 하지만 그대들이 전쟁에서 나를 공격하면 나 역시 나의 왕국과 그 명성을 자랑스럽게 여기며 방어에 나설 수밖에 없다는 것을 깨달아야 합니다. 마케도니아는 그 명성이 로마에 뒤지지 않으니 말이오."

이런 식으로 로마 사절을 물러가게 한 뒤 필리포스는 아비도스의 황금, 은, 그리고 다른 나머지 보물 더미를 챙겼다. 하지만 왕은 그 도시의 시민들을 전리품으로 챙기지는 못했다. 아비도스인들이 엄청난 광분에 휩싸여서 마구 자살했기 때문이었다. 그들은 아비도스의 전사자들이 도시를 배신당했다고 생각했다. 그들은 서로 맹세를 저버렸다고 비난했으며, 특히 사제들이 죽기를 맹세한 사람들을 산 채로 사절에게 넘겨주었다고 비난했다. 갑자기 그들은 미친 듯 광포하게 날뛰면서 그들의 아내와 자식을 죽였다. 이어 그들은 온갖 방법을 동원하여 스스로 목숨을 끊었다. 필리포스 왕은 이런 광기의 분출에 경악했다. 그리하여 왕은 휘하 병력에게 공격을 멈추게 하고 아비도스 인들이 자결할 수 있는 시간 여유를 사흘 간 주겠다고 선언했다. 이 기간에 정복된 아비도스 인들은 정복자들의 증오가 저지를 수 있는 것보다 더 잔인한 일을 서로에게 저질렀다. 그리하여 족쇄에 묶이거나 혹은 다른 신체적인 제약 때문에 죽지 못한 이들을 제외하곤 승자의 손에 넘어간 아비도스 인은 단 한 사람도 없었다.

필리포스는 아비도스에 주둔군을 배치하고 자신의 왕국으로 돌아갔다. 하지만 사군툼 파괴로 한니발에 대한 적대감이 생겨나서 로마가 선전 포고를 했듯이, 아비도스 인 학살 역시 로마 인들이 필리포스를 상대로 전쟁을 선포하게 만드는 요인이 되었다. 필리포스는 집정관이 이미 에피로스에 와 있으며, 아폴로니아에 로마 군대를 상륙시키고 함대는 코르키라에 두고 겨울을 보낼 것이라는 소식을 들었다.

19. 그러는 사이 아프리카의 카르타고 인들은 아프리카로 건너간 로마 사절들에게 이런 답변을 했다: 갈리아 군대의 지휘관인 하밀카르를 추방하고 그의 본국 재산을 몰수하는 것 외에 카르타고가 할 수 있는 일은 없다. 또 로마 군의 탈영병과 탈주자에 관해서, 검색 후 추적할 수 있는 병사들을 색출하여 전원 귀국 조치하겠다. 로마에 카르타고 사절단을 보내 원로원에 해당 문제에 대해 의혹을 풀어주겠다. 카르타고는 밀 20만 펙(1펙은 약 9리터)을 로마에 보내고, 같은 양을 마케도니아의 로마 군에게도 보내겠다.

누미디아로 떠난 로마 사절들은 마시니사에게 선물을 주며 준비해 간 메시지를 전달했다. 왕은 누미디아 기병 2천 명을 제공했지만, 로마는 1천 명만 받아들였다. 마시니사는 직접 기병들을 배에 태우고 그들과 함께 밀 20만 펙, 그리고 같은 양의 보리를 마케도니아의 로마 군에게 보냈다.

시팍스의 아들 베르미나에게 간 세 번째 로마 사절단은 왕국 경계까지 마중 나온 베르미나를 만났다. 그는 사절들에게 로마의 재량으로 강화 조건을 규정하는 데 이의가 없다면서, 로마 인들이 올바르고 정당하다고 생각하는 강화 조건은 무엇이든 받아들이겠다고 말했다. 그리하여 강화 조건이 정해졌고, 베르미나 왕은 사절단을 로마로 보내어 비준을 받게 했다.

20. 이 무렵 법무관 대리 루키우스 코르넬리우스 렌툴루스는 스페인에서 돌아왔다. 그는 원로원에 몇 년 동안 자신이 벌여온 용감하고 성공적인 업적을 상세하게 보고했고, 동시에 도시에 개선식을 하면서 들어오게 해달라고 요청했다. 하지만 원로원은 거부했다. 그의 공훈이 개선식을 받을 만하지만, 독재관이나 집정관, 혹은 법무관이 아닌 사람에게 개선식의 명예를 허락한 전례가 없다는 것이었다. 렌툴루스는 스페인에서 법무관 대리로 지휘권을 행사한 것이지, 집정관이나 법무관의 자격을 갖춘 것은 아니었다. 그럼에도 불구하고 원로원은 그에게 약식 개선식을 허용하며 도시로 들어오도록 해주었다. 그러나 호민관 티베리우스 셈프로니우스 롱구스가 끼어들어 그 결정은 전통이나 전례에 어긋난다면서 거부권을 행사했다. 하지만 결국 롱구스는 원로원 의원들의 만장일치 결정에 거부권을 철회했고, 루키우스 코르넬리우스는 원로원 결의에 따라 약식 개선식[17]을 하

17 라틴어 원어는 ovatio. 개선식(triumphus)에 비하여 소규모로 치러진다. 약식 개선식의 장군은 걸어서 혹은 말을 타고 로마로 들어올 수 있으나, 전차를 타지는 못하고 화려한 개선장군의 옷을 입지는 못한다.

며 로마로 들어왔다. 그는 은 43,000파운드와 황금 2,450파운드를 가지고 돌아왔고, 휘하 병사들에게 각각 120아스의 전리품을 나눠주었다.

21. 집정관의 군대는 이제 아레티움에서 아리미눔으로 움직였고, 라틴 지위를 지닌 5천 명의 동맹군 부대는 갈리아에서 에트루리아로 이동했다. 루키우스 푸리우스는 이에 아리미눔에서 강행군하여 여전히 크레모나를 포위 중인 갈리아 인들을 상대하러 떠나서, 적에게서 2km 정도 떨어진 곳에 진을 쳤다. 그는 현지에 도착하는 즉시 휘하 군대를 이끌고 적을 공격했더라면 주목할 만한 성과를 거두었을지도 모른다. 갈리아 인들은 대다수 농촌 지역에 흩어져 있었고, 적절한 주둔군도 남겨두지 않았기 때문이다. 하지만 푸리우스는 급하게 행군해온 나머지 병사들이 지쳐 있다는 사실을 감안했고, 갈리아 인들은 전우의 도와달라는 외침 소리를 듣고서 인근 지역에서 급히 되돌아왔다. 그들은 들고 오던 전리품을 모두 내버리고 그들의 진지로 황급히 되돌아왔다.

다음날 그들은 전투 대형을 꾸려서 진지에서 나왔고, 로마 사령관도 지체없이 전투에 나섰다. 하지만 적이 무척 빠르게 다가와 법무관의 병사들은 전열을 형성할 시간이 빠듯했다. 푸리우스는 동맹 부대를 여러 중대로 나누어 오른쪽 중대를 최전방에 배치했고, 두 로마 군단이 그들을 지원하게 했다. 마르쿠스 푸리우스는 오른쪽 중대의 지휘를 맡았고, 마르쿠스 카이킬리우스는 군단들을, 루키우스 발레리우스 플라쿠스는 기병대를 맡았다. 이들은 모두 법무관의 부장들이었다. 법무관은 또한 가이우스 라이토리우스와 푸블리우스 티티니우스라는 두 부장을 곁에 두었는데, 전투의 경과를 살펴보면서 적의 급습에 적절히 요격하려고 남겨둔 것이었다.

처음에 갈리아 인들은 한 곳을 집중 공격하여 최전선에 선 오른쪽 중대를 압도하고 전멸시키려 했다. 그들은 로마 군의 양쪽 날개를 측면에서 공격하여 포위하려고 했다. 병력의 숫자가 훨씬 월등했기에 적의 의도는 쉽게 달성될 것처럼 보였다. 그러나 법무관은 그들의 계획을 꿰뚫어보고 최전선의 병력을 강화했다. 두 군단을 최전선에서 싸우는 중대의 좌우에 배치하여 지원하게 했던 것이다. 그는 그날의 전투에서 적을 괴멸시킨다면 디이오비스 신에게 신전을 봉헌하겠다고 맹세했다. 이어 법무관은 루키우스 발레리우스에게 기병대를 움직이라고 지시했고, 두 군단의 기병대는 적의 한쪽 측면을, 동맹군 기병대는 다른 쪽 측면을 공격하여 갈리아 인들이 로마 군의 전열을 포위하지 못하게 했다.

푸리우스는 갈리아 전선의 양쪽 날개가 크게 벌어져서 적의 중앙이 허약해진 걸 보고서, 자신의 직할 부대에 명령을 내려 밀집 대형으로 적의 중앙을 돌파하라고 명령했다. 적의 양쪽 날개는 로마 군 기병대에 의해 밀려났고, 중앙은 보병대에 의해 밀려났다. 모든 곳에서 갈리아 인들은 엄청난 사상자를 냈고, 갑작스럽게 전열이 무너지면서 진지로 황급하게 패주하기 시작했다. 로마 기병대는 도망치는 적을 뒤쫓았고, 군단들도 이내 그 뒤를 추격하여 적 진지로 돌격했다. 6천 명 미만의 적 병사들이 도망쳤고, 3만 5천이 죽거나 붙잡혔다. 더불어 70개의 군기와, 전리품을 가득 실은 200개 이상의 갈리아 짐마차가 포획되었다. 카르타고 인 사령관 하밀카르와 세 명의 갈리아 귀족 장군은 전투의 소란 중에 전사했다. 2천 명 정도 되는 플라켄티아 자유민 포로는 식민도시로 돌아갔다.

22. 그 전투는 로마 군의 대승이었고 로마에게는 엄청 기쁜 날이었다. 도시에 이 소식을 전하는 서신이 도착하자 사흘 간의 감사제

기간이 결정되었다. 그 전투의 로마 인 사상자는 2천 명 정도였고, 그 숫자는 동맹군 사망자까지 포함한 것이었다. 사상자 대다수는 적의 첫 집중 맹공을 받아낸 오른쪽 중대에서 발생했다. 법무관이 거의 전쟁을 끝낸 것이나 다름없었지만, 그래도 집정관 가이우스 아우렐리우스 역시 수도에서 필요한 일을 끝낸 뒤 갈리아로 가서 법무관으로부터 승리한 군대를 인수했다.

다른 집정관은 가을 끝 무렵에 임지에 도착해 아폴로니아 근처에서 겨울 숙영에 들어갔다. 앞서 언급한 바와 같이, 코르키라에 정박한 함대에 근무 중이던 천인대장들이, 클라우디우스와 함께 아테네로 파견되었다. 이들이 피라이오스에 도착하자 절망에 빠져 있던 동맹들은 크게 사기가 올라갔다. 코린토스에서 메가라에 이르기까지, 그들의 농촌 지역에 대한 습격이 규칙적으로 벌어져서 큰 고통을 당하고 있었기 때문이다. 이제 그런 일은 더 이상 벌어지지 않게 되었다. 칼키스의 해적선들이 바다를 항해해와 해안 지대를 약탈하면서 아테네 인들에게 심각한 위협이 되었으나, 이제 해적들은 수니움 곶을 도는 걸 피했을 뿐만 아니라 에우리포스 해협 바깥 트인 바다로 나오는 것도 감히 생각하지 못했다. 로마 전함들에 더하여 세 척의 로도스 4단 노선이 도착했고, 여기에 연안 지역을 방위하기 위해 제작된 갑판 없는 세 척의 아테네 배도 있었다. 클라우디우스는 이 함대로 아테네 인들의 도시와 농촌 지역을 충분히 지켜낼 수 있다고 결론을 내렸다. 하지만 그에게는 더 큰 공훈을 세울 수 있는 기회가 찾아왔다.

23. 필리포스 군대의 횡포로 고향에서 쫓겨난 몇몇 칼키스 추방자들은 클라우디우스에게 칼키스를 피 흘리지 않고 점령할 수 있다는

정보를 가져왔다. 그들의 말에 의하면 마케도니아 인들은 인근에 아무런 위협이 없다고 생각하여 제멋대로 인근 지역에 흩어져 있었다. 게다가 도시의 주민들은 마케도니아 주둔군을 믿고서 도시의 방어에 아무런 신경도 쓰지 않았다.

클라우디우스는 이런 정보에 솔깃하여 곧바로 행동에 나섰다. 비록 수니움 곶에 무척 빨리 도착하여 에우보이아 해협의 입구까지 나아갈 수 있긴 했지만, 그는 밤이 될 때까지 함대가 닻을 내린 채로 대기하게 했다. 곶을 돈 다음 적에게 발각되는 걸 염려했기 때문이었다. 밤이 되자 그는 전함을 움직였고, 은밀하게 나아간 결과 동이 트기 얼마 전에 칼키스에 도착했다. 그는 소수의 병력에게 사다리를 주어 성탑 하나와, 그 도시에서 인구가 가장 적은 부분에 접한 성벽 구역을 점령했다. 몇몇 구역에서 위병들은 곤히 잠들어 있었고, 다른 구역엔 아예 위병이 자리를 지키고 있지 않았다.

로마 인들은 이어 건물이 밀집한 지역으로 나아갔고, 위병들을 죽인 다음 성문을 파괴하고 로마 군의 주력 부대를 불러들였다. 그곳에서 로마 인들은 도시 전역으로 퍼졌고, 포룸 주위의 건물들부터 시작된 화재로 도시는 더욱 혼란스러운 상태로 빠져들었다. 왕실의 곡물 저장고는 불길에 휩싸였고, 전쟁 기구와 투석기를 어마어마하게 보관한 무기고도 또한 불이 붙었다. 이후 도망치는 자나 저항하는 자는 똑같이 학살의 대상이 되었다. 군복무 연령대의 남자들은 모두 죽거나 도망쳤고, 주둔군 사령관 아카르나니아 인 소파테르는 전사했다. 적의 모든 전리품은 처음엔 포룸에 모아두었다가 곧 배에 실렸다. 로마 인들은 감옥을 부수어 열고 그곳에 갇힌 포로들을 풀어주었다. 그 감옥은 필리포스가 가장 안전하게 포로를 가둘 수 있다고 생각했던 곳이었다.

이어 로마 군 병사들은 필리포스 왕의 조각상들을 끌어내려 박살내 버렸다. 곧 퇴각 나팔 소리가 들렸고, 로마 군 병사들은 배를 타고 피라이오스 기지로 돌아왔다. 만약 로마 군이 아테네도 방어하면서 칼키스를 유지할 만한 병력을 갖고 있었더라면 칼키스와 에우리포스를 왕에게서 빼앗을 수 있었을 것이다. 그렇게 되면 그 일은 전쟁 초기에 중요한 성과가 되었을 수도 있었다. 테르모필라이가 그리스에 들어가는 육지의 관문인 것처럼, 에우리포스 해협은 바다에서 그리스에 들어가는 관문이기 때문이었다.

24. 필리포스는 이때 데메트리아스에 가 있었다. 그가 동맹 도시의 참사 소식을 들었을 때는 이미 도와주기엔 너무 늦은 때였다. 상황 자체가 확연히 기울어져 지원이 무의미했던 것이다. 그럼에도 불구하고 지원 다음의 차선책은 복수였기에 왕은 즉시 5천 명의 경보병과 3백 명의 기병을 이끌고 전속력으로 칼키스로 갔다. 그는 로마인들을 압도할 수 있다는 확신이 있었다. 하지만 왕의 이런 희망은 곧 실망으로 바뀌었다. 왕이 칼키스에 도착했을 때 동맹 도시는 절반쯤 폐허가 되어 여전히 불타면서 연기를 내고 있었고, 얼마 남지 않은 생존자들이 싸움에서 죽은 자들을 묻고 있었기 때문이었다. 따라서 왕은 다시 다리로 해협을 건너 보이오티아를 통해 최대한 빠르게 아테네로 진격했다. 자신도 로마 군이 했던 것과 비슷하게 기습 공격을 벌이면 성공할 수 있다고 생각했던 것이다. 감시탑의 척후병이 왕의 군대가 진군하는 걸 보지 못했다면 실제로 그런 결과가 발생할 수도 있었다. (그런 척후병을 가리키는 그리스어의 뜻은 '하루를 달리는 자들'이었는데, 이들이 하루가 걸리는 어마어마한 거리를 달려와 적의 동향을 보고했기 때문이다.) 척후병은 적의 대열을 발견하고 적보다 훨씬 앞서 달려서 한밤중에 아테네에 도착했다.

아테네에선 며칠 전 칼키스에서 목격된 바와 같이, 경계병의 취침과 근무 태만이 그대로 목격되었다. 아테네 군대의 사령관과 용병 예비군 사령관 디옥시포스는 이런 두려운 정보에 자극을 받아서 행동에 나섰다. 그들은 포룸에 군인들을 부르고, 수도에서 집합 나팔을 울리라고 지시하여 적이 다가오고 있음을 널리 알렸다. 그 결과 온 동네 사람들이 성문과 성벽으로 몰려들었다. 몇 시간 뒤 아직 동이 트지 않은 시간에, 필리포스가 도시 가까운 곳에 도착했다. 그는 많은 불빛을 보았고 겁먹은 자들이 왁자지껄 내는 소리를 들었다. 그것은 혼란스러운 상황에서나 예상되는 움직임이었다. 그에 따라 왕은 진군을 멈추고 휘하 군대에게 진을 치고 쉴 것을 명했다. 왕은 당초 기습 공격하여 강제로 성문을 열 생각이었지만, 이제 그런 책략은 성공할 수 없게 되었다. 왕은 곧 디플론 성문[18]에 다가갔다. 도시의 정문이라 불릴 법한 곳에 있는 이 성문은 다른 성문들보다 훨씬 더 크고 넓었다. 이 성문 내부나 외부에는 드넓은 길이 있었고, 주민들은 그 덕분에 포룸부터 성문까지 전투 대형을 형성할 수 있었다. 아카데미의 연병장까지 이어진 2km 정도 되는 성벽 외부의 길이 있어서 적의 보병과 기병은 자유롭게 그 공간에서 움직일 수 있었다.

아테네 사람들은 아탈로스의 주둔군과 디옥시포스의 용병들과 함께 성문 내부에서 전투 대형을 형성하고 성벽 내부의 길을 따라 진군했다. 필리포스는 이런 움직임을 살피면서 적을 손쉽게 제압할 수 있다고 보았다. 그의 병사들은 분노를 폭발시키며 오랫동안 바라던 대학살을 자행할 수 있을 것이었다. 왕은 그리스 도시 중에서 아테네를

18 북서쪽 입구. 아카데미에서 아고라까지 통하는 길의 초입.

아주 미워했던 것이다. 그는 휘하 부대에게 전투 중에 자신에게서 눈을 떼지 말 것이며, 자신의 움직임에 따라 군기와 전열도 함께 움직이라고 지시했다. 그는 분노로 고양된 채, 곧 영광을 손에 거머쥘 거라고 생각하며 말에 박차를 가했다.

그가 보기에, 전투를 지켜보는 관중 그러니까 성벽에 몰린 어마어마한 인파는 멋진 전시품을 보기 위해 몰려든 관람객 같았다. 군중들은 전투에서 두드러지는 활약을 펼치는 자신을 지켜보게 될 것이었다. 왕은 전열 앞에 어느 정도 거리를 두고 소수의 기병과 함께 말을 달렸다. 그는 적이 가장 밀집한 곳에 압박을 가하며 휘하 장병에게 무한한 열의를 불러일으켰고, 그에 따라 적에게 극심한 공포를 안겨주었다. 왕은 백병전과 장거리 사격을 통해 다수의 적병에게 부상을 입힌 뒤에 적을 추격했고, 적 병사들을 성문 안으로 몰아넣었다. 왕의 병사들은 비좁은 길에서 겁에 질려 옹기종기 모여 있는 아테네 인들을 마구 학살했다. 왕은 무모한 공격을 가했음에도 불구하고 피해를 입지 않고 전장에서 빠져나올 수 있었다. 성문 위의 탑에 배치된 적병들이 무차별 공격을 하다가는 필리포스 군과 뒤섞인 동료를 다치게 할까봐 투척 무기를 던지지 않았기 때문이다.

이후 아테네 인들은 성벽 내부에 병력을 대기시켰고, 필리포스는 퇴각 신호를 보냈다. 이어 그는 키노사르게스에 진을 쳤는데, 그곳엔 숲에 둘러싸인 헤라클레스의 신전과 단련장이 있었다. 하지만 키노사르게스, 리케움, 그리고 모든 성소와 교외의 쾌락을 위한 휴양지는 불에 탔다. 건물, 심지어 무덤까지 철거되었고, 신과 인간을 가리지 않고 그 어떤 것도 필리포스의 억누를 수 없는 분노 앞에서 남아 있을 수 없었다.

25. 다음날 성문들이 처음엔 닫혀 있다가 아이기나의 아탈로스와 피라이오스의 로마 부대에서 온 지원군을 받아들이기 위해 갑자기 열렸다. 이에 필리포스 왕은 도시에서 5km 정도 떨어진 곳으로 진지를 옮겼다. 그 위치에서 왕은 엘레우시스로 떠났는데, 신전과 신전을 둘러싸고 내려다보는 요새를 급습하여 점령하겠다는 생각이었다. 하지만 그 도시는 방어에 부주의한 면이 전혀 없었고, 피라이오스에서 함대가 지원군을 데리고 움직이는 중이라는 소식을 알게 되자, 왕은 공격 시도를 포기하고 메가라로 이동하여 곧바로 코린토스로 나아갔다. 그곳에서 필리포스는 아카이아 연맹[19]이 아르고스에서 동맹 회의를 개최하고 있다는 걸 알게 되었다. 왕은 곧바로 그 회의장을 찾아갔고, 거기에 모인 아카이아 인들은 무척 놀랐다.

그들은 스파르타의 참주 나비스[20]에 대해 전쟁을 벌이는 문제를 의논 중이었다. 나비스는 아카이아 인들의 군대 지휘권이 필로포이멘[21]에서 키클리아다스로 넘어간 이후 붕괴되었다고 봤다. 따라서 그는

19 제2차 아카이아 연맹을 말하는 것으로서, 펠레폰네소스 북부의 여러 지역들이 기원전 280년에 결성한 연합체. 기원전 240년대와 230년대에는 마케도니아에 반대했으나 아르카디아 도시들이 이 동맹에 들어오고 특히 기원전 235년에 메갈로폴리스가 동맹에 들어오자, 스파르타가 적대적인 태도를 취하면서 동맹은 마케도니아를 지원하는 쪽으로 돌아섰다. 이 동맹은 제1차 마케도니아 전쟁 때에는 마케도니아 편을 들었고 기원전 205년의 포에니케 강화 조약 때에는 필리포스의 편을 들었다.

20 나비스는 고대의 여러 사료들에서 언제나 "참주"로 지칭되는데 대체로 폴리비오스의 『역사』에 영향을 받은 것이다. 폴리비오스의 아버지 리코르타스는 기원전 180년대에 아카이아 연맹의 주요 인물이었는데 언제나 나비스에 대해서는 적대적이었다. 나비스는 기원전 207년에 단독 왕(스파르타는 전통적으로 왕이 두 명이었다)이 되어서 혁명적인 좌파 정책을 많이 도입했다. 필로포이멘은 같은 시대에 아카이아 연맹의 주요 정치인이었다.

21 아카이아 연맹의 저명한 지도자이고 그 당시의 가장 위대한 그리스 정치가였다. 역사가 폴리비오스는 필로포이멘을 아주 존경했고 또 두 사람은 같은 메갈로폴리스 출신이었다. 플루타르코스는 『영웅전』에서 필로포이멘을 그리스를 해방시킨 로마 집정관 플라미

전쟁을 재개했고 인근 농촌 지역을 유린 중이었다. 이제 나비스는 인근 도시들에게도 심각하게 위협적인 존재가 되었다. 아카이아 인들이 이런 적을 상대로 한 전쟁을 위해 각 도시에서 얼마나 많은 병사를 징집해야 할지 논의하고 있을 때 필리포스는 나비스와 스파르타 인들에 관해서는 자신이 동맹의 걱정을 덜어주겠다고 약속했다. 왕은 즉시 그곳으로 군대를 보내 동맹의 땅이 완전히 파괴되는 걸 막기로 했다. 여기에 더해 그는 모든 전쟁의 공포가 벌어지는 장소를 라코니아로 옮기겠다고 말했다.

이 발언에 참석자들은 엄청난 박수를 보냈다. 필리포스는 계속해서 말했다.

"동시에 나의 힘으로 여러분의 소유물을 지키는 건 나의 소유물을 보호하는 힘이 사라지지 않는다는 조건에서만 가능한 일입니다. 따라서 오레오스, 칼키스, 코린토스를 보호하기 충분한 병력을 갖추라는 나의 요청을 여러분이 받아들인다면 나는 후방의 내 소유물이 안전하다는 확신을 갖고 나비스가 이끄는 스파르타 인들을 상대로 전쟁을 벌이겠습니다."

아카이아 인들은 이런 약속, 그리고 스파르타 인들에 맞서 싸우는 데 지원하라는 뜻을 곧바로 알아들었다. 그 목적은 펠로폰네소스 반도에서 아카이아 연맹 청년들을 인질로 차출함으로써, 그들 나라의 사람들로 하여금 필리포스의 대(對) 로마 항쟁에 동참시키려는 것이었다.

아카이아 인들의 최고 행정장관인 키클리아다스는 필리포스의 제

니누스와 비교하고 있다. 키클리아다스는 친 마케도니아 인사였는데 1년 간 군 지휘권을 행사한 후에 마침내 필리포스에게로 달아났다.

안을 받아들이기 어렵다고 판단했다.[22] 그래서 아카이아 연맹의 규칙은 동맹 회의가 소집된 안건 외에 다른 의제를 허용하지 않는다고 대답했을 뿐이다. 이어 그는 나비스에 대항하는 군대를 모집한다는 결정을 내린 뒤 동맹 회의를 해산했다. 그것은 결단력과 독립성이 돋보이는 행동이었다. 그때까지 키클리아다스는 필리포스 왕의 지지자로 분류되었으나 왕의 뜻에 반하는 행동을 한 것이었다. 그렇게 하여 필리포스는 큰 기대를 품었던 계획이 저지되었다. 왕은 소수 자원병을 모집한 뒤 코린토스로 돌아갔고, 그곳에서 아테네 영토로 들어갔다.

26. 필리포스가 아카이아에 나가 있는 동안에 그의 부하 사령관인 필로클레스는 2천 명의 트라키아 인과 마케도니아 인으로 편성된 병력을 이끌고 에우보이아에서 나와 엘레우시스 지역의 아테네 영토를 파괴하러 갔다. 이에 따라 필로클레스는 키타이론 산의 고개를 통과했다. 이어 그는 병력 절반을 사방으로 보내 농촌 지역을 약탈하게 했고, 나머지 병력으로는 매복 공격에 적합한 곳에다 숨겨 놓았다. 이렇게 한 것은 성벽을 두른 엘레우시스의 군대가 약탈중인 마케도니아 군에게 공격을 가하면 그들의 배후에서 갑작스러운 공격을 하기 위해서였다.

하지만 그들의 매복은 아테네 인들의 날카로운 감시를 피하지는 못했다. 따라서 필로클레스는 농촌 지역에 흩어진 약탈 부대를 다시 불러들이고 전투 대형을 형성한 다음 엘레우시스에 대한 정면 공격에 나섰다. 하지만 필로클레스는 엄청난 사상자를 내고서 공격에서 후퇴하여 아카이아에서 돌아온 필리포스와 합류했다. 왕도 나서서

---

22 키클리아다스는 친 마케도니아 인사였으나 회의의 분위기로 보아 그런 제안을 선뜻 받아들이기 어렵다고 확신한 듯하다.

그 도시를 공격하려 했지만, 피라이오스(아테네의 외항)에서 로마 전함들이 도착하여 도시에 주둔군이 투입되었다는 소식에 공략을 포기할 수밖에 없었다.

이어 필리포스는 병력을 둘로 나누어 필로클레스에게 절반을 주어 아테네로 보냈고, 자신은 피라이오스로 나아갔다. 그는 필로클레스가 아테네 성벽에 접근하여 공격하려고 하면 아테네 인들이 도시에 틀어박힘으로써 피라이오스 주둔군이 자연 줄어들게 되어 그곳을 점령할 기회가 생길 것으로 내다봤다. 하지만 피라이오스 공격은 엘레우시스 공격만큼이나 녹록하지가 않았다. 두 곳은 실질적으로 같은 방어자들에 의해 보호되고 있었다. 그러자 필리포스는 갑자기 아테네로 휘하 병력을 이동시켰다. 그러나 아테네 군대가 피라이오스와 아테네를 연결하는 절반쯤 붕괴된 기다란 성벽들[23] 사이의 비좁은 공간에서 갑작스럽게 기병과 보병을 출격시키는 바람에, 왕은 도시의 공격을 포기했다.

다시 한 번 그는 병력을 나눠 필로클레스에게 주고 농촌 지역을 약탈하러 나섰다. 이전에 그는 교외의 무덤들을 파괴하라고 지시했지만, 이번엔 그 어떤 것도 그냥 내버려 두지 않겠다면서 신들의 신전들과 아테네 지역의 성지들을 불태우고 파괴하라고 지시했다. 아티카는 이런 부류의 예술품으로 특별히 장식된 곳이었고, 지역 자체에 대리석이 풍부한 데다 예술가들의 재능도 남달라서 왕이 분노를 표출할 대상들이 많았다. 신전들을 파괴하고 조각상들을 쓰러뜨리는

23 이 성벽은 아테네를 팔레론과 피라이오스에 연결시키는 성벽인데 기원전 461년과 456년 사이에 건설되었다. 기원전 404년에 스파르타 인들에 의해 파괴되었으나 기원전 393년에 코논에 의해 재건되었다. 그러나 기원전 200년 무렵에는 또다시 절반쯤 붕괴된 상태가 되었다.

것으로 필리포스의 분노는 풀리지 않았다. 그는 건물들이 파괴되면서 생긴 돌들도 박살내라고 지시했다. 그 돌들이 폐허에 덩어리 채로 쌓여서 나중에 다시 사용되는 것을 원하지 않았기 때문이다. 분노가 진정되자(혹은 더는 분노를 풀 물건들이 남지 않자), 필리포스는 적의 영토에서 물러나 보이오티아로 갔다. 그는 그리스에서는 이렇다 할 업적을 성취하지 못했다.

27. 집정관 술피키우스는 당시 아폴로니아와 디라키움 사이에 있는 압소스 강 위에 진을 치고 있었다. 그는 부장 루키우스 아푸스티우스를 불러 병력 일부를 떼어주면서 적의 영토에서 약탈하라고 지시했다. 아푸스티우스는 마케도니아 변두리 지역을 약탈했으며, 첫 공격에 코르라굼, 게르루니오스, 그리고 오르게숨 요새들을 점령했다.

이어 그는 비좁은 계곡에 있는 안티파트레이아라는 도시에 도착했다. 그는 그 도시의 지도자들을 회담에 불렀고 그들을 회유하면서 로마의 보호를 받으라고 종용했다. 하지만 그들은 그의 제안을 일축하고 도시의 규모, 방어 시설, 입지 조건 등에 기대어 저항할 뜻을 표시했다.

아푸스티우스는 이에 무력으로 그 도시를 점령했다. 그는 그 도시의 군 복무 연령대의 모든 남자를 죽이고 모든 전리품을 휘하 병력에 분배한 후 도시 성벽을 파괴하고 도시를 불태웠다.

그리하여 아주 강력하고 잘 방비된 도시인 코드리오는 이런 처사에 위협을 느끼고 별 다른 저항 없이 로마 인들에게 항복했다. 주둔군을 그곳에 남긴 로마 지휘관은 크니도스를 공격하여 점령했는데, 그 도시는 그 자체보다는 아시아에 있는 같은 이름의 도시 때문에 더 유명했다.

부장은 엄청난 양의 전리품을 가지고 집정관과 합류하러 가던 도중에 필리포스의 지휘관 중 한 사람인 아테나고라스[24]에게 후위를 공격받게 되었다. 당시 도강 중이던 로마 군은 이에 따라 부대의 후미가 큰 혼란에 빠지게 되었다. 부장은 함성과 공황 소리를 듣고 전속력으로 말을 달려 후위로 가서, 앞쪽의 휘하 장병들이 뒤로 돌게 하여 중앙에 짐을 쌓아두고 전열을 다시 형성하도록 지시했다. 이렇게 되자 필리포스의 부대는 로마 병사들의 반격을 버텨내지 못했다. 필리포스 부대는 많은 자가 죽었고, 더 많은 자가 포로로 붙잡혔다. 부장은 이어 휘하 부대의 병력을 온전하게 유지한 채로 집정관과 합류했고, 즉시 함대로 돌아갔다.

28. 로마 군의 제2차 마케도니아 전쟁이 상당히 성공적으로 시작되자 마케도니아와 국경을 접한 땅의 군주들과 족장들이 로마를 지원하겠다며 로마 군 진지를 찾아왔다. 이들은 스케르딜라이도스의 아들 플레우라토스, 아타마니아 인의 왕 아미난드로스, 다르다니에서 온 롱가루스의 아들 바토였다. 롱가루스는 필리포스의 아버지 데메트리오스에 대항하여 자력으로 전쟁을 수행한 바 있었다. 집정관은 자신이 마케도니아로 군대를 이끌고 쳐들어갈 때 다르다니와 플레우라토스의 도움을 받고 싶다고 말했다. 동시에 그는 아미난드로스에게 아이톨리아 인들이 전쟁에 나서도록 종용하는 임무를 맡겼다.

이 무렵 아탈로스가 보낸 사절단이 집정관을 찾아왔다. 집정관은 이 사절들에게 이런 메시지를 주면서 왕에게 전하라고 했다: 아탈로스 왕은 아이기나(집정관의 겨울 숙영지)에서 로마 함대를 기다렸다가

24 제2차 마케도니아 전쟁에서 필리포스 군대의 주요 장군들 중 한 사람.

로마 함대와 합류하여 필리포스에 대항하는 해상 작전을 개시할 것. 또 집정관은 로도스 인들에게도 사절을 보내 이 전쟁에서 로마 편을 들면서 한 몫 해달라고 요청했다. 이제 마케도니아에 돌아온 필리포스도 똑같이 적극적으로 전쟁을 준비했다. 그는 소년에 불과한 아들 페르세우스[25]에게 병력 일부를 주어 펠라고니아로 가는 길들을 막게 했고, 그에게 후견인이 되어줄 고문 몇 사람도 함께 붙여주었다. 필리포스는 스키아토스와 페파레토스라는 다소 유명한 두 도시를 파괴했는데, 이는 두 도시가 적 함대에게 약탈을 당해 적에게 이득이 되는 것을 사전에 방지하기 위해서였다. 또 왕은 로마 인들의 도착으로 불안을 느끼는 아이톨리아 인들이 동맹을 바꾸는 걸 염려하여 그들에게 사절을 보내 회유했다.

29. 아이톨리아 연맹의 의회인 '범아이톨리아 의회'는 지정된 날짜에 개최되었다.[26] 필리포스 왕의 사절들은 회의에 때맞추어 도착하기 위해 발걸음을 재촉했고, 루키우스 푸리우스 푸르푸리오는 집정관이 보낸 대표 자격으로 회의에 참석했다. 아테네 인들이 보낸 사절 역시 회의장에 나타났다. 먼저 최근에 협정을 맺은 마케도니아 인들에게 발언 기회가 주어졌다. 그들은 상황이 변하지 않았기에 아무것도 새롭게 동맹에 기여할 것이 없다고 말했다. 아이톨리아 인들이 경험 상 로마와의 동맹은 무익하다는 걸 알고 있으며, 같은 이유로 전에 확립

---

25 나중에 마케도니아 왕위에 올라 로마를 상대로 제3차 마케도니아 전쟁을 일으키는 인물. 리비우스 로마사 41-45권에서 중요한 인물로 등장한다.

26 아이톨리아 연맹의 연합 의회는 1년에 두 번 소집되었다. 가을에는 테르무스에서 소집되기 때문에 테르미카(Thermica)라고 했다. 봄에는 동맹 지역 내의 다양한 도시에서 열렸는데 판아이톨리카(Panaetolica: 범아이톨리아 의회)라고 했다. 지금 이 의회는 나우팍투스라는 도시에서 개최되었다.

된 필리포스와의 평화 관계를 그대로 유지해야 한다고 마케도니아 인은 주장했다.

마케도니아 사절의 대표는 이렇게 말했다.

“아니면 여러분은 로마의 뻔뻔함, 아니, 로마의 배반이라고 할까요, 그런 걸 흉내 내고 싶으신 겁니까? 여러분이 로마에 보낸 사절들에게 로마 인들은 이처럼 답할 것을 지시했습니다. ‘그대 아이톨리아 인들이여, 우리의 허락도 없이 필리포스와 강화를 맺고 왜 우리에게 온 것이오?’ 이제 그 로마 인들은 여러분에게 필리포스 왕과 대적하여 전쟁에서 함께 싸울 것을 요구하고 있습니다! 그들은 과거에 여러분을 위해 무기를 드는 척을 하더니 이젠 우리 왕과 평화 관계를 유지하는 걸 금지하고 있습니다. 맨 처음 그들은 메사나를 돕겠다고 시칠리아로 왔고, 두 번째엔 카르타고 인들의 압제로부터 시라쿠사에 자유를 돌려주겠다고 하면서 그곳에 왔습니다. 그런데 결과는 어떻게 되었습니까? 그들은 메사나, 시라쿠사, 그리고 시칠리아 전역을 손에 넣었습니다.[27] 로마 인들은 시칠리아를 도끼가 달린 권표[28]의 대상이 되는 속주로 만들었습니다.

누가 우방이 되고 누가 적이 될 지 여러분은 재량껏 자유로운 선택을 해야 할 것입니다. 여러분은 결정한 바에 따라 평화나 전쟁을 받아들이게 될 겁니다. 비슷하게 시칠리아 공동체 의회도 시라쿠사나 메사나나 릴리바이움에서 열리는 건 분명합니다! 로마 법무관이 회

---

27 시칠리아는 제1차 포에니 전쟁(기원전 263-261)의 결과로 로마 인의 수중에 떨어졌다. 그러나 시칠리아의 참주 히에로니무스는 제2차 포에니 전쟁 중이던 기원전 214년에 카르타고 편을 들면서 로마에 반기를 들었다. 시칠리아는 기원전 211년 오랜 공성전 끝에 로마에 함락되었다.

28 사형과 체벌을 부과할 수 있는 권한의 상징으로 임페리움(imperium)의 상징이기도 하다.

의를 주재하고, 그의 명령에 따라 대표들이 소집되고, 모인 대표들은 법무관이 우뚝 솟은 연단에서 오만하게 법을 시행하는 모습을 보는 거죠. 그의 곁엔 길나장이 무리가 있고, 그들이 든 권표는 대표들의 등을, 도끼는 대표들의 목을 위협합니다. 해마다 추첨을 통해 뽑힌 다른 로마의 주인이 옵니다. 그런 일에 시칠리아 인들이 놀라서도 안 되고, 놀랄 수도 없습니다. 같은 지배의 대상이 된 이탈리아의 도시인 레기움, 타렌툼, 카푸아를 이미 봤다면 말이죠. 폐허가 되면서까지 로마의 힘을 늘려준 로마 인근 도시들은 굳이 말할 필요조차 없습니다. 카푸아는 실제로 캄파니아 인들의 무덤이자 기념물로서 존속하긴 했습니다. 그곳 주민들은 죽어서 매장되거나 추방당했고, 도시는 흉물스런 불구가 되었습니다. 원로원도, 평민도, 행정장관도 없는 그런 도시가 되었다는 뜻입니다. 이 어찌 흉물스러운 일이 아니겠습니까! 도시를 철저히 파괴하는 것보다 그런 곳에서 살게 하는 게 더욱 잔인한 일입니다.

단순히 바다와 육지로 떨어진 거리보다도 언어, 관습, 법률로 여러분과 훨씬 두드러지게 구분되는 외지인들이 이곳을 통제하게 되었는데 뭐라도 하나 이전과 같은 상태로 남아 있을 거라고 기대하십니까? 그렇다면 그건 순전한 광기일 뿐입니다. 필리포스 왕의 통치는 어느 정도 여러분의 자유를 억제하는 것처럼 보일지도 모릅니다. 비록 그분께서 정당한 이유로 여러분에게 화를 내긴 하셨지만, 그분께서 여러분에게 평화 말고 더 요구한 것이 있습니까? 그분께서 지금 바라는 건 여러분이 스스로 맹세한 평화에 충실해달라는 것 외엔 아무것도 없습니다. 타지 군단들을 이 지역으로 들여 자리를 잡게 하고, 그들의 멍에를 쓰게 되어 로마 인들을 주인으로 받아들이게 되면 여러분이 필리포스 왕을 동맹으로 부른 건 모두 허사로 돌아가고 모든 게 너무 늦은 일이 될 겁니다.

아이톨리아 인, 아카르나니아 인, 마케도니아 인은 때때로 발생한 하찮은 이유들로 분열되거나 통합되었습니다. 외지인들을 상대로, 야만인들을 상대로 모든 그리스 인은 지금도 그렇지만 영원히 전쟁을 해야 할 것입니다. 그들은 매일 바뀌는 이유로 적인 게 아니라 그들의 본성이 적이기 때문입니다. 인간의 본성은 영원합니다. 하지만 이제 저는 발언을 시작했던 곳에서 끝내려 합니다. 3년 전 바로 이 장소에서 지금 이 자리에 계신 분들은 그때 로마의 반대에도 불구하고 필리포스 왕과 평화 관계를 수립하기로 결정하고 맹세했습니다. 그런데 이제 로마 인들은 그때 결정되고 맹세된 평화를 뒤흔들려 하고 있습니다. 지금 문제가 된 상황에서 운명은 아무런 변화를 가하지 않았습니다. 운명도 바꾸어 놓지 않을 것을, 왜 여러분 스스로 그걸 바꿔야 하는지 그 이유를 모르겠습니다."

30. 마케도니아 인들 다음으로 아테네 인들이 로마 인들의 허락(실은 명령) 아래 회의장으로 들어왔다. 그들은 엄청난 고통을 겪었기에 필리포스 왕의 야만적이고 잔혹한 행동을 다른 사람들보다 더욱 정당하게 비난할 수 있었고 로마 인은 그 점을 노렸다. 아테네 인들은 자국의 농촌 지역이 공격을 받아 가련하게도 대대적인 파괴를 당한 것에 애통해했다. 그들은 적에게 당한 고통을 불평하지 않았다. 그들은 적법한 승인을 받은 전쟁법이 있기에 한쪽이 그것을 이용하면 다른 한쪽은 그것으로 고통 받을 뿐이라고 말했다. 곡물이 불타고, 집이 파괴되고, 사람과 동물이 전리품으로서 끌려가는 이 모든 건 고통 받는 자에겐 통탄할 일이었지만, 부당한 건 아니었다.

하지만 그들은, 로마 인들을 외지인이자 야만인으로 경멸하는 자(필리포스)가 인간과 신의 법을 모조리 타락시키고, 하계의 신들과 불경스러운 전쟁을 수행하는 것을 첫 파괴 행위로, 천상의 신들과 전쟁을 수행하는 것을 두 번째 파괴 행위로 저지른 것에 대해서는 항의했다. 그들의 영토에 있던 모든 무덤과 기념물은 파괴되었다. 세상을 떠난 모든 이들의 유령이 발가벗겨졌고, 어떤 유골도 흙을 덮고 누워 있지 못했다. 시골 지역에 살던 그들의 선조는 자신이 살던 작은 정착지와 마을에 성소들을 봉헌했는데, 훗날 그런 곳들이 하나의 도시로 통합된 뒤에도 그 성소들은 여전히 사람들의 보살핌을 받았다.

이런 모든 신전 주위에 필리포스는 파괴적인 불을 놓았다. 신들의 조각상은 성소의 쓰러진 문설주들 사이에서 절반은 불타고 절반은 훼손된 채로 쓰러져 있었다. 기회가 있었다면 그는 아이톨리아(그리스 중부 지방)와 그리스 전체를 아티카(그리스 중남부 지방. 아테네)와 같은 폐허의 상태로 만들었을 것이었다. 한때 예술품이 풍성했던 아티카 말이다. 로마 인들이 구원하러 오지 않았더라면 아테네 인들의 도시 역시 망가졌을지도 몰랐다. 도시를 보살피는 신들과 도시의 요새를 통솔하는 미네르바는 똑같은 범죄적 사악함에 괴롭힘을 당했을지도 몰랐다. 엘레우시스의 케레스 신전들, 피라이오스의 유피테르 신전과 미네르바 신전[29]도 동일한 참사를 당했을지도 몰랐다. 하지만 필리포스는 아테네와 로마 연합군의 무력에 의해 신전뿐만 아니라 성벽에서조차 쫓겨났고, 따라서 그는 사람들의 신을 존중하는 마음 하나로 보호되는 거룩한 성소들에 대신 분노를 터뜨렸던 것이다.

따라서 아테네 사절단은 아이톨리아 인들에게, 아테네 인들을 딱하게 여기는 불멸의 신들이 이끌고 그 뒤를 로마가 지탱하는 마케도

---

29 이 두 신전(제우스 소테르와 아테네 소테이라)는 서로 붙어 있어서 디소테리온(Disoterion)이라고 한다. 피라이오스 내의 어느 지점에 서 있었는지는 알려져 있지 않다.

니아 전쟁에서 로마 편에 참여해달라고 간청했다.

31. 로마 사절은 그 다음에 이렇게 말했다.

"마케도니아 인들이 가장 먼저, 그리고 그 다음에 아테네 인들이 발언하면서 제 연설의 틀을 크게 바꾸어야 할 것 같습니다. 왜냐하면 저는 이곳에 로마의 수많은 동맹 도시를 공격한 필리포스 왕이 저지른 잔인무도한 행동에 항의하러 왔기 때문입니다. 일부러 무리하게 로마를 비난한 마케도니아 인들 때문에 저는 마케도니아 비난보다는 로마의 변호에 더 중점을 두어야 할 필요가 생겼습니다. 아테네 인들이 지하와 천상의 신들에게 필리포스가 저지른 끔찍하고 무자비한 범죄를 자세하게 설명함으로써 저나 다른 사람이 더 이상 필리포스를 비난할 필요가 없게 되었습니다. 키오스, 아비도스, 아이노스, 마로네아, 타소스, 파로스, 사모스, 라리사, 그리고 이곳 아카이아의 메세네의 주민들도 똑같은 비난을 하고 있다는 점을 감안해 주십시오. 또한 필리포스는 더 극악한 피해를 입힌 곳에서는 더 큰 고통과 슬픔의 불평이 터져 나왔습니다.

필리포스가 우리에 대해 비난한 내용을 살펴보겠습니다. 우리 로마의 행동이 영광을 누릴 자격이 없다고 했죠. 우리의 행동이 옹호할 수 없는 측면도 있지만, 그 문제의 행동은 실제로 우리의 명예를 높여주는 것이었습니다. 그는 레기움, 카푸아, 시라쿠사의 일로 우리를 비난했습니다. 레기움에 관해 말하자면, 피로스와 전쟁 중에 그곳 주민들은 우리에게 방어용 부대를 보내달라고 간청했습니다. 그래서 우리는 1개 군단을 보냈지만, 이 군단은 보호하라고 보냈건만 오히려 도시를 범죄자처럼 점령했습니다. 그런데 우리가 그 파견 군단의 범죄를 승인했습니까? 아니면 범죄를 저지른 해당 군단을 항복시킨 뒤 그 군단에 보복을 가했습니까? 우리는 그렇게 하지 않았습니다.

우리는 범죄를 저지른 자들에게 매질을 가하고 그들의 머리를 베어 내는 것으로 동맹들에게 죗값을 치르면서 레기움 인들에게 도시를 돌려주고 땅, 모든 재산, 자유와 법률까지 원래대로 회복시켜 주었습니다.[30]

시라쿠사 인들은 외지인 참주들[31]에게 압제를 받고 있었고, 그들의 상황은 더욱 심각했습니다. 우리는 그들을 도우러 나섰고, 수륙 양면으로 지극히 방어가 잘된 도시를 거의 3년 동안 기진맥진하며 포위했습니다. 당시 시라쿠사 인들은 참주들에게 복종하는 게 우리에게 점령되는 것보다 낫다고 여겼기 때문이었습니다. 그럼에도 불구하고 우리는 로마 군의 군사력으로 시라쿠사를 점령하고 해방한 뒤에 그들에게 도시를 넘겨주었습니다.[32] 우리는 시칠리아가 속주라는 걸 부정하지 않습니다. 그곳엔 카르타고의 편을 든 공동체들이 있었고, 카르타고와 일치된 마음으로 우리를 적으로 돌려 전쟁을 펼쳤습니다. 그래서 조공과 세금을 바치게 되었죠. 오히려 우리는 여러분과 다른 모든 국가에 이 점을 알리고 싶습니다. 각 공동체의 운명은 우리에게 도움을 주느냐, 아니면 피해를 입히느냐에 달렸습니다.

다른 이야기를 해봅시다. 우리가 캄파니아 인들을 처벌한 일을 후

---

30 레기움은 피로스와의 전쟁 때 로마와 동맹 관계를 맺고 있었다. 레기움 사람들이 로마에 지원을 요청해와 1개 군단을 보냈다. 폴리비오스 『역사』 1권 7장에 따르면, 이 파견 군단을 지휘한 장군은 캄파니아 사람 데키우스 비벨리우스였다. 군단은 곧 도시를 장악했고 그곳에서 그리스 시민들을 축출하거나 살해했다. 로마는 이런 죄를 저지른 자들을 소환하여 로마 포룸에서 매질을 한 후에 목을 베었다.

31 히포크라테스와 에피키데스. 이들은 원래 시라쿠사 사람들이었으나 카르타고에서 태어나 성장했고 기원전 214년에 시라쿠사의 정권을 잡았다. 리비우스 『로마사』 24권 6-9장, 21-32장 참조.

32 시라쿠사의 왕 히에론의 죽음(기원전 215년) 이후에 시라쿠사는 카르타고 편에 붙었다. 시라쿠사는 기원전 211년에 로마 장군 마르켈루스에게 함락되었다.

회해야 할까요? 그들 자신조차 불평할 수 없는 그 일을 말입니다. 우리는 이 사람들을 위해 삼니움 인들과 70년 가까이 전쟁을 치렀고, 그 과정에서 커다란 참사를 겪었습니다. 우리는 처음엔 협정으로 그들을 우리와 통합시켰고, 이어 민족 간 결혼을 통해 가족 관계를 맺고 마침내 시민권까지 부여했습니다. 그럼에도 불구하고 우리가 불행을 겪을 때 캄파니아 인들은 우리 주둔군을 비참하게 죽이고 한니발에게로 넘어간 이탈리아 최초의 민족이 되었습니다. 그리고는 우리가 그들을 포위한 것에 분개하여 한니발을 보내 로마를 공격하게 했죠. 설령 그들과 그들의 도시가 전멸했다 하더라도 그러한 전멸을 그들이 마땅히 받아야 할 처벌보다 더 가혹한 처사라고 비난할 수 있겠습니까? 부역자들 중에는 우리가 처형한 자들보다 양심의 가책을 느껴 자살한 자들이 더 많았습니다. 우리는 분명 도시와 땅을 몰수했습니다. 하지만 동시에 충분히 살 수 있는 땅과 공간을 그들에게 허락했고, 도시도 온전한 상태로 유지하는 걸 묵인했습니다. 오늘날 카푸아 방문객들은 공격을 받고 점령되었다는 걸 알아채지도 못할 정도입니다.

하지만 우리가 카르타고를 정복하고 평화와 자유를 허락한 마당에 왜 제가 카푸아 이야기를 해야겠습니까? 우리가 지나치게 선뜻 정복된 자들을 용서함으로써, 장차 그런 관용을 기대하면서 더 많은 민족이 우리 로마를 상대로 전쟁을 벌이는 것, 그게 바로 우리에게 더 큰 위험입니다.

우리 행동을 변호하는 건 이것으로 충분하고, 필리포스에게도 답변이 되었을 겁니다. 그는 자기 가족을 죽이고,[33] 친척과 친구도 학살

---

33 자기 가족을 죽였다는 것은 필리포스가 막내 아들 데메트리오스를 죽인 것을 암시하는

했습니다. 그의 욕망은 그의 잔혹함보다 훨씬 더 흉물스럽습니다. 이 모든 건 여러분이 우리보다 더 잘 아실 겁니다. 더욱 마케도니아에 가까운 곳에 살고 있으니까요. 아이톨리아 연맹의 여러분에 관한 한 우리는 여러분을 위해 필리포스에 맞서 전쟁을 수행할 겁니다. 여러분은 우리를 배제하고 그와 강화를 맺었습니다. 여러분은 이렇게 응수하실 지도 모릅니다. 강제로 그와 강화를 맺었을 때 우리가 카르타고와의 전쟁에 몰두하느라고 쳐다보지도 않지 않았느냐고. 게다가 그 당시 왕은 지금보다 더 강력했고, 로마는 더 중요한 문제의 압박에 밀려 마케도니아 전쟁을 등한시했으므로 우리 아이톨리아도 따라서 그 전쟁을 등한시한 것이 아니냐고.

하지만 이제 카르타고와의 전쟁도 신들의 은총 덕분에 성공적으로 종결되었고, 우리는 마케도니아에 모든 전력을 투입했습니다. 따라서 여러분들에겐 우리 로마와 우호 관계를 쌓고 동맹을 회복할 좋은 기회가 주어졌습니다. 물론 여러분이 로마 인들에게 정복되어 필리포스와 함께 멸망하려고 하지 않는다면 말이죠."

32. 로마 사절의 이런 발언 이후 로마 인의 편에 서자는 분위기가 일반적으로 형성되었다. 하지만 아이톨리아 최고 행정장관 다모크리토스(보고에 따르면 필리포스에게 매수되었다)는 어느 쪽도 지지하지 않다가 이런 중요한 상황에서 신중한 협의의 최악의 적은 서두름이라고 주장하고 나섰다. 그는 후회는 빠르게 오지만, 소용이 되기엔 너무 느리게 온다고 하며 정신 없이 빠르게 결정되는 계획은 나중에 물릴

데 그 살해 사건은 기원전 182년에 있었고 지금은 기원전 200년이므로 이것은 시대착오라고 보아야 한다. 리비우스 『로마사』 제40권 29장 참조.

수 없다고 말했다. 그는 자기가 판단하기로 결정을 내리기까지 시간이 좀 더 무르익어야 할 것 같으니 기다려야 한다고 제안했고, 그리하여 다음과 같은 방식으로 날짜를 정하기로 되었다. 동맹의 규칙에 따르면 평화와 전쟁의 문제는 범아이톨리아나 테르모필라이 회의[34]에서만 논의할 수 있었다. 그에 따라 최고 행정장관이 평화인지 전쟁인지 논의하고자 하는 때에 의회를 소집해도 규정 위반이 아니라고 결정이 났다. 그리고 그렇게 소집된 의회의 결정은 범(汎) 아이톨리아나 테르모필라이 회의에서 결정된 것처럼 유효한 효력을 갖게 되었다. 이렇게 하여 로마냐 마케도니아냐에 대한 결정이 연기된 채로 사절들은 해산했고, 다모크리토스는 연합이 지극히 신중한 방침을 채택했기에 어느 쪽의 편을 들게 되든 더 나은 전쟁의 운명을 누릴 것이라는 의견을 표시했다.

여기까지가 아이톨리아 연맹의 의회에서 진행된 내용이었다.

33. 그러는 사이 필리포스는 수륙 양면으로 열심히 전쟁 준비에 매달렸다. 그는 테살리아의 데메트리아스에 해군 병력을 집중시켰다. 왕은 페르가몬의 왕 아탈로스와 로마 함대가 봄이 시작될 때 아이기나에서 움직일 거라고 추정하고 헤라클리데스에게 함대와 연안 지역의 지휘를 맡겼다(필리포스는 이전에 똑같은 내용으로 그에게 지휘권을 맡긴 바 있었다). 그러는 동안 필리포스 자신은 육군 병력을 소집했다. 그는 중요한 지지자인 아이톨리아 인과 다르다니아 인을 로마 인들에

34 아이톨리아 연맹 회의는 봄에는 판아이톨리카라고 하여 여러 도시에서 열리고 가을에는 테르몬에서 열려서 테르마이카라고 하는데, 리비우스는 이 테르마이카를 테르모필라이와 오해한 듯하다.

게서 떼어놓았다고 확신했다. 그의 아들 페르세우스가 펠라고니아로 통하는 길들을 봉쇄하고 있어서 그 두 부족은 로마와 접촉할 수 없기 때문이었다.

집정관은 전쟁을 준비 중이 아니라 이미 실제로 수행 중이었다. 그는 다사레티이 인들의 영토로 들어섰는데, 월동 진지에서 가져온 곡물엔 손도 대지 않았다. 이는 그 지역이 그의 부대가 먹기에 충분한 식량을 제공했기 때문이었다. 여러 도시와 마을이 로마 군에 항복했고, 이중 몇몇은 자기 의지로, 다른 몇몇은 두려움으로 항복해 왔다. 일부는 무력으로 점령되었고, 다른 일부는 빈 도시가 되었는데, 야만인들이 인근 산에 피난 둥지를 틀었기 때문이었다. 집정관은 베부스 강 인근 링코스에 영구 진지를 세웠고, 그곳에서 군마 사료 채취 부대를 다사레티이 인들의 곡물 저장고 주위로 파견했다.

필리포스는 그 지역에서 전반적인 동요가 발생하고 주민들 역시 극심한 불안을 느끼고 있다는 것을 잘 알았지만, 집정관이 나아가는 방향에 관해선 알지 못했다. 따라서 그는 기병대를 보내 적이 어디로 진군하는지를 파악하라고 지시했다. 집정관도 적의 동향에 대해서는 마찬가지로 확실하게 알지 못했다. 그는 필리포스가 월동 진지에서 떠났다는 걸 알았지만, 어느 방향으로 갔는지 파악하지 못했다. 따라서 그 역시 기병들을 보내 인근 지역을 정찰하게 했다.

다른 방향에서 오는 양군의 기병대는 다사레티이 인들의 영토에서 한동안 마구잡이로 돌아다니다 마침내 같은 길에서 마주치게 되었다. 각 기병대는 어느 정도 떨어진 거리에서 말을 탄 자들이 일으키는 소리를 들었고, 적이 다가오고 있다는 걸 알았다. 따라서 그들은 적을 보기도 전에 말과 무기를 점검하고 전투에 돌입할 준비를 마쳤다. 그리하여 적이 시야에 보이자마자 지체없이 전투가 벌어졌다.

공교롭게도 두 기병대는 수와 사기 면에서 호각이었고, 모두 정예병으로 구성되었던 터라 싸움은 몇 시간 동안 팽팽하게 전개 되었다.

마침내 사람과 말 모두 지쳐 전투는 종료되었고, 어느 쪽도 명쾌한 승리를 얻지 못했다. 마케도니아 인들은 40명을, 로마 인들은 35명을 전투에서 잃었다. 하지만 아직도 전투원들은 사령부에 보고할 확실한 정보가 없었고, 따라서 왕이나 집정관이나 적의 진지 상황을 제대로 파악하지 못했다. 그런 상황에서 관련 정보를 알려준 건 탈영병들이었다. 모든 전쟁에서 불안정한 기질을 가진 병사들은 탈영병이 되어서 적에게 정보를 제공하기 마련이었다.

34. 필리포스는, 이 우발적 교전에서 사망한 기병들의 시신을 진지로 모셔와 그들의 명예에 부합한 장례식을 치르고 모든 병사가 직접 참관할 수 있게 하라고 명령했다. 그는 자신의 인기를 높일 수 있고, 그렇게 하여 자신을 위해 휘하 장병들이 더욱 기꺼이 위험을 돌파하리라는 생각으로 그 장례식을 준비했다. 하지만 군중의 감정만큼 불확실하고 파악하기 어려운 것도 없다. 필리포스가 어떤 교전도 감당할 수 있게 하기 위해 마련한 장례식은 정반대로 장병들의 마음에 두려움을 심었고, 그 결과 그들은 더욱 교전을 꺼리는 태도를 보였다. 그들은 창, 화살, 드물게 긴 창으로 부상당한 병사들의 시신들을 보아 왔지만 그것은 그리스 인과 일리리아 인의 싸움에선 익숙한 것이었다. 하지만 이제 그들은 '스페인' 칼로 예리하게 잘린 주검을 보게 되었다. 양팔은 어깨가 붙은 채로 잘렸고, 머리는 목이 완전히 잘린 채로 몸에서 떨어져 나갔다. 내장이 그대로 드러났고, 다른 끔찍한 상처도 보였다. 장병들은 이런 부류의 무기, 그리고 그들이 대적해야 할 상대를 깨닫고 심한 두려움을 느끼면서 전반적인 공황 상태에 빠졌다.

필리포스 왕 자신도 두려움에 휩싸였다. 아직 그는 로마 인들을 전면전에서 만나본 적이 없기 때문이었다. 따라서 그는 아들 페르세우스를 불러들여 펠라고니아로 통하는 길을 지키던 병력을 자신의 병력과 합쳐서 숫자를 늘렸다. 왕은 또한 마케도니아로 들어가는 길을 플레우라토스와 다르다니아 인들을 위해 열어주었다. 필리포스는 2만 보병과 2천 기병을 이끌고 탈영병들을 안내인으로 삼아 적의 진지를 향해 출발했다. 이어 아타코스 근처 언덕에 도착하여 도랑을 파고 요새를 지어 진지의 방어를 강화했다. 이 진지는 로마 군 진지에서 2km 정도 떨어진 곳에 있었다. 필리포스는 자기 밑에 있는 로마 군의 진지를 관찰하고서, 그 질서정연하게 서로 떨어져 있는 모습, 막사의 가지런한 배열, 규칙적 간격을 유지하는 통로 등, 그 일정하고 규칙적인 배치에 깜짝 놀랐다. 또한 그는, 저런 진지를 야만인의 진지라고 생각할 수 있는 사람은 아무도 없을 거라는 말까지 했다.

집정관과 왕은 이틀 동안 진지에 틀어박혀 상대가 먼저 공격해 오기를 기다렸다. 사흘째 되는 날 로마 사령관은 전 부대를 이끌고 전투에 나섰다.

35. 필리포스 왕은 신속하고 결정적인 교전을 과감히 치르는 걸 두려워하지 않았다. 그는 4백 명의 트랄레스 인(일리리아 민족)과 3백 명의 크레타 인을 먼저 전선에 내보냈고, 이 보병대에 더해 같은 수의 기병을 자신의 지휘관 중 하나인 아테나고라스에게 떼 주면서 로마 기병들을 괴롭히게 했다. 그때 겨우 1km의 전열을 형성한 로마 군은 척후병들과 두 개의 기병 대대를 앞으로 내보내 보병과 기병이 수적으로 적에게 밀리지 않게 조치했다. 왕의 군대는 자신들이 늘 해오던 전투가 벌어질 거라고 예상했다. 즉, 기병대는 전진과 후퇴를 번갈아 하면서, 투척 무기를 적에게 날리고 뒤로 물러난다. 빠른 돌진

과 갑작스러운 돌격에 유능한 일리리아 인들은 그런 식으로 교전했고, 크레타 인들은 무질서하게 앞으로 밀고 들어오는 적에게 일제히 투척 무기를 퍼부었다.

하지만 로마 인들의 공격은 활발하면서도 완강하여 뒤로 물러서지 않았으므로 이런 적의 통상적 전술은 금방 난관에 봉착하여 혼란에 빠졌다. 로마 인들은 마치 전열이 전면전에 임하는 것처럼 일사불란하게 움직였다. 로마 군의 척후병들은 창을 던지기 시작했고, 이어 칼을 꺼내 백병전에 돌입했다. 기병대는 적에게 도착하자마자 말을 세우고 말을 탄 채로 싸우거나 말에서 내려 보병들과 함께 백병전에 뛰어들었다. 따라서 정지된 싸움에 익숙하지 않은 필리포스의 기병대는 로마 기병의 상대가 되지 못했고, 왕의 보병대 또한 맞수인 로마 보병대를 견디지 못했다. 왜냐하면 그들(왕의 보병대)은 변칙적으로 움직이는 척후병인데다 거의 어떠한 갑옷으로도 보호를 받지 못했기 때문이었다. 반면 가볍게 무장한 로마 인들은 방패와 칼을 갖춰 방어와 공격을 모두 원활하게 할 수 있었다. 그 결과 필리포스의 병사들은 전투 대형을 온전히 유지할 수 없었고, 빠른 발에만 의지하여 목숨을 구해 진지로 도망칠 수밖에 없었다.

36. 하루 간격을 둔 뒤 필리포스는 모든 기병대와 경보병대를 이끌고 전투에 나설 준비를 마쳤다. 동시에 그는 마케도니아 인들이 '펠타스트(peltast)'라 부르는 창과 둥근 방패를 든 병사들을 두 진지 사이의 편리한 장소에 매복시켜 감추어 두었다. 왕은 아테나고라스와 그의 기병들에게 야전에서 상황이 잘 풀리면 공을 올리고, 잘 풀리지 않으면 점진적으로 후퇴하여 적을 매복 장소로 끌어들이라고 지시했다. 기병들은 실제로 뒤로 물러났다. 하지만 매복한 펠타스트 부대 지휘관들이 신호를 기다리지 못하고 미숙하게 병력을 움직여 전공

을 올릴 기회를 놓쳤다. 로마 인들은 야전에서 승리하여 진지로 물러났고, 매복 공격도 당하지 않았다.

다음날 집정관은 모든 병력에게 전투 대형을 갖추라고 지시했고, 최전선 앞에 코끼리들을 배치했다. 로마 인들이 마케도니아 전쟁에서 이 코끼리 보조 부대를 활용한 건 이때가 처음이었다. 로마 군은 그 전에 포에니 전쟁에서 충분한 수의 코끼리를 확보해 두었던 것이다.[35] 적이 요새에서 전투를 피하는 걸 본 집정관은 고지로 올라가고, 심지어 누벽 앞까지 나아가기도 하며 적을 겁쟁이라고 조롱했다. 하지만 그렇게 자극해도 적은 전투에 응하지 않았다. 따라서 그는 진지를 거의 13km 떨어진 오톨로봄이라는 곳으로 옮겼다. 이렇게 한 이유는 두 진지 사이에 거리를 두어 약탈 부대를 안전하게 지키기 위해서였다. 적과의 거리가 가까우면 약탈 부대가 무척 위험해지기 때문이다. 적 기병대가 농촌 지역 사방으로 흩어진 사료나 군량 조달 병사들을 불시에 기습 공격할 가능성이 큰 것이다.

로마 인들이 인근 지역에서 군량을 조달하는 동안에 필리포스는 우선 휘하 장병들을 요새 내부에 대기시켰는데, 로마 군의 배짱을 키워 경솔하게 행동하는 걸 유도하기 위해서였다. 로마 인들이 크게 흩어진 모습을 보자 왕은 모든 기병을 동원하고 그 기병을 달려서 따라잡을 수 있는 크레타 보조 부대들도 함께 동원하여 최대한 서둘러 약탈대와 로마 군 진지 사이에 자리를 잡았다. 이어 필리포스 왕은 병력을 나눠 하나는 일행과 떨어진 약탈자들을 쫓게 하면서 단 한 명도

---

35 리비우스는 포에니 전쟁에서 코끼리를 포획했다는 얘기를 명시적으로 하지 않았다. 그러나 대부분의 코끼리들은 기원전 201년에 평화조약을 체결하면서 카르타고 측에서 넘겨준 것이다. 아마도 이것이 마케도니아 전쟁에 나선 로마 군이 가져온 코끼리들의 원천이었을 것이다.

살려둬선 안 된다고 지시했다. 그러는 사이 그는 다른 병력과 함께 로마 인들이 진지로 돌아갈 때 통과할 것이 분명한 길들을 막았다.

그리하여 곧 사방에서 피비린내 나는 전투가 벌어졌다. 이런 참사 소식은 아직 로마 군 진지에 도달하지 못했다. 도망치는 로마 인들이 길을 막은 필리포스의 병력과 만나 도망치는 것이 저지되었기 때문이다. 사실 약탈 부대를 궤멸시키러 나온 마케도니아 군 병력과의 전투보다 이처럼 길목을 지키는 병력과의 전투에서 더 많은 로마 인 사상자가 발생했다. 하지만 그래도 적의 초계병의 감시망을 빠져나온 로마 병사들이 몇 사람 있었다. 그들의 처참한 모습은 로마 군 진지에 현장 소식이 어떠한지 생생하게 전해주는 것이었으나 그보다는 로마 군 진지를 대혼란 속으로 빠트렸다.

37. 이에 집정관은 기병대를 내보내 최대한 아군을 지원하게 했고, 그러는 동안 집정관 자신은 진지에서 군단들을 이끌고 방진 형태로 적을 향해 나아갔다. 기병 일부는 농촌 지역 사방으로 퍼져 돌아다녔고, 각기 다른 장소에서 외치는 소리에 의해 길을 잘못 들었다. 그리하여 일부 기병들은 적과 직접 접촉하게 되었다. 이렇게 하여 많은 곳에서 동시에 전투가 벌어졌다. 길목을 지키던 왕의 직할부대는 가장 맹렬하게 싸웠다. 실은 그 지역에선 거의 전면전이나 다름없는 전투가 벌어지고 있었다. 왜냐하면 대규모 기병과 보병이 그 전투에 참가했고, 그 부대가 중앙 도로를 막고 있었기에 로마 병력 대다수도 그들과 충돌할 수밖에 없었다.

여기서 마케도니아 인들에게 유리한 한 가지 사실은 왕이 그곳에서 직접 휘하 장병들을 격려하고 있다는 것이었다. 크레타 보조 부대들은 기습 공격을 감행하여 로마 군에 많은 사상자를 냈다. 그들은 전투를 미리 준비한 채로 밀집 대형으로 싸운데 반해 로마 군은 흩어져 전투 대형을 이루지 못하고 싸워서 병력 수의 중과부적에서 생겨난 결과였다.

사실 마케도니아 군이 추격을 자제했다면 그때까지 올린 전공으로 사기가 높아지는 건 물론이고, 전쟁에서 결정적인 승리까지 거머쥐었을지도 모른다. 하지만 그들은 자제력을 잃고 학살을 하러 나섰고, 그러다가 도중에 로마 보병대를 만났다. 이에 도망치던 로마 기병대는 전우의 군기가 펄럭이는 것을 보고서 곧바로 방향을 틀어 요격해 왔다. 그들은 이제 무질서한 상태로 우왕좌왕하는 마케도니아 군에게 달려들었고, 곧바로 전투의 운명은 뒤집혔다. 추격자들은 쫓기는 자들이 되어 황급히 도망쳤다.

백병전에서 많은 병사들이 죽었다. 도망치면서도 많은 자가 쓰러졌다. 사상자는 칼로만 생긴 게 아니었다. 적의 일부는 늪으로 던져졌고, 진창에 말과 함께 삼켜져서 목숨을 잃었다. 필리포스조차 위태로운 순간이 있었다. 그의 말은 상처를 입고 쓰러졌고, 그때 왕은 땅으로 곤두박질쳤는데, 쓰러진 곳에서 짓밟혀 죽는 걸 가까스로 피했다. 왕은 어떤 마케도니아 기병에 의해 가까스로 구출되었다. 이 기병은 빠르게 안장에서 내려 겁에 질린 왕을 들어 올려 자신의 말에 태웠다. 그 기병은 말을 타고 도망치는 왕을 도저히 걸어가면서 따라잡을 수는 없었고, 아까 필리포스가 낙마하는 걸 보고 전속력으로 달려온 로마 기병들의 공격을 받고 그 자리에서 쓰러졌다. 왕은 공포에 휩싸인 채로 도망치면서 때로는 습지, 때로는 길, 때로는 탁 트인 지역을 달려서 겨우 진지에 도착했다. 당시 그의 부하 대다수가 그가 안전하게 돌아올 거라는 기대를 접고 있었다. 이 전투에서 2백 명의 마케도니아 기병이 전사했고, 거의 1백 명이 포로가 되었다. 로마 인들은 80마리 정도의 마구를 완전히 갖춘 말을 포획하고, 무기를 전리품으로 챙겼다.

38. 몇몇 사람은 그날 왕의 무모한 처사를 비난했고, 다른 몇몇 사람은 집정관을 우유부단하다고 비난했다. 비난하는 자들에 의하면 필리포스는 그날 군대를 움직이지 말았어야 했다. 며칠 안에 로마 인들이 모든 인근 농촌 지역을 고갈시켜서 결국 로마 병사들이 극한의 궁핍 상태로 전락하리라는 것을 알았기 때문이다. 그러니 로마 군이 굶어서 허기졌을 때까지 기다리면 충분히 이길 수 있었다는 얘기이다. 반면 집정관을 비난하는 자들은 왕이 거의 붙잡힐 뻔한 직후에, 패주하는 적의 기병과 경보병을 쫓아 곧바로 적의 진지까지 나아갔어야 했다고 주장했다. 적이 극도로 동요되어 공격에 대비하지도 않았을 것이니 그렇게 추격했더라면 당장 전쟁이 끝났을 수도 있었다는 뜻이었다.

자주 있는 일이지만, 전쟁터에서 말은 하기 쉽지만 행동은 하기가 어렵다. 필리포스가 모든 기병을 동원한 것처럼 모든 보병을 동원한 상태에서 그런 혼란스러운 상황을 맞이하고, 전투에서 패배하여 공황 상태가 된 모든 병사들이 누벽으로 피신했다가, 승리한 로마 군이 방어 시설을 넘기도 전에 곧장 마케도니아 진지로부터 도망쳤다면, 왕은 제대로 진지에 들어가지도 못했을 것이다. 하지만 그의 보병대는 진지 안에 온전하게 남아 있었고, 소초와 전초 기지가 진지의 문 밖에 있으면서 철저히 경계를 했다. 이런 상황에서 집정관이 할 수 있는 일이 적의 낙오병을 뒤쫓는 일밖에 없었다. 조금 전에 필리포스도 도망치는 로마 군 기병대를 분산된 병력으로 뒤쫓게 한 것처럼 말이다.

사실 농촌 지역에 퍼진 약탈 부대를 공격한다는 왕의 첫 계획은 왕이 전공을 적당히 추구했더라면 아무런 비판도 받지 않았을 것이다.

이런 식으로 왕이 운명을 시험하려 했던 것은 플레우라토스와 다르다니아 인들의 움직임에 대하여 떠도는 소문을 고려하면 그리 놀라운 일도 아니다. 보고에 따르면, 그들은 자국에서 대군을 이끌고 길을 따라 나와 마케도니아로 들어섰다. 만약 필리포스가 이 병력들에 포위되었다면 로마 인들은 가만히 앉아서 전쟁을 끝낼 수 있었다. 이러한 생각은 결코 과도한 상상이 아니었다.

마케도니아 기병대가 두 번 패배를 당한 뒤 필리포스는 같은 진지에 틀어박혀 움직이지 않고 있는 건 훨씬 위험한 일이라고 판단했다. 그는 현재의 위치에서 물러나 적에게 들키지 않은 채로 빠져나가려고 했으며, 이러한 숨겨진 목적을 위해 해가 저물 때 집정관에게 전령을 보내 죽은 기병들을 매장하는 동안 휴전을 하자고 요청했다. 이어 제2경(밤 9시)에 왕은 모든 진지에 수많은 불을 타오르게 하여 아직도 진지에 머무르고 있는 것처럼 로마 군을 속이면서 조용히 그곳을 떠났다.

39. 집정관은 필리포스가 보낸 전령이 도착하여 방문 목적을 알렸을 때 휴식을 취하는 중이었다. 그는 다음날 일찍 회담을 할 기회가 있을 것이라고 간단히 대답함으로써, 필리포스가 원하라는 대로 철수할 수 있게 해주었다. 왕은 그날 밤과 다음날로 이어지는 이른 시간에 빠르게 진지에서 철수했다. 왕은 로마 군의 중무장 대열이 선택하지 않을 법한 길을 따라 산으로 향했다. 동이 틀 때 집정관은 휴전을 승인하고 마케도니아 전령을 물러가게 했다. 머지않아 그는 적이 사라졌다는 걸 알게 되었지만, 어느 길로 쫓아야 할지 알지 못했다. 그래서 집정관은 며칠 동안 같은 진지에서 군량을 모으면서 시간을 보냈다.

이어 집정관은 스투베라로 향했고, 곡물이 밭에 그대로 있던 펠라고니아로 나아갔다. 그곳에서 그는 플루인나로 움직였는데, 여전히 적이 이동한 방향에 관한 정보는 없었다. 그러는 사이 필리포스는 브루아니움 근처에 자리를 잡았다. 그곳에서 샛길을 따라 나아간 필리포스는 로마 군에게 갑작스러운 위협을 안겼다. 따라서 로마 인들은 플루인나를 떠나 오스파고스 강 옆에 진을 쳤다.

필리포스는 그곳에서 멀지 않은 곳에 자리를 잡았고, 그 지역 주민들이 에리고노스라 부르는 강의 둑에 서둘러 진지를 세웠다. 로마 인들이 에오르다이아로 향할 것으로 확신한 필리포스는 서둘러 입구가 비좁은 길을 장악하여 로마 인들이 그곳에 가는 것을 막았다. 왕은 황급히 임시변통으로 만든 방어 시설로 길을 완전히 막고, 어떤 곳엔 누벽을, 다른 어떤 곳엔 도랑을, 혹은 벽 대신에 돌무더기를, 혹은 쓰러진 나무 장벽을 세워서 장애물이 되게 했다. 이것은 지형지물과 동원 가능한 재료에 맞추어 임기응변한 대응이었다. 왕은 이런 장애물들을 길 사방에 늘어놓고서 원래 지나가기 어려운 길이 도저히 지나갈 수 없게 되었다고 생각했다.

고갯길 주위는 나무가 엄청나게 우거진 곳이라 마케도니아 중장보병대에게 크게 불리했다. 이 부대는 일종의 울타리를 형성하는 방패 앞으로 긴 창을 찌를 수 없으면 쓸모가 없었으므로 탁 트인 지역에서나 제대로 기동할 수가 있었다. 트라키아 인들 역시 그와 비슷하게 아주 기다란 창을 가지고 있어 사방에 돌출된 나뭇가지들 때문에 방해를 받았다. 그나마 유일하게 도움이 되는 건 크레타 파견대였다. 하지만 그들은 무방비 상태의 말과 기병을 상대로 효율적인 화살 공격을 가할 수 있었을 뿐, 로마 인들의 방패를 관통할 힘은 없었다. 게다가 그런 방패가 가로막고 있어서 로마 군 병사의 노출된 신체를 노리기가 어려웠다.

이런 무기가 아무런 쓸모가 없는 걸 깨달은 그들은 계곡 사방에 널린 돌을 집어 들고 로마 군을 공격했다. 이렇게 방패에 돌이 쏟아지자 잠시 로마 군의 진군이 지연되었다. 그러나 투석 공격은 로마 인들에게 피해를 입히기보다 소리만 요란할 뿐이었다. 마치 이런 공격을 경멸이라도 하듯이 일부 로마 인은 머리 위에 방패를 올려 거북이 대형[36]을 형성하여 곧장 적에게로 나아갔다. 다른 로마 병사들은 곧바로 적진을 우회하여 산등성이에 도착했고, 이 유리한 거점으로부터 겁먹은 마케도니아 인들을 몰아냈다. 그곳은 지형이 도망치기 어려운 곳이었으므로 많은 마케도니아 인이 죽음을 맞이했다.

40. 로마 군은 이렇게 예상보다 강도가 떨어지는 전투를 벌이고 고갯길을 점령한 후에 에오르다이아에 도착했다. 집정관은 그곳의 농촌 지역을 완전히 파괴한 뒤 엘리미아로 향했다. 그곳에서 그는 오레스티스를 공격하고 반도(半島)에 있던 요새인 켈레트롬에도 공격을 가했다. 요새의 성벽은 호수로 둘러싸여 있었고, 뭍에서 접근하는 유일한 방법은 비좁은 땅을 거쳐 가는 것뿐이었다. 처음에 주민들은 천혜의 자연 환경을 믿고서 성문을 단단히 걸어 잠근 채 항복을 거부했다. 하지만 로마 인들이 거북이 대형으로 군기를 앞세우며 성문으로 접근했고, 비좁은 둑길을 가득 메우며 쇄도해 왔다. 그들은 그 모습을 보자 공황에 빠져 싸울 생각도 하지 않고 항복했다. 집정관은 켈레트롬에서 다사레티이 인들의 영토로 나아갔고, 펠리온이란 도시를 습격하여 점령했다. 그곳에서 그는 전리품과 함께 노예를 데려왔

36 투척 무기나 화살이 날아올 것이 예상되는 성벽을 공격할 때, 로마 군은 저 유명한 거북이 대형(라틴어 원어는 testudo)을 형성하여 나아갔다. 이것은 방패를 병사들의 머리 위로 들어올려서 단단한 거북이 등 껍질 같은 상태를 만든 것을 가리킨다.

다. 자유민은 몸값을 받지 않고 풀려났고, 도시는 다시 그 자유민들에게 돌아갔다. 도시엔 강력한 주둔군이 배치되었는데, 마케도니아에 공격을 가하기 편리한 위치에 있었으므로 단단히 확보해야 할 필요가 있었던 것이다. 집정관은 적의 농촌 지역을 통과한 뒤에 휘하 병력을 이끌고 전쟁을 시작했던 곳인 아폴로니아 주변의 평화로운 지역으로 돌아갔다.

필리포스는 아이톨리아 인, 아타마니아 인, 다르다니아 인들이 이곳저곳에서 여러 전쟁을 일으켜 한 군데 온전하게 집중할 수가 없었다. 다르다니아 인들은 이제 마케도니아에서 물러나는 중이었다. 왕은 아테나고라스에게 경보병과 그보다 더 많은 수의 기병을 주어 그들을 상대하게 했다. 아테나고라스는 왕의 지시에 따라 물러나는 다르다니아 인들을 후방에서 압박하고, 그들의 후위를 괴롭힘으로써 나중에 고향에서 다시 출격하는 걸 막아 버릴 생각이었다. 동맹의 지휘관 다모크리토스는 나우팍토스에서 전쟁을 연기한 장본인이었지만, 오톨로봄의 기병전, 일리리아 인과 발을 맞춘 플레우라토스와 다르다니아 인의 마케도니아 침공에 관한 보고를 받고서, 다음번 동맹의 국무회의에 참석하여 아이톨리아 인들을 전쟁에 나서도록 만들었다. 물론 오레오스에 로마 함대가 도착하여 해안에 정착한 수많은 마케도니아 인에게 해상 봉쇄를 가한 것도 그런 조치를 취하게 만든 또 다른 이유였다.

41. 이러한 이유들이 바로 다모크리토스와 아이톨리아 인들이 로마와 동맹 관계를 회복하게 된 이유였다. 그들은 아타마니아 인의 왕 아미난드로스에게 합류하여 케르키니움을 포위하기 시작했다. 그곳 주민들은 성문을 닫아걸고 있었다. 그러한 저항은 그들의 자유 의지일지도 모르지만, 강요에 의한 것이었을 수도 있었다. 그곳엔 필리포

스의 주둔군이 배치되어 있었기 때문이다. 하지만 며칠 만에 케르키니움은 점령되어 불에 타올랐다. 이 대참사에서 살아남은 자들은 노예와 자유민을 가리지 않고 약탈한 물건들과 함께 성 밖으로 끌려갔다. 이 도시가 맞이한 운명에 두려움을 느낀 보이베 습지 주변의 주민들은 모두 도시를 떠나 산으로 피신했다.

아이톨리아 인들은 약탈할 것이 부족하자 그곳을 떠나 페라이비아로 나아갔고, 그곳에서 키레티아이를 습격하여 점령하고 무자비하게 약탈했다. 이어 그들은 자발적으로 항복한 말로이아 주민들을 동맹의 일원으로 받아들였다. 페라이비아 이후 아미난드로스는 곰피를 상대하기 위해 군대를 이동시켰다. 이 도시는 아타마니아 국경에 가까웠는데, 큰 전투 없이 점령할 수 있을 것처럼 보였다. 하지만 아이톨리아 인들은 테살리아의 농촌 지역으로 나아가 풍요로운 들판을 약탈하고자 했다. 아미난드로스는 아이톨리아 인들의 뒤를 따랐다. 그는 아이톨리아 인들이 지리멸렬하게 아무데나 약탈하는 것, 그리고 최적의 입지 선정과 방어는 신경 쓰지도 않고 내키는 대로 진지를 세우는 것에 동의하지 않았지만, 별 수 없는 일이었다. 아이톨리아 인들이 파르카돈이라는 도시 근처의 평지에 진을 치는 걸 보고 그는 1km 떨어진 언덕을 점령했다. 그곳은 수비를 다소 덜 엄중하게 해도 안전했고, 그의 동맹이 경솔하고 부주의하게 행동하여 참사가 벌어지더라도 그와 휘하 장병들은 휘말리지 않을 수 있었다.

아이톨리아 인들은 적의 영토에 들어왔다는 걸 거의 인지하지 못했고, 그저 약탈에만 집중할 뿐이었다. 몇몇은 절반만 무장한 채로 마구잡이로 돌아다녔고, 다른 몇몇은 진지에서 맡은 일을 내팽개치고 밤낮없이 술을 마시고 아무데나 쓰러져서 잤다. 이 시점에 필리포스가 느닷없이 그들을 공격해 왔다. 그가 접근한다는 소식은 농촌 지역에서 겁을 먹은 도망자들 몇몇에 의해 전해졌고, 다모크리토스와 다른 지휘관들은 공황에 빠졌다. 때는 한낮이었고, 아이톨리아 인 대다수가 포식으로 무기력에 빠져 쿨쿨 자는 중이었다. 병사들은 전우들을 깨우기 시작했고, 무장을 갖추라고 말했다. 전령들은 농촌 지역에 온 사방으로 흩어진 약탈자들에게 돌아오라고 지시했다. 불안감이 엄청났기에 몇몇 기병은 칼도 없이 떠났고, 기병 대다수가 흉갑을 빠뜨렸다. 그렇게 황급하게 움직여서 소집한 기병과 보병은 다 합쳐 겨우 6백 명이었는데, 숫자, 장비, 사기 면에서 모두 우월한 왕의 기병대에 맞서야 했다. 그 결과 첫 대결에 그들은 완패했고, 거의 저항도 하지 못하고 수치스럽게 진지로 도망쳤다. 마케도니아 기병대에 의해 퇴로가 차단된 도망자들은 죽거나 붙잡혔다.

42. 휘하 장병들이 요새에 접근하자 필리포스는 퇴각 나팔을 불라고 명령했다. 전투의 피로보다는 오래 과도한 속도로 행군해 왔기에 말과 사람이 모두 지쳐 있었던 것이다. 이어 왕은 명령을 내려 기병은 대대 단위로, 경보병은 중대 단위로 차례에 따라 물을 길어오고 식사를 하게 했다. 그는 병력 일부를 떼어 무장한 채로 보초를 세웠는데, 이는 장비의 무게로 점점 느릿느릿하게 움직이는 보병대를 기다리기 위해서였다. 진지에 도착한 보병대는 지시에 따라 군기를 땅에 꽂고 무장을 쌓아뒀으며, 서둘러 식사를 했다. 각 중대에선[37] 물을 길어 오기 위해 한 번에 두 명, 혹은 세 명 정도 떠났다. 그러는 사이 기병대와 경보병대는 전투 대형을 갖추고 있었는데, 적이 움직이는

37 리비우스는 마케도니아 군에 로마 군의 용어를 사용하고 있다. 중대(maniple)는 필리포스의 군대 내에서는 없는 군부대 단위이다. 유명한 마케도니아 중장보병대는 이런 하부 단위의 유연성이 없었기 때문에 결국 사라지게 되었다.

걸 대비하기 위해서였다. 농촌 지역에 흩어져 있던 부대가 이제 모두 모인 아이톨리아 인들은 문과 요새 주위에 무장한 보초들을 세워 방어 시설을 지키게 했고, 안전한 위치에서 사기충천한 채 움직이지 않는 적을 지켜봤다. 하지만 마케도니아 군기들이 앞으로 움직이고 부대들이 전투 대형으로 요새에 접근하기 시작하자 그들은 갑자기 맡은 자리를 떠나 진지 반대편 방향으로 도망쳐 언덕의 아타마니아 인 진지로 갔다. 여기서 한 번 더 아이톨리아 인들은 공포에 휩싸여 도망치는 중에 죽거나 붙잡혀 큰 손실을 입었다.

햇빛이 충분히 남아 있었더라면 필리포스는 아타마니아 인들 역시 진지에서 틀림없이 몰아냈을 것이었다. 하지만 낮 시간 전부를 싸우는 데 쓰고 이후엔 아이톨리아 인 진지를 약탈했기에 왕은 언덕 아래에 평지에 가까운 곳에 진을 쳤다. 그것은 다음날 해가 뜨자마자 적을 공격하기 위한 것이었다. 하지만 아이톨리아 인들은 아직도 진지를 떠날 때의 공포에 사로잡혀 있었으므로 밤중에 흩어져 도망쳤다. 아미난드로스는 그들에게 큰 도움을 주었다. 그의 지휘 아래, 길을 잘 아는 아타마니아 인들이 도주를 도와주었다. 그들은 추격해 오는 적이 모르는 길을 아이톨리아 인들에게 알려주어 안전하게 산 정상을 넘게 했다. 그 덕분에 아이톨리아 인들은 무사히 고향으로 돌아갔다. 하지만 일부 아이톨리아 인들(많은 숫자는 아니었다)은 뿔뿔이 흩어져서 도망치다 길을 잘못 들어 마케도니아 기병대에게 붙잡혔다. 동이 트자 적의 언덕 진지가 버려졌다는 걸 알게 된 필리포스는 기병대를 보내 적의 대열을 공격하게 했다.

43. 왕의 부하 사령관인 아테나고라스 역시 이때 적극적으로 작전 활동에 나섰다. 그는 자기 영토로 물러나는 다르다니아 인들을 따라잡아 그들의 후위에 혼란을 일으켰다. 다르다니아 인들이 방향을 돌

려 전열을 형성하고 반격해 오자 정규전이 펼쳐졌으나 승패가 결정되지는 않았다. 다시 다르다니아 인들이 고국으로 진군을 시작하자 필리포스의 병력은 기병대와 경보병대로 적을 괴롭혔다(적은 기병대와 경보병대가 없었다). 지형 역시 마케도니아 인들에게 유리했다. 다르다니아 인은 죽은 자가 그리 많지 않았으며 그에 비해 부상자들은 많았다. 하지만 아무도 포로로 붙잡히지 않았는데, 병사들이 충동적으로 대열을 이탈하지 않은 데다 전투를 하거나 퇴각할 때 밀집 대형을 유지하면서 움직였기 때문이다.

이렇게 필리포스는 시의적절한 공격을 통해 두 부족을 억제했고, 대담한 선제공격으로 성공을 거두어서 로마 인과 전쟁하며 겪은 피해를 만회했다. 또한 행운의 사건이 벌어져서 아이톨리아 인의 병력을 감축시켰다. 과거에 아이톨리아의 지도자였던 스코파스[38]는 프톨레마이오스 왕에게서 엄청난 양의 황금을 받고 알렉산드리아에서 왔는데, 그는 아이톨리아 인들 중에서 6천 명의 보병과 5백 명의 기병을 고용하여 이집트로 보냈다. 사실 그는 군복무 연령대의 아이톨리아 남자를 다모크리토스가 아니었다면 단 한 명도 남기지 않을 기세로 모병을 했다. 다모크리토스는 아이톨리아 사람들에게 임박한 전쟁을 경고하며 인구가 이렇게 감소되어서는 안 된다고 지적했다. 이런 맹비난을 통하여 그는 어느 정도 장정들을 조국에 남겨둘 수 있었다. 하지만 이것이 애국심에 의한 행동이었는지, 뇌물을 주지 않은

---

38 스코파스는 기원전 220/19년에 동맹의 지도자였고 다시 212/11년에도 지도자를 역임했다. 그는 친척 도리마코스와 함께 로마와의 동맹을 성사시켰다. 그러나 그 후에 정치적으로 실각하여 두 사람은 아이톨리아를 떠났다. 폴리비오스의 『역사』 13권 2장에 따르면, 스코파스는 알렉산드리아로 가서 프톨레마이오스 5세 에피파네스 군대의 용병이 되어 높은 지위에 올랐다.

스코파스에 대한 반발이었는지는 불분명했다.

44. 이것이 로마 인과 필리포스가 여름 동안 육지에서 보여준 행동들이었다. 같은 해(기원전 200년) 여름이 시작될 때 로마 군의 부사령관 루키우스 아푸스티우스가 지휘하는 함대는 코르키라를 떠나 말레아 곶을 돌아 헤르미오네 지역 스킬라이움에 있는 아탈로스 왕과 합류했다. 그때까지 필리포스에 대한 아테네 공동체의 분노는 공포에 의해 억눌려왔다. 하지만 이제 머지않아 로마 군의 도움을 받을 수 있다는 생각에 그들은 분노를 마음껏 분출했다. 민중의 열정을 불러일으키고자 아테네 인들의 혀는 언제든 기꺼이 쉴 새 없이 움직였다. 이런 부류의 웅변술은 모든 자유 공동체에서 군중의 갈채로 육성되었다. 하지만 이는 특히 아테네에 딱 들어 맞는 말이었는데, 그곳에선 웅변이 큰 영향력을 지녔던 것이다.

아테네 민회는 즉시 다음과 같은 제안을 승인했다.

- 필리포스의 모든 조각상과 초상화, 그런 물건들에 새겨진 글, 그리고 남녀 불문하고 그의 조상들에 관해 새겨진 글은 모조리 제거하고 파괴한다.
- 필리포스나 그의 선조들을 기리는 축일, 의식, 사제는 전부 그 존엄성을 박탈한다.
- 필리포스를 기리는 기념비나 비문이 있는 장소는 어디든 반드시 저주받을 것이며, 이후 평범한 땅에는 얼마든지 세워지거나 봉헌될 수 있는 것들도 그런 신성한 곳에 세우거나 봉헌하려고 하는 결정은 모두 불법이다.
- 아테네 인과 그들의 동맹, 그들의 육군과 해군을 위해 기원할 때마다 사제들은 필리포스와 그의 가족, 그의 왕국, 그의 육군과 해군, 마케도니아 종족 전체와 그 이름에 저주와 증오를 퍼부어야

한다.

이런 결정에 덧붙인 조항도 있었다. 누구든 필리포스에게 치욕을 주고자 하는 제안을 하면 아네테 인은 한마음으로 그것을 통과시키고, 필리포스가 망신을 당하는 걸 막거나 그의 명예를 높이는 언행을 하는 자는 죽여도 합법이라는 것이었다. 아테네 민회가 결정한 마지막 조항은 과거 참주였던 페이시스트라토스의 후예들[39]에게 내려졌던 모든 포고령을 필리포스에게도 그대로 적용한다는 것이었다. 이것이 필리포스에 대하여 아테네 인들이 말로 혹은 글로 벌인 전쟁이었다. 언어는 아테네 인들이 유일하게 강세를 보이는 분야였다.

45. 아탈로스와 로마 인들은 헤르미오네를 떠나 우선 피라이오스로 갔다. 그들은 그곳에서 며칠 머물렀다. 아테네 인들은 이전엔 포고령을 통해 적을 신랄하게 공격했다면, 최근엔 그런 포고령으로 동맹들을 부담스러울 정도로 칭송했다. 이후 그들은 피라이오스에서 안드로스로 갔다. 그곳에서 그들은 가우리온이라 불리는 항구에 닻을 내리고 전령들을 보내 주민들의 태도를 알아보기로 했다. 공격을 가해 점령하는 것보다 자발적인 항복을 받는 편이 나았기 때문이었다. 주민들은 요새에 왕의 주둔군이 있어 자신들은 선택의 여지가 없다고 답변했다. 이에 아탈로스와 로마 부사령관은 배에서 병력과 모든 도구를 내려 도시를 공격할 준비를 마치고 서로 다른 방향으로 도시를 향해 나아갔다.

그리스 인들은 이전에 로마 군의 무장과 군기를 본 적이 없었다.

---

39 히피아스와 히파르코스를 가리킨다. 이들은 참주였던 페이시스트라토스의 아들이면서 후계자였다. 히파르코스는 기원전 514년에 암살당했고, 히피아스는 공포 정치를 펼친 끝에 기원전 510년에 추방되었다.

이 낯선 광경과 함께 로마 장병들이 힘차게 성벽으로 나아가는 모습은 그들에게 엄청난 공포를 안겨주었다. 그들은 즉시 요새로 도망쳤고, 로마 군은 그 도시를 점령했다. 그리스 인들은 자신들의 무력보다는 입지의 강점에 기대어 이틀 동안 요새를 지켰지만, 사흘째 되는 날 도시와 요새를 넘기고 항복했다. 상호 합의에 따라 주민들과 주둔군은 옷 한 벌만 가지고 보이오티아의 델리움으로 떠났다. 로마 인들은 도시를 아탈로스 왕에게 넘기고 도시의 전리품과 장식품을 가져갔다. 아탈로스는 버려진 섬을 점령하는 걸 피하고자 거의 모든 마케도니아 인과 안드로스 인 일부에게 남아달라고 설득했다. 상호 합의에 의해 델리움으로 떠났던 이들은 이후 아탈로스 왕이 한 약속을 믿고 돌아오게 되었다. 고향에 있고 싶다는 갈망이 있었으므로 그런 약속을 더욱 쉽게 믿었던 것이다.

안드로스에서 연합군은 키트노스로 건너갔다. 그들은 그곳에서 며칠 동안 도시를 공격했지만, 성과는 거두지 못한 채 물러났다. 그런 노력을 들일 가치가 없기 때문이었다. 아티카 본토에 있는 곳인 프라시아이에서 이사 인들이 보낸 작은 배 20척이 로마 함대에 합류했다. 이들은 카리스토스 인들의 땅을 침공하고자 파견되었다. 나머지 함대는 에우보이아의 유명한 항구 게라이스토스에 함대를 정박시켰고, 이사 인들이 임무를 마치고 돌아오는 걸 기다렸다. 이어 그들은 모두 탁 트인 바다로 나아갔고, 스키로스 섬을 지나쳐 이코스에 도착했다. 그곳에서 그들은 맹렬한 북풍을 만나 며칠 운항이 지체되었지만, 평온한 날씨가 돌아오자마자 스키아토스로 건너갔다. 그곳은 필리포스에 의해 최근 약탈되고 파괴된 도시였다. 병사들은 농촌 지역으로 흩어져 곡물과 다른 식량을 찾아내어 배로 돌아왔다. 전리품이라고 할 만한 것은 전혀 없었다. 이곳의 그리스 인들은 약탈당할 일을 저지른 적이 없었다. 그곳에서 연합군은 카산드레아로 나아갔고, 그곳의 바다에 접한 부분인 멘다이오스로 우선 방향을 정했다. 그들은 곶을 돌았고, 도시 성벽에 함대를 가까이 붙이려고 하던 순간에 맹렬한 폭풍을 만났다. 연합군은 파도에 거의 압도되어 뿔뿔이 흩어진 뒤에 도구 대다수를 잃고 육지로 간신히 피신했다.

이 폭풍은 육지에서 그들이 맞게 될 일의 전조이기도 했다. 그들은 함대를 다시 모은 뒤 병력을 내리고서 도시를 공격했지만, 필리포스가 그곳에 강력한 주둔군을 두었기 때문에 공략이 만만치 않았다. 그리하여 연합군은 엄청난 사상자를 내고 후퇴했다. 공격에서 실패한 뒤 그들은 팔레네에 있는 카나스트라이움으로 물러났다. 그곳에서 그들은 토로나의 곶을 돌아 아칸토스로 진로를 잡았다. 그들은 아칸토스의 농촌 지역을 완전히 파괴하고 도시를 점령한 뒤 약탈했다. 하지만 더 이상 나아가지는 않았다. 이때 그들의 배에는 전리품이 가득했다. 그들은 스키아토스로 되돌아와 그곳에서 에우보이아로 진로를 되짚어 갔다.

46. 에우보이아에 주력 함대를 둔 연합군은 10척의 가벼운 배를 타고 말리안 만으로 들어갔다. 아이톨리아 인들과 전쟁 전략에 관해 회의를 하기 위해서였다. 아이톨리아의 피리아스는 사절단의 대표로서 헤라클레아에 와서 아탈로스 왕(페르가몬), 로마 부사령관과 계획을 조정했다. 아탈로스는 협정 조건에 따라 병력 1천 명을 제공하라는 요구를 받았다. 1천 명은 당초 아탈로스가 필리포스와의 전쟁에서 내놓기로 한 병력이었다. 아이톨리아 인들의 이런 요구는 거절당했다. 필리포스가 페르가몬 인근 지역의 세속적인 곳과 성스러운 곳을 불태울 때 아탈로스는 아이톨리아 인에게 이런 제안을 한 적이 있었다. 아이톨리아 인이 마케도니아로 원정을 떠나 그곳을 약탈함으

로써 필리포스 왕에게 불안감을 주어 페르가몬에서 물러나게 하자는 것이었다. 하지만 아이톨리아 인이 그 제안에 난색을 표하며 거부한 데 대하여 앙심을 품고 있었던 것이다. 이렇게 되어 아이톨리아 인들은 실질적인 도움은 얻지 못하고 막연한 지원의 약속만 듣고서 그 자리에서 물러났다. 로마 인들은 그저 온갖 약속만 했고, 아푸스티우스는 아탈로스와 함께 함대로 돌아왔다.

이어 오레오스 공격이 논의되었다. 이 도시는 이전에 공격을 받아 방어 시설과 강력한 주둔군으로 무척 잘 방비가 되어 있었다. 안드로스 습격 이후 갑판이 있는 로도스 전함 20척이 연합군에 합류했고, 이 함대는 아게심브로토스가 지휘를 맡았다. 그의 함대는 데메트리아스 위의 피티오티스에 있는 무척 전략적 요충인 젤라시움 곶에 주둔하러 떠났다. 이 조치는 마케도니아 전함들이 움직이면 막기 위해서였다. 필리포스 왕의 지휘관인 헤라클리데스는 그곳에서 함대를 데리고 있으면서 공개적으로 교전하기보다는 적의 소홀함을 노려 그것을 기회로 삼겠다고 생각했다. 로마 인들과 아탈로스 왕은 서로 다른 방향에서 오레오스를 공격했다. 로마 인들은 해양에 접한 요새 지역을 공격했고, 아탈로스 왕의 부대는 두 개의 요새 사이에 있는 계곡을 공격했는데 그곳에선 도시도 성벽으로 훌륭하게 보호되었다.

서로 다른 곳을 공격한 연합군은 공략하는 방법 또한 달랐다. 로마 인들은 '거북이' 대형으로 성벽으로 움직이며 공격했고, 방탄 방패와 파성퇴를 썼다. 왕의 부대는 노포를 사용했는데, 투척 무기와 어마어마한 무게의 돌을 던질 수 있는 온갖 부류의 노포를 동원했다. 그들은 또한 굴도 팠고, 이전 공격에서 효과적이라고 판단한 장비들을 모조리 활용했다. 하지만 도시와 요새들을 방어하는 마케도니아 인들은 그 수가 더 많았을 뿐만 아니라 사기충천하여 전투에 나섰다. 그들은 이전에 저지른 실수로 필리포스 왕에게 꾸짖음을 당한 데다 왕의 위협적인 언사도 기억하고 있었다. 동시에 그들은 왕이 장차 약속한 것도 속으로 떠올렸다.

이렇게 하여 공격은 예상보다 더 오랜 시간이 걸렸고, 연합군은 빠른 공격보다는 봉쇄와 공성 보루에 더욱 기대를 걸게 되었다. 따라서 로마 부사령관은 그 사이에 다른 일을 할 수 있다고 판단하고 공성 보루를 완공할 병력을 충분히 남기고 본토의 가장 가까운 부분으로 건너가 기습 공격으로 라리사를 ―요새를 제외한 지역― 점령했다. 이곳은 테살리아의 유명한 그 라리사가 아니라 다른 라리사였고, 그래서 구분을 위해 라리사 크레마스테라 불렸다. 아탈로스도 다른 도시에서 공격이 진행 중이니 당분간 공격은 없을 것이라고 생각하던 프텔레움을 기습 공격하여 점령했다. 이때 오레오스를 두르는 공성 보루가 톡톡히 방어의 위력을 발휘했다. 그러나 도시 내부의 주둔군은 끊임없는 긴장으로 지쳐 있었다. 밤낮으로 계속되는 비상 사태와 부상으로 그들의 부담은 엄청났다. 이 외에도 많은 곳에서 파성퇴의 공격으로 성벽 일부가 무너졌다. 로마 인들은 이런 벌어진 틈으로 침입하여 항구 위의 요새로 밀고 들어갔다. 동이 트자 요새에서 로마 인들은 신호를 보냈다. 아탈로스 역시 성벽이 대부분 무너진 곳을 통과하여 도시로 뚫고 들어갔다. 주둔군과 주민은 다른 요새로 피신했고, 이틀 뒤에 항복했다. 도시는 왕에게 주어졌고, 포로는 로마 인들의 손에 들어갔다.

47. 추분이 가까운 이때 선원들은 에우보이아 만(지역에선 코일라라고 했다)이 위험한 바다라며 기피했다. 따라서 겨울 악천후를 겪기 전에 빠져나오길 갈망했기에 연합군은 전쟁의 시작점인 피라이오스로

돌아왔다. 아푸스티우스는 그곳에 30척을 남기고 말레아를 돌아 코레이라로 갔다. 아탈로스 왕은 뒤에 남아 케레스 의식에 참가하기 위해 그 의식을 치르기로 지정된 시간까지 기다렸다. 왕은 의식을 끝내자 아게심브로토스와 로도스 인을 고국으로 돌려보낸 뒤 아시아로 떠났다.

이것이 로마 집정관과 로마 부사령관이 아탈로스 왕과 로도스 인의 지원을 받아 이해(기원전 200년) 여름 동안 육지와 바다에서 필리포스에 대항하는 싸움을 펼치며 한 행동들이었다.

또 다른 집정관 가이우스 아우렐리우스는 임지에 도착하여 전쟁이 이미 끝난 것을 발견했다. 그는 자신이 없을 때 전쟁을 수행한 법무관에 대한 분노를 숨기지 않았다. 따라서 그는 법무관을 에트루리아로 보냈고, 그러는 동안 자신은 군단들을 이끌고 적의 영토로 들어갔다. 그는 농촌 지역을 완전히 파괴했지만, 원하는 영광보다는 약탈품을 더 많이 얻었을 뿐이었다. 루키우스 푸리우스는 에트루리아에서 아무것도 할 것이 없었고, 그래서 갈리아 인들을 상대로 승전한 것으로 개선식을 얻어내는 데 열중했다. 그는 분노하고 질투에 찬 집정관이 없었더라면 더욱 쉽게 승전을 얻을 수 있었을 거라고 생각했다. 이 두 가지 이유로 그는 갑작스럽게 로마에 나타났고, 벨로나 신전에서 원로원을 소집하여 자신이 이룬 업적을 상세하게 설명하고 도시에 개선식을 하며 들어올 수 있게 해달라고 요청했다.

48. 푸리우스는 원로원 대다수의 강한 지지를 받았다. 세운 공도 클 뿐만 아니라 본인 자체도 인기가 많았기 때문이었다. 하지만 나이 든 원로원 의원들은 개선식을 거부하려고 했는데, 푸리우스가 자신의 병력으로 싸운 것도 아니고 좋은 기회가 찾아오자 개선식을 어떻

게든 받으려고 임지를 떠난 모습도 썩 좋게 보이지 않았기 때문이다. 그들은 이런 행동은 전례가 없는 것이라고 지적했다. 특히 집정관을 지냈던 의원들은 그가 집정관을 기다렸어야 했다고 주장했다. 도시 가까이에 진지를 세우고 전투에 휘말리지 않게 식민시를 보호하면 집정관이 도착할 때까지 충분히 일을 미룰 수 있었기 때문이다. 원로원은 법무관이 하지 않았던 일, 즉 집정관을 기다리는 일을 해야 한다고 생각했다. 그들은 집정관과 법무관을 한 자리에 두고 논쟁하는 걸 들은 뒤에 이 문제에 관해 더 정확한 판단을 내리려고 했다.

하지만 원로원 대다수는 푸리우스가 세운 전공, 그리고 그 전공을 임기 내에 올바른 복점술을 준수하며 세웠는지, 그것만 살피면 된다고 생각했다. 두 식민시는 갈리아 인의 봉기를 억제하는 장벽 역할로 세워졌지만, 하나는 약탈을 당해 불에 탔고, 다른 하나는 마치 불길이 인접한 건물에 옮겨가듯 불이 옮겨오는 시점이었다. 그런 상황에서 법무관이 어떻게 행동을 하지 않고 가만히 있을 수 있었겠느냐는 게 그들의 주장이었다. 집정관을 기다리지 않고 행동하는 게 그렇게 부적절하다면 법무관에게 군대를 내준 원로원이 잘못한 것이었다. 원로원의 소원이 법무관의 부대가 아닌 집정관의 부대가 전쟁을 수행하는 것이었다면, 법무관이 아닌 집정관이 전쟁을 수행해야 한다고 명령을 내렸어야 했다는 것이다.

그도 아니라면 이 일은 집정관의 잘못이었다. 집정관이 없이 전쟁을 수행하는 게 불법이라면 에트루리아에서 갈리아로 병력을 보냈을 때 그들과 아리미눔에서 직접 만나 전쟁을 수행했어야 하는 것이었다. 의원 대다수는 전쟁에서 벌어지는 뜻밖의 일들은 장군의 도착 같은 건 기다려주지 않으며, 때로는 싸우길 택해서가 아니라 적이 싸움을 강요해서 싸워야 할 때가 있다고 강력하게 주장했다. 그러니 전투 그 자체와 그 결과만 살펴야 한다는 것이었다. 적은 패배하여 전사했고, 진지는 점령되어 약탈되었고, 식민시는 포위에서 풀려났고, 다른 식민시 포로들은 동포들에게로 돌아가 원래의 삶을 살게 되었고, 단 한 번의 전투로 전쟁은 종결되었다. 이 승리에 기뻐한 것은 사람만이 아니었다. 사흘 간의 감사제가 불멸의 신들에게 바쳐졌다. 이것은 법무관 루키우스 푸리우스가 올바르고 성공적으로 나라의 문제를 처리했기 때문에 거행된 제사였다. 그는 무책임하고 잘못된 행동을 한 적이 없었다. 사람들은 갈리아 전쟁이 푸리우스 가문 사람들[40]에게 맡겨진 건 운명처럼 보인다는 말을 하기도 했다.

49. 법무관과 그의 친구들이 한 이런 발언, 그리고 현재 임지에 나가 있는 집정관의 위신을 압도할 정도인 로마로 돌아온 법무관의 인기로 인해 원로원은 혼잡한 가운데 루키우스 푸리우스의 개선식을 결정했다. 법무관인 그는 임기 중에 갈리아 인을 상대로 승전했고, 국고에 32만 청동 아스와 171,500개의 은화를 가져왔다. 하지만 그의 마차 앞에 포로가 세워지지도, 그의 앞에 전리품이 진열되지도, 그의 뒤에 병사들이 따르지도 않았다. 이렇게 하여 승리를 제외한 모든 것이 집정관에게 돌아간다는 것을 분명히 밝혔다.

---

40 유배 나가 있던 푸리우스 카밀루스를 소환하여 갈리아 인을 물리친 일(기원전 390년)과 그 후 그의 아들(기원전 349)을 소환했던 일을 가리킨다. 리비우스 『로마사』 5권 49장과 7권 25장 참조.

제 32 권

아우스 강 전투

1. 집정관들과 법무관들은 3월 15일 임기를 시작했고, 추첨으로 임지를 결정했다. 이탈리아는 루키우스 렌툴루스에게, 마케도니아는 푸블리우스 빌리우스에게 돌아갔다. 법무관들의 경우 도시 법무관은 루키우스 퀸투스에게, 아리미눔은 그나이우스 바이비우스에게, 시칠리아는 루키우스 발레리우스에게, 사르데냐는 루키우스 빌리우스에게 주어졌다. 집정관 렌툴루스는 새로운 군단들을 모집하라는 지시를 받았고, 빌리우스는 푸블리우스 술피키우스에게서 병력을 인수함과 동시에 필요하다고 생각되는 만큼 추가로 병사들을 모집하여 병력을 보충할 권한을 받았다.

집정관 가이우스 아우렐리우스가 지휘했던 군단들은 원로원 명령에 따라 법무관 바이비우스에게 주어졌는데, 집정관이 새로운 군대를 이끌고 그를 대신할 때까지만 지휘하게 되었다. 집정관이 갈리아에 도착했을 때 복무 기간이 만료된 모든 병사는 모두 귀향 조치되었는데, 그 중에 5천 명의 동맹군 병사는 제외되었다. 이들은 아리미눔 근처 지역을 보호하기 적절한 규모의 병력이었다.

지난해 법무관들 중 두 사람은 지휘권이 연장되었다. 가이우스 세르기우스는 스페인, 시칠리아, 사르데냐에 오랜 세월 복무했던 병사들에게 땅을 불하하는 일을 감독했다. 퀸투스 마르키우스는 작년 법무관으로서 충실하고 신중하게 수행했던 브루티움 음모에 대한 조사를 완료하고, 로크리로 가서 이전에 로마에 사슬을 묶어 보냈던 신성모독죄를 저지른 자들을 처벌하고, 프로세르피나 신전에서 도난된 보물들을 복원하고 추가로 속죄의 공물을 바칠 준비를 하게 되었다.

* * *

3. 로마에서 꼭 해야 하는 일을 마무리한 뒤 집정관들은 임지로 향했다. 푸블리우스 빌리우스는 마케도니아에 도착했을 때, 얼마 전부터 일어났으나 초기에 제대로 진압하지 못한 맹렬한 반란에 직면하게 되었다. 이 반란엔 한니발의 패배 이후 아프리카에서 시칠리아로 이동했던 병사 2천 명이 참여했는데, 이들은 표면상 자원자 자격으로 1년 뒤에 마케도니아로 이동해 온 것이었다. 하지만 그들은 자신들이 이런 이동에 자발적으로 동의한 바 없으며, 천인대장들의 강요로 배에 타게 되었다고 주장했다. 하지만 복무가 강요된 것이든 기꺼이 수행한 것이든 이젠 이미 끝난 일이며, 복무 기간에 제한이 있어야 공평하다는 게 그들의 말이었다. 그들은 오랜 세월 이탈리아로 돌아가지 못했다. 그들은 시칠리아, 아프리카, 마케도니아에서 무장을 갖춘 채 늙어가고 있었다. 그들은 노역과 압박으로 이젠 기진맥진했고, 많은 상처를 입어서 이제 더 이상 몸에서 빠져나갈 피도 없었다. 집정관은 그들의 제대 요구가 온건하게 제시되었다면 합당했을 것이라고 답했다. 하지만 그 어떤 것으로도 반란을 정당화할 수 없었다. 집정관은 이에 그들에게 군기(軍旗)와 함께 움직이고 명령을 따르

는 걸 기꺼이 받아들이겠다면 원로원에 제대 조치를 상신하겠다고 말했다. 그들은 고집을 부리기보다는 난폭한 행동을 자제함으로써 원하는 걸 더욱 쉽게 얻게 될 것이라는 말도 했다.

4. 그러는 사이 필리포스는 토루와 방탄 방패를 써가면서 아주 맹렬하게 타우마키[1]를 공격하고 있었다. 그가 파성퇴를 성벽 가까이 가져와 막 쓰려고 했던 그 시점에 아이톨리아 인들이 갑자기 현장에 나타나는 바람에 왕은 어쩔 수 없이 공격을 중지해야 했다. 아르키다모스[2]의 지휘를 받는 아이톨리아 인들은 마케도니아 초소들을 돌파하고 도시로 들어갔다. 그곳에서 그들은 끊임없이 출격하여 때로는 마케도니아 초소들을, 때로는 토루들을 공격했다. 현지의 지형은 그들에게 추가적인 이점을 안겨주었다. 타우마키는 테르모필라이와 말리아 만에서 나와 라미아를 통과하는 길 위의 높은 곳에 자리 잡았고, '오목한 테살리아'라 불리는 곳을 내려다보았던 것이다. 이 길은 바위투성이 지역을 지나갔고, 도시에 도착할 때까지 계곡을 따라 구불구불하게 나 있었다. 그러다 갑자기 평원이 광대한 바다처럼 확 펼쳐졌고, 그곳에선 밑에 뻗은 들판을 한눈에 담기가 힘들 정도였다. 도시는 그 높이뿐만 아니라 험준한 바위가 사방에 펼쳐진 꼭대기에 자리 잡고 있어서 잘 보호되는 곳이었다. 온갖 노력을 들이고 위험을 감수할 만큼의 보상이 있는 것도 아니고, 게다가 공략하기도 어려워 필리포스는 공격을 포기했다. 왕은 겨울이 거의 다가오자 휘하 부대를 이

---

1 '경이'를 뜻하는 그리스어(thauma)에서 나온 도시 이름. 말리아 만과 테살리아를 이어주는 도로 상에 있는 전략적 요충.

2 아이톨리아 연맹의 최고 지도자를 세 번이나 역임한 인물. 그는 기원전 197년에 플라미니우스 아래에서 아이톨리아 연맹 군대를 지휘했으나 나중에 반 로마 당파의 우두머리가 되었다.

끌고 그곳에서 물러나 마케도니아의 월동 진지로 돌아갔다.

5. 마케도니아로 돌아온 병사들은 짧은 기간 동안 육체적·정신적으로 긴장을 풀면서 휴식을 취했다. 하지만 모두가 그렇게 느긋하게 지내고 있을 때 정작 필리포스만은 마음이 편안하지 않았다. 그는 진군과 전투의 끊임없는 압박을 겪었으므로 그런 휴식이 달콤하기는 했지만, 그럴수록 장차 벌어질 전쟁의 문제를 생각하면 떠오르는 불안감 때문에 더욱 괴로워했다. 왕은 육지와 바다에서 적이 계속 압박을 가하는 일을 두려워하면서도 동시에 동맹들, 때로는 자국민까지 그를 배신할지 모른다는 불안감에 휩싸이기도 했다. 그는 동맹들이 로마와 우호 관계를 맺고자 자신을 배신할 수도 있다고 생각했고, 더 나아가 마케도니아 인들이 내부 혁명을 일으킬지도 모른다면서 불안해했다.

따라서 그는 아카이아에 사절들을 보내 아카이아 인들에게 충성의 맹세를 받아냈고(그들은 매년 필리포스에게 충성 맹세를 하기로 이전에 동의했다), 동시에 엘리스에게서 빼앗은 오르코메노스, 헤라이아, 트리필리아를 돌려주었다. 메갈로폴리스 인들에게는 알리페라를 주었다. 메갈로폴리스 인들은 알리페라가 단 한 번도 트리필리아의 소속인 적이 없었고, 아르카디아 동맹 회의의 결정으로 메갈로폴리스[3]를 설립할 때 포함된 여러 도시 중 하나이므로, 자신들에게 돌려주어야 한다고 줄기차게 주장해 왔는데, 필리포스가 그에 동의한 것이었다.

이러한 행동으로 필리포스는 아르카디아 인과의 동맹을 굳건히 다졌다. 마케도니아 인의 태도에 관해 말해 보자면, 왕이 그들 사이

---

3 기원전 370년에 아르카디아의 수도로 창건되었고, 기원전 225년에 아르카디아 동맹에 가입했다.

에 인기가 없던 주된 원인은 헤라클리데스와의 친분 때문이었다. 이것을 알게 된 왕은 이어 헤라클리데스에게 온갖 비난을 가하고 그를 감옥에 집어넣었다. 백성들은 이런 조치에 크게 기뻐했다. 이제 필리포스는 이전 어느 때보다도 진지하게 전쟁을 준비했다. 그는 마케도니아 인들과 용병 부대를 훈련시키기 시작했고, 이해(기원전 199년) 봄이 시작될 때 아테나고라스에게 모든 해외 보조 부대와 휘하의 모든 경보병대를 주어 지휘를 맡기고 에피로스를 통해 카오니아로 나아가게 하여 안티고니아로 이어지는 길들을 장악하게 했다. 그리스 인들은 이 길들을 '좁은 길'이라 불렀다.

며칠 뒤 필리포스는 직접 중무장 보병 부대들을 이끌고 뒤를 따랐다. 그 지역을 전부 정찰한 뒤 그는 방어 시설을 설치하기에 가장 적합한 곳을 정했는데, 아우스 강 근처에 있는 장소가 물색되었다. 이 강은 지역 주민들이 메로포스, 아스나우스라 부르는 두 산 사이의 비좁은 계곡을 따라 흘렀고, 강둑을 따라 보잘것없는 비좁은 길을 제공했다. 왕은 아테나고라스에게 가볍게 무장한 병력을 주어 아스나우스를 지키고 요새화하라고 했고, 자신은 메로포스에 진지를 세웠다. 절벽이 가파른 곳엔 그 고갯길을 장악하기 위해 소수의 무장 병사들이 배치되었고, 길이 상대적으로 보호가 잘 되지 않는 경우 어떤 곳은 도랑을 파고, 다른 어떤 곳은 요새나 탑을 세워 방어를 강화했다. 많은 투척기가 여러 적절한 곳에 배치되어 투척 무기로 적을 가까이 다가오지 못하게 할 계획이었다. 왕의 막사는 가장 눈에 잘 띄는 언덕에 있는 요새 앞에 설치되었는데, 왕이 승리를 확신한다는 걸 보여주어 적에게 두려움을 안겨주고 아군에겐 희망을 불어넣으려 했다.

6. 집정관은 에피로스의 카로포스에게서 필리포스 왕이 병력을 이끌고 여러 길을 점령했다는 정보를 받았다. 코르키라 섬에서 겨울을

보낸 뒤 그는 봄이 시작되자 뭍으로 건너가 적을 향해 휘하 병력을 이동시켰다. 집정관은 왕의 진지에서 8km 정도 떨어진 곳에다 군단들의 진지를 강화하고서 직접 가볍게 무장한 부대를 이끌고 정찰에 나섰다. 다음날 그는 회의를 열어 적이 봉쇄한 계곡 길을 엄청난 고난과 위험을 견디며 지나갈 것인지, 아니면 작년 술피키우스가 우회하여 마케도니아로 들어갔던 걸 그대로 따라할 것인지 작전을 논의했다. 이 문제를 두고 토론은 며칠 동안 계속되었고, 여전히 논의가 진행 중일 때 티투스 퀸크티우스가 집정관으로 선출되어 추첨으로 마케도니아를 임지로 받았으며, 신속하게 여행하여 이미 코르키라 섬에 도착했다는 소식이 들려왔다.

역사가 발레리우스 안티아스는 이렇게 전하고 있다. 필리포스가 지역 전체를 장악하여 직행으로 나아가는 게 불가능하자 빌리우스는 가운데에 아우스 강이 흐르는 계곡을 따라 움직여 서둘러 왕의 진지가 있는 둑을 가로지르는 다리를 놓고 도강하여 필리포스 부대와 회전을 벌였다. 이 설명에 따르면, 왕은 패주하여 도망쳤고, 진지에서도 밀려났다. 전투 중에 1만 2천 명의 적이 전사했고, 2천 2백 명이 포로가 되었으며 군기는 132개, 말은 230마리가 붙잡혔다. 빌리우스는 교전하기 전에 이 전투를 승리하면 유피테르의 신전을 바치겠다고 맹세했다.

그리스와 라틴의 다른 모든 역사가들, 혹은 최소 내가 살펴본 연대기들은 빌리우스가 기록에 남길 만한 행동은 전혀 하지 않았다고 기록했다. 그는 모든 일을 미해결의 상태로 남긴 채 후임자인 티투스 퀸크티우스에게 지휘권을 넘겼다.

* * *

8. [기원전 198년] 집정관 섹스투스 아일리우스 파이투스와 티투스 퀸크티우스 플라미니누스[4]는 공식적으로 취임하여 원로원을 카피톨리움에 소집했다. 원로원은 집정관들에게 상호 합의 혹은 추첨으로 마케도니아와 이탈리아 중 임지를 정하라고 명령했다. 마케도니아를 맡게 될 사람은 군단들을 보충하고자 3천 명의 로마 보병과 3백 명의 로마 기병, 그리고 라틴 지위 동맹국들에서 5천 명의 보병과 6백 명의 기병을 모집하기로 되었다. 다른 집정관은 원로원의 명령에 따라 완전히 새로운 병력을 모집할 예정이었다. 지난해 집정관 루키우스 렌툴루스의 지휘권은 연장되었고, 집정관이 새로운 군단들을 데리고 도착할 때까지 임지를 떠나거나 베테랑 부대들을 제대시키지 말라는 지시가 내려갔다.

집정관들은 임지 추첨을 했고, 이탈리아는 아일리우스에게, 마케도니아는 퀸크티우스에게 배정되었다. 법무관들도 임지 추첨을 했는데, 코르넬리우스 메룰라는 도시 법무관을, 마르쿠스 클라우디우스는 시칠리아를, 마르쿠스 포르키우스는 사르데냐를, 가이우스 헬비우스는 갈리아를 맡게 되었다.

이어 집정관의 부대 모집과는 별개로 법무관이 지휘할 부대의 모집이 시작되었다. 마르켈루스는 라틴 지위가 있는 동맹국들을 포함한 동맹국들에서 4천 명의 보병과 3백 명의 기병을 배정받아 시칠리아에서 지휘하고, 카토는 똑같은 동맹국들에서 2천 명의 보병과 2백 명의 기병을 배정받아 사르데냐에서 작전을 펼칠 것이었다. 두 법무

---

4 플라미니누스는 기원전 208년에 천인대장을 역임했고 기원전 205-4년에는 타렌툼에서 법무관 대리를 역임했다. 그는 필리포스와의 제2차 마케도니아 전쟁에서 승리하여 영웅이 되었고 또 "그리스 독립"의 옹호자가 되었다.

관은 그 병력을 인솔하여 임지에 도착하면 베테랑 보병대와 기병대는 제대시키기로 되었다.

집정관들은 이어 원로원에 아탈로스 왕이 보낸 사절단을 데려왔다. 이 사절들은 왕이 어떻게 육지와 바다에서 자신의 육군과 함대로 로마의 대의에 기여했는지, 또 어떻게 오늘날까지 로마 집정관들의 모든 지시에 열심히 순응했는지를 자세하게 설명했다. 하지만 사절들은 왕이 계속 이런 지원을 할 수 있을지 염려된다고 했다. 안티오코스 왕이 아탈로스 왕의 왕국을 육군과 함대가 해외에 나가 있을 때 침공했기 때문이었다. 따라서 아탈로스는 사절들을 통해 마케도니아 전쟁에 자신의 함대와 자원을 쓰고자 한다면, 자신의 왕국을 지킬 병력을 보내달라고 원로원 의원들에게 간청했다. 또한 그는 로마 인들이 자신의 힘을 빌리는 걸 바라지 않는다면 자신이 함대와 나머지 병력을 이끌고 자신의 왕국을 지킬 수 있게 해달라고 요청했다.

아탈로스 왕의 사절들은 다음과 같은 원로원의 답변을 받았다: 원로원은 아탈로스 왕이 함대와 다른 병력으로 로마 지휘관들을 도와준 사실을 알고 있으며 그에 감사하고 있다. 원로원은 로마 인의 동맹이자 친구인 안티오코스에 대항하려는 아탈로스에게 지원군을 보내지 않을 것이지만, 아탈로스 왕의 보조 부대를 계속 데리고 있는 건 왕에게 불편한 일이 될 수도 있다. 로마 인들은 늘 다른 민족이 소유한 것을 그들의 재량에 맡겼으며, 따라서 로마 인들을 돕고자 선택한 이들의 뜻에 따라 그들의 지원이 시작되고 끝나기를 바란다.

원로원은 사절단을 안티오코스 왕에게 보내 다음과 같이 통보하기로 했다: 로마 인들이 공동의 적인 필리포스와의 전쟁에서 아탈로스 왕의 함대와 장병의 도움을 받고 있다. 안티오코스 왕이 아탈로스 왕의 영토에서 물러나 평화를 유지해 준다면 감사할 것이다. 로마 인들의 동맹이자 우방인 두 왕(아탈로스 왕과 안티오코스 왕)이 서로 평화를 유지하는 건 아주 중요한 일이다.

9. 집정관 티투스 퀸크티우스는 신규 부대를 모집할 때 대체로 스페인이나 아프리카에서 복무하면서 모범적인 용기를 보인 군인들을 선발한다는 방침을 세웠다. 병력 보충이 끝나자 그는 서둘러 임지로 떠나려고 했으나 초자연적 현상의 보고로 인해 희생 의식으로 속죄 제사를 올려야 하므로 잠시 지체하게 되었다. 보고된 기현상은 이런 것들이었다. 베이이의 공공 도로가 벼락에 맞았으며, 라누비움의 포룸과 유피테르 신전, 아르데아의 헤라클레스 신전, 카푸아의 성벽과 탑, 그리고 소위 '백색 신전'이라 불리는 곳에도 벼락이 떨어졌다. 아레티움에선 하늘이 불에 타오르는 것처럼 보였다. 벨리토네에선 땅이 가라앉아 거대한 구멍이 생겨났고, 그 넓이가 3유게라 정도 되었다. 수에사 아우룬카에선 머리가 둘 달린 양이 태어났고, 시누에사에선 사람의 얼굴을 한 돼지가 태어났다.

이런 기현상들로 인해 하루 내내 엄숙하게 기원을 올리는 날이 지정되었고, 두 집정관은 성스러운 의식을 신속하게 거행했다. 이렇게 하여 신들을 달래는 일이 끝나자 그들은 임지로 떠났다. 집정관 아일리우스는 법무관 헬비우스와 함께 갈리아로 떠났다. 헬비우스는 제대시키려고 한 루키우스 렌툴루스의 병력을 집정관을 통해 인수받았다. 집정관은 자신이 인솔한 새로운 군단들을 가지고 현지에서 작전을 펼칠 생각이었다. 하지만 그는 이렇다 할 업적을 올리지 못했다.

다른 집정관 티투스 퀸크티우스는 이전 집정관들과는 다르게 더 이른 시기에 브룬디시움에서 바다를 건너갔다. 그는 8천 보병과 8백 기병과 함께 코르키라 섬에 도착했다. 코르키라에서 그는 5단 노선

한 척으로 에피로스의 가장 가까운 지역으로 건너갔고, 로마 군 진지를 향해 빠르게 움직였다. 빌리우스를 귀국시킨 뒤 그는 며칠 동안 코르키라에서 오는 부대들이 자신에게 합류할 수 있도록 기다렸다. 이어 그는 참모 회의를 열고 적의 진지를 뚫고 강제로 지름길로 나아갈 것인지, 아니면 힘들고 위험한 일을 벌이지 않고 린코스를 통해 다사레티이 인들의 영토를 통과하는 안전한 우회로를 선택하여 마케도니아로 들어갈 것인지를 논의했다. 집정관은 자신이 바다에서 더 먼 쪽으로 이동하면, 필리포스가 이전에 그랬던 것처럼 황야와 숲으로 도망쳐서 안전을 도모함으로써 전쟁 기간이 무익하게 늘어지는 걸 염려했다. 만약 이런 염려가 없었더라면 집정관은 후자의 제안을 채택했을 것이다. 따라서 난점이야 어쨌든 이 지독히 불리한 지형에서 적을 정면 공격하는 쪽으로 작전 계획이 수립되었다. 하지만 그 확고한 결의 만큼이나 그 실행 방안도 확고한 것은 아니었다.

10. 그런 결의만 해놓고 로마 인들은 어떠한 움직임을 보이지 않으면서 적을 바로 코앞에 두고 40일을 낭비했다. 필리포스는 그것을 보고서 에피로스 인들을 중개인으로 세워 강화 제안을 할 수 있겠다는 희망을 품었다. 그리하여 마케도니아 진영에서 참모 회의가 열렸고, 장군 파우사니아스와 기병대장 알렉산드로스가 협상 준비를 하게 되었다.

그들의 사전 준비로 아우스 강의 물길이 가장 비좁은 곳에서 집정관과 왕이 서로 마주보며 회담을 가졌다. 집정관의 주요 요구사항들은 이러했다: 필리포스 왕은 도시들에서 주둔군을 철수한다. 약탈해간 재산이 여전히 존재하는 한 그가 이전에 약탈했던 땅과 도시의 재산을 복원한다. 나머지 돌려주지 않은 약탈 재산의 가치는 공정한 조정에 따라 산정되어야 한다.

필리포스는 이런 요구사항에 대하여 도시들의 상황은 서로 다르다고 대답했다. 그는 자신이 점령했던 도시들은 자유롭게 풀어주겠지만, 선조들로부터 물려받은 정당한 세습 소유물은 포기할 수 없다고 했다. 왕은 또 전쟁을 치르면서 생겨난 대대적인 파괴를 불평하는 공동체들이 있다면, 그들이 로마와 마케도니아 양쪽과 평화 관계를 유지하는 국가들 중에서 중재자를 선택하여 그 중재자가 내리는 결정에 따르겠다고 했다.

이에 집정관은 이번 일에 중재자가 있을 필요는 없다고 응수했다. 그런 피해가 공격을 한 국가 때문에 생겨난 것이라는 걸 모두가 분명하게 알고 있으며, 그런 공격은 상대방의 별다른 도발도 없었음에도 필리포스가 모든 상대를 향해 일방적으로 저지른 것이라고 지적했다. 어떤 공동체를 자유롭게 해방시켜 줄 것인지 논의하게 되었을 때 집정관은 테살리아를 가장 먼저 목록에 올렸다. 이에 왕은 격분하여 이렇게 소리쳤다.

"티투스 퀸크티우스, 그대는 패배한 적장에게 이보다 더 무리한 요구가 있다고 생각하시오?"

이 말과 함께 필리포스 왕은 회담장을 떠났다. 양군 사이에 강이 있었기에 두 사령관은 즉석에서 투척 무기가 날아가는 전투를 간신히 모면할 수 있었다.

다음날 전초 기지에서 시작된 여러 차례의 습격으로 들판에서 소규모 접전이 상당히 많이 벌어졌다. 들판은 그런 접전을 벌일 수 있을 정도로 충분히 넓었다. 이후 필리포스의 병력은 가파르고 바위가 많은 지형으로 물러났고, 로마 인들은 전의에 불타 그 힘든 지역으로 거침없이 나아갔다. 로마 군은 규율과 군사 훈련, 그리고 몸을 보호하도록 설계된 갑옷이라는 측면에서 유리했고, 적은 지형, 그리고 마치 도시 성벽 같은 험준한 바위들에 투석기와 투척기가 빼곡하게 설치되어 있다는 측면에서 유리했다. 밤이 되어 전투가 끝나기 전에 양쪽에선 정규전과 비교될 정도로 많은 부상자와 치명적인 사상자가 발생했다.

11. 이것이 에피로스의 주요 인사인 카로포스가 보낸 양치기가 집정관에게 찾아왔을 때의 상황이었다. 양치기는 지금 왕의 진지로 장악된 산골짜기에서 정기적으로 양 떼를 풀밭에 풀어두곤 했으며, 그 언덕의 모든 길을 잘 안다고 말했다. 그는 집정관이 몇 사람을 골라 자신과 함께 보낸다면 적의 진지를 내려다보는 장소로 이어지는 비교적 평평하고 그리 힘들지도 않은 길을 안내하겠다고 했다. 이를 듣고 집정관은 카로포스에게 사람을 보내 이토록 심각한 문제에서 이 양치기의 말을 전적으로 신뢰할 수 있냐고 물었다. 카로포스는 전령에게 양치기가 아닌 집정관 자신이 모든 상황을 통제한다면 믿어도 된다고 답했다. 집정관은 과감하게 양치기를 믿기로 했고(아니면 믿고 싶었는지도 모른다), 카로포스의 확언에 따라 제안된 가능성을 탐험하기로 했다. 하지만 이러한 결정은 기쁨과 불길한 예감이 뒤섞인 상태에서 내려진 것이었다.

왕의 의심을 피하고자 집정관은 이어지는 이틀 동안 계속 적에게 공격을 가했고, 사방에 병력을 배치시켰으며, 지친 부대를 교체하여 새로운 부대를 투입시켰다. 이어 그는 선별한 4천 보병과 3백 기병을 한 천인대장에게 지휘를 맡겼고, 기병대를 지형이 허용하는 한 멀리까지 함께 데려가라는 지시도 내렸다. 기병대가 지나갈 수 없는 지형에 도착하자 천인대장은 어느 정도 평평한 곳에 그들을 주둔시켰고, 그러는 동안 보병대는 안내인이 이끄는 곳으로 나아가게 되었다. 양치기가 약속한 것처럼 보병대가 적 진지가 내려다보이는 곳에 도착하자 천인대장은 연기를 피워 신호를 보냈지만, 집정관의 신호를 받아 전투가 시작되었다는 걸 판단할 수 있을 때까지 병사들이 소리를 지르지 못하게 했다. 집정관은 밤에 진군하라고 천인대장에게 명령을 내렸다. 때마침 달은 보름달이어서 밤새 훤히 비추었고,[5] 낮 시간에 병사들은 음식을 먹고 쉬었다. 안내인은 신의를 지킨다면 후한 보답을 받게 될 것이라는 말을 들었지만, 그래도 보안 유지를 위해 사슬에 묶어 천인대장에게로 넘겨졌다. 이 부대들을 보낸 뒤에 로마 사령관은 양동작전의 일환으로 적진지 주위의 전진 초소들에 더 큰 압박을 가했다.

12. 그러는 사이 로마 인들은 출발한 지 사흗날에 목표했던 고지에 도착했다. 그들의 연기 신호는 목표했던 곳에 도착하여 점거했다는 걸 사령관에게 알렸고, 이에 집정관은 곧장 병력을 3열로 나눠 계곡 중앙으로 나아가 좌익과 우익에 선별한 병사들을 두고 적의 진지를 공격했다. 적도 이에 밀리지 않겠다는 듯이 호기롭게 맞섰다. 로마 인들은 전투를 하고자 하는 욕망에 불탔고, 방어 시설 밖에서 싸우는 한 용기, 기량, 무기의 종류 측면에서 적보다 상당한 이점을 누렸다. 하지만 왕의 병력은 죽거나 다쳐서 심각한 사상자를 낸 뒤 방어 시설이나 자연 환경으로 보호되는 진지로 퇴각했고, 위험은 로마 인들 쪽으로 되튀었다. 로마 군이 부주의하게도 불리한 지형을 택하여 퇴각이 어려운 비좁은 곳으로 들어갔기 때문이었다.

실제로 로마 군은 마케도니아 군의 후방에서 들려온 함성과 뒤이어 그 방향에서 이어진 아군의 공격이 아니었더라면 그런 성급함으

5 달이 밤새 훤히 어둠을 비추는 것은 보름달에 아주 가까울 무렵인데, 따라서 이 전투는 기원전 198년 6월 25일 전후에 벌어졌을 것으로 추정된다.

로 인한 대가를 치렀을 것이었다. 이런 후방 공격으로 왕의 장병들은 정신을 차리지 못하고 갑작스러운 공황에 빠져들었다. 일부는 뿔뿔이 흩어지며 도망쳤고 다른 일부는 저항했다. 이렇게 저항한 적병들은 사기가 충만하여 전투에 임한 것이 아니라 도망칠 가능성이 없었기에 그렇게 악을 써본 것이었고, 동시에 전방과 후방에서 압박하는 로마 군에게 둘러싸여 꼼짝도 하지 못했다. 승자들이 도망치는 적을 추격했더라면 적은 전군이 완전 섬멸되었을 것이다. 하지만 길이 좁고 지형이 고르지 못해 로마 군 기병대는 움직임에 제약을 받았고, 보병대는 중장비 때문에 움직임이 원활하지 못했다.

일단 필리포스는 뒤도 돌아보지 않고 마구잡이로 도망쳤다. 하지만 8km 정도 도망쳤다는 생각이 들고(실제로도 그러했다) 불리한 지역 때문에 적도 쫓아오지 못한다는 걸 알게 되자 어떤 언덕에서 걸음을 멈추었다. 왕은 낙오자들을 불러 모으려고 모든 산등성이와 계곡에 전령들을 보냈다. 마치 신호에 답하기라도 한 것처럼 마케도니아 병사들이 한 곳에 모였다. 소재가 파악되지 않는 병사들은 2천 명이 채 되지 않았다. 나머지는 밀집 대형으로 테살리아를 향해 떠났다. 로마인들은 상황이 안전한 범위 내에서 최대한 추격했고, 적의 낙오자를 죽이고 죽은 자들을 약탈했다. 그들은 왕의 진지도 약탈했는데, 이곳은 지키는 적이 없는 상태에서도 접근로가 너무 험해서 들어가기가 쉽지 않았다. 로마 인들은 적의 진지에서 밤을 보냈다.

13. 다음날 집정관은 강이 계곡을 따라 구불구불 흘러가는 협곡을 통해 적을 추격했다. 퇴각 첫날 왕은 <피로스의 진지>라는 곳에 도착했는데, 그런 이름이 붙은 그곳은 트리필리아에 있었고 몰로티스 영토의 일부였다. 다음날 왕의 군대는 그곳에서 린코스 산맥으로 이동했다. 하루 동안 답파하기에는 아주 먼 거리였지만, 두려움이 그

들의 발걸음을 재촉했다. 마케도니아와 테살리아 사이에 있는 에피로스의 이런 고지들의 동쪽은 테살리아를 마주 보았고, 북쪽은 마케도니아를 바라봤다. 산맥은 빽빽한 숲으로 덮여 있었지만, 정상엔 지속적으로 물이 공급되는 탁 트인 고원이 있었다. 필리포스는 바로 이곳에 진을 치고 며칠 동안 병력을 자신의 왕국으로 철군시킬지, 아니면 테살리아로 움직여 로마 인들을 앞질러 갈 것인지를 고민했다. 결국 그는 테살리아로 병력을 인솔하여 들어가기로 했고, 최단 경로를 통해 트리카로 나아갔다. 그곳에서 왕은 빠르게 진군 경로 상에 있는 도시들을 통과했다. 그는 자신의 군대를 따라올 수 있는 남자들을 집에서 불러들이고 도시를 불태웠다. 왕은 집 주인들에게 집에서 가져갈 수 있는 건 최대한 가져가는 것을 허락했고, 나머지는 장병들이 약탈했다. 이렇게 하여 주민들은 동맹의 손에 적보다도 더 가혹한 대접을 받아야 했다. 그들은 아무것도 남기지 않았다.

필리포스는 이러한 조치를 내리면서도 내심 그것을 불쾌하게 여겼다. 그렇지만 곧 적의 손에 넘어갈 영토에서 적어도 동맹국 사람들의 목숨을 구해내려는 뜻은 있었다. 그에 따라 파키움, 이레시아이, 에우히드리움, 에레트리아와 팔라이파르살로스가 완전히 파괴되었다. 하지만 왕이 페라이에 도착하자 그곳 주민들은 성문을 걸고 그를 맞아들이려 하지 않았다. 필리포스는 이곳을 점령하려고 하면 시간적으로 지연이 생길 것이므로 그런 시간 낭비를 할 수 없어 계획을 포기하고 마케도니아로 건너갔다. 왕은 아이톨리아 인들이 근처로 오고 있다는 소문도 돌았던 것이다.

아이톨리아 인들은 아우스 강 전투의 소식을 들었고, 스페르키아이와 마르카(그들은 코미라고도 불렀다) 근처 지역을 완전히 파괴한 뒤 테살리아로 건너갔고, 그곳에서 키메네와 안게이아를 첫 공격에 함락시켰다. 그러나 그들은 메트로폴리스에서는 격퇴되었고, 주민들이 성벽을 지키러 몰려드는 동안 농촌 지역을 파괴했다. 이어 그들은 칼리테라를 공격했을 때 주민들로부터 전과 유사한 공격을 받았으나 이번에는 더욱 완고하게 버텼다. 출격한 주민들을 성벽으로 도로 밀어 넣은 그들은 그 정도의 승리로 만족하고 현장을 떠났다. 도시를 함락할 희망은 사실상 없기 때문이었다. 이후 그들은 테우마와 켈라트라라는 두 도시를 습격하여 약탈했고, 아크라이이의 항복을 받았다. 키니아이 주민들은 운명과도 같은 두려움에 사로잡혀 도시를 버렸다. 이 피난민 행렬은, 더 안전하게 식량을 구하고자 타우마코스를 공격하러 진군하던 파견대와 만나게 되었고, 비전투원 무리를 포함한 무질서한 비무장 군중은 무장한 군인들에게 학살당했다. 키니아이는 약탈되었다. 아이톨리아 인들은 이어 돌로피아를 위협하기 위해 전략적 요충에 세워진 요새 키파이라를 점령했다. 이것이 아이톨리아 인들이 며칠 간의 재빠른 전쟁에서 이뤄낸 성과였다. 게다가 아미난드로스와 아타마니아 인들도 로마가 승리했다는 보고를 받은 뒤 아무것도 하지 않고 가만히 있지는 않았다.

14. 자기 병력에 자신감이 없었던 아미난드로스는 집정관에게 소규모 파견대를 지원해달라고 요청하고 곰피를 향해 이동하기 시작했다. 처음에 그는 아타마니아와 테살리아를 갈라놓는 비좁은 고갯길과 곰피 사이에 있는 파이카라는 도시를 습격했다. 이어 곰피를 공격했는데, 주민들은 며칠 동안 완강하게 방어했지만, 아미난드로스가 성벽에 성벽 공격용 사다리를 걸치자 두려움에 휩싸여 마침내 항복했다. 곰피가 항복했다는 소식은 테살리아 인들에게 어마어마한 공포를 일으켰고, 그 후 주민들의 자발적 항복으로 여러 도시가 점령되었다. 아르겐타, 피리니움, 티마룸, 리기나이, 스트리몬, 람프소스,

그리고 인근에 있는 별로 대단치 않은 성벽을 두른 도시들이었다.

마케도니아의 공포에서 벗어난 아타마니아 인들과 아이톨리아 인들은 이렇게 다른 사람의 승리에서 스스로 전리품을 챙기는 중이었고, 테살리아는 동시에 세 군대에 의해 약탈되는 중이었다. 그들은 누구를 적으로, 혹은 동맹으로 여겨야 할지 불확실한 상태였다. 그러는 사이 집정관은 적이 도망치면서 열린 길을 따라 에피로스 지역으로 들어갔다. 그는 에피로스 인들이 어느 쪽을 선호하는지(그들의 주요 인사 중 하나인 카로포스를 제외하고) 잘 알고 있었다. 하지만 그들이 불안감을 느끼면서도 그의 비위를 맞추기 위해 로마 군의 명령을 그대로 수행하려고 애쓰는 모습을 보고서 과거의 행동보다는 현재의 태도로 그들을 판단하고자 했다. 집정관은 이렇게 기꺼이 용서하려는 태도를 보임으로써 장차 그들의 도움을 얻게 되었다. 이어 그는 코르키라에 명령을 내려서 화물선들을 암브라키아 만으로 이동시켰고, 자신은 편안한 여정을 하면서 나아가 넷째 날에 케르케티오스 산에 도착하여 그곳에 진지를 세웠다. 그는 아미난드로스에게 보조 부대들을 이끌고 그곳에서 만나자고 했다. 그것은 그의 도움이 필요하기보다는 테살리아로 자신을 안내할 사람을 확보하기 위한 목적이었다. 같은 목적으로 많은 에피로스 지원병이 보조 부대들 사이에서 모집되었다.

15. 처음 로마 군의 공격을 받은 테살리아 도시는 팔로리아였다. 그곳엔 2천 명의 마케도니아 인이 주둔군으로 있었는데, 그들은 처음엔 도시를 지키고자 무장과 방어 시설을 최대한 활용하여 아주 완강하게 저항했다. 하지만 마케도니아 인들의 그러한 방어도 밤낮으로 이어지는 끊임없는 공격에 의해 제압되었다. 집정관이 이런 식으로 공격을 가한 이유는 첫 테살리아 도시가 로마 인들의 공격 앞에 허물

어지면 나머지 도시들의 태도도 자연히 항복 쪽으로 결정될 거라고 확신했기 때문이었다. 마침내 팔로리아가 점령되자 메트로폴리스와 키에리움은 사절들을 보내 항복 의사를 밝혔다. 그들의 탄원엔 우호적인 답변이 주어졌다. 팔로리아는 약탈되고 불에 타올랐다. 집정관은 이어 아이기니움을 공격하려고 움직였다. 하지만 그곳이 적은 주둔군으로도 쉽게 방어될 수 있는(실은 거의 난공불락인) 도시라는 것이 확인되자, 집정관은 가장 가까운 전초 기지에 몇 번 투척 공격만 한 뒤 병력을 후퇴시켜 곰피 지역으로 이동했다.

이제 그는 테살리아의 탁 트인 평원으로 내려갔는데, 에피로스 인들의 땅을 약탈하지 않고 그대로 뒀기에 모든 보급품이 부족했다. 이에 따라 그는 우선 화물선들이 레우카스나 암브라키아 만에 도착했는지 확인하고 보병대를 하나씩 암브라키아로 보내 식량을 받아오게 했다. 곰피에서 암브라키아로 이어지는 길은 힘들고 까다로웠지만 그 대신에 짧았다. 따라서 며칠 만에 식량이 해안에서 수송되어 왔고 진지는 모든 보급품을 풍성하게 갖추게 되었다. 이어 집정관은 아트락스로 나아갔는데, 이곳은 페네오스 강 위에 있는 곳으로 라리사에선 16km 정도 떨어진 곳이었다. 주민들은 원래 페라이비아에서 온 사람들이었다. 처음에 테살리아 인들은 로마 인들이 도착한 것에 불안감을 느끼지 않았다. 그러는 동안 필리포스는 직접 대담하게 테살리아로 나아가지는 않더라도 이를 보전하고자 템페 내부에 영구 진지를 세웠다. 이에 따라 왕은 특정 장소가 적의 공격을 받아 위험을 겪는 상황이 생기면 바로 지원군을 보낼 계획이었다.

16. 집정관의 동생 루키우스 퀸크티우스는 원로원의 하명으로 함대와 해안을 지휘하는 책임을 맡게 되었다. 이즈음 집정관은 에피로스의 여러 길에 먼저 진지를 세웠는데, 루키우스는 두 척의 5단 노선

을 이끌고 코르키라 섬으로 건너갔다. 코르키라에서 함대가 떠났다는 소식을 접한 그는 지체하면 안 된다고 결심했다. 그는 사미 섬에서 배들을 따라잡아 선임자인 리비우스를 로마로 보내고 천천히 항해한 끝에 말레아에 도착했다. 이렇게 천천히 항해한 이유는 보급품을 싣고 따라오는 배들을 견인해야 되었기 때문이었다. 말레아에서 그는 세 척의 날랜 5단 노선으로 피라이오스로 향했고, 나머지 배들은 최대한 속력을 내어 뒤따라오게 했다. 피라이오스에서 그는 부장 루키우스 아푸스티우스가 아테네 보호를 위해 그곳에 남긴 배들을 인수했다. 동시에 아시아에서 두 함대가 출격했는데, 하나는 아탈로스 왕(페르가몬)이 이끄는 5단 노선 24척의 함대였고, 다른 하나는 아케심브로토스의 지휘를 받는 갑판이 있는 전함 20척으로 구성된 함대였다. 이 함대들은 안드로스 섬에서 떨어진 곳에서 서로 합류했고, 그곳에서 에우보이아로 나아갔다. 에우보이아는 비좁은 해협에 의하여 안드로스 섬과 분리되어 있었다. 그들은 카리스토스 영토를 파괴하기 시작했다. 하지만 그곳엔 칼키스에서 황급히 보낸 주둔군으로 강력한 방비가 되어 있었으므로 그들은 다시 에레트리아로 움직였다. 아탈로스 왕이 도착했다는 소식을 접한 루키우스 퀸크티우스 역시 피라이오스에서 배들을 이끌고 그곳으로 갔고, 함대의 각 전함들에게 지시를 내려 피라이오스에 도착하면 에우보이아로 오게 했다.

에레트리아 공격은 모든 화력을 동원하여 전력으로 수행되었다. 세 연합 함대의 전함들은 온갖 투석기와 공성 도구를 실어왔고, 농촌 지역은 새로운 공성 도구에 들어갈 목재를 풍성하게 제공했기 때문이었다. 주민들은 처음엔 있는 힘을 다해 성벽을 방어했다. 하지만 나중에 기진맥진하고 다치지 않은 사람이 거의 없는 데다 성벽 일부가 적의 공성 도구로 파괴되자 항복 쪽으로 생각이 기울었다. 하지만 마케도니아 주둔군이 도시에 있었고, 주민들은 로마 인만큼 그들을 두려워했다. 왕의 지휘관인 필로클레스는 칼키스에서 계속 전언을 보내 포위 공격을 버텨내면 자신이 제때 달려와 도움을 주겠다며 격려했다. 희망과 공포가 뒤섞인 이런 상황 때문에 그들은 어쩔 수 없이 소원이나 능력과는 다르게 로마 군에 대한 저항을 이어나갔다. 어느 정도 시간이 흐르자 그들은 필로클레스가 적에게 밀려 겁 먹은 채로 칼키스로 도망쳤다는 걸 알게 됐다. 이에 그들은 사절들을 아탈로스에게 보내 관용과 보호를 애원했다. 생각이 온통 강화에만 쏠려 있던 터라 그들은 군무 수행에 더욱 태만한 모습을 보였고, 오로지 성벽이 무너진 곳에만 무장한 초병들을 배치하고 다른 방어 시설엔 그다지 신경을 쓰지 않았다. 이런 상황에서 퀸크티우스는 밤을 틈타 다소 덜 위험하다고 생각되는 곳에 성벽 공격용 사다리를 걸쳐 놓고서 공격을 가했다. 주민들은 모조리 아내와 자식을 데리고 요새로 피신했고, 이어 그들은 항복했다. 이 도시엔 많은 돈이나 황금, 은 따위는 없었다. 하지만 조각상, 옛 거장들의 그림, 비슷한 부류의 예술품이 다수 있었는데 이는 도시의 규모나 다른 자원들을 감안하면 상당히 많은 것이었다.

17. 연합군은 이어 카리스토스로 다시 움직였고, 이곳 주민은 모두 연합군이 병력을 내리기 전에 도시를 버리고 요새로 피신했다. 그곳에서 주민들은 로마 지휘관에게 사절을 보내 보호를 요청했다. 즉시 그들은 목숨과 자유를 보장받았고, 마케도니아 인의 몸값은 일인당 300눔미[6]로 결정되었다. 그들은 무장을 내려놓아야 도시를 떠날

6 nummi. 그리스의 드라크마 혹은 로마의 데나리우스에 해당하는 화폐 단위.

수 있었다. 마케도니아 인들의 몸값이 지급되었고, 그들은 무장을 포기하고 보이오티아로 이송되었다. 며칠 동안 에우보이아에서 저명한 도시 두 곳을 점령하고 이제 연합군의 해군은 아티카의 곶 수니움을 돌아 코린토스 인들의 항구인 켄크레아이로 진로를 잡았다.

그러는 사이 아트락스를 공격하던 집정관은 예측했던 것 이상으로 길고 피비린내 나는 싸움을 하게 되었는데, 그런 맹렬한 저항은 전혀 예상하지 못했던 것이었다. 사실 그는 대체로 여태껏 점령했던 도시들이 그랬듯 성벽을 무너뜨리고, 바로 입구를 열어 병력을 들이면 적은 곧장 도망치거나 학살당할 것이라고 짐작했었다. 하지만 파성퇴로 성벽 일부가 무너지고 장병들이 앞 다투어 폐허를 넘어 도시로 들어간 뒤에도 새로운 일이 시작되었다. 주둔군을 이루는 마케도니아 인들은 선별된 정예 병사들이 많았고, 성벽보다 자신의 무기와 용맹으로 도시를 지켜낸다면 뛰어난 영광을 얻을 수 있다고 판단하고 있었다. 그들은 다수의 대열을 전개하면서 전투 대형을 강화했고, 로마 인들이 무너진 성벽을 넘어 몰려오는 상황에서도, 이런 밀집 대형으로 로마 군을 퇴각이 힘든 장애물 많은 지형으로 거칠게 밀어냈다.

집정관은 이런 사태 전환에 동요했다. 그에게 이런 굴욕적 후퇴는 한 도시의 점령이 늦어지는 것 이상의 의미였다. 그것은 전쟁의 전반적 결과에 영향을 미칠 수 있었다. 왜냐하면 전쟁에선 보통 사소한 일을 계기로 정세가 급변할 수 있기 때문이었다. 그는 절반 정도 붕괴된 성벽의 잔해를 옆으로 치우고 어마어마한 높이의 공성탑을 앞으로 움직였다. 이 탑은 여러 층으로 구성되었고, 층마다 수많은 병력을 싣고 있었다. 그는 또한 대대들을 차례로 정규 전투 대형으로 보냈고, 가능하다면 마케도니아 인들의 팔랑크스(중무장 보병 대형)를 뚫고 앞으로 나아가게 했다. 하지만 제한된 공간을 고려했을 때(성벽이 붕괴되었어도 비좁은 틈만 열렸을 뿐이었다) 적이 보유한 무기와 전투 방식이 그런 상황에 더 적합했다. 밀집 대형을 형성한 마케도니아 인들은 엄청난 길이의 창으로 전방을 계속 찔러댔다. 반면 로마 인들은 창을 던졌지만, 빽빽하게 방패를 세워 형성한 거북이와 비슷한 마케도니아 군의 대형에 아무런 효과가 없었다.

이어 로마 인들은 칼을 뽑았다. 하지만 그들은 근접전을 펼칠 수 없었고, 적의 창끝을 잘라내지도 못했다. 로마 군이 창끝을 잘라낸다 하더라도, 남아 있는 창의 날카로운 부분이 아직 잘려나가지 않은 창의 예리한 끝부분과 함께 일종의 울타리를 형성했다. 게다가 성벽 여러 부분은 아직도 타격을 입지 않았고, 양쪽 측면을 모두 수비병들이 지키고 있었다. 물러나 거리를 벌리거나 멀리서 돌격하는 것은 보통 적의 대형을 흔들어놓는 움직임이었지만, 그런 것으로 얻을 수 있는 건 아무것도 없었다. 이 외에도 하나의 우연한 사고가 적의 사기를 높여주었다. 탑이 제대로 흙이 뭉쳐지지 않은 땅을 따라 움직일 때 바퀴 중 하나가 바퀴 자국 아래로 깊이 빠져들었고, 이렇게 맹렬하게 기운 공성탑은 적이 볼 때 마치 쓰러지는 것 같았다. 더불어 탑 위에서 있던 장병들도 공황 상태에 빠져 온전하게 정신을 차릴 수 없었다.

18. 집정관은 최대한 노력했지만 아무런 성과를 내지 못하자, 양 군의 장병과 무기가 비교되는 사태를 도저히 참을 수 없었다.[7] 동시에 그는 당장 도시를 점령할 수도 없고 또 전쟁의 참화로 파괴된, 바다에서 한참 멀리 떨어진 영토에서 휘하 병력을 데리고 월동할 수 없

---

7 이러한 비교는 집정관의 병사들뿐만 아니라 적들도 했다고 보아야 한다.

다는 것도 알았다. 따라서 그는 공성을 포기했다. 아카르나니아와 아이톨리아의 해변을 모두 살피더라도 병력에 보급품을 댈 화물선을 전부 수용하고 더불어 병력이 월동할 장소를 제공할 항구는 없었다. 이런 목적에 가장 편리한 곳은 코린토스 만을 마주하는 포키스의 안티키라[8]였다. 그곳은 테살리아와 적의 영토에서 그리 멀지 않았고, 비좁은 해협으로 분리되어 앞에는 펠로폰네소스 반도가 있었고, 뒤로는 아이톨리아와 아카르나니아가 있었다. 양쪽 옆으로는 로크리스와 보이오티아가 있었다.

퀸크티우스는 별다른 투쟁 없이 첫 공격에 포키스의 파노테아를 점령했다. 안티키라는 그의 공격에 잠시 저항했을 뿐이었다. 암브리소스와 히암폴리스도 뒤이어 항복했다. 다울리스는 우뚝 솟은 언덕에 있어 성벽 공격용 사다리나 공성 도구로 점령할 수 없었다. 하지만 로마 인들은 수비병들에게 투척 무기를 던져 괴롭히며 성 밖으로 출격하도록 유도했다. 로마 군은 퇴각과 추격을 번갈아 하고, 무익한 소규모 접전을 벌이는 것으로 적의 부주의함이 최고조에 이르게 했고, 적의 마음속에 로마 인들에 대한 경멸감이 가득 차게 했다. 이렇게 하여 로마 인들은 적이 성문으로 물러날 때 뒤섞여 들어갈 수 있었고, 도시를 공격할 수 있었다. 다른 허술한 성벽을 갖춘 도시들도 로마 인들의 손에 넘어갔는데, 그 도시들은 로마 인들이 무력을 활용하는 모습보다 그것에 대한 두려움을 지레 느껴서 자발적으로 항복한 것이었다. 하지만 엘라티아는 성문을 굳게 걸고 저항해 왔고 강제로 점령되지 않는 한 로마 지휘관이나 그의 군대를 받아들이려고 하

8 안티키라는 델포이에서 남동쪽으로 약 15km 떨어진 곳, 포키스의 남쪽 해안에 있었다. 아이톨리아는 포키스의 서쪽에 있었고, 아카르나니아는 다시 아이톨리아의 서쪽에 있었다.

지 않았다.

19. 집정관이 엘라티아를 포위하는 동안 그는 장차 더 큰 성과를 낼 수 있다는 생각을 갖게 되었다. 그것은 아카이아 인들을 상대로 공작을 벌여서 그들이 필리포스와의 동맹을 깨고 로마와 동맹을 맺게 하는 것이었다. 아카이아 인들은 필리포스를 지지하던 파벌의 지도자인 키클리아다스를 추방했다. 그들의 최고 행정장관인 아리스타이노스는 로마 인들의 동맹이 되길 바랐다. 로마 함대는 아탈로스, 로도스 인과 함께 켄크레아이에 주둔했다. 그들은 코린토스 공격 계획을 함께 논의하고 준비를 하는 중이었다. 따라서 함대가 이 계획에 관여하기 전에 아카이아 인들에게 로마 사절들을 보내는 게 최선이었다. 사절들은 아카이아 인들이 필리포스를 떠나 로마 인들에게 합류하면 아카이아 인들의 오래된 의회에 코린토스를 통합시키겠다고 약속해 주기로 되었다. 집정관의 허락 아래, 그의 동생 루키우스 퀸크티우스, 아탈로스 왕, 로도스 인, 아테네 인들 등이 사절을 파견했다. 아카이아 연맹 회의는 로마 사절단을 시키온에서 만나기로 했다.

하지만 아카이아 인들이 사태를 바라보는 심정은 결코 단순하지 않았다. 그들은 늘 가까이에 있는 위험한 적인 스파르타의 나비스를 두려워했고, 로마 인들의 무력을 걱정했다. 그들은 과거와 현재에 마케도니아 인들이 그들에게 제공한 도움에 의무감을 느꼈다. 그러면서도 그들은 필리포스 왕의 잔인하고 기만적인 모습에 의구심을 품었다. 그들은 기회주의적인 필리포스의 현재 모습만을 보고 판단할 수 없었다. 그들은 전쟁이 끝나면 그가 더욱 가혹한 주인이 될지도 모른다는 걸 알고 있었다. 그들은 자국의 원로원이나 아카이아 연맹 회의에서 각자 어떤 의견을 표해야 할지 불확실했을 뿐만 아니라 무엇을 바라는지, 무엇이 최선의 길일지 심사숙고했음에도 어떻게 해야 할지 실제로 정확하게 판단하지 못했다.

로마 사절들이 소개되었고, 이 불확실한 상태에서 연설할 기회를 받았다. 로마 사절 루키우스 칼푸르니우스가 가장 먼저 기회를 부여받았다. 그의 뒤를 이어 아탈로스 왕의 사절들, 로도스 인의 사절들이 각자 찾아온 뜻을 밝혔다. 필리포스 왕의 사절은 그 다음에 발언 기회를 받았으며, 마지막으로 마케도니아 인들의 주장을 반박하고자 아테네 인의 사절들이 연설에 나섰다. 아테네 인들은 지독한 욕설로 왕을 공격했다. 그들보다 더 고통을 겪고 더 잔혹한 처사를 견뎌낸 이들은 없다는 것이었다. 동맹 회의는 해가 질 때 해산되었다. 낮 시간 내내 이 모든 대표들이 연설을 했기 때문이다.

20. 다음날 회의가 다시 열렸다. 그리스 관습에 따라 행정장관들은 원한다면 누구든 제안할 수 있다고 전령을 통하여 통지되었다. 하지만 아무도 나서려고 하지 않았다. 좌중에 긴 침묵이 흘렀고, 아카이아 연맹의 의원들은 서로 얼굴만 쳐다봤다. 그 자체로 충돌하는 주장들이 그들의 마음을 어지럽게 하여 멍한 상태가 되었다는 건 그리 놀라운 일이 아니었다. 그들이 더욱 혼란스러운 건 낮 동안 내내 서로 입장이 다른 쪽에서 이해하기 어려운 주장을 제기하고 재촉했기 때문이었다. 한참 있다가 아카이아 최고 행정장관 아리스타이노스는 아무 말도 없이 회의가 끝나는 걸 피하기 위해 이렇게 연설했다.

"아카이아 인들이여, 그 갈등을 일으키는 감정이 대체 무엇이기에 여러분의 만찬이나 사회적 행사에서 필리포스와 로마 인들의 이야기가 나올 때마다 일격을 가하는 걸 그렇게 주저합니까? 이곳은 그 문제만 논의하고자 모인 회의입니다. 여러분은 양쪽 사절들이 주장하는 바를 모두 들었습니다. 이제 행정장관들이 의제를 두고 여러분에게 제안을 하라고 했는데, 여러분은 벙어리가 되었군요! 공동의 안전에 대한 우려와는 별개로, 어떠한 개인적 우려를 하고 있기에 어느 편을 들어야 할지 결정하지 못하고 단 한 마디도 하지 않는 것입니까? 지금이야말로 자신이 바라고 최선이라고 생각하는 바를 모두 말함으로써 결정을 내려야 할 때입니다. 그것을 모를 정도로 아둔한 사람은 여기에 아무도 없는데 왜 이렇게 말이 없단 말입니까? 어서 결정을 내려야 하고, 한 번 결정을 하면 이전에 그것에 반대한 사람을 포함하여 모두가 그런 결정을 올바르고 적절한 것으로서 옹호해야 할 것입니다."

그는 이렇게 권고했지만, 그래도 의원들은 어떠한 제안도 하지 않았다. 실제로 많은 민족들의 대표인 그 의원들 사이에서 고함 소리나 중얼거리는 소리조차 들리지 않았다.

21. 최고 행정장관 아리스타이노스는 계속 말했다.

"아카이아 인들의 지도자들이여, 여러분은 입이 없을 뿐만 아니라 정책마저도 결여되었군요. 자신이 위험에 처할지도 모르는 이런 상황에서 공익을 위하여 기꺼이 정책 제안을 하려는 이가 아무도 없다니 말입니다. 일개 시민이었다면 저 역시 입을 다물었을 것입니다. 하지만 저는 지금 의장으로서 사절들에게 발언 기회를 주었으니 답변을 듣지 않고 보낼 수 없습니다. 아니면 애초에 사절들에게 발언 기회를 아예 주지 않았겠죠. 그런데 어찌 제가 여러분의 결정에 어긋나는 답변을 할 수 있겠습니까? 이 회의에 소집된 여러분 중 아무도 제안의 형태로는 아무런 말을 할 바람도, 용기도 없는 걸 확인했으니 어제 사절들이 전한 발언을 이 회의에서 나온 제안인 것처럼 한번 검토해봅시다. 그들이 자신의 이익을 위해 그런 요구를 한 것이 아니라, 우리에게 편리하다고 생각하여 그런 정책을 내놓은 것이라고 생각해봅시다.

로마 인들, 로도스 인들, 아탈로스는 우리에게 동맹과 우호 관계를 구하려고 합니다. 그들은 우리가 필리포스에 대항하여 진행 중인 전쟁에 우리가 도움을 주어야 올바르고 적절하다고 여깁니다. 필리포스는 우리가 그와 동맹을 맺었다는 것, 그리고 우리가 한 맹세가 있다는 것을 상기시킵니다. 때로는 그의 편을 들라고 요구하고, 때로는 우리가 전투에 연루되지 않기만 한다면 그것만으로도 만족한다고 합니다. 왜 우리의 동맹보다도 아직 동맹이 아닌 자들이 우리에게 더 많은 걸 요청하는지 아무도 파악하지 못하신 겁니까? 이는 필리포스가 절제한 것도, 로마 인들이 주제넘은 것도 아닙니다. 그런 요구 사항을 타당하게 만들거나 아니면 부당하게 만드는 것은 바로 현재의 상황입니다. 필리포스에 관해 우리는 사절 말고는 아무것도 보지 못했습니다. 로마 함대는 켄크레아이에 주둔하여 에우보이아 도시들에서 얻은 전리품을 과시하고 있습니다. 우리는 포키스와 로크리스를 횡단하는 로마 집정관과 그의 군단들을 보고 있습니다. 그들과 우리를 가르는 건 비좁은 해협 하나뿐입니다.

필리포스의 사절인 클레오메돈이 우리가 지금 왕의 편에 서서 로마 인들에 대항하여 무기를 들어야 한다고 제안할 때 얼마나 조심스러웠는지 보셨습니까? 그는 왕과 맺은 협정과 맹세를 존중하라는 생각을 우리에게 누누이 강조했습니다. 하지만 그 협정에 따르면 우리는 그에게 나비스와 스파르타 인들, 그리고 로마 인들에 맞서 우리를 지켜줘야 한다고 요청했어야 합니다. 그는 우리를 지킬 주둔군을 배치하지도 않았을 뿐만 아니라 지난해에 우리에게 주어야 마땅한 답변조차도 주지 못했습니다. 이어 그는 자신이 나비스(스파르타)에 맞서 싸우는 전쟁을 수행할 것이라고 약속하고는 우리 군인들을 에우보이아로 데리고 가려고 했습니다. 하지만 우리가 그런 지원에 동의하지 않고, 또 그가 로마를 상대로 하는 전쟁에 우리가 연루되지 않으려 하자 그는 지금까지 그토록 강조해온 동맹 관계를 잊어버리고 우리가 나비스와 스파르타 인들에게 약탈당하도록 내버려뒀습니다.

어쨌든 제 생각에 클레오메돈의 연설은 결코 일관된 것이 아니었습니다. 그는 로마와의 전쟁을 가볍게 여기면서 그 결과는 이전 로마와의 전쟁과 같을 거라고 말하려고 합니다.[9] 그렇다면 왜 필리포스는 이처럼 거리를 둔 채로 우리의 도움을 요청하는 사람을 보냅니까? 직접 와서 오랜 동맹들을 나비스와 로마 인들에게서 지켜주는 게 더 맞는 것 아니겠습니까? 정말 우리를 지켜줘야 하는 거 아니겠습니까? 왜 그는 에레트리아와 카리스토스가 그렇게 점령되도록 놔뒀습니까? 테살리아의 다른 모든 도시들은요? 로크리스와 포키스는 또 어떻습니까? 왜 그는 지금 엘라티아가 포위를 당하게 방치했을까요? 왜 그는 에피로스의 고갯길과 아우스 강 위의 난공불락 장벽에서 물러났을까요? 무엇 때문에 그는 지키고 있던 좁은 길을 포기하고 자기 왕국 중심부로 물러났을까요?

그런 움직임이 자발적이지 않다면 그것은 로마 군의 힘이나 두려움 때문입니다. 하지만 그가 적에 의해 수많은 동맹국이 약탈되는 걸 자진하여 내버려뒀다면, 마찬가지 논리로, 동맹국이 자국의 안위를 걱정하는 걸 어떻게 반대할 수 있겠습니까? 그가 로마 군이 두려웠다면 그는 우리의 두려움을 용서해야 합니다. 그는 전투에서 패배하여 물러났으면서, 클레오메돈, 마케도니아 인들도 버텨내지 못한 로마 군을 우리 아카이아 인보고 견뎌내라고 하는 겁니까? 로마 인들

9 제1차 마케도니아 전쟁 이후에 필리포스는 그가 전쟁 중에 점령했던 땅들을 그대로 유지한 채 원래의 주인에게 돌려주지 않았다.

이 이전보다 더 큰 군대와 더 큰 규모의 군사적 자원을 동원하지 않을 거라는 마케도니아의 확신을 우리가 어떻게 믿을 수 있습니까? 우리는 현실을 냉엄하게 살펴보아야 하지 않을까요?

이전에[10] 로마 인들은 함대로만 아이톨리아 인들을 도왔습니다. 그들은 집정관급 지휘관을 보내지도 않았고, 집정관의 군단들을 보내지도 않았습니다. 당시 필리포스의 동맹국들 중 해안 도시들은 왕의 횡포 때문에 공포에 휩싸여 혼란스러워했습니다. 하지만 내륙 지역은 로마 군에게서 무척 안전했는데, 아이톨리아 인들이 로마의 도움을 부질없이 찾을 때 필리포스가 그들을 상대로 약탈을 벌였기 때문입니다. 반면 이제 로마 인들은 이탈리아 중심부에서 16년 동안 진행되던 카르타고와의 전쟁에서 벗어났습니다. 그들은 단순히 전쟁에서 싸우는 아이톨리아 인들에게 지원을 보내는 것뿐만 아니라 그들 스스로 전쟁 지도자가 되어 육지와 바다에서 동시에 마케도니아를 공격해 왔습니다. 현재 세 번째 집정관이 이곳에 와 있는데, 그는 극도로 왕성하게 전쟁을 수행하고 있습니다. 집정관 술피키우스는 필리포스를 마케도니아 땅에서 대적했습니다. 그는 왕에게 패배를 안겨 도망치게 했고, 그의 왕국에서 가장 부유한 지역을 약탈했습니다. 이제 퀸크티우스는 에피로스 고갯길에 있던 요충지, 즉 필리포스가 지형, 방어 시설, 병력에 의지하던 곳에서 그를 몰아냈습니다. 집정관은 테살리아로 도망치는 그를 추격했고 왕이 보는 앞에서 그의 주둔군을 붙잡고 동맹 도시들을 점령했습니다.

아테네 사절단이 방금 말했던 필리포스의 잔혹함과 탐욕이 사실

10 로마가 카르타고를 상대로 포에니 전쟁을 벌이던 중에 벌어진 제1차 마케도니아 전쟁을 말한다.

이 아니라고 가정해봅시다. 아티카에서 그가 천계와 하계의 신들에 대해 저지른 범죄에 대해 우리가 신경 쓰지 않는다고 칩시다. 우리에게서 멀리 떨어진 키오스와 아비도스의 시민들이 받은 고통에는 아예 무시해 버린다고 합시다. 정말 그러고 싶다면 우리가 받은 상처도 잊도록 합시다. 펠로폰네소스 반도 한가운데에 있는 메세네에서 벌어진 살육과 강탈은 망각 속으로 넘기도록 합시다. 키파리시아에서 만찬 중에 주최자였던 카리텔레스를 왕이 죽인 건 인간의 법률과 신의 명령에 거스르는 범죄였지만, 그가 그랬다는 것도 잊도록 합시다. 시키온의 아라토스[11] 부자(父子)를 죽인 것도 마찬가지로 잊읍시다. 필리포스는 실제로 그 불행한 노인을 아버지라 불렀지요. 그 아들의 아내는 자기 성욕을 채우고자 마케도니아로 끌고 갔고요. 다른 처녀와 부인들을 강간했던 건 잊도록 합시다.

필리포스와 우리가 무관하다고 가정합시다. 그렇지만 왕의 잔혹함 때문에 두려움을 느껴 여러분이 모두 벙어리가 된 게 아니겠습니까? 회의에 소환된 여러분이 침묵하는 건 두려움 외에는 설명할 수 없지 않습니까? 우리가 안티고노스, 즉 우리를 위해 수많은 일을 한 가장 인도적이고 가장 공정한 왕과 관계된 일로 논의를 한다고 칩시다. 그가 우리에게 불가능한 일을 요구하겠습니까? 펠로폰네소스는 가느다란 지협에 의해 그리스 본토와 붙어 있는 반도이고, 다른 무엇보다 바다 쪽으로 개방되어 있어서 바다에서의 공격에 취약합니다. 1백 척의 갑판이 있는 배와 50척의 그보다 더 가벼운 갑판이 있는 배, 그

11 아라토스(아버지)는 저명한 정치가인데 기원전 224년 아카이아 연맹을 마케도니아와 제휴하도록 인도했다. 그러나 기원전 214년에 이르러 필리포스에게 등을 돌리게 되었다. 기원전 213년에 필리포스가 그를 독살했다(폐병으로 죽었다는 말도 있다). 플루타르코스에 의하면 필리포스는 아라토스(아들)도 독살했다고 한다.

리고 30척의 이사(Issaean) 소형 범선이 해안을 약탈하고, 거의 해안에 탁 트인 채로 있는 도시들을 공격하면 무슨 일이 벌어지겠습니까? 물론 우리가 내륙 도시들로 물러나야겠지요. 마치 내륙에는 맹위를 떨치는 내전이 벌어지지 않은 것처럼 말입니다! 나비스와 스파르타 인들이 육지에서, 로마 함대가 바다에서 압박을 가하면, 우리는 어디에서 왕의 협조를 구하고 어디에서 마케도니아 지원군을 보내달라고 간청할 수 있겠습니까? 아니면 우리가 직접 아군을 이끌고 공격을 가하는 로마 인들에 대항하여 도시들을 지켜내야 하는 겁니까? 그런데 이전 전쟁에서 우리가 디마이를 제대로 지켜냈습니까? 다른 이들의 참사는 우리에게 충분히 본보기가 되고 있습니다. 우리는 다른 이들한테 그런 본보기가 되지 않도록 해야 하지 않겠습니까!

로마 인들이 먼저 우리와의 우호 관계를 요구했다는 이유만으로 우리가 당연히 바랐어야 했던 것, 온갖 노력을 기울여 얻어냈어야 했던 것을 경멸하지는 마십시오. 로마 인들이 두려움 때문에 어쩔 수 없이 여러분의 동맹의 보호를 받고자 달아났고, 그들이 타국에 있기에 여러분의 도움이라는 그늘 안에 숨고, 여러분의 항구에 피신하여 보급품을 얻고자 한다고 생각할 수도 있을 겁니다. 하지만 그들은 바다를 이미 힘으로 장악했습니다. 그들은 도착하는 즉시 모든 땅을 장악할 수 있는 힘이 있습니다. 그들은 요구하는 건 무엇이든 힘으로 얻어낼 수 있습니다. 그들은 여러분을 살려주고 싶어 하기 때문에 여러분이 자멸하게 되는 짓을 옆에서 구경만 하지는 않을 겁니다. 막 여러분께 클레오메돈이 중도가 가장 안전한 방침이라고 지적했는데, 사실 그것은 말이 좋아 중도이지 실은 아무런 길도 아닙니다. 로마와의 동맹을 받아들이거나 거부하거나 둘 중 하나를 선택해야 합니다. 게다가 우리는 이 '중도'를 선택했다가는 그 어디에서도 지속적인 호의를 얻을 수 없습니다. 우리는 운명의 기복에 따라 방침을 정하려고 하는, 결과를 살피는 기회주의자로 여겨질 겁니다. 그렇게 하면 우리는 정복자의 사냥감이 될 겁니다.

요청하지 않았는데 간절히 바란 것을 제공받게 된다면 그런 선물을 경멸하지 마십시오. 오늘날 여러분은 두 가지 길 중에 하나를 선택해야 합니다. 그런 선택은 늘 여러분에게 열려 있지는 않을 겁니다. 그런 기회는 좀처럼 오지 않습니다. 그런 기회는 오래 남아 있지도 않습니다. 오랫동안 바랐지만, 감히 행동에 나서지는 못했지요. 필리포스로부터 해방되는 것 말입니다. 이제 강력한 함대와 병력을 이끌고 로마 인들이 바다를 건너왔고, 우리는 어떤 노력을 하거나 위험을 겪는 일 없이 자유를 얻을 수 있게 되었습니다. 그런 동맹을 일축한다면 제정신이 아니라고 할 수밖에 없습니다. 어쨌든 여러분은 이제 로마 인을 동맹으로든, 적으로든 받아들여야 합니다."

22. 의장의 이런 발언으로 큰 소동이 벌어졌다. 일부는 박수치며 수긍했고, 다른 일부는 박수를 친 자들을 거칠게 비난했다. 이내 논쟁은 개인 차원을 넘어 모든 사람이 개입하는 수준에 이르렀다. 이어 국가 행정장관들(다미우르기라 불리는 열 사람[12]) 사이에서 논쟁이 시작되었고, 전체 회의에서 벌어졌던 논쟁 못지않게 격한 말싸움이 이어졌다. 행정장관들 중 다섯 명은 로마와 동맹을 맺어야 한다는 발의를 하여 투표에 붙여야 한다고 주장했고, 나머지 다섯명은 필리포스와의 동맹 파기를 행정장관들이 제안하거나 의회에서 결정하는 건 불

12 다미우르기(damiurgi)는 다미우르게스(damiurges)의 복수형. 각 도시 국가의 행정장관들을 말하는데 이들은 스트라테고스(strategos)와 함께 동맹의 행정을 담당한다. 동맹의 총회가 개최되면 이들이 의제를 준비했다.

법이라고 주장했다. 이날 또한 논쟁만 하다가 다 지나가 버렸다.

이제 회의할 날짜는 단 하루만 남았다. 동맹 회의의 규칙에 따르면 결정은 반드시 셋째 날에 내려져야 했다. 하지만 당시 이 문제를 둘러싸고 시민들의 감정이 워낙 격화되어 부모들이 자식들에게 폭력을 행사하는 일도 벌어졌다. 예를 들면, 펠레네 인 피시아스가 그런 경우였다. 그에겐 멤논이란 아들이 있었는데, 로마와 동맹을 맺는 제안을 하거나 투표에 붙이는 걸 막는 파벌의 다미우르기 중 한 사람이었다. 피시아스는 오랫동안 아들에게 아카이아 인들 사회 전체의 안전을 논의해야 한다고 간청했고, 고집을 부려 모든 민족이 자멸하는 일은 없어야 한다고 간절하게 말했다. 하지만 그런 간청이 소용없었다는 걸 알게 되자 아버지는 자기 손으로 아들을 죽이겠다고 맹세했고, 더는 아들이 아닌 적으로 간주하겠다고 말했다. 이런 위협을 통해 그는 주장을 관철할 수 있었고, 다음날 아들은 로마와 동맹을 맺는 발의를 하는 쪽에 합류했다. 이제 동맹을 지지하는 파벌은 다수가 되었다. 그들은 로마와의 동맹을 발의했고, 거의 모든 공동체가 명백히 이런 방침에 찬성했고 투표 결과가 어떻게 될지는 뻔한 것이었다.

그리고 이때 디마이와 메갈로폴리스 인들, 그리고 아르고스 인들 일부가 발의에 의한 투표가 진행되기 전에 자리에서 일어나 회의장을 떠났다. 아무도 그런 반응에 놀라거나 반감을 표하지 않았다. 메갈로폴리스 인들은 그들의 할아버지 시절에 스파르타 인들에게 패배한 이후 안티고노스에 의해 고향 땅을 되찾았고,[13] 필리포스는 최근 디마이 인들이 로마 인들에게 점령되어 약탈되었을 때 일일이 몸

13 이것은 기원전 223-221년의 일이었다.

값을 지급하고 그들에게 자유를 되찾아주는 건 물론이고, 그들의 나라까지 회복시켜주었다. 아르고스 인들은 그들 사이에서 마케도니아 왕들이 배출되었다는 걸 믿는 것과 별개로, 개인적 환대와 친분의 유대 관계로 필리포스와 연결되어 있었다. 이런 이유로 그들은 로마와의 동맹을 밀어 붙이려는 회의에서 물러났다. 그들은 최근에 필리포스로부터 그런 중요한 도움을 받았다는 사실이 잘 알려져 있었으므로 별다른 제지를 받지 않고 회의장을 빠져나갔다.

23. 나머지 아카이아 공동체는 투표 요청을 받았을 때 즉각적인 명령으로 아탈로스 왕과 로도스 인과의 동맹을 승인했다. 로마와의 동맹은 로마 인들의 투표 없이 비준될 수 없었으므로 사절들이 로마로 돌아가서 비준될 때까지 연기되었다. 당장은 세 명의 사절을 루키우스 퀸크티우스에게 보내는 게 결정되었고, 모든 아카이아 군대는 코린토스로 이동했다. 퀸크티우스가 켄크레아이를 점령한 뒤 코린토스 자체를 공격하는 중이었기 때문이었다.

아카이아 인들은 시키온으로 이어지는 성문 근처에 진을 쳤다. 그러는 사이 로마 인들은 도시의 켄크레아이를 마주한 쪽을 공격했다. 아탈로스는 지협 너머로 군대를 데려와 다른 해변에 있는 항구인 레카이움 방향에서 공격을 가했다. 처음에 포위 공격은 별로 활발하게 진행되지 않았는데, 공격자들이 코린토스 내부에서 주민과 필리포스 주둔군 사이에 불화가 생기면 힘 안 들이고 도시를 점령할 수 있을 것이라고 기대했기 때문이었다. 하지만 그들은 잘 단결한 채로 아주 사기가 높았고, 마케도니아 인들은 그곳을 마치 조국이라도 된 것처럼 열심히 지켰다. 코린토스 인들은 주둔군 지휘관 안드로스테네스가 마치 투표로 선출된 시민인 것처럼 그가 시민들에게 행사하는 권한을 정당한 것으로 받아들였다. 그에 따라 포위 공격에 나선 측은 모든 기대를 그들의 무력, 무기, 공성 보루에 걸 수밖에 없었다.

그들은 사방에서 성벽을 올라가기 위한 인공 경사로들을 성벽 쪽으로 움직였지만 막상 성벽으로의 접근은 어려웠다. 로마 군의 파성퇴는 로마 병사들이 공격하던 쪽의 성벽 일부를 무너뜨렸다. 그러자 마케도니아 인들이 방어 시설이 사라진 것을 알고서 무기를 들고 이곳을 지키려고 몰려들었다. 맹렬한 싸움이 그들과 로마 인들 사이에 벌어졌다. 처음에 로마 인들은 병력이 더 많은 적에게 중과부적으로 쉽게 밀려났지만, 그들은 아카이아 인과 아탈로스 왕에게서 지원군을 데려오는 것으로 곧 병력의 동등한 상태를 이뤘다. 그들은 속으로 마케도니아 인과 그리스 인을 쉽게 몰아낼 수 있다고 확신했다. 하지만 이탈리아 탈영병들이 많았다, 그들 중 일부는 로마 인들의 보복이 두려워 필리포스를 따르게 된 한니발 휘하에 있었던 자들이었고, 다른 일부는 최근 더 많은 급료를 받을 수 있다는 기대를 안고 로마 편에서 마케도니아 편으로 붙은 선원들이었다. 그들은 로마 인들이 승리하면 무서운 처벌을 피할 수 없다는 생각에 사로잡혀 거의 광적으로 용맹하게 싸웠다.

시키온을 마주보는 곳에는 유노 여신에게 바쳐져 '지고의 유노'라고 불리는 곶이 하나 있었는데, 이 곶은 바다 쪽으로 그다지 멀리 나아가지 않았고, 그곳에서 코린토스까지는 10km 정도의 거리였다. 필리포스의 또 다른 지휘관인 필로클레스는 이곳에 1천 5백 명의 군인을 보이오티아를 통해 데려왔다. 코린토스에서 온 소형 범선들은 그곳에서 이 병력을 받아들일 준비를 마쳤으며 그들을 레카이움으로 수송했다. 아탈로스는 이에 공성 보루를 불태우고 포위를 즉시 포기해야 한다고 강력하게 권고했다. 하지만 퀸크티우스는 자신의 포위 공격을 더욱 고집스럽게 밀고 나갔다. 하지만 필리포스의 수비대가 모든 성문 앞에 주둔한 걸 보고 적이 출격에 나서면 쉽게 버텨낼 수 없다는 걸 깨닫자 퀸크티우스는 아탈로스의 제안을 받아들였다. 따라서 포위 공격이 좌절된 채로 그들은 아카이아 인들을 물러가게 하고 배로 돌아왔다. 그 후 아탈로스는 피라이오스로, 로마 인들은 코르키라 섬으로 퇴각했다.

24. 이런 해군 작전이 펼쳐지는 동안 포키스에 나가 있던 집정관은 엘라티아의 앞에 진지를 세운 뒤 전투보다는 협상을 통해 도시의 항복을 받아내고자 했다. 그는 도시의 주요 시민들을 활용하고자 했지만, 그들은 결정은 자신들의 손을 떠난 문제라고 답했다. 필리포스의 주둔군이 시민들보다 숫자도 많고 강력하다는 게 그들의 말이었다. 이에 집정관은 공성용 보루와 무기를 동원하여 사방에서 도시를 공격했다. 그는 파성퇴를 가져와 두 탑 사이에 있는 벽 부분을 공격했고, 엄청난 굉음과 함께 성벽이 무너져 내려 도시는 로마 군의 공격에 노출되었다. 이에 즉시 한 로마 대대가 이런 붕괴로 생긴 틈을 통해 도시로 밀고 들어갔고, 도시 여러 지역을 지키던 수비병들이 자리를 떠나 로마 군의 공격을 받고 있는 곳으로 달려갔다.

동시에 로마 인들은 성벽의 잔해를 기어 올라갔고, 적이 여전히 버티고 있는 방어 시설들에 사다리를 갖다댔다. 적의 시선과 관심이 허물어진 성벽 한 곳에 집중되자 많은 곳에서 공성용 사다리에 의해 성벽이 점령되었고, 로마 군 병사들은 성벽을 기어올라 도시로 들어갔다. 이렇게 발생된 소란으로 인해 들려오는 소음에 적의 병사들은 공황 상태에 빠져 밀집 대형으로 지키던 곳을 떠났고, 모든 주민이 요새로 도망쳐서 피신했다. 도시의 주민들 중 비전투원 무리도 그 뒤를 따랐다. 집정관은 이에 도시를 점령했다. 그는 도시를 약탈한 뒤 요새로 전령을 보내 주둔군에겐 무장을 해제한 채로 떠나면 목숨을 살려주겠다고 했으며, 엘라티아 인들에겐 자유를 보장했다. 이런 조건 아래 퀸크티우스는 며칠 뒤 요새를 점령했다.

25. 그러나 필리포스의 지휘관인 필로클레스가 아카이아에 도착하자 코린토스의 포위 공격도 풀렸을 뿐만 아니라 아르고스도 로마를 배반했다. 이 도시는 일부 주요 시민들에 의해 필로클레스의 손에 넘어갔다. 도시의 지도자들은 그런 조치를 취하기 전에 먼저 평민들의 뜻을 확인하고서 그렇게 했다. 이 도시의 관습은 의회가 열리는 첫날에 의장이 하나의 길조로서 제우스, 아폴로, 헤라클레스의 이름을 높이 외치며 찬양하는 것이었다. 후에 추가된 것은 그 이름들에 필리포스 왕의 이름이 더해져야 한다는 것이었다. 하지만 로마 인들과 동맹을 맺은 뒤 전령관은 필리포스의 이름을 부르지 않았고, 이를 누락하자 군중 사이에선 처음엔 중얼거리는 소리가 나더니 뒤이어 필리포스의 이름을 외치라는 고함이 들렸다. 규정된 명예를 왜 제공하지 않느냐는 것이었다. 마침내 그의 이름이 호명되자 군중 사이에선 어마어마한 갈채가 쏟아졌다.

이런 지지의 표현으로 자신감을 얻은 도시의 지도자들은 필로클레스를 불러들였다. 그는 밤중에 도시가 내려다보이는 언덕을 점령했다. 사람들은 이 요새를 라리사라 불렀다. 그곳에 수비병을 배치한 뒤 그는 동이 트자마자 병력이 언제든 전투에 동원될 수 있게 준비시키고 요새 밑에 있는 시장으로 이동했다. 그러는 사이에 시장 반대편에서 그를 상대하기 위해 적의 전투 대형이 다가왔다. 이들은 최근 그곳에 주둔한 아카이아 인들의 주둔군이었고, 모든 도시에서 선별한 500명 정도의 청년으로 구성되었는데 디마이의 아이네시데모스가 지휘를 맡고 있었다.

왕의 지휘관은 그들에게 사절을 보내 도시에서 물러날 것을 명령했다. 그는 그들이 마케도니아 인들에게 순응하는 시민들을 당해내지 못할 거라는 점을 지적했다. 설혹 그들이 버텨낸다고 하더라도 코린토스에서 로마 인들조차 버티지 못한 마케도니아 인들이 힘을 합치면 더 이상 버티질 못할 것이라고 주장했다. 처음에 이 메시지는 아르고스의 지휘관이나 장병들에게 아무런 효과를 주지 못했다. 하지만 잠시 뒤 아르고스 인들 역시 무장하여 반대편에서 대군을 이끌고 다가오는 걸 보고 그들은 패배를 피할 수 없다고 판단했다. 하지만 아이네시데모스는 도시와 함께 아카이아 정예 전사들을 잃는 걸 피하기 위해, 필로클레스와 협정을 맺고 부대는 떠날 수 있게 했다. 하지만 그 자신은 자신이 선 자리를 떠나지 않았고, 무장을 한 채로 몇 안 되는 부하들과 함께 남았다. 필로클레스는 사람을 보내어 지금 이 행위가 무슨 뜻이냐고 물었지만, 그는 자리에서 물러나지 않고 앞에 방패를 세우고 서서 자신은 맡은 도시를 지키다가 무장한 채로 죽을 생각이라고 답했다. 이에 필로클레스가 명령을 내렸고, 트라키아 인이 던진 창에 아이네시데모스와 부하들은 죽음을 맞이했다. 아카이아 인들과 로마 인들 사이에 동맹 관계가 맺어진 뒤, 그런 식으로 가장 중요한 두 도시 아르고스와 코린토스는 필리포스 왕의 손에 넘어갔다.

이것이 그해(기원전 198년) 여름 동안 그리스에서 육지와 바다 양면으로 로마 인들이 벌인 행위들이었다.

* * *

28. [기원전 197년] 가이우스 코르넬리우스 케테구스와 퀸투스 미누키우스 루푸스가 집정관직에 취임했다. 가장 먼저 해야 할 일은 집

정관들과 법무관들의 임지를 배정하는 것이었다. 법무관들의 임지 문제가 먼저 논의되었는데, 이는 추첨으로 정리될 수 있었다. 도시 행정관은 세르기우스에게, 외국인에 관한 사법권은 미누키우스에게, 사르데냐는 아틸리우스에게, 시칠리아는 만리우스에게 주어졌다. 셈프로니우스에겐 가까운 스페인(Hither Spain, 뉴카르타고까지 이어지는 스페인의 동부 해안 지역), 헬비우스에겐 먼 스페인(Further Spain, 현대의 안달루시아와 거의 비슷한 지역으로 스페인의 남부 해안에 있음)이 주어졌다. 집정관들이 추첨을 통해 이탈리아와 마케도니아를 누가 맡을지 결정하려고 할 때 호민관 루키우스 오피우스와 퀸투스 풀비우스가 거부권을 행사했다.

그들은 마케도니아가 먼 지역이며, 집정관이 이제 막 전쟁을 착수하려고 하면 귀국해야 한다는 점이 여태까지 전쟁을 진행하면서 겪은 가장 곤란한 일이라고 지적했다. 그들은 이제 마케도니아를 상대로 한 전쟁은 4년째에 접어들었지만 술피키우스는 필리포스와 그의 군대를 찾는 데 한 해의 대부분을 보냈고, 빌리우스는 적을 겨우 이해하려고 할 때 아무것도 이루지 못하고 돌아왔고, 퀸크티우스는 한 해의 대부분을 성스러운 의식을 수행하는데 들이는 바람에 좀 더 일찍 임지에 도착하여 전쟁을 벌였거나 아니면 겨울이 나중에 다가왔다면 진작 끝냈을 수도 있는 전쟁을 아직도 수행하고 있다고 말했다. 그들은 비록 퀸크티우스가 월동 진지로 물러날 시점이지만, 보고에 따르면 후임자가 도착해 그의 지휘권을 넘겨주지만 않으면 다음 해 여름이면 전쟁을 끝낼 수 있다고 했다. 이런 주장으로 그들은 집정관들로부터 원로원의 권위에 따를 것이니 호민관들도 그렇게 하라는 확약을 받아냈다.

집정관들과 호민관들은 원로원에게 완전히 결정을 위임했다. 원로원 의원들은 두 집정관의 임지를 이탈리아 내로 한정하고, 원로원 결정에 따라 후임자가 도착할 때까지 티투스 퀸크티우스의 마케도니아 지휘권을 연장했다. 집정관들은 원로원 결정에 따라 각자 두 군단을 인솔하고 로마 인들에 대해 반란을 일으킨 키살피네(알프스 이쪽 곧 알프스 남쪽) 갈리아 인들에 대한 전쟁을 수행하게 되었다. 마케도니아 전쟁을 담당하는 퀸크티우스에겐 지원군을 보내기로 결정되었다. 이 지원군은 6천 명의 보병, 3백 명의 기병, 3천 명의 선원으로 구성되었다. 루키우스 퀸크티우스 플라미니누스는 이미 맡은 함대를 계속 지휘하라는 명령을 받았다. 스페인을 담당한 두 법무관에겐 각각 동맹국, 혹은 라틴 지위를 지닌 동맹국에서 징집한 8천 명의 보병과 4백 명의 기병이 주어졌다. 그들은 또한 각자의 임지에 도착하면 베테랑 부대를 제대시키라는 지시를 받았다. 원로원은 그들에게 먼 스페인과 가까운 스페인 사이에 경계를 설정하라고 지시했다. 마케도니아엔 추가로 부장들이 임명되었다. 이들은 푸블리우스 술피키우스와 푸블리우스 빌리우스로서, 해당 임지에서 과거에 집정관을 지낸 경력이 있었다.

29. 부대 모집이 완료되고 집정관들이 개별적으로 집전해야 하는 인간과 신에 관한 다른 모든 의전 문제가 해결된 뒤 두 집정관은 갈리아를 향해 떠났다. 코르넬리우스는, 당시 케노마니 인들과 함께 무장 봉기한 인수브레스 인들을 향해 직선로로 나아갔다. 그러는 동안 퀸투스 미누키우스는 이탈리아의 왼쪽을 따라 티레니아 해로 향하는 길로 나아가 게누아에 도착했다. 그곳에서 그는 리구리아 인들을 상대로 작전을 펼치기 시작했다. 리구리아 인들에게 속해 있던 클라스티디움과 리투비움은 모두 항복했고, 같은 민족의 공동체인 켈레이아테스와 케르디키아테스도 뒤따라 항복해왔다. 이즈음 포 강 남

쪽의 모든 민족이 로마의 통치를 받았지만, 갈리아 인들 중 보이이 인들과 리구리아 인들 중 일바테 인들만은 그렇지 않았다. 보고에 따르면 도시 15개와 2만 명이 항복했다. 그곳에서 미누키우스는 군단들을 이끌고 보이이 인들의 영토로 들어갔다.

30. 이런 일이 벌어지기 얼마 전 보이이 인들의 군대는 포 강을 건너 인수브레스 인, 케노마니 인과 합류했다. 그들은 집정관들이 군단들을 합쳐 전쟁을 수행할 계획이라는 소식을 듣고 그에 따라 병력을 통합하여 방어 전력을 강화하기로 했다. 하지만 집정관들 중 하나가 보이이 인들의 영토를 불태우고 있다는 소문이 들려와 즉시 그들 사이에서 불화가 생겨나게 되었다. 보이이 인들은 연합군이 로마 인들에게 시달리는 동포를 도와주러 움직여야 한다고 했고, 인수브레스 인들은 그렇지만 자신들의 영토를 떠날 수 없다고 답했다. 그렇게 하여 그들의 병력은 갈라졌고, 보이이 인들은 자국 영토를 방어하기 위해 현장을 떠났다. 그러는 사이 인수브레스 인들은 케노마니 인들과 함께 민키우스 강의 둑에 진을 쳤다.

집정관 코르넬리우스는 같은 강의 3km 밑에 있는 지점에다 진지를 세웠다. 그곳에서 그는 전령을 케노마니 인들의 마을들과 그들 부족의 수도인 브레스키아에 보냈다. 그런 와중에 그는 케노마니 청년들이 원로들의 허가도 없이 무장했고, 부족 자체의 결정도 없이 인수브레스 인들의 반란에 합류했다는 소식을 알게 되었다. 집정관은 면담을 하고자 케노마니 인의 주요 인사들을 곧바로 불렀다. 이어 그는 케노마니 인들을 인수브레스 인들로부터 이탈시키고자 전력을 다해 설득하기 시작했다. 집정관은 그들에게 진지를 거두고 고향으로 돌아가거나 로마 인들에게 합류하라는 뜻을 밝혔다. 그는 사실상 설득에 실패했지만, 그래도 케노마니 인들은 집정관에게 전투에서 어떠한 움직임도 보이지 않을 것이며, 기회만 된다면 로마 인들을 도울 것이라고 했다.

한편 인수브레스 인들은 이런 합의가 있었다는 걸 전혀 인지하지 못했다. 그럼에도 불구하고 그들은 동맹들이 점점 충실한 모습을 보이지 않고 있다고 은근히 의심했다. 따라서 전투 대형으로 나섰을 때 그들은 날개를 동맹들에게 맡기는 모험을 하려고 하지 않았다. 그들이 배신하여 일부러 뒤로 후퇴한다면 전투에서 완패를 당할지도 모른다는 두려움이 있었던 것이다. 그리하여 그들은 케노마니 인들을 전투 대형 뒤쪽에 예비 병력으로 유보해 두었다.

전투가 시작될 때 집정관은 이날 적이 완패하여 패주한다면 유노 소스피타 신전을 바치겠다고 맹세했다. 장병들은 집정관의 기원을 반드시 이루겠다고 단언하며 함성을 내지르며 적에게 공격을 가하기 시작했다. 인수브레스 인들은 첫 공격을 버텨내지 못했다. 몇몇 역사가는 전투가 한창일 때 케노마니 인들 역시 후방에서 인수브레스 인들을 공격했다고 기록했고, 그렇게 하여 인수브레스 인들은 양쪽의 협공으로 인해 큰 혼란에 빠졌다. 공격을 가하는 두 대열 사이에서 3만 5천 명이 전사하고 5천 2백 명이 산 채로 붙잡혔다. 전사자 중에는 전쟁을 일으킨 주요 원인인 카르타고 지휘관 하밀카르도 있었다.[14] 130개의 군기와 200개가 넘는 수레가 포획되었다. 인수브레스 인들의 반란이 벌어지는 동안에 그들에게 합류한 수많은 갈리아 도시는 로마 인들에게 항복했다.

31. 집정관 미누키우스는 우선 보이이 인들 영토에 광범위하게 습

14 리비우스 『로마사』 31권 21장 참조.

격을 가하며 약탈했다. 후에 보이이 인들이 인수브레스 인들을 떠나 자기 영토를 지키러 돌아오자 그는 진지에서 대기하고 있다가 적과 전면전을 벌여야겠다고 생각했다. 사실 보이이 인들은 인수브레스인들의 패배 소식에 사기가 꺾이지 않았다면 로마 군과의 전면전에 나섰을 것이다. 그 패배 소식이 전해지자 그들은 지휘관과 진지를 떠나 마을들로 흩어졌으며, 각자 자기 재산을 지키는 데만 신경 썼다. 그렇게 하여 그들은 로마 군의 전쟁 계획을 바꾸어 놓았다. 집정관은 일전을 펼쳐 승부를 결정하려는 기대를 버리고 다시 한 번 농촌 지역을 파괴하기 시작했다. 로마 인들은 건물에 불을 놓고 도시를 습격했다. 이 기간 동안 클라스티디움은 불에 탔다. 그곳에서 집정관은 휘하 군단들을 이끌고 리구리아 일바테 인들을 공격하러 나섰다. 그들은 아직까지도 로마에 항복하지 않은 유일한 리구리아 부족이었다. 인수브레스 인들이 전투에서 패배했고, 그 소식을 들은 보이이 인들이 겁을 먹고 전면전을 피하고 도망쳤다는 이야기를 듣고 그들 역시 로마 군에게 항복했다.

갈리아에서 군사적 성공을 거뒀다는 내용을 담은 두 집정관의 보고서는 거의 동시에 로마에 도착했다. 도시 법무관 마르쿠스 세르기우스는 그 보고서를 원로원에서 낭독했고, 원로원의 허가에 따라 시민들에게도 낭독되었다. 이어 나흘간의 공공 감사제가 선포되었다.

32. 때는 겨울이었고, 티투스 퀸크티우스는 엘라티아를 점령한 뒤 포키스와 로크리스의 여러 군데에 월동 진지를 설치했다. 이어 오포스에서 내분이 일어났다. 한 파벌은 가까이에 있는 아이톨리아 인들을 불렀고, 다른 파벌은 로마 인들에게 호소했다. 아이톨리아 인들은 로마 인들보다 빨리 도착했다. 하지만 부유한 시민들의 파벌이 그들을 도시로 들어오지 못하게 하고 로마 지휘관에게 전령을 보낸 뒤 집

정관이 올 때까지 도시를 장악했다. 필리포스 왕의 주둔군은 요새를 점령했는데, 오포스 인들의 위협이나 로마 사령관의 권위 중 그 어느 것으로도 몰아낼 수 없었다. 필리포스 왕은 전령을 보내 회담을 할 시간과 장소를 요청했고, 이로 인해 생긴 지연으로 즉각적인 공격은 불가능하게 됐다. 집정관은 마음이 내키지는 않지만 왕의 요청을 받아들였다. 퀸크티우스는 무력이든 협상이든 자신이 전쟁을 끝내고 싶어 했다. 왜냐하면 새로운 집정관이 그의 뒤를 이어 부임해 올지, 아니면 지휘권이 연장될지 아직 몰랐기 때문이었다. 지휘권 연장은 그의 부탁으로 친구들과 친척들이 온 힘을 다해 노력하는 중이었다. 그래도 집정관은 왕과의 회담이 자신의 목적에 더 부합한다고 생각했다. 지휘권을 연장 받아 마케도니아에 남게 된다면 전쟁을 하는 방향으로 나아가도 되고, 만약 후임이 와서 대체된다면 강화를 맺는 방향으로 나아가도 되었다. 이 모든 건 그의 재량이었다.

그들은 회담 장소를 니카이아 근처 말리아 만의 해안으로 잡았다. 필리포스 왕은 데메트리아스에서 다섯 척의 작은 범선과 한 척의 전함을 이끌고 도착했다. 그는 마케도니아 주요 인사 두 명과 유명한 아카이아 추방자 키클리아다스를 데리고 왔다. 로마 사령관은 아미난드로스 왕, 아탈로스 왕의 대표 디오니소도로스, 로도스 함대의 지휘관 아케심브로토스, 아이톨리아 인의 지도자 파이네아스, 두 명의 아카이아 인 아리스타이노스와 크세노폰을 대동했다. 이 수행단과 함께 로마 사령관은 해안가로 나아가 닻을 내리는 배의 뱃머리에 서 있는 왕에게 이렇게 말했다.

"해안으로 온다면 우리는 서로 더 편리하게 대화를 나눌 수 있소."

필리포스 왕은 집정관의 요청을 거절했고, 이어 퀸크티우스가 물었다.

"대체 누가 두려워 그러시오?"

필리포스는 이에 오만하면서도 위엄에 찬 태도로 답했다.

"불멸의 신들 외에 내가 누구를 두려워하겠소? 그대의 무리에서 선의를 믿을 수 있는 자가 하나도 없으니까 이렇게 하고 있는 거요. 특히 아이톨리아 인들은 가장 믿을 수 없소."

그러자 집정관은 이렇게 답했다. "하지만 그건 적과 회담하러 오는 모두가 동등하게 느끼는 위험 아니겠소. 선의가 없다면 말이오." 왕은 이렇게 대답했다. "아무래도 좋소, 티투스 퀸크티우스. 배반 행위가 일어날 거라면 나와 파이네아스 중에 어느 쪽이 더 값나가는 포로가 되겠소? 아이톨리아 인들이 또 다른 최고 행정장관을 선택하는 건 아주 쉬운 일이오. 마케도니아 인들이 내 자리에 앉힐 다른 왕을 찾는 일에 비하면 말이오."

33. 이렇게 가시 돋친 설전이 오고간 뒤 잠시 정적이 흘렀다. 집정관은 회담을 요청한 쪽이 먼저 말을 해야 한다고 생각했지만, 왕은 강화 조건을 받는 쪽이 아니라 제안하는 쪽이 먼저 말해야 한다며 침묵했다. 아무튼 먼저 입을 뗀 건 집정관이었다. 그는 강화 협정을 위한 필수적인 토대만을 제시할 것이기에 자신이 해야 할 말은 간단하다고 했다. 그는 왕이 그리스 모든 나라에서 주둔군을 물리고, 로마인의 동맹국들에 포로와 탈영병을 돌려주고, 에피소스[15]에서 강화 협정을 맺은 뒤 점령한 일리리쿰 지역을 로마 인들에게 반환하고, 프톨레마이오스 필로파토르[16] 사망 이후 점령한 도시들을 프톨레마이오

15 페르가몬에 있는 아테나 니케포로스("승리를 가져다주는")의 성소.

16 현재 이집트를 다스리고 있는 왕인 프톨레마이오스 5세 에피파네스의 아버지로서, 기원전 205년에 사망했다.

스 왕에게 반환하라고 하면서 그게 자신과 로마 인들이 정한 평화의 조건이라고 했다. 하지만 그는 왕이 로마 동맹국들의 요구도 듣는 게 적절하다는 말도 아울러 했다.

아탈로스 왕의 사절은 키오스 해전에서 포획된 전함과 포로를 돌려주고, 필리포스가 약탈하고 파괴한 니케포리움 신전과 베누스 신전을 원상태로 복구하라고 요구했다. 로도스 인들은 페라이아(그들의 섬 맞은 편 본토에 있는 지역이자 오래전부터 그들이 통치하던 곳이었다)를 요구하면서 이아소스, 바르길리아이, 에우로멘세스는 물론이고 헬레스폰토스의 세스토스와 아비도스에서 주둔군을 물리고, 비잔티움 인들에게 고대로부터 내려온 권리와 함께 페린토스를 반환하고, 아시아의 모든 시장과 항구를 해방할 것도 요구했다.

아카이아 인들은 코린토스와 아르고스를 반환할 것을 주장했다. 아이톨리아 인들의 최고 행정장관 파이네아스는 대체로 로마 인들의 요구와 같은 요구사항을 내놓았다. 그는 마케도니아 인들이 그리스에서 물러나고, 동시에 아이톨리아 인들이 관할했던 도시들을 반환할 것을 요구했다. 아이톨리아의 주요 인물이자 능변가인 알렉산드로스는 이런 주장을 더욱 이어나갔다. 그는 자신이 오랫동안 조용히 있었던 건 회담으로 뭔가가 성취될 거라고 생각해서가 아니라 동맹국들의 발언을 방해하는 걸 피하기 위해서였다고 먼저 말했다. 그는 필리포스가 강화 협상에서 선의를 단 한 번도 보인 적이 없으며, 전쟁에서 진정으로 용기를 낸 적도 없었다고 비난했다. 회담에서 필리포스는 상대방에게 빠지기 좋은 함정을 놓았으며, 전쟁에선 동등하게 적과 맞서거나 결정적인 교전을 한 적이 없다고도 했다. 또 필리포스가 전투에서 패배하여 물러나면 승자에게 주어지는 상인 도시들을 불태우고 약탈했다고 했다. 알렉산드로스는 옛 마케도니아 왕들은 전쟁에서 이런 식으로 행동하지 않았으며, 최대한 도시들은 무사히 그냥 놔둔 채로 정규전을 벌임으로써 마케도니아를 더욱 부유한 제국으로 만드는 게 그들의 관습이라고 지적했다. 그는 싸움을 통해 소유하려고 하는 걸 없애고 전쟁의 흔적만 남기는 필리포스의 방침은 도대체 어떻게 된 것이냐고 물었다. 그는 지난해 동안 필리포스가 테살리아 역사상 모든 적이 파괴한 것보다도 더 많은 동맹 도시들을 파괴했다고 꼬집었다. 그는 이어 아이톨리아 인들에게도 우방 필리포스가 적보다 더 많은 손실을 주었다고 지적했다. 그는 필리포스가 행정장관과 아이톨리아 주둔군을 몰아낸 뒤 리시마키아를 장악했고, 아이톨리아 인의 통치를 받던 또 다른 도시 키오스는 완전 폐허가 됐다고 하면서 똑같은 배신으로 프티아의 테베, 에키노스, 라리사, 파르살로스를 장악했다고 말했다.

34. 알렉산드로스의 발언에 기분이 상한 필리포스는 자신의 대답이 상대방에게 확실히 들리도록 자신의 배를 해안 가까이에 댔다. 하지만 그가 특히 아이톨리아 인들에게 답변하기 시작하자 파이네아스가 끼어들면서 퉁명스러운 어조로, 문제는 말로 해결되는 게 아니라고 했다. 그는 이렇게 말했다.

"그대는 전투에서 승리하거나 우세한 자들에게 따라야 하오."

이에 필리포스가 쏘아붙였다.

"맹인한테도 그건 명백한 일이지."

이는 파이네아스가 시력이 좋지 않음을 조롱하는 것이었다. 필리포스는 왕에게는 어울리지 않을 정도로 냉소적인 사람이었고, 진지한 문제를 논의하면서도 그런 블랙 유머의 감각을 감추지 않았다. 이어 필리포스는 아이톨리아 인들이 로마 인들처럼 자신에게 그리스에서 물러나라고 말하는 것에 대해 불평하기 시작했다. 왕은 그들이 어디가 그리스 경계인지 말하지도 못한다고 했다. 아이톨리아에서 아그라에이, 아포도티, 암필로키는 아이톨리아 영토 대부분을 이루지만 그리스 땅이 아니라는 게 그의 말이었다. 필리포스는 계속 말을 이었다.

"내가 동맹들에 손을 댄다고 불평하는데, 아이톨리아 인들이 그런 불평을 할 정당한 이유가 있는가? 그들은 태곳적부터 청년들이 자발적으로 동맹들을 상대로 무기를 드는 관습이 있지 않소? 공적인 허가만 없을 뿐이라고 하더구먼. 대치하는 양쪽 군대 모두에 아이톨리아 인 보조 부대가 있는 건 지나칠 정도로 흔한 일 아니오? 나는 키오스를 점령한 적이 없소. 그저 동맹이자 우방인 프루시아스[17]가 그곳을 공격했을 때 도왔을 뿐이지. 리시마키아는 트라키아 인들에게서 내가 구해낸 것이오. 하지만 어찌할 수 없는 상황 탓에 그곳을 지키지 못했지. 이 전쟁에 주의를 돌려야 했으니 말이오. 그게 바로 트라키아 인들이 그곳을 지금 장악하게 된 이유요. 아이톨리아 인들 이야기는 여기서 끊도록 하지.

아탈로스와 로도스 인에 관해 말하자면 원칙적으로 나는 그들에게 아무것도 빚진 게 없소. 이 전쟁이 시작된 건 내 책임이 아니라 그들 책임이오. 하지만 로마 인들을 존중하는 표시로 페라이아를 로도스 인들에게 반환하고, 아탈로스에겐 배를 돌려주고 포로들도 추적이 가능한 자들은 함께 돌려보내겠소. 니케포리움 신전과 베누스 신전 복원에 관해서는 그 일을 요구하는 자들에게 할 수 있는 답변은 이것뿐이오. 다시 나무를 심는 일은 내가 부담하겠소. 쓰러진 숲을

---

17 비티니아의 왕. 나중에 비티니아에 망명해온 한니발을 로마 군에게 내주려고 하여 한니발이 자살하게 만든 인물.

복원하는 유일한 방법은 그것 밖에 없지 않겠소. 이것이 왕들 사이에서 서로 오가는 요구와 대답이라고 생각하오."

그의 발언 중 마지막 부분은 아카이아 인들에게 들으라고 한 것이었다. 그는 안티고노스가 먼저, 그 뒤를 이어 자신이 아카이아 인들에게 베푼 호의를 상세하게 이야기하는 것부터 시작했다. 이어 그는 부하들에게 일러 신과 인간 양쪽 측면으로 온갖 명예를 자신에게 부여한 아카이아 인들의 옛 결정 사항들을 큰 소리로 읽게 했다. 또한 그는 자신과의 관계를 끊은 최근의 결정도 함께 비난했다. 그는 그들의 배반에 맹렬하게 독설을 퍼부었지만, 그럼에도 불구하고 아르고스를 그들에게 돌려주는 데 합의했다. 코린토스에 관해서 그는 로마 사령관과 협의할 것이며, 동시에 자신이 점령하여 이젠 정복자의 권리로 점거한 도시들이나, 선조들로부터 물려받은 도시들은 돌려줄 수 없으며 과연 그런 도시들에서 떠나는 게 정당한 일인지도 묻고 싶다고 말했다.

35. 아카이아 인들과 아이톨리아 인들은 이에 응수하려고 했지만, 거의 해가 지고 있었으므로 회담은 내일로 미뤄졌다. 필리포스는 자신이 머물던 해군 기지로 돌아갔고, 로마 인들과 동맹들은 각자의 진지로 돌아갔다. 다음날 퀸크티우스는 정했던 시간에 맞춰 약속 장소인 니카이아에 도착했다. 하지만 그곳에 필리포스는 오지 않았고, 전령마저 도착하지 않았다.

몇 시간 뒤, 로마 인들은 왕이 도착할 거라는 기대를 접고 떠나려고 했는데 바로 그 순간 왕의 배들이 느닷없이 나타났다. 필리포스의 설명에 따르면, 요구사항들이 워낙 부담스럽고 부당하여 어떤 결정을 내려야 할지 고민하다 시간이 이렇게 지체되었다는 것이었다. 하지만 그가 의도적으로 회담 시간을 뒤로 미뤘다는 게 일반적인 생각이었다. 그렇게 해야 아카이아 인들과 아이톨리아 인들이 응수할 시간을 주지 않기 때문이었다. 필리포스 역시 이런 생각을 확인해 주는 행동을 했는데, 다른 대표들은 물러나고 왕 자신과 로마 사령관만이 관련 의제를 논의할 수 있게 해달라고 요청해 왔던 것이다. 논의 과정에서 시간을 낭비하지 않고 일을 확실히 마무리하려면 그렇게 양자 회담을 해야 한다고 말했다. 이런 요청은 처음에 동맹국들이 회담에서 배제되는 것처럼 보일까봐 로마 사령관 측에서 거절했다.

하지만 왕은 전혀 물러서지 않았고, 결국 모든 대표의 동의로 다른 대표들은 물러나고 로마 사령관만 천인대장인 아피우스 클라우디우스를 대동하고 해안가로 나오게 되었다. 왕은 그제서야 전날 데려온 두 명의 수행원과 함께 배에서 내렸다. 그곳에서 왕과 사령관은 한동안 이야기를 나눴다. 우리는 필리포스가 마케도니아 인들에게 그날 논의되었던 일을 어떻게 알렸는지 알 방법이 없다.

하지만 퀸크티우스는 그의 동맹들에게 필리포스가 한 말을 그대로 전했다: "로마 인들에게는 일리리아 해안을 양도하고, 로마의 탈영병과 데리고 있는 모든 포로를 돌려보낸다. 아탈로스 왕에게는 배와 붙잡은 선원들을 돌려준다. 로도스 인들에게는 페라이아는 돌려준다. 하지만 이아수스와 바르길라이에서 물러나는 건 거부한다. 아이톨리아 인들에게 파르살로스와 라리사를 돌려주겠지만, 테베는 돌려주지 않는다. 아카이아 인들에게는 아르고스뿐만 아니라 코린토스도 이양한다."

철수할 곳과 철수하지 않을 곳을 분명히 규정한 필리포스의 제안에 대하여 이해 당사자 누구도 만족하지 않았다. 그 제안을 받아들이면 얻은 것보다 잃은 게 더 많고, 필리포스가 그리스에서 모든 주둔군을 철수하지 않는 한 갈등의 원인은 늘 그대로 남아 있을 것이기 때문이었다.

36. 이런 반응은 회의 내내 나타났고, 모든 대표자들이 목청껏 비난하면서 고함쳤다. 그들이 아우성치는 소리는 거리가 떨어진 필리포스에게까지 들렸다. 그리하여 왕은 모든 문제를 내일로 미루자고 퀸크티우스에게 요청하면서, 자신이 회담에서 상대방을 설득하든가 설득을 당하든가 둘 중의 하나로 귀결될 거라고 장담했다. 이어 트로니움 근처 해안이 논의를 위한 장소로 선정되었고, 대표들은 빠르게 그곳에 모였다. 이 회의에서 필리포스는 퀸크티우스와 자리에 있던 모든 대표에게 강화의 희망을 뒤엎지 말자고 하면서 로마 원로원에 사절을 보낼 수 있게 시간을 달라고 요청했다. 그는 제안한 조건으로 강화를 하거나, 아니면 원로원이 승인한 강화 조건이 있다면 그게 무엇이든 모두 받아들이겠다고 했다. 이 제안은 전혀 상대방의 구미를 잡아당기지 못했다. 그들은 필리포스가 그저 시간 끌기를 하면서 추가 병력을 모을 상황을 만들려고 한다고 불평했다. 퀸크티우스는 군사 활동을 할 여름이라면 그런 의심은 타당한 것이겠지만, 이제 겨울이 다가오고 있으니 사절들을 보낸다고 해서 잃는 건 없다고 답했다.

왕과 합의한 어떠한 조건도 원로원의 허가 없이는 비준될 수 없기에 그들은 겨울로 인해 강제로 전투를 중단하는 사이 원로원의 허가를 요청할 수 있었다. 다른 동맹 대표들도 이러한 집정관의 의견에 동의했다. 그리하여 두 달 간의 휴전이 승인되었고, 각 동맹국은 원로원에 사실을 보고할 사절을 보내기로 했다. 이는 왕의 협잡으로 원로원이 속아 넘어가는 걸 방지하기 위해서였다. 휴전 합의를 하며 추가된 조항으로 왕의 주둔군은 포키스와 로크리스에서 곧장 물러나기로 되었다. 퀸크티우스는 아타마니아 인의 왕 아미난드로스를 동맹 대표들과 함께 로마에 보냈는데, 이는 대표단을 좀 더 인상적으로 보이고

자 한 조치였다. 그는 또한 퀸투스 파비우스(퀸크티우스 아내의 조카였다), 퀸투스 풀비우스, 아피우스 클라우디우스도 함께 딸려 보냈다.

37. 로마에 도착한 동맹 대표들은 필리포스 왕의 사절들보다 앞서 원로원에서 발언 기회를 얻었다. 그들의 발언은 주로 왕이 저지른 학대를 비난하는 것이었다. 하지만 원로원 의원들에게 강한 영향을 주었던 건 그리스의 지리, 즉 바다와 육지에 관한 설명이었다. 필리포스가 테살리아에서 데메트리아스를, 에우보이아에서 칼키스를, 아카이아에서 코린토스를 장악하면 그리스는 자유롭지 못할 거라는 사실이 의원들 사이에서 분명해졌다. 그들은 필리포스가 그 도시들을 '그리스의 족쇄'라고 불렀음을 지적했는데, 무례한 말이기는 하지만 사실이기도 한 표현이었다.

이어 필리포스 왕의 사절들이 원로원 의원들 앞에 나와서 장황한 주장을 펼쳤다. 하지만 그들이 발언하는 도중 '필리포스가 그 세 도시에서 철수할 것인가?'라는 퉁명스러운 의원들의 질문이 끼어들었다. 사절들은 왕에게서 그와 관련된 정확한 지시를 받은 게 없다고 대답했다. 그 결과 왕의 사절들은 강화 요청을 허락받지 못한 채 물러났고, 퀸크티우스는 강화냐 전쟁이냐에 관해 전결권을 얻게 되었다. 그는 원로원이 전쟁 피로감을 느끼지 않는다는 걸 분명하게 알아챈 데다 자신 역시 평화보다 전쟁으로 승리를 얻고 싶었기에 이후로는 필리포스에게 회담을 허용하지 않았다. 그는 필리포스가 그리스 전역에서 철수한다는 소식을 가져오지 않으면 왕의 사절들을 받지 않겠다고 선언했다.

38. 필리포스는 결국 야전의 전투로 결론을 내야 한다는 걸 깨닫고 즉각 사방에서 병력을 데려와 모아야 한다고 생각했다. 그는 특히 멀리 있는 아카이아 도시들을 우려했고, 코린토스보다 아르고스를

더욱 신경 썼다. 그는 아르고스를 라케다이몬(스파르타)의 참주 나비스에게 넘기는 게 최선이라는 결론을 내렸다. 이에 그는 자신이 전쟁에서 승리하면 아르고스를 돌려받고, 일이 잘 풀리지 않으면 그대로 아르고스를 차지하라는 조건으로 나비스에게 연락을 시도했다. 그는 코린토스와 아르고스에서 지휘를 맡고 있는 필로클레스에게 서신을 보내 참주 나비스를 만나라고 지시했다. 이에 필로클레스는 선물을 들고 가 나비스를 만났고, 그는 왕과 참주 사이의 더 나은 우호 관계를 약속해 주는 추가적인 제안을 했다. 그는 필리포스 왕이 자신의 딸들과 스파르타 참주 나비스의 아들들을 결혼시키고 싶어 한다는 뜻을 전한 것이었다.[18]

나비스는 처음에 시민들이 직접 결정을 내려 도시를 방어할 목적으로 자신을 부르지 않으면 아르고스를 받지 않겠다고 대답했다. 하지만 나중에 아르고스 민회에서 시민들이 자신의 이름을 경멸하고 증오했다는 소식을 듣자 그는 이제 도시를 빼앗을 훌륭한 이유가 생겼다고 여겼다. 따라서 그는 필로클레스에게 자신이 원하는 때에 도시를 넘기라고 말했다. 참주는 밤중에 아주 비밀스럽게 도시로 들어갔고, 성문들은 닫혔다. 소수의 지도자들은 처음 혼란이 벌어졌을 때 도시에서 빠져나갔고, 그들의 재산은 약탈되었다. 남아 있는 자들의 황금과 은은 몰수되었고, 막대한 벌금이 그들에게 부과되었다. 지체 없이 벌금을 낸 자들은 모욕이나 육체적인 학대 없이 도시를 떠나는 걸 허락받았지만, 재산을 숨겼다는 혐의를 받거나 재산을 내어주지 않으려고 한 자들은 모두 노예처럼 학대를 받고 고문당했다.

18 이러한 결혼이 실제로 성사되었는지는 불분명하다.

나비스는 이어 민회를 소집하여 두 가지 정책을 선포했다. 하나는 모든 빚을 무효화하는 것이었고, 다른 하나는 시민들에게 땅을 분배하는 것이었다. 이렇게 하여 귀족에 대항하여 평민들의 적대심을 불붙일 두 개의 불꽃이 혁명가들에게 공급되었다.[19]

39. 이제 아르고스를 손에 넣자 참주는 누구한테 그곳을 받았는지, 어떤 조건이 있었는지는 잊어버리기로 했다. 그는 사절들을 엘라티아의 퀸크티우스, 아이기나에서 월동 중인 아탈로스 왕에게 보내 아르고스가 자신의 손에 넘어왔음을 알리고, 퀸크티우스가 회담을 하러 아르고스로 온다면 모든 점에서 합의에 도달할 수 있을 거라고 믿는다고 전했다. 퀸크티우스는 아르고스로 가기로 했는데, 필리포스에게서 이 강력한 장소를 빼앗으려는 생각이었다. 그는 아탈로스에게 아이기나에서 떠나 시키온으로 와서 만나자고 말을 전했다. 퀸크티우스는 안티키라에서 10척의 5단 노선과 함께 출발하여 시키온으로 건너갔다. 그의 동생인 루키우스 퀸크티우스는 코르키라의 월동 진지를 떠나 집정관과 거의 동시에 시키온에 도착하여 서로 만나게 되었다.

아탈로스는 이미 도착하여 기다리고 있었다. 그는 참주가 로마 사령관에게 와야지, 그 반대의 경우가 되어서는 안 된다고 주장했다. 퀸크티우스는 그게 맞는 말이라고 생각했고, 그래서 아탈로스의 뜻에 따라 아르고스로 가는 건 취소했다. 아르고스에서 멀지 않은 곳엔 미케니카라 불리는 곳이 있었고, 그들은 그곳에서 만나기로 되었다. 퀸크티우스는 자신의 동생과 몇 명의 천인대장을 대동하고 그곳

19 그리스에서 혁명을 일으키는 두 가지 중요한 요소들이다. 로마 공화국 초창기에도 부채와 토지 문제는 아주 심각한 분쟁의 대상이었다.

으로 갔고, 아탈로스는 왕실 수행단을 데리고 갔다. 아카이아 인들의 최고 행정장관 니코스트라토스는 소수의 보조 부대를 대동하고 회담 장소에 나왔다. 그들은 참주가 전 병력을 데리고 나와 그들을 기다리고 있는 모습을 보게 되었다. 나비스는 그 자신 완전 무장하고 또 무장 경호원을 하나 데리고 양측 사이에 놓인 장소의 거의 중간까지 나왔다. 퀸크티우스와 그의 동생, 두 천인대장은 무장하지 않았고, 아카이아 최고 행정장관을 오른쪽에, 자신의 왕궁 관리 한 사람을 왼쪽에 둔 아탈로스 왕도 비무장이었다.

그들의 논의는 참주의 사과로부터 시작되었다. 로마 사령관과 왕이 무장하지 않은 채로 온 것을 봤지만, 자신이 무장한 건 물론이고 휘하의 무장 장병들로 주변을 둘러싼 상황에 대하여 미안하다는 것이었다. 그는 이렇게 말했다.

"내가 두려운 건 여러분이 아니라 아르고스 추방자들입니다."

이어 그들은 동맹 조건에 대한 협상을 개시했다. 로마 사령관은 두 가지를 요구했다. 하나는 나비스가 아카이아 인들과의 전쟁을 끝내는 것이었고, 다른 하나는 필리포스를 상대로 하는 마케도니아 전쟁에 자신과 동행할 보조 부대를 보내라는 것이었다. 참주는 보조 부대를 보내는 것에 동의했고, 아카이아 인들과 강화를 맺는 대신에 필리포스와의 전쟁이 끝날 때까지 아카이아 인들과 휴전하기로 했다.

40. 아르고스 문제에 관해, 아탈로스 왕은 나비스가 필로클레스의 기만으로 자신(왕)을 배반한 도시를 무력으로 장악했다고 비판했고, 이 때문에 큰 논쟁이 벌어졌다. 나비스는 이에 아르고스 인들이 직접 자신을 불러들인 것이라고 자신을 변호했다. 아탈로스는 진상을 밝히기 위해 민회를 소집할 것을 요구했고, 참주도 이를 거부하지 않았다. 하지만 아탈로스 왕이 주둔군을 반드시 철수시켜야 민회의 자유

가 보장되며, 스파르타 인들이 뒤섞이는 일이 없어야 시민들의 솔직한 소망을 들을 수 있다고 하자 참주는 자기 병력을 물리길 거부했고, 논쟁은 이렇게 하여 해결되지 못했다. 나비스가 600명의 크레타 인들을 로마 사령관에게 제공하는 것에 동의하고, 아카이아 최고 행정장관인 니코스트라토스와 넉 달 간의 휴전을 하기로 결정한 후에 그날의 회담은 끝이 났다.

퀸크티우스는 이어 코린토스로 나아갔고, 그곳에서 크레타 인 부대와 함께 성문으로 나아가 도시의 지휘관 필로클레스에게 참주가 필리포스를 배반했음을 명백하게 알려주었다. 필로클레스는 이에 로마 사령관과 회담을 하러 나섰다. 로마의 편으로 돌아서고 도시를 로마 군에게 넘기라는 말에 그는 노골적인 거절보다는 시간을 끌려는 듯한 답변을 했다. 퀸크티우스는 코린토스에서 안티키라로 건너갔고, 그곳에서 아카르나니아 인들의 지지를 구하고자 동생을 파견했다.

아탈로스 왕은 그러는 동안에 시키온으로 떠났다. 시키온은 과거 아탈로스에게 부여했던 명예에 새로운 명예를 더해 주었다. 과거 시키온을 위해 아폴로의 성스러운 영토를 되찾아주고자 막대한 금액을 하사한 적이 있는 아탈로스는 관용을 베푸는 일 없이 우호적인 동맹 도시를 지나칠 수가 없었다. 그는 시키온 주민들에게 은 10 탈렌트와 1만 메딤니의 곡물을 선물하고 켄크레아이에 계류 중인 자기 함대와 합류했다.

나비스는 아르고스의 주둔군을 강화하고 스파르타로 돌아갔다. 그는 먼저 아르고스 남자들을 약탈한 지금, 다시 부인을 보내 아르고스 여자들을 약탈했다. 그녀는 높은 지위의 여자들을 때로는 개별적으로, 때로는 가족 단위로 초대하여 감언과 위협으로 그들의 돈을 빼앗았을 뿐만 아니라 옷과 모든 장식품까지 뜯어냈다.

제 33 권

키노스케팔라이의 승리, 한니발의 도피

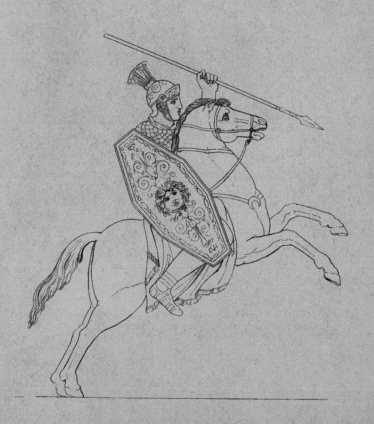

1. [기원전 197년] 이상이 지난해 겨울에 벌어진 일이었다. 봄이 시작될 때 퀸크티우스는 아탈로스를 엘라티아로 불러들였다. 그는 보이오티아 인들을 자신의 통제 아래 두고 싶었고(보이오티아 인들은 그때 어느 편을 들어야 할지 몰라 망설이는 중이었다), 그래서 포키스를 통해 나아가 보이오티아 수도인 테베에서 8km 떨어진 곳에 진지를 세웠다. 다음날 그는 그곳에서 도시를 향해 나아갔다. 아탈로스와 함께 보병 중대 하나를 이끌고 사방에서 온 많은 사절들을 데리고 움직이는 집정관은 군단의 제1선—약 2천 명 정도—에 지시하여 2km 정도 거리를 두며 따라오게 했다. 중간 정도 거리까지 움직였을 때 그들은 보이오티아 인의 최고 행정장관인 안티필로스를 만나게 되었다. 나머지 주민들은 성벽에 몰려 로마 사령관과 아탈로스 왕이 다가오는 모습을 보고 있었다. 그들의 수행단에선 이따금 무기가 보였고, 소수의 군인만 보였다. 구불구불한 길과 사이에 있는 계곡은 한참 뒤에서 따라오는 전열 제1선을 숨겨주었다.

퀸크티우스는 도시에 접근하게 되자, 마치 군중이 도시에서 격식을 갖추고 맞이하러 나오는 것처럼, 그는 접근하는 속도를 줄였다.

하지만 이렇게 지연한 진짜 이유는 제1선이 그를 곧 뒤따라오게 하려는 것이었다. 길나장이 한 사람이 군중을 뒤로 모았고, 그리하여 도시 주민들은 제1선이 빠르게 접근하는 사실을 로마 군 사령관의 막사에 도착하고서야 알게 되었다. 이에 주민들은 최고 행정장관 안티필로스가 배반하여 도시를 넘겼다고 생각하여 깜짝 놀랐다. 내일 예정된 회의에서 논의할 자유가 이미 보이오티아 인들에게는 남아 있지 않은 것처럼 보였다. 하지만 그들은 그런 화가 나는 마음을 숨겼다. 드러내봐야 무익하고 위험할 것이기 때문이었다.

2. 아탈로스는 회의에서 현안에 대한 논의를 개시했다. 그는 자신의 선조와 자신이 전반적으로 모든 그리스 인, 특히 보이오티아 인들에게 도움을 주었다는 사실을 거론하면서 발언을 시작했다. 하지만 그는 너무 고령이어서 긴장된 발언의 부담을 견딜 수 없을 정도였고, 결국 목소리를 내지 못하다 쓰러졌다. 회의는 단기간 휴정되었다. 왕은 실려 나갔고, 신체가 부분적으로 마비되었다는 소식이 들려왔다.[1] 이어 아카이아 최고 행정장관인 아리스타이노스가 발언했다. 그는 이전에 동포들에게 똑같은 충고를 했던 것처럼 보이오티아 인들에게도 엄청난 설득력을 지닌 연설을 했다. 퀸크티우스도 몇 마디를 보탰는데, 로마 인들의 뛰어난 무용이나 광대한 자원을 강조하기보다는 상호 신의를 찬양하는 연설이었다.

이어 로마와 동맹을 맺는 걸 지지하는 제안이 작성되었고, 플라타이아의 디카이아르코스가 이를 낭독했다. 아무도 감히 그 제안에 반대하지 못했고, 그리하여 제안은 보이오티아 공동체가 만장일치로

1 아마도 중풍을 맞은 것으로 보인다.

동의하고 따르게 되었다. 곧 회의는 해산되었다. 퀸크티우스는 아탈로스가 갑작스럽게 당한 와병의 경과를 지켜보고자 테베에 남았다. 병이 생명에 직접적인 위협이 되지 않고 신체의 부분적 장애만 유발할 것으로 드러나자 로마 사령관은 그가 필요한 치료를 받을 수 있도록 테베에 남겨두고 엘라티아 기지로 돌아왔다. 그는 이제 이전 아카이아 인들에 이어 보이오티아 인들을 동맹으로 받아들였다. 이렇게 후방을 안전하고 평화롭게 다진 집정관은 이제 필리포스에게 신경을 집중시키면서 남은 전쟁을 어떻게 치를 것인지 구상했다.

3. 그러는 사이 필리포스의 사절들이 로마에서 돌아와 로마와의 강화 가능성이 전혀 없다고 보고했고, 왕은 따라서 봄이 시작할 때 마케도니아 부대 내에 젊은 병사들이 많지 않은 점을 고려하여 왕국 내의 모든 도시에서 징집을 개시했다. 여러 세대를 거쳐 계속된 전쟁으로 인해 마케도니아 인들은 이제 기진맥진한 상태였다. 필리포스의 재위 기간 동안 바다에서는 아탈로스와 로도스 인, 육지에서는 로마 인과 전투를 벌이며 엄청난 사상자가 발생했다. 따라서 그는 16세부터 신병을 받아들였고, 복무 기간이 만료되었지만, 여전히 기력이 남은 자들을 다시 군문에 소환했다. 이렇게 전력을 보충한 왕은 춘분 직후 디움에다 병력을 집중시켰다. 필리포스는 그곳에 진지를 세우고 매일 군사 훈련을 하며 적을 기다렸다.

거의 같은 시기 퀸크티우스는 엘라티아를 떠나 트로니움과 스카르페아를 통해 테르모필라이에 도착했다. 그는 아이톨리아 연맹의 회의를 위해 그곳에 머물렀고 회의는 헤라클레아에서 열렸다. 그들은 로마 인들을 지원하기 위한 보조 부대의 숫자를 논의했다. 집정관은 동맹이 내린 결정을 알게 되자 이틀 뒤에 헤라클레아를 떠나 크시니아이로 나아가 아이니스 인과 테살리아 인의 경계에 진을 세우고 아이톨리아 보조 부대를 기다렸다. 아이톨리아 인들은 병력을 지체 없이 보냈고, 지휘관 자리에 파이네아스를 임명하여 6천 보병과 4백 기병을 맡겼다. 퀸크티우스는 이에 곧장 진지를 해체하고 자신이 그토록 기다렸던 바, 필리포스와의 결전에 나섰다. 그는 프티오티스 영토로 건너가 크레타에서 온 5백 명의 고티니움 인과 합류했고, 비슷한 무장을 갖춘 3백 명의 아폴로니아 인도 받아들였다. 곧이어 아미난드로스도 1천 2백의 아타마니아 보병과 함께 로마 사령관에게 합류했다.

필리포스는 로마 인들이 엘라티아에서 떠났다는 소식을 듣고 패권을 위한 결전이 목전에 다가왔음을 알고 일장 연설을 하면서 장병들을 고무했다. 선조들의 용맹한 행위, 마케도니아 인들의 군사적 명성 등 익숙한 주제를 어느 정도 언급한 뒤에, 당시 마케도니아 병사들의 마음에 주로 두려움을 심어주던 문제와, 어느 정도 희망을 안겨주는 생각에 대해서도 말했다.

4. 그는 아우스 강의 협곡에서 마케도니아 군에게 벌어진 참사는 아트락스에서 마케도니아 중무장 보병부대가 로마 군에게 안긴 두 번의 패배로 상쇄된다고 말했다. 또 에피로스의 고갯길을 장악하지 못하고, 아우스 강에서 참패를 겪은 주된 원인은 보초를 태만하게 선 것 때문이라고 지적하고서, 그 다음에 실제로 벌어진 전투에서 패배한 잘못은 경보병대와 용병에게 있다고 했다. 그는 마케도니아 중무장 보병부대는 그때에도 굴복하지 않았으며, 평지와 정규전에선 늘 무적이었고 앞으로도 그럴 거라고 말했다.

마케도니아 중무장 보병 부대는 전성기에 있는 최고 전사 1만 6천 명으로 구성되었다. 이외에도 가벼운 방패로 무장한 2천 명의 펠타스트(투척 병사), 트라키아와 일리리아(트랄레스라 불린 부족)에서 보낸 각각 2천 명의 파견부대, 많은 민족이 뒤섞인 1천 5백 명 정도의 보조 용병대, 2천 명의 기병이 있었다. 이 병력으로 왕은 적을 기다렸다. 로마 인들은 거의 같은 수의 병력을 가지고 있었고, 단지 아이톨리아 인들의 합류로 기병 전력에서만 약간 우세할 뿐이었다.

5. 프티오티스의 테베로 진지를 옮겼을 때 퀸크티우스는 도시의 주요 인사인 티몬이 도시를 넘겨주겠다는 뜻을 밝혀 와서, 낙관적 희망을 품은 채로 소수의 기병과 가볍게 무장한 부대와 함께 성벽으로 접근했다. 하지만 그의 희망은 헛된 것이었다. 로마 군은 적 수비대의 출격으로 난전을 벌였을 뿐만 아니라 진지에서 서둘러 나온 로마 군 보병대와 기병대가 아슬아슬하게 때를 맞춰 지원하지 않았더라면 끔찍한 위험에 빠질 뻔했다. 지나칠 정도로 무분별했던 희망이 좌절된 뒤 퀸크티우스는 당분간 그 도시에 어떠한 공격 시도도 하지 않았다. 그 대신에 집정관은 이즈음 필리포스가 어느 지역으로 왔는지 확실하지는 않지만 테살리아에 있다는 걸 알게 되어, 농촌 지역으로 부대들을 보내 말뚝 울타리를 세울 때 쓸 말뚝을 준비하게 했다.

마케도니아 인과 그리스 인 역시 말뚝 울타리를 활용했지만, 그들은 말뚝 수송을 쉽게 하거나 말뚝 울타리 자체의 강도를 강화하는 로마 인의 방식을 채용하지 않았다. 마케도니아의 관습은 지나치게 큰 사이즈로 나무를 쓰러뜨렸고 쓰러진 나무엔 가지도 너무 많았다. 그리하여 무장한 병사들이 베어낸 나무를 쉽게 가져올 수가 없었다. 게다가 그런 말뚝을 진지 외부에 심어 완성한 울타리는 아주 쉽게 무너졌다. 넓은 간격으로 설치된 커다란 나무의 몸통은 눈에 잘 띄었고, 그곳에 붙은 튼튼한 가지들은 쉽게 손잡이가 되어 주었다. 젊은 남자 둘, 혹은 셋이 힘을 합하는 것만으로도 그런 나무 하나는 충분히 들어올릴 수 있었고, 이렇게 나무가 뽑히자마자 생긴 틈은 마치 입구처럼 넓어서 당장 그런 빈틈을 막을 수단이 없었다.

이와는 대조적으로 로마 인들의 벌목 방법은 일반적으로 두 갈래의 가지가 셋 혹은 넷을 넘지 않는 가벼운 말뚝으로 자르는 것이었다. 로마 군 병사는 한 번에 이런 말뚝을 많이 운반할 수 있고, 무기는 등에 걸면 됐다. 이런 말뚝들은 가지가 뒤얽힌 채 서로 엄청나게 밀접하게 고정되어 있어 어떤 줄기가 상부 가지에 속했는지 혹은 어떤 가지가 줄기에 속했는지 발견하지 못할 정도였다. 이외에도 가지들은 무척 날카롭고 긴밀하게 뒤섞여 있어서 그 사이로 손을 넣을 수가 없었다. 따라서 말뚝을 뽑아내는 건 물론이고 말뚝을 뽑으려고 뭔가 붙잡는 것도 불가능했는데, 가지들이 연속된 사슬과도 같은 형태를 취하며 서로 밀착되어 있기 때문이었다. 설혹 말뚝 하나가 뽑히더라도 넓은 틈이 생기지 않아 다른 것으로 쉽게 대체할 수 있었다.

6. 다음날 퀸크티우스는 말뚝을 마련한 부대와 함께 떠났고, 어디에든 진지를 세울 수 있는 만반의 준비를 갖췄다. 별로 멀리 나아가지 않은 그는 페라이에서 10km 정도 떨어진 곳에서 멈췄다. 그곳에서 그는 정찰대를 보내 테살리아에서 적이 어디에 있는지, 어떤 준비를 하고 있는지 알아내게 했다. 필리포스는 라리사 인근에 있었다. 이제 로마 인들이 테베에서 페라이로 움직였다는 소식을 듣고 왕은 최대한 빠르게 전투를 치러 결판을 내고자 했다. 다음날 가볍게 무장한 부대들이 양측에서 나와 도시 위의 언덕들을 장악하려고 시도했다. 양군은 산등성이에서 서로 같은 거리로 떨어졌을 때 상대를 보게 되었고, 바로 진군을 멈췄다. 이어 그들은 전령을 진지로 보내 어떤 행동을 취해야 할지 물었다. 예상하지 못한 적을 만나게 되었으니 이는 당연한 행동이었고, 그들은 전령이 돌아올 때까지 움직이지 않은 채로 기다렸다. 그날엔 전투가 벌어지지 않았고, 양군의 부대는 다시

진지로 돌아왔다. 하지만 다음날 같은 언덕 근처에서 기병대가 마주치게 되었을 때는 전투가 벌어져 필리포스의 부대가 패주하여 진지로 후퇴했다. 그런 성과를 거둔 건 아이톨리아 인들의 공로가 컸다.

양군의 군사적 행동은 나무가 울창하게 우거진 지형의 특성 때문에 크게 방해받았다. 도시의 인근에서 예상했던 것처럼 정원들도 있었고, 정원의 벽들 때문에 길은 비좁았고 어떤 곳에서는 아예 벽으로 막혀 끊어지기도 했다. 그에 따라 양군의 사령관들은 마치 이전에 정하기라도 한 것처럼 이 지역에서 물러나 스코투사로 향했다. 필리포스는 그곳에서 곡물을 얻고자 했으나, 반면에 로마 사령관은 먼저 그곳에 도착하여 보급원을 파괴하고자 했다. 두 군대는 어디에서도 상대를 보지 못한 채로 종일 진군했는데, 양군이 고지의 끊어지지 않는 산등성이로 분리되었기 때문이다. 로마 인들은 이어 프티오티스 지역의 에레트리아 근처에다 진지를 세웠고, 필리포스는 온케스토스 강에 진지를 설치했다. 다음날 필리포스는 스코투사 지역의 멜람비움이라 불리는 곳으로 이동하여 진을 쳤고, 퀸크티우스는 파르살리아 지역 테티데움 근처로 나아가 진을 쳤다. 그때까지도 양군은 적의 위치를 전혀 알지 못했다.

셋째 날 폭우가 내리고 뒤이어 밤처럼 짙은 어둠이 닥쳤다. 로마 인들은 이에 허를 찔릴 것을 우려하여 더 이상 움직이지 않았다.

7. 필리포스는 로마 군과는 다르게 전속력을 내서 진군을 완료하려고 했다. 그리하여 폭풍이 몰아친 다음에 어둠이 짙게 깔렸음에도 불구하고 왕은 단념하지 않고 계속 진군하라고 명령했다. 하지만 햇빛을 가린 어둠이 무척 짙어 기수들은 앞길을 내다볼 수 없었고, 장병들은 군기를 보지 못했다. 대열은 알아들을 수 없는 외침소리에 대응하며 나아갔는데 마치 밤에 길을 잃기라도 한 것 같은 형상이었다.

마케도니아 군의 전열은 모든 게 혼란스러웠다. 하지만 키노스케팔라이[2]라는 언덕에 오른 뒤 마케도니아 인들은 그곳에 보병대와 기병대로 구성된 강력한 전초 기지를 두고 진지를 세웠다. 그러는 사이 로마 사령관은 테티데움 진지에 그대로 틀어박혀 있었다. 하지만 그는 10개의 기병 대대와 1천 보병을 파견하여 적의 위치를 정찰하게 했고, 탁 트인 지역일지라도 어둠을 틈타 적이 기습을 가할지 모르니 엄중히 경계하라고 지시했다. 이 로마 군은 적이 점거한 고지에 도착하자 양측은 서로 공포에 사로잡혀 마비라도 된 것처럼 움직이지 못했다. 하지만 예상치 못한 광경으로 발생한 처음의 공황 상태가 잦아들었고, 양측은 전령을 진지의 사령관에게 보냈다. 그렇게 한 뒤 양군은 더 이상 망설이지 않았고, 이어 전투가 시작되었다.

처음에 교전은 다른 병사들보다 앞에 있던 소수가 돌격함으로써 시작되었고, 전우들이 패배하는 걸 지켜본 다른 장병들이 가세하면서 이내 판이 커졌다. 이 첫 전투에서 로마 인들은 적의 상대가 되지 못했고, 그들은 연달아 사령관에게 전령을 보내 곤경에 빠졌음을 알렸다. 이에 두 명의 천인대장이 5백 기병과 2천 보병을 전속력으로 데리고 지원하러 왔고, 곧 전세는 뒤집혔다. 마케도니아 인들은 이제 자신들이 어려움에 처한 걸 깨닫게 되었고, 전령을 보내 왕에게 지원을 간청했다. 현장에 깔린 짙은 어둠 때문에 왕은 교전을 전혀 예상하지 못했고 그런 만큼 왕의 병력 대부분은 보병과 기병을 가리지 않고 모두 약탈 원정을 나가 있었다.

---

2 키노스케팔라이(Cynoscephalae)의 문자적 의미는 개를 가리키는 키노와 머리를 가리키는 케팔라의 합성어로 "개의 머리들"이라는 뜻이다. 이곳에서 벌어진 전투의 승리로 로마 군은 제2차 마케도니아 전쟁을 승리로 이끌고 필리포스에게 강화 조약을 강제하게 된다.

이에 한동안 왕은 어쩔 줄 모르고 머뭇거렸다. 하지만 계속 증원 부대를 보내달라는 간청이 들려왔고, 언덕의 산등성이에서 어둠이 걷혀 다른 부대와 함께 가장 높은 고지에 모인 마케도니아 인들의 모습이 드러났다. 그들은 손에 든 무기보다 환경의 보호에 의존하고 있었다. 왕은 이에 지원을 하지 못해 상당수 병력을 잃는 일은 어떤 희생을 치르더라도 막아내야 한다고 판단했다. 이에 왕은 용병 부대 지휘관 아테나고라스에게 트라키아 인들을 제외한 모든 지원 병력을 주어 전장에 급파했고, 마케도니아와 테살리아 기병대도 붙여주었다. 그들이 도착하자 로마 인들은 산등성이에서 밀려 내려갔고, 계곡의 더욱 평평한 곳에 도달할 때까지 제대로 저항하지 못했다. 로마군이 무질서하게 황급히 패주하는 상황을 막은 건 아이톨리아 기병대의 보호 덕분이었다. 당시 이 기병대는 그리스에서 가장 뛰어난 기병대였으나 반면에 아이톨리아 보병대는 마케도니아 보병대에 비하면 전투력이 많이 떨어졌다.

8. 전투 결과 보고는 실제 이상으로 마케도니아 인들에게 더욱 희망적인 전망을 제시했다. 전투에서 빠져 나와 달려온 이들은 연달아 로마 인들이 공황에 빠져 도망치고 있다고 소리쳤다. 이런 낙관론으로 인해 필리포스는 전군을 이 전투에 투입했다. 당초 왕은 이런 조치를 싫어하며 망설였고, 또 경솔한 움직임이라고 생각했다. 전투를 하는 때와 장소가 어느 하나 만족스럽지 않았던 것이었다. 그러나 이제 승리든 패배든 결판을 내야 하는 것이었다. 로마 사령관도 똑같이 전군에 전투 명령을 내렸다. 집정관 역시 전투를 하기 좋은 상황이어서 총력전에 나선 것이 아니라 상황의 압박에 밀려 어쩔 수 없이 그런 결정을 내렸다. 퀸크티우스는 우익에 보조 부대를 두고 그 앞에 코끼리를 배치했다. 좌익에는 가볍게 무장한 병력 전부를 배치하여 대

적하게 했다. 그렇게 하면서 그는 휘하 장병들에게 이제 전투를 하게 될 마케도니아 인들은 에피로스 산길에서 산과 강의 보호를 받았으나 로마 군이 돌파해낸 바로 그자들임을 상기시켰다.

"그곳에서 제군은 지형의 난점을 극복했다. 제군은 그 마케도니아 인들을 몰아내고, 총력전에서 그들을 패주시켰다. 제군이 이제 마주하게 된 적은 에오르다이아로 들어서는 입구에서 싸웠었고, 푸블리우스 술피키우스가 일찍이 놀라운 지휘 능력을 발휘하여 격퇴했던 바로 그자들이다. 마케도니아 제국이 지속된 건 전력이 아니라 명성 때문이며, 이제 그 명성은 효력이 다하여 결국 시들어 버리고 말았음이 입증될 것이다."

이즈음 로마 인들은 계곡의 맨 아래에서 버티던 전우들에게 도달했다. 총사령관이 이끄는 병력이 도착하자 장병들은 싸움을 재개했고, 돌격 한 번에 로마 군은 다시 적들을 밀어냈다. 이제 필리포스는 마케도니아 군의 주력인 '팔랑크스'라 불리는 중무장 보병대의 우익과 펠타스트(투척 병사)들을 데리고 그들의 선두에 서서 거의 질주하듯 적에게 달려들었고, 동시에 그의 지휘관 중 하나인 니카노르에게 명령하여 나머지 병력을 이끌고 빠르게 따라오라고 했다. 산등성이 꼭대기에 도착했을 때 필리포스는 소량의 적군 무기가 널려 있고, 일부 로마 병사들이 죽은 채로 땅에 쓰러진 걸 봤다. 그는 그 장소에서 전투가 벌어졌고, 로마 인들이 밀려났다는 걸 알게 되었다. 그는 또한 전투가 적의 진지 근처에서 진행 중이라는 걸 알게 되었다. 이에 그가 처음 느낀 감정은 어마어마한 기쁨이었다. 하지만 곧 그의 병사들이 도망쳐 되돌아오는 모습이 보였다. 아까는 로마 군이 공황에 빠졌으나 이제 공황은 마케도니아 군의 것이 되었다.

필리포스의 기쁨은 두려움으로 변했고, 한동안 그는 진지로 병력을 물리는 문제를 두고서 이러지도 저러지도 못하고 망설였다. 하지만 이내 근처로 다가오는 적들의 모습이 보였다. 등을 돌린 마케도니아 인들은 로마 군에게 공격당해 쓰러졌으며, 지원을 받지 못하면 살 가능성이 없었다. 이와는 별개로 왕 자신도 안전하게 후퇴할 길은 없었다. 따라서 필리포스는 아직 병력 일부가 도착하지 않았지만, 어쩔 수 없이 결전을 감행하기로 했다. 이미 전투를 치렀던 마케도니아 기병대와 가볍게 무장한 부대는 펠타스트 옆 우익에 배치되었다. 그는 팔랑크스를 이룬 마케도니아 인 보병들에게 길어서 방해가 되는 창을 내려놓고 칼을 들라고 명령했다.[3] 동시에 전열에 틈이 생기는 걸 막고자 안쪽으로 대열을 몰아 전면을 절반으로 줄이고 깊이를 두 배로 강화하여 넓은 것보다는 뒤로 깊어지는 전열을 형성했다. 또한 그는 대열을 좁히라고 명령을 내렸는데, 이는 최전선의 병사와 무기가 무너지지 않은 채 온전한 전열을 갖추게 하려는 것이었다.

9. 퀸크티우스는 이미 교전을 치른 장병들을 전열로 받아들였고, 그들을 군기와 전열 사이에 배치한 뒤 나팔을 울리게 했다. 들리는 이야기에 따르면, 전투 개시 함성으로는 드물 정도로 큰 함성이 울려 퍼졌다. 양군은 동시에 함성을 외쳤고, 보조 부대들은 실제로 싸우는 이들의 외침에 소리를 더했다. 이는 정확한 때에 전투에 참가한 이들도 마찬가지였다. 왕은 우익이 더 높은 산등성이에서 싸우고 있어 지형상 엄청난 이득을 봤다. 여기서 왕은 최고의 교전을 펼쳤다. 하지

---

3 이것은 리비우스가 폴리비오스를 오해한 대표적 사례이다. 폴리비오스 『역사』 18권 24장에는 필리포스가 "팔랑크스의 보병들에게 창을 아래로 내려 잡고 돌격하라"고 명령했다, 라고 되어 있다. 리비우스는 "창을 밑으로 내리다"에 해당하는 단어인 kataballein을 "땅에다 내려놓다"로 잘못 읽고서, 앞뒤 상황에 맞게 "칼을 들라고 명령했다"를 추가해 넣었다.

만 좌익에선 후위를 형성한 팔랑크스 일부가 바로 그때 앞쪽으로 나오는 바람에 어수선하고 당황스러운 장면이 펼쳐졌다. 우익에 더 가까운 중앙의 장병들은 마치 자신들은 전혀 연루되지 않은 것처럼 전투 광경을 쳐다보고 있었다. 전투 대열이 아니라 종대를 유지하며 앞으로 나온 팔랑크스는 전투보다는 진군에 더 적합한 모습이었고, 막 산등성이에 도달한 상태였다. 퀸크티우스는 적의 이런 어수선한 부분에 공격을 가했다. 그는 로마 군이 마케도니아 우익을 상대로 밀리고 있다는 걸 알았지만, 코끼리들을 풀어 적에게 돌격하도록 했다. 적 전열 일부가 흩어지면서 나머지 전열도 함께 끌어당기면서 달아날 것이라고 판단했기 때문이었다. 이 움직임은 결정적 효과를 발휘했다. 마케도니아 인들은 끔찍한 괴물의 공격에 처음부터 맞설 수가 없었고 그리하여 등을 돌리며 황급히 달아났다. 적의 나머지 전열도 실제로 패주하는 전우들을 뒤따라 도망쳤다.

한 로마 천인대장은 그 상황을 이용하여 아주 즉흥적인 판단 아래 기발한 작전 계획을 세웠다. 그는 20개의 보병 중대를 인솔하고서, 적보다 우위에 있는 전열을 이탈하여 빠르게 적의 측면을 우회하여 뒤에서 적의 우익을 공격했다. 이런 후방 공격은 어떤 전열이든 혼란에 빠뜨릴 정도로 위협적인 것이었지만, 그 상황에서 필리포스의 군대는 후방 공격을 당하면서 총체적 사기 저하에 빠지게 되었다. 게다가 중무장한 마케도니아 팔랑크스 대형은 기동성이 거의 없었다. 이로 인해 그들은 방향을 신속히 바꿀 수 없었다. 게다가 로마 군 병사들은 조금 전엔 팔랑크스의 공격에 일시 뒤로 밀려났지만, 이제 앞과 뒤에서 공격을 받아 당황하는 적에게 그런 방향 전환을 허용하지 않으려고 과감하게 공격해 들어왔다. 이 모든 것 외에도 마케도니아 인들은 지형의 특성 때문에 곤경을 겪었다. 그들은 패주하는 로마 인들을 쫓아 산비탈을 내려가는 바람에 우회하여 후방으로 돌아온 로마 인들에게 고지를 넘겨주고 만 것이었다. 이렇게 하여 왕의 병력은 앞뒤 양쪽에서 공격을 받고 엄청난 사상자를 냈다. 이어 마케도니아 병사들은 도망쳤고, 대다수가 무기를 버렸다.

10. 필리포스는 소수 보병과 기병을 데리고 우선 다른 곳보다 높은 언덕을 점령했고, 그곳에서 마케도니아 군 좌익의 운명을 지켜봤다. 하지만 엉망진창으로 도망치는 병사들과 고지에서 사방에 널려 반짝이는 마케도니아 군기와 무기를 본 그는 곧 전장에서 벗어났다. 퀸크티우스는 후퇴하는 적을 강하게 압박했는데, 그러다 갑자기 마케도니아 인들이 창을 높이 드는 걸 보게 되었다. 이에 그는 휘하 장병들을 멈추게 했다. 이런 현상은 처음 보는 것이었고, 잠시 적의 의도를 알 수 없어 당황했던 것이다. 하지만 그것이 마케도니아 인들이 관습적으로 항복할 때 보이는 모습이라는 얘기를 들은 집정관은 패배한 적을 살려주라는 지시를 내리려고 했다. 하지만 로마 군 병사들은 적이 싸움을 포기했다는 걸 모르는 데다 사령관의 의도도 알지 못했다. 이에 그들은 돌격했고, 적의 최전선 병사들은 무자비하게 살육을 당하고 나머지 병사들은 흩어져 도망쳤다.[4]

왕은 앞뒤 가리지 않고 전속력으로 템페로 달아났고, 그곳의 곤니에서 하루 동안 전투 생존자들을 받아들였다. 그러는 사이에 승리한 로마 인들은 전리품을 기대하고 마케도니아 진지에 들이닥쳤다. 하지만 그들은 이미 아이톨리아 인들에게 대부분 철저하게 약탈된 진

4 폴리비오스 『역사』 18권 26장에 의하면 최전선의 병사들뿐만 아니라 대부분의 마케도니아 병사들이 살육되었다. 리비우스는 로마 인들에게 덜 학살적인 모습을 부여하려 한듯하다.

지만을 보게 되었다. 그날 적은 8천 명이 전사하고 5천 명이 포로가 되었다. 역사가 발레리우스에 따르면(제멋대로 온갖 통계를 과장하는 이 역사가의 증거를 믿는 사람들이 있을지도 모르므로) 그날 4만 명의 적이 전사하고, 5천 7백 명의 적이(이는 좀 더 절제된 거짓말이다) 포로가 되었으며, 249개의 군기가 포획되었다. 클라우디우스 역시 3만 2천 명의 적이 전사했으며, 4천 3백 명이 포로가 되었다고 기록했다. 나는 가장 적은 수치를 신용하길 좋아하는 건 아니다. 사실 나는 폴리비오스가 제시한 수치를 따랐는데, 그는 모든 로마사에 관해 믿을 만한 역사가이며, 특히 그리스와 관련된 일에선 더욱 믿을 수 있는 역사가이다.

11. 필리포스는 전투 중에 각각 흩어졌다가 그의 뒤를 쫓아온 자들을 모았다. 그는 또한 라리사로 파견대를 보내 왕실 문서를 불태우게 했다. 중요 문서가 적의 손에 들어가면 안 되기 때문이었다. 이어 그는 마케도니아로 물러났다. 퀸크티우스는 포로를 시장에 내놓고 약탈한 물건을 일부 판매했다. 그것은 병사들이 어느 정도 자기 몫을 챙기게 하려는 것이었다. 이후 그는 라리사로 떠났는데, 아직 왕의 움직임과 의도에 대해 확실히 알지 못한 까닭이었다. 집정관은 라리사에서 필리포스가 보낸 전령을 만났는데, 표면적 요청은 전사자를 모아 매장해야 하니 휴전을 하자는 것이었지만, 진짜 동기는 사절들을 보내도록 허락을 구하는 것이었다. 로마 사령관은 두 가지 요청을 모두 승인했고, 왕에게 힘내라는 메시지도 전해 달라고 했다.

하지만 아이톨리아 인들은 이 메시지에 특히 불안감을 느꼈다. 그들은 이미 퀸크티우스가 전투에서 승리한 후 사람이 바뀌었다고 분개하며 불평하고 있었다. 그들은 전투 전에는 로마 사령관이 크고 작은 일을 가리지 않고 작전 회의에 동맹들을 부르는 게 습관이더니, 이젠 동맹들은 그의 계획에 관해 아무것도 모르고, 또 모든 행동을 그가 개인적으로 결정한다고 주장했다. 그들은 퀸크티우스가 필리포스의 개인적인 감사를 얻고자 신경을 쓰고 있고, 아이톨리아 인들이 전쟁의 곤경과 불편함을 겪었는데도 퀸크티우스는 평화의 공로와 그로 인한 모든 이익을 자기의 공로로 돌리려 한다고 비난했다.

사실 아이톨리아 인들이 당연히 그들의 것이 되어야 할 명예 중 대부분을 빼앗긴 건 의심의 여지가 없었다. 하지만 그들은 이런 소홀함의 진짜 원인을 몰랐다. 그들은 퀸크티우스가 왕에게서 어마어마한 선물을 기대하고 있다고 생각했지만 그것은 오해였고 집정관은 그런 탐욕에 빠지지 않는 성품의 소유자였다. 사실을 털어놓고 말해 보자면, 오히려 그가 아이톨리아 인들에게 몹시 화가 났다. 이에 대해선 그럴 만한 이유가 있었다. 그들은 약탈에 대해 끝없는 탐욕을 내보이며 약탈을 하려 했고, 승리의 영광을 독차지하려는 오만한 모습을 보였던 것이다. 허풍 가득한 그들의 공치사는 듣는 이들을 불쾌하게 했다. 집정관은 필리포스를 제거하고 마케도니아 제국의 전력을 분쇄하면 아이톨리아 인들이 그리스에서 지배적인 세력으로 부상할 것이라고 판단했다. 로마 사령관이 여러 행동을 통해 주의 깊게 현실적 배려와 전반적인 평가에서 아이톨리아 인들의 지위를 떨어뜨리고 그들의 중요성을 깎아내리려고 한 건 이런 이유로 설명이 된다.

12. 적에게는 15일의 휴전이 승인되었고, 필리포스와의 회담이 결정되었다. 회담을 하는 날이 되기 전에 집정관은 동맹들을 회의에 불렀고, 그들이 제시하고자 하는 평화 조건을 물었다. 아타마니아 인들의 왕 아미난드로스는 간단하게 자기 의견을 표명했다. 그리스가 충분히 강력해져 로마 인들이 없더라도 자유와 평화를 누릴 수 있도록 평화가 보장되어야 한다는 것이었다. 아이톨리아 인들의 어조는 더욱 가혹했다. 짧게 서론을 전한 그들은 로마 사령관이 전쟁의 동맹들

과 공동으로 평화를 논의함에 있어 올바르고 적절하게 행동하고 있다고 평가했다. 이어 그들은, 필리포스가 처형되거나 마케도니아에서 추방되는 일 없이 로마가 진정 안정적인 평화를 구축하거나 그리스가 자유를 보장받게 될 거라고 집정관이 생각한다면, 그건 전적으로 잘못된 판단이라고 단언했다. 만약 집정관이 현재의 군사적 이점을 활용한다면 이런 두 가지 조건(필리포스의 사망이나 추방) 중 어느 하나를 쉽게 충족시킬 수 있을 거라고 말했다.

퀸크티우스는 이에, 아이톨리아 인들이 로마의 확고한 정책을 망각하고 있으며, 그들 자신이 제안한 것도 기억하지 못한다고 지적했다. 그는 이전 모든 회담과 논의에서 아이톨리아 인들은 늘 평화 조건에 관해 언급해왔지, 전멸을 목적으로 전쟁을 촉구했던 적은 단 한 번도 없었다고 지적했다. 또한 그는 로마 인들은 정복당한 자들을 용서하는 고대로부터 확립된 관습이 있으며, 한니발과 카르타고 인들에게 승인된 평화가 그런 관용의 뛰어난 사례라고 말했다. 하지만 그는 더 이상 카르타고 인들에 관한 이야기는 하지 않을 것이라고 하면서, 여태까지 필리포스와 논의한 게 얼마나 많았으며, 그런 과정에서 그의 퇴위를 요구하는 제안이 단 한 번이라도 나온 적이 있었느냐고 물었다. 집정관은 필리포스가 전쟁에서 패배했다고 전쟁이 용서할 수 없는 범죄가 되는 것이냐고 되물었다. 그는 무기를 든 적은 적대감으로 대해야겠지만, 정복된 적을 향해선 관대함이 지배적인 감정이 되어야 한다고 말했다. 그는 마케도니아 왕들은 그리스의 자유를 위협했던 것처럼 보이지만, 마케도니아와 마케도니아 인들이 사라지면 트라키아 인, 일리리아 인, 갈리아 인 같은 미개하고 거친 민족이 마케도니아와 그리스로 봇물처럼 쏟아져 들어올 거라고 말했다.

"인근 모든 세력을 제거하면 더 많은 위협적인 민족을 불러들이고 말 겁니다. 그런 일은 피해야 합니다."

그러자 아이톨리아 최고 행정장관인 파이네아스는 필리포스가 이번 위기에서 빠져나가면 곧 더 심각한 전쟁을 다시 시작하게 될 거라고 예언했다. 이에 퀸크티우스는 이렇게 답했다. "더는 이렇게 계속 고함치는 일은 없도록 합시다. 냉정하게 사리를 생각해야 할 때입니다. 왕이 더는 전쟁을 시작할 수 없도록 구속하는 조건을 고안해 내면 되는 겁니다."

13. 회의가 끝나고 다음날 필리포스가 템페로 이어지는 고갯길에 도착했고, 그곳이 바로 회담을 갖기로 한 장소였다. 셋째 날, 왕은 로마 인과 동맹들이 모인 회의에 참석하게 되었다. 이 회의에서 필리포스는 지극히 신중하게 행동했다. 그는 논쟁을 통해 강화 조건에 마지못해 동의하는 방식을 취하지 않고, 강화 조약 체결에 꼭 필요한 사항들을 자발적으로 양보했다. 더 나아가 그는 이전 회담에서 로마 인들이 명령하고 동맹국들의 요구한 바에 모두 동의하며, 원로원 결정에 따라 이루어지는 다른 모든 사항도 그대로 따르겠다고 말했다.

왕이 이런 유화적인 태도를 취하자, 그와 원수지간이었던 나라들조차 아무 말도 하지 않고 있었지만, 아이톨리아 인 파이네아스는 이런 말을 던졌다.

"그렇다면 필리포스, 마침내 우리에게 파르살로스, 라리사, 크레마스테, 에키노스, 프티오티스 테베를 돌려주는 것이오?"

필리포스는 무조건적으로 반환될 것이라고 대답했다. 이에 집정관과 아이톨리아 인들 사이에서 테베 건에 관해 논쟁이 벌어졌다. 퀸크티우스는 전쟁 법에 따라 테베는 로마 인의 것이 되었다고 주장했다. 전투가 시작되기 전 그는 군대를 그 도시로 움직였고, 그곳 주민들은 로마와 우방이 되라는 요청을 받았지만, 당시 자유로이 필리포스와의 관계를 끊을 수 있었음에도 불구하고, 로마 인보다는 왕과 동맹을 맺기를 선호했다는 것이었다.

이에 파이네아스는 동맹 취지에 따라 전쟁 이전 아이톨리아 인들에게 속한 것은 모두 그들에게 반환되어야 한다고 하면서, 본래 조약[5]은 전쟁에서 얻은 전리품 중에서 동산(動産)은 로마 인들에게, 점령한 영토와 도시는 아이톨리아 인들에게 소유권이 주어진다고 했으므로 이를 따라야 한다고 말했다. 퀸크티우스는 이렇게 답변했다. "우리를 배반하고 필리포스와 강화를 맺었을 때 그대들은 스스로 그 동맹 조건을 위반한 것입니다. 그러나 설혹 해당 동맹이 여전히 유지된다 하더라도 관련 조항에 따르면 그것은 오로지 무력으로 점령한 도시에 국한되는 이야기입니다. 테살리아 도시들은 자발적으로 우리 로마 인의 지배를 받기로 했지요." 모든 동맹이 집정관의 말에 동의를 표했지만, 아이톨리아 인들은 그 순간 이런 말이 전혀 달갑지 않았다. 이는 나중에 전쟁의 원인이 되었는데, 결국 아이톨리아 인들에게 크나큰 참사를 안겨주게 된다.[6]

합의에 의해 필리포스는 그의 아들 데메트리오스와 친구 몇 사람을 로마에 인질로 넘겼고, 200탈렌트를 지급했다. 왕은 다른 사항에 관해 논의하기 위해서 사절들을 로마로 보내기로 되었다. 이를 위해 넉 달 간의 휴전 기간이 성립되었다. 원로원에서 강화가 이루어지지

---

5 제1차 마케도니아 전쟁 때 로마와 아이톨리아 사이에 맺어진 동맹 조약(기원전 211년)을 말한다. 로마 원로원은 이 조약이 기원전 206년에 무효가 되었다고 생각하는 반면, 아이톨리아 사람들은 여전히 유효하다고 생각하는 것이다.

6 이 합의에 불만을 품은 아이톨리아 인들은 나중에 필리포스, 나비스, 안티오코스를 부추겨서 로마에 반기를 들게 만든다. 폴리비오스 『역사』 18권 39장은 이 분쟁으로 인해 로마가 아이톨리아 인들과 안티오코스를 상대로 전쟁을 하게 되는 불꽃이 점화되었다고 기록했다.

않으면 인질과 배상금은 필리포스에게 다시 돌려주기로 되었다. 로마 사령관이 서둘러 강화를 맺고자 했던 주된 이유는 이미 그 당시에 널리 알려진 바와 같이 유럽을 침략하고자 능동적으로 전쟁을 준비하는 안티오코스 때문이었다.

* * *

19. 카르타고와의 전쟁이 제때 종료됨으로써[7] 로마 인들은 동시에 필리포스와 카르타고를 상대해야 하는 일을 모면하게 되었다. 안티오코스가 이미 시리아에서 전쟁에 착수할 때 필리포스가 패배한 것도 더할 나위 없이 다행한 일이었다. 한 번에 하나의 적을 상대로 전쟁하는 것이 연합한 적 둘을 상대로 하는 것보다 더 쉽다는 것은 불문가지의 사실이다. 하지만 이와는 별개로 거의 같은 시기 스페인에선 무장 반란의 형태를 띤 심각한 소란이 벌어졌다.

지난 해(기원전 198년) 여름 동안에 안티오코스는 코일레 시리아[8]의 프톨레마이오스 영토에서 모든 도시를 빼앗고 자신의 지배 아래 두었다. 이어 그는 안티오크의 월동 진지로 물러났다. 하지만 그는 그곳에서 여름 못지않은 활동력을 보여줬다. 그는 왕국의 전력을 활용하여 거대한 육군과 해군을 모았다. 봄이 시작되자 그는 두 아들에 아르디스와 미트리다테스를 붙여 육로로 군대와 함께 먼저 보내고 사르디스에서 자신을 기다리라고 명령했다. 이어 그는 직접 100척의

7 이 지점에서 리비우스는 시리아의 안티오코스 왕과의 전쟁 이야기를 시작한다.

8 이 시기의 코일레 시리아("텅 빈 시리아")는 시리아 남쪽에서 나일 강 델타까지 이르는 모든 지역을 아우르는 용어이다.

갑판이 있는 배, 그리고 200척의 가벼운 배(소형 범선)로 구성된 함대와 함께 출발했다. 이렇게 움직이는 데엔 두 가지 목표가 있었다. 킬리키아, 리키아, 카리아의 해안 전역을 따라 프톨레마이오스의 지배를 받고 있는 도시들을 자신의 영토로 편입시키고, 동시에 자신의 육군과 해군으로 필리포스를 도와주려는 것이었다. 당시엔 제2차 마케도니아 전쟁이 아직 끝나지 않은 상태였다.

20. 로도스 인들은 로마 인들에게 충실한 모습을 보여주고 또 그리스 공동체 전체를 돕고자 육지와 바다에서 뛰어난 용기를 보이며 많은 일을 해냈다. 하지만 그들은 이번 위기에선 더욱 훌륭한 용맹을 보여줬다. 엄청난 전쟁이 임박했음에도 그들은 전혀 겁내지 않고 안티오코스에게 사절들을 보내 켈리도니아이, 즉 아테네 인과 페르시아 왕들 사이에서 고대에 맺은 협정[9]으로 유명해진 킬리키아의 곶을 넘어와선 안 된다고 경고했다. 안티코오스가 함대와 병력을 데리고 곶을 넘는다면 그들은 안티오코스에 맞서 싸울 수밖에 없다고 말했다. 이러한 대적 행위는 악감정 때문이 아니고, 그가 필리포스와 합류하는 걸 막기 위한 조치라는 것도 말했다. 또 이렇게 해야 그리스 해방을 위해 싸우는 로마 인들을 견제할 수 있다는 것이었다.

이런 경고를 받을 당시, 안티오코스는 코라케시움을 포위 중이었다. 그는 이미 제피리움, 솔리, 아프로디시아스, 코리코스를 합병하고, 또 다른 킬리키아의 곶인 아네무리움을 돌아 셀리노스를 점령했다. 이들과 다른 모든 성벽을 두른 해안 도시는 두려움 때문이든 자발적 의사든 아무런 저항 없이 그의 지배 아래 들어왔다. 하지만 코

---

9 기원전 449년 경의 칼리아스 평화 협정.

라케시움은 예상치 못하게 성문을 닫고 그의 진군을 지연시켰다.

안티오코스가 로도스 사절들을 맞이한 건 코라케시움에서였다. 그들의 메시지에 왕은 격분했지만, 그는 노여움을 참고 로도스로 사절을 보내, 자신과 선조들이 로도스와 맺은 오래된 유대를 갱신하도록 할 것이며, 자신이 접근한다고 로도스 인과 그들의 동맹이 손해나 배반 행위를 걱정할 일은 벌어지지 않을 것이라고 대답했다. 로마 인들과의 우호 관계를 해칠 생각이 없기에 자신의 말을 믿어도 좋다고 말하기도 했다. 이런 의도에 대한 증거로 그는 자신이 최근 로마에 사절단을 보냈으며, 원로원도 자신의 메시지를 존중하는 포고령을 내렸다고 설명했다. 공교롭게도 바로 이때 그의 사절들이 로마에서 돌아왔다. 로마에서 그들은 원로원의 정중한 대우 속에서 이야기를 전하고 돌아왔다. 원로원이 그런 신중한 접근을 한 것은, 필리포스와의 전쟁이 어떻게 결말날지 여전히 불확실한 상황이었기 때문이었다.

왕의 사절들이 이렇게 로도스 인들과의 회의에 끼어들었을 때 키노스케팔라이에서 제2차 마케도니아 전쟁이 종결되었다는 소식이 들려왔다. 이 소식을 접한 로도스 인들은 필리포스가 위협을 가할 일이 이젠 없어졌기에 안티오코스가 바다로 나아가는 걸 반대할 이유가 없어졌다. 하지만 그들은 다른 관심사마저 포기할 생각은 없었다. 그것은 안티오코스가 일으킨 전쟁으로 위협받는 프톨레마이오스의 동맹도시들의 자유를 지켜주는 것이었다.

로도스 인들은 그런 몇몇 도시에 지원군을 보내 도왔고, 적의 움직임을 지켜보고 경고함으로써 다른 도시들을 도왔다. 로도스 인들 덕분에 카우노스, 민도스, 할리카르나소스, 사모스는 자유를 지켰다. 이 지역에서 벌어진 활동들에 관해 상세한 논의를 계속할 필요는 없을 것이다. 로마의 전쟁에 관련된 사건만 언급하면 충분하기 때문이다.

21. 이 무렵 아탈로스 왕이 죽었다. 그는 테베에서 혼절하여 쓰러지고 페르가몬으로 갔고, 그곳에서 72세의 나이로 숨을 거뒀다. 재위 44년이었다. 운명은 이 남자에게 큰 부를 내려주었지만, 왕좌를 얻을 희망을 전혀 암시하지 않았다. 하지만 그는 축적한 부를 신중하고 인상적으로 활용하여 먼저 자신의 판단 아래, 이어 다른 사람들의 눈에 자신을 왕좌의 적임자로 현시(顯示)하는 데 성공했다. 이어 그는 단 한 번의 전투로써 최근 아시아에 나타나 공포를 안긴 민족인 갈리아인을 정복했고, 그 승리 이후 왕의 칭호를 쓰게 되었으며, 늘 그 훌륭한 칭호에 맞는 기백과 정신을 보여주었다. 그는 동맹들에 둘도 없이 충실한 모습을 보여주었으며, 아내와 아들들(그들 중 네 명이 아탈로스보다 오래 살았다)에게도 인자했고 친구들에겐 정중하고 관대했다. 그가 굳건히 확립한 왕좌는 3대까지 이어졌다.[10]

* * *

25. [기원전 196년] 루키우스 푸리우스 푸르푸리오와 마르쿠스 클라우디우스 마르켈루스가 집정관에 올랐을 때 그들이 지휘권을 행사할 임지 문제가 논의되었고, 원로원은 두 사람이 이탈리아를 함께 임지로 할 것을 제안했다. 하지만 집정관들은 이탈리아뿐만 아니라 마케도니아도 대상으로 추첨을 하겠다고 고집했다. 마르켈루스는 마

10 아탈로스의 큰 아들이 에우메네스 2세라는 왕호로 왕위에 올랐고(재위, 기원전 197-159), 이어 그의 동생이 아탈로스 2세로 왕위에 올랐으며(재위 159-138), 에우메네스의 또 다른 아들(아탈로스 3세)이 기원전 138년에 왕위에 올랐으나 기원전 133년에 사망하면서 페르가몬 왕국을 로마에 헌납했다. 아탈로스 3세는 아탈로스 2세의 아들이라는 말도 있는데 이와 관련해서는 42권 16장 참조.

케도니아를 더욱 간절히 바랐는데, 그는 평화가 위장이자 눈속임이라고 주장하면서 군대를 철수하면 필리포스가 다시 전쟁에 나설 거라고 말했다. 이 주장에 의원들은 자신들이 낸 제안에 의문을 품게 되었다. 호민관 퀸투스 마르키우스 랄라와 가이우스 아티니우스 라베오가 민회에서 우선 필리포스와의 강화가 시민들의 바람이자 요청인지 알아보지 않으면 거부권을 행사하겠다고 하지 않았더라면 집정관들 자신의 주장을 관철할 수 있었을 것이다. 강화 제안은 카피톨리움에 모인 시민들에게 제안되었고, 서른다섯 부족 모두가 찬성했다.[11] 마케도니아와 강화를 맺은 것에 시민들이 더욱 기뻐한 이유는 스페인에서 우울한 소식이 그에 앞서 전해졌기 때문이었다. 현지 보고서는 가까운 스페인에서 집정관 대리 가이우스 셈프로니우스 투디타누스[12]가 패배했음을 알려왔다. 그의 군대는 패주하여 도망쳤고, 많은 뛰어난 병사들이 전쟁터에서 사망했다. 투디타누스도 심각한 부상으로 후송되었으나 이내 숨을 거두었다.

이어 이탈리아가 두 집정관의 임지로 결정되었고, 그들은 지난해 집정관의 지휘를 받은 군단들을 인수받게 되었다. 원로원은 새롭게 네 개의 군단을 모집하기로 결정했으며, 그 중 둘은 도시에 주둔하고 나머지 둘은 원로원이 필요하다고 결정한 지역으로 파견될 것이었다. 티투스 퀸크티우스 플라미니누스는 이전에 인수받은 군대를 계

11 이 무렵 로마의 부족은 4개의 도시 부족과 31개의 농촌 부족으로 구성되어 있었다. 로마의 부족 단위는 세르비우스 툴루스 왕 시절에 조직된 것이다. 모든 시민에게는 소속 부족이 있었으며, 각 부족은 민회에서 안건을 의결할 때 부족 단위로 1표를 행사했다. 민회는 평화 조약의 체결 이외에도 인구조사, 과세, 병력 동원 등에 대해서도 의결권을 갖고 있었다.

12 가이우스 셈프로니우스 투디타누스의 공식 직위는 praetor pro consule(집정관급의 지휘권을 가진 법무관)이다.

속 지휘할 것이었다. 원로원의 결정에 의하면 이전에 연장된 그의 임페리움(지휘권)은 새해 들어서도 여전히 유효했다.

* * *

30. 로마에서 도착한 열 명의 조사위원은 필리포스에게 강화 조건을 말해주었고, 다음과 같은 조건으로 필리포스에게 강화가 허락되었다.

1. 유럽과 아시아의 모든 그리스 도시는 각자 자유와 고유한 법률을 유지한다.

2. 필리포스는 그가 지배하던 도시들에서 주둔군을 철수시켜야 하며, 코린토스 지협 제전 이전까지 주둔군을 물린 도시들을 로마 인들에게 넘겨야 한다.

3. 필리포스는 자유를 누리게 된 아시아의 다음 도시들에서 주둔군을 물려야 한다. 에우로뭄, 페다사, 바르길리아이, 이아소스, 미리나, 아비도스, 타소스, 페린토스. 키아니의 자유에 관하여 퀸크티우스는 비티니아의 왕 프루시아스에게 서신을 보내 원로원과 10인 조사위원단의 결정을 통보한다.

4. 필리포스는 로마 인 포로와 탈영병을 넘기고, 갑판이 달린 배 다섯 척과 한 척의 왕실 갤리선(거의 다루기 힘든 크기에, 16열의 노로 추진되는 배)을 제외한 모든 배를 로마에 넘겨야 한다.

5. 필리포스는 5천 명 이상 군인을 데리고 있을 수 없으며, 코끼리는 단 한 마리도 보유해서는 안 된다.

6. 필리포스는 로마 원로원의 허가 없이 마케도니아 이외의 지역에서 전쟁을 수행해선 안 된다.

7. 필리포스는 로마 인들에게 1천 탈렌트를 지급해야 한다. 절반은 즉시, 나머지 절반은 10년 동안 분납한다. (발레리우스 안티아스는 왕에게 10년 동안 부과된 연간 공물이 은 4천 파운드라고 했고, 클라우디우스는 30년 동안 4천 2백 파운드, 즉시 2만 파운드 지급이라고 했다. 클라우디우스는 또한 페르가몬의 새로운 왕인 아탈로스의 아들 에우메네스에 대해서도 필리포스가 전쟁을 벌여서는 안 된다는 명백한 추가 조항도 기록했다.)

이 조건의 이행을 단속하기 위해 로마 인들은 인질을 받았고, 그중엔 필리포스의 아들 데메트리오스도 있었다. (발레리우스 안티아스는 그 자리에 없던 아탈로스에게 아이기나 섬과 코끼리들을 선물로 주었으며, 로도스 인들에게는 스트라토니케아와 필리포스가 장악한 카리아의 다른 도시들이 하사되었으며, 아테네 인들에겐 파로스, 임브로스, 델로스, 스키로스 섬이 주어졌다고 기록했다.)

31. 모든 그리스 도시가 이 강화 합의에 찬성했지만, 남몰래 10인 조사위원의 결정에 대해 불평을 중얼거리던 아이톨리아 인만은 찬성하지 않았다. 그들은 환상에 불과한 자유를 위해 무의미한 말들이 동원되었다고 주장했다. 그들은 왜 로마 인들이 차지한 몇몇 도시는 이름조차 언급이 없는 데 반해 다른 몇몇 도시는 로마 인이 차지하지 않으면서도 이름까지 언급하면서 자유를 명령했느냐고 물었다. 멀리 떨어진 환경 덕분에 더욱 안전한 아시아 도시들은 자유가 주어지는 반면에 구체적으로 명시조차 하지 않은 그리스의 도시들, 가령 코린토스, 칼키스, 오레오스, 에레티아, 데메트리아스는 왜 로마가 차지했느냐는 게 그들의 비판이었다.

이런 비판은 아예 근거가 없진 않았다. 코린토스, 칼키스, 데메트리아스에 대해선 어느 정도 의문의 여지가 있었다. 로마에서 온 10인 조사위원단은 다른 그리스와 아시아 도시들에 대해서 자유를 부여하라는 지시를 받았지만, 이 세 도시에 관해서는 로마의 공익과 의원들의 확신에 의거하여 현지 정세가 요구하는 대로 판단하라는 지시를 받았던 것이다. 이런 판단에는 안티오코스 왕의 군사적 움직임이 감안되었다. 안티오코스 왕은 휘하 병력이 충분하다고 판단하는 순간 곧바로 유럽으로 쳐들어올 것이었다. 로마 인들은 전략적 요충인 이 세 도시가 왕에게 장악되는 걸 바라지 않았다.

퀸크티우스는 10인 조사위원과 함께 엘라티아를 떠나 안티키라로 갔고, 그곳에서 코린토스로 건너갔다. 그곳에서 매일 10인 조사위원단과 가진 회의에서 오로지 그리스 해방 계획만 독점적으로 논의되었다. 퀸크티우스는 아이톨리아 인들이 아무런 불평도 못하게 하고, 로마 인들이 필리포스 대신 지배권을 장악하는 게 아니라 그리스를 해방시키기 위해 바다를 건너온 것이라고 확신시키려면 그리스 전역에 자유가 주어져야 한다고 몇 번이고 주장했다. 도시의 자유라는 측면에서 다른 이들은 이에 전혀 반대하지 않았다. 하지만 그들은 필리포스 대신 안티오코스가 지배자 자리에 앉는 것을 허용하기보다는, 한동안 로마 군사력이 보호를 해주는 게 그리스 인들에게 더 안전하다고 주장했다. 난상토론 끝에 그들은 이렇게 결정했다. 코린토스는 아카이아 인들에게 반환되지만, 단 아크로코린토스에 로마 주둔군을 배치한다. 칼키스와 데메트리아스는 안티오코스에 대한 염려가 잦아들 때까지 당분간 로마 인들이 점령한다.

32. 이제 코린토스 지협 제전(the Isthmian Games)을 개최하기로 지정한 날이 돌아왔다. 이 축제엔 늘 많은 사람이 참석했는데, 그리스 인들이 원래 각종 힘과 빠르기를 보여주는 여러 경쟁을 보는 것에 흥미가 있었을 뿐 아니라 그곳 자체가 편리한 위치에 있었기 때문이었다. 그 위치 덕분에 코린토스 지협은 두 개의 다른 바다에서 수입한 온갖 상품을 사람들에게 공급할 수 있었다. 이곳은 아시아와 그리스 사이

에서 만남의 장 역할을 하는 상업 중심지였다. 하지만 이때에 사방에서 몰려든 사람들은 평소의 관심사와는 다른 이유로 모여 있었다. 그들은 그리스의 미래 상황이 어떻게 전개될 것인지를 알고 싶은 마음에 안달이 나 있었다. 어떤 운명이 그들에게 닥칠 것인가? 로마 인들이 앞으로 취할 행동에 관해선 각양각색으로 생각이 달랐다. 사람들은 이런 문제를 속으로 중얼거리며 추측했을 뿐만 아니라 일반적인 대화 주제로서 논의하기까지 했다. 하지만 로마 인들이 그리스에서 완전 철수할 거라고 생각하는 사람은 그리 많지 않았다.

사람들은 쇼를 보기 위해 자리에 앉았고, 전령관이 종래의 방식에 맞춰 나팔수와 함께 무대 중앙으로 나왔다. 이 장소는 관습에 따라 축제가 전통적인 방식으로서 개최되는 곳이었다. 나팔 소리가 정숙을 알렸고 전령관이 이렇게 선언했다. "로마 원로원과 총사령관 티투스 퀸크티우스는 필리포스 왕과 마케도니아 인들의 패배 이후 다음과 같이 선언한다. 코린토스 인, 포키스 인, 로크리스 인과 더불어 에우보이아 섬 주민, 마그네시아 인, 테살리아 인, 페라이비아 인, 프티오티스 아카이아 인은 전부 자유를 누리며, 조공을 면제하고 각자의 법에 따라 살게 될 것이다."

그 명단에는 필리포스 왕의 지배를 받던 민족들이 담겨 있었다. 전령관의 선포가 끝나자 어마어마한 환희의 함성이 울려 퍼졌고, 그리스 인들은 선포의 의미를 온전하게 이해하지 못할 정도로 크게 기뻐했다. 선포를 듣던 이들은 자신의 귀로 직접 들은 말을 믿지 못할 지경이었다. 그들은 놀라움 가득한 눈으로 서로를 바라봤다. 이런 선포는 꿈속에서나 나오는 공허한 환상처럼 보였고, 도저히 귀를 믿을 수가 없어서 그들은 옆에 있는 사람들에게 서로 이게 현실이냐고 물었다. 이어 전령관이 다시 소환되었다. 모든 사람이 자유의 전령을 보고 그의 목소리를 듣길 간절히 바랐기 때문이었다. 전령관은 앞서 전한 내용을 반복하여 말했다. 이제 그들은 한 점 의심할 나위 없이 기뻐할 수 있었다. 어마어마한 박수 소리는 자주 반복되었고, 이 엄청난 군중에게 무엇보다 환영받는 건 자유라는 선물임이 분명했다.

축제가 계속되었지만 아주 건성으로 공연되어 관중들의 눈과 감정을 사로잡지 못했다. 그들은 앞서 주어졌던 기쁨에 마음이 완전히 사로잡혀 다른 모든 기쁨을 알아보지 못했다.

33. 게임이 끝나자 거의 모든 관중이 로마 사령관에게로 달려갔다. 거대한 인파가 악수를 하려고 손을 내밀고 화관과 월계관을 건네주려고 몰려드는 통에 퀸크티우스는 신변이 위험할 정도였다. 하지만 그는 서른셋의 젊은 사람이었고, 승리를 나타내는 이런 즐겁고 기쁜 일에서 오는 힘에 원래 본인의 건장함까지 더해져 버틸 수 있었다. 이런 폭발하는 즐거움은 순간적인 흥분이 아니었다. 그것은 사람들이 마음으로 느끼고 대화에서 표현하는 감사함으로 날마다 새로워졌다.

이 세상엔 다른 민족의 자유를 위해 싸울 준비를 하고, 자신이 전쟁 비용을 부담하며 고난과 위험을 겪는 나라가 정말로 있었다. 로마 인들은 이런 도움을 자신의 지역에 있는 지리적으로 연결된 이웃나라에 베풀려고 준비하는 것이 아니었다. 그들은 세상의 어떤 지역에서든 부당한 지배가 확립되는 걸 막고, 정의와 법치가 모든 곳에서 최고의 가치가 되는 걸 보장하기 위해 바다를 건너온 것이었다. 전령관이 외친 단 한 번의 선언으로 그리스와 아시아의 모든 도시가 자유를 허락받았다. 이런 해방의 구상을 하는 데에는 대담한 정신이 필요했다. 그 생각을 실현시켰다는 것은 무한한 용기와 행운이 따랐음을 증명해 주었다.

34. 코린토스 지협 제전이 끝나고 퀸크티우스와 10인 조사위원단은 여러 국왕, 민족, 도시가 보낸 사절단을 접견했다. 우선 안티오코스 왕의 사절단이 소환되었다. 그들은 전에 로마에서 했던 것과 같은 선언을 했는데, 그것은 로마 인들에게 확신을 줄 명확한 근거가 없는 말이었다. 하지만 이번에 로마 인들은 필리포스가 아직 패배하지 않아 상황이 불명확했던 지난번과는 달리 아주 분명한 답변으로 경고했다: "안티오코스 왕은 필리포스 왕이나 프톨레마이오스 왕에게 속한 아시아 도시들에서 물러나야 하고, 모든 자유로운 공동체에서 손을 떼고 그들을 공격하는 일은 절대로 없어야 하며, 모든 그리스 도시가 평화롭고 자유롭게 살아갈 수 있도록 해야 한다."

안티오코스 왕의 사절들이 물러간 뒤 여러 도시와 민족에서 보낸 사절단과의 만남이 시작되었고, 이들과의 일은 무척 빠르게 처리되었다. 다양한 공동체에 관한 10인 조사위원단의 결정은 개별적으로 이미 통보되었기 때문이었다. 마케도니아의 오레스티스 부족의 법률은 원상대로 회복되었는데, 이 부족이 왕에게 처음으로 반란을 일으킨 공로를 인정받았기 때문이다. 마그네시아 인, 페라이비아 인, 돌로피아 인들에게도 자유가 선언되었다. 테살리아 인들은 자유를 허가받는 것 외에 프티오티스 아카이아를 돌려받았다. 하지만 여기에서 프티오티스 테베와 파르살로스가 제외되었다. 아이톨리아 인들은 협정에 따라 파르살로스와 레우카스를 자신들에게 반환하라고 요구했는데, 이 문제는 원로원에 회부되었다. 포키스와 로크리스는 협정의 추가적인 보증으로서, 예전처럼 아이톨리아 인들에게 귀속되었다. 코린토스, 트리필리아, 헤라이아(또 다른 펠로폰네소스 반도 도시)는 아카이아 인들에게 반환되었다.

10인 조사위원단은 오레오스와 에레티아를 아탈로스 왕의 아들

에우메네스 왕에게 돌려주는 걸 승인했지만, 퀸크티우스가 동의하지 않았다. 따라서 이 문제는 원로원에 올려보내 결정하게 되었다. 원로원은 이들 도시에 자유를 승인했고, 카리스토스도 더불어 자유를 허락받았다. 리크니도스와 파르티니는 플레우라토스(일리리아)에게 주어졌다. 이 두 곳의 일리리아 인들은 그동안 필리포스의 지배를 받고 있었다. 아미난드로스는 전쟁 중 필리포스에게서 빼앗은 성벽 두른 도시들을 그대로 점령하게 되었다.

35. 이어 회의가 해산되고 10인 조사위원은 앞으로 해야 할 일을 서로 나눴다. 그런 다음 그들은 여러 지역의 해방을 감독하기 위하여 현지로 떠났다. 푸블리우스 렌툴루스는 바르길리아이, 루키우스 스테르티니우스는 헤파이스티아, 타소스와 트라키아의 도시들, 푸블리우스 빌리우스와 루키우스 테렌티우스는 안티오코스 왕, 그나이우스 코르넬리우스는 필리포스 왕에게로 향했다.

그나이우스 코르넬리우스는 우선 자신에게 배정된 문제 중 덜 중요한 것들을 먼저 처리했다. 이어 그는 필리포스 왕에게 이익, 실은 구원이 될지도 모르는 충고를 들어줄 의향이 있는지 물었다. 이에 왕은 코르넬리우스가 자신에게 도움이 되는 걸 제안한다면 고마울 거라고 답했다. 이에 코르넬리우스는 강화를 맺게 되었으니 로마에 사절을 보내 동맹과 우호 협정을 요청하라고 필리포스에게 강력히 촉구했다. 만약 그런 사절을 보내지 않는다면, 안티오코스의 향후 공격적인 움직임과 관련하여 오해를 받을 수 있다는 것이다. 그러니까 필리포스가 전쟁을 재개할 희망을 품고 기회만 엿보았다는 의심을 모면하기 어렵다는 것이었다. 코르넬리우스와 필리포스의 회담은 테살리아의 템페에서 열렸다. 왕이 즉시 사절들을 보내겠다고 답하자 코르넬리우스는 테르모필라이로 갔다.

그곳에서는 특정일에 테르모필라이 회의[13]라 부르는 그리스 국가들의 전체 회의가 관습적으로 열리게 되어 있었다. 여기서 로마 조사위원은 특히 아이톨리아 인들에게 로마 인과의 우호 협정을 변함없이 충실하게 준수하라고 충고했다. 몇몇 주요 아이톨리아 인은 로마인들이 아이톨리아 인들을 대하는 태도가 전쟁에서 승리한 이후와 전쟁 중이 다르다고 온건하게 불평했다. 다른 아이톨리아 인들은 더욱 공격적으로 비난해 왔는데, 그들은 아이톨리아 인들이 없었다면 로마는 필리포스를 상대로 이기지도 못했을 것이라고 주장했다. 실제로 자신들이 없었다면 로마 인들은 그리스로 건너오지도 못했을 거라는 게 그들의 생각이었다. 로마 대표는 이런 조롱에 곧바로 대응하는 걸 삼갔다. 그런 논쟁이 상대방에게 욕이나 퍼붓는 상황으로 악화되는 걸 염려했기 때문이었다. 이에 코르넬리우스는 로마에 문제를 제기하면 공정한 판단을 받을 것이라고 조언했고, 아이톨리아 인들은 그 제안을 받아들여 사절단을 보내기로 했다.

이것이 필리포스를 상대로 벌인 제2차 마케도니아 전쟁의 마무리였다.

36. 두 집정관은 임지로 떠났다. 마르켈루스는 보이이 인(the Boii)들의 영토에 들어서서 한 언덕에 진을 세우게 되었다. 그의 장병들이 길을 만드느라 종일 일하고 지쳐 있을 때 보이이 인들의 족장인 코롤라무스가 대군을 이끌고 로마 인들에게 달려들었고, 로마 군 병사 3천 명 정도가 전사했다. 이 혼전 속에 이름이 알려진 장교들도 여러

---

13 리비우스는 여기에서도 테르무스를 테르모필라이와 혼동하고 있다. 참조 리비우스『로마사』31권 32장.

명 전사했는데, 그들 중엔 동맹 부대 지휘관들인 티베리우스 셈프로니우스 그라쿠스와 마르쿠스 유니우스 실라누스, 2군단 천인대장인 마르쿠스 오굴니우스와 푸블리우스 클라우디우스가 있었다. 하지만 진지는 방비가 잘 되어 있었고, 적이 승리로 인한 고양감에 사로잡혀 추가 공격을 가해 왔을 때 로마 인들은 강력히 그곳을 지켜냈다. 결국 보이이 인들의 공격은 실패했다. 며칠 동안 마르켈루스는 같은 진지에 머무르며 무서운 전투를 겪은 뒤 상처를 입고 사기가 떨어진 장병들을 돌봤다. 보이이 인들은 기다리는 지루함을 잘 견디지 못하는 민족인지라 사방에 흩어진 그들의 도시와 정착지로 돌아갔다.

마르켈루스는 서둘러 포 강을 건너 군단들을 코뭄 지역으로 인솔했다. 그곳은 인수브레스 인들이 코뭄 인들에게 무기를 들게 한 뒤 진을 치고 있는 곳이었다. 갈리아 인들은 사기가 높았는데, 며칠 전 보이이 인들이 올린 승리의 성과 때문이었다. 그들은 곧바로 진군하여 로마 군과의 전투에 응했다. 그들이 가해온 첫 번째 공격은 무척 격렬하여 로마 군 최전선이 뒤로 밀려났다. 마르켈루스는 이런 상황을 보면서 계속 밀려나면 패배할 것을 우려했다. 그래서 그는 마르시 인들의 부대를 투입했고, 이어 모든 라틴 기병대를 보내 대적하게 했다.

로마 군 기병대가 가한 첫 번째 돌격과 두 번째 돌격은 적의 맹공을 무디게 했으며, 나머지 로마 군 전열은 그런 기세에 고무되어 처음으로 적의 공격을 받아낸 뒤 격렬한 반격을 가했다. 갈리아 인들은 더는 싸움을 지속하지 못하고 엉망진창으로 대열이 흐트러진 채 도망쳤다. (역사가 발레리우스 안티아스는 이 전투에서 4만 명 이상의 적이 전사했으며, 87개의 군기와 732개의 수레, 수많은 황금 목걸이를 얻었다고 기록했다. 클라우디우스는 이런 황금 목걸이 중 엄청난 무게의 목걸이가 유피테르에게 바치는 선물로서 카피톨리움의 신전에 바쳐졌다고 기록했다.) 갈리아 진지는 그날 습격을 받아 약탈당했고, 며칠 뒤엔 코뭄의 도시도 점령되었다. 이후 28개의 성벽을 두른 도시들이 집정관에게로 넘어왔다. (역사가들 사이에서 또 다른 논쟁거리는 집정관이 휘하 군대를 이끌고 먼저 상대한 것이 보이이 인들인지 인수브레스 인들인지 여부이다. 다시 말해, 로마 군의 성공이 패배를 덮었는지, 아니면 코뭄의 승리가 보이이 인들에게 당한 로마 군의 커다란 패배 때문에 빛바래게 되었는지 여부이다.)

37. 이처럼 운명의 부침이 요동치던 그 시기에, 다른 집정관 루키우스 푸리우스 푸르푸리오는 트리부스 사피니아를 경유하여 보이이 인들의 영토에 도착했다. 그는 이미 무틸리움[14] 요새에 접근하는 중이었는데, 보이이 인들과 인수브레스 인들의 협공에 행군이 차단될 것을 걱정했다. 따라서 그는 휘하 병력을 이끌고 왔던 길로 되돌아가 탁 트여서 안전한 지역을 따라 길게 우회한 끝에 동료에게 도착했다. 병력을 합친 두 집정관은 우선 펠시나[15]라는 도시가 있는 곳까지 보이이 인들의 영토를 횡단했고, 이동하는 도중에 약탈도 병행했다. 펠시나는 항복했고, 인근에 있는 성벽을 갖춘 도시들도 마찬가지로 투항해 왔다. 이때 모든 보이이 인은 숲의 구석진 곳으로 물러나 있었다. 단 약탈할 생각으로 무기를 든 군복무 연령대의 보이이 인 남자들은 예외였다.

이어 두 집정관은 리구리아 인들을 상대하기 위해 군대를 이동시

---

14 트리부스 사피니아와 무틸리움의 정확한 위치는 알려져 있지 않다. 그러나 사피니아는 라벤나 근처의 사피스 강(오늘날의 사비오 강)과 연결되는 지점일 것으로 추정되며, 무틸리움은 오늘날의 모딜리아나일 가능성이 있는데, 모딜리아나는 볼로냐에서 남동쪽으로 50km 떨어진 지점에 있다.

15 나중에 보노니아로 개명되었는데 오늘날의 볼로냐이다.

켰다. 보이이 인들은 알려지지 않은 길을 통해 로마 군의 뒤를 쫓아 왔다. 그들은 로마 군 대열이 적에게서 멀리 떨어졌다고 생각하고 경계를 게을리할 때 공격할 속셈이었다. 하지만 그들은 로마 인들과 접촉하는 데 실패했고, 대신에 느닷없이 배로 포 강을 건너 라이비(Laevi) 인과 리부이(Libui) 인의 땅을 파괴했다. 보이이 인들은 농촌 지역에서 얻은 전리품을 가지고 리구리아 인 영토의 경계를 따라 되돌아올 때 로마 군 대열과 만났다.

이렇게 하여 벌어진 전투는 미리 시간과 장소를 정하고 병사들이 마음을 단단히 먹은 채로 서로 교전하는 전투보다 그 시작이 더욱 갑작스러웠고, 싸움 자체는 더욱 맹렬했다. 이런 충돌에서 병사들의 용맹을 불러일으키는 데에는 아무래도 분노의 효과가 가장 강력했다. 로마 인들은 승리보다 피를 보겠다는 욕구를 더 강하게 드러내며 치열하게 싸웠다. 그리하여 적은 간신히 참사를 전할 전령만 살아남을 정도로 대패했다. 집정관들이 보낸 서신이 로마에 도착하자 원로원은 그 군사적 업적을 치하하며 사흘 간의 감사제를 결정했다. 얼마 뒤 집정관 마르켈루스가 로마에 도착하자 원로원은 만장일치로 그에게 개선식을 허용했다. 그는 여전히 집정관직을 유지한 채, 리구리아 인과 코뭄 인을 상대로 승리를 거둔 공로로 개선식을 거행했다. 그는 보이이 인들을 상대로 거둔 무공에 대한 개선식은 동료 집정관을 위해 남겨두었다. 왜냐하면 그는 단독으로 보이이 인들을 상대로 싸웠을 때 패배했지만, 동료 집정관과 함께 전투했을 때 승리를 거뒀기 때문이었다. 적에게서 빼앗은 막대한 전리품이 포획된 수레로 운송되었고, 적에게서 빼앗은 수많은 군기 또한 전시되었다. 동 32만 아스와 23만 4천 개의 은화도 함께 운반되었다. 로마 군 보병은 각각 80아스를 받았고, 기병과 백인대장은 그보다 3배를 더 받았다.

38. 같은 해(기원전 196년), 안티오코스 왕은 에페소스에서 겨울을 보내고 한때 자신의 것이었던 모든 아시아 도시를 다시 점령하고자 했다. 그는 대체로 그런 도시들이 그의 지배를 기꺼이 받아들이려 한다는 걸 알게 되었는데, 그 도시들은 평지에 있거나 방어 시설, 무기, 자체 병사들에 별로 확신이 없었기 때문이다. 하지만 람프사코스와 스미르나[16]는 자유를 주장했고, 그렇게 하도록 내버려 둔다면 다른 도시들도 그들을 따를 위험이 있었다. 아이올리스와 이오니아의 도시들은 스미르나를 따를 것이고, 헬레스폰토스 도시들은 람프사코스를 따를 것이었다. 안티오코스는 따라서 에페소스에서 병력을 보내 스미르나를 포위하게 했고, 아비도스의 부대들에 명령을 내려 소규모 주둔군만 남기고 람프사코스를 공격하라고 지시했다. 그는 병력의 무력시위로 주민들에게 겁을 주려고 하면서도 사절들을 보내 그들의 만용과 고집을 온화하게 비난하면서 이내 그들의 목표(자유)가 달성될 거라는 희망을 주고자 했다. 하지만 왕은, 자유는 왕의 선물로서 주어지는 것이지, 기회를 틈타 낚아채는 것으로 얻을 수 없다는 걸 주민들에게 똑바로 알려주려고 했다. 이런 접근법에 대응하여, 주민들은 그들이 자유의 확립이 연기되는 걸 결연히 거부한다고 해서, 안티오코스 왕이 놀라거나 분노하지 말라고 답변했다.

봄이 시작될 때 안티오코스는 직접 행동에 나섰다. 그는 함대와 함께 에페소스를 떠나 헬레스폰토스로 항해했고, 육군에게 명령을 내려 아비도스에서 케르소네소스로 건너가게 했다. 왕은 케르소네소스의 도시 마디토스에서 해군과 육군을 합쳐서 수륙 양면작전으로 나

---

16 스미르나는 이오니아 해에 면한 도시인데 현대 터키의 이즈미르에서 아주 가까운 곳이었다. 람푸사코스는 헬레스폰토스의 동쪽 해안에 있었는데 현대의 라페스키 근처였다.

왔다. 그곳 시민들이 성문을 걸었기에 그는 병사들을 전진시켜 도시의 성벽을 에워쌌다. 도시는 공성 도구가 움직여서 성벽을 파괴하려는 시점에 항복했다. 같은 일을 당할 걸 두려워한 세스토스와 다른 케르소네소스 도시 주민들도 항복했다. 그곳에서 왕은 육군과 해군을 포함한 전 병력을 이끌고 리시마키아로 나아갔다. 왕은 몇 년 전 트라키아 인들이 점령하고, 약탈하고, 불태운 결과 버려진 그 도시가 거의 폐허가 되었음을 발견했다. 안티오코스는 명성이 높고 전략적 요충인 그곳을 재건할 야심에 사로잡혔다. 따라서 그는 필요한 모든 일을 한꺼번에 처리하고자 정력적으로 나섰다. 그는 건물과 성벽을 복원하고, 노예가 된 리시마키아 인들의 몸값을 받아내고, 난민이 되어 헬레스폰토스와 케르소네소스 전역으로 흩어진 리시마키아 인들을 찾아내 모았다. 또한 이 도시에 정착하면 이득을 볼 수 있다는 전망을 보여주어 식민지 주민들을 새롭게 모았다. 실제로 그는 모든 가능한 수단을 동원하여 그 도시에 식민 사업을 벌였다. 동시에 트라키아 인들의 위협을 제거하고자 그는 직접 육군의 절반과 함께 인근 트라키아 지역의 초토화 작전에 나섰고, 그러는 사이 나머지 육군과 수병 전원은 도시의 재건 작업에 투입되었다.

39. 이즈음 안티오코스 왕과 프톨레마이오스 왕 사이의 분쟁을 중재하라는 원로원의 지시에 따라 파견된 루키우스 코르넬리우스는 셀림브리아에서 멈췄고, 10인 조사위원 중 세 명이 리시마키아로 오게 되었다. 그들은 바르길리아이에서 온 푸블리우스 렌툴루스, 타소스에서 온 푸블리우스 빌리우스와 루키우스 테렌티우스였다. 며칠 뒤 코르넬리우스는 셀림브리아에서 리시마키아에 도착했고, 안티오코스도 트라키아에서 돌아왔다. 왕과 조사위원들 사이의 첫 회담은 환대하는 우호적인 분위기 속에서 진행되었다. 하지만 그들의 임무

와 아시아의 현재 상황이 협상 주제가 되기 시작하자 양쪽의 신경은 날카로워졌다.

로마 인들은 안티오코스가 시리아를 떠날 때부터 한 모든 일이 로마 원로원을 불쾌하게 만들었다는 사실을 숨기지 않았으며, 그가 빼앗은 프톨레마이오스 왕의 예전 소유 도시들을 모두 돌려줄 것을 요구하고 그렇게 하는 것이 마땅하다고 주장했다. 필리포스가 로마와의 전쟁에 온 신경을 집중하던 사이 기회를 틈타 안티오코스가 병합했던 필리포스의 도시들에 관해서도 조사위원들은 비판적이었다. 오랜 세월 모든 고난과 위험을 수륙 양면에서 겪은 건 로마 인들이건만, 지금 현재 전쟁의 전리품을 가장 많이 누리는 게 안티오코스라는 점이 정말로 견디기 어렵다고 말했다.

로마 인들이 안티오코스가 아시아에 도착한 것을 알 바 아니라는 듯이 못 본 체했다손 치더라도, 유럽으로까지 진출하는 건 도대체 말이 되지 않는 얘기라고 조사위원들은 주장했다. 그들은 안티오코스가 심지어 이젠 모든 해군과 육군을 동원하여 유럽으로 건너왔는데, 그러한 행동이 로마에 대한 공개적인 선전 포고가 아니고 무엇이겠느냐고 따졌다. 그들은 안티오코스가 설혹 이탈리아로 건너왔더라도 이런 비난을 가당치 않다고 반박했을 것이라고 하면서 로마 인들은 왕이 이런 일을 할 기회를 잡도록 그냥 놔두지는 않을 것이라고 경고했다.

40. 이에 안티오코스는 이렇게 응수했다.

"참으로 놀라운 일이오. 로마 인들이 내가 무슨 일을 해야 하는지, 내가 수륙 양면으로 어디까지 나아갈 수 있는지를 이토록 세심하게 조사했다니 말이오. 더불어 그대들이 아시아가 로마의 소관이 아닌 걸 모른다는 것도 놀랍소. 이탈리아에서 로마 인들이 무슨 일을 하는

지 내가 물어볼 권한이 없는 것처럼, 그대들도 내가 아시아에서 무엇을 하는지 물어볼 권한이 없소. 프톨레마이오스 왕의 이야기를 해봅시다. 그대들은 내가 도시를 합병했다고 불평하는데, 프톨레마이오스 왕은 이미 나와 우호 협정을 맺었소. 여기에 더해 나의 딸과 그의 아들을 부부로 맺어주는 일이 현재 진행 중이오.[17] 필리포스 왕의 불행에서 전리품을 취하려고 한 적도 없고, 유럽으로 건너와 로마 인들과 맞서려고 한 적도 없소.

하지만 리시마코스[18]의 왕국이었던 모든 영토는 내 영토에 속하는 곳이오. 정복자의 권리에 의해 패배한 리시마코스가 소유했던 모든 것이 셀레우코스 왕가로 넘어왔소. 우리 선조들께서 다른 문제를 처리하느라 골몰하실 때 이렇듯 원래 우리 것이었던 걸 처음엔 프톨레마이오스 왕이, 다음엔 필리포스 왕이 그들 멋대로 점령한 것이오. 하지만 리시마코스가 과거에 케르소네소스와 리시마키아 인근 트라키아 지역을 소유했다는 건 의심할 여지가 없소. 나는 그저 옛 권리에 따라 원래 우리의 땅을 회복한 것뿐이오. 나는 트라키아 인들의 공격으로 파괴된 리시마키아를 새로 재건하고 아들인 셀레우코스[19]로 하여금 그곳을 왕국의 수도로 삼게 할 생각이오."

41. 이런 논쟁이 계속되었고 며칠 뒤 프톨레마이오스 왕이 죽었다는 미확인 보고가 그들에게 전해졌다. 이 때문에 그들은 논의에서 아

---

17 프톨레마이오스 5세와 안티오코스의 딸 클레오파트라의 결혼. 두 사람은 기원전 194-3년에 결혼했다. 폴리비오스 『역사』 18권 51장 참조.

18 리시마코스는 알렉산드로스 대왕의 장군으로 대왕 사후에 트라키아의 군주가 되었다. 그는 그곳에서 왕국을 세웠고 나중에 마케도니아를 점령했다. 기원전 281년에 소아시아의 코루페디움에서 셀레우코스 1세 니카토르에게 패배했다.

19 이 아들은 나중에 셀레우코스 4세 필로파테르가 되었다.

무런 결론에 도달하지 못했다. 양쪽은 마치 프톨레마이오스에 관한 소문을 듣지 않은 것처럼 행동했다. 안티오코스와 프톨레마이오스를 중재하는 임무를 맡았던 루키우스 코르넬리우스는 단기간 회담을 연기하자고 요청했다. 프톨레마이오스 왕과 만나기 위해서였다. 그의 의도는 새로운 이집트 왕이 그의 왕좌를 차지할 때 소동이 일어나기 전에 이집트에 도착하는 것이었다. 안티오코스는 이번에 이집트를 차지하게 되면 이집트는 자신의 것이 되어야 한다고 생각했다. 따라서 그는 로마 인들을 돌려보내고 전 함대를 이끌고 에페소스로 나아갔다. 그러면서 그는 아들 셀레우코스에게 육군을 맡겨 그가 감독하던 리시마키아의 재건을 계속 진행하게 했다. 동시에 그는 퀸크티우스에게 사절들을 보내 자신은 동맹을 틀어지게 할 일은 아무것도 하지 않을 것이라고 장담하면서 그 자신에 대한 신뢰감을 높이려 했다.

아시아의 해안을 따라 항해한 안티오코스는 리키아에 도착했고, 파타라에서 프톨레마이오스가 살아 있다는 걸 알게 되었다. 따라서 그는 이집트로 항해하려던 계획을 포기했다. 그럼에도 불구하고 그는 키프로스로 나아갔다. 그는 켈리도니아이 곶을 돌았을 때 팜필리아의 에우리메돈 강 근처에서 노잡이들이 반란을 일으키는 바람에 조금 지체되었다. 항해를 재개하고 사로스라는 강의 입구 근처에 도착했을 때 그는 끔찍한 태풍을 만났고, 전 함대가 가라앉기 직전까지 갔으며 왕 자신도 거의 익사할 뻔했다. 많은 배가 난파되거나 해안으로 떠밀렸다. 많은 자가 바다에 완전히 삼켜졌고 아무도 해안까지 헤엄쳐 오지 못했다. 그곳에서 수많은 사람이 죽었으며, 특별하지 않은 사병과 노잡이는 물론 왕의 친구들인 귀족들도 다수가 목숨을 잃었다. 안티오코스는 난파 이후 함대에서 남은 것들을 수습했다. 이제 그는 키프로스에서 어떤 것도 해볼 수 없게 되었기에 출발했을 때보다 크게 초라해진 함대를 이끌고 셀레우키아로 돌아왔다. 이제 곧 겨울이 닥쳐올 시점이었다. 왕은 그곳에서 배들을 육지로 끌어 올리라고 지시하고 안티오크의 월동 진지로 철수했다.

* * *

43. [기원전 195년] 집정관 루키우스 발레리우스 플라쿠스와 마르쿠스 포르키우스 카토는 3월 15일에 집정관직에 올랐고, 그들의 임지에 관한 문제를 원로원에 제출했다. 의원들은 스페인에서의 전쟁이 심각하게 번지고 있어 이제는 집정관급 지휘관과 그에 맞는 군대가 필요하다고 판단하여 가까운 스페인과 이탈리아를 집정관들의 임지로 결정했다. 임지는 두 집정관의 상호 합의나 추첨을 통해 배정하기로 했다. 스페인에서 지휘를 맡을 집정관은 두 군단과 함께 라틴 지위 동맹국의 1만 5천 장병, 800명의 기병대, 그리고 20척의 전함을 받게 되었다. 다른 집정관은 두 개의 군단을 모집하기로 되었는데, 지난해의 패전으로 인수브레스 인과 보이이 인의 사기가 꺾였으므로 갈리아 지역은 이 병력으로 충분히 막아낼 수 있을 것으로 판단되었다. 스페인은 카토에게, 이탈리아는 발레리우스에게 돌아갔다 ……

44. 스페인 인들이 싸움을 걸어온 전쟁에서 이렇다 할 성과가 없는 점에 다들 놀라워하고 있을 때 퀸투스 미누키우스 테르무스가 보낸 서신이 도착했다. 투르다라는 도시 근처에서 부다레스와 바이사디네스가 지휘하는 적군과 회전을 벌였고, 여기서 승리하여 적은 1만 2천의 사상자를 냈으며, 지휘관 중 하나인 부다레스는 붙잡혔고 나머지 적은 도망쳤다는 내용이었다.

이 보고서를 읽은 로마 인들은 스페인 인들에 대한 걱정을 덜었다. 그 지역에서 엄청난 전쟁이 벌어질 걸 예상하고 있었던 것이다. 로마 인들의 우려는 이제 안티오코스 왕에게 집중되었다. 이런 우려는 10인 조사위원들이 돌아온 뒤에 더욱 강해졌다. 조사위원들은 필리포스와 진행한 협상과 강화가 승인된 조건을 설명했고, 이어 안티오코스와의 심각한 전쟁이 당면했음을 경고했다. 그는 이미 막대한 함대와 최정예 육군을 데리고 유럽으로 건너왔으며, 막연한 소문으로 생겨난 이집트 침략의 공허한 희망에 관심을 돌리지 않았다면 현재 그리스가 전장이 되었으리라는 게 조사위원들의 판단이었다. 게다가 아이톨리아 인들 역시 가만히 있지 않을 기세였다. 그들은 천성적으로 분란을 일으키기 좋아하는 자들인데다 로마 인들에게 크게 분노하고 있었던 것이다.

조사위원들의 보고에 의하면, 또 다른 심각한 해악이 그리스의 핵심에 박혀 있었다. 그 해악은 바로 나비스로, 현재는 라케다이몬의 참주이지만, 그대로 놔두면 이내 그리스 전체의 참주가 될 수도 있었다. 그의 탐욕과 잔혹함은 그 어떤 악명 높은 참주와 겨루어도 뒤떨어지지 않았다. 그가 아르고스(펠로폰네소스를 지배하는 요새와도 같은 곳)를 장악하도록 그냥 놔둔다면 로마 군이 이탈리아로 철수하자마자 필리포스로부터 얻어낸 그리스의 해방은 물거품이 되고 말 것이었다. 그리스 인들은 멀리 떨어져 있는 왕 대신에 가까이 있는 참주를 지배자로 맞이하게 될 것이었다.

45. 직접 일을 조사했기에 말에 무게감이 있는 조사위원들의 보고를 듣고 나서 원로원 의원들은 안티오코스 문제가 더 중요하다고 판단했다. 하지만 무슨 이유에서인지 왕이 시리아로 물러났으므로 참주에 관한 문제를 더 빠르게 결론지을 필요가 있었다. 전쟁 선포를

할 적절한 이유와 그 문제를 티투스 퀸크티우스의 재량에 맡길지 여부를 놓고 오랜 논의를 한 끝에 원로원은 라케다이몬의 참주 나비스에 관한 일은 퀸크티우스에게 맡겨 국익에 가장 도움이 되는 방향으로 조치하기로 결정했다. 의원들은 나비스에 관한 문제는 행동이 빠르든 늦든 로마의 필수적인 관심사에 영향을 줄 정도로 중요한 건 아니라고 평가했다. 로마가 관심을 보여야 할 더욱 중요한 일은 안티오코스와의 전쟁이 발발할 경우에, 한니발과 카르타고 인들이 어떻게 나올 것인지 판단하는 것이었다.

카르타고의 한니발 반대파 사람들은 사적 친분이 있는 주요 로마 시민에게 계속 보고서를 보내 한니발이 전령과 서신을 안티오코스 왕에게 보냈으며, 은밀히 왕의 사절들을 받아들였다고 보고했다. 그들은 한니발의 태도가 가차 없고 무자비하여 어떠한 방법으로도 길들일 수 없는 짐승과도 같다고 했다. 그들은 한니발이, 나라가 쇠약해지고 있으며, 나태함으로 썩고 있으며 이런 무기력에서 깨어나려면 무력 충돌밖에 답이 없다고 불평한다는 말도 전했다. 한니발이 일으키고 수행했던 이전 전쟁에 관한 기억은 이런 이야기를 그럴듯하게 보이게 했다. 더욱이 한니발은 최근의 수상한 행동으로 수많은 카르타고 유력 인사들의 분통을 터트려 놓았다.

46. 그 당시 카르타고에서 주된 권력은 법관회[20]가 행사했고 그 직책은 종신직이었다. 모든 시민의 재산, 그들의 명성, 그들의 삶은 이 법관들의 손 안에 있었다. 어떤 사람이라도 법관회의 법관을 불쾌하게 만들면 모든 법관이 그 사람의 적으로 돌아섰으며, 그 사람을 적

---

20 104명의 법관으로 구성된 이 기관은 특히 관리들의 비위를 조사하는 권한을 갖고 있어서 막강한 권력 집단으로 떠올랐다.

대적인 판사들에게 고발하려는 자들은 얼마든지 있었다. 그런 전횡을 일삼는 통치 구조 아래에서(왜냐하면 판사들은 시민의 권리는 무시하면서 권력을 제멋대로 행사했기 때문이다), 한니발은 최고 행정장관[21]으로 임명되었다. 그는 명령을 내려 재무를 담당하는 관리를 자신에게 와서 보고하도록 명령했다. 하지만 이 관리는 소환을 무시했다. 그는 한니발 반대파에 속해 있었고, 재무 담당관에서 막강한 법관회의 일원으로 승진할 예정이었다. 따라서 그는 이미 조만간 거머쥐게 될 권력을 마치 지금 갖고 있기라도 한 듯한 태도를 보였다.

한니발은 이러한 행동이 크게 부적절하다고 여겼고, '소환인'을 보내 그 재무관을 체포하도록 했다. 이어 한니발은 민회에 그 재무관을 넘기면서 그를 고발했는데, 여기서 한니발은 법관회도 공격했다. 그는 그들의 위압적인 권력에 비해 법률과 행정장관들의 그것은 보잘것없다고 지적했다. 한니발은 자신의 발언이 시민들 사이에서 호의적인 반응을 얻고 있다는 걸 깨달았고, 하층민들은 법관들의 거만한 태도가 자유를 가로막고 있다고 생각한다는 것도 파악했다. 이에 그는 즉시 개혁적인 법률을 제안하여 통과시켰는데, 선출된 법관은 한 해만 직무를 수행할 수 있고, 연달아 두 해를 법관으로 지낼 수 없다는 내용이었다.

하지만 한니발은 이런 행동을 통해 평민들에게서 얻은 인기 못지않게 지도자 급 주요 시민들 대다수의 원한을 사게 되었다. 공익을 위한 그의 추가 행동은 한니발에 대한 개인적인 적대감을 불러일으

21 원어는 praetor. 리비우스는 외국의 최고 행정관에게 이 프라이토르 용어를 사용하고 있다. 카르타고에는 두 명의 수페테(sufete)가 있었는데 해마다 두 명이 선출되며 한니발은 그 두 명 중 한 명인 듯하다.

켰다. 당시 카르타고의 국고 세입은 점점 줄어들고 있었다. 일부는 부주의한 재정 관리로 인해 사라졌고, 다른 일부는 주요 시민과 행정 장관 몇몇이 그들의 직책에 따른 특전이자 전리품인양 돈을 챙겨가서 사라졌다. 로마에 바칠 공물을 마련하기에 충분한 자금이 없는 현상이 매년 반복되었고, 시민들은 중과세의 위협을 받았다.

47. 한니발은 육상과 해상으로 운송된 화물에 관세를 매겨 나오는 세입, 이 세입이 쓰이는 용도, 정부의 일반적인 지출에 필요한 금액을 확인하고, 조사를 통해 국고에서 횡령된 금액을 확인했다. 그리고 민회에 나가서 국고는 시민 개인에게 과세를 하지 않고도 로마 인들에게 납부할 공물을 감당할 정도로 부유하다고 지적하고서, 단 현재 징수하지 못한 세금을 모두 징수할 경우에 중과세 없이 공물을 충분히 충당할 수 있다고 보고했다. 한니발은 이런 예측을 현실화시켰다.

하지만 공금 횡령으로 오랜 세월 부유하게 생활하던 자들은 불만이 대단했다. 그들은 한니발이 부정부패로 얻은 그들의 돈을 회수해 가는 것이 아니라 그들의 개인 재산을 빼앗아가기라도 한 것처럼 맹렬한 분노를 표시했다. 따라서 그들은 한니발을 제거할 의도로 그에 대한 로마 인의 증오를 더욱 부추겼다. 그렇지 않아도 당시 로마 인들은 한니발에게 품은 증오를 표출할 좋은 구실을 찾고 있는 중이었다. 푸블리우스 스키피오 아프리카누스는 이러한 적대 정책에 오랜 세월 반대해 왔다. 한니발을 고발한 자들의 적대감을 지지하고, 카르타고의 파벌들을 공식적으로 지지하고, 전쟁에서 한니발에게 패배시킨 것으로 만족하지 않고 지금 상황처럼 그의 고발자를 신임하면서 한니발에 대한 혐의나 고발을 신뢰하는 것, 이런 것들은 모두 로마 인의 위엄에 부적합하다고 생각했다.

그러나 이런 아프리카누스의 생각에도 불구하고 카르타고의 한니발 반대파는 결국 로마 원로원을 설득하여 로마 사절단을 카르타고로 보내, 카르타고 원로원에서 한니발이 안티오코스와 결탁하여 전쟁 계획을 세웠다고 비난하게 만들었다. 이때 카르타고를 방문할 로마 사절로는 그나이우스 세르빌리우스, 마르쿠스 클라우디우스 마르켈루스, 퀸투스 테렌티우스 쿨레오가 선정되었다. 카르타고에 도착한 그들은 한니발의 반대파들이 건네준 조언에 따라 방문 목적을 묻는 질문에 카르타고 인과 누미디아 마시니사 왕 간의 분쟁을 해결하러 왔다고 답했다.[22]

카르타고 사람들은 이런 설명을 전반적으로 믿었지만, 한니발은 로마 인들의 방침이 자신을 공격 목표로 삼는다는 것, 그리고 카르타고 인들에게 승인된 강화 조약은 하나의 단서 조건이 달려 있다는 것을 무척 잘 알고 있었다. 그 단서는 로마가 한니발 개인을 상대로 하는 전쟁은 조금도 완화하지 않고 계속할 것이라는 조항이었다. 따라서 한니발은 현재의 상황과 그 자신의 운명에 순응하기로 결심했다. 그는 이미 도망칠 만반의 준비를 해두었다. 그는 사람들의 의심을 피하기 위해 대낮에는 포룸에서 보냈고, 밤이 되자 여전히 대낮에 입었던 옷을 그대로 입은 채로 성문으로 가서 도시를 떠났다. 그는 자신의 계획을 모르는 두 명의 수행원을 함께 데리고 갔다.

48. 그는 미리 지시해둔 곳에 준비되어 있던 말을 타고 밤 동안 비자키움이라 불리는 탁 트인 지역을 통과했다. 다음날 그는 아킬라와 탑수스 사이 해안에 있는 자신의 성에 도착했고, 그곳엔 장비와 선원을 완벽하게 갖춘 배가 그를 기다리고 있었다. 그렇게 한니발은 아프

---

22 이것은 그럴 듯한 구실이다. 실제로 카르타고와 누미디아 사이의 분쟁은 끊임없이 계속되었고 그리하여 기원전 149년에 제3차 포에니 전쟁이 발발했다.

리카를 떠나면서 자신의 개인적 운명보다 조국의 운명에 대해 더 많이 탄식했다. 같은 날 그는 케르키나 섬으로 건너갔다. 섬의 항구엔 상품을 적재한 페니키아 배 여러 척이 있었다. 한니발이 상륙하자 사람들은 몰려들어 그에게 경의를 표했고, 한니발은 그들의 행선지 질문에 티레에 사절로 가는 길이라고 답했다. 하지만 그는 이런 배들 중 하나라도 밤에 출항하여 자신을 케르키나에서 봤다는 소식을 탑수스나 하드루메툼에 전할 것을 염려했다. 따라서 그는 희생 의식을 치를 준비를 하라고 지시했고, 선장들을 만찬에 초대하게 하고 돛과 활대를 배에서 모아 차양을 만들게 했다.

때는 한여름이었고, 해변에서 만찬을 열 것이라는 지시가 내려갔다. 그날 만찬은 시간과 상황이 허락하는 한도 내에서 최고로 호화로웠다. 와인이 충분히 주어져 다들 늦은 시간까지 술을 마셨다. 한니발은 항구 사람들의 주목을 받지 않고 탈출할 기회를 포착하자마자 배를 타고 그곳을 떠났다. 나머지 사람들은 다들 곯아떨어졌고, 마침내 다음날이 되어 여전히 술이 덜 깬 채로 일어났을 때는 이미 늦어버렸다. 그들은 무척 많은 시간을 들여서 장비를 배로 다시 가져가 설치하고 조정했다.

그러는 사이 카르타고에선 한니발의 집을 자주 방문했던 군중이 집의 입구에 모여 들었다. 그가 집에 없다는 게 알려지자 군중은 포룸에 모였고, 공동체의 지도자인 한니발 소식을 얻고자 했다. 몇몇은 실제로도 그랬던 것처럼 그가 도망쳤다고 했지만, 다른 이들은 로마 인들의 이중적 태도로 인해 한니발이 살해되었다고 주장했다. 더욱 널리 받아들여진 건 암살설이었고, 그러자 사람들은 분노하여 소리쳤다. 사람들의 얼굴에선 각각 다른 표정이 보였다. 서로 대립하는 파벌들의 지지자들로 구성되고 그런 파벌 간의 싸움으로 분열된 공동체에선, 그런 의견 불일치가 자연스러운 일이었다. 한니발이 케르키나에서 목격되었다는 소식은 나중에 전해졌다.

49. 로마 사절들은 카르타고 원로원에서 이렇게 말했다: 로마 원로원 의원들은 필리포스 왕이 이전에 한니발의 부추김에 의해 로마 인들을 상대로 전쟁을 했다는 확실한 증거가 있고, 또 한니발이 최근 서신과 대리인을 안티오코스와 아이톨리아 인들에게 보내 카르타고 반란 계획이 시작되었다는 데 대해서도 명백한 증거를 가지고 있다. 이어 한니발은 안티오코스에게로 간 것이 분명하며, 그는 온 세상을 전쟁의 불길 속으로 빠뜨릴 때까지 결코 쉬지 않을 것이라고 경고했다. 로마 사절들은 그가 아무런 처벌도 없이 마음 놓고 그런 행동을 하도록 놔두어서는 절대 안 되고, 카르타고 인들이 로마 인들에게 신뢰의 확신을 주고자 한다면 이런 모호한 행동은 절대 승인해선 안 되고, 그들의 공식적인 방침이어서도 안 된다고 경고했다.

이에 카르타고 인들은 로마 인들이 적절하다고 판단한 행동이라면 뭐든지 실천하겠다고 답했다.

한니발은 무난하게 항해를 하여 티레에 도착했다. 그곳에서 그는 또 다른 조국에서 온 명성 높은 지도자로서 카르타고의 창립자들[23]에게 환대를 받았다. 그곳에 며칠 간 머무른 그는 배를 타고 안티오크로 갔고, 그 도시에서 안티오코스 왕이 아시아로 이미 떠났다는 소식을 전해 들었다. 하지만 그는 왕의 아들을 만났는데, 그 아들은 다프네에서 관습적인 제전을 올리고 있는 중이었다. 그는 한니발을 반갑게 맞이하고 후하게 대접했다. 한니발은 지체없이 배를 타고 나섰고,

---

23 카르타고는 기원전 800년 경에 티레 사람들이 세운 정착촌으로 시작되었다.

에페소스에서 왕을 따라잡았다. 그는 왕이 여전히 망설이며 로마와의 전쟁을 결정하지 못하고 있는 걸 발견했다. 하지만 왕은 한니발이 도착한 것에 큰 영향을 받았고, 마침내 로마와의 전쟁을 결심했다. 더욱이 아이톨리아 인들은 로마와의 동맹을 거부하려는 모습을 보이고 있었다. 왕은 사절단을 로마로 보내 파르살로스와 레우카스, 그리고 다른 몇몇 도시를 기존 협정에 따라 돌려달라고 요청했고, 이에 원로원은 왕의 사절단을 티투스 퀸크티우스에게 보냈다.

제 34 권

카토의 스페인 전쟁과 승리, 스파르타와의 전쟁과 승리

1. [기원전 195년] 임박한 커다란 전쟁들은 여러 가지 불안을 야기했다. 그 중 어떤 불안은 해결이 되었고 어떤 것은 곧 닥쳐올 예정이었다. 그런 와중에 여기에 전하기엔 사소하지만, 심각한 논쟁으로 발전하여 격한 감정을 불러일으킨 문제가 하나 있었다. 호민관 마르쿠스 푼다니우스와 루키우스 발레리우스는 민회에 렉스 오피아(Lex Oppia: 반사치법)를 폐지하자고 제안했다. 이 법률은 한창 카르타고와 전쟁을 하던 중 퀸투스 파비우스와 티베리우스 셈프로니우스가 집정관을 맡던 해에[1] 호민관 가이우스 오피우스가 제안한 것이었다. 반(反)사치법은 그 어떤 여자도 반 온스 이상의 황금을 소유할 수 없고, 갖가지 색깔의 옷을 입을 수 없으며, 공적인 종교적 행동이 아닌 한 도시 내부나 도시에서 1마일(1.6km) 내의 지역에서 마차를 타지 못한다는 것이었다.

호민관 마르쿠스와 푸블리우스 유니우스 브루투스는 반(反)사치

---

1 기원전 215년. 칸나이 대패 직후의 위기에 빠진 시기였다. 리비우스 『로마사』 32권 50장 참조.

법을 옹호하면서 폐지는 안 된다고 선언했다. 많은 주요 시민이 나서서 폐지 제안을 옹호하거나 공격했다. 카피톨리움 언덕엔 반사치법을 지지하는 자들과 반대하는 자들이 모여들었다. 남편들이 여러 가지 조언과 지시를 했고 더러 어떤 부인들은 남편에 대한 존경심이 높았지만, 이 문제에 관한 한 부인들은 집 안에 가만히 있으려 하지 않았다. 그들은 도시의 모든 길, 그리고 모든 포룸 진입로를 봉쇄했다. 남자들이 포룸으로 가려고 하자 부인들은, 공화국이 번창하고 있으며, 모든 남자의 개인적인 부가 날마다 증가하는 이때에 여자들도 이전의 사치스러움을 돌려받아야 한다고 간청했다. 도시와 농촌 중심지에서 온 여자들도 시위대에 합류함으로써 이런 호소에 참여하는 여자들의 숫자는 매일 늘어났다. 이내 여자들은 집정관들, 법무관들, 그리고 다른 행정장관들에게 다가가 자신들을 지지해달라고 호소할 정도로 대담해졌다. 하지만 그들은 적어도 집정관 한 사람은 완강하게 반대한다는 걸 알게 되었다. 그는 마르쿠스 포르키우스 카토[2]로, 반사치법을 옹호하며 이렇게 말했다.[3]

2. "로마 시민 여러분, 우리 각자가 남편의 권리와 위엄을 아내에게 세우려고 애를 썼다면 여자 전체를 대상으로 이처럼 크게 곤란을 겪을 일도 없었을 것입니다. 지금 형편으로는 여자들의 무절제한 행

---

2 마르쿠스 포르키우스 카토는 감찰관 카토로 더 잘 알려져 있다. 이해(기원전 195년)의 집정관이었고 기원전 204년에는 재무관으로서 스키피오 아프리카누스 밑에서 시칠리아와 아프리카에서 근무했으며 기원전 199년에는 토목건축관리관을 역임했고 기원전 198년에는 법무관을 지냈다. 전통적 로마의 도덕을 옹호했으며 그 당시에 널리 퍼져 있던 헬레니즘 우호주의에 대하여 반대했다. 아프리카누스의 부하였으나 나중에 아프리카누스의 최대 정적으로 떠올라 아프리카누스의 평화주의를 반대했으며, 제3차 포에니 전쟁이 발발했을 때, "카르타고는 완전히 멸망시켜야 한다"라는 말을 한 것으로 유명하다.

3 카토의 오리지널 연설은 아니고, 그의 연설 방식을 흉내 낸 수사적 문장이다.

동으로 가정에서 우리의 자유가 전복되었고, 그로 인해 이젠 여기 포룸에서도 우리의 자유가 짓밟혀 박살나고 있습니다. 그들 각자를 통제하지 못했기 때문에 우리는 집단을 이룬 그들에게 위협을 받고 있습니다. 여자들의 음모로 렘노스 섬에서 모든 남자가 완전히 살해당했다는 이야기[4]가 있는데, 저는 이것이 누군가가 꾸며낸 우화라고 생각했습니다. 하지만 어떠한 계층의 사람들에게든 모임, 회의, 은밀한 상담을 허용하는 것만큼 위험한 일도 없습니다. 저로서는 사실 행위 그 자체가 더 나쁜 것인지, 아니면 그로 인해 생긴 선례가 더 나쁜 것인지 판단하기가 힘듭니다. 행위는 우리 집정관들과 다른 행정장관들을 우려하게 하고, 선례는 시민 여러분을 걱정스럽게 합니다. 여러분에게 제시된 제안이 공익에 적합한지 여부는 곧 여러분이 투표로 결정하게 될 것입니다. 하지만 여자들이 일으킨 소동은 자발적으로 벌어진 것이든, 아니면 마르쿠스 푼다니우스와 루키우스 발레리우스가 부추긴 것이든 명백히 행정장관들에게 불명예를 안기는 행동입니다. 저는 이런 일로 더욱 부끄러움을 느껴야 할 사람이 호민관들인지 혹은 집정관들인지 잘 모르겠습니다. 호민관들이여, 그대들은 이 무질서를 시작하고 또 여자들을 이곳으로 데려오기까지 했는데 그것은 정말 그대들의 수치가 아닐 수 없습니다. 이전 평민들이 징집 대열에서 이탈하면서 법을 바꾸어야 했던 것처럼,[5] 여자들의 항의로 반사치법을 폐지해야 한다면 이는 집정관들의 수치가 될 것입니다.

저는 여자들 무리 한가운데를 뚫고 포룸으로 오게 되었을 때 수치

---

4 그리스 신화에서 렘노스 섬 여자들이 모든 남자를 죽였는데 히스시플레는 그녀의 아버지를 살려주었다고 한다.

5 기원전 494년 평민들이 징집 대열에서 이탈하여 성산으로 올라가 그들의 요구를 내세워 마침내 호민관 직위를 설치하게 된 사건. 참조 리비우스 『로마사』 2권 31장.

심으로 얼굴이 달아올랐습니다. 저는 여자 전체가 아닌 개인으로서 몇몇 부인이 보인 위엄과 겸손함을 존중했기에 꾹 참았고, 그런 여자들이 집정관에게 꾸짖음을 당하는 모습을 보여주기 싫었습니다. 그렇지 않았더라면 이렇게 말했을 겁니다. '대체 이게 무슨 행동입니까? 거리로 달려 나와 길을 막고, 다른 부인의 남편에게 말을 거는 것이 여성들의 예절입니까? 똑같은 요청을 집에서 남편에게 할 수는 없는 겁니까? 아니면 집보다는 거리에서 그러는 것이 더 매력적이라서, 자기 남편보다는 다른 부인의 남편에게 그러는 것이 더 매력적이라서 이러는 겁니까? 설사 가정에서 이런 문제를 다룬다고 하더라도, 여러분이 부인다운 정숙함을 지킨다면 반사치법이 폐지될지 여부는 여러분이 이래라 저래라 이야기할 수 있는 성질의 것이 아닙니다.

우리 선조께서는 사적인 일조차도 여자를 대신하는 후견인이 없을 경우에는 여자가 일을 처리할 수 없게 했습니다. 여자는 아버지, 오빠, 남동생, 혹은 남편의 통제에 따라야 합니다.[6] 하지만 맙소사, 우리는 이제 여자들이 정치에 관여하도록 방치하고 있습니다. 실제로 여자들은 포룸에 나타나 이 민회에도 참석하고 있습니다! 대체 그들은 거리와 그 모서리에서 무엇을 하고 있는 걸까요? 호민관들의 제안에 지지를 구하고 반사치법을 폐지해달라고 하는 것 아니겠습니까? 길들이지 않은 짐승 같은 그들의 규율 없는 본성을 자유롭게 표현하고, 그들의 방종을 스스로 알아서 한계를 정하도록 해달라는 게 아닙니까!

6 이론적으로는 맞는 말이다. 여자에 대하여 권한을 행사하는 남자 친척이 없는 경우에 여자에게는 tutor(후견인)가 배정되었다. 하지만 이것은 종종 형식적일 경우가 많았다.

로마의 시민들이여, 여러분이 그런 한계를 부과하지 않는 한, 이 반사치법은 관습과 법률에 의해 여자에게 부과된 최소한의 것입니다. 그런데 여자들은 그것을 못마땅하게 여기며 분개하고 있는 것입니다. 그들이 갈망하는 건 완전한 자유입니다. 진실을 말하자면 완벽한 방종에 가까운 자유이지요.

3. 실제로 그들이 목적을 달성한다면 시도하지 않을 게 무엇이겠습니까? 선조께서 여자들의 자유를 억제하고 남편에게 순종하게 만든 모든 여자 관련 법률을 타도하려고 할 겁니다. 이 최소한의 법적 의무로도 여러분은 겨우 그들을 억제할 수 있을 뿐입니다. 그들이 여러분의 손에서 하나하나씩 이런 법적 제약을 빼앗아내어 마침내 남편과 동등한 위치를 얻게 된다면, 무슨 일이 벌어지겠습니까? 여러분은 그런 일을 견딜 수 있다고 생각합니까? 그들이 여러분과 동등하게 된 순간부터 그들은 여러분의 상관이 될 겁니다. 세상에! 그들은 자신에게 반대되는 새로운 정책이 통과되는 걸 반대할 겁니다. 그들은 이것이 법률이 아니라 노골적 불의라고 투덜거릴 겁니다. 실제로 그들의 목표는 여러분의 투표로 승인되어 오랜 세월 동안 경험적으로 검증되어 온 가치 있는 법률을 철회하려는 것입니다. 다른 말로 하면 그들은 이 하나의 법률을 폐지하는 것으로 다른 모든 법률의 구속력을 약화시키려는 것입니다. 모든 개인이 자신의 특정 이해관계를 가로막는 법률을 파괴하려 든다면, 민회가 통과시킨 법률이 무슨 소용이 있겠습니까? 해당 법률로 제약을 받는 자들이 곧 그 법률을 폐지하려고 달려들 텐데.

저는 듣고 싶습니다. 무엇이 이 부인들로 하여금 소란을 일으키며 거리로 달려오게 하고, 포룸으로 들어가 민회에 참석하는 걸 거리낌없이 해치우게 했는지를 말입니다. 한니발에게 붙잡힌 아버지, 남편,

아들, 오빠, 남동생[7]의 몸값을 내달라고 했던 때와 같이 간청하려는 것일까요? 그런 재앙은 우리 조국에서 일어난 지 오래 되었지요. 그리고 언제나 그러할 겁니다! 그럼에도 불구하고 참사가 우리에게 닥쳤을 때 여러분은 가족을 사랑하는 마음에서 우러나온 그들의 간청을 거부했습니다. 하지만 진실을 털어놓고 말해 보자면, 여자들을 포룸에 모이게 한 건 가족을 향한 사랑도 아니고, 사랑하는 사람에 대한 걱정도 아니었습니다. 그것은 종교 문제였습니다. 그들은 프리기아의 페시누스에서 도착한 이다 산의 여신을 맞이하러 갈 예정이었습니다.[8] 그렇다면 현재 여자들이 일으킨 폭동에 부끄러움 없이 댈 수 있는 이유가 무엇일까요? 한 부인은 이렇게 말했습니다. '우리는 보라색 옷과 황금을 걸치고 빛나게 보이고 싶어요. 평일이나 축제일이나 마차를 타고 싶고요. 반사치법이 완패당해 폐지되고, 투표권을 우리가 빼앗아 차지하고 난 뒤엔 개선식을 하는 것처럼 로마 시내를 마차를 타고 달릴 거예요. 우리는 돈을 쓰고 사치하는 일에 제약을 받고 싶지 않아요.'

4. 여러분은 제가 행정장관들은 물론 일개 시민까지 포함한 남자, 그리고 여자의 과도한 소비에 대해 자주 불평하는 걸 들으셨습니다. 또한 저는 우리 공화국이 탐욕과 사치라는 두 가지 악덕 때문에 딱한 모습이 되어가고 있다고 불평한 것도 들으셨습니다. 이 두 가지 악덕이야말로 모든 위대한 나라를 무너뜨린 역병(疫病)입니다. 우리 공화국은 날마다 더욱 훌륭하고 행복하게 번성하고 있고, 영토도 늘어나

---

7 칸나이 전투에서 포로로 붙잡힌 로마 군 병사들. 한니발은 이들에 대하여 몸값을 받으려 했으나 로마 당국은 몸값 지불을 거부했다.

8 소아시아에서 온 '대모신' 키벨레의 의식용 검은 돌을 받아들이는 성스러운 의식(기원전 204년).

고 있습니다. 이미 우리는 온갖 관능적인 유혹이 가득한 지역인 그리스와 아시아로 건너갔고, 국왕들의 보물도 얻어오고 있습니다. 이럴수록 저는 우리가 이런 것들을 포획하는 대신 이런 것들에 포획될까 더욱 불안합니다. 시라쿠사에서 가져온 조각상들은 우리 도시를 폄하하는 적대적인 기준으로 작용하고 있습니다.[9] 여태껏 저는 수많은 사람이 코린토스와 아테네의 장식품을 칭송하고, 로마 신들의 테라코타 장식 기와를 비웃는 걸 봤습니다. 저로서는 신들께서 우리에게 자비롭기를 바랍니다. 신들께서 거소에 머무르실 수 있게 우리가 노력한다면 신들께서도 우리에게 자비로우실 거라고 저는 믿습니다.

피로스가 대리인인 키네아스[10]를 통해 남자들뿐만 아니라 여자들의 마음까지 선물로 사로잡으려고 했다는 건 우리 선조들의 기억에도 남아 있는 일입니다. 여자들의 사치를 제한하는 반사치법은 당시 통과되지도 않았지만, 그럼에도 불구하고 그 어떤 여자도 이런 선물을 받아들이지 않았습니다. 이랬던 이유가 무엇이라고 생각하십니까? 같은 이유로 우리 선조들은 이런 측면에서 법적 제재를 가할 이

---

9 마르켈루스가 기원전 211년에 시라쿠사를 함락시킨 후 가져온 그리스의 보물 예술품들. 리비우스『로마사』25권 40장에서 이렇게 말하고 있다. "시라쿠사를 점령한 마르켈루스는 시라쿠사에 풍성하게 많았던 훌륭한 조각상과 그림을 로마로 옮겼다. 이런 물건들이 승전을 통해 얻은 정당한 전리품이라는 건 누구든 인정해야 할 것이다. 그럼에도 불구하고 이렇게 로마로 그런 예술품들을 옮겨 놓은 덕분에, 우리가 오늘날 그리스 예술을 선망하며 감상할 수 있게 되었다. 또한 오늘날엔 성스럽든 불경하든 일단 모든 건물을 전반적으로 마구 약탈하는 풍조가 만연한데, 이것 역시 마르켈루스가 시라쿠사에서 벌인 약탈이 그 출발점이었다. 이런 방종한 행위는 궁극적으로 우리 로마 신들의 신전에도 가해져서 마르켈루스가 화려하게 장식한 바로 그 신전에서 그런 약탈이 시작되었다."

10 키네아스는 피로스의 신하 겸 친구였는데 웅변을 잘한 것으로 유명하다. 그는 로마 인들에게 뇌물을 주려 했으나 성공하지 못했다. 피로스는 기원전 280년에 헤라클레아에서 피로스의 승리(명목상으로는 승리이나 실제로는 패배인 승리)를 거두었으나 그 후에 로마에 강화조건을 제시하고 물러갔다.

유가 없었습니다. 제한할 사치 같은 게 없었던 겁니다. 질병은 반드시 치유법이 발견되기 전에 알려집니다. 마찬가지로 욕망은 그런 욕망의 행사를 제한할 법보다 먼저 나타나게 됩니다. 500유게라 이상의 토지를 보유해선 안 된다는 리키니우스-섹스티우스 법[11]은 무엇 때문에 제정되었습니까? 단지 밭을 이어 붙이겠다는 열정이 과해서 생겨난 것입니까? 선물과 수수료에 관한 킨키우스 법[12]은 무엇 때문에 제정되었습니까? 평민들이 원로원에 공물을 바치는 가신처럼 되기 시작해서 그런 게 아니었습니까. 요구하지도 않았는데 보라색 옷과 황금을 선물로 주는 걸 받지도 않던 때에는 여자들의 사치에 제한을 거는 어떠한 법률도 필요 없었을 테니 반사치법이 없던 것도 전혀 놀라운 일이 아닙니다. 오늘날 키네아스가 그런 선물을 가지고 이 도시를 돌아다녔다면 선물을 받고자 거리에 줄을 선 여자들을 보게 되었을 겁니다.

제가 보기로는 이유나 해명조차 발견할 수 없는 몇몇 욕구들도 있습니다. 다른 사람에게 허용되는 게 자신에게 거부된다면 자연스럽게 수치심이나 분노가 일어납니다. 하지만 그게 문제라면 모든 사람이 똑같은 모습을 하면 됩니다. 그렇게 되면 어떤 면에서든 눈에 띄는 것 때문에 걱정할 필요가 없습니다. 최악의 수치는 초라함이나 가난함인데, 이 반사치법 덕분에 그런 초라함이나 가난을 드러낼 일은 없게 됩니다. 저기 부유한 부인이 이렇게 말하는군요. '아, 그래요? 내가 견딜 수 없는 게 바로 그런 똑같은 모습이라고요! 왜 내가 보라

---

11 기원전 367년에 제정된 법으로 공공 토지의 소유를 약 300에이커로 제한했다.

12 기원전 204년 호민관 킨키우스 알리멘투스에 의해 제정된 법. 이 법은 법적 조언을 해주는 사람에게 보수를 지불하는 것을 금지하고 있으나 적용 범위는 그보다 더 넓었을 것으로 추정된다.

색 옷과 황금을 드러내어 눈에 잘 띄지 않으면 안 되는 거죠? 왜 다른 가난한 여자가 이런 법에 숨어서, 만약 법이 허용했더라면 실제로 돈이 없어 가지지도 못했을 것을 가지고 있기라도 한 양 돌아다니게 하는 거냐고요?' 시민 여러분, 부인들 사이에서 경쟁이 벌어지는 게 여러분의 바람입니까? 부유한 여자가 다른 여자에게는 없는 걸 가지고 싶어 하고, 가난한 여자는 가난하다고 무시당하기 싫어서 여력도 되지 않는데 안간힘을 쓰는 그런 상황이 오길 바랍니까?

부끄럽지 않아도 될 일로 수치심을 느끼기 시작하면 진정으로 부끄러워야 할 일에도 수치심을 느끼지 못하게 될 겁니다. 그런 물건을 자기 돈으로 살 수 있는 여자들은 물건을 사겠지만, 그럴 수 없는 여자들은 남편에게 물건을 사달라고 애원할 겁니다. 딱한 남편이 그에 응한다면 참으로 애석한 일입니다. 이를 거부한다고 해도 마찬가지로 애석한 일입니다. 자기가 주지 못하는 것을 다른 남자가 주는 걸 보게 될 것이니 말입니다! 지금 그들은 공적으로 다른 부인의 남편에게 요청을 하고 있고, 더욱 중요한 건 그들이 입법과 투표를 요구하고 있다는 겁니다. 여자들은 몇몇 남자에게서 그들이 바라는 걸 얻었습니다. 시민 여러분, 그들의 간청을 스스럼없이 받아들이는 건 여러분 자신, 여러분의 재산, 여러분의 자식의 이익에 반하는 일입니다. 반사치법이 여러분 부인의 소비에 제약을 걸지 않게 된다면 여러분은 절대 제약을 걸 수 없을 것입니다.

시민 여러분, 반사치법이 폐지되면 상황이 그래도 예전과 똑같을 거라고 생각하십니까? 범죄자는 고발을 피하는 게 무죄를 받는 것보다 더 안전합니다. 마찬가지로 사치는, 마치 짐승처럼 처음엔 사슬에 매어두었다가 완전히 풀어주는 것보다 그냥 건드리지 않고 두는 것이 더 견딜 만할 겁니다. 제 의견은 반사치법이 무슨 일이 있어도 폐지되어선 안 된다는 것입니다. 여러분의 결정에 신들께서 축복을 내려주시길 기원합니다."

5. 이 연설 이후 반사치법 유지 의사를 밝힌 호민관 몇 사람이 카토와 같은 차원에서 짧게 발언했다. 이어 루키우스 발레리우스가 반사치법을 폐지해야 한다면서 연설에 나섰다.

"개인 차원의 시민이 제시된 법안을 지지하거나 반대했다면 저는 조용히 투표를 기다렸을 겁니다. 찬반 양쪽에서 충분히 의견을 밝혔다고 생각하기 때문입니다. 하지만 가장 높은 지위에 있는 집정관 마르쿠스 포르키우스가 어마어마한 무게감의 권위와 더불어 길게 공을 들인 연설로 우리의 제안을 공격했으므로 짧게 답변할 필요가 있겠습니다.

카토는 열변을 토했지만 우리 제안에 반대하는 것보다 부인들에게 잔소리하는 데 더욱 시간을 들였습니다. 실제로 그는 자신이 꾸짖었던 부인들의 행동이 자발적인 것인지, 아니면 우리에게 선동된 것인지 모호하게 내버려 두었습니다. 비록 집정관이 실질적인 고발을 하기보다 말로 빈정거리는 것으로 우리를 비난했지만, 저는 우리 자신이 아닌 우리의 행동을 변호하겠습니다. 나라가 번영 중인 평화로운 시기에 공공 거리에서 부인들이 가혹한 전쟁을 치르던 시절 그들을 억압하며 제정된 반사치법을 폐지해달라고 했다는 이유만으로 카토는 부인들의 모임을 '선동', 그리고 때로는 '여자들의 이탈'이라 불렀습니다. 이런 주장과 다른 여러 주장은 연사가 자신의 논거에 확신을 더하려는 인상적인 구절이 무엇인지 잘 알고 있습니다. 연설가로서 마르쿠스 카토는 강렬할 뿐만 아니라 때로는 난폭하기까지 합니다. 물론 천성적으로 그는 온화한 사람이지만 말입니다. 이제 여러분에게 묻겠습니다. 부인들이 자신의 특별한 관심사인 대의를 지지하러 무리를 지어 거리에 나온 것이 전례가 없던 일입니까? 이전엔 단 한 번도 공적인 장소에서 이런 일이 벌어진 적이 없었습니까? 마르쿠스 카토, 이젠 제가 당신의 저서인 『초기 로마사』[13]에 반대되는 내용을 언급하도록 하겠습니다. 여자들이 자주 이런 일을 해왔고, 또늘 공익을 위해 그런 일을 했다는 제 말을 잘 들어보십시오.

우리 역사가 시작되던 때인 로물루스가 통치하던 시절 카피톨리움은 사비니 인들에게 점령되었고, 포룸 한가운데서 대치전이 격렬하게 진행 중이었습니다. 두 전열 사이로 황급히 달려가 싸움을 중지시킨 사람들이 누구였습니까? 부인들 아닙니까? 또 왕들이 축출된 이후 마르키우스 코리올라누스의 볼스키 인 군단들이 로마에서 8km 떨어진 곳에 진을 쳤을 때, 이 도시를 파괴시킬 뻔한 군대를 돌려보낸 게 바로 부인들 아닙니까? 로마가 사실상 갈리아 인들에게 점령되었을 때 몸값을 댈 돈이 어디서 나왔습니까? 우리는 모두 답을 알고 있습니다. 부인들은 만장일치로 자신의 황금을 나라에 기증했습니다.[14] 고대사는 차치하고 지난 전쟁에서 국고에 자금이 부족할 때 과부들이 보관 중이던 돈을 내놓았고[15] 나라가 위기에 빠져 도움을 받고자 새로운 신들을 모시려고 했을 때 부인들이 합심하여 바다로

---

13 이 책의 원어는 Origines(근원). 리비우스의 시대에까지 전해지지 않았다. 카토가 라틴어로 쓴 최초의 로마사인데 기원전 168년 이후에 집필되었고 그의 사망 당시에 미완이었다. 여기서 리비우스가 마치 이 책의 내용을 알고 있는 것처럼 서술한 것은 또다른 시대착오이다.

14 리비우스의 『로마사』 첫 1-5권에 들어 있는 여자들의 유명한 일화를 열거하고 있다. 사비니 부인은 1권 9장, 코리올라누스는 2권 33장, 부인들이 황금을 내놓은 것은 5권 50장에 나온다.

15 제2차 포에니 전쟁을 가리킨다. 리비우스 『로마사』 24권 18장 참조.

가서 이다 산의 여신을 환영해 왔다는 건 익히 알려진 사실입니다. 물론 집정관의 말처럼 경우가 다르긴 합니다. 그런 사례들의 유사성을 드러내려는 건 제 의도가 아닙니다. 그저 전례가 없는 행동이라는 비난을 반박하고 싶은 것입니다. 남녀를 가리지 않고 모든 사람에게 영향을 미치는 상황에서 과거에 여자들이 한 행동에 대하여 놀란 사람은 아무도 없습니다. 그렇다면 그들이 자신의 특별한 관심사를 위해 행동하는 것에 우리가 놀라야 합니까? 실제로 여자들이 무엇을 했습니까? 아아, 천상의 신들이시여! 주인도 노예의 간청을 업신여기지 않건만 훌륭한 여자들의 간청에 우리가 분노하며 모른 척한다면 우리의 귀는 얼마나 오만한 것입니까?

6. 이제 현안에 대해서 이야기하겠습니다. 이 문제에 대해 집정관의 주장은 이중적입니다. 그는 어떤 법률이든 폐지된다는 것에 분노했습니다. 특히 그는 여자들의 사치를 억제하기 위해 통과된 반사치법의 폐지에 반대했습니다. 앞선 주장은 명백히 법률을 일반적으로 옹호한 것으로 집정관에게 어울리는 태도처럼 보입니다. 후자의 주장은 사치에 대한 공격으로, 엄격한 도덕성에 적합한 것입니다. 따라서 이 두 가지 주장에서 그럴싸한 면을 제가 지적하지 않으면 여러분이 속아 넘어갈 위험이 있습니다. 몇몇 법은 긴급한 상황을 처리하기 위한 임시적인 조치가 아닌 영구적인 법으로 남아 지속적인 혜택을 주고자 제정되었으며, 저는 이를 기꺼이 인정합니다. 이런 영구적인 법은 그 어느 것도 해당 법의 해악이 경험으로서 증명이 되거나, 아니면 정치적인 상황에 변화가 일어나 해당 법이 부당하게 되는 경우를 제외하고 폐지되어서는 안 되고, 저 역시 그래야 마땅하다고 생각합니다. 동시에 저는 특정 긴급 상황에 요구된 법이 있다고 봅니다. 이러한 법은 변화하는 상황과 함께 변해야 하는, 언젠가는 사라져야

을 처리하고 싶어 했다. 이런 교역의 이점을 누리고자 했기에 스페인 인들의 도시는 그리스 인들에게 개방되었다. 더욱이 그리스 인들은 로마와 우호 관계를 맺어 로마의 비호를 받고 있었으므로 추가로 안심할 수 있었다. 그들은 마실리아 인들보다도 적은 자원으로도 그들 못지않게 이런 충실한 우호 관계를 구축해왔다. 늘 로마 인을 환대해 왔던 것처럼 이번에도 그들은 집정관과 휘하 병력을 친절하고 정중하게 환영했다.

카토는 적군의 위치와 전력을 알아낼 때까지 며칠 동안 그곳에 머물렀다. 카토는 장병들이 나태해지는 걸 막기 위해 대기하는 중에도 장병들에게 훈련을 시켰다. 당시는 스페인 인들이 탈곡장에서 곡식을 얻던 때였다. 이에 집정관은 군납업자들에게 군량을 공급하지 말고 로마로 돌아가라고 했다. 그는 이렇게 말했다. "전쟁은 군량을 현지에서 조달하여 자급자족하며 치를 것이오."

엠포리아이에서 떠난 뒤 카토는 적의 농촌 지역을 불태워 파괴했고, 그리하여 그 일대는 도주와 공황이 넘쳐나는 곳이 되었다. 겁먹은 그곳 주민들은 황망히 도망쳤다.

* * *

11. 엠포리아이에서 얼마 멀지 않은 스페인 지역에 진지를 세웠을 때 집정관 카토는 일레르게테스의 족장 빌리스타게스가 보낸 세 명의 사절을 만났다. 그 중 하나는 족장의 아들이었다. 그들은 성벽을 두른 도시들이 공격당하고 있으며, 로마 사령관이 부대를 보내 도와주지 않는 한 도시들을 지켜낼 가망이 없다고 호소했다. 그들은 증원군은 3천 명이면 충분할 것이며, 적은 그런 대군이 온다면 전장에 남

아 있지 못할 거라고 말했다. 이에 집정관은 그들이 위험한 상황에서 겪는 두려움은 측은하게 생각하지만, 멀지 않은 곳에 적이 대군을 갖추고 있으며, 그들과 전면전을 언제 벌일지 알 수 없는 상황에서 로마 군의 병력을 나눠 전력을 떨어트릴 수가 없다고 대답했다. 또한 집정관은 그런 전면전을 오래 연기할 수도 없다고 했다.

사절들은 이런 답변을 듣자 눈물을 흘리며 집정관의 발 앞에 엎드려 이런 극심한 역경에서 자신들을 버리지 말아달라고 간청했다. 로마 인들이 도움을 거절한다면 대체 어디에 기대겠느냐는 것이었다. 그들은 동맹이 없어 세상 어느 곳에서도 기대를 걸 곳이 없다고 했다. 그들은 로마에 대한 충성을 버리고 나머지 스페인 부족들과 결탁할 준비를 했다면 이런 위험을 피할 수 있었을 것이라고 원망했다. 하지만 그들은 로마 인들의 지원을 충분히 받을 수 있다고 믿었기에 어떤 두려움과 위협으로도 흔들리지 않았다고 했다. 만약 그런 지원이 없고 집정관에게 지원을 거부당한다면 그들은 사군툼과 같은 운명을 맞이하는 걸 피하고자 반란자들에게 합류할 것이라고 말했다. 홀로 죽느니 나머지 스페인 인들과 같이 죽겠다는 것이었다. 하지만 그들은 자신들은 본의 아니게 어쩔 수 없이 그렇게 했다는 것을 신들과 사람들에게 두루 알릴 것이라고 했다.

12. 이날 사절들은 명확한 답변을 얻지 못하고 물러났다. 이후 밤 동안 집정관은 배로 늘어난 불안감에 고뇌했다. 그는 동맹들을 포기하고 싶지 않았고, 마찬가지로 병력을 줄이고 싶지도 않았다. 그렇게 했다간 교전을 미루거나, 전투가 벌어졌을 때 위험이 가중될 것이었다. 그는 가까운 장래에 적의 손에 수치를 당할까 염려했기 때문에 병력을 줄이지 않겠다는 결심을 고수했다. 하지만 그는 동맹들에게 실제 지원을 해주기보다는 앞으로 곧 지원이 올 거라는 희망을 안

겨주기로 했다. 그는 속으로 전쟁에선 공허한 외양이 진짜로 그런 것 같은 실제적 효과를 내는 일이 빈번하다고 생각했다. 지원을 받는다고 믿으면 마치 실제로 지원을 받고 있는 것처럼 힘이 난다는 것이었다. 비록 실제 지원은 없지만 그런 기대감이 희망과 용기를 불어넣어 주기 때문이다. 다음날 그는 사절단에게 답을 주었다. 일부 병력을 빌려주어 전력 저하가 생기는 건 우려가 된다. 그렇지만 로마 군의 상황보다는 그들의 위급함도 고려하지 않을 수 없다. 이어 집정관은 각 보병대대에서 3분의 1은 배에 탈 수 있도록 미리 음식을 만들고, 그 병력을 태운 배는 이틀 뒤에 출항할 수 있도록 준비하라고 지시했다.

집정관은 스페인 사절 두 사람에게 돌아가서 이 소식을 빌리스타게스와 일레르게테스 인들에게 전하게 했다. 족장의 아들은 집정관 옆에 머무르게 했고, 정중한 대접을 하며 선물을 주었다. 다른 사절들은 로마 인들이 배를 타고 출항할 때까지 떠나지 않았다. 그들은 돌아가 로마 인들의 지원이 곧 올 것이라고 보고했고, 그 소식은 일레르게테스인들뿐만 아니라 그들의 적에게까지 알려지게 되었다.

13. 이런 행동을 보여주는 것만으로도 일레르게테스 인들에게 전해진 로마 군의 지원 소식은 더욱 확실한 것이 되었다. 그것을 확인한 집정관은 배에 태웠던 병력을 복귀시키라고 다시 명령을 내렸다. 이제 군사 행동에 나설 때가 되어가고 있었고, 그에 따라 포르키우스는 엠포리아이에서 5km 떨어진 곳에 월동 진지를 세웠다.[18] 그곳에서 그는 기회만 생기면 진지에 소규모 수비병만 남기고 장병들을 지

18 이것은 카토가 기원전 195년 늦여름에 스페인에 도착했다는 것을 암시한다.

휘하여 적의 영토로 뚫고 들어가 습격·약탈을 하도록 지시했다. 로마 군 병사들은 거의 늘 밤에 움직였는데, 이렇게 하면 진지에서 최대한 멀리 나아가 기습으로 적을 공격하는 이점이 있었다. 이런 군사 행동으로 인해 신병들은 자연히 훈련이 되었고, 동시에 로마 군은 적 다수를 포로로 붙잡게 되었다. 적은 성벽을 갖춘 도시의 방어 시설 외부 너머로는 감히 나오려고 하지 않았다.

충분히 아군과 적의 용맹을 검증하자 집정관은 천인대장들, 동맹군 지휘관들, 모든 기병과 백인대장을 불러 작전회의를 열었다. 그는 이렇게 말했다.

"여러분이 그토록 기다렸던 때가 되었소. 용맹을 보여줄 기회가 되었다는 뜻이오. 여태까지 우리의 싸움은 진정한 전투라기보다는 산적질에 가까웠소. 하지만 이제 여러분은 적과 마주할 정규전에 나서게 될 것이오. 이제부터는 농촌 지역을 약탈하는 대신 도시들 안으로 들어가 그들의 부를 빼앗게 될 것이오. 카르타고 장군들과 군대가 스페인에 진출했을 때, 우리 선조들은 이 스페인 땅에 군인 한 명조차 두고 있지 않았소. 하지만 그들은 굳건히 에브로 강이 우리 영토의 경계라는 조항을 협정에 넣는 걸 주장했소이다. 이제 우리는 법무관 두 명에 집정관까지 있어 세 군대가 스페인에 있고 거의 10년 동안 이 영토에 카르타고 인은 한 사람도 보이지 않건만 에브로 강 이쪽의 영토를 잃고 있소. 자, 이제 여러분의 의무는 분명해졌소. 먼저 이 영토를 무력과 용맹을 발휘하여 회복하고, 그 다음에는 무모한 반란을 일으켜서 아무런 목적도 없는 전쟁만 하고 있는 이곳 민족들에게 그들이 벗어던진 굴레를 강제로 다시 씌우는 것이오."

이것이 집정관 카토가 행한 격려 발언의 요지였다. 이어 집정관은 밤에 장병들을 데리고 적의 진지를 공격할 것이니 해산하여 충분히 휴식을 취하라고 말했다.

14. 세심하게 조점(鳥占)을 친 뒤에 집정관은 적이 무슨 일이 벌어졌는지 알기 전에 원하는 장소를 선점하기 위해 한밤중에 군대를 움직였다. 그는 병력을 이끌고 우회하여 적의 진지 너머로 이동했고, 동이 트자 전투 대형을 형성하고 3개 보병대를 요새 바로 앞까지 진출시켰다. 후방에 로마 인들이 나타나자 깜짝 놀란 야만인들은 서둘러 무장했다. 그러는 사이 집정관은 장병들에게 이렇게 말했다.

"제군, 그대들의 용기 외에 어디에서도 희망은 찾을 수 없다. 나는 의도적으로 이를 보여주고자 이렇게 움직였다. 우리와 우리 진지 사이엔 적이 있고, 우리 뒤엔 적의 영토가 있다. 가장 고귀한 길이 가장 안전한 길이다. 그것은 즉 제군의 용맹에 희망을 거는 것이다."

이런 말을 마친 직후 카토는 명령을 내려 앞서 보낸 보병대들을 돌아오게 했는데, 이는 도망치는 걸 가장하여 적을 진지 밖으로 유인하기 위한 것이었다. 적은 그의 생각대로 움직였다. 적은 로마 인들이 공황에 빠져 후퇴하고 있다고 판단했고, 진지 문을 열고 뛰어나와 그들의 진지와 로마 군 전열 사이에 있는 공간에 최대한의 병력을 투입했다. 추격에 나선 적이 황급히 전열을 정비하는 걸 지켜본 집정관은 이미 전투 대형을 갖춘 병력을 이끌고 어수선한 그들을 공격하러 나섰다. 그는 적의 양쪽 측면에 기병대를 투입했다. 하지만 우익에서 곧바로 로마 군 기병대가 뒤로 밀렸고, 겁에 질린 그들이 물러나자 공황이 로마 군 보병대 사이에도 퍼졌다. 집정관은 이 상황을 보고 두 정예 보병대에 지시하여 아군 보병 전열이 적과 교전하기 직전에 적의 우익을 돌아 후방에서 적을 협공하라고 지시했다.

이렇게 적에게 가한 위협 덕분에 로마 기병대의 공황으로 발생한 손해는 상쇄되었다. 하지만 우익의 보병대와 기병대에 혼란이 심했다. 이에 집정관은 그들 중 몇 사람을 자기 손으로 붙잡아 방향을 돌려 적을 마주보며 싸우게 했다. 이런 식으로 투척 무기만 가지고 싸우는 전투는 좀처럼 결말이 나지 않는 법이다. 공황과 도주가 시작된 우익에선 로마 군이 위치를 고수하는 데 어려움을 겪고 있었지만, 좌익과 중앙에선 야만인들이 강한 압박을 받고 있었다. 게다가 적은 후방에서 위협하는 로마 보병대들을 두려움을 갖고 바라보고 있었다. 이윽고 창과 불붙은 화살을 다 날리고 나자 양군은 칼을 뽑았고, 이렇게 하여 전투는 새롭게 시작되었다. 이제 병사들은 멀리서 아무렇게나 던진 무기에 예기치 못한 상처를 입는 일이 없었다. 그들은 백병전에 돌입했고, 모든 희망은 병사 자신의 용기와 육체적 완력에 달려 있었다.

15. 장병들이 지치자 집정관은 예비 보병대를 두 번째 전열에서 투입하는 것으로 사기를 되살렸다. 이제 새로운 전열이 형성되었다. 쓰지 않은 무기를 든 새로운 부대들은 지친 적을 공격했고, 우선 쐐기꼴의 밀집 대형으로 맹렬한 돌격을 가해 적을 뒤로 밀어냈다. 적은 이 공격에 사방으로 흩어져 도망치더니 들판을 가로질러 진지로 황급히 달려갔다. 카토는 이런 대대적인 적의 패주를 보고서 예비 병력으로 대기시킨 2군단으로 말달려가서, 전속력으로 행군하여 적의 진지를 공격하라고 지시했다. 과도한 열의를 보이며 전열보다 앞서 달려 나가는 병사가 보이면 카토는 전열들 사이로 말을 달려가서 그 병사를 단창(短槍)으로 때려 멈추고 천인대장들과 백인대장들에게 처벌하도록 지시했다. 이내 적진지에 대한 공격이 시작되었고, 로마 인들은 적이 던지는 돌과 말뚝, 그리고 온갖 투척 무기 때문에 요새로부터 밀려나게 되었다. 하지만 새로운 군단이 나타나자 공격하던 병사들의 사기는 다시 높아졌고, 적은 요새를 방어하기 위해 전보다 더

맹렬하게 싸웠다.

집정관은 세심히 전투 현장 전체를 살피면서 저항이 가장 덜한 돌파 지점을 찾아내려 했다. 그는 왼쪽 문이 가까스로 방어되는 걸 확인했고, 2군단의 제1선과 제2선을 그곳에 투입했다. 왼쪽 문에 배치된 적의 수비병들은 공세를 버텨내지 못했고, 나머지 적은 요새 내부로 로마 인들이 밀려드는 걸 보고 진지가 빼앗겼다고 판단하여 군기와 무기를 내던졌다. 그들은 여러 문에서 공격을 당해 쓰러졌다. 문 근처 비좁은 공간에 몰린 채로 끼어 버린 다수의 적군들을 로마 군 2군단이 후방에서 공격하며 죽였고, 나머지 로마 인들은 진지를 약탈했다. 역사가 발레리우스 안티아스는 적이 그날 4만 명 이상이 죽었다고 기록했다. 카토는 직접(그는 자신의 업적을 말하는 사람이 아니었다) 적은 많은 사상자가 발생했다고 언급했지만, 정확한 숫자는 기록하지 않았다.

16. 그날 집정관이 보여준 행동 중 세 가지가 특별한 찬사를 받을 만했다.

첫째, 그는 휘하 병력을 우회하게 하여 아군의 배[船]와 진지에서 한참 떨어진 적의 진지 뒤로 적에게 협공을 가하도록 했는데, 이렇게 함으로써 장병들의 유일한 희망이 그들의 용기에 달려 있다는 걸 깨닫게 해주었다.

둘째, 그는 적의 후방으로 보병대를 투입했다.

셋째, 그는 나머지 병력이 대열을 무너뜨리고 적을 쫓을 때 2군단에게 지시하여 전속력으로 적의 진지 문으로 진출하게 하면서도 기준에 맞게 질서정연한 대오를 유지하게 했다.

더욱이, 승리한 뒤에도 군사 행동을 중지하는 일은 없었다. 퇴각 신호를 내린 뒤 집정관은 휘하 병력을 이끌고 전리품을 가득 싣고 진지로 물러났다. 장병들에게 밤 몇 시간 동안 잠을 자게 한 뒤 그는 병력을 이끌고 농촌 지역으로 나아가 약탈했다. 적이 흩어져 도망쳤기에 약탈작전은 더욱 넓은 지역에서 진행되었다. 이런 행위는 어제의 패배 못지않게 엠포리아이의 스페인 인들과 그들의 이웃을 압박하여 항복하도록 유도했다. 엠포리아이로 피신한 다른 지역에서 온 많은 사람들도 함께 항복했다. 집정관은 이 모든 이에게 우호적인 말을 건네고 음식과 술을 주어 기운을 북돋운 다음에 고향으로 돌아가게 했다. 이어 그는 빠르게 진지를 해체하고 이동에 나섰다.

집정관 카토의 병력이 진군하는 곳마다 항복하고자 하는 도시의 사절단이 그를 만나러 나왔다. 그가 타라코[19]에 다다랐을 때 에브로 강 북쪽(강에서 유럽이 가까운 쪽)의 스페인 전역이 진압되었다. 야만인들은 집정관에게 줄 선물로 온갖 불운 끝에 붙잡힌 포로들을 데려왔다. 이중엔 로마 인들도 있었으며, 라틴 지위를 지닌 동맹국 사람도 있었다. 나중에 집정관이 투르데타니로 군대를 이끌고 나아갈 것이라는 소문이 퍼졌고, 이 거짓 보고가 먼 지역에 있는 산지 사람들에게 집정관이 이미 출발했다는 내용으로 과장되어 퍼졌다.

이런 근거도 없고 증명되지도 않은 이야기에 대응하여 베르기스타니족의 성벽을 갖춘 일곱 도시가 반란을 일으켰다. 하지만 집정관은 그들을 향해 친히 군대를 이끌고 행군했고, 이렇다 할 싸움도 벌이지 않은 채 그들을 제압했다. 머지않아 집정관이 타라코로 돌아가고 그가 아직 그곳에서 떠나지 않았을 때 그들은 다시 반란을 일으켰고, 또다시 진압되었다. 하지만 정복자는 이전과 같은 관대함을 베

19 현대 스페인의 테라고나. 이 도시는 한니발 전쟁 동안에 주요 로마 군 기지였다.

풀지 않았다. 더는 평화를 방해하는 일이 없도록 그들을 모두 붙잡아 공매로 팔아버렸다.[20]

17. 그러는 사이 법무관 푸블리우스 만리우스는 먼 스페인에서 온 아피우스 클라우디우스 네로가 지휘한 베테랑 부대를 자신의 전임자인 퀸투스 미누키우스 휘하의 베테랑 부대와 합치고서 투르데타니로 나아갔다. 투르데타니 인들은 스페인 인들 중에 가장 덜 호전적이라고 여겨졌지만, 그럼에도 불구하고 그들은 우월한 병력 수에 자신감을 갖고 로마 군과 대적하러 나섰다. 로마 기병대는 그들을 공격하러 나섰고, 즉시 상대의 전열을 혼란에 빠뜨렸다. 양군 보병대 간의 싸움은 전투라고 보기가 힘들 정도로 일방적인 것이었다. 전쟁에 익숙하고 적을 무척 잘 아는 로마 군 베테랑 부대는 완벽한 승리를 거두었다. 그럼에도 불구하고 이 전투가 전쟁을 끝내지는 못했다. 투르데타니 인들은 패배했는데도 불구하고 1만 켈티베리 인들을 고용하여 다른 민족의 무기로 전투를 수행할 준비를 했다.

그러는 사이 집정관은 베르기스타니족의 반란에 깜짝 놀라 다른 공동체 역시 그에 호응하여 반란을 일으킬 것을 우려하여 에브로 북쪽 모든 스페인 인의 무장을 해제했다. 이런 처우를 당하는 것은 스페인 인들에게 도저히 참을 수 없는 것이라 그들 중 다수가 자살했다. 그들은 무기 없이 사는 것은 사는 게 아니라는, 투쟁심 가득한 자들이었다. 이런 일이 보고되자 집정관은 모든 공동체의 의원들을 그가 있는 곳으로 불러들여 이렇게 말했다.

---

20 "노예로 팔아 버리다" 에 해당하는 라틴어 원어는 sub corona veniere인데 직역하면 "머리에 화관을 쓴 채 팔리다"인데 노예들은 머리에 화관을 씌워서 공매에 내놓기 때문이다.

"그대들이 반란을 일으키지 않는 건 우리에게 이익이지만 그대들에게도 이익이 되는 것이오. 반란은 늘 우리 로마 군에게 곤란했던 것 이상으로 스페인 인들에게 커다란 불행이었소. 내 판단에 이런 반란이 확실히 일어나지 않게 하는 유일한 방법은 그대들이 반란을 일으킬 수 없게 하는 것이오. 나는 이 목표를 최대한 온화한 방법으로 달성하고자 하오. 부디 이 문제에 대해 유익한 제안을 하여 나를 도와주시오. 그대들의 제안이야말로 내가 가장 기쁘게 따를 만한 것이오."

하지만 이 말을 들은 스페인 인들은 아무런 말도 하지 않았고, 집정관은 그들에게 생각할 말미를 며칠 주겠다고 했다. 다시 소환되었을 때 그들은 두 번째 회의에서도 아무런 얘기가 없었고, 이에 집정관은 하루 사이에 모든 도시의 성벽을 무너뜨렸다. 이어 그는 아직도 순종적이지 않은 곳들로 나아가 각 지역에 도착할 때마다 인근 모든 민족의 항복을 받아냈다. 중요하고 부유한 도시였던 세게스티카는 그가 유일하게 공성탑과 방탄 방패를 동원한 곳이었다.

18. 카토는 스페인에 처음 도착했던 지휘관들보다 적을 정복하는 데 있어 더욱 어려움을 느꼈다. 그 이유는 스페인 인들이 이전에 로마 인들에게 넘어온 건 카르타고 인들의 지배를 혐오했기 때문이었다. 반면에 카토는 이미 자유를 주장하는 노예들을 다시 지배해야 하는 상황에 직면한 것이었다. 또한 그는 엄청난 소란이 벌어지던 때에 스페인으로 건너왔다. 몇몇 부족은 무장했으며, 다른 몇몇은 포위당해 반란에의 가담을 강요당하고 있었다. 그런 이들은 제때 도와주지 않으면 버틸 수도 없었다. 하지만 집정관 카토는 정신이나 기질이 워낙 단호했고, 직접 대소사를 가리지 않고 모든 일을 처리했다. 그는 필요한 계획을 짤 뿐만 아니라 필요한 명령까지 내렸고, 대다수의 경

우 직접 그런 일을 수행했다. 군대 내부에서 카토가 자신에게 부과한 규율보다 더 엄격하고 가혹한 규율을 따르는 자는 없었다. 카토는 검소한 생활을 하고 잠 못자는 밤과 다른 고난을 견디는 데 있어 가장 낮은 계급의 병사와 전혀 다를 바가 없었다. 실제로 지휘권을 행사하는 것 외에 그는 다른 장병과 자신을 구별하는 특혜는 한 번도 누려본 적이 없었다.

19. 법무관 푸블리우스 만리우스가 맡은 투르데타니와의 전쟁은 앞서 언급한 바처럼 적이 켈티베리 인들을 용병으로 고용하면서 더욱 어려워지게 되었다. 따라서 집정관은 법무관의 호소가 담긴 서신을 받고 그곳에 자신의 군단들을 데리고 갔다. 전장에 도착한 그는 켈티베리 인과 투르데타니 인들이 별개의 진지를 쓰고 있다는 걸 파악했다. 로마 인들은 즉시 투르데타니 인들과 소규모 접전을 벌이기 시작했고, 그들의 전초 기지에 공격을 가했다. 아무리 교전이 우연찮게 시작되었다고 하더라도 로마 인들은 이런 전투에서 늘 승리를 거뒀다. 켈티베리 인들과 관련하여 집정관은 천인대장들에게 명령을 내려 그 부족과 협상하도록 했다. 집정관은 협상 중에 세 가지 조건을 제시하여 켈티베리 부족이 선택하게 했다.

첫째, 투르데타니 인들이 준다는 보수의 두 배를 로마 군으로부터 받는 조건으로 로마 인 편으로 넘어오는 것.

둘째, 로마의 적에 붙었다는 이유로 피해를 입지 않는다는 공적 보증을 받고 고향으로 돌아가는 것.

셋째, 어떤 희생을 치르더라도 싸우고자 한다면 집정관의 병력과 결전을 벌일 시간과 장소를 결정하는 것.

켈티베리 인들은 이 제안을 논의하게 시간을 좀 달라고 요청했다. 그들 사이에서 회의가 열렸고, 여기에 투르데타니 인들이 참여했다.

그 결과 의견이 중구난방이어서 어떤 결정도 불가능했다. 로마 인들은 켈티베리 인과 전쟁 중인지 아니면 평화 상태인지 불명확했지만, 그래도 마치 평시인 것처럼 행동했다. 그들은 농촌 지역과 성벽을 갖춘 도시에서 보급품을 가져왔고, 은밀한 휴전 협정에 따라 10명 단위로 적의 요새를 자주 오갔다. 그것은 마치 상거래가 공식적으로 확립되었을 때와 같았다.

집정관은 적을 전투로 꾀어내지 못하자 가볍게 무장한 보병대를 보내 아직 훼손되지 않은 지역의 들판을 약탈하게 했고, 이어 켈티베리 인들의 모든 짐과 장비가 사군티아에 있다는 말을 듣자 그 도시를 공격할 생각으로 그곳으로 병력을 이동시켰다. 아무리 도전해도 적이 싸울 생각을 보이지 않자 집정관은 자신과 법무관의 지휘를 받는 군인들에게 봉급을 지급하고 7개 보병대대를 이끌고 에브로로 돌아갔다. 나머지 병력은 법무관의 진지에 그대로 남았다.

20. 집정관은 이런 소수의 병력으로도 여러 도시를 점령했다. 세데타니 인, 아우세타니 인, 수에세타니 인이 그에게로 넘어왔다. 멀리 숲에서 사는 라케타니 부족은 무장 상태를 계속 유지했는데, 이들은 천성적으로 호전적인 데다 집정관과 그의 병력이 투르데타니 인과의 전쟁에 신경을 쓰는 동안에 로마 인들의 동맹 영토를 기습하여 유린했다는 점도 의식하여 그런 반항적인 행동을 취한 것이었다. 따라서 집정관은 로마 보병대뿐만 아니라 라케타니 부족에 정당한 분노를 품은 동맹 전사들을 데리고 그들의 요새를 공격했다. 그들의 도시는 길었지만, 너비는 그만큼 넓지 않았다. 포르키우스(카토)는 그곳에서 4백 걸음 떨어진 곳에서 진군을 멈추게 했다. 그는 그곳에 정예 보병대를 두어 경계하게 하고 자신이 직접 올 때까지 움직이지 말라고 지시했다. 이어 그는 나머지 병력을 이끌고 도시 다른 편으로 나

아갔다. 카토의 모든 예비 병력 중 가장 수가 많은 부대는 수에세타니 인 부대였는데, 그는 이들에게 성벽까지 나아가라고 지시했다. 라케타니 인들은 그들의 무장과 군기(軍旗)를 알아보고 전에 얼마나 자주 수에세타니 영토를 태연히 돌아다녔는지, 또 얼마나 자주 그들을 접전에서 패주시켜 뿔뿔이 흩어지게 했는지를 기억해냈다. 이에 그들은 갑자기 성문을 열고 일체가 되어 그들을 공격하고자 달려 나왔다. 수에세타니 인들은 그들의 돌격은 말할 것도 없고 그들의 함성에 도저히 버텨내지 못했다. 집정관은 예상대로 된 것을 확인하고 말에 박차를 가해 적의 성벽 밑으로 가서 대기 중인 보병대와 합류했다. 집정관의 명령에 따라 그들은 곧장 도시로 돌격했다. 적은 수에세타니 인들을 쫓느라 산산이 흩어졌고, 이렇게 하여 포르키우스는 휘하 병력을 방비가 허술한 도시로 들여보낼 수 있었다. 라케타니 인들이 돌아왔을 때 그는 이미 도시를 완전히 장악했다. 이내 카토는 적의 항복을 받아냈는데, 그들은 무기를 제외하고 모든 걸 잃었기 때문에 더 이상 버틸 수가 없었던 것이다.

21. 이어 승자는 빠르게 베르기움 요새를 공격하기 위해 병력을 움직였다. 이곳은 무엇보다도 강도의 소굴이었다. 강도들은 이곳에서 평화를 찾은 지역에 습격을 가했다. 베르기스타니 인의 지도자는 도시에서 도망쳐 집정관에게로 왔고, 자신과 동포들은 용서해달라고 애원했다. 그는 공적인 일을 처리하고 있는 건 자기 부족이 아닌 강도들이며, 그들이 도시로 들어온 뒤 요새를 완전히 장악했다고 보고했다. 집정관은 그에게 그동안의 부재를 해명할 그럴듯한 이유를 미리 생각해 놓으라고 하면서 그를 도시로 돌려보냈다. 이 지도자는 일단 도시로 돌아가서, 로마 인들이 성벽으로 접근하고 있을 때 강도들이 방어 시설에 집중하고 있는 걸 확인하면, 자기 파벌의 도움을 받

아 사전 준비하여 요새를 장악하라는 지시를 받았다. 이런 집정관의 지시는 그대로 수행되었고, 갑자기 강도들은 이중으로 공포에 사로잡히게 되었다. 한쪽에서는 로마 인들이 성벽을 올라오고 있고, 다른 쪽에서는 요새가 점령당했기 때문이었다. 집정관은 그 도시를 점령하고 요새를 점령한 자들과 그들의 친족에게 자유를 주었으며, 기존 재산을 그대로 유지할 수 있게 해주었다. 그는 재무관에게 나머지 베르기스타니 인은 노예로 팔아버리고, 강도들은 처형하라는 지시를 내렸다. 카토는 임지를 완전히 평정한 뒤에, 철광과 은광에서 많은 세금을 거둬들여 자신의 임지가 날마다 부유해지게 했다.

원로원은 스페인에서 카토가 달성한 업적을 치하하면서 사흘 간의 감사제를 결정했다.

22. 그러는 사이 티투스 퀸크티우스는 그리스에서 겨울을 보내고 있었고, 아이톨리아 인들(로마를 도와 승리했지만 기대에 못 미치는 보상을 받았다고 여겼고, 평화 상태가 길게 지속되는 것에 만족하지 못했다)을 제외하고 그리스 전역이 이런 상황에 몹시 기뻐했으며, 평화와 자유가 결합된 축복을 온전히 누리고 있었다. 그리스 인들은 전반적으로 전쟁에서 로마 사령관이 보여준 용기에 감탄했다. 하지만 그들은 승리한 이후에도 그가 온건하고 절제하며 공정한 모습을 보이는 데 더욱 매료되었다. 이것이 스파르타의 나비스에 대해 전쟁을 선포한다는 원로원의 포고가 사령관에게 전달되었을 때의 상황이었다. 원로원의 서신을 읽은 퀸크티우스는 지정한 날에 코린토스에서 모든 공동체의 사절들이 모이도록 했다. 이 회의에 그리스 전 지역에서 온 수많은 지도자들이 모였을 때(아이톨리아 인들조차 모습을 드러냈다) 그는 이렇게 말했다.

"비록 전쟁에 나선 동기는 달랐지만, 로마 인들과 그리스 인들은 필리포스에 대항하는 전쟁을 합심하여 같은 전략으로 수행했습니다. 이렇게 된 것은 그(필리포스)가 한 번은 로마 인의 적인 카르타고 인을 도와주었고, 다른 한 번은 이곳에 있는 로마 인의 동맹들을 공격함으로써 로마 인과의 우호 협정을 위반했기 때문이었습니다. 설사 우리가 그의 잘못을 그냥 넘겨 버린다고 하더라도 필리포스는 그 잘못 자체가 전쟁을 정당화하기에 충분한 이유라는 식으로 행동했고, 실제로 필리포스는 여러분을 향해 그런 식의 태도를 보였습니다.

오늘 논의할 문제는 전적으로 여러분에게 달려 있습니다. 저는 여러분에게 현재 나비스가 장악한 아르고스를 계속 그의 지배를 받도록 허용할지, 아니면 그리스의 중심부에 있는 가장 명성 높고 오래된 도시가 자유를 회복하여 여타 펠레폰네소스 반도와 그리스 도시들과 같은 지위를 누리게 할 것인지 하는 문제를 제시합니다. 보시는 것처럼 이것은 전적으로 여러분이 고민할 문제입니다. 이 문제는 로마 인들에게 전혀 영향을 미치지 않습니다. 해방된 그리스에서 하나의 공동체가 노예 상태를 벗어나지 못해 그 해방의 영광이 그리스 전역에 미치지 못한다는 점을 제외하면 말입니다. 그러나 이 도시에 대한 우려나 이런 선례가 생겨나는 것, 혹은 이런 악영향이 더 널리 퍼지는 것에 여러분이 아무런 관심을 기울이지 않는다면 우리는 아쉽지만 그래도 상관없습니다. 아무튼 저는 이 문제에 관하여 여러분의 조언을 요청합니다. 여러분들 중 다수가 내린 결정에 따르도록 하겠습니다."

23. 로마 사령관의 발언 이후 각 도시의 대표들이 의견을 말했다. 아테네 대표는 최대한 감사를 표하며 로마 인들이 그리스에 도움을 준 데 대하여 극찬했다. 그는 로마 인들이 그리스 인들의 호소에 부

응하여 필리포스에 맞서 싸웠다는 사실을 지적하면서, 이젠 로마의 어떠한 요청도 없었는데도 그들이 자발적으로 나서서 나비스와 싸우는데 도움을 주겠다고 말했다. 또한 그는 과거에 있던 일에 대하여 충분히 감사를 표시해도 모자랄 판에, 미래를 잘못 보는 몇몇 사람들이 오히려 이런 훌륭한 도움을 비판하고 있다며 분노를 표시했다.

그것은 평화에 대하여 불만을 품고 있는 아이톨리아 인들을 분명하게 겨냥한 것이었다. 따라서 아이톨리아 주요 인사 알렉산드로스는 먼저 아테네 인들이 이전엔 앞장서서 자유를 옹호하고 지지하더니 이젠 아첨을 떨면서 공동의 명분을 저버리고 있다고 맹비난했다. 그는 이어 한때 필리포스의 병사들이었던 아카이아 인들이 전황이 불리하자 결국 그를 배반하고 코린토스를 다시 얻더니 이젠 아르고스마저 노리고 있다고 불평했다. 또한 필리포스의 가장 오랜 적이자 꾸준히 로마와 동맹이었던 아이톨리아 인들은 협정에 의해[21] 필리포스의 패배 이후 자신들의 것이 되어야 마땅한 도시와 영토인 에키노스와 파르살로스를 돌려받지 못했으니 빼앗긴 거나 마찬가지라고 말했다. 그는 또한 로마 인이 자기들을 상대로 사기를 쳤다고 비난했는데, 자유라는 공허한 용어를 과시하면서 칼키스와 데메트리아스에 로마의 주둔군을 남겨놓고 있다는 것이었다. 필리포스가 데메트리아스, 칼키스, 코린토스를 장악하는 한 그리스는 절대 자유로울 수 없다면서, 필리포스가 이들 도시에서 주둔군의 철수를 미뤘을 때, 절대 안 된다고 반대한 것이 로마 인들 아니었느냐고 빈정거리는 어조로

21 로마와 아이톨리아는 기원전 211년에 동맹 협정을 맺은 바 있으나 로마는 현 시점에서 그 동맹이 더 이상 유효하지 않다고 생각하고, 아이톨리아는 여전히 유효하다고 생각하여 의견 차이가 발생했다.

쏘아붙였다. 그는 마지막으로 로마 인들이 아르고스와 나비스를 핑계로 앞으로도 계속 그 도시들에 군대를 주둔시킨 채 그리스에 남아 있으려고 한다고 비난했다. 이어 그는 로마 인들은 군단들을 이탈리아로 돌려보내야 하며, 그렇게 하면 아이톨리아의 주도 아래, 나비스가 아르고스에서 자발적으로 주둔군을 철수하든, 그리스 연합의 무력으로 나비스를 굴복시키든 둘 중 하나가 벌어지게 될 것이라고 알렉산드로스는 경고했다.

24. 이런 허풍에 먼저 자극받은 건 아카이아 인의 최고 행정장관 아리스타이노스였다. 그는 이렇게 답했다.

"지고지선의 유피테르 신과 아르고스의 보호신인 유노 여신께서 스파르타 참주와 아이톨리아 산적들이 아르고스를 마치 상품인양 놓고 다투는 일이 없게 하시기를! 그런 곤란한 상황이 벌어져서, 아이톨리아 인들이 아르고스를 차지하는 건 참주가 도시를 점령하는 것보다 훨씬 더 큰 고통이 될 것입니다. 티투스 퀸크티우스, 우리 사이에 놓인 바다도 저 산적들로부터 우리를 보호하지는 못할 것입니다. 저들이 펠레폰네소스 반도의 심장부에 요새를 세운다면 장차 무슨 일이 벌어지겠습니까? 저들은 그리스어를 말하고 겉보기만 사람인 자들입니다. 저들은 그 어떤 야만인보다 더 야만적인 관습에 따라 살고 있으며, 실제로 짐승보다 더 야만스럽습니다. 따라서 로마 인들이여, 우리는 그대들에게 간청합니다. 나비스에게서 아르고스를 회복하고, 아이톨리아 인들의 산적질로 인해 이 지역이 곤란해지는 일이 없도록 그리스의 평화를 단단히 확립해 주십시오."

그리스 전역 대표들은 한마음으로 반항적인 아이톨리아 인들을 질책했고, 로마 사령관은 그 문제에 대하여 답변을 하고 싶으나, 모두가 아이톨리아 인들에게 무척 적대적이라 그들(아이톨리아 인들)을 자극할 것이 아니라 진정시켜야 할 필요가 있는 것 같다고 말했다. 그는 로마 인들과 아이톨리아 인들에 관하여 솔직히 의견을 표명해 주어서 고맙다고 했다. 이어 나비스가 아카이아 인들에게 아르고스를 반환하지 않는다면 나비스와 전쟁을 벌일지 여부를 결정하고 싶다고 말했다. 모든 대표가 전쟁을 지지하는 쪽에 투표했고, 퀸크티우스는 각 나라에게 그들의 국력에 비례하여 보조 부대를 제공하라고 요구했다. 그는 심지어 아이톨리아 인들에게도 사절을 보냈는데, 실제로는 그들의 지원을 바라는 게 아니라 그들의 태도를 떠보려는 것이었다(그들은 실제로 반항적인 태도를 보였다).

25. 그는 천인대장들에게 엘라티아에서 병력을 소환하라고 지시했다. 이즈음 안티오코스가 보낸 사절단이 동맹 협상을 하고자 퀸크티우스를 찾아 왔다. 하지만 집정관은 10인 조사위원 없이 일을 논할 수 없다고 하면서 로마로 가서 원로원과 논의하라고 답변했다. 이어 그는 병력을 집결시켜 엘라티아에서 아르고스로 움직였다. 클레오나이 근처에서 그는 아카이아 총사령관 아리스타이노스를 만났다. 그는 1만 아카이아 보병과 1천 기병을 이끌고 왔다. 두 사람은 병력을 합쳤고 도시에서 멀리 떨어지지 않은 곳에 진지를 세웠다. 다음날 그들은 아르고스 평원으로 내려가 아르고스에서 6km 정도 떨어진 곳에다 진지를 선정했다. 스파르타 주둔군 사령관은 피타고라스였는데, 참주의 사위이자 처남이었다.[22] 로마 인들이 도착하자 그는 요새들(아르고스엔 두 개의 요새가 있었다)과 전략적 요충이나 취약한 지점들에 강력한 수비병을 배치하여 수비를 강화했다. 하지만 이런 행동을 취

22 폴리비오스 『역사』 13권 7장에 의하면 나비스는 피타고라스의 여동생 아페가(혹은 아피아)와 결혼했다. 아페가는 아르고스의 참주 아리스티포스의 딸이었다.

하면서도 그는 로마 인들의 도착으로 생겨난 공황을 감출 수가 없었다.

설상가상으로 외부에서 가해지는 위협에 더하여 도시 내부에선 반란이 일어났다. 다모클레스라는 아르고스 인은 무모함이 신중함을 앞서는 청년이었는데, 뜻이 맞는 사람들과 함께 서로 맹세를 한 뒤 주둔군을 축출할 음모를 꾸몄다. 하지만 음모 세력을 확대하려는 열망이 너무 강하여 그는 음모 가담자의 신원을 평가하는데 충분한 주의를 기울이지 못했다. 그가 지지자들과 상의하고 있을 때 주둔군 사령관이 보낸 수행원이 그를 소환하러 왔고, 이에 계획이 탄로되었다는 걸 깨달은 그는 공모자들에게 고문을 당하다 죽기보다는 무장 봉기에 참가하라고 요청했다. 소수 지지자와 함께 그는 포룸으로 곧장 달려가서 나라의 안전을 바라는 자는 자유의 옹호자이자 대표인 자신을 따르라고 외쳤다. 성공할 가능성이 전혀 없기 때문에 그 호소는 거의 효과가 없었다. 또한 음모를 뒷받침할 적합한 무력도 없었다. 다모클레스가 이렇게 외치는 동안 스파르타 인들은 그와 지지자들을 둘러싸더니 그를 죽였다. 다른 공모자 몇 사람은 체포되었고, 대다수는 처형되고 소수만 감옥에 갇혔다. 이들은 그날 밤에 밧줄을 이용하여 성벽 아래로 도망쳐서 로마 인들에게 몸을 맡겼다.

26. 이 도망자들은 퀸크티우스에게 로마 군이 성문에 있었더라면 무장 봉기는 효과가 있었을 것이며, 진지가 도시에 더욱 가깝게 세워지면 아르고스 인들은 반응을 보일 것이라고 장담했다. 이에 퀸크티우스는 경보병대와 기병대를 성문 근처로 보냈다. 그들은 성문 중 하나에서 출격한 라케다이몬(스파르타) 인들과 교전했고, 별로 힘들이지 않고 적을 성문 안으로 격퇴시켰다. 이 교전은 도시에서 3백 걸음도 채 되지 않는 연병장인 킬라바리스에서 일어났다. 로마 사령관은 소

규모 접전이 벌어졌던 곳으로 진지를 옮겼다. 그는 새로운 사태 발전이 없는지 하루 동안 지켜봤다. 그는 도시가 완전히 겁에 질린 걸 확인하고서 회의를 열어 아르고스를 포위할지 여부를 논의했다. 아리스타이노스를 제외한 모든 그리스 지도자는 아르고스가 전쟁의 유일한 원인이니 전쟁은 이곳부터 시작하는 게 낫다고 의견을 모았다. 하지만 퀸크티우스는 그런 일반적 견해에 동의하지 않았고, 그 의견에 반대한 아리스타이노스의 주장을 경청하며 동의했다. 그는 아리스타이노스의 주장을 보충하는 질문을 던졌다. 로마 군은 아르고스인들을 대신하여 참주에 대항하는 전쟁을 벌이고 있는데, 진짜 적은 그대로 두고 아르고스를 공격하는 건 모순이 아니냐는 것이었다. 그는 이어 자신은 전쟁의 핵심인 스파르타와 참주를 노릴 것이라고 했다. 이후 퀸크티우스는 회의를 해산하고서 가볍게 무장한 보병대를 보내 식량을 구해오도록 조치했다. 인근에서 익은 곡물이 수확되어 운반되었고, 아직 익지 않은 곡물은 나중에 적이 이용하지 못하도록 짓밟아 버렸다.

퀸크티우스는 진지를 철거하고 파테니오스 산을 건너 테그라를 지나 셋째 날 카리아이 근처에 도착하여 진을 쳤다. 그곳에서 그는 적의 영토로 들어가기 전 동맹들의 보조 부대를 기다렸다. 필리포스는 1천 5백 마케도니아 인들을 보냈고, 4백 명의 테살리아 기병대도 도착했다. 이때 로마 사령관을 지연시킨 건 보조 부대가 아니었다. 보조 부대는 이미 충분했지만, 인근 도시들에 주문한 보급품이 아직 도착하지 않았다. 이외에도 대규모 해군 병력이 모이는 중이었다. 루키우스 퀸크티우스는 이미 40척의 전함을 이끌고 레우카스에서 도착했고, 로도스에서도 18척의 갑판이 있는 배를 보내왔으며, 에우메네스 왕은 키클라데스에서 조금 떨어진 곳에 10척의 갑판이 있는 배,

30척의 소형 범선, 그보다 더 작은 크기의 여러 가지 배들을 데리고 대기하고 있었다. 스파르타 인들 사이에서도 많은 추방자가 로마 군 진지로 넘어왔다. 그들은 참주의 부당한 조치에 의해 쫓겨난 자들로 고국의 자유가 회복되기를 간절히 바라고 있었다. 사실 참주들이 스파르타에서 지배를 해온 이후에, 여러 세대에 걸쳐서 서로 다른 참주에게 쫓겨난 이들이 많았다. 이런 추방자들 중 주된 인물은 아게시폴리스였다. 그는 스파르타의 첫 참주 클레오메네스가 죽은 뒤 참주 리쿠르고스에 의해 어릴 적에 쫓겨난 스파르타 왕좌의 적법한 계승자였다.[23]

27. 육지와 바다로 엄청난 규모의 병력이 집결되어 전쟁이 임박하자 참주 나비스는 자신의 전력과 적의 전력을 현실적으로 비교했고, 참사를 피할 수 없다는 걸 깨달았다. 그럼에도 불구하고 그는 전쟁 준비를 흔들림 없이 진행했다. 그는 크레타에서 정예병 1천 명을 추가로 불러들여 기존 1천 명에 더했다. 또한 그는 3천 명의 용병과 1만 명의 자국 병사를 무장시키고 농촌 지역에서 마을 사람들을 병사로 동원했다. 그는 또한 도랑과 요새로 도시를 강화했다. 내란을 막고자 그는 참주의 성공을 바라지 않는 시민들을 공포와 가혹한 처벌로 억눌렀다. 몇몇 시민들의 반란 의도를 의심했던 그는 드로모스라 불리는 평원에 전군을 데려왔고, 스파르타 인들은 그곳에 무기를 쌓고 회의에 참석하라고 지시했다. 이어 그는 민회를 자신의 무장 호위대로 둘러쌌다.

---

23 기원전 219년에 리쿠르고스는 라이벌인 아게시폴리스를 축출하고 단독으로 통치하다가 그의 어린 아들 펠로프스가 뒤를 이었다. 그러나 마카니다스가 펠로프스를 축출하고 참주가 되었는데, 기원전 207년에 나비스가 다시 마카니다스를 축출하고 공식적으로 왕위에 올랐다.

나비스는 자신이 시민들을 억압하여 공포의 대상이 되고 있고 또 모든 예방책을 취하는 이런 위기 속에서 자신의 조치를 양해해 주어야 하는 이유를 짧게 설명하는 것으로 말문을 열었다. 이어 그는 현재 정세에 비추어 보아 몇몇 사람들은 아주 의심스러운 자들이라고 지적했다. 그는 자기 이익을 챙기려는 자들이 반란을 일으키려는 시도를 사전에 방지하는 게 그런 시도가 일어난 후에 처벌하는 것보다 낫다고 했다. 따라서 그는 임박한 폭풍이 지나갈 때까지 특정 인물들을 구금하겠다고 말했다. 적이 물러났을 때, 그리고 효과적인 예방책으로 내부 반란의 위험이 줄어들게 될 때 그는 즉시 구금된 자들을 풀어주겠다고 했다. 이렇게 경고한 뒤 그는 주요 인물인 약 80명의 청년의 이름을 낭독하라고 지시했고, 이 청년들은 자신이 호명되면 응답한 뒤에 구금당했다. 이들은 모두 그 다음날 밤 동안에 처형되었다.

이후 아주 이른 시기부터 농촌 정착지에 살던 사람들인 일로타이인[24] 일부가 도시의 모든 거리에서 채찍질당하고 처형되었다. 그들이 반란을 일으키려 한다는 고발을 당했기 때문이었다. 이런 공포 정치로 나비스는 시민들의 정신을 마비시키고 혁명을 일으키려는 시도를 사전에 틀어막았다. 하지만 그는 계속 병력을 방어 시설 내부에 배치했다. 그는 적과 전면전을 벌이면 자신이 상대가 안 된다고 생각했다. 그렇다고 해서 그 도시를 떠나버릴 생각도 하지 못했다. 시민들의 마음이 나비스에 대하여 전반적인 의심과 불확실성으로 가득했기 때문이었다.

---

24 일로타이 인은 라코니아 공동체의 헬롯(고대 스파르타의 농노)이었는데 소속된 땅에 묶여 있었다. 하지만 그들 중 많은 사람들이 나비스에 의해 농노가 된 자들이었다.

28. 퀸크티우스는 이제 충분한 준비를 마치고 베이스진지에서 나섰다. 둘째 날 그는 오이노스 강에 있는 셀라시아 인근 지역에 도착했다. 이곳은 다른 사람들의 말에 의하면 마케도니아 왕 안티고노스가 스파르타의 참주 클레오메네스와 전면전을 벌인 곳이라고 했다.[25] 내리막이 험난하고 비좁은 길이라는 이야기를 들은 퀸크티우스는 먼저 병사들을 보내 산을 통해 짧게 우회하는 길을 만들게 했다. 그는 적당히 넓은 탁 트인 길을 통해 에우로타스 강에 도착했는데, 그 강은 도시의 성벽 거의 바로 아래로 흘러가고 있었다. 로마 인들이 진지를 설치하는 동안에, 퀸크티우스는 기병대와 경보병대를 이끌고 나아갔고, 이때 참주의 보조 부대로부터 공격을 받았다. 로마 인들은 그런 공격을 전혀 예상치 못했기 때문에 겁을 먹고 혼란에 빠졌다. 진군을 하는 내내 그들은 적과 전혀 접촉하지 않았으며, 무척 평화로워 보이는 지역을 통과하여 지나왔었던 것이다. 한동안 그들의 공황상태가 지속되었고, 기병대는 보병대를, 보병대는 기병대를 서로 불러댔다. 둘 다 자력으로는 확신이 서지 않았기 때문이었다.

하지만 마침내 군단병들이 도착하여 대열 선두의 보병대들이 전투에 합류하자 방금 전까지만 해도 로마 군에게 공포를 일으킨 적의 보조 부대는 이제 공황 상태에 빠져 도시로 후퇴했다. 로마 인들은 투척 무기의 사정거리가 닿지 않도록 적의 성벽에서 한참 떨어진 곳으로 물러났고, 이어 전열을 형성하고 잠시 기다렸다. 적이 싸울 생

---

25 기원전 250년에 이르러, 시키온의 아라토스는 아카이아 연맹을 결속시키고 마케도니아에 저항하는 방어 정책을 수립했고 이집트와는 우호적인 동맹 관계를 맺었다. 하지만 아라토스의 계획은 클레오메네스 3세가 통치하는 스파르타에 의해 견제되었다. 클레오메네스는 마케도니아의 안티코노스 3세(도손)와 교전했고, 기원전 222년 셀라시아에서 패배했다.

각을 보이지 않자 로마 군은 진지로 돌아왔다.

다음날 퀸크티우스는 전투 대형으로 강을 따라 진군하여 도시를 지나쳐 메넬라오스 산기슭으로 나아갔다. 군단 보병대가 선봉에 섰고, 경보병대와 기병대는 후위에 섰다. 나비스는 크게 신임하는 용병 부대를 성벽 안에 준비해두고 전투 대형을 이루게 하여 후방에서 적을 공격하려고 했다. 마지막 로마 대열이 지나가자 나비스의 군대는 한 번에 여러 성문에서 전날과 같은 기세로 뛰어나왔다. 로마 군 후위는 아피우스 클라우디우스가 지휘했는데, 그는 느닷없이 공격을 받는 걸 방지하고자 미리 그런 공격을 로마 군 병사들에게 주의를 주었고, 이제 즉시 후위의 선두를 돌려 나타난 적을 마주보며 싸울 태세를 취하게 했다. 이렇게 하여 한동안 마치 진정한 전투 대형으로 교전하는 것처럼 정규전이 벌어졌다. 결국 나비스의 병사들은 무너져 도망쳤다. 지리를 잘 아는 아카이아 인들이 그들을 강력하게 압박하지 않았더라면 적은 그토록 위험과 공포를 느끼면서 황급히 도망치지는 않았을 것이다. 적은 엄청난 사상자를 냈고, 사방으로 흩어져 도망칠 때 수많은 적의 무장이 해제되었다. 퀸크티우스는 아미클라이 근처에 진을 쳤고, 그곳에서 도시 주변 지역의 인구가 많고 쾌적한 곳들을 모두 유린했다. 성문들에서 적이 맞서 싸우려 나오지 않자 그는 에우로타스 강의 진지로 되돌아갔고, 그곳에서 강 하류의 계곡과 바다로 뻗은 지역을 완전히 파괴했다.

29. 이 무렵 루키우스 퀸크티우스[26]는 해안 도시들의 항복을 받아

---

26 루키우스 퀸크티우스는 그리스를 해방하고 자유를 선언한 티투스 퀸크티우스의 동생인데 형을 따라 그리스 전선에서 종사했다. 그는 이 때문에 그리스의 성적 문란함에 빠져든 것으로 보인다. 루키우스 퀸크티우스의 성적 비행은 39권 42장에 다루어져 있다.

냈다. 몇몇은 자발적으로 항복했고, 다른 몇몇은 전쟁 위협을 당했을 때나 공격을 받은 이후 항복했다. 이어 기테움(Gytheum)이 온갖 해군 보급품을 대는 스파르타의 무기고라는 정보를 알게 된 그는 전력으로 그곳을 공격하기로 결심했다. 당시 그곳은 많은 시민과 해외 거주민이 사는 강력한 도시였고, 온갖 군사 장비도 잘 갖추어져 있었다. 퀸크티우스는 쉽지 않은 일을 하려는 중이었는데, 때마침 적절한 때에 에우메네스 왕과 로도스 함대가 그를 지원하러 왔다. 세 함대에서 집결시킨 엄청난 무리의 선원들은 며칠 만에 바다와 육지 양쪽으로 단단히 방어되는 도시의 포위 공격에 필요한 모든 공성 도구를 만들어냈다. 이내 방탄 방패가 사용되었으며, 성벽은 서서히 무너졌고 곧이어 파성퇴의 공격까지 받았다. 그 결과 성탑 하나가 연속된 공격을 버티지 못해 파괴되었고, 인접한 성벽 부분의 탑이 함께 무너졌다. 로마 인들은 항구 쪽에서 강제로 밀고 들어가려고 했는데, 이곳은 진입로가 다른 곳보다 더 평평했다. 그들은 이렇게 함으로써 더욱 공격에 취약한 곳으로 적들의 시선을 돌려놓고, 동시에 성벽이 붕괴되어 생겨난 틈으로 도시 안쪽까지 밀고 들어갈 계획이었다.

로마 인들은 계획한 것처럼 거의 돌파하려는 시점에, 적이 도시를 자발적으로 넘겨줄지 모른다는 희망에 잠시 공세를 늦췄다. 하지만 그 희망은 이내 좌절되었다. 덱사고리다스와 고르고파스는 똑같은 권한으로 그 도시를 지휘했다. 덱사고리다스는 로마 부장에게 도시를 넘길 준비가 되었다는 말을 전했고, 때와 처리 방법이 합의되었지만, 곧이어 고르고파스에게 살해되었다. 그는 계속하여 도시 방어를 전보다 더 왕성하게 밀어붙였다.

사실 티투스 퀸크티우스가 4천 명의 정예병과 함께 도착하지 않았더라면 포위 공격은 더욱 어려웠을 것이다. 그가 도시에서 얼마 멀지 않은 언덕 꼭대기에 전투 대형을 조직하고, 다른 방향에서 루키우스 퀸크티우스가 육지와 바다 양쪽으로 포위하며 압박을 더욱 강하게 가하자 마침내 절망에 휩싸인 고르고파스는 동료를 죽이면서까지 저항했던 항복의 계획을 받아들이게 되었다. 그는 로마 군과 합의를 마치고 휘하 주둔군 병력을 데리고 도시를 떠나는 게 허락되었다. 이어 그는 퀸크티우스에게 도시를 넘겼다.

기테움이 항복하기 전 아르고스 사령관으로 남았던 피타고라스는 아르고스 관리를 펠레네의 티모크라테스에게 넘기고 1천 명의 용병과 2천 명의 아르고스 인을 이끌고 스파르타의 나비스에게 합류했다.

30. 나비스는 로마 함대의 도착과 해안 도시들의 항복 소식이 전해지자 극도의 불안감을 느꼈다. 하지만 그래도 기테움이 아군의 손에 있는 한 실낱 같은 희망이 있다고 자신을 위로했다. 하지만 기테움마저 로마 인들에게 넘어갔고, 육지에선 전혀 가망이 없으며(주변 지역이 전부 적대적이었다), 동시에 바다로도 완전히 차단당했다는 걸 파악하자 운명에 굴복하기로 결정했다. 그에 따라 나비스는 먼저 전령을 로마 군 진지로 보내 사절단을 보내는 걸 허용해 줄지를 물었다. 로마 인들은 이를 허락했고, 피타고라스가 와서 참주 나비스가 로마 사령관과 협상을 할 수 있는지 여부만 물었다. 이에 로마 군 사령부 내에서 참모 회의가 열렸다. 만장일치로 회담이 승인되어야 한다고 결정됐고, 때와 장소가 정해졌다. 참석자들은 양쪽 사이에 있는 지역의 한 언덕에 소규모 호위대와 함께 도착했다. 그들은 양쪽이 명백히 볼 수 있는 곳에 호위대를 두어 경계하게 했고, 이어 회담을 하러 내려왔다. 나비스는 정예 경호원 한 사람을 대동했고, 퀸크티우스는 자신의 동생과 에우메네스 왕, 로도스의 소실라스, 아카이아 최고 행정

장관 아리스타이노스, 그리고 천인대장 몇 사람을 대동했다.

31. 참주(나비스)는, 먼저 말을 할지 아니면 로마 사령관의 말을 우선 들어볼 것인지 선택하라는 요청을 받아, 먼저 발언하겠다며 이렇게 말하기 시작했다.

"티투스 퀸크티우스와 여기 있는 모든 이들이여, 그대가 내게 전쟁을 선포해야 했던 이유, 혹은 나를 상대로 지금 전쟁을 하는 이유를 내 스스로 생각할 수 있었더라면 난 조용히 내 운명을 기다렸을 것이오. 지금 상황에서 나는 죽기 전에 왜 내가 죽어야 하는지 그 이유를 꼭 알고 싶소. 하늘에 맹세코 그대가 동맹의 맹세에 아무런 존엄성이 없다고 보는 카르타고 인 같은 사람이었다면,[27] 나는 그대가 나를 이렇게 다루며 자신의 행동에 별다른 신경을 쓰지 않는다고 해도 전혀 놀라지 않았을 것이오. 하지만 내가 지금 보는 그대는 로마 인이 아니오? 로마 인은 협정을 신성한 약속 중에서도 가장 신성한 것으로 여기고, 동맹의 맹세를 인간관계에서 가장 신성한 유대로 여기지 않소? 나 자신으로 말해 보자면, 아주 오래전부터 내려오는 협정으로 그대와 연결된 다른 모든 스파르타 인과 내가 똑같은 처지라고 믿소.[28] 게다가 개인적으로도 필리포스에 대항하는 전쟁 동안 이런 우호 관계와 동맹을 직접 나서서 새로이 하기까지 했소.

하지만 그대는 내가 아르고스를 장악하고 있다는 이유로 이런 우

27 카르타고 인이 배신을 잘하고 부정직하다는 로마의 표준적 사고방식을 나비스가 여기서 활용하고 있다. 로마 사회에서는 푸니카 피데스(Punica fides: 카르타고 인의 신의)라고 하여 배신과 동일한 뜻으로 사용했다.

28 제1차 마케도니아 전쟁 이후에, 스파르타, 메세네, 엘리스는 아이톨리아 연맹을 따라서 로마와 동맹 관계를 맺었다. 스파르타는 기원전 210년 경 펠로프스 시절에 이런 관계를 맺었다. 또한 이 세 나라의 이름은 로마-마케도니아 평화 조약(기원전 205년)에 조약국 명단에 올라갔다. 그러나 군사 동맹은 펠로폰네소스의 정책과는 아무 상관이 없었다.

호 관계를 어기고 동맹을 뒤엎었다고 할 것이오. 이런 고발에 내가 무슨 변론을 해야겠소? 내 행동에 관한 사실이나 상황에 호소해야겠소? 객관적 사실은 나를 두 가지 점에서 변호하고 있소.

첫째, 아르고스 인들은 직접 나를 초대하여 내게 도시를 넘겨주었소. 나는 도시를 장악하지 않고, 받아들였을 뿐이오.

둘째, 나는 도시가 필리포스에게 속했을 때 받았지, 로마 인과 도시가 동맹 관계일 때 받은 게 아니오. 마찬가지로 객관적 상황도 내가 무죄라는 걸 밝히고 있소. 로마 인과 동맹에 합의했을 때 이미 나는 아르고스를 통치하는 중이었고, 그대가 부과한 조건은 전쟁을 도울 지원군을 보내달라는 것이었지 도시에서 주둔군을 철수하라는 게 아니었소. 아르고스에 대한 논쟁에선 틀림없이 내가 더 유리하오. 내 행동이 공정했으니까 말이오. 나는 로마 인이 아닌 로마 인의 적에게 속한 도시를 받았고, 강요로 받아낸 것도 아니고 주민들의 자발적인 바람을 통해 받게 되었소. 이 일은 그대가 승인한 일이기도 하오. 동맹 조건에 의해 로마 인은 내 손에 아르고스를 그대로 두었소.

하지만 참주라는 칭호와, 노예들을 불러들여 자유를 주고 궁핍한 하류층을 농촌 지역으로 데려온 나의 처사가 내게 불리하게 작용하고 있소. 티투스 퀸크티우스, 칭호에 관해 내가 답변할 수 있는 건 내가 어떤 사람이건 간에 그대가 나와 동맹을 맺었을 때의 나와 지금의 나는 전혀 다르지 않다는 거요. 나는 아직도 기억하오. 당시 그대는 나를 왕이라고 했소. 그런데 이젠 나를 참주라고 부르는구려. 나 자신이 내 권위를 드러내는 칭호를 바꿨다고 한다면 그런 모순을 해명해야 할 사람은 바로 나겠지. 하지만 칭호를 바꿔 부른 건 그대이니 그대는 반드시 자신의 모순을 해명해야 하오. 노예에게 자유를 주고 궁핍한 자에게 땅을 배분하여 인구를 늘린 일에 관해 나는 다른 일에서도 그랬던 것처럼 이 일에서도 상황을 설명하여 나 자신을 명백히 변호할 수 있소.

그대가 나와 동맹을 맺고 필리포스와의 전쟁에서 나의 도움을 받아들였을 때 공과야 어떻든 나는 그런 절차를 이미 밟았소. 설혹 내가 지금 그렇게 조처했다고 하더라도 그런 조치로 내가 로마 인들에게 무슨 해를 끼쳤는지, 어떻게 내가 로마 인들과의 우호 협정을 위반했는지 묻지는 않겠소. 나는 그저 우리나라의 전통과 관습에 부합하는 행동을 했다는 걸 지적해야겠소. 로마 인들의 법률과 제도를 기준으로 스파르타에서 벌어진 일을 재단하지 마시오. 상세하게 비교할 필요도 없소. 로마 인들은 조세 평가에 근거하여 기병과 보병을 선택하고, 또 소수만이 막대한 부를 소유하고 평민은 그런 소수에 복종하는 걸 원하지 않아요. 반면 우리 입법자[29]의 목표는 로마 인들이 원로원이라 부르는 소수의 손에 나라를 맡기지 않고, 어느 한 계층이 공동체에서 압도하는 걸 막는 것이오. 또한 우리 입법자는 부와 지위의 평등화가 많은 사람으로 하여금 조국을 위해 무기를 들 수 있게 한다고 믿었소.

우리나라는 간결하게 말하는 전통이 있는데, 이런 전통과 조화를 이루지 못하고 지나치게 길게 말했다는 걸 자백하는 바이오. 요약하면 내 말은 이렇소. 나는 로마 인과 우호 협정을 맺었고, 협정이 체결된 날부터 로마 인들이 섭섭하게 여길 행동은 단 하나도 하지 않았소."

32. 이에 로마 사령관은 다음처럼 답변했다.

---

29 전설적인 인물인 리쿠르고스를 말한다. 그는 스파르타에 법률과 제도를 부여한 인물로 알려져 있다.

"로마 인과 그대 사이엔 우호와 동맹 협정이 체결된 적이 없소. 우리는 적법한 스파르타의 왕인 펠로프스[30]와 협정을 맺었소. 애석하게도 그의 권리는 이후 폭력으로 라케다이몬(스파르타) 인들을 지배한 참주들에게 찬탈당했소. 우리는 카르타고 인과 전쟁을 벌였고, 이어 갈리아 인과 전쟁을 벌이며 끊임없이 전쟁을 하느라 다른 곳에 신경을 쓸 수 없었소. 그래서 참주들이 그런 일을 할 수 있었던 것이오. 그대 역시 기회가 되자 지난 마케도니아 전쟁 동안 이전 참주들처럼 행동하지 않았소? 그리스의 해방을 위해 필리포스와 전쟁을 수행한 민족이 참주와 우호 협정을 맺는다니 이처럼 모순적인 일이 어디 있겠소? 그것도 자기 민족에게 비할 바 없이 야만적이고 폭력적인 참주와? 설혹 그대가 기만전술로 아르고스를 점령하지 않았더라도, 또 그대가 지금 그 도시를 부정하게 소유하지 않았다 하더라도 우리 로마 인은 그리스 전역을 해방할 의무가 있기에 스파르타도 나머지 국가처럼 예전부터 내려온 자유와 법률을 회복할 수 있게 할 것이오. 마치 그대가 신주 단지 모시듯 언급한 스파르타 입법자 리쿠르고스의 법률을 돌려줄 것이란 뜻이오. 우리는 필리포스의 주둔군이 이아소스와 바르길리아이에서 물러나는 걸 보고자 하오. 그렇다면 한때 그리스의 빛이자 가장 유명했던 두 도시인 아르고스와 스파르타가 그대에게 굴복당한 채로 있는 걸 가만히 놔둘 것 같소? 그런 예속 상태가 그리스의 해방자인 로마 인의 명성을 훼손할 것이 분명하잖소?

하지만 그대는 아르고스 인들이 필리포스의 편을 들지 않았냐고 할 것이오. 그들에게 화를 내는 건 그대가 아니라 우리가 할 테니 그

---

30 펠로프스는 참주 리쿠르고스의 아들이다. 그가 "적법한 스파르타의 왕"인지는 의문의 여지가 있다. 폴리비오스의 『역사』에는 그렇게 부르는 법이 없기 때문이다.

대는 이 문제에서 손을 떼도록 하시오. 그대와 휘하 주둔군이 소환되어 아르고스의 요새로 받아들여졌을 때 그것이 어떠한 공식적인 권한도 없이 이루어졌던 것처럼, 이 문제도 아르고스 전체가 아닌 두 명, 혹은 많아야 세 명이 책임을 져야 할 일이라는 걸 보여주는 결정적인 증거가 우리 손에 있소. 우리는 테살리아 인, 포키스 인, 로크리스 인이 시민 만장일치의 동의로 필리포스의 편을 들었다는 걸 알고 있소. 하지만 그럼에도 불구하고 우리는 그리스의 나머지 국가들처럼 그들을 자유롭게 해주었소. 그렇다면 이 문제에서 공적인 허가를 한 적도 없어 아무런 잘못이 없는 아르고스 인들에게 우리가 어떻게 조처할 거라고 생각하시오? 그대는 노예를 불러들여 자유를 주고 궁핍한 자들에게 땅을 나눠준 그대의 처사를 우리가 비난했다고 지적했소.

하지만 그대와 그대의 지지자들이 차례로 매일 저지르는 악행에 비하면 우리의 비난은 사소한 것일 뿐이오. 방자한 폭정에 대한 진짜 비난을 듣고 싶다면 아르고스나 스파르타에서 자유로운 민회를 열어서 시민들의 말을 들어보시오. 오래전 과거의 모든 악행을 무시한다고 치더라도 그대의 사위인 피타고라스가 내가 뻔히 보는 앞에서 아르고스에 저지른 끔찍한 학살은 대체 무엇이란 말이오? 그리고 내가 스파르타 국경 내부로 거의 들어갔을 때 그대가 저지른 학살도 있지 않았소? 자, 민회에서 모든 시민이 듣고 있는 가운데 구금할 것이라고 선언하고 체포한 이들은 어디로 갔습니까? 그들을 사슬에 묶어 어디 한번 데리고 오라고 해보시오! 자식이 죽었다고 생각하고 애도하고 있는 딱한 부모들에게 자식이 여전히 살아 있으니 오해를 풀라고 어디 한번 말해보시오!

하지만 그대는 이렇게 말할 것이오. '지금 그게 사실이라고 칩시다. 로마 인들이여, 그게 그대들이 간섭할 일입니까?' 이것이 그리스의 해방자들에게 할 대답이오? 바다를 건너 바다와 육지에서 싸워 그리스 도시들의 해방을 달성한 자들에게 할 대답이냐 말이오. 그대는 이렇게 말할 것이오. '아무래도 좋소. 난 로마 인들에게 개인적으로 부당한 일을 한 게 없소. 로마 인과 맺은 우호와 동맹 협정을 위반하지 않았소.'

대체 얼마나 많이 그대가 동맹을 위반했다는 걸 내가 증명해야 하겠소? 하지만 더 이상 장황하게 말할 생각이 없소이다. 모든 문제를 이렇게 요약하도록 하겠소. 우호 관계가 어떻게 훼손되는가? 확실히 알려주는 것으로는 주로 두 가지가 있소.

첫째, 로마 인의 동맹을 적으로 대우한다.

둘째, 로마의 적과 뜻을 함께한다.

그대는 이런 행동을 모두 저질렀소. 메세네는 스파르타와 같은 협정 조건으로 우리와 우호 관계를 맺었소. 우리 동맹인 그대는 무력으로 우리와 동맹 관계인 그 도시를 점령했소. 필리포스는 우리의 적이었지만 그대는 그와 동맹 협상을 했을 뿐만 아니라 그의 지휘관 필로클레스를 통해 인척 관계를 맺기까지 했소. 그리고 그대는 마치 우리와 전쟁이라도 할 것처럼 해적선을 풀어서 말레아 주변 바다를 우리에게 위험한 곳으로 만들지 않았소? 그대는 필리포스보다 더 많은 로마 군인을 붙잡아 죽였소. 사실 우리 군대에 보급품을 전달하는 배들은 말레아 곶보다 마케도니아 해안에서 훨씬 더 안전했소.

그러니 충성이니 협정에 따르는 의무니 하며 시끄럽게 항의하는 건 다 그만둡시다. 이런 웅변은 이제 끝내기로 합시다. 참주처럼, 적처럼 솔직히 말하시오."

33. 이런 집정관의 발언이 끝난 뒤 아리스타이노스는 나비스에게 조언과 간청을 번갈아 하며 가능할 때, 기회가 있을 때 나비스의 신변 안전과 관심사를 한번 생각해보라고 했다. 이어 그는 자신의 권력을 포기하고 신민들에게 자유를 돌려준 뒤 동료 시민들 사이에서 안전하고 더 나아가 명예로운 대우를 받으며 노년을 보내는 인근 공동체의 참주들을 열거하기 시작했다. 이런 상호 간 대화가 오가는 게 끝난 뒤엔 밤이 되어 논의는 중단되었다.

다음날 나비스는 로마 인들이 바란다면 아르고스에서 주둔군과 함께 물러나겠다고 했다. 그는 또한 포로와 탈영병도 돌려보내겠다고 약속했다. 이어 그는 로마 인들이 다른 요구가 있다면 서신으로 받아 친구들과 논의하도록 하겠다고 했다. 이에 따라 참주는 상의할 시간을 허락받았고, 그러는 사이 퀸크티우스도 동맹 지도자들과 로마 인들을 데리고 대책 회의를 열었다.

회의 참가자 대다수는 전쟁을 계속하여 참주 나비스를 제거해야 한다고 생각했다. 그렇지 않으면 그리스의 자유는 결코 보장할 수 없다는 것이었다. 나비스를 상대로 시작한 전쟁을 포기하는 건 아예 시작하지 않느니만 못하다는 것이었다. 또한 그렇게 되면 참주는 폭정을 인정받은 것으로 여기게 되어 로마 인들을 마치 후원자처럼 세우고 부당한 통치를 계속할 것이고, 이런 선례는 다른 공동체들에서 동료 시민의 자유에 대해 음모를 꾸밀 많은 이를 부추길 것이라고도 했다. 로마 사령관은 평화에 더 생각이 기울어져 있었다. 그는 이제 적군이 방어 시설 안으로 밀려났고, 그렇다면 이제 포위만 남았는데 그 포위도 무척 오랜 시간이 걸릴 것이라고 했다. 그들은 기테움(이 도시는 점령된 게 아니라 항복한 것이었다)과는 비교가 안 되는, 병력과 군비가 어마어마한 스파르타를 공격해야 하는 것이었다. 또한 그는 로마 인들이 병력을 이끌고 나아갔을 때 스파르타 인들 사이에서 내분이 일어났더라면 성공할 가능성이 있었겠지만, 로마 군의 깃발이 거의 도시 성문까지 나아갔는데도 도시 내부에선 아무도 움직이지 않았음을 상기시켰다.

여기에 더해 그는 안티오코스 왕에게 갔던 사절들 중 하나인 빌리우스가 안티오코스와의 강화는 믿을 수 없다는 뜻을 밝혔고, 왕이 이전보다 훨씬 큰 규모의 육군과 해군을 이끌고 유럽으로 건너왔다는 보고가 들어왔다고 말했다. 퀸크티우스는, 병력이 스파르타 포위에 완전히 묶여 있으면 그렇게 강력한 왕을 상대로 전쟁을 수행할 수 있을 것 같은지를 물었다. 그는 이런 뜻을 공개적으로 밝혔지만, 그의 주장 이면에는 감히 입 밖으로 낼 수 없던 불안감이 도사리고 있었다. 그는 새로운 집정관이 추첨을 통해 그리스 지휘권을 넘겨받는 상황이 올까 불안해했다. 그렇게 되면 그는 지금껏 노력만 열심히 하고 후임자에게 자신이 시작했던 전쟁의 승리를 넘겨주는 꼴이 될 것이었다.

34. 퀸크티우스는 동맹들에게 자신의 주장이 전혀 효과가 없다는 걸 알고 그들의 의견에 넘어가는 척하며 자신의 계획에 동의하도록 유도하려 했다. 그는 이렇게 말했다.

“그것이 여러분의 결정이니 스파르타를 포위하도록 합시다. 하늘의 신들께서 우리의 작전을 성공하게 하시기를! 하지만 이 점은 분명히 합시다. 스파르타를 포위하는 건 여러분도 잘 아시겠지만 정말 오랜 시간이 걸리는 일입니다. 이런 상황에선 포위된 자들의 결의보다 포위하는 자들의 인내심이 훨씬 더 빨리 닳아 버립니다. 여러분은 이제 스파르타 성벽 주변에서 겨울을 보내야 할 전망에 직면해야 합니다. 이런 지연이 단순히 고난과 위험을 뜻한다면 저는 여러분에게 심신 양면으로 단호히 준비하라고 촉구하면 됩니다. 하지만 사실 이런 포위는 엄청난 비용이 들기도 합니다. 이런 규모의 도시를 공격하는 데 필요한 공성 보루, 공성 도구, 투석기, 그리고 우리와 여러분이 겨울을 보내는 데 필요한 보급품을 한번 생각해 보십시오. 따라서 갑작스러운 공황이나 막 시작한 작전을 굴욕적으로 포기하는 일을 배제하고자 여러분에게 각자의 도시에 서신을 보낼 것을 제안합니다. 이번 일에 대한 각 도시의 의향, 그리고 전력을 미리 알아야 하기 때문입니다. 저는 병력이 충분하길 바랍니다. 하지만 수가 더 많을수록 보급품은 더 많이 필요할 겁니다. 적 지역은 헐벗은 땅 말고 우리에게 어떤 것도 제공하지 않습니다. 게다가 겨울이 임박했으니 장거리 수송도 어려움이 따를 겁니다."

로마 사령관의 이 말은 처음으로 모든 동맹들에게 고국이 겪을 특별한 어려움을 생각하도록 만들었다. 고향에 머무르는 자들이 군복무자들을 향해 보이는 타성, 질투, 경멸, 합의를 가로막는 자유, 나라의 가난, 개인 부담을 꺼리는 인색함 등이 그들의 머릿속에 떠올랐다. 그 결과 그들의 태도엔 갑작스러운 변화가 왔으며, 이에 그들은 로마 사령관에게 로마 인들과 그들의 동맹들에 가장 좋다고 생각되는 행동을 취할 권한을 부여했다.

35. 퀸크티우스는 이어 참모 장교들과 천인대장들만 회의에 참석시켜 다음과 같이 참주에게 제시할 강화 조건을 작성했다.

1. 나비스와 로마 인, 에우메네스 왕, 로도스 인은 6개월의 휴전 기간을 갖는다.

2. 티투스 퀸크티우스와 나비스는 곧장 사절단을 로마로 보내 원로원 허가로 강화가 확정될 수 있도록 한다.

3. 휴전은 강화 조건이 나비스에게 전달된 날부터 시작되며, 그로부터 열흘 뒤에 아르고스와 아르고스 영토에 있는 다른 도시들에서 모든 나비스 주둔군이 물러난다. 그런 곳은 전부 로마 인들에게 이양되어야 하며, 외국 군대가 없고 어떠한 규제도 없어야 한다. 나비스에게 속하건,[31] 국가에 속하건, 개인에게 속하건 관계없이 모든 노예는 그 도시에서 이동시키면 안 된다. 이전에 이동된 노예는 모두 정당한 권리를 지닌 주인에게 반환해야 한다.

4. 나비스는 해안 도시들에서 징발한 모든 배를 돌려줘야 한다. 그는 두 척의 소형 범선 외엔 어떠한 배도 보유할 수 없으며, 소형 범선은 추진하는 노가 16개 이상일 수 없다.

5. 나비스는 로마 인들과 동맹인 모든 도시의 피난민과 포로를 돌려줘야 한다. 메세네 인들에겐 찾아낼 수 있고 주인이 확인된 모든 재산을 돌려줘야 한다.

6. 나비스는 또한 스파르타 추방자들에게 자식들을 돌려주고, 남편을 기꺼이 따르고자 하는 아내 역시 돌려준다. 하지만 아내의 뜻에 거슬러 아내가 추방된 남편에게 돌아가는 일이 있어선 안 된다.

7. 조국이나 로마 인들에게 탈주한 나비스의 용병들이 소유한 재산은 전부 되돌려주어야 한다.

8. 나비스는 크레타의 어떠한 도시든 지배해서는 안 된다. 장악하고 있는 도시는 전부 로마 인들에게 이양한다.

9. 나비스는 크레타 섬의 어떠한 민족과도, 혹은 어떠한 다른 민족과도 동맹을 맺어서는 안 되며, 그들과 함께 전쟁을 수행해서도 안

---

31 아르고스에서 나비스의 왕실 업무에 종사하는 아르고스 노예들.

된다.

10. 나비스는 반환한 모든 도시, 그리고 로마 인들의 지배와 보호를 받고 목숨과 재산을 지키던 모든 도시에서 한 명도 빠짐없이 주둔군을 철수시켜야 한다. 나비스는 본인 자신은 물론이고 지지자들이 그들에게 접근하지 않게 해야 한다.

11. 나비스는 자신의 영토는 물론 다른 나라의 영토에 방어 시설을 갖춘 도시나 성벽을 두른 정착지를 설립해선 안 된다.

12. 이러한 조건의 이행을 보장하고자 나비스는 다섯 명의 인질을 제공한다. 이 인질들은 로마 사령관의 승인을 받아야 하고, 반드시 참주의 아들을 포함해야 한다. 나비스는 즉시 은 1백 탈렌트를 배상금으로 지급하고, 향후 8년 동안 매년 은 50탈렌트를 납부해야 한다.

36. 이런 강화 조항이 스파르타로 전달되었고, 로마 군 진지는 이제 도시에 더 가까운 곳에 세워졌다. 참주는 그 어떤 조항도 받아들이기 어려웠다. 단지 자신의 예상과는 반대로 추방자 반환에 관한 언급이 전혀 없다는 사실 정도만 만족스러웠다. 하지만 가장 불쾌한 조항은 그에게 배와 해안 도시들을 빼앗는 것이었다. 바다는 그에게 실제로 엄청난 이득을 주고 있었다. 말레아 곶에서 그는 해적선들을 풀어서 모든 해안에 지속적인 위협을 가했고, 뿐만 아니라 그는 최고의 자질을 지닌 해안 도시들의 전사들을 군인으로 공급받기도 했다.

나비스는 이런 강화 조항들을 측근들과 밀담하면서 논의했지만, 이 밀담 내용은 세간 사람들의 입에 널리 오르내렸다. 왜냐하면 왕궁 조신(朝臣)들의 성품은 비밀 엄수를 포함한 신뢰 문제에서 늘 믿을 수 있는 건 아니었기 때문이다. 스파르타 인들은 강화 조약 전체에 대해서 비판하기보다는 그들의 개인적 이해에 영향을 미치는 조약에 대하여 극렬하게 반대했다. 추방자의 아내와 결혼하거나 추방자의 재산을 소유한 이들은 당연히 돌려줘야 할 것을 돌려준다기보다 기존의 재산을 강탈당하는 것이라고 생각하여 크게 분노했다. 참주 덕분에 해방된 노예들은 허락받은 자유가 무가치한 환상에 불과할 뿐만 아니라 이전보다 더욱 끔찍한 예속 상태에 빠져들 것임을 깨닫게 되었다. 노예를 빼앗겨 분개한 주인들에게로 되돌아가는 것이기 때문이었다. 용병들은 군공으로 얻은 보상이 강화를 맺으면 줄어들 것이고, 참주뿐만 아니라 자신들도 참주의 수족이라고 여기며 적대시하는 조국에 돌아갈 수 없었고, 그리하여 강한 분노를 억누르지 못했다.

37. 처음에 이런 불평은 삼삼오오 모여서 그들끼리 나직이 중얼거리는 수군거림으로 시작되었으나, 곧 솟구치는 분노를 참지 못하고 갑작스럽게 무기를 들고 나서게 되었다. 이런 소동을 통해 백성들도 분한 마음을 참지 못하는 걸 깨달은 참주는 명령을 내려 민회를 소집하게 했다. 그는 민회에서 로마 인들의 요구를 설명하면서 몇몇 조항은 실제보다 더욱 부담스럽고 모욕적으로 왜곡하여 보고했다. 각 조항이 알려질 때마다 분노에 찬 함성이 일어났는데, 때로는 민회 전체가, 때로는 일부 구역에서 그런 들썩거리는 소리가 났다.

참주는 백성들에게 로마 인들에게 어떤 답을 들려주길 원하는지, 그들은 어떻게 행동하고 싶은지를 물었다. 백성들은 거의 한 목소리로 아무 답변도 주지 말고 전쟁을 하자고 외쳤다. 군중이 모이면 흔히 그렇듯 몇몇 주도적인 개인들의 외치는 소리가 들렸다. 그들은 "절대 용기를 잃지 마십시오!"나 "절대 희망을 버리지 마십시오!"라는 충고를 하거나, 아니면 "운명은 용감한 자를 도와줍니다!" 같은 장담을 하기도 했다.

이런 외침에 고무된 참주 나비스는 장차 안티오코스 왕과 아이톨리아 인들의 도움을 받을 것이며 로마 군의 포위를 버티기에 충분한 자원이 있다고 선언했다. 강화 조약이라는 개념은 아예 스파르타 인들의 생각에서 사라졌고, 그들은 더는 분노를 자제할 수 없어 맡은 근무 구역으로 달려갔다. 소수의 척후병이 출격하고 투척 무기가 날아오는 것을 통해 로마 인들은 전쟁이 계속될 수밖에 없음을 알게 되었다. 처음 나흘 동안은 승부가 나지 않는 가벼운 교전만이 있었다. 다섯째 되는 날 사실상 정규전이라고 할 전투가 일어났고, 스파르타 인들은 공황 상태에 빠져 도시로 밀려났다. 로마 군 일부는 도망치는 적을 마구 공격하다 성벽(그 당시에 존재했으나 예전에 없었음)의 틈새를 통해 도시로 들어갔다.

38. 퀸크티우스는 이런 충격 요법을 써서 적의 충동적인 출격을 효과적으로 억제했다. 하지만 그는 도시를 봉쇄하는 것밖에 방법이 없다고 판단했고, 그에 따라 전령을 보내 기테움에서 선원들을 불러들였다. 그러는 사이 그는 천인대장들과 함께 성벽 주변을 돌며 도시의 지형을 정찰했다. 예전 스파르타엔 성벽이 없었다.[32] 참주들이 최근 접근하기 쉽고 평평한 곳에 성벽을 세운 것이었다. 높고 접근이 힘든 곳은 방어 시설 대신에 경계 중인 군인들이 지키고 있었다. 모든 위치를 충분히 검토한 로마 사령관은 원형 전열로 공격해야겠다고 판단했다. 그리하여 그는 전군을 이끌고 도시를 포위했다. 로마 군과 동맹군을 합하면 약 5만 명으로서, 육군과 해군, 보병과 기병을 모두 합친 숫자였다. 일부는 사다리를, 다른 일부는 불을 붙이기 위한 가연성 재료를, 또 다른 일부는 도시를 공격하고 공포를 일으킬

32 스파르타는 기원전 4세기까지 성을 방어하는 성벽을 짓지 않은 것으로 유명하다.

온갖 도구를 가져왔다. 그는 전군에 함성을 울리고 사방에서 성벽을 공격하라고 지시했다. 그렇게 해야 스파르타 인들이 전반적인 공황 상태에 빠져 어디부터 적을 상대해야 할지, 어디에 지원군을 보내야 할지 당황하여 판단을 내리지 못하고 우왕좌왕할 것이기 때문이었다.

퀸크티우스는 주력 부대를 셋으로 나눴다. 한 부대는 포이베움 지역을 공격하게 했고, 두 번째 부대는 딕틴네움을, 세 번째 부대는 헵타고니아이를 공격하게 했다. 이 모든 곳은 성벽 없이 그대로 외부에 노출되어 있었다. 도시가 사방에서 포위를 받고 위협을 받게 되자 참주는 처음엔 공황에 빠진 보고나 갑작스러운 적의 함성에 대응하여 가장 심각하게 압박을 받는 곳에 직접 개입하거나 지원을 보냈다. 하지만 이후 공황이 모든 곳으로 퍼지자 나비스는 공포로 마비되어 필요한 명령을 내리거나 필요한 정보를 들을 수조차 없게 되었다. 그는 판단력이 사라졌을 뿐만 아니라 실상 제정신인지도 의문스러운 상태였다.

39. 스파르타 인들은 우선 비좁은 접근로로 공격하는 로마 인들에게 저항했다. 세 개로 나뉜 로마 군 부대는 동시에 서로 다른 장소에서 교전했다. 하지만 이후 전투가 격화되자 상황은 전혀 동등하지 않았다. 스파르타 인들은 투척 무기로 싸웠지만, 로마 군인들은 소지하고 있는 커다란 방패 덕분에 그런 무기로부터 몸을 보호하는 데 거의 어려움이 없었다. 이외에도 던져진 많은 창이 목표를 맞추지 못했고, 맞았다고 하더라도 영향이 미미했다. 공간이 제한적이고 병력이 한가득 모여 있어 스파르타 인들은 창을 던지기 전에 달려올 공간이 없었고, 그래서 던지는 창엔 속력이 붙지 않았다. 실제로 그들은 견고하게 투척할 수 있는 자세를 취할 공간도 찾을 수 없었다. 그 결과 던

진 창은 그 어떤 것도 로마 인들의 몸을 정확히 맞추지 못했고, 그나마 명중한 몇 안 되는 창도 방패에 가로막혔다. 로마 인 일부는 양쪽 측면의 고지를 점령한 적의 공격에 부상을 입었다. 로마 군은 진군하면서 이내 창이나 집 지붕에서 던지는 기와를 미리 예상하지 못하여 맞게 되었다. 곧 그들은 방패를 머리 위로 올렸고, 아무렇게나 던진 무기나 적의 근거리 창 공격을 막아내기 위해 대열의 공간을 좁혀서 밀착했다. 이렇게 거북이 대형을 형성하고 로마 군은 계속 앞으로 나아갔다.

처음에 로마 인들은 비좁은 통로 때문에 지체되었는데, 아군이나 적이 그곳에 갑자기 몰렸기 때문이었다. 하지만 로마 인들이 치열하게 싸우며 도시의 더 넓은 거리로 나아가자 점차 적은 뒤로 밀려났고, 이제 더는 로마 군의 강력한 공세를 버텨내지 못하게 되었다. 스파르타 인들은 고지를 찾아 도망쳤고, 나비스는 마치 도시가 이미 점령되기라도 한 것처럼 잔뜩 겁에 질려 도망칠 길을 찾아 돌아다녔다. 하지만 피타고라스는 사령관답게 용기를 내어 모든 면에서 지휘관에 걸맞은 일을 수행했다. 도시가 점령을 모면할 수 있었던 건 모두 그의 활약 덕분이었다. 그는 명령을 내려 성벽 근처에 있는 건물들을 모조리 불태우게 했다. 건물들은 바로 불길에 휩싸였고, 평소라면 어떻게든 불을 껐을 법한 자들의 부추기는 노력으로 불길은 더 커졌다. 무너지기 시작한 지붕이 로마 인들에게 떨어졌고, 기와 조각 외에 절반은 불탄 들보가 로마 병사들을 덮쳤다. 연기는 실제로 가하는 위험보다 더욱 큰 불안감을 안겼다. 그 결과 당시 최대한 공세를 가하던 도시 밖의 로마 인들은 성벽에서 물러났고, 이미 성벽 안으로 들어온 장병들은 뒤에서 불붙은 화재로 아군과 합류하지 못할 것을 우려해 물러났다. 이런 상황을 살펴본 퀸크티우스는 퇴각 나팔을 울리라고 지시했다. 그렇게 도시가 점령 직전까지 갔을 때 로마 인들은 물러나 진지로 돌아갔다.

40. 퀸크티우스는 실제로 거둔 성과보다 적의 공황에 더욱 큰 기대를 걸었다. 이어지는 사흘 동안 그는 때로는 공격으로, 때로는 공성 도구로, 때로는 몇몇 장소를 봉쇄하여 탈출로를 막는 방법으로 스파르타 인들을 괴롭혀 겁에 질리게 했다. 이런 위협을 버티지 못한 참주는 피타고라스를 한 번 더 보내 자신의 뜻을 전했다. 처음에 퀸크티우스는 경멸을 감추지 않고 그를 진지에서 돌려보냈지만, 나중에 피타고라스가 탄원자처럼 그의 앞에 몸을 내던지고 간청하자 마침내 그의 말을 들어보기로 했다. 간청은 전적으로 로마 인들의 뜻에 따라 항복하겠다는 말로 시작했지만, 별로 효과가 없었다. 나비스의 제안이 믿을 수 없고 이행할 수 없는 것으로 간주되었기 때문이었다.

하지만 협상이 계속 진행되었고, 며칠 전 로마 인들이 전달한 강화 조건들을 참주가 받아들이는 것으로 휴전이 결정되었다. 이에 로마 인들은 돈과 인질을 받았다.

참주가 포위되는 동안 아르고스 인들은 스파르타가 금방이라도 점령될 것 같다는 보고를 연달아 받아서 용기를 내게 되었다. 더욱이 피타고라스가 떠날 때 주둔군에서 가장 강력한 부대를 데려갔으므로 이런 믿음에는 더욱 힘이 실렸다. 그들은 아르키파스라는 자가 이끄는 얼마 남지 않은 요새 주둔군을 대단치 않다고 생각하여 곧바로 요새에서 쫓아냈다. 요새를 지키던 펠레네의 티모크라테스는 관대한 지휘권을 행사했기에 안전하게 도시를 떠나는 게 허락되었다. 이어 시민들이 기뻐하는 동안 퀸크티우스가 현장에 나타났다. 그는 이제 참주에게 강화를 승인했고, 에우메네스 왕과 로도스 인을 스파르타에서 떠날 수 있게 했다. 로마 사령관의 동생인 루키우스는 함대로 돌아갔다.

41. 아르고스 시민들은 이런 기쁜 시기에 로마 군과 사령관이 도착하자 전쟁으로 제때 치르지 못했던 네메아 운동 제전을 기념하려고 준비에 나섰다. 또한 그들은 퀸크티우스를 제전의 의장으로 지명했다. 이 유명한 제전은 모든 게임들 중에서도 가장 유명했다. 기쁨을 누리는 그들의 잔엔 많은 것들이 채워졌다. 최근엔 피타고라스에 의해, 그 전엔 나비스에 의해 끌려간 동료 시민들이 스파르타에서 돌아왔다. 피타고라스에게 음모를 발각당하고 학살이 시작된 이후 도망친 시민들도 돌아왔다. 오랜 고난 이후 자유가 돌아왔다는 걸 깨닫게 된 시민들은 자유의 투사인 로마 인들을 우러러 봤다. 로마 인들은 그들을 위해 참주와의 전쟁에 나섰다. 아르고스 인들의 자유는 실제로 네메아 제전 당일 전령관의 선포를 통해 보장되었다.

아카이아 인들 이야기를 하자면, 아르고스가 회복된 일로 아카이아 의회는 무척 기뻐했지만, 여전히 스파르타는 참주에게 예속되었고, 그가 가까이에 있다는 사실로 온전하게 기뻐할 수는 없었다. 아이톨리아 인들은 그들의 의회에서 합의를 맹비난했다. 그들은 필리포스가 그리스의 모든 도시에서 물러날 때까지 그와의 전쟁이 끝난 게 아니라고 말했다. 그들은 더욱이 스파르타는 여전히 참주의 손에 있으며, 로마 군 진지에 있긴 하지만 정당한 왕[33]이 아직도 추방자로 살고 있고, 다른 고위층 시민들도 마찬가지 상태 아니냐고 꼬집었다. 그들은 로마 인들이 나비스와 그가 저지르는 폭정의 앞잡이 노릇을 하고 있다고 비꼬았다.

---

33 스파르타의 아게시폴리스를 가리킨다.

퀸크티우스는 이어 로마 군을 스파르타 전쟁을 시작했던 기지에서 엘라티아로 퇴각시켰다.

(어떤 역사적 기록에 따르면 참주 나비스는 도시에서 출격하는 전술을 사용하지 않았다고 한다. 해당 기록은 그가 로마 인을 마주보는 진지를 세웠으며, 아이톨리아 인들의 지원을 오래 기다렸지만, 결국 오지 않아 어쩔 수 없이 지원의 기대를 접고서 로마 인들이 그의 식량 징발대를 공격할 때 회전을 벌이게 되었다고 서술했다. 이 전투에서 패배하여 그는 진지를 잃고 강화를 요청했으며, 1만 4천 명 이상이 죽고 4천 명이 붙잡혔다는 것이다.)[34]

* * *

[기원전 194년의 집정관 : 코르넬리우스 스키피오 아프리카누스, 티베리우스 셈프로니우스 롱구스]

46. 갈리아로 나간 집정관 대리 루키우스 발레리우스 플라쿠스는 밀라노 근처에서 인수브레스 갈리아 인과 보이이 인들을 상대로 회

34 리비우스는 여기에서 그가 참고한 여러 역사서들을 이름을 거명하지 않은 채 내용만 전하고 있다. 리비우스보다 선배인 기원전 2세기의 로마 역사가는 파비우스 픽토르와 킨키우스 알리멘투스가 있다. 이들은 원로원 의원이었고 한니발과 동시대인이었다. 그리고 기원전 160년에 카토가 쓴『초기 로마사』가 있는데, 이 책은 리비우스가 제목을 언급하고 있다(34.5). 그리고 리비우스는 투릴리우스 루푸스와 폴리비오스를 인용했다. 또 리비우스 이전에 활약했던 선배 로마 역사가로는 카시우스 헤미나와 칼푸르니우스 피소가 있다. 그 밖에 클라우디우스 콰드리가리우스와 발레리우스 안티아스가 있다. 이러한 로마 역사가들의 저술은 후대의 저술가(주로 리비우스)에 의해 짧게 인용된 것 이외에 전해지지 않는다. 그러나 폴리비오스의『역사』는 상당 부분 전해지는데, 총 40권으로 구성되었으나 그 중에서 첫 1-5권만 완전하게 전해지고 나머지 권들은 상당히 남아 있는 채로 혹은 파편적인 상태로 전해진다.

전을 벌여 승리했다. 도루라투스의 지휘를 받은 보이이 인들은 인수브레스 인들에게 반란을 사주하려고 포 강을 건너 왔었다. 이 전투로 1만 명의 적이 죽었다. 동시에 그의 동료 집정관 마르쿠스 포르키우스 카토는 스페인에서의 공적 덕분에 로마에서 개선식을 열었다. 가공되지 않은 은 2만 5천 파운드, 은화 12만 3천 개, 오스카 은화 54만 개, 그리고 황금 1천 4백 파운드가 개선식 행렬에서 등장했다. 카토는 그 전리품에서 보병들에게 각자 270아스를 주었고, 기병에겐 그 3배를 주었다.

집정관 티베리우스 셈프로니우스는 임지로 떠나 우선 자신의 군단들을 보이이 인들의 영토로 인솔했다. 당시 보이이 인들의 족장 보이오릭스는 자신의 두 형제와 함께 모든 부족원이 반란을 일으키도록 사주했고, 탁 트인 지역에 진을 세워 자국 영토에 적이 침공하면 바로 나서서 싸울 뜻을 분명하게 밝혔다. 집정관은 적군의 규모와 대단한 자신감을 파악하고 동료 집정관에게 전언을 보내 가능하다면 서둘러 도착하여 합류해 줄 것을 요청했다. 셈프로니우스는 동료 집정관에게 그가 올 때까지 전투를 피하면서 시간을 끌겠다고 말했다. 집정관의 지연 전술을 본 갈리아 인들은 그런 주저함을 보고 사기가 높아졌고, 동시에 두 집정관의 군대가 뭉치기 전에 결판을 내고자 서둘러 전투를 치르려 했다.

하지만 적은 이틀 동안 그저 공격을 기다리며 싸울 준비만 했다. 셋째 날 그들은 요새로 와서 사방에서 동시에 로마 군 진지를 공격했다. 집정관은 즉시 휘하 장병들에게 무기를 들게 했다. 이어 그는 적의 자만심을 더욱 부추기고자 잠시 동안 병사들에게 무기를 들고 대기하라고 지시했다. 그러면서 로마 군 병사들을 여러 문에 배치하여 출격할 수 있도록 조치했다. 두 군단은 곧이어 집정관의 명령을 받고 진지의 정문들을 통해 공격에 나섰다. 하지만 사실상 출구가 없었다. 갈리아 인들이 빽빽하게 늘어서서 길을 완전 봉쇄한 상태였다. 이런 제한된 장소에서 오랫동안 전투가 격화되었고, 교전은 팔과 칼로 하는 싸움이라기보다 방패와 몸으로 하는 싸움이 되어버렸다. 양군의 병사들은 온 힘을 다해 압박을 가했다.

로마 군 병사들은 군기와 함께 밖으로 뚫고 나아가려고 애쓰는 반면 갈리아 인들은 진지로 뚫고 들어가려고 하거나 아니면 로마 인들이 진지에서 나오지 못하도록 막고 있었다. 사실 양군은 어느 쪽도 우세하지 않았는데, 이때 2군단의 선임 백인대장 퀸투스 빅토리우스와 4군단의 천인대장 가이우스 아티니우스가 치열한 접전에서 흔히 사용되는 방식을 써서 상황을 바꾸어 놓았다. 그들은 기수에게서 군기를 낚아채고 적진으로 던졌고, 2군단 장병들은 군기를 도로 찾아오겠다는 투지에 성문을 통해 먼저 적에게 달려들었다.

47. 이제 양군은 누벽 밖에서 싸우고 있었는데, 4군단은 여전히 문에서 움직이지 못했다. 그러던 때 또 다른 소란이 진지 반대편에서 일어났다. 갈리아 인들이 재무관 막사 뒤에 있는 포르타 콰이스토리아, 즉 진지 후방 문을 돌파한 것이었다. 완강하게 저항하던 재무관 마르쿠스 포스투미우스 팀파누스는 전사했고, 동맹군 지휘관 마르쿠스 아티니우스와 푸블리우스 셈프로니우스가 그들의 병사 약 2백 명과 함께 전사했다. 그쪽의 진지는 그렇게 적에게 장악되었는데, 집정관은 '특별한' 보병대 중 하나를 보내 포르타 콰이스토리아를 지키게 했고, 그들은 누벽 내부의 갈리아 인들 일부를 죽이고 나머지를 진지 밖으로 밀어냈으며, 진지로 밀고 들어오려는 적군 병사들을 봉쇄했다. 거의 동시에 4군단은 휘하 2개 '특별' 보병대와 함께 출입문을 돌파했다.

이렇게 하여 진지 주변 각기 다른 곳에서 세 개의 전투가 동시에 격화되었고, 혼란스러운 외침을 들은 병사들은 진행 중인 전투에 온전히 집중하지 못하고 전우들의 불명확한 운명에 신경을 쓰게 되었다. 전투는 한낮까지 계속되었고, 양쪽의 전력은 동등했으며 승리할 가망도 비슷했다. 하지만 더위에 지친 갈리아 인들은 전투를 중단할 수밖에 없었다. 그들은 육체적으로 무르고 체력이 부족하여 목마름을 잘 견뎌내지 못했다. 그러자 로마 인들은 현장에 남아 있는 소수의 적에게 돌진하여 그들을 몰아냈고, 패주하는 적들을 진지까지 추격했다. 이후 집정관은 퇴각 나팔을 울리게 했다. 이에 대다수가 물러났지만, 일부 로마 군 병사들은 투지에 불타 적 진지를 점령하려고 계속 압박을 가했다. 소수에 불과했지만 갈리아 인들은 한 몸처럼 움직이며 진지에서 나와 적극적으로 대응했다. 그러자 로마 인들은 패주했고, 앞서 집정관의 지시에 따라 물러났어야 마땅한 진지로 공황에 빠진 상태로 돌아왔다. 이렇게 하여 양군은 번갈아가며 승리와 패배를 겪었다. 하지만 갈리아 인들은 약 1만 1천 명을, 로마 인은 5천 명을 잃었다. 갈리아 인들은 이어 그들의 영토 깊숙한 곳으로 물러났고, 그러는 사이 집정관은 휘하 군단들을 이끌고 플라켄티아로 진군했다.

48. 몇몇 역사가에 따르면 스키피오는 동료와 합류하여 보이이 인들과 리구리아 인들의 영토를 횡단했고, 숲과 습지를 거쳐 최대한 나아갈 수 있는 곳까지 나아가며 약탈을 병행했다고 기록했다. 다른 역사가들은 스키피오가 이렇다 할 업적은 이루지 못한 채 다가오는 집정관 선거를 주재하고자 로마로 돌아왔다고 했다.

같은 해(기원전 194년) 티투스 퀸크티우스는 월동 진지를 세운 엘라티아에서 겨울을 보냈다. 그는 겨울 내내 필리포스와 그의 지휘관들이 그리스 도시들에 부과한 독단적인 합의를 바꾸어가며 공정하게 법을 집행했다. 예전에 필리포스 파벌의 권력이 강해서 시민들의 권리와 자유를 크게 축소해 놓았기 때문이었다. 봄이 시작될 때 그는 자신이 코린토스에서 개최한 회의에 참석했는데, 그곳에서 공청회 방식으로 자신의 주변에 모인 모든 공동체의 사절단에게 자신의 뜻을 전했다. 그는 로마 인과 그리스 인 사이에 맺어진 첫 우호 동맹 제도를 언급하는 것으로 시작했고, 마케도니아에서 지휘를 맡은 전임자들의 업적과 자신의 업적을 상기시켰다. 사절들은 이의 같은 건 전혀 없이 퀸크티우스의 말을 수긍했지만, 나비스에 관한 언급은 예외였다. 그리스의 해방자가 시민들에게 압제적이고 이웃의 모든 국가에 위협이 되는 참주를 명성 높은 국가의 통치자로 생각하며 그대로 내버려둔다는 건 부당한 일이라는 것이었다.

49. 퀸크티우스는 이 문제에 대하여 그리스 인들이 어떤 생각을 하는지 잘 알고 있었다. 그는 스파르타를 파괴하지 않고 온전히 점령하는 게 가능했더라면 참주와의 강화 제안은 귓등으로도 듣지 않았을 것이라고 대답했다. 당시 사정으로 그리스에서 가장 중요한 도시를 폐허로 만들지 않는 한 참주 나비스를 무너뜨릴 수 없었다고 해명했다. 따라서 자유를 다시 세우는 과정에서 아주 폭력적인 해결책을 적용하여 도시를 파괴하는 것보다는 다른 사람들에게 피해를 입히지 못하도록 거의 모든 권한을 나비스에게서 빼앗은 채 참주를 그 자리에 놔두는 게 더 나았다고 말했다.

이렇게 과거의 일을 검토한 그는 휘하 전 병력과 함께 이탈리아로 물러나겠다는 뜻을 밝혔다. 또 열흘 안에 그리스 인들이 데메트리아스와 칼키스에서 주둔군이 물러났다는 소식을 듣게 될 거라고 했다.

퀸크티우스는 그리스 인들이 보는 앞에서 아크로코린토스를 외세의 군대가 없는 상태로 아카이아 인들에게 이양하겠다고 약속했다. 그렇게 되면 자유의 대의가 로마 인들에게 잘못 맡겨졌다는 둥, 그리스 인들은 그저 주인을 마케도니아 인에서 로마 인으로 바꾼 것에 불과하다는 둥, 온갖 중상을 퍼뜨리는 아이톨리아 인의 말과 로마의 관습 중 어느 쪽이 거짓말을 하는지 분명하게 밝혀질 것이라고 했다. 로마 사령관은 아이톨리아 인들은 그들의 말과 행동을 지키지 않는 사람들이라고 지적하면서, 다른 그리스 국가들은 말보다는 행동으로 우방을 판단하라고 조언했다. 또한 누구를 믿고 누구를 주의해야 할지 분별력 있게 판단해야 한다고 말했다.

퀸크티우스는 조심스럽게 자유를 활용할 것을 당부했고, 적절히 통제가 되는 자유는 개인과 공동체에 이로우며, 과도한 자유는 다른 이들에게 골칫거리이며 그것을 누리는 자들이 무모하고 미숙하게 행동하는 원인이 된다고 경고했다. 또 지도자와 사회 계층이 서로 조화를 이룰 것을 요청했고, 모든 도시가 통합을 관심사로 서로 상의를 해달라고 호소했다. 통일된 목적(자유)을 가진 시민들을 상대로는 그 어떤 왕도, 참주도 승리할 수 없다는 게 그의 말이었다. 또한 내분은 음모를 꾸미는 자들에게 무한한 기회를 주며, 그런 일이 벌어지는 것은 국내 분쟁에서 패배한 파벌이 동료 시민보다는 외세에 의지하려 들기 때문이라고 지적했다. 로마 사령관은, 다른 나라의 무력과 신의를 통해 자유를 어렵게 회복한 그리스 인들이 주의 깊게 자유를 보존하여, 로마 인들이 적합한 자들에게 자유를 돌려주었고, 또 선물을 잘 주었다는 확신이 들 수 있게 해달라고 하며 발언을 마쳤다.

50. 사절들은 이런 말을 마치 아버지가 하는 말처럼 들었고, 모두가 기쁨의 눈물을 흘렸다. 실제로 이 말을 하는 로마 사령관도 저도

모르게 눈물이 나와 잠시 당황했다. 잠시 목소리들의 웅얼거림이 들려왔다. 그 연설을 들은 자들이 연설을 칭찬하며 마치 하늘에서 내려온 신탁이기라도 한 것처럼 가슴에 담아두어야 한다고 촉구하는 것이었다. 다시 좌중에 정적이 찾아오자 퀸크티우스는 청중에게, 그들의 공동체에 노예가 된 로마 시민이 있다면 두 달 안으로 찾아 테살리아에 있는 자신에게 보내달라고 했다. 그는 자유를 되찾은 땅에서 해방자들이 노예가 되어 있는 건 그들에게도 수치스러운 일이라고 했다. 사절들은, 다른 일들도 무척 감사하지만 그런 개인적이고 구속력 있는 의무를 완수할 것을 상기시켜준 데에 대해 로마 사령관에게 특히 감사하다고 소리쳤다.

카르타고와의 전쟁 때 몸값을 내지 않은 로마 인들은 한니발에 의해 그리스에 팔려갔고, 그런 노예들이 무척 많았다. 역사가 폴리비오스는 이런 노예가 많았다는 증거를 글로 남겼는데, 아카이아 인들은 로마 인 노예 해방을 처리하면서 100탈렌트를 썼다고 했다. 이는 한 사람당 주인에게 500데나리우스만 일시불로 보상하기로 하고서 정해진 금액이었다. 이로 미루어 볼 때 아카이아는 로마 인 노예를 1천2백 명을 데리고 있었다. 이 수치에 비례하여 계산하면 그리스 전역에 있던 로마 인 노예의 숫자를 계산할 수 있을 것이다.[35]

회의가 아직 해산되지 않았을 때 아크로코린토스에서 주둔군이 내려오는 모습이 참석자들의 눈에 띄었고, 로마 군은 곧장 성문으로 나아가 떠났다. 로마 사령관도 이 대열을 따랐고, 모든 사절이 한 무

35 서기 1세기 로마 작가인 발레리우스 막시무스의 『기억할 만한 행동과 발언』에 의하면 플라미니누스의 개선식 때 2천 명의 해방된 로마 인이 "자유의 모자를 쓰고서" 함께 행군했다고 한다. 그러나 이 수치는 검증된 것이 아니다.

리를 지어 그를 수행했다. 그들은 퀸크티우스를 수호자이자 해방자로 칭송했다. 이어 그는 정중하게 사절들에게 작별을 고하고 그들을 해산시켰다. 집정관은 이어서 왔던 길을 따라 엘라티아로 돌아갔다.

엘라티아에서 퀸크티우스는 부장 아피우스 클라우디우스에게 전 병력을 주어 테살리아와 에피로스를 따라 진군하여 오리쿰으로 나아가라는 명령을 내렸다. 그곳에서 그는 총사령관을 기다릴 것이었고, 로마 군은 그곳에서 이탈리아로 나아갈 것이었다. 퀸크티우스는 또한 부장이자 함대 지휘관인 동생 루키우스 퀸크티우스에게 서신을 보내 그리스 모든 해안에서 수송선을 모아 오리쿰으로 이동시키라고 했다.

51. 로마 사령관은 이어 칼키스로 나아갔고, 그곳에서 칼키스는 물론 오레오스와 에레트리아의 주둔군을 철수시킨 뒤에 에우보이아의 모든 나라 대표를 모아 회의를 개최했다. 그는 에우보이아 인들에게 자신이 과거에 보았던 에우보이아와 자신이 개선시킨 현재의 에우보이아를 대비시킨 뒤 사절들을 해산하고 데메트리아스로 나아갔다. 그는 그곳에서 주둔군을 철수시키고 바로 떠났는데, 코린토스와 칼키스에서 그랬던 것처럼 모든 시민이 한 무리를 이뤄 그를 따라오며 호송했다. 그는 이어 테살리아로 나아갔다.

집정관은 그곳에 자유를 주었을 뿐만 아니라 전적으로 혼돈 상태에 있는 그곳에 적절한 질서를 회복시켰다. 그들은 지난 시절의 악영향과 필리포스의 폭력적이고 독단적인 행동뿐만 아니라 기질 자체가 가만히 있지 못하던 터라 그런 횡포로 인해 도시가 엄청난 무질서에 빠졌었다. 실제로 테살리아 인들은 설립 당시부터 오늘날까지 소란과 폭동이 벌어지지 않는 선거, 민회, 의회는 열린 적이 단 한 번도 없었다. 퀸크티우스는 주로 재산에 근거하여 테살리아 원로원 의원과 관리를 선출하고 그들에게 권한을 주었다. 나라가 전반적으로 안정되고 평화로워야 시민들이 가장 이득을 보기 때문에 그런 조치를 취한 것이었다.

52. 이렇게 테살리아를 철저하게 개편한 다음 그는 에피로스를 통해 오리쿰으로 왔고, 그곳에서 당초 계획대로 이탈리아로 귀국할 예정이었다. 오리쿰에서 로마 군 전군은 브룬디시움으로 이동했고, 그곳에서 개선식 행렬과 다를 바 없는 모습으로 이탈리아 내의 행군로를 따라 진군했다. 획득한 보물들은 사령관 앞에서 진군하는 병력만큼 긴 줄을 이루었다. 그들이 로마에 도착하자 퀸크티우스는 도시 밖에 모인 원로원 의원들에게 그리스에서 올린 전과를 설명했고, 의원들은 기꺼이 드높은 군공에 어울리는 개선식을 허락했다.

개선식은 사흘 동안 지속되었다.

첫째 날에는, 무기와 방어구, 그리고 청동과 대리석으로 만든 조각상을 보여주는 행진이 있었다. 이 조각상들은 그리스 도시들에서 건네받은 것보다 필리포스에게서 빼앗은 것이 더 많았다.

둘째 날에는, 가공된 것과 가공되지 않은 것을 가리지 않고 모든 황금과 은을 보여주는 행진이 있었다. 가공되지 않은 은은 전부 18,270파운드였고, 가공된 은으로는 온갖 부류의 많은 용기가 있었다. 이런 용기 중 다수가 표면에 양각이 되어 있었고, 몇몇은 뛰어난 장인의 솜씨를 잘 보여주었다. 10개의 은제 방패 외에도 수많은 청동 제조품이 있었다. 은화로는 아티카 은화 8만 4천 개가 있었으며, 이 '테트라크마'라 불리는 은화의 무게는 대략 3개의 데나리우스와 같았다. 3,714파운드의 황금과 순전히 황금으로만 만든 방패가 하나 있었으며, 필리포스 왕의 초상을 새긴 14,514개의 금화도 있었다.

셋째 날에는 그리스 국가들로부터 받은 선물인 114개의 황금관이 개선식 행렬에 등장했다. 희생 제물도 행렬의 일부였으며, 사령관의 마차 앞엔 수많은 귀족 포로와 인질이 있었다. 이중엔 필리포스 왕의 아들 데메트리오스, 스파르타 참주 나비스의 아들 아르메네스도 있었다. 마침내 퀸크티우스도 로마로 들어왔다. 그의 개선 마차 뒤로는 어마어마한 수의 로마 군 병사들이 따랐는데, 그리스에서 모든 병력이 귀국했던 것이다. 보병에게는 250아스가 분배되었고, 백인대장은 그 두 배, 기병은 그 세 배를 받았다. 개선 행렬 중에서 기억에 남을 만한 것은 노예 상태에서 풀려난 로마 군 포로들의 행진이었다. 그들은 빡빡 깎은 머리를 하고 행렬 속에서 걸어 들어왔다.

* * *

[기원전 193년의 집정관: 루키우스 코르넬리우스 메룰라, 퀸투스 미누키우스 테르무스]

57. 두 집정관이 군단들을 모아 임지로 떠난 뒤 티투스 퀸크티우스는 자신이 10인 조사위원단과 협력하여 처리한 합의를 설명하게 해달라고 원로원에게 요청했다. 원로원이 그 합의를 승인한다면 공식적으로 비준해야 한다고 건의했다. 그는 그리스 전역과 아시아 대부분을 대표하여 로마로 온 사절들과 왕들이 보낸 사절들의 이야기를 들으면 의원들이 결정을 내리기가 더욱 쉬울 거라고 했다. 이에 사절들은 도시 행정관 가이우스 스크리보니우스에 의해 원로원에 안내되었고, 아주 우호적인 대접을 받았다.

안티오코스 왕의 사안은 다소 시간이 걸리는 문제라 10인 조사위원들에게 위임되었다. 그들 중 몇몇은 왕을 아시아에서 혹은 리시마키아에서 만난 적이 있었다. 티투스 퀸크티우스는 조사위원들과 함께 회의를 한 뒤 안티오코스 왕의 사절들이 보고하는 말을 들었고, 로마인들의 위엄에 부합하고 로마의 이해관계에 적합한 답변을 하게 되었다. 왕이 보낸 사절단의 대표들은 메니포스와 헤게시아낙스[36]였다. 메니포스는 그들의 방문 목적은 그저 우호와 동맹 협정을 요청하려는 것인데 이 임무가 복잡한 문제를 일으킨 것이 당황스럽다고 말했다. 그는, 국가와 국왕이 우호 협정을 맺는 데는 세 가지 부류가 있다고 했다.

첫째는, 전쟁에서 패배한 자들에게 조건이 부과되어 더 큰 군사력을 지닌 쪽에게 모든 것이 넘어가는 상황이라 정복자가 피정복자에게서 몰수하고 그대로 남겨줄 재산을 결정할 권한을 가지는 경우였다.

둘째는, 양쪽이 전쟁에서 호각을 이루어 강화와 우호 협정이 동등한 조건으로 체결되는 것이었다. 이런 경우엔 상호 합의로 재물의 배상이 정해지고, 전쟁으로 침해된 재산 소유권의 문제는 전통적인 법률에 따른 원칙이나 양쪽의 편의에 맞게 처리된다.

셋째는, 상호 적대 관계가 없는 민족들끼리 우호 관계로 동맹 협정을 맺는 경우로 이때에는 승자와 패자 사이의 관계를 대표하는 조건의 지시나 승인 같은 것은 없다.

메니포스는 안티오코스 왕은 세 번째 경우에 해당이 되는데 로마인들이 왕에게 조건을 지시하고, 자유를 주고 공물을 면제하길 바라는 도시들과 속국으로 두어도 좋을 도시들을 명시하고, 왕의 주둔군

---

36 메니포스는 마케도니아 인으로 아이톨리아 사람을 로마 전쟁에 끌어들이려 했고, 델리움에서 로마 병사들을 학살했던 인물이다. 헤게시아낙스는 안티오코스의 사절로서 그리스 문제를 해결하려 했던 로마 조사위원단을 전에 만난 적이 있는 인물이다.

과 왕이 들어올 수 없는 도시들을 지정하는 걸 당연하게 생각하는 것 같아 그저 놀라울 뿐이라고 지적했다. 그런 평화 협정은 필리포스와 같은 적을 상대할 때나 타당한 것이지, 안티오코스 왕 같은 우방과 협상할 땐 타당하지 않다고 주장했다.

58. 그러자 퀸크티우스는 이렇게 대답했다.

"그대가 서로 다른 우호 동맹 부류를 훌륭하게 구분하고 나열하는 것을 즐기는 걸 보니 나도 마찬가지로 두 가지 조건을 규정하도록 하겠소. 이것 없이 로마 인들과의 우호 협정은 체결될 수 없고, 이것을 왕에게도 보고하시오.

첫째, 우리가 아시아 도시들을 신경 쓰지 않길 바란다면 왕 역시 유럽에서 손을 떼도록 하시오.

둘째, 왕이 아시아에만 머무르지 못하고 유럽으로 건너오면 로마는 아시아의 동맹 국가들을 보호하고, 그 외의 다른 공동체들을 동맹으로 받아들일 권리가 있소."

그러자 헤게시아낙스가 이렇게 답했다.

"장담하건대 우리는 국왕께서 트라키아와 케르소네소스의 도시들로부터 물러나야 한다는 제안 자체가 못마땅합니다. 그 도시들은 대다수가 국왕의 증조부이신 셀레우코스께서 리시마코스 왕을 전쟁에서 물리쳐 전사시키고 획득하여 후손들에게 물려주신 곳입니다. 그런 도시들 중 몇몇은 트라키아 인들에 의해 점령된 이후 국왕께서 무력을 통해 증조부와 같은 영광을 누리며 회복한 곳이며, 몇몇은 국왕께서 리시마키아[37]처럼 버려진 곳에 주민들을 다시 불러와 사람이

37 리시마키아는 기원전 197년에 트라키아 인들에 의해 파괴되었는데 안티오코스가 그 이후 재건설과 재식민 계획을 이행했다.

살게끔 한 곳입니다. 국왕께서는 막대한 자금을 들여 폐허가 되거나 불로 인해 파괴가 된 몇몇 도시를 재건하셨습니다. 그렇게 얻고 회복한 소유물로부터 국왕을 물러나라고 하는 것과, 아시아엔 아예 이권이 없었던 로마 인들이 아시아에서 물러나 있는 것이 어찌 서로 같을 수가 있단 말입니까? 국왕께서는 로마와 우호 관계를 요청하시는 중이지만, 수치가 아닌 영광을 가져올 우호 관계를 바라십니다."

이에 퀸크티우스는 이렇게 응수했다.

"세상에서 제일가는 민족(로마)과 위대한 왕(안티오코스)이 서로 명예를 유일한 논점으로, 그게 아니라면 핵심 논점으로 내세우고 있구려. 그렇다면 내가 묻겠소. 그리스 모든 도시가 자유를 누리는 것과 그들이 노예가 되어 공물을 바치는 속국이 되는 것 중에 어떤 게 더 명예롭다고 생각하시오? 안티오코스 왕이 증조부가 정복자의 권리로 장악했지만, 조부와 부친이 단 한 번도 소유물로서 점령하지 않은 도시들에 예속 상태를 다시 부과하는 것을 고귀한 일로 여긴다면, 로마 인들도 마찬가지로 앞서 수행한 그리스의 자유를 옹호하는 일을 포기하는 걸 거부하는 게 정책 일관성 측면으로도 옳다고 생각하지 않겠소? 필리포스로부터 그리스를 해방했던 것처럼 그리스의 이름을 달고 있는 아시아 도시들을 안티오코스 왕의 손에서 자유롭게 하는 것 또한 로마의 뜻이오. 아이올리스와 이오니아 식민지는 왕에게 굴종하고자 설립된 것이 아니라 가장 오래된 민족의 후손을 늘리고, 그들을 온 세상에 퍼뜨리려는 뜻을 가지고 설립된 것이오."

59. 헤게시아낙스는 당황하여 제대로 응답할 수 없었다. 그는 예속보다 자유가 더 명예로운 구호라는 걸 부정할 수 없었다. 또한 10인 조사위원 중 가장 연장자인 푸블리우스 술피키우스가 끼어들며 이렇게 말하기까지 했다. "이제 이런 시간 낭비는 그만하시오! 퀸

크티우스가 명확하게 제시한 두 가지 조건을 받아들이든지, 아니면 우호 협정 논의를 포기하시오."

이에 메니포스가 이렇게 답했다. "아아, 하지만 우리는 안티오코스 국왕의 영토를 줄어들게 하는 합의라면 그 어떤 것도 받아들일 의지도 없고 권한도 없습니다."

다음날 퀸크티우스는 원로원에 그리스와 아시아에서 온 모든 사절을 데리고 왔는데, 사절들에게 그리스 국가들에 대한 로마 인들의 감정과 그 국가들을 향한 안티오코스의 태도를 알리기 위해서였다. 퀸크티우스는 이어 왕의 요구와 자신의 주장을 설명했다. 그는 사절들에게, 안티오코스가 유럽에서 물러나지 않으면 로마 인들은 필리포스에게서 자유를 얻어냈을 때 보인 것과 똑같은 결의와 신의로 그리스 인들의 자유를 안티오코스로부터 지켜내겠다고 확언했고, 이를 각자 조국으로 돌아가 보고하게 했다.

그러자 메니포스는 퀸크티우스와 원로원 의원들에게 온 세상을 불안하게 만들 결정을 그렇게 서둘러 내려서는 안 된다고 간청하기 시작했다. 그는 자신들에게 이 문제를 생각할 여유를 주고, 마찬가지로 왕에게도 심사숙고할 기회를 달라고 간청했다. 로마의 조건이 전달되면 왕은 문제를 검토할 것이고, 그렇게 되면 강화를 맺고자 일정 부분에서 양보를 할 수도 있다는 것이었다.

그 결과 협상은 더 이상 진전 없이 연기되었다. 원로원은 리시마키아에 왕을 만나러 갔던 사절들, 즉 푸블리우스 술피키우스, 푸블리우스 빌리우스, 푸블리우스 아일리우스를 그대로 다시 왕에게 보내기로 했다.

60. 조사위원들이 안티오코스를 만나러 떠나자마자 카르타고에서 온 사절들이 안티오코스가 한니발의 도움을 받아가며 전쟁 준비

중이라고 보고했다. 이는 카르타고와의 전쟁이 다시 벌어질 수도 있다는 불안감을 안겨주었다. 조국에서 도망친 한니발은 앞서 언급한 것처럼 안티오코스에게로 갔다. 왕은 그를 무척 명예롭게 대우했다. 왕이 오랫동안 속으로 품어왔던 로마와의 전쟁 계획에 한니발이 더없는 적임자였기 때문이었다.

한니발의 전쟁 계획은 전혀 달라지지 않았다. 전쟁은 이탈리아 내부에서 수행되어야 마땅하다는 것이었다. 그는 일단 이탈리아를 침공하면 그 나라 안에서 식량과 병사를 모두 확보할 수 있다고 말했다. 반면 이탈리아 내부에서 아무런 반란의 움직임이 없다면 로마 인들은 마음 놓고 외국에 나가 이탈리아의 인력과 자원을 활용하여 전쟁을 펼칠 것이고, 그렇게 되면 어떤 왕이나 국가도 로마 인들의 상대가 될 수 없다고 지적했다.

한니발은 자신에게 갑판이 있는 배 1백 척과 1만 보병, 1천 기병을 달라고 요구했다. 이 군사력을 가지고 아프리카로 돌아가면 카르타고 동포들이 자신의 설득에 따라 반란을 일으킬 것이라고 확신했다. 하지만 동포들이 주저한다면 이탈리아 일부 지역으로 가서 로마 인들을 상대로 전쟁을 일으킬 것이라고 말했다. 한니발은 안티오코스 왕이 나머지 병력을 모두 이끌고 유럽으로 건너와야 하고, 그리스에 주둔하면서 이탈리아에 아직 건너가지 않으면서 언제든 이탈리아에 건너갈 수 있는 상태를 유지해야 한다고 주장했다. 그렇게 하면 공격 의도가 있음을 드러내고 침공 소문을 퍼뜨리기에 충분하다는 것이었다.

61. 한니발은 안티오코스 왕에게 이런 건의를 올렸을 때 그 계획의 성사를 위해 미리 카르타고 동포들에게 대비시켜야겠다고 생각했다. 하지만 그는 감히 서신을 보내지 못했다. 전달 도중에 불운이

닥쳐 서신을 빼앗기면 계획이 발각될 수 있기 때문이었다. 하지만 에페소스에서 그는 아리스토(Aristo)라고 하는 티레 사람을 만났고, 다소 사소한 임무로 그의 솜씨를 시험해 보았다. 그 후 만족한 한니발은 그에게 선물을 가득 안기고 후한 보상도 약속하며 그를 격려했고, 안티오코스 왕도 동의했기에 그에게 지시를 내려 카르타고로 보냈다. 한니발은 그에게 접촉해야 할 사람들의 이름을 알려줬고, 자신이 보낸 사람임을 그들에게 인식시키기 위해 아리스토에게 비밀 신호 체계도 알려줬다.

하지만 아리스토가 카르타고에 나타나자 그가 도착한 이유는 한니발의 친구들만큼이나 적에게도 빠르게 알려졌다. 처음에 아리스토 문제는 친목 모임이나 만찬에서 흔한 대화 주제가 되었다. 그리하여 이 문제는 카르타고 원로원에서 몇몇 의원들에 의해 제기되었다. 그들은 한니발이 국외에 있는 상태에서 혁명을 일으키려 하고, 시민들의 마음을 돌려 치안을 불안하게 만든다면 추방이 아무런 의미가 없다고 했다. 그들은 티레에서 온 방문자인 아리스토라고 하는 자가 한니발과 안티오코스 왕의 지시를 받고 와서 특정 인물들과 매일 은밀하게 접촉하며 상의하고 있으며, 그런 은밀한 계획이 이내 실행되어 카르타고 전체를 무너뜨릴 거라는 이야기가 나돈다고 보고했다. 이에 카르타고 원로원 의원들이 격렬한 반응을 보이며 아리스토를 불러와 카르타고에 온 이유를 물어보자고 했다. 그가 만족스럽게 해명하지 못하면 사절단이 그를 데리고 로마로 가야 한다고 말했다. 의원들은, 이미 나라가 한 개인의 무모한 행동으로 응당한 처벌을 받았다고 했다. 일개 시민이야 죽든 말든 자기 잘못을 자기가 책임지면 되지만, 나라는 그렇게 간단하게 처리되지 않는다고 지적했다. 나라는 어떠한 일이 있어도 그런 잘못 때문에 멸망하는 일이 없어야 하며,

그런 잘못을 사전에 막지 못했다는 평판도 철저히 막아야 한다고 했다.

아리스토는 소환되었을 때 자신의 결백을 주장하며 어느 누구에게도 서신을 전달한 적이 없다고 아주 강하게 주장하며 자신을 변호했다. 하지만 그는 카르타고 방문 이유는 제대로 해명하지 못했으며, 특히 의원들이 바르카 파벌과만 대화를 나누었다고 고발하자 당황하며 횡설수설했다. 이어 논쟁이 벌어졌고, 몇몇은 아리스토를 첩자로서 체포하여 구금하라고 한 반면에, 다른 몇몇은 그런 과도한 행동을 할 이유가 없다고 반대했다. 합당한 근거 없이 이방인을 체포하는 건 좋지 못한 선례를 남길 것이며, 카르타고 인들 역시 티레뿐만 아니라 그들이 자주 들르는 다른 상업 중심지들에서 비슷한 대우를 받게 된다는 것이었다. 따라서 그날엔 해당 문제에 대해 아무런 결정도 내려지지 않았다.

아리스토는 카르타고 인들을 상대하면서 전형적인 카르타고 사람의 교활함을 보여줬다. 해질녘에 그는 사람들이 가장 많이 다니는 곳이자 매일 행정장관들이 회의를 개최하는 곳에 글을 적은 명판을 걸어두었다. 그리고 제3경(밤 12시)이 되자 그는 배를 타고 해외로 도망쳤다. 다음날 최고 행정장관인 수페테들이 법 집행을 위해 자리에 앉았을 때 걸어둔 명판이 눈에 띄었고, 그것을 가져와 읽게 되었다. 명판에서 아리스토는 어떤 특정 인물에게 사적으로 메시지를 전달하려고 한 게 아니라 원로들(카르타고 인들은 원로원을 그렇게 불렀다)에게 공개적으로 전할 메시지가 있었을 뿐이라고 둘러댔다. 그처럼 막연한 고발을 했기 때문에 몇몇 아리스토 관련 용의자들에 대한 조사가 느슨해지게 되었다. 그럼에도 불구하고 카르타고 인들은 사절단을 로마로 보내 이 아리스토 사태를 집정관들과 로마 원로원에 알리고, 동시에 마시니사가 저지르는 부당한 행동에 대해 불평하기로 했다.

62. 마시니사는 카르타고 인들의 로마 평판이 좋지 않고 내적으로도 불화가 있다는 점을 파악했다. 카르타고의 주요 시민들은 아리스토와 대화를 나눈 것 때문에 원로원의 의심을 받았고, 원로원은 아리스토가 걸어둔 명판 때문에 시민들에게 불신의 대상이 되었다. 따라서 그는 카르타고에 피해를 입힐 좋은 기회라고 판단했다. 그런 이유로 카르타고 해안 지역을 유린하는 것 외에 그곳의 몇몇 도시에 카르타고에 낼 세금을 자신에게 바치라고 강요했다. 이 지역은 엠포리아[38]로 알려져 있었다. 그곳은 소(小) 시르티스 해안에 있는 비옥한 땅이었다. 이곳에 있는 도시들 중 하나인 레프키스는 카르타고에 날마다 1탈렌트를 세금으로 냈다. 이 기간 동안 마시니사는 이 지역 전체를 위협했고, 이 지역의 소유권에 대하여 이의를 제기했다. 자신의 왕국에 속한 곳인지, 카르타고 인들에게 속한 곳인지 불분명하다는 것이었다. 이제 마시니사는 카르타고 인들이 그들의 결백을 증명하고 그의 행동에 대해 불평하고자 로마로 사절들을 보냈음을 알게 되었다. 이에 따라 마시니사도 로마로 사절단을 보냈다. 마시니사의 사절들은 로마 인들의 의심을 이용하여 카르타고 인들에 대한 고발에 무게감을 싣고, 동시에 조공의 권리에 관한 논쟁을 일으킬 계획이었다.

로마 원로원에서 카르타고 인들에게 발언할 기회가 주어졌을 때, 티레에서 온 방문자에 관한 이야기는 원로원 의원들의 마음에 불안감을 일으켰다. 안티오코스는 물론 카르타고 인들과도 동시에 싸워야 할지도 모른다는 생각이 들었기 때문이었다. 카르타고 인들에 대

38 엠포리아는 그리스어로 시장이라는 뜻이다. 만약 레프키스 마그나가 이 시장 지역에 포함된다면 소 시르티스에서 레프키스에 이르는 거리는 320km가 넘는다.

한 의심은 그들의 미심쩍은 행동으로 더욱 깊어졌다. 응당 체포하여 로마로 보냈어야 할 자(아리스토)인데 방치하여 밤중에 배를 타고 도피한 것을 제대로 감시하지 못했기 때문이다.

이어 마시니사가 보낸 사절들과 카르타고 인들이 영토를 두고 논쟁을 벌이기 시작했다. 카르타고 인들은, 푸블리우스 스키피오가 전쟁에서 승리한 뒤 문제가 되는 지역을 카르타고 인의 관할권으로 남겨 두었고, 이는 마시니사도 인정했다며 국경에 대한 권리를 주장했다. 그들의 말에 따르면, 마시니사가 아프티르, 즉 자기 나라의 도망자이자 키레네 인근에서 누미디아 인 무리와 함께 부랑하던 자를 뒤쫓을 때, 카르타고 인들에게 이 문제의 땅을 지나갈 수 있도록 카르타고에게 허락을 구했다고 말했다. 이는 그곳이 카르타고 인들의 관할권이라는 걸 분명하게 보여준다는 것이었다.

누미디아 인들은 카르타고 인들이 스키피오가 규정한 경계에 대해 거짓말을 하는 것이라고 응수했다. 그들은 진정으로 근본이 되는 소유권을 추적한다면 카르타고 인들의 정당한 재산인 땅이 아프리카에 어디 있겠느냐고 물었다. 카르타고 인들은 이민자들로서, 도시를 지을 때 자른 소가죽으로 에워쌀 수 있는 땅만 소유할 수 있도록 허락받았다는 것이었다. 누미디아 인들은, 어디든 부르사[39] 경계를 넘어 카르타고 인들이 얻은 땅은 폭력으로 권리 없이 얻은 땅이라고

---

39 부르사(bursa)는 "요새"를 의미하는 페니키아 말이다. 그런데 부르사는 그리스 어로는 소가죽을 의미한다. 이 때문에 페니키아 정착자들이 아프리카에 처음 왔을 때 이 부르사로 거주지의 경계가 주어졌다는 유명한 얘기가 생겨났다. 원래 페니키아 인들은 황소 한 마리의 가죽으로 덮을 만한 땅만 거주지로 주어졌는데, 페니키아(카르타고) 사람들은 특유의 교활함을 발휘하여, 그 가죽을 잘게 짤라 긴 줄로 만듦으로써 더 많은 땅을 그들의 거주지로 삼았다. 누미디아 인은 이 부르사 얘기를 하면서 아프리카 현지인들이 베풀어준 호의를 카르타고 인이 오히려 배신했다고 주장하고 있는 것이다.

주장했다. 그들은 현재 논쟁이 되는 땅은 카르타고 인들이 오래 점거했다고 증명할 수조차 없는 곳이며, 처음부터 계속 점거하던 땅은 더더욱 아니라고 했다. 그들은 이 땅은 어떤 때는 카르타고 인이, 다른 어떤 때는 누미디아 왕들이 소유권을 주장하던 곳이었고, 기회가 되면 더 강력한 군사력을 가진 쪽이 늘 소유했던 곳이었다고 했다. 누미디아 인들은 로마 인들에게 카르타고 인들이 로마 인의 적이 되고, 누미디아 왕이 로마의 동맹이자 우방이 되기 이전 상황으로 그곳을 놔둘 것을 허락해달라고 요청했다. 누미디아가 해당 지역을 점령하는 것을 로마가 간섭하지 말아달라는 뜻이었다.

로마 인들은 양쪽 사절들에게 카르타고 인과 누미디아 왕 사이의 논쟁이 되고 있는 실제 장소에 관한 판단을 내리고자 아프리카에 조사위원들을 보내겠다고 답했다. 위원으로는 푸블리우스 스키피오 아프리카누스, 가이우스 코르넬리우스 케테구스, 그리고 마르쿠스 미누키우스 루푸스가 조사위원으로 선정되었다. 여러 주장을 듣고 모든 문제를 검토한 조사위원들은 어느 쪽의 편도 들어주지 않고 일을 미해결의 상태로 놔뒀다. 그들이 자발적으로 이런 결정을 내린 것이었는지, 아니면 원로원 지시에 따른 것이었는지는 명확하지 않다. 분명한 건 양쪽의 싸움을 해결되지 않은 채로 놔두는 게 당시의 상황에선 로마에게 편리했다는 것이다. 그렇지 않았더라면 이 지역의 사실관계를 무척 잘 알고 있고, 과거 양쪽 모두에 큰 도움을 주어서 강력한 영향력을 발휘할 수 있었던 조사위원 스키피오 아프리카누스가 단순히 고개를 끄덕이는 것만으로도 엠포리아의 영유권 논쟁을 별 어려움 없이 간단하게 종결시켰을 것이다.

제 35 권

아이톨리아 인의 배신,
스파르타 참주 나비스 암살

1. [기원전 193년] 이런 모든 일이 벌어지던 연초에 가까운 스페인에 있던 법무관 섹스투스 디기티우스는 마르쿠스 카토가 떠난 이후에 대거 반란을 일으킨 공동체들과 연달아 전투를 벌였다. 그러나 많이 싸우기만 했을 뿐 인상적인 전투를 하진 못했다. 대다수 교전에서 제대로 성과를 거두지 못해 그가 후임자에게 인계한 병력은 본인이 받았던 수의 절반에 불과했다.

사실 또 다른 법무관인, 그나이우스 스키피오의 아들 푸블리우스 코르넬리우스 스키피오가 에브로 강 너머에서 치른 수많은 전투에서 성공을 거두지 못했더라면 스페인 전역이 다시 반란을 일으키려는 용기를 얻었을 것이다.

그의 활약으로 스페인 인들은 불안감을 느꼈고, 50개가 넘는 도시가 그에게로 넘어왔다.

스키피오는 법무관일 때 이런 성과를 거두었다. 그리고 후에 법무관 대리일 때, 멀리 있는 지역을 약탈하여 엄청난 양의 전리품을 싣고 고향으로 돌아가는 중인 루시타니 인들[1]을 공격하기도 했다. 그는 그날 낮의 세 번째부터 여덟 번째 시간까지 적과 싸웠지만, 결론을 내지 못했다. 게다가 그의 병력은 적과 수적으로 상대가 되지 않았다. 하지만 그는 다른 측면에서 유리했다. 왜냐하면 그의 장병들은 밀집 대형이었는데, 적은 긴 대열을 이룬 데다 많은 동물을 데리고 있어 우왕좌왕하고 있었기 때문이었다. 게다가 그의 장병들은 체력이 충분하여 긴 행군 끝에 지쳐 있는 적과는 좋은 대조를 이루었다.

스페인 인들은 제3경(밤 12시)에 행군을 떠났는데, 이런 야간 행군에 쉬지도 못한 채로 낮 세 시간의 행군이 더해져 여독이 심각하던 차에 전투까지 하게 되었으니 당연한 결과였다. 그런고로 전투 시작부터 스페인 인들은 심신에 활력이 남아 있지 않았다. 사실 그들은 처음에 로마 인들을 혼란에 빠뜨리긴 했지만, 얼마 지나지 않아 전황은 양군이 동등하게 되었다.

법무관이 전투 중에 적을 패주시켜 학살하게 된다면 유피테르를 기리기 위한 제전을 열겠다고 맹세했을 때도 상황은 여전히 로마 군에게 위태로웠다. 마침내 로마 인들은 더욱 격렬하게 공격을 가했고, 루시타니 인들은 밀려나 등을 돌려 도망쳤다.

승자들은 도망치는 적을 쫓으며 압박을 가했고, 약 1만 2천 루시타니 인들이 전사하고 540명이 붙잡혔다. 붙잡힌 이들은 거의 모두 기병이었고, 그들은 134개의 군기를 빼앗겼다. 로마 군은 73명이 전사했다.

---

1 오늘날의 포르투갈에 있던 호전적인 이베리아의 부족. 로마가 이 부족과 전투를 치른 것이 여기에서 처음 언급이 되는데 이 부족은 아우구스투스의 시절에 이르기까지 완전히 정복되지 않았다.

전투가 일어났던 곳은 도시 일리파[2]에서 그다지 멀지 않은 곳이었는데, 푸블리우스 코르넬리우스는 전리품을 두둑하게 챙긴 승전군과 함께 그 도시로 나아갔다. 모든 전리품은 일리파 바로 외부에 전시되었고, 소유주들은 자신의 것인지 확인할 기회를 받게 되었다. 나머지 약탈품은 재무관들에게 건네졌고, 그들은 매각을 통한 수익금을 병사들에게 분배했다.

2. 가이우스 플라미니우스는 스페인에서 이런 일이 벌어지고 있을 때에도 여전히 로마를 떠나지 않고 있었다. 그 결과 플라미니우스와 그의 친구들의 대화에서 반복되는 주제는 승리보다는 패배였다. 임지에서 대규모로 전쟁이 격화되고, 섹스투스 디기티우스가 빈약한 병력을 남긴 데다 그 남은 병력마저 공황과 패배에 찌들어 있는 걸 알게 된 그는 원로원을 설득하여 도시 군단 중 하나를 받고 여기에 원로원 결의에 따라 모집한 병력을 더해 그들 중 6천 2백 명의 보병과 3백 기병을 선발할 권한을 부여받으려 했다.

그는 의원들에게 이렇게 구성한 군단으로 전쟁을 수행할 수 있다고 장담했다. 섹스투스 디기티우스의 군대로는 기대할 바가 없다는 것이었다.

원로원 선임 의원들은 특정 관리들의 관심사에 부응하여 시민들이 근거 없이 꾸며낸 소문에 대응하여 원로원이 포고령을 내려서는 안 된다고 주장했다. 현지의 법무관들이 보낸 서신이나 그들의 대표들이 전한 보고서를 통해 실상을 확인하지 않는 한 그런 이야기엔 타당성이 없다는 것이었다.

2 일리파는 일리파 마그나로서 오늘날 세비야 시에 속해 있는 알칼라 델 리오이다.

실제로 스페인에 긴급 상황이 벌어졌다면 이탈리아 외부에서 그런 상황에 대처할 병력을 모아야 한다는 것이 원로원의 결정이었다. 원로원의 의도는 스페인 현지에서 긴급 상황에 대처할 병력을 현지 조달하라는 것이었다.

역사가 발레리우스 안티아스[3]는 이런 기록을 남겼다. 가이우스 플라미니우스는 시칠리아로 배를 타고 나아가 그곳에서 병력을 모집했고, 시칠리아에서 스페인으로 나아가던 항해 중 악천후에 시달려 아프리카로 가게 되었는데 그곳에서 푸블리우스 아프리카누스의 군대에서 낙오한 자들에게 근무 맹세를 시켰다. 플라미니우스는 이렇게 두 곳(시칠리아와 아프리카)에서 모은 병력으로 스페인에 세 번째 병력을 더했다는 것이다.

3. 그러는 사이 이탈리아에서 리구리아 인들을 상대로 벌이는 전쟁도 스페인 못지않게 치열해지고 있었다. 피사에는 이미 4만 명 정도가 몰려들었고, 전쟁 소식을 듣고 약탈할 생각으로 이 숫자는 날마다 크게 늘어났다. 집정관 미누키우스는 아레티움에 휘하 병력을 소집하기로 한 날에 도착했고, 그곳에서 그들을 전투 대형으로 조직하여 피사를 향해 진군했다. 적이 도시에서 1마일도 떨어지지 않은 강의 저편에 진지를 옮긴 걸 확인한 집정관은 그 도시를 향해 나아갔다. 그 도시는 집정관의 도착에 의해 구원된 것이었다. 다음날 집정관은 강을 건너 적에게서 1km 정도 되는 곳에 진을 세웠다. 이 위치에서 그는 여러 차례 소규모 접전을 벌이며 적의 약탈과 습격으로부터 동맹의 영토를 지켜냈다. 하지만 그는 수많은 민족에서 새로 모집한 부

3 기원전 1세기의 로마 역사가로서 리비우스가 참조한 여러 사료들 중 하나이나, 리비우스는 이 역사가를 그리 대단하게 여기지 않았다.

대를 데리고 전투에 돌입하는 위험을 무릅쓰려고 하지 않았다. 게다가 이 새로 모집한 병력은 전우에게 확신을 줄 만큼 서로 잘 알려져 있지 않았다. 상대인 리구리아 인들은 수적 우세에 의지하여 전투를 걸러 나왔고, 결전을 벌이겠다는 의지를 보여줬다. 이외에도 적은 병사들이 충분하여 그들의 영토 경계 사방으로 수많은 약탈대를 보냈다. 엄청난 가축과 전리품을 얻은 그들은 호위대를 붙여 이런 약탈한 것들을 자신들의 정착지와 마을로 가져갔다.

4. 리구리아 전쟁이 피사에서 멈췄을 때 다른 집정관 루키우스 코르넬리우스 메룰라는 리구리아 영토 경계를 통하여 보이이 인들의 영토로 들어갔다. 그곳에선 리구리아 전쟁과 전혀 다른 전술이 활용되었다. 집정관은 반복하여 전투를 걸러 나왔지만, 적이 늘 교전을 거부했다. 로마 인들은 약탈하고자 이리저리 흩어졌는데, 적은 아무런 저항의 기미도 보이지 않았다. 보이이 인들은 재산을 지키려다 결전을 치르는 위험을 감당하느니 차라리 적이 마음껏 재산을 유린하도록 내버려두는 편을 택했다. 사방을 칼과 불로 황폐하게 만든 집정관은 적의 영토에서 물러나 무티나로 향했는데, 진군하는 대열은 주변 지역에 평화가 찾아왔다고 짐작하고서 경계 태세를 취하지 않았다. 보이이 인들은 적이 자국 영토에서 물러났다는 걸 깨닫고 은밀하게 소리 죽여 로마 군을 뒤따라가며 매복할 장소를 물색했다. 그들은 밤에 로마 인들의 진지를 지나쳐서 장차 로마 군이 지나갈 좁은 길을 점거했다.

하지만 그들은 이렇게 움직이는 과정에서 충분히 보안을 유지하지 못했다. 평소 밤늦게 진지를 해체하는 버릇이 있던 집정관은 그날은 다음날 낮이 될 때까지 기다렸다. 적과 교전하는 혼란스러운 상황에서 어둠으로 인해 더 불안감을 느끼는 상황을 막기 위해서였다.

로마 군은 낮에 움직이긴 했지만, 그는 기병대를 보내 주위를 정찰하도록 했다. 적의 전력과 위치를 보고받은 집정관은 전군의 짐을 중앙에 쌓으라고 지시했고, 제3선에게 그 주변에 벽을 세우도록 했다. 그러는 사이 그는 나머지 병력을 전투 대형으로 조직하여 적에게 나아갔다. 갈리아 인들도 매복이 발각되었다는 걸 깨닫고 전면전을 각오하면서 전투 대형을 형성했다. 그들은 이제 술책이 아닌 용기로 결판내는 정규전을 해야 한다는 걸 알았다.

5. 전투는 두 시에 시작되었다. 왼쪽의 동맹 부대와 '특별' 보병대는 최전선에서 두 집정관급 장교인 마르쿠스 마르켈루스와 티투스 셈프로니우스의 지휘를 받았다. 새 집정관은 어떤 때는 선두에 있는 병력으로 나아갔고, 또 어떤 때는 예비로 둔 군단들로 가서 그들의 돌격을 제지했다. 그것은 병사들이 투지에 불타 황급히 앞으로 달려나가는 걸 막기 위해서였다. 그는 천인대장 퀸투스와 푸블리우스 미누키우스에게 군단들 휘하의 기병대를 전열에서 빼내 탁 트인 땅으로 이동시키고, 그곳에서 대기하다가 자신이 신호를 보내면 적을 공격하라고 지시했다. 그렇게 집정관이 전투를 독려하는 동안에, 티베리우스 셈프로니우스 롱구스는 전령을 보내 '특별' 보병대가 갈리아인의 공격을 버텨내지 못하고 있으며, 많은 사상자가 났고 생존자들도 피로와 용기 상실로 투지를 잃었다고 보고했다. 롱구스는 전령을 통해 모욕적인 패배를 당하기 전에 군단 하나를 보내 지원해달라고 집정관에게 부탁했다. 그에 따라 2군단이 현장에 투입되었고, '특별' 보병대는 돌아왔다.

힘이 넘치는 병력과 온전한 군단 하나가 전투를 하러 나서자 전투 상황은 곧 호전되었다. 좌익 동맹 부대는 전투에서 물러났고, 우익은 최전선을 맡았다. 쨍쨍 햇빛이 내리쬐는 무더운 날이었고, 과도한 더위를 잘 견디지 못하는 갈리아 인들의 몸은 불에 덴 듯이 뜨거웠다. 하지만 그럼에도 불구하고 그들은 로마 인들의 공격에 밀집 대형을 이뤄 때로는 전우를 넘어지지 않게 지원하고, 때로는 방패로 버티면서 로마 인들의 공격에 저항했다. 메룰라는 이런 상황을 보자 예비 기병대 지휘를 맡은 가이우스 리비우스 살리나토르에게 전력으로 돌진하라고 지시했고, 군단 기병대에게 그 뒤를 지원하도록 명령했다. 기병대의 이런 폭풍 같은 공격은 즉시 갈리아 인들의 전열에 혼란과 무질서를 일으켰고, 이어 뿔뿔이 흩어지게 했다. 하지만 패주로 이어지지는 않았다. 갈리아 지휘관들이 붕괴를 막고자 창의 자루로 겁에 질려 도망치는 자들의 등을 세게 때리며 대열로 복귀시켰기 때문이었다. 하지만 적들 사이를 휘젓는 예비 기병대는 그들의 저항 노력을 좌절시켰다.

집정관은 휘하 장병들에게 조금만 더 힘을 내자고 호소했다. 그는 승리가 눈앞에 있으며, 적이 겁을 먹고 무질서하게 우왕좌왕할 때 압박을 더욱 가해야 한다고 독려했다. 그는 적이 대열을 정돈하고 다시 형성하면 새로 전투를 처음부터 시작해야 하며, 그렇게 되면 결과는 불투명하다고 말했다. 이어 그는 기수들에게 앞으로 나아가라고 지시했고, 전군은 단결하여 노력한 결과 마침내 적을 도망치게 했다. 그들이 등을 돌려 사방으로 흩어지기 시작하자마자 군단 기병대가 추격에 나섰다. 그날 보이이 인들은 1만 4천 명이 전사했고, 1,092명이 생포되었으며, 여기엔 기병 721명과 지휘관들도 포함되었다. 군기 212개와 63개의 수레도 함께 포획되었다. 로마 인들도 무혈 승리를 거둔 건 아니었다. 로마 군과 동맹군을 합쳐 5천 명 이상이 전사했으며, 23명의 백인대장, 4명의 동맹군 지휘관, 2군단의 천인대장인 마르쿠스 게누키우스, 퀸투스와 마르쿠스 마르키우스도 전사했다.

6. 두 집정관이 보낸 보고서가 거의 동시에 로마에 도착했다. 하나는 루키우스 코르넬리우스가 보낸 것으로 무티나 근처에서 보이이 인들과 전투했다는 소식이었고, 다른 하나는 피사에서 퀸투스 미누키우스가 보낸 것이었다. 미누키우스는 선거 주재가 자신에게 맡겨졌지만, 리구리아 인들 사이에서 전반적인 상황이 무척 위태로워 동맹들과 공화국에 참사가 닥칠 것이 두려워 귀국할 수 없다고 보고했다. 그는 원로원 의원들이 자신의 말이 옳다고 생각한다면 전쟁을 마친 동료에게 전언을 보내 로마로 돌아와 행정관 선거를 주재하게 해줬으면 좋겠다고 했다. 그는 동료 집정관이 자신에게 추첨으로 임무가 주어지지 않았다고 그 임무를 거절한다면 원로원이 결정하는 바에 따르겠다고 했다. 그는, 하지만 자신이 이런 상황에서 임지를 떠나는 것보다는 인테르렉스[4]를 세우는 게 국익에 더 낫지 않겠느냐고 원로원에 진지하게 간청했다.

원로원은 가이우스 스크리보니우스에게 원로원 의원들 중 두 명의 위원을 선정하여 집정관 루키우스 코르넬리우스 메룰라에게 가서 이 문제를 논의하는 업무를 맡겼다. 위원들은 동료 집정관이 원로원에 보낸 서신을 코르넬리우스에게 전달하고 그가 새로운 행정장관들의 선거를 주재하러 로마로 오지 않으면 전쟁 마무리 때문에 귀국하지 못하는 퀸투스 미누키우스를 부르는 대신 인테르렉스를 세울 것이라는 점을 알릴 것이었다. 이렇게 위원들이 파견되었고, 그들은 돌아와 루키우스 코르넬리우스 메룰라가 선거를 주재하러 로마로 귀국하겠다는 뜻을 밝혔다고 전했다.

---

4 인테르렉스(interrex)는 집정관 서리로서 귀족 출신의 원로원 의원 중에서 뽑았으며 집정관을 위시하여 고위 행정관들의 선거를 주재한다.

보이이 인들과의 전투 이후에 써 보낸 루키우스 코르넬리우스 메룰라의 보고서는 원로원에서 논쟁의 대상이 되었다. 이 논쟁은 그의 부관 중 한 사람인 마르쿠스 클라우디우스가 많은 원로원 의원에게 서신을 보내 일이 성공적으로 끝난 것은 로마 인의 행운과 군인들의 용기 덕분이며, 집정관은 많은 사상자를 낸 것, 그리고 적을 괴멸시킬 수 있는 좋은 기회에 적의 도망을 방치한 책임이 있다고 보고했다. 그는 지친 병사들을 지원할 부대를 예비 전열에서 너무 늦게 데려오는 바람에 많은 병사들이 목숨을 잃었으며, 군단 기병대에 추격 신호가 너무 늦게 내려가서 추격하지 못하는 바람에 적이 그냥 도망칠 수 있었다고 지적했다.

7. 원로원은 이 문제에 황급히 대처하지 않기로 했다. 그에 대한 논의는 더 많은 의원이 회의에 참석할 때까지 연기되었다. 사실 원로원 의원들이 신경 쓰는 다른 문제는 시민들을 압박하는 이자 지급의 부담이었다. 많은 법률이 고리대금 행위를 제한하고 있었지만, 이런 규정에 얽매이지 않은 동맹 국가들의 장부로 부채를 이체하는 방식을 써서 법망을 피하는 일이 공공연하게 벌어졌다. 채무자들은 따라서 규제를 받지 않는 이율에 압박을 받고서 파산했다.

원로원은 이런 고리대금업을 억제하는 방법을 찾는 중이었다. 그 결과 얼마 전 지나간 페랄리아 축제[5]까지 기한을 두고 그날 이후로 로마 시민에게 돈을 빌려준 모든 동맹은 대금 사실을 신고해야 하며, 그날 이후 채권자의 권리는 채무자가 선택할 일련의 법규를 따라야 한다는 결정이 내려졌다. 이와 같은 결정으로 그동안 법망 회피를 통

5 2월 21일을 가리킨다. 이날 로마 인들은 가족의 수호신에게 제사를 올리며, 이날은 한 해의 마지막 날이다.

해 계약된 채무의 범위가 밝혀졌다. 호민관 마르쿠스 셈프로니우스는 원로원 결정에 따라 채무 관련 법안을 민회에 제출하고 승인받았다. 그것은 로마 시민들에게 적용되는 대금업에 관계된 법률을 라틴 지위를 지닌 동맹들에까지 확대한다는 내용이었다.

이상이 이탈리아에서 벌어진 사회적·군사적 사건들이었다. 그러는 사이 스페인에서의 전쟁은 과장된 보고서의 내용만큼 심각한 것은 아니었다.

가이우스 플라미니우스는 가까운 스페인에서 오레타니 인들의 지역에 있는 도시 인루키아를 점령하고 월동 진지로 물러났다. 겨울 동안 그는, 군인이라기보다는 산적이 더 어울리는 기습 부대들을 상대로 사소한 전투를 여러 차례 치러서 이런저런 승리를 거두었지만 약간의 패배가 없었던 것은 아니었다. 마르쿠스 풀비우스의 업적은 더욱 중요했다. 토레툼이라는 도시 근처에서 벌어진 회전에서 그는 바카에이 인, 베토네스 인, 켈티베리 인의 연합군을 패퇴시키고 그들의 왕인 힐레르누스를 생포했다.

8. 스페인에서 이런 일이 벌어지는 동안 로마에서는 선거일이 다가오고 있었다. 따라서 집정관 루키우스 코르넬리우스 메룰라는 마르쿠스 클라우디우스(집정관의 조치를 원로원에 비난한 부장)에게 병력을 맡기고 로마로 돌아왔다.

집정관은 원로원에서 그동안의 이뤄낸 성과를 전하고 임지 상태를 설명했다. 이어 의원들에게 이런 중요한 전쟁이 단 한 번의 전투로 성공적으로 종결되었음에도 불멸하는 신들께 아무런 영예가 주어지지 않은 점에 대해 불평했다. 그는 감사제 기간을 선언하고 동시에 개선식을 진행할 것을 요구했다.

하지만 그 제안을 추진하기도 전에 집정관과 독재관을 지낸 퀸투스 메텔루스[6]는 루키우스 코르넬리우스 메룰라가 보낸 서신이 원로원에 전달되던 시기에 많은 의원들에게 부하 장교 마르켈루스의 서신이 도착했다고 했다. 그는 이 서신들이 상반되는 내용을 담고 있었기에 서신을 작성한 이들이 논의의 현장에 나타날 때까지 해당 문제에 대한 논의를 연기한 바 있다고 했고, 따라서 부관이 자신에게 불이익이 되는 서신을 보냈다는 사실을 안 집정관이 로마로 돌아올 때 부관과 함께 올 것으로 예상했다고 대답했다.

어쨌든 집정관은 부하 장교보다는 군 지휘권을 지닌 티베리우스 셈프로니우스에게 병력을 맡기는 게 더 적합한 것이 아니었냐는 것이었다. 상황이 이러하니 마치 집정관이 의도적으로 부장을 로마에 오지 못하게 한 것처럼 보인다고 지적했다. 부장은 로마에 오게 되면 자신이 집정관을 비난한 서신 내용을 직접 진술할 수 있고, 집정관을 공개적으로 고발할 수도 있을 것이었다. 반대로 엄밀한 진상 확인으로 부장의 고발이 무고라는 것이 밝혀지면 그 부장은 로마에 돌아와 있으므로 그 자신이 고발되어 처벌을 당할 수도 있을 것이었다. 따라서 메텔루스는 현재로서는 집정관의 요구 중 어느 것도 원로원이 들어주면 안 된다고 주장했다.

하지만 집정관은 전혀 기가 꺾이지 않고 감사제 기간을 정하고 자신에게 개선식을 허락해야 한다는 요구를 계속 밀어붙였다. 하지만 두 호민관 마르쿠스와 가이우스 티티니우스는 이 문제에 끼어들어 만약 원로원이 승낙을 한다면 자신들은 거부권을 행사하겠다고 말했다.

---

6 카이킬리우스 메텔루스. 기원전 206년에 집정관이었고 기원전 205년에 독재관 자격으로 204년을 위한 고위 행정관 선거를 주재했다.

* * *

10. 이제 한 해(기원전 193년)가 저물고 있었고, 집정관 선거 유세는 그 어느 때보다도 맹렬하게 불타오르고 있었다. 많은 후보자가 있었고, 그들은 귀족과 평민을 가리지 않고 모두 실력자였다. 귀족 후보자들은 최근 스페인에서 큰 공을 세우고 돌아온 그나이우스의 아들 푸블리우스 코르넬리우스 스키피오(나시카), 그리스에서 해군 지휘를 맡았던 루키우스 퀸크티우스 플라미니누스, 그리고 그나이우스 만리우스 볼소였다. 평민 후보자들은 가이우스 라일리우스, 그나이우스 도미티우스, 가이우스 라비니우스 살리나토르, 그리고 마르쿠스 아킬리우스였다. 하지만 모든 사람의 이목은 퀸크티우스와 코르넬리우스 두 사람에게 집중되었다. 이들은 귀족이었고, 한 자리를 놓고 경쟁하는 사이였기 때문이었다. 이외에도 최근 달성한 군사적 영광이 그들을 뒷받침하고 있었다. 하지만 무엇보다 후보자들의 형제[7]가 그들 사이의 경쟁을 더욱 심화시켰다. 그 후원자들이 둘 다 당대의 가장 유명한 장군이었던 것이다. 스키피오의 명성은 퀸크티우스보다 훨씬 더 컸다. 그리고 바로 그 이유로 질투의 대상이 되기도 쉬웠다. 퀸크티우스의 명성은 최근에 그리스를 해방시켰고 또 이해에 개선식을 올렸기 때문이었다. 게다가 스키피오는 이 무렵 대중의 눈에 거의 10년 동안 지속적으로 노출되었고, 그런 상황 탓에 아무리 뛰어난

---

7 형제라는 용어는 아버지 쪽 사촌에게도 적용된다. 여기서 집정관 후보로 나선 스키피오 나시카는 그나이우스 스키피오의 아들이다. 반면에 스키피오 아프리카누스는 푸블리우스 스키피오의 아들이다. 그러니까 나시카와 아프리카누스는 사촌 형제지간이다. 두 형제의 작은 아버지와 큰 아버지인 그나이우스와 푸블리우스는 둘 다 스페인 전선에서 기원전 211년에 전사했다. 리비우스 『로마사』 25권 34장 참조.

위인이라도 대중들의 존경심이 다소 약화될 만한 상황이었다. 사람들은 그런 위인을 오래 보는 것만으로도 물리기 때문이었다. 또한 스키피오는 한니발에게 패배를 안긴 뒤 집정관을 두 번 지냈고, 감찰관도 한 번 지냈다.[8]

반면 퀸크티우스에 관한 모든 건 새롭고 신선했고 그것이 유리한 점이었다. 그는 개선식 이후 시민들에게 아무것도 요구하지 않았고, 어떠한 것도 받지 않았다. 그는 자신은 사촌이 아닌 친동생을 위해 유세를 하고 있으며, 친동생은 전쟁에서 자신의 부장으로서 함께 공을 이뤄낸 사람이라고 주장했다. 그는 자신은 육지를 맡고 동생은 바다를 맡아 지휘했다고 말하기도 했다. 경쟁 상대인 코르넬리우스는 코르넬리우스 부족을 등에 업은 아프리카누스의 지원을 받았고, 페시누스에서 로마로 이다 산의 여신을 모시기에 적합한 최고 시민으로서 선정되었고, 그에 앞서 원로원에서 최고 시민으로 추천을 받기도 해서(또 이해의 선거 주재관이 코르넬리우스였으므로) 무척 유리했지만, 결국에는 퀸크티우스가 자신의 최근의 공로를 적극 주장함으로써 친동생을 더 선호되는 후보자로 만드는 데 성공했다.

집정관으로 선출된 이는 루키우스 퀸크티우스와 그나이우스 도미티우스 아헤노바르부스였다. 스키피오 아프리카누스는 집정관 후보로 가이우스 라일리우스[9]를 최선을 다해 도왔지만, 평민 집정관 선출

---

8 스키피오 아프리카누스는 기원전 205년에 집정관을 지냈고 기원전 199년에 감찰관을 지냈으며 다시 기원전 194년에 집정관을 지냈다.

9 라일리우스는 신인(novus homo) 출신으로 스키피오의 절친한 친구였고 스페인과 아프리카에서 스키피오 밑에서 근무했다. 기원전 202년에 재무관, 기원전 197년에 평민 출신 토목건축관리관, 기원전 196년에 법무관을 지냈다.

[10]에서도 그다지 영향을 미치지 못했다. 다음날 법무관으로는 루키우스 스크리보니우스 리보, 마르쿠스 풀비우스 켄투말루스, 아울루스 아틸리우스 세라누스, 마르쿠스 바이비우스 탐필루스, 루키우스 발레리우스 타포, 퀸투스 살로니우스 사라가 선출되었다. 이해에 토목 건축관리관 마르쿠스 아이밀리우스 레피두스와 루키우스 아이밀리우스 파울루스는 뛰어난 성과를 올렸다. 그들은 많은 목축업자에게 벌금을 부과했고, 그렇게 마련한 자금으로 유피테르 신전 박공벽에 도금한 방패들을 설치하고, 포르타 트리게미나 외부에 주랑(柱廊) 현관을 세우고, 테베레 강 끝에 부두를 연결하고, 포르타 폰티날리스에서 마르스 제단까지 또 다른 부두를 연결하여 캄푸스 마르티우스로 나아가는 길로 활용하도록 했다.

11. 리구리아 전선에선 오랫동안 기록할 만한 일이 벌어지지 않았다. 하지만 해가 저물어 갈수록 두 가지 일로 상황은 대단히 위험해졌다. 첫째는 집정관의 진지가 공격을 받아 로마 군이 곤경에 빠진 것이었다. 둘째는 그로부터 얼마 지나지 않아 로마 군은 비좁은 길을 따라 진군했는데, 실상 출구는 리구리아 군대로 봉쇄된 상태였다. 출구가 없기에 집정관은 대열을 돌려 물러나기 시작했다. 하지만 후방의 길 역시 적군 일부가 장악하고 있었다. 카우디움 협곡 대참사[11]에 대한 기억은 머릿속으로만 떠오르는 게 아니라 눈앞에서 거의 실

---

10 기원전 367년에 섹스티우스-리키니우스 법에 의하여 두 명 집정관 중 한 명만 귀족 출신이 맡을 수 있는 반면에, 평민 출신은 두 자리를 모두 차지할 수도 있었다. 이런 일은 기원전 172년에 처음 벌어졌다.

11 기원전 321년 로마 군은 카우디움 협곡의 함정에 빠져서 앞으로 나아가지도 못하고 뒤로 후퇴하지도 못하는 상태에서 삼니움 족에게 항복했다. 참조 리비우스 『로마사』 9권 4장.

체화되고 있었다. 로마 사령관은 예비 병력에 8백 명 정도 되는 누미디아 기병을 뒀는데, 그들의 지휘관은 집정관에게 원하는 방향을 돌파하겠다고 약속했다. 그는 또한 집정관에게 어느 방향에 더 많은 마을이 있는지를 물었다. 이어 누미디아 군 지휘관은 그 마을을 공격할 것이며, 가장 먼저 건물들에 불을 붙일 것이라고 했다. 그렇게 하면 리구리아 인들은 불안감에 봉쇄하던 길에서 물러나 동족을 도와주러 급히 돌아올 수밖에 없다는 것이었다. 집정관은 이런 제안을 크게 칭찬하며 후한 보상을 내리겠다고 약속했다.

누미디아 인들은 말을 타고 적의 전초 기지로 나아가기 시작했고, 그 누구의 공격도 받지 않았다. 처음에 그들은 경멸을 살 만한 모습이었다. 누미디아 말과 기수는 모두 작고 야위었다. 기병들은 들고 있는 창 말고는 무장도, 무기도 없었다. 그들이 탄 말은 굴레도 쓰고 있지 않았고, 뻣뻣한 목과 한껏 뻗은 머리를 드러내며 속보로 걸을 때 그 움직임마저 볼품없었다. 기수들은 의도적으로 말에서 떨어지고 터무니없는 행동을 보여주면서 이런 경멸스러운 모습을 더욱 두드러지게 연출했다. 그 결과 전초 기지 갈리아 인들은 처음엔 경계하며 공격에 대처할 준비를 하다 이런 모습을 보고 대다수가 무장도 하지 않고 앉아서 구경하게 되었다. 누미디아 인들은 계속 달려 나가고 물러나고를 반복했지만, 점차 말들을 출구 가까이로 움직였다. 물론 그들은 자기 뜻과는 달리 말들이 제멋대로 움직이고 있다는 듯이 연기를 계속했다. 마침내 그들은 말에 박차를 가하고 적의 전초 기지 한가운데로 뛰어들었다. 이후 좀 더 트인 지역으로 나아간 누미디아 인들은 그곳에서 길 인근 모든 건물에 불을 붙였다. 그들은 가장 가까운 마을에 불을 붙이고 칼과 불로 전반적인 파괴를 일으키고자 계속 말을 몰고 나아갔다. 먼저 연기가 보였고, 이어 마을에서 공포에 사로잡힌 비명이 들렸다. 마침내 노인들과 아이들이 진지로 피신했고, 그곳에서 혼란을 일으켰다. 그 결과, 진지에 있던 적의 병사들은 아무런 계획도, 체계도 없이 자기 재산을 지키고자 제멋대로 황급히 마을 쪽으로 이동했다. 그 즉시 진지는 버려졌고, 봉쇄에서 벗어난 집정관은 목적지로 나아갔다.

12. 하지만 그해(기원전 193년) 로마와 전쟁을 벌이던 보이이 인들이나 스페인 인들은 아이톨리아 인들만큼 로마에 적대적이고 위협적이지 않았다. 그리스에서 로마 군이 물러난 이후 아이톨리아 인들은 처음부터 안티오코스가 로마 인들이 없는 유럽을 점령하러 올 것이고, 필리포스나 나비스가 그저 구경만 하고 있지는 않을 것이라는 희망을 품었다. 그러나 전혀 움직임이 없자 그들은 이런 지연 때문에 자신들의 계획이 자연히 소멸될 것을 염려하여 동요와 분쟁을 일으키기로 마음먹었다. 그에 따라 그들은 나우팍토스에서 회의를 열었다. 아이톨리아 최고 행정장관 토아스는 회의에서 로마 인들이 그들에게 저지른 잘못과 아이톨리아가 처한 억울한 상황에 대해 불평했다. 또한 그는 모든 그리스 민족과 도시 중에서 아이톨리아 인들이 가장 승리에 기여했건만 터무니없이 하찮은 명예만 누리고 있다는 말도 꺼냈다. 그는 사절들을 왕들에게 보내 그들을 떠보고 각자에게 맞는 선동을 활용하여 로마에 대하여 전쟁을 일으키도록 유도했다. 나비스에겐 다모크리토스, 필리포스에겐 니칸드로스, 안티오코스에겐 최고 행정장관의 형제인 디카이아르코스가 사절로 파견되었다.

스파르타 참주 나비스에게 다모크리토스는 해안 도시들을 상실하여 참주의 권력이 약해지고 있다는 걸 지적했다. 그는 나비스가 군인들을 모집하고 배와 선원들을 얻던 곳이 바로 그 해안 도시들이 아니냐고 말했다. 그는 참주가 성벽 안에 갇혀 이제 아카이아 인들이 펠로폰네소스를 지배하는 걸 보고만 있어야 하는 상황이라며, 이번 기회를 놓치면 그의 것이었던 영토를 돌려받을 기회가 다시는 없을 것이라고 경고했다. 게다가 지금 그리스에 로마 군이 없으며, 로마 인들은 기테움이나 다른 라코니아 해안 도시들의 상황을 그리스에 다시 군단을 보낼 이유로 내세울 수 없을 것이라고 했다.

이 모든 발언은 참주의 투지를 자극하기 위한 것이었고, 그렇게 하여 안티오코스가 그리스를 침공했을 때, 로마와의 우호 협정이 로마 동맹들에게 가해진 잘못으로 상쇄되었다는 걸 인식시켜서, 나비스가 안티오코스와 연합하도록 유도하려는 것이었다.

니칸드로스는 똑같은 주장으로 필리포스를 자극하려고 했다. 그에겐 주장할 수 있는 소재가 더 많았다. 참주 나비스보다 더 많은 명성을 잃고, 입은 손해도 더욱 컸기 때문이었다. 여기에 더해 사절은 옛 마케도니아 왕들의 명성을 언급하고 마케도니아 인들이 어떻게 온 세상을 행군하며 승리의 진군을 했는지를 떠올리게 했다. 그는 자신의 조언이 시작도 안전하고 결과도 성공적일 것임을 보장하겠다고 말했다. 안티오코스가 병력을 이끌고 그리스로 건너오기 전에 필리포스가 따로 움직여야 할 필요가 없기 때문이었다. 안티오코스 없이도 그토록 오래 로마와 전쟁을 지속한 그가 안티오코스와 연합하고, 그 무렵 필리포스에게 로마 인보다 더 위험한 적인 아이톨리아 인과 동맹을 맺는다면 로마 인들이 대체 무슨 병력으로 그를 버텨낼 수 있겠느냐는 게 아이톨리아 사절의 말이었다. 니칸드로스는 이런 식으로 필리포스에게 접근했다.

반면에 안티오코스에게로 간 디카이아르코스는 다른 방법을 활용했다. 그는 필리포스에게 빼앗은 전리품은 로마 인에게 넘어갔지만, 승리는 아이톨리아 인들의 것이라는 말로 시작했다. 그는 로마 인들이 그리스에서 기반을 마련할 수 있었던 건 다름아닌 아이톨리아 인들 덕분이며, 그들이 로마 인들에게 승리의 자산을 제공했다고 말했다. 이어 그는 안티오코스에게, 아이톨리아 인들은 전쟁을 위해 보병과 기병의 대군을 제공할 수 있으며, 안티오코스의 육군이 머무를 기지와 해군이 머무를 항구도 마련할 수 있다고 했다. 이어 그는 필리포스와 나비스에 관한 새빨간 거짓말을 전했다. 그는 두 사람 모두 반란을 준비하고 있으며, 전쟁에서 잃은 것을 회복할 기회만 노리고 있다고 말했다.

이런 식으로 아이톨리아 인들은 동시에 온 세상에서 로마에 대항하는 전쟁을 일으키고자 동분서주했다.

13. 그럼에도 불구하고 왕들은 아무런 움직임을 보이지 않거나 무척 더디게 움직였다. 나비스는 앞잡이들을 모든 해안 정착지로 보내 내분이 일어나도록 사주하고, 몇몇 주요 시민에게 뇌물을 주어 자신의 편으로 돌리는 동시에 로마와의 동맹을 완강히 고집하는 주요 시민들을 살해했다. 아카이아 인들은 티투스 퀸크티우스에게 모든 라코니아 해안 지역을 보호하는 책임을 이어받았다. 따라서 그들은 즉시 사절단을 참주에게 보내 로마와의 협정을 상기시키고 참주 자신도 그토록 바라던 평화를 위태롭게 만들지 말라고 공식적으로 경고했다. 그들은 또한 지금 참주의 공격을 받고 있는 기테움에 지원군을 보냈고, 사절들을 로마로 보내 참주의 이런 수상한 움직임을 보고했다.

안티오코스 왕은 겨울 동안 페니키아의 라피아에서 자신의 딸을 이집트의 프톨레마이오스 왕과 결혼시켰다. 안티오크로 돌아온 뒤 그는 겨울이 끝났을 때 타우로스 산맥을 건너 킬리키아를 통해 에페소스로 왔다. 봄이 시작되자 그는 자신이 부재 중일 때 소동이 일어나는 걸 막고자 왕국의 가장 먼 지역에 아들 안티오코스를 보내 지키게 한 뒤 모든 육군을 이끌고 시다 근처에 살던 피시디아 인들을 공격하러 나섰다.

로마의 조사위원인 푸블리우스 술피키우스와 푸블리우스 빌리우스가 엘라이아에 도착한 건 이 무렵이었다. 그들은 앞서 언급한 것처럼 안티오코스를 만나고자 파견되었지만, 에우메네스 왕을 먼저 만나보라는 지시를 받게 되었다. 그들은 엘라이아에서 에우메네스 왕의 궁전이 있는 페르가몬으로 향했다. 왕은 안티오코스와 어떻게든 전쟁을 벌이고 싶어 했다. 그는 평화 상태일 때 자신보다 훨씬 더 강력한 왕은 위험한 이웃이라고 생각했다. 반면 전쟁이 선포되면 안티오코스는 필리포스가 그러했던 것처럼 로마 인의 상대가 되지 못할 것이었다. 완패하여 전사하든 패배 이후 강화가 허락되든 안티오코스가 소유한 많은 것이 빼앗긴 뒤 자신에게 넘어올 것이었고, 그렇게 되면 이후 로마의 도움 없이도 안티오코스에 대항하여 나라를 지켜낼 수 있었다. 설혹 경미한 사고가 몇건 발생하더라도 홀로 맞서다 안티오코스의 지배에 굴복하거나, 항복을 거부했다가 무력에 의해 굴욕적인 항복을 당하는 것보다, 로마 인들과 동맹을 맺어 다가오는 어떠한 운명이라도 직면하는 게 훨씬 나은 방법이었다. 이러한 이유로 그는 자신의 모든 영향력과 모든 외교적 수단을 활용하여 로마 인들이 안티오코스를 상대로 전쟁을 선포하도록 유도하려 했다.

14. 조사위원 술피키우스는 병에 걸려 페르가몬에 머물렀다. 다른 조사위원 빌리우스는 안티오코스 왕이 피시디아에서 전쟁 중이라는 소식을 듣고 에페소스로 향했다. 그곳에서 며칠 동안 대기하면서 조사위원은 당시 그곳에 있던 한니발과 자주 만났다. 이는 한니발의 태도를 살피고 가능하다면 로마 인들에게 위협을 받고 있다는 두려움

을 해소해 주기 위해서였다. 이런 대화는 아무런 소득도 없었지만 그래도 소기의 효과를 거두었다. 마치 조사위원이 그런 회유의 의도를 가지고 한니발을 접근했던 것인 양, 안티오코스는 이 일 때문에 한니발을 낮게 평가하게 되었고 전반적으로 의심하게 되었다.

역사가 클라우디우스는 또 다른 역사가 아킬리우스가 전한 그리스 역사서의 내용에 의거하여 이런 기록을 남겼다.[12] 푸블리우스 아프리카누스는 이 조사위원단의 일원으로서 참가했고, 그리하여 에페소스에서 한니발과 대화를 나눴다. 클라우디우스는 심지어 이런 이야기가 두 장군 사이에 오갔다고 했다. 아프리카누스는 모든 시대를 통틀어 가장 위대한 장군이 누구냐고 한니발에게 물었고, 한니발은 이렇게 대답했다. "마케도니아 왕 알렉산드로스겠지요. 소규모 병력으로 무수히 많은 병사를 지닌 여러 군대를 패퇴시키고, 머나먼 땅까지 횡단했으니까요. 그런 머나먼 땅으로 나아갔다는 것만으로도 사람이 예측할 수 있는 걸 초월한 셈입니다."

아프리카누스가 두 번째는 누구냐고 묻자 한니발은 이렇게 대답했다. "피로스겠지요. 그는 진을 배치하는 기술을 처음으로 가르친 사람입니다. 그 외에도 지형을 선정하거나 병력을 배치하는 판단에서 그보다 더 훌륭한 사람은 없었습니다. 또한 사람들을 자기편으로 만드는 재능도 갖추고 있었죠. 그래서 이탈리아 사람들은 그토록 오

---

12 클라우디우스는 로마의 역사가 클라우디우스 콰드리가리우스를 가리킨다. 아킬리우스는 그리스어로 로마의 역사를 집필했다고 추정되는 인물이다. 스키피오와 한니발이 서로 만났다는 에피소드는 서기 2세기의 알렉산드리아 역사가인 아피아누스의 책에서도 언급된다. 그러나 이 시기의 로마 역사 중 가장 권위 있는 것으로 평가되는 폴리비오스의 『역사』에서는 언급되지 않는다. 그래서 두 장군의 만남은 후대의 첨가이거나 허구일 가능성이 있다고 보는 학자들도 있다.

랫동안 지역에서 최고 권력을 행사했던 로마 인들의 통치보다 이국에서 온 왕의 통치를 선호했던 것입니다."

아프리카누스가 그럼 세 번째로 누구를 들 것이냐고 묻자 한니발은 주저하지 않고 자기 자신을 꼽았다. 스키피오는 이에 웃음을 참지 못하며 말했다. "나를 이겼더라면 무슨 답변을 할 생각이었습니까?" 그러자 한니발은 이렇게 답했다. "그랬더라면 나 자신을 분명 알렉산드로스와 피로스 앞에 두었을 것입니다. 실상 모든 장군 앞에 두는 것이죠!"

클라우디우스는 카르타고 인의 정교한 분석과 예상치 못한 아첨이 담긴 이 답변에 스키피오가 깊은 인상을 받았다고 기록했다. 한니발이 스키피오를 일반적인 사령관 대열에서 따로 빼내어, 측정할 수 없이 훌륭한 장군이라고 은근히 추켜세운 것이기 때문이다.

15. 빌리우스는 에페소스에서 아파메아[13]로 향했다. 안티오코스는 로마 위원이 도착한다는 소식을 듣고 그를 만나러 그곳으로 갔다. 아파메아 회담에서 벌어진 논쟁은 사실상 로마에서 퀸크티우스와 왕의 사절들이 이전에 벌였던 논쟁과 똑같았다. 회담은 앞서 잠깐 언급했던 시리아로 간 왕의 아들 안티오코스가 현지에서 죽었다는 소식으로 중단되었다. 왕궁은 슬픔으로 가득했고, 젊은 왕자의 죽음에 한탄이 끊이지 않았다. 왕자는 이미 훌륭한 자질을 갖춰, 장수할 운명이었다면 위대하고 공정한 왕이 되는 데 필요한 모든 요소를 실현했을 것이었다. 그는 나라 전체에서 인기가 있었고, 백성들이 그에게

---

13 유명한 프리기아의 도시로 안티오코스 1세가 건립하고 그의 어머니 아파메의 이름을 따서 명명했다. 이 시점으로부터 5년 뒤인 기원전 188년에 안티오코스 왕과 로마 사이의 평화 협정이 이 도시에서 체결되게 된다.

보내는 애정은 엄청났다. 따라서 세간에서는 왕자의 아버지에 대한 의혹이 점점 더 늘어났다. 고령인 왕이 후계자인 아들이 자신에게 위협이 된다고 여기고 암살에 능한 환관들을 보내 독살시켰다는 것이 그 내용이었다. 백성들은 심지어 이런 은밀한 범죄를 저지른 이유까지 만들어냈다. 그들은 왕이 또 다른 아들 셀레우코스에게 리시마키아를 떼 주었지만, 안티오코스에게는 동급의 수도를 줄 수 없자 명예를 부여하는 척하며 일부러 멀리 내쫓아 죽였다는 것이었다.[14]

하지만 며칠 동안 깊은 애도의 슬픔이 왕궁에 스며들었다. 로마 조사위원은 불편한 시기에 온당치 않은 방문객이 될 것을 염려하여 페르가몬으로 물러났고, 그러는 사이 왕은 시작했던 전쟁을 포기하고 에페소스로 돌아갔다. 그곳에서 상을 치르는 기간 동안 왕궁이 닫혀 있을 때 안티오코스는 조신(朝臣)[15] 중 핵심 인물인 민니오와 은밀하게 음모를 꾸미느라 분주했다. 민니오는 외교 문제는 아예 몰랐고, 왕의 영향력을 시리아나 아시아에서 이룬 왕의 업적으로만 판단했다. 따라서 그는 로마 인들의 요구에 정당성이 없다고 생각하면서 안티오코스가 더 나은 대의를 내세우고 있다고 믿었고, 더불어 왕이 전쟁에서도 승리할 것이라고 확신했다. 안티오코스가 로마 조사위원과의 논쟁을 피했을 때(그런 논쟁이 전혀 이득이 없다고 생각해서였든, 아니면 아

---

14 안티오코스 왕의 두 아들에 대한 얘기는 더 이상 자세히 언급되지 않으나 마케도니아의 필리포스 왕의 두 아들 페르세우스와 데메트리오스의 이야기는 40권 5장 이하에서 자세히 다루어진다. 안티오코스 왕의 두 아들 이야기는 필리포스 왕의 가정 참사를 예고하는 일종의 복선이다.

15 조신에 해당하는 라틴어 원어는 amici로서 친구들이라는 뜻. 헬레니즘 세계의 왕들 궁정에서 군대의 장군 혹은 왕의 측근 고문관으로 근무하는 고위직 관리들을 가리키는 말인데 그리스어로는 필로이라고 한다. 민니오는 나중에 안티오코스의 휘하 장군들 중 한 사람으로 등장한다.

들을 잃은 슬픔으로 연기한 것이었든 간에), 민니오는 왕에게 자신이 왕의 대의를 뒷받침하는 주장을 펼칠 것이라고 장담하면서 로마 조사위원들을 페르가몬에서 불러들이라고 설득했다.

16. 술피키우스는 이제 몸이 회복되었고, 따라서 두 의원은 에페소스에 도착했다. 민니오는 왕이 자신이 없을 때 논의를 시작하게 된 점에 사과의 뜻을 표했다고 밝혔다. 그는 준비한 연설을 다음처럼 전달했다.

"로마 인들은 '그리스 국가들에 자유를'이라는 그럴듯한 슬로건을 채택했습니다. 하지만 여러분의 행동은 말과 일치하지 않습니다. 여러분은 안티오코스 국왕에게 법을 규정하면서 자국에는 전혀 다른 법을 적용했습니다. 스미르나와 람프사코스 주민들이, 로마와의 협정에 따라 조공과 배를 제공하는 네아폴리스, 레기움, 타렌툼 주민들보다 어떻게 더욱 그리스 인 같을 수 있겠습니까? 시라쿠사와 시칠리아의 다른 그리스 도시들이 권표와 군 지휘권을 지닌 법무관을 매년 받아들이는 이유가 무엇입니까? 여러분이 할 수 있는 대답은 확신하건대 전투에서 패배한 민족에게 이런 조건을 부과한다는 것 하나밖에 없습니다. 그렇다면 안티오코스 국왕이 똑같은 논리로 스미르나와 람프사코스, 그리고 이오니아와 아이올리스 도시들에 관해 펼친 주장을 여러분은 받아들여야 합니다. 그들은 전쟁에서 선왕들에게 패배하여 조공을 바치며 의지했습니다. 이제 안티오코스 국왕은 그들에 대한 옛 권리를 다시 주장하는 중입니다. 따라서 지금 이 논의가 단순히 전쟁할 구실을 찾는 것이 아니라 공평함을 근거로 진행되고 있는 것이라면 이런 점에 관해 여러분이 답변하셔야 한다고 주장하는 바입니다."

그러자 술피키우스는 이렇게 대답했다.

"자신을 변호하고자 할 수 있는 이야기가 그게 전부라서 자신이 아닌 다른 사람을 보내는 걸 선호했다면 안티오코스 왕은 참으로 적절하게 예의를 지켰구려. 그대가 비교한 도시들의 상황에서 대체 어떤 유사점이 있다는 말이오? 우리는 레기움, 네아폴리스, 그리고 타렌툼 주민들에게서 협정에 따라 마땅히 받아야 할 것을 요구하고 있고, 그들이 우리 통치를 받게 된 순간부터 권리는 단 한 번도 중단되지 않고 늘 행사되었소.

안티오코스 왕의 선조들에게 통치를 받게 된 이후 아시아 도시들이 내내 그대들의 영토에 속한 채로 있었소? 그곳 주민들이 자발적으로든 다른 세력의 간섭으로든 단 한 번도 협정을 변경한 적이 없었던가요? 정말로 그렇다고 주장할 수 있소? 그들 중 일부가 필리포스 왕의 손에 들어가거나, 혹은 프톨레마이오스 왕의 통치를 받거나 했다는 걸 부정할 수 있습니까? 다른 몇몇은 오랜 세월 동안 자유를 주장했고, 아무도 그들의 주장에 이의를 제기하지 않았는데 어떻게 그걸 부정할 수 있겠소? 그들이 한때 불리한 상황 때문에 강제로 굴종하게 되었다는 이유로 이미 수많은 세대가 지난 상황에서 다시 그들을 노예로 부릴 권리를 주장한다면 우리가 필리포스 왕에게서 그리스를 자유롭게 한 일도 사실상 무효가 되는 것 아니겠소? 그런 이유라면 필리포스 왕의 후손들이 코린토스, 칼키스, 데메트리아스, 그리고 테살리아 전역을 돌려달라고 요구하더라도 막지 못하는 것 아니오?

하지만 내가 이 공동체들을 변호할 이유는 없소. 우리, 그리고 안티오코스 왕이 그들의 변론을 직접 들어보는 게 더 적합할 것이오."

17. 이어 술피키우스는 도시들에 사절들을 보낼 것을 요청했다. 이 사절들은 에우메네스의 지시로 이미 준비하고 있던 사람들이었

다. 그는 안티오코스의 권력이 줄어들면 자기 왕국의 영향력이 그만큼 증대될 거라고 생각했다. 이렇게 하여 수많은 사절이 회담에 참석하게 되었고, 그들은 각자 특정한 의견을 제시했다. 이런 의견은 때로는 불평이기도 하고 요구이기도 했다. 또한 그들은 모두 정당하거나 부당한 주장을 뒤섞어 하며 논의를 논쟁으로 바꾸어 놓기도 했다. 그들 사이에 양보는 전혀 없었고, 로마 조사위원들은 올 때와 마찬가지로 그 어떠한 점도 분명하게 해결한 것 없이 빈손으로 로마로 돌아갔다.

사절들을 해산시킨 뒤 안티오코스 왕은 회의를 열고 로마와의 전쟁에 관해 논의했다. 이 논의에서 발언자들은 서로 앞다투어 호전적인 발언을 했다. 그것은 로마 인들에게 더욱 지독한 공격을 퍼부을수록 왕의 환심을 살 수 있다는 기대가 있었기 때문이었다.

몇몇은 로마 인들의 요구가 오만하다며 독설을 퍼부었다. 패배한 나비스에게 부과했던 조건들을 아시아에서 가장 위대한 왕인 안티오코스에게 감히 부과하려고 한다고 맹공했다. 그래도 나비스는 스파르타와 라케다이몬 인에 대한 통치권은 인정받았는데, 안티오코스가 스미르나와 람프사코스를 통치하는 사실은 견딜 수 없는 일처럼 여기는 로마 인들의 태도가 어처구니없다고 주장했다. 다른 이들은, 실상 그다지 중요하지도 않아 언급할 가치도 없는 도시들을 위대한 군주와 전쟁을 하려는 구실로 삼고 있다고 주장했다. 그러면서 부당한 통치는 늘 사소한 것을 요구하는 것부터 시작한다면서 과거 페르시아 인들이 스파르타를 속국으로 삼고자 했을 때 "흙과 물"[16]만 요

16 복종을 의미하는 페르시아의 상징.

구한 사실을 예로 들기도 했다. 그들은 로마 인들이 두 곳의 도시를 요구함으로써 페르시아 인들과 똑같은 방법을 쓰고 있다고 지적했다. 또한 그들은 이 두 도시가 해방되는 걸 보면 다른 공동체들도 곧장 로마 인들에게 넘어갈 것이라고 예상했다. 설혹 자유가 예속보다 나은 것이 아닐지라도, 현재 상황의 유지보다는 어떻게든 상황을 개선하는 것이 더 매력적으로 보이기 때문이었다.

18. 아카르나니아의 알렉산드로스는 이 회의에 참석했다. 그는 한때 필리포스의 친구였지만, 최근 그를 배신하고 더욱 매력적인 안티오코스의 궁정에 붙었다. 그리스를 철저히 알고 있고, 로마 인들에 관해서도 잘 아는 덕분에 그는 왕과 친밀한 사이가 될 수 있었고, 왕은 기꺼이 그와 은밀한 계획을 공유했다. 왕은 전쟁을 하느냐 마느냐가 문제가 아니라 어디서 어떻게 전쟁을 수행해야 하느냐를 깊이 생각했다. 그는 왕이 유럽으로 건너가 그리스 어느 지방에 전쟁을 위한 기지를 세우면 확실히 승리할 수 있다고 주장했다. 그는 전쟁을 시작할 때 왕이 그리스 중심부에 거주하는 무장한 아이톨리아 인들을 찾아내어, 그들을 맹렬한 교전에 뛰어들 선발대로 삼으면 된다고 했다. 또한 그리스에서 왕을 떠받치는 두 날개는 나비스와 필리포스가 될 것이라고 말했다. 그는 나비스가 펠레폰네소스에서 대혼란을 일으킬 준비가 됐고, 스파르타 성벽 안에 갇히기 전에 로마 인들이 자신을 몰아냈던 아르고스 인들의 도시를 회복하려고 벼르고 있다고 말했다. 또한 마케도니아에선 필리포스가 전투 개시를 알리는 나팔 소리를 듣는 순간 벌떡 일어나 무기를 들 것이라고 예상했다. 알렉산드로스는 이렇게 말했다.

"저는 필리포스의 호전적인 기세와 오만한 성정을 잘 압니다. 그는 마치 우리 안에 갇히거나 사슬에 매인 짐승처럼 오랫동안 가슴속에 맹렬한 분노를 품어왔습니다. 그가 전쟁을 하며 폐하를 동맹으로 삼게 해달라고 얼마나 자주 신들께 기원을 올리곤 했는지 저는 아직도 기억합니다. 이제 그런 기원이 충족된다면 그는 단 한 순간도 지체하지 않고 반란을 일으킬 겁니다. 하지만 주저하거나 물러서서는 안 됩니다. 승리는 전략적 위치를 선점하고 미리 동맹들을 얻는 것에 달렸기 때문입니다. 한니발은 지체 없이 아프리카로 돌려보내어 로마 인들의 주의를 흔들어놓아야 합니다."

19. 한니발은 이 회의에 초청받지 못했다. 그는 로마 조사위원 빌리우스와 대화를 나눈 일 때문에 왕에게 의심을 받았고, 더는 명예로운 대우를 받지 못했다. 처음에 한니발은 이런 굴욕을 묵묵히 견뎌냈다. 하지만 이런 갑작스러운 홀대의 이유를 묻고 자신이 올바르다는 걸 주장하는 게 최선이라는 생각이 점점 들었기에 적당한 때를 선택하여 직설적으로 왕이 불쾌한 이유를 물었다. 이유를 들은 한니발은 이렇게 말했다.

"안티오코스 왕이여, 내가 아이였을 때 아버지 하밀카르는 제물을 바치는 제단으로 나를 데려가 절대 로마 인과 친구가 되지 말라고 맹세하게 했습니다. 이 맹세를 충실히 지키기 위해 나는 36년 동안 싸웠습니다. 평화로운 시기엔 이 맹세 때문에 조국에서 추방당하기까지 했습니다. 조국에서 추방된 나를 당신의 왕궁으로 이끈 게 바로 이 맹세입니다. 설혹 당신이 내 기대에 미치지 못하더라도 이 맹세의 인도에 따라 나는 로마의 적을 찾아 온 세상을 돌아다닐 겁니다. 내가 아는 군사력이 있는 모든 곳에 가서 로마의 적을 찾아낼 생각입니다. 따라서 당신의 사람들 중 누구든 나를 고발하여 당신의 높은 평가를 받으려 하는 자가 있다면 나를 희생하여 이득을 보는 거 말고 다른 수단을 찾으라고 하십시오. 나의 아버지 하밀카르와 신들이 내가 말한 것이 진실인지 밝혀줄 증인이십니다. 따라서 당신이 어느 때든 로마와의 전쟁을 생각한다면 이 한니발을 가장 의지할 친구로 여기십시오. 로마와 평화로운 관계를 맺자고 재촉하는 생각이 든다면 그런 생각에 합류할 다른 사람을 찾도록 하십시오."

왕은 이 발언에 마음이 크게 움직여서 한니발에게 화해의 손을 내밀게 되었다. 회의는 로마와 전쟁을 시작하자는 결정이 내려진 뒤 해산되었다.

* * *

[192년의 집정관: 루키우스 퀸크티우스 플라미니누스, 그나이우스 도미티우스 아헤노바르부스]

23. 원로원 의원들은 당시 진행 중인 전쟁들보다 아직 시작되지 않았지만 곧 다가올 것으로 예상되는 안티오코스와의 전쟁을 더 걱정했다. 조사위원들을 통해 모든 상황을 계속 검토하고 있지만, 믿을 수 없고 실체가 없는 소문들이 약간의 진실과 엄청난 거짓이 뒤섞인 채로 나돌기 시작했다. 이런 소문들 중엔 안티오코스가 아이톨리아에 도착하자마자 곧장 함대를 시칠리아로 보내리라는 것도 있었다. 원로원은 이미 그리스에 함대와 함께 법무관 아틸리우스를 보냈다. 하지만 이제 도시들의 충성을 유지하기 위해 군사력 외에도 개인적인 권위의 영향도 필요했다. 그 사실을 알게 된 의원들은 그리스에 사절로 티투스 퀸크티우스, 그나이우스 옥타비우스, 그나이우스 세르빌리우스, 푸블리우스 빌리우스를 보냈다. 동시에 그들은 마르쿠스 바이비우스가 브루티움 인들의 영토에서 군단들을 빼내어 타렌툼과 브룬디시움으로 오게 했다. 또한 필요한 상황이 된다면 마케도

니아로 해당 군단들을 보내라고 지시했다.

법무관 마르쿠스 풀비우스는 원로원 지시에 따라 시칠리아 해안을 지킬 20척의 전함으로 구성된 함대를 보내기로 되었다. 이 함대의 지휘관은 군 지휘권을 갖게 될 예정이었다(지휘관은 지난해 평민 출신의 토목건축관리관 루키우스 오피우스 살리나토르였다). 법무관은 또한 동료인 루키우스 발레리우스에게 서신을 보내 안티오코스 왕의 함대가 아이톨리아에서 시칠리아로 건너올 위험이 있다는 걸 알리라는 지시를 받았다. 그에 따라 원로원은 루키우스 발레리우스가 이미 보유 중인 군대를 보충해주기로 결정했다. 그는 비상 병력을 1만 2천 보병에 4백 기병까지 모집하여, 이 병력을 가지고 그리스 방향의 시칠리아 해안을 지킬 것이었다. 법무관은 시칠리아뿐만 아니라 주변 섬들에서도 병사들을 모집하기로 되었다. 그는 또한 그리스 방향에 있는 모든 해안 도시에 배치된 주둔군을 증강해야 되었다.

전쟁의 소문들은 에우메네스 왕의 동생 아탈로스가 도착하면서 더욱 지속력을 얻었다. 아탈로스는 이런 소식을 전했던 것이다: 안티오코스 왕이 군대를 이끌고 헬레스폰토스로 넘어왔으며, 아이톨리아인들이 왕의 도착에 대응하여 군대를 동원할 수 있게 왕성하게 준비를 하고 있다.

원로원은 그 자리에 없는 에우메네스 왕과 로마로 온 아탈로스에게 감사를 표했고, 그에게 무료 숙소와 여흥을 제공했다. 또한 아탈로스는 두 마리의 말, 두 벌의 마구, 1백 파운드 무게의 은 용기, 그리고 20파운드의 황금 용기도 선물로 받았다.

* * *

31. 아카이아 인들과 참주 나비스 사이에 전쟁이 벌어지고 있을 때 로마 조사위원들은 동맹 도시들을 순회하며 단속에 나섰다. 아이톨리아 인들이 일부 동맹을 안티오코스의 편에 붙일지 모른다는 불안감이 있었기 때문이다. 조사위원들은 아카이아 인들에겐 최소한의 노력만 들였다. 그들이 나비스와 적대적이었으므로 다른 문제에서도 믿을 만하다고 보았기 때문이었다. 조사위원들은 가장 먼저 아테네로, 이어 칼키스로, 그리고 마지막으로 테살리아로 나아갔다. 동맹 회의에서 테살리아 인들을 상대로 발언한 이후에 조사위원들은 데메트리아스로 나아갔는데, 그곳에서 마그네시아 인들의 회의가 열렸기 때문이다. 이 모임에서 로마의 조사위원들은 더욱 신중하게 단어를 고르며 발언했다. 주요 인물 몇몇이 로마 인들과 소원해져 전적으로 안티오코스와 아이톨리아 인들의 편을 들고 있었던 것이다. 이렇게 된 것은 인질이었던 필리포스의 아들 데메트리오스가 아버지에게로 돌아갔으며, 필리포스에게 부과된 공물이 면제되었다는 소식이 들리자 수많은 근거 없는 이야기가 나돌았기 때문이었다. 이런 이야기 중에는 로마 인들이 데메트리아스 도시를 필리포스에게 돌려주기로 했다는 것도 있었다.

이런 일이 벌어지는 걸 방지하고 싶었던 마그네시아 인들의 지도자인 에우리로코스와 그를 따르는 몇몇은 안티오코스와 아이톨리아 인들이 출현함으로써 발생하게 되는 큰 변화를 더 선호했다. 따라서 이런 사람들에 대한 대응 논리는 먼저 그들의 근거없는 두려움을 해소시키면서도, 필리포스의 희망을 차단하여 필리포스가 로마에게 등 돌리는 일이 없게 해야 되었다. 왜냐하면 필리포스는 마그네시아 인들보다 모든 면에서 더 중요한 인물이었기 때문이다.

그리하여 로마 조사위원들은 이런 논리를 펼쳤다: 그리스 전역이 로마에게 자유라는 축복을 빚졌지만, 데메트리아스 시는 더욱 감사해야 할 특별한 이유가 있다. 마케도니아 주둔군이 그곳에 배치되었을 뿐만 아니라 마케도니아 왕족의 거주지도 지어져 항상 눈앞에 주인을 모시게 된 상태에서 자유의 해방을 얻었기 때문이다. 조사위원들은 또한, 아이톨리아 인들이 안티오코스를 필리포스의 왕궁으로 데려와 오랫동안 경험한 군주 대신 새로운 미지의 군주를 왕좌에 앉힌다면 애써 얻은 자유는 물거품이 되고 말 것이라고 지적했다.

마그네시아의 최고 관직명은 마그네타르크였다. 에우리로코스는 당시 이 자리에 있었고, 자신의 관직이 지닌 권위에 기대어 자신과 자신의 동포들은 데메트리아스 도시가 필리포스에게 반환된다는 사실을 숨겨서는 안 된다고 말했다. 그는, 이를 방지하고자 마그네시아 인들은 모든 노력을 기울이고 어떠한 위험도 감수할 것이라고 했다. 이어 논쟁이 지나치게 과열되자 그는 심지어 데메트리아스가 겉보기론 자유롭게 보여도 실제로는 모든 게 로마 인이 좌지우지하는 도시라는 말을 던졌다. 이 말에 군중들 사이에서 찬반양론의 함성이 터져 나왔다. 듣는 자들 중 일부는 긍정을 표시했지만, 다른 이들은 에우리로코스가 어떻게 그런 말을 감히 할 수 있느냐면서 분노를 터뜨렸다.

퀸크티우스는 불같이 화를 내며 양손을 하늘로 뻗고 신들께서 마그네시아 인들의 이런 배은망덕하고 기만적인 태도를 본 증인이 되어주시길 바란다고 했다. 이 말로 민회에 참석한 사람들 사이에 전반적인 불안감이 돌았다. 주요 시민 중 한 사람인 제노는 고상한 생활을 영위해 왔고, 지속적으로 로마의 편을 들면서 엄청난 영향력을 행사하고 있었다. 그는 퀸크티우스와 다른 로마 조사위원들에게 눈물을 보이며 한 사람의 광기를 공동체 전체에 전가하지 말아달라고 간청했다. 그는 한 사람이 제정신이 아니라면 그 사람만 책임지면 되는 것이라고 했다. 그는 마그네시아 인들이 티투스 퀸크티우스와 로마 인들에게 자유를 빚졌으며, 사실 사람이 신성하고 소중하게 여기는 모든 걸 빚졌다고 말했다. 그는 불멸하는 신들께 기원할 수 있는 모든 걸 로마 인 덕분에 가질 수 있었다는 것이었다. 마그네시아 사람들은 로마와의 우호 관계를 어기는 일을 하는 것보다는 광기 어린 동포들에게 폭력을 사용하는 게 오히려 더 낫다고 했다.

32. 제노의 발언 이후에 혼잡한 민회의 기도 소리가 그 발언에 호응했다. 에우리로코스는 회의장을 떠나 은밀한 길을 통해 성문에 도착했고 그곳에서 곧장 아이톨리아로 도망쳤다. 이제 날이 갈수록 더욱 공개적으로 아이톨리아 인들은 그들의 배신을 노골적으로 드러냈다. 당시 그들의 지도자 토아스는 안티오코스를 만나러 갔었고, 임무를 끝내고 왕의 사절로 메니포스를 데리고 돌아왔다. 이 두 사람은 회의가 열리기도 전에 모든 아이톨리아 인의 귀에다 왕의 육군과 해군에 관해 보고했고, 엄청난 기병과 보병 부대가 유럽으로 건너오고 있음을 알렸다. 인도에서 모은 코끼리들도 데리고 올 예정이었다. 무엇보다 (이것으로 그들은 아이톨리아 인 다수의 마음을 가장 강력하게 돌릴 수 있다고 믿었다) 엄청난 양의 황금이 병력과 함께 오고 있어 로마 인 자체도 돈 주고 살 수 있을 정도라고 덧붙여 말했다.

이런 발언이 동맹 회의에서 일으킨 흥분은 대단한 것이었다. 두 사절이 도착했다는 사실은 로마 조사위원들에게 보고되었을 뿐만 아니라 두 사절의 행동 또한 조사위원들에게 계속 보고되었다. 비록 조사위원들의 희망은 거의 사라졌지만, 퀸크티우스는 몇몇 동맹 사절을 회의에 참석시켜 아이톨리아 인들을 상대로 아이톨리아는 여전히 로마의 동맹이라는 사실을 상시키고, 또 다른 동맹들은 안티오코스 왕의 사절을 못마땅하게 여긴다는 뜻을 자유롭게 밝히도록 할 생각이었다. 이 일엔 특히 아테네 인들이 적합했는데, 도시 자체가 지닌 위신과 그들이 과거에 아이톨리아 인들과 제휴 관계를 맺어 왔기 때문이었다. 회의에서 토아스는 가장 먼저 발언권을 얻어 자신의 임무에 부응하는 발언을 했다. 그가 말을 마친 뒤엔 메니포스가 소개되었다. 메니포스는, 필리포스 왕의 지위가 손상되지 않았을 때 안티오코스 왕이 개입할 수 있었더라면 그리스와 아시아의 모든 주민에게 최선이었을 것이라고 지적했다. 그렇게 되면 모두가 자기 몫을 가졌을 것이고, 모두가 로마 인의 명령에 굴복해야 하는 상황까지 오진 않았을 것이라고 말했다. 그는 계속하여 이런 말도 했다.

"심지어 지금도 여러분이 단호하게 채택했던 방침을 끝까지 수행한다면 신들의 도움을 받고 아이톨리아 인들을 동맹으로 삼은 안티오코스 왕께서 그리스를 이전처럼 명예로운 상태로 번영하도록 해주실 겁니다. 비록 지금 상당히 쇠퇴하기는 했지만 말입니다. 하지만 이런 명예로운 상태는 자유에 기반을 둔 것입니다. 자유는 자기 힘으로 유지되어야지, 남의 뜻에 의존해서는 안 됩니다."

왕의 사절이 발언을 마치고 그 다음으로 아테네 인들에게 발언권이 주어졌다. 그들은 왕에 관한 언급은 일절 생략했다. 하지만 그들은 아이톨리아 인들이 로마와 동맹을 맺고 있으며, 티투스 퀸크티우스가 그리스 전역을 위해 그들에게 해준 성실한 봉사를 상기시켰다. 또 아이톨리아 인들이 과도하게 성급한 결정을 내림으로써 이 동맹을 무책임하게 뒤엎지 말라고 촉구했다. 성급하고 위험한 계획은 처음엔 무척 신나지만, 막상 적용해보면 아주 괴롭고 그 결말마저 우울하다는 것이었다. 그들은 또 티투스 퀸티우스를 포함하는 로마 조사위원들이 가까운 곳에 있다고 말했다. 되돌릴 수 없는 행동에 나서기 전에, 덥석 아시아와 유럽을 무장시키는 것보다는 말로 해당 문제를 철저하게 논의하여 치명적인 전쟁을 피하는 게 더 낫다고 그들은 말했다.

33. 하지만 회의 참석자들은 대부분 급격한 변화를 갈망했고, 안티오코스를 굳게 지지했다. 또한 그들은 로마 인들은 회의에 들어오는 것조차 못하게 하기로 결정했다. 이런 결정을 주도한 건 영향력을 발휘하여 회의에서 아테네 인들에게 발언권을 보장한 주요 인사들이었는데, 특히 나이가 많은 원로들이었다. 퀸크티우스는 아테네 인들이 이런 결정에 관해 보고해 오자 아이톨리아에 직접 가야겠다고 생각했다. 그는 자신이 아이톨리아 인들에게 어느 정도 영향력이 있다고 생각했고, 그게 안 된다면 적어도 앞으로 벌어질 전쟁의 책임이 아이톨리아 인에게 있으며, 로마 인들은 실상 본의 아니게 정의를 위해 무기를 들 수밖에 없었음을 모든 그리스 사람들에게 알려주고 싶었다.

아이톨리아에 도착한 퀸크티우스는 아이톨리아 의회에서 로마 인과 아이톨리아 인이 맺은 기존의 동맹, 그리고 협정 의무라는 측면에서 아이톨리아 인이 신의를 어긴 많은 사례에 관해 이야기하는 것으로 시작했다. 그는 이어 분쟁 중인 도시들의 합법적인 자격에 관해서도 몇 마디 언급했다. 그는 아이톨리아 인들이 정당한 권리가 있다고 판단했다면 로마로 사절단을 보내 중재를 요청하여 그에 따르거나 아니면 원로원에 호소를 하는 것이, 아이톨리아 인들이 배후에서 프로모터[17]가 되어 안티오코스 왕과 로마 사이의 전쟁을 부추기는 것

17 프로모터에 해당하는 라틴어는 lanistis(라니스타의 복수형)이다. 이 단어는 로마식 은유로서 폴리비오스의 『역사』에는 나오지 않는다. 라니스타(lanista)는 검투사 집단의 감독이

보다 훨씬 나은 일 아니었겠느냐고 했다. 그는 이 전쟁은 인류에 막대한 혼란을 안길 것이고, 그리스를 파괴할 것이라고 지적했다. 또한 이 전쟁으로 인한 참사는 전쟁을 불러온 자들이 가장 먼저 당하게 될 것이라고 경고했다.

로마 인의 이런 예언자 같은 경고는 전혀 효과가 없었다. 오히려 퀸크티우스의 뒤를 이어 연단에 오른 토아스와 그와 같은 파벌의 다른 이들에게 갈채로 화답했다. 로마 인들이 떠날 때까지 그들은 의회를 해산하지 않았고 이런 포고령을 내렸다: 그리스를 자유롭게 하기 위해 안티오코스를 초청하는 것이며, 그에게 아이톨리아 인들과 로마 인들 사이의 논쟁을 판단하도록 한다.

이러한 결정 자체도 오만하기 짝이 없었지만, 아이톨리아 최고 행정장관인 다모크리토스는 개인적으로 모욕을 느낄 법한 태도로 나왔다. 퀸크티우스가 포고령 원본을 요구하자 그는 로마 인의 드높은 위엄을 전혀 존중하지 않으면서, 당장 급한 일을 처리할 것이 있다며 그 요구를 무시했다. 그는 이어, 포고령 원본은 조만간 이탈리아에서 테베레 강의 둑에 진지를 친 다음에 전달하겠다고 대답했다. 그것은 당시 행정장관들을 포함하여 아이톨리아 인들을 사로잡은 광기가 어느 정도인지 잘 보여주는 태도였다.

34. 퀸크티우스와 로마 조사위원들은 코린토스로 돌아왔고, 그곳에서 안티오코스의 움직임에 관해 그들에게 들어온 다양한 보고서를 검토했다. 그러는 사이 아이톨리아 인들은 아무것도 하지 않고 그

다. 여기서는 로마 인과 안티오코스가 검투사로, 아이톨리아 인이 라니스타에 비유되어 있다. 그러니까 아이톨리아 인은 배후에서 싸움을 감독하기만 할 뿐 그 자신이 모험을 걸지는 않는다는 뜻.

저 왕이 도착하기만 기다리는 사람들인 것처럼 보이고 싶지 않았다. 따라서 로마 인들을 보낸 뒤에 전체 민족이 모이는 회의를 개최하지 않았지만, 아포클레티(특별히 선정된 사람들로 구성된 고위급 회의를 일컫는 명칭)[18]를 활용하여 그리스 전체에 시작될 혁명의 방식에 관한 논의를 했다. 일반적으로 말해서, 도시의 주요 인사나 귀족은 로마와의 동맹을 지지하고 현재 정세에 만족했지만, 민중 대다수와 현재 상황에 만족하지 못하는 이들은 모두 급격한 변화를 선호했다.

데메트리아스, 칼키스, 스파르타 점령을 위해 아이톨리아 인들은 대담하기만 한 게 아니라 절차와 기대를 모두 무시하는 아주 뻔뻔한 계획을 채택했다. 각 도시에는 지도자들이 한 명씩 파견되었는데, 칼키스엔 토아스, 스파르타엔 알렉사메노스, 데메트리아스엔 디오클레스가 파견되었다. 디오클레스는 이전에 도망친 이유를 언급한 추방자 에우리로코스의 도움을 받았다(에우리로코스의 추방과 그 이유는 이미 앞에서 언급되었다). 에우리로코스는 이렇게 협조하는 방법 이외에는 조국으로 돌아올 길이 없었던 것이다.

이 추방자가 보낸 서신의 지시를 따라 그의 친척들과 친구들, 그리고 그의 파벌 일원들은 추방자의 아내와 자식들을 데려와 상복을 입히고 탄원자가 드는 올리브 나뭇가지를 들게 하여 사람들이 붐비는 민회로 나아갔다. 그곳에서 그들은 한목소리로 유죄 판결도 받지 않은 무고한 자가 추방된 채로 늙게 해서는 안 된다고 간청했다. 순진한 자들은 측은하게 여겨서 마음이 움직였고, 악당들과 혁명을 바라는 자들은 아이톨리아 인들의 지원을 받는 민중 봉기를 통해 기존 질

18 아포클레티(apocleti)는 동맹 회의의 선별된 위원회를 가리키는 말. 주로 은밀하게 만나서 정책의 방향을 논의한다.

서를 어지럽히겠다는 희망에 불타고 있었다. 다양한 개인적 동기로 사람들은 에우리로코스를 다시 불러들일 것을 요청했다.

이런 사전 준비를 마친 이후 디오클레스는 당시 자신이 지휘하던 기병대 전부를 데리고 떠났는데, 추방된 친구를 조국으로 호송하겠다는 구실을 앞에 내세웠다. 밤낮으로 진군한 그는 엄청난 거리를 이동했고, 도시에서 10km 떨어진 곳에 이르자 정예 기병대 세 부대만 데리고 동이 틀 때 먼저 행군했고, 나머지 기병대에겐 뒤를 따라오라고 지시했다. 성문 근처에 도착하자 그는 휘하 모든 장병에게 말에서 내려 자유로운 대열로 말의 고삐를 잡고 앞으로 걸어가라고 지시했다. 이렇게 여행자처럼 보이려는 건 공격하려는 군대라기보다는 지휘관의 수행단이라는 인상을 주기 위해서였다. 이어 그는 성문에 기병대 한 부대를 남겼는데, 이는 따라오는 기병대가 차단되어 도시 안으로 들어오지 못하는 일이 없게 하려는 것이었다. 그는 에우리로코스를 호송하여 도시 중앙으로 나아가 포룸에 이르렀는데 그와 손을 맞잡은 채로 움직이고 있었다. 많은 사람이 에우리로코스를 축하하고자 그에게 다가 왔다. 이내 도시엔 기병이 가득하게 되었고, 전략적 거점은 전부 점령되었다. 이어 병사들은 에우리로코스에 반대하는 파벌의 지도자들의 집을 찾아가 그들을 죽였고, 그렇게 하여 데메트리아스 도시는 아이톨리아 인들의 손에 넘어가게 되었다.

35. 스파르타에 대한 계획은 그 도시를 맹렬히 공격하는 것이 아니라 참주 나비스를 속임수로 죽여 버리는 것이었다. 나비스는 로마 인들에게 해안 도시들을 빼앗겼고, 사실상 아카이아 인들에 의해 스파르타 성벽 안에 갇힌 상태였다. 누구든 가장 먼저 그를 암살하는 자는 스파르타 인들의 감사를 받을 것이었다. 아이톨리아 인들은 나비스에게 병사를 보낼 명분이 있었다. 실제로 아이톨리아 인들이 반란

을 일으키라고 선동했기에 나비스는 그들에게 지원군을 보내달라고 싫증이 나도록 간청했던 것이다. 알렉사메노스는 젊은 전사들 중에서 선발된 1천 명의 보병과 30명의 기병을 데리고 움직였다. 이들은 위에서 언급한 아포클레티에서 최고 행정장관 다모크리토스로부터 엄격한 지시를 받았다. 그들은 아카이아 전쟁을 위해 파견되었다고 생각해서는 안 되고, 또 각자 이번 출동의 목적을 추측해서도 안 되었다. 단지 적절한 상황이 벌어져 알렉사메노스가 졸지에 어떤 행동을 취한다면 그 행동이 아무리 갑작스럽거나 경솔하거나 모험적이거나 하더라도 따지지 말고 무조건 복종해야 되었다. 또한 그들은 마치 그 일 하나만을 수행하기 위해 조국을 떠난 것처럼 기꺼이 행동에 나서야 했다.

이렇게 준비된 별동 부대와 함께 알렉사메노스는 참주에게로 왔고, 그러한 아이톨리아 인들의 도착에 참주는 곧장 희망을 품게 되었다. 알렉사메노스는 안티오코스가 이미 유럽으로 건너왔으며, 곧 그리스에 도착할 것이라고 참주에게 알려주었다. 안티오코스는 땅과 바다를 병사들과 무기로 가득 채울 것이며, 로마 인들은 상대가 필리포스가 아니라는 걸 확신하게 될 것이라는 말도 덧붙였다. 안티오코스의 보병과 기병은 셀 수 없을 정도로 많고, 코끼리의 전열을 보기만 해도 로마 인들이 겁을 집어먹고 전쟁은 곧바로 종결될 거라는 말도 했다.

알렉사메노스는 또한, 아이톨리아 인들은 그럴 상황이 되면 전군을 이끌고 스파르타로 올 준비가 되어 있다고 말했다. 하지만 그들은 안티오코스 왕이 도착할 때 온전한 병력을 보여주고 싶어 했다. 그는 나비스 본인도 병력을 데리고 나와 무장한 채로 훈련을 수행해야 한다고 말했다. 그래야 사기도 높이고 신체도 단련할 수 있다는 것이었다. 꾸준히 훈련하면 어려움도 더욱 완화될 것이며, 지휘관의 호의와 친절이 훈련을 유쾌한 것으로 바꾸어 놓을 수 있다고 했다.

그 이후 나비스의 군대는 도시 앞의 들판, 에우로타스 강이 그 옆을 흐르는 들판에 자주 나오게 되었다. 이때 대체로 참주의 경호원들은 전열 중앙에 배치되었다. 참주는 기껏해야 세 명의 기병만을 대동했고, 알렉사메노스는 보통 그들 중 하나였다. 그는 군기 앞에서 말을 달려 자신의 부대를 한쪽 측면 끝에서 다른 쪽 측면 끝까지 점검했다. 아이톨리아 인 부대는 우익에 배치되었는데, 우익은 이전에 참주와 함께 있던 예비 부대와 알렉사메노스가 데려온 1천 명으로 구성되었다. 알렉사메노스는 그 자신을 위하여 일정한 절차를 수립했다. 그는 먼저 참주와 함께 몇몇 대열을 돌아다니고 중요하게 보이는 점을 참주에게 언급한 뒤 말을 타고 우익의 자기 병사들에게 떠났고, 상황에 따라 필요한 명령을 내리고 오기라도 한 것처럼 다시 참주에게로 돌아왔다.

하지만 그가 범죄를 저지르기로 한 날 그는 참주와 잠깐 말을 탄 뒤 자기 병사들에게로 가서 자신과 함께 조국을 떠나오게 된 서른 명의 기병들에게 이렇게 말했다. "나의 젊은 전사들이여, 우리는 이제 전에 명령받은 대담한 일을 시작하고 내 지휘에 따라 그것을 대담하게 수행해야 한다. 용기를 내고 무기를 준비하라. 내가 하는 행동을 지원하는 데 있어서 누구도 주저하지 않도록 하라. 누군가 주저한다면, 또 누군가 내 계획 대신 자기 계획대로 행동한다면 그자는 조국과 가정으로 돌아갈 수 없게 된다는 것을 알게 될 것이다." 이 말에 모든 기병이 두려움에 사로잡혔지만, 그들은 조국을 떠나올 때 받았던 지시를 떠올리며 자신을 다잡았다.

참주는 전열의 왼쪽에서 오는 중이었다. 알렉사메노스는 기병들에게 창을 아래로 내리고[19] 자신에게서 눈을 떼지 말라고 명령했다. 그는 다가올 엄청난 일을 생각하면서 혼란스러운 가운데서도 용기를 냈다. 그는 나비스에게 가까워지자 돌격하여 참주의 말을 찔렀고, 참주는 그 충격으로 땅에 떨어졌다. 참주가 땅에 쓰러지자 기병들은 창으로 그를 마구 찔렀다. 창질은 그의 흉갑에 가해져 효과가 없었지만, 공격이 계속되다 보니 결국 보호되지 않은 몸이 창에 찔렸다. 전열 중앙에서 그를 도우러 오기 전에 나비스는 숨을 거두었다.

36. 알렉사메노스는 모든 아이톨리아 인과 함께 전속력으로 나아가 왕궁을 장악했다. 경호원들은 처음에 눈앞에서 벌어진 일로 공황에 빠졌다. 이어 아이톨리아 부대가 떠나는 것을 본 뒤에 그들은 버려진 참주의 시체 주위로 몰렸고, 그의 목숨을 지키고 그의 죽음에 복수를 맹세해야 마땅할 자들이 그저 멍하니 쳐다보는 구경꾼 무리가 되었다. 알렉사메노스는 시민들에게 비무장 민회에 참석하라고 지시하고 그 회의에서 상황에 적합한 연설을 했다. 그 후 다수의 아이톨리아 인들이 무장을 했으나 시민들에게 폭행을 가하지는 않았다. 그래서 스파르타 인들은 별로 저항하지 않을 듯한 기세였다.

하지만 기만으로 시작된 일이 대개 그렇듯이, 모든 상황이 겹쳐져서 그 범죄를 저지른 자들의 몰락을 앞당겼다. 알렉사메노스는 왕궁에 틀어박혀 밤낮으로 참주의 보물이 얼마나 되는지 검토했고, 아이톨리아 인들은 도시의 해방자로 보이고 싶어 했으나 실은 점령자처럼 행동했고 곧이어 약탈에 나섰다. 이런 모욕적인 대우와 아이톨리아 인들이 스파르타 인들을 경멸하는 태도는, 스파르타 인들의 투지

19 창을 아래로 내린다는 것은 공격 준비를 갖춘다는 뜻이다.

를 불태워서 그들이 단합하여 행동에 나서는 계기가 되었다. 몇몇스파르타 인은 빨리 아이톨리아 인들을 축출해야 하며, 회복 직전에 빼앗긴 자유를 다시 찾아야 한다고 주장했다. 다른 몇몇은 왕족의 일원을 표면상 대표로 내세워 집중된 행동을 취해야 한다고 주장했다.

왕족 일원 중엔 참주의 아들들과 함께 자란 라코니코스가 있었으나 아직 소년에 불과했다. 하지만 스파르타 인들은 그를 말에 태우고 무기를 들게 한 뒤 도시를 돌아다니는 아이톨리아 인들을 만나는 족족 죽여 버렸다. 그들은 이어 왕궁 공격에 나섰고, 알렉사메노스는 소수의 전우와 함께 저항했지만 곧 죽임을 당했다. 아이톨리아 인들은 청동으로 만든 미네르바의 신전인 칼키오이코스 주변에 모여 있었으나 곧 학살당했다. 소수만이 무기를 버리고 도망쳐 일부는 테게아로, 다른 일부는 메갈로폴리스로 도망쳤다. 하지만 그들은 그곳 행정장관들에게 체포되어 경매장에서 노예로 팔려갔다.

37. 그러는 사이 필로포이멘[20]은 참주의 암살 소식을 듣고 스파르타로 떠났다. 도시가 공포와 혼란의 장이 된 걸 알게 된 그는 주요 시민들을 불렀고, 알렉사메노스와는 다르게 위안을 주는 연설을 한 뒤 스파르타 인들을 아카이아 연맹에 소속시켰다. 이 일은 아울루스 아틸리우스가 당시 24척의 5단 노선을 이끌고 기테움에 도착했기에 훨씬 더 쉽게 해낼 수 있었다.

* * *

20 아카이아 연맹의 용감한 장군. 기원전 183년에 그는 일흔 살이었는데 아카이아 연맹에서 탈퇴한 메세네 정벌에 나섰다가 메세네 사람들에게 체포되어 투옥되었다가 독살 당했다. 그의 유골은 고향 메갈로폴리스로 돌아왔는데 그 유골 항아리를 청년 폴리비오스가 들고 왔다.

42. 로마 인들이 새로운 전쟁 준비에 열중하는 동안 안티오코스 역시 준비를 게을리하지 않았다. 하지만 스미르나, 알렉산드리아 트로아스, 람프사코스, 세 도시가 아시아에다 그의 발을 묶어놓았다. 그는 여태까지 그 도시들을 공격으로 점령하지도 못했고, 강화 협상을 통해 우호 관계로 끌어들이지도 못했다. 그는 그리스로 향할 때 후방에 그 도시들을 남겨두기를 원하지 않았다. 또한 한니발 문제에 대한 우려로 지체되기도 했다. 우선 한니발과 함께 아프리카로 보내려던 갑판 달린 배들이 지연되었다. 그 다음엔 한니발을 과연 파견해야 하는지 여부를 두고 논쟁이 시작되었다. 이 문제는 특히 아이톨리아 인 토아스가 제기했다. 그리스가 대혼란의 장이 되었을 때 토아스는 데메트리아스 도시가 자신의 손에 들어왔다는 말을 전했다. 그는 왕에 관하여 일부러 거짓말을 퍼뜨렸다. 그는 안티오코스의 병력을 크게 과장하는 것으로 그리스에 엄청난 자극을 일으켰고, 마찬가지 부류의 거짓말로 왕의 기대를 한껏 부풀렸다. 그는 모든 사람이 왕이 오기를 기원하고 있고, 왕의 함대가 보이면 모든 해안에 사람들이 몰려들 것이라고 예상했다.

토아스는 심지어 이제 거의 정해진 한니발 문제에 대하여 왕의 결정을 흔들기까지 했다. 그는 왕의 함대에서 몇몇 전함이 분리되는 건 옳지 않다는 의견을 제시했다. 설혹 그렇게 전함들을 보내야 한다고 하더라도 한니발을 지휘관으로 앉힌다는 것은 아주 부적절하다는 것이었다. 한니발은 추방자이자 카르타고 인이며, 그의 환경이나 천성이 날마다 천 가지도 넘는 새로운 음모를 꾸며내는 자라는 것이었다. 또한 한니발의 군사적 명성은, 비유적으로 말해보자면 왕에게 귀한 대접을 받게 만드는 일종의 지참금 같은 것인데, 왕의 부하 지휘관으로서는 지나치게 과도한 대접을 받는다는 것이었다. 그는, 세간의 주목을 받아야 할 사람은 왕이고, 왕은 유일한 지도자이자 총사령관으로 나서야 하는데 여기에 한니발이 지장을 준다는 것이었다. 한니발이 함대나 육군을 잃게 된다면 다른 장군이 지는 것과 마찬가지로 한 번의 패배이지만 그가 뭔가 하나 성공이라도 거둔다면 그 영광은 왕이 아닌 한니발에게 돌아갈 것이라고 했다. 또한 전쟁 중에 행운이 함께하여 로마 인들을 정복하게 된다면 한니발이 신하로서 왕의 밑에서 고분고분하게 지낼 것을 기대하면 안 된다고 했다. 그는 한니발이 조국의 권위에도 승복하지 않고 도망친 자라고 지적했다. 그는 한니발이 어렸을 때부터 온 세상을 지배할 생각과 기대를 하며 행동해왔기에 이제 노령에 이른 그가 또 다른 주인 밑에서 묵묵히 견디지 못할 거라고 했다.

그는 안티오코스 왕이 한니발을 지휘관으로 써서는 안 된다고 주장했지만, 동지이자 조언자로서는 무난하다고 말했다. 한니발의 조언 능력으로부터 적당한 이익을 취하면 위험하지도 않고, 이익도 다소 있을 것이지만, 야전에 지휘관으로 투입하여 최대한 결과를 얻으려고 하면 그에게 지휘권을 주는 자나 받아들이는 자나 모두 위태로울 것이라고 지적했다.

43. 혈통과 신분에 부합하지 못하는 성품을 가진 자만큼 질투에 취약한 자도 없다. 왜냐하면 이런 자는 다른 사람의 용기나 뛰어난 자질을 미워하기 때문이다. 전쟁이 시작될 때 한니발을 파견한다는 왕의 계획(유일하게 쓸모 있던 계획)은 즉시 폐기되었다. 안티오코스는 데메트리아스 도시가 로마 인에게서 아이톨리아 인에게로 넘어간 것에 특히 고무되었고, 더 이상 그리스로 떠나는 걸 미루지 않기로 했다. 함대가 항해를 떠나기 전 그는 미네르바에게 제물을 바치고자 해안에서 일리움으로 나아갔고, 돌아올 때에는 40척의 갑판을 갖

춘 배와 60척의 갑판이 트인 배, 그리고 식량과 전쟁 도구를 가득 실은 200척의 화물선과 함께 왔다.

그는 우선 임브로스 섬으로 나아갔고, 그곳에서 스키아토스로 향했다. 왕은 그곳에서 난바다에 흩어졌던 배들을 결집시켜 프텔레움으로 나아갔는데, 처음 보는 그리스 본토였다. 왕은 그곳에서 데메트리아스에서 온 마그네시아 지도층과 마그네타르크(국가 최고위직) 자리에 있던 에우리로코스를 만났다. 왕은 자신을 마중 나온 자들의 엄청난 숫자에 기뻐했고, 다음날 함대를 데메트리아스 항구로 들여보냈고, 그곳으로부터 멀지 않은 곳에 휘하 부대를 상륙시켰다. 부대는 1만 명의 보병, 5백 명의 기병, 여섯 마리의 코끼리로 구성되었다. 이 정도 병력으로는 로마와의 전쟁을 지속할 수 없다는 건 말할 필요조차 없고, 설사 그리스가 방어시설이 없다고 하더라도 그 그리스를 점령하기에도 턱없이 모자라는 병력이었다.

안티오코스가 데메트리아스에 도착했다는 소식을 접하자마자 아이톨리아 인들은 회의를 소집했고, 그를 초청하여 만나자고 결정했다. 왕은 이미 데메트리아스를 떠났는데, 아이톨리아 인들이 이런 결정을 내릴 걸 알고 있었던 것이다. 왕은 먼저 말리아 만에 있는 팔레라(Phalera)로 나아갔고, 아이톨리아 인들의 결정을 보고받은 뒤 그곳에서 라미아(Lamia)로 움직였다. 라미아에서 그는 엄청나게 열광하는 군중의 환영을 받았다. 그들은 박수를 치고 환호하며 넘치는 기쁨을 표현하는 것을 주저하지 않았다.

44. 회의에 도착한 왕은 최고 행정장관 파이네아스와 다른 지도자들의 안내를 받았다. 다른 지도자들은 간신히 회의장의 정숙을 유지했고 왕은 말을 시작했다. 그는 일반적으로 기대하고 예상했던 것보다 훨씬 적은 병력을 데리고 온 것에 대해 사과를 하는 것으로 발언

을 시작했다. 그 사실은 자신이 아이톨리아 인들을 얼마나 깊이 생각하고 있는지를 가장 훌륭하게 보여주는 증거라고 말했다. 비록 어떠한 면에서도 적절한 준비가 되지 않았고 또한 항해에 나서기도 아주 이른 시기였지만, 아이톨리아 인들이 자신만을 믿고 방어와 보호를 결정할 것이라고 생각했기에 전혀 주저하지 않고 아이톨리아 사절들의 부름에 선뜻 응해서 이렇게 왔다는 것이었다. 그럼에도 불구하고 앞으로 아이톨리아 인들이 바라는 바를 모두 충분하게 실현할 것이며, 당장은 좌절된 것처럼 보이는 기대마저도 이뤄주겠다고 했다. 이번 해(기원전 192년)의 첫 항행 가능한 계절이 돌아와 배가 다닐 수 있게 되면 당장 그리스를 자신의 군비, 장병, 말로 가득 채우고 해안은 전함으로 가득 차게 하겠다고 호언장담했다. 그는 로마 인의 지배라는 굴레를 그리스 인들의 목에서 벗겨 그리스가 진정한 자유를 찾고 아이톨리아 인들이 그리스의 지도자가 될 때까지 어떠한 비용도 아끼지 않고, 어떠한 고된 일이나 위험도 회피하지 않겠다고 장담했다. 또한 병력과 온갖 보급품이 아시아에서 조만간 도착할 것이니 당장은 아이톨리아 인들이 왕의 장병들에게 합리적인 가격으로 충분한 곡식과 다른 보급품을 제공하는 책임을 맡아달라고 부탁했다.

45. 이러한 발언에 모든 회의 참석자가 엄청난 환호를 보냈다. 왕은 말을 마치고 물러났다. 그가 떠난 뒤 주요 아이톨리아 인사인 파이네아스와 토아스 사이에서 논쟁이 벌어졌다. 파이네아스는 안티오코스가 전쟁을 지휘하기보다 평화를 복원하고 아이톨리아 인들과 로마 인들 사이의 분쟁을 중재해야 하는 게 맞는다고 주장했다. 안티오코스가 그리스로 직접 온 일과 그가 왕으로서 지닌 권위가 무력보다 로마 인들에게 훨씬 더 효율적으로 존중받을 수 있는 것이라는 얘기였다. 파이네아스는 사람들은 전쟁을 피하고자 자발적으로 많은

양보를 하게 되는데, 그런 양보는 실제로 전쟁을 벌여서 얻는 양보보다 더 클 수도 있다고 말했다.

이에 대하여 토아스는 파이네아스가 진정으로 평화를 원하지 않는다고 주장했다. 그는 단지 안티오코스 왕의 전쟁 준비를 방해하려 한다는 것이었다. 로마 인들이 전쟁을 준비하는 동안 왕이 권태를 느껴서 전쟁 준비의 추진력이 약해질 것을 바란다고 지적했다. 아이톨리아 인들이 로마로 그토록 자주 사절단을 보내고, 그토록 자주 퀸크티우스와 논의했지만 로마 인들에게서 공정한 대우를 단 하나도 받은 게 없었으며, 이는 경험으로 충분히 알 수 있는 바라고 지적했다. 토아스는 아이톨리아 인들이 모든 희망을 차단당하지 않았더라면 안티오코스에게 도움을 청할 일도 없었다고 말했다. 이제 이런 도움이 예상보다 훨씬 빠르게 제공되었고, 그러니 노력을 늦추는 일은 없어야 한다는 것이었다. 토아스는 안티오코스 왕이 직접 그리스의 옹호자로서 왔으니(이게 중요한 점이었다) 아이톨리아 인들은 왕에게 육군과 해군도 데려오라고 요청해야 한다고 했다. 무장한 왕은 뭐라도 얻어낼 것이지만, 무장하지 않은 왕은 아이톨리아 인을 위해서든 왕 자신을 위해서든 로마 인들에게 어떠한 영향력도 미치지 못한다고 말했다.

토아스의 이런 의견은 결국 승리했고, 회의는 안티오코스 왕을 총사령관으로 지명하자고 결정했다. 이어 서른 명의 주요 시민이 선발되었고, 그들은 안티오코스 왕이 논의하고자 하는 모든 문제를 함께 상의하기로 되었다.

46. 이렇게 결정한 뒤 회의는 해산되었고, 모든 참석자는 각자의 도시로 돌아갔다. 다음날 왕은 아포클레티와 함께 어디서부터 전쟁을 시작해야 할지를 논의했다. 이에 최선책은 최근 아이톨리아 인들

이 빼앗으려 했으나 성공하지 못한 칼키스(Chalcis)를 공격하는 것으로 정해졌다. 또한 이 작전엔 강인한 노력과 정교한 준비보다는 속전속결의 속도가 중요하다는 데 모두가 동의했고, 그에 따라 왕은 데메트리아스에서 자신과 함께 온 1천 보병을 거느리고 포키스를 통해 나아갔고, 그러는 사이 아이톨리아 지도자들은 소수의 군인을 불러 다른 길로 나아가게 하여 그들과 카이로네아 근처에서 왕의 군대와 만나게 했다. 이어 10척의 갑판이 있는 배로 살가네오스(Salganeus)에 진을 친 안티오코스와 합류하게 했다. 왕은 아이톨리아 지도자들과 함께 휘하 전함들을 이끌고 에우리포스를 지나 칼키스 항구에서 멀지 않은 곳에 상륙했다. 이런 움직임에 대응하여 칼키스 행정장관들과 주요 시민들은 성문 앞으로 나왔다.

이어 양측에서 소수의 인원만 회담을 하러 나섰다. 아이톨리아 인들은 칼키스 인들에게 로마와의 우호 관계는 그대로 보존하면서 안티오코스 왕을 추가적인 동맹이자 우방으로 받아들이라고 강력히 촉구했다. 그들은, 왕은 전쟁을 일으키고자 유럽으로 건너온 것이 아니라 진정으로 그리스를 자유롭게 하고자 건너온 것이며, 로마처럼 말로만 겉치레로 그리스를 자유롭게 하려는 것이 아니라고 했다. 그들은 그리스 공동체는 왕과 로마, 이 둘을 모두 우방으로 삼으면 이익만 있을 것이라고 말했다. 어느 한쪽이 부당하게 행동하면 다른 쪽의 보호를 받으면 되니 늘 보호를 받을 수 있다는 것이었다. 아이톨리아 인들은 실제로 칼키스 인들이 왕을 반기지 않으면 곧바로 감당해야 할 결과를 생각해보라고 했다. 로마 인들의 지원은 한참 걸릴 것이고, 성문 앞에 있는 안티오코스는 적, 그것도 칼키스가 버틸 수 없는 적이 될 것이라고 경고했다.

이에 칼키스의 주요 시민인 미키티오는, 안티오코스가 자기 영토를 떠나 유럽으로 건너온 건 누구의 자유를 위해서인지 의아하다고 말했다. 왜냐하면 그리스에서 로마 주둔군이 배치되거나, 로마 인에게 공물을 바치거나, 혹은 원치도 않는 법률로 불평등 조약을 맺고 그에 구속되는 나라는 단 한 곳도 없기 때문이었다. 그는 칼키스 인들은 로마 인들의 호의로 평화와 자유를 모두 누리고 있어 어떠한 보호도 필요하지 않고, 따라서 자국의 자유를 지켜줄 옹호자도 필요치 않다고 했다. 칼키스 인들은 안티오코스 왕이나 아이톨리아 인들과의 우호 관계를 거부하지 않지만, 아이톨리아 인들이 우방으로서 처음 해야 할 일은 섬에서 물러나 떠나는 것이라고 말 했다. 칼키스 인들은 아이톨리아 인들이 성벽 안으로 들어오는 걸 거부할 뿐만 아니라 로마 인들의 허락 없이 동맹을 맺는 걸 피하기로 했으니 양해해 달라고 했다.

47. 이 모든 일은 배에 머물러 있던 안티오코스 왕에게 보고되었다. 그는 당장은 강제력을 행사할 병력이 충분하지 못했다. 그래서 왕은 데메트리아스로 돌아가기로 했고, 그곳에서 아이톨리아 인들과의 첫 번째 행동은 실패로 돌아갔으니 다음 행동을 무엇으로 할지 논의했다. 그 결과 그들은 보이오티아 인, 아카이아 인, 아미난드로스(아타마니아 인의 왕)의 의중을 떠보기로 했다.

아이톨리아 인들은 보이오티아 인들이 브라킬로스의 죽음과 그의 사후 벌어졌던 일들로 인해 로마 인들과 소원해졌다고 보았다.[21] 또

---

21 브라킬로스는 보이오티아의 지도자로서 마케도니아의 필리포스 왕을 지원했다. 정적인 제우크시포스는, 연회에 참석했다가 술 취해서 돌아오는 브라킬로스를 자객들을 시켜서 암살했다. 당시 보이오티아 사람들은 로마 군 사령관이 배후에서 이 암살을 사주했다고 생각했다. 로마 군 사령관 퀸크티우스는 로마 군 병사들이 학살당한 사건으로 인해 코로네아 초토화 작전을 벌인 적이 있는데 이것을 보이오티아 인은 고깝게 생각한 것이었다.

한 아카이아 인들의 지도자 필로포이멘은 퀸크티우스에게 적대적이고, 퀸크티우스도 그를 싫어한다고 생각했다. 스파르타 전쟁에서 영광을 차지하는 과정에서 필로포이멘과 퀸크티우스 사이에 있었던 경쟁 때문에 그렇게 서먹해졌다는 것이었다. 아미난드로스에 관해 말하자면, 그는 자신이 알렉산드로스 대왕의 후손이라 주장하는 메갈로폴리스의 알렉산드로스의 딸 아파마와 결혼했고, 슬하에 필리포스와 알렉산드로스라는 두 아들과 아파마라는 딸을 두었다. 아파마가 아타마니아의 왕과 결혼하여 유명해지자 그녀의 오빠 필리포스는 그녀를 따라 아타마니아로 왔다. 이 필리포스라는 자는 천성적으로 허영심이 많았고, 아이톨리아 인들과 안티오코스는 그의 마케도니아 왕족 혈통을 진짜라고 인정하면서 아미난드로스와 아타마니아 인들이 안티오코스와 동맹을 맺으면 마케도니아의 왕좌를 넘겨주겠다고 꼬드겼다. 그리고 이 공허한 약속은 필리포스는 물론 아미난드로스에게도 효과가 있었다.

48. 안티오코스와 아이톨리아 인들의 사절들은 아카이아의 아이기움에서 열린 회의에서 티투스 퀸크티우스가 있는 가운데 발언을 허락받았다. 안티오코스의 사절은 아이톨리아 인들의 사절보다 먼저 발언했다. 그는 왕가의 재산으로 생활을 유지하는 자들 대다수가 그런 것처럼 허풍선이였다. 그는 실체도 없는 말로 바다와 땅을 가득 채웠다. 무수한 기병대가 헬레스폰토스로 건너오는 중이며, 일부는 흉갑을 입은 기병들이고(이들은 카타프락티라고 불렸다), 일부는 마상(馬上) 궁수(弓手)인데 전속력으로 달리는 동안 뒤로 화살을 날려 놀라울 정도로 정확하게 맞춘다고 했다. 따라서 그 누구도 그들의 공격을 막아낼 수 없다는 것이었다. 비록 이 기병대 하나만으로도 전 유럽이 하나로 뭉친 군대를 압도할 수 있지만, 이 기병대에 더해진 보병대는 구성원

의 부족명만으로도 듣는 사람에게 공포를 안긴다고 했다. 그들은 다하이 인, 메디아 인, 엘리마이스 인, 카두시 인이었다.

해군에 관해 말해 보자면 그리스의 어떠한 항구도 왕의 함대를 다 받아들일 수 없을 것이라고 했다. 해군의 우익은 시돈 인들과 티레 인들이, 좌익은 아라도스 인들과 팜필리아의 시데 인들이 맡는데, 이들은 배를 부리는 기술과 해군으로서의 기량 면에선 타의 추종을 불허한다는 것이었다. 자금이나 전쟁에 필요한 다른 물자들도 언급할 필요가 없다고 했다. 아시아 왕국들에는 항상 황금이 풍부하기 때문이었다. 그러니 로마 인들은, 마케도니아 국경 밖으로 나오지도 못하는 필리포스나 한 도시국가의 지도자인 한니발과 거래를 할 게 아니라 아시아 전역과 유럽 일부분을 장악한 위대한 왕과 거래를 해야 한다고 종용했다.

비록 안티오코스 왕이 저 먼 동쪽에서 그리스를 해방시키고자 오긴 했지만, 그럼에도 불구하고 왕은 아카이아 인들에게 이전에 동맹을 맺고 우호 관계를 유지 중인 로마 인들과의 신의를 손상시킬 만한 그 어떤 것도 요구하지 않았다고 했다. 왕은 자신의 편에 서서 로마 인들을 향해 무기를 들라고 요청하는 게 아니라 그저 어느 편에도 서지 말고 중립을 지키라는 것이었다. 양쪽과의 관계에서 평화를 선택하고, 양쪽과 친구가 되는 게 더 좋지 않느냐는 얘기였다. 다시 말해 이 전쟁에 개입하지 말라는 것이었다.

아이톨리아 지휘관 아르키다모스도 똑같이 호소했다. 그는 아카이아 인들에게 가장 쉽고 가장 안전한 방법으로 평화를 보존하라고 권유했다. 전쟁에서 방관자가 되어 어떠한 위험도 부담하지 않고 양쪽의 운명이 어떻게 결론이 나는지 기다리기만 하면 된다는 것이었다. 하지만 그는 서서히 어조가 맹렬해지더니 흥분했고, 결국 때로는 로마 인 전체를 모욕하고, 때로는 퀸크티우스 개인을 비방했다. 그는 필리포스를 상대로 얻은 승리는 아이톨리아 인들의 무용으로 얻은 것이며, 그리스가 구원을 얻은 것도 다 아이톨리아 인들 덕이라고 강력히 주장하면서 퀸크티우스를 비웃었다. 또한 아르키다모스는 퀸크티우스와 그의 병력이 무사할 수 있었던 것도 자기 덕이라고 주장했다. 대체 퀸크티우스가 사령관으로서 제 역할을 한 적이 언제 있었느냐고 물었다. 그는 전장에서 본 퀸크티우스의 모습은 점을 보고, 제물을 바치고, 기원을 올리는 등 복점관과 다를 바 없다고 힐난했다. 그러는 사이 그는 온몸을 바쳐 퀸크티우스 대신에 적의 무기에 맞서 싸웠다는 것이었다.

49. 이어 퀸크티우스가 답변에 나섰다. 그는 먼저 아르키다모스가 아카이아 인을 상대로 연설을 한 것이 아니라 이 회의에 나와 있는 일부 사람들을 상대로 그런 연설을 한 것이라고 지적했다. 왜냐하면 아카이아 인들은 아이톨리아 인들의 용맹이 행동보다는 말에 있으며, 전장보다는 회담이나 회의 장소에서 잘 드러난다는 걸 명확히 알고 있기 때문이다. 이런 이유로 아르키다모스는 아카이아 인들의 의견은 별로 중시하지 않고 회의장에 나와 있는 몇몇 사람들에게 그런 말을 전하려 드는 것이다. 다시 말해 아르키다모스는 여기 나와 있는 왕의 사절들과 그들을 통해 안티오코스 왕에게 들려주려고 그런 달콤한 얘기를 한 것이었다. 여태까지 무엇이 안티오코스와 아이톨리아 인들을 결합시켰는지 모르는 사람이라 할지라도, 이들이 하는 말을 통해 그들이 서로 거짓말을 하고, 있지도 않은 힘을 자랑하는 것으로 공허한 희망을 서로 부풀리고 있다는 걸 명백히 알았을 것이라고 말했다.

"아이톨리아 인들이 필리포스를 물리치고 그 용맹으로 로마 인들을 보호했다고 자랑하며 여러분과 다른 도시, 민족이 자신들을 따라야 한다고 자기 이야기를 하는 동안, 안티오코스 왕은 구름 떼 같은 보병과 기병을 자랑하고 함대로 바다를 온통 뒤덮고 있다고 자랑했습니다. 이런 말을 들으니 칼키스에 있는 내 친구와 저녁을 먹던 때가 기억이 납니다. 그는 식탁에서 뛰어난 재치를 보이는 훌륭한 사람입니다. 하지 때에 우리는 그의 후한 접대를 즐기는 중이었고, 그런 여름에 수많은 다른 사냥감을 요리하여 내놓은 진수성찬에 우리는 경탄했습니다. 하지만 그 친구는 여기 아이톨리아 인들처럼 허풍선이가 아니었습니다. 그는 그저 미소를 지으며 양념 덕분에 다양한 사냥감으로 차려낸 요리처럼 보일 뿐, 실은 집에서 기르는 돼지로 만든 것이라고 했지요!"

퀸크티우스는 조금 전 왕의 병력에 대해 저들이 말한 허풍에도 바로 이 양념 이야기가 적용된다고 했다. 다양한 부류의 무기와 들어본 적도 없는 부족들인 다하이 인, 메디아 인, 엘리마이스 인, 카두시 인을 언급했지만, 결국 이들 모두 굽실거리는 기질을 가진, 전사(戰士)보다는 노예에 훨씬 어울리는 시리아 인들일 뿐이라는 것이었다.

퀸크티우스는 계속 말을 이어 갔다.

"제가 아카이아 여러분들께 그 위대한 왕이 데메트리아스에서 허둥지둥 떠나 아이톨리아 인의 회의에 참석하고자 라미아로 가고, 이젠 칼키스로 움직인 모습을 보여드릴 수만 있다면 얼마나 좋을까요! 그렇게 된다면 여러분은 왕의 진지에 인원이 부족한 두 개의 소규모 부대를 볼 수 있었을 겁니다. 또한 왕이 지금 실질적으로 장병들에게 나눠줄 곡물을 아이톨리아 인들에게 간청하고, 장병들의 급료를 이자를 주며 빌리려고 하고, 칼키스 성문 밖에 서서 들어가지도 못한 채로 아울리스와 에우리포스를 슬쩍 살펴본 것으로 만족하고 아이톨리아로 돌아간 모습도 볼 수 있었겠지요. 그들은 서로 잘못을 저질렀습니다. 안티오코스는 아이톨리아 인들의 허풍을 믿었고, 아이톨리아 인들은 왕의 공허한 자랑을 믿었습니다. 여러분이 속아야 할 이유는 전혀 없습니다. 여러분은 차라리 검증을 마친 로마 인들의 신의를 믿어야 합니다. 아이톨리아와 안티오코스는 여러분에게 전쟁에 개입하지 않는 것이 최선이라고 했지만, 실제로는 여러분의 이해관계에 아주 해로운 것입니다. 그렇게 하면 여러분은 영향력도 지위도 잃게 될 것입니다. 승자의 보상을 누릴 수 없게 되는 것은 물론이고요."

50. 왕과 아이톨리아 인들에 대한 이러한 지적은 훨씬 정확한 판단으로 보였고, 퀸크티우스를 지지하는 자들에게 이런 발언은 호의적으로 받아들여졌다. 그런 판단에 논쟁을 벌이려고 하거나 의심을 표시하는 참석자들은 단 한 명도 없었다. 아카이아 인들은 로마 인들의 우방과 적은 그들에게도 똑같은 우방과 적이라고 하면서, 퀸크티우스가 결정한 곳에 즉시 보조 부대를 보내기로 했다. 이에 5백 명이 칼키스로, 다른 5백 명이 피라이오스로 파견되었다.

당시 아테네 인들 사이에서 거의 반란이나 다름없는 상황이 벌어지고 있었던 것이다. 몇몇 아테네 사람은 안티오코스 왕에게서 보상을 받겠다는 기대를 품고 부패한 대중을 매수하여 안티오코스의 편에 서게 했다. 이에 로마 편을 드는 아테네의 다른 파벌은 퀸크티우스를 그 도시로 불러들였다. 로마를 배신해야 한다고 주장한 아폴로도로스는 레온이라는 사람의 고발로 유죄 판결을 받고서 국외로 추방되었다.

안티오코스의 사절들은 아카이아에서 무뚝뚝한 답변을 듣고서 귀국하여 왕에게 보고했다. 보이오티아 인들은 확실한 답변을 주지 않고 안티오코스 왕이 보이오티아로 오면 어떤 행동 노선으로 나아가야 할지 생각해보겠다고 말했다.

안티오코스는 아카이아 인들과 에우메네스 왕이 칼키스에 주둔군을 보냈다는 소리를 듣자 가능하다면 그들보다 먼저 그곳에 병사들을 보낼 수 있도록 빠르게 움직였다. 그는 메니포스에게 약 3천 명의 군인, 폴리크세니다스에게 전 함대를 주어 급파했다. 며칠 뒤 그는 직접 휘하 장병 6천 명과 라미아에서 급하게 모은 아이톨리아 인들 중 소수를 데리고 그 뒤를 따랐다. 5백 명의 아카이아 인과 에우메네스 왕이 보낸 소수의 보조 병력은 칼키스의 제노클리데스의 지휘를 받으며 안전하게 에우리포스로 건너갔다. 도로가 아직 봉쇄되지 않았던 것이다.

로마 부대가 도착했을 때(이 부대도 약 5백 명 규모), 메니포스는 헤르마이움 근처 살가네오스 앞에다 이미 진을 치고 있었다. 그곳은 보이오티아에서 에우보이아 섬으로 가는 횡단 지점이 있는 곳이었다. 로마 인들은 이때 미키티오를 대동하고 있었는데, 그는 칼키스에서 이 부대를 요청하기 위해 퀸크티우스에게 보낸 사절이었다. 미키티오는 적에 의해 길이 봉쇄된 걸 확인하고 아울리스로의 진군을 포기하고서 행로를 델리움 쪽으로 바꾸었다. 델리움에서 에우보이아로 건너갈 생각이었던 것이다.

51. 델리움은 타나그라에서 8km 떨어진, 바다를 내려다보는 아폴로 신전이었다. 그곳에서 가장 가까운 에우보이아 지점까지 횡단 거리는 6km도 채 되지 않았다. 델리움의 신전과 성스러운 숲은 그리스 인들이 '아실라'라고 부르는, 신전에 적용되는 종교적 혜택과 성역에 관한 법률의 보호를 받으며 숭배를 받았다. 더욱이 그 당시 전쟁은 선포되지도 않았고, 싸움도 시작되지 않아 어딘가에서 무력 충돌이

1. [기원전 191년] 그나이우스의 아들 푸블리우스 코르넬리우스 스키피오[1]와 마르쿠스 아킬리우스 글라브로가 집정관직에 올랐고, 임지를 정하기 전에 의원들의 지시에 따라 제물을 바치며 희생 의식을 치렀다. 그들은 관습에 의거하여 한 해 대부분 동안 렉티스테르니움(신전 앞에 침상이 마련되고, 침상에 신들의 조각상이 놓이며 그 앞에 풍성한 식사가 준비되는 의식)을 진행 중인 모든 신전에서 덩치 큰 희생(동물) 제물을 바쳤다.[2] 또한 그들은 원로원이 심사숙고 중인 새로운 전쟁이 로마인들과 원로원을 위해 훌륭하고 행복한 결과를 가져오길 기원했다.

---

1 P. 코르넬리우스 스키피오 나시카는 기원전 212년 스페인에서 전사한 코르넬리우스 스키피오 칼부스의 아들로서, 스피키오 아프리카누스의 사촌 동생이다. 그는 기원전 204년에 가장 우수한 시민으로 선정되어 소아시아의 페시누스에서 로마로 수송되어온 키벨레(마그나 마테르)의 신상을 영접하는 영예를 얻었다. 그는 기원전 194년에 스페인에서 법무관으로 활약했다. 동료 집정관인 아킬리우스 글라브로는 신인(novus homo) 출신으로서 기원전 201년에 호민관을 지냈고 기원전 196년에 법무관을 역임했다. 아킬리우스는 안티오코스와의 전쟁에서 큰 공을 세우게 된다.

2 희생용 제물은 젖을 떼지 않은 어린 동물을 쓰거나, 아니면 다 자란 덩치 큰 동물을 쓴다. 안티오코스와의 다가오는 전쟁은 국가 중대사였으므로 다 자란 동물을 사용했다.

이 모든 희생 의식이 순조롭게 진행되고 첫 제물에서 얻은 조짐이 좋게 나오자 내장 점을 관장하는 복점관[3]은 이 전쟁으로 로마 인들의 영토가 확장될 것이며, 승리와 정복이 예언되었다고 말했다.

이 모든 것이 보고되자 원로원 의원들은 종교적 의무를 충실히 이행했다고 판단했다. 이어 그들은 안티오코스 왕과 그를 따르는 자들에 대항하는 전쟁의 결정을 민회에 제출하라고 지시했다. 이 전쟁에 돌입하는 것이 시민들의 소원이자 명령인지 물으라고 한 것이다. 전쟁이 민회에서 의결되면 집정관들은 그 문제를 원로원에 회부하기로 되었다. 그리하여 푸블리우스 코르넬리우스가 그 문제를 원로원에 회부했다.

원로원은 두 집정관이 추첨을 통해 이탈리아와 그리스 중 어느 한 임지를 맡게 했다. 그리스를 맡게 될 집정관은 현지에 나가 있는 지난해의 집정관 루키우스 퀸크티우스가 원로원 재가에 따라 모집하거나 징집한 병력을 인수하게 되었다. 또한 이 병력 외에 원로원 결의에 의거하여 법무관 마르쿠스 바이비우스가 한 해 전에 마케도니아로 수송한 병력도 인수할 것이었다. 그리스 담당 집정관은 또한 필요한 상황이 되면 이탈리아 외부의 동맹들에서 5천 명까지 예비 부대로 받아들일 수 있었다. 원로원은 작년 집정관 루키우스 퀸크티우스를 이번 전쟁의 부지휘관으로 쓰자는 제안을 승인했다.

이탈리아 담당 집정관은 이전 집정관들이 지휘하던 군대 중 선호하는 쪽을 선택하여 보이이 인들과의 전쟁을 수행하고, 다른 군대는 로마로 보내라는 지시를 받았다. 이 군단들은 예비 도시 군단이 되어

---

3 라틴어 원어는 haruspices. 원래 에트루리아에서 온 종교적 관습이다. 주로 희생 동물의 내장 상태를 보면서 앞날의 조짐을 해석하는 일을 맡았다.

원로원 지시에 따라 어디로든 움직일 예정이었다.

2. 이런 포고령이 원로원에서 통과되었을 때에도 두 집정관의 임지는 아직 정해지지 않았다. 그리하여 두 집정관은 추첨으로 임지를 결정하라는 지시를 받았다. 그 결과 그리스는 아킬리우스에게, 이탈리아는 코르넬리우스에게 돌아갔다. 임지 배정이 끝나자 원로원은 로마 인들이 안티오코스 왕과 그의 지배를 받는 이들과의 전쟁을 이미 승인했으니 집정관들이 전쟁 승리를 위한 탄원 기간을 선포하고, 집정관 마르쿠스 아킬리우스는 유피테르를 위한 대 게임을 개최하고 신들의 모든 침상에 선물을 전하며 맹세를 하라는 지시를 내렸다. 집정관은 대사제인 푸블리우스 리키니우스의 지시에 따라 이런 맹세를 했다.

"시민들이 명령한 안티오코스 왕과의 전쟁이 원로원과 로마 인들에게 만족할 결말이 난다면, 유피테르 신이시여, 당신을 기리고자 로마 인들은 대 게임을 열흘 간 개최하고 신들의 모든 침상에다 원로원 지시에 의거한 금액에 따라 선물을 바칠 것입니다. 이 게임을 열게 될 행정장관이 누구이든, 시간과 장소가 어떻게 결정되든 그 행사는 반드시 개최되고 선물 역시 정히 바쳐질 것입니다."

이어 두 집정관에 의해 이틀의 탄원 기간이 선포되었다.

집정관들에게 임지가 배정된 직후에 법무관들 역시 추첨에 나섰다. 마르쿠스 유니우스 브루투스는 두 가지 사법권을, 아울루스 코르넬리우스 맘물라는 브루티움을, 마르쿠스 아이밀리우스 레피두스는 시칠리아를, 루키우스 오피우스 살리나토르는 사르데냐를, 가이우스 리비우스 살리나토르는 함대를, 루키우스 아이밀리우스 파울루스는 먼 스페인을 임지로 받게 되었다. 병력은 다음처럼 배정되었다. 아울루스 코르넬리우스는 집정관 루키우스 퀸크티우스가 원로원 결의에 의거하여 모집한 새로운 부대를 인수하고 타렌툼과 브룬디시움 인근 모든 해안을 지키게 되었다. 루키우스 아이밀리우스 파울루스는 집정관 대리 마르쿠스 풀비우스의 군대를 인수하여 먼 스페인에서 임무를 수행할 것인데, 원로원 승인에 따라 새로 3천 명의 보병과 3백 명의 기병을 모집했다. 기병대의 3분의 2는 라틴 지위를 지닌 동맹들에서 선발하고 3분의 1은 로마 시민으로 채울 예정이었다.

가까운 스페인에서 군 지휘권이 연장된 가이우스 플라미니우스에게도 똑같은 증원군이 보내질 것이었다. 마르쿠스 아이밀리우스 레피두스는 전임자 루키우스 발레리우스의 임지와 휘하 병력을 원로원 명령에 따라 인수하게 되었다. 그가 루키우스 발레리우스를 임지에 법무관 대리로서 두고 싶다면 임지를 나눌 수 있었고, 이렇게 될 경우 한쪽은 아그리겐툼에서 파키누스까지, 다른 한쪽은 파키누스에서 틴다레우스까지가 될 것인데 그 경우 루키우스 발레리우스는 20척의 전함으로 후자의 해안을 지킬 것이었다.

시칠리아 법무관은 수확한 곡물의 10분의 2를 해안으로 수송하고 그리스로 전달하는 걸 감독해야 되었다. 루키우스 오피우스에게도 똑같은 명령이 내려져 사르데냐에서 수확한 곡물의 10분의 2를 수송하기로 되었다. 하지만 원로원은 이 곡물을 그리스가 아닌 로마로 보내기로 결정했다. 해군을 맡은 법무관 가이우스 리비우스는 원로원 지시에 따라 30척의 전함을 준비하여 기회가 생기자마자 그리스로 건너가 아틸리우스로부터 함대를 인수할 예정이었다. 부두의 낡은 전함을 수리하고 장비를 갖추는 일은 마르쿠스 유니우스의 담당으로 돌아갔고, 해당 함대의 선원을 자유민으로 모집하는 일도 역시 그가 맡게 되었다.

3. 로마의 조사위원단이 아프리카로 파견되었다. 카르타고로 세

명, 누미디아로 세 명이 갔는데 이들의 임무는 그리스로 수송할 곡물을 구매하는 것이었는데, 대금은 로마 인들이 지급할 것이었다. 로마 공동체는 이 전쟁을 준비하고 계획하는 데 어찌나 몰두했던지 집정관 푸블리우스 코르넬리우스는 모든 원로원 의원, 원로원에서 투표할 권리가 있는 모든 자, 그리고 모든 하급 행정관들은 같은 날 돌아올 수 없을 정도로 멀리 로마에서 벗어날 수 없으며, 한 번에 4명 이상의 원로원 의원이 로마를 떠나서는 안 된다는 포고령을 냈다.

함대를 모으는 데 열중하던 법무관 가이우스 리비우스의 업무는 해안 정착지 주민들이 일으킨 논쟁으로 잠시 지연되었다. 그 주민들은 해군으로 징집되자 호민관들에게 호소했고, 호민관들은 다시 그 문제를 원로원으로 넘겼다. 원로원에선 반대하는 목소리 하나 없이 정착지 주민들이 해군 복무를 면제받을 이유가 없다고 판결했다. 법무관 리비우스와 징집 면제를 두고서 논쟁을 벌인 도시들은 오스티아, 프레게나이, 카스트룸 노붐, 피르기, 안티움, 테라키나, 민투르나이, 그리고 시누에사였다.

이후 집정관 마르쿠스 아킬리우스는 원로원 결의에 따라 전령 사제단에게 안티오코스 왕에게 직접 선전 포고를 하는 게 필수적인지, 아니면 그의 주둔군이 있는 도시들 중 하나에 선포하는 것만으로 충분한지를 물었다. 그는 또한 아이톨리아 인들에게 별개로 곧장 선전 포고를 해야 하는지, 아니면 선전 포고를 하기 전에 공식적으로 동맹과 우호 협정을 폐기해야 하는지를 묻기도 했다. 전령 사제들은 이미 필리포스에 관한 문제를 상의할 때 결정을 전한 바 있다고 답했다. 왕이 있는 자리든, 군영이든 별다른 차이가 없다는 뜻이었다. 우호 협정에 관해 전령 사제들은 자국 사절들이 여러 차례 요구했음에도 불구하고 배상은 물론 적절한 보상도 해오지 않았기 때문에 이미 그 협정은 폐기된 것으로 보인다고 유권해석했다. 아이톨리아 인들은 로마 동맹에게 속한 도시인 데메트리아스를 무자비하게 점령하고, 더 나아가 바다와 육지로 칼키스를 공격했으며, 또한 안티오코스 왕을 유럽으로 불러와 로마와 전쟁을 하게 만들었으니 먼저 전쟁을 선포한 것으로 보아야 한다는 것이었다.

사전 준비가 만족스럽게 끝나자 집정관 마르쿠스 아킬리우스는 이런 포고령을 내렸다: 루키우스 퀸크티우스가 모집한 군인들과, 라틴 지위를 지닌 동맹국들에서 아킬리우스가 요구했던 병사들은 모두 5월 15일에 브룬디시움에 모여라. 집정관 자신은 이 부대들을 인솔하고 1군단과 3군단의 천인대장들을 대동한 채, 그리스로 건너갈 것이다.

그리하여 아킬리우스는 사령관 복장을 갖추고 5월 3일에 로마를 떠나 브룬디시움으로 내려갔다. 법무관들 역시 거의 같은 시기에 임지로 떠났다.

4. 이 무렵(기원전 191년) 필리포스 왕과 이집트 왕 프톨레마이오스 5세가 보낸 사절들이 로마에 도착했다. 필리포스는 로마의 전쟁을 군사 지원하겠다고 약속했고, 자금과 곡물도 대겠다고 했다. 프톨레마이오스는 실제로 총 1천 파운드의 황금과 2만 파운드의 은을 전쟁 자금으로 가져왔다. 하지만 로마 인들은 이를 하나도 받아들이지 않았다. 두 왕에겐 감사 인사가 전해졌다. 이에 두 왕은 부대를 거느리고 아이톨리아로 가서 전쟁에서 나름의 역할을 하겠다고 약속했다. 로마 인들은 프톨레마이오스에겐 그럴 필요가 없다고 전했고, 필리포스의 사절들에겐 집정관 마르쿠스 아킬리우스를 군사적으로 지원한다면 로마 인들은 왕에게 감사할 것이라고 답했다.

이어 카르타고 인들과 마시니사 왕이 보낸 사절들도 도착했다. 카르타고 인들은 밀 50만 펙과 보리 30만 펙을 약속했다. 이 중 절반은 그들이 로마로 수송할 것이었다. 그들은 로마 인들에게 이를 선물로 받아달라고 간청했다. 그들은 또한 자신들의 비용으로 함대를 결집시킬 것이며, 오랜 세월에 걸쳐 분납할 조공 전액을 즉시 지급하겠다고 했다. 마시니사의 사절들은 왕이 밀 50만 펙과 보리 30만 펙을 그리스에 있는 로마 군에 보내고, 밀 30만 펙과 보리 25만 펙을 로마로 보낼 것을 약속했다고 전했다. 그들은 또한 왕이 5백 명의 기병과 20마리의 코끼리를 집정관 마르쿠스 아킬리우스에게 보낼 예정이라고 말했다. 곡물에 관해 로마 인들은 곡물 값을 로마가 치르는 조건을 받아들이겠다면 가져가 유용하게 쓰겠다고 양측(카르타고와 누미디아)에게 답변했다. 원로원은 함대에 관해서는 협정 조건으로 인해 가지고 있는 배를 제외하곤 거부하겠다고 카르타고 인들에게 답했다. 또한 조공에 관해선 지급하기로 정해진 시기 이전에 그 어떤 돈도 미리 당겨 받지 않겠다고 했다.

5. 이런 일이 로마에서 벌어지는 동안 칼키스의 안티오코스는 월동 진지에 있다고 해서 나태하게 지내지 않았다. 그는 도시들에 자신의 대의를 지지해달라고 권유했고, 때로는 먼저 사절들을 보내고, 또 어떤 때는 자발적으로 찾아오는 사절들을 받아들이기도 했다. 후자의 예를 들면 에피로스에선 시민들이 만장일치로 승낙하여 사절을 보내왔고, 펠로폰네소스의 엘리스에서도 사절을 보내왔다. 엘리스 인들은 아카이아 인들에 대항할 수 있게 도움을 요청했다. 그들은 아카이아 인들이 안티오코스에게 전쟁을 선포한 뒤 가장 먼저 자국을 공격할 거라고 생각했다. 그들은 안티오코스와의 전쟁을 지지하지 않았기 때문이었다. 이에 왕은 크레타 인 에우파네스에게 1천 명의 보병을 맡겨 엘리스로 보냈다.

에피로스 사절단은 로마와 안티오코스 어느 쪽에도 솔직하고 공개적인 생각을 드러내지 않았다. 그들은 왕과 좋은 관계를 구축하고자 하지만, 동시에 로마 인들을 불쾌하게 만들고 싶지도 않았다. 그들은 왕에게 자국을 곤란한 상황에 끌어들이지 말았으면 한다고 말했다. 그들은 상황이 잘못되면 이탈리아와 마주하는 그리스 최전선에 있는 에피로스가 로마 인들에게서 가장 먼저 공격을 받게 될 거라고 했다. 하지만 왕이 육군과 해군으로 에피로스를 보호해줄 수 있다면 모든 에피로스 인이 열렬히 그를 도시와 항구에서 환영할 것이라고 말했다. 그들은 왕이 보호를 해줄 수 없다면 방비도 없고 무장도 없는 자국이 로마 인들이 퍼붓는 맹공의 대상이 되지 않게 해달라고 간청했다.

에피로스 사절단의 목표는 명확했다. 안티오코스가 에피로스로 오지 않겠다면(그들은 안 올 거라고 생각했다) 로마 군을 상대로 의심받을 행동을 하지 않을 것이고, 만약 왕이 온다면 기꺼이 받아들이겠다는 의사를 보여 왕의 호의를 얻어내는 것이었다. 동시에 그들은 안티오코스가 실제로 오면 멀리 있는 로마 인들의 도움을 기대할 수 없고, 당장 들이닥친 왕의 권력에 굴복할 수밖에 없었다는 주장을 내세워 로마 인들의 관대한 처분을 바랄 생각이었다. 왕은 그 순간 에피로스의 모호한 제안에 만족스러운 답변을 주지 않았다. 그는 단지 에피로스에 사절단을 보내 자신과 에피로스의 공통된 관심사인 이 문제를 시민들과 논의할 수 있도록 하겠다고 말했다.

6. 안티오코스는 이어 보이오티아로 출발했다. 앞서 언급했듯이[4]

---

4 리비우스 『로마사』 35권 47장 참조.

보이오티아 인들은 분노할 만한 이유가 있었다. 그들의 지도자 브라킬로스의 죽음은 로마가 사주한 것이라고 생각했고, 또 퀸크티우스가 로마 군인들의 학살을 이유로 코로네아에서 전쟁을 벌였기 때문이다. 사실 공적 업무나 사적 관계에서 뛰어난 품행을 하게 만들었던 보이오티아 인들의 규율은 여러 세대를 거치며 많이 타락한 상태였다. 그런 만큼 많은 시민들의 경제 상황도 악화되었고, 그리하여 획기적인 정치적 변화 없이는 현재의 상황이 오래 지속될 수 없었다.

안티오코스 왕은 테베에 도착했고, 보이오티아 주요 인사들은 왕이 움직이는 동안 그를 만나기 위해 모든 곳에서 쏟아지듯 달려왔다. 비록 그가 이미 로마 주둔군에 공격을 가하며 델리움에서 전투를 시작하고, 전쟁의 첫 움직임으로 칼키스에서 분명하면서도 중대한 사건을 일으켰지만, 그럼에도 불구하고 테베의 보이오티아 회의에서 그는 칼키스에서 열린 첫 회담에서와 똑같은 발언을 했다. 그것은 이미 사절들을 통해 아카이아 회의에서 전달했던 내용으로서, 자신과 우호 협정을 맺자는 것이었다. 그는 보이오티아 인들에게 로마에 전쟁을 선포하라고 요구하지는 않겠다고 했다. 하지만 이런 겉치레 발언의 진짜 목표가 무엇인지 모르는 사람은 없었다. 비록 온건한 어조의 문안(文案)이기는 했지만 왕을 지지하고 로마 인들에 대항하는 포고령이 통과되었다.

이렇게 또 다른 민족을 자신의 편으로 끌어들인 뒤 왕은 칼키스로 돌아왔고, 그곳에서 미리 서신을 보내 아이톨리아 주요 인사들에게 전반적인 전략을 상의하고자 하니 데메트리아스로 오라고 요구했다. 아미난드로스도 아타마니아에서 이 회담에 참석하러 왔다. 카르타고의 한니발은 오랫동안 이런 자리에 초청받지 못했지만 이번엔 참석했다. 테살리아 인들의 문제가 논의되었고, 참석자 전원은 그들의 뜻을 알아봐야 한다는 데 동의했다. 하지만 한 가지 점에서만 의견 차이가 있었다. 일부는 당장 행동하는 걸 선호했고, 다른 일부는 때가 한겨울이니 봄이 되면 전투를 시작하자고 했다. 테살리아 인을 다루는 방식에 관해서도 일부는 사절들을 보내면 된다고 했고, 다른 일부는 테살리아아 인들이 주저하면 안티오코스 왕이 전 병력을 이끌고 가서 그들을 겁박해야 한다고 말했다.

7. 실제로 이 한 문제에 모든 논의가 집중되었다. 한니발은 의견을 개진하라는 요청을 받자 왕은 물론 모든 참석자에게 전쟁을 전반적으로 살펴보아야 한다면서 그들의 생각을 바꾸어 놓았다.

"우리가 그리스로 건너가던 당시 회담에 참석하여 에우보이아, 아카이아, 보이오티아에 관해 의견을 낼 수 있었다면 나는 오늘 여러분이 테살리아 인 문제를 다루는 것과 똑같은 의견을 냈을 겁니다. 나는 무엇보다 필리포스와 마케도니아 인들을 반드시 군사 동맹으로 끌어들여야 한다고 생각합니다. 에우보이아, 보이오티아, 테살리아에 관한 논의를 하고 있는 우리는 다음과 같은 사실을 의심하지 않습니다. 자체 전력이 없는 그들은 가까이에 있는 자들에게 끝없이 알랑거리고, 또 로마 인들에게서 관용을 얻을 수단으로 겁먹은 태도를 취할 것입니다. 그들은 로마 군을 그리스에서 보는 순간 익숙한 로마의 지배를 받아들일 것입니다. 또한 로마 인들이 멀리 사라지면 그들은 곧 현장에 들이닥칠 당신(안티오코스)과 당신의 군대에 대하여 저항할 생각이 없어질 겁니다.

그러니 그런 신의 없는 사람들보다 필리포스와 동맹을 맺는 게 우리에게는 아주 중요한 일입니다! 필리포스가 우리의 편을 든다면 필리포스는 더 이상 자유롭게 행동할 수 없을 것이고, 그가 이바지하는 전력은 로마와의 전쟁에서 단순한 추가 전력이 아닐 것입니다. 필리포스의 군대는 그 자체 힘으로 최근에 로마 인들을 견뎌낼 수 있었습니다. 하늘이 이런 추정을 용서하신다면 이런 필리포스의 도움과 함께, 로마 인들이 필리포스와 싸웠을 때 도움을 주었던 바로 그 사람들의 공격을 받는다면 그 결과는 의심의 여지가 없지 않겠습니까? 필리포스를 패배시킨 것은 아이톨리아 인들인데 그들이 장차 필리포스와 함께 로마 인들에 대항하게 되는 것입니다. 아미난드로스와 아타마니아 인들은 우리와 함께할 것입니다. 그들은 전쟁에서 아이톨리아 인들 다음가는 공을 세웠습니다. 당시 안티오코스 왕은 상황에 개입하지 않았고 필리포스 왕 혼자서 전쟁을 모두 감당했습니다. 이젠 아시아와 유럽에서 가장 강력한 두 왕이 로마를 상대로 전쟁을 수행하게 될 것입니다. 물론 로마 인들을 상대로 하여 승패를 두루 겪었던 나도 도움을 드릴 것입니다. 아무튼 저 로마 인이라는 민족은 우리 아버지들의 시대에 에피로스의 왕 한 명[5]도 이기지 못했습니다. 이제 안티오코스 왕과 필리포스 왕이 힘을 합친다면 어떻게 이 에피로스 왕이 두 왕에게 비교가 될 수 있겠습니까?

그런데 내가 무슨 근거로 필리포스가 우리와 동맹을 맺을 수 있다고 확신하겠습니까?

첫째, 우리가 함께 누릴 이점이 있습니다. 이는 동맹의 가장 확실한 유대입니다.

둘째, 아이톨리아 인들의 보증입니다. 아이톨리아 인들의 대표이자 우리 친구인 토아스는 안티오코스 왕을 그리스로 들여야 한다고 주장하면서 여러 가지 이유를 들었는데, 무엇보다 필리포스 왕이 로

5 피로스 왕을 가리킨다. 두 왕과 동맹의 힘을 로마의 힘과 대비시킨다는 아이디어는 리비우스의 독창적인 생각이고 폴리비오스의 『역사』에서는 나오지 않는다.

마의 처분에 분통을 터뜨리고 있으며, 평화 조건을 가장하여 자신에게 부과된 예속 상태에 분개하고 있다는 이유를 가장 먼저 내세웠습니다. 실제로 그는 필리포스 왕의 분노를 사슬에 묶이거나 우리에 갇혀 자유를 갈망하는 짐승의 분노와 비교했습니다. 정말로 심기가 그렇다면 우리가 그의 사슬을 풀고 빗장을 파괴하여 오랫동안 참아온 분노를 공동의 적에게 터뜨릴 수 있도록 합시다. 하지만 우리 사절단이 전혀 그의 마음을 움직일 수 없다면 그럴 경우에는 필리포스가 우리의 적에게 합류하지 못하게 사전 조치를 취해야 합니다. 지금 안티오코스 왕의 아들인 셀레우코스가 리시마키아에 있습니다. 그가 휘하 군대를 트라키아를 통해 움직여 마케도니아의 가장 가까운 지역을 초토화하기 시작하면 필리포스는 자신의 영토를 지켜야 하는 더욱 긴급한 일 때문에 로마 인들에게 지원을 보내지 못할 겁니다.

이것이 필리포스 왕에 관한 내 의견입니다. 전쟁의 일반적 전술에 관한 내 의견은 시작부터 여러분이 잘 알던 것입니다. 내 말에 여러분이 귀를 기울였다면 로마 인들은 에우보이아의 칼키스와 에피로스의 요새가 점령되었다는 소식을 듣는 게 아니라, 에트루리아, 그리고 리구리아와 키살피네(알프스 이쪽) 갈리아의 해안이 전쟁으로 불타고 있으며, 한니발이 이탈리아에 있다는 소식을 듣게 되었을 겁니다. 이것은 그들이 가장 두려워하는 바입니다. 현재 상황에서 나의 제안은 여전히 모든 해군과 육군을 불러들여야 한다는 것입니다. 그들이 보급품 수송선을 대동하고 오도록 해야 합니다. 왜냐하면 전쟁의 온갖 과업을 수행하기엔 이곳에 있는 우리의 병력이 너무 적으나, 보급품의 부족을 생각하면 현재의 병력도 너무 많습니다. 일단 모든 전력을 집중하게 되면 그 후엔 함대를 나눠 하나는 코르키라에 주둔시켜 로마 인들이 자유롭고 안전하게 바다를 건너지 못하게 하고, 다른 하나는 사르데냐와 아프리카를 마주보는 이탈리아 해안으로 파견해야 합니다. 안티오코스 왕은 육군을 전부 인솔하여 불리스 영토로 나아가 그곳에서 그리스를 호위하면서 상황에 따라 이탈리아로 건너갈 수도 있다는 걸 로마 인들에게 보여주어야 합니다.

이것이 내 조언입니다. 비록 나는 모든 전쟁에서 가장 많은 경험을 한 것은 아니지만, 적어도 로마 인들과 싸우는 법은 나 자신의 흥망성쇠를 통해 배웠습니다. 내가 조언한 전략의 추구를 위해서 나 역시 적극적으로 도울 것을 약속하며, 신뢰할 수 없거나 주저하는 모습을 보이지 않겠습니다. 무엇이 되었든 신들께서 안티오코스 왕에게 최선인 제안을 허락하시길."

8. 이상이 한니발 발언의 요지였다.

참석자들은 당시 그의 발언에 갈채를 보냈지만, 실제로 그 제안을 실행하지는 않았다. 사실 안티오코스가 폴리크세니다스를 보내 아시아에서 함대와 병력을 불러들이라는 지시를 내린 것 외에 한니발의 조언을 따른 것은 없었다. 사절들은 라리사의 테살리아 회의로 향했고, 아이톨리아 인들과 아미난드로스가 페라이에 군대를 소집하는 날짜도 정해졌다. 안티오코스도 서둘러 휘하 병력과 함께 페라이로 움직였다. 왕은 아미난드로스와 아이톨리아 인들을 페라이에서 기다렸다. 이어 왕은 메갈로폴리스의 필리포스에게 병력 2천 명을 주어 로마와 필리포스 왕의 결전지인 키노스케팔라이로 보내 그 주변의 마케도니아 인들의 유해를 수습하게 했다. 그것은 메갈로폴리스의 필리포스[6]가 주문한 조치였다. 그는 이를 통해 마케도니아 인들에

6 마케도니아의 필리포스와는 다른 인물. 리비우스 『로마사』 35권 47장 참조.

게 좋은 인상을 주는 동시에 전사한 병사들을 매장하지 않은 채 방치한 필리포스 왕에게 분노하게 만들려는 것이었다. 아니면 왕들에게서 흔히 발견되는 허영심이 발동하여, 그는 겉보기엔 그럴 듯하지만 실제로는 무가치한 일을 벌이는 것인지도 몰랐다.

키노스케팔라이에는 사방에 흩어진 뼈와 함께 흙이 뭉쳐져 커다란 더미를 형성하고 있었다. 하지만 이런 유해 수습의 일은 마케도니아 인들에게서 전혀 감사를 받지 못했을 뿐만 아니라 필리포스 왕을 무척 분노하게 했다. 그로 인해 그때까지 운명을 자신의 고문(顧問)으로 여기며 아무런 조치를 취하지 않으려 했던 필리포스는 바로 (로마) 법무관 대리 마르쿠스 바이비우스에게 사절을 보내 안티오코스가 테살리아를 공격했다고 전하는 동시에 바람직하다고 생각하면 월동 진지에서 움직여주었으면 한다고 제안했다. 또한 필리포스는 자기도 바이비우스를 만나서 함께 행동 방침을 정하겠다고 했다.

9. 안티오코스가 페라이에 진을 치고 아이톨리아 인들과 아미난드로스와 합류하던 동안에, 라리사에서 사절들이 와서 테살리아 인들이 무슨 언행을 했기에 이런 공격적인 움직임을 마치 당연한 일인 것처럼 벌이는지를 물었다. 또한 사절들은 왕에게 군대를 물릴 것을 요청했고, 그런 다음 사절들을 통해 안티오코스 왕이 해결해야 한다고 생각하는 문제를 무엇이 되었든 함께 논의하자고 했다. 동시에 그들은 히포로코스를 지휘관으로 삼아 주둔군을 맡을 5백 명을 페라이에 보냈는데, 모든 길이 왕의 병력으로 봉쇄되어 도시로 접근할 수 없었다. 따라서 그들은 스코투사로 물러났다.

안티오코스 왕은 라리사 사절들에게 온건하게 답했다. 그는 전쟁을 하려는 게 아니라 테살리아 인들의 자유를 지키고자 테살리아로 들어왔고, 그런 자유를 앞으로도 견고하게 지켜주려 한다고 했다. 비슷한 설명을 할 왕의 대리인이 페라이 인들에게도 보내졌다. 그들은 대리인에게 답변을 주지 않았지만, 왕에게 도시의 지도자인 파우사니아스를 보냈다. 그는 에우리포스 해협의 회담에서 비슷한 상황의 칼키스 인들을 위해 내세웠던 것과 비슷한 주장을 더욱 단호하게 펼쳤다. 왕은 라리사 인들이 지나치게 신중하게 미래를 바라보고 과도하게 주의를 기울이면서 세운 방침은 어느 것이든 따르지 않았으면 한다고 하면서 이 일에 관해 숙고하는 것이 좋을 거라고 대답했다. 왕은 라리사 인들이 그렇지 않으면 바로 후회할 것이라고 경고하며 사절을 돌려보냈다.

페라이에 돌아간 사절이 결과를 보고하자 페라이 인들은 전쟁의 운명이 어떤 결과를 가져오든 로마 인들에게 충성하며 전쟁을 견뎌야 한다는 것을 잠시도 의심하지 않았다. 이렇게 하여 그들은 전력을 다해 도시를 방어할 준비를 했고, 안티오코스 왕은 사방에서 방어 시설을 공격하라고 명령했다. 왕은 자신이 테살리아 전역에게서 경멸을 받을지, 아니면 그들에게 두려움의 대상이 될지 여부는 처음 공격하는 이 도시의 운명에 달렸다는 점을 분명하게 알았고 또 확신했다. 따라서 그는 사방에서 모든 수단을 동원하여 도시 안에 포위된 시민들을 공포에 빠뜨리고자 했다. 페라이 인들은 감탄스러울 정도로 끈기로 발휘하며 왕의 첫 공격을 견뎌냈다. 하지만 시간이 흐를수록 방어하는 쪽에선 죽거나 다치는 사람이 늘어났고, 용기도 위축되기 시작했다. 하지만 지도자들의 책망으로 페라이 인들은 다시 결의를 굳혔고, 이젠 공격을 버텨내기에 충분한 병력이 없었으므로 외곽 성벽을 포기하고 그보다 더 짧은 성벽으로 둘러싸인 도시 내부로 물러났다. 마침내 역경에 내몰린 페라이 인들은 왕의 무력에 의해 도시를 점령당하면 정복자에게서 자비를 바랄 수 없다는 점을 두려워하여 항복하고 말았다.

거기서 왕은 곧바로 4천 명을 스코투사로 보냈는데, 공포가 아직 생생할 때를 이용하여 다른 도시도 함락시키자는 의도였다. 그곳 주민들은 최근 페라이 인들이 처음엔 완강히 항복을 거부하다 결국 역경에 굴복하고 항복하는 모습을 봤기에 아무 저항 없이 곧바로 항복했다. 히폴리토스와 라리사 주둔군은 도시와 함께 항복했다. 주둔군 병사들은 왕의 명령으로 아무런 해를 입지 않고 풀려났는데, 이런 조치가 라리사 인들의 지지를 얻는 데 큰 영향을 발휘할 거라고 판단했기 때문이었다.

10. 페라이에 도착하고 10일 내에 이런 성과를 올린 뒤 왕은 크란논으로 전군을 인솔하여 진군했고, 도착 즉시 그 도시를 점령했다. 이어 그는 키에리움과 메트로폴리스, 그리고 주변 요새를 점령하여 그 지역에서는 아트락스와 기트로를 제외한 모든 곳을 손에 넣었다. 다음으로 그는 라리사를 공격하기로 했다. 그는 라리사 인들이 완강한 저항을 오래 지속하지 못할 것으로 내다봤는데, 다른 도시들의 점령으로 인한 공포, 주둔군의 자유로운 석방으로 느끼는 감사함, 혹은 다른 수많은 공동체가 보여준 자발적인 항복의 사례가 작동할 것이기 때문이었다. 왕은 적을 공포로 몰아넣고자 대열 앞으로 코끼리를 이동시키라고 지시했고, 전투 대형을 갖춘 채 도시로 진군했다. 이로 인해 라리사 인 대다수는 임박한 적에 대한 두려움과 멀리 있는 동맹들을 향한 의무감 사이에서 마음이 불확실하게 동요하게 되었다.

동시에 아미난드로스는 아타마니아 인 전사들과 함께 폴리나키움을 장악했고, 메시포스는 3천 명의 아이톨리아 보병과 2백 명의 아이톨리아 기병을 데리고 페라이비아로 진군하여 말로이아와 키레티아이를 공격해 점령하고 트리폴리스 지역을 황폐화했다. 이렇게 빠르게 공을 세운 뒤 그들은 라리사에 있는 왕에게로 돌아갔고, 도착해서는 왕이 도시에 대해 어떤 행동을 취해야 할지 논의했다. 그들의 의견은 엇갈렸다. 몇몇은 지체 없이 공성 보루와 공성 도구를 사방에서 활용하여 도시를 공격해야 한다고 주장했다. 도시가 평지에 있어 사방에서 쉽게 접근할 수 있었기 때문이다. 하지만 다른 몇몇은 이 도시의 전력이 페라이 같은 도시와 절대 비교할 수 없을 정도로 우위에 있고, 또 지금이 군사 작전을 하기에 적합하지 않고, 특히 도시를 포위하고 공격하기엔 더욱 적절하지 않은 계절인 겨울임을 왕에게 상기시켰다. 안티오코스 왕이 희망과 두려움 사이에서 망설이는 동안 시의적절하게 파르살로스의 사절단이 도착하여 항복 의사를 밝혔고 이는 왕의 사기를 진작시켰다.

그러는 사이 로마 군의 마르쿠스 바이비우스는 다사레티이 인들의 영토에서 필리포스와 만났고, 그와 합의된 계획에 따라 아피우스 클라우디우스를 보내 라리사를 지키게 했다. 클라우디우스는 강행군으로 마케도니아를 통해 곤니가 내려다보이는 산등성이에 도착했다. 곤니는 라리사에서 30km 떨어진 도시로, 템페라고 하는 길의 입구에 있었다. 클라우디우스는 그곳에 휘하 병력에 맞지 않는 어마어마하게 큰 진지를 세우고 필요한 것 이상으로 불을 피웠다. 이것은 모든 로마 군이 필리포스 왕과 함께 이곳에 있는 척하며 적을 속이기 위한 것이었다.

그 결과 안티오코스는 하루만 머무른 다음 겨울이 다가오고 있다는 구실을 내세워 라리사에서 물러나 데메트리아스로 돌아갔다. 아이톨리아 인들과 아타마니아 인들도 자기 영토로 돌아갔다. 비록 아피우스는 포위를 해제하는 목표를 달성했지만, 그럼에도 불구하고 장래에도 동맹들의 사기를 높이기 위해 예정대로 라리사로 갔다. 라리사 인들은 영토에서 적이 물러나고, 로마 인들이 성벽에 주둔군으로 배치된 모습을 보게 되자 두 배로 기뻐했다.

11. 안티오코스 왕은 데메트리아스에서 칼키스로 나아갔다. 그는 칼키스의 젊은 여자와 사랑에 빠졌는데, 클레오프톨레모스의 딸이었다.[7] 그는 우선 전령들을 보내 여자의 아버지에게 집요하게 딸을 달라고 요구했고 이어 개인적으로 간청하여 거듭 귀찮게 했다. 클레오프톨레모스는 자신을 난처한 상황에 빠져들게 하는 혼인을 꺼렸지만, 안티오코스는 바라던 일을 성취하고 마치 모든 상황이 평화로운 시기인 것처럼 결혼식을 올렸다. 그는 로마와의 전쟁, 그리고 그리스의 해방이라는 중요한 두 가지 임무를 동시에 수행 중이었지만, 남은 겨울 동안 그것을 완벽하게 잊은 채로 신혼의 단 재미에 푹 빠져 보냈다. 그는 상황을 통제하는 책임을 모두 내던지고 음주를 동반한 연회와 쾌락에 빠졌다. 그는 술을 과도하게 마셔서라기보다 환락에 겨워서 잠에 곯아떨어졌다. 이런 방종한 생활 습관은 사방의 월동 진지를 관장하는 왕의 지휘관들에게도 퍼졌는데, 특히 보이오티아의 군기 이완이 심각했다. 병사들도 지휘관과 마찬가지로 방종한 습관이

---

7 안티오코스는 이 무렵 나이가 50세였다. 그의 결혼은 알렉산드로스 대왕의 아버지 필리포스 2세가 어린 클레오파트라와 마지막 결혼을 한 것을 연상시킨다. 폴리비오스는 클레오프톨레모스가 칼키스의 지도자급 인사라고 말하고 있으나, 그 외에는 별로 업적이 알려져 있지 않은 인사이므로, 이 결혼의 일차적 이유는 왕이 그 딸의 자색에 매혹된 것이 틀림없다. 폴리비오스는 왕이 결혼 후 이 여자의 이름을 '에우보이아'로 개명했다고 하는데(처녀적 이름은 알려져 있지 않음), 이 또한 필리포스 2세를 흉내 낸 것이다. 안티오코스는 이 당시 이미 라오디케와 결혼한 상태였다. 라오디케는 미트리다테스 2세의 딸이며 안티오코스와의 사이에서 셀레우코스 4세와 안티오코스 4세를 낳았다. 라오디케가 이 결혼 후에 이혼을 당했는지 여부는 불확실하다. 수사에서 발견된 기명에 의하면 라오디케는 기원전 177년에도 생존한 것으로 되어 있는데, 남편 안티오코스는 그보다 10년 전인 기원전 187년에 사망했다.

들었다. 아무도 무장하지 않았으며, 근무 구역을 지키거나 불침번을 서지도 않았다. 또한 그들은 복무 중인 군인으로서 마땅히 해야 할 일이나 의무를 수행하지도 않았다. 그 결과 봄이 시작될 때 안티오코스가 포키스를 따라 사방의 월동 진지에서 전군을 집결하도록 지시한 장소인 카이로네아로 나아갔을 때, 휘하 병력이 자신만큼 느슨한 군기 이완 속에서 겨울을 보냈다는 걸 금방 확인할 수 있었다.

왕은 이어 아카르나니아의 알렉산드로스와 마케도니아의 메시포스에게 지시하여 그들의 병력을 아이톨리아의 스트라토스로 데려오게 했고, 자신도 델포이의 아폴로 신전에서 희생 의식을 거행하고 나우팍토스로 나아갔다. 아이톨리아 주요 인사들과 회담을 가진 뒤 왕은 말리아 만을 통해 진군하는 중이었던 부하들을 칼리돈과 리시마키아를 통해 스트라토스로 나아가는 길에서 만났다. 스트라토스에서 므나실로코스라는 아카르나니아 주요 인사는 수많은 뇌물과 노력으로 시민들을 왕의 편으로 돌아서게 만들고, 더 나아가 수석 행정장관을 자신의 생각에 동조하도록 만들었다.

당시 아카르나니아의 최고 행정장관이자 공동체에서 가장 권위자였던 사람은 클리토스였다. 그는 레우카스 인들이 케팔라니아에서 떨어진 곳에 아틸리우스가 지휘관으로 있는 로마 함대를 두려워하여 로마를 쉽게 배신하지 못할 거라고 생각했다. 따라서 그는 교활한 접근법을 썼다. 회의에서 그는 아카르나니아의 내륙 지역을 방어해야 한다고 주장했고, 무기를 들 수 있는 자는 전부 메디온과 티레움으로 가서 그 지역들이 안티오코스나 아이톨리아 인들에게 점령되는 걸 막아야 한다고 했다. 이에 몇몇 사람들은, 모든 장정들을 불러내어 오합지졸이 되게 하면 부적절하므로 조직적인 5백 명만 있으면 충분하다고 했다. 이에 클리토스는 5백 명의 청년을 얻게 되었고,

3백 명을 메디온에, 2백 명을 티레움에 주둔군으로 배치한 뒤에 이들이 장차 왕의 손에 넘어가 인질이 되도록 하는 일을 공작했다.

12. 이즈음 왕의 사절들이 메디온에 도착했다. 사절들은 청문회에서 방문 목적을 말했고 그 도시의 민회는 어떤 대답을 왕에게 전할지 논의했다. 몇몇 사람은 로마와의 동맹을 변함없이 지켜야 한다고 주장했고, 다른 몇몇은 왕과의 우호 관계도 무시해선 안 된다고 주장했다. 하지만 그 중간 쯤에 해당하는 클리토스의 제안이 받아들여졌다. 그는 안티오코스 왕에게 사절단을 보내 메디온 인들이 중대한 문제를 아카르나니아 인 회의에서 논의할 수 있도록 허락해달라고 간청하자는 것이었다. 이 사절단엔 므나실로코스와 그의 파벌 일원들이 포함되었고, 그들은 은밀히 왕에게 전언을 보내 병력을 움직이게 했다. 그런 다음 그들은 시간을 끌었다.

그 결과 사절들이 왕을 향해 출발하려고 하는 즈음에, 안티오코스가 국경을 건너와 도시의 성문 앞에 도착했다. 이런 기만 행위에 가담하지 않은 사람들이 공황에 빠져서 우왕좌왕하면서 모든 청년에게 무기를 들라고 소리치는 사이에, 클리토스와 므나실로코스가 왕을 도시로 들였다. 몇몇 사람은 자발적으로 왕에게 몰려들었고, 당초 왕의 편을 들지 않은 자들조차 두려움을 못 이기고 그에게 합류했다. 안티오코스는 온건한 말로 겁에 질린 시민들을 달랬고, 그 결과 여러 아카르나니아 공동체가 그의 편으로 넘어갔다. 그들은 널리 알려진 그의 관용에 기대를 걸었던 것이다.

안티오코스 왕은 다시 한 번 므나실로코스와 사절단을 먼저 보낸 다음에 메디온에서 티레움으로 떠났다. 하지만 메디온에서 내부의 기만행위가 있었다는 사실이 밝혀지자 티레움 인들은 겁을 먹기보다는 더욱 그런 기만술을 경계하게 되었다. 실제로 그들은 로마 지휘관들이 허락하지 않는 한 새로운 동맹은 안 된다고 명확한 답변을 주었다. 또한 그들은 성문을 걸어 닫고 무장한 수비병을 성벽을 따라 배치했다. 아카르나니아 인들의 사기를 더욱 높여주는 가장 적절한 소식은 레우카스에 그나이우스 옥타비우스가 도착했다는 것이었다. 옥타비우스는 퀸크티우스의 지시로 파견되었고, 아울루스 포스투미우스에게서 병력 일부와 소수의 전함을 인수했다. 포스투미우스는 부장인 아틸리우스에 의해 케팔라니아의 지휘를 부여받은 바 있었다. 옥타비우스의 도착 소식에 로마 동맹들은 이런 기대를 갖게 되었다. 집정관 마르쿠스 아킬리우스가 이미 휘하 군단들과 함께 바다를 건넜고 이제 로마 군 선발대가 테살리아에 진지를 세웠으니 곧 동맹들을 구해줄 것이라고 희망했다. 로마 군의 이런 움직임에 관한 소문은 그 무렵 항해 가능한 계절이 돌아왔다는 사실로 더욱 그럴듯하게 들렸다. 따라서 안티오코스는 티레움에서 물러났고, 메디온과 다른 몇몇 아카르나니아 도시에 주둔군을 남기고 아이톨리아와 포키스의 도시들을 통해 칼키스로 돌아갔다.

13. 이 즈음에 마르쿠스 바이비우스와 필리포스 왕은 군대를 인솔하여 이동 중이었다. 그들은 이미 다사레티이 인들의 땅에서 겨울 동안에 만난 바 있었고, 이때 아피우스 클라우디우스를 라리사 포위를 풀게 하고자 테살리아로 보냈었다. 이어 그들은 계절이 전쟁하기 적합한 때가 아니어서 월동 진지로 돌아왔다. 이제 봄이 시작되자 그들은 연합군을 이끌고 테살리아로 진군했다. 안티오코스는 당시 아카르나니아에 있었다. 테살리아에 도착하자 필리포스는 페라이비아의 말로이아를 공격했고, 바이비우스는 파키움으로 나아가 첫번째 공격으로 그 도시를 함락시켰다. 이어 바이비우스는 똑같은 속도로 파이스툼도 점령했다. 그는 그곳에서 아트락스로 물러났고, 이어 키레티

아이와 에리티움을 장악했다. 그는 회복한 도시들에 주둔군을 두고 이어 여전히 말로이아를 포위 중인 필리포스와 합류했다.

로마 군이 도착하자 말로이아 인들은 로마 군의 전력을 두려워해서인지 아니면 로마 인들의 관용을 바란 것인지는 몰라도 항복 의사를 전달했다. 바이비우스와 필리포스는 연합군을 이끌고 아타마니아 인들이 장악했던 도시들을 회복하러 나섰다. 그 도시들은 아이기니움, 에리키니움, 곰피, 실라나, 트리카, 멜리보이아, 팔로리아 등이었다. 그들이 다음으로 도착한 펠리나이움에는 메갈로폴리스의 필리포스가 5백 명의 보병과 40명의 기병을 주둔군으로 데리고 있었다. 도시는 포위되었고, 바이비우스와 마케도니아 왕은 공격 전에 메갈로폴리스의 필리포스에게 전령을 보내 최후까지 저항하는 어리석음을 저지르지 말라고 경고했다. 메갈로폴리스의 필리포스는 로마 인이나 테살리아 인이라면 기꺼이 자신의 처분을 맡기겠지만, 필리포스 왕의 손에 넘어가지는 않을 것이라고 상당히 공격적으로 답했다. 무력을 써야 하는 상황임이 분명했다. 게다가 동시에 림나이움을 공격할 수 있는 것처럼 보였으므로, 필리포스 왕은 림나이움을 공격하러 떠났고, 바이비우스는 남아서 펠리나이움을 공격하기로 되었다.

14. 이즈음 집정관 마르쿠스 아킬리우스는 2만 명의 보병과 2천 명의 기병, 그리고 15마리의 코끼리와 함께 바다를 건넜다. 그는 천인대장들에게 지시하여 라리사로 보병대를 데리고 가게 했고, 자신은 기병대와 함께 림나이움의 필리포스를 향해 떠났다. 집정관이 전장에 도착하자 즉시 도시는 항복했고, 안티오코스 왕의 주둔군과 아타마니아 인들을 넘겼다. 집정관은 림나이움에서 펠리나이움으로 갔다. 그곳에서 아타마니아 인들은 먼저 항복했고, 이어 메갈로폴리스의 필리포스도 그 뒤를 따라 항복했다. 필리포스 왕은 그가 주둔지

를 떠날 때 메갈로폴리스의 필리포스와 마주치게 되었는데, 휘하 장병들에게 그를 왕으로 부르라면서 조롱했다. 또한 그는 메갈로폴리스의 필리포스를 '동생'이라 부르며 왕의 위엄에 절대 맞지 않는 농담을 던지기도 했다. 이 메갈로폴리스 인은 집정관 앞으로 끌려갔고, 명령에 의해 감금되었다. 이내 그는 사슬에 묶여 로마로 후송되었다. 이때 항복한 도시들에 주둔군으로 있던 나머지 아타마니아 인들과 안티오코스 왕의 병사들은 필리포스 왕에게 넘겨졌다. 그 숫자는 약 4천 명이었다.

집정관은 라리사로 움직였고, 그곳에서 전쟁의 일반 전략을 논의하기 위해 회의를 열 계획이었다. 군대를 움직이는 도중에 키에리움과 메트로폴리스의 사절들이 집정관을 찾아와서 그들의 도시를 넘기겠다는 뜻을 전했다. 한편 필리포스는 아타마니아 포로들을 특별히 관대하게 대했는데, 아타마니아 인들의 환심을 사려는 의도였다. 왕은 아타마니아를 자기 세력으로 들이려고 생각했기에 포로를 먼저 도시로 돌려보내고 그곳으로 군대를 이끌고 나아갔다. 이 포로들은 필리포스 왕의 도량 크고 너그러운 태도를 전하면서 동포들의 심리에 엄청난 영향을 미쳤다. 아미난드로스가 현장에 있었더라면 왕(아미난드로스)의 권위로 일부는 자신에게 충성하도록 했을 수도 있었을 것이다. 하지만 그는 아내와 자식들을 데리고 자기 왕국을 떠나 암브로시아로 달아났다. 오랜 적인 필리포스 왕이나 그의 변절을 확인하고 이젠 적으로 돌아선 로마 인들에게 자신이 넘겨질 것을 두려워했기 때문이었다.

그 결과 아타마니아 전역은 필리포스가 관할하게 되었다. 집정관은 라리사에서 며칠 동안 머물렀는데, 주된 이유는 항해와 이후 바로 이어진 행군으로 지친 짐 나르는 짐승들에게 휴식을 주려는 것이었다. 이후 휘하 병력이 짧은 휴식으로 활기를 되찾자 집정관은 크란논으로 향했고, 진군 중에 파르살로스, 스코투사, 페라이의 항복을 받았다. 항복과 동시에 해당 도시들에 주둔하던 안티오코스의 장병들도 로마 군에게 넘겨졌다. 집정관은 이 장병들에게 자신과 함께 남을 자가 있는지를 물었고, 그렇게 자원한 1천 명을 필리포스 왕에게 넘기고 나머지는 무장을 해제시킨 뒤 데메트리아스로 보냈다.

이어 집정관은 프로이르나와 주변 성벽을 친 여러 도시의 항복을 받았고, 말리아 만으로 휘하 군대를 데리고 나아가기 시작했다. 그가 타우마키가 있는 곳 위에 있는 좁은 길에 접근하자 모든 적의 병사들이 무장하고 도시를 떠나 길의 유리한 장소에 자리 잡았고, 더 높은 곳에서 로마 군 대열을 공격했다. 집정관은 전령들을 보내 그들과 가까운 곳에서 말을 걸며 이런 광기에 사로잡힌 행동을 그만두라고 설득했지만, 그들이 저항하려는 계획을 고집하는 걸 확인하고 한 천인대장에게 두 개의 보병 중대를 주어 우회하게 하여 이곳에 있는 무장한 적들이 도시로 물러날 길을 봉쇄하고, 무방비의 도시를 점령하게 했다. 이어 점령된 도시에서 비명 소리가 들려오자 적의 병사들은 매복한 숲에서 사방으로 도망쳤고, 엄청난 사상자를 냈다. 타우마키를 뒤로 한 집정관은 다음날 스페르케오스 강에 도착했고, 히파타 인들의 땅을 파괴하러 나섰다.

15. 이 모든 일이 벌어지는 동안 안티오코스는 칼키스에 있었다. 이즈음 그는 칼키스에서 쾌적한 월동 진지를 얻고 문제 있는 결혼[8]을

---

8 남녀가 서로 좋아하여 결혼하는 것이 로마 인들 사이에서도 가끔 있는 일이기는 했지만, 고대 로마 인들은 중매에 의한 결혼을 더 훌륭한 것으로 생각하여 여기서 '문제 있는'이라는 말을 썼다.

한 것 외에 그리스에서 얻은 게 아무것도 없다는 걸 깨달았다. 또한 그는 아이톨리아 인들의 공허한 약속을 불평하고 토아스의 흠을 잡기 시작했으며, 한니발을 선견지명을 가진 사람일 뿐만 아니라 실제로 당시 벌어지던 모든 일을 내다본 예언자로 평가하면서 감탄을 표시했다. 그럼에도 불구하고 성급하게 시도한 일이 부작위로 실패하는 걸 두려워한 그는 사절들을 아이톨리아로 보내 싸울 수 있는 병사들을 모두 소집하여 라미아에서 보자고 했다. 그 자신은 약 1만 명의 보병(아시아에서 데려온 증원군으로 수가 늘어났다)과 5백 명의 기병을 인솔하고 지정한 곳으로 나아갔다.

하지만 라미아에 모인 아이톨리아 인들은 예전보다 훨씬 못 미치는 수였으며, 실은 오로지 주요 인사들과 그들에 딸린 소수의 하인들만 동원되었을 뿐이었다. 그들은 정력적으로 최선을 다해 도시들에서 최대한 병사들을 소집하려고 했지만, 어떠한 영향력, 특권, 법적 권한으로도 군 복무를 거부하는 자들을 제압할 수 없었다고 말했다. 이에 안티오코스는 자신이 온 사방에서 협조를 얻지 못한다고 생각했다. 휘하 병사들은 아시아에서 지체하고 있었고 동맹들은 약속을 제대로 이행하지 않았고, 이제 유럽으로 건너오면 펼쳐질 거라고 동맹들이 말했던 희망도 감쪽같이 사라져버렸다. 그리하여 왕은 테르모필라이의 고갯길 뒤로 물러나게 되었다.

이탈리아가 아펜니노 산맥으로 나뉜 것처럼, 그리스도 이 테르모필라이 산맥에 의해 나뉘어졌다.[9] 테르모필라이 고갯길의 앞 북쪽 방

---

9 아펜니노 산맥 같은 큰 산맥을 테르모필라이 산맥과 같은 급으로 본 것은 리비우스의 과장이다. 그는 이 고갯길에서 스파르타의 3백 용사가 페르시아 군을 막다가 옥쇄한 역사를 근거로 이런 과장된 생각을 한 듯하다.

향으로는 에피로스, 페라이비아, 테살리아, 프티오티스 아카이아, 그리고 말리아 만이 있었고, 길의 뒤 남쪽으로는 아이톨리아 대부분, 아카르나니아, 포키스와 로크리스, 보이오티아와 에우보이아에 인접한 섬, 그리고 바다로 돌출된 일종의 곶에 있는 아티카 땅이 있었다. 이 산줄기는 레우카스와 서쪽 바다에서 뻗어 아이톨리아를 통과하여 동쪽 바다로 이어졌는데, 바위투성이에다 험난한 장애물이 많아 군대는 말할 것도 없고 가볍게 장비를 갖춘 개인도 건너갈 길을 찾기가 쉽지 않았다. 동쪽 산맥은 오이타 산이라고 했는데, 가장 높은 봉우리의 이름은 칼리드로뭄이었다. 이 봉우리 밑에 있는 말리아 만으로 뻗은 계곡엔 길이 하나 있었는데, 너비가 60보를 넘지 않았다. 이곳이 군대가 아무런 저항을 받지 않는 상황에서 지나갈 수 있는 유일한 군용로였다. 그것이 바로 이곳이 필라이(문)라 불리는 이유였다. 다른 이들은 테르모필라이(뜨거운 문)라 불렀는데, 실제 고갯길 안쪽에 뜨거운 온천이 있었기 때문이다. 이곳은 페르시아인들을 상대한 스파르타 인들의 죽음으로 유명했다. 이 죽음은 전투 그 자체보다도 더욱 기억에 남을 만한 사건이었다.[10]

16. 당시 그곳의 '문' 내부에 진을 치고 방어 시설로 길을 봉쇄한 안티오코스의 기분과 과거 스파르타 인들의 기분은 전혀 다른 것이었다. 그는 이중으로 방어벽을 세우고 도랑을 파서 길을 완벽하게 봉쇄했고, 필요한 곳엔 사방에 널린 돌로 석벽을 세웠다. 이어 로마 군이 절대 이곳을 돌파할 수 없을 것으로 확신한 왕은 앞서 모인 4천 명의 아이톨리아 인들을 나눠 한쪽은 헤라클레아를 장악한 후 주둔하

---

10 기원전 480년 스파르타의 지휘관 레오니다스와 휘하 용사들은 크세르크세스의 군대에 저항하다가 전원 옥쇄했다.

라고 했고, 또 다른 쪽은 히파타로 보냈다. 그는 집정관이 헤라클레아를 공격할 것으로 확신했고, 히파타 주변 농촌 지역 전체가 파괴되고 있다는 수많은 보고를 받았기에 이런 조치에 나선 것이었다. 집정관은 실제로 우선 히파타 지역을 초토화하고 나아가 헤라클레아 주변 밭들을 파괴했다. 아이톨리아 인들은 그 두 지역에 전혀 도움을 주지 않았다. 이어 집정관은 길의 내부에 진을 쳤으며, 온천 근처에서 왕을 마주했다. 그러는 사이 두 아이톨리아 병력은 헤라클레아에 틀어박혔다.

안티오코스는 적을 보기 전까지 자신이 있는 위치가 휘하 경계병들로 잘 방어되고 봉쇄되었다고 생각했다. 하지만 이제 그는 로마 사령관이 위로 돌출된 절벽을 통해 지나갈 수 있는 길을 발견할지도 모른다는 두려움에 사로잡혔다. 옛적에 스파르타 인들이 이런 방식으로 페르시아 인들을 포위했고, 최근엔 필리포스 왕이 그렇게 로마 인들에게 포위되었다. 따라서 그는 전령을 헤라클레아의 아이톨리아 인들에게 보내, 적어도 전쟁에서 이 일 한 가지만 해달라고 요청했다. 그것은 근처에 있는 산 정상을 점령하여 로마 인들이 산길로 건너갈 수 없게 막으라는 것이었다.

이런 전언을 받자 아이톨리아 인들 사이에서 논쟁이 벌어졌다. 몇몇은 왕의 명령을 따라 움직여야 한다고 했고, 다른 몇몇은 헤라클레아에서 기다리며 운명이 어떤 결과를 가져오든 그에 맞추어 대비를 해야 한다고 했다. 왕이 집정관에게 패배하면 그들은 활기 넘치는 병력을 이끌고 자국 도시들을 도울 준비를 해야 하며, 왕이 승리하면 흩어져 도망치는 로마 인들을 뒤쫓아야 한다는 것이었다. 각 파벌의 지지자들은 자신들이 내세운 의견을 고수했을 뿐만 아니라 그대로 실행에 옮기기까지 했다. 2천 명은 헤라클레아에 남았고, 나머지 2천

명은 세 개의 부대로 나눠 칼리드로뭄, 로둔티아, 티키우스라는 세 봉우리를 점령했다.

17. 집정관은 아이톨리아 인들이 산 정상들을 장악한 걸 확인하고, 집정관을 역임한 부장들인 마르쿠스 포르키우스 카토와 루키우스 발레리우스 플라쿠스에게 각각 2천 명의 정예 보병을 주어 아이톨리아 인들이 장악한 거점을 공격하게 했다. 플라쿠스는 로둔티아와 티키우스를, 카토는 칼리드로뭄을 공격하기로 되었다. 집정관은 적을 향해 병력을 움직이기 전에 군인들을 집합시키고 짧게 연설했다.

"계급을 막론하고 이곳에 모인 수많은 병사들이 티투스 퀸크티우스의 통솔을 받아 이 지역에서 복무했음을 잘 알고 있다. 마케도니아 전쟁에서 아우스 강의 길[11]은 지금 이곳의 길보다 더욱 극복하기 힘들었다. 확실히 이곳은 하나의 비좁은 문이다. 두 바다 사이에서 이곳은 자연이 제공한 유일한 통로이며 나머지는 전부 폐쇄되었다. 아우스 강에선 방어 시설이 훨씬 더 좋은 위치에 더욱 견고하게 세워졌고, 적군은 수도 훨씬 많고 더욱이 자질도 무척 뛰어났다. 제군도 잘 알듯이 당시 상대했던 마케도니아 인, 트라키아 인, 일리리아 인은 전부 지극히 호전적인 민족이다. 여기에서 제군은 시리아 인과 아시아의 그리스 인을 상대하게 되었는데, 이들은 가장 쓸모없는 족속이며 태생이 굴종하는 자들이다. 필리포스 왕은 청년기부터 인근 트라키아 인, 일리리아 인, 그리고 그 외 주변의 모든 민족과 전쟁을 하며 단련되었던 최상의 전사였다.

---

11 아우스 강의 전투와 마케도니아 왕 필리포스의 군대 배치에 대해서는 리비우스『로마사』 32권 6장 참조.

이 안티오코스라는 자는 이렇다 할 전투 실적이 없는 왕이다. 이 자는 로마 인들과 전쟁을 하고자 아시아에서 유럽으로 건너온 뒤 겨울 동안 고작 했다는 일이 동포들 사이에서도 무명인 평민 집안 딸과 사랑에 빠져 결혼한 것밖에 없다. 이 새신랑은 결혼 축하 연회를 잔뜩 즐기며 방탕하게 육체적 쾌락에 탐닉하다가 이제 싸우겠다고 나온 것이다. 그가 기대를 걸고 있는 주력 부대는 아이톨리아 인들인데, 제군들은 이미 겪어서 알고 있고 또 안티오코스도 이제 몸소 겪고 있듯이, 이들만큼 믿을 수 없고 배은망덕한 민족도 없다. 게다가 대군으로 온 것도 아니고, 진지에 머무르며 군기를 지키는 자들도 아니다. 나아가 그들은 실제로 내부에서 불화가 생기기도 했다. 아이톨리아 인들이 히파타와 헤라클레아를 보호해야 한다고 요구했지만, 그들은 어느 곳에도 도움을 주지 않았고 그래서 지키지도 못했다. 일부는 산으로 도망치고, 다른 일부는 헤라클레아에 틀어박혀 나오지도 않는 꼬락서니를 보이고 있다.

안티오코스는 평지에서 감히 우리와 전투를 벌이지 못하는 건 물론 탁 트인 지역에 진을 세우지도 못한다는 게 아주 분명하게 드러났다. 그는 우리와 필리포스 왕에게서 빼앗았다고 자랑한 모든 지역을 버리고 바위 사이에 틀어박혔다. 심지어 옛 이야기에서 스파르타 인들이 그랬던 것처럼 고갯길의 입구에 진을 세운 것도 아니다. 그는 비좁은 길의 깊은 곳으로 진지를 물렸다. 이자가 느끼는 두려움을 그대로 보여주고 있다. 그런 점에서 이자의 행동은 포위를 견디고자 성벽 안에서 꼼짝도 하지 않는 것과 무엇이 다르겠는가? 하지만 이 길은 안티오코스를 지키지 못할 것이고, 점령된 봉우리는 아이톨리아 인들이 지키지 못할 것이다.

나는 사전에 충분히 숙고하고 경계하여 제군이 적 말고는 그 어떤 위험도 마주하지 않도록 했다. 비록 그 자체로 고귀한 대의이긴 하지만, 제군은 그리스의 자유만이 아니라, 아이톨리아 인들과 안티오코스로부터 이전에 필리포스에게서 해방되었던 사람들을 해방시키고자 싸우는 중이라는 점을 명심하라. 지금 왕의 진지에 있는 물건들뿐만 아니라 에페소스에서 매일 기다리고 있는 모든 값나가는 물건들이 제군의 손에 전리품으로 들어가게 될 것이다. 이후 제군은 아시아와 시리아를 넘어 해가 뜨는 곳까지 펼쳐진 모든 부유한 나라들을 로마가 통치할 수 있는 길을 열 것이다. 이후 우리 영토는 가데스부터 홍해까지 이르게 될 것이고, 우리의 국경은 온 세상을 감싼 바다가 될 것이다. 온 세상 민족은 신들 다음으로 로마라는 이름을 숭배하게 될 것이다. 그런 거대한 보상을 생각하면서 제군은 그 수령인에 어울리는 투지를 보여주어야 한다. 내일 신들께서 도움을 주시는 가운데 우리는 전장에서 승패를 결정할 것이다."

18. 이어 장병들이 해산되었고, 그들은 식사를 하고 쉬기 전에 장비와 무기를 준비했다. 동이 트자마자 군기가 등장했고, 집정관은 자연적으로 제한된 비좁은 길에 맞게 전투 대형을 조직했다. 안티오코스 왕은 적의 군기들이 휘날리는 것을 보자 자기 병력을 앞으로 냈다. 그는 방어벽 앞 최전선에 가볍게 무장한 병력 일부를 배치했다. 이어 그는 사리스포리라고 하는 '마케도니아 인'[12] 주력 부대를 보루 역할을 하던 실제 방어 시설 주위에 배치했다. 이들 왼쪽에는 투창병, 궁수, 투석병 무리가 배치되었고, 산의 낮은 경사에서 높은 위치

12 실제 마케도니아 인을 가리키는 것은 아니고 안티오코스의 중무장 보병을 가리키는 말이다. 이 중무장보병은 사리사라고 하는 긴 창으로 무장했는데, 알렉산드로스 대왕이 개발한 마케도니아 모델을 그 후대의 부장들이 그대로 채택한 것이다.

를 활용하여 로마 군의 노출된 부분을 괴롭힐 것이었다. '마케도니아 인'들의 오른쪽에선 방어 시설의 말단이 있었고, 벽 가까이엔 질퍽질퍽한 진흙과 유사(流砂)가 있었는데 이런 지역은 바다까지 이어져 있어서 통행할 수가 없었다. 여기에다 안티오코스는 코끼리들을 사육사와 함께 배치했고, 그 뒤에 기병대를 두었다. 곧이어 안티오코스의 나머지 병력은 두 번째 전열을 형성했다.

방어벽 앞 '마케도니아 인'들은 처음엔 사방에서 침입하려고 하는 로마 인들을 쉽게 버텨냈다. 또한 그들은 높은 곳에서 동시에 폭우처럼 쏟아지는 돌멩이, 화살, 창 공격으로 큰 도움을 받았다. 하지만 시간이 흐를수록 로마 군이 가하는 압박은 거세졌고, 마침내 버틸 수가 없게 되었다. 그들은 자리에서 밀려나 대열을 물려 방어 시설 안으로 들어갔다. 방어벽에서 그들은 앞으로 창을 내밀었는데 마치 또 다른 울타리가 생긴 것 같았다. 방어벽은 워낙 낮아 방어자들이 더 높은 위치에서 싸울 수 있게 했고, 창의 길이가 길어서 공격하는 로마 군 병사들은 창이 닿는 거리 안에 들어가게 되었다. 방어벽에 경솔하게 다가간 수많은 로마 병사들이 찔려 쓰러졌다. 로마 인들은 마르쿠스 포르키우스 카토가 진지를 내려다보는 산에서 모습을 드러내지 않았더라면 돌격 임무를 완수하지 못하고 물러났거나 더 많은 사상자를 냈을 것이다. 카토는 칼리드로뭄 산등성이에서 무수한 아이톨리아 인들을 죽이고 몰아냈는데, 아이톨리아 인들 다수가 잠들어 방심한 틈을 노려 기습 공격한 덕분이었다.

19. 플라쿠스는 티키오스와 로둔티아를 공격하면서 마르쿠스 포르키우스 카토 같은 행운을 누리지 못했다. 이 두 거점을 확보하려는 그의 노력은 실패로 끝났다.

'마케도니아 인'들과 왕의 진지에 있던 다른 병사들은 처음엔 멀리서 진군 중인 무리가 전투를 먼 곳에서 지켜보고 지원하러 오는 아이톨리아 인들인 것으로 생각했다. 하지만 군기와 무장을 알아볼 수 있는 거리에 접근하자 그들은 착각했다는 것을 알았고 갑작스러운 공포에 사로잡혀 무기를 버리고 달아났다. 추격자들은 지나가야 하는 방어 시설과 비좁은 계곡 때문에 방해를 받았는데, 무엇보다도 적의 후위로 배치된 코끼리들이 앞길을 가로막아 추격을 힘들게 했다. 로마 군 보병대는 코끼리들을 지나치기 어렵다고 생각했고, 기병대는 아예 지나칠 수 없다고 판단했다. 왜냐하면 말들이 겁을 먹고 전투할 때보다 더 큰 혼란을 아군 대열에 일으켰기 때문이었다. 게다가 진지를 약탈하는 데 너무 많은 시간이 들어갔다. 그럼에도 불구하고 로마 인들은 그날 적을 쫓아 스카르페아까지 나아갔다. 게다가 추격 도중 수많은 적과 말을 죽이거나 붙잡았고, 포획할 수 없는 코끼리들은 죽이고 진지로 돌아왔다. 전투가 진행되는 중에, 헤라클레아에 주둔군을 둔 아이톨리아 인들이 로마 군 진지를 공격했지만, 그런 대담한 시도는 성공을 거두지 못했다.

이어지는 밤 제3경(밤 12시)에 집정관은 기병대를 보내 적을 뒤쫓게 했고, 동이 틀 때 그는 군단의 깃발을 앞으로 이동시켰다. 왕은 엘라티아에 도달하기 전까지 앞뒤 살피지 않고 도망치는 걸 멈추지 않았기에 집정관으로부터 상당히 거리를 벌려두고 있었다. 엘라티아에서 전투와 패주에서 살아남은 자들을 집결시킨 뒤 왕은 절반만 무장한 병사들 무리를 데리고 칼키스로 물러났다. 로마 기병대는 엘라티아에서 왕을 앞지르지 못했지만, 적 대다수를 몰살시켰다. 이들은 지쳐서 걸음을 멈추거나 길을 잃고 사방에 흩어진 자들이었는데, 안내인도 없이 미지의 길로 도망쳤으니 그런 결과는 당연한 것이었다. 전체 병력 중에 도망친 자는 왕과 함께 도주한 5백 명뿐이었는데, 그리스에서 왕이 1만 명의 병사를 데려온 사실을 감안하면 아주 적은 숫자의 생존자였다. 이것은 폴리비오스의 기록에 따른 숫자이다. 로마 역사가 발레리우스 안티아스의 이야기를 따르면 그 숫자는 전혀 다른 문제가 된다. 그는 왕의 군대에 6만 명이 있었으며, 4만 명이 죽고 5천 명 이상이 포로로 붙잡히고 230개의 군기를 빼앗겼다고 기록했다. 이에 비하여 실제 전투에서 전사한 로마 인은 150명이며, 아이톨리아 인들의 공격에 저항하여 진지를 지켜낸 로마 군 병사들 중 사상자는 50명을 넘지 않았다.

20. 집정관이 휘하 군단들을 이끌고 포키스와 보이오티아를 지나가자 반란에 가담했던 나라들의 시민들은 성문 앞에서 탄원자의 나뭇가지를 든 채로 서 있었다. 그들은 적으로 취급되어 조국이 약탈을 당할 것을 두려워했던 것이다. 하지만 로마 군은 진군하는 내내 마치 평화로운 농촌 지역을 지나는 태도를 유지했고 그런 식으로 코로네아에 도착했다. 그곳엔 안티오코스 왕의 동상이 아테나 이토니아 신전에 서 있었는데, 집정관은 그것을 보고 분노하여 신전 주변 지역을 파괴하는 걸 허락했다. 이어 집정관에겐 보이오티아 공동체 전부의 결정으로 그런 동상이 세워졌을 것인데 코로네아에만 분을 풀어서는 안 된다는 생각을 했다. 로마 군 병사들은 즉시 소환되었고 약탈은 중지되었다. 보이오티아 인들에겐 최근 로마 인들에게 엄청난 도움을 받고서 이토록 배은망덕한 태도를 보일 수 있느냐는 비난만 전달되었다.

전투가 벌어지던 동안에 이시도로스가 지휘를 맡은 왕의 전함 10척은 말리아 만의 트로니움 앞바다에 정박하고 있었다. 아카르나니아의 알렉산드로스는 심각한 부상을 입은 채로 이 전함들로 피신하여 패배 소식을 전했다. 이에 공포에 휩쓸린 전함들은 에우보이아의 케나이움으로 향했고, 그곳에서 알렉산드로스는 죽어서 매장되었다. 같은 항구에 있던 아시아에서 온 세 척의 배는 왕의 육군이 당한 참담한 패배 소식을 듣고서 에페소스로 돌아갔다. 케나이움에서 이시도로스는 데메트리아스 시로 향했는데, 왕이 도망쳐 그곳으로 올지도 모른다는 생각이 들었기 때문이었다. 그러는 사이 로마 함대 사령관 아울루스 아틸리우스는 안드로스 섬 근처 해협을 건너 막 수송되던, 왕이 사용할 엄청난 양의 보급품을 가로챘다. 그는 적이 배를 돌려 아시아로 도망치려고 하자 일부는 침몰시키고 다른 일부는 붙잡았다. 아틸리우스는 붙잡은 배들을 데리고 피라이오스의 기지로 돌아왔고, 엄청난 양의 곡물을 아테네 인과, 같은 지역의 다른 동맹들에게 나눠줬다.

21. 안티오코스는 집정관이 접근하자 칼키스를 떠났고, 처음엔 테노스로 갔다가 그곳에서 에페소스로 건너갔다. 집정관은 칼키스에 도착하면서 성문이 활짝 열려 있는 걸 보았다. 왕의 지휘관인 아리스토텔레스가 로마 집정관이 접근한다는 걸 확인하고 황급히 도시에서 달아났던 것이다. 에우보이아의 다른 도시들도 마찬가지로 전투 없이 집정관에게 넘겨졌다. 며칠 뒤 모든 도시들이 평화롭게 되었고, 로마 군은 그 어떤 도시에도 피해를 주지 않고 테르모필라이로 물러났다. 승리 이후 로마 인들이 보여준 자제력은 승리 그 자체보다 더욱 칭송을 받아 마땅한 것이었다.

집정관은 이어 마르쿠스 카토를 로마로 보내 그간 무슨 일이 벌어졌는지 원로원과 로마 시민들에게 권위 있는 목소리로 보고하게 했다. 카토는 코린토스 만에서 가장 안쪽으로 움푹한 곳에 있는 테스피아이의 교역소인 크레우사에서 아카이아의 파트라이로 항해했다. 그곳에서 그는 아이톨리아와 아카르니아 해안 가장자리를 따라 코르키라까지 나아갔고, 이어 이탈리아의 히드룬툼으로 건너갔다. 히드룬툼에서 그는 육로를 통해 나흘 만에 로마에 도착했다. 아주 긴 여정임에도 불구하고 놀라울 정도로 빠른 시간 내에 로마에 도착한 것이었다. 동이 트기 전 도시로 들어온 그는 곧장 성문에서 법무관 마르쿠스 루키우스를 찾아갔다. 집정관이 카토보다 며칠 전에 로마로 파견한 루키우스 코르넬리우스 스키피오는 로마에 늦게 도착하여 카토가 이미 로마에 와서 원로원에 가 있다는 얘기를 들었다. 따라서 스키피오가 원로원에 도착해 보니 카토가 이미 그리스에서 벌어진 일을 보고하는 중이었다. 두 사절은 이어 원로원의 명령에 따라 민회에 출두하여 원로원에 했던 보고, 즉 아이톨리아의 승전 소식을 보고했다. 사흘 동안 공공 감사제를 올리기로 결정되었고, 법무관은 원로원 지시에 따라 그가 적절하다고 판단되는 신들에게 덩치 큰 동물을 제물로 바치는 희생 의식을 치르게 되었다.

같은 시기에 2년 전 법무관으로서 스페인으로 떠났던 마르쿠스 풀비우스 노빌리오르는 약식 개선식을 올리며 도시로 들어왔다. 그는 개선식 행렬에서 13만 개의 은화, 1만 2천 파운드의 은, 그리고 127파운드의 황금을 선보였다.

22. 집정관 아킬리우스는 이어 테르모필라이에서 전령을 헤라클레아의 아이톨리아 인들에게 보냈다. 이제 안티오코스 왕이 믿을 수 없는 사람이라는 것을 직접 겪었으니 아이톨리아 인들이 제정신을 차렸으면 좋겠다고 경고했다. 그는 아이톨리아 인들에게 헤라클레아를 넘기고 그들이 저지른 광기나 혹은 잘못된 판단에 대해 원로원에 용서를 구하는 방안을 생각해보라고 권유했다. 집정관은 로마 인들로부터 큰 은혜를 입은 다른 그리스 도시 국가들도 배신했음을 지적했다. 그 도시들은 안티오코스 왕에 확신을 가져 로마 인들에게 등을

돌렸고, 왕이 패주하자 이미 저지른 잘못에 완고함까지 더할 이유가 없었기에 다시 로마와의 동맹으로 돌아왔다고 알려주었다. 집정관은, 아이톨리아 인들이 단순히 왕을 따르기만 한 게 아니라 그리스로 왕을 불러들였고, 또 단순한 동맹국이 아닌 전쟁 지도자 역할을 했지만, 지금이라도 회개한다면 다른 나라처럼 처벌을 면할 수 있다고 말했다. 하지만 아이톨리아 인들로부터 평화로운 답은 없었고, 무력을 사용해야 한다는 게 분명해졌다. 안티오코스 왕의 패배에도 불구하고 아이톨리아 인들의 항전 태세는 바뀌지 않았다. 따라서 집정관은 테르모필라이에서 헤라클레아로 진지를 옮겼고, 같은 날 말을 타고 사방의 벽을 돌아다니며 도시 상황을 정찰했다.

헤라클레아는 오이타 산자락에 있었고, 도시 자체는 평지에 있었다. 요새는 도시의 위쪽, 사방이 가파른 오르막인 우뚝 솟은 자리에 있었다. 지형지물의 주요 특징을 검토한 뒤 집정관은 네 부분에서 도시를 동시에 공격하기로 했다. 아소포스 강 근처 지점엔 연병장이 있었는데, 그는 그곳에 루키우스 발레리우스를 배치하고 공성 보루 설치와 공격을 맡겼다. 티베리우스 셈프로니우스 롱구스에겐 도시 그 자체보다 더 인구가 밀집되었을지도 모르는 성벽 외곽 지역을 공격하게 했다. 말리아 만을 마주보는 도시 부분은 다소 접근하기가 어려웠는데, 집정관은 여기에 마르쿠스 바이비우스를 배치했다. 또 다른 강이자 상대적으로 작은 강인 멜라스가 흐르고 디아나 신전 맞은편에 있는 지역엔 아피우스 클라우디우스가 작전 지휘를 맡게 되었다. 이 로마 군 지휘관들 사이의 엄청난 경쟁으로 인해 탑, 파성퇴, 그리고 다른 모든 공성 장치는 며칠 만에 준비되었다. 헤라클레아 주변 지역은 모두 습지대였고, 거목들이 빽빽하게 우거진 곳이라 온갖 공성 기구를 만들 목재는 충분했다. 게다가 아이톨리아 인들이 성벽 내부로 피신했기에 도시 입구의 버려진 집들은 들보와 판자 외에도 다양하게 쓰일 벽돌과 잡석, 그리고 다양한 크기의 돌을 제공했다.

23. 로마 인들은 사실 병사들의 개인 무기보다는 공성 기구로 공격을 수행했다. 아이톨리아 인들은 대조적으로 개인 무기로 그들 자신을 지켰다. 파성퇴의 공격에 성벽이 흔들리자 그들은 올가미로 파성퇴를 붙잡아 공격을 피하는 일반적인 관행을 따르지 않았다. 대신 그들은 자주 무장하여 출격했고, 일부는 횃불도 들고 나와 공성 보루에다 내던졌다. 성벽에는 출격구로 쓰기 적합한 아치형 틈이 있었는데, 아이톨리아 인들은 성벽이 무너진 뒤 다시 지을 때 그런 틈을 더 많이 만들었다. 로마 군에 대항하여 더 많은 지점에서 출격할 수 있게 하려는 것이었다. 포위 공격 초창기에 전력 손상이 별로 없을 때 아이톨리아 인들은 빈번히 정력적으로 출격했지만, 시간이 흐르자 그들의 공격은 빈도도 줄어들고 그 위력도 약해졌다. 아이톨리아 인들은 수많은 압박과 스트레스를 받았지만, 그중에서도 수면 부족만큼 그들을 지치게 하는 건 없었다. 로마 인들은 병사들의 숫자가 충분하기 때문에 지속적으로 병사들을 교대 근무하게 했다. 하지만 아이톨리아 인들은 숫자가 부족하여 똑같은 병사가 낮과 밤을 가리지 않고 끊임없는 고역에 시달려야 했다. 그들은 24일 동안 휴식 없이 낮에 고생하고 밤에 수고했으며, 동시에 온 사방에서 공격해오는 로마 군에 대항하여 싸우느라 전혀 쉴 수 없었다.

집정관은 시간이 어느 정도 흘렀고 적 탈영병들의 진술을 토대로 하여 이제 아이톨리아 인들이 지쳤다는 걸 확신하고서 이런 계획을 채택했다. 자정에 그는 퇴각 신호를 내려 포위 작전을 수행하는 모든 병력을 동시에 물러나게 했다. 이어 그는 낮의 세 번째 시간까지 그들을 진지에 두고 아무런 행동도 취하지 못하게 했다. 이어 포위 공격 작전이 시작되었고, 로마 인들은 자정까지 작전을 진행하고 낮의 세 번째 시간까지 작전을 중단했다. 아이톨리아 인들은 이런 포위 공격의 중단이 로마 인들도 지쳤음을 보여주는 것이라고 생각했다. 그에 따라 로마 인들이 퇴각 신호를 보낼 때 아이톨리아 인들도 마치 돌아오라는 명령을 듣기라도 한 것처럼 각자 자발적으로 맡은 구역을 떠났다. 그들은 낮 세 번째 시간이 되어서야 무장을 한 채 다시 성벽에 나타났다.

24. 이어 집정관은 자정에 공격을 중지한 뒤 다시 제4경[13]에 세 방향에서 총공격을 개시했다. 그는 티베리우스 셈프로니우스에게 그가 맡은 구역에서 방심하지 말고 병사들을 관리하면서 그의 명령을 기다리라고 했다. 집정관은 밤에 소란이 벌어지면 적 병사들이 소리가 들리는 곳으로 전부 달려 나오리라 확신했다. 이미 잠에 푹 빠진 아이톨리아 인 일부는 힘든 일과 수면 부족으로 지친 몸을 다시 깨우느라 아주 고통스러워했다. 깨어 있던 다른 일부는 어둠 속에서 싸움 소리가 나는 곳으로 달려갔다. 로마 군 병사 몇몇은 성벽이 무너진 폐허 위로 올라오고 있었고, 다른 몇몇은 사다리를 대고 오르려고 하고 있었다. 아이톨리아 인들은 사방에서 달려와 그들을 저지하는 데 도우려 했다. 도시 외부 건물들이 있는 지역은 공격도, 수비도 벌어지지 않았다. 하지만 그곳을 공격하려는 자들은 공격 신호를 간절히 기다렸다. 근처엔 수비병이 단 한 명도 없었다.

집정관이 공격 신호를 내렸을 땐 날이 이미 밝아오고 있었다. 그곳

---

13 제4경의 라틴어 원어는 quarta vigilia이다. 야간 시간은 1-4경이 있었다. 각 경의 시간 차이는 3시간이고 각 시간마다 나팔을 불어서 알렸다. 1경은 저녁 6시, 2경은 9시, 3경은 자정이고, 4경은 새벽 3시이다. 4경은 밤의 마지막 시간대로서 방어자들이 가장 피곤함을 느끼는 시간이다.

의 로마 군 일부는 어떤 저항도 받지 않고 절반쯤 무너진 성벽 위로 올랐고, 다른 일부는 사다리를 써서 온전한 성벽을 넘었다. 그와 동시에 도시가 점령되었음을 나타내는 함성이 들려왔다. 아이톨리아 인들은 그들이 맡은 구역을 버리고 요새로 도망쳤다. 승자들은 집정관의 허락이 떨어지자 도시를 약탈했다. 이런 허락은 특별히 분노나 증오를 느껴서 떨어진 것은 아니었으며, 앞서 적에게서 접수한 수많은 도시에서 약탈을 자제했기에 마침내 병사들에게 승리의 결실을 맛보게 해주려는 것이었다. 한낮이 되자 병사들은 명령을 받고 돌아왔다. 이어 집정관은 휘하 병력을 둘로 나눠 하나는 산의 낮은 경사를 돌아 요새와 같은 높이의 절벽으로 나아가게 했다. 요새와 그곳의 사이엔 계곡이 놓여 있었지만, 두 언덕의 정상은 무척 가까워 맞은편 고지에서 요새로 무기를 던지면 가닿을 정도였다.

집정관 자신은 다른 병력을 이끌고 도시에서 요새로 오를 생각이었다. 그는 맞은편 절벽 정상으로 올라간 부대의 신호를 기다렸다. 요새의 아이톨리아 인들은 절벽을 점령한 로마 부대의 함성과 이어 도시로부터 공격을 가하는 로마 인들을 더 이상 버텨내지 못했다. 그들의 사기는 이제 곤두박질쳐서 오래 저항할 수가 없었다. 특히 여자, 아이, 그리고 다른 비전투원 무리는 요새에 떼 지어 모여 있었고, 아이톨리아 인들은 그렇게 많은 아녀자 무리를 도저히 지켜낼 수 없었다. 그리하여 로마 군의 첫 공격에 무기를 버리고 항복했다.

로마 군에 넘겨진 이들 중엔 아이톨리아 인들의 지도자 다모크리토스도 있었는데, 그는 전쟁이 시작될 때 아이톨리아 인들이 안티오코스를 불러들이기로 한 포고문을 티투스 퀸크티우스가 요구하자 이탈리아에 진을 치면 그곳에서 전달하겠다고 오만하게 대답했었다. 이런 공격적인 태도를 보인 그가 항복하자 로마 인들은 그 상황을 아주 고소하게 여겼다.

25. 로마 인들이 헤라클레아를 포위할 무렵 필리포스 왕은 집정관과의 합의에 따라 라미아를 공격하고 있었다. 왕은 보이오티아에서 돌아오는 집정관을 테르모필라이 근처에서 만나 집정관과 로마 인의 승리를 축하하고, 신병 때문에 전투에 참가하지 못했다고 사과했다. 이어 그들은 동시에 두 도시를 공격하기 위해 갈라졌다. 헤라클레아와 라미아 사이의 거리는 11km 정도 밖에 되지 않았다. 라미아가 고지에 있기에 오이타 지역은 아주 뚜렷하게 보였고, 그처럼 시야가 확 트였기 때문에 두 도시 사이의 거리는 특히 짧은 것 같았다. 로마 인들과 마케도니아 인들은 마치 서로 경쟁하듯 엄청난 정력을 발휘했다. 그들은 공성 보루를 세우거나 밤낮으로 싸우는 일에 몰두했지만, 마케도니아 인들이 맡은 임무가 더 힘들었다. 로마 인들은 공성 보루, 방탄 방패, 그리고 온갖 공성 기구를 땅 위에서 활용하여 공격했지만, 마케도니아 인들은 땅 밑으로 굴을 파들어 갔기 때문이었다.

라미아의 토양은 굴착하기가 까다로웠는데, 굴을 파다가도 아주 단단한 돌을 만나면 그들이 사용하는 굴착 도구로는 도저히 뚫을 수가 없었다. 작전에서 진전이 거의 없었기에 왕은 그 도시의 주요 시민들과 교섭하면서 주민들을 꾀어 그 도시를 넘기게 하려고 했다. 헤라클레아가 먼저 함락되면 라미아 인들이 자신(필리포스)보다 로마 인들에게 항복할 것이고, 그러면 집정관은 포위 공격을 그만두어 감사하다는 도시 주민들의 인사를 자신(집정관)이 차지하려고 할 것이었다.

이런 생각은 결국 옳은 것으로 판명되었다. 헤라클레아가 함락된 직후 왕은 포위 공격을 그만두라는 집정관의 전언이 도착했기 때문이다. 집정관은 아이톨리아 인들과 전장에서 싸운 로마 인들이 승리의 보상을 누려야 마땅하다고 생각했다. 따라서 필리포스는 라미아에서 물러났고, 이웃 도시에 벌어진 참사 덕분에 라미아 인들은 같은 불운을 겪는 걸 모면했다.

26. 헤라클레아가 점령되기 며칠 전 아이톨리아 인들은 히파타에서 회의를 열고 그곳에서 사절들을 안티오코스 왕에게 보냈는데, 그 중엔 이전에 사절로 활약했던 토아스도 있었다. 아이톨리아 사절단이 왕에게 전한 내용은 이런 것이었다.

"왕은 다시 육군과 해군을 모아 그리스로 건너와야 한다. 만약 이것이 여의치 않다면 자금과 증원군을 보내주어야 한다. 이런 조치는 왕의 명성과 평판에 중요한 일이며, 동맹들이 곤경에 빠지지 않아야 그의 왕국도 안전하게 지켜질 수 있다. 아이톨리아가 패배하면 모든 불안을 해결한 로마 인들이 전군을 이끌고 아시아로 건너갈 것이고 그러면 왕은 혼자서 그것을 막아야 할 것이다."

이런 주장은 사실이었다. 그런 이유로 그 주장은 왕에게 더욱 효과가 있었다. 왕은 당장은 전쟁에 필요한 자금을 먼저 주겠다고 하면서 육군과 해군을 증원군으로 보내겠다고 사절들에게 확언했다. 토아스는 이런 약속의 이행을 현장에서 감독해야 하니 아시아에 남겠다고 했으며, 왕은 그렇게 하라고 했다.

27. 하지만 헤라클레아가 점령되자 결국 아이톨리아 인들의 사기는 땅에 떨어졌다. 아시아로 사절단을 보내고 왕의 지원을 받아 전쟁을 재개하자는 결의를 하고 며칠이 지났을 뿐인데 그들은 전쟁 계획을 포기하고 사절들을 집정관에게로 보내 강화를 요청하기로 했다. 사절들이 평화의 말을 꺼내기 시작하자 집정관은 먼저 처리할 다른 문제가 있다며 그들의 말문을 막았다. 그는 열흘 간의 휴전을 허락하

면서 사절들에게 먼저 히파타로 돌아가라고 지시했다. 집정관은 루키우스 발레리우스 플라쿠스를 사절들과 함께 보내 그들이 집정관과 논의하고자 하는 문제는 물론이고 그 외의 다른 문제들도 먼저 설명을 받으라고 지시했다.

플라쿠스가 사절들과 함께 히파타에 도착하자 주요 아이톨리아 인들은 로마 대표가 참석한 상태로 회의를 열고 집정관과 어떻게 협상해야 하는지를 논의했다. 그들은 협정을 통해 로마 인과 오랫동안 구축한 관계와, 그들이 로마 인에게 기여한 바를 먼저 호소하려고 했다. 하지만 플라쿠스는 협정을 위반하고 파기한 건 그들이니 그런 말은 하지 말라고 제지했다. 그는 차라리 저지른 죄를 고백하면서 간절히 기도하는 게 더 도움이 될 것이라고 말했다. 그들의 안전은 이제 그들이 아닌 로마 인의 자비에 달려 있다는 것이었다. 플라쿠스는 아이톨리아 인들이 집정관 앞에서 탄원자처럼 간절하게 행동하면 도와주겠다고 말했다. 물론 이런 탄원은 로마 원로원 앞에서도 해야 하니 로마에도 사절단을 보내라고 했다. 아이톨리아 인들이 보기에 그것이 안전을 보장하는 유일한 방법 같았고, 그래서 그들은 로마 인들의 '선의'[14]에 자신들을 맡기기로 했다. 그렇게 해야 로마 인들이 탄원자들에게 폭력을 행사하지 않을 것이며, 운명이 더 나은 기회를 준다면 아이톨리아 인들은 행동의 자유도 얻게 될 것이었다.

28. 집정관 앞에 도착하자 사절단 대표 파이네아스는 온갖 호소를 다하며 정복자의 분노를 누그러뜨리려는 장황한 연설을 했다. 그리고 아이톨리아 인들은 그들 자신과 모든 재산을 로마 인들의 선의에

---

14 선의(善意)는 로마 인의 판단에 맡긴다는 뜻으로 무조건 항복을 의미한다. 그러면 항복의 조건은 로마가 일방적으로 정한다.

맡긴다는 말로 연설을 마무리했다. 그러자 집정관은 이렇게 말했다.

"아이톨리아 인들이여, 진정으로 그대들이 로마 인들에게 처우를 맡긴다는 증거를 보이시오." 그러자 파이네아스는 그런 항복의 내용이 적힌 포고문을 집정관에게 보였다. "좋소. 이렇게 그대들이 항복하기로 하였으니 곧바로 그대들의 동포인 디카이아르코스와 에피로스의 모네스타스를 넘기시오. 그들은 나우팍토스에 병력을 이끌고 들어가 그곳 사람들이 반란을 일으키도록 유도했소. 그대들이 우리를 저버리도록 조언했던 아타마니아 인들의 지도자 아미난드로스도 넘기도록 하시오."

로마 사령관이 말을 마치자마자 파이네아스가 이렇게 대답했다.

"우리는 노예가 되려는 게 아닙니다. 우리는 로마 인들의 보호에 우리 자신을 맡긴 것입니다. 그리스 관습에 부합하지 않는 이런 명령은 부주의한 실수라고 확신합니다."

그러자 집정관은 대답했다.

"저런, 나는 무력으로 정복된 뒤 이제 자발적인 결정으로 항복한 자들에게 로마의 관습에 따라 명령을 내렸소. 그러니 아이톨리아 인들이 그리스 관습과 부합한다고 여기는 것에 그리 크게 신경 쓰지 않소. 내 명령이 즉시 이행되지 않는다면 나는 즉시 그대들을 사슬로 묶으라고 지시할 것이오." 집정관은 이어 족쇄를 가져오라고 지시하고 길나장이들에게 아이톨리아 사절들 근처에서 대기하라고 했다.

그러자 파이네아스의 공격적인 기세가 꺾였고, 나머지 아이톨리아 인들의 거만함도 사라졌다. 마침내 그들은 자신이 처한 어려운 상황을 깨달았다. 파이네아스는 자신과 이곳에 있는 다른 아이톨리아 인들이 집정관의 지시사항을 따라야 한다는 걸 인정했지만, 필요한 결의안을 통과시켜야 하니 아이톨리아 회의를 열어야 한다고 말했다.

그는 해당 목적을 승인받기 위해 열흘 간의 휴전을 요청했다. 이에 플라쿠스는 아이톨리아 인들을 위해 집정관에게 휴전 요청을 했고, 휴전은 승인되었다. 이후 아이톨리아 인들은 히파타로 돌아갔다. 그곳에서 열린 아포클레티(지도자들의 회의)에서 파이네아스는 집정관의 명령과 자신들에게 들이닥친 운명을 설명했다. 도시의 지도자들은 그들의 상황을 한탄했지만, 승자의 뜻에 따라야 한다고 결정하고 각 지역의 아이톨리아 인들을 회의에 소집하기로 했다.

29. 그럼에도 불구하고 아이톨리아 전역에서 모인 군중에게 그러한 결정을 설명하자, 그들은 로마 집정관이 내린 가혹한 명령과 굴욕적인 대우에 분노를 참지 못했다. 만약 평화로운 시기였다면 당장이라도 전쟁을 일으킬 듯한 기세였다. 분노는 차치하고라도 집정관의 명령이 실행하기 어려운 문제도 있었고(아미난드로스 왕을 대체 어떻게 넘길 수 있는지 그들은 방법을 알 수 없었다), 당시 안티오코스 왕에게서 돌아온 니칸드로스가 바다와 육지에서 커다란 전쟁이 준비되고 있다는 헛된 희망을 군중에게 주입한 탓도 있었다.

니칸드로스는 떠난 뒤 12일 만에 임무를 마치고 아이톨리아로 돌아왔고, 말리아 만의 팔라라에 입항했었다. 그곳에서 라미아로 자금을 전달한 뒤 그는 가볍게 무장한 동행들과 함께 익숙한 길을 골라 히파타로 나아갔다. 그는 초저녁에 마케도니아 군 진지와 로마 군 진지 사이 지역으로 나아가다가 마케도니아 전초 기지에 잘못 들어서 붙잡히게 되었다. 그는 곧바로 왕에게 끌려갔는데 왕은 아직 만찬을 끝내지 않은 상태였다. 필리포스 왕은 니칸드로스를 데려온다는 보고를 받자 마치 적이 아닌 손님이 도착한 것처럼 행동했다. 그는 니칸드로스에게 만찬 자리에 앉으라고 했고, 다른 손님을 다들 내보냈을 때도 그를 혼자 남겨두었다. 왕은 손님에게 자신을 두려워하지 않아도 된다고 말했다. 그러나 아이톨리아 인들이 먼저 그리스에 로마인을 데려오고, 그 다음에 안티오코스 왕을 데려오는 잘못된 정책을 폈다고 비난했다. 그 정책이 그들의 머리 위로 되돌아와 부작용을 일으키지 않았느냐는 말도 했다.

하지만 필리포스 왕은 자신은 과거는 잊어버리고 싶다고 말했다. 과거는 언제나 바로잡기는 어렵고 비난하기는 쉬운 것이기 때문이라는 것이었다. 또 불운에 빠진 아이톨리아 인들을 짓밟고 싶은 생각도 없다고 말했다. 왕은 아이톨리아 인들이 자신에 대한 적의를 결국 거두어들여야 하며, 니칸드로스는 자신이 그의 목숨을 구해준 이날을 기억해야 할 것이라고 했다. 이어서 왕은 그가 안전히 이동할 수 있도록 호위를 붙여줬고, 니칸드로스는 히파타에 도착하여 로마와 평화를 논의 중인 아이톨리아 인들을 만나게 되었다.

30. 그러는 사이 마르쿠스 아킬리우스는 헤라클레아 주변에서 얻은 전리품을 팔거나, 군인들이 차지하는 걸 허락했다. 이어 그는 히파타에서 원하는 것은 강화가 아니며, 아이톨리아 인들이 서둘러 나우팍토스에 모여 그곳을 기지로 삼고 전쟁의 기세를 유지하려 한다는 소식을 듣고서 아피우스 클라우디우스에게 4천 명을 주어 보내 건너기 어려운 산등성이들을 점거하라고 지시했다. 집정관 본인은 오이타 산에 올라 피라라고 불리는 곳에서 헤라클레스에게 제물을 바치며 희생 의식을 올렸다. 피라라는 명칭이 붙은 건 신이 인간이었던 시절에 육체가 불태워진 장소였기 때문이다.[15]

---

15 피라는 화장용 장작을 의미한다. 헤라클레스는 제우스 신과 인간의 사이에서 태어난 영웅으로서 사후에 신이 되었다. '신이 인간이었던 시절'은 헤라클레스가 지상에서 영웅적인 과업을 수행하던 시절을 가리킨다.

이어 그는 휘하 전 병력을 이끌고 상당히 빠른 행군으로 나머지 여정을 마쳤다. 그가 칼리포리스와 나우팍토스 사이 무척 높은 산인 코락스에 도착했을 때 짐을 나르던 수많은 동물이 짐과 함께 벼랑 밑으로 곤두박질쳤고, 병사들도 큰 고통을 겪었다. 아이톨리아 인들이 얼마나 느슨한지는 이토록 건너기 어려운 길을 그냥 내버려 두어 로마 인들이 쉽게 건너오게 한 것만으로도 분명하게 드러났다. 로마 병사들은 그 어려운 길에 마음이 동요되기는 했었지만, 그래도 집정관은 나우팍토스를 공격하려고 그 길을 내려갔다. 그는 요새 맞은편에 진지를 세우고 병력을 나눠 방어 시설의 상태에 따라 요새의 여러 부분을 포위했다. 이곳을 포위하는 일은 헤라클레아를 공격하는 것에 못지않은 큰 어려움과 부담을 주었다.

31. 같은 시기 또 다른 포위 공격이 시작되었다. 포위된 곳은 펠레폰네소스의 메세네로, 그곳 주민들이 아카이아 연맹에 속하는 걸 거절하여 아카이아 인들의 공격을 받았다. 메세네와 엘리스 두 도시는 아카이아 연맹에 속하지 않았다. 그들은 아이톨리아 인들의 편에 섰다. 하지만 안티오코스가 그리스에서 물러나자 엘리스 인들은 아카이아 사절들에게 안티오코스 왕의 주둔군이 물러나면 취해야 할 행동을 고려하겠다고 부드럽게 말했다. 이와는 대조적으로 메세네 인들은 사절들에게 답변도 주지 않고 돌려보냈고 곧바로 전투를 시작했다. 하지만 그들은 광범위한 지역이 불타오르고 도시 근처에 진지가 세워진 상황이 되자 크게 근심했다. 따라서 그들은 칼키스에 사절들을 보내 자유를 확립한 티투스 퀸크티우스를 만나서 호소하게 했다. 사절들은 그에게 메세네 인들은 아카이아 인들이 아닌 로마 인들에게 도시 성문을 열고 항복하고 싶다고 말했다.

사절들의 이야기를 듣고나서 퀸크티우스는 즉시 메갈로폴리스를 떠났다. 그는 또 아카이아 최고 행정장관 디오파네스에게 전령을 보내 즉시 메세네에서 군대를 물리고 자신을 만나러 오라고 지시했다. 디오파네스는 그에 따라 포위 공격을 풀고 가볍게 무장한 채로 휘하 병력보다 앞서 이동하여 메갈로폴리스와 메세네 사이에 있는 작은 도시 안다니아 근처에서 퀸크티우스와 만났다. 디오파네스가 포위 공격을 한 이유를 설명하자 퀸크티우스는 그런 중요한 일을 자신의 허가도 없이 시작해서는 안 된다며 온건하게 나무랐다. 그는 디오파네스에게 군대를 물리고 공익을 위해 이룬 평화를 해치는 일을 하지 말라고 경고했다. 그는 메세네 인들에게는 추방자들을 돌아오게 하고 아카이아 회의에 합류하라고 지시했다. 퀸크티우스는 아카이아 연맹과 메세네 양쪽에 반대하거나 장래가 걱정스러운 문제가 있다면 코린토스에 있는 자신을 만나러 오라고 했다.

퀸크티우스는 디오파네스에게 자신을 위해 즉시 아카이아 연맹 회의를 개최해달라고 말했다. 그 회의에서 퀸크티우스는 자킨토스 섬이 부당하게 점령된 걸 비판하고, 로마 인들에게 반환할 것을 요구했다. 자킨토스 섬은 이전에 마케도니아 왕 필리포스에게 속한 땅이었다. 그는 전에 그 땅을 아미난드로스에게 준 바 있었다. 아미난드로스는 필리포스 군대가 아타마니아를 통과할 수 있도록 해주어 왕이 아이톨리아 위쪽으로 진군할 수 있었다. 이러한 필리포스의 원정 때문에 아이톨리아 인들은 사기가 떨어져서 필리포스와 강화를 맺을 수밖에 없었다. 필리포스는 그런 공로를 인정하여 자킨토스를 아미난드로스에게 주었던 것이다. 아미난드로스는 메갈로폴리스의 필리포스에게 그 섬을 다스리게 했다. 그러나 그 후에 안티오코스와 로마 인들과의 전쟁에 합류하면서 전쟁 임무를 맡기려고 메갈로폴리스의 필리포스를 불러들이고 후임자로 아그리겐툼의 히에로클레스를 그 섬으로 보냈다.

32. 안티오코스가 테르모필라이 전투에서 도망치고 필리포스 왕에 의해 아미난드로스가 아타마니아에서 쫓겨난 이후에, 히에로클레스는 자진하여 아카이아 인들의 총사령관 디오파네스에게 사절을 보냈다. 그는 디오파네스와 금전적 거래를 한 뒤에 섬을 아카이아 인들에게 넘겨주었다. 이제 로마 인들은 전리품으로서 자신들이 자킨토스 섬을 소유하는 게 적절하다고 생각했다. 로마 인들은 집정관 마르쿠스 아킬리우스와 로마 군단들이 디오파네스와 아카이아 인들 좋은 일 하려고 테르모필라이에서 피 흘리며 싸운 건 아니라고 주장했다. 이에 대해 디오파네스는 때로는 자신과 아카이아 인들을 위해 변명하고, 때로는 현재 상황의 법적 문제에 관해 이야기했다. 몇몇 아카이아 인은 자신들은 시작부터 그런 거래를 해서는 안 된다고 분명히 말했다고 증언했고, 이제 그들은 최고 행정장관의 고집스러운 태도를 비난했다. 그들의 제안에 의하여, 이 문제는 티투스 퀸크티우스에게 회부하여 결정하기로 되었다. 퀸크티우스는 적에겐 가혹한 경향이 있지만, 일단 적이 굴복하면 쉽게 마음을 푸는 사람이었다. 목소리와 표정에서 적개심을 싹 없애버리고 그는 이렇게 말했다.

"내가 이 섬을 아카이아 인들이 소유하면 이득이 될 거라 생각했다면 원로원과 동포들에게 아카이아 인들이 그대로 섬을 소유하게 하자고 조언했을 것이오. 거북이는 껍질 안으로 몸을 집어넣었을 때 온갖 공격을 받아도 안전하오. 하지만 어느 부분이라도 몸을 내놓으면 취약하게 되지요. 똑같은 논리가 아카이아 인들에게도 적용이 됩니다. 온 사방이 바다이므로 당신들은 펠로폰네소스 경계 안에서는 어느 곳이든 쉽게 단합할 수 있고, 그렇게 단합하여 쉽게 모든 공격을 막아낼 수 있소. 하지만 더 큰 지역을 차지하려는 욕심에 그 경계를 넘는 순간 외부의 모든 부분이 무방비가 되어 온갖 공격에 노출될 드러날 것이오."

회의 참석자 전원의 동의 아래 디오파네스는 더 이상 이 문제를 다투지 않기로 했고, 그리하여 자킨토스 섬은 로마 인들에게로 넘어갔다.

33. 집정관이 나우팍토스로 떠나려는 무렵에 필리포스 왕은 집정관에게 로마 동맹에서 변절한 도시들을 자신이 수복하길 바라는지 물었고, 집정관이 그것을 허락하자 왕은 휘하 병력을 인솔하여 데메트리아스로 나아갔다. 왕은 그곳의 무척 불안한 상황을 잘 알고 있었다. 그곳 주민들은 안티오코스에게서 버림받고 아이톨리아 인의 지원도 없으리라는 것을 깨닫자 모든 희망을 빼앗겼다. 그들은 낮이나 밤이나 적인 필리포스나 로마 인들이 오는 걸 기다렸는데, 후자는 분노가 더욱 정당하기 때문에 더욱 위협적인 적이었다. 이 도시에는 제멋대로에다 오합지졸인 안티오코스 왕의 병사들이 있었는데, 그들 중 소수는 주둔군 명목으로 남게 된 자들이었다. 하지만 이후 더 많은 병사들이 도착했고, 대다수는 전투에서 패배한 뒤 그곳으로 도망쳐온 비무장의 병사들이었다. 그들은 포위를 견디어낼 힘도 투지도 없었다.

그 결과 필리포스 왕이 앞서 보낸 전령들이 주민들을 사면할 수도 있다는 뜻을 밝히자 주민들은 왕을 위해 성문을 열겠다고 답했다. 왕이 도시로 들어서자 주요 지도자 몇몇은 도시에서 탈출했고, 에우리로코스[16]는 자살했다. 안티오코스의 병사들은 합의에 의해 마케도니

---

16 예전에 마그네타르크(최고 행정관)을 지냈던 자로서 안티오코스 왕의 병사들이 도시로 들어오는 것을 환영했던 인물.

아와 트라키아를 거쳐 리시마키아로 가게 되었는데, 마케도니아 호위대가 함께 움직이며 그들이 해를 입는 걸 막아줄 예정이었다. 이곳엔 이시도로스의 지휘를 받는 배도 몇 척이 있었는데, 필리포스 왕은 지휘관과 함께 도시를 떠나는 걸 허락했다.

이후 필리포스는 돌로피아, 아스페란티아, 그리고 페라이비아에 있는 몇몇 도시를 회복했다.

34. 필리포스 왕이 그런 일을 하는 동안에 티투스 퀸크티우스는 아카이아 연맹에서 자킨토스를 받아내고 나우팍토스로 갔는데, 이때는 이 도시가 포위 공격을 받은 지 두 달이 지나가는 무렵이었다. 이제 도시는 거의 파괴되었고, 무력으로 점령된다면 아이톨리아 인 전원이 몰살될 판이었다. 퀸크티우스는 아이톨리아 인들에 대해 화를 낼 이유가 분명히 있었다. 그가 그리스를 해방시켰을 때 그들은 다른 그리스 도시 국가들의 전반적인 갈채를 매도했던 유일한 민족이었고, 또한 현재 실제로 일어난 일을 그가 예견하면서 그들의 황당한 계획을 단념하라고 경고를 주었지만, 그들은 이런 그의 조언을 귓등으로도 듣지 않았다. 이런 사실은 그가 생생히 기억하고 있는 것이었다.

하지만 그럼에도 불구하고 그는 자신이 해방한 그리스 민족들 중 누구도 완전히 붕괴되지 않도록 하는 것이 자신의 특별한 임무라고 생각했다. 따라서 그는 성벽 주변을 천천히 걸으면서 아이톨리아 인들이 그를 쉽게 알아볼 수 있게 했다. 그는 첫 전초 기지에서 곧바로 발견되어 확인되었고, 모든 아이톨리아 인 사이에 퀸크티우스가 돌아왔다는 소식이 퍼졌다. 그 결과 그들은 도시 전역에서 성벽으로 몰려들었다. 아이톨리아 인들은 그에게 팔을 뻗으며 그의 이름을 불렀고, 한목소리로 그들을 도와주고 구원해달라고 간청했다. 이런 외침에 마음이 흔들리긴 했지만, 그는 당장은 그들을 도와줄 힘이 전혀 없다는 걸 몸짓으로 표시했다. 하지만 그는 집정관을 만나자 이렇게 말했다. "마르쿠스 아킬리우스, 지금 무슨 일이 벌어지는지 파악하지 못한 겁니까? 아니면 무척 분명하게 파악하고 있어 일반적인 전략과 이 일이 큰 연관이 없다고 판단한 겁니까?" 이에 집정관이 조바심을 내비치며 물었다. "지금 무슨 말씀인지 자세히 알려주시길 바랍니다."

그러자 퀸크티우스가 이렇게 말했다. "지금 집정관께서는 안티오코스를 패주시킨 이후 두 곳의 도시를 공격하느라 시간을 낭비했고, 이제 임기가 다 끝나간다는 걸 모르십니까? 그러는 사이 전선이나 적의 대열은 구경도 안 한 필리포스가 이미 도시들뿐만 아니라 수많은 나라를 자신에게 귀속시켰습니다. 아타마니아, 페라이비아, 아스페란티아, 돌로피아를 못 보셨습니까? 집정관과 휘하 장병들은 승리의 보상으로 두 도시조차 얻지 못했는데, 그러는 사이에 필리포스는 그리스의 수많은 민족을 얻었습니다. 아이톨리아의 국력이 줄어들어 필리포스의 힘이 어마어마하게 늘어나는 건 우리 목적에도 맞지 않는 일입니다."

35. 집정관도 퀸크티우스의 지적에 동의했다. 하지만 그는 이미 벌려놓은 일이 완수되지 못한 채로 포위 공격을 풀고 물러나는 것은 곤란하다고 생각했다. 그래서 이 문제의 해결은 전부 퀸크티우스에게 위임되었다. 그는 조금 전 아이톨리아 인들이 몰려들어 자신에게 소리쳤던 성벽 부분으로 돌아갔다. 아이톨리아 인들은 그곳에서 퀸크티우스에게 자기들을 불쌍히 여겨달라고 더욱 진지하게 호소했다. 이에 그는 몇몇 사람을 보내 한번 만나자고 했다. 이에 파이네아스가 곧장 다른 지도자들과 함께 나왔다. 그들이 발 앞에 엎드리자

퀸크티우스는 이렇게 말했다.

"그대들이 겪는 역경을 보자니 화를 참고 말을 아끼게 되오. 이 일은 내가 예견한 것처럼 됐소이다. 또한 이런 운명을 맞이할 민족이 아닌데 이 모든 일을 겪게 되었다는 생각을 하면서 그대들 자신을 위안할 수도 없을 것이오. 그럼에도 불구하고 운명과도 같이 그리스를 소중히 여기는 일이 내게 주어졌기에 나는 배은망덕한 자들마저도 돕는 일을 해보려 하오. 로마에 사절들을 보내고 원로원에 사정을 호소할 수 있도록 집정관에게 먼저 사절을 보내 휴전을 간청하도록 하시오. 나는 집정관에게 그대들을 위해 탄원하고 옹호할 것이오."

아이톨리아 인들은 그의 제안에 따랐다. 집정관은 그들의 사절을 묵살하지 않았다. 그는 아이톨리아 사절단이 로마에서 돌아와 보고를 할 때까지 일정 기간 휴전을 허락했다. 이어 그는 포위 공격을 풀고 휘하 병력을 이끌고 포키스로 갔다.

티투스 퀸크티우스를 대동한 집정관은 이어 아이기움으로 건너가 아카이아 회의에 참석했다. 이 회의에선 엘리스 인들에 관한 문제와 스파르타 추방자들의 반환 건이 논의 되었다. 하지만 어느 문제도 합의되지 않았는데, 아카이아 인들이 자신의 공로를 인정받는 수단으로 추방자 문제를 보류하려 했고, 엘리스 인들은 로마 인들의 주선이 아니라 자발적 의지로 아카이아 연맹에 가입하고자 했기 때문이다.

그때 에피로스에서 온 사절들이 집정관을 만나러 왔다. 그들이 우호 협정을 위반하면서 충성을 보이지 않았다는 점은 명백했다. 그들은 안티오코스에게 병사들을 내어준 것은 아니었으나 왕에게 금전적인 도움을 주었다. 심지어 그들이 왕에게 사절을 보냈다는 점도 부정하지 않았다. 그들이 기존 우호 동맹을 지속하도록 허락해달라고 간청했을 때 집정관은 아직 그들을 적으로 볼지 진압된 적으로 볼지 불확실하다며, 이 문제는 원로원이 판단할 것이라고 답했다. 그는 에피로스 인들의 일을 미결 건으로 원로원에 넘길 것이고, 90일간의 휴전을 승인하겠다고 말했다. 그리하여 에피로스 인들은 사절단을 로마로 보냈다. 하지만 원로원 앞에 선 사절단은 에피로스 인들을 향해 제기된 혐의를 시원하게 해소하려고 노력하기보다는 그들이 저지르지 않은 적대 행위를 전부 나열하기에 바빴다. 이에 원로원은 사절단이 혐의를 풀기보다는 사면을 받으려는 사람들 같다고 대답했다.

거의 같은 시기에 필리포스 왕이 보낸 사절들이 원로원을 예방하여 전쟁 승리에 대한 왕의 축하 인사를 전했다. 그들은 카피톨리움에서 희생 의식을 치르고 황금으로 만든 선물을 지고의 신 유피테르의 신전에 바쳐도 되는지 허락을 구했고, 원로원은 그것을 허락했다. 사절들은 1백 파운드 무게의 황금관[17]을 신전에 바쳤다. 원로원은 왕의 사절들에게 우호적인 답변을 한 것 이외에, 인질로 로마에 잡아둔 필리포스 왕의 아들 데메트리오스를 사절에게 건네주어 마케도니아로 돌려보냈다.

이것이 집정관 마르쿠스 아킬리우스가 그리스에서 안티오코스 왕을 상대로 치른 전쟁의 결말이었다.

* * *

38. 이즈음 리구리아 인들이 징집된 병사들—소집을 위반하면 공권을 박탈한다는 조건으로 징집된 병사들—을 이끌고 한밤중에 집정

17 그리스 어에서 왕관을 의미하는 말 스테파노스(라틴어로는 코로나 corona)는 귀금속의 선물을 가리킬 때에도 사용된다. 여기서는 무거운 황금관의 의미가 명확하다.

관 대리 퀸투스 미누키우스의 진지를 기습했다. 미누키우스는 방어벽 내부에 휘하 병력을 배치하고 적이 방어 시설을 건너오지 못하도록 경계하라고 지시를 내렸다. 동이 트자 그는 휘하 부대에게 두 곳의 문에서 동시에 출격하라고 명령했다. 하지만 그가 예상한 것과는 다르게 리구리아 인들은 첫 공격을 밀리지 않고 버텨냈고, 이후 두 시간 동안 로마 인들의 돌격을 버텨내 양군의 승패는 알 수 없게 되었다. 하지만 로마 군이 지친 병사들을 생생한 병사들로 대체하여 출격에 이은 출격을 계속 감행하자 다른 무엇보다 잠이 부족하여 지쳐 있던 리구리아 인들은 등을 돌려 도망쳤다. 4천 명 이상의 적이 전사했고, 로마와 동맹국 군인 전사자는 채 300명이 되지 않았다.

두 달 정도 뒤에 집정관 푸블리우스 코르넬리우스는 보이이 인들의 군대와 회전을 벌여 대성공을 거뒀다. 역사가 발레리우스 안티아스는 2만 8천 명의 적이 전사했으며, 적은 3천 4백 명을 포로로 붙잡히고 124개의 군기, 1천 2백 마리의 말과 247개의 수레를 빼앗겼다고 기록했다. 로마 군은 1484명이 전사했다. 이 역사가가 제시하는 숫자에 관해선 별로 믿음이 가지 않지만, 다른 역사가들도 망설이지 않고 그런 과장된 통계를 내놓았고, 또 다음 세 가지 사실을 보더라도 대승이었다는 건 명백하다. 첫째, 적의 진지가 점령되었다. 둘째, 보이이 인들은 전투 직후 항복했다. 셋째, 원로원은 승리를 기념하여 감사제를 결정했으며, 희생 의식 때 커다란 제물들을 바쳤다.

39. 같은 시기에 마르쿠스 풀비우스 노빌리오르는 먼 스페인에서 돌아와 약식 개선식을 올리며 도시로 들어왔다. 그는 1만 2천 파운드의 은과 13만 개의 은화, 그리고 127파운드의 황금을 개선식에서 선보였다.

집정관 푸블리우스 코르넬리우스 스키피오는 보이이 인들에게서 인질을 잡고 영토의 절반 정도를 몰수했다. 로마 인들이 바란다면 그곳에 식민지 이민단을 보내기 위한 예비 조치였다. 그는 개선식을 확신하면서, 로마로 떠나는 길에 휘하 병력을 해산하며 개선식 날짜에 맞춰 로마에 오라고 지시했다. 로마에 도착하던 날 그는 직접 벨로나 신전에서 원로원을 소집하며 자신의 군공을 상세하게 설명하고 개선식을 하며 로마로 들어오는 걸 허락해달라고 요구했다. 이에 호민관 푸블리우스 셈프로니우스 블라이수스는 스키피오에게 주어질 개선식의 명예는 거부되어서는 안 되지만, 연기해야 한다고 주장했다. 그러면서 호민관은 리구리아 인과의 전쟁은 늘 갈리아 인과의 전쟁과 연관되었다는 점을 지적했다. 이 이웃하는 민족들은 서로를 도왔다는 게 그의 말이었다. 그는 푸블리우스 스키피오가 전투에서 보이이 인들을 패배시키고 리구리아 인들의 영토로 건너갈 수도 있었을 것이고, 아니면 병력 일부를 전쟁의 승패가 미결인 채 3년을 끌고 있는 퀸투스 미누키우스에게 보냈을 수도 있었을 것이라고 말했다. 스키피오가 이 두 가지 중 하나를 했더라면 리구리아 인과의 전쟁은 성공적으로 마무리되었을 거라는 주장이었다.

호민관은 국가를 위해 혁혁한 기여를 할 수도 있는 시점에서 개선식 참석을 위해 휘하 병력을 철수시켰다고 지적했다. 심지어 지금도 그런 공을 세울 수 있다는 것이었다. 호민관은 스키피오가 개선식을 거행하려고 안달이 나서 초래한 이런 상황은 얼마든지 해결될 수 있다고 주장했다. 원로원이 개선식을 일시 연기한다면 말이다. 그러니 원로원 의원들이 집정관에게 지시하여 휘하 군단들과 함께 임지로 돌아가 리구리아 인의 정복에 헌신할 것을 명령해야 한다는 것이었다. 리구리아 인들이 로마 인들의 탁월한 지배를 거부하는 한 보이이 인들 역시 가만히 있지 않을 거라는 게 호민관의 생각이었다. 로마는 완전히 평화를 누리거나 아니면 이 두 민족과 전쟁을 해야 한다는 것이었다. 또한 호민관은 푸블리우스 코르넬리우스가 리구리아 인들을 정복하고 나서 몇 달 뒤에 집정관 대리로서 개선식을 해야 한다고 주장했다. 이는 현직에 있을 때 개선식을 열지 않은 수많은 지휘관들의 선례에도 부합한다는 것이었다.

40. 집정관은 이에, 리구리아는 자신이 맡은 임지가 아니며, 리구리아 인들을 대상으로 전쟁을 수행한 것도 아니고 지금 자신이 리구리아 인들을 상대로 승리를 거뒀다고 주장하는 것도 아니라고 대답했다. 그는 퀸투스 미누키우스가 곧 리구리아 인들을 진압하고 당당히 자격을 갖춰 개선식을 요구하고 누릴 것이라는 점을 확신한다고 말했다. 그는 자신이 요구하는 건 보이이 인들을 대상으로 한 개선식이며, 그들을 전투에서 이겼고, 진지도 빼앗았으며, 전투를 완수하고 이틀 만에 민족 전체의 항복을 받아냈다고 했다. 또한 그는 장래의 평화를 담보하기 위해 인질까지 받았음을 상기시켰다. 이어 정말로 중요한 건 자신이 예전의 그 어떤 지휘관보다 더 많은 숫자의 보이이 인들을 상대하여 더 많은 자를 죽인 사실이라고 말했다. 그는 보이이 인 병사 5만 명 중 절반 이상을 죽였고, 수천 명을 붙잡았으며, 이제 보이이 인들 사이에는 노인과 소년만 남았다고 했다.

이런 상황에서 임지에 적을 하나도 남기지 않은 승리한 군대가 로마로 와서 집정관의 개선식을 축하해 주는 것을 의아하게 여길 사람이 있겠느냐고 반문했다. 그는 원로원이 이 병력을 다른 전장에서 활용하고자 한다면 또 다른 위험과 새로운 고난에 마주할 병사들에게 무슨 대우를 해줄 것인지를 물었다. 그는, 쾌히 이전 위험과 고난에 상응한 보상을 지급하는 것과, 이미 한 번 기존의 희망에 속은 다음 현실 대신에 또 다른 보상의 희망을 주고서 다시 전장으로 보내는 것

중 어느 쪽이 더 장병들의 사기를 높일 것인지 물었다. 그는, 자신은 이미 원로원에 의해 로마 최고 시민으로 선정되어 이다 산의 여신을 맞이하러 갈 때부터 평생 지속될 만한 차고 넘치는 영광을 받았다고 했다. 그런 사실은 널리 알려져 있기에 그는 설혹 앞으로 집정관 직이나 개선식이라는 추가적인 보상이 없더라도 푸블리우스 스키피오 나시카라는 가정의 얼굴 조각상이 되는 것만으로도 충분한 존경과 명예를 받을 것이라고 말했다.[18]

이에 원로원 의원 전원이 개선식에 동의했다. 그들은 또한 원로원의 권위를 발동하여 호민관으로 하여금 거부권을 철회하도록 했다. 그렇게 하여 푸블리우스 코르넬리우스는 집정관으로서 보이이 인들을 상대로 거둔 승리의 개선식을 열게 되었다. 개선식 행렬에서 그는 무장과 군기를 실은 갈리아 수레, 그리고 온갖 전리품과 청동으로 된 갈리아 용기, 귀족 포로들, 붙잡은 말의 무리를 선보였다. 그는 1471개의 황금 목걸이와 247파운드의 황금, 2340파운드의 은도 전시했다. 은은 세공하지 않은 것과 갈리아 양식으로 저명한 장인이 세공한 것을 모두 포함했다. 은화는 23만 4천 개였다. 그는 마차를 호위한 군인들 중 보병은 125아스, 백인대장은 그것의 두 배, 기병에게는 그것의 세 배를 주었다.

다음날 그는 민회를 소집하여 자신이 달성한 업적과 자신을 다른 사람의 전쟁에 개입하게 하여 승리의 결실을 빼앗으려고 한 호민관의 부당함을 지적하는 긴 연설을 했다.

---

18 폴리비오스에 의하면, 중요한 인물이 사망하면 그 얼굴에 석고를 대어 만드는 얼굴 마스크(imagines)는 각 가정의 아트리움에 보관되었다. 공식 희생제의 때나 집안의 장례식 때 배우들이 이 가면을 쓰고 행사를 거행했다.

이어 그는 휘하 병력을 해산했다.

41. 이탈리아에서 이런 일이 벌어지는 동안 에페소스의 안티오코스는 로마 인들이 아시아로 건너오지 않을 것으로 추정하고 로마와의 전쟁에 대해서 무심한 모습이었다. 왕의 이런 안도감은 상황을 잘못 판단하거나 그저 아첨하려는 그의 친구들 때문에 생겨난 것이었다. 하지만 당시 왕에 미치는 영향력이 최고점에 있던 한니발은 다르게 생각했다. 그는, 로마 인들이 아시아로 건너오지 않으리라고 생각하는 것보다는, 로마 인들이 이미 아시아로 건너왔어야 하는데 그렇게 하지 않은 것이 더욱 놀랍다고 했다. 그는, 이탈리아에서 그리스로 건너오는 것보다 그리스에서 아시아로 건너오는 것이 더 짧고, 안티오코스가 아이톨리아 인들보다 더욱 강력한 동기를 로마 인에게 부여했다고 지적했다.

또한 그는, 실제로 로마 인들의 전력이 육상만큼 해상도 강력하다고 말했다. 한니발은 로마 인들의 함대가 한동안 말레아 근처에 있었다고 하면서, 최근 접한 소식에 따르면 이탈리아에서 새로운 전함들과 새로운 사령관이 전쟁을 수행하고자 이미 도착했다는 것이었다. 따라서 안티오코스에게 로마 인들과 강화를 맺는 걸 생각하고 있다면 그것은 덧없는 희망이니 그만두라고 조언했다. 한니발은 안티오코스가 이내 아시아를 위해 아시아의 땅과 바다에서 로마 인들과 싸워야 할 것이라고 예측했다. 그는 로마 인들은 온 세상에 영토를 확장하려고 하며, 로마 인에게 맞서 그것을 좌절시키지 않는 한 안티오코스는 왕국을 잃게 될 것이라고 했다.

왕은 한니발만이 진실을 꿰뚫어보고 충실히 그것을 예언했다고 생각했다. 그런 이유로 왕은 장비를 갖추고 출정 준비된 배들을 이끌고 케르소네소스로 향했는데, 로마 인들이 육지로 접근할 경우를 대비하여 그곳에 주둔군을 두어 그 지역을 강화할 생각이었기 때문이다. 그는 폴리크세니다스에게 지시하여 나머지 함대도 준비를 갖추고 움직이게 했다. 또한 왕은 여러 정찰선을 보내 도서(島嶼) 지역을 철저히 정찰하도록 했다.

42. 로마 함대 사령관 가이우스 리비우스는 50척의 갑판이 있는 전함을 인솔하고 로마를 떠나 네아폴리스로 향했다. 그곳에 도착한 사령관은 동맹국들에게 협정에 의거하여 갑판이 없는 배들을 해안을 따라 집결시키라고 지시했다. 그는 이어 시칠리아로 나아갔고, 해협에서 메시나를 지난 뒤에 카르타고에서 증원군으로 보낸 전함 여섯 척을 받아들였다. 또한 그는 레기움, 로크리스, 그리고 다른 같은 지위의 동맹들에게서 협정에 의거하여 배들을 받았다. 이어 그는 라키니움 앞바다에서 함대를 사열하고 외해로 나아갔다. 이런 항해 이후 처음으로 도착한 그리스 국가인 코르키라에서 그는 아직 그리스에 평화가 완전히 확립된 게 아니었기에 현재의 전쟁 상황과 로마 함대의 현 위치를 물었다. 집정관과 안티오코스 왕이 테르모필라이의 고갯길 인근에 진지를 치고 있으며, 함대는 피라이오스에 주둔하고 있다는 말을 듣자 그는 서둘러야 한다고 판단했다.

그는 곧바로 함대를 이끌고 나아가 펠레폰네소스 반도 일대를 항해했다. 사메와 자킨토스가 아이톨리아 편에 섰으므로 그는 곧장 두 곳을 약탈하고 말레아로 나아갔다. 날씨가 좋았기에 며칠 만에 그는 피라이오스에 도착하여 기존 함대와 합류했다. 스킬라이움에서 그는 에우메네스 왕과 그가 인솔해온 세 척의 배와 만났다. 왕은 어떤 행동을 취해야 할지 불확실한 상태로 아이기나에서 장기간 대기하고 있었다. 안티오코스가 에페소스에 함대와 군대를 준비 중이라는 소식을 들었으므로 귀국하여 자신의 왕국을 지킬 것인지, 아니면 어떤 희생을 치르더라도 로마 인들과 함께 전투에 임해야 할 것인지 불확실했던 것이다. 어차피 그의 운명은 로마에 달렸기 때문이었다. 피라이오스에서 아울루스 아틸리우스는 후임자에게 25척의 갑판이 있는 전함을 인계하고 로마로 귀국했다. 리비우스는 이어 델로스로 건너갔는데, 81척의 갑판이 있는 배는 물론 충각이 있는 무(無) 갑판 배와 충각이 없는 정찰선을 망라한 수많은 작은 배를 거느리고 출동했다.

43. 이 무렵 집정관 아킬리우스는 나우팍토스를 포위 공격 중이었다. 리비우스는 맞바람으로 인해 델로스에 며칠 동안 붙잡혀 있었다. 실제로 키클라데스 지역은(해협으로 나뉘었고, 일부분은 비좁지만, 다른 부분들은 꽤 넓었다) 아주 바람이 많이 불었다. 폴리크세니다스는 다양한 방면으로 정찰선들을 보낸 덕분에 로마 함대가 델로스에 정박하고 있다는 걸 알았고, 이 정보를 왕에게 보고했다. 그에 따라 안티오코스는 헬레스폰토스에서 펼칠 작전을 연기하고 최대한 빠르게 충각을 단 배들과 함께 에페소스로 돌아갔다. 그곳에서 왕은 곧장 작전 회의를 열었고, 과감히 해전을 벌여야 할지를 논의했다.

폴리크세니다스는 전투를 망설이면 안 된다고 강력히 촉구했다. 그는 에우메네스와 로도스 인들의 함대가 로마 인들과 합류하기 전에 전투를 벌여서 격파해야 한다고 했다. 이렇게 하면 안티오코스 해군은 숫자에서는 거의 동수가 되고, 배의 속력이나 다양한 보조 선박 측면에선 월등하게 된다는 것이었다. 그는 로마 배들은 엉성하게 만들어져 다루기 불편하고 그 외에도 적국으로 건너오는 것이기에 보급품을 싣고 오는 부담도 있다고 했다. 반면 아군의 배들은 사방이 평화로운 지역을 뒤에 두고 있기에 군인과 무기만 싣고 있으므로 유리하다는 것이었다. 그는 이 지역의 익숙한 바다, 땅, 바람은 아군에게 큰 도움이 될 것이며, 그런 점을 알지 못하는 적에겐 큰 애로사항이 될 것이라고 했다.

이 계획을 제시한 사람이 직접 실행에 나서겠다고 했으므로, 듣는 사람 모두 솔깃해했다. 그들은 이틀 동안 준비를 하고 사흘째에 비교적 작은 크기의 배 1백 척이 출항했다. 이중 70척은 갑판이 있는 배였고, 나머지는 없었다. 이 함대는 포카이아로 나아갔다. 그곳에서 로마 함대가 접근한다는 소식을 들은 왕은 육군을 징집하기 위해 시필로스 근처의 마그네시아로 떠났다. 왕은 해전에 관여할 생각은 없었던 것이다. 그러는 사이에 함대는 최대한 속도를 내서 에리트라이의 요새 키소스로 갔는데, 그곳에서 적을 기다리는 게 더욱 유리하다는 판단이 섰기 때문이었다.

며칠 동안 꾸준히 불던 북풍이 그치자 로마 인들은 델로스에서 에게 해를 바라보는 키오스의 항구 파나이로 향했다. 그들은 그곳에서 함대를 도시로 끌어올려 식량을 공급받고 포카이아로 건너갔다. 에우메네스는 엘라이아에 있는 자신의 함대를 향하여 출발했다. 며칠 뒤 그는 24척의 갑판이 있는 배와 이전보다 약간 더 많은 수의 갑판이 없는 배를 대동하고 포카이아로 돌아왔고, 그러는 사이에도 로마 인들은 당면한 해전을 단단히 준비하고 있었다. 그곳에서 그들은 105척의 갑판이 있는 배와 약 50척의 갑판이 없는 배를 이끌고 나아갔다. 처음엔 북쪽에서 불어오는 옆바람이 그들을 해안 쪽으로 밀어냈으므로 어쩔 수 없이 좁은 대열로 나아가야 했는데 거의 일렬종대에 가까웠다. 나중에 바람의 강도가 조금 줄어들자 그들은 키소스 위에 있는 코리코스 항구로 건너가려 했다.

44. 폴리크세니다스는 적이 접근하는 중이라는 소식을 듣자 싸울 기회가 생긴 것을 기뻐했다. 그는 좌익을 탁 트인 바다로 펼치고, 함장들에게 명령하여 우익을 육지를 향해 배치하도록 조치했다. 이어

그는 횡진(橫陣)으로 적과 교전하러 나아갔다. 이런 상황을 관찰한 로마 사령관은 돛을 접고, 돛대를 낮추고, 삭구를 집어넣은 채로 다가오는 배들을 기다렸다. 이제 로마 군 최전선엔 약 30척의 배가 있었는데, 리비우스는 좌익을 최전선과 같이 놓고자 중간 돛을 끌어올렸고, 전속력으로 탁 트인 바다로 나아갔다. 그는 뒤를 따르는 배들에게 지시하여 해안에 가깝게 배를 몰아 적의 우익을 상대하려 했다. 에우메네스는 후위에 있었는데, 삭구를 치우는 일로 혼란이 발생하는 걸 보고서 그 역시 휘하 전함들에게 지시하여 최대한의 속력으로 전진하도록 했다.

반면에 카르타고 전함 두 척은 로마 함대보다 앞서 나아갔는데, 왕의 전함 세 척과 조우하게 되었다. 한 척이 더 많았기에 왕의 전함 두 척은 카르타고 전함 한 척을 상대하러 나섰고, 우선 카르타고 전함 양쪽의 노를 부러뜨리고 무장한 병사들을 적선에 올려 보내 적을 바다로 던지거나 죽이고 배를 장악했다. 다른 카르타고 배는 비등하게 전투를 이어갔지만, 동료 배가 점령되는 걸 보자 세 척의 적함에 둘러싸이는 걸 피하기 위해 함대로 대피했다.

이에 리비우스는 불처럼 분노하여 기함을 이끌고 적에게 접근했다. 카르타고 전함을 둘러쌌던 왕의 전함 두 척은 이번에도 다시 성공할 수 있으리라는 기대로 로마 사령관의 기함에 다가왔는데, 리비우스는 배의 중심을 견고하게 지키기 위해 양쪽 노잡이들에게 노를 물에다 집어넣고 움직이지 말라고 했다. 이어 적의 배가 다가오면 쇠갈고리를 던져 적선을 붙잡으라고 지시했다. 이렇게 하여 로마 인들이 육상 전투 같은 교전에 돌입했을 때 사령관은 휘하 장병들에게 로마 인의 용맹을 기억하고, 왕의 노예들을 남자로 여기지도 말라고 했다. 이제 로마 해군의 전함 한 척은 맹렬하게 공격하여 적선 두 척을 장악했다. 얼마 전에 안티오코스의 해군 두 척이 카르타고 배 한 척을 공격했을 때보다도 훨씬 쉽게 상대방을 제압했다. 이때 모든 곳에서 양군의 함대가 교전했고, 사방에서 전함들이 뒤섞여 싸웠다. 에우메네스가 마침내 전장에 도착했고, 전투가 시작되었을 때 적의 좌익이 리비우스에 의해 혼란에 빠진 걸 확인한 그는, 좌익은 놔두고 당시 비등하게 싸우던 적 함대의 우익을 공격했다.

45. 이내 적의 좌익이 패주하기 시작했다. 폴리크세니다스는 휘하 수병들이 적의 용맹을 당해내지 못한다는 걸 확인하고 중간 돛을 올려 황망하고 무질서하게 도망쳤다. 이내 육지 근처에 에우메네스와의 전투에 참여한 병사들이 그가 모범을 보인 대로 따라했다. 로마인들과 에우메네스는 노잡이들이 노를 저을 힘이 다 빠질 때까지, 또는 적의 후방을 괴롭힐 수 있는 가능성이 조금이라도 남아 있을 때까지 엄청난 끈기를 발휘하며 적을 뒤쫓았다. 하지만 그러한 감투 노력이 결실을 맺지 못했다. 화물이 적은 적선이 아주 빠르게 움직여서 보급품으로 무거운 로마와 연합군의 배들을 피해 달아나자 그들은 마침내 추격을 포기했다. 그들은 13척의 배와 그곳에 탄 선원과 노잡이들을 붙잡았고, 침몰된 적의 배는 10척이었다. 로마 함대는 전투가 시작되었을 때 동시에 두 척의 적함으로부터 공격받은 카르타고 배 한 척만 잃었다.

폴리크세니다스는 에페소스 항구에 도착할 때까지 계속 도망쳤다. 로마 인들은 그날 왕의 함대가 출정한 그 항구에 머물렀다. 다음날 그들은 적을 뒤쫓으려 나섰다. 절반 정도 갔을 때 그들은 전함 25척을 거느린 로도스 인들을 만났다. 로도스 함대의 지휘관은 파우시스트라토스였다. 로도스 전함들을 받아들인 로마 인들은 적을 뒤쫓아 에페소스로 갔고, 그 항구의 입구 앞에서 전투 대형을 구축하고서 적을 압박했다.

그들은 그런 압박을 통하여 마침내 적에게서 패배를 시인하는 고백을 받아냈다. 따라서 로도스 인들과 에우메네스는 고향으로 돌아갔다. 로마 인들은 키오스로 향했고, 우선 에리트라이 영토의 항구인 포이니코스로 나아가 밤 동안 그곳에 정박했다. 다음날이 되자 그들은 섬으로 건너가 키오스에 도착했다. 그들은 며칠 동안 그곳에서 머무르며 노잡이들을 쉬게 하고서 이어 포카이아로 건너갔다. 도시 주둔군으로 네 척의 5단 노선을 남긴 로마 함대는 카나이로 움직였다. 이제 겨울이 다가오고 있었으므로 배들은 뭍으로 인양되어 도랑과 방어벽으로 보호되었다.

이해(기원전 191년)가 끝나갈 무렵에 로마에서 선거가 개최되었다. 루키우스 코르넬리우스 스키피오와 가이우스 라일리우스가 안티오코스와의 전쟁을 끝낼 두 집정관으로 선출되었다. 이에 모든 이의 눈이 두 집정관과 깊은 연관이 있는 아프리카누스에게 집중되었다. 다음날 법무관들이 선출되었고, 당선인들은 마르쿠스 투키우스, 루키우스 아란쿨레이우스, 그나이우스 풀비우스, 루키우스 아이밀리우스, 푸블리우스 유니우스, 그리고 가이우스 아티니우스 라베오였다.

제 37 권

미오네소스의 해전,
마그네시아의 대전

1. [기원전 190년] 루키우스 코르넬리우스 스키피오와 가이우스 라일리우스가 집정관직에 올랐을 때 종교 의식을 거행한 후에 가장 먼저 논의된 문제는 아이톨리아 인들에 관한 것이었다. 아이톨리아 인들이 보낸 사절들은 짧은 휴전 기간 때문에 집요하게 논의를 요구했고, 이제 그리스에서 로마로 돌아온 티투스 퀸크티우스가 그들의 호소를 지지했다. 아이톨리아 인들은 그들이 일으킨 문제에 대한 처벌보다는 원로원의 관용에 더 많은 기대를 했고, 이에 탄원자처럼 호소했다. 그들은 최근 저지른 악행을 예전에 제공한 도움으로 상쇄하고자 했다.

하지만 원로원에 참석한 동안 그들은 답변보다는 저지른 죄의 자백을 받으려 하는 의원들이 쏟아낸 질문들에 크게 시달렸다. 게다가 지시에 따라 원로원 회의장을 떠난 후에 그들은 심각한 논쟁의 원인이 됐다. 그들의 문제를 논의할 때는 동정심보다는 분노가 더 큰 영향을 미쳤다. 왜냐하면 의원들은 그들을 일시적인 적이 아니라, 길들여지지 않고 타협할 수 없는 종족으로 여기며 분노했기 때문이다.

논쟁이 며칠 동안 지속되자 마침내 강화는 승인되지도, 거부되지도 못했다. 아이톨리아 인들에겐 두 가지 선택안이 주어졌다. 원로원 재량에 운명을 맡기든지, 아니면 1천 탈렌트를 배상금으로 지급하고 로마 인들의 우방과 적을 곧 그들의 우방과 적으로 삼으라는 것이었다.[1] 아이톨리아 인들은 원로원 재량이 무엇을 뜻하는지 원로원에서 어떻게든 알아내려고 했지만, 명쾌한 답을 얻지는 못했다. 따라서 강화는 결정되지 않았고, 같은 날 아이톨리아 사절단은 15일 안에 이탈리아를 떠나라는 지시를 받고 로마에서 출발했다.

이후 집정관 임지에 관한 논의가 시작되었다. 두 집정관은 모두 그리스를 임지로 받기를 간절히 바랐다. 라일리우스는 원로원에 대단한 영향력이 있었는데, 원로원이 추첨을 하거나 상호 합의로 임지를 정하라고 하자 그는 추첨을 통해 결정하기보다 원로원 의원들의 판단에 문제를 맡기는 게 더 적합하다고 했다. 스키피오는 이에 자신이 해야 할 일이 무엇인지 숙고할 것이라고 답하고 형[2]과 함께 개인적으로 이야기를 나눴다. 그는 믿음을 가지고 원로원의 손에 일을 맡기라는 형의 말을 듣고 동료 집정관의 제안을 받아들이겠다고 답했다. 이렇게 제안된 절차는 새로운 것이었다. 그게 아니라면 기억에서 사라진 지 오래된 고대 절차의 권위를 다시 도입한 것일 수도 있었다.

어쨌든 치열한 경쟁이 벌어질 것으로 예측되는 상황에서 원로원은 임지 결정을 위임받게 되어 흥분했다. 그러나 푸블리우스 스키피오 아프리카누스가 의원들이 동생에게 그리스를 임지로 준다면 자

---

1 1천 탈렌트는 제2차 마케도니아 전쟁 후에 필리포스에게 부과되었던 배상금이다. 또 로마 인들의 우방과 적을 곧 그들의 우방과 적으로 삼으라는 것은 로마의 편을 들어서 안티오코스에게 맞서라는 얘기인데 둘 다 아이톨리아 인으로서는 감내하기 힘든 조건이었다.

2 한니발을 자마 전투에서 패배시킨 아프리카누스 스키피오.

신이 부장으로서 그곳에 가겠다고 선언하자 의원들은 대찬성했고, 임지 경쟁은 끝이 났다. 원로원은 패배한 한니발의 도움을 받는 안티오코스와, 한니발을 정복한 아프리카누스의 도움을 받는 집정관과 로마 군단들 중 어느 쪽이 더 강력한 지원을 받게 될 것인지 살펴볼 생각이었다. 의원들은 거의 만장일치로 스키피오가 그리스에서 지휘를 맡고, 라일리우스가 이탈리아를 임지로 삼으라고 결정했다.

* * *

4. 귀국한 사절단이 강화를 맺을 가망이 없다는 보고를 하자 아이톨리아 인들은 로마 인들이 접근할 길을 봉쇄하고자 코락스 산을 점령했다. 봄이 시작될 때 로마 인들이 나우팍토스로 돌아와 공격할 거라고 확신했던 것이다. 그들은 펠로폰네소스를 마주보는 해안 전역이 아카이아 인들에 의해 황폐화되고 있다는 사실에도 불구하고 이런 조치를 취했는데, 손실보다는 위험을 더 우려했기 때문이었다. 아킬리우스는 적의 예상이 무엇인지 잘 알고 있었고, 따라서 예기치 못한 작전을 펼치는 게 더 낫다고 판단하고 라미아를 공격했다. 라미아 인들은 필리포스 왕에 의해 거의 파멸 직전까지 갔었는데, 라미아 인들이 그와 비슷한 일이 또 벌어지지 않을 거라고 생각하고 있으므로 기습 공격을 하면 효과가 있을 거라고 생각했다. 엘라티아에서 떠난 그는 우선 스페르케오스 강 근처 적의 영토에 진을 쳤다. 그곳에서 그는 밤중에 진군하여 동이 틀 때 부대를 원형으로 배치하고 성벽을 공격했다.

5. 라미아 시에는 엄청난 공황과 혼란이 퍼졌고, 이런 예기치 못한 상황에서 그런 반응은 당연한 것이었다. 그럼에도 불구하고 수비병

들은 그런 갑작스러운 위험 속에서 보일 수 있는 것보다 훨씬 더 굳은 결의를 보였다. 여자들이 온갖 던질 것과 돌을 성벽으로 나르는 동안에 수비병들은 단단히 전투를 치르며 도시를 지켰다. 공성 사다리들이 이내 성벽의 수많은 곳에 설치되었지만, 주민들은 그날 로마군을 몰아냈다. 아킬리우스는 한낮에 퇴각 신호를 보내 휘하 장병들을 진지로 돌아오게 했다. 병사들이 식사하고 휴식하여 원기를 회복하자 아킬리우스는 참모 회의를 열어서 그들에게 동이 트기 전에 무장하고 전투 준비를 마치라고 지시했다. 그리고 도시를 점령하기 전엔 진지로 돌아오지 말라고 경고했다. 그는 전날처럼 동시에 여러 방향에서 도시를 공격했다. 이젠 주민들의 힘이 떨어졌고, 무기도 부족했으며, 더욱 중요하게도 사기를 잃고 있었다. 몇 시간 만에 아킬리우스는 도시를 점령했다.

그는 약탈한 것의 절반을 팔고 나머지는 장병들에게 나눠주었다. 이어 그는 그곳에서 다음 행동을 결정하고자 작전 회의를 열었다. 코락스 산의 길이 아이톨리아 인들에게 점령되었으므로 아무도 나우팍토스 진군을 건의하지 않았지만, 아킬리우스는 전쟁을 치를 수 있는 계절에 아무런 행동도 취하지 않고, 또 자신의 지연으로 아이톨리아 인들이 사실상 원로원이 거부한 평화를 누리는 걸 허용할 수 없다고 말했다. 그에 따라 집정관은 암피사를 공격하기로 했고, 로마 군은 오이타 위의 헤라클레아에서 진군했다. 아킬리우스는 암피사에서 성벽 근처에 진을 쳤다. 그는 이번에는 라미아에서 그랬던 것처럼 원형 대열로 공격하는 것이 아니라 공성 기구를 활용했다. 파성퇴는 동시에 여러 곳에서 동원되었고, 도시의 성벽이 흔들리자 주민들은 방어에 나서거나 이런 공성 기구들에 맞서 대책을 세울 생각조차 하지 않았다. 그들은 모든 희망을 그들의 무기와 용기에 걸었고, 자주 출격하며 로마 군의 선발대를 혼란에 빠뜨렸고, 더 나아가 공성 보루나 기구에 있는 로마 병사들까지 혼란에 빠뜨렸다.

6. 그럼에도 불구하고 성벽의 많은 부분이 손상이 갔고, 이때 후임 집정관이 아폴로니아에서 휘하 병력을 이끌고 출발하여 에피로스와 테살리아를 통해 오고 있다는 소식이 로마 군에 전해졌다. 신임 집정관은 1만 3천 보병과 5백 기병을 대동하고 오는 중이었다. 그는 이미 말리아 만에 도착했다. 그곳에서 그는 도시에 항복을 명령하기 위해 전령들을 히파타로 보냈다. 히파타 주민들은 아이톨리아 공동체 전체의 결정 없이 아무런 행동에 나서지 않겠다고 답했고, 스키피오는 암피사가 점령되지 않은 채로 히파타 포위 공격을 하면서 시간을 지체하고 싶지 않아, 형인 아프리카누스를 암피사로 먼저 보내고 이어 자신은 군대를 이끌고 따라 갔다. 그들이 도착해 보니 주민들은 도시를 버리고 요새로 물러갔다. 성벽 대부분이 무너졌던 것이다. 이후 주민들은 무장한 자나 무장하지 않은 자나 똑같이 난공불락으로 여겨진 요새로 후퇴했다.

집정관은 그곳에서 10km 떨어진 곳에 진을 세웠다. 그 무렵 아테네에서 보낸 사절들이 그곳에 도착했다. 그들은 먼저 푸블리우스 스키피오(앞서 말한 것처럼 본대보다 먼저 떠난)를 만나고 이어 집정관을 만나러 왔다. 이들은 아이톨리아 인들을 위해 중재에 나서고자 했다. 아프리카누스는 그들에게 친절한 답변을 주었다. 그는 아시아와 안티오코스 왕을 노리고 있었기에 아이톨리아 전쟁에서 명예롭게 물러날 타당한 이유를 찾고 있었다. 그는 아테네 인들에게, 전쟁보다 평화를 선호하는 건 로마 인뿐만 아니라 아이톨리아 인들도 마찬가지라고 말했다. 아테네 인들의 조언에, 대규모 아이톨리아 인 사절단이 히파타에서 빠르게 도착했다. 아프리카누스에게 먼저 접촉한 사절단은 그의 말을 듣고 평화를 기대해도 좋겠다는 생각이 굳어졌다. 아프리카누스는 그의 보호를 받게 된 스페인과 이후 아프리카의 수많은 국가와 민족을 상기시켰다. 그는 이 모든 곳에 군사적 무용으로 인한 업적보다 더욱 중요한 관용과 호의의 기억을 남겼다고 했다.

문제는 해결되는 것처럼 보였지만, 사절단을 만난 집정관 루키우스 스키피오는 원로원이 아이톨리아 인 사절단에게 해주었던 말을 그대로 들려줬다. 아테네 사절단이나 아프리카누스의 평화로운 답변으로도 아무것도 얻지 못했다는 걸 깨달은 사절단은 이 새로운 일격에 동포들과 상의해보겠다며 떠나갔다.

7. 아이톨리아 사절은 히파타로 돌아갔다. 아이톨리아 인들은 앞으로의 행동을 결정하는 데 어려움을 느꼈다. 로마 인들에게 지급할 1천 탈렌트를 마련할 자원도 없고, '완전한 재량'이 원로원에게 주어진다면 신체적 폭력을 당할지 모른다고 생각했다. 따라서 그들은 같은 사절단을 집정관과 아프리카누스에게 보내 로마가 정말로 평화를 승인하길 바란다면 눈앞에서 가능성만 흔들어대면서 불행한 자의 기대마저 좌절시키지 말고 배상금을 줄이거나 '재량'이 육체적인 폭력으로 확대되지 않도록 명시하자고 요구했다. 집정관의 태도 변화를 유도하려는 이 시도는 실패로 끝났고, 사절단은 아무것도 얻지 못한 채 돌아왔다. 아테네 인들은 그 사절을 따라 귀국했다.

아이톨리아 인들이 반복되는 퇴짜에 지치고 나라에 닥친 불행에 한탄하며 비통해하던 때에 사절단 대표 에케데모스는 아이톨리아 인들의 희망을 다시 지폈다. 그는 로마로 사절을 보낼 수 있게 여섯 달간 휴전을 집정관에게 요청하자고 제안했다. 그는 이미 불행의 극한에 도달했기 때문에 이런 지연이 역경을 더 나쁘게 하지는 않을 거라고 주장했다. 그는 휴전 중에 벌어지는 수많은 일로 현재의 참사를 완화할 수 있을 거라고 했다. 에케데모스의 조언에 전과 같은 아이톨리아 사절단이 집정관에게 파견되었다. 그들은 먼저 푸블리우스 스키피오와 회의를 했고, 그의 중재를 통해 집정관에게서 바라던 기간만큼 휴전을 얻어냈다.

이어 암피사 포위 공격이 풀렸다. 마르쿠스 아킬리우스는 휘하 병력을 집정관에게 인계하고 지휘권을 내려놓았다. 구 집정관은 암피사를 떠나 테살리아로 돌아갔는데, 마케도니아와 트라키아를 통해 아시아로 진군하려는 뜻이었다.

아프리카누스는 동생에게 이렇게 말했다.

"루키우스 스키피오, 네가 시작하려는 길은 나 역시 찬성한 것이다. 하지만 이는 모두 필리포스의 호의에 성패가 달렸다. 그가 우리의 통치에 충실하고 안전한 길을 제공하며, 긴 행군 동안 우리 군대를 먹일 식량과 보급품을 제공해야 일이 성공할 것이다. 그가 우리 기대를 저버리면 트라키아를 통해 진군할 때 안전을 보장받지 못할 것이다. 그렇기에 조언을 하나 하자면, 먼저 왕의 의도를 알아보아야 한다. 우리가 보낸 대리인이 갑작스럽게 왕을 찾아가 왕이 신중한 태도를 준비하지 않은 때 만나게 된다면 그의 생각을 가장 잘 알아볼 수 있을 것이다."

이 임무를 위해 선발된 자는 티베리우스 셈프로니우스 그라쿠스[3]

3 그라쿠스는 그 자신 뛰어난 경력을 가진 로마의 행정관이었으나 티베리우스와 가이우스 형제의 아버지로 더 명성이 높다. 그는 아프리카누스 스키피오 사후에 그의 딸 코르넬리아를 아내로 맞이하여 이 형제를 낳았다. 티베리우스와 가이우스 형제는 기원전 133년과 121년 사이에 로마의 귀족당과 평민당 사이에 정치적 내분의 시대를 가져왔는데, 이 두 당파의 싸움은 그 후 개인적 야망을 가진 장군들, 가령 폼페이우스와 카이사르 등이 자신의 정치적 목적에 따라서 당파를 선택하는 바람에 공화국을 파멸시키는 한 가지 원인으로 작용하게 된다. 리비우스가 여기서 두 형제의 아버지를 칭찬한 것은 폴리비오스

로, 당시 가장 진취적인 청년 장교였다. 그는 말을 연달아 갈아타며 암피사에서 펠라까지 사흘 만에 도착했는데, 그것은 거의 믿기지 않을 정도로 빠른 여행 기록이었다.

필리포스 왕은 이미 포도주를 잔뜩 들이키며 한창 만찬을 즐기고 있었고, 편안한 태도를 취하고 있어 거짓말이나 속임수를 쓸 것이라고 생각할 수 없었다. 왕의 환대를 받은 그라쿠스는 다음날 후한 규모로 로마 군을 위한 보급품이 준비되고 있으며, 강 위로 다리를 세우고 지나기 힘든 길에 길이 건설되는 걸 보게 되었다. 갈 때와 똑같이 재빠른 속도로 돌아온 그라쿠스는 타우마키에서 집정관을 만나 이 소식을 전했다.

로마 군은 그곳에서 마케도니아로 나갔고, 기대를 충족하는 건 물론 그 이상을 보게 되어 크게 기뻐했다. 마케도니아에서 그들은 모든 준비가 된 걸 확인했다. 로마 군이 접근하자 왕은 환대하며 제왕에 부합하는 화려한 모습으로 로마 군을 호위했다. 그는 당장이라도 도울 준비가 되어 있고, 또 무척 정중한 태도를 보여주었다. 왕의 이런 자질은 아프리카누스에게도 호감을 안겨주었다.

아프리카누스는 모든 측면에서 뛰어난 사람이기는 했지만, 사치스럽지만 않다면 이렇게 정중한 접대를 받는 걸 싫어하지 않았다. 그곳에서 필리포스 왕은 그들을 마케도니아뿐만 아니라 트라키아까지 호송했고, 그들이 헬레스폰토스에 도착할 때까지 행군에 필요한 모든 걸 마련해 주었다.

8. 한편 코리코스 해전 이후에 안티오코스는 겨울 내내 땅과 바다

의『역사』에서 힌트를 얻은 것으로 보인다.

에서 전투를 치를 준비를 했다. 특히 함대를 수리하는 데 집중하여 바다에서 지배력을 잃지 않도록 신경 썼다. 그는 로도스 함대의 지원이 없을 때 패배했다는 걸 유념했다. 로도스 인들이 두 번 다시 지체해서는 안 될 것이었고, 설혹 이 함대가 해전을 치른다고 하더라도 전력과 규모에서 적 함대와 동등하려면 수많은 추가적인 선박이 여전히 필요했다. 따라서 그는 한니발을 시리아로 보내 페니키아 배들을 데리고 오게 했다. 또한 폴리크세니다스에게 이전의 노력이 실패로 돌아갔으므로 이미 존재하는 배들을 수리하고 다른 새로운 배들을 공급하는 데 더욱 힘쓰라고 지시했다.

안티오코스 자신은 프리기아에서 겨울 내내 머무르며 사방에서 동맹들을 불러들였다. 그는 심지어 당시 특히 호전적이라는 평가가 나 있던 갈라티아에까지 사람을 보냈다. 갈라티아 사람들은 민족적 혈통이 아직 사라지지 않아서 갈리아 인의 특성을 그대로 간직하고 있었다.[4]

안티오코스 왕은 아들 셀레우코스에게 군대를 주어 아이올리스에 주둔시켜 해안 도시들을 통제하게 했다. 이 도시들은 한쪽에선 페르가몬의 에우메네스가, 다른 쪽에선 포카이아와 에리트라이의 로마인들이 반란을 부추기고 있었다. 이미 언급한 바와 같이 로마 함대는 카나이에서 월동 중이었다. 한겨울이 되자 에우메네스 왕은 그곳에 2천 명의 보병과 5백 명의 기병을 이끌고 도착했다. 그는 리비우스에게 티아티라 근방의 적 영토에서 수많은 전리품을 얻을 수 있다고 조언했고, 그의 설득에 마침내 법무관은 5천 명의 로마 군 병사들이 그

4 일부 갈리아 인들은 기원전 278년에 소아시아의 중부 지역으로 이주했다. 그리하여 이 지방은 갈라티아라는 이름을 얻었다.

를 동행하게 했다. 이렇게 파견된 부대는 며칠 만에 막대한 양의 전리품을 거둬들였다.

9. 이런 일이 벌어지는 동안 포카이아에서 문제가 발생했다. 일부 주민이 그 도시를 안티오코스의 편에 붙이려 했기 때문이다. 함대 월동 진지는 그 도시에 큰 부담이었고, 공물은 또 다른 부담이었는데, 500개의 토가(겉옷)와 500개의 튜닉(상의)이 요구되었던 것이다. 곡물 부족은 그 도시 주민들의 곤경을 더욱 악화시켰으며, 이 때문에 함대와 로마 주둔군은 그 도시에서 이미 물러난 상태였다. 그러자 그 도시를 안티오코스의 편으로 넘기려 하는 파벌은 더욱 활개치게 되었다. 원로원과 귀족들은 로마와의 동맹을 준수해야 한다고 주장했지만, 안티오코스 왕으로 전향하자는 자들의 영향력이 대중들에게 더 먹혀들어갔다.

지난 해 여름에 무척 지체했던 로도스 인들은 예정보다 빠르게 도착했다. 실제로 그들은 파우시스트라토스를 다시 함대 사령관으로 임명했고 그의 함대는 춘분에 도착했다. 리비우스는 이미 30척의 전함과 에우메네스 왕이 그에게로 보낸 7척의 4단 노선을 이끌고 카나이에서 헬레스폰토스로 나아가는 중이었다. 그는 이미 육지로 이동 중인 로마 군의 항해에 필요한 준비를 할 생각이었다. 그는 우선 함대를 이끌고 '아카이아 인들의 항구'라 불리는 항구로 들어갔고, 그곳에서 일리움으로 나아갔다.

리비우스는 미네르바 여신에게 희생 의식을 올린 뒤 인근 도시인 엘라이오스, 다르다노스, 그리고 로이테움이 도시를 로마 군에게 넘기고 보호를 청하러 온 그 지역 사절단을 친절하게 맞이했다. 그곳에서 그는 헬레스폰토스 입구까지 항해했고, 아비도스 앞바다에 열 척의 전함을 배치하고 나머지 함대를 이끌고 세스토스를 공격하러 건너갔다. 군인들이 이미 성벽까지 접근하자 갈리[5]라고 하는 예복을 입은 신비주의자들이 성문 앞에 그들을 만나고자 나와 있었다. 그들은 군인들에게 자신들은 신들의 어머니를 섬기는 종이며 여신의 명령으로 로마 인들에게 성벽과 도시에 피해를 입히지 말라고 간청하려고 왔다고 했다. 그들에게는 어떠한 폭력도 가해지지 않았다. 이내 도시의 의원들이 무리를 지어 행정장관들과 함께 나왔고, 도시를 로마 군에게 넘겼다. 함대는 이어 아비도스로 건너갔고, 회담에서 그곳 주민들의 태도를 살핀 결과 아무런 평화로운 반응을 얻지 못했으므로 포위 공격에 나섰다.

10. 헬레스폰토스에서 이런 일이 벌어지는 동안에 안티오코스의 지휘관 폴리크세니다스—로도스에서 추방된 사람—는 동포들의 함대가 로도스 섬을 떠났고, 함대 지휘관 파우시스트라토스가 공개 연설에서 자신에 대해 거만하고 업신여기는 발언을 했다는 걸 알게 되었다. 그 결과 폴리크세니다스는 로도스 지휘관에게 특히 적개심을 품게 되었으며, 그는 밤낮을 가리지 않고 자신의 적의 오만한 발언에 행동으로써 반박할 계획을 세웠다. 그는 로도스 지휘관을 잘 아는 자를 그에게 보내 이런 말을 전했다: "사정이 허락된다면 자신이 파우시스트라토스와 조국에 크게 이바지하고자 하며, 파우시스트라토스를 통해 조국으로 돌아가고 싶다." 이에 로도스 지휘관은 크게 놀라며 어떻게 이런 일이 가능할 수 있는지를 물었고, 그러자 전령은 그런 계획에 협조하든가, 아니면 모든 일을 조용히 은폐하든가 둘 중

5 프리기아의 다산성 여신인 키벨레를 모시는 거세된 남자 사제. 기원전 204년에 이 종교가 로마에 수입되었으나 그 몽상에 빠지는 환각 상태의 예배 의식은 불법으로 규정되고 금지되었다.

하나를 선택하라고 요청했다. 그가 협조하겠다고 하자 사자는 폴리크세니다스가 파우시스트라토스에게 왕의 함대 전부나 아니면 대부분을 넘길 준비가 되었다고 말했다.

이어 전령은 그런 훌륭한 공에 대한 보답으로 폴리크세니다스는 조국으로 돌아가게 해주는 것을 조건으로 내세웠다고 했다. 아주 중요한 문제여서 파우시스트라토스는 도저히 전령의 말을 믿을 수 없었지만, 그 제안을 물리칠 수도 없었다. 그는 사모스 땅의 판호르모스로 배를 타고 나아가서 그 제안을 좀 더 구체적으로 살펴보기로 했다. 양측의 사자들이 서둘러 오갔지만, 파우시스트라토스는 확신하지 못했다. 이에 폴리크세니다스는 그가 보낸 사자 앞에서 직접 약속한 바를 수행하겠다고 적은 명판을 자신의 인장으로 봉인하여 보냈고, 로도스 지휘관은 그제서야 믿음을 갖게 되었다.

이어 상대방을 속이기 위한 계획이 합의되었다. 폴리크세니다스는 배를 준비하는 일을 완전히 중단하고, 노잡이나 선원을 함대에 두지 않겠다고 했다. 또한 그는 수리를 한다는 명목으로 몇몇 배를 뭍에 올리고, 다른 배들은 인근 항구에 보낼 것이라고 했다. 하지만 소수의 배를 에페소스 항구 앞 외해에 두고 필요한 상황이 되면 이 배들을 전투에 투입할 것이라고 했다. 폴리크세니다스가 함대 관리를 태만히 한다는 이야기를 듣자 파우시스트라토스도 즉시 똑같이 부주의한 모습을 보이기 시작했다. 그는 몇 척의 배를 할리카르나소스로 보내 보급품을 모아오게 하고, 다른 몇 척의 배는 도시 사모스로 보냈다. 그러는 사이 그는 판호르모스에 머무르며 배반자가 공격 신호를 보내오기를 기다렸다. 폴리크세니다스는 기만적인 행동들로 상대방의 잘못된 생각을 더욱 부추겼다. 그는 마치 다른 배들도 뭍에 올리려는 것처럼 몇몇 배를 뭍으로 올리고 선박 수리소를 다시 세웠다.

그는 노잡이들을 월동 진지에서 에페소스로 불러들이지 않았다. 하지만 그는 은밀히 선원들을 마그네시아에 집결시켰다.

11. 안티오코스의 병사들 중 한 사람이 개인적인 일로 사모스에 왔다가 첩자로 체포되었고, 판호르모스에 있는 로도스 지휘관에게 끌려갔다. 그 첩자는 에페소스에서 무슨 일이 벌어지고 있느냐는 질문에 두려움을 느꼈는지, 아니면 동포들에게 충성하지 않아서 그랬는지 알고 있는 모든 걸 불어 버렸다. 그는 함대가 항구에 주둔하고 있고, 삭구를 모두 갖춘 채로 만반의 준비를 갖추고 있다고 밝혔다. 모든 선원은 마그네시아로 보내졌으며, 소수의 배가 뭍에 올라와 있고, 선박 수리소는 해체되었다고도 했다. 하지만 로도스 지휘관의 마음은 엉뚱한 착각과 근거 없는 희망에 사로잡혀 있었고, 따라서 그 폭로된 진실을 받아들이지 못했다.

폴리크세니다스는 이제 만족스럽게 준비를 마치고 선원들을 밤에 마그네시아에서 불러들였다. 서둘러 뭍에 올린 배들을 물에 띄운 그는 낮 동안 항구에 머물렀다. 마지막 준비를 한다기보다는 함대가 떠나는 모습이 발각되는 것을 원치 않았기 때문이었다. 해가 진 뒤 그는 70척의 갑판 선박들을 이끌고 맞바람을 헤치며 출발했고, 동이 트기 전 피겔라의 항구에 도착했다. 그곳에서 그는 보안 유지의 이유로 낮 동안 대기하다 밤이 되자 사모스 땅으로 건너갔다. 그는 그곳에서 해적 두목 중 하나인 니칸드로스에게 지시하여 다섯 척의 갑판 선박을 끌고 팔리누로스로 가서 해병들을 인솔하여 판호르모스로 가는 최단거리 길로 이동하여 적의 뒤를 치라고 지시했다. 그러는 사이 그는 판호르모스로 나아가 함대를 둘로 나눠 항구 입구의 양쪽을 장악했다.

파우시스트라토스는 처음에 잠시 당황했다. 전적으로 예기치 못한 상황이 벌어지자 그런 반응이 나온 것이었다. 하지만 베테랑 군인인 그는 재빠르게 정신을 차리고 바다보다는 육지에서 적을 물리치는 게 더욱 가능성 높다고 판단했다. 따라서 그는 자신의 병력을 둘로 나눠 바다 쪽으로 두 개의 뿔처럼 돌출된 두 곳으로 나아가 두 방향에서 투척 무기를 던지면 쉽게 적을 물리칠 수 있다고 생각했다. 하지만 니칸드로스가 육지로 진군하는 모습이 이런 계획을 좌절시켰고, 계획이 갑작스럽게 바뀌게 되자 파우시스트라토스는 전군에게 승선 명령을 내렸다. 이에 그의 병사들은 해병과 선원을 가리지 않고 엄청나게 동요했다. 그들은 육지와 바다 양쪽에서 동시에 협공당하는 걸 확인하자 도망치듯 배로 올라갔다.

파우시스트라토스는 안전하게 도망칠 수 있는 길은 항구 입구를 뚫고 외해로 나아가는 것이라고 생각했다. 따라서 병사들이 배에 탄 걸 확인하자 그는 자신을 따라오라고 지시했다. 그가 탄 기함은 전속력으로 노를 저어 항구 입구로 나아갔다. 배가 항구 입구를 지나가자 폴리크세니다스는 세 척의 5단 노선을 인솔하여 로도스 지휘관이 탄 배를 포위했다. 로도스 해군 기함은 충각에 파괴당해 침몰하기 시작했다. 해병들은 날아온 투척 무기에 제압되었고, 분투하던 파우시스트라토스도 결국 전사했다. 남은 배들 중 일부는 항구 외부에서, 다른 일부는 항구 내부에서 붙잡혔고, 나머지는 해안에서 밀려나다 니칸드로스에게 포획되었다. 우글거리는 적함들 사이에서 적선에 화공(火攻)을 위협하며 간신히 길을 뚫고서 도망친 건 오직 로도스 배 다섯 척과 코스 배 두 척뿐이었다. 이 배들은 각각 뱃머리에 두 개의 돌출된 기둥이 있었고, 그 기둥 앞쪽에 쇠로 된 양동이를 걸어 그 속에다 불을 피웠던 것이다.

에리트라이의 3단 노선들은 사모스에서 멀지 않은 곳에서 도망쳐

온 로도스 배들을 만났다. 이 배들은 로마 인들과 합류하고자 방향을 돌려 헬레스폰토스로 향했다. 이 무렵, 셀레우코스는 포카이아를 점령했다. 그 도시의 보초병들이 배신하여 성문이 하나 열렸는데 그 틈으로 공격해 들어갔던 것이다. 같은 해안에 있는 키메와 다른 도시들은 두려움을 느끼고 셀레우코스에게 항복했다.

12. 아이올리스에 이런 일들이 벌어지는 동안에, 아비도스는 안티오코스의 주둔군이 성벽을 지키면서 한동안 포위 공격을 견뎌내고 있었다. 하지만 방어하는 병사들도 지쳤고, 심지어 주둔군 사령관인 필로타스조차 동의하는 가운데 아비도스의 행정장관들이 리비우스와 항복 조건 협상에 나섰다. 협상은 주둔군의 무장 해제 여부로 의견이 엇갈려서 지연되었다. 이렇게 논의가 진행되는 중에 로도스 인들의 참사 소식이 전달되면서 이제 협상 문제는 어렵게 되었다. 왜냐하면 리비우스는 대성공을 거둔 폴리크세니다스가 카나이의 함대를 공격할 것을 염려했기 때문이었다. 따라서 그는 즉시 아비도스 포위 공격을 풀고 헬레스폰토스를 보호하면서 카나이에서 뭍에 올린 배들을 다시 진수시켰다.

에우메네스 역시 엘라이아에서 도착했다. 리비우스는 전 함대를 이끌고 포카이아로 떠났는데, 여기엔 밀리레네에서 얻은 두 척의 3단 노선이 추가되었다. 포카이아에 안티오코스의 충성심 넘치는 강인한 병사들이 주둔하고 있으며, 셀레우코스의 진지가 멀지 않은 곳에 있다는 소식에 리비우스는 해안 지역을 완전히 파괴하고 서둘러 전리품을 챙겨 배에 올랐는데, 이 전리품은 물품이 아니라 주로 그 지역에 살던 남자들이었다. 에우메네스가 로마 함대를 따라잡길 기다리던 리비우스는 에우메네스가 나타나자 곧바로 전속력으로 사모스를 향해 떠났다.

처음에 로도스는 참사 소식이 전해지자 비탄과 공황에 빠졌다. 그들은 함선과 병사들뿐만 아니라 가장 훌륭하고 힘센 청년들을 잃었다. 무엇보다도 파우시스트라토스의 권위에 매혹되어 많은 귀족 청년들이 원정에 참여했던 것이다. 그의 명성은 동포들 사이에서도 무척 대단한 것이었다. 하지만 다른 그 무엇보다 동포의 기만전술에 당해 이런 참사가 벌어졌다는 사실이 그들의 슬픔을 분노로 바꾸어 놓았다. 로도스 인들은 즉시 열 척의 배를 보냈고, 며칠 뒤엔 열 척의 배를 더 보내고 함대 지휘를 에우데모스에게 맡겼다. 그들은 그가 파우시스트라토스만큼 군사적 자질이 훌륭하지는 않지만, 덜 대담하기에 더욱 신중할 것으로 보았다.

로마 인들과 에우메네스 왕은 먼저 에리트라이아로 함대를 움직였다. 그곳에서 하룻밤 머무른 그들은 다음날 코리코스 곶에 도착했다. 그곳에서 그들은 가장 가까운 사모스 지역으로 건너가려 했다. 해 뜨는 걸 기다리지 않고 출발하여 키잡이는 날씨의 상태를 예상할 수가 없어서 불안한 항해를 해야 되었다. 항해 도중 북동풍이 갑자기 북풍으로 바뀌었고, 배들은 풍랑 심한 바다에 휩쓸리기 시작했다.

13. 폴리크세니다스는 적이 로도스 함대와 합류하고자 사모스로 나아갈 거라고 판단했고, 에페소스에서 출발하여 우선 미오네소스 앞바다에 정박했다. 그곳에서 그는 마크리스라는 섬으로 건너갔다. 지나가는 함대의 전열에서 벗어난 배를 공격하거나 기회가 생기면 그런 함대의 후방을 칠 생각이었다. 그는 적 함대가 폭풍에 흩어지는 걸 보고 처음엔 공격할 기회라고 생각했다. 하지만 이내 파도가 더욱 거세진 바람으로 높아지기 시작하자 적에게 도달할 수 없다는 걸 알았다. 따라서 그는 아이탈리아라는 섬으로 건너갔고, 다음날 그곳에서 사모스로 나아가는 배들을 탁 트인 바다에서 만나 공격할 생각이

었다.

극소수의 로마 전함이 땅거미 질 때 사모스의 버려진 항구에 도착했고, 나머지 함대는 밤 내내 탁 트인 바다에서 이리저리 흔들리다 같은 항구로 들어섰다. 그곳에서 그들은 지역 농부들로부터 로마 함대가 정박 중이라는 사실을 파악했고, 즉시 작전 회의를 개최하여 교전을 할지, 아니면 로도스 함대를 기다릴지 논의했다.

회의 결과 전투는 연기되었고, 그들은 떠나온 코리코스로 다시 건너갔다. 폴리크세니다스도 소득 없이 시간을 보낸 뒤 에페소스로 돌아갔다. 로마 함대는 바다에 적이 없자 사모스로 건너갔다. 로도스 함대는 며칠 뒤 같은 곳에 도착했다. 이에 로마 인들은 그들의 합류를 기다렸다가 막바로 출발하려고 했다는 듯이 즉시 에페소스로 나아갔다. 그들의 의도는 해전을 펼치거나, 아니면 적이 해전을 거부할 경우 그들이 비겁하다는 걸 공개적으로 폭로하려는 것이었다. 그런 폭로는 인근 도시들의 태도에 엄청나게 중요한 영향을 미칠 수 있었다.

로마 인들은 항구 입구를 마주보며 횡대로 전투 대열을 형성했다. 하지만 아무도 상대하러 나오지 않자 그들은 함대를 둘로 나누어서, 한 함대는 항구 입구를 마주보는 탁 트인 바다에 정박했고, 다른 함대는 해안에 병사들을 상륙시켰다. 이 해병들은 광범위하게 해안 지역을 황폐화하고 어마어마한 양의 전리품을 가져왔다. 한편 에페소스 주둔군을 지휘하던 마케도니아 인 안드로니코스는 로마 군이 성벽으로 접근해오자 출격했다. 그는 로마 군이 약탈한 것의 대부분을 빼앗고 그들을 배가 있는 바다까지 몰아냈다. 다음날 로마 인들은 중간 지점에 일부 병사들을 매복시키고 전투 대형으로 도시로 나아갔다. 성벽 외부의 마케도니아 인들을 꾀어내려는 것이었다. 하지만 매복을 의심한 그들은 아무도 나서려 하지 않았고, 로마 인들은 배로 돌아왔다. 로마 군 함대는 육지와 바다 양면에서 적이 전투를 피했기에 사모스의 기지로 돌아왔다. 이어 법무관은 이탈리아에서 온 동맹국 3단 노선 두 척과 로도스의 3단 노선 두 척을 로도스의 에피크라테스에게 지휘를 맡겨 케팔라니아 해협을 지키게 했다. 스파르타의 히브리스타스가 케팔라니아의 청년들을 인솔하고 해협에서 해적 행위를 하는 바람에, 이탈리아에서 오는 보급이 끊어졌다.

14. 에피크라테스는 피라이오스에서 해군 지휘권을 인수 중인 루키우스 아이밀리우스 레길루스를 만났다. 로도스 인들에게 벌어진 참사 소식을 들은 아이밀리우스는 두 척의 5단 노선만 대동하고 있었기에 에피크라테스가 지휘하는 네 척의 배와 함께 아시아로 향했다. 그는 또한 무(無) 갑판 아테네 배 몇 척을 대동했다. 그들은 에게 해를 건너 키오스로 갔다. 로도스의 티마시크라테스는 사모스에서 두 척의 4단 노선을 이끌고 한밤중에 그곳에 도착했다. 아이밀리우스를 만난 그는 이곳 해안에서 화물선들이 헬레스폰토스와 아비도스에서 출항한 왕의 배들로부터 끊임없는 습격을 받아 위험하기 때문에 호위하러 왔다고 말했다. 아이밀리우스가 키오스에서 사모스로 건너가는 동안 그는 리비우스가 보낸 두 척의 로도스 4단 노선과 만났고, 두 척의 5단 노선을 대동하고 온 에우메네스 왕도 만났다.

사모스에 도착한 아이밀리우스는 리비우스로부터 함대를 인수하고 관습에 따라 희생 의식을 적절하게 수행한 뒤 작전 회의를 열었다. 이 회의에서 첫 번째 발언에 나선 가이우스 리비우스는 이런 말을 했다. 어떤 상황에서 자신이 했을 법한 일을 다른 사람에게 하도록 조언하는 자는 가장 충실한 조언을 하는 자이다. 그러면서 이런 생각을 말했다. 자갈을 육중하게 실은 화물선들을 대동하고 전 함대를 이끌고 에페소스로 나아가 항구 입구에서 화물선을 침몰시키자는 것이었다. 항구의 입구가 강처럼 길고, 비좁고, 대부분 얕기 때문에 항구 폐쇄는 별로 힘이 들지 않을 것이고, 이렇게 하면 적은 바다를 활용할 수 없게 되고, 함대도 쓸모없게 된다는 얘기였다.

15. 하지만 아무도 아이밀리우스의 제안에 동의하지 않았다. 에우메네스 왕은 이렇게 물었다.

"우리가 배를 침몰시키고 바다로 나아가는 문을 막은 다음에 대체 무슨 일이 벌어지겠습니까? 자유롭게 된 함대를 이끌고 그곳에서 물러나 동맹들을 돕고 적을 공포에 빠뜨려야 합니까, 아니면 전 함대로 계속 항구를 봉쇄해야 합니까? 우리가 떠나면 적은 우리가 들인 것보다 적은 노력으로 침몰한 선체를 치우고 다시 항구를 개방할 것입니다. 당신이 제안한 대로 배를 침몰시킨 다음 그대로 항구에 남아 있게 된다면, 항구를 봉쇄하는 것에 무슨 이점이 있겠습니까? 오히려 적은 무척 안전한 항구와 대단히 번창하는 도시에서 평온한 여름을 누릴 것입니다. 아시아에서 필요한 걸 무엇이든 공급받으면서 말입니다! 반면 로마 인들은 탁 트인 바다에서 파도와 폭풍에 노출된 채로 계속 경계 근무를 서야 할 것이며, 모든 보급품이 부족한 채로 적을 봉쇄하는 것 외에 다른 일들은 아예 못하게 될 겁니다."

로도스 함대 지휘관 에우다모스도 그 제안에 반감을 드러냈지만, 스스로 무슨 일을 해야 한다는 대안을 제시하지는 않았다. 로도스의 에피크라테스는 당분간 에페소스는 그대로 두고 함대 일부를 리키아로 보내 그 지역의 수도인 파타라를 동맹으로 맞이해야 한다고 주장했다. 그는 이렇게 함으로써 두 가지 중요한 이익이 있다고 말했다. 하나는 로도스 인들이 섬과 마주한 리키아와 평화 관계를 맺게 되어 안티오코스와의 전쟁에 온전히 집중할 수 있고, 다른 하나는 킬리키아에서 준비하고 있는 함대가 폴리크세니다스와 합류하는 걸 막을 수 있다는 것이었다. 이 제안은 회의 참석자들에게 가장 큰 영향을 미쳤다. 하지만 레길루스가 전 함대를 인솔하여 에페소스 항구로 나아가기로 결정되었다. 적에게 공포를 주기 위해서였다.

16. 가이우스 리비우스는 두 척의 로마 5단 노선, 그리고 네 척의 로도스 4단 노선, 그리고 스미르나에서 보낸 두 척의 무 갑판 배를 이끌고 리키아로 향했다. 그는 먼저 로도스 섬을 방문하여 그곳 시민들에게 전반적인 계획을 설명할 예정이었다. 그가 방문한 도시들, 즉 밀레토스, 민도스, 할리카르나소스, 크니도스, 코스는 그의 명령을 열심히 수행했다. 로도스에 도착한 그는 자신의 임무를 설명했고, 동시에 조언을 구했다. 로도스 인들은 만장일치로 그의 계획에 동의했고, 그가 데려온 함대에 세 척의 4단 노선을 보탰다. 이어 리비우스는 파타라로 나아갔다.

처음엔 순풍을 받고 도시를 향해 나아간 로마 함대는 적에게 갑작스러운 공황을 안겨줌으로써 뭔가 큰일을 한 건 해내리라는 기대에 차 있었다. 하지만 바람이 변했고, 바다는 변덕스럽게 몰아치는 파도로 들썩이기 시작했다. 어떻게든 노를 저어 육지로 나아가긴 했지만, 그들은 도시 근처에서 안전한 정박지를 찾을 수 없었고, 밤이 다가오는데 항구 입구 앞 거친 바다로 나아갈 수도 없었다. 그들은 성벽을 지나쳐서 포이니코스 항구로 배를 몰고 갔는데, 이곳은 파타라에서 3km도 안 되는 곳이었다. 그 항구는 격렬하게 굽이치는 바다로부터 배를 보호했다. 항구 위로는 높게 솟은 절벽들이 있었는데 주민들은 주둔군으로 있던 안티오코스 왕의 병사들과 함께 그 절벽을 빠르게 점령했다.

리비우스는 이 병력에 맞서서 이사에서 온 예비 부대와 스미르나에서 온 가볍게 무장한 청년 부대를 투입하여 교전하게 했다. 퇴각할 경우 지형이 불리하고 곤란했지만 그래도 공격을 감행하기로 했다. 전투 자체는 총력을 기울인 교전이라기보다 소규모 부대에 대한 작은 충돌이자 귀찮은 투척 무기에 의한 공격이었다. 처음에는 리비우스의 파견 부대는 제대로 싸움을 지속했다. 하지만 도시에서 엄청난 병력이 쏟아져 나오기 시작하고, 결국 모든 주민이 돌진하며 나오자 리비우스의 예비 부대들이 포위되고, 함대마저 해안에서 위협을 받을 거라는 우려가 있었다. 이에 리비우스는 해병들을 전투에 투입하고 선원과 노잡이 무리까지 닥치는 대로 무기를 쥐고 공격에 나서게 했다. 전투가 결론이 나지 않은 상황에서조차 병사들 사이에 사상자가 엄청났고, 더욱이 루키우스 아푸스티우스도 혼란스러운 전투의 와중에 전사했다. 하지만 결국 리키아 인들은 패주하여 도시로 몰려갔고, 로마 인들은 승리를 거두어 배로 돌아갔지만, 병력 손실이 상당한 승리였다.

이어 그들은 텔메소스 만으로 향했는데, 그곳은 한쪽은 카리아와, 다른 쪽은 리키아와 붙어 있었다. 그리고 파타라에서 시도하려던 다른 계획들은 중단되었다. 로도스 인들은 고국으로 돌아갔고, 리비우스는 아시아 해안을 따라 항해하여 그리스로 건너갔다. 그 여행의 목적은 그가 이탈리아로 건너가기 전 당시 테살리아 지역에 있던 스키피오 형제와 회의를 하려는 것이었다.

17. 아이밀리우스는 리키아 원정이 중단되고 리비우스가 이탈리아로 떠났다는 걸 알게 되었다. 리비우스는 악천후 때문에 에페소스에서 밀려나 일을 성취하지 못한 채로 사모스로 돌아왔다. 그리하여 아이밀리우스는 파타라에 대한 시도가 무위로 끝난 것을 수치로 여겼다. 따라서 그는 전 함대를 이끌고 파타라로 가서 도시를 맹렬한 기세

로 공격하려고 했다. 로마 인들은 밀레토스와 로마의 동맹들 지역인 해안을 지나쳐서 바르길리아이 만에 도착했고, 그곳에서 내륙으로 들어가 이아소스로 갔다. 이 도시는 안티오코스 왕의 주둔군이 장악하고 있었다. 로마 인들은 마치 적의 영토에 들어선 것처럼 주변 지역을 완전히 파괴했다. 그런 다음 아이밀리우스는 전령들을 보내 그 도시의 주요 시민들과 행정장관들의 태도를 떠보았다. 그들은 자신들에겐 전혀 힘이 없다고 답했고, 이에 법무관은 휘하 병력을 이끌고 도시 공격에 나섰다.

로마 인들 사이엔 이아소스 추방자들이 있었다. 그들은 로도스 인들의 이웃이기도 한 무고한 도시가 멸망해서는 안 된다며 여러 차례 간곡하게 호소했다. 그들은 자신들이 로마 인들에게 충실했다는 이유 하나만으로 추방되었으며, 도시에 남은 주민들은 자신들을 추방으로 내몬 왕의 주둔군에게 똑같이 압박을 받고 있다고 말했다. 이아소스 인들의 마음속엔 왕에게 굴종하는 상태에서 벗어나겠다는 한 가지 결의밖에 없다는 것이었다. 이런 간청에 마음이 뭉클해진 로도스 인들은 에우메네스 왕의 지원을 받으며 로마 사령관에게 관용을 요청했다. 로도스 인들은 이아소스와 자신들 사이의 유대 관계를 상기시키고, 또 왕의 주둔군에 괴롭힘을 당한 도시의 곤경에 동정을 표시했다. 이에 설득된 로마 지휘관은 포위 공격을 풀었다.

그들은 나머지 해당 지역에 평화를 정착시킨 다음에 이아소스를 떠나서 아시아 해안 지역을 따라 가며 로도스 섬과 마주보는 항구 로리마에 도착했다. 그곳에서 머무르는 동안 천인대장들 숙소를 위시하여 장교 숙소에 은밀한 소문이 나돌기 시작했다. 결국 그 소문은 아이밀리우스의 귀에까지 들어가게 되었다. 그 소문은 이런 것이었다. 로마 함대가 에페소스에서 벗어나 적과의 전쟁에서도 후퇴하게 되었고, 이에 제약을 받지 않는 적이 활보하며 인근 동맹 도시들을 마구 공격하리라는 것이었다. 아이밀리우스는 이 소문에 불안감을 느꼈고, 로도스 인들을 불러 전 함대가 파타라 항구에 정박할 수 있는지를 물었다. 그들이 불가능하다고 대답하자 그는 공격 시도를 포기하고서 함대를 인솔하여 사모스로 돌아갔다.

18. 한편 안티오코스의 아들 셀레우코스는 겨울 동안 아이올리스에 휘하 병력을 두고서 동맹들을 돕거나, 아니면 자신이 동맹으로 끌어들이지 못했던 나라의 영토를 파괴했다. 이제 그는 로마 인들과 로도스 인들이 리키아 해안의 공격에 정신이 팔려 있는 동안에 왕이 부재중인 페르가몬의 영토를 침공하기로 했다. 그는 먼저 공격 준비를 마친 휘하 군대를 이끌고 엘라이아에 접근했지만, 전쟁 행위의 일환으로 해당 지역에 약탈을 저지른 뒤 도시에 대한 공격은 포기했다. 이어 그는 왕국의 수도와 요새인 페르가몬을 공격하러 나섰다. 에우메네스 왕의 동생 아탈로스는 도시로 접근하는 길에 전초 기지들을 배치했고, 기병대와 경보병대로 적에게 공격을 가해 괴롭히려 했지만, 오히려 적의 반격을 버텨내지 못했다. 마침내 그는 이런 소규모 접전으로 페르가몬 군이 적의 상대가 되지 못한다고 판단하자 성벽 안으로 물러났다. 이에 도시 포위가 시작되었다.

그 무렵 안티오코스 역시 다국적 군인들로 구성된 대군을 이끌고 아파메아를 떠나 먼저 사르디스에 기지를 세웠다. 이곳은 카이코스 강 입구 근처에 있었고, 셀레우코스의 진지와 그다지 멀지 않았다. 그가 상대방에게 두려움을 일으키고자 활용한 주된 공격 수단은 4천 명의 갈리아 용병이었다. 그는 이 부대에 다른 소규모 부대를 더하여 페르가몬 주변 지역을 모두 파괴하게 했다. 이 소식이 사모스에 도착하자 에우메네스는 자신의 왕국에서 벌어진 이 전쟁 때문에 현장에서 물러나 우선 함대를 이끌고 엘라이아로 갔다. 그곳에 기병대와 경보병대가 있었기에 그는 이들의 호위를 받으며 적군이 자신의 동향을 알아채거나 다른 움직임을 보이기 전에 서둘러 페르가몬으로 돌아갔다.

여기서 다시 소규모 접전으로 이어지는 습격이 시작되었고, 에우메네스가 승부를 가리는 결전은 피한다는 것이 분명해졌다. 며칠 뒤 로마 인과 로도스 인의 함대가 왕을 도우러 사모스에서 엘라이아에 도착했다. 안티오코스는 적이 엘라이아에 병력을 상륙시키고, 모든 적 함대가 한 항구에 모였다는 소식을 접했다. 또한 그는 집정관이 이미 휘하 병력과 함께 마케도니아에 주재하고 있으며, 헬레스폰토스로 건너갈 모든 필요한 준비를 마쳤다는 이야기도 들었다. 이에 그는 육지와 바다에서 동시에 압박을 받기 전에 강화 협상에 나서야 한다고 판단했다. 왕은 엘라이아와 마주하는 언덕에 진지를 세우고, 그곳에 모든 보병을 남기고 기병대와 함께 엘라이아 성벽 아래 평지로 내려왔다. 이 기병대는 6천 명 규모였다. 왕은 아이밀리우스에게 전령을 보내 강화 협상의 뜻을 밝혔다.

19. 아이밀리우스는 페르가몬에서 에우메네스를 소환했고, 로도스 인들도 함께 불러 회의를 열었다. 로도스 인들은 강화를 맺는 일을 거부하지 않았다. 하지만 에우메네스는 현재 상황에서 강화를 논하는 건 명예로운 일도 아니며, 협상을 해도 결론이 안 나온다고 주장했다.

"지금 우리가 성벽 안에 갇히고 포위 공격을 받고 있는 상태에서 어떻게 소위 강화 조건이라고 하는 걸 명예롭게 받아들일 수 있겠습니까? 집정관도 없고, 로마 원로원의 권위도 없고, 로마 인들의 승인도 없는 상태에서 합의를 한다면 누가 그것을 유효하다고 생각하겠습니까?

나는 이 문제에 대한 답을 알고 싶습니다. 법무관께서 강화를 체결한다면 즉시 로마로 귀국하면서 병력과 함대를 물릴 겁니까, 아니면 이 문제를 집정관께서 결정하고, 로마 원로원이 결정하고, 로마 시민들이 동의할 때까지 기다릴 겁니까? 그렇게 되면 실제로 벌어질 일은 이렇습니다. 법무관께서는 아시아에 머물러야 하고, 휘하 병력은 다시 월동 진지로 향해야 할 겁니다. 전쟁은 중단될 것이고, 로마의 동맹국들은 보급품을 대느라 자원이 고갈될 겁니다. 이후 권한이 있는 사람들이 계속 전쟁을 하라고 판단하면 우리는 새롭게 전쟁을 시작해야 할 겁니다. 반면에 우리가 이 전쟁을 지금 계속한다면, 그리고 우리 쪽이 지연하여 현재의 추진력이 느슨해지지만 않는다면 신들의 은총으로 겨울 전에 결판을 낼 수 있을 것입니다."

참석자들은 에우메네스 왕의 의견에 공감했고, 안티오코스에게는 집정관이 도착하기 전까지 강화 협상은 안 된다는 답변이 전해졌다. 협상 시도가 헛되이 끝나자 안티오코스는 엘라이아 인들의 땅을 초토화하고, 이어 페르가몬 농촌 지역도 파괴했다. 그런 다음 그는 그곳에 아들 셀레우코스를 놔두고 아드라미테움으로 진군했고, 마치 적국에 들어온 것처럼 그곳을 지나 호메로스의 시로 유명한 테베 평원으로 불리는 풍요로운 땅으로 나아갔다. 안티오코스 왕의 병사들은 아시아 어느 곳에서도 그곳만큼 풍성한 노획물을 얻지 못했다. 아이밀리우스와 에우메네스 역시 함대를 움직여 아드라미테움에 도착했고 그 도시의 주둔군 역할을 했다.

20. 이 무렵 아카이아에서 보낸 1천 보병과 1백 기병이 디오파네스의 지휘를 받으며 엘라이아에 도착했다. 그들이 상륙했을 때 아탈로스는 전령들을 보내 맞이하게 했고, 그 부대는 전령들과 함께 밤에

움직였다. 병사들은 모두 전쟁 경험이 풍부한 베테랑들이었으며, 지휘관 디오파네스는 당대 그리스 최고 장군인 필로포이멘의 제자였다. 그는 병사와 말을 이틀 간 쉬게 했고, 그러는 사이에도 적의 전초기지들을 정찰하고 적이 나아가고 물러간 장소와 시간을 알아냈다. 왕의 부대들은 거의 도시가 세워진 산기슭까지 진군해 올 것이었다. 따라서 도시 뒤의 농촌 지역은 약탈에 무방비 상태였다. 도시의 주민들은 두려움에 시달리며 성벽 안에 갇혀 나오지 않았고, 도시에서 출격하는 일은 물론 없었고, 장거리에서 전초 기지를 향해 투척 무기를 던지는 일조차 없었다.

그러자 안티오코스 왕의 병사들은 주민들을 경멸하면서 부주의한 태도를 보였다. 그들 대다수가 말에 다 안장을 얹거나 굴레를 씌우지도 않았으며, 무장하고 경계를 서는 병사는 소수에 불과했다. 나머지는 평지 사방으로 흩어졌다. 일부는 청년다운 놀이나 운동을 즐겼고, 다른 일부는 그늘로 소풍을 갔으며, 또 다른 일부는 땅에 누워 잠들기까지 했다. 디오파네스는 이 모든 장면을 높이 위치한 페르가몬에서 관찰했고, 곧바로 휘하 군인들에게 무기를 들고 만반의 준비를 한 채로 성문에서 대기하라고 지시했다. 그는 아탈로스(에우메네스 왕의 동생)에게로 가서 적의 전초 기지를 공격하겠다고 했다. 아탈로스는 그가 100명의 기병으로 600명의 기병을, 1천 명의 보병으로 4천 명의 보병을 상대하려는 걸 알고 한동안 망설였지만 결국 공격을 허락했다. 디오파네스는 이어 성문에서 나와 적의 전초 기지에서 멀지 않은 곳에 진지를 세우고 기회를 엿봤다.

페르가몬의 주민들은 이런 디오파네스의 행동을 용기보다는 어리석음에서 비롯된 행동이라고 생각했다. 적은 잠시 아카이아 인들을 지켜보다 아무런 움직임도 보이지 않는 걸 확인하고 평소대로 계속 부주의한 행동을 했다. 사실 그들은 상대의 전력이 소규모라는 것을 비웃기까지 했다. 디오파네스는 한동안 병사들을 움직이지 못하게 했고, 이런 병사들의 모습은 구경꾼처럼 보일 정도였다. 디오파네스는 적의 대열이 흩어지는 걸 확인하고서 보병들에게 명령을 내려 최대한 빠르게 따라오게 했고, 자신은 기병대를 이끌고 선두에서 최대한 빠르게 달렸다. 보병과 기병이 동시에 함성을 외치는 가운데 그는 적의 전초 기지를 급습했다. 적은 병사들뿐만 아니라 말들까지도 겁에 질렸다. 밧줄을 끊고 움직인 말들은 적진에 공황과 혼란을 일으켰다. 겁을 내지 않고 서 있는 말은 소수에 불과했다.

하지만 이런 말들에게 안장을 얹고, 굴레를 씌운 다음 올라타는 일도 쉬운 일이 아니었다. 아카이아 인들은 소규모 기병대를 가지고서도 아주 큰 공황을 일으키고 있었기 때문이다. 그러는 사이 아카이아 보병대는 엄격한 규율 아래서 전투 대형을 이루고서, 부주의하게 흩어지거나 사실상 반쯤 잠든 안티오코스의 병사들을 공격했다. 그리하여 평지 전체가 학살과 도주의 현장이 되었다. 디오파네스는 사방으로 흩어진 적들을 안전한 곳까지 추격했다. 이렇게 아카이아 인들은 자신은 물론이고 페르가몬 성벽에서 상황을 지켜본 남녀 주민들에게 큰 영광을 안긴 뒤 도시로 돌아와 주둔군 임무를 계속했다.

21. 다음날 도시에서 1km 정도 되는 곳에 이전보다 더 질서 있고 기강이 잡힌 모습으로 안티오코스 왕의 전초 기지들이 세워졌다. 아카이아 인들은 거의 동시에 어제처럼 나섰고, 그 기지를 향해 갔다. 몇 시간 동안 양군은 서로 경계하며 당장이라도 시작될 공격을 대기했다. 해가 질 때가 되어 진지로 돌아갈 시간이 되자 왕의 부대들은 함께 모여 전투용 대열이 아니라 행군 대열로 현장을 떠나기 시작했다. 디오파네스는 그들의 시야에 들어 있는 동안에는 아무런 움직임

을 보이지 않았다. 하지만 곧 그가 어제와 같은 맹렬한 기세로 적의 후방을 공격하자 또다시 적은 공황에 빠졌다. 적의 병사들은 우왕좌왕 혼란스러운 상태였고 그들의 뒤에서 전우들이 죽어가는 데도 아무도 맞서 싸우려고 하지 않았다. 그들은 갑작스럽게 들이닥친 공포에 간신히 대형을 유지한 채 진지로 내몰렸다. 아카이아 인들의 이런 대담한 공격을 받게 되자 셀레우코스는 페르가몬 영토에서 진지를 옮길 수밖에 없었다.

안티오코스 왕은 로마 인들이 아드라미테움을 방어하러 왔다는 소식을 듣고서 그 도시에 가까이 다가가려 하지 않았다. 하지만 농촌 지역을 파괴한 뒤 그는 미틸레네의 식민지인 페라이아를 습격하여 점령했다. 코토, 코리레노스, 아프로디시아스와 프린네도 첫 공격에 점령되었다. 그곳에서 왕은 티아티라를 통해 사르디스로 돌아왔다. 왕의 아들 셀레우코스는 해안에 남아 몇몇 공동체는 위협하고, 다른 몇몇 공동체를 보호했다.

한편 에우메네스와 로도스 인들을 대동한 로마 함대는 먼저 미틸레네로 나아갔고, 이어 엘라이아의 출발점으로 돌아왔다. 그곳에서 그들은 포카이아로 항로를 잡았고, 바키움이라는 섬에 배를 댔다. 이곳에선 포카이아 인들의 도시가 내려다보였다. 그들은 신전들을 무자비하게 약탈하고 조각상들을 빼앗았다. 이 섬은 그런 보물이 많은 무척 부유한 곳이었는데, 로마 인들은 여태까지 손을 대지 않았으나 이번에는 달랐다. 이어 그들은 포카이아로 건너갔고, 각 지휘관은 특정한 목표를 부여받은 다음 공격을 시작했다. 그 도시는 공성 보루 없이 공성 사다리를 활용한 공격으로 함락시킬 수 있을 것처럼 보였지만, 안티오코스가 파견한 6천 명의 병력이 그 도시에 들어오자 공격은 즉시 중단되었다. 함대는 섬으로 돌아갔고, 도시 주변의 농촌 지역을 파괴하는 것 외엔 아무런 성과가 없었다.

22. 이어 에우메네스가 그의 왕국으로 돌아가 집정관과 휘하 군단들이 헬레스폰토스로 건너오도록 필요한 모든 준비를 해야 한다는 결정이 내려졌다. 로마 인과 로도스 인의 함대는 사모스로 돌아가 폴리크세니다스가 에페소스에서 움직일 경우를 대비하여 그곳을 지키게 되었다. 에우메네스 왕은 엘라이아로 돌아갔고, 로마 인들과 로도스 인들은 사모스로 돌아갔다. 법무관의 형제인 마르쿠스 아이밀리우스는 사모스에서 숨을 거두었다.

장례식을 마치고 로도스 인들은 자국 전함 13척과 코스의 5단 노선 한 척, 그리고 크니도스의 5단 노선 한 척을 이끌고 로도스로 떠났다. 그것은 시리아에서 오고 있다고 보고된 함대에 맞서서 로도스를 지키기 위한 것이었다. 사모스에서 에우다모스와 함대가 도착하기 이틀 전에, 로도스는 시리아 함대에 대항하기 위해 팜필리다스를 지휘관으로 임명하여 13척의 배를 보냈다. 또한 그들은 카리아 앞바다를 지키던 네 척의 배를 보내어, 안티오코스의 군대에게 포위된 다이달라와 페라이아의 다른 몇몇 요새의 봉쇄를 풀었다. 에우다모스는 즉시 출발하라는 명령을 받았다. 그가 보유하던 기존의 함대에 여섯 척의 무 갑판 배가 합류했다. 그는 전속력으로 로도스를 떠나 앞서 출발한 함대를 메기스테라는 항구에서 따라잡았다. 그들은 하나로 뭉쳐 파셀리스로 나아갔는데, 그곳은 적을 기다리기 가장 좋은 장소였다.

23. 파셀리스는 리키아와 팜필리아 사이 국경에 있었다. 이곳은 바다로 멀리까지 나와 있는 곳이었으며, 킬리키아에서 로도스까지의 항해에서 가장 먼저 보이는 땅이었다. 이곳엔 멀리 있는 배도 볼 수 있는 망루가 있었다. 이것이 바로 로도스 인들이 특별히 이곳을 선택

한 이유였다. 그곳에선 언제든 적 함대에 맞설 준비를 할 수 있었던 것이다. 하지만 그들이 예측하지 못한 일이 벌어졌다. 위생이 엉망인 이웃 지역과 한여름이라는 계절, 그리고 익숙하지 않은 냄새 때문에 병이 일반적으로 퍼지기 시작했는데, 특히 선원들은 그런 병에 취약했다.

이런 유행병을 두려워한 로도스 인들은 그곳을 떠났고, 팜필리아 만을 통해 지나가던 함대는 에우리메돈 입구에 정박했다. 그곳에서 그들은 아스펜도스 인들로부터 안티오코스의 해군이 시데 앞바다에 있다는 소식을 듣게 되었다. 왕의 함대는 다소 느리게 항해했는데, 계절풍이 부는 시기였기 때문이었다. 이 북서풍은 특히 이 시기에만 불었다. 로도스 함대는 32척의 4단 노선과 네 척의 3단 노선으로 구성되었고, 안티오코스 왕의 해군은 로도스 인들의 전함보다 더 큰 전함 37척으로 구성되었는데, 이들 중엔 세 척의 7단 노선, 그리고 네 척의 6단 노선이 포함되어 있었다. 게다가 이 함선들 외에도 10척의 3단 노선이 있었다. 망루들 중 한 곳에서 로도스 인들은 적이 근처에 있다는 걸 발견했다.

다음날 동이 틀 때 양쪽 함대는 모두 항구를 나와 움직였고, 그날 전투를 치를 생각이었다. 시데에서 바다로 돌출된 곶을 돈 로도스 인들은 즉시 적의 눈에 띄었고, 로도스 인들도 마찬가지로 적을 확인했다. 왕의 함대 좌익은 한니발이 지휘하고 있었으며, 탁 트인 바다에 뻗어 있었다. 우익은 아폴로니우스가 지휘했는데, 그는 시리아의 주요 귀족 중 한 사람이었다. 그들은 이미 전함들을 횡대로 펼친 상태였다. 로도스 인들은 종진(縱陣)으로 다가왔고, 에우다모스의 기함은 선두에, 카리클리토스는 후방에 있었다. 팜필리다스는 중앙에서 지휘를 맡았다. 에우다모스는 적이 전투 대형을 갖추고 교전할 준비를 마친 걸 보자 탁 트인 바다로 나아가 따라오는 배들에게 횡대의 전투 대형을 갖추게 하고, 동시에 각자 맡은 진지를 굳건히 지키게 했다.

처음에 이런 기동 작전은 혼란을 일으켰다. 에우다무스는 아직 충분히 먼 바다에 나가지 않았기 때문에 모든 배가 대형을 갖추고 그의 뒤를 따라올 상태가 아니었던 것이다. 그런데도 그는 전투를 너무 서둘러서 고작 다섯 척의 배로 한니발과 교전하게 되었다. 나머지 배들은 횡대의 전열을 형성하라는 지시를 받았으므로 아직 제독을 따라잡지 못한 상태였다. 전열 후방에 있는 배들에겐 육지 쪽으로는 물러설 공간이 없었다. 그들이 혼란 속에서 서로 엉키며 앞으로 나아가려는 중에 한니발과의 싸움은 이미 우익에서 진행 중이었다.

24. 하지만 우수한 성능의 배와 바다에서의 풍부한 경험으로 로도스 인들은 순식간에 모든 두려움에서 벗어났다. 그들의 배는 빠르게 먼 바다로 나아갔고, 뒤에 있는 배에 각자 육지 쪽으로 후퇴할 공간을 마련해주었다. 더욱이 그들은 뱃머리로 과감히 적함과 충돌하면서 상대의 뱃머리를 박살내거나, 아니면 노를 부러뜨렸다. 또한 그들은 전열에 공간이 나면 그 사이로 나아가 적함의 고물을 들이받았다. 안티오코스 왕의 함대를 가장 두렵게 한 건 훨씬 작은 로도스 배의 일격으로 왕의 7단 노선 중 하나가 침몰한 일이었다. 그 결과 적의 우익은 이제 겁을 먹고 도망치고 있었다.

탁 트인 바다에서 에우다모스는 다른 모든 면에서 적보다 훨씬 뛰어났지만, 수적 우위라는 결정적 이점을 누리는 한니발에게 강한 압박을 당했다. 기함이 흩어진 함대를 한 곳으로 결집시킬 때 흔히 사용하는 신호를 보내지 않았더라면 한니발은 그를 포위했을 것이다. 이에 로도스 함대 우익에서 승리하던 모든 배가 서둘러 전우들을 도우러 움직였다. 이어 한니발도 대동한 배들을 이끌고 물러나기 시작했다. 하지만 로도스 인들은 추격할 수 없었다. 로도스의 노잡이들이 대다수 병에 걸려 빨리 지쳤기 때문이었다. 선원들이 탁 트인 바다에서 배를 멈추고 음식을 섭취하며 원기를 회복하던 중에 에우다모스는 적이 파손된 배들을 무 갑판 배에다 밧줄로 묶어 끌고 가는 모습을 보았다.

약 20척의 적선이 아무런 피해를 당하지 않고 물러가고 있었다. 기함 함교에서 에우다모스는 정숙하라고 하며 이렇게 외쳤다. "제군, 일어나 이 멋진 광경을 보라!" 모두가 일어났고, 그들은 공황에 빠져 도망치는 적의 모습을 보자 한 목소리로 이렇게 소리쳤다. "저들을 뒤쫓읍시다!" 에우다모스의 배는 수많은 공격으로 이미 손상되어 있었다. 하지만 그는 팜필리다스와 카리클리토스에게 최대한 안전을 유지하면서 적을 뒤쫓으라고 명령했다. 그들은 한동안 적을 추격했다. 하지만 한니발이 육지에 가까워지자 그들은 적의 해안 바로 앞바다에서 바람에 묶여 돌아가지 못할 것을 우려하여 에우다모스에게 돌아왔다. 그들은 첫 충돌에서 공격을 당해 부서진 7단 노선을 힘겹게 파셀리스로 끌고 왔다. 파셀리스에서 그들은 로도스로 돌아갔지만, 로도스 인들은 승리에 기뻐하기보다는 기회가 있을 때 적 함대 전체를 붙잡거나 침몰시키지 못한 것에 대해 서로 비난했다.

한니발은 이렇게 후퇴한 뒤 그 한 번의 패배로 속이 쓰렸으나, 최대한 빠르게 안티오코스 왕의 함대와 합류하고자 했지만, 감히 리키아를 통과하는 항해는 하지 않으려 했다. 게다가 한니발은 이 해로를 지나갈 수도 없었다. 로도스 인들이 카리클리토스에게 충각이 달린 20척의 배를 주어 파타라와 메기스테 항구로 보내 지키게 했기 때문이다. 또한 그들은 에우다모스에게 그가 지휘했던 함대에서 가장 큰 배 일곱 척을 데리고 사모스의 로마 인들에게 돌아가라고 지시했다.

로마 인과 합류한 그는 자신의 전략적 지식과 권한을 모두 동원하여 로마 인들에게 빨리 파타라를 점령할 것을 건의할 예정이었다.

25. 로마 인들은 먼저 승리 소식을 접하고 기뻐했고, 이어 로도스 인들이 도착한 모습을 보자 더 기뻐했다. 로도스 인들은 파타라에 대한 우려를 덜어낸 만큼 이제 자유롭게 그 지역 바다의 안전을 확보할 수 있게 되었다. 하지만 안티오코스가 사르디스에서 떠났고, 그로 인해 해안 도시들이 그의 손에 넘어갈 것을 두려워한 로도스 인들은 아직 이오니아와 아이올리스를 지키는 일에서 면제되지는 못했다. 로도스 인들은 팜필리다스에게 네 척의 갑판이 있는 배를 주어 파타라 앞바다의 함대에 합류하도록 했다.

그러는 사이 안티오코스는 인근 지역 나라들에서 증원군을 결집시켰을 뿐만 아니라 비티니아의 왕 프루시아스에게 사절과 서신을 보내 로마 인들이 아시아로 진출한 것을 맹비난했다. 그는 로마 인들이 모든 왕국을 말살하러 왔고, 그렇게 하여 결국 로마 외엔 이 세상 어디에도 나라가 남아 있지 않을 거라고 했다. 그는 필리포스와 나비스가 이미 정복되었고, 자신이 세 번째 표적이 되었다고 했다. 로마의 이러한 공격은 끊임없이 번지는 불길처럼 모두에게 퍼질 것이라고 예측했다. 안티오코스는 에우메네스가 자발적으로 굴종했으므로 만약 그 자신이 굴복하게 된다면 그 다음은 비티니아가 될 게 너무나 뻔하다고 말했다.

프루시아스는 이런 주장에 불안감을 느꼈지만, 집정관 스키피오가 보낸 서신과 그의 형 아프리카누스가 전해온 말로 의심을 풀었다. 아프리카누스는 로마 인들이 동맹 국왕들의 위엄에 경의를 표시하며 우호적 관계를 증진하는 로마 인의 전통이 끊어지지 않고 준수되고 있음을 지적했다. 또한 아프리카누스는 그 외에 자신의 가문과 연관된 사례들을 언급하기도 했다. 이런 식으로 그는 프루시아스와 친분을 쌓으려고 애썼다.

아프리카누스는 스페인에서 자신이 보호하여 왕으로 만든 부족 군주들 얘기를 했고, 선조로부터 내려온 왕좌는 물론 자신의 왕국을 빼앗은 시팍스의 왕좌까지 얻게 된 마시니사의 이야기도 들려줬다. 아프리카누스는 이 마시니사가 아직까지도 아프리카의 가장 잘 나가는 왕이며, 실제로 온 세상 어떤 왕과 견주어도 그 위엄과 권력에서 밀리지 않는다고 했다. 그는 또한 필리포스와 나비스가 로마의 적이었고 티투스 퀸크티우스와의 전쟁에서 패배했지만, 그럼에도 불구하고 그들의 왕국을 그대로 유지하게 되었음을 언급했다. 실제로 필리포스는 지난해 공물을 바치는 일을 면제받았으며, 인질로 붙잡힌 아들도 도로 돌려받았고, 게다가 마케도니아 외부의 몇몇 도시도 로마 장군들의 허가로 점령하게 되었다. 나비스 역시 자신의 광기와 아이톨리아 인들의 기만전술로 암살되지만 않았더라면 똑같이 명예로운 자리에 있었을 것이라고 아프리카누스는 말했다.

프루시아스 왕의 호의적인 감정은, 이전에 법무관으로서 함대를 지휘했고 이제는 사절로 온 가이우스 리비우스가 로마에서 도착하고 난 뒤 특히 높아졌다. 그는 프루시아스에게 이런 점들을 지적했다. 안티오코스가 전쟁에서 승리할 가망보다 로마 인들이 승리할 가망이 훨씬 높다. 로마 인들은 우호 관계를 아주 중시하고 존중한다. 로마와 맺은 관계는 그 어떤 관계보다 믿을 만하다.

26. 안티오코스는 프루시아스를 동맹으로 끌어들이는 노력을 포기했다. 이후 그는 지난 몇 달 동안 필요한 것을 갖추고 전투 준비를 한 함대를 점검하고자 사르디스를 떠나 에페소스로 갔다. 그가 이런 행동을 한 이유는 휘하 육군으로 스키피오 형제가 지휘하는 로마 군

을 상대할 수 없기 때문이었다. 왕의 개인적인 판단으로 보아 시리아 해군이 해전에서 성공을 거둘 수 있다거나, 함대의 전력에 대단한 확신이 있어서 그런 것은 아니었다. 그럼에도 불구하고 안티오코스가 보기에 현재의 상황은 희망적인 구석이 분명 있었다. 로도스 함대 대부분이 파타라 인근에 가 있고, 에우메네스 왕이 모든 배를 이끌고 헬레스폰토스에 집정관을 만나러 떠났다는 소식이 들려왔기 때문이었다. 폴리크세니다스의 기만전술로 사모스의 로도스 함대를 파멸시킨 것도 왕의 사기를 더욱 북돋아주었다.

이런 상황에 기댄 안티오코스는 폴리크세니다스에게 함대를 주어 또다시 해전의 무운을 얻기를 바랐다. 그 사이에 왕 자신은 부대를 인솔하여 콜로폰의 도시인 노티움으로 이동했다. 그 도시는 바다를 내려다보았고, 옛 콜로폰에서 3km 떨어져 있었다. 안티오코스는 이 골치 아픈 도시를 점령하고 싶어 했다. 도시가 에페소스와 무척 가까워 육지든 바다든 왕의 모든 움직임이 콜로폰 인들에게 훤히 보였는데 그들은 그것을 곧바로 로마 인들에게 보고했던 것이다. 왕은 이곳이 포위됐다는 소식을 로마 인들이 듣게 된다면 사모스에서 함대를 움직여 동맹 도시를 도우러 올 것이라고 확신했다. 그렇게 되면 폴리크세니다스에게 교전할 기회가 생길 것이었다.

따라서 그는 공성기로 도시를 공격하기 시작했다. 그는 양쪽에 바다까지 내려오는 평행한 벽을 세우고, 도시 성벽 양쪽에 공성 오두막을 붙이고, 누벽을 성벽까지 붙였으며, 차폐물을 씌운 파성퇴를 가동했다. 이런 위협에 겁을 먹은 콜로폰 인들은 사모스에 있던 법무관 루키우스 아이밀리우스에게 사절을 보내 로마 인들의 보호를 간청했다. 아이밀리우스는 사모스에서 오래 아무 일도 없이 보내는 시간이 길어지는 것에 애를 태우는 중이었고, 폴리크세니다스가 그에게 싸움을 걸어올 거라고 아예 생각조차 하지 못했다. 이전에 이미 두 번 그에게 전투를 걸었지만 응하지 않았기 때문이었다. 그는 에우메네스의 함대가 집정관을 도와 그의 군단들을 수송하는 동안 자신은 봉쇄된 콜로폰 인들의 도시를 푸는 일에 기약 없이 붙잡혀 있는 것을 굴욕적이라고 생각했다. 로도스의 에우다모스는 이전에 법무관이 헬레스폰토스로 나아가고자 했을 때 사모스에 그를 붙들어 두었는데, 이번에도 다른 사람들과 마찬가지로 법무관의 의도에 반대하며 이런 강력한 주장을 펼쳤다.

"로마의 동맹들을 포위 공격에서 풀어주고, 이미 한 번 패배한 해군에 다시 패배를 안기고, 그렇게 하여 적으로부터 바다를 완전 장악하는 것이 훨씬 더 낫습니다. 동맹을 버리고, 안티오코스에게 육지와 바다 양면에서 아시아를 넘겨주면서까지, 전쟁에서 맡은 곳을 떠나 이미 에우메네스 왕의 함대가 충분한 도움을 주고 있는 헬레스폰토스로 가는 것보다 말입니다."

27. 로마 인들은 이제 식량을 모두 소모했기에 식량을 구하고자 사모스를 떠나 키오스로 갈 준비를 했다. 키오스는 로마 인들에게 곡창 역할을 했고, 이탈리아에서 오는 모든 화물선이 그 섬으로 왔다. 함대는 도시에서 사모스 반대편—키오스와 에리트라이를 마주보고, 북풍에 노출된 곳—으로 나아갔다. 로마 군이 키오스로 건너갈 준비를 하던 중에 법무관은 이탈리아에서 보낸 다량의 곡물이 키오스에 도착했지만, 포도주를 싣고 오던 배들이 폭풍을 만나 지연되었다는 소식을 들었다. 동시에 테오스 인들이 안티오코스 왕의 함대에 넉넉하게 보급품을 댔으며, 포도주 항아리 5천 개를 공급하겠다고 약속했다는 소식이 들려왔다.

아이밀리우스는 항로를 절반 정도 왔을 때 갑자기 함대를 테오스 방향으로 돌렸다. 그의 의도는 테오스 인들의 동의를 받아 적에게 전달될 보급품을 탈취하거나 아니면 테오스 인들을 적으로 취급하려는 것이었다. 로마 전함들이 뱃머리를 육지 방향으로 돌리자 약 15척 정도의 배가 미오네소스에서 보였다. 법무관은 처음에 그들이 왕의 함대 소속이라고 생각하고서 추격에 나섰다. 하지만 곧 그 배들이 해적의 쾌속선이라는 게 밝혀졌다. 해적들은 키오스 해안을 약탈했으며, 온갖 약탈한 물건을 가지고 돌아가다 로마 군 함대가 바다에 있는 걸 보고 달아났다. 그들은 속도 측면에선 로마 배들보다 우월했다. 해적선은 로마 배들과 비교하여 더욱 가볍고 빠른 움직임을 위해 특별히 건조되었기 때문이다. 게다가 그들은 육지에 더 가까운 지점에 있었다. 그렇게 로마 함대가 근처로 오기 전에 그들은 미오네소스로 도망쳤고, 법무관은 그 뒤를 쫓아갔다. 그는 현지의 지형을 잘 몰랐으므로 항구에서 배를 빼낼 수 있을 거라고 생각했다.

미오네소스는 테오스와 사모스 사이에 있는 곶이었다. 이곳은 원뿔 모양의 언덕인데, 무척 넓은 아랫부분에서 솟아 정상은 날카롭고 뾰족한 끝을 이루었다. 내륙에서 접근하려면 비좁은 길을 통해야 되었고, 바다 쪽은 파도에 마모된 절벽으로 닫혀 있었다. 어떤 곳에서는 돌출된 바위들이 그곳에 정박한 배들 위로 우뚝 높이 솟아올라 있었다. 로마 인들은 앞바다에서 하루를 낭비했는데, 절벽에 있는 해적들의 공격 사정거리에 들 것을 염려하여 과감히 접근하지 않았기 때문이다. 해질녘 직전에 로마 인들은 무익한 일을 포기하고 다음날 테오스에 도착했다. 법무관은 도시 뒤에 있는 항구에 전함들을 주둔시켰다. 지역민들은 이 항구를 게라이스티코스라 불렀는데, 여기서 로마 해병들을 육지로 보내 도시 주변 지역을 파괴하게 했다.

28. 테오스 인들은 눈앞에서 약탈이 펼쳐지자 로마 군에게 사절들

을 보냈다. 그들은 털로 된 머리띠를 쓰고 탄원자가 드는 나뭇가지를 들고 로마 지휘관을 만나러 왔다. 그들은 말과 행동으로 로마 인들을 적대하지 않았다며 그들의 결백함을 호소했다. 하지만 법무관은 그들이 안티오코스의 함대를 보급품을 보내 도왔고, 폴리크세니다스에게 포도주 단지들을 보내겠다고 약속하지 않았느냐며 그들을 비난했다. 그는 테오스 인들에게 로마 인들에게도 같은 양의 보급품을 내어준다면 약탈 부대를 돌아오도록 하겠다고 했다. 또한 테오스 인들이 이를 거부하면 그들을 적으로 간주하겠다고 엄포를 놓았다. 사절들은 돌아가서 이런 단호한 답변을 도시 당국에 전했고, 행정장관들은 주민들을 불러 회의를 열고 어떤 행동을 취해야 할지 논의했다.

그날 폴리크세니다스는 안티오코스 왕의 함대와 함께 콜로폰을 떠나게 되었다. 폴리크세니다스는, 로마 인들이 사모스에서 이동하여 해적들을 쫓아 미오네소스로 갔고, 이후 게라이스티코스 항구에 배를 정박하고 테오스 농촌 지역을 약탈 중이라는 소식을 들었다. 그는 함대를 움직여 미오네소스 맞은편의 섬에 있는 숨겨진 항구에 정박했다. 선원들은 이 섬을 마크리스라 불렀다. 그곳에서 폴리크세니다스는 로마 군의 움직임을 가까이에서 정찰했다. 처음에 그는 이전 사모스에서 로도스 함대를 패배시킬 때처럼 항구 입구를 봉쇄하는 것으로 로마 함대를 패배시키겠다면서 큰 기대를 걸었다. 두 곳의 지형은 별로 다를 게 없었다. 게라이스티코스의 곶들은 입구가 비좁았고, 동시에 두 척의 배가 간신히 지나갈 정도의 공간만 있었다.

폴리크세니다스는 밤에 항구 입구를 점령하고자 했다. 그는 각각의 곶에 배치한 배들로 나오는 로마 군의 배들의 측면을 양쪽 날개에서 공격할 생각이었다. 동시에 그는 판호르모스에서 했던 것처럼 나머지 해병들을 상륙시켜 육지와 바다에서 동시에 로마 군을 향해 달려들 생각이었다. 하지만 테오스 인들이 요구한 바를 들어주겠다고 하여 로마 인들이 보급을 편하게 받기 위해 도시 앞의 항구로 함대를 옮기는 바람에 이 계획은 틀어지고 말았다. 게다가 로도스 인 에우다모스가 두 척의 배가 비좁은 입구에서 엉키면 노가 부러진다고 기존 항구의 불리함을 (법무관에게) 지적하기까지 했다. 또한 법무관도 안티오코스의 기지가 멀지 않기에 육지 방면에서도 위험이 있다는 사실을 고려하여 곧바로 함대를 옮겼던 것이다.

29. 로마 함대는 적의 눈에 띄지 않은 채 도시에 도착했고, 수병들과 선원들은 상륙하여 보급품과 포도주를 각각의 배들 사이에 나눠 가졌다. 한낮 정도에 농부 한 사람이 로마 지휘관 앞에 불려오게 되었는데, 그는 어떤 함대가 이틀 동안 마크리스 섬 앞바다에 정박하고 있으며, 조금 전에 몇 척의 배가 마치 떠나려는 것처럼 항해를 시작했다고 보고했다. 이런 갑작스러운 비상사태에 놀란 법무관은 나팔을 불게 하여 농촌 지역에 널리 퍼진 휘하 장병들을 소환했다. 그는 천인대장들을 도시로 보내 군인들과 선원들을 모두 승선시키도록 했다. 큰 불이 갑자기 났거나 도시가 점령된 것처럼 일진광풍 같은 공황이 로마 군 진지 내에 퍼져 나갔다. 몇몇 병사들은 전우들을 부르러 도시로 달려갔고, 다른 몇몇은 도시에서 황급히 나와 배로 돌아왔다. 알아들을 수 없는 함성으로 소란스러운 상황 가운데 나팔은 귀가 먹먹할 정도로 울렸고, 서로 엇갈리는 명령들로 혼란이 일었지만, 장병들은 아무튼 모두 배로 돌아왔다. 이런 소동 속에 그들은 겨우 자기 배를 알아보고 승선했다.

육지와 바다에서의 이런 위험한 공황 상태는 법무관이 곧바로 작전 지시를 내리면서 끝이 났다. 아이밀리우스는 휘하 함대의 임무를 각각 배정한 다음에, 앞장서서 기함을 이끌고 항구에서 탁 트인 바다로 나와 다른 선박들이 뒤따르기로 되었다. 이어 법무관이 전함들을 적절한 지역에 횡대로 배치하는 사이에 에우다모스와 로도스 함대는 해안 근처에 정박한 채, 사태의 발전에 대기하기로 했다.

이제 승선은 혼란 없이 이루어졌고, 각각의 배는 출항 준비를 마치고 계류장에서 떠났다. 이렇게 선두의 배들은 법무관이 보는 앞에서 전열을 형성했고, 로도스 인들은 후방을 맡았다. 이 전열은 마치 안티오코스 왕의 함대가 눈앞에 있기라도 한 것처럼 만반의 전투태세를 갖추고 탁 트인 바다로 이동했다. 그들은 미오네소스와 코리코스 사이에서 적함을 발견했다. 왕의 함대는 이중으로 된 종대로 다가오고 있었다. 하지만 그들은 이미 적을 맞이하는 전열을 형성했고, 좌익은 멀리 늘어져 로마 함대 우익을 포위할 수 있을 정도였다. 로마군 후방의 에우다모스는 로마 인들이 적의 전열만큼 대열을 확장하지 못해서 곧 로마 군 우익이 포위당할 것 같자 휘하 함대를 더욱 빠르게 움직여 그 쪽으로 가게 했다. 로도스 인들은 함대 전체에서 가장 빠른 전함을 보유했고, 이런 보완 조치를 통해 오른쪽 날개의 길이를 적과 똑같이 맞췄다. 이어 그는 자신의 함선을 돌려서 폴리크세니다스가 타고 있던 적의 기함을 공격하러 갔다.

30. 이제 양쪽 함대는 사방에서 동시에 전투에 돌입했다. 로마 함대엔 80척의 배가 있었고, 그중 22척은 로도스 인들의 것이었다. 적 함대는 89척의 전함으로 구성되었다. 그들은 다섯 척의 거대한 배를 보유했는데, 세 척은 6단 노선이었고, 두 척은 7단 노선이었다. 로마 인들은 전함의 능력과 군인들의 용맹성 측면에서 크게 우세했고, 로도스 인들은 기동성과 키잡이들의 기량, 선원들의 선박 조종술 측면에서 우위였다. 하지만 적을 가장 두렵게 한 것은 뱃머리 앞에 설치한 불을 가지고 화공하는 배들이었다. 이 장치는 그들이 판호르모

스에서 포위되었을 때 포위망을 빠져나오게 해준 유일한 무기였고, 이번엔 승리의 주된 요인이 되었다. 왜냐하면 왕의 전함들은 배 앞에 달린 불에 겁을 먹고 충돌을 피하기 위해 뱃머리를 틀었고, 이렇게 되는 바람에 상대방을 충각으로 들이받지도 못하고 오히려 측면을 상대의 공격에 노출시킨 것이었다. 실제로 충돌하게 되면 적선은 불에 뒤덮여 배로 불이 쏟아지듯 옮겨 붙었다. 실상 적은 전투보다는 불을 더 무서워하고 신경 썼다.

그럼에도 불구하고 가장 중요한 요인은 늘 그랬듯이 로마 군 병사들의 용기였다. 로마 인들은 적 전열의 중심을 무너뜨리자 배를 돌려 로도스 인들과 교전 중인 안티오코스 왕의 전함들을 뒤에서 공격했다. 곧 중앙과 좌익에 있던 안티오코스의 전함들은 포위되어 침몰했다. 우익은 온전했지만, 그들은 자신들에게 들이닥친 위험보다는 전우들이 파멸하는 모습에 더욱 두려움을 느꼈다. 하지만 다른 배들도 포위되고 폴리크세니다스의 기함이 전우들을 버리고 황급히 떠나는 걸 보게 된 그들은 서둘러 중간 돛을 올리고 도주에 나섰다. 에페소스로 나아가는 항로엔 순풍이 불었기에 그들은 서둘러 도망쳤다.

이 교전으로 적은 42척의 배를 잃었고, 그중 13척은 로마 함대에 붙잡혔다. 나머지는 전부 불타거나 침몰했다. 로마 전함은 두 척이 파괴되었고, 몇 척은 손상을 입었다. 로도스 전함 한 척은 적에게 붙잡혔는데, 이와 관련하여 주목할 만한 사건이 있었다. 시돈 인들의 배에 충각으로 들이받힌 뒤 배의 닻이 적의 공격으로 인해 제자리에서 벗어났고, 닻혀(fluke)가 마치 쇠갈고리로 단단히 잡는 것처럼 상대의 뱃머리에 고정되었다. 이에 혼란스러운 상황이 벌어졌고, 로도스 인들은 적에게서 벗어나려고 엄청난 노력을 하면서 배를 뒤로 물렸지만, 닻줄이 노들과 뒤엉키면서 한쪽의 노들을 부러뜨렸다. 망가진 배는 이렇게 하여 그 배가 충돌하여 고정시킨 적선에게 끌려갔다.

이것이 대략적으로 미오네소스에서 벌어진 해전의 경과였다.

31. 안티오코스는 이 해전의 결과에 크게 실망했다. 바다에서 통제력을 잃었기에 자신의 능력으로 먼 곳에 있는 영토를 지켜낼 수 있겠는지 의문이 생겼기 때문이다. 그는 리시마키아에서 주둔군을 물리라고 지시했는데, 로마 인들이 그곳을 제압할 것을 두려워했기 때문이다. 뒤에서 서술하게 될 사건이 증명하겠지만 그것은 좋지 못한 결정이었다. 그는 로마 인들의 첫 공격에 대항하여 리시마키아를 지켜낼 수도 있었을 뿐만 아니라 겨울 내내 포위공격을 버텨낼 수도 있었기 때문이었다. 이렇게 상대가 버티기로 나오면 포위하는 쪽은 장기적인 작전으로 극단적인 궁핍에 빠지게 될 것이었고, 그러는 사이 얼마든지 강화 협상의 기회도 생겨날 것인데 그런 기회를 날린 것이었다.

안티오코스는 해전 패배 이후 적에게 리시마키아를 넘겨주었을 뿐만 아니라 콜로폰 포위도 포기하고 사르디스로 물러났다. 그는 사르디스에서 사절들을 카파도키아의 아리아라테스[6]에게 보내 증원군을 모아오게 했고, 가능한 모든 곳에서 신병을 모으려고 했다. 이제 그는 단 한 가지 계획에 집중하고 있었는데, 그것은 육상의 야전에서 승부를 결정하자는 것이었다.

해전 승리 이후 아이밀리우스 레길루스는 에페소스로 갔고 그 항구 앞에서 로마 군 함대에게 전투 대형을 형성하도록 지시했다. 적은,

6 카파도키아의 왕 아리아라테스 5세(기원전 220-164)를 가리키는 것으로 안티오코스 왕의 사위였다. 그는 마그네시아 전투 때에도 안티오코스에게 증원군을 보냈고 로마 군에 맞서 싸우는 갈라티아 인들에게도 도움을 주었다.

그에게 제해권을 넘겨주었다고 실토했다. 그리고 그는 키오스로 갔다. 그곳은 그가 미오네소스 해전을 치르기 전에 사모스에서 출발할 때 목표로 삼은 곳이었다. 그는 그곳에서 전투 중 손상을 입은 배들을 수리했고, 이어 루키우스 아이밀리우스 스카우루스에게 30척의 배를 주어 헬레스폰토스로 보내 로마 군의 해협 횡단을 돕게 했다. 그는 약탈품 일부와 해전 전리품을 나눠주며 로도스 인들을 치하한 뒤 그들을 고향으로 돌려보냈다. 하지만 그들은, 집정관의 군단들을 수송하는 걸 돕고, 그 일을 마친 다음에야 로도스로 돌아가겠다며 성의를 보였다.

이제 로마 함대는 키오스에서 포카이아로 건너갔다. 포카이아는 만의 머리 부분에 있었고, 직사각형 형태를 하고 있었는데 길이가 4km 정도 되는 성벽으로 둘러져 있었다. 이 벽은 양쪽이 좁아지는 게 마치 쐐기 같았다. 지역 주민들은 이 쐐기를 람프테르[7]라 불렀다. 만의 너비는 2km였고, 그곳에서 1마일(1.6km) 정도 바다로 뻗은 길쭉한 땅이 거의 가운데서 만을 나눴는데, 마치 줄을 그은 것 같았다. 그 땅이 비좁은 입구와 만나는 곳에 무척 안전한 항구 두 개가 형성되었는데, 북쪽과 남쪽으로 항구가 있었다. 남쪽의 항구는 나우스타트모스[8]라 불렸는데, 무수한 배를 댈 수 있는 공간이 있었기에 그런 이름이 붙었다. 다른 항구는 람프테르 근처에 있었다.

32. 이런 지극히 안전한 항구들은 로마 함대에 장악되었다. 하지만 공성 사다리나 공성 누벽으로 도시 성벽을 공격하기 전에 법무관은 사절들을 보내 주요 시민과 관리들의 태도를 떠보기로 했다. 그들

---

7 그리스어 lampter를 음역한 것으로 "횃불" 혹은 "등대"라는 뜻이다.

8 그리스어 naustatmus의 음역으로 "정박지" 혹은 "항구"의 뜻.

이 저항하려고 하자 그는 곧바로 두 곳을 공격하기 시작했다. 도시 한 부분은 빽빽하게 건물이 들어서지 않았고, 공간 대부분을 신전들이 차지하고 있었다. 그는 여기에 우선 파성퇴(破城槌)를 가동했고, 성벽과 탑을 마구 두들기기 시작했다. 이어 주민들이 황급히 그 부분을 방어하러 나서자 파성퇴 하나가 또 다른 부분으로 이동했다. 이제 성벽은 양쪽에서 붕괴되는 중이었다. 성벽이 무너지자 로마 군인들은 돌무더기 위를 넘어가 공격에 나섰고, 다른 로마 군인들은 공성 사다리로 성벽 위로 기어올랐다. 하지만 주민들은 완강하게 저항했고, 그들의 무기와 용기가 성벽보다 더욱 훌륭하게 도시를 방어하고 있다는 게 분명하게 보였다.

휘하 장병들이 위험하자 법무관은 퇴각 나팔을 불게 하여 절망적 분노로 광분하는 수비자들에게 무모한 공격을 가하다 약점을 노출시키는 일을 피했다. 전투가 중단되었음에도 수비자들은 쉬려고 하지 않았다. 그들은 황급히 사방으로 흩어져 황폐하게 허물어진 성벽을 세우고, 방어 시설에 생긴 균열을 틀어막았다. 그들이 이런 보수 작업에 열중하는 동안 법무관이 보낸 퀸투스 안토니우스가 현장에 나타났다.

그는 포카이아 인들에게 괜한 고집을 부리고 있다고 나무랐다. 또한 로마 인들이 주민인 그들보다도 더 도시가 완전 파괴될 때까지 전투를 벌여서는 안 된다는 걱정을 한다는 점을 알려주었다. 그는 주민들이 이렇게 광기를 보이는 걸 단념하면 이전에 가이우스 리비우스의 보호를 받을 때와 같은 조건으로 항복할 기회를 주겠다고 제안했다. 이를 들은 주민들은 5일 동안 숙고할 기간을 달라고 했다. 그러는 사이 그들은 안티오코스의 도움을 받을 수 있는지를 면밀히 살폈다. 하지만 왕에게 보낸 사절들이 지원을 받을 가망이 없다고 보고해 오자 그들은 로마 인들에게 자신들을 적으로 간주해서는 안 된다는 조건을 달고 성문을 열었다.

로마 군이 도시로 들어오자 법무관은 주민들이 항복했으니 처벌하지 않겠다고 선언했다. 그러나 장병들은 함성을 높이며 충실한 동맹이었던 때가 단 한 번도 없고, 늘 원수였던 포카이아 인들이 처벌받지 않는 건 수치이자 죄악이라고 항의했다. 이렇게 큰 소리를 치고 난 후에 그들은 마치 법무관이 명령이라도 한 것처럼 사방으로 달려가 도시를 약탈했다. 아이밀리우스는 처음엔 그들에게 도시는 항복 이후가 아닌 점령 이후에 약탈하는 것이며, 심지어 점령한 경우라도 약탈 결정은 병사들이 아니라 지휘관이 내리는 것이라고 하면서, 병사들의 약탈 행위를 금지시키고 귀대시키려 했다. 하지만 분노와 탐욕이 군율보다 훨씬 더 강했으므로 법무관은 전령을 도시로 보내 모든 자유민은 포룸에 있는 자신의 지휘단 앞에 집결하여 폭력적인 대우를 피하라고 지시했다. 법무관의 처벌 면제 약속은 그가 통제하는 모든 것에 대하여 그대로 적용되었다. 그는 포카이아 인들에게 도시, 땅, 법률을 돌려주었다. 이제 겨울이 코앞으로 다가왔기에 그는 포카이아 항구를 함대의 겨울 숙영지로 선택했다.

33. 거의 같은 시기에 집정관은 아이니아 인들과 마로니아 인들의 영토를 통과한 후에, 미오네소스에서 왕의 함대가 패배한 일과 왕의 주둔군이 리시마키아를 버리고 떠난 일을 보고받았다. 집정관에겐 해전의 승리보다는 후자의 일이 더욱 즐거운 것이었는데, 막상 그곳에 도착하고 보니 그 기쁨은 그야말로 특별했다. 그들은 도시를 포위 공격하면서 극단적인 결핍과 어려움을 겪을 거라고 예상했는데, 마치 로마 군이 올 것을 미리 알고 준비한 것처럼 온갖 보급품으로 가득한 도시의 환영을 받았으니 그런 즐거운 감정은 당연한 것이었다.

로마 군은 그곳에 진을 치고 며칠 동안 머물렀는데, 짐을 실은 대열과 질병과 오랜 행군으로 지쳐 트라키아 여러 마을에 남겨둔 부상병들이 따라올 시간 여유를 주기 위해서였었다. 그들이 이제 본대에 합류하자 로마 군은 케르소네소스를 통해 나아가 헬레스폰토스에 도착했다. 헬레스폰토스에서 도항 준비는 에우메네스 왕의 지시에 따라 이행되었고, 로마 군은 평화로운 상태의 해안으로 건너갔다. 저항도, 혼란도 없이 배는 여러 상륙 지점에 도착했다.

이런 업적은 로마 인들의 사기를 높였다. 치열한 싸움이 벌어질 것으로 예상했지만 아무런 일 없이 아시아로 건너왔기 때문이다. 이후 그들은 며칠 동안 헬레스폰토스에 진을 세운 채 대기했는데, 마침 성스러운 방패의 행렬이 진행되는 성스러운 행군 기간이었던 것이다. 해당 기간 동안 푸블리우스 스키피오는 군대를 떠나 있었다. 스키피오는 마르스의 사제[9]였으므로 그런 성스러운 행사 도중에 군무에 종사할 수는 없었던 것이다. 그래서 로마 군도 스키피오가 군대에 다시 합류할 때까지 행군이 지체되었다.

34. 그러는 사이 안티오코스의 사절로 비잔티움의 헤라클리데스가 로마 군 진지를 찾아와서 왕에게 지시 받은 대로 강화를 논의하려 했다. 왕은 강화 조약을 체결할 수 있다고 큰 기대를 걸었지만 로마 인들이 주저하며 움직이지 않아서 사절을 보냈다. 그는 로마 인들이 아시아로 건너오는 즉시 왕의 진지를 공격할 거라고 판단했었다. 그는

---

9 마르스의 사제의 원어는 salius이고 복수형은 salli이다. 3월이 되면 로마에서는 살리가 안킬리아(ancilia: 성스러운 방패)를 들고서 거리를 행진하면서 군무(軍舞) 의식을 거행하는데 이것은 마르스 신을 기쁘게 하면서 전투 시즌의 개시를 알리는 것이다. 로마 밖에 있던 마르스의 사제는 현재 위치에 한 달 동안 그대로 머물러 있어야 한다. 장군으로 해외에 나가 있던 스키피오는 불경한 행위를 피하려고 했다.

집정관이 아닌 푸블리우스 스키피오에게 먼저 접근하기로 했고, 사절에게도 그렇게 하라고 지시했다. 사절 또한 아프리카누스에게 무척 큰 기대를 걸었다. 스키피오는 타고난 아량도 있지만, 충분히 영광을 누려 특히 너그러운 유화책을 내놓을 것이고, 이외에도 그가 스페인과 이후 아프리카에서 어떤 스타일의 정복자였는지 온 세상이 다 알고 있었기 때문이다. 게다가 당시 아프리카누스의 아들은 안티오코스 왕에게 붙잡혀 전쟁 포로가 되어 있었다.

그의 아들이 붙잡힌 시간과 장소, 그리고 상황은 역사가들 사이에서도 의견 일치가 되지 않는 여러 문제들 중 하나이다. 어떤 이는 전쟁이 시작할 때 칼키스에서 오레오스로 항해하던 중 왕의 함대에 포위되어 붙잡혔다고 했고, 다른 이들은 아시아로 건너온 뒤 프레겔라이에서 온 기병 대대와 함께 왕의 진지를 정찰하다 상대하러 달려나온 적 기병대를 보고 후퇴하다가 혼란 속에서 낙마하여 기병 두 명과 함께 붙잡혀 왕에게로 끌려갔다고 기록했다. 하지만 일반적으로 다음과 같은 점은 의견이 일치되었다. 설사 로마 인들과의 평화가 유지되고, 왕과 스키피오 가문 사이에 사적으로 환대하는 관계가 있었다 하더라도, 스키피오의 아들은 그보다 더 극진한 대우와 정중한 접대는 받지 못했을 것이다.

이런 이유로 사절들은 푸블리우스 스키피오가 도착하길 기다렸다. 그가 도착하자 헤라클리데스는 집정관을 만나러 갔고, 그에게 전하는 말을 들어달라고 요청했다.

35. 로마 군의 참모 회의가 소집되었고, 왕의 사절은 발언 기회를 얻었다. 그는 전에 강화 협상을 하기 위해 많은 사절들이 파견된 사실을 언급했다. 그리고 그런 무수한 실패가 있었기에 이번에는 반드시 성공할 것으로 확신한다는 말도 했다. 그는 이전 여러 협상에서

논쟁의 핵심이 되었던 건 스미르나, 람프사코스, 알렉산드리아 트로아스와 유럽의 리시마키아였다고 지적했다. 또한 이런 도시들과 관련하여 안티오코스 왕은 이미 리시마키아에서 물러났으니 더 이상 왕이 유럽에 뭔가 소유하고 있다고 말할 수 없다고 주장했다. 그는 왕이 아시아의 도시를 넘겨줄 준비를 마쳤으며, 로마 인들이 왕의 영토 중 로마의 소유라며 권리를 주장하는 다른 도시들도 넘겨주겠다는 왕의 뜻도 전했다. 또한 왕은 로마 인들이 전쟁을 하느라 들인 비용의 절반을 부담하겠다고도 했다.

이것이 왕의 사절이 제시한 강화 조건이었다. 나머지 발언은 로마 인들이 인간다운 처사를 해야 한다는 간절한 호소였다. 로마 인들은 자신의 유리한 상황을 이용할 때 절제해야 하며, 다른 사람들의 상황을 처리할 때 가혹한 태도를 보이면 안 된다는 것이었다. 그는 로마 인들이 주장하는 영토는 유럽에 한정해야 하며, 이것만 가지고도 이미 광대한 땅이라는 것이었다. 또한 그는 로마 인들이 한꺼번에 모든 영토를 차지하기보다는 조금씩조금씩 얻어나가는 게 더 쉬울 거라고 말했다. 하지만 로마 인들이 아시아 일부도 소유하길 바라고 그 땅의 범위를 명확하게 규정한다면 왕은 그것도 받아들일 생각이었다. 세상의 평화와 화합을 위해 왕 자신의 자부심을 억누르고 로마 인들의 탐욕을 받아들일 뜻이 있다고 전했다.

안티오코스 왕의 사절은 강화를 얻기 위해 중대한 양보를 했다고 생각했지만, 로마 인들은 그 이야기를 대수롭지 않게 여겼다. 로마 인들은 전쟁 비용에 관해서 왕이 전액을 부담해야 맞는다고 생각했다. 이 전쟁을 유발한 건 오로지 왕의 책임이기 때문이었다. 그리고 로마 인들은 이오니아와 아이올리스에서만 왕이 주둔군을 퇴각시켜서는 안 된다고 주장했다. 그리스 전역이 해방된 것처럼 아시아의 도시들도 모두 자유롭게 해방되어야 한다는 것이었다. 그러니까 안티오코스가 타우로스 산맥 이 편에 있는 아시아 지역을 모두 포기해야 한다는 게 로마 인들의 뜻이었다.

36. 왕의 사절은 회의에서 공정한 대우를 받을 수 없다고 생각하여 왕의 지시에 따라 은밀히 푸블리우스 스키피오의 온정에 호소하고자 했다. 우선 사절은 왕이 몸값 없이 스키피오의 아들을 돌려주겠다고 보장했다는 말을 전했다. 스키피오의 강직한 성품과 로마 인의 선공후사 전통을 알지 못했던 사절은 스키피오에게 그의 직위 덕분에 강화에 성공하면 막대한 황금과 셀레우코스 왕국과의 동반자 관계를 약속하겠다고 말했다. 스키피오가 유일하게 얻지 못하는 건 왕족의 칭호밖에 없을 것이라고도 했다.

그러자 스키피오는 이렇게 답했다.

"그대가 전반적으로 로마 인에 대해서 잘 모르고 당신이 찾아온 나라는 사람에 대하여 무지하다는 것을 그리 놀랍게 여기지 않습니다. 그대가 그대를 보낸 사람의 상황에 대해 무지하다는 걸 내가 확인했기 때문입니다. 전쟁의 결과를 우려하는 적에게 강화 요청할 생각이었다면, 왕은 그 적이 케르소네소스로 건너오지 못하도록 리시마키아를 지키고 있었어야 했습니다. 그도 아니면 그 적이 아시아로 건너오지 못하게 헬레스폰토스에서 저항했어야 마땅합니다. 이제 우리는 그대들이 내준 길을 통해 아시아로 들어왔고, 우리의 고삐는 물론 멍에까지 그대들이 받아들인 상황에서 어떻게 동등한 입장에서 논의를 할 수 있겠습니까? 그대들은 이제 우리의 통치를 받아들여야만 하는 입장입니다.

왕께서는 대단히 후한 제안을 하셨고 저는 그중 가장 훌륭한 제안을 받아들이겠습니다. 내 아들에 관한 일 말입니다. 나머지 제안은 내 운명에서 절대 받아들일 수 없는 것들입니다. 내 영혼에 그런 제안들은 절대로 필요하지 않습니다. 왕께서 사적인 도움에 대해 사적인 감사를 바란다면, 훌륭한 선물에 대한 보답으로 나는 왕께 감사를 표시할 것입니다. 하지만 공적으로 나는 아무것도 왕께 받지 않을 것이고, 드릴 것도 전혀 없을 것입니다. 지금 이 순간 제가 왕께 드릴 수 있는 한 가지는 나의 솔직한 조언뿐입니다. 가서 내가 이런 말을 했다고 전하십시오. 전쟁을 중단하고, 어떠한 강화 조건도 다 받아들이라고 말입니다."

아프리카누스의 이런 조언은 왕의 마음을 전혀 바꾸어 놓지 못했다. 그는 지금 로마 인들에게 내놓은 강화 조건도 패배했을 때나 내어줄 만한 조건이라고 여겼기에 로마와 전쟁을 해도 잃을 게 별로 없는 도박이라고 생각했다. 따라서 현재로서는 강화 얘기는 전부 무시되었으며, 왕은 전쟁 준비에 집중했다.

37. 전쟁 계획의 준비가 완료되자 집정관은 기지에서 떠나 우선 다르다노스로 나아갔고, 이어 로이테움으로 갔다. 두 곳에서 주민들은 쏟아지듯 도시에서 나와 그를 영접하러 왔다. 그곳에서 그는 일리움으로 향했고, 성벽 아래에 있는 평지에다 진지를 세웠다. 다음으로 그는 도시로 가서 요새로 올라갔고, 요새의 보호신인 미네르바 여신에게 희생 의식을 올렸다. 일리움 인들은 로마 인들을 그들의 후손으로 예우했고, 언행 모두 로마 인들을 깎듯이 존중했다. 로마 인들도 그들의 트로이 혈통을 크게 기뻐했다.[10]

---

10 기원전 3세기에 이르러 로마와 트로이 사람 아이아네스와의 전설적 관계는 단단히 굳어졌다. 베르길리우스는 장편서사시 『아이네이스』에서 아이네아스가 로마 인들의 조상이라고 서술했다.

일리움을 떠난 로마 인들은 행군 엿새째에 카이코스 강 입구에 도착했다. 에우메네스 왕도 그곳에 도착했다. 그는 우선 그의 함대를 헬레스폰토스에서 자신의 월동 주둔지인 엘라이아로 돌려보내려고 했다. 하지만 그는 맞바람 때문에 렉톤 곶을 돌 수 없었고, 며칠 뒤에 그는 전쟁이 시작되는 시점에 현장에 있는 기회를 놓치지 않기 위해 가장 가까운 지점에 상륙했다. 이어 그는 서둘러 소규모 부대와 함께 로마 군 진지로 갔다. 진지에서 그는 보급품을 마련하고자 페르가몬으로 가게 되었다. 에우메네스는 집정관의 지시에 따라 곡물을 전달하고 다시 기지로 돌아왔다. 에우메네스의 계획은 며칠 분 식량을 마련하고 겨울이 닥치기 전에 그곳에서 적에게로 진군하는 것이었다.

안티오코스 왕의 진지는 티아티라 근처에 있었다. 푸블리우스 스키피오 아프리카누스가 몸이 좋지 않아 엘라이아로 갔다는 소식을 들은 안티오코스는 사절들에게 스키피오의 아들을 호위하게 하여 아버지에게 아들을 돌려보냈다. 이 조치는 아프리카누스를 기쁘게 하는 선물이었을 뿐만 아니라 그의 몸마저도 치유하는 기쁨이었다. 마침내 아들을 포옹하게 된 스키피오는 이렇게 말했다. "왕께 내가 깊이 사례한다는 말을 전해주시오. 하지만 내가 이런 사의를 표할 수 있는 유일한 방법은 내가 진지에 복귀했다는 소식을 들을 때까지 전투에 나서지 말라고 조언하는 것밖에 없소."[11]

안티오코스 왕의 병력은 6만 보병에 1만 2천 이상의 기병으로 구성되었다. 왕은 이런 대규모 병력에 고무되어 다가올 교전을 희망적

---

11 이것은 다소 기이한 조언이다. 스키피오가 자신이 로마 군의 진영에 돌아가면 야전군의 전투가 안티오코스에게 유리하게 전개될 수도 있다는 뜻을 내포하고 있기 때문이다. 아무튼 스키피오가 안티오코스 왕으로부터 아들을 속상금 없이 돌려받고 나서 기뻐했다는 사실은 그 후 스키피오에 대한 고발장의 중요한 내용으로 등장하게 된다.

인 관점에서 바라보았다. 그러나 엄청난 권위를 갖고 있는 스키피오 —전쟁의 불확실성을 고려했을 때 왕이 운명의 도움을 얻기 위해 상당한 희망을 걸었던 인물—의 조언은 왕에게 상당한 영향을 미쳤다. 그래서 왕은 후퇴하여 피르기오스 강을 건너 시필로스 산 근처의 마그네시아에 군 사령부를 설치했다.

시간을 벌고자 할 때 로마 인들이 그의 방어 시설을 공격하는 걸 방지하기 위해 그는 3km 깊이에 5m 너비인 도랑을 팠다. 도랑 주위엔 이중으로 방어벽이 세워졌다. 안쪽 가장자리에 그는 무수한 탑과 함께 벽을 세웠고, 그런 탑에서 적이 도랑을 건너는 걸 쉽게 저지할 수 있을 것이었다.

38. 티아티라 근처에 (안티오코스) 왕이 있을 거라고 판단한 집정관은 계속 진군했고, 닷새째에 히르카니아 평원에 도착했다. 왕이 이미 떠났다는 걸 알게 된 집정관은 피르기오스 강을 따라서 왕을 뒤쫓았고, 적으로부터 6km 떨어진 곳에 진을 쳤다. 그곳에서 약 1천 명의 기병—주로 갈라티아 인들에 다하이 인과 다른 부족의 마궁수들이 섞인 부대—이 무질서한 대형으로 강을 건너와 로마 군의 전초 기지들을 공격했다. 처음에 그들은 아직 전열을 형성하지 못한 로마 인들을 혼란에 빠뜨렸다. 하지만 잠시 뒤 전투가 길어지고 인근에 로마 군의 진지가 있어 증원이 쉬웠기에 로마 병사들의 숫자가 늘어났고 반면에 왕의 부대는 체력이 고갈되었다. 중과부적이어서 로마 인들의 많은 병사들을 당할 수 없게 되자 왕의 기병대는 강둑을 따라 물러나려 했다. 하지만 강을 건너기도 전에 그들 중 다수가 후방에서 압박한 로마 인들의 손에 죽었다.

이후 이틀 간 전투가 없었고, 어느 쪽도 강을 건너지 않았다. 하지만 셋째 날 로마 인들은 일제히 강을 건넜고, 적에게서 4km 떨어진 곳에 진을 쳤다. 로마 인들이 진지를 측정하고 방어 시설을 열심히 세우는 중에, 왕의 부대 중 약 3천 명의 정예 보병과 기병이 로마 군의 전초 기지 근처에 도착하여 엄청난 공포와 혼란을 안겨주었다. 전초 기지에 있던 로마 인들은 상대에 비해 현저히 숫자가 적었지만, 그럼에도 불구하고 진지 방어를 강화하던 다른 로마 군 부대를 부르지 않고 적에게 맞서서 비등하게 싸우기 시작했다. 나중에 전투가 격화되자 로마 군은 적을 밀어냈다. 그리하여 적은 1천 명이 죽고 1백 명 정도가 포로로 붙잡혔다. 이후 나흘 동안 양군은 전열을 형성하여 누벽 앞에 나와 언제든 교전할 준비를 갖추었다. 닷새째가 되자 로마 인들은 양군 사이에 있는 공간의 중간 지점까지 움직였지만, 안티오코스는 군대를 전혀 전진시키지 않았다. 그래서 안티오코스 부대의 후미는 누벽에서 채 300m도 떨어져 있지 않았다.

39. 집정관은 왕의 부대가 전투를 거부한다는 걸 알고서 다음날 작전 회의를 소집하여 안티오코스가 교전 기회를 주지 않으면 어떻게 대처해야 할 것인지 논의했다. 집정관은 겨울이 코앞으로 다가왔으니, 병사들을 막사에 계속 둘 것인지 혹은 월동 진지로 물러나서 전쟁을 다음 여름까지 연기할 것인지 결정해야 한다고 말했다.

어떠한 적도 로마 인들에게 이렇게 경멸을 받은 적이 없었다. 집정관이 당장 군대를 이끌고 나아가 장병들의 열의를 적극 활용해야 한다는 참모들의 외침이 사방에서 들렸다. 장병들은 지금 수많은 적을 상대로 전투하는 것이 아니라 수많은 가축들을 도륙하는 것으로 생각한다는 말도 했다. 병사들은 적이 전투에 나오지 않는다면 도랑과 방어벽을 넘어 적의 진지를 침공할 준비가 되어 있다는 것이었다. 그리하여 그나이우스 도미티우스를 파견하여 접근로를 정찰하고 적의 방어벽까지 갈 수 있는 지점을 알아보게 했다. 그가 돌아와 무척 상세한 정보를 보고하자 로마 군은 다음날 진지를 더 가까이 옮기기로 결정했다. 셋째 날 전투 대열이 형성되기 시작했다. 안티오코스는 회피 전술을 포기해야 한다고 판단했다. 전투를 거부하여 휘하 장병들의 사기는 떨어지는데 반대로 로마 군의 희망은 더욱 높아지고 있기 때문이었다. 따라서 그는 휘하 병력을 이끌고 진지 멀리까지 행군하여 로마 군에게 교전 의사를 밝혔다.

로마 군 전열에는 병사와 무기 측면에서 철저한 준비를 통해 하나의 표준 패턴이 확립되었다. 두 개의 로마 군단과 두 개의 라틴 지위 동맹 부대가 있었고, 각각은 5천 4백 명으로 구성되었다. 로마 인들은 중앙을, 라틴 인들은 양쪽 날개를 담당했다. 최전선엔 제1선이 있었고, 그 뒤엔 제2선, 후방엔 제3선이 있었다. 정규 전열이라 할 수 있는 이 대형 이외에, 집정관이 우익에 버티고 있었고, 로마 군단들과 동일한 중앙의 선상에 에우메네스의 예비 부대, 그리고 칼과 방패를 든 아카이아 병사들이 함께 섞여 있었다. 이 병력은 총 3천 명 정도였다. 그들 바로 뒤에다 집정관은 3천 명이 안 되는 기병을 배치했다. 기병대 중 8백 명은 에우메네스의 휘하였고, 나머지는 로마 기병이었다.

집정관은 우익 끝에 각각 5백 명 정도의 트랄레스 인과 크레타 인을 배치했다. 좌익은 이런 예비 부대의 보호가 필요한 것 같지 않았는데, 그쪽은 강둑이 가팔라서 전열의 배후를 침투당할 위험이 없었기 때문이다. 그럼에도 불구하고 집정관은 그곳에 네 개의 기병 대대를 배치했다. 이것이 전투에 투입된 로마 군 전체 병력이었다. 여기에 자원하여 따라온 2천 명의 마케도니아 인과 트라키아 인이 있었는데 그들은 뒤에 남아 진지를 지키기로 되었다. 로마 군은 코끼리 16마리를 제3선 뒤에 예비 병력으로 배치했다. 54마리나 되는 왕의 코끼리들에게 수적으로도 중과부적일 뿐만 아니라 아프리카 코끼리는 동수일 때도 인도코끼리의 맞상대가 되지 못했다. 인도코끼리는 덩치도 훨씬 크고 투지도 더욱 강렬했다(오늘날에 와서는 아프리카 코끼리가 훨씬 더 크다는 게 상식이지만, 당시 로마 인들이 활용하던 아프리카 코끼리는 숲코끼리로 인도코끼리보다 훨씬 덩치가 작았다).

40. 안티오코스 왕의 전열은 로마 군보다 더 다양했다. 많은 종족으로 구성되고, 각기 다른 부류의 장비와 예비 부대를 휘하에 거느리고 있었기 때문이었다. 마케도니아 식으로 무장한 팔랑기타이라 불리는 1만 보병은 중앙에 배치되었는데 이 전선은 10개의 영역으로 나뉘었다. 이 영역들은 일정한 간격을 두고서 벌어져 있었는데, 각 간격마다 두 마리의 코끼리가 배치되었다. 왕의 전투 대형은 최전선부터 최후방까지 32열의 깊이로 뻗어 있었다. 이 중앙군은 왕의 부대에서 주된 전력이었고, 전반적으로 무척 두려운 형상이었지만, 병사들 사이에 눈에 띄게 우뚝 서 있는 코끼리들 때문에 특히 두렵게 보였다. 이 코끼리들은 어마어마한 크기였다. 이마 부분을 장식하는 띠와 문장(紋章)은 그 짐승들을 더욱 인상적으로 보이게 했다. 코끼리들의 등엔 탑이 여러 개 설치되었는데, 각각의 탑에 네 명의 군인이 서 있었고, 또한 코끼리를 다루는 기수도 있었다.

팔랑기타이 오른쪽에 왕은 1천 5백 명의 갈라티아 보병을 배치했고, 그들 옆에 흉갑을 입은 카타프락티라는 3천 명의 기병 부대를 두었다. 이들에 더해 1천 명 정도 되는 아게마라고 하는 기병 부대가 있었는데, 엄선한 메디아 인들과 같은 지역에서 온 수많은 종족의 기병이 뒤섞인 혼성부대였다. 그들 바로 뒤엔 16마리의 코끼리가 예비 전력으로 배치되었다.

같은 쪽에 조금 더 나아간 측면에는 근위병들이 있었는데 그들이 갖춘 장비 특성으로 아르기라스피데스(은 방패)라 불렸다. 이어 다하이 마궁수들이 배치되었는데, 수는 1천 2백 명이었다. 이어 크레타 인과 트랄레스 인으로 구성된 3천 명의 경보병대가 2개 부대로 구성되었다. 그 인근에는 2천 5백 명의 티시아 궁수들이 있었다. 우익 맨 끝에는 키르티아 투석병, 엘리마이스 궁수가 뒤섞여 구성된 총 4천 병력의 부대가 배치되었다. 좌익에는 팔랑기타이와 접하는 곳에 1천 5백 갈라티아 보병과 2천 카파도키아 인들이 동일한 보병 장비를 갖추고 배치되었다. 이들은 아리아라테스가 안티오코스에게 보낸 병력이었다.

다음으로는 2천 7백 명의 다국적 예비 부대가 있었고, 3천 명의 카타프락티와 1천 명의 다른 왕실 출신의 기병대가 있었다. 이들은 기병과 말이 카타프락티보다 덜 보호되었지만, 다른 장비는 그들과 똑같았다. 이들은 거의 시리아 인이었고, 더러 프리기아 인과 리디아 인이 섞여 있었다. 이 기병대 앞에는 낫을 단 전차들과 드로메다리에스라 불리는 낙타들이 있었다. 이 낙타에 탄 아랍 궁수는 2m 길이의 가느다란 칼을 들고 있어서 높은 곳에서 적을 공격할 수 있었다. 이어 또 다른 우익과 같은 규모의 무리가 있었다. 먼저 타렌티니 인들이 있었고, 이어 2천 5백 명의 갈라티아 기병, 다음으로 1천 명의 네오크레타 인, 똑같은 장비를 갖춘 1천 5백 명의 카리아 인과 킬리키아 인, 1천 5백 명의 트랄레스 인, 그리고 4천 명의 칼과 방패를 든 병사들이 있었다(피시디아 인, 팜필리아 인, 리키아 인으로 구성되었다). 이어 키르티아 인과 엘리마이스 예비 부대가 같은 숫자로 우익에 배치되었고, 16마리의 코끼리가 그들과 약간 떨어진 곳에 배치되었다.

41. 안티오코스 왕은 전열의 우익에 버티고 있었다. 그는 아들 셀레우코스와 조카 안티파테르에게 좌익 지휘를 맡겼고, 중앙은 민니

오, 제욱시스, 코끼리 운용의 명수인 필리포스, 세 사람에게 지휘를 맡겼다.

햇빛이 강해지면서 아침 안개는 위로 올라가 구름을 형성했고 그리하여 시정(視程)은 별로 좋지 않았다. 안개로 인한 습기는 서풍의 힘을 업고서 가랑비처럼 모든 걸 적셨다. 이런 상태는 로마 인들에게 전혀 불리한 환경은 아니었지만, 왕의 병력에게는 아주 불편했다. 로마 인들은 적당한 간격을 두면서 전열을 전개했으므로 햇빛이 흐릿하다고 전투 대형의 모든 부분이 보이지 않는 일은 없었다. 로마 군 병사들은 거의 전부 중무장을 하고 있었기에 눅눅하다고 칼이나 창의 날이 무뎌질 일은 전혀 없었다.

반면에 왕의 군대는 심지어 중앙에서도 양쪽 날개가 보이지 않았고, 좌익과 우익의 끝이 서로를 계속 쳐다보는 건 불가능했다. 습기는 활시위와 슬링(투석 무기)을 무디게 했고, 이것은 투척 무기인 많은 창들도 마찬가지였다. 더욱이 안티오코스가 적 전열에 혼란을 일으킬 거로 기대했던 낫이 달린 전차들은 오히려 아군을 겁먹게 만들었다. 이 전차들의 무장 상태는 이러하다. 전차 기둥의 양쪽에는 날카로운 칼날이 있었는데, 멍에에서 1m 길이로 뿔처럼 튀어나왔고, 마주치는 대상은 무엇이든 관통했다. 멍에 각 끝에는 두 개의 낫이 돌출되어, 하나는 멍에와 같은 높이였고 다른 하나는 땅을 향해 아래를 가리켰다. 앞의 낫은 그쪽으로 오는 무엇이든 잘라냈고, 뒤의 낫은 쓰러져 전차 밑으로 깔린 자들을 베었다. 양쪽 끝의 바퀴 차축에도 비슷한 방식으로 두 개의 낫이 고정되었다. 하나는 차축과 같은 높이였고, 다른 하나는 아래를 가리켰다.

따라서 전열 끝이나 중앙에 이런 낫을 단 전차들이 배치되면 아군의 대열 사이를 달리며 아군을 다치게 할 위험이 있으므로 왕은 전차들을 앞서 말한 것처럼 전열 맨앞에 두었다. 에우메네스는 그런 위험스러운 상황을 전에 목격한 바 있었다. 그는 이런 부류의 전투와 이런 부류의 보조 무기가 양면성이 있다는 걸 잘 알았다. 그래서 그 낫 달린 전차로 상대방의 기병을 상대하려는 것이 아니라, 적 기병대의 말들에게 겁을 주어 혼란을 일으키려는 것이 주된 목적이었다. 따라서 그는 크레타 궁수들과 투석병, 그리고 투창병들에게 기병대 일부와 함께 서둘러 앞으로 나아가 최대한 산개한 대형으로 온 사방에서 일제히 전차들을 향해 무기를 쏘거나 던지게 했다.[12]

이런 갑작스러운 공격으로 말들은 지독히 겁을 먹었다. 사방에서 날아오는 무기에 맞아 상처도 났고, 귀에 거슬리는 함성도 들려왔기 때문이다. 그리하여 말들은 갑자기 온 사방으로 마구 내달렸는데, 마치 고삐에서 풀려난 야생마 같았다. 안티오코스 왕 부대의 경보병대, 무장 때문에 굼뜬 투석병, 그리고 발이 빠른 크레타 인들 등은 한쪽으로 벗어나면서 마구 뛰어다니는 말들을 간신히 피했다. 추격하는 로마 군 기병대는 말들의 혼란과 공포를 가중시켰고, 낙타 역시 마찬가지로 겁을 먹었다. 이 모든 혼란에 방관자 무리가 동시에 외치는 함성이 더해졌다. 이처럼 낫 달린 전차들은 양군 사이의 공간에서 밀려났다. 다소 우습기까지 한, 전차 끄는 말들의 모습이 사라지고 난 뒤 마침내 양군에서 신호가 내려져 본격적인 전면전이 시작됐다.

42. 하지만 이 우스꽝스러운 사건은 이내 진정한 참사의 원인이 되었다. 낫 달린 전차들에 가장 가까이 배치된 예비 부대들은 전차들

---

12 학자들은 리비우스의 원 텍스트 중 이 부분의 문장이 일부 빠졌다는 지적을 하고 있다. 학자들은 그 부분이 로마 군 기병 부대가 낫 달린 왕의 전차들을 격퇴했다, 라는 내용일 것으로 추측한다.

사이에 공황과 혼란이 발생하자 자신들도 겁을 먹고 등을 돌려 도망쳐 카타프락티까지의 전체 대형을 노출시켰다. 이제 지원 병력이 흩어진 카타프락티는 로마 군의 첫 공격도 버텨내지 못했다. 일부는 쏜살같이 도망치기도 했다. 다른 병사들은 갑옷과 무기의 부담을 이기지 못하고 그만 주저앉았다. 왕의 부대 좌익 전체가 뒤로 밀려나자 기병대와 팔랑기타이 사이에 있던 예비 부대들은 혼란에 빠졌고, 이런 공황은 왕의 군대 중앙까지 파급되었다.

대열은 엉망진창으로 바뀌고 마케도니아 인들이 그들 사이에 뛰어든 전우들 때문에 사리사이라 불리는 긴 창을 활용할 수 없게 되자 로마 군단들은 즉시 앞으로 나아가 무질서한 왕의 부대에 창을 던졌다. 사이사이 빈 공간에 배치된 안티오코스 왕 부대의 코끼리들조차 로마 군인들을 단념시킬 수 없었다. 로마 병사들은 이미 아프리카에서의 전투 경험으로 코끼리에 익숙했다. 그들은 코끼리가 돌격하면 피하고, 측면에서 창을 던져 공격하고, 접근할 수 있는 상황이 오면 칼로 코끼리의 오금 줄을 끊어야 한다는 걸 잘 알았다.

이제 정면 공격으로 안티오코스 부대의 중앙은 거의 전부 무너졌으며, 예비 부대는 측면이 돌파당해 후방으로부터 협공을 당했다. 이때 로마 군 병사들은 전장의 다른 부분에서 동료 병사들이 도망치는 걸 알게 되었고, 또 진지가 공황에 빠져 외쳐대는 소리를 들었다. 이때 벌어진 일은 이러했다. 우익에 있던 안티오코스는 로마 인들이 강에 의지하여 기병대 네 부대를 제외하곤 예비 부대를 두지 않았고, 이들이 전우들과 계속 연락을 취하면서 오른쪽 강둑을 허술하게 놔두었다는 걸 발견했다. 따라서 그는 자신의 예비 부대들과 카타프락티로 그 쪽의 로마 기병대를 공격했다. 그는 정면에서만 공격한 게 아니라 강 쪽에서도 기병대의 측면을 포위했으며, 그쪽에서 계속 강한 압박을 가했다. 결국 로마 군 기병대가 먼저 도망쳤고, 이어 보병대가 앞뒤도 살피지 않고 로마 군 진지로 도망쳤다.

43. 로마 군 진지의 지휘관은 천인대장 마르쿠스 아이밀리우스로서, 몇 년 뒤에 폰티펙스 막시무스(대사제)가 되는 마르쿠스 레피두스의 아들이었다. 그는 전우들이 전장에서 도망쳐 오는 모습을 보고 수비병 전원과 함께 그들을 맞이하며 우선 걸음을 멈추게 하고 다시 전투에 복귀하라고 지시했다. 그는 병사들이 공황에 빠져 수치스럽게 도망친 걸 책망했다. 이어 그는 자신의 말을 따르지 않으면 그들이 맹목적으로 죽음의 길로 뛰어든 것이라고 경고하면서 위협했다. 마침내 그는 휘하 병사들에게 앞에 있는 도망병들부터 죽이라고 지시했다.

이런 로마 군 독전대의 공격 때문에 뒤에서 도망치던 병사들은 다시 발걸음을 돌려 왕의 부대와 맞서게 되었다. 더 큰 공포로 더 작은 공포가 극복되었고, 로마 군과 왕의 부대 양쪽에서 가해지는 위협에 도망치던 병사들은 우선 발걸음을 멈추었다가 곧바로 다시 전장으로 복귀했다. 진지를 지키던 아이밀리우스는 휘하 용맹한 수비병 2천 명과 함께 무질서하게 추격해오는 왕의 부대의 공격을 용맹하게 버텨냈다. 그러는 사이 첫 공격으로 왕의 부대의 좌익을 패주시키고서 우익에 있던 에우메네스의 동생 아탈로스는 로마 군 좌익 부대가 도망치고 진지 주변에 혼란이 일어난 걸 발견하고서, 도움을 주기 위해 2백 명의 기병과 함께 진지에 도착했다.

안티오코스는 그가 막 패주시킨 로마 군 병사들이 다시 싸움터로 돌아오고, 또 다른 로마 군 무리가 로마 군 진지에서 쏟아져 나오면서 공격해 오고, 싸움터의 전열에서 또 다른 병력이 자신을 향해 다가오는 걸 보자, 말을 돌려 도망쳤다. 이렇게 하여 로마 인들은 양쪽 날개에서 승리를 거뒀고, 이어 적의 진지를 약탈하기 위해 자신들이 쌓아 올린 적의 시체 더미를 넘어 나아갔다. 왕의 부대는 특히 중앙에서 많이 전사했는데, 적병들 중에서 가장 용맹한 자들이 저항하기도 했고 무장이 무거워 도망치는 게 여의치 않았기 때문이었다. 로마 군 기병대는 에우메네스의 기병대가 선두에 서고 나머지가 따르는 가운데 들판 구석구석 적을 추격했고, 따라잡은 가장 뒤쪽의 적 병사들을 무자비하게 공격하여 죽였다.

하지만 도망자들에게 참사가 벌어진 더 큰 이유는 그들이 낫을 단 전차, 코끼리, 낙타, 무질서한 아군과 뒤섞였기 때문이었다. 적병들은 무너진 대열에서 맹인처럼 다른 자들 위로 쓰러지거나, 돌진하는 짐승들에 의해 짓밟혔다. 왕의 부대 진지에서는 전장보다 더욱 참혹한 살육이 벌어졌다. 가장 먼저 도망친 부대들이 급하게 도망치며 거의 진지에 도착하자 진지 주둔군은 이들의 가세로 더욱 완강하게 방어벽을 지키며 로마 군을 상대로 싸울 수 있다고 생각했다. 그리하여 첫 공격에 방어 시설을 점령할 수 있다고 생각했던 로마 군은 진지 문과 방어벽에서 잠시 저지되었다. 그러나 마침내 진지로 밀고 들어간 로마 병사들은 분노에 휩싸인 채로 더욱 잔혹하게 살육을 벌였다.

44. 이 전투에서 5만 명에 이르는 적 보병과 3천 명의 적 기병이 전사했다고 한다. 1천 4백 명이 포로로 붙잡혔고, 15마리의 코끼리는 기수와 함께 생포되었다. 로마 군에서도 부상병이 많았다. 전사자는 보병은 3백 명이 되지 않았고, 기병은 24명, 에우메네스의 군대에선 25명이었다.

같은 날 로마 군 승자들은 적의 진지를 약탈하고 대량의 전리품을 챙겨서 진지로 돌아왔다. 다음날 그들은 전사자의 시신을 약탈하고 포로들을 결집시켰다. 티아티라와 시필로스 산 근처 마그네시아에선 사절들이 와서 도시를 넘기겠다는 의사를 전했다. 안티오코스는 소수의 부하들과 함께 도망쳤다. 도망치는 중에 더 많은 병사들이 그에게 합류했고, 이런 많지 않은 병력과 함께 자정 부근에 사르디스에 도착했다. 하지만 아들 셀레우코스와 그의 친우 몇 사람이 아파메아로 갔다는 소식을 듣고 그는 제4경(새벽 3시에서 6시 사이) 정도가 되자 아내와 딸을 데리고 사르디스를 떠나 그곳으로 갔다. 사르디스는 크세노가 관리하게 되었고, 티몬은 리디아를 책임지게 되었다. 하지만 그들은 경멸의 대상이 되었으며, 시민들과 요새 군인들의 동의 아래 사절들이 로마 집정관을 만나러 떠났다.

45. 같은 시기에 트랄레스, 미안데르의 마그네시아, 에페소스 등지에서 사절단이 와서 항복 의사를 밝혔다. 폴리크세니다스는 전투 결과를 듣고 에페소스를 포기했고, 함대와 함께 리키아의 파타라까지 나아갔다. 그는 그곳에서 메기스테를 지키는 로도스 선박들을 두려워하여 소수의 병사들과 함께 상륙하여 육로로 시리아로 나아갔다. 아시아 도시들은 집정관의 보호 아래 로마 인들의 통치를 받게 되었다. 이때 집정관은 사르디스에 있었다. 푸블리우스 스키피오는 험난한 여정의 어려움을 견딜 수 있을 정도로 건강을 회복하자 즉시 엘라이아에서 사르디스로 왔다.

이즈음 안티오코스가 보낸 사자가 푸블리우스 스키피오를 중재자로 삼아 왕의 사절을 보내도 되겠냐고 물어왔고, 곧 허락을 얻었다. 며칠 뒤 리키아 전 총독 제욱시스와 왕의 조카 안티파테르가 도착했다. 그들은 먼저 에우메네스와 회담을 했는데, 그들은 과거에 있었던 충돌로 에우메네스가 안티오코스 왕이 로마와 강화를 맺는 걸 반대할 거로 여겼다. 하지만 에우메네스가 그들이나 왕이 예측했던 것보다 훨씬 유화적인 모습을 보이자 왕의 사절들은 푸블리우스 스키피오에게 접근했고, 그의 도움을 받아 집정관에게 갔다. 그들은 전체 회의를 열어서 왕의 지시를 밝히고 싶다는 요청을 해왔고 그것은 승낙되었다. 연설에 나선 제욱시스는 이렇게 말했다.

“우리가 자신을 위해 할 수 있는 말은 그리 많지 않습니다. 그보다는 왕의 잘못을 속죄하고 승자들로부터 평화와 사면을 얻고자 우리가 할 수 있는 보상을 묻는 게 나을 것입니다. 로마 인들은 커다란 아량으로 늘 정복된 왕들과 민족들을 용서했습니다. 이제 로마 인들은 세상의 주인이 되는 승리를 얻었습니다. 얼마나 큰 아량으로 승자의 행동을 억제하고, 얼마나 기꺼이 화해의 정신을 승자로서 보여줄 것인지요! 로마 인들은 이제 사람과의 다툼은 멀리해야 합니다. 마치 신들처럼 로마 인들은 온 세상 민족을 향하여 관용과 배려를 보여주어야 합니다.”

이에 대한 답은 사절들이 도착하기도 전에 결정되었다. 답은 아프리카누스가 하기로 합의되었다. 그는 다음과 같은 취지로 말했다.

“불멸의 신들께서 부여하실 수 있는 여러 물건들 중에, 우리 로마 인들은 신들께서 직접 주신 것들만 지니고 있소. 하지만 우리의 정신은 우리의 의지에 속하는 것이오. 우리는 온갖 흥망성쇠 속에서도 그런 정신을 바꾼 적이 없고, 여전히 바뀌지 않은 채로 지니고 있소. 성공했다고 그런 정신이 칭송된 적도 없고, 역경을 겪었다고 그런 정신이 저하된 적도 없소. 이런 로마 인의 강건한 정신을 목격한 사람들은 많습니다. 하지만 그 증인들을 모두 건너뛰고, 나 역시 그런 증인들 중 한 사람으로서 그대들의 친우인 한니발을 내세울 수 있소. 이젠 그대들도 증인이라 할 수 있을 것 같지만 말이오.

우리가 헬레스폰토스로 건너간 뒤 왕의 진지를 보고 그의 전열을 보기 전에, 즉 마르스 군신께서 여전히 중립적이고, 전쟁의 승패가 결정되지 않았을 때에 그대들은 강화를 제안했소. 우리는 그대들을 우리와 동등하다고 여기고 조건을 제시했소. 그리고 이제 우리는 승자로서 패자에게 같은 조건을 제안하고자 하오. 유럽에서 물러나시오. 타우로스 산맥 이쪽 편에 있는 아시아 지역에서도 물러나시오. 그리고 전쟁 배상금으로 1만 5천 에우보이아 탈렌트를 지급하시오. 지금 5백 탈렌트를 지급하고, 원로원과 로마 인들이 강화를 승인했을 때 2천 5백 탈렌트를 지급하고, 이후 매년 12년에 걸쳐 1천 탈렌트를 지급하시오.

에우메네스 역시 보상을 받아야 하오. 우리는 그에게 4백 탈렌트와 그의 아버지에게 신세를 진 곡물 나머지를 주기로 했소. 우리가 이런 조건에 합의하면 그대들도 협상에서 그대들의 몫을 해주어야 하오. 이런 협상 조건을 보장하고자 우리가 선택한 20명을 인질로 보내도록 하시오. 하지만 한니발이 어디에 있는지 모르고 로마 인들이 평화를 확신할 수는 없소. 우리는 무엇보다 우리에게 한니발을 넘겨주길 요구하겠소. 그대들은 또한 아이톨리아 인 토아스를 넘겨주어야 할 것이오. 그는 아이톨리아 전쟁의 주동자이며, 그대들과 아이톨리아 인들이 우리에 대항하여 무기를 들게 사주한 자였소. 그는 또한 그대들에게 아이톨리아 인들에 대하여 엉뚱한 확신을 갖게 하고, 아이톨리아 인들 또한 그대들에게 근거 없는 확신을 가지게 했소. 그와 함께 그대들은 아카르나니아의 므나실로코스, 그리고 칼키스의 필로와 에우부리다스도 우리 로마에 넘기도록 하시오.

왕은 이제 전보다 더 나쁜 강화 조건을 받아들여야 할 것인데, 전에 강화를 맺을 수 있을 때 그렇게 하지 않고 한참 뒤에 강화를 요청해 왔기에 이렇게 된 것이오. 이제 왕이 협상을 미루려 한다면 이 한 가지 사실은 분명히 깨닫기 바라오. 왕의 존엄은 가장 높은 꼭대기에서 가장 낮은 밑바닥으로 한 번에 추락하는 것이 더 낫지, 맨 꼭대기에서 중간 지점까지 어정쩡하게 끌어내리는 건 더 어렵다는 것을 말이오."[13]

사절들은 왕에게서 로마 군이 내놓는 어떠한 강화 조건도 받아들이라는 지시를 받고 왔다. 따라서 강화를 요청하는 사절단을 로마로 보내기로 결정되었다. 집정관은 휘하 병력을 나눠 미안데르의 마그네시아, 트랄레스, 에페소스에 있는 월동 진지로 보냈다. 며칠 뒤 에페소스에 있는 집정관에게 왕이 보낸 인질들이 도착했고, 로마로 갈 사절들도 도착했다. 에우메네스 역시 같은 시기에 왕의 사절들과 함께 로마로 떠났다. 아시아의 민족들도 이들에 뒤이어 각자 사절단을 보냈다.

* * *

48. [기원전 189년] 역사가 발레리우스 안티아스는 마르쿠스 풀비우스 노빌리오르와 그나이우스 만리우스 볼소가 집정관을 맡던 시기 로마에 소문 하나가 널리 돌아다니면서 거의 사실로 인정되었다고 기록했다.

소문의 내용은 이러하다.

"집정관 루키우스 스키피오는 푸블리우스 아프리카누스와 함께 안티오코스 왕과의 회담에 초대되었고, 회담 목적은 왕에게 전쟁 포

---

13 율리우스 카이사르의 격언을 약간 변형하여 사용하고 있다. 수에토니우스의 『황제 열전』 중 카이사르 편 29장 1절에는 이런 말이 나온다. "카이사르는 종종 이런 말을 했다고 전해진다. '나는 현재 공화국의 1인자이므로, 나를 1등에서 2등으로 밀어내려는 것은 2등에서 꼴등으로 밀어내는 것보다 훨씬 더 어려워.'"

로로 잡힌 아프리카누스의 아들을 돌려주기 위한 것이었다. 이 자리에서 두 장군은 체포되었고, 그 후 안티오코스 왕의 군대가 로마 진지를 공격하여 점령했고, 로마 군 전체가 몰살되었다. 그 결과 아이톨리아 인들은 용기를 내어 로마 군의 명령을 따르길 거부했고, 그들의 지도자들은 용병 부대를 고용하기 위해 마케도니아, 다르다니아, 트라키아로 떠났다. 법무관 대리 아울루스 코르넬리우스는 이 문제를 로마에 보고하고자 아울루스 테렌티우스와 마르쿠스 클라우디우스 레피두스를 로마에 파견했다."

안티아스는 이런 허구적인 이야기에 더해 이런 얘기도 하고 있다.

원로원은 아이톨리아 사절단에게 물었다. "두 로마 장군이 아시아의 안티오코스 왕에게 붙잡히고 그 후 로마 군이 전멸했다는 정보를 어디서 들었는가?" 사절은 대답했다. "집정관과 함께 있던 아이톨리아의 대표들에게서 그 이야기를 들었다."

나(리비우스)는 이런 소문의 존재에 대해 다룬 권위 있는 역사가는 알지 못한다. 그런 이유로 나는 이것을 진실한 사건의 기록으로 받아들이지 않을 것이다. 하지만 그럼에도 불구하고 이를 근거 없는 이야기로 일축해서도 안 될 것이다.

49. 아이톨리아 사절단이 원로원에 들어왔을 때 그들은 자국의 이익과 상황을 객관적으로 살펴보면 스스로 잘못이나 실수를 인정하여 용서를 비는 게 맞았다. 하지만 그들은 그렇게 하지 않고 로마 인들에게 자신들이 준 도움을 자세히 말하기 시작했다. 그들은 거의 비난하듯 필리포스와의 전쟁 때 그들이 해준 용맹한 행동에 관해 말했다. 게다가 그 말하는 어조도 오만하여 듣는 이들의 귀를 거슬리게 했다.

또한 그들은 기억에서 사라진 지 오래된 옛 역사와 사건들을 굳이 언급하면서, 원로원 의원들에게 아이톨리아 인들의 도움보다는 그보다 훨씬 빈번한 그들의 비행을 계속 연상시켰고, 그리하여 정작 자비가 필요한 시점에 의원들의 분노만 살 뿐이었다.

한 원로원 의원은 그들에게 아이톨리아의 처분을 로마 인들의 재량에 맡겨야 한다는 결정을 받아들일 것인지, 또 로마 인들과 우방과 적을 공유할 준비가 되었는지를 물었다. 그들이 이 질문에 대답하지 않자 그렇다면 신전[14]을 떠나라는 지시를 받았다.

이후 원로원에선 의원들이 거의 한 목소리로 아이톨리아 인들이 여전히 안티오코스의 편을 들고 있으며, 그들의 태도가 안티오코스에게 기대를 걸고 있는 게 분명하다고 외쳤다. 원로원은 아이톨리아 인들이 분명 로마의 적이라고 판단했다. 의원들은 아이톨리아 인들과의 전쟁이 계속되어야 하며, 그들의 호전적인 태도를 철저히 무너뜨려야 한다고 주장했다.

이런 로마 인들의 분노는 그들의 사절이 로마 인들에게 평화를 요청하는 동안 아이톨리아가 돌로피아와 아타마니아를 침공했다는 소식이 전해지자 더욱 격화되었다. 안티오코스와 아이톨리아 인들을 정복했던 마르쿠스 아킬리우스의 제안에 따라 원로원은 아이톨리아 사절들이 당일 로마 시를 떠나서 15일 안에 이탈리아를 떠나라고 명령했다. 아울루스 테렌티우스 바로가 귀국하는 아이톨리아 사절단을 보호하러 파견되었고, 원로원은 이후 아이톨리아 인들이 로마로 사절단을 보내게 되면 아이톨리아 지역에서 지휘를 맡은 로마 장군의

14 앞에서 원로원에 들어왔다고 했는데 갑자기 신전 얘기가 나와서 혼동을 일으키는데, 이 신전은 벨로나의 신전이었을 것이다. 원로원은 종종 이 신전에서 외국 사절단을 맞이했다.

허락이 없거나 로마 대표를 동반하지 않는 경우에, 전원 적으로 간주하라고 명령했다. 이렇게 하여 아이톨리아 인들은 물러가게 되었다.

* * *

52. 이 일이 있고 얼마 지나지 않아 루키우스 스키피오의 부관인 마르쿠스 아우렐리우스 코타가 로마에 안티오코스 왕의 사절단과 함께 도착했다. 에우메네스 왕과 로도스 인들 역시 로마로 왔다. 코타는 아시아에서 벌어진 일에 관해 먼저 원로원에 보고하고 이후 원로원 명령에 따라 시민들에게도 설명했다. 그리하여 사흘 동안 공공 감사제를 치르기로 결정되었고, 원로원의 포고에 따라 40마리의 덩치 큰 제물이 희생 의식에서 바쳐질 것이었다.

사절들 중에서 가장 먼저 에우메네스가 원로원에서 발언 기회를 갖게 되었다. 그는 자신과 동생을 포위에서 벗어나게 하고, 안티오코스의 공격으로부터 자신의 왕국을 구해준 일에 관해 원로원에 감사를 표시했다. 그는 로마 인들이 육지와 바다에서 치른 전투에서 큰 성과를 거둔 것을 축하했다. 또한 로마 군 덕분에 안티오코스가 패배하여 도망치고, 진지에서 밀려나고, 차례로 유럽, 아시아, 그리고 타우로스 산맥 이쪽에서 시리아 쪽으로 쫓겨났다고도 했다. 그는 이어 자신이 어떻게 로마 인들을 도왔는지는 자기 입보다는 로마 지휘관들과 그들의 부하들을 통해 듣기를 바란다고 했다.

원로원 의원들은 모두 왕의 발언에 갈채를 보냈고, 왕의 업적에 대해선 겸양하지 않아도 좋다고 말했다. 또한 의원들은 왕에게 원로원과 로마 인들에게 정당하게 받아야 한다고 생각하는 것을 말해보라고 권유했다. 원로원은 그의 요청을 들어줄 것이고, 가능하다면 그의 공적에 상응하도록 흔쾌히 후한 조치를 내리겠다고 했다. 이에 왕은 로마 인들이 아닌 다른 민족이 그에게 보상을 선택하라고 했다면 자신은 로마 원로원과 상의할 기회가 주어지는 것만으로도 기뻐했을 것이며 세상에서 가장 위엄 있는 원로원의 조언을 잘 활용하여, 과도한 보상의 욕심을 보이거나 혹은 그 욕심을 지나치게 자제하는 일이 없도록 대응했을 것이라고 대답했다. 그는 하지만 자신에게 선물을 주려고 하는 상대가 로마 인들이니까 자신과 동생들에게 얼마나 후한 보상을 내릴 지 판단하는 건 로마 인들의 재량에 맡기는 게 더 적합하다고 말했다.

이런 발언을 들었음에도 불구하고 의원들은 계속하여 왕에게 속 생각을 솔직히 말해도 좋다고 계속 권했다. 한동안 한쪽은 관대한 태도로, 다른 쪽은 겸손한 태도로 서로 사양하는 모습을 보였다. 양측은 상대에게 판단을 정중히 미루려 애썼고, 어느 쪽도 그런 뜻을 접으려 하지 않았다. 결국 에우메네스는 신전에서 물러나왔다. 원로원은 왕이 자신이 바라고 기대하는 바를 생각하지 않은 채 로마로 왔을 리가 없다는 주장을 굽히지 않았다. 자신의 왕국에 득이 되는 걸 가장 잘 아는 사람이 왕이며, 아시아에 관한 지식은 원로원보다 그가 훨씬 더 잘 안다는 것이었다. 따라서 왕은 다시 불려와 자신의 소망과 의견을 말할 수밖에 없었다.

53. 왕은 법무관에 의해 신전으로 돌아와 발언하라는 지시를 받았고, 이에 다음처럼 말하기 시작했다.

"원로원 의원들이여, 나는 여러분이 곧 로도스 사절단을 부를 것이기에 그들의 이야기를 들은 뒤 나 역시 의견을 낼 필요가 있을 것이라는 말을 들었습니다. 이를 몰랐더라면 나는 계속 침묵을 지켰을 것입니다. 로도스 인들은 나의 이익에 반하는 걸 요구하지도 않을 뿐더려, 그들의 이익에 영향을 미치는 어떠한 것도 요구하지 않을 것입니다. 그들은 그리스 도시들을 옹호할 것이고, 그 도시들이 해방되어야 한다고 할 것입니다. 그들의 주장이 관철된다면 해방될 그리스 도시들은 우리 왕국에서 벗어날 것이며, 옛부터 바쳐온 공물 역시 사라질 것이 명백합니다. 그런 도시들은 로도스 인들에게 명목상 동맹이겠지만, 큰 은혜를 입은 덕에 그들에게 도의감을 느끼게 될 겁니다. 사실상 로도스 인들의 지배를 받고, 그들에게 의존하게 된다는 뜻입니다. 분명 그들은 이런 부류의 권력을 목표로 삼으면서도 아무런 사심이 없는 것처럼 가장할 겁니다! 그들은 의원 여러분에게 그렇게 하는 게 올바른 일이며, 과거에 보여준 행동과도 일치되는 방침이라고 할 것입니다. 여러분은 그런 주장에 속지 않도록 경계심을 늦추지 않아야 합니다. 여러분은 동맹 일부를 과도하고 부당하게 억압하는 한편, 다른 일부는 터무니없이 칭송하지 않도록 주의해야 합니다. 더욱 주의해야 할 것은 여러분에게 대항하여 싸웠던 자들이 동맹과 우방보다 더 나은 대접을 받지 않도록 해야 한다는 것입니다!

내게 권한이 있는 문제라면 정당한 권리를 지나치게 주장하며 다투기보다 다른 이에게 양보하고자 하고, 나로서도 그걸 더 선호합니다. 하지만 로마 인들과의 우호 관계, 로마 인들을 향한 선의, 로마 인들에게 표하는 경의를 겨루는 문제라면 나는 절대 선선히 질 수 없습니다. 로마 인들과의 우호 관계는 선왕께 물려받은 가장 훌륭한 유산입니다. 선왕께서는 아시아와 그리스 주민들 중 가장 먼저 로마와 우호 관계를 수립했고, 숨을 거두는 날까지 확고부동하게 그 관계를 온전히 유지해왔습니다. 선왕께서는 로마 인들에게 충성과 선의만 유지하는 것에 그치지 않았습니다. 로마 인들이 그리스에서 수행한 모든 전쟁에 참여하여 육군과 해군을 동원하여 여러분을 돕고, 다른 동맹들의 추종을 불허할 정도의 규모로 온갖 보급품을 적기에 공급했습니다. 마지막으로 선왕께선 보이오티아 인들에게 로마 인들과 동맹을 맺으라고 촉구하는 연설을 하는 도중에 쓰러져 얼마 지나지 않아 돌아가셨습니다. 나는 선왕의 발자국을 따라왔습니다. 하지만 로마 인들과 우호 관계를 구축하는 데 있어 선왕이 보인 열정과 선의는 너무나 엄청나서 저는 그 이상을 추가하지 못했습니다. 실제로 도저히 선왕을 따라갈 수 없었습니다. 그러나 여러분을 향한 충성을 실용적으로 표현하고, 실질적인 도움을 전하고, 임무를 수행하면서 노력을 들이는 면에서 나는 선왕을 추월할 수 있었는데, 이렇게 된 것은 운명, 상황, 안티오코스, 아시아에서 벌어진 전쟁 등이 제게 기회를 주었기 때문입니다.

아시아와 일부 유럽의 왕인 안티오코스는 내게 딸을 시집보내겠다고 했습니다. 또한 우리 왕국에서 이탈한 도시들을 즉시 돌려주겠다는 말도 했습니다. 그는 대(對) 로마 전쟁에 내가 합류하면 우리 왕국이 장차 크게 확장할 수 있을 거라고 장담하기도 했습니다. 나는 여러분에게 내가 어떠한 죄도 짓지 않았음을 자랑하려는 게 아닙니다. 오히려 우리 왕가와 로마 인들 사이에 유지된 지극히 오래된 우호 관계에 어울리는 행동을 언급하려 합니다. 나는 육군과 해군으로 로마 지휘관들을 도왔고, 그 규모는 다른 어떠한 동맹도 따라오지 못할 정도로 엄청났습니다. 나는 육지와 바다로 보급품을 제공했습니다. 무수히 다른 장소에서 벌어진 해전에서도 제 역할을 다했습니다. 어떠한 곤경이나 위험에서도 몸을 아끼지 않았습니다.

전쟁을 치르며 가장 비참한 운명은 포위를 당하는 것입니다. 페르가몬에 갇힌 나는 목숨과 왕국이 극도로 위험한 상황을 겪었습니다. 이어 포위에서 벗어난 뒤 왕국 요새 주위에 안티오코스가 한쪽에, 셀레우코스가 다른 쪽에 진지를 세웠을 때 나는 스스로 이득을 포기하고 전 함대를 이끌고 헬레스폰토스에서 루키우스 스키피오 부대와 합류했고, 그를 도와 로마 군단들이 바다를 건너도록 도왔습니다. 로마 군이 아시아로 건너온 뒤 내가 집정관 곁을 떠나는 일은 없었습니다. 나와 동생들만큼 로마 군 진지에 계속 머무르던 로마 군인이 없을 정도였습니다. 나는 기습, 기병전이라면 어디에도 빠지지 않고 나섰습니다. 나는 항상 전투 대열 한가운데에 있었고, 집정관이 지키길 바라는 곳을 충실히 지켜냈습니다.

원로원 의원들이여, 나는 이 전쟁에서 로마 인들을 위해 나만큼 도움을 준 이가 어디 있겠느냐고 묻는 게 아닙니다. 나는 여러분이 큰 경의를 표시하는 다른 사람, 민족, 왕과 나 자신을 비교할 정도로 뻔뻔하지 않습니다. 마시니사는 여러분의 동맹이기 이전에 적이었습니다.[15] 증원군으로서 휘하 병력을 이끌고 로마 군에 합류했을 때 그의 왕국은 온전하지 않았습니다. 당시 그는 조국에서 추방당한 상태였고, 모든 병력을 잃었으며, 기병대를 이끌고 로마 군의 진지에 대피했습니다. 그럼에도 불구하고 아프리카에서 시팍스와 카르타고 인들을 상대로 로마 군을 충실하고 활기차게 도왔다는 이유로 그에게 선조로부터 내려온 왕국을 돌려주었을 뿐만 아니라 시팍스의 왕국 중 가장 부유한 지역까지 추가로 내줬습니다. 그가 아프리카의 여러 국왕 중에 가장 지배적인 국력을 자랑하게 된 건 순전히 로마 인들 덕

15 폴리비오스의 『역사』 21권 21장에 의하면 에우메네스는 로마로부터 우대를 받은 왕으로 두 사람을 들었는데 하나는 마시니사이고 다른 하나는 일리리아의 왕 플레우라토스였다. 리비우스는 마시니사에게 집중하기 위하여 플레우라토스에 대한 언급은 하지 않았다. 마시니사는 포에니 전쟁을 다룬 리비우스 『로마사』 21-30권에서 특히 후반부로 가면 중요한 인물로 다루어져 있다.

분이었습니다. 그렇다면 우리는 여러분에게서 어떤 명예와 보상을 받아야겠습니까? 우리는 단 한 번도 로마의 적인 때가 없었고, 늘 동맹이었습니다. 선왕과 나, 그리고 동생들은 로마를 위해 무기를 들었고, 필리포스, 안티오코스, 아이톨리아 인들을 상대로 한 전쟁에서 육지와 바다를 가리지 않은 건 물론 아시아뿐만 아니라 조국에서 멀리 떨어진 펠로폰네소스, 보이오티아, 아이톨리아에서 싸웠습니다.

그래서 누군가는 내가 무엇을 원하는 것인가, 하고 물을 것입니다. 원로원 의원들이여, 여러분이 내 대답을 바라는 것 같으니 나는 그에 따를 수밖에 없습니다. 내가 말하고자 하는 바는 이렇습니다. 여러분이 안티오코스를 타우로스 산맥 저편의 시리아로 밀어낸 것이 그 땅을 스스로 통치하기 위한 것이라면, 내 왕국의 이웃으로 로마 인들보다 나은 이들이 어디 있겠습니까? 그렇게 된다면 내 왕국이 그보다 안전하고 안정적인 상황은 감히 상상하기도 어렵습니다. 하지만 그곳에서 떠나 군대를 물리려는 게 여러분의 의도라면 감히 말하건대 전쟁에서 여러분이 얻은 곳을 소유하기에 어울리는 동맹은 우리 페르가몬 왕국밖에 없습니다. 하지만 여러분은 예속된 나라들을 해방시키는 게 고귀한 일이라고 생각할 수도 있습니다. 물론 동의합니다. 다만 그들이 여러분에게 적대 행위를 저지르지 않았다면 말입니다. 하지만 그들이 안티오코스의 편에 섰다면 여러분의 슬기로움과 공명정대함에 훨씬 더 어울리는 조치는 여러분의 적들을 봐주는 것이 아니라 자격 있는 동맹들을 배려하는 일일 것입니다!"

54. 왕의 발언은 원로원 의원들의 마음에 들었고, 모든 일에서 왕에게 관대하고 호의적으로 대하려는 모습이 분명하게 보였다. 로도스 사절들 중 한 사람이 마침 자리에 없었으므로 다음으로는 스미르나에서 온 사절단이 짧게 발언했다. 스미르나 인들은 극찬을 받았는

데, 왕에게 항복하기보다 극단적인 곤궁을 겪으면서 저항해 왔기 때문이었다. 이어 로도스 인들이 원로원에 나타났다. 사절단 대표는 로마 인들과 로도스 인들이 맺은 우호 관계의 시작을 설명하는 것으로 운을 뗐고, 필리포스와의 전쟁 및 안티오코스와의 전쟁에서 로도스 인들이 기여한 바를 언급했다. 이어 그는 이렇게 말했다.

"원로원 의원 여러분, 우리가 주장을 펼치는 데 있어 이토록 힘들고 당혹스러운 적이 없었습니다. 그 이유는 이 논쟁이 에우메네스 왕과 관련이 있기 때문입니다. 그는 우리 로도스 인들이 특별한 환대의 연을 맺은 유일한 왕입니다. 개개인도 그와 사적인 유대가 있고, 나라 전체로서도 공적인 유대가 있습니다. 특히 이런 공적인 유대가 우리에게 더욱 큰 영향을 미칩니다. 하지만 원로원 의원 여러분, 우리를 나누어 놓은 건 사적인 감정이 아니라, 세상의 이치에 작용하는 무척 강력한 힘입니다. 자유민인 우리가 다른 이들의 자유를 옹호하는 것도, 국왕들이 모든 걸 예속시켜 그들의 지배 아래 두는 것도 다 이 때문이며, 그것은 불가피한 것입니다.

하지만 그럼에도 불구하고 우리는 에우메네스 왕을 깊이 존중하고 있고, 이 점이 현재 상황에서 우리를 가장 힘들게 합니다. 이와 비교하면 논쟁에서 거론되는 문제가 복잡하다거나, 의원 여러분을 복잡한 생각에 빠뜨릴지 모른다는 어려움은 그리 힘든 것이 아닙니다. 현재 그 보상이 논쟁의 대상이 된 바로 그 전쟁에서 훌륭히 이바지한 동맹 관계의 우호적인 왕을 존중하는 유일한 방법이 자유 도시들을 그에게 주어 예속화하는 것이라면 여러분은 아주 곤혹스러운 난관에 봉착하게 될 겁니다. 여러분은 받아 마땅한 명예를 주지도 못한 채로 우호적인 왕을 돌려보내야 할지도 모릅니다. 그게 아니면 이제 원칙을 포기하고 수많은 도시들을 왕에게 예속시킴으로써 필리포스와의 전쟁으로 얻은 영광을 훼손하게 될 겁니다.

이리하여 불가피하게 우방에게 전할 감사의 답례를 줄이거나 자국의 영광을 깎아내릴 상황이 되었지만, 다행스럽게도 운명은 여러분에게 이 상황에서 벗어날 기가 막힌 기회를 주었습니다. 신들께서 호의를 베푸셨기에 여러분은 승리하면서 영광은 물론 부도 얻었습니다. 이런 승리 덕분에 여러분은 부채라고 할 수 있는 걸 수월하게 지급할 수 있습니다. 리카오니아, 프리기아 마요르와 미노르, 피시디아 전역, 케르소네소스는 모두 유럽에 인접하고 있으며, 로마의 지배를 받고 있습니다. 이들 중 하나를 떼어 왕에게 추가한다면 에우메네스 왕국은 영토가 크게 늘어납니다. 이들을 전부 선물로 주면 에우메네스 왕은 가장 훌륭한 왕들과 동등한 위치에 서게 됩니다.

그리하여 원칙을 포기하는 일 없이 전리품으로 동맹들을 부유하게 만드는 것은 의원 여러분에게 달린 일입니다. 여러분은 이전 필리포스와의 전쟁과 이번 안티오코스와의 전쟁에서 로마가 어떤 구호를 채택했는지 기억하실 겁니다. 또한 필리포스에게서 승리를 거둔 이후 어떻게 행동했는지도 생각이 나실 겁니다. 지금 우리가 여러분에게 바라고 기대하는 행동은 여러분이 이전에 그렇게 행동해서가 아니라, 그렇게 하는 게 여러분에게 걸맞은 행동이기 때문입니다. 각 나라는 서로 다른 이유로 싸울 준비를 합니다. 그들 각자에겐 다 명예롭고 합리적인 이유이죠. 구체적으로 영토를 얻는다거나, 도시를 얻는다거나, 마을을 얻는다거나, 항구와 해안 지역 일부를 얻는다거나 하는 것이죠. 로마는 그것들을 소유하기 전에도 그런 습득을 탐내지 않았습니다. 이제 온 세상이 로마의 지배 아래에 들어와 있는 이때에는 더더욱 그것들을 탐낼 수 없습니다. 로마가 전쟁을 하게 된 동기는 온 세상 인류가 보는 가운데 자국의 명성을 드높이고 그 영광을 널리 알리려는 것이었습니다. 그리하여 세상 사람들은 불멸하는 신들 다음으로 로마라는 이름과 로마 인들의 통치권을 오랫동안 우러러보아 왔습니다. 그리고 얻기 힘든 물건은 얻는 것보다는 지키는 것이 더 큰 힘이 들어갑니다.

로마는 모두를 노예로 삼으려는 왕에 맞서 가장 오래된 민족의 자유를 보호했습니다. 로마는 그동안 달성해온 공적들로 드높은 명성이 있고, 특유의 문명과 학식으로 보편적인 존경을 받고 있습니다. 온 세상 사람들을 로마의 보살핌과 보호에 두는 이런 보호자 역할은 영구히 보장되는 게 마땅합니다. 그리스의 옛 땅에 있는 도시들은 과거 그리스에서 아시아로 이주한 그리스 식민지들과 그리스풍이라는 점에선 다를 바가 없습니다. 영토의 변화는 인종이나 특성의 변화를 초래하지 않습니다. 우리는 성실한 경쟁, 모든 명예로운 업적, 온갖 탁월함이라는 측면에서 선조들과 감히 경쟁해왔습니다. 각 도시는 마찬가지로 그 도시의 설립자들과 우열을 겨뤘습니다.

로마 인들은 그리스에 왔었고, 그들 중 다수가 아시아 도시를 방문했습니다. 여러분과 더 멀리 떨어져 있다는 점을 제외하면 우리 로도스 인들은 그리스 인들에게 어떤 면에서도 뒤지지 않습니다. 선천적인 특성이 지역 수호신이라는 것에 압도될 수 있다고 한다면 야성 그대로인 부족들에 둘러싸인 마실리아 인들은 오래전에 떼를 지은 이웃들에 의해 야만 상태에 빠졌을 겁니다. 하지만 실제로 우리는 마실리아 인들이 마치 그리스 중심부에 사는 것과 다를 바 없이 여러분에게 똑같은 존중을 받고, 정당하게 똑같이 높은 평가를 받았다고 들었습니다. 이는 그들이 말투, 복식, 전반적인 외양을 보존했을 뿐만 아니라 무엇보다도 이웃의 영향에 타락하지 않고 관습, 법률, 특성을 그대로 지켜냈기 때문이었습니다.

이제 타우로스 산맥은 로마의 영토입니다. 이 경계 안에 있는 모든 게 로마에게는 멀게 느껴지지 않을 겁니다. 로마의 무기가 닿는 곳이면 어디든 여기서부터 그곳까지 로마의 법률이 적용될 것입니다. 야만인들은 늘 그들의 주인이 내리는 명령을 법률처럼 받들었습니다. 그들은 그런 상태에 있는 걸 좋아하니 왕을 두면 될 것입니다. 그리스 인들에겐 특별한 운명이 있습니다. 하지만 그들의 감정은 로마 인과 같습니다. 그들이 자력으로 절대적인 지배력을 행사한 때도 있었습니다. 하지만 이제 그들은 제국의 힘이 지금 있는 곳(로마)에 영원히 그대로 남아 있기를 바랍니다. 그들은 자력으로 자유를 보존할 수 없기에 로마의 무력을 통해 자유를 보존하는 데 기꺼이 만족합니다.

하지만 몇몇 그리스 국가는 안티오코스의 편을 들었다는 말을 들었습니다. 실제로 그랬습니다. 다른 몇몇은 이전에 필리포스의 편을 들었고, 타렌툼 인들은 피로스를 도왔습니다. 다름아닌 카르타고 인들도 자유민이었으며, 고유의 법률이 있었습니다. 원로원 의원들이여, 여러분이 이런 선례에 얼마나 신세를 지고 있는지 한번 생각해보십시오! 그러면 여러분은 에우메네스의 야심을 거부하기로 마음을 먹게 될 것입니다. 여러분은 그런 에우메네스의 야심에 분노를 터뜨리지 않았지만, 그런 거부야말로 정당한 분노의 표시인 것입니다. 우리 로도스 인들은 이 전쟁은 물론 그리스 해안 지대에서 일어났던 모든 전쟁에서 우리가 얼마나 단호하고 용맹하게 로마를 지원했는지에 대한 판단을 여러분에게 맡깁니다. 평화를 이룩한 지금 우리는 이렇게 조언을 드리고자 합니다. 여러분이 이를 승인하면 모든 사람이 로마는 승리 그 자체보다는 그 승리를 활용하는 방식이 더욱 위대하고 영광스럽다고 여기게 될 것입니다."

로도스 인들의 주장은 로마의 위대함에 비위를 맞추려는 것이었다.

55. 로도스 인들이 발언하고 난 이후에 안티오코스의 사절단이 불려왔다. 그들은 용서를 구하는 사절의 통상적인 절차에 따라, 왕의 비행을 실토하고, 원로원 의원들에게 충분한 걸 넘어서 과도한 처벌을 받은 왕의 죄보다는 용서를 구하는 자신들의 태도를 참작해달라고 호소했다. 이윽고 그들은 루키우스 스키피오가 제시하고 승인한 강화 조건을 원로원의 권위로 확정해줄 것을 청했다. 원로원은 이어 강화를 비준하기로 결정했고, 며칠 뒤 로마 시민들도 이를 승인했다. 강화 협정은 안티오코스 왕의 조카이자 사절단 대표인 안티파테르가 참석한 가운데 카피톨리움에서 체결되었다.

이후 다른 아시아 사절단들이 차례로 원로원에서 발언 기회를 얻었다. 그들에게는 똑같은 답변이 주어졌다. 전통적 관습에 부합되게 원로원이 10인 조사위원단을 파견하여 아시아에서 벌어진 문제를 중재하고 분쟁을 해결하겠다는 것이었다. 하지만 전반적인 정책은 타우로스 산맥 이쪽에서 안티오코스의 왕국 국경 내부에 있던 지역들은 모두 에우메네스에게 양도한다는 것이었다. 예외 지역은 리키아와 카리아였다. 미안드로스 강에 이르는 이들 지역은 로도스 인들에게 귀속될 것이었다. 아탈로스에게 공물을 바쳤던 아시아의 다른 도시들은 에우메네스에게도 공물을 바쳐야 되었다. 안티오코스에게 공물을 바쳤던 도시들은 자유를 얻고, 공물 의무도 면제되었다.

다음은 원로원에서 임명한 조사위원 10인이다. 퀸투스 미누키우스 루푸스, 루키우스 푸리우스 푸르푸리오, 퀸투스 미누키우스 테르무스, 아피우스 클라우디우스 네로, 그나이우스 코르넬리우스 메룰라, 마르쿠스 유니우스 브루투스, 루키우스 아우룬쿨레이우스, 루키우스 아이밀리우스 파울루스, 푸블리우스 코르넬리우스 렌툴루스,

푸블리우스 아일리우스 투베로.

56. 원로원 포고에 의하여 조사위원들은 현장에서 문제를 결정할 재량권을 얻게 되었다. 원로원은 전반적인 정책만 결정했다. 에우메네스 왕에겐 리카오니아 전체와 프리기아 마요르와 미노르, 프루시아스 왕이 그에게서 빼앗아간 미시아, 더불어 밀리아이, 리디아, 이오니아(안티오코스 왕과의 전투가 시작되기 이전 자유였던 도시들은 제외)를 건네주기로 했다. 또한 시필루스 근처의 마그네시아, 히드렐라라 불리는 카리아, 프리기아와 마주보는 히드렐라 영토, 미안드로스 강을 따라 있는 방어 시설을 갖춘 곳과 마을도 주기로 하되, 전쟁 이전에 자유였던 곳은 제외되었다. 텔메소스와 텔메소스 사람들의 방어 시설을 갖춘 도시도 에우메네스 왕에게 주되, 텔메소스의 프톨레마이오스에게 속한 영토는 여기서 제외되었다. 여기까지가 원로원의 명령에 따라 에우메네스 왕에게 주어진 영토의 목록이었다.

로도스 인들은 리키아를 받게 되었는데, 앞서 언급한 텔메소스, 텔메소스 인들의 진지, 프톨레마이오스에게 속한 텔메소스의 영토는 제외되었다. 프톨레마이오스의 지역은 에우메네스 왕과 로도스 인들에게 영토를 할당할 때 제외된 곳이었다. 로도스 인들은 또한 로도스에 가까운 미안드로스 강 건너편 카리아 항구와 피시디아를 마주보는 도시들, 마을들, 정착지들, 땅을 받았다. 다만 안티오코스 왕과 아시아에서 전투를 벌이기 전에 자유였던 도시들은 제외되었다.

로도스 인들은 이런 영토의 할양에 감사를 표했고, 이어 킬리키아의 도시 솔리(Soli)도 하사해 달라고 간청했다. 그들은 이곳 주민들은 자신들처럼 원래 아르고스에서 왔는데, 이런 친족 관계로 두 민족 간에 형제애가 있다고 말했다. 로도스 인들은 로마 인들에게 특별히 한 가지를 부탁했는데, 그것은 솔리를 안티오코스 왕의 예속에서 벗어나게 해달라는 것이었다. 곧 왕의 사절단이 부름을 받고 왔고, 로도스 인들이 부탁한 내용이 그들에게 통보되었다. 하지만 아무런 성과도 없었는데, 안티파테르가 협정에 호소하여 로도스 인들의 요구를 반대했기 때문이었다. 그는 로도스 인들의 목표가 솔리가 아닌 킬리키아이며, 그들이 타우로스 산맥 너머의 땅까지 탐을 내는 것이라고 주장했다. 이어 로도스 인들이 원로원에 불려왔고, 그들은 안티오코스 왕의 대표가 얼마나 완강하게 그들의 요구에 저항했는지 알게 되었다. 원로원은 로도스 인들이 이 문제를 진정으로 나라의 위신에 직결되는 일이라고 생각한다면 모든 수단을 동원하여 왕의 대표들의 완강한 반대를 억누르고 그들의 요구를 들어주겠다고 말했다. 로도스 인들은 이에 원로원에 이전보다 더욱 강한 감사의 뜻을 표시했고, 강화 협정을 불안하게 하는 구실을 제공하느니 안티파테르의 비타협적 태도를 받아들이는 게 낫다고 말했다. 그에 따라 솔리에 관한 요청은 없던 일이 되었다.

제 38 권

갈라티아 인과의 전쟁,
스키피오 형제에 대한 고발

3. [기원전 189년] 아이톨리아 인들은 이어 아타마니아를 떠나 암필로키아로 갔다. 암필로키아 인들은 대다수의 동의로 민족 전체가 아이톨리아 인들의 지배를 받기로 동의했다. 암필로키아를 수복한 뒤(과거엔 아이톨리아 인들에게 속해 있었다) 아이톨리아 인들은 똑같은 성과를 거둘 기대를 하고 아페란티아로 나아갔다. 이 나라 역시 항복했고, 대부분 저항하지 않았다. 돌로피아 인들은 아이톨리아 인들에게 속한 적이 없었고 과거에 필리포스의 지배를 받았다. 처음에 그들은 황급히 무기를 들었다. 하지만 암필로키아 인들이 아이톨리아 인들의 편으로 돌아서고, 필리포스가 아타마니아에서 도망치고 그의 주둔군이 학살되었다는 소식을 듣자 그들 역시 필리포스를 배신하고 아이톨리아 인들의 편에 섰다.

이런 완충국들에 둘러싸인 아이톨리아 인들은 이제 자신들이 마케도니아 인들로부터 안전하다고 생각했다. 하지만 이후 안티오코스가 로마 인들에게 아시아에서 패배했다는 소식이 들려왔다. 또한 얼마 지나지 않아 사절들이 로마에서 돌아와 강화를 맺을 가망이 없다고 보고했고, 집정관 풀비우스가 이미 군단들을 데리고 그리스로 건너왔다는 소식도 전해졌다. 이런 소식에 놀란 아이톨리아 인들은 먼저 로도스와 아테네에서 사절단을 불러들였는데, 이들의 영향력을 통해 최근 거부당한 원로원과의 협상을 쉽게 재개하려는 뜻이 있었다. 이어 그들은 주요 시민들을 보내 마지막 강화의 희망을 붙잡아보려고 했지만, 로마 군이 실제로 눈앞에 나타나기 전까지 전쟁을 피하려는 절차를 고려하지 않았다.

마르쿠스 풀비우스는 이제 휘하 군단들을 아폴로니아로 수송했고, 에피로스 인들의 주요 시민들과 전쟁을 시작할 곳을 어디로 할 것인지 상의했다. 에피로스 인들은 당시 아이톨리아 인들과 동맹을 맺은 암브라키아를 공격하는 걸 더 선호했다. 그들은 아이톨리아 인들이 암브라키아를 방어하러 오게 되면 그 지역에 전투를 펼칠 수 있는 탁 트인 평야가 있다는 점을 지적했다. 그들이 전투를 거부하면 포위 공격 또한 어렵지 않을 것이라고 했다. 인근에 물자가 풍부하여, 공성용 경사로를 세우거나 다른 공성 도구들을 제작하기 쉬우며, 배가 다닐 수 있는 강인 아레토가 성벽을 지나쳐 흘러가므로 필요한 보급품을 수송하기도 편리하다는 것이었다. 더욱이 군사 작전을 펼치기에 적합한 계절인 여름도 이제 가까웠다. 에피로스 인들은 이런 주장으로 집정관을 설득하여 휘하 병력을 이끌고 에피로스를 통과하여 그 도시로 나아가게 했다.

4. 암브라키아에 도착한 집정관은 포위 공격이 녹녹하지 않겠구나 하고 판단했다. 암브라키아는 지역 주민들이 페란테스라 부르는 바위투성이 언덕 아래에 있었다. 도시의 성벽은 평지와 강을 마주보고 있었지만 도시 자체는 서쪽을 보고 있었다. 언덕 꼭대기에 있는 요새는 동쪽을 마주했다. 아레토 강은 아타마니아에서 발원하여 인근 도시의 이름으로 명명된 암브라키아 만으로 흘러나왔다. 한쪽은 강으

로, 다른 한쪽은 언덕으로 보호를 받는 것 외에도 도시는 주변을 둘러싼 튼튼한 성벽으로 보호를 받았다. 성벽은 둘레가 6km가 조금 넘었다.

풀비우스는 평지에 두 개의 진지를 세우고 두 진지 사이에 적당한 거리를 두었다. 요새를 마주보는 고지에는 방어 시설을 잘 갖춘 초소를 하나 세웠다. 그는 이 세 곳을 방어벽과 도랑으로 연결할 계획을 세웠고, 그렇게 해야 도시에 갇힌 자들에게 포위 공격을 벗어날 기회조차 주지 않을 것이었다. 또한 이렇게 하면 외부에서 구원 병력이 도시로 접근하는 것도 막을 수 있었다. 아이톨리아 인들은 암브라키아 포위를 보고 받은 총사령관 니칸드로스의 명령에 따라 소환되어 이미 스트라토스에 모여 있었다. 처음에 그들은 전 병력을 이끌고 포위를 풀어보려고 했다. 하지만 도시 대부분이 이미 공성 보루로 에워싸이고, 에피로스 인들의 진지가 강 맞은편 평지에 세워진 걸 확인한 그들은 병력을 나누기로 했다. 에우폴레모스는 1천 명의 경무장 병력을 인솔하여 떠났고, 아직 연결되지 않은 보루 사이를 지나 도시로 들어갔다. 원래 계획은 니칸드로스가 나머지 병력으로 에피로스 인들의 진지를 야간에 공격하는 것이었다. 두 진지 사이에 흐르는 강 때문에 로마 인들이 도우러 오기 어렵기 때문이었다. 하지만 나중에 니칸드로스는 이 작전을 펼치면 로마 인들이 어떻게든 벌어지고 있는 일을 알아채게 될 것이며, 그렇게 되면 안전히 물러날 수 없는 위험을 감당해야 한다고 결론을 내리게 되었다. 따라서 그는 낙담한 채 계획을 포기하고 방향을 돌려 아카르나니아를 파괴하러 나섰다.

5. 이 무렵 집정관은 도시를 에워쌀 보루를 완성했고, 성벽을 기어오르는 데 사용하는 공성 도구들도 마련했다. 그는 동시에 다섯 곳에서 성벽을 공격했다. 평지에서 접근하는 건 쉬웠기에 그는 세 개의

공성 도구를 서로 같은 거리를 유지하며 '피레움'이라 불리는 곳으로 이동하게 했다. 그러는 사이 그는 또 하나의 도구를 써서 아이스쿨라피움이라고 하는 구역을 공격했고, 나머지 하나로는 요새를 공격했다. 그는 여러 개의 파성퇴로 성벽을 흔들고 장대에 붙은 갈고리로 흉벽(胸壁)을 찍어서 뜯어내기 시작했다. 주민들은 처음에 이런 맹공격과 끔찍한 소음과 함께 성벽에 가해지는 공격들로 공황에 빠져 혼란스러웠지만, 로마 군의 예상과는 전혀 다르게 성벽이 여전히 버티는 걸 확인하고 그들은 전의를 회복하여 기중기를 써서 무거운 납이나 돌, 혹은 단단한 통나무를 파성퇴 쪽으로 떨어뜨렸다. 그들은 여러 개의 갈고리를 단 도구를 써서 성벽에 걸린 갈고리를 성벽 내부로 끌어당겼고, 이어 장대를 부러뜨렸다. 게다가 밤에는 공성 보루를 지키는 로마 군 병사들을 공격하러 출격하고, 낮에는 전초 기지를 공격하러 출격하면서 그들은 로마 군 진영에 공포를 일으켜서 전투의 주도권을 잡았다.

이것이 암브라키아의 상황이었고, 그러는 사이 아이톨리아 인들은 이제 아카르나니아를 파괴하고 약탈한 뒤에 스트라토스로 돌아왔다. 총사령관 니칸드로스는 대담한 계획으로 로마 군의 포위 공격을 풀어보겠다는 희망을 품었다. 그는 니코다모스라고 하는 자에게 5백 명의 아이톨리아 인들을 주어 암브라키아로 보냈다. 니칸드로스는 특정한 날의 밤은 물론이고 시간까지 미리 정해두었고, 이때 도시에서 나온 병력이 피레움을 마주보는 로마 군 공성 보루를 공격할 때 자신은 로마 군 진지를 공격하여 공포를 안기기로 했다. 그는 밤중이라 공황이 더 가중되는 가운데 두 곳에 공격을 가하면 주목할 만한 성과를 이뤄낼 수 있을 것으로 생각했다.

따라서 한밤중에 로마 군의 눈에 띄지 않고 몇몇 전초 기지를 지난 뒤 단호한 공격으로 다른 전초 기지들을 뚫고 지나간 니코다모스는 방어벽 한 부분을 넘어 도시로 들어갔다. 이런 과감한 시도는 포위된 자들에게 어떠한 대담한 행동도 할 수 있다는 큰 용기를 주었고, 그와 더불어 성공할 수 있다는 희망을 품게 만들었다. 그리고 미리 지정된 날에 밤이 오자 니코다모스는 즉시 합의된 계획에 따라 로마 군의 공성 보루에 기습 공격을 가했다. 이 일격은 그 구체적 결과보다는 반격의 목적이 로마 인들에게 더 위협적으로 다가왔다. 외부(니칸드로스)에서 아무런 반격이 나오지 않았기 때문이다. 아이톨리아 사령관이 두려워서 반격을 안 했는지, 아니면 얼마 전에 수복한 암필로키아를 도우러 가는 것이 낫다고 생각한 것일 수도 있었다. 암필로키아는 현재 필리포스의 아들 페르세우스[1]의 맹공을 받고 있었다. 필리포스의 아들은 돌로피아와 암필로키아를 회복하기 위해 현지에 파견된 상태였다.

6. 이미 언급한 바와 같이 피레움과 마주한 세 곳에 로마 공성 도구가 있었다. 아이톨리아 인들은 이 셋을 동시에 공격했으나 똑같은 무기를 들고서 공격에 나선 것은 아니었다. 그들 중 일부는 횃불을 들고 나섰고, 다른 일부는 거친 삼, 역청, 불을 붙이기 위한 화살을 들고 있었다. 전열 전체가 불로 일렁였다. 많은 전초 기지가 첫 공격에 압도되었다. 함성과 왁자지껄한 소리가 진지에 다다르자 집정관은 신호를 보냈고, 로마 인들은 깨어나 전우를 돕기 위해 모든 문으로 쏟아지듯 나왔다. 이는 쇠와 불의 싸움이었다. 두 곳에서 아이톨리아

---

1 페르세우스는 향후 기원전 179년에서 168년 사이에 마케도니아를 통치하게 된다. 이 무렵 그는 22세에 불과했으나 상당한 군사적 경력이 있었다. 그는 불과 12-3세이던 기원전 200-199년에 아버지 필리포스의 지시를 받아서 로마 군에 맞선 적이 있었다.

인들은 목적을 달성하지 못하고 물러났다. 그들은 실제로 교전에 들어가지는 않고 산발적인 공격을 시도했다. 맹렬한 전투는 한 곳에 집중되었다. 전투가 벌어지는 다른 두 부분에서 지휘관인 에우폴레모스와 니코다모스는, 이미 합의한 바에 따라 니칸드로스가 현장에 도착하여 적의 후방을 공격할 것이라고 확신하면서 병사들을 격려했다.

하지만 합의한 계획과는 달리 전우들로부터 아무런 신호도 없고, 적의 수가 점점 늘어나는 게 보이자 그들이 로마 군에 가하는 압박은 느슨해졌다. 그렇게 하여 이제 그들은 홀로 남게 되었다. 결국 그들은 공격을 포기했다. 더 버티다간 안전한 퇴각로조차 확보할 수 없기 때문이었다. 그들은 밀려나 도시로 도망쳤다. 몇몇 공성 도구들에 불을 놓긴 했지만, 이후 그들은 적보다 훨씬 많은 사상자를 냈다. 하지만 합의된 계획이 제대로 실행되었다면 적어도 한 곳에서는 공성 도구들을 분명 포획했을 것이며, 로마 군도 엄청난 사상자를 냈을 것이다.

도시 내부의 암브라키아 인들과 아이톨리아 인들은 그날 밤의 시도를 포기한 건 물론이고, 그 이후에도 위험을 감수하는 걸 꺼리게 되었다. 전우들이 자신들을 저버렸다고 느꼈던 것이다. 이후로 그들은 이전처럼 로마 군의 전초 기지들을 공격하러 출격하는 일은 없었다. 대신 그들은 성벽에 자리를 잡고 보호된 위치에서 싸웠다.

7. 페르세우스는 아이톨리아 인들이 접근 중이라는 소식을 듣자 공격 중인 도시의 포위를 풀고 물러났다. 그는 농촌 지역을 파괴하고 약탈한 후에 암필로키아를 떠나 마케도니아로 돌아갔다. 아이톨리아 인들 역시 해안 지역이 파괴되고 있었기에 그 지역에서 물러났다. 일리리아 왕인 플레우라토스는 60척의 소형 범선을 이끌고 코린토스 만

으로 와서 파트라이에 있던 아카이아 함대에 합류했고, 이어 아이톨리아 해안 지역을 파괴하기 시작했다. 1천 명의 아이톨리아 인이 그들을 상대하기 위해 파견되었고, 적 함대가 구불구불한 해안 지대를 따라 항해하면 그들은 지름길을 이용하여 적을 따라잡았다.

그러는 사이 암브라키아의 로마 인들은 파성퇴로 도시의 성벽을 타격하여 도시 대부분에서 방어 시설을 제거했다. 하지만 그럼에도 불구하고 그들은 도시로 뚫고 들어가지 못했다. 무너진 성벽을 대체하는 새로운 성벽이 똑같은 속도로 지어졌기 때문이었다. 게다가 무장한 자들이 폐허 위에서 버티면서 방어 시설을 지키기 위한 의무를 다했다. 따라서 공개적인 정면 공격으로 진전이 잘 되지 않자 집정관은 이전에 방탄 방패로 덮였던 곳에 은밀히 땅굴을 파기 시작했다. 한동안 로마 군 병사들이 밤낮을 가리지 않고 땅굴 작업을 열심히 했지만, 땅굴을 파고 있는 자들뿐만 아니라 흙을 옮기는 자들까지도 적에게 발각되지 않았다. 그러다 갑자기 솟아오른 흙더미로 인해 주민들에게 그 작전이 발각되었다. 그러자 도시의 주민들은 성벽이 이미 지하로 통과되고 도시로 통하는 길이 생겼을 것을 두려워하면서, 방탄 방패로 가린 채로 작업이 진행되던 성벽 부분 안쪽에 도랑을 파기 시작했다. 땅굴의 바닥에 닿을 정도로 깊게 도랑을 팠을 때 도시의 주민들은 정숙을 유지하면서, 다양한 지점의 도랑벽에다 귀를 대고 로마 병사들의 땅굴 파는 소리를 탐지하려 했다.

이어 소리 나는 곳을 파악하자 그들은 땅굴로 나아가는 입구를 열었다. 그것은 힘든 일이 아니었다. 도시의 주민들은 성벽이 적의 옹벽으로 지지되는 빈 공간으로 나오게 되었다. 이렇게 하여 양군의 땅굴 작업이 서로 연결되었고, 도랑에서 땅굴로 길이 뚫리자 은밀한 전투가 지하에서 벌어졌다. 처음에 굴착병들은 실제 작업에 쓰던 도구로 맞붙었지만, 이후 무장한 자들 역시 빠르게 그 싸움에 합류했다. 잠시 뒤에 전투는 느슨해졌는데, 공병들이 필요한 땅굴 부분을 막아버렸기 때문이다. 그들은 모포를 펼치거나 서둘러 만든 문을 끼워 그 공간을 봉쇄했다.

땅굴로 들어온 적에 대항하기 위하여 새로운 도구가 고안되었다. 이 도구는 무척 제작이 쉬웠다. 로마 군은 통의 바닥에 적당한 크기의 관을 삽입할 구멍을 하나 뚫었고, 쇠로 된 관 하나와 통에 씌울 쇠로 된 뚜껑을 만들었다. 뚜껑은 여러 곳에 구멍이 나 있었다. 그들은 이런 통에 작은 깃털을 채우고 통의 입구를 땅굴 쪽으로 두었다. 쇠로 된 뚜껑의 여러 구멍으로는 사리사이(sarissae)라 불리는 아주 긴 창이 돌출되어 적을 밀어냈다. 깃털 사이에 작은 불똥이 놓이면 관의 끝에 부착한 풀무로 그 불을 키웠다. 그러면 굴 전체가 엄청난 연기로 가득 찼고, 연기는 불타는 깃털의 악취로 더욱 고약한 것이 되어 그 누구도 땅굴 안에서 더 이상 버틸 수 없게 되었다.

8. 암브라키아 상황이 이렇게 전개되는 동안에, 파이네아스와 다모텔레스가 시민들로부터 전권을 위임받은 사절로서 집정관을 찾아왔다. 한쪽에선 암브라키아가 포위되어 있고, 다른 쪽에선 해안 지대가 적 함대에 위협을 받고 있고, 또 다른 쪽에선 암필로키아와 돌로피아가 마케도니아 인들에 의해 파괴되는 중이었기에 아이톨리아 인들의 총사령관은 세 곳에서 동시에 벌어지는 전쟁을 이리저리로 황급히 돌아다니면서 대응해야 한다면 도저히 버틸 수 없다는 걸 깨달았다. 따라서 그는 회의를 소집하여 아이톨리아 주요 시민들에게 앞으로 어떤 행동을 취할 것인지를 안건으로 내놓았다.

모든 주요 시민의 의견은 하나로 수렴되었다. 아이톨리아 인들은 가능하면 호의적인 조건으로, 그게 안 된다면 참을 수 있는 조건으로 강화 협상을 해야 한다고 보았다. 그들은 안티오코스의 승리에 확신이 있었기에 전쟁을 수행했다. 하지만 이제 안티오코스가 육지와 바다에서 로마 군에 압도되었고 타우로스 산맥 저편, 즉 세상의 경계 너머로 밀려났기에 로마 군을 상대로 전쟁을 계속해봤자 아무런 가망이 없었다. 파이네아스와 다모텔레스는 현재 겪는 곤경을 감안하고, 국가에 대한 충성심을 발휘하면서 잘 판단하여 아이톨리아 인들에게 가장 득이 될 조건을 협상하게 되었다. 이런 곤란한 상황에서 아이톨리아 인들에게 남은 다른 방침은 있을 수가 없었다. 운명이 그들에게 허락한 행동은 이 협상뿐이었다.

이런 지시를 받고 떠난 사절들은 집정관에게 암브라키아 도시를 용서해달라고 간청했다. 또한 한때 동맹이었던 민족을 불쌍히 여겨달라고 애원했다. 그들은 자신들의 과실이 아니라, 명백한 불운으로 광기에 휩싸이게 되었다고 변명했다. 사절들은 안티오코스와의 전쟁에서 그들이 로마에게 가한 위해는 잘못된 것이지만 그래도 과거 필리포스와의 전쟁에서 아이톨리아 인이 로마에 제공한 도움이 그 잘못을 덮고도 남음이 있다고 주장했다. 당시 아이톨리아 인들은 로마로부터 관대한 인정을 전혀 받지 못했으므로 지금 로마가 그들에게 과도한 처벌을 내리는 것은 부당하다고 말했다.

이에 집정관은 아이톨리아 인들이 마음의 진정성보다는 회담의 횟수로 강화를 요청하려 한다고 답했다. 그는 강화를 요청할 때는 그들이 전쟁으로 끌어들인 안티오코스의 사례를 타산지석으로 삼아야 할 것이라고 말했다. 집정관은 왕이 자유가 문제 되었던 몇몇 도시에서만 물러난 게 아니라 부유한 영토인 타우로스 산맥 이쪽 아시아 지역에서 완전히 물러났다는 점을 지적했다. 그는 아이톨리아 인들이 무장을 해제하지 않는 한 강화 요청은 무망한 얘기라고 말했다. 또한 강화를 맺고자 한다면 우선 반드시 무기와 말을 전부 로마 군에게 넘기고, 로마 인들에게 1천 은 탈렌트를 지급하되 절반은 즉시 지급해야 한다고 요구했다. 더 나아가 아이톨리아 인들이 로마 인의 우방과 적을 그대로 아이톨리아의 우방과 적으로 삼아야 한다는 조항도 협정에 추가되어야 마땅하다고 했다.

9. 아이톨리아 대표들은 집정관이 제안한 조건에 답하지 않았다. 조건 자체도 가혹할 뿐만 아니라 자국인들이 사납고 변덕이 심하다는 걸 잘 알기 때문이었다. 하지만 그들은 약속을 하기 전에 고국으로 돌아가 총사령관 및 주요 시민들과 앞으로 어떻게 해야 할지 시급하게 논의했다. 대표들은 동포들의 시끄럽고 적대적인 반응에 직면했다. 그들은 얼마나 이 일을 오래 끌 생각이냐는 핀잔을 들었고, 어떤 식으로든 강화를 맺고 돌아오라는 지시를 받았다. 하지만 대표들이 암브라키아로 돌아가는 중에 그들은 길 근처에서 매복한 아카르나니아 인들에게 붙잡혔다. 아카르나니아 인들은 아이톨리아 인들과 전쟁 중이었고, 대표들은 티레움으로 끌려가 감금되었다.

아테네 인들과 로도스 인들의 사절단이 아이톨리아 인들을 위해 탄원하기 위해 이미 집정관을 만나러 왔지만, 이런 일이 벌어졌기에 강화의 체결이 지연되었다. 아타마니아의 왕 아미난드로스 역시 안전한 통행을 허락받아 로마 군 진지에 도착했다. 그는 아이톨리아 인들을 신경 쓰기보다는 추방 생활 대부분을 보낸 암브라키아의 상황을 더욱 신경 썼다. 이런 대표단들로부터 집정관은 아이톨리아 사절들에게 무슨 일이 벌어졌는지 보고 받았고, 이에 명령을 내려 아이톨리아 대표들을 티레움에서 데려오게 했다. 그들이 도착한 뒤 강화 협상이 시작되었다.

아미난드로스는 주요 관심사인 암브라키아 인들의 항복을 유도하고자 끈질기게 노력했다. 그는 성벽에 접근하여 암브라키아 주요 시민들과 열정적으로 그 문제를 논의했다. 하지만 그는 이런 방법으로 거의 진전을 보지 못했다. 그는 결국 집정관의 허락을 받아 도시로 들어가 조언과 간청을 모두 활용하여 밀어붙인 결과, 마침내 주민들을 설득하는 데 성공했다. 그리하여 암브라키아 인들은 로마 인들에게 항복했다.

아이톨리아 인들은 과거 우호 협정을 체결했던 라이비누스의 아들 가이우스 발레리우스에게서 중요한 도움을 받았다. 가이우스는 집정관의 아버지 다른(어머니가 같은) 형제였다. 암브라키아 인들은 아이톨리아 보조 부대가 아무런 피해 없이 떠날 수 있게 해달라는 조건을 내걸고서 그들의 성문을 열었다. 이어 강화 조건이 아이톨리아 인들에게 전달되었다. 그들은 5백 에우보이아 탈렌트를 지급해야 하며, 이중 2백을 즉시 지급하고, 나머지 3백은 6년에 걸쳐 같은 금액으로 분할 납부해야 했다. 그들은 로마 포로와 탈영병을 전부 돌려줘야 하고, 티투스 퀸크티우스가 그리스로 건너온 뒤 로마 인들에게 점령되거나 혹은 그때 이후로 로마와 자발적으로 우호 관계를 맺은 모든 도시를 그들의 관할권에서 배제해야 되었다. 케팔라니아 섬은 이런 협정 조건에서 제외되었다.

이 조건은 아이톨리아 인들이 예상했던 것보다 훨씬 덜 부담스러운 것이었지만, 사절단은 자국 의회에 조건을 제출할 수 있도록 잠시 떠나는 걸 허락해달라고 했다. 집정관은 이를 허락했다. 아이톨리아 인들은 도시들에 관한 내용에서 약간의 논쟁이 벌어져서 결정이 지체되었다. 아이톨리아 인들은 한 번 자신들의 관할로 들어온 도시들을 내어주기는 어렵다고 생각했던 것이다. 하지만 그럼에도 불구하고 만장일치로 강화를 받아들이기로 합의가 되었다. 암브라키아 인들은 집정관에게 150파운드 무게의 황금관을 주었다. 암브라키아는 그 지역 다른 도시들보다 더욱 풍성하게 예술품으로 도시를 장식하고 있었는데, 그렇게 된 것은 피로스의 왕궁이 그곳에 있었기 때문이었다. 청동과 대리석으로 만든 조각상과 그림은 모두 떼어내 로마 군에게 실려 갔고, 로마 인들은 그 외의 것은 전혀 손을 대지도, 훼손하지도 않았다.

10. 이어 집정관은 암브라키아를 떠나 아이톨리아의 내륙으로 나아가서, 암브라키아에서 32km 떨어진 암필로키아 아르고스 근처에 진지를 세웠다. 아이톨리아 사절단이 마침내 그곳의 집정관을 찾아왔고, 집정관은 그토록 결정이 오랜 지연된 이유를 의아하게 여기던 중이었다. 아이톨리아 의회가 마침내 강화를 승인했다는 걸 알게 된 집정관은 사절들에게 로마로 가서 원로원을 만나라고 지시했다. 또 로도스 인들과 아테네 인들의 대표들이 중재자로서 그들과 함께 떠나는 것도 허락했다. 집정관은 아버지 다른 형제 가이우스 발레리우스도 그들과 함께 떠나도록 조치했다. 이어 그는 케팔라니아로 건너갔다.

아이톨리아 사절단은 필리포스가 이미 로마 주요 시민들에게 호소하여 그들의 공감을 얻어냈다는 사실을 알게 되었다. 필리포스는 대표들을 파견하거나 서신을 보내는 방법으로, 아이톨리아 인들이 돌로피아, 암필로키아, 아타마니아를 자신에게서 빼앗았으며, 자신의 주둔군과 아들 페르세우스마저도 암필로키아에서 밀려났다고 보고했다. 이런 사실 때문에 원로원은 아이톨리아 사절들의 탄원을 별로 귀 기울여 들으려 하지 않았다. 하지만 로도스 인들과 아테네 인들의 말은 조용한 가운데 경청되었다. 전하는 바에 의하면 아테네 사절인 히케시아스의 아들 레온은 그 능변으로 원로원 의원들에게 깊은 인상을 남겼다. 레온은 자주 미소를 지으면서 아이톨리아 인들이 원래 고요한 바다인데 바람이 불어와 파도가 일어나게 되었다고 비유적으로 말했다. 그는 아이톨리아 인들이 로마와의 동맹을 충실히 지키는 동안에는 그 나라의 특징인 평화로움을 유지하며 조용히 있었지만, 아시아에서 토아스와 디카이아르코스의 바람이 불어오고, 메네스타스와 다모크리토스의 미풍이 유럽에서 불어오고, 폭풍이 일어나 그들을 안티오코스 쪽으로 밀어붙인 북풍이 불어오는 바람에, 바위에 마구 부딪히는 파도가 고요한 바다에 거칠게 일어났다고 말했다.

11. 아이톨리아 인들은 오랫동안 마음을 졸인 뒤 마침내 강화 조건에 원로원의 합의를 얻는 데 성공했다. 내용은 다음과 같았다.

- 아이톨리아 인들은 선의를 다하여 로마 인들의 통치권과 주권을 지지한다.
- 아이톨리아 인들은 로마의 동맹과 우방을 공격하고자 하는 군대가 그들의 영토를 지나도록 허락해서는 안 되며, 그런 군대에 일체의 도움을 주어서는 안 된다.
- 아이톨리아 인들은 로마 인들의 모든 적을 자국의 적으로 간주하고, 그런 적들을 향해 무기를 들고서 로마 인들과의 협력 하에 전쟁을 수행해야 한다.
- 아이톨리아 인들은 로마 인들과 그들의 동맹들에 탈영병, 도망자, 포로를 돌려준다. 고향으로 돌려보낸 뒤에 두 번째 붙잡힌 포로나 아이톨리아 인들이 로마와 군사 동맹을 맺던 당시 로마의 적에게서 붙잡았던 자들은 여기서 예외로 한다. 향후 찾아내게 될 이런 자들은 1백일 안에 코르키라의 행정장관들에게 선의를 다하여 인계한다. 찾아내지 못한 자들은 각각 발견되는 즉시 인

계하도록 한다.

- 아이톨리아 인들은 집정관이 선택한 40인의 인질을 넘겨야 한다. 20세 미만이나 40세를 초과하는 인질은 받지 않으며, 인질은 최고 행정장관이나, 기병대 사령관이나, 공적 필경사나, 이전에 로마에 인질로 왔던 자여선 아니 된다.
- 케팔라니아는 협정 조항에서 제외된다.

(지급해야 할 금액과 분납에 관해 집정관과 합의한 내용에서 변경된 점은 없었다. 하지만 아이톨리아 인들이 은 대신 황금으로 지급하는 걸 선호한다면 그렇게 해도 좋으며, 금화 한 개가 은화 10개의 가치를 지니는 것으로 한다.)

- 아이톨리아 인들은 한동안 그들의 관할이었으나 정복 혹은 자발적 항복으로 로마의 지배를 받게 된 모든 도시, 영토, 혹은 민족을 회복하려 해서는 아니 된다. 오이니아다이의 도시와 영토는 이후 아카르나니아 인들에게 귀속된다.

이상과 같은 조건들에 의하여 아이톨리아 인들과의 협상이 체결되었다.

12. 같은 해 여름 동안—실은 집정관 마르쿠스 풀비우스가 아이톨리아에서 전쟁을 벌이느라 분주하던 시기—또 다른 집정관 그나이우스 만리우스[2]는 갈라티아 전쟁을 수행 중이었는데, 나는 지금부터 그 이야기를 하고자 한다.

집정관 만리우스는 봄이 시작될 때 에페소스에 도착했고, 루키우스 스키피오에게 군단들을 인수한 뒤 장병들을 사열하고 집합한 그들에게 연설했다. 연설에서 그는 안티오코스와의 전쟁을 종결시킨

---

2 만리우스 불소는 토목건축관리관이던 기원전 197년에 로마의 대 게임을 화려하게 조직하여 명성을 얻었다. 그는 기원전 195년에 법무관이었고 이해에 집정관에 올랐다.

단 한 번의 전투에서 그들이 발휘한 무용을 칭찬했으며, 이젠 새로운 전쟁, 즉 갈리아 인들을 상대로 전쟁을 해야 한다고 말했다. 이 갈리아 인들은 안티오코스를 군사적으로 도왔으며, 선천적으로 통제가 되지 않아 그들의 세력을 무너뜨리지 않는 한 안티오코스를 타우로스 산맥 저너머 시리아로 물러나게 한 일도 헛된 일이 될 것이라고 했다. 이어 그는 자신에 관해 거짓되거나 과장되지 않게 몇 마디 언급했다.

병사들은 집정관 만리우스의 말을 기쁘게 들었으며, 엄청난 갈채로 그의 연설에 호응했다. 병사들은 갈리아 인들을 대단치 않게 보았다. 갈리아 인들은 안티오코스의 병력 일부에 불과했고, 왕의 패배 이후에 도움도 못 받고 홀로 있는 상태이므로 강한 군대는 아닐 것이라고 생각했다.

집정관은 에우메네스가 부적절한 때에 로마로 갔다고 생각했다. 그가 갈라티아 지역과 그 사람들을 잘 알고 있어서 현장에 있었더라면 도움을 주었을 것이기 때문이다. 사실 갈리아 인의 세력을 무너뜨리는 데 있어서 그런 지식은 중요한 정보였다. 따라서 만리우스는 에우메네스 왕의 동생 아탈로스를 페르가몬에서 소환하여 이 전쟁에 참가하라고 권했다. 아탈로스가 자신은 물론 백성들도 만리우스의 전쟁 수행을 적극 돕겠다고 약속하면서 바로 귀국해 준비하겠다고 하자 집정관은 그를 페르가몬으로 돌려보냈다.

며칠 뒤 집정관이 에페소스를 떠나 마그네시아로 갔을 때 아탈로스는 1천 보병과 5백 기병을 이끌고 합류했다. 그는 동생 아테나이오스에게 병력 나머지를 인솔하여 뒤따라오게 했고, 페르가몬 보호는 형인 에우메네스와 왕권에 충성하는 자들에게 맡겼다. 집정관은 아탈로스의 조치를 흐뭇하게 여겼고, 휘하의 전군을 이끌고 미안드로스 강으로 진군했다. 집정관은 일단 강변에 진을 쳤다. 강을 걸어서 건널 수 없으므로 병력을 수송할 배를 모아야 했던 것이다. 로마 군은 미안드로스 강을 건넌 뒤 히에라 코미에 도착했다.

13. 이곳에는 사람들의 숭배를 받는 아폴로의 신전과 신탁소가 있었다. 사제들이 문학적인 운문으로 예언을 전했다고 한다. 히에라 코미에서 진군하고 이틀째 되는 날 그들은 하르파소스 강에 도착했고, 알라반다의 사절단이 집정관을 찾아와 한 가지 요청을 했다. 알라반다에 속한 요새 지역이 최근 반란을 일으켰는데, 권위든 무력으로든 그 반란 지역을 오랫동안 충성해온 이전 모습으로 되돌려줬으면 한다는 게 그들의 요청이었다. 에우메네스와 아탈로스의 동생 아테나이오스 역시 그곳에 도착했고, 그와 함께 크레타의 레우소스와 마케도니아의 코라고스도 도착했다. 그들은 다국적 군인들로 구성된 1천 명의 보병과 3백 명의 기병을 데려왔다. 집정관은 한 천인대장에게 적당한 규모의 병력을 주어 위에서 언급된 요새 지역을 공격하여 알라반다 인들에게 돌려주도록 조치했다. 집정관은 원래 따라가던 경로에서 벗어나지 않으면서 미안드로스 강변의 안티오키아로 나아갔고 그곳에 진을 쳤다.

미안드로스 강의 수원은 한때 프리기아의 수도였던 켈라이나이 소재의 샘이었다. 그 도시의 사람들은 옛 켈라이나이에서 멀지 않은 곳으로 이주했고, 새로운 도시는 셀레우코스 왕의 여동생[3]인 아파마의 이름을 따서 아파메아라는 이름을 갖게 되었다. 마르시아스 강 역

3 여기서 "여동생"이라는 표현은 실제로는 셀레우코스 왕조에서는 정실 아내를 뜻한다. 아파메는 박트리아 출신의 여인으로, 알렉산드로스 대왕의 적수였던 스피타메네스의 딸이었다. 아파메는 셀레우코스 1세(나중에 니카토르라고 알려진 인물)와 기원전 324년 수사에서 결혼했고, 안티오코스 1세 소테르의 어머니였다.

시 미안드로스 강의 수원에서 멀지 않은 곳에 수원이 있었고, 미안드로스 강으로 흘러들었다. 전하는 이야기에 따르면 마르시아스[4]가 아폴로와 피리 실력을 겨뤘던 곳이 켈라이나이였다. 미안드로스 강은 켈라이나이 요새 꼭대기에서 발원했고, 도시 중앙으로 흐른 다음 먼저 카리아를 통해 흐르고 이후 이오니아를 통해 흘러 프리에네와 밀레토스 사이에 있는 바다의 만으로 빠졌다.

안티오키아에서 안티오코스의 아들 셀레우코스는 스키피오와 체결한 협정 조건에 따라 로마 군을 위한 곡물을 제공하러 집정관의 진지로 찾아왔다. 여기서 아탈로스의 병력에 관해 가벼운 의견 충돌이 있었는데, 셀레우코스가 부왕은 로마 군인에게만 곡물을 제공하기로 합의했다고 말했기 때문이다. 이 문제 역시 집정관의 확고한 태도로 해결되었다. 그는 한 천인대장을 보내어, 로마 군인들은 아탈로스의 부대가 곡물을 공급받을 때까지 어떠한 곡물도 받지 않을 것이라는 뜻을 전달시켰다. 이어 만리우스는 안티오키아에서 고르디오티키라 불리는 곳으로 움직였다. 진군 셋째 날 그는 그곳에서 팜필리아 해를 마주보는 피시디아 영토의 타바이라는 도시에 도착했다. 이 지역은 전력의 손상이 없던 곳이라 그 도시의 남자들은 당장이라도 싸우러 나서려고 했다. 그리하여 그들의 기병대가 로마 군 대열에 공격을 가했고, 첫 공격에 적잖은 혼란을 일으켰다. 하지만 곧 수적으로나 군인의 자질로나 그들은 로마 인들에게 전혀 상대가 되지 않았고, 결국 그들은 도시로 밀려났다. 이어 그들은 잘못된 행동에 용서를 간청하

---

4 그리스 신화 속의 사티로스. 자신의 음악 실력이 아폴로 신보다 낫다고 자만하여 신에게 도전을 했다가 패배하고서 산 채로 피부를 벗기우고 죽었다. 그의 피와 동료 사티로스의 눈물이 흘러들어 이 강을 만들어냈다고 한다.

며 도시를 넘기겠다고 말했다. 집정관은 그들에게 은 25탈렌트와 밀 60만 파운드를 요구했고, 이 조건으로 그 도시의 항복이 승인되었다.

14. 로마 군은 타바이를 떠나서 셋째 날에 카소스 강에 도착했고, 그곳에서 더 나아가 첫 공격에 에리자를 점령했다. 다음으로 로마 인들은 타부시움에 향했는데, 이곳은 코끼리에서 떨어진 인도인의 이름을 따서 인두스[5]라는 이름을 얻은 강을 내려다보는 요새였다. 여기서 키비라는 그리 멀지 않았는데, 그 도시의 참주인 모아게테스는 모든 측면에서 믿을 수 없고 성가신 기질의 소유자였다. 그는 로마 군에게 사절단을 보내지 않았다. 참주의 태도를 시험해 보기 위해 집정관은 가이우스 헬비우스[6]에게 4천 명의 보병과 5백 명의 기병을 주어 보냈다. 이 부대가 키비라 영토로 들어서는 중에 사절단이 찾아와 로마 군이 요구하는 바를 따르겠다는 참주의 말을 전했다. 사절단은 로마 지휘관에게 영토를 평화로운 상태로 놔두고 들어와 달라고 간청했으며, 또 농촌을 파괴·약탈하지 말라고 호소했다. 그들은 또한 로마 지휘관에게 황금관의 형태로 15탈렌트를 가져왔다. 헬비우스는 그들의 농촌이 약탈을 당하지 않도록 조치하면서 사절들에게 집정관을 만나러 가라고 지시했다. 그들은 똑같은 말을 집정관에게 전했고, 이런 답변을 들었다.

"우리가 보기에 참주가 우리에게 선의를 보인다는 증거가 없소. 게다가 보편적으로 알려진 그의 성품을 미루어볼 때, 그와 우호 관계를 맺는 것보다 그를 처벌하는 것이 더 낫겠다는 생각이 드오."

---

5 그가 인도인이든 아니든 코끼리를 모는 사람을 가리켜 인두스(인도인)라고 했다.

6 기원전 203년에 천인대장을 지냈고 199년에는 평민 출신 토목건축관리관이었고, 198년에는 법무관을 지냈다.

이 발언에 놀란 사절들은 집정관에게, 황금관을 받고 참주가 직접 집정관을 대면하여 누명을 씻을 수 있는 기회를 달라고 간청했다. 집정관이 참주의 방문을 허락하자 그는 다음날 수행원은 물론 자신까지 별로 재산이 없는 일개 시민처럼 보이는 옷을 입고 나타났다. 참주는 더듬거리면서 소박하게 말을 했고, 자신의 재산을 폄하하며 자신이 통치하는 도시들이 가난하다고 말했다. 실제로 그의 통치를 받는 도시는 키비라 외에 실레움과 아드 림넨('바다 쪽에 있는'이란 뜻)이라 불리는 도시가 있었다. 그는 겁먹은 모습을 보이면서 25탈렌트를 이 도시들에서 모으겠다고 약속했다. 그는 이것이 자신과 자신의 백성들의 것을 빼앗는 행위라고 불평했다. 그러자 집정관은 이렇게 대답했다.

"이것 보시오, 그런 터무니없는 말은 도저히 참을 수가 없소. 당신은 배후에 있으면서 사절을 보내 아무런 죄책감도 없이 우리를 조롱하는 것만으로는 충분치 않은가 보오. 이렇게 직접 와서 무례한 행동을 고집하는 걸 보면 말이오. 25탈렌트가 그대의 독재 체제를 메마르게 할 것 같소? 좋소. 그렇다면 사흘 안에 5백 탈렌트를 지급하도록 하시오. 그렇지 않으면 그대의 농촌 지역이 약탈당하고 도시가 포위당하는 걸 보게 될 테니!"

이런 위협에 참주는 두려움을 느꼈지만, 그래도 여전히 자신의 완강한 주장을 굽히지 않았다. 참주는 하찮고 억지스러운 변명과 경박한 읍소를 번갈아 해대면서 이 금액을 조금씩 줄여나갔고, 결국엔 1백 탈렌트 정도까지 액수를 내렸다. 여기에 곡물 60만 파운드가 추가되었다. 이 모든 건 6일 만에 조달되었다.

15. 로마 군은 키비라에서 출발하여 카우랄리스 강을 건넌 뒤 신다 인들의 영토로 들어가 그곳에 진을 쳤다.

다음날 로마 군은 카랄리티스 습지를 따라 진군했고, 마담프로스 근처에서 밤을 보냈다. 그들이 다음날 그곳으로부터 진군하자 이웃 도시 라굼 주민들은 놀라서 도망쳤고, 로마 인들은 사람은 없지만 온갖 보급품을 잘 비축한 도시를 약탈했다. 로마 인들은 라굼에서 리시스 강의 수원으로 움직였고, 다음날 코불라토스로 나아갔다. 그 당시 테르메소스 인들은 이시오덴세스 시를 점령하고 이어 요새를 공격 중이었다. 요새의 포위된 자들은 도움을 받을 가망이 없자 사절들을 집정관에게 보내 도움을 간청했다. 그들은 자국민이 아내와 자식과 함께 요새에 갇혀 있으며, 날마다 칼이나 굶주림으로 죽을 걸 예상하고 있다고 했다. 그리하여 집정관은 팜필리아로 방향을 돌려서 그쪽으로 적극 행군하게 되었다. 그가 현장에 도착하자 이시오덴세스에 대한 포위 공격은 풀렸고, 은 50탈렌트를 받고 테르메소스 인들과 강화를 맺었다. 아스펜도스 인들과 팜필리아의 다른 민족들도 이와 비슷한 대우를 받았다.

팜필리아에서 돌아온 집정관은 첫날 타우로스 강에 진을 쳤고, 다음날 다시 행군에 나서서 크실리네 코미라고 하는 곳에 진을 세웠다. 그곳에서 다시 계속 진군하여 코마사라는 도시에 도착했다. 그 다음으로 나아간 도시는 다르사였는데, 그 도시에 도착해 보니 로마 군이 접근한다는 소식에 겁먹은 주민들은 도시를 버리고 떠나버린 상태였다. 하지만 도시 자체엔 온갖 보급품이 가득했다. 습지를 따라 나아가는 동안 리시노이에서 온 사절들은 그에게 도시를 넘기겠다는 뜻을 표시했다. 그곳에서 계속 나아간 로마 인들은 사갈라소스 인들의 영토로 들어가게 되었다. 그곳은 비옥한 땅이라 온갖 작물이 생산되었다. 주민들은 피시디아 인들이었는데 여태까지 그 지역에서 가장 훌륭한 싸움꾼들이었다. 그들은 이런 기질에 더하여 비옥한 땅,

많은 인구, 도시의 위치, 이 지역에선 드문 도시의 방어 시설 등을 믿고서 싸우려는 생각을 했다. 집정관은 국경에서 사절단이 찾아오지 않았으므로 약탈대를 농촌 지역으로 보내 그 일대를 파괴하게 했다. 자신들의 재산이 마구 약탈되는 것을 보자 주민들의 완강한 투지는 꺾였다. 그들은 사절들을 보냈고, 50탈렌트와 밀 12만 파운드, 같은 양의 보리를 제공하는 조건으로 로마 군과 강화 조약을 맺었다.

이어 집정관은 로트리네 샘으로 나아가 아크리도스 코미라고 하는 마을에 진을 쳤다. 다음날 셀레오코스가 아파메아에서 그곳에 도착했다. 집정관은 환자들과 쓸모없는 짐을 아파메아로 보냈다. 셀레오코스에게 행군의 경로에 관한 안내를 받은 뒤 그는 같은 날 메트로폴리스 평지에 도착했고, 다음날 프리기아의 디니아이에 도착했다. 집정관은 그곳에서 더 움직여 신나다(Synnada)로 갔다. 그곳은 도시 전역이 겁먹고 비워진 상태였다. 로마 인들은 이제 이런 곳들에서 가져온 전리품을 가득 싣고 그것을 끌고 베우도스('옛 베우도스'라고 불렸다)라는 곳에 다다랐다. 로마 군은 하루에 겨우 10km를 진군하면서 이곳에 힘겹게 도착한 것이었다. 이어 집정관은 아나부라에 진을 쳤고, 다음날엔 다시 이동하여 알란데르 강 수원에 진을 쳤다. 셋째 날엔 아바시오스에 도착하여 진을 쳤다. 그는 아바시오스에서 상당한 시간을 보냈는데, 이제 톨로스토보기이 인들의 국경에 도착하여 경계해야 할 필요가 있었기 때문이다.

16. 갈리아 인들의 과거 역사를 알아보면 이러하다. 그들은 원래 브렌누스의 지휘를 받으며 다르다니아 영토에 도착했다.[7] 그들은 용

7 갈리아 인(켈트인)은 지금 이 시점(기원전 189년)보다 약 1백년 전인 기원전 279년에 다르다니아에 도착했다. 그들의 족장 브렌누스는 기원전 278년에 그들 중 일부를 이끌고 마

맹한 무리였고, 영토가 부족하여 혹은 약탈을 하겠다는 기대를 하고 움직인 것이었다. 그들은 자신들이 지나가는 땅에서 어떠한 민족도 전쟁의 상대가 될 수 없다고 확신했다. 다르다니아에 도착했을 때 그들 사이에선 갈등이 생겨났다.

2만 명 정도의 병사들이 그들의 족장들인 로노리우스와 루타리우스와 함께 브렌누스에게서 떨어져 나갔고, 이들은 트라키아로 향했다. 그들은 자신들에게 저항하는 자들과 싸웠고, 평화를 청하는 자들에게 공물을 부과했다. 마침내 그들은 비잔티움에 이르렀고, 당분간 그들은 프로폰티스 해안을 통치하고 그 지역의 도시들을 속국으로 삼았다. 이어 그들은 아시아로 건너가고자 하는 욕구에 사로잡혔다. 이제 아시아와 가까워진 그들은 그곳이 비옥하다는 말을 들었기 때문이었다. 그들은 기만으로 리시마키아를 점령하고 무력으로 케르소네소스 전역을 장악한 후 헬레스폰토스로 갔다.

그곳에서 그들은 아시아와 그곳을 가르는 비좁은 해협을 봤다. 이 광경은 아시아로 건너가고자 하는 그들의 욕구를 격화시켰다. 그들은 해안 총독인 안티파테르에게 대리인들을 보내 해협을 건널 방법을 논의했다. 그 협상은 참가자들이 예상했던 것보다 길어졌다.

그러는 사이에 새로운 불화가 족장들 사이에서 생겨났다. 로노리우스는 이동해온 무리의 대다수를 데리고 출발점인 비잔티움으로 되돌아갔다. 루타리우스는 그러는 사이 헬레스폰토스를 떠났다. 안티파테르는 사절단인 척하고 몇몇 마케도니아 인을 정찰하러 보냈고, 루타리우스는 그들에게서 두 척의 갑판이 있는 배와 세 척의 소

케도니아와 그리스로 들어갔다. 하지만 이들은 델포이에서 격퇴되었는데 족장 브렌누스는 부상을 당하자 자살했다.

형 범선을 받아 며칠 동안 밤낮으로 수송하여 전 병력을 움직였다. 곧 로노리우스도 비티니아의 왕 니코메데스 1세의 도움으로 비잔티움에서 건너왔다.[8]

갈리아 인들은 이렇게 병력을 다시 합친 뒤 비티니아 일부를 장악한 지보에테스와의 전쟁에서 니코메데스를 도왔다. 지보에테스는 갈리아 인들의 참여로 힘이 강해진 니코메데스에게 패배했고, 그리하여 비티니아 전역이 니코메데스의 지배를 받게 되었다. 갈리아 인들은 이어 비티니아를 떠나 아시아로 나아갔다. 2만 명 중에 무장한 자는 1만 명이 되지 않았다. 하지만 이런 상황에도 불구하고 그들은 타우로스 산맥 이쪽에 사는 모든 민족에게 극심한 공포를 안겼고, 모두가 갈리아 인의 명령에 따랐다. 그들과 접촉을 했든 하지 않았든, 그들과 가까이 있든 가장 멀리 있든 현지 주민들은 모두가 그들에게 복종했다.

결국 갈리아 인들에겐 세 부족, 즉 톨로스토보기이, 트로크미, 그리고 텍토사게스가 있었기에 그들은 아시아를 세 부분으로 나눴고, 각 부분은 각 갈리아 부족의 속국이 되었다. 트로크미에겐 헬레스폰토스 해안이 돌아갔고, 톨로스토보기이에겐 아이올리스와 아이오니아가 배정되었으며, 텍토사게스는 아시아 내륙 지역을 그들의 영토로 배정 받았다. 그들은 타우로스 산맥 이쪽의 아시아 전역에서 공물을 받았지만, 할리스 강 유역에서 거주했다.[9] 그들의 이름이 불러일으킨 공포는 결국 시리아의 왕들조차 공물을 바치는 걸 거부하지 못

---

8 이 시점은 기원전 278년인데 당시 니코메데스 1세는 그의 형제인 지보에테스와 싸우고 있었다.

9 이렇게 하여 갈라티아(갈리아 인의 땅)라고 하는 지역이 수립되었다. 하지만 갈라티아 서쪽의 땅은 페르가몬의 아탈로스 1세가 저지함으로써 진출하지 못했다.

하게 했다. 아시아 주민 중 처음으로 공물을 거부한 건 에우메네스 왕의 아버지 아탈로스였다. 모든 예상을 뒤엎고 그의 대담함은 행운으로 뒷받침되었다. 그는 갈리아 인들을 상대로 한 전투에서 승리했다.[10] 그럼에도 불구하고 그는 영토를 떠나게 할 정도로 적의 사기를 완전히 꺾는 데에는 실패했다. 갈리아 인들의 군사력은 안티오코스와 로마 인들 사이에 전쟁이 벌어질 때까지 같은 수준으로 계속 유지되었다. 안티오코스가 패배한 이후조차 그들은 자신들이 바다에서 먼 곳에 살고 있으므로 로마 군이 그들에게까지 접근해 오지는 못할 거라고 단단히 믿고 있었다.

17. 이제 로마 인들은 바로 이 갈라티아 인을 상대로 싸워야 했다. 이 적은 세력이 강성하여 그 지역 모든 민족에게 어마어마한 두려움을 안기고 있었다. 이런 가능성 때문에 집정관은 휘하 병력을 소집하여 다음과 같은 취지로 연설했다.

"제군, 나는 아시아에 사는 모든 민족 중에 갈리아 인들이 가장 전쟁에서 무공의 평판이 높다는 걸 모르지 않는다. 이 사나운 나라는 먼 곳으로부터 이동하여 가장 온순한 종족과 싸웠고 거의 온 세상을 그들의 집으로 삼았다. 그들의 커다란 체격, 흐르는 것 같은 붉은 머리털, 거대한 방패와 커다란 칼, 전투에 돌입할 때 부르는 사나운 노래와 울부짖고 날뛰는 모습, 고대로부터 내려온 관습에 따라 방패를 두들기며 무기로 내는 무시무시한 소음은 상대방에게 공포심을 불러일으키기 위해 일부러 그렇게 하는 것이다. 그리스 인, 프리기아 인, 카리아 인은 이런 것을 두려워할지도 모른다. 그것이 익숙하지

10 아탈로스 1세가 갈라티아 인들에게 승리를 거둔 것은 기원전 237년 경이었다.

않고 특이하기 때문이다.

반면에 우리 로마 인들에게 갈리아 인의 반란은 무척 익숙하다. 그들의 터무니없는 허장성세 역시 우리가 잘 알고 있는 것이다. 단 한 번 우리 선조들은 갈리아 인들 앞에서 도망쳤는데, 이는 오래전 일로서 알리아에서 그들을 처음 마주쳤을 때의 일이었다.[11] 그때부터 지금까지 200년 동안 로마 인들은 그들을 겁에 질린 짐승처럼 죽이고 패주시켜왔다. 온 세상의 다른 모든 민족을 상대로 한 것보다 갈리아 인들을 상대로 치른 개선식이 더 많다. 우리는 경험으로 아는 바가 있다. 그들이 불처럼 타오르는 격정과 맹목적인 분노로 몸을 던져 가하는 첫 공격을 우리가 버텨내면 그들의 사지는 곧 땀과 피로로 늘어지고, 손에 쥔 무기는 흔들리게 된다. 격정이 사그라지면 그들의 몸은 축 늘어지고, 그들의 결의도 마찬가지로 축 늘어진다. 그들은 태양, 먼지, 목마름으로 정신을 차리지 못해 제군이 그들을 상대할 때 무기조차 필요 없을 정도이다.

우리는 군단 대 군단으로 저들과 겨루어보았을 뿐만 아니라 일대일 결투에서도 저들을 시험해 보았다. 티투스 만리우스와 마르쿠스 발레리우스는 로마 인의 용맹이 갈리아 인의 광분을 얼마나 쉽게 압도할 수 있는지를 보여줬다.[12] 마르쿠스 만리우스는 홀로 군대에 맞서 카피톨리움으로 올라오는 갈리아 인들을 격퇴했다.[13] 우리 선조들

---

11 기원전 390년, 갈리아 인이 로마를 침입한 것을 말하고 있다. 참조 리비우스 『로마사』 5권 39장 .

12 티투스 만리우스와 마르쿠스 발레리우스는 단 한 번의 싸움으로 갈리아 인들을 제압했다. 참조. 리비우스 『로마사』 7권 9장과 7권26장.

13 만리우스 카피톨리누스는 갈리아 인들이 한밤중에 카피톨리움을 기어 올라올 때 신성한 거위들의 울음 소리에 잠에서 깨어 그들을 물리쳤다. 참조. 리비우스 『로마사』 5권 47장.

은 그들의 고국에서 태어난 진짜 갈리아 인들을 상대했다. 이곳에서 우리가 마주하게 되는 갈리아 인들은 퇴보한 혼혈들이고, 이런 상태는 '갈리아 그리스 인'[14]이라는 저들의 명칭으로 정확하게 설명된다. 식물과 동물이 다 그렇듯이, 타고난 특징을 보존하려는 종자의 힘은, 그 자신이 성장하는 땅의 특징과 기후로 생겨난 후천적 힘을 이기지 못한다.

이집트 알렉산드리아를 장악하고 셀레우키아와 바빌로니아에 살며, 온 세상으로 흩어져 다른 식민지들에 머물게 된 마케도니아 인들은 시리아 인, 파르티아 인, 이집트 인으로 퇴보했다. 갈리아 인들 사이에 있는 마실리아는 이웃에게서 몇몇 특성을 얻었다. 엄격하고 단호한 스파르타 규율은 타렌툼 인들에게서 흔적조차 찾을 수 없다. 적절한 거주지에서 자라난 모든 것은 특유의 탁월함을 발전시킨다. 이질적인 토양에 이주하면 본질이 변하고, 자라나는 환경에 맞게 퇴보하게 된다. 따라서 이들은 말만 갈리아 인이지 실상은 자신들의 무기도 제대로 다루지 못하는 프리기아 인들이다.

승자가 패자를 죽이는 것처럼, 또 제군이 안티오코스의 전열을 쓰러뜨렸던 것처럼 그들은 우리의 칼 아래 죽음을 맞이하게 될 것이다. 나는 지나치게 싸움이 많을 걸 두려워하지 않는다. 나는 오히려 영광이 지극히 적을 수도 있다는 것이 오히려 더 두렵다. 아탈로스 왕은

---

14 갈리아 그리스 인이라고 하여 리비우스는 아시아에 들어온 갈리아 인이 타락한 존재들이라고 비하하고 있다. 그러나 리비우스 『로마사』 37권 8장에서 다음과 같이 정반대의 발언을 하고 있다. "안티오코스 자신은 프리기아에서 겨울 내내 머무르며 사방에서 동맹들을 불러들였다. 그는 심지어 당시 특히 호전적이라는 평가가 나 있던 갈라티아에까지 사람을 보냈다. 갈라티아 사람들은 민족적 혈통이 아직 사라지지 않아서 갈리아 인의 특성을 그대로 간직하고 있었다."

자주 이들을 패주시켜 사방으로 도망치게 했다. 짐승들은 갓 붙잡혔을 때 숲에서 보이던 야만성을 보이지만, 인간의 손에서 오랫동안 먹이를 받아먹으면 곧바로 길들여지게 된다. 하지만 짐승만 그렇다고 생각해서는 안 된다. 인간의 야만성을 유약하게 만드는 일에서 자연의 힘은 똑같이 작용한다.

제군은 그들의 아버지와 할아버지가 그들과 같았다고 보는가? 땅의 척박함 때문에 그들은 어쩔 수 없이 고향에서 떠났다. 그들은 바위투성이 지역인 일리리쿰을 따라 여행했고, 파이오니아와 트라키아를 따라 나아갔으며, 그러면서 극도로 사나운 부족들과 싸웠다. 이어 그들은 이 땅을 장악했다. 온갖 불행으로 단단하고 야만스러워진 그들은 온갖 쓸모 있는 것을 풍성하게 갖춰 그들의 욕구를 채워줄 수 있는 지역에 자리잡았다. 온화한 기후에 상냥한 주민들을 갖춘 이 부유한 농촌 지역은 그들이 당초 왔을 때 가지고 왔던 사나움을 길들였다.

제군은 전사들이다. 내 말을 명심하라, 제군은 반드시 잔뜩 경계해야 하고, 아시아에서 얻을 수 있는 쾌락으로부터 최대한 멀리 벗어나야 한다. 이런 타향의 쾌락이 지닌 힘은 상무적 기질이 아무리 강하더라도 그 기질을 파괴하고 만다. 타향의 습관과 생활 방식은 너무나 강력하여 그에 접촉하면 반드시 영향을 받을 수밖에 없다. 그럼에도 불구하고 이런 상황은 우리에게 있어 하나의 행운이다. 제군을 상대할 갈리아 인들의 전력은 쓸모가 없지만, 그래도 여전히 그리스 인들 사이에서는 과거의 명성을 그대로 누리고 있다. 제군은 마치 옛적 용맹을 그대로 보존한 갈리아 인들을 물리치기라도 한 것처럼 동맹들 사이에서 예전과 같은 똑같은 군사적 영광을 누리게 될 것이다."

18. 집정관은 도열한 병사들을 해산하고 사절들을 에포소그나토

스에게 보냈다. 그는 에우메네스와의 우호 관계를 그대로 유지하고, 안티오코스를 도와서 로마와 싸우길 거부한 유일한 족장이었다. 그렇게 한 뒤 집정관은 진지를 옮겼다. 첫날 그는 알란데르 강에 도착했고, 둘째 날 티스콘이라고 하는 마을에 도착했다. 그곳에서 그는 오로안다 인들이 보낸 사절단을 맞이했고, 그들은 우호 협정을 요청했다. 집정관은 2백 탈렌트를 그들에게 요구했고, 그들은 귀국하여 보고해야 하니 떠나는 걸 허락해달라고 간청했다. 집정관은 그들의 요청을 승인했다.

이어 집정관은 플리테를 향해 진군했고, 다음 진지를 알야티에 세웠다. 그가 그곳에 머무르는 동안 에포소그나토스에게 보낸 사절들이 돌아왔고, 그들과 함께 족장이 보낸 대표들이 따라왔다. 족장의 대표들은 집정관에게 텍토사게스와 전쟁을 하지 말아달라고 간청했다. 그들은 에포소그나토스가 텍토사게스 부족을 만나 집정관의 뜻에 복종하도록 설득하겠다고 말했다. 족장의 부탁을 승인한 만리우스는 악실론('나무가 없는'이라는 뜻)이라 불리는 영토를 따라 진군하기 시작했다. 이곳은 나무가 전혀 없고 가시나무나 다른 연료 감이 전혀 없어서 그런 이름이 붙게 되었다. 이곳 주민들은 소똥을 나무의 대용으로 썼다.

로마 인들이 갈라티아 요새인 쿠발룸 근처에 세운 진에 머무르는 동안 적의 기병대가 나타나 엄청난 소란을 일으켰다. 그들의 기습은 로마 전방 부대들을 혼란에 빠뜨렸을 뿐만 아니라 사상자도 일부 발생시켰다. 진지에 이런 소동으로 인한 소리가 들리자 로마 기병대가 서둘러 모든 문에서 쏟아지듯 나왔고, 갈리아 인들을 격퇴시켰고, 무질서한 상태가 된 그들은 도망치면서 상당한 수의 병사가 죽었다.

집정관은 이제 적과 아주 가까운 곳에 있다는 걸 깨닫고 그 이후 신중하게 전진했다. 사전에 지형을 정찰한 다음에 밀집 대형을 이루어 행군했다. 로마 군은 계속 행군한 끝에 산가리우스 강에 도착했다. 강은 걸어서 건널 수 있는 곳이 없었기 때문에 로마 군은 부교를 놓기 시작했다. 아도레우스 산에서 솟는 산가리우스 강은 프리기아를 따라 흘렀다. 비티니아 근처에서 이 강은 팀브리스 강에 합류했다. 물줄기가 두 배가 되며 커진 강은 비티니아를 따라 흘러 프로폰티스 해로 흘러들었다. 하지만 이 강의 주목할 만한 특징은 그 크기가 아니라 지역 주민들에게 공급하는 엄청난 양의 물고기들이었다. 로마 군이 다리를 완성하고 강을 건넌 뒤 강둑을 따라 진군하던 중에 페시누스에서 온 이다 산 여신의 사제들[15]이 특유의 예복을 입고 로마 인들을 만나러 왔다. 그들의 예언은 이러했다. "신비로운 구호를 통해 여신이 로마 인들에게 전쟁에서 명확한 길을 허락했으며, 승리와 그 지역의 지배권도 줄 것이다." 집정관은 그 예언의 뜻을 받들어서 그 자리에 진을 쳤다.

다음날 그는 고르디움[16]에 도착했다. 고르디움은 큰 도시가 아니었지만, 그곳의 시장은 내륙 다른 장소보다 더 분주하고 사람들도 많이 모여 들었다. 그곳은 세 곳의 바다와 거의 같은 거리로 떨어져 있었다. 하나는 헬레스폰토스, 다른 하나는 시노페의 바다, 또 다른 하나는 그 반대 방향의 해안에 있는 바다였다. 맨 뒤의 해안엔 킬리키아 인들이 살고 있었다. 이외에도 그곳은 여러 중요한 나라의 국경과 인

---

15 갈리(Galli)라고 하는데 리비우스 『로마사』 37권 10장에서 이미 나왔다.

16 프리기아의 왕 고르디우스가 다스렸던 땅. 고르디움의 매듭으로 유명하다. 고르디우스 왕이 풀기 어려운 매듭을 여기에다 두었는데, 이것을 푼 사람이 아시아 전체의 왕이 된다는 신탁이 있었다. 알렉산드로스 대왕이 고르디움을 지나가는 길에 이 매듭을 칼로 잘라 버렸다는 전설이 전해진다.

접했고, 이런 나라들의 상호간 필요로 특히 이곳에 그들의 무역이 집중되었다.

그러나 도시에 도착한 로마 인들은 주민들이 도망치는 바람에 그 도시가 버려졌다는 걸 발견했다. 하지만 도시엔 온갖 물품이 풍성하게 비축되어 있었다. 로마 인들이 그곳에 진을 치고 머무는 동안 에포소그나토스가 보낸 사자들이 도착했는데, 그들은 족장이 갈리아 족장들을 만났으나 호의적인 결과를 얻지 못했다는 소식을 전했다. 갈리아 인들은 평원에 있는 마을과 농촌 지역에서 다수로 움직이는 중이었으며, 아내와 자식을 데리고 올림포스 산[17]으로 가는 중이었다. 또한 가져갈 수 있는 모든 재산을 짐마차로 운반하고 있었다. 그들은 천연 요새에서 무력 저항을 하며 자신들의 자유를 지키고자 했다.

19. 얼마 뒤에 오로안다 인들이 보낸 사자들이 더욱 확실한 정보를 가지고 왔다. 그 내용은 톨로스토보기이 부족이 올림포스 산맥을 점령했고, 텍토사게스 부족이 그들과 헤어져서 마가바라 불리는 산으로 향했으며, 트로크미 부족은 여자와 아이들을 텍토사게스 부족에 남기고 톨로스토보기이 부족을 지원하러 무장하고 진군했다는 것이었다. 세 부족의 족장들은 당시 오르티아고, 콤빌로마루스, 가울로투스였다. 그들이 전쟁을 수행하게 된 주된 이유는 산의 가장 높은 곳을 차지하면서 무기한으로 필요한 보급품을 충분히 받고 있으면 적의 인내심을 고갈시켜 지치게 함으로써 물리칠 수 있다고 생각했기 때문이었다. 그들은 로마 인들이 무척 가팔라서 오르기 무척 어려

---

17 고대 세계에 올림포스 산이 여러 군데 있었으며 이 산의 정확한 위치는 불분명하다.

운 오르막을 감히 오르지 못할 거라고 확신했고, 만약 오르려고 시도한다면 소규모 병력으로도 충분히 저지하거나 밀어낼 수 있다고 보았다. 그러나 그들은 로마 군이 추운 산기슭에서 추위와 보급품 부족을 견디면서 가만히 있지는 않을 거라고 생각했다. 그래서 그들은 지극히 높은 곳에 자리를 잡아 보호받고 있었지만, 그래도 더욱 방어를 강화하기 위하여 점거한 산꼭대기에 도랑과 다른 방어 시설들을 둘렀다. 그들은 적에게 던질 무기를 거의 준비하지 않았는데, 바위투성이 지형이 남아돌아갈 정도로 많은 돌을 제공할 것이라고 확신했기 때문이었다.

20. 집정관은 전투가 백병전이 아닌 적의 진지를 향해 장거리 공격을 퍼붓는 형태가 될 거라고 예측했다. 따라서 어마어마한 양의 창, 척후병용 창, 화살, 슬링으로 던질 수 있는 납으로 된 공과 작은 돌을 결집시켰다. 로마 군은 이런 투척 무기로 무장하고 올림포스 산맥을 향해 진군했고 8km 정도 떨어진 곳에 진을 쳤다. 다음날 아탈로스와 4백 명의 기병을 대동한 집정관은 산맥의 자연적 특성과, 갈리아 인들이 자리를 잡은 진지의 상황을 정찰하러 나섰다. 하지만 로마 군의 두 배나 되는 적 기병대가 진지에서 쏜살같이 나와 전투가 벌어졌다. 후퇴 과정에서 소수의 로마 군 병사들이 전사했고, 다친 이들은 그보다 훨씬 많았다.

셋째 날, 집정관은 전군을 이끌고 정찰에 나섰다. 적은 방어 시설 밖으로 한 명도 나오지 않았다. 그는 말을 타고 안전하게 천천히 산을 둘러봤다. 그는 산 남쪽이 흙으로 덮여 있고, 특정한 높이로 완만하게 경사가 있다는 걸 알게 되었다. 반면 북쪽은 가파른 암벽이었고, 거의 수직으로 깎아지른 벼랑이었다. 그는 세 곳의 경로를 제외하면 산에 접근할 수 없다는 걸 알았다. 중앙에 있는 접근로는 흙으로 덮여 있었고, 남동쪽과 북서쪽 접근로는 험난했다. 이 세 가지 길을 검토한 그는 그날 산기슭에 진을 쳤다.

다음날 희생 의식을 치르고 첫 제물들에게서 호의적인 예언을 얻은 그는 병력을 세 부분으로 나눠 적을 향해 나아가기 시작했다. 집정관은 가장 큰 병력을 이끌고 가장 완만한 경사의 오르막으로 나아갔다. 그는 자신의 형제 루키우스 만리우스에게 지시하여 남동쪽으로 진군하게 했고, 일단 안전하게 오를 수 있는 지형까지만 나아가게 했다. 위험하고 깎아지른 듯한 곳에 다다르면 험난한 지형이나 극복할 수 없는 장애물과 힘들게 씨름하지 말고, 집정관을 향해 방향을 돌린 후에 산을 가로질러 집정관 부대에 합류하라는 것이 그에게 내려진 지시였다. 가이우스 헬비우스는 지시를 받고 또 다른 병력을 맡아 산기슭을 천천히 우회하여 북서쪽 길로 산을 오르게 되었다. 집정관은 아탈로스의 예비 부대도 셋으로 균등하게 나눴고, 아탈로스는 자신과 함께 움직이도록 지시했다. 그는 산과 가장 가까운 평지에 기병대를 코끼리와 함께 남겨두었고, 장교들은 모든 곳의 상황을 방심하지 않고 살피다 도움이 필요한 상황이 되면 바로 그 쪽으로 도우러 나서라는 지시를 받았다.

21. 갈리아 인들은 양쪽 측면으로 아군 진지에 접근하는 건 불가능하다고 확신했고, 남쪽으로 난 길을 무장한 병력으로 봉쇄하기로 했다. 그렇게 할 목적으로 그들은 4천 명 정도를 보내 진지에서 1km 정도 떨어진 길을 내려다보는 언덕을 점령하게 했다. 이 언덕을 일종의 요새로 삼아 적의 접근을 막아보겠다는 생각이었다. 로마 인들은 이런 움직임을 보자 전투 태세에 들어갔다. 본진보다 조금 앞에 서 있는 척후병들은 크레타 궁수와 아탈로스가 보낸 투석병, 그리고 트랄레스인, 트라키아 인과 함께 나섰다. 보병대는 가파른 오르막을 천

천히 걸으며 앞으로 움직였다. 그들은 오로지 투척 무기를 막자는 생각으로 앞에 방패를 세웠고, 백병전을 펼칠 생각은 전혀 없었다.

교전은 장거리에서 투척 무기를 던지는 것으로 시작되었고, 처음에 전투 상황은 양군이 팽팽했다. 갈리아 인들이 높은 위치의 이점이 있었다면, 로마 인들은 무기의 다양함과 수량에서 우위를 점했다. 하지만 전투가 계속되자 더는 상황이 팽팽하지 않았다. 갈리아 인들은 방패로 효율적인 보호를 받지 못했다. 그들의 방패는 길지만, 그들의 몸을 다 가릴 만큼 너비가 넓지 않았다. 게다가 표면은 평평했다. 더욱이 그들은 칼 말고는 다른 무기가 없었는데, 적이 근접전을 벌이지 않았기에 그 칼은 무용지물이었다. 그들이 던지는 무기는 돌이었는데, 편리한 크기는 아니었다. 미리 모아놓지도 않은 데다 불안감을 느끼며 돌을 집어 들었기에 손에 잡히는 것만 던졌다. 또한 그들은 돌에 익숙하지 않은 사람처럼 행동했고, 적에게 충격을 줄 힘을 실을 기술이나 힘도 없었다. 그러는 사이에 그들은, 방어가 되지 않는 곳을 노리고 온 사방에서 날아오는 화살, 슬링에서 발사된 투사물, 창에 맞았다. 그들은 분노와 공황으로 정신을 차리지 못하면서 어떻게 대응해야 할지 몰랐다. 그들은 그런 식으로 가장 익숙하지 않은 부류의 전투에 휘말리게 되었다.

타격에는 타격으로, 상처엔 상처로 돌려줄 수 있는 근접전에서 갈리아 인들은 분노로 흥분하면서 용기를 얻었다. 따라서 그들은 보이지 않는 먼 곳에서 날아오는 가벼운 무기에 다치고, 폭력을 행사하고자 달려들 만한 상대가 보이지 않을 때에는 아무 생각 없이 동료 병사들에게 다친 짐승처럼 마구 달려들었다. 그들의 상처는 겉으로 분명하게 드러났다. 그들은 알몸으로 싸웠고, 전투할 때를 제외하곤 절대 노출하는 경우가 없기 때문에 몸은 불룩하고 아주 창백했다. 그 결과 거대한 살집에서 피가 더 많이 흐를수록 깊게 베인 상처는 더욱 끔찍한 상처로 보였고, 검은 피가 남기는 얼룩은 흰 피부 때문에 더욱 음울하게 두드러졌다.

하지만 그들은 그런 벌어진 상처를 별로 걱정하지 않았다. 때때로 그들은 스스로 자기 살갗을 베어내기도 했다. 그들은 상처가 깊지 않고 넓게 벌어졌을 때, 그런 부상을 개의치 않고 싸우면 더욱 큰 영광 속에 싸우게 된다고 생각했다. 반면 화살이나 슬링으로 던진 투사체가 살에 박혀 겉보기에 별것 아닌 상처처럼 보이지만 극심한 통증을 일으켰을 때, 그리고 뽑아내려고 애를 써도 그것이 빠져 나오지 않을 때 갈리아 인들은 이런 자그마한 고통 때문에 죽어야 한다는 것에 미친 듯 화를 내며 수치스러워했다. 그러면서 그들은 바닥에 쓰러져 몸을 버둥거렸다.

따라서 이 무렵 온 사방에서 갈리아 인들은 얼굴을 땅에 대고 쓰러지는 중이었다. 다른 갈리아 인들은 적에게 달려들다 사방에서 쏟아지는 투사물에 맞았다. 그들은 근접전에 돌입하게 되었을 때 척후병의 칼을 맞고 쓰러졌다. 로마 군의 척후병들은 1m의 방패를 들고 있었고, 오른손에 든 창으로는 장거리 공격을 가했다. 이들은 또한 '스페인' 칼도 혁대에 차고 있어 근접전에서 싸우게 된다면 창을 왼손으로 옮기고 그 칼을 곧바로 뽑아들었다. 이때 살아 있는 갈리아 인들은 소수였다. 갈리아 인들은 가볍게 무장한 부대들에게 패배했고, 군단병들이 앞으로 나오며 압박을 가하자 무질서하게 우왕좌왕하면서 진지로 도망쳤다. 진지는 이미 공황과 혼돈의 현장이 되어 버린 상태였다. 여자, 아이, 나머지 비무장 군중이 모인 곳에서 그런 혼란상은 당연한 일이었다. 승리한 로마 인들은 도망친 적이 버린 언덕을 점령했다.

22. 그러는 사이 루키우스 만리우스와 가이우스 헬비우스는 산등성이가 길이 되어주는 한 최대한 진군했다. 하지만 도저히 지날 수 없는 지형에 다다르자 그들은 산이 유일하게 길을 내어주는 곳으로 방향을 돌렸고, 마치 미리 준비된 계획을 따르는 것처럼 각자 대열 사이에 적당한 거리를 두고 진군했다. 따라서 그들은 처음부터 그렇게 했으면 가장 좋았을 일을 지금 하고 있는 것이었다.

예비 부대들은 종종 그런 어려운 지형에서 가장 훌륭하게 전공에 이바지하는 것이었다. 앞서 가는 부대가 무질서한 상태에 빠지면 예비 부대가 패배한 전우들을 보호하고 활력이 넘치는 상태에서 전투를 이어받아 계속 수행할 수 있었다. 군단의 선두 부대들이 가볍게 무장한 병력에 점령된 봉우리에 도착했을 때 집정관은 휘하 장병들에게 지시하여 숨을 고르고 잠시 쉬도록 했다. 동시에 그는 언덕 사방에 널린 갈리아 인들의 시신을 가리키며 군단병들에게 경무장 부대들이 저런 전투 결과를 보였는데 군단들엔 무엇을 기대해야겠느냐고 물었다. 그는 표준 무기를 소지한 가장 용맹한 군인들에게 무엇을 바라야 하는지를 묻는 것이었다. 집정관의 뜻은, 경무장 로마 군에게 패배하여 공황에 빠진 채 달아난 적이 모여 있는 진지가 바로 군단병들이 지금 당장 점령해야 할 곳이라는 것이었다. 하지만 그는 가볍게 무장한 병력을 군단보다 앞서 나아가도록 지시했다. 이 병력은 대열이 멈췄을 때 정력적으로 그 틈을 활용하여 언덕 사방에 널린 무기를 모아 충분한 투사물을 확보할 계획이었다.

로마 군은 이제 적의 진지에 접근하는 중이었다. 갈리아 인들은 방어 시설이 그들을 충분히 보호할 수 없을 것을 두려워하여 방어벽 앞에 무장한 채 전투를 대기했다. 하지만 이내 그들은 온갖 투사물에 압도되었다. 갈리아 병사들은 엄청난 숫자로 밀집해 있었기에 공격에 실패하는 무기는 소수에 불과했다. 곧 그들은 방어벽 뒤로 밀려났고, 강력한 수비병들만 실제 진지 문들로 접근하는 길에 배치되었다. 막대한 양의 투사 무기가 진지 안에 모인 적의 무리에게 쏟아졌다. 병사들이 내지르는 비명이 여자들과 아이들의 흐느낌과 섞여 들려와 많은 병사들이 다쳤다는 걸 알려주었다. 로마 군단들의 선봉 부대들은 출입문을 지키고자 그 앞에 서 있는 갈리아 인들에게 장창을 던졌다. 비록 그들은 창에 다치지 않았지만, 방패가 창으로 뚫리는 바람에 많은 병사들이 서로 뒤엉켰고, 이렇게 하여 제대로 움직이지 못하는 바람에 로마 인들의 공격에 더 이상 저항할 수 없게 되었다.

23. 이제 적의 진지 출입문들이 열렸다. 승자들이 돌입하기 전에 갈리아 인들은 진지를 벗어나 사방으로 달아나기 시작했다. 그들은 황급하고도 맹목적인 걸음걸이로 길을 따라, 혹은 길도 없는 산비탈을 따라 달아났다. 가파른 바위나 절벽도 그들을 제지할 수 없었다. 그들은 로마 군 이외에는 아무것도 두려워하지 않았다. 그 결과 엄청난 높이에서 곤두박질치거나 순전히 탈진하여 죽는 자들이 많았다.

갈리아 인들의 진지를 점령한 뒤 집정관은 군인들이 약탈을 못하게 금지하고, 사기가 꺾인 갈리아 인들을 추격하라고 지시했다. 이런 결정은 갈리아 인들의 공황을 더욱 증폭시켰다.

루키우스 만리우스가 지휘하던 두 번째 전열도 이때 적의 진지에 도착했고, 그도 마찬가지로 휘하 장병들이 진지에 들어가지 못하게 하고 당장 적을 추격하라고 명령했다. 그 자신도 포로들의 관리를 천인대장들에게 위임하고 잠시 뒤에 추격전에 합류했다. 공황에 빠져 달아나는 갈리아 인을 최대한 많이 죽이거나 붙잡으면 전쟁을 금방 끝낼 수 있다고 확신했기 때문이었다.

집정관이 적 진지를 떠났을 때 가이우스 헬비우스도 세 번째 병력을 데리고 도착했다. 그는 휘하 장병들이 약탈하는 걸 저지하기엔 너무나 무력했다. 운명은 가장 부당하게 작용하여 전리품은 전투에서 아무런 힘도 보태지 않은 자들의 손으로 넘어갔다. 기병들은 오랫동안 미리 지정된 곳에 대기하고 있어서 전투의 상황에 관해서도, 전우들의 승리에 관해서도 아무것도 알지 못했다. 나중에 그들 역시 전속력으로 산기슭 주변으로 흩어져 도망치는 갈리아 인들을 쫓았고, 적을 죽이거나 사로잡았다.

적병의 도주와 학살이 산맥의 구불구불한 계곡에서 광범위하게 벌어졌기에 사상자의 수는 쉽게 파악할 수 없었다. 수많은 자가 길도 없는 절벽에서 끝도 모를 계곡으로 추락하여 죽었고, 다른 이들은 숲과 덤불 속에서 살해되었다. 역사가 클라우디우스는 올림포스 산에서 두 번의 전투가 있었다고 했는데, 4만 명의 적이 죽었다고 기록했다. 하지만 사상자의 숫자를 임의로 과장하는 경향이 있는 발레리우스 안티아스는 적의 전사자가 1만 명이 넘지 않는다고 주장했다. 적의 포로가 4만 명에 이른다는 건 의심할 여지가 없었다. 갈리아 인들은 계급과 나이를 불문하고 그들의 무리를 모두 데리고 로마 군 진지로 왔다. 그 모습은 싸우기 위해 전장으로 나가는 무리라기보다는 평화롭게 이주하는 무리로 보일 정도였다.

집정관은 우선 적의 무기를 하나로 쌓고 불을 놓았다. 이어 그는 휘하 장병들에게 약탈품을 가져오라고 지시했다. 그는 국고에 납입하기 위해 약탈품 일부를 팔았고, 나머지는 최대한 공정하게 돌아가도록 신경 쓰면서 군인들에게 나눠줬다. 로마 군 병력을 집결시킨 자리에서 모든 병사에게 찬사가 주어졌으며, 공에 따라 개인들에게도 상이 주어졌다. 아탈로스(페르가몬 왕의 동생)는 누구보다도 먼저 영예를 얻을 대상으로 뽑혔고 그것은 만장일치로 승인되었다. 이 왕족 청년은 모든 곤경과 위험 속에서 모범이 되는 용기와 정력을 보여준 것 외에도 놀라울 정도로 겸손한 태도로 일관했다.

24. 그러나 텍토사게스 부족을 상대로 한 전쟁이 아직 남아 있었다. 집정관은 이제 그들을 정복하러 나섰고, 진군 셋째 날 해당 지역의 유명한 도시인 안키라[18]에 도착했다. 적은 그곳에서 15km 정도 떨어진 곳에 자리 잡고 있었다. 그들이 그곳에서 진을 치고 있을 때 한 여자 포로가 기억에 남을 만한 행동을 했다.

족장 오르기아고의 부인[19]은 많은 포로와 함께 구금되어 있었다. 그녀는 대단한 미인이었다. 그녀를 감시하는 업무를 맡은 백인대장은 일반 병사들처럼 성욕이 가득하고 욕심이 많은 자였다. 그는 그녀를 유혹하려고 했다. 하지만 외간 남자와 자발적인 음행을 한다는 것은 그녀의 성격상 있을 수 없는 일이었다. 하지만 그녀는 운명에 의해 노예의 신세가 되었고 그리하여 남자의 완력 앞에 강간을 당할 수밖에 없었다. 그 후 이런 무도한 짓에 격분한 그녀를 달래고자 이 백인대장은 그녀를 동포들에게 돌려보내주겠다고 말했다.

하지만 그는 강간에 대하여 일말의 죄책감이 있었다면 그냥 돌려줄 만도 한데, 그런 석방도 무상으로 해주려고 하지 않았다. 그는 특정한 무게의 황금을 몸값으로 받고서 그녀를 풀어주려 했고, 로마 군 동료들에게 발각되는 걸 피하고자 족장 부인에게 포로 중 한 사람을

---

18 오늘날 터키의 수도인 앙카라를 가리킨다. 전설에 의하면 이 도시는 미다스 왕이 건설했다고 한다. 이 도시는 알렉산드로스 대왕이 페르시아 원정길에 들렀으며 나중에 텍토사게스 족의 수도가 되었다.

19 폴리비오스의 『역사』 21권 38장에 의하면 이 부인의 이름은 키오마라이다. 그녀는 올림포스 산의 전투 때에 포로로 붙잡힌 것으로 보인다. 키오마라의 이야기는 발레리우스 막시무스의 『기억할 만한 행동과 말』 6권 1장에서도 언급되어 있다.

직접 선택하여 동포들에게 보내는 전령으로 삼게 해줬다. 이어 그는 강 근처의 어떤 장소를 지정하고 부인의 친척 중 두 사람까지만 약속한 황금을 지참하고 다음날 밤 그곳에서 부인을 데려가도록 했다. 백인대장이 감시하던 자들 중엔 부인의 노예들 중 하나가 포로로 있었고, 이자가 해질녘에 백인대장의 도움을 받아 초병들을 지나쳐서 전령의 임무를 수행하게 되었다.

다음날 밤 부인의 두 친척과 부인을 데리고 온 백인대장이 지정한 곳에 도착했다. 사전에 거래한 대로 친척들이 1 아티카 탈렌트에 해당하는 황금을 내어놓을 때 부인은 부족 말로 그들에게 명령했고, 두 친척은 칼을 뽑아 황금 무게를 재느라고 정신이 팔린 백인대장을 죽였다. 그들은 그의 목을 베었고, 잘린 머리는 부인이 옷으로 둘둘 말아 들고서 집으로 와 남편인 오르기아고의 발 앞에 그 머리를 내던졌다. 남편이 놀라서 누구의 머리이며, 이처럼 여자다운 행동과 한참 동떨어진 행동을 하는 이유가 무엇인지를 묻자 그녀는 남편에게 자신이 강간당한 일을 밝히고 자신의 정절을 강제로 무너뜨린 자에게 행한 의로운 복수라고 설명했다. 그 후 그녀는 평생 동안 결백하고 고귀한 모습을 보였고, 생애가 끝나는 날까지 귀족 부인의 이름에 걸맞은 그 행동의 명예를 온전하게 지켰다고 한다.

25. 텍토사게스 부족의 사절들은 안키라에 있는 로마 군 기지로 와서 집정관을 만났고, 족장들이 그와 회담하러 올 때까지 안키라에서 움직이지 말아달라고 간청했다. 그들은 어떤 강화 조건이든 전쟁보다는 나을 것이라고 했다. 다음날 회담 날짜가 정해졌고, 지정된 장소는 대략 안키라와 갈리아 진지 중간 지점에 있는 곳이었다. 집정관은 합의한 시간에 5백 명의 기병을 호위병으로 데리고 도착했지만, 갈리아 인들이 나타나지 않아 진지로 돌아갔다. 이어 갈리아 인

들이 앞서 왔던 사절들을 보내와, 족장들이 종교적인 문제로 올 수 없었다고 해명했다. 하지만 부족 주요 인사들이 올 것이며, 그들에게 협상 권한이 부여될 것이라고 말했다.

그러자 집정관은 이에 자신도 대리를 보내겠다고 대꾸했다. 그리하여 아탈로스가 그를 대표하게 되었다. 양쪽은 회담을 하기 위해 약속된 장소에 도착했다. 아탈로스는 호위로 3백 명의 기병을 데리고 왔으며, 강화 조건이 논의되었다. 하지만 지휘관들이 없는 자리여서 협상은 결론에 이르지 못했으며, 집정관과 족장들이 다음날 같은 장소에서 만나기로 합의되었다.

갈리아 인들의 지연 전술은 두 가지 목적이 있었다.

첫째, 그들은 자기 재산을 할리스 강 너머로 옮길 수 있을 때까지 시간을 끌고자 했다.

둘째, 그들은 회담에서 벌어질 기만전술에 대해 경계가 충분치 않았던 집정관에 대해 음모를 꾸미고 있었다. 이 목적을 위해 그들은 전 기병대에서 1천 명의 검증된 기병을 선발했다. 만약 운명이 국제법의 대의를 위반하려는 갈리아 인들을 지지했더라면 그런 기만은 성공했을지도 몰랐다. 로마 식량 징발대와 나무를 모으러 떠난 병사들은 회담이 열리는 장소 방향으로 나아갔다. 천인대장들은 그렇게 하는 편이 더 안전하다고 판단했다. 아군과 적 사이에서 집정관과 그의 호위병들이 일종의 전초 기지 역할을 할 것이기 때문이었다. 그럼에도 불구하고 로마 군은 6백 명의 기병으로 구성된 그들만의 전초 부대를 두었다. 이들은 진지에 더 가깝게 있었다.

집정관은 족장들이 와서 협상을 종결지을 것이라는 아탈로스의 보고를 받고 안심하고서 이전과 같은 호위병들을 대동하고 떠났다. 하지만 8km 정도 움직이고 약속한 장소에서 그리 멀지 않은 곳에 도착했을 때 갑자기 말을 타고 전속력으로 달려오는 갈리아 인들을 보게 되었다. 마치 적에게 돌격하는 모양새였다. 집정관은 대열을 멈추게 하고 기병들에게 무기를 준비하고 전투태세를 갖추게 했다. 그는 결연히 갈라티아 인의 첫 공격을 받아냈고 전혀 뒤로 밀려나지 않았다. 하지만 중과부적으로 압도되기 시작하자 그는 정규 대형을 유지하면서 점점 물러나기 시작했다. 마침내 대형을 유지하면서 스스로 보호받는 것보다 도주의 지연으로 인한 위험이 더 커지자 로마 인들은 대열을 무너뜨리고 온 사방으로 흩어지며 도망쳤다.

그 뒤 갈리아 인들은 추격을 시작했고 흩어지는 로마 군 기병들을 마구 죽였다. 식량 징발대의 전초 부대인 6백 명의 기병이 도우러 오지 않았더라면 로마 기병 대다수는 완전 제압되었을 것이다. 그들은 멀리서 전우들의 겁먹은 외침을 들었고, 곧바로 무기와 말을 준비하여 새로운 병력으로 현장에 도착하여 패주로 변한 아군 전투에 뛰어들었다. 이내 운명은 변해 공포는 패자에게서 승자로 넘어갔다. 갈리아 인들은 첫 돌격에 패주했고, 식량 징발대는 들판에서 서둘러 전투로 뛰어들었다. 갈리아 인들은 사방에서 적을 만났고, 그리하여 도망치는 것조차 안전하지도 쉽지도 않았다. 힘이 넘치는 생생한 말을 타고 나타난 로마 기병들이 지친 갈라티아 인들을 뒤쫓았기 때문이다. 따라서 목숨을 건져 도망친 갈리아 인들은 소수에 불과했다. 포로로 붙잡힌 자는 없었다. 갈라티아 인들은 회담의 신의를 어긴 불의한 행동에 대하여 그들 대다수가 죽음으로 대가를 치렀다. 로마 군은 그 다음날 온몸이 분노로 들끓는 채로 전군을 이끌고 적을 치러 갔다.

26. 집정관은 이틀 동안 산의 특징을 직접 정찰하여 산에 대한 모든 정보를 파악했다. 셋째 날, 아주 세심하게 복점을 치고서 희생 의식을 치른 뒤 그는 병력을 넷으로 나눠 공격에 나섰다. 두 병력은 산

의 중앙으로 움직이고, 다른 두 병력은 갈리아 인들의 양쪽 측면을 공격하게 되었다. 적의 주력은 텍토사게스(Tectosagi)와 트로크미(Trocmi)로 5만 명을 전열 중앙에 배치하고 있었다. 험준한 바위투성이 지형이었으므로 말들은 아무런 소용이 없어 기병들은 말에서 내렸다. 갈리아 인들은 1만 명을 우익에 배치했다. 아리아라테스의 카파도키아 인들과 모르지우스의 예비 부대는 좌익을 담당했고 병력은 대략 4천 명 정도였다. 올림포스 산의 전투에서처럼 집정관은 가볍게 무장한 부대들을 대열 맨 앞에 두었다. 그는 경보병들이 무기를 충분히 소지할 수 있도록 세심하게 신경 썼다.

로마 군은 공격하기 위해 접근했다. 로마 군과 갈라티아의 양군은 모든 점에서 이전 전투와 전혀 다를 바 없는 대형을 취했다. 예외가 있다면 양군의 사기가 다르다는 것이었다. 승자들은 전투의 성과로 더욱 용기를 내었고, 적은 비록 자신들은 패배하지 않았지만, 같은 민족이 겪은 참사를 자신의 일처럼 여겨서 사기가 낮아졌다. 따라서 비슷하게 시작된 일은 올림포스 전투 때와 똑같은 결말을 맞았다. 로마 군의 투척 무기들은 구름처럼 갈리아 전열로 발사되어 그들을 압도했다. 갈리아 인들은 사방에서 날아오는 무기에 몸을 노출시키는 걸 두려워하여 아무도 전열에서 앞으로 나서지 않았다. 그들은 움직이지 않고 밀집해 있었으므로 더욱더 많은 상처를 입게 되었다. 그들은 그야말로 적이 노리기 딱 좋은 고정 목표였다. 갈리아 인들의 대열은 이제 총체적인 혼란에 휩싸였다. 집정관은 군단병들이 군기를 앞세우고 돌격하면 저런 상태의 적은 곧바로 도망칠 거라고 생각하게 되었다. 따라서 그는 척후병들과 나머지 예비 부대들을 뒤로 빼고 군단의 정규병을 전열 맨 앞에 세우고 공격하게 했다.

27. 톨로스토보기이 부족이 겪었던 참사를 기억하고 두려워하던

갈리아 인들은 온갖 투척 무기가 몸에 단단히 들이박혔다. 그들은 상처를 입은 데다 서 있기도 힘들 정도로 지쳤던 터라 로마 인들의 함성과 첫 공격을 버텨내지 못했다. 그들은 진지 방향으로 곧장 도망쳤지만, 소수만 방어 시설의 대피처에 도착했다. 대다수는 황급하게 도망쳤으므로 우왕좌왕하면서 갈피를 잡지 못하고 온 사방으로 달려갔다. 승자들은 진지까지 그들을 쫓아가 뒤에서 베어 넘겼다. 이어 로마 병사들은 약탈할 욕심에 진지에서 멈췄고, 아무도 추격에 나서지 않았다.

갈리아 전선의 좌우 양쪽은 그래도 상당히 버텨냈는데, 로마 군이 그들을 늦게 공격했기 때문이었다. 하지만 그들은 첫 투척 무기의 공격을 버텨내지 못했다. 집정관은 적진지에 들어가 약탈하는 병사들을 말릴 수가 없었기에, 양쪽 측면의 다른 로마 군 부대에게 적을 뒤쫓으라고 명령했다. 로마 군은 상당히 먼 곳까지 추격했지만, 도망치는 자들 중에 살해된 이는 8천 명이 넘지 않았다. 본격적인 전투가 벌어지지 않았기 때문이다. 나머지 갈리아 인은 할리스 강을 건너갔다.

로마 군 대다수는 그날 밤 적의 진지에 머물렀다. 집정관은 그 나머지는 로마 군 기지로 돌아가게 했다. 다음날 그는 포로와 약탈품을 점검했다. 이 모든 약탈품은 과도하게 탐욕스러운 갈리아 인들이 타우로스 산맥 이쪽을 전부 장악한 이후에 오랫동안 축적해온 것이었다. 갈리아 인들은 마침내 이리저리 온 사방으로 도망친 뒤 한 곳에 모이게 되었다.

그들 대다수가 다치거나 무장이 없었고, 재산을 모두 잃었다. 그들은 사절들을 집정관에게 보내 강화를 요청했다. 만리우스는 그들에게 에페소스로 오라고 명령했다. 이제 한창 가을이었기에 서둘러 타우로스 산맥 인근의 쌀쌀한 지역에서 벗어나야 했기 때문이었다. 그는 승전한 로마 군을 인솔하여 해안의 월동 진지로 돌아갔다.

* * *

30. 집정관 마르쿠스 풀비우스는 케팔라니아 문제를 해결하고 사미에 주둔군을 배치한 뒤, 오래 묵혀둔 초청에 응하여 펠로폰네소스로 건너갔다. 이런 초청은 전에 아이기움 인들이 제의해 왔고 스파르타 인들도 제의한 적이 있었다. 아카이아 연맹의 초창기부터 전체 회의는 늘 아이기움에서 열렸다. 그 도시가 명망이 높을 뿐만 아니라 도시 자체가 편리한 위치에 있었기 때문이다. 이해에는 처음으로 필로포이멘이 이 관습을 폐지하고자 했다. 그는 총회가 아카이아 연맹에 속한 모든 도시들에서 차례로 열려야 한다는 규정을 제출할 계획이었다. 따라서 집정관이 온다는 소식에 도시의 다미우르기(최고 행정장관)들이 회의를 아이기움에서 소집하자 당시 연맹 최고 행정장관인 필로포이멘이 회의를 아이기움이 아니라 아르고스에서 열 것이라고 통보했다.[20] 거의 모든 의원이 그곳에 모일 것이 분명했기에 아이기움 인들의 주장을 지지했던 집정관도 별수 없이 아르고스로 향했다. 하지만 그곳에서 회의 장소가 논란이 되었을 때 아이기움 인들이 별로 힘을 쓰지 못하자 집정관도 그들을 지지하려는 뜻을 접었다.

이어 스파르타 인들은 집정관의 시선을 그들의 문제 쪽으로 집중시켰다. 스파르타는 특히 추방자들 때문에 곤란한 상황이었다. 추방자들 대다수는 라코니아 해안 도시들에 살고 있었고, 라코니아 해

---

20 10명의 다미우르기와 최고 행정관이 연맹의 행정 기구를 구성했다.

안 지역 일대는 스파르타의 관할에서 벗어나 있었다. 스파르타 인들은 그것에 분개했고, 바다로 자유로이 접근할 수 있는 길을 확보하기로 마음먹었다. 사절들을 로마나 다른 곳으로 보내려면 바닷길 확보가 필수적이었던 것이다. 동시에 그들은 해외 무역을 할 시장과 그들의 본질적인 욕구를 채워줄 수입품을 보관할 곳이 필요했다. 이런 목적을 달성하기 위해 그들은 밤에 라스(Las)라고 하는 해안 도시를 기습하여 점령했다. 주민들과 그곳에 살던 추방자들은 처음엔 이 예상치 못한 공격에 겁먹었지만, 동이 틀 때 다들 모여서 힘겨운 싸움 끝에 스파르타 인들을 몰아냈다. 하지만 온 해안의 도시와 마을에 공황이 퍼져 나갔고, 해안 지대를 고향으로 삼은 추방자들은 공동 대표단을 아카이아 인들에게 보냈다.

31. 필로포이멘은 처음부터 추방자들의 주장에 호의적인 반응을 보였다. 그는 늘 아카이아 인들에게 스파르타 인들의 권력과 영향력을 줄여야 한다고 조언했다. 이제 그는 고소인들을 회의장 안으로 들여 발언하게 했고, 그의 제안에 따라 다음과 같이 의결되었다: 티투스 퀸크티우스와 로마 인들이 라코니아 해안의 도시와 마을의 보호를 아카이아 인들에게 맡긴 바 있으므로 스파르타 인들은 협정에 의해 이런 곳들을 건드려서는 안 된다. 이제 라스가 공격을 당해 유혈 사태가 일어났기에 이런 행위에 가담한 자들, 즉 선동자들이나 종범들의 신병을 아카이아 인들에게 넘기지 않으면 협정을 위반한 것이 된다.[21] 그리하여 즉시 아카이아 연맹의 대표들이 스파르타로 가서 이런 자들을 넘겨줄 것을 요구했다.

21 이 협정은 기원전 195년에 로마와 체결한 것이다. 리비우스 『로마사』 34권 35장 참조.

이런 요구는 스파르타 인들에게 너무 오만하고 부당한 것으로 보였다. 스파르타가 예전만 같았더라도 절대로 할 수 없는 요구였다. 이에 그들은 즉시 무장 봉기하기로 결의했다. 스파르타 인들이 주로 걱정했던 건 이런 첫 요구에 순응하여 구속을 받게 되면, 필로포이멘이 오랫동안 계획했던 것처럼, 스파르타를 추방자들에게 넘길 수도 있다는 것이었다. 화가 나서 미친 듯이 흥분한 스파르타 인들은 필로포이멘과 추방자들에 찬성하는 파벌 30명을 죽이고 아카이아 인들과의 동맹을 폐기하기로 결정했다. 또한 사절단을 즉시 케팔라니아로 보내 스파르타를 집정관 마르쿠스 풀비우스와 로마 인들에게 넘기고, 집정관에게 펠로폰네소스로 와서 스파르타를 로마 인들의 보호와 통치 아래 편입시켜 달라고 간청하기로 했다.

32. 아카이아 대표들이 돌아와 스파르타의 이런 상황을 보고하자 회의에 참석한 모든 도시 대표는 스파르타에게 대하여 즉각적인 전쟁 선포를 승인했다. 즉각적인 전쟁은 겨울이라 벌일 수 없었지만, 그럼에도 불구하고 스파르타 영토는 소규모 습격으로 유린되었다. 이는 전쟁보다는 산적질에 가까웠다. 이런 약탈 행위는 육지뿐만 아니라 해상에서도 진행되었다. 이런 소동이 벌어지자 집정관은 펠로폰네소스로 건너왔다. 그의 지시에 따라 회의가 엘리스에서 소집되었고, 스파르타 인들도 논의에 참석하게 되었다. 그 회의에서 논쟁은 격화되었고 서로 지독한 말싸움이 오갔다. 그때까지 양쪽을 만족시켜 화해를 시키려고 모호한 답변으로 일관했던 집정관은 이제 로마 원로원에 양쪽이 사절단을 보낼 때까지 적대 행위를 삼가라고 선언함으로써 그 논쟁을 끝냈다.

그리하여 양쪽은 로마에 사절단을 보냈다. 스파르타 추방자들은 자신들을 대표하여 뜻을 전하는 일을 아카이아 인들에게 위임했다.

아카이아 사절단은 메갈로폴리스 인인 디오파네스와 리코르타스가 책임자 역할을 맡았다. 하지만 두 사람은 보통 정치적 문제에선 사이가 나빴고, 이번에도 서로 내용이 다른 발언을 했다. 디오파네스는 모든 문제를 원로원의 결정에 맡긴다면서, 원로원이 아카이아 인과 스파르타 인 사이의 분쟁을 가장 잘 해결할 수 있을 것이라 주장했다. 반면에 리코르타스는 필로포이멘의 지시를 그대로 전하면서, 아카이아 인들은 협정 조건과 그들의 고유한 법에 따라 선포한 일을 수행할 수 있어야 한다고 주장했다. 또 로마 인들이 이전에 아카이아 인들에게 보장했던 자유를 완벽하게 허용해야 한다는 말도 했다.

아카이아 인들은 당시 로마 인들에게 엄청난 영향력을 갖고 있었다. 하지만 스파르타 인들의 일과 관련하여 그 어떤 변화도 있어선 안 된다는 결정이 났다. 그렇지만 원로원의 이런 답변은 무척 모호한 단어로 전달되어 아카이아 인들은 스파르타에 관한 자신들의 주장을 인정하는 것으로 받아들였고, 스파르타 인들은 아카이아 인들이 요구한 것을 모두 거부한 것으로 해석했다. 아카이아 인들은 이렇게 잘못 이해한 힘을 거칠고 억압적으로 활용했다. 필로포이멘은 여전히 아카이아 연맹의 최고 행정장관 자리에 있었다.

33. 이해(기원전 189년)의 봄이 시작될 때 필로포이멘은 군대를 동원하여 스파르타 영토 내에 진을 쳤다. 이어 그는 사절들을 보내 반란에 책임이 있는 자들을 넘기라고 요구했다. 만약 이 요구에 복종하면 스파르타는 평화로울 것이고, 관련자들은 재판을 받은 후에 처벌될 것이라고 보증했다. 다른 이들이 겁먹어 아무 말도 하지 못하는 동안에, 필로포이멘이 신병을 넘기라고 지명한 자들은 재판을 받을 때까지 어떠한 폭력도 자신들에게 가해지지 않는다는 사절들의 약속을 받으면 곧바로 아카이아로 가겠다고 말했다. 다른 주요 스파르타 인

들도 그들과 동행할 것이었다. 이들은 시민 개인으로서 그 지명된 자들의 대의를 지지했고 또 그들을 지지하는 일이 나라의 중요한 문제라고도 생각했던 것이다.

다른 경우에는 아카이아 인들이 스파르타 추방자들을 데리고 스파르타 영토로 들어온 적이 없었다. 그런 행동은 스파르타 공동체 내에서 아주 강한 적대감을 불러일으키기 때문이었다. 하지만 이번엔 거의 모든 선봉 부대가 스파르타 추방자들로 구성되었다. 그들은 스파르타 인들이 진지 문으로 다가오자 떼를 지어 서로 상봉했다. 그들은 스파르타 인들에게 모욕을 하기 시작했으며, 말싸움이 시작되고 감정이 격해지자 추방자들 중 가장 공격적인 자들이 스파르타 인들을 공격했다. 스파르타 인들은 신들과 사절들의 보장에 호소했고, 그러는 사이 사절들과 필로포이멘은 추방자 무리를 따로 떼어놓고 스파르타 인들을 보호했다. 또 스파르타 인들을 이미 사슬로 묶고 있던 몇몇 공격자들에게 그런 일을 하지 못하게 단속했다.

이런 물리적인 충돌이 더욱 격화되자 군중이 몰려들었고, 아카이아 인들이 무슨 일이 벌어졌는지 살피기 위해 달려 나오자 스파르타 추방자들은 그들이 겪은 고통을 소리치며 말했고, 도와달라고 간청하면서 동시에 이번 기회를 놓치면 영영 다른 기회를 얻지 못할 것이라고 소리쳤다. 그들은 카피톨리움, 올림피아, 아테네의 아크로폴리스에서 엄숙하게 비준된 협정이 스파르타 인들의 행동으로 무효가 되었다고 비난했다. 또 스파르타와 또 다른 협약을 맺기 전에 먼저 그들의 죄를 처벌해야 한다고 주장했다.

이런 외침에 분노한 군중은 "저 놈들을 죽이자!"라고 한 사람이 외치자 그에 동조하여 스파르타 인들에게 돌을 던지기 시작했다. 몸싸움 중에 사슬에 매인 17명이 이런 공격을 받고 죽었다. 다음날 필로포이멘은 군중의 폭력으로부터 지켜낸 63명을 체포했다. 그가 이렇게 한 건 그들의 안전을 신경 썼다기보다 그들이 재판을 받지 않고 분노한 군중에게 죽어 버리면 안 된다고 판단했기 때문이었다. 이 체포된 사람들은 적대적인 사람들에게 호소해 보았으나 아무 소용이 없었고 그 후 모두 유죄 판결을 받고 처형장으로 끌려갔다.

34. 불안감에 휩싸인 스파르타 인들에게 가장 먼저 내려간 명령은 성벽을 모두 허물라는 것이었다. 그 다음으로 그들은 참주가 있을 때 용병으로 복무했던 외국 예비 부대들을 라코니아 영토에서 철수시키라는 지시를 받았다. 또한 참주가 해방한 수많은 노예는 떠나라고 지정한 날 이전에 스파르타를 떠나야 했다. 그대로 남아 있으면 아카이아 인들이 그들을 체포하여 다른 곳으로 이송시켰다가 팔아 치울 것이었다. 결국 스파르타 인들은 리쿠르고스의 법률과 제도를 폐지하고 아카이아 인들의 법률과 제도를 따르게 되었다. 아카이아 인들은 이렇게 해야 스파르타가 단일한 사회가 되고, 모든 문제에 동의하기 더 쉬울 것이라고 말했다.

스파르타 인들은 성벽을 허물라는 지시를 기꺼이 따랐다. 그러면서도 추방자들을 돌아오도록 하라는 요구에는 크게 분노했다. 추방자 복원에 관한 명령은 테게아에서 열린 아카이아 연맹의 총회에서 통과되었다. 그때 총회에 이런 보고가 날아들었다. 제대 처리된 예비 부대들과 '참정권을 받은' 스파르타 인들(아카이아 인들은 참주가 해방한 노예들을 이렇게 불렀다)이 도시를 떠나 농촌 지역으로 흩어졌다는 것이다. 그리하여 총회는 아카이아 군대가 해산하기 전에 총사령관이 경무장 부대들을 인솔하여 이들을 체포하여 약탈에 관한 법률에 따라 그들을 노예로 팔아 치우라고 결정했다. 그들 중 대부분이 체포되어 노예로 팔려갔다. 아카이아 의회의 승낙 아래, 이 판매 수익금은 스파르타 인들에 의해 파괴된 메갈로폴리스의 포르티코를 복원하는 데 사용되었다. 스파르타 참주들이 부당하게 점거했던 벨비나티스 지역은 아민타스의 아들 필리포스의 재위 기간 중 통과되었던 아카이아 인들의 옛 결정에 의거하여 메갈로폴리스에게 돌아갔다.

스파르타는 이러한 조치들로 무장 해제가 되었으므로 오랫동안 아카이아 인들의 지배를 받았다. 하지만 스파르타 인들에게 가장 큰 타격은 800년 동안 익숙해져 온 리쿠르고스의 규율이 폐지되었다는 것이었다.

* * *

[기원전 188년의 두 집정관: 마르쿠스 발레리우스 메살라와 가이우스 리비우스 살리나토르]

37. 겨울 동안(기원전 189~188년) 로마에서 이런 일이 벌어지는 동안에, 그나이우스 만리우스는 아시아의 월동 진지에 있었다. 그는 처음엔 집정관 자격으로, 이어서 집정관 대리로 그곳에 머물렀다. 타우로스 산맥 이쪽의 모든 도시와 부족의 대표단들은 그를 만나러 왔다. 안티오코스 왕을 상대로 거둔 승리가 갈리아 인들을 정복한 것보다 더한 영광과 명성을 로마에 가져다주었지만, 갈리아 인들의 패배는 안티오코스의 패배보다 동맹들 사이에서 더욱 기쁜 일이었다. 왕에게 굴종하는 건 사나운 야만인들(갈리아 인들)의 짐승 같은 짓과 지속적인 공포보다 훨씬 견딜 만한 것이었다. 그들이 갈리아 인들을 더 두려워한 것은 갈리아 인들의 약탈 원정이 어디로 들이칠지 불확실하기 때문이었다. 그 결과 안티오코스가 격퇴되어 자유를 되찾고, 갈리아 인

들이 정복되어 평화를 되찾게 되자, 각 도시와 부족의 대표단들은 그저 축하만 하러 온 것이 아니라 각 나라의 재정 형편에 비례하는 황금관도 가지고 왔다.

안티오코스가 보낸 사절들과 갈리아 인들이 보낸 사절들은 강화 조건을 명확하게 규정해줄 것을 요청했고, 카파도키아 아리아라테스 왕의 사절단은 과거에 예비 부대들로 안티오코스를 도운 죄를 돈으로 속죄하겠으니 용서를 청한다고 말했다. 로마 인들은 그에게 은 6백 탈렌트를 요구했다. 갈리아 인들은 에우메네스 왕이 도착하면 그들에게 강화 조건을 말해줄 것이라는 얘기를 들었다. 도시들에서 온 사절단들은 친절한 답변을 받고 떠났으며, 로마 군 월동 진지를 찾았을 때보다 떠나갈 때 더 기쁜 모습이었다. 안티오코스의 사절단은 루키우스 스키피오와 체결한 협정에 따라 자금과 곡물을 팜필리아로 가져오라는 지시를 받았다. 집정관은 자신과 휘하 군대가 그곳으로 갈 것이라고 그들에게 말했다.

봄이 시작될 때 정화 의식을 치른 뒤 집정관은 휘하 병력과 함께 떠나 여드레가 되는 날 아파메아에 도착했다. 그는 그곳에 진지를 세우고 사흘을 보냈다. 아파메아에서 출발하여 사흘째 되는 날 그는 왕의 대표들에게 자금과 곡물을 가져오라고 한 팜필리아에 도착했다. 2천 5백 탈렌트는 아파메아로 보내졌고, 곡물은 병사들에게 분배되었다. 그곳에서 그는 페르가를 향해 진군했는데, 그 지역에서 유일하게 왕의 주둔군이 장악한 곳이었다. 집정관이 가까이 다가오자 주둔군 지휘관이 그를 맞이하러 나와서 30일의 휴전 기간을 요청했다. 그 기간 중에 안티오코스 왕과 도시를 넘기는 걸 논의하겠다는 것이었다. 휴전 기간이 승인되었고, 주둔군은 물러났다. 페르가에서 집정관은 형제 루키우스 만리우스에게 4천 명의 병사를 주어 오로안다로 보내 그들이 지급해야 할 돈의 잔여분을 받아오게 했다. 집정관 자신은 에우메네스 왕이 10인 조사위원단과 함께 로마에서 에페소스에 도착했다는 소식을 듣고 안티오코스의 대표들에게 따라오라고 지시하고 병력을 인솔하여 아파메아로 돌아갔다.

38. 아파메아에서 10인 조사위원의 권고에 따라 안티오코스 왕과의 협정 내용이 작성되었다. 다음은 원래 문서의 내용과 아주 가까운 문안이다.

- 안티오코스 왕과 로마 인들 사이의 우호 관계는 다음과 같은 조건으로 수립된다.
- 왕은 로마 인이나 그 동맹과 전쟁을 벌일 의도를 지닌 군대를 그의 왕국이나 그와 동맹을 맺은 국가의 영토를 지나게 해서는 안 된다. 왕은 식량 공급이나 다른 형태로 해당 군대를 지원해서는 안 된다. 로마 인들과 그들의 동맹은 안티오코스 왕과 그의 통치를 받는 자들에게 똑같은 조치를 취할 것을 보증한다.
- 안티오코스 왕에겐 섬에 거주하는 자들을 상대로 전쟁을 벌이거나 유럽으로 건너와 전쟁을 벌일 권한이 주어지지 않는다. 그는 타나이스 강까지 이르는 타우로스 산맥 이쪽에 있는 도시, 영토, 마을, 성벽을 두른 마을에서 물러나고, 리카오니아를 마주보는 고지에까지 펼쳐지는 타우로스 계곡에서도 물러난다. 왕은 물러나는 도시, 영토, 마을에서 자신의 군비를 제외하고 아무것도 가져가지 못한다. 만약 그런 것을 가져갔다면 원래 속한 곳에 정히 돌려주어야 한다.
- 안티오코스 왕은 에우메네스 왕의 왕국으로부터 어떠한 병사나 사람도 받을 수 없다. 해당 도시들의 시민이 안티오코스 왕과 함께 에우메네스 왕의 왕국에서 벗어나 안티오코스 왕의 영토로

들어갔다면 지정한 날 이전에 그들을 아파메아로 돌려보내야 한다. 안티오코스 왕의 영토에 속한 자가 로마 인들이나 그들의 동맹과 함께 있다면 그에겐 떠나거나 남을 권리가 주어진다. 왕은 노예 중 도망자나 전쟁 포로, 자유민 중 포로나 탈영병을 로마 인들이나 그들의 동맹에 돌려주어야 한다.

- 안티오코스 왕은 모든 코끼리를 넘기고, 다른 코끼리를 얻어서는 안 된다. 그는 전함과 그에 속한 삭구를 넘겨야 하고, 갑판이 있는 배를 열 척을 넘어 소유해선 안 된다. 또한 열 척이 넘는 쾌속선을 보유할 수 없으며, 이 배들은 노가 30개가 넘어서는 안 된다. 왕은 앞으로 벌일 전쟁에서 그보다 더 작은 배를 사용해서는 안 된다. 왕은 칼리카드느노스와 사르페돈 곶 너머로 항해해선 안 된다. 공물로 전할 자금이나 사절, 인질을 실은 배는 여기서 예외로 한다.
- 안티오코스 왕은 로마 인들의 관할에 있는 민족들을 군인으로 고용하거나 그들의 자원병을 받아들일 권리가 없다.
- 안티오코스 왕의 영토 내부에 있는 로도스 인들이나 그들의 동맹 가옥이나 건물은 계속 전쟁 이전과 같은 법적 조항에 따라 그들의 소유이다. 기존에 채권이 있다면 그들은 채무를 받아낼 권리가 있다. 해당하는 가옥이나 건물이 사라졌다면 그들은 그런 재산을 찾고, 확인하고, 회복할 권리가 있다. 넘겨야 할 도시가 왕의 수여를 통해 도시를 장악한 자들의 손에 있다면 왕은 자신의 주둔군을 물리고 도시를 넘길 수 있도록 보증해야 한다.
- 왕은 순수한 은 1만 2천 아티카 탈렌트를 12년 동안 같은 액수로 매년 납부해야 한다. 이 탈렌트는 80 로마 파운드보다 무게가 적지 않아야 한다. 또한 왕은 밀 54만 펙도 지급해야 한다. 안티오

코스 왕은 에우메네스 왕에게 5년 내로 350탈렌트를 지급해야 하며, 곡물 대신 127탈렌트를 대체 지급할 수 있다.

- 왕은 로마 인들에게 20명의 인질을 내놓아야 하며, 3년마다 인질을 바꿔야 한다. 내놓을 인질은 18세보다 어리거나 45세를 넘어서는 안 된다.
- 로마 인들의 동맹이 정당한 이유 없이 안티오코스 왕에게 전쟁을 걸면 왕은 무력으로 대응할 권리를 지니지만, 정복권을 행사하여 도시를 장악하거나 혹은 우호 관계로 받아들일 수 없다. 양쪽은 분쟁을 법률적으로 해결하거나, 혹은 양자가 바란다면 전쟁으로 해결할 수 있다.

이 협정에는 추가 조항이 있었는데, 카르타고의 한니발, 아이톨리아의 토아스, 아카르나니아의 므나실로코스, 칼키스의 에우불리다스와 필로를 로마에 넘긴다는 것과, 차후 양자가 조건을 추가, 취소, 변경하기로 할 경우 협정을 무효화하는 일 없이 수정할 수 있다는 것이었다.

39. 집정관은 협정에 동의했다. 퀸투스 미누키우스 테르무스는 막 오로안다에서 도착한 루키우스 만리우스와 함께 왕에게서 합의를 받아내고자 떠났다. 집정관은 함대 지휘를 맡은 퀸투스 파비우스 라베오에게 서신을 보내 즉시 파타라로 가서 그곳에 있는 왕의 배들을 파괴하고 불태우게 했다. 라베오는 에페소스에서 그곳으로 나아가 50척의 갑판이 있는 배를 불태웠다. 텔메소스에서 주민들은 함대의 갑작스러운 도착에 겁을 먹었는데, 라베오는 이 원정길에서 이곳의 항복을 받아들였다. 리키아에서 라베오는 곧장 여러 섬을 통해 그리스로 건너갔는데, 그 전에 에페소스에 있는 배들에게 자신을 따라오라고 지시해두었다. 에페소스에서 떠난 배들이 피라이오스로 도착

할 때까지 그는 아테네에서 며칠 동안 기다렸고, 이어 피라이오스에서 전 함대를 이끌고 이탈리아로 귀국했다.

집정관 그나이우스 만리우스는 안티오코스로부터 받아야 할 것을 전부 받았고, 이중 코끼리는 전부 에우메네스에게 선물로 주었다. 이후 그는 도시들의 상황을 점검하러 나섰는데, 각 도시들이 최근 벌어진 변화로 큰 혼란을 겪고 있었기 때문이다. 아리아라테스 왕은 로마 인들과 우호 관계를 맺게 되었고 지급해야 할 금액의 절반을 면제받았다. 이렇게 면제를 받을 수 있었던 건 당시 그의 딸과 약혼한 에우메네스 왕의 중재 덕분이었다.

10인 조사위원단은 도시들의 상황을 점검한 뒤 도시마다 다른 처리 방식을 적용했다. 안티오코스 왕의 속국들이었지만, 로마 인들의 편에 서게 된 도시들은 세금을 면제받았다. 안티오코스를 지지했거나, 아탈로스 왕(페르가몬 에우메네스의 부왕)의 속국이었던 도시들은 모두 에우메네스 왕에게 공물을 바치라는 지시를 받았다. 또한 노티움에 사는 콜로폰 인들, 그리고 키메 인들과 밀라세니아 인들도 특별히 공물 납부를 면제받았다. 위원들은 클라조메나이에 공물 면제에 더하여 드리무사 섬을 주었고, 밀레토스에게는 '신성한 땅'이라 불리던 지역을 돌려주었다. 조사위원들은 일리움(트로이)에 로이테움과 게르기토스를 주었는데, 최근에 그들이 기여한 도움보다는 로마가 트로이에서 비롯되었다는 증언을 해주었기 때문이었다. 로마 인들이 다르다노스를 해방한 것도 같은 동기에서 말미암은 것이었다.

키오스, 스미르나, 에리트라이는 전쟁에서 착실한 충성심을 발휘한 덕분에 영토를 선물로 받았고, 모든 면에서 이례적인 예우를 받았다. 포카이아 인들은 전쟁 이전에 소유했던 땅을 돌려받았고, 예전부터 내려오는 고유의 법률을 지킬 수 있게 되었다. 로도스 인들은 이

전 결정에 따라 허락된 것을 소유하게 되었다. 그들에겐 텔메소스를 제외한 미안드로스 강까지 이르는 리키아와 카리아가 주어졌다.

에우메네스 왕도 많은 영토를 받았다. 유럽에선 케르소네소스와 리시마키아, 그리고 안티오코스가 자신의 영토 안에 두었던 도시, 마을, 땅을 얻게 되었다. 아시아에선 헬레스폰토스의 프리기아 미노르와 프리기아 마요르를 받게 되었다. 또한 추가로 다음과 같은 아시아의 땅과 도시가 에우메네스 왕에게 주어졌다. 미시아(프루시아스 왕에게서 그가 빼앗은 것), 리카오니아, 밀리아스, 리디아, 그리고 도시들인 트랄레스, 에페소스, 텔메소스 등이었다. 팜필리아에 관한 문제를 두고 에우메네스와 안티오코스가 보낸 대표들 간에 논쟁이 벌어졌는데, 이곳 일부 지역은 타우로스 산맥 이쪽인 반면 다른 일부 지역은 저쪽이었기 때문이다. 따라서 이 문제는 로마 원로원으로 회부되었다.

40. 이런 협정과 결정을 공포한 뒤 만리우스는 10인 조사위원, 휘하 병력과 함께 헬레스폰토스로 떠났다. 그는 그곳으로 갈리아 족장들을 불렀고, 에우메네스 왕과 평화롭게 지내야 한다는 조건을 지킬 것을 그들에게 지시했다. 또한 무장하고 다른 지역으로 돌아다니는 습관을 버리라고 경고했으며, 자국 영토에서 벗어나지 말라고 주의를 주었다. 이어 그는 해안 전역에서 배를 모았고, 에우메네스의 함대도 그의 동생 아테나이우스가 엘라이아에서 데려왔다. 만리우스는 모든 병력을 유럽으로 이동시켰다. 이 일이 끝나자 그는 온갖 전리품을 가득 실은 대열을 이끌고 케르소네소스를 따라 편안하게 여행했으며, 리시마키아에 진을 쳤다. 그것은 짐을 나를 짐승들이 최대한 힘차고 좋은 상태로 트라키아로 들어가게 하려는 뜻이었다. 평소 등짐 짐승들은 그곳을 지나는 여정을 두려워했기 때문이다.

리시마키아를 떠난 날 그는 멜라스('검다'라는 뜻)라 불리는 강에 도착했고, 다음날 키프셀라에 도착했다. 키프셀라를 지난 뒤 그는 16km 정도 뻗은 길에 들어섰다. 그 길은 숲을 따라 난 비좁고 바위투성이인 길이었다. 전진이 상당히 어려웠기에 집정관은 휘하 병력을 둘로 나눠 하나는 앞에서 나아가고, 다른 하나는 상당한 거리를 두고 뒤에서 따라오도록 했다. 그러는 동안 그는 치중차들을 두 병력 사이에 두었다. 이 짐수레들은 공적 자금을 실은 것과 다른 귀한 전리품을 실은 것이 있었다.

이와 같이 로마 군이 이와 같이 길을 따라 산개하여 행군할 때 아스티, 카이니, 마두아테니, 코릴리 네 부족에 속한 1만 명 정도의 트라키아 인들이 가장 비좁은 길목에 매복하며 기다렸다. 트라키아 부족들의 이런 매복 작전에 대한 일반적인 의견은 이러했다. 그것은 마케도니아의 왕 필리포스가 로마를 배신하면서 꾸며낸 일이라는 것이었다. 필리포스는 로마 인들이 트라키아를 통해 돌아오고, 그들이 가져올 자금이 상당한 금액이라는 것을 확실히 알고 있었기 때문이다. 집정관은 먼저 나아간 병력과 함께 행군하면서 험난한 지형에 대해 걱정했다.

트라키아 인들은 로마 군의 무장 병력이 지나갈 때까지 숨죽이며 움직이지 않았지만, 앞서 나아간 대열이 좁은 길 밖으로 나가고 뒤에 오는 병력이 아직 도착하지 않은 걸 확인하자 등짐 짐승들을 덮쳤고, 호위병들을 죽인 다음 일부는 수레에 실은 물건을 약탈하고, 다른 일부는 등짐 짐승들을 짐이 실린 채로 그대로 끌고 갔다.

이런 일로 생겨난 소음은 먼저 막 그 비좁은 길에 들어선 후방 부대에게 먼저 들렸고, 이어 앞서 가는 병력에게도 퍼져 나갔다. 양쪽 부대는 서둘러 중앙으로 집결했고, 동시에 여러 곳에서 무질서한 싸움이 벌어졌다. 트라키아 인들은 들고 가는 짐 때문에 방해를 받았다. 그들 중 많은 자가 약탈을 쉽게 하려고 손에 아무것도 들지 않은 채로 나섰기에 비무장이었다. 그들은 들고 있는 약탈품으로 인해 손쉬운 사냥감이 되었다. 로마 인들은 지형으로 불리했으나 적은 그 덕분에 득을 봤다. 야만인들은 그들이 잘 아는 길에서 로마 인들을 공격했고, 때로는 깊은 협곡에서 로마 인들을 공격하려고 대기하기도 했다.

게다가 짐과 수레가 전사들의 움직임을 가로막았다. 어떤 곳에서는 로마 인들에게, 다른 어떤 곳에서는 야만인들에게 방해가 되었다. 방해를 덜 받고 말고는 순전히 운에 달린 문제였다. 한 곳에선 약탈자들이, 다른 곳에선 약탈을 막아내는 자들이 쓰러졌다. 지형이 양쪽에 유리하기도, 혹은 불리하기도 해서 전사들의 사기는 서로 달랐고, 마찬가지로 대적하는 병사들의 숫자도 달랐다. 몇몇 집단은 더 큰 무리를 만나기도 했고, 그 반대의 경우도 있었다. 따라서 승패도 다양했다. 양쪽은 많은 사상자를 냈다. 트라키아 인들이 전투에서 물러날 때는 이미 밤이 다가오는 중이었다. 그들은 더 이상의 사상자를 피하기 위해 전장에서 물러서는 게 아니라 만족할 만큼 약탈했기에 물러나는 것이었다.

41. 앞서 간 로마 군 부대는 벤디스 신전 근처의 고갯길 밖의 탁 트인 곳에 진을 쳤다. 나머지 부대는 짐을 지키기 위해 이중 말뚝 울타리를 치고서 길 한가운데 머물렀다. 다음날 그들은 움직이기 전 고갯길을 미리 정찰하고서 앞서 간 부대와 합류했다.

이 전투로 로마 군은 상당한 양의 짐을 잃었고, 많은 종군 민간인이 죽었다. 비좁은 길 위에서 전반적으로 싸움이 벌어졌기 때문에 병사들 사이에서도 꽤 많은 사상자가 났다. 하지만 가장 심각한 손실은 위대한 용기와 활력을 보여준 퀸투스 미누키우스 테르무스의 전사

(戰死)였다.

같은 날 로마 군은 헤브로스 강에 도착했다. 다음날 그들은 아이니아 인들의 경계 지역을 통과하여 아폴로 신전 곁을 지났다. 현지 토박이들은 아폴로를 제린티오스라고 불렀다. 로마 군이 템피라라 불리는 곳 인근에서 마주친 또 다른 길은 이전 길과 같이 바위투성이였다. 하지만 주위에 나무가 우거진 지역은 없어 적이 매복할 은신처는 없었다. 그렇지만 또 다른 트라키아 부족인 트라우시 족은 약탈을 기대하고 이곳에 모여 있었다. 헐벗은 계곡 덕분에 로마 군은 길을 봉쇄하고 있는 자들을 멀리서도 볼 수 있었고, 그런 만큼 로마 인들 사이에서는 불안감과 혼란이 전보다 훨씬 덜했다. 그곳은 지형이 고르지 않았지만, 그럼에도 불구하고 로마 군은 회전을 벌어야 했다. 그들은 공개적으로 전투 대열을 형성하고 적을 상대로 정규전을 벌였다. 로마 인들은 밀집 대형으로 나아가다가 일제히 함성을 지르며 돌격했다. 적은 로마 군의 공격을 받고서 뒤로 물러나더니 등을 돌려 도망쳤다. 이후 적들의 패주와 살육이 벌어졌다. 적 병사들은 스스로 그런 비좁은 길을 싸울 곳으로 선택하여 제대로 도망치지 못하고 그 길에 갇혔던 것이다.

로마 군은 승리를 거둔 뒤 살레(Sale)라고 하는 마로니아 인들의 마을 근처에 진을 쳤다. 다음날 그들은 행군에 나서서 탁 트인 지역으로 진군했는데, 그곳은 프리아테 평원이었다. 로마 인들은 이 평원 일대에서 사흘 동안 군량미를 수집했다. 일부는 마로니아 인들의 밭에서 주민들이 자발적으로 내어준 것이었다. 다른 일부는 온갖 보급품을 싣고 따라오던 로마 군의 배에서 받았다. 로마 군은 이어 그 진지에서 떠나 하루를 진군하여 아폴로니아에 도착했다. 그곳에서 다시 아브데라 인들의 지역을 통과하며 네아폴리스에 도착했다. 이 지역을 여행할 때는 그 경로가 그리스 인 식민지들 사이에 있었기 때문에 아주 평화로웠다.

이후 나머지 여정은 트라키아 인들의 중심부를 통과하는 것이었다. 비록 위험하진 않았지만, 그들은 마케도니아에 도착할 때까지 밤낮을 가리지 않고 경계를 게을리하지 않았다. 그러나 과거에 스키피오의 지휘 아래 같은 길을 따라 이동했던 로마 군 부대는 트라키아 인들이 그리 위협이 아니라고 생각했는데 그 이유는 공격을 초래할 만한 약탈품이 별로 없었기 때문이었다.

그럼에도 불구하고 역사가 클라우디우스는 그 때에도 1만 5천 명 정도의 트라키아 인들이 로마 군의 본진보다 앞서 정찰에 나선 누미디아의 무티네스를 공격했다고 기록했다. 클라우디우스에 따르면, 로마 군 정찰대는 4백 명의 누미디아 기병과 몇 마리의 코끼리로 구성되어 있었다. 무티네스의 아들은 150명의 정예 기병을 데리고 트라키아 인들의 중앙을 돌파했으며, 곧바로 무티네스도 코끼리를 중앙에 두고 좌우 양쪽에 기병대를 배치하여 트라키아 병사들과 교전했다. 적진을 돌파한 무티네스의 아들은 다시 트라키아 인들을 후방에서 공격하여 그들을 공포 속으로 몰아넣었다. 적은 이런 갑작스러운 기병대의 공격에 혼란에 빠졌고, 결국 로마의 보병대를 제대로 공격하지 못했다.

그나이우스 만리우스는 병력을 이끌고 마케도니아를 통해 테살리아로 나아갔다. 이후 에피로스를 거쳐 아폴로니아에 도착한 그는 그곳에서 겨울을 보냈다. 그는 당장 위험을 무릅쓰며 겨울 바다를 건너 귀국할 생각이 없었던 것이다.

* * *

43. [기원전 187년] 마르쿠스 풀비우스 노빌리오르와 집정관 마르쿠스 아이밀리우스 레피두스는 서로 증오하는 사이였다. 다른 무엇보다 아이밀리우스는 자신의 집정관 취임이 마르쿠스 풀비우스의 배후 공작 때문에 2년이나 연기되었다고 생각했기에 불만이 이만저만이 아니었다. 따라서 그는 풀비우스를 곤경에 빠뜨리기 위해 자신의 적을 고발할 준비가 된 암브라키아 사절단을 원로원으로 들였다.[22] 사절단은 자신들이 평화로웠던 시기 이전에 집정관들의 지시를 잘 이행했으며, 마르쿠스 풀비우스의 요구도 기꺼이 따를 준비를 했건만 그들을 상대로 전쟁이 벌어졌다고 불평했다. 처음엔 농촌 지역이 약탈되었으며, 도시 지역은 늘 약탈과 학살의 위협으로 공포에 휩싸였다고 보고했다. 이어 그들은 자신들이 봉쇄당하고 포위되었으며, 학살, 방화, 건물 파괴, 도시 약탈을 동반한 온갖 부류의 고생스러운 전쟁을 겪었다고 불평했다. 여자와 아이도 노예로 끌려갔으며, 재산도 빼앗기고, 도시 내부의 신전들도 장식품을 약탈당했는데, 마지막 일이 가장 마음이 아프다고 비난했다. 사절들은 신상(神像)들, 아니, 신들 자체가 그들의 신성한 거처에서 비틀어 떼어내듯이 옮겨졌다고 말했다. 이제 자신들이 숭배하고, 기원하고, 탄원할 수 있는 곳은 앙상한 신전 벽과 문기둥만 남아 있다고 불평했다.

사절들이 이런 불평을 말할 때 집정관은 사전에 협의한 대로 그들에게 비난하는 듯한 질문을 던졌다. 그는 이렇게 표면상으로는 그들의 뜻을 거스르는 척하면서 실은 그들이 더욱 마르쿠스 풀비우스에게 불리한 주장을 펼치도록 유도했다. 원로원 의원들이 흥분하는 듯

22 암브라키아의 포위 공격에 대해서는 리비우스 『로마사』 38권 5-8장 참조.

하자 다른 집정관 가이우스 플라미니우스는 자리에서 벌떡 일어나 마르쿠스 풀비우스를 지키러 나섰다. 그는 암브라키아 인들이 아주 낡고 뻔한 방식을 쓰고 있다고 비난했다. 과거에 마르쿠스 마르켈루스도 시라쿠사 인들에 의해 그런 식으로 고발되었고,[23] 또 퀸투스 풀비우스도 캄파니아 인들에게 그런 식으로 엉뚱하게 고발되었다고 지적했다. 그는 왜 원로원이 똑같은 방식으로 필리포스 왕이 티투스 퀸크티우스를, 안티오코스가 마르쿠스 아킬리우스와 루키우스 스키피오를, 갈리아 인들이 가이우스 만리우스를, 아이톨리아 인들과 케팔라니아 인들이 지금 마르쿠스 풀비우스를 고발하는 것처럼 고발하도록 허용하지 않느냐고 물었다.

그는 계속하여 말했다.

"암브라키아는 공격받아 점령된 곳입니다. 조각상과 예술품은 점령된 도시에서 가져온 것이고, 다른 것들도 도시가 점령되었을 때 늘상 처리되던 방식을 따라서 처리된 것입니다. 의원 여러분, 제가 마르쿠스 풀비우스를 위해 이런 사실들을 부정하리라 생각하십니까? 아니면 마르쿠스 풀비우스가 자신을 위해 그런 사실들을 부정할까요? 그가 이런 업적에 대하여 여러분에게 개선식을 허락해달라고 요구할 것인데, 이렇게 부정하는 것이 가능한 일이겠습니까? 풀비우스는 암브리키아를 점령한 사람입니다. 저 사절들이 약탈해 갔다며 비난하는 암브라키아의 조각상들, 그리고 나머지 전리품은 모조리 그의 개선식 마차 앞에 실려 올 것이며, 그는 그런 전리품 중 어떤 것은[24] 집 문설주에 부착할 것입니다.

---

23 리비우스 『로마사』 26권 30-35장 참조.

24 풀비우스가 점령한 도시, 즉 암브라키아의 전체 시가지를 그린 그림을 의미한다.

저들은 자신들이 아이톨리아 인과 다르다고 주장할 이유가 없는 자들입니다. 암브라키아 인과 아이톨리아 인의 사례는 정확히 같습니다. 저의 동료 집정관은 저들에게 품은 적개심을 다른 방식으로 표출할 수도 있습니다. 만약 그가 그런 적개심을 이번 건과 관련하여 표출하고자 한다면 저 암브라키아 인 사절들이 마르쿠스 풀비우스가 도착할 때까지 여기서 기다리게 하도록 합시다. 저는 마르쿠스 풀비우스가 여기 현장에 없는 한, 암브라키아 인이나 아이톨리아 인에 대한 어떠한 발의도 허용치 않을 것입니다."

44. 두 집정관 사이의 지독한 싸움은 이틀 동안 계속되었고, 그러는 사이에도 아이밀리우스는 계속 고발을 했다. 그의 정적이 교활한 적개심을 품고 있다고 말하면서 이것은 누구나 다 알고 있는 사실이라고 주장했다. 그는 풀비우스가 귀국을 일부러 늦추면서 일을 지연시키고 있다고 말했다. 그가 이렇게 하는 것은 정적이 집정관으로 있는 때에는 로마로 돌아오지 않으려 한다는 것이었다. 이제 플라미니우스가 지켜보는 동안에 그 어떤 포고도 원로원을 통과할 수 없음이 분명해졌다.

그러나 아이밀리우스는 플라미니우스가 병으로 등원하지 않았을 때 기회를 잡았고, 직접 발의하여 원로원에서 암브라키아 인들에게 모든 재산을 돌려준다는 포고를 통과시켰다. 이 포고에 의하면, 암브라키아 인들은 자유와 고유의 법률에 따라 살 수 있고, 로마 인과 라틴 지위를 지닌 동맹들에게 면세 조치를 해준다면 자유롭게 수입품을 사들이고 수출도 할 수 있게 되었다. 또한 이 포고는 암브라키아 인들이 불평했던 신전에서 약탈한 조각상들과 다른 예술품들은 마르쿠스 풀비우스가 로마로 돌아오면 일단 사제단에게 넘기고, 그 다음에 그들의 결정에 따라야 한다고 명시했다.

아이밀리우스는 이런 조항에도 만족하지 못하고 나중에 원로원 의원들이 적게 모인 때를 노려 추가로 또 다른 포고령을 통과시켰는데, 그 내용은 암브라키아가 무력으로 점령된 것처럼 보이지 않는다는 것이었다.

* * *

집정관들이 떠난 뒤 집정관 대리 그나이우스 만리우스가 로마에 도착했다. 법무관 세르비우스 술피키우스는 그가 벨로나 신전에 모인 원로원 의원들 앞에서 발언하는 걸 승낙했다.[25] 이에 만리우스는 자신의 업적을 상세히 설명했고, 이런 공적을 인정하는 뜻에서 불멸하는 신들께 존경을 표시하는 건 물론 자신이 개선식을 개최하며 도시로 들어올 수 있게 허락해달라고 요청했다. 그의 이런 요청은 그와 함께 있던 10인의 조사위원 다수가 반대했는데, 특히 루키우스 푸리우스 푸르푸리오와 루키우스 아이밀리우스 파울루스가 강력하게 반대했다.

45. 조사위원들은 자신들이 안티오코스와의 평화를 확정하고 루키우스 스키피오가 작성한 협정 조건 초안을 마무리하고자 그나이우스 만리우스를 찾아갔다고 했다. 하지만 그나이우스 만리우스가 평화를 뒤엎고자 부단히 애를 썼으며, 부정한 수단으로 안티오코스를 건드려 마치 왕이 그런 시도에 걸려들기를 바라는 것처럼 행동했

25 야전에서 승리를 거둔 장군은 개선식을 요구하기 위하여 포메리움(pomerium: 성역) 밖에서 원로원 의원들을 소집할 수 있었다. 이때 성역으로 자주 선택되는 곳이 이 신전이었다.

다는 것이었다. 그러나 왕은 만리우스의 신뢰할 수 없는 계획을 사전에 인지했고, 그가 회담을 여러 차례 요청하며 꾀어내려 했지만, 회담을 피하는 건 물론 아예 보려고도 하지 않았다.

조사위원들은 만리우스가 타우로스 산맥을 넘으려고 했다고 말했다. 하지만 치명적인 경계를 넘어서는 자에게 재앙이 닥칠 거라는 시빌의 예언을 검증하려는 그의 의도는 하급자들의 간청으로 간신히 제지되었다는 것이었다. 그럼에도 불구하고 만리우스는 휘하 병력을 이끌고 산맥 분수령의 꼭대기 부분에 진을 치고서 기회만 노렸다. 하지만 그곳에서 왕의 군대가 아무런 움직임을 보이지 않아서 전쟁의 구실을 찾지 못하자, 원로원이나 민회의 전쟁 선포가 없었는데도 불구하고 만리우스는 갈라티아 인들을 공격하러 나섰다는 것이었다.

조사위원들은, 감히 그런 과정을 혼자만의 결정으로 진행한 자가 과거에 과연 있었는가, 하고 물었다. 가장 최근의 전쟁은 안티오코스, 필리포스, 한니발과 카르타고 인들과의 전쟁이 있었는데, 이 모든 일에서 원로원은 포고령을 통과시켰으며, 시민들도 허락했고, 그전에 로마의 사절들이 적국에 가서 보상을 요구했으며, 그게 안 될 경우에 마지막으로 로마 대표들이 전쟁을 선포하러 떠나는 절차를 거쳤다는 것이었다.

"그나이우스 만리우스, 그대가 벌인 일을 우리가 개인의 산적질이 아니라, 로마 인들이 공적으로 벌인 전쟁으로 여길 수 있도록 그대는 이런 절차를 얼마만큼 충실히 따랐소? 적으로 선택한 자들을 향해 직선 도로로 병력을 이끌고 간 것에 만족하는 것이오? 아니면 온갖 샛길로 나아가며 온갖 교차로에서 멈춰 서면서 로마 군을 지휘하는 집정관이 마치 용병처럼 에우메네스의 동생 아탈로스가 나아가는 대로 따라가는 것에 만족한 것이었소? 피시디아, 리카오니아, 프리기아의 온갖 구석을 횡단하며 참주들과 벽지의 주민들에게 공물을 모으는 것으로 만족하는 것이냔 말이오. 또 오로안다 인들에게 한 일은 무엇이오? 마찬가지로 해를 입히지 않는 다른 민족들에게 한 행동은 무엇이었소?

실질적인 전쟁에 관해 말해봅시다. 그대가 세운 공으로 개선식을 요구하는 그 전쟁 말이오. 그 전쟁에서 그대는 어떻게 행동했소? 유리한 지형에서 그대가 선택한 때에 전투를 벌였소? 그대는 불멸하는 신들께 경의를 표해야 한다고 했는데 그건 분명히 맞는 말이오. 첫째, 신들께서는 국제법의 허가도 없는 전쟁을 수행한 지휘관의 만용 때문에 로마 군이 희생되는 것을 원하지 않으셨소. 둘째로, 신들께서는 로마 군 앞에 적이 아니라 짐승들이 나서게 하셨소.

46. 갈리아 그리스 인이라는 명칭만이 잡종이라고 생각하지는 마시오. 이런 명칭을 받기 오래전부터 그들은 현지인과 피를 섞으면서 체격과 기질이 퇴화되었습니다. 실제로 그들이 갈리아 인들이었다면, 우리가 이탈리아에서 셀 수도 없이 싸워 성쇠를 겪은 그 갈리아 인들이었다면 우리 지휘관을 고려했을 때 패전의 소식을 들려줄 전령 한 사람이라도 살아 돌아올 수 있었겠습니까? 만리우스는 두 번을 싸워 두 번을 불리한 지형에서 접근했고, 실질적으로 적의 발 아래에 있는 계곡에 부대를 배치했습니다. 적은 군이 높은 위치에서 무기를 던지지 않아도 그저 그 헐벗은 몸뚱어리를 우리 위로 내던지는 것만으로도 우리를 압도할 수 있었습니다.

그렇다면 실제로 무슨 일이 벌어졌을까요? 로마 인들의 행운은 참으로 대단하고, 그 명성은 위대하고도 무시무시합니다. 최근 한니발, 필리포스, 안티오코스가 무너진 것만으로 갈리아 인들은 극도로 충격을 받았습니다. 그런 거대한 덩치들이 투척 무기와 화살에 혼비백

산 도망쳤습니다. 갈리아 인들과의 전쟁에서 칼은 사용되는 일이 없었습니다. 적은 투척 무기가 첫 번째로 쌩 하고 지나가자 새 떼처럼 화들짝 놀라며 달아났습니다.

그럼에도 불구하고 이것을 오해하면 안 됩니다. 운명은 곧 우리에게 겨루는 적이 진짜였다면 어떤 일이 벌어졌을지 상상하게 했습니다. 돌아가던 길에 트라키아 산적들과 마주쳤을 때 우리 로마 인들은 공격을 받고 쓰러지고, 도망치고, 짐을 빼앗겼습니다. 많은 용맹한 자들 중에서 퀸투스 미누키우스 테르무스가 전사했습니다. 테르무스의 죽음은 경솔한 처사로 그 참사에 책임이 있는 그나이우스 만리우스가 전사했을 경우보다 우리에게 훨씬 큰 손실입니다. 안티오코스 왕의 전리품을 가지고 돌아가던 로마 군은 세 부대로 흩어졌고, 하나는 선두에, 다른 하나는 후방에, 짐은 중앙에 있었습니다. 우리 병사들은 짐승들의 굴에 들어가서 덤불 사이에서 하룻밤을 보냈습니다. 만리우스, 그대는 이런 걸 공적이라고 개선식을 요구하는 것이오?

설혹 트라키아에서 그런 참사나 수치를 겪지 않았다고 하더라도 대체 어떤 적을 상대했기에 개선식을 요구하는 것이오? 우리 생각에 승리하여 개선식을 요구할 만한 적은 바로 로마 인들이 적으로 인정한 자들이오. 그렇기에 안티오코스 왕을 상대로 승리한 이곳의 루키우스 스키피오와 그 이전에 지휘를 맡은 마르쿠스 아킬리우스에게, 필리포스 왕을 상대로 승리한 티투스 퀸크티우스에게, 한니발·카르타고 인·시팍스를 상대로 승리한 푸블리우스 아프리카누스에게 개선식이 주어졌소. 원로원이 이미 전쟁을 결정했을 때에도 주의 깊게 살피는 사소한 세부 사항이 있소. 그것은 전쟁을 어떻게 선포해야 하는지 결정하는 것이오. 직접 왕에게 전할지, 아니면 군사 기지에 전달하는 것으로 충분한지 미리 따져야 하는 것이오.

자, 의원 여러분, 이 모든 절차가 불명예스럽게 무시되기를 바라십니까? 선전 포고에 관한 법률이 폐지되고, 전령 사제들이 사라져버리기를 원하십니까? 모든 종교 의례가—아아, 이런 말을 하는 걸 신들께서 용서하시길!—폐지되고, 마음속에서 신들이 망각되어 버린다고 칩시다. 하지만 전쟁 문제가 원로원에서 논의되지 않는 것이 여러분이 기쁘게 여기는 것입니까? 민회에서 갈리아 인들을 상대로 전쟁을 선포하는 것이 시민들의 뜻이자 명령인지 묻지도 못하게 되는 겁니까? 최근 집정관들은 분명 그리스와 아시아를 임지로 배정받기를 바랐습니다. 그럼에도 불구하고 여러분은 리구리아를 임지로 맡으라고 고집했고, 그들도 순순히 명령을 따랐습니다. 그렇기에 그들은 전쟁에서 성공을 거두었을 때 그곳을 임지로 맡으라고 한 여러분의 권위로 개선식을 거행할 권리를 갖게 될 겁니다."

47. 이것이 푸리우스와 아이밀리우스가 내세운 주장이었다. 만리우스는 내(리비우스)가 얻은 정보에 의하면 다음과 같은 취지로 답변했다.

"이전엔 호민관들이 개선식을 주장하는 자에게 반대하는 것이 관례였습니다. 저는 이제 그들에게 감사를 표합니다. 그 대상이 저 자신이든 제가 이룬 커다란 업적이든 간에 그들은 침묵으로 제가 내세운 명예를 인정해주었을 뿐 아니라 필요하다면 개선식을 기꺼이 제안하려는 기색까지 보였습니다. 선조들께서는 지휘관에게 승리의 결과를 지휘하고 그 명예를 관리하는 일을 맡긴 10인 조사위원을 고문단으로 보냈습니다. 믿어지지 않겠지만, 저는 조사위원들 사이에서 나의 적을 보게 되었습니다. 루키우스 푸리우스와 루키우스 아이밀리우스는 제가 개선식 마차에 타는 걸 금지했습니다. 호민관들이 나의 개선식에 반대할 경우에, 내가 야전에서 성취한 공적을 증언해 줄 것으로 기대되는 사람들이 제 머리에서 승리의 화관을 벗겨 버린 겁니다.

원로원 의원 여러분, 저는 다른 누군가의 명예에 유감을 가진 사람이 아닙니다. 얼마 전 용기 있고 정력적인 호민관들이 퀸투스 파비우스 라베오의 승리에 반대했을 때 여러분은 원로원의 권위로 그들의 반대를 막아냈습니다. 그의 정적들은 그가 권한이 없는 전쟁을 수행한 건 아니지만, 적을 잠깐이라도 본 적이 없다고 공격했습니다. 하지만 그래도 라베오는 개선식을 거행했습니다. 저는 10만 명의 사나운 적과 빈번하게 싸웠으며, 4만 명 이상의 적을 죽이거나 사로잡았고, 타우로스 산맥 이쪽의 모든 지역을 이탈리아 땅보다도 더 평화롭게 만들었습니다. 하지만 저는 개선식을 빼앗겼을 뿐만 아니라, 조사위원이 저의 고발자로 돌변한 상태에서 원로원 의원 여러분 앞에서 저를 변호하고 있습니다.

의원 여러분, 조사위원들의 고발은 이미 알아채셨겠지만 이중적입니다. 그들은 제가 갈리아 인들과 전쟁을 해서는 안 된다고 하면서도, 제가 수행한 전쟁이 경솔하고 무분별하다고 비난했습니다. 그들은 갈리아 인들은 적이 아니며, 제가 그들이 평화롭게 살아가면서 로마 인들의 지시에 따르는 중일 때 폭력을 행사했다고 했습니다. 의원 여러분, 저는 아시아에 사는 갈리아 인들을 떠올릴 때 여러분이 널리 알고 있는 갈리아 인들의 야만성과 그들이 로마라는 이름에 품고 있는 저 지독한 증오를 바탕으로 그들을 생각해야 한다고 요구하지 않을 것입니다. 갈리아 인들의 전반적인 악명과 그들이 불러일으키는 혐오감은 일단 차치하고 이 갈리아 인들을 그 자체로 판단해봅시다.

여기에 에우메네스 왕과 모든 아시아 도시의 대표들이 있었더라면 얼마나 좋았겠습니까. 그랬더라면 여러분은 저에 대한 고발을 듣는 대신 갈리아 인들에 대한 그들의 불평을 들을 수 있었을 테니 말입니다. 사절들을 모든 아시아 도시에 파견하여 한 번 물어보십시오. 안티오코스가 타우로스 산맥 저 너머로 물러났을 때와, 갈리아 인들이 타도되었을 때 중 어떤 것이 더욱 압제적인 굴종에서 벗어났다고 느꼈던 때였는지 말입니다. 그들의 얘기를 한 번 들어보십시오. 그들의 땅이 얼마나 자주 파괴되었고, 얼마나 자주 약탈을 당했는지. 또 그들이 속상금을 낼 형편이 되지 않는 상황에서, 갈리아 인들에게 잡혀간 그들의 동포, 그것도 어린아이들이 희생 제물로 바쳐진다는 이야기를 얼마나 자주 들었는지.

이 점에 대하여 오해하지 마십시오. 우리 동맹들은 갈리아 인들에게 공물을 바쳐왔습니다. 우리 덕분에 왕의 권력에서 해방된 지금도 그들은 갈리아 인들에게 공물을 바치려 했을 겁니다. 내가 그들을 상대로 군사 작전을 펴지 않았더라면 말입니다.

48. 안티오코스가 뒤로 더 밀려날수록 아시아 갈리아 인들의 지배권은 더욱 방자해졌을 것입니다. 우리가 아니었더라면 타우로스 산맥 이쪽의 모든 땅은 갈리아 인들의 영토로 편입되었을 겁니다. 저는 누군가가 이렇게 말하는 걸 들었습니다. '이 모든 게 사실일지도 몰라. 갈리아 인들이 인류의 공동 자산이자 세상의 중심인 델포이를 약탈했을 때를 기억해? 그런 상황인데도 로마 인들은 그들을 상대로 전쟁을 선포하거나 수행하지 않았잖아?' 저로서는 그리스와 아시아가 아직 우리의 관할 밖에 있어서 그 지역들에 어떤 일이 벌어지는지 무관심했던 과거와, 지금은 사정이 다르다고 생각합니다. 지금 우리는 타우로스 산맥까지를 우리의 영토로 지정했고, 그 지역 도시들에 자유와 면세를 승인하고, 누군가에겐 영토를 더해주면서 다른 누군가에게선 영토를 빼앗고, 또 다른 누군가에겐 공물을 부과하고 있습

니다. 우리는 왕국을 확장하고 축소하고, 주거나 빼앗으면서 그곳 주민들에게 육지와 바다 양쪽에서 평화를 보장하는 일을 우리의 책임으로 여기고 있습니다.

안티오코스가 주둔군을 물리지 않고 요새에서 미동도 않고 있었더라면 여러분은 아시아가 해방되었다고 보지 않았을 것입니다. 하지만 갈리아 인들이 여전히 통제받지 않고 제멋대로 돌아다닌다면 여러분이 에우메네스 왕에게 준 선물과 도시들의 자유가 실제로 보장이 되겠습니까?

왜 제가 갈리아 인들이 이미 적이었는데도 불구하고 마치 제가 그들을 적으로 만든 것처럼 말해야 하는지 정말 모르겠습니다. 루키우스 스키피오, 당신에게 지휘권을 인계받았을 때 나는 불멸하는 신들께 당신이 보인 용기와 행운을 내게도 내려달라고 기원했습니다. 그리고 그 기원은 헛되지 않았습니다. 푸블리우스 스키피오, 당신은 부장이었지만, 동생인 집정관이나 휘하 병력 모두에게 최고 지휘관으로 대우받는 특권을 누렸습니다.[26] 이제 나는 두 사람에게 청합니다. 나는 안티오코스의 군대에 갈리아 군단들이 있는 것을 보았고, 그들이 전열 양쪽 날개에 배치된 것을 보았으며, 그들이 최선을 다해 안티오코스를 도왔고, 또 그들을 적법한 적으로 간주하고 싸웠으며, 그에 따라 그들을 죽이고 전리품을 챙겼습니다. 두 분은 이런 사실을 알고 있었습니까?

그럼에도 불구하고 조사위원들은 원로원이 전쟁을 벌이기로 결정

---

26 루키우스 스키피오 아시아티쿠스는 기원전 190년 아시아에 출정을 나간 집정관 겸 사령관이었고 그의 형 스키피오 아프리카누스는 동생의 부관으로 근무하는 것을 자원했다. 참조. 리비우스 『로마사』 37권 1장.

하고 시민들이 승인한 상대가 안티오코스이지 갈리아 인들이 아니라고 말하고 있습니다. 하지만 동시에 제 판단으로, 우리는 안티오코스의 군대에 있던 모든 자를 상대로 전쟁을 포고하고 승인한 것입니다. 이들 중 안티오코스의 편에 서서 우리에게 무기를 들었던 자들은 모두 우리의 적인 것입니다. 여기서 스키피오와 강화를 맺고, 여러분이 협정을 맺어야 한다고 명확히 지시했던 안티오코스는 제외됩니다. 특히 갈리아 인들은 다른 족장들과 참주들처럼 강화 대상으로 고려되어야 할 상황에 있었습니다. 저는 다른 자들과 강화를 맺고, 로마 인들의 위엄에 걸맞은 방식으로 그자들의 악행에 대해 속죄하게 하는 것 말고도, 갈리아 인들의 태도를 시험해 보았습니다. 그들의 타고난 야만성이 과연 누그러질 수 있는지 살펴보기 위해서였습니다. 하지만 그들은 다루기 매우 힘들었고, 도저히 진정시킬 수 없었습니다. 그걸 깨달은 다음에야 저는 무력으로 그들을 억눌러야겠다고 결정했습니다.

내가 전쟁을 시작했다는 고발에 대해 저는 결백함을 입증했습니다. 이제 전쟁에서 제가 한 행동을 설명하겠습니다. 이 문제에 대해 저는 설혹 로마 원로원이 아닌 카르타고 원로원에서도 제 자신을 변호할 수 있다고 확신합니다. 카르타고에선 지휘관들이 성공적으로 전쟁을 끝냈더라도 전술이 나쁘면 십자가형에 처해지지요. 하지만 우리나라는 모든 일의 시작과 수행에 신들을 관여시키는데, 이는 신들이 승인한 이런 행동들이 누구에게도 비판을 받을 수 없는 대상이기 때문입니다. 공공 감사제나 개선식을 결정하는 데 있어 그 의례 방식엔 '그가 공무를 훌륭하고도 성공적으로 수행했기에'라는 구절이 포함되어 있습니다. 그런 상황에서 제가 무용을 자랑하길 거부하고, 그런 자랑을 쑥스럽고 주제넘은 것으로 여긴다면, 또 장병들을 잃는 일 없이 그런 거대한 나라를 괴멸시키는 일을 하면서 저 자신과 우리 군대에 행운이 함께했다는 걸 인지하고 불멸의 신들께 영광을 드리기를 원하고, 저도 개선식을 하며 카피톨리움으로 올라가 정히 맹세를 올리고 그곳을 떠나야 한다고 요구하면, 그래도 저와 불멸의 신들께 이런 엄숙한 일의 거행을 여러분은 거부하실 겁니까?

49. 누군가는 제게 이렇게 말할 겁니다. '그렇소. 그대는 불리한 장소에서 싸우지 않았소?' 그렇다면 제가 싸웠어야 했던 더욱 유리한 장소가 어디였는지 말씀해주십시오. 적이 산을 장악하고 방어 시설을 갖춘 곳에 틀어박혀 나오지 않는 걸 확인한 이상 적을 물리치려면 그들에게 접근해야만 했습니다. 그 자리에 도시가 있고 성벽 안에서 적이 나오지 않는다면 어떻게 해야 되겠습니까? 분명 저는 그들을 포위할 수밖에 없었을 겁니다. 테르모필라이에서 만리우스 아킬리우스가 안티오코스 왕과 유리한 장소에서 싸웠습니까? 아우스 강 위쪽의 산등성이를 필리포스가 장악했을 때 티투스 퀸크티우스도 같은 방식으로 그를 몰아내지 않았습니까. 저로서는 조사위원들이 속으로 어떤 적을 상상하는지, 아니면 그런 상상 속의 적을 원로원에 어떤 식으로 드러내려 하는지 종잡을 수 없습니다.

그들의 상상 속에서, 적이 아시아에서 편안하게 살면서 타락하여 기력이 떨어진 것으로 본다면, 우리 로마 군이 불리한 지형에서 공격한다고 해서 무슨 위험이 있겠습니까? 또 그들이 야만적인 기질과 강력한 육체 때문에 적을 무시무시한 집단이라고 상상한다면 제가 이런 대승을 거뒀는데 개선식을 거부할 이유는 무엇입니까? 이건 맹목적인 질투입니다. 원로원 의원 여러분, 이건 용기 있는 행동을 하찮게 여기고, 그런 행동에 따르는 명예와 보상을 훼손하는 것일 뿐입니다. 제 발언이 지나치게 길어졌다면 의원 여러분의 관용을 청하는 바입니다. 하지만 이는 제 자신을 자랑하려는 것이 아니라, 고발에 대항하여 나 자신을 변호할 필요에 의한 것이었습니다.

이제 하나 묻겠습니다.

원래 비좁은 트라키아의 길을 넓게 만들 힘이 제게 있습니까? 제가 가파른 곳을 평평하게, 숲 지역을 경작된 들판으로 바꿀 수 있습니까? 어느 곳이든 단 한 명의 트라키아 인도 매복하지 않게 할 능력이 제게 있습니까? 아니면 어떠한 짐도 약탈당하지 않으면서 길게 늘어진 짐을 나르는 등짐 짐승들이 단 한 마리도 끌려가지 않게 보장할 능력이 제게 있습니까? 어떠한 군인도 상처 하나 입지 않게 하면서, 용맹하고 정력적인 퀸투스 미누키우스 같은 군인이 상처로 죽는 일이 아예 없도록 할 능력이 제게 있습니까?

조사위원들은 그런 훌륭한 시민을 운 나쁘게 잃은 이런 불행을 자꾸만 거론하고 있습니다. 사실을 말씀드리겠습니다. 험난한 길에서 적은 유리한 입장에서 우리를 공격했고, 그 야만인들이 짐수레들과 씨름하는 동안 아군 선봉과 후위는 동시에 적을 포위했습니다. 그날 수천 명이 넘는 자들이 죽거나 붙잡혔고, 며칠 뒤엔 그보다 더 많은 적이 같은 운명을 맞이했습니다. 조사위원들이 이에 관해 침묵을 지키더라도 원로원 의원 여러분들은 전말을 알게 될 겁니다. 이는 저 조사위원들도 깨닫고 있을 겁니다. 전군이 제 주장이 사실이라는 걸 증언할 테니까요.

아시아에서 칼을 뽑지 않았더라도, 그곳의 적에게 눈길조차 주지 않았더라도 트라키아에서 치른 이 두 번의 전투로 저는 개선식을 거행할 자격이 충분할 겁니다. 하지만 이미 제 입장에 대해서는 충분히 말했습니다. 의원 여러분, 내가 생각했던 것보다 더 길게 발언하여 여러분을 지치게 만든 것에 용서를 청하오니 용서를 내려주시길 바랍니다."

50. 그날 원로원 의원들이 논의를 한 시간 더 계속하지 않았더라면, 조사위원의 고발이 만리우스의 변론을 누르고 승리했을 것이다. 회의가 산회되었을 때 의원들의 일반적인 분위기는 개선식이 거부될 것이라는 것이었다.

하지만 다음날이 되자 그나이우스 만리우스의 친척들과 친구들이 쓸 수 있는 모든 힘을 동원했다. 원로 의원들의 영향력도 한몫했다. 이들은 지휘관이 적을 압도하고, 성공적으로 임기를 마쳤으며, 휘하 병력을 고향으로 데려왔는데도 존경을 받지 못하고 마차와 월계관을 거부당하여 개인 자격으로 도시에 들어오는 일은 역사에 그 선례가 없었다고 지적했다. 이런 선례의 전통에 대한 존중이 개인적인 혐오감을 결국 눌렀고, 원로원 전원이 만리우스에게 개선식을 허용하기로 결정했다.

하지만 곧 이런 논쟁에 대한 언급과 그에 관련된 모든 기억은 더 큰 싸움이 생겨나서 희미해졌다. 그 싸움은 만리우스보다 더욱 훌륭하고 유명한 사람과 관련된 것이었다. 역사가 발레리우스 안티아스는 푸블리우스 스키피오 아프리카누스가 퀸투스 페틸리우스[27]라는 이름을 가진 두 명의 동명이인에게 고발당했다고 전한다. 이 고발은 개인의 성향에 따라 다른 평가를 받았다. 몇몇 사람은 호민관들을 비난하는 것이 아니라, 이런 일이 벌어지도록 한 공동체 전체를 탓했다. 그들은 세상에서 가장 위대한 두 도시가 거의 동시에 주요 시민들에게 배은망덕한 모습을 보였다고 지적했다. 하지만 그들은 로마가 더

---

27 두 페틸리우스는 평민 출신의 호민관들이다. 역사가 아울루스 겔리우스에 의하면 이들은 아프리카누스의 정적인 마르쿠스 포르키우스 카토의 지지자들이었다.

욱 배은망덕하다고 했는데, 정복된 카르타고는 정복된 한니발을 패배 때문에 쫓아냈지만, 승리한 로마는 승리한 스키피오를 승리 때문에 쫓아내고 있었기 때문이다.

다른 이들은 법률에 의한 조사를 함에 있어, 아무리 명성이 높더라도 소환을 면제받은 시민은 여태껏 없었다고 주장했다. 그들은 자유의 평등화에서 필수적인 것이 가장 힘 있는 사람도 재판에 회부될 가능성이라고 말했다. 비난된 어떤 사안에 대하여 해명조차 들을 수 없다면 국가 최고 권력은 말할 것도 없고 대체 어떤 것을 다른 사람에게 맡길 수 있느냐는 것이었다. 그들은 공평한 정의를 받아들이지 못하는 자에겐 폭력도 부당한 게 아니라고 주장했다.

재판 날짜가 될 때까지 시민들의 대화 중에는 그런 토론이 계속되었다. 재판일에 피고로서 포룸으로 향하는 스키피오를 각계각층의 무수한 인파가 호위했는데, 그런 대우는 스키피오가 집정관이나 감찰관일 때는 물론이고 다른 어떤 사람도 받아본 적이 없었다. 변론을 하라는 재판장의 지시에 스키피오는 자신의 업적에 관해 발언하기 시작했다.

자신에 대한 고발에 대해서는 어떠한 언급도 하지 않았다. 그의 어조는 아주 고결했고 그 웅변적이고 진실한 언사는 일찍이 그 누구도 받아본 적이 없는 찬사를 받을 만하다고 다들 느꼈다. 그는 과거의 업적을 직접 수행했을 때와 완전히 똑같은 정신과 능력으로 그 업적을 설명했고, 그런 이야기를 하는 목적이 자신의 우월감을 드러내는 것이 아니라, 자기 방어를 위한 것이었으므로, 청중에게 전혀 불쾌감을 안겨주지 않았다.

51. 호민관들은 다시 이미 과거의 문제 사항들을 꺼내들었다. 그들은 시라쿠사의 월동 진지에서의 사치스러운 예산 낭비, 로크리스

에서 플레미니우스가 일으킨 소동[28] 등을 거론하면서 그들이 지금 제기한 고발에 신뢰성을 더하려고 했다. 하지만 그 고발은 증거보다는 의혹에 더 기반을 둔 것이었다. 그들은 스키피오를 횡령으로 고발했다. 그들은 안티오코스 왕의 군대에 붙잡힌 그의 아들이 몸값도 없이 돌아왔다고 혐의를 제기했다. 또한 그들은 안티오코스가 다른 모든 일에서 스키피오의 환심을 사고자 했는데, 마치 로마와의 평화나 전쟁이 스키피오의 손에만 달려 있다는 듯한 행동이었다고도 비난했다. 그들은 스키피오가 임지에서 집정관의 부장보다는 독재관 같았다고도 말했다. 그들은 스키피오가 스페인, 갈리아, 시칠리아, 아프리카에 오랫동안 심어온 정치적 확신을 그리스, 아시아, 그리고 동쪽의 모든 왕과 민족에게 명백하게 심어주고자 떠난 것이었다고 했고, 그게 원정에 참가한 유일한 이유였다고 했다. 그리고 그들이 말하는 정치적 확신이란 단 한 사람만이 로마 권력의 원천이자 로마의 기둥이라는 내용이었다. 그들은 세상의 주인인 도시가 스키피오의 그림자 아래에 보호되었으며, 그가 고개를 끄덕이는 게 원로원과 민회의 결정과 같았다고 주장했다. 이렇게 그들은 앙심을 품은 상태로 비방과 중상을 해대면서 그 어떤 오점도 남기지 않은 사람을 마구 공격했다.

이들의 발언은 계속되어 해질녘까지 이어졌고, 재판은 나중으로 미뤄졌다. 지정한 날이 다가오자 호민관들은 동이 트자 연단에 있는 자리에 앉았고, 소환된 피고는 그를 따라온 어마어마한 숫자의 친구 및 하인과 함께 군중들 사이를 헤치고 나타났다. 아프리카누스는 연

28 리비우스 『로마사』 29권 19-20장 참조.

단에 도착했고, 주변이 조용해지자 이런 말을 했다.

"호민관들과 로마 시민 여러분, 오늘은 아프리카에서 제가 한니발 및 카르타고 인들과 회전을 벌여 대승을 거둔 날입니다.[29] 따라서 오늘은 고소와 언쟁을 미루는 것이 적합하기에 저는 곧장 여기서 카피톨리움으로 향해 지고한 신 유피테르께, 유노께, 미네르바께, 그리고 카피톨리움과 요새를 관장하는 다른 신들께 인사를 드리고자 합니다. 그리고 저는 신들께 감사를 전하고자 합니다. 왜냐하면 바로 오늘 신들께서는 다른 많은 때와 마찬가지로 제게 나라를 위해 대업을 성취할 수 있는 의지와 능력을 주셨기 때문입니다. 시민 여러분, 괜찮다고 생각하시는 분은 모두 저와 함께 가시지요. 그리고 저 같은 지도자들이 나타나기를 신들께 기원합시다. 열일곱부터 지금 이런 고령이 될 때까지 여러분은 늘 제 나이보다 앞서 영광스러운 자리로 갈 수 있도록 해주었고, 저 역시 제가 이뤄낸 업적을 통해 여러분이 영예를 부여할 것을 기대할 수 있었다고 생각합니다. 이런 생각에 동의하신다면 저를 따라주십시오."[30]

스키피오는 연단에서 카피톨리움으로 올라갔다. 동시에 포룸에 모인 군중은 한 몸처럼 그곳을 떠나 스키피오를 따랐고, 결국엔 서기들과 전령관들까지 호민관들을 재판정에 남겨두고 떠났다. 그들의 노예 수행원들, 연단으로 피고를 불러낸 사자 외에는 아무도 그들 곁에

---

29 기원전 202년 아프리카 북단의 자마에서 한니발과 전투가 벌어진 기념일. 승전 기념일은 감사와 기쁨의 날로 보낸다.

30 아프리카누스는 이 당시 49세였다. 로마 시민은 46세에 원로 시민이 되어 더 이상 군복무에 나서지 않아도 된다. 아프리카누스는 17세이던 기원전 218년에 티키누스 강 전투에 참가했다가, 당시 집정관이던 아버지 P. 코르넬리우스 스키피오가 부상을 당하자 어린 나이에도 불구하고 위험을 두려워하지 않고 아버지를 구해내서 효자라는 명성을 얻었다.

남지 않았다.

스키피오는 카피톨리움뿐만 아니라 로마 시내의 모든 신전을 돌았고, 그의 곁엔 시민들이 함께 있었다. 이날은 거의 축제 같았다. 시민들이 그의 위대함을 진정으로 인정하고 열광하는 모습은 그가 시팍스 왕과 카르타고 인들을 상대로 거둔 승리를 기념하며 개선식 행렬과 함께 도시로 들어오던 날과 조금도 다를 바가 없었다.

52. 하지만 이날이 푸블리우스 스키피오의 영광이 빛나던 마지막 날이었다. 그는 그날 이후 나쁜 평판에 휩싸이고, 호민관들과 지루한 싸움을 펼쳐야 할 것을 미리 내다보았다. 재판을 더 미룬 뒤 그는 리투르눔[31]에 있는 별장으로 은퇴했다. 더는 변론을 펼치러 나타나지 않겠다는 확고한 의도를 표시한 것이었다. 그는 정신과 기질 면에서 아주 위대했고, 더 나은 운명을 맞이하는 것에 너무 익숙하여 재판을 받는 법을 깨닫거나 자신을 변호하기 위해 체면을 버리고 비참한 모습을 보이는 법을 알지 못했다. 지정한 재판 날짜가 되자 자리에 없는 피고를 불러내는 일이 시작되었고, 루키우스 스키피오는 형이 와병 중이라 오지 못했다고 해명했다.

아프리카누스를 고발한 호민관들은 이를 비난하며 해명을 받아들이지 않았고, 피고가 재판에 나타나지 않은 이유를 오만함이라고 주장했다. 그들은 이런 오만함이 재판장, 호민관, 모여 있는 시민들을 법정에 그냥 놔두고 떠날 때 보여주던 그 오만함과 똑같다고 했다. 그들은 스키피오가 시민들을 무더기로 뒤에 달고 다니면서 그들의

---

31 리투르눔은 쿠마이 북쪽에 있는 해안 도시이다. 로마 시민들이 기원전 194년에 그곳에 세운 식민 도시이다. 쿠마이는 오늘날 나폴리 가까이 있었던 곳으로 스키피오가 로마에서 이 먼 곳까지 내려왔다는 것은 세 번째 재판 일에는 법정에 나올 뜻이 없다는 것을 확고히 드러낸 것이다.

재판할 권리를 빼앗고, 포로처럼 데리고 다니며 자유를 빼앗았다고 했다. 또한 그런 식으로 로마 인들에 대한 자신의 승리를 기념했으며, 재판 날에 군중이 호민관들을 벗어나 카피톨리움으로 이탈하는 현상이 벌어지도록 유도했다고 비난했다.

호민관들은 이렇게 말했다.

"시민 여러분, 여러분은 부주의한 행동에 대하여 보답을 받았습니다. 여러분은 그의 지도와 제안을 받아들여서 우릴 버렸습니다. 그리고 이제 여러분은 그에게 버림을 받았습니다. 우리 로마 인들의 기상은 날이 갈수록 쇠퇴하고 있습니다. 17년 전 이 스키피오란 남자가 육군과 함대를 지휘할 때 우리는 호민관 여러 명과 토목건축관리관 한 사람을 보내 그를 체포하여 로마로 돌아오게 할 용기가 있었습니다. 하지만 우리는 지금 그 남자가 일개 시민인데도 감히 그런 일을 할 생각조차 못하고 있습니다. 대리인들을 보내 그를 시골 별장에서 데려와 재판에 세울 용기는 전혀 없다는 말입니다."

그러자 루키우스 스키피오는 호민관 전원에게 호소했고, 그들은 불출석 사유를 와병으로 제시한다면, 그런 사유를 받아들이는 게 그들의 뜻이며 재판은 연기될 것이라고 말했다. 당시 호민관들 중엔 티베리우스 셈프로니우스 그라쿠스가 있었는데, 그는 푸블리우스 스키피오와 과거에 불화가 있던 사이였다. 그는 동료들의 이런 결정에 자신의 이름을 넣는 걸 거부했고, 시민들은 그가 더욱 가혹한 조치를 취할 것이라고 예상했다.

하지만 그는 루키우스 스키피오가 형의 불출석 사유를 와병이라고 한 것에 자신은 충분한 사유라고 생각하며, 더 나아가 아프리카누스 본인이 자신에게 호소한다면 자신은 그를 도와 재판정에 나오는 걸 면제해주겠다고 했다. 그는 또한 아프리카누스 본인이 로마로 돌아오기 전까지 그에 대한 재판의 속개를 허용하지 않을 것이라고도 했다. 또한 푸블리우스 스키피오는 그 자신이 이룬 대업과, 신과 인간의 동의를 얻어 로마 인들이 부여한 영광으로 드높은 명성을 떨치게 된 사람으로, 그런 사람을 연단에 피고로 세워 젊은이들의 조롱이나 받게 하는 건 스키피오 자신보다 로마에 더욱 수치스러운 일이 될 거라는 말까지 했다.

53. 그라쿠스는 다른 호민관들의 결정에 격분하며 이렇게 소리쳤다.

"호민관 여러분, 아프리카를 정복한 스키피오가 초라하게 여러분들의 발 밑에 서길 바랍니까? 이러려고 스페인에서 그가 가장 명성이 높은 네 명의 카르타고 지휘관과 그들의 군대를 물리친 겁니까? 이러려고 그가 시팍스를 붙잡고, 한니발을 무너뜨리고, 카르타고를 우리 속국으로 만들고, 또 안티오코스를 타우로스 산맥 저 너머로 추방했겠습니까? 여기 루키우스 스키피오는 기꺼이 자신의 공을 형과 나눌 것입니다! 고작 페틸리우스 두 사람에게 굽실거리려고 그가 그런 위대한 일을 해낸 것입니까? 시민 여러분, 여러분은 누군가가 푸블리우스 아프리카누스를 억누르면서 승리의 영광을 얻어내게 할 겁니까? 이런 저명한 사람이 여태껏 세운 공으로도, 시민들이 부여한 명예로도, 안전하고 신성한 요새에서 노년의 휴식을 누릴 수 없다니 이 얼마나 안타까운 일입니까? 여러분이 존경할 수 없다면 적어도 다치지는 않게 해야 할 것 아닙니까!"

그라쿠스의 결정과 이런 추가적인 발언은 호민관들뿐만 아니라 자신의 권리와 의무에 합치되는 행동 방침을 숙고하겠다던 고발자들의 마음마저도 뒤흔들어 놓았다. 민회는 이어 해산되었고, 원로원 회의가 시작되었다.

원로원에서 티베리우스 그라쿠스는 의원 전원으로부터 엄청난 감사의 인사를 받았다. 특히 원로 의원들과 집정관을 지낸 의원들은 더욱 심심한 사의를 표했는데, 그라쿠스가 개인적인 싸움보다 국익에 더 큰 관심을 보인 때문이었다. 페틸리우스 두 사람은 다른 사람의 명성을 더럽혀서 주목을 받고, 아프리카누스에게 승리를 거둬 지저분한 전리품을 챙기려고 했다는 날선 공격을 받았다.

이후 아프리카누스에 관한 논의도 수면 아래로 가라앉았다. 그는 리투르눔에서 여생을 보냈으며, 로마를 떠난 것을 단 한 번도 후회하지 않았다. 전하는 이야기에 따르면, 그는 임종 때 살던 시골 지역에 자신을 묻고 묘비도 그곳에 세우라고 했는데, 배은망덕한 고향 로마에서는 장례식을 치르고 싶지 않았던 것이다. 그는 여러모로 기억해 주어야 할 사람이었지만, 평시에 세운 업적보다는 전쟁에서 세운 공적으로 더 기억되어야 마땅한 사람이었다. 그의 한평생에서 계속 전쟁에 관여한 전반부가 후반부보다 더욱 눈에 띄었다. 만년에 그의 행동은 그 광채를 잃었고, 능력을 발휘할 기회도 주어지지 않았다. 그의 첫 번째 집정관 시절과 두 번째 집정관 시절은 아예 비교조차 되지 않았다. 설혹 감찰관 시절을 더한다고 하더라도 생애 후반은 전반보다 훨씬 빛바랜 시기였다.[32]

그가 나쁜 몸 상태로 좌절되고 아들의 불행으로 얼룩진 아시아의 부사령관[33] 시절은 무슨 이득이 있었겠는가? 또한 로마로 돌아온 이후에는 재판에 참석하거나, 아니면 재판을 포기하고 고향 도시를 떠

---

32 기원전 205년에 1차 집정관을 지냈고 기원전 199년에 감찰관, 그리고 기원전 194년에 2차 집정관을 지냈다.

33 아프리카누스는 동생 루키우스가 집정관이 되어 아시아로 나가 동생의 부사령관으로 따라갔다. 동생은 아시아의 군사적 공로로 나중에 아시아티쿠스라는 별명을 얻었다.

나 은퇴를 해야 되었으니 그 또한 무슨 이득이 있었겠는가? 하지만 그럼에도 불구하고 그는 생애 전반기에 로마가 치른 가장 위대하고 위험천만한 포에니 전쟁을 성공적으로 종결하여 독보적인 영예를 얻었다.

54. 아프리카누스가 죽자 그의 정적들은 더욱 용기를 냈고, 그 우두머리는 마르쿠스 포르키우스 카토[34]였다. 그는 스키피오 생전에도 그의 위대함을 트집 잡는 버릇이 있었다. 사람들은 두 페틸리우스가 생전에 아프리카누스를 공격하고, 사후에 고소 절차를 다시 재개한 배후에는 카토가 있다고 생각했다. 그들이 제소한 고소 내용은 다음과 같았다.

"로마 시민 여러분, 안티오코스 왕과 그의 지배를 받던 자들에게서 받아낸 자금과 관련하여 국고로 귀속되지 않은 자금을 조사하고, 또 그런 조사를 맡을 현직 법무관을 선정하는 일을 도시 법무관 세르비우스 술피키우스가 원로원에 의제로서 제시해야 마땅합니다. 이렇게 하는 것이 시민 여러분의 뜻이자 명령이 아니겠습니까?"

처음에 이 제안은 퀸투스와 루키우스 뭄미우스가 거부했다. 그들은 과거에 늘 그랬던 것처럼 국고로 귀속되지 않은 자금을 조사하는 일과 관련하여, 원로원에서 더 적합한 방법을 찾아낼 수 있다고 주장했다. 두 페틸리우스는 두 스키피오 형제의 '과두제'와 그들이 원로원에 행사하는 정치적 지배력을 계속 공격했다. 아시아에서 10인 조사위원 중 한 사람이었던 전직 집정관 루키우스 푸리우스 푸르푸리오

---

34 카토는 일반적으로 "감찰관 카토"로 더 잘 알려져 있다. 기원전 214년에 천인대장을 지냈고, 기원전 204년에 재무관이 되어 아프리카에서 스키피오 밑에서 복무했는데, 이때부터의 두 사람의 악연이 시작되었다. 기원전 198년에는 사르데냐에서 법무관을 지냈고 기원전 195년에는 집정관이 되었다.

는 안티오코스 자금은 물론이거니와 다른 왕들과 민족들에게서 받은 자금까지 조사 범위를 넓혀야 한다고 제안했다. 그것은 정적인 그나이우스 만리우스를 겨냥한 것이었다.

루키우스 스키피오는 반대에 나섰는데 그 제안 자체를 반대하기보다는 그 자신을 변호하기 위한 것이었다. 그는 형인 푸블리우스 아프리카누스가 죽자 바로 이런 제안이 원로원에 올라간 것에 대해 불평했다. 그는 자신의 형은 타의 추종을 불허하는 용기와 명성을 지닌 사람이었지만, 그럼에도 불구하고 형의 사후에 로스트라(Rostra)[35] 앞에서 형에 대하여 아무런 찬사도 나오지 않은 것만으로는 불충분한 모양이라고 말했다. 그는, 그래서 이렇게 고발까지 하러 온 것이 아니냐고 항의했다. 이어 그는 카르타고 인들조차 한니발의 추방으로 만족하는데, 로마 인들은 형의 죽음으로도 만족하지 못하고 무덤에 있는 형의 명성을 산산이 조각내고, 그 동생을 그런 악의의 목표로 삼아 공격하는 걸로도 직성이 풀리지 않는다고 비판했다.

마르쿠스 카토는 그런 고소를 지지하는 발언을 했다. 그의 발언, '안티오코스 왕의 자금에 관하여'는 아직도 존재한다. 그는 자신의 영향력을 행사하여 두 뭄미우스가 호민관 권한인 거부권을 행사하지 못하게 했다. 거부권이 철회되자 모든 부족이 그 고소 건에 투표했다.

55. 이어 세르비우스 술피키우스는 원로원 의원들에게 어떤 법무관을 페틸리우스 고소 건에 따라 조사 책임자로 임명하길 바라는지

---

35 법정에 소환된 피고는 로스트라 밑에 서 있어야 한다. 로스트라는 코미티움 민회가 벌어지는 장소의 남쪽 면에 있었는데 건물 모양이 배의 이물을 닮았다고 해서 새의 부리를 가리키는 rostra로 불리게 되었다. 로스트라는 제1차 포에니 전쟁 때 로마가 해전에서 승리를 거둔 후에 세워진 것으로 추정된다.

물었고, 퀸투스 테렌티우스 쿨레오가 조사를 맡게 되었다. 이 법무관은 코르넬리우스 가문의 친구였다. 푸블리우스 스키피오가 로마에서 죽고 그곳에 묻혔다고 주장하는 자들의 이야기에 따르면, 그(쿨레오)는 장례식 때 상여 앞에서 걸었으며, 아프리카누스의 개선식 행렬에서 그랬던 것처럼 자유의 모자를 쓴 모습이었다. 그는 포르타 카페나에서 장례식 참석자들에게 포도주와 꿀을 나누어주었다. 그가 이렇게 한 것은, 아프리카에서 다른 포로들과 함께 있을 때 스키피오 덕분에 적에게서 구출되었기 때문에 그 은덕을 갚는 것이었다.

다른 이야기에 따르면 오히려 그는 코르넬리우스 가문의 적이었고, 이런 두드러진 적의 때문에 스키피오 형제에 반대하는 파벌에 의해 이상적인 조사관으로서 선택된 것이라고 했다. 그가 스키피오 형제에게 무척 호의적이었든 적대적이었든 이 법무관의 면전에서 루키우스 스키피오는 곧장 기소되었다. 동시에 그의 부하 장교였던 아울루스와 루키우스 호스틸리우스 카토, 그리고 그의 재무관이었던 가이우스 푸리우스 아쿨레오의 이름이 호명되고 이들에 대한 고발이 이루어졌다. 횡령이 스키피오 부대 내에 널리 퍼져 있었다는 인상을 주기 위해, 그 부대의 서기 두 명과 수행원 한 명도 이름이 호명되고 기소되었다. 루키우스 호스틸리우스, 두 명의 서기, 그리고 수행원은 스키피오에 대한 판결이 내려지기 전에 무죄로 방면되었다. 스키피오와 그의 휘하 장교 아울루스 호스틸리우스, 그리고 가이우스 푸리우스는 유죄 판결을 받았다.

스키피오는 안티오코스에게 더 유리한 강화 조건을 보장해주는 반대급부로 6천 파운드의 황금과 480파운드의 은을 받은 혐의에 대하여 유죄 판결을 받았다. 이 금액은 그가 기존에 국고에 납부한 것보다 더 많은 자금이었다. 아울루스 호스틸리우스는 80파운드의 황금과 200파운드의 은을 받은 것으로 유죄 판결을 받았으며, 재무관 푸리우스는 황금 130파운드와 은 2백 파운드 횡령으로 유죄 판결을 받았다. 여기 적은 황금과 은의 양은 역사가 안티아스의 기록에서 가져온 것이다. 루키우스 스키피오의 경우, 나는 역사가 안티아스가 황금과 은의 양에 관해 허위 진술을 했다기보다 필경사가 실수했을 거라고 생각한다. 황금보다는 은이 더 많았을 것이고, 부과된 벌금은 2천 4백만 세스테르티우스가 아닌 4백만 세스테르티우스였을 것이다. 이렇게 생각하는 게 더 개연성이 있다. 그것은 다음과 같은 이야기로 더욱 그럴듯하게 보인다.

작고한 푸블리우스 스키피오는 생전에 원로원에 불려와 정확히 그와 같은 금액에 대해 해명하도록 요구받자 동생인 루키우스에게 장부를 가져오라고 지시하여 의원들이 보는 앞에서 그것을 직접 갈기갈기 찢었다고 했다. 아프리카누스는 그렇게 하면서 2억 세스테르티우스를 국고로 가져왔건만 고작 4백만 세스테르티우스 때문에 해명을 해야 하냐며 분통을 터뜨렸다는 것이다. 이어 재무관들이 국고에서 자금을 꺼내와 보이는 것이 불법이므로 그렇게 하지 않으려고 하자 아프리카누스는 아주 자신감 넘치는 모습으로 이렇게 말했다고 한다. "열쇠를 가져오시오. 내가 노력한 덕분에 국고의 문이 닫혔으니 국고를 열어야겠소."[36]

56. 스키피오에 관해선 많은 이야기가 있는데, 그의 말년, 죽음, 장례식, 무덤에 관한 이야기는 특히 많다. 하지만 그런 이야기들은 서

---

36 리비우스는 이 대사를 폴리비오스 『역사』 23권 14장에서 가져왔다. 스키피오가 국고를 열어보자고 한 말뜻은, 그가 스페인과 아프리카에서 가져온 황금으로 국고가 가득 차기 이전에, 국고는 텅 비어 있었으므로 국고의 문을 닫고 말고 할 것이 없었다는 것이다.

로 모순되고, 따라서 나는 신뢰할 수 있는 전설이나 기록을 찾을 수 없다. 그의 고발자에 대해서도 이야기가 일치되지 않는다. 어떤 이는 마르쿠스 나이비우스가 스키피오를 재판으로 몰고갔다고 하고, 다른 이는 두 페틸리우스라고 한다. 재판일, 사망한 해, 사망한 장소, 매장된 장소에 대해서도 내용이 일치하지 않는다. 어떤 이는 그가 로마에서 죽고 그곳에 묻혔다고 하고, 다른 이는 그가 죽고 묻힌 곳이 전부 리테르눔이라고 한다. 무덤과 조각상은 두 곳 모두에서 전시된다. 리테르눔에는 조각상을 그 위에 세운 무덤이 있는데, 나 역시 폭풍으로 무너진 폐허 속에서 최근 본 바 있다. 로마엔 포르타 카페나의 외곽에 스키피오 형제의 무덤과 세 개의 조각상이 있는데, 둘은 푸블리우스와 루키우스 스키피오를 기리기 위한 것이고,[37] 다른 하나는 시인 퀸투스 엔니우스[38]를 기리는 것이다.

이런 모순은 단순히 역사가들 사이의 불일치에만 국한되지 않는다. 푸블리우스 스키피오와 티베리우스 그라쿠스의 발언(실제로 그런 발언들이 진짜라면) 역시 서로 내용이 다르다. 푸블리우스 스키피오의 발언 색인에는 호민관 마르쿠스 나이비우스의 이름이 있는데 비해, 발언 내용에는 때때로 고발자를 '무뢰한', '망나니'로 부를 뿐, 이름 자체는 드러나지 않는다. 그라쿠스의 발언도 전혀 두 페틸리우스를 고발자로 언급하지 않으며, 아프리카누스의 재판도 언급하지 않는다. 그라쿠스의 발언과 일치하려면 전혀 다른 이야기가 더해져야 한다. 해당 이야기를 전한 여러 출처에 따르면 그 내용은 이러하다.

---

37 스키피오 형제의 무덤은 스키피오 가문의 명성 때문에 로마의 저명한 유적지 중 하나이고 오늘날에도 로마의 비아 아피아(아피아 길)의 포르타 카페나 근처에 보존되어 있다.

38 엔니우스는 남부 이탈리아의 루디아이 출신인데 카토가 로마로 데려왔고 스키피오 가문과 좋은 관계를 맺었다. 키케로는 아프리카누스가 이 시인의 시를 좋아했다고 말했다.

루키우스 스키피오가 고발되어 왕에게서 받은 자금을 전용한 것으로 유죄 판결을 받았을 때 아프리카누스는 에트루리아에서 임무를 수행하고 있었다. 그러나 아프리카누스는 동생이 곤경에 처했다는 소식을 듣고서는 현지의 임무를 포기하고 황급히 로마로 달려와 성문에서 곧장 포룸으로 달려갔는데, 동생이 감옥으로 끌려가는 중이라는 말을 들었기 때문이다. 아프리카누스는 동생의 몸에서 집행관들을 떼어놓고, 자신을 제지하려는 호민관들에게 폭력을 행사했다. 이러한 행동은 아프리카누스가 훌륭한 시민의 자질보다는 가족 간의 애정을 더 중시했다는 것을 보여준다.

실은 이것이 티베리우스 그라쿠스가 불평한 아프리카누스의 행동이었다. 그는 호민관의 권력이 일개 시민에게 타도된 것에 항의했으며, 발언 끝에 루키우스 스키피오를 돕겠다고 약속하면서도 호민관의 권력과 국제(國制)의 권위가 일개 시민에 의해 뒤집히는 것보다 호민관에 의해 뒤집히는 게 차라리 더 참을 수 있는 선례인 것처럼 보인다는 말도 덧붙였다. 그라쿠스는 이런 거리낌 없는 폭력에 대해 맹비난을 퍼부었지만, 비난하는 강도는 그의 평소 수준에 훨씬 못 미쳤다. 그는 왕년에 스키피오가 보인 절제력과 자기단련에 하늘 높은 찬사를 보냈는데, 이는 지금 과거에 했던 심한 비난을 상쇄하기 위한 것이었다. 그는 실제로 시민들이 한때 스키피오를 종신 집정관이자 독재관으로 세우고 싶어 했지만, 스키피오 본인의 질책으로 논의가 중단되었음을 지적했다. 또한 그는 스키피오가 민회장, 연단(로스트라), 원로원, 카피톨리움, 유피테르 신전에 자신의 조각상을 세우는 걸 금지하고, 개선식 복장의 아프리카누스가 지고의 신 유피테르의 신전에서 나오는 자기 모습을 그리지 못하게 하는 법령도 통과시켰다는 점을 상기시켰다.

57. 이러한 찬사는 비록 장례식의 찬사이기는 하지만, 아프리카누스의 위대하고 비범한 인품을 잘 보여주는 것이었다. 그런 인품을 갖고 있었기에 아프리카누스는 자신에 대한 찬사와 명예를 국가에서 정한 범위 내로 한정시켰던 것이다. 그리고 그를 비난하는 자들마저도 그런 비난 속에서도 이런 인품에 대한 찬사를 말했던 것이다.

앞서 언급한 그라쿠스의 부인은 스키피오의 차녀였고,[39] 장녀는 푸블리우스 코르넬리우스 나시카와 약혼했다. 이런 연을 맺어준 건 틀림없이 아프리카누스가 한 일이었다. 이에 관한 건 여러 사료에서도 일치된다. 아프리카누스의 차녀가 아버지의 사후에 약혼하고 결혼했는지 여부는 불분명하다.[40] 또 널리 알려진 다음과 같은 이야기가 진실인지도 확실하지 않다. 그 이야기는 이러하다.

루키우스 스키피오가 감옥으로 끌려가 아무도 그를 도와주러 나서지 않을 때 그라쿠스는 자신과 스키피오 형제와의 반목은 여전할 것이며, 그들의 감사를 받을 일은 아무것도 하지 않을 것이다, 라고 말했다. 하지만 푸블리우스 아프리카누스가 적국 왕들과 사령관들을 그 감옥에 가두는 걸 자신이 직접 지켜봤으므로 그 똑같은 감옥에 아프리카누스의 동생이 갇히는 건 참을 수 없는 일이라는 것이었다. 이어 이야기는 이렇게 계속된다. 그날 원로원이 카피톨리움에서 만찬을 즐기고 있었는데, 이 연회가 진행되는 중에 여러 의원들은 자리에서 벌떡 일어나 아프리카누스에게 딸을 그라쿠스와 약혼시키라고 간청했다. 그리하여 약혼은 공적 절차에 의해 정식으로 처리되었으

---

39 아프리카누스의 두 번째 딸 코르넬리아로서, 민중을 위해 로마 사회를 바꾸려고 고군분투하다가 형은 암살당하고 동생은 자결한 저 유명한 그라쿠스 형제의 어머니이다.

40 플루타르코스는 폴리비오스를 인용하면서 이 약혼은 아프리카누스 사후의 일이라고 말했다.

며, 스키피오는 집으로 돌아가서 아내 아이밀리아[41]에게 차녀의 결혼을 다 결정하고 왔다고 말했다. 아이밀리아는 남편은 물론 자신에게도 소중한 딸의 혼사 문제를 자신과 논의하지 않았다는 것에 여자로서 당연히 분노를 느끼고 화를 냈다. 어떻게 어머니가 그런 혼사 계획을 모를 수 있느냐고 하면서, 설사 아프리카누스가 우수한 신랑감 티베리우스 그라쿠스에게 딸을 준다 했더라도 그건 안 될 일이라고 분노했다. 그러자 그녀의 남편은, 부부가 어떻게 생각이 이렇게 잘 맞느냐며 기뻐했고, 실은 딸의 약혼 상대가 당신이 우수한 신랑감이라고 말한 그 그라쿠스라고 대답했다.

이러한 이야기들이 이 위대한 로마 인(아프리카누스)에 관해 전해지는 것들이다. 몇몇 이야기는 그의 전기에 들어가기도 했다. 이야기들이 서로 일치되지 않기는 하지만, 그것들을 독자들에게 알리는 것이 옳다고 생각하여 이렇게 기록하게 되었다.

58. 법무관 퀸투스 테렌티우스가 재판에서 판결을 내리자, 유죄 판결을 받은 호스틸리우스와 푸리우스는 같은 날 보석금을 도시 법무관에게 납부했다. 하지만 루키우스 스키피오는 자신이 받은 자금은 전부 국고에 귀속했으며, 개인적으로 소유한 공적 재산은 하나도 없다고 주장했고, 그에 따라 그를 감옥에 가두려는 절차가 시작되었다. 푸블리우스 스키피오 나시카는 호민관들에게 호소했고, 코르넬리우스 부족 전체의 부정할 수 없는 영광, 특히 그중에서도 자신의 가

41 아프리카누스의 아내 아이밀리아는 기원전 216년에 집정관이었고 칸나이 전투에서 전사한 L. 아이밀리우스 파울루스의 딸이다. 그녀는 또 기원전 168년 피드나 전투에서 페르세우스를 패배시킨 L. 아이밀리우스 파울루스의 누나이기도 하다. 따라서 자마 전투의 승리자 스키피오 아프리카누스와 피드나 전투의 승리자 L. 아이밀리우스 파울루스는 처남·매부지간이다.

족이 이룬 업적을 강조하는 연설을 했다.

"저의 아버지는 그나이우스 스키피오이고, 푸블리우스 아프리카누스와 루키우스 스키피오의 아버지 푸블리우스 스키피오는 서로 형제 간입니다. 그들은 가장 명성이 높은 사람이었습니다. 오랜 세월 스페인 땅에 머무르며 카르타고 인과 스페인 인들의 수많은 지휘관, 수많은 군대와 싸운 그들은 전쟁뿐만 아니라 적에게 로마 인들의 자제력과 선의를 보임으로써 로마 인들의 명성에 영광을 더했습니다. 결국 두 아버지는 나라의 대의를 위해 전장에서 싸우다 최후를 맞이했습니다. 두 아버지의 아들들은 선친이 이룩한 영광을 후대에 보존하는 것만으로도 충분했을 겁니다. 하지만 푸블리우스 아프리카누스는 여태껏 아버지가 받던 찬사들을 아득히 넘어섰으며, 그가 인간이 아닌 신의 후손이라는 믿음마저 생기게끔 했습니다.

우리가 지금 논의 대상으로 삼고 있는 루키우스 스키피오는 그가 스페인과 아프리카에서 형의 휘하 장교로서 이뤄낸 업적은 차치하고라도 원로원이 직접 추첨도 하지 않고 아시아 지휘권을 맡기고, 능히 안티오코스 왕과의 전쟁을 수행할 수 있는 인물로 평가한 사람입니다. 두 번 집정관을 지내고, 감찰관을 지내고, 개선식까지 올린 그의 형이 부사령관 자격으로 아시아로 동행하기에 적합하다고 판단한 인물입니다. 아시아에서 부사령관 형의 위대함과 영광도 그가 이뤄낸 공적을 가리지 못했습니다.

루키우스 스키피오가 마그네시아에서 회전을 벌여 안티오코스를 정복하던 날 푸블리우스 스키피오는 그곳에서 여행하면 며칠은 걸리는 엘라티아에서 와병 중에 있었습니다. 적군은 아프리카에서 우리 로마 군을 상대했던 한니발보다 병력이 적지 않았습니다. 게다가 포에니 전쟁의 사령관 한니발도 왕의 수많은 장군들 사이에 있었습니다. 실제로 전쟁의 양상은 대혼전이어서 관련자들의 잘잘못을 따질 수 없을 정도였고 심지어 운명 자신도 잘잘못을 가려내지 못할 정도였습니다. 루키우스 스키피오를 고발한 자들이 찾아낸 고발의 근거는 모두 전쟁이 끝난 후의 강화 협상에 관한 것이었습니다. 그리하여 강화가 돈 받고 해준 것이라는 고발이 제기되었습니다. 그런 피고발자 중에는 일부 10인 조사위원도 들어 있었습니다. 강화 협상을 맺을 때 그들이 조언을 했기 때문입니다. 사실 10인 조사위원 중에 몇 사람이 나서서 그나이우스 만리우스를 고발한 것도 사실입니다. 하지만 그런 고발은 유죄 판정을 받아내기는커녕 그의 개선식 행사를 취소시키지도 못했습니다.

59. 그런데 스키피오의 경우, 도무지 믿기지 않지만, 실질적인 강화 조건들이 안티오코스에게 지나치게 유리하다는 의혹이 제기되었습니다. 그의 왕국이 온전하고, 패배 이후에도 전쟁 이전과 다를 바 없이 그의 소유물이 보존되었으며, 막대한 양의 황금과 은을 왕이 로마 군에게 지급했지만, 그중 아무것도 국고로 귀속되지 않고 전부 사적인 용도로 전용되었다는 것입니다. 하지만 루키우스 스키피오의 개선식에서 모두 눈으로 보지 않았습니까? 다른 열 개의 개선식보다 그의 개선식 하나가 더 많은 황금과 은을 전시했다는 걸 말입니다.

안티오코스의 왕국 국경에 관해 제가 고발자들에게 무슨 말을 해야 할까요? 그는 이전에 아시아 전역과 아시아에서 가장 가까운 유럽의 일부 지역을 장악했습니다. 타우로스 산맥부터 에게 해까지 이르는 이 지역이 얼마나 큰 땅덩어리인지 모두가 알고 있습니다. 이 지역은 꼬박 한 달을 진군해도 도달하지 못할 정도로 광활하게 뻗어 있고, 두 바다 사이의 너비도 열흘 동안 항해해야 할 정도입니다. 에게 해에서 타우로스 산맥까지 이르는 모든 지역을 안티오코스에게서 빼앗았고, 세상 먼 구석으로 그를 밀어냈는데, 아무런 보상도 없이 강화를 맺었다면 어디까지 그에게서 빼앗아내야 그런 소리가 안 나올까요? 필리포스는 패배 이후 마케도니아를 그대로 보유했고, 나비스도 스파르타를 그대로 자기 손안에 장악했습니다. 그럼에도 불구하고 그리스에서 승리한 퀸크티우스 장군은 이런 날조된 고발로 공격받지 않았습니다.

물론 퀸크티우스에겐 아프리카누스 같은 형이 없었습니다. 아프리카누스의 영광은 루키우스 스키피오에게 유익하게 작용했어야 마땅하지만, 실제로는 그 형을 향한 악감정이 루키우스에게 더욱 큰 해악만 끼쳤습니다. 판결에 의하면 그의 전 재산을 팔아도 턱 없이 미치지 못하는, 막대한 황금과 은이 루키우스 스키피오의 집으로 흘러들었다고 했습니다. 그렇다면 왕이 주었다는 그 황금은 전부 어디에 있습니까? 그가 받았다는 그 모든 유산이 대체 어디에 있습니까? 사치스러운 지출을 해도 부가 화수분처럼 마르지 않는다는 이 집안엔, 새로 얻은 거대한 부가 분명하게 드러나 보여야 합니다.

하지만 루키우스 스키피오의 적들은 그의 가난한 재산으로부터 그들이 부과한 벌금을 거둬들일 수 없는 게 확실하기에, 이제는 육체적인 학대와 굴욕을 통해 몸으로 그 대가를 받아내려고 할 겁니다. 그들은 이 가장 탁월한 인물을 절도범과 살인자가 갇힌 감옥에 가둬 툴리아눔[42]의 어둠 속에서 숨을 거두게 할 것이고, 그의 알몸을 감옥 앞에 내던질 것입니다. 이게 말이나 되는 처사입니까? 우리 코르넬리우스 가문보다는 이 로마라는 도시가 수치스러움에 얼굴을 붉혀

42 세르비우스 툴리우스가 지은 감옥. 여기서는 감옥의 뜻.

야 함이 마땅합니다."

60. 이에 대한 답변으로 법무관 테렌티우스는 페틸리우스 고발과 원로원 결정, 그리고 루키우스 스키피오에게 내려진 판결을 소리 내어 읽었다. 부과된 벌금을 국고에 지급하지 않는 한 기결수를 체포하여 감옥에 가두라는 명령을 내릴 수밖에 없다는 것이었다. 호민관들은 이어 상의를 하러 물러났다. 잠시 뒤 가이우스 판니우스는 그라쿠스를 제외한 동료 호민관들과 자신의 결정에 따라 호민관들은 법무관이 권한을 행사하는 걸 막을 생각이 없다고 말했다.

이어 티베리우스 그라쿠스는 이런 결정을 내렸다: 법무관이 루키우스 스키피오의 재산을 압류 후 처분하여 부과된 벌금을 거둬들이는 걸 막지 않을 것이다. 하지만 루키우스 스키피오가 사슬에 묶여 로마 인들의 적 사이에 투옥되는 걸 그냥 두고 보지 않을 것이다. 루키우스 스키피오가 세상에서 가장 부유한 왕을 무너뜨린 공로가 있기 때문이다. 루키우스는 로마 인들의 영토를 세상 가장 먼 곳까지 넓혔으며, 에우메네스 왕, 로도스 인, 그리고 수많은 아시아 도시가 로마 인들에 대한 의무를 지키도록 만들었다. 또한 루키우스가 개선식에 참석했고 그 후 모든 적 지휘관을 투옥시켰다. 따라서 루키우스 스키피오를 감옥에서 풀어줄 것을 지시한다.

이 결정은 어마어마한 갈채 속에서 받아들여졌다. 시민들은 스키피오가 풀려나는 걸 보자 크게 기뻐했다. 로마에서 내려진 기존 판결을 미루어 봤을 때 거의 불가능하다고 여겨졌기 때문이었다. 법무관은 이어 재무관들을 보내 국가의 이름으로 루키우스 스키피오의 재산을 압류하도록 했다. 하지만 왕의 자금은 흔적조차 드러나지 않았고, 재무관들은 그의 재산이 그런 규모의 벌금을 충당할 수도 없다는 걸 알게 되었다. 그리하여 루키우스의 친척들과 친구들, 그리고 하인

4. [기원전 187년] 집정관들이 로마로 돌아오기 전에 집정관 대리 마르쿠스 풀비우스는 아이톨리아에서 돌아왔다. 그는 아이톨리아와 케팔라니아에서 달성한 업적을 아폴로 신전에 모인 원로원 의원들에게 상세히 설명했다. 이어 의원들에게 맡은 일들이 올바르게 수행되었다고 여기면 나라를 위해 자신이 세운 성공적인 업적을 고려하여 불멸의 신들께 영광을 드리고, 자신에게는 개선식을 허락해달라고 요청했다.

이에 호민관 마르쿠스 아부리우스는 마르쿠스 아이밀리우스가 도착하기 전에 해당 안건에 관한 결정이 하나라도 통과되면 자신은 거부권을 행사하겠다고 통보했다. 그는 아이밀리우스가 이런 제안에 반대할지도 모르고, 임지로 떠날 때 자신에게 복귀할 때까지 모든 논의를 미뤄달라고 부탁했다고 전했다.

그것은 풀비우스가 볼 때, 시간만 낭비하는 것이었다. 심지어 집정관이 현재 로마에 와 있다고 할지라도 원로원은 풀비우스의 요청을 들어줄 것이라고 생각했다. 그러자 풀비우스가 이렇게 답변하고 나섰다.

"저와 마르쿠스 아이밀리우스 사이의 다툼은 주지의 사실입니다. 설사 아이밀리우스가 그런 불화를 계속 끌고 가면서 통제가 되지 않고 거의 폭군과 같은 분노를 보이는 것에 뭔가 비밀이 있다 할지라도, 부재중인 집정관이 불멸의 신들께 바쳐야 할 봉헌을 방해하고, 충분히 누릴 자격이 있고 당연히 허락되어야 할 개선식을 뒤로 미루는 건 있을 수 없는 일입니다. 더욱이 지휘관과 승전군은 뛰어난 업적을 달성한 뒤 전리품과 포로를 거느리고 성문 밖에 서 있습니다. 이런 상황에서 개선식을 지연하려고 일부러 귀국을 미루고 있는 집정관의 변덕에 휘둘려서 그가 로마로 돌아올 때까지 기다려야 한다니 이런 일을 어떻게 견딜 수 있겠습니까?

저와 집정관 사이의 불화는 모두가 알고 있는 바입니다. 그런 반목을 고려하면 인원도 적게 모인 회의에서 슬쩍 통과시킨 원로원 결정—암브라키아가 무력으로 점령된 것처럼 보이지 않는다는 결정—을 국고에 감춘 자에게서 누가 공정성을 기대할 수 있겠습니까? 우리 로마 군은 공성 경사로와 방탄 방패를 사용하여 암브라키아를 포위했고, 기존의 공성 도구들이 불타자 현지에서 도구를 제작하면서까지 적을 상대로 싸웠습니다. 전투는 성벽 주위의 지상과 지하에서 보름 동안 계속되었고, 우리 병사들이 성벽을 오른 뒤에도 전투는 해가 떠서 질 때까지 승패가 결정되지 않고 계속되었습니다. 또한 그곳에서 죽은 적만 3천 명이 넘습니다.

점령된 도시의 신전들이 약탈되었다는 주제에 관해 말하자면, 도대체 아이밀리우스는 로마의 사제단에게 어떤 악의적인 날조를 보고한 것입니까? 시라쿠사와 다른 점령된 도시들의 예술품으로 로마를 장식하는 것은 합법적이라고 여기면서 왜 점령된 암브라키아의 사례 하나만 전쟁의 법이 적용되지 않는 것입니까!

원로원 의원 여러분, 저는 여러분께 간청합니다. 마르쿠스 아부리우스, 당신께도 간청합니다. 이 무례한 나의 적수 때문에 제가 조롱의 대상이 되지 않도록 해주십시오!"

5. 호민관 아부리우스는 이어 사방에서 공격을 받았다. 어떤 이들은 간청하고, 다른 이들은 욕설을 퍼부었다. 하지만 그의 동료 티베리우스 그라쿠스의 호소가 그에게 가장 큰 영향을 주었다. 그라쿠스는 공적인 자리를 빌려서 개인적인 반감을 풀려고 하는 건 좋지 못한 사례를 남길 것이라고 지적했다. 호민관이 다른 자의 싸움을 옹호하는 행동을 하는 건 무척 수치스러운 일이라는 말도 했다. 그렇게 하는 건 동료 호민관들의 권위를 떨어뜨리는 것이며, 신성한 법률을 모독하는 것이라고 따끔하게 지적했다. 각 개인은 자신의 판단에 따라 사람을 증오하거나 사랑하고, 조치에 동의하거나 반대해야 하며, 다른 사람의 찡그림이나 끄덕임이 안내하는 것에 의존해서는 안 되고, 다른 사람의 감정에 휘둘려 이리저리 이끌려서는 안 된다고 그라쿠스는 말했다.

또한 그라쿠스는 호민관이라면 절대 분노한 집정관의 조수처럼 행동해선 안 된다는 지적도 잊지 않았다. 그라쿠스는 호민관 아부리우스가 마르쿠스 아이밀리우스의 개인적 지시는 고분고분 따르면서도 로마 시민들이 그에게 부여한 호민관의 직무는 잊었다고 지적했다. 호민관은 집정관의 통치권을 보존하는 것이 아닌 로마 시민들을 돕고 그들의 자유를 지키는 일을 해야 한다는 말도 했다. 또한 그라쿠스는 아부리우스가 지금 자신이 하는 행동이 어떤 결과를 가져올지 모른다고 지적했다. 후대의 기록에 두 호민관 중 한 사람은 공익을 위해 개인적인 불화를 밀어둔 사람으로, 다른 사람은 자기 일도 아닌 싸움을 지시를 받고 수행한 사람으로 묘사될 것이라고, 그라쿠스는 말했다.

이런 책망들에 압도된 아부리우스는 황급히 신전을 떠났다. 법무관 세르비우스 술피키우스의 발의로 마르쿠스 풀비우스에게 개선식이 허락되었다. 풀비우스는 이에 원로원 의원들에게 사의를 표했고, 그들에게 암브라키아를 점령한 날 지고의 신 유피테르에게 대 게임을 맹세했으며 이런 기념행사를 위해 여러 도시가 1백 파운드의 황금을 기부했다고 보고했다.

그는 원로원에 이 황금은 개선식 행렬에서 전시한 후에 국고로 귀속될 자금에서 제외시켜 달라고 요청했다. 원로원은 사제들이 자금 전액을 대 게임에 사용할 필요가 있는지를 논의하라고 지시했다. 이에 사제들은 사용될 정확한 금액은 대 게임의 종교적 측면과 무관하다고 답했고, 원로원은 그에 따라 풀비우스에게 총 8만 세스테르티우스를 넘지 않는 선에서 어느 정도의 금액을 대 게임에 쓸 것인지 결정하라고 지시했다.

풀비우스는 자신의 개선식을 1월에 거행하기로 결정했다. 하지만 그러던 중에 마르쿠스 아이밀리우스에 관한 소식을 듣게 되었다. 아이밀리우스는 거부권을 철회했다는 마르쿠스 아부리우스의 서신을 받고서 풀비우스의 개선식을 막으러 직접 로마로 오다가 병에 걸려서 현재 지체되고 있다는 것이었다. 따라서 그는 전쟁 중에 마주쳤던 싸움보다 개선식 문제로 더 많은 싸움을 해야 하는 일을 피하고자 개선식 날짜를 앞당겼다. 날짜는 12월 23일로 정해졌고, 풀비우스는 그날 아이톨리아 인들에 대한 승리와 케팔라니아에서의 성과를 전시하는 개선식을 거행했다.

* * *

6. 이해(기원전 187년)의 연말에 행정장관들을 선출한 뒤 그나이우스 만리우스 볼소는 아시아의 갈리아 인들을 상대로 거둔 승리를 축하하는 개선식을 거행했다. 그 날짜는 3월 5일이었다. 개선식의 개최가 이렇게 오래 지연된 이유는 페틸리우스 법으로 고발되어 법무관 퀸투스 테렌티우스 쿨레오 앞에 서야 하는 걸 그가 피하고 싶어 했기 때문이었다.

그는 다른 사람의 재판(루키우스 스키피오에게 유죄 판결을 내렸던 재판)으로 인한 불똥이 자신에게 튀는 것을 염려했었다. 배심원들이 스키피오보다 그에게 훨씬 더 적대적일 것이라고 판단했기 때문이다. 스키피오의 뒤를 이어 부임해 온 그가 전임자가 엄격히 보존했던 군대의 기율을 관리 소홀로 무너뜨렸다는 보고가 있었던 것이다. 멀리 눈에 보이지 않는 지역에서 벌어진 일에 관한 소문만 그의 명성을 떨어뜨린 것은 아니었다.

그의 병사들이 매일 보여주는 행동 증거까지 볼소의 평판을 떨어뜨리는 원인이 되었다. 아시아에 나가 있던 그의 병사들이 외국의 사치품을 로마에 수입해 왔던 것이다. 이 병사들은 청동 침상, 값비싼 침대보, 태피스트리와 다른 직물, 그리고 당시 호화로운 가구로 여겨졌던 외다리 탁자와 식기대를 들여왔다.

여자 류트 연주자와 하프 연주자, 그리고 다른 유쾌한 여흥 제공자들이 만찬에 따라오게 된 것도 이때의 일이었다. 연회 그 자체에 엄청난 공과 더욱 큰 비용이 들어가기 시작한 것도 이때였다. 고대 로마 인들이 노예 중에서 가장 가치가 없다고 여겨 몸값과 대우도 그에 맞추어 낮았던 요리사들이 높은 평가를 받기 시작한 것도 이때였고, 단순한 서비스가 예술로서 대우받기 시작한 것도 이때였다. 그럼에도 불구하고 당시 경이롭게 여겼던 것들은 앞으로 다가올 사치의 예

고편에 지나지 않았다.[1]

* * *

8. 그 다음 해(기원전 186년)의 두 집정관 스푸리우스 포스투미우스 알부리우스와 퀸투스 마르키우스 필리푸스는 해외에서 군대를 지휘하여 전쟁을 수행한 것이 아니라, 국내에서 벌어진 음모를 진압하는 일을 했다. 법무관들은 추첨으로 임지를 결정했다. 티투스 마이니우스는 도시 관할권을, 마르쿠스 리키니우스 루쿨루스는 로마 시민과 외국인 사이의 송사에 대한 사법권을, 가이우스 아우렐리우스 스카니우스는 사르데냐를, 푸블리우스 코르넬리우스 술라는 시칠리아를, 리키니우스 퀸크티우스 크리스피누스는 히스파니아 키테리오르를, 가이우스 칼푸르니우스 피소는 히스파니아 울테리오르를 담당하게 되었다. 원로원은 두 집정관에게 국내의 은밀한 음모를 조사하는 일을 맡겼다.[2]

---

1 외국인들과 접촉함으로써 로마 병사들이 도덕적으로 문란하게 되었다는 주장은 고대 역사가들이 공통적으로 다룬 주제였다. 폴리비오스는 이런 사치의 수입이 제3차 마케도니아 전쟁 때라고 서술했고, 살루스티우스는 술라의 군대가 기원전 83년에 아시아에서 돌아오면서부터라고 주장했다.

2 여기에서 바카날리아 음모에 대한 흥미로운 이야기가 전개된다. 바카날리아 음모는 구체적으로 디오니소스(바쿠스)의 신비 컬트를 가리킨다. 이 종교는 그리스에서 널리 퍼져 있었고 이탈리아에서는 바쿠스라는 이름으로 퍼져나갔다. 그 의례를 오르기아(orgia)라고 하는데(라틴어로는 '바카날리아') 여자 신자('바칸테스')들이 주로 집전하며 일종의 '정신적 황홀'을 불러일으킨다. 이 종교는 로마에서는 한니발 전쟁 이후에 번창했고 남자 회원들도 받았다. 그런데 이 시기(기원전 186년)에 바쿠스 컬트는 부도덕하고 체제 전복적이라는 공식적 판단이 내려졌다. 이 컬트의 집회는 '음모'라고 규정되었고 이탈리아 전역에서 단속되었다. 이러한 원로원 결정은 이탈리아 동맹들에게 내려간 포고에서 그대로 인용되었는데 그 포고를 새긴 청동판이 후대에 전해지고 있다. 이 청동판은 17세기에 칼라

이 문제는 비천한 태생의 그리스 인 남자 하나가 에트루리아에 도착하면서 시작되었다. 이 남자는 그리스 인들의 교양을 갖춘 자가 아니었다. 우리 로마 인들 사이에서 심신 함양에 큰 도움을 준 높은 교양 말이다. 게다가 그는 문명화된 그리스 인들의 무수한 재주 중 그 어느 것도 갖춘 게 없었다. 하지만 사람들의 정신에 그릇된 생각으로 영향을 미치는 그의 방식은 독특한 것이었다. 그는 자신이 만든 의례를 공개적으로 실행하거나, 자기 사업과 체계를 대중들에게 홍보하는 일은 하지 않았다. 그는 밤에 은밀한 신비 의식을 사람들 몰래 거행하는 자였다.

처음에 이런 의식을 통한 입회는 소수의 사람들에게만 허용된 것이었지만, 이내 남자와 여자 사이에 널리 퍼지기 시작했다. 술을 마시고 음식을 마음껏 먹는 즐거움이 종교 의식에 더해졌고, 그리하여 더 많은 추종자들을 끌어들였다. 포도주가 추종자들을 흥분시키고 다양한 연령대의 남녀가 밤에 무리를 이루어 뒤섞이자 도덕적 판단의 능력이 아예 상실되었고, 온갖 종류의 타락한 행동을 저지르기 시작했는데, 그 모임에서 추종자 개개인이 각자의 특정한 욕구를 채우는 걸 전혀 주저하지 않았기 때문이다. 이러한 타락은 자유민 남녀의 문란한 성교에 국한되지 않았다. 이 광신적 종교 집단은 허위 증언 수행, 위조문서와 유언장 작성, 거짓 증거 제출, 추종자들 사이에서 벌어진 대규모 살인에 사용된 독극물의 제조, 매장해야 할 시신의 은폐 등을 주도했다. 이런 수많은 무도한 일이 술책과 폭력을 통해

브리아의 트리올로에서 발굴되었다. 그 포고령을 가리켜 바카날리아에 대한 원로원 결정(Senatus Consultum de Bacchanalibus)이라고 한다. 리비우스는 이 포고령을 잘 알고 있었던 것으로 보인다.

자행되었고, 방탕하고 유혈 낭자한 현장에서 터져 나오는 새된 소리, 북을 두들기는 소리, 심벌즈를 부딪치는 소리 등에 도움을 청하는 소리가 묻혔으므로 그 폭력이 밖으로 드러나는 일은 없었다.

9. 이런 악은 그 불온한 영향력과 함께 에트루리아에서 로마에 이르기까지 역병처럼 퍼졌다. 로마는 워낙 큰 도시라 처음에 그런 악을 감추어주는 충분한 공간이 있었고, 참아내는 것도 가능했다. 하지만 결국 정보가 집정관 포스투미우스의 귀에 들어왔고, 그 전달 방식은 다음과 같았다.

푸블리우스 아이부티우스[3]는 나라에서 제공하는 말들을 받은 기병대에서 복무한 군인의 아들로서, 그 아버지의 후원을 받았다. 나중에 그의 아버지가 죽자 그는 어머니인 두레니아와 계부 티투스 셈프로니우스 루틸루스의 보호를 받으며 자라게 된다. 그의 어머니는 새 남편에게 좌지우지되었다. 계부는 의붓아들의 후견인 노릇을 너무나 엉성하게 하여 관련 재정 보고서를 법원에 제출하지 못할 정도였다.[4] 계부는 후견인 의무를 부담스러워했고 그래서 자신의 피후견자를 제거해 버리거나 아니면 의붓아들을 어떤 구속을 통해 자신에게 철저히 묶어두고 싶어 했다.

바쿠스 축제는 젊은 청년을 파괴하는 한 가지 길을 제공했다.

그의 어머니는 아들에게 네가 아플 때 쾌유를 위해 한 가지 맹세를 했다고 했는데, 몸이 회복되자마자 아들을 바쿠스 의례에 가입시키

---

3 푸블리우스 아이부티우스는 정치적 경력을 가진 자 같지는 않다. 그러나 그 아버지가 공용 말의 소유자인 것으로 보아 부자였을 것이고 당연히 아들에게 큰 재산을 물려주었을 것이다. 또한 히스팔라의 증언에 의하면 바쿠스 신비 의례에 새로 가입하는 자는 모두 스무 살 이하라고 했으므로 이 당시 아직 스무 살이 안 된 것으로 보인다.

4 계부 루틸루스가 피후견자 푸블리우스 아이부티우스의 재산을 축냈다는 뜻.

겠다는 것이었다. 그녀는 이제 신들의 관대함으로 인해 아들이 치유되었으니 맹세를 지키고자 의무를 이행해야 한다고 말했다. 그녀는 아들에게 열흘 동안 성적으로 금욕해야 한다고 했다. 열흘째 되는 날 그녀는 아들을 연회로 안내했고, 이어 의식에 따른 정화를 한 이후에 아들과 함께 바쿠스 사당으로 갔다.

그때 유명한 창녀인 히스팔라 파이케니아[5]라는 자유민 여자가 있었는데, 그녀는 노예였을 때 했던 창녀 생활보다 더 나은 삶을 살 자격이 있는 사람이었다. 하지만 노예에서 해방된 이후로도 그녀는 창녀 일을 하며 생계를 이어갔다. 이 여자와 아이부티우스 사이에 시작된 성적 관계는 청년의 재원이나 평판에 전혀 피해를 주는 것은 아니었다. 그는 스스로 아무런 약속이나 제안도 하지 않았지만, 여자는 그를 사랑하고 그의 비위를 맞추려고 했다. 청년의 가족은 그가 필요한 걸 마지못해 내어주는 형편이었으므로, 사실상 창녀가 베푸는 후한 대접이 그를 먹여 살리고 있었다. 여자는 아이부티우스를 깊이 사랑했고, 마침 후원자가 죽어서 법적 보호자가 없게 되자[6] 호민관들과 법무관에게 후견인이 되어달라고 간청했다. 그렇게 해야 다시 작성하게 될 유언장에 따라 아이부티우스가 그녀의 유일한 상속인이 될 수 있기 때문이었다.

---

5 파이케니아라는 이름은 이 여자가 노예에서 자유민이 되었을 때 여주인의 이름을 따온 것이다. 히스팔라는 그녀가 스페인 출신임을 보여준다. 이 여자는 로마의 희극 작가 테렌티우스의 등장인물로 자주 나오는 "착한 창녀"를 연상시킨다.

6 이 부분의 라틴어 원어는 in manu(누구누구의 손에 있는)이다. 이것은 남자가 여자를 지배한다는 뜻이다. 남자가 여자를, 아버지가 딸을, 남편이 아내를 지배하는 것이다. 노예에서 면천한 파이케이나의 경우 전 주인이 그녀의 보호자(tutor)가 된다. 이 전 주인의 승낙이 없으면 그녀는 자신의 재산을 물려줄 수가 없다. 히스팔라 같은 경우에, 법무관과 호민관이 또 다른 후원자(tutor)을 지명하게 된다.

10. 이런 애정 관계가 둘 사이에 있었기에 그들은 서로 숨기는 것이 없었고, 따라서 청년은 별다른 생각 없이 애인에게 한동안 동침하지 않더라도 놀라지 말라고 말했다. 병에서 회복되었을 때의 맹세를 지키기 위해 종교적 의무를 다하러 바쿠스 의례에 참여해야 한다는 것이었다. 여자는 이 말을 듣자 깜짝 놀라며 이렇게 소리쳤다.

"맙소사! 당신이 그런 짓을 하느니 차라리 당신이나 내가 죽는 게 나아요!"

그녀는 이런 입회를 제안한 자들의 머리에 하늘의 보복이 내려야 마땅하다고 했다. 그녀의 말과 그녀가 겪는 심적 고통에 놀란 청년은 그런 저주는 그만두라고 했다. 그렇게 하라고 한 사람이 실은 자신의 어머니이며, 계부의 허락을 받은 것이라고 설명했다. 그러자 여자가 이렇게 응수했다.

"당신의 어머니를 비난하는 건 못된 짓일지도 모르지만, 당신의 계부는 이런 행동으로 어떻게든 빨리 당신의 미덕, 평판, 장래, 그리고 삶 자체를 파괴하려는 거예요."

이런 감정적 폭발에 더욱 놀란 청년은 그게 대체 무슨 뜻인지 물었다. 이에 그녀는 비밀로 해두어야 하는 일을 청년에 대한 사랑 때문에 어쩔 수 없이 털어놓아야 하는 것에 대해 신들의 자비와 용서를 구했다. 그런 다음 그녀는 애인에게, 자신이 하녀일 때 여주인과 함께 동행하여 바쿠스 사당으로 갔는데, 자유민이 된 이후로는 단 한 번도 그 근처에도 가본 적이 없다고 말했다. 그녀는 그곳이 온갖 타락의 소굴이라는 걸 자신은 알고 있으며, 지난 2년 동안 오로지 스무 살 이하의 입회자만 받아들였다는 건 누구나 알고 있는 사실이라고 했다. 또한 그녀는, 입회하는 자는 성직자들에게 넘겨져 희생 제물처럼 마구 학대당한다고 말했다. 그들은 신입 회원을 비명이 울려 퍼지고, 합창 소리가 들리고, 심벌즈를 부딪치고 북을 두드리는 소리가 가득한 곳으로 데려가 성폭력을 가하고, 이 과정에서 그런 환경 때문에 피해자가 도와달라고 외치는 소리는 전혀 들리지도 않는다고 했다. 그녀는 어떻게든 그 입회 계획을 중단시켜야 한다고 간청했다. 처음엔 온갖 범죄를 당하고, 다음엔 그런 범죄를 저질러야 하는 그런 상황에 성급하게 뛰어들지 말아달라고 애원했다. 또한 그녀는 청년이 그런 신비 의식에는 가지 않겠다고 약속하지 않는 한 그를 보내줄 수 없다고 말하면서 약속을 받아냈다.

11. 그가 집에 들어왔을 때 그의 어머니는 바쿠스 의식과 관련하여 그가 그날과 이어지는 날 동안 해야 할 일들을 말했다. 이에 청년은 그런 일은 어떤 것도 하지 않을 것이며, 입회할 생각이 전혀 없다고 대꾸했다. 모자가 이런 대화를 나눌 때 계부도 그 자리에 있었다. 그의 어머니는 창녀의 품 없이는 열흘도 못 버티겠느냐며 호통쳤고, 교활한 창녀의 색정적 마력에 푹 빠져 아버지와 계부, 더 나아가 신들조차 존경하지 않는다며 벌컥 화를 냈다. 이런 식으로 야단치면서 어머니와 계부는 노예 네 명을 동원하여 그를 집 밖으로 내쫓았다. 청년은 이어 고모인 아이부티아에게 갔고, 어머니가 자신을 내친 이유를 설명했다. 고모의 제안에 그는 다음날 집정관 포스투미우스를 찾아가서 입회인이 없는 상황에서 그 사건의 전말을 이실직고했다.

집정관은 이틀 뒤에 다시 오라고 지시하면서 그를 일단 보냈다. 그리고 자신은 그러는 사이 무척 고결한 품성을 지닌 숙녀인 장모 술피키아에게 아이부티아라는 아벤티노에 사는 노부인을 아느냐고 물었다. 그러자 장모는 그에게, 구식 전통을 지키는 사람이며 정직한 부인으로 알고 있다고 답했다. 그러자 집정관은 장모에게 그 부인과 면담을 해야겠으니 그녀를 초대해달라고 부탁했다. 아이부티아는 부름에 답하여 술피키아를 찾아왔고, 얼마 지나지 않아 마치 우연히 들른 것처럼 집정관이 두 부인의 대화하는 자리를 찾아왔다. 그러면서 집정관은 그녀의 조카인 아이부티우스 이야기를 꺼냈다. 아이부티아는 그러자 눈물을 흘리며 어린 조카가 겪는 곤경에 한탄하기 시작했다. 그녀는 조카가 그럴 자격이 아예 없는 자들에게 재산을 빼앗기고 현재 자신의 집에서 머무르고 있다고 말했다. 조카가 해주는 이야기에 따르면 터무니없이 외설적인 의식에 가입하는 걸 강직하게 거부했다가 어머니에 의해 집에서 쫓겨났다는 것이었다.

12. 이런 조사에 만족한 집정관은 아이부티우스가 믿을 만한 증인이라고 생각하고 아이부티아에게 작별 인사를 했다. 그는 이어 장모에게 똑같이 아벤티노에 살고 있으며, 그 인근 사람들에게도 잘 알려진 히스팔라라고 하는 자유민 여자를 초청해달라고 부탁했다. 몇 가지 물어볼 게 있다는 것이었다. 히스팔라는 초청을 받고 불안감을 감추지 못했는데, 그토록 유명하고 존중받는 숙녀가 왜 자신을 찾는지 도무지 알 수가 없었기 때문이었다. 그녀는 현관에 길나장이들이 도열하고 있고, 집정관의 수행단과 집정관이 있는 모습을 보자 거의 실신할 뻔했다.

집정관 포스투미우스는 저택의 내부까지 그녀를 안내했고, 장모가 옆에 입회한 채로 히스팔라에게 사실대로만 말한다면 걱정할 필요가 전혀 없다고 했다. 집정관은 그녀에게 고귀한 숙녀인 술피키아가 안전을 약속하며, 그도 부족하다면 자신이 직접 약속하겠다고 했다. 그는 히스팔라에게 스티뮬라 숲에서 진행되는 바쿠스 축제 야간 의식에서 상습적으로 수행되는 의식들에 관해 자세히 말해달라고 요청했다. 이를 들은 그녀는 갑자기 공황 상태에 빠졌고, 온몸을 덜덜 떨면서 오랜 시간 동안 아무런 말도 하지 못했다. 마침내 정신을 차리자 그녀는 집정관에게 여주인과 함께 입회했을 때 자신은 어렸고 노예였다고 대답했다. 하지만 자유민이 되고 나선 오랫동안 그곳에 가지 않아 그런 의식에서 무슨 일이 벌어지는지 알지 못한다고 했다.

집정관은 과거에 바쿠스 비밀 의례에 입회했다는 기초적인 사실을 부정하지 않는 그녀의 모습을 칭찬했다. 하지만 그는 자신이 완전한 비밀 보장을 약속했으니, 나머지 사실을 전부 있는 그대로 밝히라고 요구했다. 그녀는 더는 아는 바가 없다고 대답했다. 이에 집정관은 다른 증인이 제시하는 증거로 그녀가 거짓말을 했다는 게 드러나면 자발적으로 고백했을 때 받을 수 있는 관용을 기대할 수 없을 것이라고 경고했다. 그는 또한 그녀에게 이야기를 들은 당신의 남자가 사실을 빠짐없이 말했다는 것도 밝혔다.

13. 틀림없이 아이부티우스가 비밀을 밝혔다고 생각한(실제로도 그러했다) 여자는 술피키아의 발 앞에 엎드려 자유민 여자가 사랑하는 애인에게 말한 내용이 심각하고 치명적인 진술이 되지 않게 해달라고 간청했다. 그녀는 그저 아이부티우스를 겁주려고 그런 말을 했으며, 어떤 지식에 근거를 두지 않은 발언이었다고 둘러댔다. 이 부분에서 포스투미우스는 화를 벌컥 내며 그녀에게 지금 고명한 숙녀의 집에서 집정관과 대화를 나누는 상황을 애인인 아이부티우스와 농담을 하는 상황으로 착각하는 것이 아니냐고 했다. 술피키아는 겁먹은 여자를 일으키고 위로하고자 했으며, 동시에 분노한 사위를 달래고자 했다. 히스팔라는 마침내 정신을 차렸고, 아이부티우스에게 그토록 잘해줬건만 이런 기만으로 갚는다고 맹렬히 불평했다. 그런 뒤 그녀는 자신이 이제 밝히려는 비밀 의식에 신들께서 분노하실 것이 지극히 두렵지만, 그것보다 불리한 증거를 제공했다고 그에 대한 복수로 자신의 사지를 찢으려고 할 자들이 더 두렵다고 했다. 그런 이

유로 그녀는 술피키아와 집정관에게 간청하여 자신을 이탈리아 밖 어딘가로 추방하여 그곳에서 여생을 편히 살게 해달라고 했다.

집정관은 기운을 차리라고 하면서 로마에서 안전하게 살 수 있도록 보증하겠다고 했다. 그러자 히스팔라는 의식(儀式)의 근원을 설명했다. 바쿠스 의식은 여자를 위해 시작된 것으로, 남자는 누구도 가입할 수 없는 게 규칙이었다. 바쿠스 신비 의례의 회원 가입은 해마다 사흘로 고정되어 있고 낮 동안에 의례가 거행되었다. 여자 사제직은 부인들이 돌아가면서 맡는 게 관습이었다. 하지만 캄파니아의 파쿨라 안니아가 사제직을 맡고서 이 모든 규정을 바꾸었는데 신들의 조언을 받아서 하는 것이라는 해명을 했다. 그녀는 처음으로 남자를 받아들였는데, 그녀의 아들들인 미니우스와 헤렌니우스 케리니우스가 제일 먼저 가입했다. 그녀는 낮 대신 밤에 의식을 수행했고, 매년 지정했던 3일 대신 자신이 매달 지정한 5일 동안 신규 회원의 가입을 받았다. 그때부터 의식은 남녀가 뒤섞여 문란하게 진행되었고, 어둠이 허락한 방종이 더해지자 온갖 범죄와 패륜 행위가 멋대로 자행되었다. 남녀 사이보다 남자들 사이에서 더욱 외설스러운 행위가 많았다.

비행에 따르지 않거나 범죄를 저지르길 주저하는 자들은 누구든 희생 제물로서 살해되었다. 그 어떤 것도 금기시 하지 않는 건 이들 사이에서 종교적 성취의 정점에 도달한 것으로 여겨졌다. 남자들은 제정신을 잃고 광란하여 몸을 떨면서 예언을 내뱉었고, 부인들은 바칸테스(바쿠스의 여자 사제)처럼 차려입고 머리가 헝클어진 채 활활 타오르는 횃불을 들었다. 그런 모습을 한 부인들은 테베레 강으로 달려가 횃불을 물속으로 던졌고, 이어 여전히 불이 붙어 있는 횃불을 다시 물에서 꺼냈다. 이렇게 불이 꺼지지 않은 이유는 자연 그대로의 유황과 숯이 횃불에 섞여 있었기 때문이었다. 그들은 어떤 남자들을 수송 기계에 묶어서 보이지 않는 곳으로 데려가 안 알려진 동굴에서 처치하고서, "신들께서 데려간 자들"이라고 말했다. 이 남자들은 음모에 가담하기를 거부했거나, 범죄를 함께 저지르거나 성폭행에 따르길 거부한 자들이었다. 히스팔라는 입회자들이 어마어마한 수로 많고, 지금쯤이면 거의 제2의 도시 인구만큼 될 거라고 보고했다. 일부 남녀는 귀족이라는 말도 했다. 그녀는 지난 2년 동안 스무 살 이하의 사람들만 입회가 허용되었으며, 어린 사람들의 심신을 타락시키려고 한다고 덧붙이기도 했다.

14. 이런 정보를 보고한 그녀는 다시 부인과 집정관의 발 앞에 쓰러져 집정관이 자신을 은거할 곳으로 옮겨주어야 한다고 간청했다. 포스투미우스는 이에 장모에게 저택의 일부를 비워달라고 청하여 히스팔라가 그곳에서 살 수 있게 조치했다. 그리하여 위층의 방 하나가 그녀에게 주어졌다. 거리로 이어지는 계단은 빗장을 질러 폐쇄되었고, 집안 내부로 이어지는 길이 대신 제공되었다. 파이케니아가 지닌 모든 소유물은 그 방으로 옮겨졌고, 그녀의 하인들도 그곳으로 불려왔다. 아이부티우스는 명령에 따라 집정관의 피보호자의 집으로 이사했다.

이제 두 증인을 모두 통제하게 된 포스투미우스는 해당 문제를 원로원에서 거론했고, 처음 받은 보고부터 시작하여 자기 자신이 조사하여 얻어낸 정보까지 모든 사실을 차례대로 설명했다. 원로원 의원들은 극도의 공황에 빠지면서 경악했다. 공동체의 관점에서 보면 이런 음모와 야간 집회는 은밀한 반역이나 숨은 위험으로 발전할 수 있었고, 시민 개인 측면에서도 자신과 관련 있는 사람이 그런 끔찍한 일에 개입했을지도 모르는 것이었다. 하지만 원로원은 일체의 소란을 일으키지 않고 놀라울 정도로 철저하게 비밀리에 이 문제를 조사한 집정관에게 감사의 뜻을 표시했다.

의원들은 두 집정관에게 바쿠스 신비 의례와 그들의 야간 의식을 특별 조사하고 포상을 제공하여 다른 증인들을 확보할 수 있는 권한을 주었다. 또한 아이부티우스와 파이케니아가 고발한 것 때문에 그 어떤 피해도 입지 않도록 확실히 조치하라고 지시했다. 원로원은 이런 의식을 주도한 사제들을 남녀 불문하고 찾아내고, 로마뿐만 아니라 모든 장이 서는 도시, 인구 중심지에서도 수색을 실시하여 집정관이 단죄할 수 있도록 하라고 지시했다. 더 나아가 원로원은, 로마에서 바쿠스 의식에 가입한 자들 중 그 누구도 이런 의식을 진행하거나 종교적인 의식을 수행하려는 목적으로 사람들을 모으거나 만나는 시도를 할 수 없다고 결정했으며, 같은 취지의 결정을 이탈리아 전역으로 보내기로 의결했다. 또한 원로원은 부도덕하거나 범죄에 관련된 계획을 진행하고자 사람들을 모으거나 공모했던 자들을 철저히 탐문 수사하라고 지시했다.

이상이 원로원의 포고령이었다.

집정관들은 쿠룰레 토목건축관리관들에게 이 사악한 종교의 사제들을 전부 찾아내라고 지시했고, 그자들에 대한 철저한 조사를 위해 자택 구금을 해두라고 했다. 평민 토목건축관리관들은 비밀리에 의식이 열리지 않도록 단속하게 되었다. 트리움비리 카피탈레스[7]는 야간 집회가 열리지 않도록 확실히 해두고, 동시에 화재가 일어나지 않도록 경계할 목적으로 초병을 배치하는 일을 맡았다. 다섯 명의 지역

7 triumviri capitales. 경미한 형사 재판을 담당하여 도시 치안을 유지했던 세 명의 행정관.

관리들은 트리움비리 카피탈레스의 조수로서 각자 담당 구역에서 건물 상태를 확인하기로 되었다.

15. 행정장관들이 맡은 책임을 수행하기 위해 임지로 파견되자, 집정관들은 포룸 연단에 올라 비공식적인 민회를 소집했다. 여느 때처럼 행정장관들이 시민들에게 연설하기 전에 거행하는 관습적 형태의 기원을 낭송한 뒤 포스투미우스는 이렇게 말했다.

"로마 시민 여러분, 지금 소집된 민회만큼 신들께 올리는 관습적인 호소가 적합했던 민회는 여태껏 없었습니다. 실제로 그런 호소는 지금 절실하게 필요합니다. 이런 기원은 우리에게 선조들의 관습에 따라 우리의 숭배, 존경, 기원을 받을 신들이 있다는 걸 상기시킵니다. 우리의 신들은 온갖 범죄와 온갖 정욕의 형태에 물들게 하고, 타락하고 생경한 의식으로 사람들을 사로잡고, 마치 복수의 여신들이 휘두르는 채찍처럼 그들을 채찍질하는 그런 신들이 아닙니다. 고백하건대 저로서는 어떤 것을 침묵으로 은폐해야 할지, 아니면 어디까지 말을 해야 할지 결정할 수가 없습니다. 여러분이 계속 아무것도 모르게 된다면 제가 그런 무관심을 야기할까봐 두렵고, 전말을 모두 밝히면 과도한 불안을 퍼뜨리는 게 아닐까 겁이 납니다. 하지만 제가 무슨 말을 하든지 간에 실제 상황의 공포와 심각성을 드러내지는 못한다는 걸 여러분은 확신하게 될 겁니다. 우리는 앞으로 적절한 예방 조치를 하는 데 헌신적으로 기운을 쏟아야 합니다.

바쿠스 신비 의식은 오랫동안 이탈리아 전역에 퍼져 나갔고, 최근 로마의 수많은 장소에서도 바쿠스 의식이 거행되었습니다. 저는 여러분이 소문뿐만 아니라 밤에 도시 전역에 퍼지는 둥둥 울리는 소리와 울부짖는 소리를 통해 이런 사실을 알고 계셨으리라 확신합니다. 하지만 저는 동시에 이런 일이 정말로 무슨 일인지 여러분이 몰랐다는 것도 확신합니다. 어떤 사람들은 신들을 숭배하는 행위라고 생각하고, 다른 사람들은 허용된 오락이자 휴식이라고 생각합니다. 또한 여러분은 그게 무슨 일이 되었든지 간에 고작 소수의 시민들만 개입되었을 거라고 짐작합니다. 그들의 수에 관해 말씀드리자면 수천 명이 있고, 제가 이들이 누구이고 어떤 부류의 사람들인지 자세히 설명하지 않으면 여러분은 틀림없이 두려워하며 제정신이 아니게 될 겁니다. 우선 그들 대다수는 여자이고, 그들이 바로 이런 사악한 전염병의 원천입니다. 다음으로 남자들이 있는데, 그 행동이 여자들과 별로 구별이 되지 않는 자들입니다. 이들은 성적인 방탕함에 굴복하여 상대방을 타락시키며 그 자신도 타락합니다. 광적으로 그 의식에 몰두하는 모습을 보이고, 수면 부족, 음주, 밤 내내 지속되는 왁자지껄한 소리와 함성으로 거의 제정신이 아닌 상태에 이르는 자들입니다. 지금까지 이런 음모는 아무런 힘이 없었지만, 날이 갈수록 추종자들이 불어나며 그 힘이 점점 커지고 있습니다.

우리 선조들께선 시민들이 아무런 타당한 이유 없이 막무가내로 모이는 것을 바라지 않았습니다. 선조들께서는 요새에 군기가 세워지거나, 선거를 위해 군대가 소집되거나, 호민관들이 민회를 선포하거나, 아니면 행정장관들 중 하나가 비공식 민회를 소집할 때[8]를 제외하곤 군중이 모이는 걸 바라지 않았습니다. 또한 선조들께선 군중

8 로마 공화국에는 3개의 주된 투표 민회가 있었는데 켄투리아 민회(Comitia Centuriata), 트리부스 평민회(Concilium plebis Tributum), 트리부스 인민회(Comitia Tributa)가 그것이다. 민회의 투표는 "1인 1표"가 아니라 집단 별로 1표이다. 가령 로마에는 35개 부족이 있었으므로 총 35표인 것이다. 켄투리아 민회의 투표 그룹은 곧 로마 사회의 재산 분포도를 반영했다. 트리부스 평민회는 부족 단위로 구성된 민회인데 나중에 더 발전하여 평민뿐만 아니라 귀족도 포함하게 되었다. 이런 형태로 모임이 조직되면서 나중에 로마의 세 번째 정치적 민회인 트리부스 인민회가 되었다.

이 모이면 반드시 그들을 통제하는 공인된 인물이 현장에 있어야 한다고 하셨습니다. 여러분은 밤에 모이는 이 집회를 무엇이라고 생각하십니까? 또 남녀가 문란하게 만나서 추잡한 짓을 벌이는 이 집회를 무엇이라고 보십니까? 여러분이 이 집회에 신규 가입하는 남자들의 어린 나이를 알게 된다면 그들을 동정하게 될 겁니다. 그렇습니다, 수치스러운 일입니다. 로마 시민 여러분, 이런 사교 집단에 맹세[9]를 바치며 가입한 청년들이 군인이 될 수 있겠습니까? 이런 외설스러운 성지로 불려간 자들에게 무기를 맡길 수 있습니까? 이들은 자신이 성적인 방탕에 빠져들고 다른 사람들까지 성적인 방탕에 빠져들게 한 자들인데, 어떻게 아내와 자식의 정조를 지켜내고자 끝까지 칼을 들고 싸우겠습니까?

16. 그럼에도 불구하고 그들이 나쁜 길로 빠진 것이 이미 개인으로서는 무척 수치스럽긴 하지만, 단순히 그들을 사내답지 못하게 만드는 것에서 끝나고, 또 실제 범죄를 저지르지 않고 사악한 목적을 생각만 하는 선에서 그쳤다면 덜 우려스러울 것입니다. 우리나라에 이토록 사악한 일은 단 한 번도 없었고, 이런 사악한 일이 수많은 사람에게 수많은 방식을 통해 나타난 일도 단 한 번도 없었습니다. 근래에 어떠한 비행이 있었든, 그것이 정욕, 사기, 폭력 범죄, 혹은 그 전부를 다 망라한 형태를 띠고 나타났든, 여러분은 그 기원이 이 한 곳, 바쿠스 사당에서 비롯되었다는 걸 확신하실 겁니다. 그들은 아직 이런 모든 범죄를 음모를 꾸민 모든 대상을 향해 실행하지 않았습니다. 그들의 불경한 음모는 아직 개인적인 비행을 저지르는 데 국한

9 바쿠스 신비 의식에 충성을 마치겠다고 맹세하는 것인데 일반 병사들이 장병 징집 소환장을 받으면 하게 되는 군사적 충성 맹세와 대비시키고 있다.

되었는데, 아직 나라를 전복할 만큼 힘이 없었기 때문입니다. 하지만 날마다 악은 커지고 있고 게다가 슬금슬금 퍼지고 있습니다. 개인의 힘으로 처리하기에는 이 악은 우려스러울 정도로 과도하게 커졌으며, 이젠 나라의 최고 권력을 노리고 있습니다.

로마 시민 여러분, 우리가 각자 경계하지 않는다면 집정관이 적법하게 소집한 한낮에 열린 지금 이 민회가 밤에 열리는 다른 집회와 비교될 것입니다. 그들은 개인적으로 있을 때에는 이곳에 하나로 모인 여러분을 두려워할 것입니다. 하지만 여러분이 흩어져 도시의 집이나 농촌의 집으로 돌아가면 그들은 이내 한 곳에 모여 자신들의 안전을 꾀하고, 동시에 여러분을 파멸시킬 계획을 세울 겁니다. 그렇게 되면 여러분은 개개인이 하나 된 그들의 집단을 두려워하게 될 겁니다. 이것이 여러분 각자가 사랑하는 모든 사람들이 건전한 정신을 갖기를 바라야 하는 이유입니다. 정욕이, 그리고 광기가 그들 중 누군가를 낚아채 소용돌이로 끌고 갔다면 그 사람은 그 자신의 주인이 아니라, 모든 비행과 범죄를 저지르려고 음모를 꾸미는 자들에게 넘어간 것으로 보아야 합니다.

동료 시민 여러분, 저는 여러분 중 그 누구도 이런 파멸적인 잘못에 휘말려 인생이 파탄나지 않으리라 확신할 수 없습니다. 종교 문제에서 드러나는 변태적 집착만큼 사람을 잘 속여 넘기는 것도 없습니다. 저들이 신들의 뜻을 범죄 행위의 구실로 삼는 곳에서, 우리의 마음 속에서는 이런 두려움이 생겨나게 됩니다. 우리가 인간의 비행을 처벌하는 과정에서 혹시 신의 뜻에 위배되는 짓을 저지르는 것은 아닐까, 하고 생각하는 것이지요. 저들의 범죄에 신의 뜻이 가미되어 있다고 주장하니까 말입니다. 하지만 여러분은 그런 우려를 하지 않아도 됩니다. 우리 로마의 사제단이 내린 무수한 결정, 원로원 결의,

그리고 추가로 예언자들의 반응을 통해 선례가 정립되어 있으니까요. 우리 부친과 조부 시절에 행정장관들은 자주 외래 의식을 금지했습니다. 조상들은 제물을 바치는 자들과 포룸, 원형 극장, 그리고 도시에서 예언하는 자들을 내쫓고, 예언서들을 찾아내 불태우고, 전통 로마 방식을 제외한 모든 희생 제물을 바치는 의례들을 폐지했습니다. 그리하여 신과 인간의 법률에 관한 모든 문제에 심원한 통찰력이 있는 사람들이 이런 결론을 내렸습니다: "전통적인 의식이 아닌 외래 의식을 따라 수행되는 희생 의식은 그 어떤 다른 상황보다도 종교의 파멸을 불러오기 쉽다."

저는 여러분께 이런 주의를 드리는 게 옳다고 생각했습니다. 그래야 우리가 바카날리아(바쿠스 신비 의례)를 진압하고 이 범죄 집회를 해체할 때, 여러분이 그런 광경을 보더라도 미신적인 두려움으로 마음이 불안할 일이 없을 것입니다. 우리가 앞으로 하게 될 이 모든 일은 신들의 찬성과 지지를 얻고 진행하는 것입니다. 신들께선 이 문제를 어둠에서 대낮의 빛으로 끌어내셨습니다. 신들은 인간의 범죄와 정욕이 신들의 신성한 위엄을 오염시키는 것을 크게 분개했습니다. 이런 사악한 행위들이 드러났는데도 처벌을 받지 않고 지나가는 건 신들의 뜻이 아니며, 그런 사악한 행위들에 대한 보복과 그로 인한 파멸이 신들께서 바라시는 바입니다. 원로원은 저와 제 동료에게 이 문제를 조사하는 특별 임무를 맡겼습니다. 우리는 맡은 일을 부지런하게 이행할 것입니다. 도시 전역에 초병을 두는 일은 하급 행정관들에게 위임했습니다. 시민 여러분 또한 의무가 있습니다. 그것은 어떠한 의무가 주어지든 기꺼이 명령에 복종하면서 장소 불문하고 배치된 곳으로 가는 것입니다. 또 이 범죄자들의 악의적인 행위와 치안을 방해하고 위험을 불러오는 일이 없도록 최선을 다해 막아내야 한다는 것입니다."

17. 이어 집정관들은 원로원 결의를 소리 내어 읽을 것을 지시했고, 더불어 혐의자를 자신들에게 데려오거나 자리를 비운 범죄자의 이름을 알려주는 정보 제공자에게는 보상금을 지급하겠다고 선포했다. 이름을 확인한 자가 도망쳤다면 집정관들은 그와 무관하게 심리할 날짜를 정할 것이고, 피의자가 그날까지 나타나지 않으면 궐석으로 유죄 판결을 받게 될 것이었다. 이름을 확인한 자가 이탈리아에서 멀리 떨어져 있다면 융통성 있는 날짜가 주어질 것이고, 그 날짜에 와서 재판을 받아야 할 것이었다. 그 다음에 내려진 포고령은, 도망치려는 목적으로 무언가를 사고파는 행위를 금지했으며, 도망자들을 숨겨주고 또 어떠한 방식으로든 도와주는 것 또한 금지했다.

민회가 해산된 뒤 모든 시민들은 극도의 공포에 사로잡혔다. 그것은 도시 성벽이나 로마 경계 안에만 국한된 일이 아니었다. 친구들에게서 받은 서신을 통하여, 원로원 결정과 민회에서 벌어졌던 일, 그리고 집정관들의 포고령을 사람들이 알게 되자 공포는 이탈리아 전역으로 널리 퍼지기 시작했다. 민회에서 해당 문제가 거론된 날 밤에 수많은 자가 도망치려다 붙잡혔다. 그들은 트리움비리 카피탈레스가 성문에 배치한 초병들에게 체포되어 끌려왔다. 많은 혐의자의 이름이 당국에 보고되었다. 이들 중 일부는 남녀 불문하고 자살하기도 했다. 전해지는 바에 따르면 7천 명 이상의 남녀가 음모에 개입되었다. 하지만 일반적으로 합의되는 내용은 주모자가 로마 평민인 마르쿠스와 가이우스 아티니우스, 팔리스키 인 루키우스 오피케르니우스, 캄파니아 인 미니우스 케리니우스 등이라는 것이었다. 또한 이들은 모든 범죄와 악덕의 근원이었다고 한다. 이들은 최고 사제이자 사교의 창립자였다. 기회가 닿는 대로 이자들을 체포하려는 정력적인 절차가 지속적으로 진행되었다. 그리하여 그들은 집정관 앞으로 끌려왔고, 순순히 죄상을 자백했고 재판을 오래 끌 생각을 하지 않았다.

18. 하지만 도시에서 도망치는 자가 많아 무수한 법적 절차와 기소가 무효가 되었고, 그에 따라 법무관 티투스 마이니우스와 마르쿠스 리키니우스가 원로원 조치를 통해 30일 동안 죄상 청취를 연기할 수밖에 없었다. 이 기간 동안 집정관들은 조사를 마쳐야 했다. 도시에서 이렇게 사람들이 빠져나가는 바람에 집정관들은 지방 도시로 가서 그곳에서 조사를 수행하고 재판을 열 수밖에 없었다. 정보원에 의해 혐의자로 지목된 자들이 로마의 소환에 응하지 않았고, 도시에서도 발견되지 않았던 것이다. 그들 중 일부는 단순히 입회만 했고, 사제가 한 말을 반복하며 의식의 절차에 따라 기도만 올렸을 뿐이었다. 그런 기도는 온갖 범죄와 정욕을 실행으로 옮기겠다는 추악한 음모의 맹세였다. 하지만 실행하겠다고 맹세한 행동을 자기 자신에게나, 혹은 다른 이들에게나 행하지 않은 자들은 구금되기만 했다.

하지만 성폭행이나 살인을 저질러 타락한 자들, 위증, 인장 위조, 유언장 위조, 다른 형태의 기만을 저질러 자신을 더럽힌 자들은 사형에 처해졌다. 처형된 자들은 투옥된 자들보다 더 많았다. 하지만 이 두 범주엔 다수의 남녀가 포함되었다. 유죄 판결을 받은 여자들은 가족이나 그들을 통제하는 권한을 가진 남자들에게 넘겨져 비밀리에 처벌을 받도록 조치되었다. 이런 방식으로 처벌을 집행할 적당한 사람이 없으면 당국이 직접 처벌을 실행했다.

다음으로 집정관들이 맡은 일은 바쿠스 숭배와 연관된 모든 사당을 파괴하는 것이었다. 처음엔 로마로 시작하여 이어 이탈리아 전역으로 진행될 계획이었고, 고대의 제단이나 조각상이 봉헌된 곳은 예외 조치되었다. 원로원 명령에 의해 차후 로마나 이탈리아에선 바쿠스 신비 의례가 아예 사라지게 되었다. 바쿠스 의례를 신성한 전통적 의식으로 여기거나, 자신에게 필수적이라고 여기는 자는 물론이고, 그 의식을 포기하면 죄책감을 느끼는 자는 도시 법무관이 있는 자리에서 그런 선언을 해야 하며, 그 후 법무관은 이 문제를 원로원과 논의하게 될 것이었다. 이처럼 자신의 신앙을 호소하는 자는 그에 대하여 승인을 얻으려면 원로원 의원이 최소 1백 명이 참석한 자리에서 허락을 받아야 하며, 이 경우 그 호소한 자는 5명 이내의 사람들과 함께 의식을 거행할 수 있다. 하지만 이런 의식에는 공동 자금, 의식의 책임자, 사제 등이 일체 있어서는 안 되었다.[10]

19. 이와 관련하여 원로원은 집정관 퀸투스 마르키우스의 제안으로 스푸리우스 포스투미우스가 조사를 마치고 로마로 돌아오면, 집정관들에게 정보를 가져다준 제보자들에 관한 보상 문제를 일괄 다루기로 했다. 원로원은 캄파니아 인 미누키우스 케리니우스를 아르데아로 보내 투옥하기로 했고, 해당 지역 당국이 구금 중에 특별히 감시하도록 하여 탈출은 물론 자살도 할 수 없게 했다.

---

10 바카날리아와 관련하여 원로원은 이런 선언을 했다. '기존의 바쿠스 사당은 신성한 조각상이 있는 곳을 제외하고는 모두 철거한다.' 바카날리아를 규제하는 이 원로원 포고령은 또한 이렇게 규정했다. '그 누구도 바쿠스 사당을 유지해서는 안 된다. 만약 사당을 유지하는 것이 중요하다고 생각하는 자는 도시의 법무관에게 그것을 신고해야 한다. 그러면 원로원은 100명 이상의 정족수를 확보하여 논의하게 될 것이다 … 남녀불문하고 그 누구도 이 의례의 사제가 될 수 없고, 공동 자금을 조직할 수 없고 … 그 누구도 맹세를 하거나 서약을 하거나 약속을 하거나 계약을 맺을 수 없다. 위에서 말한 것처럼 원로원의 승인을 받지 않는 한, 그 누구도 도시에서 혹은 도시 밖에서 비밀리에 의례를 가져서도 안 되고 공개적이거나 개인적 의례를 개최해서도 안 된다. 모임의 인원은 5인—남자 둘, 여자 셋— 이내로 규제되며 위에서 말한 바 원로원의 승인이 있을 경우에는 이 인원을 초과할 수 있다.' 바카날리아에 대한 원로원 결정(Senatus Consultum de Bacchanalibus)에 들어 있는 내용임.

스푸리우스 포스투미우스가 로마로 돌아오기까지 상당한 시간이 걸렸다. 그는 푸블리우스 아이부티우스와 히스팔라 파이케니아에게 포상금을 지급하자고 제안했다. 그들의 정보 덕분에 바쿠스 의례에 관한 사실이 백일하에 드러났기 때문이었다. 그에 따라 원로원은 도시 재무관들에게 국고에서 10만 아스를 내어 그들에게 지급하라고 결정했다. 이어 집정관들은 민회에 제출할 제안을 최대한 신속하게 호민관들과 논의했다. 이 제안의 내용은, 푸블리우스 아이부티우스가 병역을 수행한 것으로 간주되며, 자기 의지에 반하는 병역을 수행하지 않아도 되고, 감찰관은 그의 동의 없이는 공용 말을 그에게 배정할 수 없다는 것이었다.[11] 또한 이 제안으로 히스팔라 파이케니아는 재산을 양도할 수 있고, 부족 외 결혼을 할 수 있고, 남편이 유언장으로 권리를 부여한 것과 다를 바 없이 후견인을 선택할 수 있고, 자유민 남자와 결혼할 수 있게 되었다. 또한 그녀와 결혼한 남자가 그 결혼 때문에 비방이나 수치를 당하는 일이 금지되었다.[12] 더불어 현재 집정관들과 법무관들은 물론 그들의 후임자들까지도 그녀가 어떠한 피해도 입지 않고 안전하게 살 수 있도록 보장하기로 했다. 호민관들은 이 제안을 올바르게 생각하여 시행되길 바라는 원로원의 뜻을 시민들에게 전달하게 되었다.

이 모든 제안이 민회에 제출되었고, 원로원 결의에 발맞추어 통과

---

11 그러니까 아이부티우스는 기병의 의무 복무연한인 10년을 모두 채운 것으로 간주되는 것이다. 10년 근무는 공직에 입후보할 수 있는 자격이기도 하다. 왜 감찰관이 그에게 공용 말을 배정할 수 없는 것인지 그 이유는 불분명하다.

12 이것은 그 당시 노예였다가 면천하여 자유민이 된 여자가 보통 자유 시민으로 태어난 남자와 결혼하는 것은 허용되지 않는다는 뜻을 내포하고 있다. 그리하여 이런 여자와 결혼하는 남자는 보통 치욕의 표시로 처벌을 받았다.

되었다. 다른 정보 제공자들의 면책과 그들에게 지급될 포상에 관한 문제는 집정관들이 결정하게 되었다.

* * *

[기원전 185년 집정관: 아피우스 클라우디우스 풀케르, 마르쿠스 셈프로니우스 투디테누스]

23. 다가오는 페르세우스 왕과 마케도니아 인들을 상대로 하는 로마의 전쟁[13]은 현재 일반적으로 생각되는 그런 이유로 시작된 것도 아니고, 그 이유가 페르세우스에게 있던 것도 아니었다. 전쟁의 첫 움직임은 필리포스가 주도한 것으로, 만약 왕이 더 오래 살았더라면 그가 그 전쟁을 수행했을 것이다. 로마와의 전쟁에서 패배한 이후에 그에게 강화 조건이 부과되었을 때 그를 특히 짜증나게 했던 한 가지 사항은, 전쟁 중에 그에 맞서서 반란을 일으켰던 마케도니아 인들에게 가혹한 복수를 할 수 있는 권리를 로마 원로원에 의해 빼앗겼다는 것이었다. 왕은 그런 권리를 포기할 생각이 없었다. 당시의 집정관 퀸크티우스가 강화 사전 협상에서 해당 문제를 보류했던 것이었다.

또한 안티오코스 왕이 테르모필라이에서 패배한 이후 사령관들은 서로 다른 작전을 수행했는데, 그래서 집정관 아킬리우스는 필리포스가 라미아를 포위하던 때에 헤라클레아를 공격했다. 헤라클레아가 함락되자 왕은 집정관의 명령에 의해 라미아 성벽에서 물러났고,

13 제3차 마케도니아 전쟁(기원전 178-167년)을 가리킨다.

도시는 로마 인들에게로 넘어갔다. 왕은 이런 처사에 크게 분개했다. 이에 집정관은 성난 그를 달래고자 아타마니아와 아미난드로스를 상대로 전쟁을 선포할 수 있게 해주고, 아이톨리아 인들이 테살리아 인들에게 빼앗은 도시들을 그의 왕국에 포함시킬 수 있게 해주었다. 집정관은 그러는 사이 서둘러 도망친 아이톨리아 인들이 피신한 나우팍토스로 향했다.

필리포스 왕은 거의 싸우는 일 없이 아미난드로스를 아타마니아에서 몰아냈고, 여러 도시를 회복했다. 그는 또한 굉장한 전략적 중요성을 지닌 강력한 도시 데메트리아스를 마케도니아의 지배 아래 두었고, 마그네시아 인들도 그의 왕국에 포함시켰다. 이후 왕은 트라키아에서 몇몇 도시를 장악했는데, 이것은 일종의 어부지리로서 주요 시민들의 파벌들 사이에 생겨난 소란(이는 새롭고 익숙하지 않은 자유의 악영향이었다) 덕분이었다. 그리하여 왕은 내부 분열에서 패배한 파벌들과 손을 잡는 것으로 쉽게 도시를 차지할 수 있었다.

24. 필리포스 왕이 로마 인들에게 느끼는 분노는 이런 양보를 통해 당분간 달랠 수 있었다. 그럼에도 불구하고 왕은 평시에 병력을 모으는 계획을 부지런히 세웠다. 기회가 되면 언제든 전쟁에서 활용할 생각이었던 것이다. 왕은 농산물과 수입품, 수출품에 과세하여 왕국의 세입을 크게 늘렸을 뿐만 아니라 오랜 시간 내버려둔 오래된 광산의 채굴을 재개했고, 또 많은 곳에서 새로운 광산을 얻기 위해 채굴을 시작했다. 게다가 그는 전쟁의 참사에서 많은 사람을 잃은 뒤에 인구를 과거의 수준으로 회복하는 데 신경 썼다. 왕은 이러한 목적을 달성하기 위해 모든 백성에게 자식을 낳아 기르라고 강력하게 요구하여 자국의 인구를 늘리려고 애썼다. 또한 엄청난 숫자의 트라키아 인들을 마케도니아로 데려오기도 했다. 전쟁을 쉬는 기간이 오래

지속되어 그는 왕국의 자원을 늘리는 데 모든 역량을 집중할 수 있었다.

이후 로마에 대해 필리포스의 분노가 새롭게 터져 나올 이유들이 다시 생겨났다. 테살리아 인들과 페라이비아 인들은 필리포스가 자신들의 도시를 장악한 것에 대해 불만을 품었다. 또 에우메네스 왕의 사절들도 필리포스가 난폭하게 트라키아 도시들을 점령하고 트라키아 인들을 마케도니아로 데려간 것에 대해 불평했다. 로마에서 이런 보고를 들은 원로원 의원들은 이런 일을 간과해선 안 된다고 생각했다. 특히 원로원을 불안하게 했던 이야기는 필리포스가 이제 아이노스와 마로네아마저 노리고 있다는 것이었다. 의원들은 테살리아 인들에 대해선 신경을 덜 썼다. 아타마니아에서도 대표들이 와서 필리포스의 소행에 대하여 불평했는데, 영토 일부를 빼앗기거나 국경을 침범당하는 걸 넘어서서 아타마니아 전역이 필리포스의 통제를 받게 됐다고 항의했다. 마로네아 추방자들 역시 로마에 도착하여 필리포스의 주둔군에 대항하여 자유의 대의를 수호한 일 때문에 자신들이 추방되었다고 호소했다. 그들은 또한 마로네아는 물론 아이노스까지 필리포스의 손아귀에 넘어갔다고 보고했다.

필리포스가 보낸 사절들 역시 로마로 와서 이런 다른 도시들의 고발에 대하여 왕의 결백함을 입증하려고 했다. 그들은 왕이 로마 사령관들에게 허가를 받은 일 이외엔 아무런 행동도 하지 않았다고 주장했다. 테살리아 인, 페라이비아 인, 그리고 마그네시아 인의 도시들과 아타마니아 인들(아미난드로스와 마찬가지로)은 아이톨리아 인들과 같은 상황에 있었다는 게 마케도니아 사절단의 주장이었다. 안티오코스 왕이 축출된 이후 집정관은 아이톨리아 도시들을 포위하는 일로 바빴고, 그런 집정관이 필리포스를 보내 지금 불평하는 곳들을 회복하게 했으며, 필리포스 왕의 공격으로 함락된 그 도시들은 이제 그의 통치를 받아들일 수밖에 없다는 것이었다.

원로원은 필리포스가 현장에 없는 상태로 결정을 내리는 걸 피하고자 분쟁을 해결할 조사위원단을 현지로 보냈다. 여기에 속한 위원들은 퀸투스 카이킬리우스 메툴루스, 마르쿠스 바이비우스 탐필루스, 티베리우스 셈프로니우스였다. 테살리아의 템페에 조사위원들이 도착하자 분쟁에 관계된 모든 나라와 왕이 조사위원단과의 회담에 소환되었다.

25. 회담 참석자들은 자리에 앉았고, 로마 조사위원들은 중재자 역할을 맡았다. 테살리아 인, 페라이비아 인, 아타마니아 인은 틀림없이 원고였고, 필리포스는 말하자면, 피고석에 앉아 그를 향한 고발을 들었다. 다양한 대표단의 각 대표는 자기주장을 펼쳤고, 필리포스에 대하여 품고 있는 감정, 가령 호의나 증오에 따라 진술 내용은 관대하거나 가혹했다. 이제 주된 논쟁 대상은 필리폴리스, 트리카, 파이스리아, 에우리메나이, 그리고 그 인근의 다른 도시들이었다. 문제가 되는 점은 이 도시들이 테살리아의 관할에 있을 때 아이톨리아 인들에게 무력으로 점령되었는지, 아니면 고대로부터 아이톨리아 인들에게 속했는지 여부였다. 이렇게 논제가 된 것은 필리포스가 아이톨리아 인들에게서 해당 도시들을 점령했다고 주장했기 때문이었다. 또한 아킬리우스 역시 아이톨리아 인들에 속하고, 강압이나 무력을 통해서가 아닌 자발적으로 아이톨리아 인들의 편을 든 곳들을 왕이 점령하도록 허락했다는 주장도 이 문제를 논쟁의 핵으로 부상시켰다. 과연 페라이비아와 마그네시아의 경우에도 이런 공식을 적용하는 것이 타당한가 하는 문제로 추가적인 논쟁이 있었다. 왜냐하면 아이톨리아 인들은 기회가 있을 때 이 두 도시를 전격 장악함으로써 법

적 권리에 일대 혼란을 일으켰기 때문이었다.

중재 대상인 이런 문제들 이외에도 테살리아 인들이 불평한 바가 있었다. 그들은 설사 도시들을 돌려받는다고 하더라도 필리포스가 훼손되고 아무것도 없는 상태로 도시들을 돌려줄 것이라고 예상했다. 또 전쟁의 불운으로 목숨을 잃은 사람들과는 별개로, 필리포스가 마케도니아로 중요한 청년 5백 명을 데려가서 하찮은 육체노동에 마구 부려먹고 있다는 것이었다. 강압을 이기지 못해 필리포스 왕이 테살리아 인들에게 돌려주었던 모든 것은 쓸모없는 상태로 돌아왔는데, 왕이 고의로 그렇게 만든 결과라는 것이었다. 그들은 프티오티스 테베가 한때 테살리아가 소유한 번화하고 수익성 높은 해안 시장이었지만, 필리포스가 화물선을 전부 테베를 지나쳐서 데메트리아스로 가게 하는 바람에 모든 해상 수송이 데메트리아스에 집중되었다고 불평했다. 그들은 이 무렵부터 필리포스가 국제법에 의거하여 불가침권이 있는 사절들까지 서슴지 않고 공격했다고 비난했다. 그들은 왕이 티투스 퀸크티우스에게 보내는 사절들을 습격하려고 복병을 배치했다고 불평했다. 그 결과 아무도 자신들의 도시나 전(全) 테살리아 인의 대표 의회에서 감히 입을 열지 못하자, 테살리아 인들은 모두 공황에 빠져들게 되었다는 게 그들의 주장이었다. 그들의 자유를 수호하는 로마 인들은 멀리 떨어져 있고, 위협적인 지배자(필리포스)는 가까이에 있어 로마 인들의 중재를 활용할 수가 없었다는 것이었다.

그들은 또한 발언의 자유가 없다면 그게 무슨 자유냐고 물었다. 그들은 보호를 받고 있다는 확신이 드는 지금조차 공개적인 발언보다는 한탄을 하고 있다고 말했다. 그들은 로마 인들이 마케도니아 인근 그리스 인들의 두려움을 줄여주고 필리포스의 침략성을 억제할 수단을 생각하지 않으면 왕을 패배시키는 일이나 그들에게 자유를 확보해주는 일이나 똑같이 무망한 일이 될 거라고 예언했다. 그들은 비유적으로 말하자면 필리포스는 잘 길들여지지 않는 완고하고 반항적인 말과 비슷하여 그를 통제하려면 더욱 가혹한 굴레가 필요하다고 말했다.

이 마지막 발언자들의 어조는 아주 매서웠고 이전 발언자들과는 사뭇 다른 모습이었다. 이전 발언자들은 온화한 말투로 필리포스의 분노를 달래고, 그에게 자유를 위한 자신들의 호소를 용서해달라고 간청했다. 또한 지배자의 가혹함은 포기하고 동맹이자 우방으로서 행동하는 법을 익혀서, 공포로 상대방을 제약하기보다는 애정의 유대로 동맹을 자신들의 편으로 만드는 걸 선호하는 로마 인들을 본보기로 삼으라고 부탁했었다.

테살리아 인들이 발언을 마치자 페라이비아 인들은 필리포스가 올림피아스라고 이름 지은 곤노콘딜룸이 페라이비아에 속한 땅이며, 자신들에게 돌려주어야 한다고 주장했다. 또한 그들은 말로이아와 에리키니움에 대해서도 똑같은 주장을 펼쳤다. 아타마니아 인들은 자신들의 자유를 돌려달라고 간청했으며, 더불어 아테나이움과 포이트네움 요새도 돌려달라고 요청했다.

26. 필리포스는 피고보다 원고인 것 같은 인상을 남기려고 했다. 그는 자기가 발언할 차례가 되자 불평을 시작했다. 먼저 테살리아 인들은 자신의 영토에 속한 돌로피아의 메넬라이스를 무력으로 공격해 점령했다고 비난했다. 또한 피에리아의 페트라도 마찬가지로 테살리아 인들과 페라이비아 인들에게 점령되었다고 했다. 그들은 또한 아이톨리아 인들의 도시가 분명한 크시니아이를 병합했으며, 아타마니아의 지배를 받는 파라켈로이스도 아무런 법적 권리 없이 자

국의 땅으로 귀속시켰다고 비난했다. 사절들을 복병으로 공격했다는 고발이나 항구들을 사용하거나 포기했다는 고발에 대해 왕은 특히 항구 얘기는 정말 터무니없는 소리라고 했다. 왕은 상인이나 선원이 자발적으로 항구를 선택한 걸 자신의 영향력 때문이라고 하는 게 말이 되느냐고 물었다. 전자(사절을 공격)의 고발에 대해 이는 자신의 평소 성품으로 반박될 수 있다고 대꾸했다.

그는, 수많은 세월 동안 사절들은 끊임없이 때로는 로마 사령관들에게, 때로는 로마 원로원에게 자신을 고발했다고 했다. 이들 중에 말로라도 폭력을 당한 이들이 하나라도 있느냐고 그는 오히려 되물었다. 그는, 자신을 고발한 자들이 사절들이 퀸크티우스에게로 가는 동안 마케도니아의 복병에게 당했다고 주장하는데, 정확히 어떤 일이 벌어졌는지 상세하게 말하지 않았음을 지적했다. 그는 테살리아 인들이 로마 인들의 관용을 남용하는 방식이 정말 지나치게 오만하다고 비난했다. 그것은 마치 오랫동안 갈망해오던 희석되지 않은 자유를 한 모금 지나치게 탐욕스럽게 꿀꺽 삼키는 모습과 다를 바 없다고 말했다. 왕은 그들이, 전혀 기대하지 않다 갑작스럽게 자유를 얻은 노예 같으며, 자신들의 자유를 제멋대로의 발언으로 시험해 보고, 주인들을 모욕하는 것으로써 자유를 과시하고 있다고 비난했다. 왕은 서서히 화를 내면서 자신의 태양은 아직 진 것이 아니라고 덧붙였는데, 그 발언은 로마 인들과 테살리아 인들에게 위협성의 발언으로 들렸다.

이러한 위협의 말은 엄청난 소란을 일으켰다. 하지만 이런 소란이 잦아들자 필리포스는 페라이비아 인과 아타마니아 인들에 대해서도 답변을 이어 나갔다. 왕은 그들이 다투고자 하는 도시들도 이미 언급했던 곳들과 같은 상황이라고 말했다. 그는 그 도시들이 적의 편에 섰기에 집정관 아킬리우스와 로마 인들이 자신(필리포스 왕)이 그 도시들을 소유할 수 있도록 해주었다고 주장했다. 그는 자신에게 선물을 준 로마 인들이 그것을 물리려고 한다면 어쩔 수 없이 넘겨줘야 한다는 걸 잘 안다고 했다. 하지만 만약 그렇게 한다면 로마 인들이 믿을 수 없고 이로울 것도 없는 동맹들을 만족시키려고 선하고 충실한 우방에게 불공평한 일을 저지른다는 것을 똑똑히 인식해야 할 것이라고 했다. 왕은, 자유라는 선물에 대한 감사는 다른 물질적 선물에 대한 감사보다 훨씬 단명하며, 특히 자유를 남용으로 망칠 것이 뻔한 자들에게 자유가 주어졌을 때는 더욱 덧없이 끝나 버린다고 말했다.

이런 논쟁을 다 들은 뒤에 로마의 조사위원들은 그들의 결정사항을 발표했다. 마케도니아 주둔군은 거론된 도시들에서 물러나야 하며, 필리포스의 영토는 마케도니아의 과거 국경으로 한정되어야 한다는 것이었다. 양쪽이 모두 피해를 입었다고 불평하는 잘못들에 관해서 조사위원들은 그 문제에 적용될 법적 원칙을 확립하겠다고 말했다. 그런 원칙이 마련되면 관련된 민족들과 마케도니아 인들 사이의 분쟁은 저절로 해결될 것이라는 말도 했다.

27. 이런 식으로 필리포스를 크게 불쾌하게 만든 조사위원들은 템페를 떠나 테살로니카로 향했고, 그곳에서 트라키아 도시들의 문제를 조사했다. 테살로니카에서 에우메네스의 사절들은 로마 인들이 아이노스와 마로네아를 자유롭게 하고자 한다면 그들은 그 뜻을 존중하여 그곳 사람들을 명목상 자유가 아니라, 진정한 자유를 얻게 하고, 다른 누군가가 그들이 받은 선물(자유)을 가로채지 못하게 해달라고 조언하고 싶다고 말했다. 하지만 사절들은, 트라키아에 있는 도시들에 대하여 로마 인들이 신경을 덜 쓴다면 안티오코스가 지배했던 도시들은 필리포스보다 에우메네스에게 전쟁 포상으로 내주는 게 훨씬

더 적합하다고 말했다. 사절들은 에우메네스의 선왕인 아탈로스가 필리포스와의 전쟁에서 로마를 도운 것으로 보나, 에우메네스가 안티오코스와의 전쟁에서 육지와 바다를 가리지 않고 모든 곤경과 위험 속에서 로마를 도운 것으로 보아도, 그 땅을 차지할 인물로는 에우메네스가 가장 적합하다는 것이었다.

게다가 그들은 에우메네스가 이 문제에서 10인 조사위원들의 예비 판단을 도운 적도 있음을 지적했다. 조사위원들이 그에게 케르소네소스와 리시마키아를 주었으니 마로네아와 아이노스 역시 하사할 것이라는 게 그들의 생각이었다. 후자는 더 큰 선물인 전자에 인접해 있으므로 사실상 부속물이나 다름없다는 것이었다. 그들은 필리포스가 로마 인들에게 무슨 도움을 제공했기에 이 도시들에 마케도니아의 주둔군을 둘 수 있는지 물었다. 이 도시들이 마케도니아 국경과 한참 멀리 떨어져 있는데 어떤 법적 권리로 필리포스가 이곳을 통치하는지 알 수가 없다는 말도 했다. 에우메네스 사절들은 조사위원들이 마로네아 인들을 소환해야 하며, 이들 도시와 그곳의 상황에 관한 모든 사실을 그들로부터 직접 들어야 한다고 조언했다.

그리하여 마로네아 대표들이 소환되었다. 그들은 조사위원들에게 마로네아에 배치된 필리포스 왕의 주둔군이 한 곳만이 아니라 다른 도시들에도 주둔하고 있다고 말했다. 이 주둔군들은 동시에 여러 곳을 장악했으며, 도시는 마케도니아 인들로 가득하다고 했다. 그 결과 필리포스 왕의 지지자들이 도시를 완벽하게 장악했으며, 그들만이 원로원과 공적 회합에서 발언권을 가진다고 보고했다. 대표들은 모든 관직은 필리포스 왕의 지지자들이 차지하거나, 아니면 그들이 임명한 자들의 차지라고 말했다. 자유와 법률에 문제가 생길 걸 염려했던 훌륭한 사람들은 모두 추방되어 고향에서 쫓겨났다. 만약 그렇지 않다면 그들보다 훨씬 못한 자들에게 휘둘리며 말도 못한 채 무시당하고 있다. 대표들은 적법한 국경에 관해서도 몇 마디 언급했는데, 퀸투스 파비우스 라베오가 그 지역에 머무를 때 트라키아의 파로레이아로 이어지는 옛 지름길을 필리포스의 국경으로 고정했고, 이 길은 그 어느 곳도 바다로 이어지지 않는다는 것이었다. 하지만 필리포스가 마로네아 인들의 도시와 영토를 차지할 생각으로 나중에 새로운 우회 도로를 건설했다는 것이었다.

28. 이에 대한 답변으로 필리포스는 이전 테살리아 인과 페라이비아 인들에게 했던 것과는 전혀 다른 논리를 펼치기 시작했다. 그는 이렇게 말했다.

"마로네아 인이나 에우메네스와는 논쟁할 것이 없소. 내가 논쟁해야 할 상대는 바로 그대 로마 인들이오. 얼마 전부터 나는 절대로 그대들로부터 공정한 대우를 받지 못할 거라는 걸 깨달았소. 나는 휴전 기간 중에 나에게 반란을 일으켰던 마케도니아 도시들을 회복하는 게 옳다고 생각했소. 그런 도시들이 내 왕국에 중요한 획득물이어서가 아니오. 그 도시들은 작은 도시에 불과하며, 그것도 지극히 먼 경계에 있소. 그보다는 해당 도시들을 회복하는 것이 다른 마케도니아 인들을 계속 통제하는 시범 사례로서 무척 중요했기 때문이오. 하지만 나는 결국 거부당했소.

아이톨리아 전쟁 동안 나는 집정관 마르쿠스 아킬리우스에게 라미아를 공격하라는 지시를 받았소. 내가 포위 작전과 전투를 펼치며 오랜 시간 압박을 받은 뒤 겨우 성벽을 넘으려고 할 때 집정관은 점령된 것이나 다를 바 없는 도시에서 나를 소환했고, 내 군대를 억지로 물리게 했소. 이런 부당한 대우를 위로하려고 로마 인들은 내가 테살리아, 페라이비아, 그리고 아타마니아에 속한 여러 특정한 곳을 회복할 수 있게 해주었소. 물론 그런 곳들은 도시라기보다는 방어 시설을 갖춘 마을에 불과했지만 말이오. 하지만 퀸투스 카이킬리우스, 이런 곳조차 그대 로마 인들은 며칠 전에 내게서 빼앗았소. 방금 전 에우메네스가 보낸 사절들은 (나 원 참 세상에 이런 일이!) 안티오코스에 속했던 땅들을 내가 소유하는 것보다 에우메네스가 소유하는 것이 훨씬 더 공정하다고 주장했소.

하지만 나는 그 일에 대해 전혀 다른 생각을 하고 있소. 실은 에우메네스는 그대 로마 인들이 전쟁에서 승리를 거두지 못했거나 전쟁을 아예 벌이지 않았더라면 지금 가지고 있는 자기 왕국마저도 유지하지 못했을 것이오. 이 말은 그가 로마 인들에게 빚을 진 것이지, 로마 인들이 그에게 빚을 진 것이 아니라는 얘기요. 오히려 내 왕국은 그 어떤 곳도 전혀 위험하지 않았소. 실은 안티오코스가 자진하여 내게 3천 탈렌트와 50척의 갑판이 달린 배, 그리고 내가 이전에 지배했던 모든 그리스 도시를 동맹을 맺으면 보답으로 주겠다고 했으나 나는 그 제안을 일축했소. 나는 심지어 마르쿠스 아킬리우스가 군대를 인솔하여 그리스로 넘어오기 이전에 안티오코스의 적이 되기로 결심했소. 집정관 아킬리우스와 함께했던 나는 그가 내게 맡긴 전쟁터 어디에서든 내 역할을 해냈소. 루키우스 스키피오가 그의 후임 집정관으로 와서 휘하 병력을 육로를 통해 헬레스폰토스로 옮기려고 했을 때 나는 그에게 내 왕국을 자유롭게 지나갈 권리를 주었을 뿐만 아니라 새로 길을 내고, 다리를 짓고, 보급품을 제공하기까지 했소. 나는 마케도니아에서만 그랬던 게 아니라 트라키아에서도 그런 도움을 아끼지 않았고, 무엇보다 지역 부족들과 협의하여 그가 무사히 그 지역을 통과할 수 있도록 해주었소.

로마 조사위원들이여, 내가 실질적으로 준 도움은 말할 것도 없고,

그대들에게 주어진 이러한 이득에 대한 적절한 보답은 과연 무엇이겠소? 어느 정도 관용을 베풀어 내 왕국을 더 키우고 강대하게 하는 것이 옳겠소, 아니면 지금 그대들이 하고 있는 것처럼 내 권리나 로마 인들의 친절을 통해 이미 소유하게 된 것을 빼앗아가는 게 옳겠소? 그대들이 내 왕국의 일부라고 인정한 마케도니아 인들의 도시들은 아직도 내게 돌아오지 않았소. 에우메네스는 마치 내가 안티오코스인 것처럼 내 것을 빼앗으려고 하고 있소. 세상에, 그는 진실을 무례하게 곡해하려고 10인 조사위원의 결정을 내세웠소. 그 결정으로 자신의 주장이 반박되는 건 물론 거짓말을 했다는 것까지 뻔히 드러나는 상황인데도 말이오. 내가 하나 묻겠소. 조사위원들의 결정 어디에서 아이노스와 마로네아, 그리고 트라키아 도시를 에우메네스에게 준다고 되어 있소? 이것은 에우메네스가 감히 조사위원들에게 물어보지도 못했던 건이오. 그런데 10인 조사위원이 승인했다고 추정하고 그대들로부터 언급된 곳들을 얻어가려고 하는 것인가요?

중요한 문제는 이것이오. 그대들은 나를 어떻게 분류하고 싶은 거요? 그대들이 나를 공적으로, 또 사적으로 적으로 여겨서 박해하고자 결심했다면, 시작한 일을 계속 그대로 하도록 하시오. 하지만 나를 동맹 관계에 있는 우호적인 국왕으로 여긴다면 간청하건대 그런 가혹한 대우를 할 만한 대상으로 판단하지는 말아주시오."

29. 왕의 발언은 조사위원들에게 상당히 깊은 인상을 남겼고, 그 결과 해당 문제는 이도저도 아닌 미해결의 상태로 남았다. 조사위원들은 이렇게 선언했다: 만약 해당 도시들이 10인 조사위원의 결정으로 에우메네스에게 주어졌다면 아무런 변경이 없을 것이다. 만약 필리포스가 전쟁 중에 점령했다면 전쟁법에 따라 승리 보상으로서 해당 도시들을 지배해야 마땅하다. 하지만 해당 도시들이 이 둘 중 어

느 경우도 아니라면 이 문제는 원로원에 회부해야 한다고 말했다. 또한 해당 도시들의 주둔군은 이 문제와 관련하여 예단을 피하기 위해 물러나야 한다고 선언했다.

이러한 결정들은 필리포스가 로마 인과 소원하게 된 주된 이유였다. 따라서 그의 아들인 페르세우스가 새로운 이유로 전쟁을 시작한 것이 아니라, 그 이유를 아버지에게서 물려받은 것이라고 보아야 한다.

* * *

33. [기원전 184년] 한 해가 시작할 때 원로원은 필리포스 왕과 에우메네스 왕 사이의 분쟁을 해결하고, 테살리아 도시들에 관한 결정을 내리고자 보냈던 퀸투스 카이킬리우스, 마르쿠스 바이비우스, 그리고 티베리우스 셈프로니우스의 보고를 받았고, 이후 두 집정관 푸블리우스 클라우디우스와 루키우스 포르키우스가 두 국왕과 도시들이 보낸 사절들을 원로원으로 들였다. 두 왕의 사절은 그리스에서 조사위원들에게 했던 것과 똑같은 주장을 되풀이했다. 그러자 의원들은 새로운 조사위원단을 구성하기로 결정했고, 위원장은 아피우스 클라우디우스가 맡기로 했다. 이들은 그리스와 마케도니아를 방문하여 해당 도시들이 테살리아 인과 페라이비아 인에게 돌아갔는지 여부를 확인할 것이었다. 또한 그들은 원로원 지시에 따라 아이노스와 마로네아에서 주둔군이 물러났는지, 또 트라키아 해안 전역이 필리포스와 마케도니아 인들에게서 해방되었는지 확인하고, 펠로폰네소스도 방문할 예정이었다. 이전의 조사위원단이 그들이 도착하기 전보다 상황을 더 불투명하게 만든 채로 그곳을 떠났던 것이다.

실제로 예전 조사단은 질문에 대한 어떠한 답변도 받지 못했고, 아카이아 연맹도 의회를 소집하라는 요청에 응하지 않았다. 퀸투스 카이킬리우스는 이런 처사에 대하여 엄중하게 항의했었다. 동시에 스파르타 인들이 위원들에게 찾아와 자신들의 처지를 한탄하는 일도 있었다. 그들은 성벽이 무너졌으며, 평민들은 아카이아로 끌려가 노예로 팔렸고, 여태까지 국제(國制)의 토대였던 리쿠르고스의 법률도 폐지되었다고 불평했었다.

의회 소집을 거부했다는 고발에 대해, 아카이아 인들은 평화인지 전쟁인지를 논의하거나, 로마 원로원에서 보낸 사절들이 서신을 가지고 방문했을 때를 제외하고는 의회를 소집하는 것은 법률로 금지되어 있다고 답변했다. 장래에 이런 변명을 내세우는 걸 방지하기 위해 원로원은 로마 사절단이 언제든 아카이아 인들의 의회를 만날 수 있도록 확실히 해두는 게 아카이아 인들의 의무라고 지적했다. 여태껏 아카이아 인들은 언제든 바랄 때 로마 원로원을 만날 수 있지 않았느냐는 것이었다.

34. 로마 원로원에서 마케도니아 사절단들이 물러난 뒤 필리포스는 그의 사절들로부터, 점령한 도시들로부터 주둔군과 함께 물러나라는 지시를 보고받았다. 그는 모두에게 분노했지만, 특히 마로네아 인들에게 그 분노를 터뜨렸다. 그는 해안 지역의 지휘를 맡은 오노마스토스에게 반대 파벌의 지도자들을 죽이라고 지시했다. 오노마스토스는 오래 마로네아에서 살았고, 필리포스 왕의 지지파 소속인 카산드로스를 대리인으로 내세웠다. 카산드로스는 밤에 트라키아 인들을 받아들여 마치 도시가 전쟁 중에 점령되기라도 한 것처럼 유혈 사태를 일으켰다. 로마 조사위원단은 아무런 죄가 없는 마로네아 인들을 이토록 무자비하게 대접한 것, 그리고 원로원이 마로네아 인들의 자

유가 복구되어야 한다고 결정한 뒤에도 마치 그들이 적인 것처럼 학살한 것은 로마 인들에 대한 무례라며 거칠게 항의했다.

하지만 필리포스는 이런 항의에 대하여 그 일은 자신이 관여할 문제가 아니며, 마케도니아 인은 전혀 관련되지 않았다고 대답했다. 그는 언급된 싸움은 마로네아 인들 사이에서 벌어진 것이며, 자신에게 도시를 넘기겠다고 하는 자들과 에우메네스의 주장을 지지하는 자들이 서로 불화한 결과라고 했다. 로마 인들은 이를 스스로 쉽게 알아낼 수 있을 것이라고 하면서 왕은 마로네아 인들을 심문해 보라고 했다. 필리포스가 이렇게 말할 수 있었던 건 마로네아 인들이 최근의 학살을 겪고 두려움에 사로잡혀 아무도 자신에게 불리한 말을 감히 하지 못할 거라고 확신했기 때문이었다.

아피우스는 이 문제는 너무나 분명하여 조사할 필요조차 없다고 대답했다. 그는 필리포스가 주변의 비난에서 벗어나고자 한다면 오노마스토스와 이 일에서 대리인 역할을 한 카산드로스를 로마로 보내 원로원의 심문을 받게 하라고 요구했다. 왕은 처음엔 이런 발언에 크게 경악하여 낯빛이 변한 채로 표정이 일그러졌다. 하지만 결국 마음의 평정을 되찾자 조사위원들이 정말로 그렇게 바란다면 마로네아에 있던 카산드로스를 보내겠다고 했다. 이어 그는 조사위원들에게 이 문제에 있어 마로네아에 있지도 않았던 오노마스토스가 무슨 관련이 있냐고 물었다. 실제로 그는 인근 어디에도 있지 않았다는 것이었다. 필리포스는 이처럼 오노마스토스가 피해를 입지 않게 하려고 특히 신경 썼는데, 그가 무척 중요한 친구였던 것이다. 동시에 왕은 오노마스토스가 로마로 불려 가면 왕의 비위를 실토하는 제보자가 될 것을 더욱 두려워했다. 이와 비슷한 수많은 일에서 대리인이자 공범으로서 그를 활용했고, 그 와중에 많은 이야기를 서로 나눴기 때문이었다. 카산드로스의 경우에, 왕은 에피로스를 경유하여 바다로 안내할 무리가 그를 여행 중에 독으로 제거할 거라고 믿었다. 어떻게든 정보가 그에게서 새어나가는 걸 미리 막아야 했기 때문이었다.

35. 필리포스와의 회담을 마치고 자리에서 떠나는 조사위원들의 태도는 너무나 분명했다. 그들은 지금까지 벌어진 모든 일에 전반적으로 불만이었으며, 필리포스가 앞으로 전쟁을 다시 벌일 거라는 사실을 조금도 의심하지 않았다. 그렇지만 아직 전쟁의 절차를 밟기엔 군사력이 충분하지 않았으므로 필리포스는 어느 정도 시간을 확보하기 위해 차남 데메트리오스를 로마로 보내기로 했다. 왕 자신에 대한 혐의를 벗고 동시에 원로원의 분노를 피하기 위한 시도였다. 그는 차남이 어리긴 하지만 어느 정도 영향력이 있을 거로 확신했다. 왜냐하면 그 아들이 과거 로마에 인질로 있었을 때 그가 왕의 재목임을 드러내보였기 때문이다. 필리포스는 그러는 사이 비잔틴 인들을 돕는다는 구실로 출국했지만, 실제로는 트라키아 족장들에게 공포심을 안겨주어 왕의 편에 서게 하려는 것이었다. 왕은 단 한 번의 전투로 트라키아 인들에게 완승을 거두고 그들의 지도자 아마도코스를 생포한 뒤에 마케도니아로 돌아왔다. 왕은 대리인들을 보내 히스테르 강에 사는 야만인 부족들을 격분시켰다. 그렇게 하면 그들이 이탈리아를 침공할지 모른다고 생각했기 때문이었다.

로마 조사위원들은 마케도니아에서 아카이아로 가라는 지시를 받았고, 아카이아 인들은 펠로폰네소스에서 그들이 오길 기다렸다. 그곳에서 아카이아 최고 행정장관 리코르타스[14]는 로마 인들과의 면담

---

14 역사가 폴리비오스의 아버지이다. 그는 메갈로폴리스의 시민이었고 아카이아 연맹의 장군 필로포이멘의 절친한 친구였다. 이해(기원전 184년)의 아카이아 연맹의 최고 행정관인

에 대비하여 사전 계획을 세우려고 의회를 소집했다. 의회는 먼저 스파르타 인들의 문제를 논의했다. 스파르타 인들은 적에서 고발자로 변했고, 아카이아 인들은 그들이 전쟁 상대일 때보다 패배자일 때 더욱 만만찮을 거로 봤다. 스파르타가 패배했을 때 아카이아 인들은 자국의 동맹인 로마 인의 도움을 받았다.

하지만 이제 그 로마 인이 아카이아 인보다 스파르타 인에게 더욱 호의적이라는 걸 지적했다. 그리하여 스파르타로 돌아온 추방자들인 아레오스와 알키비아데스가 로마에 아카이아 인들을 고발하는 사절단으로 나섰다. 아레오스와 알키비아데스는 아카이아 인들의 도움으로 고국 스파르타에 돌아올 수 있었는데 그런 배은망덕한 행동에 나선 것이었다. 이 두 사람은 성에 찰 때까지 아카이아 인들에 대한 적대적인 발언을 멈추지 않았다. 그처럼 적대적인 모습만 본다면 아카이아 인들이 그들을 고향으로 돌려보낸 게 아니라 고향에서 내쫓은 것이 아닐까, 착각될 정도였다. 사방에서 고함이 터져 나왔고, 최고 행정장관은 이 두 사람에 대한 구체적인 제재 조치를 발의하라는

리코르타스는 동맹의 독립을 주장하여 로마와 긴장관계였다. 역사가 폴리비오스는 기원전 182년 이 장군의 유해를 안고 장례식에 참석하는 영예를 얻었다. 181년에는 아버지와 함께 이집트로 파견될 사절로 뽑혔으나 이집트의 왕이 갑자기 사망하는 바람에 여행이 취소되었다. 169년에 아카이아 연맹의 기병 사령관으로 임명되었다. 168년 로마가 마케도니아를 정복하면서 정치적 숙청이 벌어졌고 폴리비오스는 사상 검증을 위해 로마로 보내어진 1천명의 아카이아 인들 속에 포함되었다. 로마에서는 고소나 재판을 받는 일 없이 15년을 보냈다. 그 후 폴리비오스는 147-146년에 소 스키피오의 3차 포에니 전쟁에 따라 나서서 카르타고가 완전 파괴되는 것을 직접 목격했다. 폴리비오스는 기원전 151년 소 스키피오를 따라 스페인을 거쳐서 북 아프리카로 갔는데 이때 90세 고령의 마시니사 왕을 직접 만나 대화를 나누면서 한니발과 직접 교전한 경험이 있는 왕으로부터 카르타고에 대하여 많은 정보를 얻었다. 폴리비오스의 생애 후반 20년은 알려진 것이 없는데 아마도 『역사』를 집필하면서 보냈을 것이다. 그는 82세의 고령에 말에서 떨어져 사망했다는 얘기가 전해진다.

요구를 받았다. 이런 제재 절차는 차분한 정책에서 나온 것이 아니라 그 순간의 분노에 의한 것이었으므로, 두 사람에게는 사형 선고가 내려졌다.

며칠 뒤 로마 조사위원들이 도착했다. 그들을 영접하기 위해 아카이아 동맹의 의회가 아르카디아의 클리토르에 소집되었다.

36. 회의가 진행되기 전에 아카이아 인들은 불안감에 휩싸였는데, 이전 회기에서 사형을 선고했던 아레오스와 알키비아데스가 로마 위원들과 함께 나타난 걸 보고 논의가 무척 불공평하리라고 예상했기 때문이었다. 그들 중 아무도 감히 입을 열려고 하지 않았다.

아피우스는 스파르타 인들이 로마 원로원에 항의한 행동은 로마 원로원 의원들에게 무척 불쾌한 것이었다는 점을 분명히 밝혔다. 필로포이멘의 초대에 응해 자신들을 변호하러 온 스파르타 인들을 콤파시움에서 아카이아 연맹이 학살한 것, 이어 아카이아 인들이 야만적인 학살을 저지른 뒤 가장 명성이 높은 도시의 성벽을 허물고, 가장 오래된 법률을 폐지하고, 온 세상에 유명한 리쿠르고스의 규율을 제거하는 등 전례 없는 무자비한 행동을 한 것 등은 큰 문제라고 조사위원은 지적했다.

아피우스의 이런 발언에 답변한 건 리코르타스였다. 그는 아카이아 최고 행정장관이자 이 모든 일을 스파르타에서 벌인 필로포이멘의 파벌에 속했기 때문이다. 그는 이렇게 말했다.

"아피우스 클라우디우스, 우리 입장에서 당신과 동료 조사위원들 앞에서 발언하는 것은 얼마 전 로마 원로원 앞에서 발언한 것보다 더 어려운 일입니다. 그때 우리는 스파르타 인들의 고발에 대해 답변해야 했지만, 지금 우리는 당신에게 고발된 채로 당신 앞에서 우리 자신을 변호해야 합니다. 하지만 우리는 이런 불리한 상황을 받아들이겠습니다. 당신이 방금 한 말에서 엿보이는 적의를 잠시 미뤄두고 재판관의 정신으로 우리 이야기를 들어줄 거라고 기대하기 때문입니다. 지금 당신은 스파르타 인들이 퀸투스 카이킬리우스 앞에서 불평하고, 나중에 로마에 가서 불평한 내용을 반복했지만, 어쨌든 나는 당신에게 답하는 것이 아니라, 당신이 있는 자리에서 스파르타 인들에게 답한다고 생각하면서 발언하겠습니다. 당신은 아카이아 사령관 필로포이멘에게 불려와 그들 자신을 변호하려고 했던 자들이 살해된 것을 우리 잘못이라고 하며 고발했습니다.

이런 고발은 내 생각에 로마 인들이 우리에게 해서는 안 되는 것이며, 실제로 스파르타 인들이 로마 인들에게 고발해서도 안 되는 것입니다. 이유가 무엇일까요? 그건 바로 협정에 스파르타 인들은 해안 도시들에 간섭하지 않는다고 명시되어 있기 때문입니다. 스파르타 인들이 무장하고 야간 공격으로 해당 도시들을 장악했을 때 티투스 퀸크티우스가 로마 병력과 함께 펠로폰네소스에 있었더라면 그런 식으로 점령된 도시의 피난민들은 분명 그에게로 도망쳤을 겁니다. 하지만 로마 인들은 멀리 있었고, 그들이 피신할 곳은 로마 인들의 동맹인 우리 말고는 달리 없었습니다. 이전에 우리가 로마 인들과 대의를 공유하며 기테움을 도와주고 스파르타를 공격한 걸 그들이 알고 있었기 때문입니다.

따라서 우리는 로마 인들을 대신하여 정당하고 옳은 전쟁을 치른 것입니다. 다른 이들은 우리의 이런 행동에 갈채를 보냈고, 스파르타 인들조차 그런 행동에서 흠결을 찾아내지 못했습니다. 또한 신들께서는 그런 행동을 승인하셨기에 우리에게 승리를 내려 주셨습니다. 전쟁법에 따라 수행된 행동이 논쟁의 대상이 되다니 이게 대체 무슨 일입니까? 그럼에도 불구하고 이야기의 가장 중요한 부분은 우리와는 관계가 없습니다.

사람들을 자극하여 무기를 들게 하고, 해안 도시들을 점령하고, 그 도시들을 약탈하고, 그 도시의 주요 시민들을 살해한 일에 책임이 있는 자들에게 해명을 요구하는 것, 그게 바로 우리가 책임질 일입니다. 하지만 이들이 우리 진지로 들어오려다 죽게 된 건 우리를 지금 고발하고 있는 아레오스와 알키비아데스가 책임질 일입니다. 우리가 책임질 일이 아니라는 뜻입니다. 저 귀한 두 사람도 그 무리에 있었지만, 스파르타 추방자들은 당시 우리와 함께 있었습니다. 해안 도시들을 거주지로 선택했기에 그들은 자신들이 공격 대상이 될 거라고 생각했습니다. 그것이 바로 추방자들이 저들을 공격한 이유입니다. 그들은 저들의 행동 때문에 조국 스파르타에서 추방되었고, 추방된 곳에서도 안전하게 늙어갈 수 없다는 사실에 분개했습니다. 그러니까 되풀이해서 말씀드립니다만 스파르타 인들을 죽인 건 아카이아 인들이 아니라, 스파르타 인들이라는 것입니다. 그들이 정당하게 죽었느냐, 아니면 부당하게 죽었느냐는 지금 논의와 관계없는 문제입니다.

37. 하지만 다른 행동들은 분명히 우리의 행동 아니냐는 말을 할 수 있습니다. 스파르타의 법률을 무효로 만들고, 고대의 규율을 폐지하고, 성벽을 허문 게 우리 아니냐는 말을 할 수도 있을 겁니다. 하지만 어떻게 이런 서로 다른 고발들을 같은 사람들이 제기할 수 있습니까? 스파르타 성벽은 리쿠르고스가 세운 것도 아니고, 오히려 몇 년 전 그의 규율을 타도하고자 세워진 것입니다. 최근 이런 성벽을 세운 건 참주들이고, 그것도 도시를 위해서가 아니라 자신들의 권력을 위해 요새와 방어 시설로 쓰고자 세운 것입니다. 오늘 리쿠르고스가 무덤에서 일어나면 성벽이 파괴된 것을 기뻐할 겁니다. 그는 이제야 자

신의 조국, 즉 스파르타의 오래 전 모습을 알아볼 수 있다고 할 겁니다. 스파르타 인들이여, 그대들은 필로포이멘을 기다리지 말아야 했습니다. 그대들은 스스로 폭정의 모든 흔적을 무너뜨려야 했습니다. 왜냐하면 그 성벽이 굴종, 즉 그대들의 굴종을 나타내는 흉한 낙인이었기 때문입니다. 성벽 없이 그대들은 거의 800년 동안 자유롭게 살아 왔습니다. 그 기간 동안 그대들은 그리스의 지도자였습니다.[15] 하지만 주위에 두른 성벽은 족쇄처럼 그대들을 1백 년 동안 굴종 상태에 빠뜨렸습니다.[16]

법률 폐지에 관해서 나는 스파르타 인들에게서 고대의 법률을 빼앗은 건 참주들이라고 생각합니다. 우리 아카이아 인들은 스파르타 인들의 고유한 법률을 빼앗은 적이 없습니다. 당시 그들은 법률이랄 것도 없었고, 그렇다고 우리의 법률을 그들에게 따르라고 강요하지도 않았습니다. 나는 스파르타를 연맹으로 받아들여 연맹과 결합할 수 있도록 하고, 그렇게 하여 펠로폰네소스 전역이 하나의 의회를 이룰 수 있게 한 것을 스파르타의 국익에 반하는 잘못된 일이라고 생각하지 않습니다. 내 생각엔 우리가 하나의 법률에 따라 살면서 다른 체계가 부과되었을 때에만 상황의 불공평함에 항의하고, 그런 상황에 대한 분노를 표출할 수 있다고 봅니다.

아피우스 클라우디우스, 나는 잘 알고 있습니다. 여태까지 한 발언에서 내 어조가 동맹이 동맹에게 하는 어조나 자유민의 어조가 아니

15 기원전 480년 페르시아의 크세르크세스를 상대로 한 전쟁에서 승리를 거두고 기원전 404년에 아테네가 패배한 이후를 말한다. 그러나 스파르타의 국운은 기원전 371년 레우트라에서 테베의 장군 에파미논다스에게 패배한 이후에 급속히 쇠퇴했다.

16 여기에는 약간의 과장이 가미되어 있다. 리코르타스는 여기에 기원전 230년대 후반의 스파르타 참주들을 가리키고 있는데 그 첫 번째 참주가 클레오메네스 3세였다.

었다는 걸 말입니다. 사실 나는 주인들 앞에서 논쟁하는 노예들의 태도를 보여 왔습니다. 하지만 그대 로마 인들이 전령관을 통하여 전했던 선언, 즉 아카이아 인들은 무엇보다 자유롭다는 그 선언이 공허한 가짜가 아니라면, 협정이 정말로 유효하다면, 또 동맹과 우호가 공정하게 준수된다면, 그대들이 우리를 불러 스파르타 인들이 전쟁에서 패배했을 때 우리가 했던 일을 해명하라고 하는데, 이런 때 왜 우리는 그대들에게 카푸아를 점령했을 때[17] 그대들이 했던 일을 역으로 묻지 못하는 것입니까?

예를 들어 우리가 스파르타 인 일부를 살해했다고 칩시다. 좋습니다. 그렇다면 로마 인들은 캄파니아 원로원 의원들을 참수하지 않았습니까? 로마 인들은 우리가 성벽을 허물었다고 할 겁니다. 하지만 로마 인들은 성벽뿐만 아니라 카푸아 자체를 빼앗았습니다. 도시와 영토까지 다 가져간 것이지요. 그렇다면 그대들은 협정은 동등한 국가들 사이에 맺어지는 것이라고 할 겁니다. 겉보기로는 정말 그렇습니다. 하지만 실제로는 아카이아 인들에게 있어 자유란 호의에 기대는 선물입니다. 로마 인들에게 자유는 로마의 통치권을 뜻합니다. 아피우스여, 나는 이를 잘 압니다. 내가 그걸 항의하지 못한다고 하더라도 나는 그것에 분개하지 않습니다.

하지만 나는 그대에게 간청합니다. 로마 인들과 아카이아 인들 사이에 얼마나 많은 격차가 있든 간에 그대의 적과 우리의 적이 그대의 앞에 나타났을 때 우리와 동등한 대우를 받는 일은 없도록 해주십시오. 그게 안 된다면 적어도 우리보다 더 나은 대우를 해주지는 말아

17 카푸아 사람들을 무자비하게 처리한 건에 대해서는 리비우스 『로마사』 26권 15장을 참조할 것.

주십시오. 우리가 스파르타 인들에게 우리의 법률을 주고, 아카이아 연맹의 일원으로 받아들였을 때 우리는 그들에게 우리와 동등한 지위를 보장했습니다. 하지만 정복자에게 충분한 것은 패자에겐 지나치게 부족한 모양입니다! 적은 연맹보다도 더 많은 걸 주장하고 있습니다! 맹세와, 영원히 남도록 돌에 새김으로써 신성하게 된 조항들을 스파르타 인들은 폐지하려 들고, 우리가 맹세한 걸 지키지 못하게 하고 있습니다. 로마 인들이여, 우리는 실로 그대들을 존경하고 있습니다. 또 그대들이 바란다면 우리는 그대들을 두려워하기까지 할 겁니다. 우리는 불멸의 신들보다도 그대들을 더 존경하고 두려워합니다."

리코르타스의 이런 발언에 청중 대다수가 찬동했다. 전반적인 분위기는 그가 최고 행정장관의 품위에 어울리게 연설했고, 이처럼 로마를 달래는 방식으로 나아가면 로마 인들도 더 이상 위신을 내세우지 못할 것이었다. 그러자 아피우스는 리코르타스에게 아카이아 인들은 여전히 자유 의지로 화해할 수 있을 때 화해하는 게 좋을 것이라고 강력히 권고했다. 나중이 되면 아카이아 인들은 자신들의 의지에 거슬러 강제로 화해할 수밖에 없다는 뜻이었다. 아피우스의 이런 발언에 사방에서 참석자들이 신음 소리를 내질렀다. 하지만 아카이아 인들은 그런 요구를 거부하는 걸 두려워했다.

이에 그들은 단 한 가지만 요청했다. 그것은 로마 인들이 스파르타 인들에 관하여 옳다고 판단하는 것만 수정하고, 아카이아 인들이 맹세한 법률을 무효화하여 그들이 양심에 거스르는 행동을 해야 하는 일이 없도록 해달라는 것이었다. 하지만 실제로 내려진 단 한 가지 조치는 아카이아 연맹이 전에 아레오스와 알렉산드로스에게 내린 사형 선고의 폐지뿐이었다.

* * *

40. 이해(기원전 184년)의 선거는 더욱 치열한 경쟁이 펼쳐지는 양상으로 나아갔다. 당락이 걸린 자리가 더욱 중요한 데다 후보자들의 수도 많고 영향력도 대단했기 때문이었다. 감찰관 자리를 놓고 극도로 치열한 경쟁을 벌이는 후보들은 귀족으로는 루키우스 발레리우스 플라쿠스, 푸블리우스와 루키우스 스키피오, 그나이우스 만리우스 볼소, 그리고 루키우스 푸리우스 푸르푸리오가 있었고, 평민으로는 마르쿠스 포르키우스 카토, 마르쿠스 풀비우스 노빌리오르, 티베리우스 셈프로니우스 롱구스와 마르쿠스 셈프로니우스 투디타누스가 있었다.

하지만 이런 걸출한 귀족과 평민 중에 마르쿠스 포르키우스 카토가 나머지 후보들보다 훨씬 더 두각을 나타냈다.[18] 카토는 품성이 특출하고 재능도 풍부하여 태어난 신분이 어디이건 출세할 사람임이 명백했다. 그는 공사를 가리지 않고 업무를 잘 처리하는 능력을 갖췄다. 그는 도시는 물론 농촌 문제에도 똑같이 정통했다. 어떤 이는 법률 지식, 다른 이는 능변, 또 다른 이는 무공으로 가장 높은 관직까지 올랐지만, 그는 다재다능한 천재성 덕분에 어떤 일도 해낼 수 있었고 그가 맡는 일이 무엇이든 잘하여 마치 그 일을 위해 태어난 사람 갈

18 이 부분은 리비우스의 가장 뛰어난 인물 스케치 중 하나라는 평가를 받는다. 이런 인물 묘사는 로마 역사가 살루스티우스가 그의 저서 『카틸리나의 음모』에서 로마 공화정의 반역자 카틸리나와 셈프로니아를 묘사한 것이 효시이다. 따라서 리비우스는 선배 역사가인 살루스티우스로부터 영향을 받은 것으로 보인다. 그러나 투스쿨룸의 농가 출신으로서 이처럼 높은 자리에 오른 영웅 카토가 정작 로마의 수호신이나 다름없는 구국의 영웅 스키피오 아프리카누스를 상대로 해서는 소인배 같은 질투심을 내보였다는 사실은 서로 잘 어울리지 않는다. 참조. 리비우스 『로마사』 38권 50장.

다는 소리를 들었다. 전쟁에서 그는 전투에 가장 용맹하게 앞장서는 군인이었고, 많은 중요한 전투에서 무공을 세웠다. 최고 관직에 오른 뒤 그는 뛰어난 장군임을 증명했다. 더욱이 평화로운 시기에 누군가 법률에 관해 조언을 청하면 그는 누구보다도 능숙하게 조언을 건넸다. 변호해야 할 사건이 있으면 그는 누구보다도 유창한 변호사였다. 그는 자신의 능변에 관하여 아무런 기념비도 남기지 않았지만, 살아 있을 때에만 혀가 대단했던 사람은 아니었다. 오히려 그는 온갖 저술로 그의 능변을 계속 살게 하고 번성하게 하여 존중을 받았다. 그의 많은 연설은 현존하는데, 몇몇은 그 자신을 위해, 다른 몇몇은 다른 이를 옹호하기 위해, 또 다른 몇몇은 다른 이를 공격하기 위해 한 것이었다. 변호뿐만 아니라 고발에서도 그의 적들을 연설을 통해 꺾었기 때문이었다.

그를 따라다니는 사람들의 적개심은 과도할 정도였고, 그는 싸움을 추진하는 과정에서 그런 적개심을 더 쌓았다. 실제로 귀족이 그를 짓밟는데 더욱 신경을 쓰는 것인지, 아니면 그가 귀족을 더 짜증나게 하는 것인지 다른 사람들은 잘 분간할 수 없을 정도였다. 그의 성향이 엄격하며, 말에 신랄함과 한없는 자유가 담겼다는 건 분명했다. 하지만 그의 기질은 욕망의 공격에 넘어가지 않았다. 그는 엄격한 청렴함과 인기와 부에 대한 경멸로 아주 눈에 띄는 사람이었다. 금욕적인 생활과 고난과 위험을 견디는 늠름한 모습으로 그는 심신 모두가 무쇠 같은 사람이라는 걸 보여줬다. 누구든 무너뜨린다고 하는 고령임에도 불구하고 그의 정신력은 무너지지 않았고, 여든여섯에도 사건 변호에 나섰고, 또 자신을 변호하기 위해 연설하고 글을 썼다. 아흔 살의 나이에 그는 세르비우스 갈바를 민회 앞에 세워 재판을 받게 했다.

41. 귀족들은 평생 그에게 그랬던 것처럼 입후보했을 때도 카토를 무너뜨리려고 했다. 집정관을 함께 지냈던 루키우스 플라쿠스를 제외한 모든 후보자는 단합하여 그를 감찰관직에 오르지 못하게 하려고 했는데, 그들이 그 자리를 차지하고 싶었음은 물론이고 '신인'[19]이 감찰관이 될 수도 있다는 전망에 분노를 참지 못했기 때문이었다. 그들은, 많은 사람에게서 피해를 입었고, 또 그에 대한 답례로 어떻게든 남을 해치려는 자가 감찰관직을 맡게 되면 그 직무가 가혹하게 수행되고, 많은 이의 평판을 위태롭게 할 거라고 생각했다. 실제로 카토는 이미 유세를 하면서 위협적인 말을 했다. 그 자신이 자유롭고 두려움을 모르는 감찰관직을 수행하는 것을 두려워하는 경쟁자들이 심하게 자신의 선출을 반대하고 있다고 주장했다. 동시에 그는 루키우스 발레리우스의 유세를 지지했다. 그는 발레리우스가 자신의 동료여야만 현대의 악덕을 처벌하고 옛 도덕성을 회복할 수 있다고 주장했다. 이런 호소에 감동한 시민들은 귀족들의 반대에도 불구하고 마르쿠스 포르키우스를 감찰관으로 선출했고, 더 나아가 루키우스 발레리우스 플라쿠스를 그의 동료 감찰관으로 뽑아주었다.

* * *

42. 감찰관 마르키우스 포르키우스 카토와 루키우스 발레리우스는 기대와 우려가 뒤섞인 분위기 속에서 원로원 의원들의 명단을 개

---

19 신인의 라틴어 원어는 novus homo이다. 어떤 집안에서 최초로 쿠룰레(고관의자) 행정관직에 오른 인물을 가리킨다. 투스쿨룸의 농가 출신인 카토는 순전히 자신의 힘으로 카토 집안에서는 처음으로 고위 행정관이 되었다. 스키피오에 대한 카토의 증오심은 귀족 대 평민의 계급 갈등에서 나온 것이라고 보는 시각도 있다.

정했다. 그들은 일곱 명을 의원에서 물러나게 했는데, 그중 한 사람은 고귀한 태생과 정치에서 성공한 경력 때문에 특히 주목할 만한 사람이었다. 그는 루키우스 퀸크티우스 플라미니누스로, 전직 집정관이었다. 전하는 바에 따르면 우리 조상들의 기억 속에 감찰관들이 원로원에서 제명한 자들의 이름에 견책 표시인 노타[20]를 다는 것이 그들의 관행으로 자리 잡았다. 하지만 카토가 감찰관직을 맡은 이후로 그는 자신이 원로원에서 쫓아내거나 말[馬]을 빼앗은 자[21]에게 여러 통렬한 발언을 했다. 이런 발언 중 여태까지 가장 인상적인 건 루키우스 퀸크티우스 플라미니누스[22]에 대한 공격이었다. 실제로 카토가 감찰관으로서 견책을 통과시킨 이후가 아니라 그 이전에 고발자로서 이런 발언을 했다면 그의 형 티투스 퀸크티우스가 감찰관이었더라도 루키우스를 원로원 의석에서 쫓아내지 않을 수 없을 것이었다.

다른 여러 고발 중에 카토는 루키우스와 카르타고 인 필리포스와의 관계를 거론하면서 루키우스를 꾸짖었다. 필리포스는 사치스럽고 악명 높은 남창이었는데, 루키우스는 그에게 막대한 선물을 안기고자 로마를 떠나 자기 임지인 갈리아로 오게 했다. 카토에 따르면, 이 소년은 장난기 가득한 농담을 주고받는 동안 루키우스를 자주 꾸짖곤 했는데, 자신이 검투사 시합을 앞두고 애인의 요구에 따라 일부러 로마에서 갈리아로 왔다는 이유였다.

---

20 라틴어 원어는 nota. 감찰관의 소견표 혹은 감찰관의 기록으로 번역된다. 이 기록은 곧 비난의 근거로 활용된다. 카토는 자신의 결정을 정당화하기 위해 연설을 하기도 했다.

21 말을 빼앗는다는 것은 기사(equites) 계급에서 제외한다는 뜻이다.

22 루키우스 퀸크티우스 플라미니누스는 기원전 199년에 도시 법무관, 기원전 192년에 집정관이 되어 이탈리아, 갈리아, 고위 행정관 선거 등을 자신의 업무 영역으로 삼았다. 제2차 마케도니아 전쟁을 승리로 이끈 명장 티투스 퀸크티우스 플라미니누스는 루키우스의 형이다.

한 번은 이런 일도 있었다. 그들은 만찬에서 이미 포도주를 마시고 얼굴이 벌겋게 된 상태였는데, 보이이 인 귀족이 자식들을 데리고 탈주자 자격으로 로마 진영을 찾아왔다는 보고를 받았다. 그는 보호를 받기 위해 루키우스에게 면담을 신청했다. 이에 그 귀족은 막사로 불려 와서 통역을 통해 자신의 뜻을 루키우스에게 전달하기 시작했다. 보이이 인이 말하는 중에 루키우스는 자신의 남색 상대에게 이렇게 말했다. "네가 검투사 시합을 놓쳤다고 했는데, 어때 이 갈리아 놈[23]이 죽는 걸 한 번 보고 싶지 않느냐?" 소년이 그가 진담을 하는 것이 아니라고 생각하여 무심히 고개를 끄덕이자 루키우스는 그 고갯짓을 보고서 자신의 머리 위에 걸려 있던 칼을 뽑았다. 처음에 그는 여전히 말을 하던 중인 갈리아 인의 머리를 때렸고, 그 갈리아 인이 로마 인들과 함께 있는 자들의 보호를 간청하며 도망치려고 하자 루키우스는 그를 찔러 죽였다.

43. 카토의 연설을 읽지 못한 발레리우스 안티아스는 익명으로 퍼진 소문을 믿었다. 그는 사건의 또 다른 형태를 기록했는데, 욕정과 잔혹함 면에선 비슷한 이야기였다. 플라미니누스가 플라켄티아에서 열린 만찬에 그가 푹 빠져 있던 창녀를 초청했다는 것이다. 이 만찬에서 플라미니누스는 그 창녀에게 다른 모든 것 중에 형사 행정을 엄정히 집행하는 게 자신의 자랑거리라고 떠벌렸고, 사형을 받고 구금된 자들이 얼마나 많은지 설명했다. 그는 이들이 참수될 것이라는 말도 했다. 이에 그는 자신의 가슴에 비스듬히 누워 있던 창녀가 사람

---

23 이 말을 갈루스(gallus)라는 단어에 대한 말장난이다. 이 단어는 '갈리아 인'이라는 뜻도 있지만, 갈리아 갑옷을 입고 싸우는 검투사를 가리키는 말이기도 하다. 애인이 검투사 시합에 나가지 못해 불만이니, 이렇게 해서라도 위로를 해주고 싶다는 뜻이 깃들어 있다.

목이 잘리는 건 한 번도 본 적이 없다면서 직접 처형 현장을 보고 싶다고 말했다. 그 말을 듣자 창녀의 말을 잘 들어주던 애인은 죄인을 데려오라고 지시했고, 그리하여 그 불운한 자의 목은 그의 손에 잘려 떨어졌다.

감찰관이 고발하며 설명한 내용이든 역사가 발레리우스가 전한 내용이든 플라미니누스의 행동은 분명 야만적인 잔혹 행위였다. 자신의 가슴에 비스듬히 누운 방종한 창녀를 즐겁게 해주려고 사람을 제물처럼 희생시켰고, 희생자의 피가 탁자에 튀기도록 했다. 이는 관습에 의해 신들께 신주를 붓고, 신들의 축복을 구하는 기원을 드리는 연회 도중에 발생한 일이었으므로 더욱 포악한 행위였다.

카토는 발언을 마치며 퀸크티우스에게 선택권을 주었다. 이런 행동과 자신이 제기한 다른 고발을 부인할 생각이면 스폰시오[24]의 법 절차에 따라 자기변호에 나서고, 인정할 생각이면 술과 성욕으로 정신 나가버린 연회에서 사람의 피로 장난을 친 행동에 대하여 굴욕을 당해야 하며, 그것을 슬퍼할 사람이 있을 거라고 상상하지 말라고 말했다.

44. 에퀴테스(기사) 계급을 검토하는 중에 카토는 루키우스 스키피오 아시아티쿠스의 말[馬]을 박탈했다.[25] 그는 재산 평가를 하면서 감

---

24 리틴어 원어는 sponsio. 고소된 내용이 사실이 아님을 증명하기 위하여 공탁금을 걸고서 재판에 임하는 것. 이 방식을 취하면 플라미니누스는 감찰관의 고발 내용에 대하여 법적 판단을 받아볼 수 있다. 하지만 플라미니누스는 이 도전을 받아들이지 않았다. 스폰시오라는 말은 리비우스『로마사』40권 46장에서 다시 나온다.

25 스키피오 아프리카누스의 동생이다. 그는 아시아에서 안티오코스 왕에 대하여 승리를 거두고서 아시아티쿠스라는 별명을 사용하여 형의 아프리카누스라는 별명과 겨루려 했다. 그의 말을 박탈한 것은 그가 신체적으로 군 복무를 할 수 없다는 이유로 빼앗았을 것이다. 하지만 이것은 나이 들거나 병든 전직 집정관들에게는 좀처럼 내려지지 않는 조치

찰관 권력을 지극히 엄정하게 행사했다. 그의 지시에 따라 재산 평가인들은 1만 5천 아스를 넘는 장신구, 여자의 옷, 탈것 등의 물품에 대하여, 신고 가격보다 10배 많은 가치로 장부에 기입했다. 마찬가지로 지난 루스트룸[26]에서 1만 아스 이상의 20세 미만 노예는 신고 가격의 10배로 가치가 평가·기입되었다. 또한 이 모든 재산에 1천 아스당 3아스의 세금이 부과되었다.

감찰관들은 개인의 건물이나 땅으로 끌어들인 모든 공공 용수를 30일의 여유 시간을 두고서 앞서 고지한 뒤 차단했다. 다음으로 그들은 해당 목적을 위해 배정된 자금에서 공공사업의 계약을 마쳤다. 이를 통해 그들은 저수지 주위를 돌로 포장하고, 보수가 필요한 하수관을 청소하고, 아벤티노와 여전히 배수 시설이 없는 다른 도시 부분에 새롭게 하수구를 설치할 계획이었다. 감찰관 플라쿠스는 자기 부담으로 넵투니아 해안에 방파제를 세우고 지역민을 위해 둑길을 제공했으며, 포미아이 언덕 위에 길을 건설했다. 카토는 마이니움과 티티움이라는 두 개의 지붕이 있는 시장을 라우투미아이 지역에 건설했으며, 나라를 위해 네 개의 가게를 사들이고 포르키안 바실리카라 불리는 공회당을 그곳에 세웠다.

감찰관들은 또한 가장 높은 금액으로 입찰한 자들에게 세금 징수 업무를 맡겼고, 가장 낮은 금액으로 입찰한 자들과 공공사업 계약을

이다. 이처럼 말을 박탈하지 않은 사람들도 고령이라 기병 복무가 어렵기는 마찬가지이기 때문이다. 카토가 아시아티쿠스에게 이런 조치를 취한 것은 그를 모욕하기 위한 것이었다.

26 라틴어 원어는 lustrum. 두 감찰관은 5년마다 뽑는데 임기는 18개월이다. 감찰관은 '정화' 의식을 거행하면서 그들의 감찰 사무를 마무리짓는데 이를 가리켜 루스트룸이라 한다. 이 의식은 곧 5년 기간의 종료를 의미하게 되었다. 여기서 말한 지난 감찰 기간은 기원전 189-188년의 기간을 가리킨다.

했다. 원로원은 세금 징수자들이 눈물을 흘리며 간절히 빌자 이런 계약을 취소하고 새로운 계약을 하도록 지시했다. 이에 감찰관들은 기존 계약에서 요리조리 빠져나간 자들은 경매에 불참하도록 하는 포고령으로 응답했다. 또한 그들은 모든 계약을 기존보다 조금 감액한 가격으로 체결했다.

그것은 주목할 만한 감찰관 시대였다. 다툼도 많았지만 공익을 우선한 시기였다. 이런 엄격한 조치들 때문에 마르쿠스 포르키우스 카토를 쫓아다니는 적대감은 그의 생애 내내 지속되었다.

* * *

[기원전 183년 집정관: 마르쿠스 클라우디우스 마르켈루스, 퀸투스 파비우스 라베오]

46. 집정관들은 임지로 떠나기 전에 해외에서 온 사절단들을 원로원으로 들였다. 해외 여러 지역에서 이토록 많은 민족이 로마로 찾아온 건 처음 있는 일이었다. 마케도니아 인근에 사는 부족들 사이에서 필리포스 왕에 대한 고발과 불평을 로마에서 경청한다는 소식이 나돌자마자, 실제로 수많은 민족들이 그들도 불평거리가 있다고 생각하며 행동에 나섰다. 그리하여 이 외국인들이 로마로 향했고, 다양한 도시와 부족이 각자 특정한 이해관계로, 또 수많은 개인이 개인적인 관심사를 충족시키기 위해 로마를 찾아왔다.

이들에겐 필리포스가 골칫거리 이웃이었고, 따라서 잘못을 시정해 달라고 호소하거나 한탄하여 로마 인들에게서 위로를 받고자 했다. 에우메네스 왕도 역시 동생 아테나이우스가 포함된 사절단을 보내 마케도니아 주둔군이 아직도 트라키아 도시들에서 물러나지 않고 있다고 항의하고, 동시에 필리포스가 자신과 전쟁 중인 비티니아의 프루시아스를 지원하고 있다고 불평했다.

47. 이 모든 항의에 대한 답변은 무척 젊은 마케도니아 청년 데메트리오스가 해야 되었다. 모든 고발을 기억하거나, 어떤 답변을 각자에게 전달해야 하는지 유념하는 건 그에게 결코 쉬운 일이 아니었다. 그런 항의가 무수한 것과는 별개로, 그 중 다수는 극도로 사소한 것이었다. 경계 분쟁, 사람의 납치, 가축 절도, 변덕스러운 법 집행이나 법 집행 결여, 폭력이나 영향력이 개입한 판결 따위였다. 원로원은 이런 문제 어떤 것에도 데메트리오스가 명확한 정보를 줄 수 없으며, 그들은 데메트리오스에게서 충분히 명쾌한 내용을 아무것도 알아낼 수 없다는 걸 깨달았다.

원로원 의원들은 젊은 청년이 보여주는 미숙함과 그가 겪는 난처함을 동정했으며, 따라서 그들은 이런 문제들에 관해 그의 아버지인 필리포스 왕이 서신으로 답한 것만 물을 수 있다고 지시했다. 데메트리오스가 몇 가지 기록을 받았다고 답하자 원로원은 가장 중요한 일은 서로 다른 고발에 대한 왕의 답변을 얻는 것이라고 판단했다. 그들은 즉시 문서를 보여줄 것을 요구했고, 데메트리오스에게 그 내용을 읽는 걸 허락했다. 하지만 다양한 고발에 대한 답변은 두루뭉술한 간단한 진술로 요약되었고, 몇 가지 경우에서 필리포스는 조사위원들의 결정에 따라 행동했다고 답변했고, 다른 경우에서 그가 조사위원단의 결정에 따라 행동하지 못한 건 자기 잘못이 아니라, 자신을 고발한 자들의 잘못이라고 대답했다. 왕은 또한 카이킬리우스가 주도한 중재가 불공평하며, 그가 내린 결정 또한 부당하다고 불평했다. 그는 타당한 이유도 없이 자신이 주변의 모든 국가들로부터 매도당했다고 주장하면서 자신은 그런 홀대를 받을 만한 일을 전혀 한 적이 없다고 강변했다.

원로원은 이런 불평이 필리포스의 불편한 심기를 드러낸다고 생각했다. 청년 왕자가 부왕의 행동 일부를 옹호하면서도 불평에 관한 다른 문제들이 장차 원로원의 바람대로 정확하게 시정될 거라고 답하자 원로원은 필리포스가 아들 데메트리오스를 통해 로마 인들과의 관계를 바로잡으려고 한 건 가장 적절하면서도 원로원에도 지극히 만족스러운 마케도니아의 조치였다고 화답했다.

또한 원로원은 많은 일에 입 다물 준비가 되어 있으며, 지난 일은 지난 일로 돌려 버려야 하고 무엇보다도 데메트리오스를 신뢰한다고 답했다. 원로원 의원들은 데메트리오스의 몸이 아버지에게 돌아갔음에도 그 정신을 아직도 인질로 잡고 있다고 생각한 것이었다. 그들은, 부왕에게 보이는 충성심이 허락하는 범위 내에서 데메트리오스가 로마 인의 친구라는 걸 알고 있으며, 그를 명예롭게 하고자 마케도니아에 사절단을 보내 어떠한 의무가 이행되지 않고 있다면, 그러한 누락을 과거의 불충분한 점에 대한 보상 요구 없이 바로잡겠다, 라는 말도 했다. 원로원 의원들은 여기에 더해 필리포스가 그의 아들 데메트리오스 덕분에 그와 로마 인들 사이의 관계가 이전처럼 유지될 수 있음을 알아주었으면 좋겠다고 했다.

48. 원로원의 이런 호의 표시는 데메트리오스의 정치적 중요성을 높여주기 위한 것이었다. 하지만 이런 조치는 즉시 고국에서 그의 평판을 떨어뜨렸고, 오래잖아 그의 파멸을 초래하게 되었다.

다음으로 스파르타 인들이 원로원으로 들어왔다. 많은 논란이 되는 문제가 나왔지만, 대다수는 사소한 것이었다. 하지만 아카이아 인들에게서 유죄 판결을 받은 자들이 조국 스파르타로 돌아가야 하는

지 아닌지, 살해당한 이들이 정당하게 혹은 부당하게 죽었는지, 스파르타 인들이 아카이아 연맹에 남아야 할지 혹은 펠로폰네소스 모든 도시 중에 유일하게 이전처럼 별개의 지위를 유지해야 할지 등은 특히 중요한 문제였다.

원로원은 추방자들이 조국으로 돌아와야 하며, 그들에 대한 재판은 취소되고, 스파르타는 아카이아 연맹에 남아야 한다고 결정했다. 또한 이 결정은 문서로 작성하여 스파르타 인과 아카이아 인이 서명해야 한다고 지시했다.

퀸투스 마르키우스는 조사위원 자격으로 마케도니아로 향했고, 펠로폰네소스의 동맹들 상태를 조사하라는 지시를 받았다. 예전부터 내려오는 쟁점 이외에도 메세네가 아카이아 연맹에서 탈퇴한 건도 조사 대상이었다. 하지만 내가 이 전쟁의 기원부터 시작하여 과정을 설명하는 건 로마사와 떼어놓을 수 없는 관계가 있는 일만 기록하려는 것이고, 타국의 역사는 가능한 한 피한다는 것이 내 의도이므로 여기서는 더 이상 이 쟁점들에 대해서는 언급하지 않도록 하겠다.[27]

49. 이해(기원전 183년) 동안 한 가지 기록에 남길 만한 사건이 벌어졌다. 아카이아 인들은 싸움에서 승리했지만, 총사령관인 필로포이멘이 포로가 되고 말았다. 그는 적이 노리던 코로네를 점령하여 선수를 치려는 시도에서 그는 소규모 기병대와 함께 위험한 계곡으로 들어섰다가 기습을 당했다.

전하는 말에 따르면, 그는 트라키아 인과 크레타 인의 도움을 받아 도망칠 수도 있었지만, 나라의 고위 귀족을 대표하는 청년들 사이에

27 그러나 리비우스는 『로마사』의 다른 부분에서는 로마의 역사와 별로 상관없이 보이는 일들도 연관이 있다고 애써 설명하고 있다. 참조. 8권 24장, 35권 40장.

서 자신이 최근 직접 선발한 기병대를 버린다는 건 치욕이라는 생각 때문에 그렇게 하지 않았다. 그는 직접 후위를 맡으면서 적의 공격을 버텨냈고, 그렇게 하여 청년 기병들은 비좁은 길에서 도망칠 기회를 얻었다.

하지만 결국 필로포이멘의 말이 쓰러졌고, 자신의 몸 위로 쓰러진 말의 무게 때문에 거의 목숨을 잃을 뻔했다. 그는 당시 일흔이었고, 막 회복하긴 했어도 오랜 투병으로 몸도 무척 허약한 상태였다. 그가 쓰러져 있자 몰려온 적이 그를 붙잡았다. 하지만 그의 정체가 밝혀지자마자 그들은 마치 자기들의 장군인 것처럼 그를 일으켜 세웠는데, 장군을 향한 깊은 존경과 그가 과거에 이뤄낸 무공에 관한 기억을 간직했기 때문이었다. 그가 혼미한 의식을 되찾자 그들은 외딴 계곡에서 주요 도로로 그를 데리고 왔고, 예기치 못했던 기쁨에 이 상황이 현실인지 꿈인지 거의 구분이 되지 않았다.

그들 중 몇몇은 전령들을 먼저 메세네로 보내 전쟁이 끝났고, 필로포이멘을 포로로 붙잡았다는 소식을 전하게 했다. 처음에 다들 그 소식을 말도 안 된다고 생각했는데, 전달된 내용 자체가 터무니없게 여겨졌기 때문이었다. 실제로 메세네 인들은 전령이 정신이 나갔다고 생각했다. 이어 연달아 다른 전령이 도착해 모두 똑같은 내용을 전하자 그들은 마침내 확신하게 되었다.

그리고 그들이 확신하기도 전에 이미 필로포이멘이 도시로 접근해 오는 중이었다. 그들은 자유민과 노예, 여자와 아이 가릴 것 없이 모두 뛰어나갔다. 군중은 성문을 막았고, 이 경이로운 업적에 관한 진실은 눈으로 직접 확인하기 전까지는 아무도 믿지 않겠다는 태도가 분명하게 드러났다. 필로포이멘을 데리고 오는 자들은 성문으로 들어가는 과정에서 군중을 밀치는 데 어려움을 겪었다. 똑같이 밀집한 인파는 길의 나머지 부분까지도 가로막고 있었다. 이런 구경거리에서 배제된 군중 대다수는 갑자기 길에 인접한 극장으로 몰려들었다.[28] 그리고 한목소리로 필로포이멘을 그곳으로 데려와 시민들 앞에 보이라고 요구했다.

당국과 주요 시민들은 시민들 앞에 이 위대한 장군을 내보이면 연민이 생겨나 소란이 벌어질 것을 두려워했다. 그들은 과거 위대했던 그의 모습에 대한 존경이 현재 필로포이멘이 겪는 역경과 대조되어 일부 시민의 마음을 흔들어놓을 수 있고, 또 이전에 그가 세운 막대한 무공에 대한 추억이 다른 일부 시민의 마음을 동요시킬 수 있다고 생각했다. 따라서 그들은 그를 시민들 앞에 보이되 멀리 떨어져 있게 했다. 그들은 이어 필로포이멘을 낚아채가듯 빠르게 데려갔고, 최고 행정장관 디노카르테스는 전쟁 전반에 관한 문제를 당국이 그에게 묻고 싶어서 이렇게 하는 것이라고 해명했다. 그들은 이어 그를 원로원 회의장으로 데려갔고, 원로원을 소집하고 토의를 시작했다.

50. 이제 저녁이 다가오고 있었고, 그들에게 있어 불확실한 것들 중 하나가 다가올 밤에 포로를 어떤 안전한 보안지역에다 두는가, 하는 것이었다. 그들은 포로가 이전에 지냈던 높은 지위의 위엄과 군사적 기량에 이미 압도되었으며, 아무도 감히 나서서 그를 자기 집에 구금하려고 하지 않았고, 또한 감히 누군가에게 그를 감시하는 임무를 맡기려 하지 않았다. 이어 누군가가 그들에게 내부의 사면 벽을 돌로 둘러싼 지하 국고가 있다는 걸 상기시켰다.

필로포이멘은 사슬에 매인 채로 이 공간으로 내려가게 되었고, 기

28 그리스의 극장은 드라마의 공연 이외에도 중대한 민간 문제들을 논의하는 장소로도 활용되었다.

계 장치를 통해 이 공간 입구에 거대한 바위를 갖다놓아 통로를 막아버렸다. 그들은 사람의 집에 맡기는 것보다 이곳에 포로를 구금하는 게 더 안전하다고 믿었고, 그렇게 하여 다음날 아침이 될 때까지 기다렸다.

다음날 일반 시민들은 필로포이멘이 과거에 자기 나라를 위해 세웠던 여러 공로를 기억하면서 그의 목숨을 살려주고 그를 통해 현재 불만스러운 점을 해결하기 위한 방책을 찾아야 한다고 생각했다. 하지만 일의 통제권을 쥐고 있던 반란 장본인들은 비밀리에 상의하여 만장일치로 필로포이멘을 죽이기로 결정했다. 문제는 처형을 빠르게 실시할 것인지, 아니면 나중으로 미룰지 여부였다. 처벌을 빠르게 실행하길 열망하는 집단이 우세했고, 독극물을 가지고 사람이 필로포이멘에게로 갔다. 잔을 받아든 필로포이멘은 아카이아의 다른 사령관인 리코르타스가 안전한지, 기병들이 잘 도망쳤는지를 물었다. 그들이 안전하다는 대답을 듣자 그는 "잘 되었군"이라는 말을 하고 전혀 두려운 기색 없이 독배를 비웠고 이내 숨을 거두었다.

이런 잔혹한 행동에 책임이 있는 자들은 필로포이멘의 죽음을 기뻐했으나, 그런 기쁨은 오래가지 못했다.[29] 전쟁 중에 메세네가 정복되고 아카이아 인들이 죄지은 무리를 넘기라고 요구했기 때문이었다. 필로포이멘의 유해는 조국으로 돌아왔고, 아카이아 연맹 전체가 참석한 가운데 엄숙하게 매장되었다. 그에겐 인간으로서 누릴 수 있는 온갖 명예가 주어졌고, 심지어 신성한 명예가 주어지기까지 했다.

---

29 플루타르코스의 영웅전 중 "필로포이멘" 전기에 의하면, 디노크라테스는 자살을 했고, 장군을 처형시키는데 동의한 자들은 모두 살해되었다. 장군을 고문하는데 찬성한 자들은 리코르타스에게 붙잡혀서 죽을 때까지 고문을 당했다.

그리스와 라틴 역사가들은 필로포이멘을 크게 칭송했다. 몇몇 역사가는 이해(기원전 183년)가 이례적인 해임을 알리기 위해 기록에 따로 검은색 표시를 할 정도였다. 그들은 이해가 세 명의 저명한 사령관(필로포이멘, 한니발, 푸블리우스 스키피오)이 사망한 해라는 걸 분명하게 드러내고 싶어 했다. 이렇게 필로포이멘은 세상에서 가장 강력한 두 국가의 가장 위대한 장군들과 동격으로 놓이게 되었다.

51. 티투스 퀸크티우스 플라미니누스는, 안티오코스의 패주 이후 한니발을 환영하며 맞이한 것으로 로마 인들에게 의혹의 눈길을 받던 프루시아스 왕에게 사절로 갔다. 프루시아스는 에우메네스 왕과 전쟁을 시작하고 여전히 그 전쟁을 수행하고 있어 로마 인들에겐 더욱더 의심스럽게 보였다.[30] 게다가 플라미니누스와 처음 회담을 한 직후 프루시아스는 병사들을 보내 한니발의 집을 지키도록 했다. 이런 행동을 한 이유는 로마 사절이 프루시아스에게, 살아 있는 모든 자 중에 가장 로마 인들에게 위험한 자이자, 처음엔 자신의 조국을 망하게 하고, 이어 조국의 군사력이 무너지자 안티오코스를 로마 인들과의 전쟁으로 휘말리게 한 자를 왕궁에 두고 있다고 질책했기 때문이었을 것이다. 아니면 프루시아스는 자발적 의지를 발동하여, 자신을 찾아온 플라미니누스를 흐뭇하게 하고 로마 인들의 호의를 얻기 위해 한니발을 죽이거나, 혹은 로마 인들의 손에 그를 넘기려고 하는 것일지도 몰랐다.

한니발은 늘 자신의 삶이 이렇게 끝날 거라고 예견했다. 자신을 향

30 이때는 기원전 183년 후반일 것으로 짐작된다. 프루시아스가 에우메네스와 나중에 벌인 전쟁은 기원전 188년에서 183년까지 계속되었다. 한니발이 프루시아스의 궁정에 언제 도착했는지 그 시기는 불분명하다.

한 로마 인들의 확고한 증오를 알고 있었고, 아시아 왕들의 의리를 전혀 믿지 않았기 때문이었다. 그는 이미 프루시아스가 신뢰할 수 없는 사람이란 걸 경험을 통해 알고 있었다. 이제 한니발은 플라미니누스의 도착이 자신의 때가 되었음을 알리는 표시라고 생각하여 두려움을 느꼈다. 자신에게 엄습해 오는 위험을 고려하여 한니발은 집에 일곱 개의 탈출구를 만들어 놓음으로써 항상 곧바로 탈출구를 쓸 수 있게 해뒀다. 탈출구가 경계병들로 봉쇄되는 것을 피하고자 일부는 은폐되어 있기도 했다.

하지만 왕들의 엄청난 힘은 뭔가 찾아내고자 할 때 아무것도 발견되지 않은 채로 내버려 두지 않았다. 프루시아스의 병사들은 한니발의 집 주변 모든 지역에 경계 초소를 설치하여 포위했고, 그렇게 하여 누구도 빠져나갈 수 없게 했다. 한니발은 왕의 병사들이 현관에 있다는 소식을 듣자 옆문으로 빠져나가려고 했다. 이 옆문은 외딴 곳에 있어 발각되지 않고 떠나기에 특히 적합했다. 하지만 이 출구조차 한 무리의 병사들로 봉쇄되고, 모든 지역이 일정한 간격을 두고 배치된 경계 초소로 차단된 걸 확인하자 비상 사태에 쓰려고 오랜 세월 준비해뒀던 독극물을 가져오게 했다. 그는 이렇게 말했다.

"이제 로마 인들을 그 오랜 불안감에서 해방시켜주도록 하자. 이 노인의 죽음을 기다리기가 그토록 지루했던 것 같구나. 플라미니누스가 무장도 없는 한 배반당한 남자에게 거둔 승리는 훌륭하지도, 기억에 남을 만하지도 않을 것이다. 오늘은 분명 로마 인들의 도덕규범이 얼마만큼 변했는지 증명하는 날이 될 것이다. 지금 이 로마 인들의 선조는 피로스 왕에게 독을 조심하라고 경고를 해주었지. 피로스는 무장한 군대를 거느리고 이탈리아를 침입한 적이었는데 그런 대접을 해주었지. 그러던 로마 인들이 이젠 전직 집정관을 사절로 보내

[기원전 182년 집정관: 그나이우스 바이비우스 탐필루스, 루키우스 아이밀리우스 파울루스]

2. 해외에서 온 사절단들이 원로원으로 들어왔다. 먼저 에우메네스 왕과 파르나케스 왕,[1] 그리고 로도스 인의 대표가 들어왔다. 로도스 인 대표는 시노페 인들의 곤경에 대하여 항의할 계획이었다. 같은 때 필리포스와 아카이아 인, 스파르타 인이 보낸 사절들이 도착했다. 원로원은 그리스와 마케도니아 상황을 조사하러 떠난 마르키우스에게서 보고를 받은 뒤에 사절단들에게 답변하겠다고 했다. 또한 아시아 국왕들과 로도스 인들에게 문제를 살펴볼 조사위원들을 보내겠다고 답변했다.

3. 필리포스에 관하여 마르키우스 필리푸스는 원로원의 불안을 가중시킬 말을 전했다. 그는 필리포스가 원로원이 결정한 대로 움직였

1 폰토스의 파르나케스 1세. 그는 페르가몬의 권력에 도전하면서, 로도스와 우호적인 관계였던 무역 도시 시노페를 점령했다.

다는 걸 인정했다. 그러나 왕이 명령에 순응하는 태도는 너무나 불성실하여 형편상 필요한 만큼만 그런 태도를 유지할 것이라는 게 분명해졌다. 실제로 왕이 전쟁을 일으키려 한다는 의도는 공공연한 비밀이었다. 그의 모든 행동과 발언은 그걸 바라고 있었다. 우선 그는 해안 도시의 거의 모든 시민 인구(가족을 포함한)를, 전에는 파이오니아라고 불렀지만 현재 에마티아라 불리는 곳으로 이주시켰다. 왕은 또 고향을 마련해 주기 위해 여러 도시들을 트라키아 인과 다른 야만 부족들에게 넘겼다. 이렇게 하면 이 부족들을 로마와의 전쟁에서 더욱 믿고 쓸 수 있기 때문이었다.

왕의 이런 행동으로 인해 마케도니아 전역에서 엄청난 소란이 일었다. 처자식과 함께 난로와 집을 떠나는 자들 중 슬픔을 표하지 않는 자는 없었다. 쫓겨난 자들은 증오가 두려움을 넘어섰기 때문에 왕에게 저주를 퍼부었다. 이런 저주는 왕을 격분시켰고, 필리포스는 모든 사람, 모든 장소, 모든 경우를 의혹의 시선으로 바라보기 시작했다. 결국에 가서 왕은 자신이 죽인 자들의 자식들을 체포하고, 구금하고, 하나씩 제거하지 않으면 진정으로 안심할 수 없다고 공개적으로 말하기까지 했다.

4. 그 자체로 소름끼치는 이런 잔혹한 처사는 한 가족의 파멸로 인해 더욱 처참한 것으로 드러났다. 테살리아 인들의 주요 인사인 헤로디코스는 오래전 필리포스에게 살해되었다. 그의 사위들도 나중에 죽임을 당했다. 그의 딸들은 과부로 지냈고, 그들 각각에겐 한 명의 어린 아들이 있었다. 이 여자들의 이름은 테옥세나와 아르코였다. 테옥세나는 구혼자들이 많았지만, 재혼이라는 생각 자체를 경멸했다. 아르코는 포리스라는 남자와 결혼했는데, 그때까지 아이네아 인들 중 가장 저명한 시민이었다. 여러 자식을 낳은 뒤 아르코는 그의 집

에서 숨을 거뒀고, 뒤에 남긴 자식들은 여전히 많이 어렸다. 테옥세나는 언니의 자식들이 자신의 보살핌을 받고 성장할 수 있게 하려고 포리스와 결혼했다. 그녀는 언니의 자식들을 자기 자식과 다를 바 없이 똑같이 보살피는 데 헌신했다.

테옥세나는 필리포스가 자신이 죽인 자들의 자식을 체포해야 한다는 포고를 내렸다는 것을 알았다. 그녀는 자기 자식들이 왕의 자비는 물론 경비병들의 욕정에도 노출되어서는 안 된다고 생각하여 살벌한 행동을 하는 쪽으로 마음이 기울어졌다. 그것은 필리포스의 권력에 아이들이 노리개가 되느니 차라리 자기 손으로 아이들을 죽이겠다는 것이었다. 포리스는 그런 끔찍한 행동을 말하는 것 자체를 몹시 싫어했다. 그는 아이들을 아테네의 믿을 수 있는 친구들에게 데려갈 생각이고, 자신도 아이들과 함께 망명하겠다고 말했다.

이 가족은 설립자 아이네아스를 기리고자 아이네아 인들이 매년 대단한 격식을 차리고 거행하는 정기적인 희생 의식에 참여하기 위해 테살로니카를 떠나 아이네아로 갔다. 그곳에서 관례적인 잔치를 기념하며 하루를 보낸 뒤 모두가 잠든 제3경(자정)에 가족은 포리스가 미리 준비한 배에 탔고, 마치 테살로니카로 돌아갈 듯한 행동을 취했다. 하지만 그들의 계획은 에우보이아로 건너가는 것이었다. 그러나 그들은 밤새 역풍과 소득 없는 싸움을 벌인 끝에 여전히 해안 앞바다에서 나아가지 못했고, 결국 해가 뜨게 되었다. 항구를 지키던 왕의 병사들은 무장한 범선을 보내 가족의 배를 되돌아오게 하라는 지시를 받았다. 이 범선은 배를 데리고 오지 못하면 돌아오지 말라는 엄중한 경고도 받았다.

추격자들이 배에 가까워지기 시작할 때 포리스는 노잡이들과 선원들을 재촉하는 데 완전히 정신이 팔려 있었다. 때때로 그는 하늘에 양손을 뻗으며 신들께 도움을 간청했다. 그러는 사이 테옥세나는 야만적인 결심을 하고 오래전 계획했던 끔찍한 행동을 실천하기로 마음먹었다. 그녀는 독을 섞은 잔과 칼을 가져왔다. 독배를 아이들 앞에 놓고 칼을 뽑은 그녀는 이렇게 말했다.

"죽음이야말로 유일한 방어이다. 이것들은 죽기 위한 방법이다. 너희가 바라는 방식으로 왕의 오만함에서 벗어나라. 자, 내 자식들아, 나이가 많은 큰 애부터 시작하자꾸나. 칼을 들어라. 더 천천히 죽고 싶다면 독배를 마셔라!"

적선은 이미 가까이 와 있었고 죽어야 할 이유는 더욱 긴급해졌다. 아이들은 두 가지 죽음의 방식 중 하나를 선택하여 죽기로 작정했고, 여전히 절반쯤 숨이 붙은 아이들은 배에서 던져졌다. 이어 테옥세나는 남편을 죽음의 길동무로 끌어안고 바다로 몸을 던졌다. 왕의 병사들은 주인의 가족이 없는 배를 포획했을 뿐이었다.

5. 이런 행동으로 인한 참상은 필리포스를 향한 증오에 새로운 불을 붙였다. 따라서 사람들은 일반적으로 필리포스와 그의 아들들을 저주했다. 이런 저주는 이내 모든 신이 듣게 되었고, 그 결과 필리포스는 자신의 혈육에 폭력을 사용하게 되었다. 페르세우스는 동생 데메트리오스의 인기와 명성이 마케도니아 인들 사이에서 날마다 커지고, 또한 로마 인들에게 미치는 영향력도 날이 갈수록 늘어나는 걸 확인했다. 이에 그는 범죄를 저지르는 것 외에는 왕좌를 얻을 가망이 없다는 결론에 이르렀다. 그리하여 페르세우스는 그런 방향으로 온 생각을 집중했다. 하지만 그는 이런 흉측한 계획을 혼자 힘으로 달성하기는 어렵다고 생각했기에 부왕의 친구들에게 애매모호한 발언을 던져 그들의 속마음을 떠보기 시작했다.

처음에 몇몇은 그런 제안 자체를 일축하는 인상을 주었다. 그들은 데메트리오스에 더욱 큰 기대를 걸고 있었기 때문이다. 하지만 나중에 필리포스가 날마다 로마 인에 대한 증오를 키워나가면서 페르세우스는 이런 분노를 부추기고, 데메트리오스는 반대할 수 있는 것엔 모두 반대하려고 하자 그들은 형의 간사한 술수에 제대로 방비가 안 된 청년 왕자의 죽음을 예측하게 되었다. 그들은 앞으로 벌어질 일을 지원하고, 힘이 더 센 왕자의 기대를 장려하기로 마음을 바꾸었다. 따라서 그들은 페르세우스에게 붙었다. 그들은 적기가 올 때까지 다음 조치는 일단 미루어 두었다. 당분간 그들의 방침은 온 힘을 다 기울여 필리포스 왕이 로마 인들에 대해 품은 분노를 더욱 부채질하고, 이미 왕이 스스로 깊이 생각하던 전쟁 계획을 더욱 진척하도록 부추겼다.

동시에 데메트리오스가 점점 의혹의 대상이 되도록 그들은 계속 대화를 로마 인들에 관한 주제로 끌고 가는 음모를 꾸몄다. 그들 중 몇몇은 로마 인들의 습관과 관습을 비웃었고, 다른 몇몇은 로마의 업적을 조롱하고, 다른 몇몇은 공공장소나 사적인 지역이나 모두 아름답지 못하다고 비방하면서 도시 그 자체의 모습을 깎아내렸고, 다른 몇몇은 특정 지도자들을 비웃었다. 방심한 상태에서 이런 공격을 당했다.

그러나 데메트리오스는 로마의 모든 것에 대하여 품었던 애정과, 형과의 경쟁 때문에 로마에 대한 모든 비판에 정면으로 맞서 로마를 옹호했다. 데메트리오스는 그렇게 함으로써 부왕의 의혹을 불러일으키고 자신도 더욱 많은 공격을 받게 되었다. 그 결과 필리포스는 로마와의 관계에 관해서는 철저히 차남을 배제했다. 왕은 페르세우스에게 전적으로 의지했으며, 로마 관련 문제라면 밤낮으로 자신의 생각을 장남과 함께 논의했다.

필리포스가 바스타르나이 부족[2]에게 군사적 지원을 요청하러 보낸 사절들이 돌아왔고, 그들은 젊은 귀족 여러 사람과 함께 왔는데 일부는 왕족이었다. 그리고 왕족 중 한 사람은 자신의 여자 형제를 필리포스의 아들과 결혼시키도록 하는 것이 어떻겠느냐고 제안하기도 했다. 이 부족과의 동맹은 왕의 기운을 북돋웠다. 하지만 이때 페르세우스가 이렇게 말했다.

"그렇게 해봤자 무슨 소용이 있겠습니까? 우리가 외부의 지원에서 얻는 보호는 국내의 기만에서 오는 위험을 상쇄하지 못합니다. 우리는 집안 한가운데에 반역자라고 부르기는 주저되지만, 어쨌든 첩자로 부를 수밖에 없는 자를 두고 있습니다. 로마 인들은 그를 로마에 인질로 잡아둔 뒤 육신을 우리에게 돌려보냈지만, 충성심은 그대로 그들 자신에게 매어두고 있습니다. 거의 모든 마케도니아 인들의 눈이 그에게 향해 있고, 그들은 로마 인들이 앉힌 왕을 모시게 될 거라는 말들 하고 있습니다."

늙은 왕은 이미 속마음이 병들어 있었다. 이런 말에 왕의 마음은 더욱 격앙될 수밖에 없었다. 왕은 얼굴에 감정을 드러내지 않고 이런 고발을 속으로 새겨 들었다.

6. 그런데 이 당시 마케도니아 군대의 정화 의식을 치를 시기가 되었다. 이 의식은 다음처럼 진행되었다. 개 한 마리를 반 토막 내고, 머리와 앞쪽 4분의 1은 길의 오른쪽에, 뒤쪽 4분의 1과 내장은 길 왼쪽에 두었다. 군대의 선두는 마케도니아 최초부터 모든 왕의 휘장을

---

2 현재의 도나우 강 하류에 살았던 호전적인 게르만 민족. 마케도니아가 발칸 정책을 펴는 데 있어서 유익한 동맹이었다. 리비우스 『로마사』 39권 35장에는 필리포스가 흥분시켜 이탈리아로 쳐들어가도록 만들려 했던 "히스테르 강 주위에 사는 야만인들"이 바로 바스타르나이 부족일 가능성도 있다.

가지고 움직이고, 그 뒤를 현재 통치하는 군주가 자식들을 대동하고 따른다. 이 뒤로는 왕족 집단과 경호원들이 뒤따르고, 나머지 마케도니아 병사들은 후방에서 따라온다. 왕의 두 아들은 부왕의 양옆에서 말을 타고 갔다. 페르세우스는 이제 서른이 되었고, 데메트리오스는 그보다 다섯 살이 어렸다. 장남은 남자로서 한창이었고, 차남은 개화하는 중이었다. 이들이야말로 몹시 운이 좋은 아버지의 무르익은 자식들이었다. 그 아버지가 온전한 정신을 지녔더라면 말이다.

정화 의식이 수행된 뒤 군대가 두 전열로 갈라져 모의전을 치르는 건 마케도니아 관습이었다. 왕자들은 이 모의전에서 경쟁 지휘관으로 임명되었다. 하지만 그 모의전은 단순히 전투를 흉내 내는 게 아니라, 마치 왕좌를 놓고 싸우는 것 같은 분위기로 흘렀다. 수많은 자가 연습용 무기 때문에 다쳤는데, 만약 진짜 무기를 사용했더라면 정규전과 하나도 다를 바가 없었다. 데메트리오스가 지휘하는 부대는 이 모의전에서 크게 승리했다. 페르세우스가 실망을 금치 못하자 그의 선견지명이 있는 친구들은 대단히 기뻐했는데, 이 일이 바로 젊은 왕자를 고발할 이유가 된다는 것이었다.

7. 두 지휘관은 그날 모의전에 참가한 전우들과 함께 별개로 연회를 열었다. 이렇게 된 건 페르세우스가 데메트리오스의 연회 초대를 거부했기 때문이다. 이 별도로 치러진 잔치에서 두 젊은 왕자는 청년 특유의 떠들썩한 분위기 속에서 친구들의 권유를 받아 마음 내키는 대로 술을 들이켰다. 손님들은 모의전 이야기로 넘어갔고, 유쾌하게 상대를 놀렸는데 여기서 지휘관도 예외는 아니었다. 그러던 때에 페르세우스의 파벌에서 보낸 첩자가 이런 발언들을 엿듣다가 문을 서성이는 게 발견되어, 식당을 나오던 청년 몇 사람에게 붙잡히게 되었다. 이 첩자는 그들의 손에 거친 대접을 받았다. 이런 일을 알지 못했

던 데메트리오스는 이런 제안을 했다.

"형님이 있는 곳으로 가서 술을 계속 마시는 게 어떻겠소? 우리가 친근하고 쾌활한 모습을 보이면 형님이 전투 결과로 속에 품고 삭이는 화도 누그러질지 모르잖소?"

그러자 전원이 가자고 소리쳤는데, 첩자를 때린 자들은 보복을 당할 걸 두려워하여 따라 나서려 하지 않았다. 데메트리오스는 이들에게도 자신과 함께 가자고 고집을 부렸고, 그들은 자신에게 폭력이 가해질 경우를 대비하여 몸을 지키고자 옷 밑에 무기를 숨겼다.

형제 간의 다툼에서 숨길 수 있는 게 없었다. 양쪽 집엔 첩자와 배반자들이 득실거렸다. 어떤 밀고자가 페르세우스에게 달려갔고, 네 명의 남자가 칼을 찬 채로 데메트리오스와 함께 오고 있다는 소식을 전했다. 페르세우스는 이미 자신의 부하가 그들에게 두들겨 맞았다는 이야기를 들었기에 이런 상황이 벌어진 이유를 명확하게 알고 있었다. 하지만 이 일을 일부러 사악하게 보이게 하려고 문에 빗장을 지르라고 명령했고, 집의 이층과 거리를 마주보는 창문에서 술에 취한 자들이 접근하는 걸 보면서 경계했다. 마치 그들이 자신을 살해하러 오는 자들인 것처럼 대했다. 잔뜩 술에 취한 데메트리오스는 문이 닫혀 있자 잠시 몇 마디 소리를 친 다음 자신의 연회장으로 다시 돌아갔는데, 그 사건이 미칠 엄청난 파급 효과를 전혀 알지 못했다.

8. 다음날 페르세우스는 부왕을 만날 기회가 생기자 왕궁으로 들어갔고, 어느 정도 거리를 두긴 했지만 부왕이 자신을 볼 수 있는 자리에 서 있었다. 그는 아무런 말도 하지 않았지만, 그의 얼굴은 중대한 문제가 있다는 걸 분명 드러내고 있었다. 그러자 부왕이 물었다.

"괜찮으냐? 왜 그리 우울한 얼굴을 하고 있는 게냐."

페르세우스는 이렇게 대답했다.

"아버님은 제가 아직도 살아 있는 걸 행운으로 생각하셔야 할 겁니다. 이제 더 이상 제 동생의 공격이 비밀스러운 음모의 문제가 아니기 때문입니다. 지난밤 동생은 무장한 자들을 이끌고 저를 죽이러 제 집으로 찾아왔습니다. 저는 문을 닫고 단단한 벽의 보호를 받아 그 광기에서 살아났습니다." 이런 식으로 부왕의 마음에 두려움과 놀라움을 주입한 후 그는 말을 계속 해나갔다. "그럼에도 불구하고 아버님께서 이 문제에 세심하게 주의를 기울여주신다면 저는 이 상황을 정확하게 보고해 올리겠습니다."

필리포스는 당연히 자초지종을 알아야겠다고 하면서 데메트리오스를 당장 불러들이라고 명령했다. 그는 또한 자신의 친구인 두 명의 원로를 부르라고 했다. 그들은 평소 형제 간 경쟁에 개입하지도 않았고 궁정에도 드물게 나타나는 사람들이어서 왕은 상담역으로 쓸 생각이었다. 그들은 리시마코스와 오노마스토스였다. 그들이 오는 사이 왕은 장남에게서 어느 정도 거리를 둔 채 이리저리 배회하며 수많은 생각을 곰곰이 했다. 친구 두 사람이 도착했다는 보고가 올라오자 그는 친구들과 함께 두 명의 경호원을 데리고 왕궁 내밀한 곳으로 갔다. 그는 두 아들에게 각각 세 명의 비무장 경호원을 데려와도 좋다고 했다.

왕은 왕좌에 앉고 이렇게 말하기 시작했다.

"여기 나는 가장 불행한 아버지이자 두 아들의 재판관으로 앉아 있다. 두 아들은 형제 살해 미수 혐의의 원고와 피고가 되었고, 날조가 된 것이든 실제로 범죄가 있는 것이든 내 집안에서 이런 수치스러운 일이 벌어지고 말았다. 실은 오랫동안 나는 당장이라도 이런 소란이 벌어지지 않을까 두려워했다. 너희들이 서로 쳐다보는 얼굴을 보면 형제 같은 모습은 전혀 없고, 너희들이 주고받는 말 또한 살벌한

데 어찌 모를 수 있겠느냐. 하지만 때때로 나는 너희들의 분노가 저절로 다 타서 꺼지고, 너희들의 의혹이 차분히 가라앉기를 기대했다. 적대하는 나라들조차 무기를 내려놓고 타협을 보고, 수많은 자들의 개인적인 다툼도 결국 끝이 나는 법이다. 나는 언젠가 너희가 같은 혈통이라는 걸 기억하고, 어릴 때 형제애가 있었던 걸 돌이키고, 내가 귀담아듣지 않을까 생각했던 나의 가르침을 회상하길 기대했다.

너희들이 듣는 자리에서 내가 얼마나 자주 형제 간, 형제의 가문 간, 형제의 왕국 간 다툼 사례를 맹렬히 비난했느냐! 또한 나는 더 나은 사례들도 너희들에게 들려주었다. 두 스파르타 왕 사이의 조화로운 동반자 관계는 수세기 동안 그들과 그들의 조국에 축복이 되었다. 왕이 각각 어떻게든 자기만 통치하려고 하자 그 나라엔 파멸이 다가왔다.[3] 이어 나는 너희들에게 최근의 사례를 보여주기도 했다. 에우메네스와 아탈루스 형제는 왕이라는 칭호를 내세우기엔 얼굴이 붉어질 정도로 초라하게 시작했지만, 이제 그들의 페르가몬 왕국은 나의 왕국과, 또 안티오코스의 왕국과, 또 이 시대의 다른 어떤 왕의 나라와 비교해도 손색이 없는 국력을 갖추게 되었다. 그들은 정신적으로 형제가 일치를 이루었다는 단순한 사실만으로 이런 일을 해낸 것이다. 나는 직접 보거나 들은 로마의 사례를 드는 것도 잊지 않았다. 나와 싸웠던 티투스와 루키우스 퀸크티우스 플라미니누스, 안티오코스를 물리친 푸블리우스와 루키우스 스키피오, 그리고 그 스키피오 형제의 아버지와 삼촌의 이야기 말이다. 맨 마지막 형제[4]는 살아 있

---

3 스파르타는 클레오메네스(재위 기원전 235-222) 이전에는 두 명의 왕이 다스리며 상호 견제했다. 그러나 클레오메네스는 이 전통을 무시하고 단독으로 통치했고 참주라는 호칭을 얻었다. 이후 여러 명의 참주가 등장하여 스파르타는 국력이 현저하게 약화되었다.

4 아프리카누스의 아버지인 푸블리우스 코르넬리우스 스키피오와 그 동생 그나이우스를

직이든, 머무르든 저는 음모를 피할 수 없습니다.

저는 어디에 의지해야 합니까? 저는 신들과 아버님을 제외하면 누구의 환심도 사려고 한 적이 없습니다. 저에겐 도망쳐 가면 보호해주는 로마 인들도 없습니다. 그들은 오히려 제가 죽길 바랍니다. 아버님께 저지른 로마 인들의 잘못에 제가 비통함을 느끼고, 그들이 수많은 민족과 도시를 아버님으로부터 빼앗고, 이제 와서는 트라키아 해안 전역까지 빼앗은 것에 제가 분노를 느끼고 있기 때문입니다. 아버님이나 제가 살아 있으면 로마 인들은 마케도니아를 그들의 것으로 만들 희망이 없습니다. 동생이 저지른 범죄에 제가 죽고, 노령으로 아버님이 세상을 떠나면 로마 인들은 마케도니아의 왕과 왕국이 그들 차지가 될 것임을 알고 있습니다. 혹은 그들이 아버님이 세월을 이기지 못하고 세상을 떠나는 것조차 기다리지 않는다고 하더라도 그건 마찬가지입니다. 로마 인들이 아버님께 마케도니아 이외의 지역에 무엇이든 남겨주었다면 그곳이 제 피난처가 될 거라는 생각이 듭니다.

하지만 누군가는 제가 마케도니아 인들 사이에서 충분히 보호를 받고 있다고 할 겁니다. 아버님은 어제 제게 가해진 병사들의 공격을 보셨습니다. 그들에게 필요했던 건 오직 진짜 무기였습니다. 낮에 그들에게 없던 것을, 밤에 제 동생의 손님들이 들고 있었습니다. 왕국의 대다수 주요 인사들에 관해 제가 대체 무슨 말을 할 수 있겠습니까? 그들은 로마 인들의 발전과 성공에 큰 희망을 걸면서 로마 인들에게 막강한 영향력을 행사하는 자에게 큰 기대를 걸고 있습니다. 세상에, 그들은 형인 저보다 그를 선호하는 것도 모자라 부왕인 아버님보다 그를 선호하고 있다고 해도 과언이 아닙니다. 데메트리오스 덕분에 로마 원로원이 아버님에게 가할 처벌을 면제해주었고, 또 로마의 무력으로부터도 보호를 받을 수 있다는 겁니다. 데메트리오스는 노령인 아버님이 자신의 젊음에 감사하고 신세를 져야 한다는 걸 올바르고 정당하다고 생각하고 있습니다. 로마 인들뿐만 아니라 아버님의 통치에서 벗어난 모든 도시, 그리고 로마와의 평화를 기뻐하는 마케도니아 인들도 데메트리오스의 편에 서 있습니다. 아버님, 제가 아버님 말고 어디서 희망이나 보호를 바랄 수 있겠습니까?

11. 티투스 퀸크티우스가 이제 막 아버님께 보낸 서신의 뜻이 무엇이라고 생각하십니까? 서신에서 그는 데메트리오스를 로마로 보낸 게 아버님께서 가장 잘한 행동이라고 했습니다. 또한 더 나아가 아버님께 대규모 사절단과 주요 마케도니아 인들을 다시 로마로 보내라고 강력히 권고하기까지 했습니다. 티투스 퀸크티우스는 이제 모든 측면에서 데메트리오스의 고문이자 스승입니다. 제 동생은 이제 아버님을 버리고 그 자리에 퀸크티우스를 두었습니다. 무엇보다 은밀한 계획이 생겨나는 곳이 바로 로마입니다. 퀸크티우스는 아버님께 더 많은 마케도니아 인과 주요 인사를 동생과 동행시키라고 했는데, 이는 그들의 계획을 수행할 조력자들을 공급받으려는 것입니다. 아버님을 국왕이라고 여기는 건전하고 결백한 마케도니아 사람들이 일단 로마로 가면 그들의 감언이설에 휘둘려 타락하고 악영향을 받은 채로 돌아오게 됩니다. 그들은 데메트리오스만이 모든 것이며, 지금 아버님께서 건장하신 데도 데메트리오스를 왕으로 부르고 있습니다.

그럼에도 불구하고 제가 이런 모든 것에 분노하면 저는 바로 다른 이들뿐만 아니라 아버님에게서조차 비난을 듣게 됩니다. 왕좌를 탐내는 것이 아니냐는 그런 비난 말입니다. 저로서는 이런 비난이 표면화되면 무고하다 주장할 겁니다. 제가 어떤 자리를 차지하려고 누군가를 제거하려고 하고 있습니까? 제 앞에 있는 유일한 사람은 바로 아버님이고, 저는 아버님께서 오래 통치하시길 신들께 빌고 있습니다. 제게 그럴 자격이 있어 제가 아버님보다 더 오래 사는 것이 아버님의 바람이라면[6] 저는 왕위를 물려받게 될 것입니다. 물론 아버님께서 물려주시는 것이 먼저이지만 말입니다. 실제로 왕위를 범죄적으로 탐내는 자는 자연 질서, 마케도니아 관습, 국제법이 부과한 나이의 우위를 서둘러 넘으려고 합니다. 동생은 이렇게 말할 겁니다. '형이 나를 방해하는군. 권리와 아버님의 바람 덕분에 왕좌는 형의 것이니 말이야. 그렇다면 형을 없애자. 형제를 죽여 나라를 차지한 사람이 없었던 것도 아니니까. 아버님은 노인이다. 아들과 사별하여 고립되면 두려움을 이기지 못해 아들의 죽음에 보복하러 나서지 못할 것이다. 로마 인들은 내 행동에 기뻐할 것이고, 내가 한 일에 갈채를 보내고 옹호할 것이다.'

아버님, 동생의 기대는 불확실한 것이지만, 단순히 헛된 희망만은 아닙니다. 아무튼 현재의 상황은 그러합니다. 아버님께서는, 무장하고 저를 살해하려 한 자들을 처벌하여 제 목숨에 대한 위협을 없앨 힘을 가지고 계십니다. 만약 저들의 범죄적인 계획이 성공한다면 아버님께는 제 죽음에 복수할 힘이 남아 있지 않을 겁니다."

12. 페르세우스가 말을 마친 뒤 자리에 있던 모든 사람이 데메트리오스에게로 눈을 돌렸다. 곧바로 대응에 나설 것이라고 생각했기 때

---

6 이것은 다소 아이러니컬한 표현이다. 페르세우스는 아버지 필리포스가 아들(페르세우스)이 그럴 자격이 충분히 된다고 생각한다면 아버지보다 더 오래 살고 싶다고 말한다. 그리고 경위야 어떻게 되었든 필리포스는 페르세우스가 살아남기를 원했고, 반면에 데메트리오스는 죽기를 바랐다. 그런데 뒤에 가면 나오지만 필리포스는 페르세우스가 왕위에 오를 자격이 없다고 생각한다.

문이었다. 하지만 오랜 시간 침묵이 흘렀고, 모든 사람이 데메트리오스가 울음을 터뜨리면서 입을 떼지 못하고 있다는 걸 분명하게 인식하게 되었다. 자리에 있는 사람들이 그에게 발언을 지시하자 더 이상 슬퍼하고 있을 수만 없게 된 그는 이렇게 말하기 시작했다.

"아버님, 저의 고발자는 통상적으로 피고발자를 도와주는 모든 수단을 먼저 차지해 버렸습니다. 상대를 파멸시키려는 생각으로 거짓된 눈물을 흘리면서 그는 제가 흘리는 진심 어린 눈물을 아버님께서 의심하게 했습니다. 그는 제가 로마에서 돌아온 후에 지지자들과 비밀리에 회동하면서 밤낮으로 저에 대한 음모를 꾸며왔습니다. 이제 먼저 발언할 기회를 잡더니 저에게 음모자라고 하는 건 물론 살인자, 암살자라는 누명까지 씌웠습니다. 그는 자신이 겪는 위험에 관해 말하며 아버님을 오싹하게 했고, 그렇게 하여 무고한 동생을 서둘러 파멸시키는 데 아버님을 이용하려고 했습니다. 그는 자신이 세상 어디에도 피난처가 없다고 주장했고, 그렇게 하여 제게 아무런 희망도 남겨주지 않았습니다. 아버님에게서조차 기대할 수 없게 되었다는 뜻입니다.

저는 적에게 끊임없이 괴롭힘을 당하고, 홀로 도움도 없는 상태가 됐고, 이런 저에게 그는 타지 사람들의 호의를 누리고 있다는 오명까지 씌웠습니다. 하지만 그런 호의는 도움보다는 오히려 방해가 되었습니다. 그는 고발자 역할에 충실하게도 지난밤 일을 고발하면서 제 삶의 방식을 전반적으로 공격했습니다. 그의 목적은 나중에 그 본질이 명백하게 드러날 이 뻔한 사건을, 제 삶의 행동을 전반적으로 비난하는 구실로 삼아 아버님께 저를 사악한 자로 몰아가려는 것입니다. 또한 그는 순전히 허구에 불과한 지난밤 사건 설명으로 저의 희망, 바람, 계획에 대한 근거 없는 고발을 했습니다. 동시에 그는 자기

고발이 사전에 계획된 것처럼 보이지 않으려고 미리 준비했습니다. 지난밤 벌어진 갑작스럽고 두려운 소동 때문에 순간적인 충동에서 고발한 것처럼 보이려고 말입니다!

하지만 페르세우스 형님, 제가 아버지와 이 왕국에 반역자였다면, 제가 로마 인들과 더 나아가 아버지의 적들과 한통속이 되어 계획을 세웠다면, 왜 형님은 굳이 지난밤 소름 끼치는 사건이 벌어질 때까지 기다렸습니까? 한참 전에 저를 반역죄로 고발하셨어야 하는 게 아닙니까? 다른 한편으로 이런 뒤늦은 고발과는 별개로 형님의 전반적인 고발이 전혀 근거가 없고, 저의 죄를 밝히는 것보다 저를 향한 악의를 드러내는 것으로 그치는 것이었다면 형님은 오늘 그런 구체적 내용을 제외하거나 나중으로 미뤘어야 합니다. 그래야 제가 형님을 상대로 음모를 꾸몄는지, 아니면 형님이 새롭고 예상치 못한 증오를 내보이며 제게 음모를 꾸몄는지 별도로 조사할 수 있을 것입니다. 하지만 저는 이런 갑작스러운 혼란 속에서 가능한 한 형님이 뭉쳐서 던진 여러 문제들을 서로 분리하고, 지난밤 사건의 진상을 분명하게 밝힐 것입니다. 그게 형님의 음모이든, 저의 음모이든 말입니다.

형님은 제가 형님을 죽일 음모를 꾸민 것처럼 보이길 바랍니다. 국제법, 마케도니아 관습, 그리고 형님께서 말씀하신 것처럼 아버님의 결정으로 왕좌를 이을 형님을 제거한 뒤 동생인 제가 왕위를 차지하려고 말입니다. 그렇다면 형님의 발언 중 제가 로마 인들의 환심을 사려고 하고 그들의 지원을 확신하여 왕좌를 차지할 기대를 하고 있다는 말은 대체 무슨 뜻입니까? 로마 인들이 마케도니아 차기 국왕 선정을 좌지우지할 수 있는 영향력이 있고, 제가 그들로부터 그런 호의를 받을 수 있다고 확신한다면 왜 굳이 제가 살인을 저질러야 합니까? 형님을 죽여 그 피로 더럽혀진 왕관을 쓰기 위해서요? 진정성 있다고 느꼈든, 아니면 그런 척을 했든, 저의 성실함을 통해 제가 영향력을 행사할 수 있게 된 로마 인에게 제가 증오의 대상이 되기 위해서요? 아니면 페르세우스 형님, 티투스 퀸크티우스가 제게 그런 결정을 하도록 지시했다고 생각하십니까? 형님은 그가 고개를 끄덕이면 제가 그대로 따르고, 그가 조언하면 제가 그대로 이끌린다고 저를 비난하셨지요. 형님, 평생 형제애를 지키며 살아온 제게 퀸크티우스가 형을 죽이라고 제안했으리라 생각했던 겁니까?

형님은 이 형제 간 싸움에서 형님이 나의 상대가 되지 못한다고 생각하게 된 여러 가지 이유를 제시했습니다. 로마 인들의 호의, 마케도니아 인들의 정서, 그리고 거의 모든 신과 인간이 일치하여 저를 지지한다는 거였지요. 그런데 형님은 이번에는 정반대로 저를 최후의 수단으로서 범죄에 의지했다고 고발합니다. 마치 제가 모든 면에서 형님보다 열등한 것처럼 말입니다. 형님, 이런 방식이 이번 조사의 지침으로 받아들여지는 걸 준비하셨던 겁니까? 왕좌에 더 어울리는 것처럼 보이는 상대를 두려워한 동생이 형을 파멸시키는 계획을 세우는 것으로 보이게 말입니다.

13. 황당하기 짝이 없는 허구이지만 아무튼 이 고발을 상세하게 뒤쫓아봅시다. 형님의 고발은 여러모로 형님이 공격당했다는 것이고, 이런 모든 공격을 단 하루 만에 받았다는 것입니다. 형님은 제가 정화 의식이 끝나고 모의전을 할 때인 낮에 형을 죽이려 했다고 말합니다. 정화 의식이 있는 바로 그날에 말입니다. 이걸 사람들이 믿어주리라 보십니까? 형님은 제가 만찬에 형을 초대하여 독으로 죽이려고 했다고 했습니다. 칼을 든 자들과 동행하여 형님 집 연회에 찾아왔을 때는 칼로 죽이려고 했다고 했습니다. 경기 중일 때, 연회 중일 때, 술을 흥청망청 마시는 중일 때, 과연 이런 때가 형제를 죽일 만한

때입니까?

그런데 우리가 지금 이야기하고 있는 날이 대체 어떤 날이었습니까? 군대가 정화되고, 우리가 희생 제물들 사이를 지나가고, 마케도니아를 통치했던 모든 왕의 휘장이 앞에서 나아가고, 우리 둘이 양옆에서 아버님을 지키며 마케도니아 군대 선두에서 말을 타고 나아가던 바로 그날이었습니다. 이런 날에는 설혹 제가 전에 속죄해야 할 짓을 저질렀다고 하더라도 신성한 의례를 통해 정화하고 속죄해야 되었을 것입니다. 희생 제물이 길 양옆에 놓인 걸 바라보던 그때 제가 살해, 독살, 술에 취한 무리에 공급할 칼을 생각하느라 여념이 없었다니, 그게 가당키나 합니까? 그런 온갖 범죄로 오염된 정신을 씻어내려면 대체 어떤 의식을 제가 치러야겠습니까?

어떻게든 저를 고발하겠다는 욕망에 맹목적이 되어버리고, 어떻게든 모든 걸 해롭게 해석하려고 온갖 애를 쓴 형님의 정신은 또 다른 주장으로 그 고발을 우스꽝스럽게 만들었습니다. 페르세우스 형님, 제가 형님을 만찬에서 독살하려고 했다면 모의전에서 완강하게 맞붙었겠습니까? 그렇게 하면 형님의 화만 돋우는 꼴이 되어 실제로 그렇게 했던 것처럼 제 만찬 초대를 거절할 이유만 주는 꼴이 되는 게 아닙니까? 그런 부적절한 준비 행위가 대체 어디에 있다는 말입니까? 그리고 형님께서 분노하여 저의 초청을 거절했을 때 제가 무슨 일을 했어야 했겠습니까? 어떻게든 형님을 최대한 달래서 준비한 독을 쓸 또 다른 기회를 마련했어야 합니까? 아니면 갑작스럽게 또 다른 계획으로 넘어가서 바로 그날 술자리를 구실로 형님을 칼로 찔러 죽이는 게 더 나았겠습니까? 게다가 형님이 죽을 걸 두려워하여 제 만찬 자리를 피했다면, 형님이 그 두려움 때문에 저의 초청을 피할 거라고 미리 판단하여 아예 제가 초청을 하지 않을 거 아니겠습니까?

14. 아버님, 축제일에 동년배 친구들과 거리낌 없이 포도주를 마음껏 마신 것 때문에 제가 수치심에 얼굴을 붉힐 이유는 전혀 없습니다. 형님, 저는 형님이 지난밤 저의 집에서 열렸던 연회의 기쁘고 유쾌한 분위기를 알아보았더라면 제가 오히려 반가웠을 겁니다. 그 술자리의 즐거움은 우리 쪽 젊은이들이 무력 대결에서 열등하지 않다는 사실에서 생겨난 다소 부적절할 수도 있는 즐거움으로 더욱 고양되었습니다. 제가 지금 겪는 고통과 두려움은 숙취를 아주 쉽게 사라지게 했습니다. 그런 고통과 두려움만 없었더라도 음모자로 고발된 우리는 지금도 곤히 잠들어 있을 것입니다. 형님, 제가 형님의 집으로 쳐들어가 형님을 죽이려고 했다면 그날 술을 마시지 않고 휘하 병사들에게도 술을 입에 대지 말라고 하지 않았겠습니까?

게다가 자신을 변호하고자 철저히 솔직한 모습을 보이는 건 저뿐만 아니라 형님도 마찬가지입니다. 형님은 악의를 전혀 보이지 않는 건 물론 의심도 전혀 하지 않고 이렇게 말했습니다. '저는 그들이 무장한 채로 저의 연회에 온 걸 제외하고는 아무것도 모르고, 또 혐의를 제기하지 않습니다.' 형님, 제가 어떻게 형님이 이 정도로 제 집 동향에 대해 많이 알고 있는지 물으면 형님은 어쩔 수 없이 제 집이 형님의 첩자로 가득하다고 하거나, 혹은 제 친구들이 너무 공공연하게 무장하여 모두가 보았다고 인정할 겁니다.

페르세우스 형님은 사전 조사를 했거나 중상하는 혐의를 제기했다는 인상을 피하려고 무척 신경 쓰고 있습니다. 이런 이유로 형님은 아버님께 자신이 지목한 자들을 불러들여 무기를 들고 있었는지 여부를 묻게 하려고 한 겁니다. 마치 그것이 큰 문제인 것처럼 말입니다. 그렇게 하여 아버님이 제 친구들이 인정할 법한 문제에 관해 심문을 마치면 그들은 기결수처럼 다루어질 겁니다. 하지만 페르세우스 형님, 왜 아버님께 제 친구들이 형님을 죽일 목적으로 무장했는지, 그리고 그것이 저의 제안이고 제가 알고 있던 일인지, 왜 아버지에게 물어보라고 하지 않는 겁니까? 왜냐하면 형님이 일부러 그렇게 보이길 바라고 있기 때문입니다. 제 친구들이 인정하지 않고, 일 자체도 간단한 일임에도 불구하고 말입니다.

내 친구들은 자기 방어를 위해 무장했다고 할 겁니다. 그들이 자신의 행동에 관해 설명을 할 때 그들에게 들어야 답변은 그들이 과연 옳게 혹은 그르게 행동했는지 여부입니다. 그들의 일을 제 일과 혼동하지 마십시오. 저는 그들의 행동과 아무런 관련이 없습니다. 이제 형님, 우리가 형님을 공개적으로, 혹은 비밀리에 공격하려고 했다는 형님의 이야기는 대체 무슨 소리입니까? 공개적으로 하려고 했다면 우리는 왜 전원이 무장하지 않은 것입니까? 형님의 첩자에게 손찌검을 했던 자들을 제외하곤 왜 아무도 무장하지 않았습니까? 은밀하게 공격하려고 했다면 그 계획은 세부적으로 어떤 것이었습니까? 저희 집의 만찬이 끝나 제가 계속 술을 마시기 위해 밖으로 나섰을 때, 이들 넷이 뒤에 남아 잠든 형님을 공격하려 했을까요? 그들은 형님의 편도 아니고 제 친구들입니다. 특히 그 직전에 소동에 휘말려서 의심을 받고 있는 처지인데 그들이 어떻게 눈에 띄지 않을 수 있겠습니까? 그리고 형님을 죽인 뒤에 그들이 어떻게 도망칠 수 있겠습니까? 단지 네 자루의 칼로 형님의 집을 점거할 수 있다는 말입니까?

15. 지난밤 이야기는 그만두고 정말로 형님을 화나게 하는 이야기를 하는 게 어떻습니까? 형님을 그토록 질투심에 불타게 만드는 이야기 말입니다. 형님은 이렇게 말할 겁니다. '데메트리오스, 도대체 왜 네가 왕이 된다는 소리가 나오는 것이냐? 왜 몇몇 사람이 나보다

너를 아버지의 자리를 이을 더 나은 후계자라고 보는 것이냐? 네가 여기 없다면 내 희망은 보장된 것인데 너는 대체 왜 그런 희망을 아주 불안하고 불명확한 것으로 만들고 있느냔 말이다.'

이것이 바로 겉으로 드러내 말은 하지 않았어도 형님이 머릿속으로서 생각하는 바입니다. 이런 생각 때문에 형님은 제 적이자, 고발자가 되어 형님의 가문과 왕국을 고발과 의혹으로 가득 찬 나라로 만들고 있습니다. 하지만 제가 차남이고, 아버님께서 형님에게 왕위를 물려주고자 하시는 걸 알고 있기에 왕위를 기대하지 않고 그것에 대해 논쟁을 벌이지 않는 것이 제 의무입니다. 그러므로 나 자신이 아버지에게 불충한 자식인 것처럼 백성들에게 보이는 행동은 과거에도 해서는 안 되는 것이었고 지금도 해서는 안 됩니다. 그런데도 사람들이 나를 마치 왕세자인 것처럼 생각한다면 그것은 저의 잘못입니다. 인간적인 권리나 신성한 권리를 자기 편에 가지고 있는 자에게 겸손하게 머리를 숙이지 않은 게 되는 거니까요.

아버님은 저와 로마 인들의 관계를 나무라고, 자긍심을 가져도 되는 일을 가지고 오히려 저를 고발하셨습니다. 저는 인질로 로마 인들에게 가겠다고 요청한 적도 없고, 로마에 사절로 보내달라고 요청한 적도 없습니다. 하지만 아버님이 보내셨을 때 저는 그 일을 반대하지 않았습니다. 두 가지 일에서 저는 아버님과 아버님의 통치, 그리고 마케도니아 인들에게 수치를 안겨서는 안 된다는 생각으로 행동했습니다. 그리고 아버님, 아버님이 바로 제가 로마 인들과 우호 관계를 맺게 한 원인입니다. 아버님과 로마 인들 사이에 평화가 지속되는 한, 저와 그들의 우호적인 관계도 계속될 것입니다. 전쟁이 발발하면 아버님의 대표이자 인질로서 로마 인들에게 쓸모가 있는 저는 마찬가지로 로마 인들의 원수가 될 것입니다. 저는 오늘날 로마 인들과 제가 맺고 있는 우호 관계가 저를 돕고 있다고 주장하지 않습니다. 그저 그런 우호적 관계가 저를 방해하지 않게 해달라고 간청할 뿐입니다. 그런 관계는 전쟁에서 시작된 것이 아니고, 전쟁에서 활용하자고 준비된 것도 아닙니다. 저는 평화의 담보였습니다. 저는 그런 평화를 지키고자 사절로서 보내졌습니다. 제가 과거에 인질로 잡혀갔던 일이 과시나 고발의 빌미가 되어서는 안 됩니다. 어쨌든 제가 아버님께 불충하게 행동했거나 형님께 범죄적으로 행동했다면 응당 처벌을 받겠습니다. 제가 무고하다면 질투로 제가 파멸하는 일이 생기지 않기를 간청합니다. 저는 고발로 파멸할 수 없기 때문입니다.

형님이 저를 고발한 것이 오늘이 처음은 아니지만, 이처럼 공개적으로 한 것은 처음입니다. 하지만 저는 그런 취급을 받을 만한 일을 형님께 한 적이 없습니다. 형님, 아버님이 제게 분노하셨다면 형님은 장자로서 중재에 나서 저의 치기와 잘못에 대한 용서를 얻어내야 합니다. 그게 형님에게 어울리는 역할입니다. 하지만 보호를 받아야 할 곳에 파멸의 위협만이 있습니다. 연회와 술자리에서 저는 절반쯤 잠이 덜 깬 상태로 급하게 여기에 와 살인죄에 대해 스스로 변호해야 되었습니다. 법률 고문이나 대리인도 없이 저는 자신을 지키는 변명을 하게 되었습니다. 제가 다른 누군가를 위해 변호한다면 연설을 준비하고 작성하는 데 분명 시간을 들일 것입니다.

그런 상황에선 저의 연설 능력에 대한 평판 외엔 아무것도 위태로운 것이 없습니다. 소환된 이유도 모르고 저는 아버님이 분노하여 제게 해명하라는 말씀을 듣게 되었고, 형님은 저에 대한 고발을 했습니다. 형님은 오래전부터 준비하고 연습한, 저에 대한 중상비방의 발언을 했습니다. 저를 고발하는 발언이 이어지는 동안 저는 지금 무슨 일이 벌어지고 있는지 상황 파악을 겨우 할 수 있었을 뿐입니다. 제가 이 짧은 시간 동안에 형님의 고발 내용을 듣고 나 자신을 변호할 말을 황급히 생각해 내야 마땅하겠습니까? 이런 갑작스럽고 예상도 못한 참사에 극도로 충격을 받은 저는 간신히 저에 대한 고발이 어떤 내용인지 파악하는데 그쳤을 뿐입니다. 따라서 나 자신을 어떻게 변호해야 할지, 뚜렷한 생각을 가다듬을 수가 없었습니다.

판관이 아버님이 아니었더라면 제게 무슨 희망이 남아 있었겠습니까. 설혹 아버님께서 형님을 더 사랑하시어 제가 그다지 중요하지 않더라도 제가 재판을 받는 중엔 어쨌든 아버님이 우리 형제에 대한 동정심을 똑같이 발휘해 주시기를 기원합니다. 저는 아버님께서 나를 위해 또 아버님 자신을 위해 저를 구원해 주시기를 호소합니다. 하지만 형님은 아버님께 자신의 평온을 위해 저를 죽일 것을 요구하고 있습니다. 아버님이 형님께 이 왕국을 넘겨주면 형님이 저를 어떻게 처리할지 한번 생각해보십시오. 아직 왕이 되지도 않았는데 지금 이 순간에도, 형님은 제 죽음을 허락받는 걸 올바르고 적합한 일이라 생각하고 있지 않습니까."

16. 데메트리오스는 눈물을 흘리며 제대로 숨도 못 쉬어 목 메인 채로 이상과 같이 말했다. 필리포스는 두 아들을 내보냈다. 친구들과 어느 정도 상의한 뒤 그는 두 아들 간의 문제를 두 아들의 발언이나 한 시간 동안 벌인 논쟁의 결과로 판단하지 않을 것이라고 선언했다. 하지만 두 아들의 삶과 행동을 조사하고, 대소사에서 보여준 언행을 고려하여 앞으로 찬찬히 판단하겠다고 말했다.

국왕의 이런 결론으로 모든 사람은 지난밤 사건에 관한 고발이 곧바로 기각되었다는 걸 분명하게 알게 되었다. 그러나 데메트리오스가 로마 인들에게 과도하게 인기가 많기 때문에 의심을 받고 있다는 사실도 분명하게 알려졌다.

어떻게 보면 두 아들의 갈등은 마케도니아 전쟁의 가장 중요한 씨앗이었다. 이런 씨앗은 필리포스의 생전에 뿌려진 것이지만, 전쟁 그 자체는 페르세우스가 수행하게 되었다.

* * *

[기원전 181년 집정관: 푸블리우스 코르넬리우스 렌툴루스, 마르쿠스 바이비우스 탐필루스]

20. 데메트리오스는 최근 형의 사악한 계획을 통해 밝혀진 걸 제외하곤 무슨 일이 진행 중인지 전혀 알지 못했다. 하지만 처음에 큰 기대는 하지 않았지만 그래도 아버지와 화해하겠다는 생각을 아주 버리지는 않았다. 그러나 시간이 흐르자 그는 점점 아버지의 신뢰가 점점 자신으로부터 멀어지고 있다는 걸 느꼈다. 형이 아버지의 귀를 독점적으로 장악했던 것이다. 따라서 그는 주변의 의심을 키우는 일을 피하고자 극도로 언행을 조심하게 되었다. 특히 그는 로마 인들을 언급하거나 그들과 접촉하는 걸 일체 삼갔다. 그는 로마 인들과 서신조차 주고받으려 하지 않았는데, 아버지가 로마와 관련된 비난들에 대하여 특히 분노했기 때문이었다.

21. 필리포스는 이제 파이오니아에 있는 스토비로 휘하 부대를 소환하여 그 부대를 이끌고 마이디카[7]로 나아갔다. 이렇게 한 목적은 아무런 훈련도 하지 않음으로써 부대의 전력이 퇴화하는 걸 막고 동

7 마이디카는 오랫동안 마케도니아의 적이었다. 알렉산드로스 대왕은 겨울 열여섯이던 기원전 330년에 이들을 상대로 성공적인 원정을 벌였다.

시에 로마와 전쟁을 하려 한다는 의혹을 짐짓 피하려는 것이었다. 게다가 그는 하이모스 산[8]을 오르고 싶다는 욕구에 사로잡혀 있었는데, 이 산꼭대기에 오르면 폰토스, 아드리아 해, 도나우 강, 알프스 산맥을 동시에 굽어볼 수 있다는 일반 대중의 속설(俗說) 때문이었다. 이렇게 펼쳐진 풍경을 두루 살펴보는 건 왕에게 무척 중요한 일이었는데, 실은 내심 로마와의 전쟁을 고려하고 있었기 때문이다. 그는 이 지역에 익숙한 자들에게 하이모스 산을 오르는 법을 물었고, 그들은 군대가 올라갈 길은 없지만, 가볍게 무장한 소수 병력이 무척 험난한 길을 통해 오르는 건 가능하다는 것에 입을 모았다.

필리포스는 이 여행길에 데메트리오스를 같이 데려가지 않기로 했기에 차남의 기분을 풀어주고자 일부러 친밀한 대화를 시도했다. 왕은 데메트리오스에게 가야 할 길이 험난하다고 하니 자신이 계획을 관철해야 하는지 아니면 포기해야 하는지를 묻는 것으로 대화를 시작했다. 그는 이런 상황에도 불구하고 여정을 계속해야 한다면 안티고노스 1세[9]의 일을 잊을 수가 없다고 했다. 안티고노스 1세가 가

8 하이모스 산은 발칸 산맥의 일부로 트라키아의 북서쪽에 있다. 산꼭대기에서 서쪽을 보면 북부 이탈리아가 보였다. 이 때문에 육로로 로마를 공격하려 한다는 말이 나왔다. 산의 정상에서 북쪽을 바라보면 도나우 강이 보였고 동쪽으로는 트라키아가 보였다. 이 일대는 마케도니아의 국방 정책의 핵심 요충이었다.

9 이 안티고노스는 시리아의 왕 안티고노스와는 다른 인물이다. 이것을 구분하기 위하여 후자는 시리아의 안티고노스라고 부른다. 알렉산드로스 대왕 사후에 그의 집안에서는 대를 이을 만한 재목이 나오지 않아서 그 후 50년 동안 부하 장군들의 권력 갈등이 벌어졌다. 처음에 카산드로스가 왕권을 잡았으나 그 후 알렉산드로스 대왕 당시에 프리기아 총독이었던 안티고노스가 다시 권력을 잡았다. 그리고 이 안티고노스의 손자인 안티고노스 고나타스(기원전 277-239)가 기원전 279년 안티고노스 왕조를 세웠고 이 왕조가 기원전 168년까지 마케도니아에 존속했다. 여기서 필리포스가 말하는 안티고노스는 안티고노스 고나타스를 가리킨다. 페르세우스의 아버지 필리포스는 고나타스의 손자이다.

족을 전부 같은 배에 태웠을 때 맹렬한 폭풍을 만나 파도에 휩쓸린 일을 언급했다. 안티고노스 1세는 이런 일을 겪은 뒤 자식들에게 명령하여 그들은 물론 후손들에게 그 누구도 온 가족이 동시에 위험한 상황에 휩쓸리는 일이 없도록 하라는 훈시를 내렸다는 것이었다. 그는 이런 경고를 떠올리자니 이 계획에 불운이 닥쳤을 때 두 아들이 동시에 위험해지는 일은 없어야 한다고 말했다. 따라서 자신은 페르세우스를 데리고 갈 테니 데메트리오스는 마케도니아로 돌아가 자신의 미래 계획을 지원하면서 왕국을 잘 지키라고 일렀다.

데메트리오스는 그 조치가 무슨 뜻인지 잘 알았다. 산꼭대기에서 마케도니아 전 지역을 시야에 두고 아드리아 해와 이탈리아로 향하는 가장 빠른 지름길을 확인하고, 전쟁 계획을 논하는 회의에 자신이 참석하지 못하게 하려는 조치였다. 하지만 그는 아버지의 뜻에 따랐을 뿐만 아니라 동의하기까지 했는데, 주저하는 모습을 보이면 의심만 사기 때문이었다. 데메트리오스가 마케도니아로 안전하게 돌아가는 걸 보장하기 위해 왕의 지휘관 중 한 사람이자 파이오니아를 담당하던 디다스는 적당한 규모의 호위병들과 함께 그를 호송하게 되었다. 국왕의 생각이 페르세우스에게 왕위를 물려주는 쪽으로 기울어졌기에 왕좌를 누가 계승할지는 모두에게 명백해지기 시작했고, 그 때부터 왕의 친구들 대다수는 동생을 파멸시키려는 페르세우스의 음모에 가담했고, 디다스도 그런 자들 중 하나였다. 하지만 페르세우스는 지금 당장은 디다스에게 데메트리오스의 안전에 최대한 신경 쓰라고 지시했다. 그렇게 하여 환심을 사 친밀한 사이가 된 뒤 모든 비밀을 알아내고 속에 품은 생각을 캐내라는 뜻이었다. 그렇게 하여 데메트리오스는 홀로 여행하는 것보다 더욱 위험한 여행을 호위병 무리와 함께 떠나게 되었다.

22. 필리포스는 우선 마이디카로 건너갔고, 이어 마이디카와 하이모스 산 사이에 있는 황량한 지역으로 이동했다. 진군을 하고 일주일이 되던 날 그는 마침내 산기슭에 도착했다. 그는 하루 동안 그곳에서 함께 움직일 자들을 선발했고, 도착하고 사흘째가 되었을 때 여정에 나섰다. 처음에 산기슭의 작은 언덕은 적당히 험난했을 뿐이었다. 하지만 높은 곳에 이르자 그들은 점점 나무가 우거지고 종종 지나갈 수 없는 높은 지대에 도달했다. 결국 그들은 삼림이 밀집되어 가지들이 뒤엉켜 하늘조차 거의 볼 수 없는 그늘진 길로 들어섰다. 이어 산마루 근처로 오게 되자 높은 곳에서는 드물게도 안개로 모든 것이 덮여 있어 그들은 마치 야간 행군을 하는 것처럼 발걸음이 느려지게 되었다. 셋째 날이 되자 그들은 마침내 정상에 도달했다.

그들은 하산할 때 일반 대중의 속설이 틀린 바 없다고 말했다. 다른 바다와 산, 강이 정말로 정상의 어떤 지점에서 보인다는 그 사실보다는 헛된 탐험을 떠났다는 조롱을 피하기 위해 그렇게 말했다. 길이 워낙 험난하여 모든 사람이 피곤하고 괴로운 상태였고, 특히 왕은 엄청난 피로감을 느꼈다.[10] 그곳에 봉헌된 두 개의 제단에서 유피테르와 태양신에게 제물을 바친 뒤 필리포스는 사흘 동안 오른 길을 이틀 만에 내려왔다. 왕은 추운 밤을 가장 두려워했는데, 아무리 천랑성[11]이 하늘에 떠 있다고 해도 겨울밤이나 다를 바 없이 추웠기 때문이었다. 탐험을 하던 동안 곤경과 싸운 이후 그는 휘하 부대의 진지에 활기가 없음을 알게 되었는데, 사방이 황량한 지역으로 둘러싸인 곳이라 모든 게 극도로 부족했기 때문이었다. 따라서 필리포스는 자

---

10 필리포스는 기원전 238년에 태어났으므로 이 무렵 57세였다.

11 천랑성은 시리우스(Sirius)라고도 하는데 7월 말에 하늘에 뜬다.

신과 동행한 자들을 쉬게 하려고 하루만 그곳에 머무른 뒤 서둘러 덴텔레티 인들의 영토로 건너갔는데, 흡사 패주와도 같은 행군이었다.

덴텔레티 인들은 동맹이었지만, 마케도니아 인들은 보급품이 궁했던 나머지 마치 적국에 들어온 것처럼 그 지역을 약탈했다. 그들은 모든 농가를 약탈하는 것으로 약탈 행위를 시작했고, 이어 몇몇 마을도 약탈했다. 동맹 관계를 관장하는 신들을 부르고 자신의 이름을 외치는 동맹의 헛된 목소리를 들은 필리포스는 크게 부끄러움을 느꼈다. 왕은 그곳에서 곡물을 싣고서 마이디카로 돌아왔고, 페트라라 불리는 도시를 공격하기 시작했다. 왕은 평원에서 도시로 접근하는 길에 진지를 쳤고, 적당한 규모의 병력을 페르세우스에게 주어 도시를 우회하여 고지에서 도시를 공격하게 했다. 도시의 주민들은 양쪽에서 닥쳐든 위협에 인질을 넘기고 곧바로 항복했다. 그럼에도 불구하고 마케도니아 군이 물러나자 그들은 인질은 잊어버린 듯 도시를 버리고 방어 시설을 갖춘 곳과 산으로 도망쳤다.

필리포스는 이어 마케도니아로 돌아갔다. 온갖 곤경으로 병사들을 지치게 했을 뿐 얻은 건 전혀 없었고, 디다스의 기만적인 행동 때문에 아들에 대한 의심은 늘어나기만 했다.

23. 앞에서 언급한 바와 같이 디다스는 데메트리오스와 함께 마케도니아로 향했다. 그는 속임수를 모르는 청년을 함정에 빠뜨려 방심하게 만들었고, 나름 엉큼한 속셈으로 일부러 왕실 가족에게 분노하는 척했다. 그는 데메트리오스에게 온 신경을 쓰며 비위를 맞췄고, 그의 친구(데메트리오스)가 겪는 어려움에 격분하면서 자발적으로 모든 측면에서 도움을 주겠다고 감언이설로 청년 왕자의 경계를 풀게 했다. 그렇게 디다스는 충성 맹세를 하고 데메트리오스에게서 모든 비밀을 알아냈다. 그는 로마로 도망치려는 계획을 세우는 중이었다.

마치 하늘이 관대함을 베푸는 것처럼 파이오니아 총독이 계획에 도움을 주겠다고 했고, 데메트리오스는 이 지역을 통해 안전하게 로마로 도망칠 수 있다는 희망을 품게 되었다. 이 계획은 곧장 그의 형에게 전달되었고, 페르세우스는 아버지에게 곧바로 보고되도록 조치했다. 우선 동생의 도주를 보고하는 편지는 페트라를 포위하는 동안 필리포스에게 전달되었다. 그 결과 데메트리오스의 친구들 중 주요 인물인 헤로도로스가 구금되었다. 또한 은밀히 데메트리오스를 감시하라는 명령이 내려갔다.

설상가상으로 이런 상황들이 마케도니아로 돌아가는 왕을 더욱 침울하게 했다. 그는 이런 새로운 고발들에 불안감을 느꼈다. 그럼에도 불구하고 그는 철저한 조사를 위해 로마로 보낸 사절들을 기다려야 한다고 생각했다. 이런 불안감으로 인한 고통으로 몇 달을 시달린 뒤에야 마침내 사절들이 도착했다. 비록 그들이 이미 마케도니아에서 사전 결정한 바에 따라 로마 관련 보고서를 왕에게 제출했지만 말이다. 이런 조작 행위로 여러 범죄 행위를 저지른 것도 모자라, 사절들은 왕에게 티투스 퀸크티우스의 위조 인장이 붙은 위조 서신을 올리기까지 했다. 그것은 퀸크티우스의 입장을 설명하는 편지였는데, 데메트리오스가 왕좌를 향한 야심 때문에 잘못된 방향으로 들어서서 그런 쪽으로 일을 성사시키기 위해 퀸크티우스와 협상하고 있다는 내용이었다. 퀸크티우스는 데메트리오스가 왕실 가족을 향해 어떠한 움직임도 보이면 안 된다고 했으며, 자신은 그런 불충한 계획을 지지할 사람이 아니라고 말하기도 했다. 이 가짜 편지는 페르세우스의 고발에 신빙성을 부여했고, 그 결과 헤로도로스는 즉시 고문을 받았다. 그는 오래 고문을 받고서도 그런 무고를 뒷받침하는 자백을 하지 않았고 그리하여 고문대 위에서 숨을 거두었다.

24. 데메트리오스는 또 한 번 아버지 앞에서 페르세우스에 의해 고발되었다. 파이오니아를 통해 도망치려고 했으며, 특정인들을 매수하여 로마로 가는 여정에 동행하게 하려고 했다는 게 고발 내용이었다. 티투스 퀸크티우스의 위조 서신은 데메트리오스에게 가장 큰 타격을 가했다. 그럼에도 불구하고 그에게 혹독한 선고는 공개적으로 내려지지 않았는데, 비밀리에 그를 죽이기 위해서였다. 그래야 그의 처벌이 로마 인들에 대항하는 계획임이 새어나가지 않을 것이기 때문이었다.

필리포스는 테살로니카에서 데메트리아스로 여행길에 올랐다. 동시에 그는 데메트리오스에게 디다스를 붙여 파이오니아의 아스트라이움으로 보냈고, 페르세우스는 암피폴리스로 보내 트라키아에서 인질을 받게 했다. 전하는 말에 의하면, 디다스는 왕을 만나고 떠날 때 데메트리오스 살해에 관한 지시를 받았다고 한다. 디다스는 희생 의식을 치렀고(혹은 치르는 척했고), 데메트리오스를 기념행사에 초대했다. 그는 아스트라이움에서 헤라클레아로 왔고, 만찬 중에 독배를 받았다. 독배를 들이킨 뒤 곧바로 무슨 일이 벌어진 지 알게 된 데메트리오스에게 이내 고통이 시작되었다. 그는 연회를 떠나 침실로 물러났고, 고통 속에서 아버지의 잔혹함에 대해 항의하고 형이 꾸민 흉악한 음모와 디다스의 범죄를 소리 높여 외쳤다. 이어 티르시스라는 스투베라 인과 베로이아의 알렉산드로스가 데메트리오스의 침실로 들어왔고, 그들은 청년 왕자의 머리와 입을 침구로 눌러 질식시켰다. 이런 식으로 무고한 청년은 죽음을 맞이했고, 그의 적들은 이렇게 단한 건의 살인 방식으로는 만족하지 않았다.

* * *

29. 이해(기원전 181년)에는 공공 서기인 루키우스 페틸리우스가 소유한 야누쿨룸 언덕 아래의 땅에서 발견물이 나왔다. 쟁기질을 하던 자들은 평소보다 더 깊이 땅을 뒤집었고, 그러던 중에 돌로 된 상자 두 개를 발견했다. 각각 2.4m 길이에 1.2m 너비였고, 뚜껑은 납으로 고정되어 있었다. 각각의 상자는 라틴어와 그리스어로 명문이 있었는데, 하나는 폼포니우스의 아들 로마 왕 누마 폼필리우스[12]가 그곳에 안치되었다는 문장이었다, 다른 하나는 누마의 책들이 내부에 있다는 것이었다. 친구들의 조언에 땅주인은 두 상자를 열었다. 왕이 안치되었다고 한 상자는 텅 비어 있었다. 시신이나 다른 것이 있던 흔적은 전혀 없었는데, 오랜 세월이 흘러 부패되어 사라졌기 때문이었다. 다른 상자에선 두 개의 밀랍 끈으로 묶은 묶음이 발견되었는데, 각각은 일곱 권의 책으로 구성되었고, 온전할 뿐만 아니라 갓 만든 것 같은 상태였다. 사제단의 법을 다룬 라틴어로 된 책들이 있었고, 그 시기에 속했을 철학 체계에 관한 가르침을 담은 그리스어로 된 책도 일곱 권 있었다. 발레리우스 안티아스는 이 책들이 피타고라스의 저술이라고 했고, 이런 그럴듯한 거짓말은 누마가 피타고라스[13]의 제자였다는 일반적인 생각에 확증을 제공했다.

처음에 이런 책들은 발견 당시 자리에 있던 땅주인 친구들이 읽었는데, 곧 발견이 널리 알려지자 다른 이들도 그 책들을 읽게 되었다.

---

12 로마의 전설적인 두 번째 왕. 종교적 의례와 관련하여 사제단의 법을 제정했다. 참조. 리비우스 『로마사』 1권 20장.

13 피타고라스의 가르침과 종교적 의례(기원전 530년 경)는 남부 이탈리아에 보급했는데, 정치적 관심사도 다루었다. 그리하여 그 가르침이 이제 국가적 의례의 개혁에도 적용되었다. 누마가 이 가르침을 받아들였는지 여부와는 무관하게, 위경서에 기록되어 있는 피타고라스의 가르침은 로마에서 공식적으로 의문시되었고 그리하여 그 책들이 공중이 지켜보는 가운데 불태워졌다.

도시 법무관 퀸투스 페틸리우스는 그 책들을 꼭 읽고 싶어 했고, 루키우스 페틸리우스로부터 책들을 빌렸다. 두 사람은 잘 알고 지내는 사이였는데, 퀸투스 페틸리우스가 재무관일 때 루키우스를 공공 서기로 발탁하여 자신의 밑에 두었기 때문이다. 법무관은 책들의 요점을 읽었을 때 내용 대부분이 종교에 해롭다는 점을 깨달았고, 루키우스 페틸리우스에게 이 책들을 불태울 예정인데, 그 전에 책들을 되찾는데 도움을 받을 권리가 있다고 생각한다면 호소할 기회를 주겠다고 했다. 그러자 서기는 호민관들을 찾아갔고, 그들은 원로원에 이 문제를 회부했다. 법무관은 이 책들을 읽어서도, 보존해서도 안 된다고 맹세할 준비가 되어 있다고 말했다. 원로원은 법무관이 맹세를 하겠다는 것만으로도 이야기는 충분하며, 책들은 최대한 빨리 민회 소집 장소에서 불태우라고 결정했다. 땅주인에겐 법무관 퀸투스 페틸리우스와 호민관 다수가 정하는 금액을 보상하기로 했다. 서기는 이런 보상을 거절했고, 책들은 민회 소집 장소에서 시민들이 지켜보는 가운데 희생 의식 조수들이 가져온 모닥불에 의해 소각되었다.

30. 같은 해 여름(기원전 181년) 가까운 스페인에서 대규모 전쟁이 발발했다. 켈티베리아 인들은 3만 5천 정도의 병사를 동원했다. 과거에도 이처럼 많은 병력을 모은 적은 거의 없었다. 당시 퀸투스 풀비우스 플라쿠스는 이곳을 임지로 맡아 지휘권을 행사하고 있었다. 그는 켈티베리아 인들이 자국의 병사들을 동원하고 있다는 소식을 이미 접했다. 그는 최대한 많이 동맹국들에서 예비 부대를 모았지만, 절대 적들과 동수의 병력을 모을 수는 없었다. 봄이 시작될 때 그는 휘하 병력을 카르펜타니아로 움직여 소규모 주둔군이 배치된 도시인 아이부라 근처에 진지를 세웠다. 며칠 뒤 켈티베리아 인들은 3km 정도 떨어진 언덕 기슭에 진지를 세웠다. 로마 법무관은 적이 도착한

걸 알게 되었을 때 형제인 마르쿠스 풀비우스에게 기병대 2개 부대를 주어 적의 위치를 정찰시켰고, 진지의 규모를 알아내야 하니 최대한 가까이 방어물에 접근하라고 지시했다. 마르쿠스는 또한 적 기병대가 출격하는 경우 교전을 하지 말고 물러나라는 지시도 받았다.

법무관의 형제는 정확히 명령을 이행했다. 며칠 동안 적의 진지에선 로마의 두 기병 부대가 나타나면 기병대를 진지에서 내보낸 것을 제외하고 아무런 움직임이 없었다. 마침내 켈티베리아 인들은 보병과 기병을 전부 데리고 진지 밖으로 나왔고, 두 진지 사이 중간 지점에서 전열을 형성했다. 이곳의 지형은 완전히 평평하여 전투를 치르기에 적합한 곳이었다. 여기서 스페인 인들은 로마 군이 다가오기를 기다렸다. 하지만 로마 사령관은 방어벽 뒤에 휘하 병사들을 그대로 머무르게 했다. 이어지는 나흘 동안 스페인 인들은 같은 위치에 전열을 형성하고 대기했지만, 로마 인들은 아무런 움직임도 보이지 않았다. 켈티베리아 인들은 전투를 할 기회가 주어지지 않자 진지에 그대로 머물렀고, 이후 기병대만이 로마 군의 움직임을 포착하고자 경계 임무에 나섰다. 양군은 아군 진지 뒤로 식량과 나무를 모아올 인원을 내보냈고, 아무도 그것을 저지하려 들지 않았다.

31. 로마 법무관은 며칠 동안 가만히 있음으로써 로마 인들이 먼저 공격하지 않을 거라는 생각을 적에게 심어준 것을 대단히 만족스럽게 여겼다. 곧 그는 루키우스 아킬리우스에게 좌익 병력과 임지에서 모집한 6천 명의 예비 병력을 주어 언덕을 돌아 적의 뒤로 가게 했다. 함성이 들리면 아킬리우스는 휘하 병력을 데리고 적의 진지를 칠 계획이었다. 그들은 적의 눈에 띄지 않고자 밤에 출발했다. 동이 트자 법무관 플라쿠스는 동맹 부대 지휘관 가이우스 스크리보니우스에게 좌익 보충 기병대를 데리고 적의 방어벽까지 나아가라고 지시

했다. 켈티베리아 인들은 로마 인들이 평소보다 더욱 많은 병사를 데리고 이전보다 더 가까이 접근하는 걸 확인했고, 이에 모든 기병이 쏟아지듯 진지에서 나왔고 동시에 보병들에게도 출격하라는 신호가 주어졌다. 스크리보니우스는 적 기병들의 소음을 듣자마자 작전 지시에 따라 방향을 돌려 진지로 물러났다. 그리고 이런 움직임으로 적은 더욱 성급하게 추격에 나섰다. 적은 처음에는 기병대를, 곧이어 보병대 전열을 로마 군 진지 가까이로 이동시켰다. 그들은 그날 당일로 로마 군 진지를 함락시키겠다는 확신에 차 있었다.

켈티베리아 인들이 방어벽에서 1km도 되지 않는 곳에 다다르자 플라쿠스는 적이 자기 진지를 제대로 지키지 못할 정도로 멀리 나왔다고 판단했다. 그는 휘하 병력을 방어벽 뒤에 정렬시키고 셋으로 나눠 동시에 출격시켰다. 이들은 함성을 내지르며 앞으로 달렸다. 그런 고함 소리는 병사들의 사기를 높일 뿐만 아니라 언덕에 있는 아군에게도 신호를 보내려는 것이었다. 언덕에 매복하며 대기하던 로마 군 병력은 재빨리 명령 이행에 나섰다. 그들은 재빨리 언덕 아래의 적진지로 돌진했고, 그곳에 남은 적의 병력은 채 5천명도 되지 않았다. 이들은 적이 더 많은 병력으로 기습을 해온 것에 겁을 집어먹고 별다른 저항도 없이 진지를 내주었다. 진지를 점령한 뒤 아킬리우스는 교전 중인 로마 군 병사들이 가장 쉽게 볼 수 있는 부분에 다 불을 놓았다.

32. 가장 먼저 그 화재를 목격한 건 후위에 있던 켈티베리아 인들이었다. 이어 진지가 함락되었다는 소식이 적의 전군에 퍼졌고, 실제로 바로 그때 불꽃이 일어났다. 스페인 인들이 공황에 빠졌다는 소식에 로마 인들의 사기가 따라서 올라갔고, 그들 역시 적 진지가 불타는 걸 보았다. 얼마 지나지 않아 켈티베리아 인들은 제대로 갈피를 못 잡고 흔들렸다. 하지만 패배할 경우 후퇴할 곳이 없었기에 전투

말고는 기대할 구석이 없었으므로, 그들은 전보다 더욱 완강한 모습을 보이며 다시 싸우려고 나섰다. 스페인 군의 중앙은 로마 5군단에 의해 엄청난 압박을 받고 있었지만, 그들은 로마 좌익을 상대로는 더욱 자신감 있게 앞으로 나섰다. 그곳은 자신들의 동족으로 현지 예비 부대를 배치한 로마 군 부분이었기 때문이다.

이내 로마 군 좌익은 뒤로 밀려날 판이었고, 그 순간에 7군단이 도와주지 않았더라면 스페인 군에게 압도되었을 것이었다. 전투가 격화되던 그 순간 아이부라를 지키고자 남긴 병력이 접근했고, 아킬리우스 역시 후방에서 접근하는 중이었다. 오랫동안 켈티베리아 인들은 양쪽에서 포위되어 공격을 받아 쓰러졌고, 여기서 살아남은 자들은 온 사방으로 도망쳤다. 두 기병 부대가 이런 탈주자들을 처리하기 위해 파견되었고, 그들은 스페인 병사들을 엄청나게 살육했다. 이날 2만 3천 명 정도 되는 스페인 병사들이 전사했고, 4천 7백 명이 붙잡혔으며, 5백 마리 이상의 말과 88개의 군기가 포획되었다.

로마 인들에겐 대승이었지만, 그들 역시 피를 흘리지 않은 건 아니었다. 두 군단에서 2백 명을 약간 넘는 병사들이 전사했으며, 라틴 지위를 지닌 동맹 부대에선 830명이 전사했다. 외국인 보조 부대에선 2천 4백 명 정도가 전사했다. 법무관은 승전군을 이끌고 진지로 돌아왔고, 아킬리우스에게 적의 진지에 그대로 머무르라고 지시했다. 다음날 적에게서 빼앗은 전리품이 한군데 집결되었고, 뛰어난 용맹을 보인 병사들은 전군이 모인 앞에서 상을 받았다.

33. 부상병들을 아이부라로 옮긴 뒤 플라쿠스는 군단과 함께 카르펜타니아를 통해 콘트레비아로 진군했다. 이 도시는 포위되자 켈티베리아 인들에게 도움을 요청했지만, 그들은 오는 데 오랜 시간이 걸렸다. 그들이 우물쭈물해서가 아니라 고향을 떠난 뒤에 계속 내렸

던 비와 불어난 강물로 도로가 엉망이라 도착이 늦어진 것이었다. 따라서 콘트레비아 인들은 도움을 받을 가망이 없자 로마 인들에게 항복하고 도시를 넘겼다. 켈티베리아 인들은 고향을 떠난 뒤 이런 항복 소식을 듣지 못한 상태였다. 호우가 약해지자마자 강을 건너는데 성공한 그들은 마침내 콘트레비아에 도착했다. 성벽 외부에 진지가 없는 걸 본 그들은 로마 군이 도시의 다른 쪽으로 움직였거나 물러났다고 추측했다. 따라서 그들은 대열이 흐트러진 채로 도시에 접근했고, 당연히 아무런 공격 대비책도 없었다. 로마 인들은 그들이 이렇게 오합지졸로 접근해오자 두 곳의 성문에서 출격하여 그들을 공격했고, 적은 곧바로 등을 돌려 도망쳤다.

하지만 그들이 로마 군의 공격을 버텨내지 못하고 도망치게 했던 그 상황이, 즉 하나로 뭉치지 않고 군기 주변에 듬성하게 퍼져 있던 상황이 도망칠 때 대다수의 목숨을 구했다. 왜냐하면 그들은 사방으로 흩어져 평원으로 도망쳤기 때문이었다. 로마 인들은 어디서도 포위 가능한 밀집된 병사들의 집단을 찾지 못했다. 사정이 그랬음에도 불구하고 스페인 군은 1만 2천 명 정도가 죽었고, 5천 명 이상이 포로가 되었으며, 4백 마리의 말과 62개의 군기가 포획되었다. 일행에서 떨어져 도망쳐서 고향으로 돌아가는 중이었던 자들은 도움을 주러 오던 중인 또 다른 켈티베리아 부대를 만나서, 콘트레비아의 항복 소식과 얼마 전 일어났던 참사 소식을 전하며 그들을 고향으로 돌려보냈다. 이런 소식을 들은 스페인 병사들은 곧장 자기 마을과 정착지로 되돌아갔다.

이어 플라쿠스는 약탈 원정을 하러 콘트레비아를 떠났다. 그는 군단을 이끌고 켈티베리아 일대를 따라 움직이며 대다수 켈티베리아 인이 항복할 때까지 수많은 방어 시설을 갖춘 정착지를 점령했다.

34. 이것이 그해(기원전 181년) 가까운 스페인에서 벌어졌던 일이었다. 더 멀리 떨어진 임지에선 법무관 만리우스가 루시타니아 인들을 상대로 여러 차례 군사적 성과를 거뒀다.

* * *

35. [기원전 180년] 아울루스 포스투미우스 알비누스와 가이우스 칼푸르니우스 피소가 집정관이던 해가 시작할 때 가까운 스페인에서 퀸투스 풀비우스 플라쿠스가 보낸 장교들이 집정관 아울루스 포스투미우스에 의해 원로원 회의에 참석했다. 참석자들은 참모 장교인 루키우스 미누키우스와 두 명의 천인대장 티투스 마이니우스와 루키우스 테렌티우스 마실리오타였다. 그들은 두 번의 승전과 켈티베리아 인들의 항복, 그리고 풀비우스에게 부여된 임무의 완수를 보고했다. 그들은 통상적으로 보내주던 병사들의 급료나 그해 군대를 위해 보냈던 곡물이 필요 없다고 덧붙였다. 또한 이런 성과를 내려주신 불멸의 신들께 경의를 표해야 한다고 원로원에 건의했고, 퀸투스 풀비우스가 임지를 떠날 때 수많은 전임 법무관들이 그랬던 것처럼 용맹한 복무로 법무관을 도운 군대를 함께 데리고 떠나는 걸 허락해야 한다고 제안했다. 그들은 이런 행동이 타당한 건 물론이고 사실상 불가피한 일이라고 말했다. 왜냐하면 병사들은 이제 단호히 현지를 떠나겠다고 주장하고 있어 더 이상 해당 임지에 그들을 묶어 두는 게 불가능하기 때문이었다. 그들에게 떠나는 것이 허락되지 않으면 무단으로 그곳을 떠날 가능성이 크며, 누군가 그들을 무슨 수를 써서든 그곳에 붙들어 두고자 한다면 끔찍한 반란을 일으킬지도 모른다고 예측했다.

원로원은 리구리아를 두 집정관의 임지로 결정했다. 법무관들은 추첨을 통해 임지를 정했다. 아울루스 호스틸리우스는 도시 법무관을, 티베리우스 미누키우스는 외국인에 관계된 사법권을, 푸블리우스 코르넬리우스는 시칠리아를, 가이우스 마이니우스는 사르데냐를, 루키우스 포스투미우스는 먼 스페인을, 티베리우스 셈프로니우스는 가까운 스페인을 맡게 되었다. 퀸투스 풀비우스의 후임자인 티베리우스는 베테랑 병력이 임지를 떠나는 걸 달갑게 여기지 않았기에 루키우스 미누키우스에게 이렇게 항의했다.

"루키우스 미누키우스, 그대가 풀비우스의 임무가 완수되었다고 보고했으니 하나 묻겠소. 그대는 켈티베리아 인들이 영구히 충성을 바칠 것이기에 이 임지를 군대 없이 지킬 수 있다고 생각하는 것이오? 이 부족민들의 충성에 관해 그대가 약속이나 장담을 우리에게 할 수 없다면, 또 우리가 그곳에 군대를 분명히 유지해야 한다고 그대가 생각한다면, 원로원이 대체 병력을 스페인으로 보내 신병들이 베테랑들과 뒤섞이는 동안 임무를 완수한 군인들을 제대시켜야 하겠소? 아니면 임지에서 베테랑 군단들을 물리고 아예 그곳에 보낼 새로운 군단들을 모집해야겠소?

신병들의 미숙한 모습은 스페인 인들보다 훨씬 말을 잘 듣는 원주민들도 반란을 일으킬 생각을 하게 만드오. 천성적으로 호전적이고 반항적인 자들이 있는 임지를 진압하는 건 말로는 쉽고 행동하기는 어려운 일이오. 적어도 내가 알고 있는 바로는 우리 월동 진지에 가까워 잘 제어되는 소수 공동체만 우리 통제를 받고 권위를 인정한다고 하오. 더 멀리 떨어진 지역은 무장을 하고 있소. 의원 여러분, 이런 상황에서 저는 이곳에서 미리 말하겠습니다. 저는 지금 그곳에 있는 군대와 함께 로마의 중대한 일을 수행할 것입니다. 하지만 플라쿠스가 군단들을 데리고 돌아온다면, 저는 평화가 확립된 지역을 월동 진지를 세울 곳으로 선택하겠습니다. 과도하게 호전적인 적에게 신병으로 이루어진 병력을 맞세울 수는 없습니다."

36. 루키우스 미누키우스는 자신은 물론 다른 누구도 켈티베리아 인들의 현재나 미래 의도를 예측할 수 없다는 말로 그 질문에 대답했다. 그래서 비록 평화가 확립되었지만, 통치를 받는 것에 아직 익숙하지 않은 원주민들이 있는 지역에 군대를 보내는 것이 전적으로 옳다는 걸 부정할 수 없다고 했다. 하지만 신병으로 이루어진 병력이 필요한지, 아니면 베테랑 병력이 필요한지의 문제는 켈티베리아 인들이 얼마나 충실히 평화를 유지할지, 또 베테랑 병사들이 해당 임지에 더 오래 남게 된다면 그들이 조용히 있을지 확실히 아는 사람만이 답할 수 있다고 했다. 그는 또한 장병들의 감정을 그들 사이의 대화나 사령관이 연설에서 큰 목소리로 내놓은 주장으로 미루어 추측할 수 있다면, 현재 지휘관을 그대로 임지에 남기거나 아니면 그와 함께 이탈리아로 오겠다는 게 장병들의 공개적인 뜻이라고 말했다.

법무관과 부장(副將)의 이런 논쟁은 집정관들의 발의로 중단되었다. 법무관의 군대에 관련된 문제를 처리하기 전에 자신들이 지휘할 병력을 제공받는 게 적합하다고 판단했던 것이다. 집정관들에게는 완전히 새로 모집한 군대를 제공하기로 결정되었다. 각자 기병대를 포함한 두 개의 로마 군단을 배정받게 되었고, 라틴 지위를 지닌 동맹국들이 제공하는 병사 수는 늘 그랬던 것과 같았다. 즉 1만 5천 보병과 8백 기병이었다. 이 군대를 인솔하여 그들은 리구리아의 아푸아니 인들과 전쟁을 치르게 되었다. 푸블리우스 코르넬리우스와 마르쿠스 바이비우스의 지휘권은 연장되었고, 집정관들이 도착할 때까지 지휘권을 그대로 행사하라는 지시가 내려갔다. 그들은 집정관들이 도착하면 휘하 병력을 제대시키고 로마로 돌아올 것이었다.

원로원은 이어 티베리우스 셈프로니우스의 군대 문제를 논의했다. 집정관들은 그를 위해 5천 2백 보병과 4백 기병으로 구성된 새로운 군단을 모집하고 라틴 지위를 지닌 동맹국들에서 7천 보병과 3백 기병을 요구할 권한을 부여받았다. 이 병력과 함께 티베리우스 셈프로니우스가 가까운 스페인으로 부임하는 것이 원로원의 뜻이었다. 퀸투스 풀비우스는 원로원 허가를 통해 스푸리우스 포스투미우스와 퀸투스 마르키우스가 집정관을 하던 해(기원전 186년) 이전에 스페인으로 갔던 로마 시민들이나 동맹국 시민들을 전부 제대시킬 것이었다.

이외에도 그는 켈티베리아 인들과 치른 두 번의 전투에서 용맹한 전과로 큰 도움을 준 병사들을 자신과 함께 데려올 수 있는 재량권을 허락받았다. 그는 대체 병력이 도착하여 두 군단의 인원, 즉 1만 4백 보병과 6백 기병에 더해 라틴 지위를 지닌 동맹의 1만 2천 보병과 6백 기병 등 정규 병력을 초과하는 병력을 확보했을 때 이 제대시키는 재량권을 행사할 수 있었다. 또한 그가 로마의 중대사를 성공적으로 수행했기에 원로원은 공공 감사제를 치르기로 결정했다.

* * *

39. 같은 해(기원전 180년) 후임자가 스페인에 도착하는 것이 연기되어 집정관 대리 풀비우스 플라쿠스는 휘하 병력을 인솔하여 월동 진지에서 나와 아직 주민들이 항복하지 않은 켈티베리아의 더 먼 지역을 약탈하기 시작했다. 이런 움직임에 주민들은 겁먹기보다 전의가 더욱 불타올랐다. 그들은 은밀히 병사들을 모아 만리아 고갯길을 봉

쇄했다. 로마 인들이 이곳으로 진군하리라는 것을 그들은 무척 잘 알고 있었다. 그라쿠스는 동료 법무관 루키우스 포스투미우스 알부리우스가 가까운 스페인으로 출발하게 되자 이런 부탁을 했다. 그곳의 퀸투스 풀비우스에게 타라코로 휘하 병력을 이끌고 와달라는 말을 전달하라는 것이었다. 그라쿠스는 타라코에서 베테랑들을 제대시키고, 대체 병력을 배치하고, 전군을 재편성할 계획이었다.

플라쿠스 역시 후임자가 도착하는 날—곧 도착할 것으로 예상—을 공식적으로 알게 되었다. 이 소식을 접하자 그는 시작했던 원정을 포기할 수밖에 없었고, 서둘러 휘하 병력을 켈티베리아에서 빼내기 시작했다. 이런 움직임의 원인을 모르던 원주민들은 로마 사령관이 그들이 반란을 일으키기 위해 병사들을 은밀히 모으고 있다는 사실을 알고서 두려워 물러나는 것으로 판단했다. 따라서 그들은 더욱 싸우려는 열의를 불태우며 고갯길을 봉쇄했다. 로마 군이 동이 틀 때 고갯길로 들어오자 적은 갑자기 동시에 양쪽의 매복처에서 나타나 로마 인들을 공격했다.

풀비우스는 적의 그런 움직임을 보고서 우선 백인대장들을 통해 지시를 내렸다. 모두 걸음을 멈추고 각자 대열을 이뤄 적절히 자기 위치를 잡고 무기를 들 준비를 하라고 했다. 그렇게 하여 풀비우스는 부대의 혼란을 진정시켰다. 그는 모든 짐과 등짐 동물을 한 곳에 모으게 했다. 이어 그는 시간과 장소가 요구하는 바에 따라 전 병력을 적절히 전개했다. 이 모든 일이 어떠한 동요도 없이 완료되었고, 일부 작전은 사령관의 개인적인 지휘를 통해, 나머지는 장교들과 천인대장들의 지시에 의해 이루어졌다.

풀비우스는 장병들에게 지금 싸우려는 자들은 이미 두 번이나 항복했던 자들이며, 용기와 기백보다는 악행과 기만을 믿고서 무모하게 나선 것이라고 했다. 그는 적군이 이탈리아로의 수치스러운 귀환을 화려하고 기억에 남을 만한 작전으로 바꿔줬다고 하면서 로마 군은 적을 벤 승리의 칼과 피가 뚝뚝 떨어지는 전리품을 가지고 로마로 돌아갈 것이라고 했다.

하지만 급박한 상황 때문에 그는 더 이상 말을 하지 못했다. 적군이 로마 인들을 향해 돌진해 오고 있었고, 가장 멀리 떨어진 측면에선 이미 전투가 시작되었다. 로마 군은 전투 대형을 갖추고 교전에 들어갔다.

40. 모든 곳에서 전투는 격렬했지만, 전쟁의 운명은 서로 달랐다. 군단병들은 훌륭하게 싸웠고, 두 동맹 부대도 똑같이 인상적인 교전을 했다. 하지만 현지에서 모집한 예비 부대는 똑같은 장비를 갖췄지만 훨씬 더 나은 자질의 전사들로 구성된 켈티베리아 인 부대를 상대로 곤경에 처해 있었고, 공격을 버텨낼 수 없었다. 켈티베리아 인들은 전면전에서 전투 대열을 갖춘 로마 군단병들과 상대가 되지 않는다는 걸 깨닫고 쐐기꼴 밀집 대형으로 공격을 가했다. 이들이 구축한 전투 대형은 무척 강력하여 어느 곳이든 그들이 공격하는 곳은 충격을 버텨내지 못했다. 이때 군단들조차 흔들렸고, 전열은 거의 무너지고 있었다.

이런 혼란을 지켜본 플라쿠스는 군단 기병대로 달려가 이렇게 소리쳤다. "자네들의 도움이 없으면 우리 군은 끝장이네!" 그러자 이에 답하듯 사방에서 기병들이 외쳤다. "왜 원하는 바를 말씀하지 않으십니까?" 그들은 명령을 빠르게 수행하겠다며 사령관을 안심시켰다. "모여 보게. 두 군단의 기병대인 제군은 우리 장병들을 밀어내고 있는 적의 쐐기꼴 대형을 향해 말을 몰아 달려들어야 하네. 제군의 돌격은 고삐를 풀고 전속력으로 말을 달리게 하면 더욱 큰 위력을 발휘할 것이야. 우리 로마 기병대가 종종 더욱 큰 명성을 얻고자 이런 일을 가끔 했다는 역사도 전해지고 있네."[14]

로마 군 기병대는 사령관의 명령에 복종하여 고삐를 풀고 이리저리 움직이며 적의 대형에 두 번 달려들어, 많은 적을 죽이고 모든 적의 창을 부러뜨렸다. 모든 기대를 건 쐐기꼴 대형이 붕괴되자 켈티베리아 인들은 완전히 흔들렸다. 그들은 사실상 전투를 포기했고, 도망칠 기회를 엿보았다. 그러는 사이 동맹군 기병대는 로마 기병대의 인상적인 업적을 지켜봤다. 그들은 로마 군 기병대의 용맹에 전의가 불타올라 명령을 기다리지도 않고 붕괴된 적진에 말을 몰아 달려들었다. 이제 모든 켈티베리아 인이 쏟아지듯 마구 도망쳤다. 로마 사령관은 적의 달아나는 등을 쳐다보면서 포르투나 에퀘스트리스 신전을 봉헌하고, 지고의 신 유피테르에게 감사의 게임을 바치겠다고 맹세했다.

켈티베리아 인들은 협곡 전체를 따라 흩어져 도망치면서 로마 군의 공격을 받아 우수수 쓰러졌다. 보고된 바에 따르면 1만 7천 명의 적이 그날 전사했다. 3천 7백 명이 산 채로 붙잡혔고, 77개의 군기와 6백 마리 정도의 말이 포획되었다. 승전군은 그날 밤은 진지에 머물렀다. 비록 승리를 거두었지만, 피해가 없던 건 아니었다. 472명의 로마 군인이 전사했고, 라틴 지위를 지닌 동맹 군인 1,019명과 예비 부대 3천 명도 전사했다. 승전군은 이렇게 하여 예전의 영광을 새로 갱신하면서 타라코로 향했다.

이틀 전에 타라코에 도착한 법무관 티베리우스 셈프로니우스는

---

14 기병대의 관련 역사를 위해서는 리비우스 『로마사』 4권 19장, 또 35권 11장에서는 누미디아의 기병대가 쐐기꼴 밀집 대형을 깨뜨렸다는 얘기가 나온다.

다가오는 풀비우스를 맞이하러 행렬을 갖추어 나섰고, 그를 만나자 나라를 위해 뛰어난 성과를 거둔 것을 축가했다. 어떤 병사를 제대시키고 어떤 병사를 부대에 남겨야 하는지를 결정할 때 두 사람은 완벽한 의견의 일치를 보았다. 이후 풀비우스는 제대한 병력을 승선시키고 로마로 떠났고, 셈프로니우스는 군단들을 이끌고 켈티베리아로 나아갔다.

* * *

[기원전 179년 집정관: 퀸투스 풀비우스 플라쿠스, 루키우스 만리우스 아키디누스]

45. 이어 감찰관 선거가 열렸고, 당선인은 폰티펙스 막시무스(대사제)인 마르쿠스 아이밀리우스 레피두스와, 아이톨리아 인들을 상대로 승리를 거둔 마르쿠스 풀비우스 노빌리오르였다. 이 두 고관 사이엔 불화가 있었고, 그들은 원로원과 민회에서 자주 험악한 말다툼을 벌이면서 수도 없이 그런 불편한 관계를 노골적으로 드러냈다. 선거가 끝나자 감찰관들은 오랜 관습에 따라 캄푸스 마르티우스의 마르스 제단 근처 대관 의자에 앉았는데, 이때 갑자기 주요 원로원 의원들이 시민 무리와 함께 그곳에 나타났고, 주요 의원 퀸투스 카이킬리우스 메텔루스가 이렇게 말했다.

46. "감찰관들이여, 우리는 조금 전 모든 로마 인에 의해 당신들이 우리 행동을 통제할 권위를 부여받았으며, 우리가 당신들로부터 권고와 지시를 받아야 함을 잊지 않았습니다. 그럼에도 불구하고 우리는 모든 훌륭한 사람을 화나게 하는 것, 아니면 적어도 그런 훌륭한

사람들이 당신들 두 사람이 변화하길 바라는 모습을 지적하지 아니할 수 없습니다. 마르쿠스 아이밀리우스와 마르쿠스 풀비우스, 당신들을 별개로 보면, 다시 투표를 하게 되더라도 당신들보다 나은 인물을 시민들 사이에서 찾을 수 없습니다.

하지만 두 사람이 같이 있는 모습을 볼 때 우리는 이런 생각을 하지 않을 수 없습니다. 두 사람은 함께 있을 때 유감스러운 조합입니다. 우리는 당신들 두 사람을 아주 좋아하지만 그것은 별 소용이 없고, 당신들 두 사람이 서로 미워하는 것이 국가에 큰 피해를 주고 있습니다. 오랜 세월 두 사람은 스스로에게도 해롭고 끔찍한 불화를 계속 이어 왔습니다. 오늘 이후로는 두 사람의 불화가 단순히 두 사람의 문제로 그치지 않고 우리 시민들과 공동체에 더욱 해로울지 모르는 위험이 있을 겁니다. 이런 두려움을 느끼는 이유에 관해 나는 많은 생각을 해봤고, 두 사람의 마음을 장악한 분노를 어느 정도 달랠 수 있다면 그런 불화도 다스릴 수 있는 게 아닐까 하고 생각되었습니다.

우리는 한목소리로 두 사람에게 간청합니다. 이 신성한 장소에서 다툼을 끝내고, 로마 인들이 투표를 통해 결합시킨 두 사람이 동료애로서 조화를 이뤄 우리 시민들과 일체가 되어주십시오. 하나가 된 마음과 하나가 된 정책으로 두 사람은 원로원 명단을 작성하고, 기병들을 점검하고, 인구 조사를 수행하고, 정화를 위한 희생 의식을 치러주십시오. 거의 모든 기원 형태에서 두 사람은 '이 일이 나와 내 동료에게 성공으로 끝나기를'이라는 문구를 말하게 될 것인데, 두 사람이 진정으로 마음을 다하여 이런 문구가 충족되는 걸 바라고, 우리 시민들 역시 두 사람이 신들에게 전한 기원이 진정으로 두 사람이 원하는 바라고 믿을 수 있게 해주십시오.

티투스 타티우스와 로물루스는 도시를 조화롭게 통치했는데,[15] 두 사람은 전에 도시의 포룸 중앙에서 적으로 만나 전투를 하기도 했습니다. 이런 고사에서 보듯이 불화뿐만 아니라 전쟁조차 끝이 납니다. 원수가 종종 충실한 동맹이 되고, 때로는 더 나아가 동료 시민이 되기도 합니다. 알바가 파괴되었을 때 알바 인들은 로마로 왔습니다. 라틴 인들과 사비니 인들도 시민권을 받았습니다. 내용이 진실이라 속담이 된 말도 있지 않습니까. '우리 우정은 불멸할 것이지만, 우리 원한은 반드시 사라질 것이다.' 그러니 두 분은 반드시 이렇게 되어야 하겠습니다."

이 말에 동의의 함성이 울려 퍼졌고, 모인 군중 모두가 한목소리로 똑같은 호소를 하자 카이킬리우스의 발언이 중단되었다. 이어 아이밀리우스는 발언에 나서서 여러 차례 불만을 표시했다. 특히 그는 마르쿠스 풀비우스의 방해 때문에 두 번이나 당선이 확실한 집정관 선거에서 낙선했다고 불평했다. 그러자 풀비우스는 자신이 항상 아이밀리우스에게 괴롭힘을 당했으며, 스폰시오(sponsio:공탁금)를 걸고 송사를 통해 결백을 밝혀야 했던 일 때문에 자신이 수치를 당했다고 항의했다.

하지만 두 사람은 각자 상대가 그럴 의향이 있다면 모든 주요 시민의 뜻에 따를 준비가 되어 있다는 뜻을 밝혔다. 그 자리에 있는 모든 사람들의 다급한 요청에 두 사람은 악수하고 우호 관계를 맺겠다고 맹세했다. 진심으로 그들은 상호 간 증오를 버리기로 했다. 이어 모든 이의 갈채를 받으며 두 사람은 군중의 호위를 받으면서 카피톨리

---

15 두 통치자의 화해는 사비니 여인들의 납치 후에 벌어진 것인데 이에 대해서는 리비우스 『로마사』 1권 10장 참조.

움으로 향했다. 원로원은 이 어려운 상황 속에서 주요 시민들이 보여 준 염려와, 감찰관들이 드러낸 온화함을 특별히 칭찬하고 존경의 뜻을 표시했다. 이후 감찰관들은 공공사업에 쓸 자금을 배정해달라고 요청했고, 이에 그 목적에 사용될 한 해의 재원이 결정되었다.

47. 같은 해(기원전 179년) 스페인에 있던 두 법무관 루키우스 포스투미우스 알비누스와 티베리우스 셈프로니우스 그라쿠스는 서로 의논하여 알비누스는 루시타니아를 거쳐 바카에이 인들을 향해 진군하여 켈티베리아로 돌아오고, 그라쿠스는 켈티베리아에서 전쟁이 예상보다 심각한 것으로 판명되면 켈티베리아의 가장 먼 지역까지 뚫고 들어가기로 했다. 그라쿠스는 우선 야간 기습을 통해 문다라는 도시를 점령했다. 그 도시로부터 인질을 받고 그곳에 주둔군을 배치한 뒤 켈티베리아 인들이 케르티마라 부르는 또 다른 강력한 도시에 도착할 때까지 그라쿠스는 계속 정착지들을 공격하고 농촌 지역을 불태웠다. 그가 케르티마(Certima) 도시에 공성 도구들을 이동시키는 중에 도시에서 사절단이 그를 만나러 왔다.

이 사절단의 어조는 옛 사람들의 방식대로 간단하면서도 통명한 것이었다. 그들은 저항할 수단이 있었더라면 싸웠을 것이라는 의도를 전혀 숨기지 않았다. 그들은 도움을 청하고자 켈티베리아 인들의 진지로 갈 테니 허락해달라고 했고, 도움을 받지 못하면 켈티베리아 인들과 관계 없이 자신들끼리 알아서 처리하겠다고 했다. 그라쿠스는 이를 허락했고, 그들은 켈티베리아 인들을 향해 떠났다. 며칠 뒤 돌아온 그들은 10명의 다른 사절과 함께 왔는데, 때는 한낮이었다. 처음에 그들이 법무관에게 요청한 단 한 가지는 그들에게 술을 내어주라고 명령해달라는 것이었다. 첫 잔을 들이킨 뒤 그들은 두 번째 순배를 요구했고, 이는 구경꾼들에게 무척 우스꽝스러운 광경이었다. 그들은 사절들의 세련되지 못한 기질과 사절로서 갖춰야 할 행동에 무지한 모습에 다들 웃음을 터뜨렸다. 이어 사절단 중 상급자가 이렇게 말했다.

"우리는 그대들이 우리를 공격함에 있어 대체 무엇에 의지하고 있는지 알아내려고 우리 부족이 보내서 왔소." 이 질문에 그라쿠스는 비범한 자질을 자랑하는 군대에 의지하고 있으므로 자신 있게 공격에 나섰다고 답했다. 그는 사절단이 동족에게 더욱 정확하게 보고하기 위해 로마 군대를 살펴보길 바란다면 기꺼이 그럴 기회를 주겠다고 했다. 그래서 그는 천인대장들에게 보병과 기병을 모두 완전 무장한 상태로 불러와 그 상태로 열병식을 거행하라고 지시했다. 이런 장관을 본 뒤 사절단은 물러갔고 동족에게 돌아가서는 포위된 도시를 도우러 지원군을 보내는 것을 단념시켰다.

케르티마 주민들은 합의된 도움 요청의 신호를 보내기 위해 밤에 탑에 불을 피웠지만, 헛된 일이었다. 구원군이라는 유일한 희망이 사라지자 그들은 항복했다. 법무관은 보상금으로 2만 4천 눔미(세스테르티우스)를 그 도시에서 받아냈고, 40명의 가장 고귀한 신분인 기사도 요구하여 로마 군에서 복무하도록 했다. 엄밀히 말하면 군에 복무하게 될 것이므로 인질은 아니었지만, 사실상 그 도시 주민들의 충성을 보장하기 위해 잡아놓은 것이었다.

48. 그라쿠스는 이어 그곳에서 알케(Alce)라는 도시로 나아갔는데, 이곳은 최근 사절들을 보내온 켈티베리아 인들의 진지가 있는 곳이었다. 며칠 동안 그는 적의 전초 기지들에 경무장 부대를 보내어 여러 차례 소규모 접전을 벌임으로써 적을 괴롭혔다. 이후 그는 적의 전군을 방어 시설 밖으로 끌어낼 의도로 더 큰 규모의 부대로 매일 적과 교전했다. 충분히 이 목적을 달성했다는 생각이 들자 그는 예비

부대 지휘관들에게 명령하여 마치 우월한 적의 수에 압도되기라도 한 것처럼 공격의 압박을 줄이고, 진지로 갑작스럽고 무질서한 모습으로 도망치는 모습을 연출하라고 지시했다.

이런 양동작전이 전개되는 동안에 그라쿠스는 모든 문에 병력을 배치했다. 이내 그는 미리 정해 놓은 대로 아군이 무리를 지어 도망치고, 그 뒤를 원주민들이 통제되지 않은 채로 추격하는 모습을 지켜봤다. 방어벽 뒤에 전열을 배치했던 건 바로 이런 상황에서 나서기 위한 것이었다. 따라서 도망치는 아군 장병이 열어놓은 입구를 통해 진지로 복귀하기를 기다린 뒤 그는 함성을 질렀고, 동시에 모든 문에서 로마 군이 출격했다. 적은 이 기습 공격에 버티지 못했다. 그들은 로마 군 진지를 점령하러 왔지만, 이제 자신들의 진지조차 지킬 수 없게 되었다. 곧바로 무너져 패주하여 이내 방어벽 내부에서 공황에 빠진 상태가 되었기 때문이었다. 결국 그들은 진지마저 빼앗겼다. 그날 9천 명의 적이 죽었으며, 320명이 산 채로 붙잡혔다. 112마리의 말과 37개의 군기가 포획되었다. 로마 군에선 109명이 전사했다.

49. 이 전투 이후 그라쿠스는 군단들을 이끌고 켈티베리아를 황폐화했다. 광범위한 지역에서 약탈 작전을 벌이는 동안 부족들은 로마에 굴복하게 되었는데, 몇몇은 자발적으로, 다른 몇몇은 두려움에 몰려 그런 결정을 내렸다. 법무관은 그렇게 며칠 만에 103개 도시에게서 항복을 받아냈고, 막대한 양의 전리품을 탈취했다. 이어 그는 휘하 병력을 시작점인 알케로 이동시켜서 그 도시를 공격하기 시작했다. 주민들은 로마 군의 첫 공격을 버텨냈지만, 후에 공성 도구들과 휴대용 병기의 공격을 받고는 도시를 지키는 걸 단념하고 요새로 물러났다. 하지만 그곳에서조차 희망이 없자 그들은 로마 인들에게 대표들을 보내어 항복했고, 그들 자신과 모든 소유물을 로마 군의 처분

에 맡겼다.

로마 군은 그곳에서 엄청난 전리품을 얻었고, 수많은 주요 인물도 포로로 붙잡았다. 이런 포로 중엔 투루스의 아들 둘과 딸 하나가 있었다. 투루스는 그 부족들의 족장이었고, 그때까지 스페인에서 가장 유력한 토호였다. 자신의 부족에 이런 참사가 닥쳤다는 걸 들은 그는 사절들을 보내 그라쿠스를 만나러 진지로 올 때 안전 통행을 보장해달라고 간청했고, 이것이 허락되자 그는 로마 군 진지에 도착했다. 우선 그는 그라쿠스에게 자신과 아이들을 살려줄 것인지를 물었다. 법무관이 살려주겠다고 답하자 그는 자신이 로마 군을 도와도 되는지를 물었다. 그라쿠스가 이를 허락하자 투루스는 이렇게 말했다.

"그렇다면 나는 당신을 따르겠소. 나의 오랜 동맹을 상대할 때 내가 있으면 그들도 무기를 들기 무척 곤란할 것이니."

그때부터 그는 로마 인들을 따랐고, 용맹하고 충실하게 로마 군을 지원하여 수많은 경우에 큰 도움이 되었다.

50. 이런 일이 있은 뒤 어느 정도 명성이 있던 튼튼한 도시 에르가비카(Ergavica)가 로마 인들에게 성문을 열었다. 그들은 인근 다른 도시의 주민들이 겪은 참사에 겁먹은 상태였다. 몇몇 역사가들은 이런 도시들의 항복이 온전하게 이루어지지 않았다고 주장했다. 그라쿠스가 어떤 지역에서 군단들을 물리면 즉시 반란이 일어났고, 나중에 카우누스 산에서 대규모 전투가 벌어졌다. 그라쿠스는 켈티베리아 인들과 동이 틀 때부터 여섯 시간 동안 회전을 벌였고, 양쪽 모두 많은 사상자를 냈다. 로마 인들이 거둔 성과는 그날 승리라고 말하기에는 확실치 못한 것이었다. 다음날 로마 인들은 방어벽 안에 머무르는 적을 괴롭혔고, 종일 전리품을 모으며 보냈다.

셋째 날이 되자 또 다른 대규모 전투가 벌어졌고, 이번엔 켈티베리아 인들이 크게 패배했고 그들의 진지는 함락되고 약탈되었다. 이런 내용을 전한 역사가들은 2만 2천 명의 적이 전사했으며, 3백 명이 넘는 자가 포로로 붙잡혔고, 포로와 같은 수의 말과 72개의 군기가 포획되었다고 기록했다. 그들은 이후 전쟁이 끝났으며, 켈티베리아 인들이 이전처럼 면종복배(面從腹背)하면서 충성하는 것이 아니라 진정으로 로마에 충성하게 되었다고 전했다.

또한 그들은 같은 해(기원전 179년) 여름 루키우스 포스투미우스가 바카에이 인들을 상대로 두 번의 전투에서 주목할 만한 성과를 거두면서 3만 5천 명 정도의 적을 죽이고 적의 진지를 약탈했다고 기록했다. 하지만 그가 임지에 너무 늦게 도착하여 그해 여름 아무런 공도 세우지 못했다는 것이 더 진실에 가까운 이야기이다.

* * *

54. 같은 해(기원전 179년) 마케도니아 인들의 왕 필리포스가 죽었다. 그는 고령으로 지치고, 아들의 죽음 이후 비탄에 빠져 쇠약한 상태였다.[16] 데메트리아스에서 겨울을 보내는 중이던 왕은 죽은 아들로 인한 슬픔과 자신의 잔혹한 처사에 대한 후회로 마음이 어지러웠다. 그는 또한 다른 아들의 태도 때문에 더욱 마음이 괴로웠다. 페르세우스는 이미 자신이 생각할 때나 다른 사람들이 보기에 의심할 여지 없는 왕이었고, 모든 사람의 눈이 그에게 집중되어 있었다. 이외에도 필리포스는 고령 때문에 자신이 버림받았다는 생각으로 고통스러워했

16 필리포스는 이 무렵 59세였다. 디오도루스, 플루타르코스, 유스티누스 같은 역사가들은 왕의 사인이 슬픔이라고 기술했다.

다. 사람들은 그의 죽음을 기다리는 중이었고, 일부는 아예 기다리는 것조차 하려 들지 않았다. 이것이 바로 늙은 왕을 괴롭히는 주된 원인이었다.

이것은 에케크라테스의 아들인 안티고노스에게도 걱정거리였다. 그의 이름은 필리포스의 후견인이자, 스파르타의 클레오메네스에게 승리한 전투로 명성을 날린 삼촌 안티고노스 도손[17]의 이름을 딴 것이었다. 그리스 인들은 안티고노스 도손에게 '후견인'이라는 별명을 붙였는데, 이는 같은 이름의 다른 왕들과 구분하기 위한 것이었다. 그의 조카 안티고노스는 부패하지 않고 유일하게 남은 필리포스의 고위 '왕족 고문'이었다. 필리포스 왕에게 이처럼 충성을 바치는 안티고노스는 전에도 자신의 친구가 아니었던 페르세우스를 원수처럼 여기게 되었다.

안티고노스는 페르세우스가 왕위를 이으면 자신에게도 커다란 위험이 닥칠 것으로 예측했다. 왕의 마음이 흔들리고 있다는 점을 깨닫고, 또 그가 때때로 아들 데메트리오스를 잃은 걸 한탄한다는 걸 알게 되자마자 그는 왕이 슬픔을 겉으로 표현하는 걸 은근히 부추기고, 그런 슬픔의 표시를 자신도 따라하기 시작했다. 그는 왕의 곁에 머무르며 기꺼이 그의 이야기를 들어주었고, 때때로 왕에게 후회하는 신중하지 못한 행동을 털어놓도록 했다. 보통 진실은 그 모습을 드러내기 위해 많은 단서를 제공하는데, 안티고노스는 모든 관련 사실들이

17 안티고노스 도손은 기원전 229년 데메트리아스 2세가 사망하자 필리포스의 후견인이 되었다. 데메트리아스 2세의 미망인인 프티아(필리포스의 어머니)는 도손과 재혼했다. 그래서 안티고노스는 필리포스의 사촌이 된다. 기원전 227년 도손은 왕족 호칭을 취했고 아카이아 연맹을 지원했으며 기원전 222년에 셀라시아 전투에서 스파르타의 클레오메네스를 패배시켰다.

폭로되는 과정을 촉진시키기 위해 온갖 노력을 다 했다. 아펠레스와 필로클레스는 특히 그 범죄에 깊이 연루되었다는 의심을 받았는데, 그들이 사절 자격으로 로마에 갔었고, 데메트리오스에게 치명적 증거가 되었던 플라미니누스 명의의 가짜 서신을 가져왔기 때문이었다.

55. 왕궁에서 보편적으로 소곤거리며 하는 이야기에 따르면 서신이 가짜이며, 필경사가 위조하여 작성한 것에다 인장도 위조되었다는 것이었다. 하지만 그런 사실은 여전히 명확한 증거라기보다는 의혹의 문제로 남았다. 이때 안티고노스는 크시코스[18]를 만나게 되었고, 그를 체포하여 왕궁으로 데려왔다. 그를 잘 감시하게 조치하고 안티고노스는 필리포스를 만나러 가서 이런 말을 전했다.

"신은 폐하와 많은 이야기를 나누며 알게 된 것이 있습니다. 그건 바로 폐하께서 두 왕자 전하에 관한 모든 사실을 알게 되고, 누가 한쪽의 기만적인 음모의 대상이 되었는지 확실히 알게 되는 걸 무척 가치 있게 생각하신다는 것이지요. 온 세상에서 단 한 사람만이 이런 꼬여버린 혼란의 매듭을 풀 수 있는데, 이제 그자가 바로 폐하의 손안에 있습니다. 그자의 이름은 크시코스로, 우연히 기회가 생겨 제가 붙잡아 왕궁으로 데려왔습니다. 명령하시면 불러오겠습니다."

왕 앞에 불려온 크시코스는 처음에는 아무것도 모른다고 딱 잡아떼며 버텼다. 하지만 그처럼 부정할 때 워낙 우유부단한 모습을 보였기에 조금만 겁을 줘도 기꺼이 증언할 것 같았다. 실제로 그는 고문

18 크시코스는 앞에서 이름이 나오지 않는 인물이다. 안티고노스가 필리포스 왕에게 문제를 해결해줄 인물이라고 보고한 것으로 보아, 플라미니누스의 가짜 편지를 작성한 필경사였을 것으로 짐작된다.

하는 자와 채찍을 보여주는 것만으로도 버티지 못하고 사절들의 범죄를 모두 상세하게 토로하고, 자신이 맡은 역할도 말했다. 이에 해당 사절들을 체포할 요원들이 곧장 파견되었고, 왕궁에 있던 필로클레스가 먼저 붙잡혔다. 아펠레스는 카이레아스라는 요원이 잡으러 파견되었는데, 크시코스가 일의 전말을 알렸다는 소식을 듣자 이탈리아로 건너갔다. 필로클레스에 관한 확실한 정보는 밝혀진 바가 없다. 어떤 이는 그가 공모를 자신 있게 부인하다 크시코스가 끌려나오는 걸 보고 더는 버티지 못했다고 전했다. 하지만 다른 이는 그가 고문을 당하는 중에도 공모를 계속 부정했다고 기록했다. 필리포스의 슬픔이 새로 시작된 건 물론이고 그 강도도 곱절이 되었다. 그는 두 아들 문제로 깊은 불행을 느꼈고 다른 아들(페르세우스)이 아직 살아 있기에 그의 슬픔은 더욱 커졌다.

56. 페르세우스는 모든 게 발각되었다는 보고를 받았다. 하지만 자신의 입지가 무척 강력하여 도망칠 필요는 없다고 생각했다. 그는 단지 아버지가 살아 있는 동안에 부왕과 멀찍이 거리를 두고 부왕의 타오르는 분노에서 자신을 지키는 일에만 신경썼다. 장남을 붙잡아 처벌한다는 희망이 좌절되자 필리포스는 자신에게 열린 유일한 방법에 집중했다. 그것은 페르세우스가 처벌받지 않는 대신에 그 범죄의 이득(즉위)을 누리지 못하게 처리하는 것이었다. 따라서 그는 안티고노스에게 살인 사건을 밝혀낸 일로 자신이 빚을 졌으며, 자신이 생각하기로는 그의 삼촌 안티고노스 도손의 명성을 고려하면 마케도니아 인들이 그를 왕으로 받들더라도 수치스럽거나 후회할 이유가 전혀 없다고 보았다. 그리하여 필리포스는 이렇게 말했다.

“내 친구여, 다른 아비라면 절대로 없었으면 하는 게 자식을 먼저 떠나보내는 일이지만, 내겐 이젠 그게 정말로 바라는 일처럼 느껴지는구려. 그대의 삼촌은 후견인으로서 충실했을 뿐만 아니라 용맹하기까지 했고, 이 왕국을 안전하게 보존한 건 물론이고, 왕국을 더욱 확장시킨 상태로 내게 물려주었소. 나는 이제 그대에게 이 왕국을 물려줄까 하오. 그대야말로 왕좌에 앉을 만한 자격이 되는 유일한 사람이오. 왕위를 물려받을 자격이 있는 자가 없다면 페르세우스 놈이 그런 기만적인 범죄의 포상으로서 이 왕국을 차지하는 것을 보느니, 차라리 이 왕국 자체가 무로 돌아가는 것이 더 낫소. 데메트리오스가 앉아야 마땅했을 그 자리에 그대가 대신 앉는다면 죽은 아들이 살아나 다시 내게로 돌아올 것만 같소. 무고한 자의 죽음을 슬퍼하고, 내 불행한 실수에 눈물을 흘린 사람은 그대밖에 없기 때문이오."

안티고노스에게 이런 말을 한 뒤 필리포스는 자신의 친구에게 온갖 영광과 명예를 아낌없이 내려서 그를 고귀한 사람으로 만들었다. 페르세우스가 트라키아에 없는 사이 왕은 마케도니아 도시들을 방문했고, 안티고노스를 주요 지도자로 추천했다. 그가 좀 더 오래 살았더라면 틀림없이 안티고노스에게 왕위가 돌아갔을 것이었다. 하지만 데메트리아스에서 떠난 이후 왕은 테살로니카에서 무척 오래 일정을 지체했다. 마침내 그곳을 떠나 암피폴리스에 도착했을 때 그는 중병을 앓게 되었다. 그의 병은 육체적인 것이라기보다 정신적인 것이었고, 살해된 무고한 아들의 유령에게 시달리며 근심걱정과 수면 부족 때문에 마침내 죽음을 맞이하게 되었다. 죽음으로 가는 동안에도 왕은 페르세우스에게 끔찍한 저주를 퍼부었다.

이런 갑작스러운 죽음에도 불구하고 안티고노스는 왕과 가까이 있었거나 왕의 죽음이 지체없이 공표되었다면 왕위를 이을 수도 있었을 것이다. 왕을 치료하던 궁중 의사 칼리게네스는 왕의 죽음을 기다리지 않고 그의 상태가 가망이 없다는 징후를 확인하자마자 미리 정한 바에 따라 페르세우스에게 사자들을 보냈고, 이들은 말을 갈아타며 페르세우스에게로 가서 현황을 보고했다. 또한 궁중 의사는 페르세우스가 도착할 때까지 왕궁 밖에 왕의 죽음이 알려지지 않도록 숨겼다.

57. 이렇게 하여 페르세우스는 다른 모든 사람들이 상황을 전혀 모르게 만들 수 있었다. 그리하여 페르세우스는 범죄를 저질러 얻은 왕좌에 올랐다.

필리포스의 죽음은 로마와의 전쟁 발발을 미루고 그 전쟁에 투입될 자원을 보류해야 할 때에 맞추어 아주 시의적절하게 찾아왔다. 며칠 뒤 바스타르나이 부족이 왕의 거듭된 권유에 고향을 떠나 많은 보병과 기병의 무리를 이끌고 도나우 강을 건넜기 때문이었다. 안티고노스와 코토는 이런 사실을 한시 바삐 왕에게 전하러 떠났다. (코토는 바스타르나이 부족 주요 인물이었고, 안티고노스는 필리포스의 조신 중 한 사람으로 종종 코토와 함께 움직여 바스타르나이 부족을 선동하게 하는 일을 맡았다.) 암피폴리스로부터 멀지 않은 곳까지 왔을 때 두 사람은 처음엔 필리포스가 죽었다는 소문을 들었고, 이어 공식 소식을 듣게 되었다.

이 일은 생전의 필리포스가 계획한 일정을 전부 틀어지게 했다. 원래 합의된 방식은 필리포스가 바스타르나이 부족이 무사히 트라키아를 지나갈 수 있게 하고, 그들의 여정에 필요한 보급품을 대는 것이었다. 이 일을 실현하고자 필리포스는 트라키아 족장들에게 선물을 건네며 지원을 부탁했고, 바스타르나이 부족이 평화롭게 그들의 영토를 지나갈 거라고 약속했다.

필리포스의 의도는 다르다니아 인들을 몰아내고 그들의 영토를 바스타르나이 부족에 내어주는 것이었다. 이런 계획엔 두 가지 이점이 있었다. 하나는 마케도니아에 늘 지독히 적대적이고, 마케도니아 왕들의 불운한 상황을 호시탐탐 노리는 민족을 제거할 수 있다는 것이고, 다른 하나는 바스타르나이 부족이 이탈리아를 약탈하러 떠날 때 그들의 부인과 자식을 다르다니아에 남기도록 할 수 있다는 것이었다. 필리포스가 아는 바로는 스코르디스키 부족의 영토를 통해 아드리아 해와 이탈리아로 나아가는 길이 있었다. 다른 길로는 군대가 건너갈 수 없었다.

게다가 스코르디스키 부족은 기꺼이 바스타르나이 부족이 지나가도록 할 것이었는데, 그들과 언어나 문화에서 크게 다른 점이 없었기 때문이었다. 실제로 그들은 바스타르나이 부족이 엄청난 부를 지닌 민족을 약탈하러 떠나는 길임을 알게 되면 그들과 힘을 합칠 가능성도 컸다. 이렇게 된 이후에 필리포스의 계획은 사태가 어떻게 전개되더라도 그에 맞추어 적절히 변경할 수 있었다. 바스타르나이 부족이 로마 인들에게 도륙되면 필리포스 왕은 다르다니아 인들이 제거되었다는 것에서 위안을 찾고, 나머지 바스타르나이 부족민에게서 전리품을 챙기면서 자유로이 다르다니아를 소유할 수 있었다. 반면 바스타르나이 인들이 모험에 성공하면 필리포스는 로마가 바스타르나이 부족과의 전쟁에 집중하는 동안에, 마케도니아가 잃어버린 그리스 영토를 회복할 생각이었다. 이것이 바로 필리포스의 계획이었다.

58. 처음에 바스타르나이 부족은 트라키아 영토를 평화롭게 통과했다. 하지만 코토와 안티고노스가 떠난 이후 이내 필리포스가 사망했다는 소식이 전해지자 트라키아 인들은 물건을 거래하기 어려운 상대가 되었다. 바스타르나이 인들은 그들이 물건을 제대로 살 수 없는 것, 그리고 대형을 이루기만 한 채 행군로로 나아가지 못하는 상태에 더 이상 만족할 수가 없었다. 그 결과 양쪽은 상대방에게 여러 잘못을 저질렀고, 날이 갈수록 이런 일은 더 늘어나다가 결국 양측

사이에서 싸움이 벌어지게 되었다. 결국 트라키아 인들은 적의 우월한 병력 수를 버텨낼 수 없었다. 이에 그들은 평원 정착지들을 버리고 엄청난 높이의 산인 도누카 산으로 물러났다.

이야기가 전하는 바에 따르면 예전에 델포이를 약탈하려고 했던 갈리아 인들이 폭풍을 만나 전멸했다고 하는데, 바스타르나이 인들이 트라키아 인들이 자리 잡은 곳에 도착하려 할 때 그에 못지않은 폭풍이 쳐서 그들은 산마루에 오르는 데 실패했다. 그들은 우박을 동반한 쉴새없는 폭풍 이후에 내리 퍼붓는 비뿐만 아니라 천둥으로 인한 무지막지한 굉음과 눈을 뜰 수 없을 정도로 번쩍이는 벼락에 정신이 완전 압도되었다. 벼락은 그들 주변에서 번쩍였는데, 마치 병사들과 족장을 가리지 않고 노려 쓰러뜨리려는 것 같았다. 바스타르나이 인들은 앞뒤를 가리지 않고 흩어져서 험준하고 우뚝 솟은 바위를 넘어 성급하게 도망치면서 파멸을 향해 나아갔다.

이때 트라키아 인들이 공황 상태에 빠진 그들에게 달려들었다. 하지만 트라키아 인들은 신들께서 적을 도망치게 하셨으며, 하늘이 오히려 그들 머리 위로 떨어져 내렸다고 주장했다. 마치 난파를 당한 이후처럼 폭풍으로 흩어졌던 바스타르나이 인들은 다수가 기지로 돌아오는 데 성공했다. 하지만 그들은 군사 장비 절반을 잃어버렸다. 그들은 이제 앞으로의 행동을 논의하기 시작했다. 의견은 일치되지 않았고, 일부는 고향으로 돌아가야 한다고 하고, 다른 일부는 계속 다르다니아로 나아가야 한다고 말했다. 결국 클론디코스가 이끄는 3만 명 정도가 떠날 때 작정했던 목표 지점에 도착했고, 나머지는 길을 되짚어 북쪽의 그들의 고향으로 향했다.

그러는 사이 페르세우스는 왕좌를 차지했고, 안티고노스를 죽이라는 명령을 내렸다. 그는 자신의 왕위를 확고히 굳힐 수 있게 시간을 벌 생각으로 로마에 사절단을 보내 부왕이 맺은 우호 협정을 갱신하도록 하고, 자신에게 왕이라는 칭호를 부여해달라고 로마 원로원에 요청했다. 이것이 그해(기원전 179년) 마케도니아에서 벌어진 일이었다.

제 3 부

제 3 차 마케도니아 전쟁
B.C.178~167

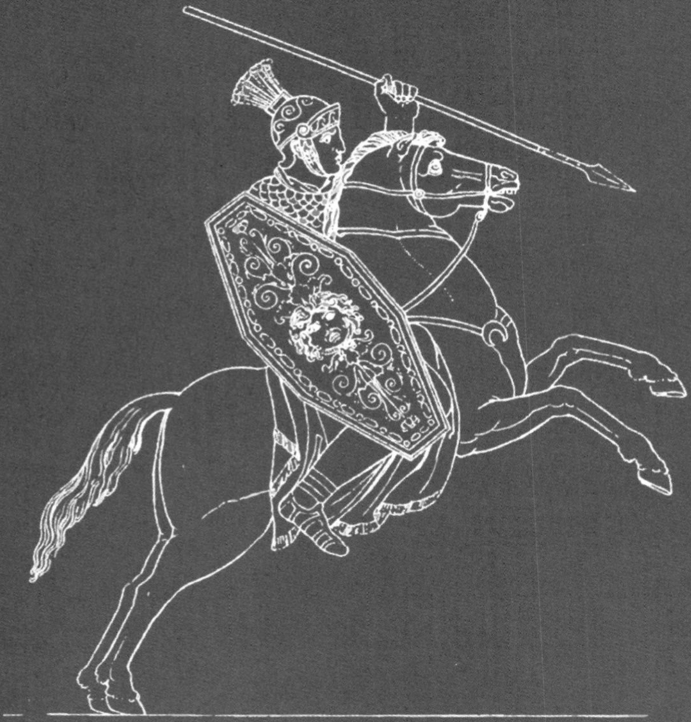

제 41 권

페르세우스의 그리스인 회유

[기원전 175년: 두 집정관은 푸블리우스 무키우스 스카이볼라와 마르쿠스 아이밀리우스 레피두스]

19. 이해 초에 발생했던 갈리아 인과 리구리아 인의 반란은 큰 어려움 없이 신속하게 진압되었다. 그러나 이제 마케도니아와의 전쟁이 로마 인들의 마음을 괴롭히기 시작했다. 왜냐하면 마케도니아 왕 페르세우스가 다르다니아 인과 바스타르나이 인 사이의 갈등을 부추기고 있었기 때문이다. 그리고 마케도니아 현지 상황을 파악하기 위하여 파견되었던 조사위원단이 이제 로마로 돌아와서, 다르다니아에서 전쟁이 진행 중이라는 보고서를 올렸다. 동시에 페르세우스 왕으로부터 사절이 도착하여 왕은 자신이 바스타르나이 인을 초청한 적도 없고 또 그들에게 다르다니아 쪽으로 이동하라고 권유한 적도 없다고 설명해 왔다. 그리하여 원로원은 왕에게 책임이 있다고 비난하지 않았지만 그렇다고 해서 책임이 없다고 방면해 주지도 않았다. 원로원 의원들은 왕과 로마 사이에 존재하는 신성한 조약을 왕이 성실히 준수한다는 증거를 내놓기 위하여 극도로 신경을 써야 한다는

경고만 내보냈을 뿐이었다.

다르다니아 인들은 바스타르나이 인들이 그들의 희망과는 다르게 그들의 영토에서 철수하지도 않고, 날이 갈수록 점점 더 위험한 존재가 되어갈 뿐만 아니라 인근 트라키아 인들과 스코르디스키 인들의 지원을 받고 있다는 것을 발견했다. 그리하여 다르다니아 인들은 다소 무모한 일이라는 것을 알면서도 모험을 감행하기로 결정했다. 그들은 바스타르나이의 진영에서 제일 가까운 마을에다 온 사방에서 모든 무장 병력을 집결시켰다. 이제 계절은 겨울이었는데 그들은 일부러 그 계절을 선택했다. 트라키아 인들과 스코르디스키 인들이 겨울이 되면 그들의 고향으로 돌아갈 것이기 때문이었다. 사태는 이런 예상대로 돌아갔다.

그리하여 바스타르나이 인들은 혼자 있게 되자, 다르다니아 인들은 군대를 둘로 나누어서 한 부대는 곧게 뻗은 길로 행군하여 정면 공격에 나서고, 다른 부대는 우회하는 고개를 넘어가서 적 후방에서 공격하기로 되었다. 그러나 전투는 이 두 번째 부대가 적의 진지를 우회하는 작전을 완료하기도 전에 끝나버렸다. 다르다니아 인들은 패배하여, 바스타르나이 인들의 진영에서 약 20km 떨어진 도시로 물러갔다. 승리를 거둔 바스타르나이 인들은 황급히 추격하여 그 도시를 포위했다. 그들은 다음날이면 적이 겁을 먹고 항복하거나 아니면 도시를 급습하여 점령할 수 있다고 자신만만해했다. 한편 우회하여 행군한 다르다니아의 두 번째 부대는 비어 있던 바스타르나이 인들의 진영을 점령했다……이렇게 하여 고국으로 돌아오던 바스타르나이 인들은 얼어붙은 도나우 강의 얼음이 발 밑에서 꺼지면서 대부분 사망했다.

20. 안티오코스 에피파네스[1]는 로마식으로 만든 상아 의자에 앉아서 사법 처리를 하고 분쟁을 해결했다. 그는 아주 사소한 일도 자신이 직접 결재했다. 그는 기질상 어떤 특정한 사회 계급에 애착을 느끼지 않았고, 생활의 다양한 측면에 걸쳐서 변덕스럽게 동정심을 발휘했다. 그래서 왕 자신은 물론이고 주위의 사람들은 왕이 어떤 사람인지 명확하게 판단을 내리지 못했다. 그는 잘 알지 못하는 사람들을 아주 다정한 미소로 맞이하는가 하면 왕 자신과 다른 사람들을 향해 느닷없는 농담을 많이 했다. 왕은 자기 자신을 아주 대단하게 생각하는 고위직 인사들에게 과자나 장난감 같은 유치한 선물을 하사하는가 하면, 아무런 보답도 기대하지 않는 사람들에게 엄청난 돈을 하사했다. 그리하여 일부 신하들은 도대체 왕이 무슨 의도인지 종잡을 수 없다는 생각을 하게 되었다. 어떤 사람들은 왕이 단순하게 농담을 하는 것이라고 생각했는가 하면, 어떤 사람들은 왕이 틀림없이 정신 이상이 되었다고 생각했다.

그렇지만 왕은 두 가지 중요하고 명예로운 행위에서는 왕다운 기질을 드러내 보였다. 그는 도시들에게 하사품을 많이 내렸고 신들에게는 봉헌물을 많이 바쳤다. 아르카디아의 메가폴리스 사람들에게 왕은 도시 주위로 성벽을 지어주겠다고 약속했고, 건설 비용의 상당 부분을 후원했다. 테게아에서는 웅장한 대리석 극장을 짓기 시작했다. 키지코스에서는 프리타네움의 한 식탁에 황금 식기들을 하사했다. 프리타네움은 공공 비용으로 식사할 수 있는 특전을 부여받은 사람들이 식사하는 도시의 청사였다.

---

1 안티오코스 왕의 세 번째 아들. 기원전 189년에 로마에 인질로 가 있다가 형인 셀레우코스 4세의 뒤를 이어 기원전 175년에서 163년까지 재위했다.

안티오코스 왕은 로도스 사람들에게는 이렇다 할 건물을 하사한 게 없으나, 그 도시 사람들의 필요에 따라 많은 선물을 내려 주었다. 그가 신들에게 어떤 웅장한 봉헌물을 바쳤는지 알아보려면, 아테네에 있는 유피테르 올림포스 신전[2]이 좋은 증거가 될 것이다. 이 신전은 유피테르 신의 위대함에 걸맞은 규모로 계획된 세계 유일의 신전이었으나 왕의 치세 시에 완공되지는 못했다. 이것 이외에 왕은 델로스에게 멋진 제단들과 많은 조각상들을 하사했다. 그리고 안티오크에는 유피테르 카피톨리누스의 웅장한 신전을 약속했다. 이 신전의 지붕 패널은 황금으로 장식되었을 뿐만 아니라 그 벽은 황금 잎사귀로 뒤덮일 예정이었다. 그러나 이 신전은 왕이 다른 많은 도시들에서 약속한 것들과 마찬가지로, 완공을 보지는 못했다. 그의 통치 기간이 아주 짧았기 때문이다.[3]

또한 거대한 오락 행사를 기획하는데 있어서도 그는 다른 예전의 왕들을 능가했다. 그가 개최하는 쇼들은 그리스 방식으로 연출되었고 또 그리스에서 데려온 배우들이 연기했다. 그는 또한 로마식의 검투사 경기도 도입했다. 이런 종류의 쇼에 익숙하지 않았던 관중들은 처음에는 즐거워하기보다 경악했다. 그러나 때로는 검투사들에게 부상만 입히라고 지시하고 또 어떤 때는 끝까지 가는 결투를 벌이라고 지시하는 등 경기의 강도를 조절하면서 빈번하게 검투사 경기를 개최한 결과, 안티오코스는 이 쇼를 낯익으면서도 즐거운 광경으로 만

2 이 신전은 기원전 6세기 경에 페이시스트라토스에 의해 시작되었으나 기원후 129년 경에 이르러 하드리아누스 황제에 의해 완공되었다. 안티오코스는 로마의 건축가 코시티우스를 사용했다.

3 그의 재위 기간은 11년이었는데 이러한 토목 공사는 약속과 동시에 시작된 것은 아니었다.

들었고 또 많은 젊은이들의 가슴에 검술에 대한 동경을 심어주었다. 왕은 초창기에는 로마에서 비싼 값을 지불하고 검투사를 사왔으나, 이제 검투사 경기에 대한 인기가 높아지면서 자체적으로 검투사를 조달할 수 있게 되었다.

* * *

[기원전 174년: 두 집정관은 스푸리우스 포스투미우스 알비누스와 퀸투스 무키우스 스카이볼라]

22. 이 무렵 일부 돌로피아 사람들은[4] 불만의 기색을 내보이면서 분쟁 중인 문제들의 조정을 마케도니아 왕에서 로마 원로원에 맡기겠다는 뜻을 표시했다. 그러자 페르세우스는 군대를 이끌고 쳐들어와 강제로 돌로피아가 자신의 주권 아래 있음을 선언했다. 그리고 페르세우스는 일부 종교적 어려움을 겪고 있었기 때문에 그 도시에서 출발하여 신탁을 얻을 목적으로 델포이로 올라갔다. 왕이 그리스 중부에 갑자기 나타나는 바람에, 인근 그리스 도시들은 엄청난 공포에 휩싸였다. 그는 심지어 아시아의 에우메네스 왕에게 일련의 급보를 보내기도 했다. 왕은 델포이에 사흘을 묵은 후에, 프티오틱 아카이아와 테살리아를 경유하여 자신의 왕국으로 돌아갔다.

왕은 자신이 통과하는 이들 지역에 대하여 아무런 피해나 위협을

4 돌로피아는 제2차 마케도니아 전쟁 이후에 자유도시로 선언되었으나 필리포스 5세가 다시 점령했다. 기원전 185년 로마의 그리스 문제 해결 조치가 나온 이후에도 돌로피아는 마케도니아의 지배를 받았다. 페르세우스가 델포이에서 행군을 한 후에 군사적 행동을 한 것은 조약의 위반은 아니지만, 로마 원로원의 페르세우스 불신을 더욱 강화했다.

가하지 않았다. 그는 이 경우 도시들의 호의를 얻는 것으로는 만족을 느끼지 못했다.[5] 그리하여 그는 대리인이나 편지를 보내 이 도시들의 사람들에게 이런 말을 했다. "과거에 그들 도시와 선왕 필리포스 사이에 존재했던 분쟁은 더 이상 기억하지 말기 바란다. 그런 의견 차이는 왕 자신의 힘으로 해결할 수 없을 정도로 큰 것도 아니었다. 그러니 상호 신뢰를 바탕으로 우호적인 관계를 수립함으로써 여러 도시 국가의 사람들이 왕 자신과 완전히 새롭게 시작할 수 있기를 바란다."

페르세우스는 특히 아카이아 사람들의 호의를 얻어낼 수 있는 방법을 찾아내려고 특별한 관심을 기울였다.

23. 그러나 그리스의 여러 민족들 중에서 이 아카이아 사람들은 분노하면서, 마케도니아 인의 입국을 금지시키는 아테네 도시의 조치에 합류했다.[6] 그 결과 아카이아에서 달아난 노예들은 마케도니아로 피신했다. 아카이아 인들이 마케도니아 인의 출입을 제한하여 그들 자신도 마케도니아 왕국의 경계선을 마음대로 넘어갈 수 없었기 때문이다. 페르세우스는 이런 상황을 인지하고서 도망 노예를 모두 붙잡았고 노예들을 원주인에게 모두 돌려보내겠다는 편지를 아카이아에 발송했다. 그렇지만 그는, 아카이아 인들도 향후 이런 식으로 노예가 도망치는 것을 방지할 수 있도록 조치해 주었으면 좋겠다는 말도 덧붙였다.

이 편지가 아카이아의 지도자 크세나르코스—페르세우스 왕의 호

---

5 페르세우스는 이 무렵 모든 그리스 도시들과 연합하여 로마에 대항할 의도를 갖고 있었다.

6 이 조치의 시점은 아카이아가 로마와 동맹을 맺은 기원전 198년 이후일 것으로 보인다.

의를 얻고자 기회를 엿보던 지도자—에 의해 낭독되자 대부분의 청중들은 그 편지가 절제되고 우호적인 어조로 작성되었다는 반응을 보였다. 이런 호의적인 반응은 도망 노예를 되찾지 못할 것이라고 생각하다가 다시 찾을 수 있게 된 노예 소유주들 사이에서 많았다. 그러나 공동체의 안보는 로마와의 동맹을 굳건히 지키는 데 있다고 생각하는 그룹의 일원인 칼리크라테스는 국무회의에서 이런 연설을 했다.

"아카이아 인들이여, 지금 논의 중인 문제는 어떤 사람들에게는 사소하거나 시시한 것으로 보일 것입니다. 그러나 내가 보기에 이것은 아주 중대한 문제입니다. 그리고 이 문제에 대한 결정은 이미 내려진 것이나 다름없다고 봅니다. 우리는 마케도니아의 왕과 사람들이 우리의 영토로 들어오는 것을 금지시켰습니다. 또한 이 포고령이 여전히 효력을 발휘하고 있는 것으로 알고 있습니다. 왕의 사절이나 대리인을 입국하지 못하게 한 것은 그들이 국내에서 활동함으로써 우리들 중 일부 시민에게 영향을 미칠 것을 우려해서였습니다. 그런데 이제 우리는 그의 편지를 통하여 그가 없는 가운데서 왕의 말을 듣고 있습니다. 그리고 심지어 그 말을 칭송하고 있습니다. 하느님 맙소사! 야생 동물들은 일반적으로 그들을 함정으로 꾀기 위해 놓인 음식을 거부합니다. 그렇지만 우리는 눈이 멀어서 자그마한 친절이라는 겉보기에는 아름다운 미끼에 속아 넘어가고 있습니다. 별 가치도 없는 도망 노예를 찾아보겠다는 욕심에서, 우리는 우리의 자유가 훼손되고 공격되는 것을 방치하고 있습니다. 왕이 이 편지를 보낸 목적은 우리와의 동맹을 추구하면서 그 결과 우리의 미래가 걸려 있는 로마와의 동맹을 흔들어보려는 것입니다. 이걸 모르는 사람이 여기 누가 있겠습니까?

로마와 페르세우스 사이의 전쟁이 필지의 사실임을 의심하는 사람이 과연 있을까요? 필리포스가 살아 있는 동안에도 예상되었던 이 전쟁은 그의 죽음으로 연기되었지만 필리포스의 사망으로 이제 반드시 벌어지게 되어 있습니다. 여러분도 알다시피 필리포스에게는 데메트리오스와 페르세우스라는 두 아들이 있었습니다. 정실 어머니에게서 태어난 점, 뛰어난 성품, 타고난 능력, 마케도니아 사람들 사이의 인기 등에서 데메트리오스가 월등 나았습니다.

그러나 필리포스는 로마 인에 대한 증오심을 왕좌에 오를 수 있는 가장 중요한 덕목으로 생각했고, 그리하여 데메트리오스를 살해했습니다. 이 작은 아들이 로마와 친하다는 그 이유 하나만으로 말입니다. 페르세우스는 왕위를 물려받기 이전부터도 로마와의 전쟁이라는 유산을 물려받으리라는 것을 알고 있었습니다. 그렇기 때문에 왕이 된 것입니다. 따라서 페르세우스가 부왕의 사망 이후에 전쟁 준비를 하리라는 것은 충분히 예상되는 일이었습니다. 그는 바스타르나이 인들로 하여금 다르다니아를 공격하게 만들어서 많은 사람을 놀라게 했습니다. 만약 바스타르나이 인들이 그 도시에 정착한다면 그리스는 그들이 아시아의 갈리아 인보다 더 골치 아픈 존재임을 발견했을 것입니다.

이런 희망이 좌절되었는데도 페르세우스는 여전히 전쟁 계획을 포기하지 않았습니다. 아니, 지금 이 순간 있는 사실을 그대로 말해본다면 그는 이미 전쟁을 시작했습니다. 그는 무력으로 돌로피아를 진압했습니다. 그리고 그곳 사람들이 분쟁에 대하여 로마의 중재를 신청하자고 호소했을 때 그것을 싹 무시해 버렸습니다. 그 후에 그는 오이타 산맥을 통과하여 델포이로 올라갔습니다. 그리스의 배꼽이라고 할 수 있는 중심 지역에 느닷없이 모습을 드러낸 것입니다. 그가 이 비상한 여행에 나선 목적이 무엇이라고 생각합니까?

이어 그는 테살리아 지역을 경유했습니다. 그가 그토록 미워하는 지역에 아무런 위해도 가하지 않은 것은 우리의 반응을 떠보기 위한 연극이 아닐까 싶어 더욱 두려운 마음이 듭니다. 그 다음에 그는 우리에게 호의를 베푸는 척하며 편지를 보내왔습니다. 앞으로 이런 호의적 조치가 계속 있는 것은 아님을 유념하라고 은근히 협박을 하고 있습니다. 그러면서 향후 이런 불상사를 피하려면 마케도니아 인이 펠로폰네소스에 들어오지 못하게 한 조치를 철폐하라고 압박하고 있는 것입니다. 그 조치를 해제하면 우리는 왕의 대리인들이 우리들 사이에 들어오는 꼴을 보게 될 겁니다. 두 나라의 지도자들 사이에 친선 우호의 말들이 오가고, 그러면 오래지 않아 마케도니아의 군대가 이곳으로 진주하게 될 겁니다. 심지어 왕 자신이 델포이에서 내려와 국경을 건너 펠로폰네소스로 쳐들어올 것입니다. 우리와 본토를 가로막은 해협이라는 것은 아주 비좁은 바다이니까요! 그러면 우리는 로마 인을 상대로 무기를 높이 쳐드는 마케도니아 인들 사이에 뒤섞여 버릴 겁니다!

그리하여 저는 이렇게 주장합니다. 우리는 더 이상 새로운 포고령을 만들지 말고 모든 것을 현재 상황대로 유지해야 합니다. 우리의 우려가 근거 없는 것인지 아니면 아주 정당한 것인지 확실하게 밝혀질 때까지 말입니다. 만약 마케도니아와 로마의 평화가 깨어지지 않고 계속 유지된다면, 우리도 로마와의 우호 관계와 무역 관계를 그대로 유지하기로 합시다. 지금 이 순간에 상황을 재고하는 것은 아주 위험하고 시기상조입니다."

24. 칼리크라테스가 연설한 후에 국정 최고 지도자인 크세나르코

스의 동생 아르코가 반대 연설에 나섰다.

"칼리크라테스의 연설 때문에 그와 의견을 달리하는 나나 그 나머지 사람들이 자신들의 주장을 펴기가 어렵게 되었습니다. 그가 로마 동맹의 대의를 강조하기 위하여 그 동맹이 현재 위협을 받고 또 공격을 당하고 있다고 주장했기 때문입니다. 아무도 그것을 위협하거나 공격하고 있지 않은데 말입니다. 게다가 그의 주장에 반대하는 사람은 로마 인들에게 대항하여 발언하는 사람이 되게 생겼습니다. 그는 우리들 가운데서 생활하는 사람이라기보다는 로마의 원로원에서 막 돌아온 사람 혹은 왕들의 비밀을 소상히 아는 사람처럼 행동했습니다. 그가 모든 것을 알고 있고, 은밀하게 벌어진 일들을 보고하는 것처럼 말했습니다. 그는 심지어 필리포스가 살아 있었더라면 무슨 일이 벌어졌을 것인지, 왜 페르세우스가 실제로 왕위에 오른 것인지, 마케도니아 사람들이 무슨 준비를 하고 있는지, 로마 인들은 무슨 계획을 세우고 있는지 하는 것들에 대해서도 짐작을 했습니다.

반면에 우리는 데메트리오스가 왜 그리고 어떻게 죽었는지 모르고, 필리포스가 살아 있었더라면 무슨 행동을 했을 것인지 모르기 때문에, 현재 우리의 목전에서 벌어지고 있는 사건들에 맞추어서 계획을 세워야 합니다. 우리는 페르세우스가 왕위에 오르면서 로마 인들에게 왕의 호칭을 들었다는 것을 압니다. 또 로마 사절단이 페르세우스 왕을 만나러 가서 따뜻한 환영을 받았다는 것도 압니다. 나는 개인적으로 이런 것들을 전쟁이 아니라 평화의 표시로 여깁니다. 우리가 전쟁 당시에 로마 인을 따랐던 것처럼 평화의 지지자인 로마를 따라간다면 로마 인들은 불쾌하게 여기지 않을 것입니다. 왜 하필이면 우리가 많은 국가들 중에서 마케도니아 왕국을 상대로 타협 불가능한 전쟁을 벌여야 하는 것인지, 나는 그 이유를 모르겠습니다. 우리가 마케도니아와 가까운 전략적 요지를 차지하고 있기 때문입니까? 아니면 우리가 페르세우스가 막 진압한 돌로피아 사람들처럼 모든 민족들 중에서 가장 약한 민족이기 때문입니까?

아닙니다. 사정은 그와 정반대입니다. 우리는 천혜를 입어서 우리 자신의 무력뿐만 아니라 마케도니아로부터 멀찍이 떨어진 지리적 위치로 인해 잘 보호받고 있습니다. 설사 우리가 테살리아나 아이톨리아처럼 취약한 입장에 있다 하더라도, 지나간 세월 계속하여 로마의 동맹이요 친구였던 우리가, 얼마 전까지만 해도 로마의 적이었던 아이톨리아에 비해 로마에 요구할 자격이 별로 없고 또 그럴 처지도 되지 못한다는 것입니까? 마케도니아와 아이톨리아·테살리아·에피로스 사이에 또는 마케도니아와 그리스 전역 사이에 무슨 상호 권리가 존재하는지 몰라도, 그런 것이 있다면 당연히 우리 자신과 마케도니아 사이에서도 인정되어야 마땅합니다. 왜 우리만 혐오스럽게도 정상적인 인권을 부정당해야 합니까?

필리포스가 군대를 일으켜서 전쟁을 벌였기 때문에 우리가 그에 저항하는 포고령을 내린 것을 당연한 처사라고 합시다. 그러나 페르세우스는 새로 등극한 왕으로서 우리에게 아무런 잘못을 한 것이 없으며 현재 자신의 친절한 행동으로 선왕의 싸움거리를 지워내고 있습니다. 여러 민족들 중에서 유독 우리만 그의 적이 되려고 하는 것이 왕에게 합당한 처사입니까? 예전의 마케도니아 왕들이 우리에게 베푼 호의는 너무나 커서 필리포스가 저지른 잘못을 씻어내고도 남을 정도입니다. 이제 필리포스가 죽어 버렸으므로 그런 잘못은 더 이상 존재하지도 않습니다.

여러분은 기억하고 계실 겁니다. 로마의 함대가 켄크라이에 정박하고, 보병 부대를 이끌고 로마 집정관이 엘라티아로 진주했을 때,

우리는 사흘 동안 국무회의를 개최하면서 로마 인과 필리포스 중에 누구를 지원할 것인지 논의했습니다. 당시 로마 인들의 직접적인 위협은 없었으므로 우리의 판단을 뒤흔들 정도는 아니었습니다. 그런데도 불구하고 그처럼 오래 심사숙고해야 할 사안이 있었던 것입니다. 그 사안이란 다름 아니라 우리가 마케도니아 인과 맺었던 오랜 동맹 관계와 지나간 세월에 그 나라 왕들이 우리에게 해주었던 여러 봉사 행위들이었습니다. 그러니 지금 이 순간에도 그 사안을 심각하게 고려해 주시기 바랍니다. 그렇지만 우리가 그들의 최우선 동맹이 되자는 얘기는 아니고 단지 그들의 최고 적이 되지는 말자는 것입니다.

그리고 칼리크라테스, 현재 문제가 되는 사안으로서, 우리의 목전에 있는 사건들에 집중할 일이지, 막연한 미래의 사건들에 집중해서는 안 됩니다. 새로운 동맹을 맺자거나 새로운 조약을 체결하여 우리의 양손을 묶어놓자고 주장하는 사람은 아무도 없습니다. 우리는 단지 상호 호혜적인 법적 권리를 주고받자고 주장합니다. 그리하여 마케도니아 인들이 우리의 영토 안으로 들어오지 못하게 하여 왕국의 경계선으로부터 우리 자신을 절연시키지 맙시다. 그러면 우리의 노예는 아무데도 도망갈 데가 없게 될 것입니다. 나는 이런 주장이 어떻게 로마와의 조약을 위반하는 것인지 알지 못하겠습니다. 왜 우리는 사소하고 공개된 일을 중요하고 수상한 일로 만들려 합니까? 왜 우리는 불필요한 경계심을 불러일으키려 합니까? 왜 우리 자신이 로마 인들의 환심을 사기 위하여 남들의 혐오와 의심을 일으키는 행위를 하려는 것입니까? 만약 전쟁이 벌어진다면 페르세우스 자신도 우리가 로마를 지지하리라는 것을 의심하지 않을 겁니다. 지금 이 평화시에 적개심을 종식시킬 수 없다면 그것을 적어도 유보하도록 합시다.”

이 연설은 왕의 편지를 칭송한 사람들의 칭찬을 받았다. 그러나 이 문제에 대한 결정은 연기되었다. 국무회의에 참석한 사람들은 페르세우스가 정중한 사절을 보내는 것이 아니라 몇 줄의 간단한 편지를 보내어 양보를 얻어내려고 하는 태도를 괘씸하게 여겼기 때문이다. 그러나 왕은 국무회의가 나중에 메갈로폴리스에서 열리자 실제로 사절단을 파견했다. 그것이 로마 인의 심기를 건드릴지 모른다고 생각한 사람들은 그 사절단의 영접을 좌절시키려고 애썼다.

25. 이 시기에 아이톨리아 사람들의 광기는 극에 달해 그들 자신을 공격했다. 그들이 서로 죽이는 광적인 행위는 민족을 아예 몰살시키려는 듯했다. 그러다가 그런 몰살 행위에 지쳤는지 각 당파는 로마에 대표를 파견하는 한편, 국내의 정치적 안정을 회복하기 위하여 협상을 시작했다. 그러나 이러한 노력은 새로운 범죄에 의해 좌절되었고, 그것은 묵은 적개심을 더욱 활활 타오르게 했다.

히파타에서 돌아온 일부 유배자들은 프록세노스 당파의 사람들이었다. 이들에게는 그들이 소유했던 집으로 돌아가는 것이 약속되었고 또 그들의 안전은 도시의 최고 행정관 에우폴레모스에 의해 보장되었다. 에우폴레모스는 도시 주민들과 함께 유배에서 돌아온 80명의 저명인사들을 영접했다. 이 유배자들은 다정한 인사와 악수 속에 환영을 받았지만, 성문 안으로 들어서는 순간 살해되었다. 그들이 안전 보장의 약속을 외치면서 신들이 그 보장의 증인이라고 소리쳤으나 아무 소용이 없었다.

이런 학살의 결과로 전쟁의 불길이 전보다 더 거센 기세로 불타올랐다. 로마 원로원에서 보낸 조사단이 도착했는데 그 위원들은 C. 발레리우스 라이비누스, Ap. 클라우디우스 풀케르, C. 멤미우스, M. 포필리우스, L. 카눌레이우스 등이었다. 두 당파의 대표들은 델포이에 자리 잡은 조사단 앞에서 그들의 주장을 아주 거칠고 화난 목소리로 말했다. 프록세노스는 자신의 웅변 솜씨와 정의로운 주장 덕분에 그 언쟁에서 우위를 차지했다. 며칠 뒤 그는 그의 아내 오르토불라에 의해 독살되었다. 그녀는 고발을 당하여 유죄 판결을 받았고 이어 유배길에 올랐다.

크레타 사람들 또한 이와 비슷한 광란에 의해 사분오열되어 있었다. 그들의 갈등을 진정시키기 위하여 퀸투스 미누키우스가 10척의 배를 거느리고 조사단장 자격으로 파견되었다. 그가 도착하자 크레타 사람들은 어느 정도 평화의 전망을 내다볼 수 있게 되었다. 그러나 휴전은 겨우 여섯 달 동안 지속되었을 뿐이고 곧이어 전보다 더 심각한 싸움이 불붙었다.

이 무렵 리키아 사람들 또한 로도스 사람들과 전쟁을 벌이고 있었다. 하지만 외국의 나라들이 서로 싸운 전쟁들의 세부사항을 기술한다는 것은 그리 가치 있는 일이 되지 못한다. 나는 로마 인의 역사를 충실하게 기술하기에도 너무나 무거운 부담을 안고 있는 까닭이다.

26. 스페인으로 시선을 돌려보자. 전쟁에서 패배한 후에 티베리우스 그라쿠스에게 항복했던 켈티베리아 인들이 마르쿠스 티티누스가 현지의 법무관으로 다스리는 동안에는 평화롭게 살았다. 그러나 아피우스 클라우디우스가 부임해 오자 그들은 반란을 일으켜서 먼저 로마 군 진지를 기습 공격했다. 동틀 무렵에 성벽에 나가 있던 보초병들과 진지 출입문을 지키던 병사들이 멀리서 적들이 다가오는 것을 보고서 고함을 쳤고, 그리하여 부대가 황급히 무장을 했다. 아피우스 클라우디우스는 전투용 군기를 내걸었고, 병사들에게 간략하게 연설한 다음 세 개의 출입문을 통하여 즉각 밖으로 나가 응전하도록

구체적 조치가 제안되기도 전에 의원들의 전반적 느낌이 어떤 것인지 너무나 분명하게 밝혀졌다. 그리하여 의원들은 다음과 같이 의결했다. 그 타일들을 다시 원래의 신전으로 되돌려 놓는 건설 계약을 체결하라. 유노 신전에 풍성한 속죄의 희생 제물을 바치도록 하라. 그에 따른 각종 종교적 의무사항들이 성실하게 수행되었다. 그러나 건설업자들은 타일을 신전 마당에 그대로 쌓아두었다고 보고해 왔다. 그 어떤 건설 기술자도 그 타일을 제 위치에 다시 올리는 방법을 알지 못했기 때문이다.

* * *

5. 한편 마케도니아에서 페르세우스는 선왕 생존 당시에 이미 계획되었던 전쟁을 깊이 생각하고 있었다. 그는 그리스의 여러 도시들에게 사절단을 파견하고 또 자신이 실행할 수 있는 것 이상으로 약속을 함으로써 그 도시들과 주민들을 자기편으로 끌어들이려고 애썼다. 사실 여러 도시들의 주민들은 그를 더 선호하는 쪽으로 마음이 기울어져 있었다. 그들은 페르가몬의 에우메네스 2세보다는 페르세우스를 좀 더 좋게 보았다. 모든 그리스 공동체들과 그 지도자들이 에우메네스의 호의적 행동과 조치에 빚지고 있었으나 그것은 별로 영향을 미치지 못했다. 게다가 에우메네스는 그의 왕국에서 선정을 베풀었고 그리하여 그의 지배를 받는 도시들은 자유 국가들의 자유를 별로 부러워하지 않았다.

그런데 이와는 대조적으로 다른 왕(페르세우스)에 대해서는 나쁜 소문이 나돌았다. 아버지가 사망한 후에 페르세우스는 자기 손으로 아내를 살해했다. 또 아펠레스의 문제도 있었다. 그는 페르세우스가 동생을 살해하는 과정에서 도구로 사용했던 인물이었다. 그런 이유로 필리포스는 그를 찾아내어 처벌하려 했다. 전해지는 얘기에 의하면, 페르세우스는 아버지의 사망 후에 아펠레스에게 그의 업적에 대하여 엄청난 보상을 내려주겠다고 약속하면서 그를 유배지에서 귀국시켰다. 그런 다음 몰래 그를 살해하도록 지시했다.

사정이 이런데도 그리스 공동체들은 내국인과 외국인들을 살해하고 이렇다 할 왕의 자질도 없는 사람을, 백성들과 신하들뿐만 아니라 모든 사람에게 관대한 왕보다 더 선호했다. 이렇게 된 것은 아마도 마케도니아 왕들의 명성과 위세에 압도된 나머지, 최근에 생겨난 왕국[7]을 경멸하는 마음이 있었기 때문일 것이다. 혹은 그들이 변화를 원했던 것일 수도 있고 아니면 모든 것을 로마 인에게 건네주는 것을 원하지 않았기 때문일 수도 있다.

그런데 엄청난 부채의 부담 때문에 내전 상태에 들어간 것은 아이톨리아뿐만이 아니었다. 테살리아 사람들 또한 그런 상태에 있었다. 이 악은 전염병처럼 전염되면서 널리 퍼졌고 심지어 페라이비아까지 퍼져나갔다. 테살리아 사람들이 서로 싸우고 있다는 소식이 접수되자, 원로원은 아피우스 클라우디우스를 조사단장으로 파견하여 사태를 조사한 후에 해결을 하라고 지시했다. 그는 두 당파의 지도자들을 비난하면서 빚의 부담을 줄여주었다. 빚은 그동안 법정 이자 때문에 더욱 늘어났던 것이다. 그동안 엄청난 부담을 주어 왔던 채권자들은 대부분 자발적으로 양보를 했다. 그리하여 아피우스는 법적 부채를 연간 10회로 나누어 지불하도록 조치했다. 아피우스는 페라이비

7 페르가몬의 왕조는 에우메네스 1세(기원전 263-241), 아탈로스 1세(기원전 241-197), 에우메네스 2세(기원전 197-159) 순으로 이어져 왔다.

아의 문제도 같은 방식으로 해결했다.

이 무렵 델포이에 있었던 마르쿠스 마르켈루스는 아이톨리아 사람들이 내전을 벌일 때와 똑같은 적개심을 발휘하며 각자의 주장을 펴고 있는 것을 발견했다. 두 파당이 무모하고 무책임하게 자기주장만 펴는 것을 보고서, 마르켈루스는 양측의 부담을 경감하거나 혹은 증가시키는 포고령을 발동하기를 거부했다. 그는 단지 양측이 적대적인 태도를 중지하고 과거를 잊어버림으로써 그들의 갈등을 종식시키라고 호소했다. 이렇게 하여 화해가 이루어졌고 양측은 상호 신의의 보증으로 인질을 교환했다. 또한 인질을 머무르게 하는 장소는 코린토스로 할 것으로 합의되었다.

6. 델포이에서 아이톨리아 지도자들을 만난 후에 마르켈루스는 아이기움으로 건너가 펠레폰네소스 반도로 들어갔다. 이곳에서 그는 아카이아 사람들을 소환하여 회의를 했다. 이 회의에서 그는 마케도니아의 왕들이 아카이아 영토에 들어오는 것을 금지시킨 포고령을 오랫동안 유지한 것에 대하여 아카이아 사람들을 칭찬했고 이어 로마 인들이 페르세우스에 대하여 갖고 있는 증오심을 분명하게 밝혔다. 그런 증오가 적절한 때에 행동으로 결실을 맺게 하기 위하여 에우메네스 왕은 전면적인 조사 끝에 페르세우스의 전쟁 준비상황을 기록한 비망록을 들고서 로마에 도착했다. 동시에 다섯 명의 조사위원들이 마케도니아 상황을 살펴보기 위해 왕에게 파견되었다. 그들은 또한 이집트와 맺은 우호조약을 갱신할 목적으로 알렉산드리아의 프톨레마이오스[8]도 방문하라는 지시를 받았다. 조사 단원의 면면

8 프톨레마이오스 6세(필로메토르). 기원전 180년, 어린 아이일 때에 프톨레마이오스 에피파네스의 뒤를 이어 왕위에 올랐다. 이 당시 여전히 섭정의 지도를 받고 있었다.

은 다음과 같다. 가이우스 발레리우스, 가이우스 루타티우스 케르코, 퀸투스 바이비우스 술카, 마르쿠스 코르넬리우스 마물라, 마르쿠스 카이킬리우스 덴테르.

이 무렵 안티오코스 왕[9]이 보낸 사절단이 로마에 도착했다. 사절단의 대표인 아폴로니오스는 원로원에 소개되자, 왕이 지정된 날짜에 조공을 바치지 못한 것에 대하여 사과하면서 그처럼 납부가 지연된 그럴 듯한 사유들을 설명했다. 하지만 그 밀린 돈을 지금 가지고 왔으므로, 왕은 이렇게 지체된 데 대하여 양해를 구할 뿐 그 밖에 더 양해를 구할 것은 없다고 말했다. 아폴로니오스는 무게가 500파운드 나가는 황금 그릇들을 선물로 가지고 왔다는 말도 했다. 또 왕은 선왕이 로마와 맺은 동맹과 우호의 조약[10]을 왕 자신과도 다시 체결할 것을 호소했고, 로마 시민들이 충실한 동맹인 왕에게 부과할 수 있는 요구사항을 지금의 왕에게도 똑같이 부과해 주기를 바란다는 뜻도 전했다. 왕은 그런 의무의 이행을 결코 게을리하지 않을 것이었다. 왕은 또 자신이 로마에 있을 때 원로원이 물심양면으로 보살펴 주었고, 젊은 로마 청년들도 호의를 베풀었고 또 모든 계층의 시민들이 그를 인질이 아니라 왕으로 대접해준 것을 잊지 않고 있다는 말도 전하라고 지시했다.

안티오코스 사절단은 호의적인 답변을 들었고, 로마시의 법무관인 아울루스 아틸리우스는 선왕과 기존에 맺었던 조약을 안티오코스와 새롭게 체결하라는 지시를 받았다. 도시의 재무관들이 조공을 받았고 감찰관은 황금 그릇을 접수했다. 각각의 관리들은 그 물품들을 가

---

9 안티오코스 4세(에피파네스), 기원전 175년에 왕위에 올랐다.

10 기원전 188년에 체결된 아파메아 조약.

장 적절한 신전에다 배치하는 책임을 맡았다. 안티오코스 사절단의 수석대표는 10만 아스의 선물을 받았고, 이탈리아에 체재하는 동안 무료 저택을 제공받았으며, 온갖 경비를 로마가 대신 내주는 혜택을 받았다. 시리아에 나가 있던 로마 대표들은 아폴로니오스가 왕의 총애를 받는 신하이고 또 로마 시민들의 가장 좋은 친구라는 보고서를 보내왔다.

* * *

11. 역사가 발레리우스 안티아스는 에우메네스 왕의 동생인 아탈로스가 이 시기(기원전 172년)에 로마에 사절단으로 왔다고 기록했다. 방문 목적은 페르세우스의 비행을 고발하고 그의 전쟁 준비 상황에 대하여 보고하기 위한 것이었다. 그러나 대부분의 역사가들과 우리가 신임하는 역사가들은 에우메네스 왕이 직접 왔다고 기록했다. 에우메네스가 로마에 도착하자 로마 인들은 왕의 지위에 걸맞다고 생각하고 또 로마의 최고 호의에 비례하는 최대의 영예를 왕에게 아낌없이 풍성하게 수여하면서 그를 환대했다. 왕은 법무관의 안내로 원로원에 들어섰다. 왕은 원로원 의원들을 상대로 로마에 온 목적을 설명했다. 먼저 그는 자신이 엄청난 행운을 누려서 더 이상 바랄 것이 없게 해준 신들과 로마 인들에 대해서 깊은 감사의 뜻을 표시했다. 이어 페르세우스의 음흉한 속셈에 대비하여 로마에서 적절한 대응 조치를 취할 것을 권면하기 위하여 이렇게 친히 방문하게 되었다고 말했다.

그는 먼저 필리포스의 계획을 말했고, 이어 필리포스가 아들 데메트리오스가 로마와의 전쟁을 반대했다는 이유로 그를 죽인 일을 설명했다. 또 바스타르나이 사람들에게 그들의 본거지를 떠나 다르다니아 땅을 공격하도록 사주했던 일을 말했다. 필리포스는 그렇게 하여 이탈리아로 건너갈 때 바스타르나이 사람들의 도움을 얻으려 했던 것이다. 필리포스가 머릿속으로 이런 작전을 구상하고 있을 때 운명이 그의 목숨을 거두어갔다. 그리하여 필리포스는 자기가 알고 있는 바 로마 인에게 가장 적대적인 아들에게 왕좌를 물려주었다.

에우메네스는 계속하여 이렇게 설명했다: 따라서 페르세우스는 왕좌와 함께 이 전쟁을 아버지로부터 유산으로 물려받았다. 그는 오랫동안 전쟁을 구상해 왔고 그 준비에 직접 참여했으며 이제 그것을 곧장 실행할 일만 남아 있는 것이다. 게다가 페르세우스는 한 세대 동안 전쟁 없이 평화가 지속되었으므로 젊은 청년 전사들의 공급이 풍부한 상태이다. 그의 왕국은 천연자원도 풍부하다. 그 자신이 젊다는 이점도 있다. 그는 아직 청년이어서 신체적으로 강건하고 활력이 넘치며, 오랜 세월 전쟁의 기술을 갈고 닦으면서 인품도 더욱 성숙해졌다. 어린 시절부터 아버지의 야전 천막에서 생활하면서 이웃 민족들과의 싸움뿐만 아니라 로마와의 전쟁에도 익숙해졌다. 게다가 아버지의 지시로 다양한 종류의 여러 전투에 파견되어 실무를 익혔다. 그는 왕위에 오른 그 순간부터 놀라울 정도로 성공을 거듭하여 생전의 필리포스가 모든 방편을 동원해 가면서 혹은 무력으로 혹은 기만술로 달성하려 했으나 실패한 여러 가지 목적을 달성했다. 게다가 오랜 세월 동안 다른 민족들에게 해준 여러 가지 중요한 지원 사업에서 자연스럽게 우러나오는 위세 덕분에 페르세우스의 위력은 더욱 강화되었다.

12. 사실 그리스와 아시아 모든 공동체의 주민들은 두려움과 존경의 마음으로 페르세우스를 쳐다보았다. 하지만 에우메네스 자신은

어떤 지원 사업과 관대한 조치가 이런 존경의 마음을 이끌어내게 되었는지 잘 모르겠다고 말했다. 페르세우스가 과연 이런 면에서 행운이었던 것인지 아니면 (이것이 에우메네스가 암시하려고 하는 것이었는데) 로마에 대한 반감이 작용하여 마케도니아 왕을 선호하게 된 것인지 잘 모르겠다고 말했다.[11] 심지어 왕들 사이에서도 페르세우스는 엄청난 영향력을 발휘했다. 그는 셀레우코스의 딸과 결혼했는데, 그 혼사는 여자 쪽에서 먼저 요청한 것이었다. 그는 여동생을 프루시아스와 결혼시켰는데 이 혼사를 요청하고 애원한 것은 남자 쪽이었다.[12] 두 번의 결혼식은 무수한 대표단들이 가져온 축하 인사와 선물도 뒤덮였고, 가장 높은 명성의 인사들이 그 결혼식에 들러리를 섰으며 결혼식에 몸소 참석하여 자리를 빛냈다. 필리포스는 생전에 보이오티아 사람들에게 접근했으나 그들과 우호 조약을 맺지 못했다. 그러나 지금 페르세우스와의 조약은 세 군데의 비명에 기록되어 있다. 첫 번째 비명은 테베에 있고, 두 번째 것은 사람들이 널리 찾아가는 아주 신성한 델리움의 신전에 보관되어 있고, 세 번째 것은 델포이에 안치되어 있다.

에우메네스는 계속 말했다: 더욱이 아카이아 국무회의에서 그들은 페르세우스에게 아카이아 접근 권리를 거의 부여할 뻔했으나, 아카이아 인들에게 로마의 위력을 상기시킨 소수 인사들의 만류로 좌절이 되었다. 그러나 아카이아 사람들이 에우메네스에게 베푼 영예는 관심이 없거나 망각 때문에 사라졌거나 아니면 의도적인 적개심 때

---

11 로마 인에 대한 공포 때문에 그리스 사람들이 마케도니아 왕 페르세우스를 로마의 압제로부터 해방되는 자유를 줄 사람으로 바라보게 되었다는 뜻.

12 페르세우스는 기원전 178년에 시리아의 셀레우코스 왕의 딸과 결혼했고, 그의 여동생 아파마는 비티니아의 프루시아스 2세와 결혼했다.

문에 내팽개쳐졌다고 말했다. 에우메네스가 아카이아 사람들에게 베푼 지원 사업은 공동체와 개인들을 가리지 않고 고르게 그 혜택이 돌아갔는데도 그처럼 홀대하고 있는 것이었다. 그리고 아이톨리아 사람들에 대해서 말해 보자면, 그들은 내전의 혼란 속에서 로마의 도움이 아니라 페르세우스에게 지원을 해달라고 요청한 것은 상식이 아닌가?

페르세우스는 이처럼 막강한 동맹과 우호 관계를 확보하여 국내적으로 엄청난 군사적 실력을 갖추었으므로, 해외에서의 도움을 받을 필요가 없었다. 그는 3만 명의 보병과 5천 명의 기병을 먹일 수 있는 10년 치 곡식을 비축해 두고 있으므로, 군량에 관한 한 그의 나라와 적의 농촌 지역에 의존할 필요가 없었다. 그는 현재 엄청난 돈을 축적하여, 마케도니아 병사들 이외에 1만 명의 용병에게 일정한 기간 동안 지불할 수 있는 봉급을 갖추어 놓고 있다. 여기에다 그가 왕실 소유의 금광에서 벌어들이는 연간 수입은 별도로 계산해야 된다. 현재 보유한 군대보다 세 배나 많은 병력에게 지급할 수 있는 무기들이 무기고에 쌓여 있다. 게다가 그는 트라키아의 청년들을 장악하고 있어서 마치 마르지 않는 샘에서 물을 퍼올리는 것처럼 병력을 지원받을 수 있다. 마케도니아의 인력 공급이 달릴 경우에 말이다.

13. 에우메네스의 나머지 연설은 로마에 강력하게 권유하는 내용이었다.

"존경하는 원로원 의원님들, 내가 여러분 앞에 내놓는 것은 여기저기 돌아다니는 소문들을 한데 그러모은 것들이 아닙니다. 나의 적인 페르세우스에 대한 비난이 진실한 것이기를 바랐기 때문에 출처가 분명한 이야기들만 말씀드린 것입니다. 이것들은 확실한 사실입니다. 마치 내가 여러분의 스파이가 되어 조심스럽게 수집한 듯한 정보 혹은 내 눈으로 직접 본 것들만 보고한 것입니다. 그러니 내가 공연한 헛소리를 전달하여 나의 신용도를 떨어뜨리기 위해, 여러분이 위대하고 영광스럽게 만들어준 나의 왕국을 떠나 광대한 바다를 건너 이곳 로마까지 온 것이 아닙니다. 나는 날이 갈수록 그들의 계획을 분명하게 드러내는 아시아와 그리스의 가장 주목할 만한 국가들을 직접 관찰했습니다. 그들은 적절한 기회만 주어진다면 공격에 나설 것이고 마음의 변화를 일으켜 뒤로 물러서는 일은 없을 것입니다. 나는 페르세우스가 마케도니아 왕국에만 머무르지 않고 어떤 영토는 무력으로 탈취하고 또 어떤 영토는 강제로 억누르는 것을 직접 보았습니다.

이러한 행위는 난폭한 수단에 의해서만 진압할 수 있고 또 그 영토들의 동정과 호의를 얻어야만 가능한 일입니다. 나는 이러한 상황을 가져온 행운이 아주 불공정하다고 생각합니다. 페르세우스가 로마를 상대로 전쟁 준비를 하고 있는 동안, 정작 로마는 그에게 평화를 보장해 주고 있습니다. 내가 보기에 그는 전쟁을 준비할 뿐만 아니라 곧 전쟁을 결행할 것이 너무나 분명한 데도 말입니다. 아브루폴리스는 로마의 동맹이며 친구입니다. 하지만 페르세우스는 그를 권좌에서 쫓아냈습니다.[13] 일리리아의 아르테타우로스는 또 다른 로마의 동맹이며 친구입니다. 페르세우스는 그가 로마에 보낸 편지를 발견하고서 그를 사형에 처했습니다.[14] 그는 테베의 지도자인 에베르사

13 아브루폴리스는 트라키아 사파에이의 지도자인데 로마와 우호적인 관계를 맺었고 멀리 판가이아 금광까지 마케도니아를 침략했다. 페르세우스는 그를 패배시켰고 권좌에서 쫓아냈다.

14 아르테타우로스는 로마와 우호적인 관계를 맺은 일리리아의 족장인데 암살되었다. 암살범들은 마케도니아로 도망쳤다. 페르세우스는 그들을 축출했으나 그 암살사건에 개입했

와 칼리크리토스의 축출을 배후에서 사주했습니다. 이 두 사람이 보이오티아의 국무회의에서 페르세우스에 대하여 노골적인 반감을 표시하면서 페르세우스의 소행을 로마에 보고하겠다고 말했기 때문입니다. 그는 비잔티움에 지원 부대를 파견했는데 이는 조약 위반입니다.[15] 그는 돌로피아를 상대로 전쟁을 했고, 그의 군대가 테살리아와 도리스 지역을 무단 행군했습니다. 이렇게 한 것은 그들이 내전을 일으키면 열등한 세력을 지원하고 더 우수한 세력을 분쇄하기 위해서였습니다. 그는 테살리아와 페라이비아에서 모든 부채를 탕감해 주겠다는 약속을 흔들어대면서 그 지역들에 엄청난 혼란과 무질서를 가져왔습니다. 이렇게 한 것은 그에게 빚을 진 채무 군중들의 도움으로 귀족제를 전복시키기 위해서입니다.

그가 이런 짓을 벌이고 있는 동안에 로마는 아무런 조치를 하지 않았고 또 로마가 그리스를 그에게 넘겨주었기 때문에, 그가 이탈리아로 건너가도 단 한 명의 무장 병사도 그에 맞서 싸우지 않을 것이라고 자신하고 있습니다. 이것이 로마에게 정말 안전하고 명예로운 일인지 로마 자신이 결정할 문제입니다. 하지만 페르세우스가 이탈리아로 건너와서 전쟁을 벌이는 것이 내 보기에는 불명예이므로 로마의 동맹인 나는 이렇게 로마로 건너와서 철저한 경계 태세를 갖추지 않으면 안 된다고 경고하고 있는 것입니다. 이제 나는 필요한 임무를 완수했습니다. 나 자신이 충성스러운 의무의 부담을 벗어던졌으므로 아주 자유롭게 되었습니다. 그러니 이제 로마가 로마 자신, 공화국,

---

다는 의심을 받았다.

15 페르세우스는 트라키아의 공격에 맞서 보호하기 위하여 비잔티움을 지원했는데, 리비우스가 『로마사』 35권 30장에서 말한 조약이 사실이라면 이런 지원은 조약 위반이 된다. 그러나 폴리비오스의 『역사』에는 이런 조약이 체결되었다는 언급이 없다.

그리고 로마에 의존하는 우방과 친구들을 위해 행동에 나서도록 해달라고 신들과 여신들에게 호소하는 것 이외에 무슨 더 할 일이 있겠습니까?"

14. 이 연설은 원로원 의원들을 깊이 감동시켰다. 그러나 누구도 왕이 원로원 건물 안으로 들어갔다는 것 이외에는 그 어떤 사실도 알지 못했다. 닫힌 문 뒤에서 벌어진 회의의 내용은 철저히 비밀에 붙여졌다. 전쟁이 끝난 뒤에야 비로소 왕이 무슨 말을 했고 의원들의 대답은 무엇이었는지 관련 정보가 흘러나왔다.[16]

며칠 뒤 페르세우스가 보낸 사절단에게 원로원 접견이 허용되었다. 그러나 의원들은 에우메네스 왕의 연설을 들어주었던 그런 열렬한 태도를 보이지 않았고 또 사절단의 변명과 주장은 모두 거부되었다. 사절단 대표인 하르팔로스의 지나치게 자신만만한 태도는 의원들을 분노하게 만들었다. 그 대표는 왕의 희망과 자신의 간절한 관심사를 말했다. 왕은 자신이 로마에게 적대적인 언행을 한 일이 없다고 생각하는데 이런 생각을 믿어주기 바란다고 호소했다. 그러나 로마가 의도적으로 전쟁의 구실을 찾아 나선다면 왕은 용감한 정신을 발휘하며 그에 맞서 싸울 것이라고 말했다. 왕은 군신 마르스는 공정하고 전쟁의 결과는 언제나 불확실한 것이므로 감연히 맞서 싸울 뿐이라는 말도 했다.

그리스와 아시아의 모든 국가들은 페르세우스 사절단과 에우메네스 왕의 원로원 접촉에 촉각을 곤두세웠다. 에우메네스가 로마에 도

---

16 에우메네스가 페르세우스를 고발한 내용은 후대에 역사적으로 첨가된 것이 아니다. 로마가 전쟁을 지지했다는 사실은 그 당시에 만들어진 비명(碑銘)에 의해 확인된다. 로마인이 암픽티오니 국무회의에 보낸 편지의 비명이 델포이에서 발견되었던 것이다.

착하여 뭔가 호소했으므로 반드시 결과가 나올 것이라고 생각한 그들은 이런저런 핑계를 대면서 앞다투어 사절단을 로마에 파견했다. 로도스 섬에서 온 사절단 또한 로마에 도착했다. 그 사절단 대표는 사티로스였는데 그는 에우메네스가 페르세우스를 고발하면서 로도스 또한 함께 엮어 넣었을 것이라고 확신했다. 따라서 그는 로마의 후견인들과 로도스 사람들을 동원하는 등 모든 수단을 강구하여 에우메네스 왕이 원로원에서 했던 말을 반박하려고 애썼다. 하지만 그는 이렇게 할 수 있는 기회를 얻지 못하자, 제멋대로 방자하게 왕을 욕하면서 왕이 리키아 사람들이 로도스 사람들에게 적대감을 갖도록 부추겼다고 비난했다. 왕이 안티오코스보다 더 아시아에 분란을 일으키는 인물이라고 공격했다. 그것은 대중의 비위에 영합하는 말이었고 아시아 사람들도 받아들일 만한 것이었다. 왜냐하면 심지어 아시아에도 페르세우스를 지지하는 사람들이 늘어나고 있었기 때문이다. 그러나 원로원은 그런 태도를 불쾌하게 여겼고 그리하여 그것은 사티로스는 물론이고 그의 나라에 큰 도움이 되지 못했다. 그러나 그처럼 에우메네스를 공격한 것 덕분에 그는 로마 인들 사이에서 높은 인기를 누리게 되었다.[17] 그 결과 각종 영예가 사티로스에게 수여되었고 쿠룰레 의자와 상아로 만든 홀(笏)을 포함하여 아주 값비싼 선물들이 그에게 돌아갔다.

15. 이어 사절단은 물러갔다. 하르팔로스는 황급히 마케도니아로 돌아가서 로마에 대한 보고서를 왕에게 올렸다. 로마 인들은 아직 전쟁 준비를 하고 있지 않지만 마케도니아에 아주 적대적이므로 그 준

17 로마 인들은 페르세우스와 로도스 인들에 대한 공격이 과장된 것이라고 생각했다.

비를 그리 오래 연기할 것 같지는 않다는 내용이었다.

이런 보고를 받은 페르세우스 왕은 전쟁이 불가피하다고 생각했고, 자신이 체력의 전성기에 있다는 점을 감안하여 한시바삐 전쟁을 걸고 싶은 마음이었다. 그는 특히 에우메네스 왕에 대하여 강한 적개심을 느꼈고, 그 왕을 암살하려고 시도하면서 전쟁을 시작했다. 그는 용병대장인 크레타의 에반드로스와 이런 범죄에 익숙한 세 명의 마케도니아 사람을 소환하여 왕을 암살하라고 지시했다. 페르세우스는 이들에게 프락소에게 보여줄 추천서를 써주었다. 프락소는 왕의 친구이면서 재산과 영향력이 막강한 델포이의 유력 여성이었다. 당시 에우메네스가 아폴로에게 희생 제의를 올리기 위해 델포이로 올라갈 것이라는 사실이 널리 알려져 있었다. 암살범들은 에우메네스에 앞서서 에반드로스와 함께 델포이로 가서 현지 정찰을 했다. 그들의 목적은 암살을 완수하기에 적절한 장소를 물색하는 것이었다.

키르하에서 신전으로 올라가다가 신전 지구에 도달하기 직전의 길목 왼쪽에는 벽이 세워져 있었다. 따라서 그 길은 벽 때문에 아주 비좁은 길로 바뀌었다. 너무 비좁은 나머지 행인들은 한 줄로 서서 지나가야 했다. 길의 오른쪽은 산사태가 있었기 때문에 아주 급격한 가팔라지는 벼랑을 이루고 있었다. 암살범들은 벽에다 계단을 설치한 후, 그 벽 뒤에 숨었다. 왕이 그 근처를 지나가면 마치 성벽에서 그렇게 하는 것처럼 에우메네스 왕을 향해 투척 무기를 날릴 계획이었다. 왕은 해안에서 신전 쪽으로 접근할 때 처음에는 친지들과 신하들의 무리에 둘러싸여 있었다. 그러나 산을 오르기 시작하자 대열은 자연히 듬성해졌다. 그리고 왕의 일행이 한 줄을 이루면서 천천히 지나가야 하는 지점에 도달하자, 저명한 아이톨리아 사람인 판탈레온이 맨 앞에 섰고 왕은 그 뒤에서 그와 함께 대화를 나누며 걸어갔다. 그 순간 암살범들이 벌떡 일어나서 큰 돌 두 개를 벽 아래로 내던졌다. 한 돌은 왕의 머리를 쳤고 다른 돌은 왕의 어깨에 떨어졌다. 일행은 왕이 쓰러지는 것을 보자 왕의 친지들과 신하들은 깜짝 놀라면서 뒤쪽으로 흩어졌다. 유일하게 정신을 바짝 차리며 위기상황에 대응한 것은 판탈레온뿐이었다. 그는 왕을 보호하기 위해 현장에 머물렀다.

16. 암살범들은 벽을 우회하여 벽 아래쪽으로 내려가 부상당한 왕을 확인 살해할 수 있었을 것이다. 하지만 그들은 이미 암살 공작이 완수되었다고 생각하여 황급히 파르나소스 산 위쪽으로 달아나기 시작했다. 그러나 암살범들 중 한 명이 가파른 산등성이를 잘 타고 넘지 못하면서 도주를 지연시키자, 나머지 암살범들은 그를 살해했다. 만약 그가 잡히면 그를 고문하여 암살범 정보를 짜낼지 모른다고 우려했기 때문이다.

왕의 친구들이 먼저 왕의 주위로 몰려들었고 이어 신하들과 노예들이 부상당한 왕을 둘러쌌다. 그들은 공격을 당하여 무의식상태인 왕의 몸을 번쩍 들어 올렸을 때, 몸이 아직 따뜻하고 폐 속에 숨이 남아 있는 것을 확인했다. 왕은 아직 숨이 붙어 있는 것이었다. 그가 살아날지도 모른다는 가느다란 희망이 남아 있었다.

하지만 그것은 너무나 희박한 희망이어서 거의 없는 것이나 마찬가지였다. 몇몇 신하들이 암살범을 추적하여 파르나소스 산의 꼭대기까지 올라갔다. 하지만 아무런 소득도 올리지 못하고 몸만 피곤해진 채로 되돌아왔다. 마케도니아 암살범들은 그 범죄를 실행하면서 면밀한 계획을 수립했고 또 과감하게 실행했다. 그러나 암살의 마무리 장면에서는 부주의하면서도 비겁하게 행동하면서 현장을 벗어났다.

그 다음날 왕은 의식을 회복했고 친구들에 의해 승선 조치되었다.

거기서 왕의 일행은 코린토스로 갔고 다시 아이기나로 갔다. 그 다음에는 배들을 지협의 능선 위로 끌어올렸다.[18] 왕은 거기서 은밀하게 치료를 받았고 방문객들은 받지 않았다. 그리하여 왕이 죽었다는 소문이 아시아에 도착했다. 왕의 동생 아탈로스는 슬퍼하며 동생다운 처신을 하기보다는 그 소문을 재빨리 받아들여 사실로 믿었다. 그는 마치 자신이 이미 왕위에 오르기나 한 것처럼 왕비인 형수[19]와 요새의 수비대장과 대화를 나눴다. 나중에 에우메네스는 이 사실을 알게 되었다. 왕은 그 사실을 무시하고 모른 체하며 참아 넘기기로 했으나, 그래도 동생 아탈로스를 불러놓고 그런 상황에서 형수에게 구애한 사실을 은근히 질책했다.

에우메네스의 사망 소문은 로마에까지도 전해졌다.

17. 이 무렵 그리스로 건너가서 현지 사정과 페르세우스의 속셈을 파악하도록 파견되었던 가이우스 발레리우스가 로마로 돌아왔다. 그는 에우메네스의 고발과 완전 일치하는 현지 보고서를 제출했다. 동시에 그는 프락소를 함께 데리고 왔다. 이 여인은 에우메네스 암살범들에게 피신처를 제공했던 인물이었다. 또한 관련 정보를 제공하기 위해 브룬디시움의 루키우스 라미우스도 발레리우스를 따라왔다.

라미우스는 브룬디시움의 유지급 인사였는데 로마의 사령관들이나 사절단은 물론이고 외국에서 오는 저명인사들에게 호스트 역할

---

18 배들은 도로를 이용하여 지협의 능선 쪽으로 인양되었다.

19 에우메네스 왕의 왕비는 카파도키아의 왕인 아리아라테스 4세의 딸 스트라토니케이다. 그녀는 근 16년 동안 아이를 낳지 못했다. 그런데 그녀가 갑자기 임신하여 아들을 낳았다. 폴리비오스 『역사』 30권 27장에 의하면 에우메네스는 그 후 5년 동안 그 아이를 자신의 아들로 인정하지 않았다. 그러나 이 아이는 자신의 법적 삼촌인 아탈로스 2세의 뒤를 이어 아탈로스 3세로 등극했고 이어 사망 시에 페르가몬 왕국을 로마에 헌납했다.

을 했다. 특히 외국 왕실의 사람들을 맞아서 환대를 했다. 그 결과는 그는 멀리 떨어져 있는 페르세우스와 어느 정도 친해지게 되었다. 그는 좀 더 친하게 지내고 싶고 더 중요한 일을 맡기겠다는 편지를 받았을 때 왕을 방문하러 갔다. 곧 그는 왕의 친한 친구로 여겨지게 되었고 그가 원하는 것 이상으로 깊숙한 비밀 대화를 나누게 되었다. 왕은 엄청난 보상을 해주겠다고 약속하며 그에게 이런 요구를 해왔다. 로마의 사령관과 사절단이 그의 환대를 받기를 좋아한다고 하니, 왕에게서 서면 지시를 받으면 그들 중 몇몇 사람을 독살해 달라는 것이었다.

왕은 자신이 독약의 준비에 대해서 잘 안다면서 아주 어려우면서도 위험한 일이라고 말했다. 그 일을 성사시키려면 많은 공모자들이 있어야 한다는 말도 했다. 그렇지만 그 결과는 불확실한 것이었다. 독약이 목적을 달성할 정도로 충분하면서도 흔적을 남기지 않을 정도로 적절한 양인지 미리 확인하는 것이 쉽지 않다는 얘기였다. 왕은 투약되었을 때 아무런 표시도 없고 그 후에 아무런 흔적도 남기지 않는 독약을 제공하겠다고 약속했다.

라미우스는 자신이 그 요청이 거절하면 제일 먼저 그 독약의 실험 대상이 되는 게 아닐까 하고 겁을 먹었다. 그래서 그는 왕의 지시를 따르겠다고 약속하고 왕궁에서 떠나왔다. 하지만 그는 칼키스 근처에 와 있다고 말들 하는 가이우스 발레리우스를 만나기 전까지는 브룬디시움에 돌아가고 싶지 않았다. 이 독살 정보를 로마 조사위원단장에게 보고한 후, 라미우스는 그의 지시에 따라 조사단장과 함께 로마로 갔다. 거기서 그는 원로원 건물에 등청하여 그동안 벌어졌던 일을 모두 보고했다.

18. 에우메네스의 고발에 더하여 라미우스의 보고까지 나오자, 원

로원 의원들은 페르세우스가 로마의 적이라고 재빨리 결론을 내렸다. 로마 인들은 페르세우스가 왕의 지위에 걸맞은 정규전을 준비하고 있을 뿐만 아니라, 암살과 독살 그리고 각종 야비한 수단을 통하여 목적을 달성하려 한다는 사실을 알게 되었다.

전쟁의 수행은 내년에 선출될 두 집정관에게 넘겨지게 되었다. 또한 로마 인과 외국인 사이의 소송에 대하여 재판권을 갖고 있는 법무관 가이우스 시키니우스가 병력을 모집하기로 되었다. 시키니우스는 그 모집된 병력을 이끌고 에피로스의 아폴로니아로 건너가 그곳의 해안 도시들을 접수하라는 명령을 받았다. 그렇게 하여 마케도니아 지방을 전역(戰域)으로 부여받은 집정관이 안전하게 함대를 접안시키고 병력을 하선시킬 수 있을 것이었다.

한편 에우메네스는 한동안 아이기나에 체류하면서 힘겹고 어려운 치료 과정을 겪다가 이제 완치되었다. 그는 아무런 위험 없이 출발할 수 있게 되자 곧장 페르가몬으로 건너갔다.

그는 페르세우스 왕을 원래 싫어했는데 암살 사고를 겪고 나자 더욱더 적극적으로 그에 맞서 싸울 준비를 했다. 로마 사절단은 페르가몬으로 건너와서 그런 위험한 사고를 무사히 모면한 왕에게 축하의 말을 건넸다.

* * *

23. 이 무렵 카르타고 사절단이 로마에 와 있었다. 마시니사의 아들 굴루사도 로마에 들어와 있었으므로, 자연히 원로원에서는 두 나라 사이에 격렬한 논쟁이 벌어졌다. 카르타고 인들은 다음과 같이 항의했다. 로마가 카르타고 현지에 조사단을 파견하여 로마가 결정

을 내려야 할 땅으로 잡아놓은 영토 이외에도,[20] 카르타고 영토 내의 70군데 이상의 마을과 요새가 지난 2년 동안 마시니사에 의해 무력으로 점령당했다. 마시니사는 전혀 양심이 없는 사람이기에 이런 일을 하는 것을 조금도 어렵게 생각하지 않는다. 반면에 카르타고 사람들은 조약에 의해 양손이 묶여 있다. 카르타고 영토 이외의 지역에서 군사적 행동을 벌이는 것을 금지당했기 때문이다. 영토 바깥에서 누미디아 인들을 물리친다고 해도 그들이 영토 안으로 공격해 오면 또 그에 대응할 수가 없다. 로마의 동맹국들을 상대로 전쟁을 벌여서는 안 된다는 강화 조약의 관련 조항[21]에 묶여 있기 때문이다. 그리하여 이렇게 저렇게 마시니사에게 일방적으로 당한 카르타고 인들은 더 이상 그의 오만, 잔인, 탐욕을 참아줄 수가 없다.

그러면서 사절단은 다음 요청사항들 중 어느 하나를 허락해 줄 것을 간절히 요청했다.

- 로마 인들은 그들의 충성스러운 동맹과 카르타고 사이에 영토 분쟁이 벌어지면 공평한 판결을 내려야 한다.
- 로마 인들은 카르타고 인이 정의롭고 공정한 전쟁을 벌임으로써 부당한 공격으로부터 그들 자신을 방어할 수 있게 한다.
- 공평성보다 편파성을 더 좋아한다면, 로마가 다른 쪽의 재산 중 어떤 부분을 마시니사에게 선물로 주고 싶어 하는지 즉각 결정

---

20 마시니사와 카르타고 사이에 영토 분쟁이 벌어질 경우, 로마는 포에니 전쟁 때 로마를 지원했던 마시니사의 편을 드는 경향이 있었다. 폴리비오스 『역사』 31권 21장은 이렇게 말하고 있다. "카르타고 인들은 로마에 가면 언제나 2등을 했다. 그들이 권리가 없어서가 아니라 로마의 재판관들은 카르타고에게 불리하게 판결을 내리는 것이 로마에게 유리하다고 생각했기 때문이다."

21 제2차 포에니 전쟁이 끝나고 강화조약을 맺을 때 스키피오가 부과한 조건들 중 하나.

을 내려야 한다.

- 로마 인들은 남의 영토를 선물로 하사하는 것을 자제해야 하며 카르타고 사람들은 그런 조치를 사전에 알고 있어야 한다. 마시니사가 자신의 변덕스러운 욕망에 따라 무한정 요구사항을 늘리고 있는 상황이므로 이런 조치가 더욱 절실하게 필요하다.

만약 로마가 이런 요청사항들을 허락하지 않을 생각이고, 푸블리우스 스키피오의 강화 조약 이래에 카르타고 인들이 어떤 잘못을 저질렀다면 마시니사가 아니라 로마 인 자신이 카르타고를 직접 징벌하라고 요구했다. 그들은 마시니사의 횡포에 무방비로 노출된 채 자유롭게 살기보다는 차라리 로마 주인들 밑에서 안전한 노예로 사는 것을 더 선호한다고 말했다. 만약 앞으로도 계속 마시니사의 횡포를 견뎌야 한다면 그런 잔인한 고문자의 변덕에 비위맞추며 간신히 숨쉬며 살기보다는 카르타고 사람들이 전원 죽어 버리는 것이 더 좋다는 것이었다.

이런 말을 끝내고서 그들은 땅에 엎드려 통곡했다. 그러는 동안에 그들은 엄청난 동정의 대상이 되었고 반면에 마시니사는 혐오의 대상이 되었다.

24. 원로원은 이런 비난에 대하여 먼저 굴루사에게 물어보기로 결정을 내렸다. 만약 그가 설명에 응한다면 무슨 일로 로마에 왔는가도 물어보기로 했다. 굴루사는 아버지에게서 지시를 받은 것이 없는 문제들에 대하여 대답을 하기가 쉽지 않다고 대답했다. 게다가 카르타고 인들이 무슨 문제를 꺼낼 것인지 전혀 기별을 주지 않았기에 아버지로서도 지시를 내리기가 어려웠을 것이라는 말도 했다. 사실 카르타고 인들은 로마에 사절단을 파견한다는 얘기조차 하지 않았다. 그들의 지도자들은 여러 날 밤 아이스쿨라피우스 신전에 모여서 회의

를 했다. 그러나 이 회의에 대한 소식은 밖으로 흘러나오지 않았다. 단지 은밀한 지시사항을 가지고 사절단이 로마로 파견될 것이라는 얘기만 들려왔다. 그래서 아버지는 그를 로마로 보내어 원로원에게 로마와 마시니사의 공동의 적이 하는 얘기를 믿지 말라고 호소하라고 지시했다. 그들은 마시니사가 로마 인에게 끊임없이 충성을 바친다는 바로 그 이유로 마시니사를 계속 헐뜯고 있다는 것이었다.

양측의 이런 호소를 듣고난 후, 원로원은 카르타고 요청사항에 대한 의견을 질문 받았을 때 이렇게 대답하라고 지시를 내렸다. 굴루사는 신속하게 누미디아로 돌아가서, 카르타고의 불평불만에 답변할 사절단을 로마로 보낼 것을 아버지에게 요청해야 한다. 또한 마시니사는 카르타고에 이 사절단의 파견을 사전에 알리고 카르타고 측도 이 문제의 논의에 참석할 수 있게 해야 한다. 원로원은 마시니사에게 영예로운 조치를 해왔고 앞으로도 그렇게 할 것이다. 그렇지만 의원들은 편파적 정실주의를 위해 정의를 희생시키는 일은 없을 것이다. 원로원은 땅은 합법적 소유주의 손에 있기를 바라는데 이렇게 하는 것은 새로운 경계선을 설정하려는 것이 아니라 예전의 경계선을 그대로 유지하려는 뜻이 있기 때문이다. 카르타고 인이 전쟁에서 패한 후에, 로마 인은 그들의 도시와 영토를 그래도 유지하는 것을 허락했다. 이렇게 한 것은 무슨 뜻이겠는가? 전쟁 시에도 빼앗지 않았던 것을 평화 시에는 더더욱 빼앗을 의도가 없다는 것이다.

누미디아 왕자와 카르타고 사절단은 이런 답변을 듣고 물러갔다. 로마의 관례에 따라 두 사절단에게는 선물이 하사되었고, 다른 환대의 혜택도 베풀어졌다.

25. 이 무렵 페르세우스 왕을 상대로 '원상 복구'를 요구하고 '우호조약 파기'를 비난하도록 파견된 조사위원단이 로마로 돌아왔다. 조

사단의 위원은 그나이우스 세르빌리우스 카이피오, 아피우스 클라우디우스 케르토, 티투스 안니우스 루스쿠스 등이었다. 조사위원들은 이미 자체 조사로 페르세우스에 대하여 분노하고 있던 원로원을 상대로, 그들이 보고 들은 사항을 자세히 보고함으로써 더욱 분노를 부채질했다. 마케도니아 전역의 모든 도시들에서 아주 활기차게 전쟁 준비가 수행되고 있다는 것이었다. 조사단이 왕궁에 도착했을 때 그들은 여러 날 동안 왕을 접견하는 것이 거부되었다. 결국에 그들이 접견은 무망한 일이라 판단하고 귀국 여행길에 나서서 돌아오던 때에 왕이 그들을 왕궁으로 소환했다.

사절단은 이어 왕에게 한 말을 요약해서 보고했다. 로마는 필리포스와 우호 조약을 맺었고 페르세우스 자신이 그 조약을 갱신했다. 조약에 의하면 왕은 자국 영토 밖으로 군대를 이동시켜는 안 되고 그 어떤 전쟁의 행위로 로마의 동맹국을 괴롭혀서는 안 된다.[22] 그리고 사절단은 최근에 원로원 의원들이 이미 에우메네스로부터 들었던 여러 가지 확정적 사실들을 보고했다. 페르세우스 왕은 아시아 공동체에서 건너온 사절단과 여러 날 동안 사모트라키아에서 비밀 회의를 개최했다. 로마 사절단은 또 왕에게 로마에 저항하는 비우호적 행동에 대하여 원상 복구할 것을 요구했다.[23] 왕이 조약을 위반하면서 점령한 소유물들은 당연히 로마와 그 동맹국들에게 돌려주어야 한다는 요구도 했다.

이러한 요구에 대하여 왕은 화를 벌컥 내면서 아주 거칠게 대답했

22 이 조항들은 진위 여부가 불확실하다. 리비우스와 폴리비오스의 기록이 서로 다르기 때문이다. 이 맥락에서 이 조건들은 사실 여부가 의심되는 사항들이다.

23 원상 복구를 요구하는 것은 유대 관계를 단절하고 전쟁 선포 직전의 단계에서 전통적으로 사용하는 문구이다.

다고 조사단은 보고했다. 왕은 로마 인의 탐욕과 오만을 비난했고 조사단을 계속 파견하여 왕의 발언과 행동을 샅샅이 염탐하고 있다고 소리쳤다. 왕이 로마 인들의 지시를 고분고분 따르는 것이 "옳다"라고 생각하기 때문에 그런 짓을 한다고 지적했다. 그런 비난의 장광설을 퍼붓더니 그는 사절단에게 내일 다시 오라고 지시하면서 그때 서면으로 된 답변을 주겠다고 말했다. 그리하여 다음날 사절단에게 서면 답변이 전달되었다. 그 내용은 이러했다. 선왕이 로마에 맺은 조약은 현왕과는 무관하다. 왕이 그 조약의 갱신을 허용했던 것은 그것을 승인해서가 아니라 그 당시 막 왕위에 올랐으므로 현상을 유지할 수밖에 없었기 때문이다. 만약 로마 인이 왕과 새로운 조약을 맺기를 원한다면 먼저 다음과 같은 조건에 대하여 합의가 있어야 한다.

- 로마 인은 동등한 조건으로 조약을 맺을 준비가 되어 있는가?
- 그렇다면 왕은 그 조약에 대하여 어떤 조치를 취할 것인지 숙고한다.
- 로마 인 또한 그들의 국가 이익에 따라 그 조약을 재고해 볼 수 있다.

이런 문서를 전달한 후에 페르세우스는 황급히 자리를 뜨려고 했다. 그래서 조사단도 왕궁에서 황급히 물러나오려 했다. 그 순간 조사단은 기존의 우호와 동맹의 조약이 파기되었다고 선언했다. 왕은 그 선언에 분노하면서 잠시 걸음을 멈추었다. 그는 왕국의 경계선을 사흘 이내에 벗어나라고 큰 소리로 명령했다. 조사단은 그에 맞추어 왕국을 떠났다. 그들이 그곳에 체류할 때나 떠나올 때에 정중한 대우나 환대는 전혀 없었다.

그 다음은 테살리아 사절단과 아이톨리아 사절단의 청문회가 있었다. 그 다음에 원로원은 두 집정관들에게 편지를 보내 둘 중 어느 한 사람이 시간이 되는 대로 로마로 귀국하여 행정관 선거를 주재하라는 지시를 내려 보냈다. 원로원이 이런 조치를 취한 것은 공화국의 일을 위하여 어떤 사령관들을 어떤 보직에 활용할 것인지 알고 싶어서였다.

26. 두 집정관은 국가에의 봉사라는 측면에 있어서 한 해(기원전 172년) 동안 이렇다 할 업적을 올린 것이 없었다. 국가 이익의 측면에서는 맹렬한 반란의 기미를 보이는 리구리아 인들을 억제하고 평정하는 것이 가장 중요한 일로 여겨졌다.

로마의 모든 사람이 마케도니아와의 전쟁 발발을 예상하는 동안에, 이사(Issa)에서 사절단을 로마에 보내 겐티우스[24]를 비난했고 그리하여 로마는 그를 의심하게 되었다. 사절단은 일리리아 왕 겐티우스가 이사의 여러 지역을 파괴했을 뿐만 아니라 전적으로 마케도니아 왕의 비위를 맞추고 있다고 보고했다. 더 나아가 이런 사실들도 보고했다. 겐티우스와 페르세우스는 로마를 상대로 한 전쟁에서 공동 작전을 펴려 하고 있다. 페르세우스의 사주 아래, 일리리아는 사절단을 파견했으나 그들은 사실상 스파이들로서 로마의 현황을 파악하려는 것이 주된 목적이다.

그리하여 일리리아 사절단이 원로원 앞으로 소환되었다. 그들은 이사 사람들이 일리리아 왕에 대하여 무고를 퍼뜨리고 다니기 때문에 그런 잘못된 얘기를 불식시키기 위하여 파견되었다고 해명했다. 그러자 원로원 의원들은 이런 질문을 했다. 그렇다면 왜 그들은 기존 관례에 따라 로마 행정관에게 숙박시설과 공식 연회를 요청하지 않

24 일리리아의 족장인 겐티우스는 스코드라에 자리 잡고 왕 노릇을 했는데, 해적질을 다시 하기 위해 로마를 배신하고 마케도니아 왕 쪽으로 붙었다.

았는가? 왜 그들의 도착 사실과 방문 목적을 미리 보고하지 않았는가? 그들이 대답을 머뭇거리자 즉각 원로원 건물에서 나가라는 지시가 떨어졌다. 공식 사절단이라면 대답을 해야 마땅하지만, 의원들은 원로원 면담을 신청한 바 없는 일리리아 사람들에게 아무런 대답도 하지 않았다.

대신 의원들은 왕에게 사절단을 파견하여 로마 동맹국들의 불평 사항을 알리기로 결정했다. 또 왕이 로마의 동맹국들에게 잘못된 행동을 저지름으로써 부당하게 행동했다고 느끼는 원로원의 입장을 통보하기로 했다. 조사단의 위원은 아울루스 테렌티우스 바로, 가이우스 플라이토리우스, 가이우스 키케레이우스 등이었다.

동맹국 왕들을 방문할 목적으로 아시아에 파견되었던 조사단이 로마로 귀국하여 아이기나의 에우메네스, 시리아의 안티오코스, 알렉산드리아의 프톨레마이오스 등과 면담한 사실을 보고했다. 이 왕들은 모두 페르세우스 사절단의 방문을 받았다. 그러나 왕들은 로마의 충실한 동맹으로 남았고 로마 인이 요구하는 사항을 충실하게 이행하겠노라고 약속했다.

사절단은 또한 군소 동맹국들도 방문했는데 그들은 로도스를 제외하고 모두 충실한 동맹임이 확인되었다. 로도스는 페르세우스의 허튼 수작에 넘어가서 심적으로 동요하고 있다는 것이었다. 그러나 로도스 또한 로마에 사절단을 보내어 그들에 대하여 떠돌아다니는 나쁜 소문을 진정시키려고 시도했다. 그러나 원로원은 새로운 집정관이 취임하기 전에는 로도스 사절단을 만나지 않기로 결정했다.

* * *

29. [기원전 171년]. 푸블리우스 크라수스와 가이우스 카시우스 롱기누스가 집정관을 지낸 이해에 로마시, 이탈리아, 유럽과 아시아의 모든 왕들과 도시 국가는 로마와 마케도니아 왕 사이에 벌어질 전쟁에 관심이 집중되어 있었다. 에우메네스는 오래전부터 페르세우스를 적으로 여겼으나 페르세우스의 악행으로 인해 델포이에서 희생동물처럼 목숨을 잃을 뻔한 사실로 인해 더욱 적개심을 불태우고 있었다.

비티니아의 왕 프루시아스는 군사적 행동을 자제하면서 전쟁의 결과를 지켜보기로 했다. 그는 처남을 상대로 전쟁할 수 없는 자신의 입장을 로마가 이해해 줄 것으로 생각했다. 만약 페르세우스가 로마를 상대로 승리를 거둔다면 아내(페르세우스의 여동생)의 중재로 왕과 화해를 할 수 있을 것으로 내다보았다.

카파도키아의 왕 아리아라테스는 로마를 지원하기로 약속한 것 이외에도, 에우메네스와 결혼 동맹을 맺은 이후로 전쟁 시든 평화 시든 에우메네스와 모든 계획을 공유해 왔다.

안티오코스는 아직도 소년 왕이 섭정의 보좌를 받고 있는 이집트 왕국을 공격할 생각을 하고 있었다. 코일레-시리아에 관한 논쟁을 다시 불 지핌으로써 이집트에 전쟁을 거는 구실을 삼을 수 있고, 또 로마가 마케도니아와의 전쟁으로 바쁜 상황이어서 간섭할 수 없을 것이므로 안심하고 이집트와 싸울 수 있을 것이라고 내다보았다. 그렇지만 안티오코스는 마케도니아 전쟁에서 로마 편을 지지하겠다고 적극적으로 약속했다. 직접 사절단을 로마로 보내 원로원에게 지지 약속을 했는가 하면, 그를 찾아온 로마 사절단에게도 몸소 그런 뜻을 확인해 주었다.

이집트의 프톨레마이오스는 나이가 어리기 때문에[25] 아직도 섭정의 지휘를 받고 있었다. 그의 보호자들은 안티오코스를 상대로 전쟁을 할 준비가 되어 있었지만 동시에 로마 인들에게 마케도니아 전쟁에서 온갖 종류의 도움을 아끼지 않겠다고 약속했다.

마시니사는 로마에게 옥수수 공급을 지원했고 그의 아들 미사게네스를 대장으로 삼아 코끼리를 포함하는 보조 부대를 로마에 파견하겠다고 약속했다. 그러나 마시니사는 장래에 벌어질 모든 사건에 대비하여 이런 작전 계획을 수립했다. 만약 로마가 전쟁에서 승리를 거둔다면 그가 아프리카에서 누리는 지위는 예전 그대로일 것이다. 그러면 그는 더 이상 움직이지는 않을 것이다. 로마가 카르타고를 상대로 군사적 행동에 나서는 것을 허용하지 않을 것이기 때문이다. 반면에 카르타고를 보호하는 로마가 전쟁에서 진다면, 아프리카 전역이 그의 수중에 떨어질 것이다.

일리리아의 왕 겐티우스는 어느 쪽을 지원할 것인지 아직 마음을 정하지 못했는데 그 때문에 로마 인의 의심을 받게 되었다. 그는 어떤 숙고된 정책의 결과가 아니라 순간적인 충동에 내몰려서 어느 한 쪽을 지지할 것으로 보였다. 오드리사이의 왕인 트라키아의 코티스는 은밀하게 마케도니아 편을 들고 있었다.

30. 전쟁과 관련하여 왕들은 이상과 같은 태도를 보이고 있었으나, 자유민들과 도시 국가들의 경우에, 평민들은 평소와 마찬가지로 왕과 마케도니아 쪽으로 기울어져 있었다. 지도자들 사이에서는 서로 다른 태도가 감지되었는데 대략 세 그룹이었다.

---

25 시리아의 안티오코스 4세와 프톨레마이오스 6세.

첫째, 어떤 지도자들은 대놓고 로마를 지지하는 바람에 그런 편파적 태도로 영향력이 약화될 지경에 이르렀다. 그들 중 몇몇은 로마의 정의로운 사법 제도에 매혹되었으나, 대부분은 로마의 대의에 지지를 보내면 그들의 사회 내에서 장차 영향력이 더 확대될 것으로 예상하여 그렇게 하는 것이었다.

둘째, 왕에게 아첨하는 그룹이 있었다. 이들은 엄청난 부채를 지고 있어서 기존 질서를 완전히 바꾸고 싶어 했다. 만약 그런 변화가 없다면 그들의 앞날은 암담할 뿐이었다. 어떤 자들은 타고난 불안정한 성격 때문에 왕에게 호의적이었다. 대중들 사이에서 부는 인기의 바람이 페르세우스 쪽으로 불기 때문이었다.

셋째, 이들은 가장 합리적이고 또 존경받는 지도자들이었다. 이들은 지배 영주를 선택해야 한다면 왕보다는 로마 인의 지배를 받는 것을 더 선호했다. 하지만 이와 관련하여 그들의 미래를 자유롭게 선택할 수 있다면, 둘 중 어느 한쪽이 상대를 완전히 제압하는 일이 없기를 바랐다. 로마와 마케도니아 양측이 국력의 피해를 보지 않고 서로 원만하게 평화를 유지하기를 바랐다. 이 경우 군소 제국들은 두 강대국을 상대로 아주 만족스러운 관계를 맺을 수 있을 것이다. 왜냐하면 한 강대국이 어떤 소국을 홀대하면 다른 강대국의 보호를 받을 수 있기 때문이다. 이 지도자들은 이런 생각을 갖고 있었으므로 안전한 입장에 서서 두 강대국의 갈등상황을 지켜보는 말없는 구경꾼이 되고 싶어 했다.

원로원의 포고령에 따라서, 두 집정관은 취임 당일에 연중 상당 기간 렉티스테르니움이 벌어지는 모든 신전에 대형 동물을 잡아서 희생 제물로 바쳤다. 그리고 여러 조짐들로부터 그들의 기도가 불멸의 신들에 의해 받아들여졌다고 추측하고서, 전쟁에 대한 희생과 호소가 적절하게 집전되었다고 원로원에 보고했다. 복점관들은 이런 보고서를 내놓았다. 만약 새로운 전쟁을 시작할 것이라면 서둘러야 한다. 복점의 조짐은 승리, 개선식, 제국의 확장을 예고하고 있다. 원로원 의원들은 로마 인들의 전쟁에 대하여 축복을 내려주실 것을 기도한 다음에 두 집정관에게 가능한 한 빠른 날에 켄투리아 민회를 소집하여 다음 안건을 결정하라고 지시했다.

"페르세우스가 아버지 왕이 생존할 당시에 맺어졌고 그 자신 아버지 사후에 갱신했던 조약을 위반하고 로마의 동맹국들을 공격하여 그들의 땅을 파괴하고 도시를 점령했다. 또한 그는 로마 인을 상대로 전쟁을 하겠다는 계획을 세우고, 무기, 병사, 함대를 동원했다. 따라서 그가 이런 문제들을 시정하지 않는 한, 그를 상대로 전쟁을 벌여야 한다는 것을 결의하는 바이다."

이 결의안은 민회에서 통과되었다.

31. 그 후 원로원 포고령이 내려왔다. 두 집정관은 이탈리아와 마케도니아 중에서 어떤 지역을 담당할 것인지 그들 사이에서 합의하거나 아니면 제비를 뽑으라는 것이었다. 그리고 마케도니아를 담당할 집정관은 페르세우스 왕과 왕을 지지하는 세력들을 상대로 군사적 행동에 나서야 한다. 그들이 로마 인의 요구사항을 충족시키지 않는다면 말이다. 또한 신규로 4개 군단을 모집하여 두 집정관에게 각각 2개 군단을 배정하기로 되었다. 마케도니아 사령부를 위해서는 특별한 조항이 부가되었다. 오랜 관례에 의해 다른 집정관의 군대 보병은 5,200명이었으나, 마케도니아 군단의 경우는 6천 명의 보병을 배정한다는 것이었다. 그러나 각 군단의 기병은 각 300명으로 동일했다. 동맹군의 병력 수도 마케도니아 담당 사령관을 위해서는 증강되었다. 그는 마케도니아로 1만6천의 보병과 800의 기병을 데려갈

수 있었다. 여기에 그나이우스 시키니우스가 지휘하는 기병 600명은 별도였다. 반면에 이탈리아는 동맹군 부대가 보병 1만2천에 기병 600이면 충분하다고 생각되었다. 마케도니아 방면 사령관에게는 또 다른 특별 조치가 내려졌다. 그는 자신의 판단 아래 50세 미만의 베테랑 백인대장과 병사들을 동원할 수 있었다. 천인대장들과 관련해서도 이해에는 마케도니아 전쟁 때문에 특별 조치가 내려졌다. 두 집정관은 원로원의 의결에 따라 이해의 천인대장들은 투표에 의해 선출되지 않는다는 안건을 민회에서 통과시켰다.[26] 따라서 집정관과 법무관은 자신들의 판단 아래 천인대장들을 임명할 수 있게 되었다.

법무관들 사이의 임지 배정은 다음과 같이 결정되었다. 원로원의 지시에 따라 임무를 수행하는 법무관은 브룬디시움의 함대로 내려가서 수병들의 상태를 점검한다. 그런 다음 근무에 적합하지 않은 수병들을 제대시키고, 자유민들 중에서 대체 병력을 선발하되 3분의 2는 로마 시민으로 하고 나머지 3분의 1은 동맹에서 선발한다. 시칠리아와 사르데냐를 담당할 법무관들은 두 섬의 주민들로부터 두 번째 십일조를 요구한다. 이 지역에서 나온 세금은 함대와 군단을 지원하는데 사용되어야 한다. 이 섬에서 나는 곡식은 마케도니아로 수송한다. 시칠리아는 가이우스 카니니우스 레빌루스가 맡았고, 사르데냐는 루키우스 푸리우스 필루스, 스페인은 루키우스 카눌레이우스가 맡는다. 도시의 사법 행정은 가이우스 술피키우스 갈바가 맡고 외국인 사법 행정은 루키우스 빌리우스 아날리스가 맡는다. 가이우스 루크레티우스 갈루스는 원로원의 지시를 받는 법무관이 되었다.

26 천인대장은 기원전 309년 이래 투표에 의해 선출되었다. 그러나 후대에 들어와 절반은 선출되고 절반은 임명되는 방식으로 바뀌었다.

32. 지휘해야 할 지역을 두고서 두 집정관 사이에 심각한 갈등은 아니지만 약간의 언쟁이 있었다. 카시우스는 추첨을 하지 않고 마케도니아를 선택하고 싶다고 말했다. 만약 리키니우스가 추첨을 하자고 한다면 그는 위증의 죄를 범하게 되기 때문이다. 리키니우스는 법무관 시절에 정해진 임지로 부임하는 것을 피하기 위하여 민회 앞에 나아가 정해진 장소, 정해진 날에 희생 제의를 올려야 한다고 맹세했다. 그 제의는 그가 반드시 올려야만 집행할 수 있다고 했다. 그렇다면 그 희생 제의는 법무관 시절은 물론이고 이제 집정관이 되어서도 여전히 리키니우스가 반드시 참석한 상황에서 집전되어야 한다, 라고 카시우스는 말했다. 물론 원로원이 법무관 시절의 맹세보다 이제 집정관이 된 리키니우스의 뜻이 더 중요하다고 판단한다면 아무 문제 없겠지만 말이다. 그러면서 카시우스는 이 문제를 원로원의 판단에 맡긴다고 말했다.

이 문제가 원로원 앞으로 제출되었을 때 의원들은 로마 시민이 집정관으로 뽑은 사람에게 그의 임지를 거부한다면 그건 의원들의 오만한 행위가 될 것이라며, 두 집정관에게 추첨을 하라고 지시했다. 그리하여 마케도니아는 푸블리우스 리키니우스에게 돌아갔고 이탈리아는 카시우스가 맡게 되었다. 그 후에 군단의 배정도 추첨으로 결정했다. 1군단과 3군단은 바다를 건너 마케도니아로 가게 되었고 2군단과 4군단은 이탈리아에 남게 되었다.

두 집정관은 평소보다 더 신경을 쓰면서 징병 활동에 착수했다. 리키니우스는 베테랑 병사들과 백인대장의 모집을 진행했다. 많은 사람들이 자원해 왔는데 전에 마케도니아 전쟁과 아시아의 안티오코스 상대 전쟁에 참가한 병사들이 부자가 되어 돌아온 것을 보았기 때문이다. 백인대장을 모집하는 천인대장들은 신청이 들어오는 대로 받아들였다. 그러나 23명의 베테랑 병사들은 일반 병사 직급을 부여받자 그것을 부당하다며 호민관에게 호소했다. 호민관들 중 마르쿠스 풀비우스 노빌리오르와 마르쿠스 클라우디우스 마르켈루스는 이 문제를 두 집정관에게 거론했다. 그들은 호소를 들어주는 것이 징병과 전쟁 수행의 임무를 맡은 집정관의 일이 되어야 한다고 주장했다. 다른 호민관들도 베테랑 군인들을 홀대하는 일이 있다면 그들의 호소에 귀 기울이며 적극 돕겠다고 공언했다.

33. 그 문제의 논의는 호민관들의 심판석에서 다루어졌다. 거기에 전 집정관인 마르쿠스 포필리우스, 백인대장들, 그리고 현 집정관이 참석했다. 포필리우스는 백인대장들의 대변인으로 참석했다. 집정관은 이 문제는 민회에서 다루어져야 한다는 의견을 냈고, 그리하여 그 민회에 참석할 시민들이 소환되었다. 2년 전에 집정관을 역임한 마르쿠스 포필리우스는 백인대장을 옹호하는 연설을 하면서 이런 말을 했다. 이 군인들은 정규 봉사 기간을 모두 마쳤다. 그들은 높은 연령과 계속되는 근무로 체력의 바닥에 도달했다. 그렇지만 국가에 봉사하는 일에 대하여 반대하지 않았다. 그렇지만 그들은 딱 한 가지 사항만은 지켜달라고 호소했다. 전에 근무할 때보다 낮은 계급에다 임명하지는 말아달라는 것이었다.

푸블리우스 리키니우스는 이어 원로원의 결의안을 낭독하라고 지시했다. 첫 번째 사항은 원로원이 페르세우스에 대한 전쟁을 허가한다는 것이었고, 두 번째 사항은 가능한 한 많은 숫자의 베테랑 백인대장들이 참전하기를 바란다는 것이었다. 그러면서 51세 이하의 남자들은 예외 없이 전원 징집에 응해야 한다고 명령했다. 집정관 리키니우스는 이어 이런 요구사항을 말했다. 이제 로마는 본국에서 아주 가까운 곳에서 아주 강력한 왕을 상대로 전쟁을 해야 될 상황이다. 따라서 시민들은 천인대장들의 징병 업무를 방해해서는 안 되고, 또 집정관이 각 병사를 국가 이익에 부합하는 계급에 임명하는 것을 방해해서도 안 된다. 만약 이런 징병 과정에 의심스러운 점이 있다고 하면 그것을 원로원에 보고하도록 하라.

34. 집정관이 이처럼 자기가 하고 싶은 말을 다하고 나자, 호민관들에게 호소했던 백인대장들 중 한 사람인 스푸리우스 리구스티누스가 집정관과 호민관들에게 민회를 향해 몇 마디 말을 하게 해달라고 요청했다. 말해도 좋다는 허락이 떨어지자 그는 다음과 같이 말했다.

"로마의 시민들이여, 저는 스푸리우스 리구스티누스라고 하며 크루스투미나 부족 출신이고 사비니 인의 후예입니다. 나의 아버지는 내게 반 에이커의 땅과 작은 오두막을 남겼는데 나는 그 오두막에서 태어나 성장했습니다. 그리고 오늘날에도 여전히 거기에서 살고 있습니다. 내가 성년이 되자 아버지는 남동생의 딸을 제게 아내로 주었습니다.[27] 그녀는 내게 시집올 때 자유민의 신분과 처녀의 몸 이외의 것은 가지고 온 게 없습니다. 그녀는 또한 아주 부유한 가정에 어울릴 법한 다산의 기질을 갖고 있었습니다. 우리는 아들 여섯에 딸 둘을 두었는데 딸들은 이미 출가했습니다. 아들 넷은 성인용 토가를 입고 있고 둘은 미성년 보라색 줄이 쳐진 옷을 입고 있습니다.[28]

나는 푸블리우스 술피키우스와 가이우스 아우렐리우스가 집정관

---

27 친 사촌 간의 결혼은 그 당시 로마에서 합법적인 결혼으로 인정되지 않았다. 이것이 시골 지방에서 벌어진 변칙적 현상인지 아니면 후대의 규정 완화인지는 불분명하다.

28 성년은 대개 16세 혹은 17세를 가리킨다. 성인용 토가는 원로원 의원들의 경우를 제외하고 무늬가 없는 하얀색이었다. 반면에 소년용 토가는 옷 가장자리에 보라색 줄이 쳐져 있었다.

을 지내던 시절에 군에 입대했습니다. 나는 일반 사병으로 2년 간 복무하면서 마케도니아로 건너가 필리포스 왕을 상대로 하는 전쟁에 참여했습니다. 복무 3년차에는 퀸크티우스 플라미니누스가 나의 용맹함을 인정하여 제1선의 제10중대 백인대장으로 임명했습니다. 필리포스와 마케도니아 인들이 패배한 후에, 우리는 이탈리아로 돌아와 동원 해제가 되었습니다. 그리고 그 직후 나는 집정관 마르쿠스 포르키우스와 함께 스페인을 향해 떠났습니다. 현재 살아 있는 사령관들 중에서 포르키우스처럼 병사들의 용감함을 잘 관찰하고 판단하는 사령관은 없을 겁니다. 이것은 오랜 군복무 동안에 그분과 다른 사령관들을 겪어본 병사들에게는 잘 알려진 사실입니다. 이 사령관은 나를 제1선의 첫 번째 백인대(百人隊)의 백인대장으로 임명할 만하다고 판단했습니다.

나는 세 번째로 자원병 자격으로 징병 모집에 응하여 아이톨리아 인과 안티오코스 왕을 상대로 싸우는 부대에 배속되었습니다. 마르쿠스 아킬리우스는 나를 제2선의 첫 번째 백인대(百人隊) 백인대장으로 임명했습니다. 안티오코스 왕이 축출되고 아이톨리아 인들이 분쇄되자 우리는 다시 이탈리아로 돌아왔습니다. 그 후 나는 두 번씩이나 1년 단위로 전투에 참가한 군단에 배속되었습니다. 그 후 나는 스페인에서 두 번 전투에 참가했는데 한 번은 법무관 퀸투스 풀비우스 플라쿠스 밑에서 싸웠고, 다른 한 번은 티베리우스 셈프로니우스 그라쿠스 밑에서 싸웠습니다. 나는 플라쿠스가 담당 지역에서 승리를 거두고 귀국할 때 소속 부대와 함께 로마로 돌아왔습니다.

그랬는데 티베리우스 그라쿠스가 요구하여 스페인으로 다시 갔습니다. 그 후 수년간 복무하면서 나는 수석 백인대장 직급을 네 번이나 맡았습니다. 나는 사령관들로부터 34번이나 무용 훈장을 받았고 민간 크라운 훈장[29]을 여섯 번 받았습니다. 나는 군대에서 22년 간 근무했고 현재 연령이 50세가 넘었습니다. 나의 근속 연수가 아직 채워지지 않았고 내가 군 면제 나이가 아니라 하더라도, 푸블리우스 리키니우스, 나는 제대 조치를 받는 것이 마땅합니다. 내가 네 명의 아들을 내 대신 내놓을 수 있기 때문입니다.

그러나 나는 이런 사실을 단지 하나의 주장으로 내놓을 뿐입니다. 군대에 있는 분들이 나를 근무 가능하다고 생각한다면 나는 결코 제대 조치를 요구하지 않을 것입니다. 내가 어떤 계급을 부여받을 것인지는 전적으로 천인대장들에게 달린 문제입니다. 단지 나는 군대 내에서 나보다 용감한 사람이 없도록 최선을 다하여 용맹성을 발휘할 생각입니다. 나는 늘 그렇게 해왔고 그것은 나의 사령관들은 물론이고 동료 병사들도 얼마든지 증언해 줄 것입니다. 그리고 나의 동료 병사들이여, 당신들은 이 호소에 의하여 당신들의 권리만 주장하고 있습니다. 젊은 시절에 행정관들이나 원로원을 향해 반발을 해본 적이 없는 당신들은, 계급의 부여는 집정관과 원로원의 처분에 맡기는 게 옳습니다. 그리고 당신들의 조국을 지킬 수만 있다면 그 어떤 계급이 되었든 영광스럽게 여겨야 할 것입니다."

35. 그가 연설을 마치자 집정관 푸블리우스 리키니우스는 그를 크게 칭찬했고 그를 데리고 원로원으로 갔다. 거기서 공식적으로 감사 표시가 의결되었다. 천인대장들은 그의 용맹함을 감안하여 그를 제1군단의 첫 번째 백인대장으로 임명했다. 다른 백인대장들은 그들의 호소를 취소하고 징병에 순순히 응했다.

---

29 전투 중에 로마 시민의 목숨을 구한 병사에게 주는 훈장.

* * *

36. 이 무렵 페르세우스 왕이 보낸 사절단이 로마에 도착했다. 하지만 그들을 시내 안으로 들이지 않기로 결정되었다. 원로원과 로마 시민들이 그들의 왕과 마케도니아 사람들을 상대로 전쟁 선포를 승인했기 때문이다. 사절단은 벨로나의 신전에서 원로원 의원들을 만났고 이런 취지의 발언을 했다: "페르세우스 왕은 왜 마케도니아에 로마 군이 진주하는지 그 이유를 알지 못해 당황해한다. 만약 원로원을 설득하여 그 군대를 철수시킬 수 있다면 왕은 로마가 불평하는 동맹국들의 피해에 대하여, 원로원의 사정평가에 따른 원상 복구를 할 의도가 있다."

이 만남을 위하여 그나이우스 시키니누스가 로마에 파견한 스푸리우스 카르빌리우스가 원로원에 들어와 있었다. 그는 페라이비아가 공격을 받아 약탈당했고 그 밖의 여러 테살리아 도시들이 점령되었다고 보고했다. 그는 왕이 이미 한 행동이나 계획 중인 행동들에 대해서도 보고했다. 이어 마케도니아 사절단은 이런 보고에 대하여 답변을 하라는 지시를 받았다. 그들은 그에 대해서는 지시를 받은 게 없다면서 대답을 망설였다. 원로원은 사절단에게, 귀국하여 왕에게 집정관 푸블리우스 리키니우스가 오래지 않아 군대를 이끌고 마케도니아에 진주할 것임을 보고하라고 지시했다. 그러니 만약 왕이 원상 복구할 생각이 있다면 사절단을 이 집정관에게 보내도록 하라. 왕이 더 이상 사절단을 로마에 보내봐야 아무런 소용이 없다. 그의 사절단은 이탈리아 통과가 허용되지 않을 것이기 때문이다.

사절단이 물러가자, 집정관 푸블리우스 리키니우스에게는 그들이 열하루 안에 이탈리아를 떠나도록 조치하라는 지시가 내려갔다. 또

스프리우스 카르빌리우스를 보내 그들이 승선할 때까지 억류하면서 감시하도록 했다.

두 집정관이 임지로 떠나기 전에 이런 일들이 로마에서 벌어졌다. 이 무렵 은퇴하기 전에 미리 브룬디시움의 함대와 지상군에게 파견되었던 그나이우스 시키니우스는 에피로스에 보병 5천과 기병 3백을 이동시키고서 아폴로니아의 영토인 님파이움 근처에서 진지를 쳐놓고 있었다. 그곳에서 그는 천인대장들에게 보병 2천을 주어 다사레티이 부족과 일리리아 부족의 요새들을 점령하라고 지시했다. 이것은 이웃 마케도니아의 침공으로부터 보호받기를 원하는 현지 주민들의 요청에 따라 이루어진 조치였다.

37. 며칠 뒤, 그리스에 조사위원으로 파견되었던 퀸투스 마르키우스 필리푸스, 아울루스 아틸리우스, 푸블리우스와 세르비우스 코르넬리우스 렌툴루스, 루키우스 데키미우스 등이 보병 1천을 데리고 코르키라에 도착했다. 그곳에서 조사위원들은 그들이 방문할 지역을 나누었고 또 병력도 나누었다. 루키우스 데키미우스는 일리리아의 왕 겐티우스에게 파견되었다. 만약 왕이 로마와의 우호 조약에 관심을 보이면 왕을 마케도니아 전쟁에서 로마의 동맹으로 들어오도록 유도하라는 지시가 내려졌다. 두 명의 렌툴루스는 케팔라니아로 파견되었다. 두 사람은 거기서 펠레폰네소스로 들어가서 겨울이 오기 전에 서해안을 따라 순회할 예정이었다. 마르키우스와 아틸리우스는 에피로스, 아이톨리아, 테살리아를 순회하는 업무를 맡았다. 그 세 지역을 둘러본 후, 그들은 보이오티아와 에우보이아를 둘러보기로 되었다. 이어 펠로폰네소스로 들어가 두 렌툴루스를 만나는 일정이었다.

조사단원들이 코르키라를 떠나기 전에 페르세우스 왕이 보낸 편지가 도착했다. 왕은 로마 인이 왜 바다 건너 군대를 파견하여 도시들을 점령하는지 그 이유를 알고 싶어 했다. 조사단은 서면 답변을 하지 않고 대신 편지를 가져온 왕의 전령에게 로마 인들은 도시들을 보호하기 위해 군대를 진주시켰다고 말로 대답했다.

두 렌툴루스는 펠로폰네스스의 도시들을 순회하면서 그들이 과거에 필리포스와의 전쟁과 안티오코스와의 전쟁에서 로마를 열렬히 지원했던 것처럼 이번에도 그런 충성심을 발휘해 달라고 호소했다. 그러나 민회에서는 불만의 웅얼거리는 목소리가 터져 나왔다. 왜냐하면 아카이아는 마케도니아 전쟁 초기부터 로마 인을 적극 지원했고 그동안 마케도니아의 필리포스의 적으로서 맞서 싸웠는데, 메세네와 엘리스 같은 도시와 동급 취급을 받는 것에 대하여 분노했던 것이다. 메세네와 엘리스는 나중에 안티오코스 편을 들어서 로마에 맞섰었고, 최근에 와서야 아카이아 연맹에 들어온 도시들이었다. 게다가 이 도시들은 자신들이 일종의 전리품으로 승리한 아카이아 연맹에 넘겨졌다고 불평하고 있었다.[30]

38. 마르키우스와 아틸리우스는 바다에서 16km 정도 떨어진 에피로스의 도시인 기타나로 올라갔다. 그곳에서 두 사람은 에피로스 사람들과 회의를 가졌고 로마의 메시지는 만장일치의 승인을 받았다. 그들은 또한 오레스타이로 400명의 에피로스 전사들을 보내어 마케도니아로부터 해방된 사람들을 보호하게 했다. 두 로마 인은 에피로스에서 아이톨리아로 갔다. 그들은 그곳에 며칠 머무르면서 최근에 사망한 최고 행정관의 후임을 뽑는 선거가 끝나기를 기다렸다. 평

30 아카이아 사람들은 제2차 마케도니아 전쟁(기원전 200-196)을 언급하고 있다. 이 전쟁 중이던 기원전 198년에 그들은 공식적으로 로마를 지지했다. 메세네와 엘리스도 로마 편을 들었다. 그러나 이 두 도시는 나중에 안티오코스 왕 편을 들었다가 기원전 191년에 강제로 아카이아 연맹에 합류하게 되었다.

소 로마의 대의에 찬성해온 리키스코스가 선출되자 두 조사위원은 테살리아로 건너갔고 그곳에서 아카르나니아 사절단과 보이오티아 유배자들이 그들을 만나러 왔다. 아카르나니아 사절단은 고국으로 돌아가서 이런 보고를 올리라는 지시를 받았다. 아카르나니아는 먼저 필리포스와의 전쟁, 그리고 안티오코스와의 전쟁에서 로마에 적대적인 행동을 했는데, 그것은 왕의 달콤한 약속에 속아서 그렇게 한 것이므로, 이제 그런 행동에 대하여 보상할 기회가 찾아왔다. 아카르나니아 사람들은 이런 대접을 받을 자격이 없는데도 이런 관대한 처분을 제안 받았으므로 이제 로마의 관대함이 어떤 것인지 직접 체험하기 바란다.

또 두 조사위원은 보이오티아가 페르세우스와 동맹을 맺은 사실에 대하여 그들을 비난했다. 그러나 유배자들은 그런 행동을 반대 당의 지도자인 이스메니아스 탓으로 돌렸고 일부 도시들은 시민들의 반대에도 불구하고 그런 정책을 강요당했던 것이라고 대답했다. 마르키우스는 그 문제가 앞으로 분명하게 밝혀질 것이라고 대답했다. 왜냐하면 로마는 각각의 도시들에게 어떤 것이 그들 자신에게 최선의 이익이 되는지 결정할 기회를 줄 것이기 때문이었다.

테살리아 사람들의 국무회의는 라리사에서 개최되었다. 이 회의에서 양측은 서로에게 감사를 표시하며 즐거운 한때를 보냈다. 테살리아 사람들은 자유의 선물을 준 로마에게 감사했고, 조사위원들은 먼저 필리포스와의 전쟁에서 그리고 이어 안티오코스와의 전쟁에서 테살리아 사람들이 적극적으로 도와준 것에 대하여 감사를 표시했다. 이런 따뜻한 호혜주의 덕분에 회의에 참석한 사람들의 마음이 고무되어 로마 인들이 원하는 것을 모두 선포했다.

이 회의 후에 페르세우스 왕이 보낸 사절단이 조사위원을 찾아왔다. 그들은 왕의 아버지 필리포스와 마르키우스 필리푸스의 아버지 사이에 각별한 손님-우정 관계에 의지하여 마르키우스를 찾아온 것이었다. 이런 과거의 각별한 관계를 상기시키면서 마케도니아 사절단은 마르키우스에게 왕이 직접 찾아와 회의할 수 있는 기회를 달라고 요청했다. 마르키우스는 아버지로부터 필리포스 왕과의 우정과 선왕의 환대 얘기를 들은 바 있다고 하면서, 이 조사 활동에 나섰을 때 그런 예전의 좋은 관계를 생각하지 않을 수 없었다고 말했다. 왕을 만나는 문제에 대하여 자신의 건강이 좋았더라면 그것을 미룰 생각은 하지 않았을 것이라는 말도 했다. 그런데 마르키우스가 여행을 할 수 있게 되자 로마 조사위원들은 페네오스 강까지 갔다. 물론 미리 전령을 보내어 왕에게 그들이 그곳에 곧 도착할 예정임을 알렸다. 그 강은 호몰리움에서 디움으로 가는 건널목에 있었다.

39. 그 무렵 페르세우스는 디움에서 왕국의 내부 지역으로 철수했다. 왕은 마르키우스가 페르세우스를 위해 이 조사 여행에 나섰다는 얘기를 듣고서 일말의 희망을 품을 수 있게 되었다. 며칠 뒤 그들은 정해진 장소에서 만났다. 왕의 수행원들은 엄청났고 친구들과 신하들이 구름 떼처럼 왕 주위를 둘러쌌다. 조사위원들도 그에 못지않은 수행원을 데리고 도착했다. 라리사에서 많은 사람들이 그들을 수행했고 또 라리사 회의에 참석하여 회의 결과를 보고하려 했던 다른 도시들의 사람들도 따라왔던 것이다. 또한 유명한 왕과 세계 최고 국가의 대표들이 만나는 광경을 직접 보려는 자연스러운 인간적 호기심도 발동했다.

그들이 강을 사이에 두고 서로 마주보고 있을 때 잠시 시간이 지연되었다. 어느 쪽이 강을 건너올 것인가 하는 문제와 관련하여 양측이 메시지를 주고받았던 것이다. 마케도니아 측은 왕의 위엄에 예의를 표시해야 한다는 의견이었고, 로마측은 로마 시민들의 위엄 또한 그에 못지않게 중요하다고 맞섰다. 특히 이 만남을 먼저 제안한 것은 왕이 아니냐는 말도 했다. 이어 마르키우스가 농담을 던졌고 그것이 강을 건너오려 하지 않던 왕에게 영향을 미쳤다. "젊은 사람이 나이 든 사람에게 와야 하고, 아들이 아버지에게 와야 하는 거 아닙니까?" 마르키우스의 중간 이름이 필리푸스이었기 때문에 그런 농담을 한 것이었다. 그 농담이 페르세우스의 마음을 움직였다.

이어 왕이 데리고 올 수행원의 규모를 어느 정도로 할 것인가 하는 문제가 있었다. 왕은 데리고 온 수행원 전원과 함께 강을 건너가는 게 적절하다고 생각했다. 조사위원들은 세 명의 수행원과 건너와야 하고 정히 모든 수행원들을 데리고 오겠다면 회의 도중에 배신행위가 벌어져서는 안 되므로 인질을 내놓으라고 제안했다. 왕은 최측근 친구인 히피아스와 판타우코스를 인질로 내놓으면서 이 두 사람을 사절로 먼저 보냈다. 인질을 내놓으라고 한 것은 신의의 표시라기보다는 로마의 동맹국들에게 왕이 동등한 입장에서 로마의 대표들을 만나는 것은 아님을 보여주기 위한 것이었다. 그러나 양측이 주고받은 인사는 적들 간의 냉랭한 공식적 인사가 아니라, 우호적이고 따뜻한 것이었으며 앉을 자리가 마련되자 왕과 조사위원들은 회담을 시작했다.[31]

40. 잠시 정적이 흐른 뒤 마르키우스가 먼저 입을 열었다.

"당신이 바라는 것은 코르키라에 보낸 편지에 대한 우리의 답변일 것입니다. 그 편지에서 당신은 왜 우리가 군대를 거느린 사절로 이곳

31 에우메네스의 연설과 비교해 볼 것(42권 11-13장).

에 왔는지 왜 우리가 여러 도시에 수비대를 보냈는지 그 이유를 물었습니다. 나는 오만하게 비춰지는 것을 우려하기 때문에 그 질문에 대한 답변을 거부하기가 좀 그렇습니다. 하지만 동시에 내가 솔직하게 답변을 하면 그게 너무 가혹한 말처럼 들릴 것 같아서 말하기가 망설여집니다. 하지만 조약을 위반한 사람은 말이든 무력이든 적절한 수단으로 비난을 받아야 마땅합니다. 나는 당신을 상대로 하는 전쟁이 내가 직접 담당하는 게 아니라 다른 사람에 의해 수행되는 것을 더 선호합니다. 하지만 아무리 고통스럽다 할지라도 손님-친구를 상대로 가혹한 말을 해야 하는 의무는 기꺼이 맡으려 합니다. 나는 환자를 치료하기 위해 엄한 처방을 내리는 의사의 입장이 되어 말하겠습니다.

당신은 왕위에 오른 그 순간부터 원로원이 보기에 당신이 마땅히 해야 하는 일을 했습니다. 그래서 당신은 로마에 사절단을 보내 조약을 갱신했습니다. 하지만 이 점에 대해서도 원로원은 당신이 갱신을 한 후에 파기하는 것보다는 차라리 갱신을 하지 않았더라면 더 좋았을 것이라고 생각합니다. 당신은 로마의 동맹이며 친구인 아브루폴리스를 그의 왕국으로부터 내쫓았습니다. 당신은 아르테타우로스의 암살범들에게 피난처를 제공함으로써, 일리리아 사람들 중 가장 로마에 충실했던 군주를 암살한 자들의 잔인한 행동을 은근히 반기는 듯한—혹은 내심 즐기는 듯한— 인상을 주었습니다. 당신은 조약을 위반하면서까지 테살리아와 말리스의 영토를 통과하여 델포이로 갔습니다. 당신은 비잔틴 사람들에게 지원군을 보냄으로써 또다시 조약을 위반했습니다. 당신은 신들 앞에 맹세를 하면서까지 보이오티아의 우리 동맹국들과 은밀한 동맹을 맺었습니다. 그런 동맹 관계는 체결해서 안 되는 것인데도 말입니다.

로마로 오던 중이던 테베의 사절 에베르사와 칼리크리토스에 대해서, 나는 그저 비난만 하는 게 아니라 누가 이 두 사람을 죽였는지 묻고 싶습니다. 아이톨리아에서는 내전이 벌어져서 지도자들이 학살되었는데, 당신의 대리인들이 한 짓이 아니라면 누구의 소행이겠습니까? 또 당신은 돌로피아를 직접 공격하여 황폐하게 만들었습니다. 에우메네스 왕은 로마에서 자신의 왕국으로 돌아가던 길에, 델포이의 신전 바로 앞에서 희생제물처럼 거의 살해될 뻔했습니다. 물론 누가 왕에게 이런 짓을 했는지는 말할 필요도 없겠지요. 그리고 브룬디시움에 있는 당신의 손님-친구가 밝힌 은밀한 범죄들에 대해서, 당신은 로마로부터 자세한 서면 보고서를 받았을 것이고, 또 당신 자신의 사절단이 그 소식을 전했을 것입니다.

당신이 나의 이런 얘기를 듣고 싶지 않다면 그 방법은 딱 하나뿐입니다. 왜 로마가 마케도니아에 군대를 파견했는지 그리고 왜 우리가 동맹국의 여러 도시들에 수비대를 보냈는지 물어보지 않으면 됩니다. 그렇지만 당신이 이제 그 이유를 물었기 때문에, 침묵을 지키며 아무 말 하지 않는 것보다는 솔직한 답변을 내놓는 것이 덜 거만한 대응이라고 생각합니다. 우리가 선대로부터 물려받은 손님-친구 관계를 감안하여 나는 당신이 하는 말에 대하여 호의적으로 들어줄 용의가 있습니다. 당신이 내게 원로원 앞에서 당신의 대의를 호소해줄 좋은 얘기를 해주기를 희망합니다."

41. 페르세우스 왕의 답변은 다음과 같았다.

"나는 공정한 재판관 앞에서 말하는 것이라면 아주 좋은 이유를 대면서 내 입장을 주장할 수 있을 것입니다. 그러나 나는 한때 나를 비난하고 또 나쁘게 판단하는 사람들 앞에서 내 주장을 펼쳐야 할 것입니다. 그렇지만 나에 대한 일부 비난들은 부끄러워할 것이 아니라 오히려 자랑스럽게 여겨야 할 사항들이라고 생각합니다. 다른 것들은 간단히 부정해 버리면 끝나 버릴 사소한 사항들입니다.

만약 내가 오늘 로마의 법정에서 고발을 당한다면, 브룬디시움의 제보자는 어떤 주장을 할 것이며, 에우메네스는 어떤 얘기를 꺼내놓을 것입니까? 그들의 비난이 무고가 아니라 근거 있는 주장임을 증명하기 위해서 말입니다. 에우메네스는 나 이외에는 다른 적이 없다고 보십니까? 많은 사람들이 정치적이거나 개인적인 이유들로 그를 혐오스러운 인물이라고 생각하는데도 말입니다! 내가 어떻게 라미우스를 범죄의 유익한 수단이라고 생각할 수 있겠습니까? 나는 전에 그 사람을 본 적도 없고 앞으로도 만날 일이 없습니다! 테베 사람들에 대해서 말해보자면 그들이 난파 사건으로 목숨을 잃었다는 것은 누구나 다 알고 있습니다. 그런데도 내가 그들의 죽음은 물론이고 아르테타우로스의 죽음까지도 책임을 져야 한단 말입니까?

아르테타우로스의 죽음에 대하여 내가 책임을 질 일이 있다면 살인자들이 나의 왕국으로 도망쳐 왔다는 것뿐입니다. 나는 이것이 다소 부당하다는 지적에 대해서는 항의하지 않겠습니다. 그러나 향후 어떤 도망자가 이탈리아나 로마로 피신할 경우에, 당신은 그 도망자가 저지른 범죄에 대해서 책임이 있다고 스스로 고백해야 할 것입니다. 만약 당신이나 다른 사람들이 이런 책임을 거부한다면 나도 그런 거부하는 사람들 편에 속하고 싶습니다. 만약 이 세상에 도망칠 곳이 없다면 그런 범죄자에게 유배형을 허용하는 것은 무슨 의미가 있습니까? 그렇지만 로마로부터 소식을 듣고 그 도망자들이 마케도니아 내에 있다는 것을 알고서 그들을 철저히 수색하여 왕국 밖으로 추방시키도록 조치했습니다. 그리고 앞으로 왕국에 영원히 들어오지 못하도록 금지 조치를 취했습니다.

그런데 마치 내가 재판 중인 죄수인 양 나에게 이런 비난들이 집중되었습니다. 나에게 제기된 다른 비난들은 당신과 내가 관련 조약을 어떻게 해석할 것인가에 달린 문제입니다. 만약 그 조약에 어떤 사람이 나를 공격하는데도 나 자신과 왕국을 보호하기 위해서 무력을 사용해서는 안 된다고 되어 있다고 해봅시다. 그런데도 내가 로마의 동맹인 아브루폴리스를 상대로 무력을 사용했으니까 조약 위반이 되겠지요. 그러나 조약에 의하여 또 국가가 법률에 의하여 무력 공격을 무력 방어로 물리치는 것이 허용된다고 해봅시다. 아브루폴리스가 내 왕국을 암피폴리스까지 파괴하고 많은 자유민, 다수의 노예들, 수천 두의 소를 강탈할 때 내가 어떻게 해야 올바르게 행동하는 것이 됩니까? 내가 조용히 참고 견디면서 그가 왕궁이 있는 펠라까지 쳐들어오기를 기다려야 하겠습니까? 그리하여 나는 솔직히 말하는데 그를 상대로 정당한 전쟁을 수행한 것입니다. 그런데 이제 당신은 그를 정복해서는 안 되고 패배자에게 발생하는 피해를 허용해서도 안 된다고 주장하고 있습니다. 하지만 나는 먼저 공격을 당했기 때문에 대응한 것이고 그리하여 그런 결과가 발생한 것인데, 어떻게 전쟁의 원인을 제공한 자가 그런 결과가 발생했다고 불평할 수 있습니까?

나는 돌로피아를 진압하기 위하여 군사적 행동을 한 것에 대해서는 위와 같은 방어론을 펴지 않겠습니다. 그들은 그런 대우를 받을 자격이 없기 때문에 나는 권리 범위 내에서 필요한 조치를 취한 것입니다. 그들은 나의 왕국에 편입되어 나의 지배를 받았고, 이것은 로마의 포고령에 의해 나의 아버지에게 부여된 권리입니다. 더욱이 내가 그런 조치에 대하여 당신에게 해명을 해야 한다면, 내가 그들을 정당하고 타당한 것 이상으로 가혹하게 대우했다고 말하는 게 불가능합니다. 로마나 로마 동맹국들의 관점뿐만 아니라, 노예들에 대한 부당하고 가혹한 권력 행사를 비난하는 사람들의 관점에서 볼 때, 나는 부당하게 행동한 것이 없습니다. 왜냐하면 돌로피아 사람들은 에우프라노르를 죽였기 때문입니다. 그는 내가 돌로피아를 다스리라고 임명한 지사를 살해한 것입니다. 그러니 그런 범죄를 응징하기 위해서는 죽음도 가장 가벼운 처벌이라고 보아야 할 겁니다.

42. 돌로피아에서 라리사, 안트로나이, 프텔레온을 방문했는데 그 길은 델포이에서 아주 가까운 곳을 지나갑니다. 그래서 나는 델포이로 올라갔습니다. 오래전에 맹세한 희생 제물을 바치려고 말입니다. 이 델포이 행(行)에 대한 비난을 더욱 고조시키기 위해 그들은 내가 군대를 이끌고 거기 갔다고 떠들어댑니다. 그러니까 내가 도시들을 점령하고 요새에다 수비대를 배치할 속셈으로 그렇게 했다고 넘겨짚은 겁니다. 하지만 그런 소행은 지금 로마가 그리스에 들어와서 하고 있습니다. 내가 통과했다는 그리스 도시들을 회의에 소집하십시오. 나의 병사들 중 단 한 명이라도 그들에게 피해를 입혔는지 물어보십시오. 만약 피해 본 자가 있다면 희생 제의를 겉으로 내세우면서 다른 속셈을 추구한다는 비난에 대해서 아무런 이의도 제기하지 않겠습니다.

우리는 아이톨리아와 비잔틴에 파견 부대를 보냈습니다. 그리고 우리는 보이오티아 사람들과 우호 조약을 맺었습니다. 이런 조치들은 그리 대단한 것은 아니지만 내가 보낸 사절단들이 로마 원로원에 보고를 했고 또 인정을 받은 것들입니다. 하지만 선왕으로부터 손님-친구 관계를 물려받은 퀸투스 마르키우스여, 원로원에는 당신처럼 내게 호의적인 판관들이 그리 많지 않습니다. 그러나 당시는 에우메네스가 아직 로마를 방문하여 나에 대한 무고를 퍼뜨리기 이전이었습니다. 그는 나를 비난하는 자로서 로마를 찾아와서는 나의 조치에 대하여 엉뚱한 무고와 왜곡으로 로마에 불신과 의혹을 증폭시켰고 그리스에 대하여 악의적 소문을 퍼뜨렸습니다. 그리스는 마케도니아 왕국이 건재하는 한 자유로운 나라가 될 수 없고 또 로마가 내려주는 자유의 선물을 누릴 수가 없다고 말입니다. 이러한 무고는 결국 한 바퀴 빙 돌아서 에우메네스에게 돌아가게 될 겁니다. 곧 안티오코스를 타우로스 산맥 너머로 쫓아 버려도 아무 소용이 없다고 주장하는 자가 나올 겁니다. 에우메네스는 아시아의 안티오코스보다 더 압제적인 독재자이고 페르가몬의 왕궁이 그대로 서 있는 한 로마의 동맹국들은 결코 무사하지 않을 거라고 떠들어댈 겁니다. 에우메네스의 왕궁은 이웃 국가들을 무자비하게 억압하는 요새나 다름없다고 소리칠 겁니다.

퀸투스 마르키우스와 아울루스 아틸리우스여, 당신의 비난과 나의 답변의 진정성은 듣는 사람들의 귀와 마음에 달려 있습니다. 정말로 중요한 것은 내가 한 행동이나 그 행동에서 추론된 의도가 아니라, 당신들이 내 행동을 어떻게 받아들이는가 하는 것입니다. 나의 양심을 걸고 내가 의식적으로 죄를 지은 적은 없습니다. 만약 내가 본의 아니게 실수를 저질렀다면 당신들의 비난을 받아들여 그것을 시정하고 보완할 의향이 있습니다. 아무튼 나는 회복 불가능한 잘못을 저지른 바 없고 또 군사적 행동으로 응징해야 마땅하다고 생각되는 조치는 한 게 없습니다. 아니라면 로마의 관대함과 침착함은 공연히 그리스 일대를 떠돌아다니는 헛소문이 되어 버릴 것입니다. 이런 일을 이유로 또 불평이나 항의 거리도 되지 않는 하찮은 일 때문에 로마가 군대를 일으켜서 동맹인 왕들에게 전쟁을 선포한다면 말입니다."

43. 왕의 답변은 호의적인 반응을 이끌어냈고 마르키우스는 왕에

게 로마로 사절단을 보내라고 권면했다. 페르세우스는 모든 조치를 다 취하고 희망이 있는 것은 사소한 것이라도 무시하지 않기 위해, 회의의 나머지 부분은 사절단에게 안전 여행을 보장하는 문제를 논제로 삼았다. 그런 여행을 허락하자면 휴전 요청이 필요했는데 그것은 마르키우스 자신이 원했던 것이기도 했다. 그것이 왕과 회담을 가진 유일한 목적이었기 때문이다. 그래서 그는 마지못해 응하는 척, 청원자에게 큰 호의를 베푸는 것처럼 회담에 응하는 자세를 취했던 것이다.

이 무렵 로마의 전쟁 준비는 결코 완료된 것이 아니었다. 로마는 육군 부대도 사령관도 아직 준비가 안 되었다. 반면에 페르세우스는 그의 측근 고문관들이 평화라는 공허한 희망에 매달리지 않았더라면 전쟁 준비를 완료한 상태였으므로 자신에게 가장 유리하고 로마에게는 가장 불리한 시점에 전쟁을 시작할 수 있었다.

이 회담을 마치자 로마의 조사위원들은 휴전의 약조를 해준 후에 즉각 보이오티아로 출발했다. 그곳에서는 혼란스러운 상황이 발생했다. 일부 시민들은, 보이오티아 사절단에 대한 답변을 보고받고서, 보이오티아 전체 회의에서 탈퇴해 버렸다. 그 답변에서 로마 인들은 어떤 부족들이 왕과의 동맹을 반대하는지 분명해졌다고 말했던 것이다.

먼저 카이로네아 사절단과 이어서 테베 사절단이 이동 중인 로마 조사위원들을 만나서, 두 도시는 왕과의 동맹을 통과시킨 회의에 참석한 바 없다고 보고해 왔다. 조사위원들은 그들에게 즉답은 하지 않고 보이오티아 사람들에게 자신들을 따라 칼키스로 들어갈 것을 명령했다.

테베에서는 다른 싸움으로부터 아주 치열한 논쟁이 벌어졌다. 최고 행정관과 지사[32] 선거에서 패배한 파당은 테베에 대규모 군중을 동원하여 이런 모욕적 사태에 보복하기 위해 지사들이 도시 안으로 들어와서는 안 된다는 규정을 의결했다. 축출된 행정관들은 단체로 테스피아이로 물러갔다. 거기에서—그 도시로 들어가는 데에는 아무런 저항이 없었다—그들은 테베로 소환되었다. 이제 정국의 분위기가 바뀌었던 것이다. 그들은 일반 시민이면서 민회와 국무회의를 장악했던 12인을 유배형에 처한다는 포고령을 내렸다. 그 직후 신임 최고 행정관—귀족 출신의 강력한 인사였던 이스메니아스—은 구 시민들이 없는 상황에서 통과된 포고령에 의해 그들을 사형에 처했다. 그 시민들은 칼키스로 달아났고 거기서 다시 출발하여 라리사로 가서 로마 조사위원들을 만났다. 그들은 이스메니아스가 페르세우스와 동맹을 맺었다고 비난했다. 바로 이 문제로부터 갈등이 발생했다고 시민들은 말했다. 그러자 양측의 대표자들이 로마 인을 만나러 왔다. 한 쪽은 이스메니아스를 비난하는 유배자들이고, 다른 한쪽은 이스메니아스 자신이었다.

44. 로마 조사단원들이 칼키스에 도착했을 때 로마 인들에게 아주 만족스러운 상황이 조성되어 있었다. 그 도시의 행정관들은 각자 개별적 결정을 통하여 왕과의 동맹을 거부하고 로마에 복종하기로 결정을 내렸다. 이스메니아스 자신도 보이오티아 동맹이 로마의 보호 아래로 들어가는 것이 옳다고 생각했다. 이 문제를 두고서 갈등이 벌어졌고 이스메니아스는 유배자들과 그 지지자들에 의해 거의 살해당할 뻔했다. 그는 로마 조사위원들의 본부석으로 도망침으로써 가

32 보이오티아 연맹은 최고 행정관(사령관), 지사(知事)단, 그리고 국무회의에 의해 통치되었다.

까스로 목숨을 건졌다.

보이오티아의 수도인 테베도 한 파당은 왕과의 동맹을 지지하고 다른 파당은 로마와의 동맹을 주장하면서 서로 잡아당기는 바람에 커다란 혼란 상태에 빠져 있었다. 코로네아와 힐리아르토스에서 온 군중은 왕의 동맹에 합류하는 것을 지지하며 시위에 나섰다. 그러나 그 군중들은 행정관들의 확고한 의지에 마침내 로마와의 동맹 쪽으로 넘어왔다. 행정관들은 필리포스 왕과 안티오코스 왕에게 벌어진 참사들을 열거하면서 로마의 강한 국력과 행운을 설득시켰던 것이다. 그리하여 왕과의 동맹을 폐기하는 쪽에 표를 던졌다.

더욱이 그들은 마케도니아와의 우호적 동맹을 선호하는 자들을 모두 칼키스로 보내버림으로써, 로마 조사위원들을 맞을 차비를 끝냈다. 그리고 테베 시는 로마 대표단의 보호를 철저하게 믿고 옹호해야 한다는 지시를 내렸다. 마르키우스와 아틸리우스는 테베 사절단의 보고를 듣고서 아주 기뻐했다. 그들은 사절단에게 로마에 대표를 파견하여 우호 조약을 갱신하라고 권면했다. 이러한 권고를 그들은 개별적으로 다수의 사람들에게 전했다. 무엇보다도 로마 조사위원들은 시민들에 의해 강제 유배를 당했던 행정관들의 복직을 명령했다. 그리고 왕과의 동맹을 지지했던 자들을 단죄하라고 포고령을 내렸다.

이렇게 하여 그들의 주된 목적인 보이오티아 연맹의 분열을 달성했으므로, 조사 위원들은 세르비우스 코르넬리우스를 칼키스로 소환한 다음에 펠레폰네소스를 향해 출발했다. 아르고스에 로마 조사위원들을 위한 국무회의가 개최되었고 여기서 조사위원들이 아카이아 연맹에게 내놓은 요구사항은 1천 명의 군대를 기여하라고 요청한 것뿐이었다. 이 부대는 칼키스로 파견되어 로마 군이 그리스로 건너올 때까지 그곳에 주둔할 예정이었다.

이렇게 하여 그리스에서의 임무를 완수했으므로 마르키우스와 아틸리우스는 겨울이 시작될 무렵에 로마로 돌아왔다.

45. 이 무렵에 로마는 아시아와 그 주변 섬들에 조사위원단을 파견했다. 위원은 세 명으로 티베리우스 클라우디우스, 스푸리우스 포스투미우스, 마르쿠스 유니우스였다. 그들은 해당 지역을 돌면서 로마 편에 서서 대(對) 페르세우스 전쟁에 가담하라고 권유했다. 특정 도시의 자원이 많을수록 조사단원은 협상에 더욱 공을 들였다. 작은 도시들은 큰 도시의 인도를 따르는 경향이 있었기 때문이다. 특히 로도스 섬은 모든 면에서 가장 중요한 지역으로 간주되었다. 이 섬은 전쟁이 벌어지면 충실한 지원을 할 수 있을 뿐만 아니라 그들이 기존에 갖고 있는 무기로 즉각 로마를 도울 수가 있었다. 그들은 헤게실로코스의 독촉으로 이미 40척의 전함을 확보해 놓고 있었다.

헤게실로코스는 그 섬의 최고 행정관(현지 용어로는 프리타니스 prytanis)이었다. 그는 섬 주민들을 상대로 왕들의 비위를 맞추려는 헛된 꿈을 버리라고 여러 차례 연설을 했다. 그것은 이미 여러 차례의 실험으로 증명된 바가 있으니 이제 로마와 동맹을 맺는 수밖에 없다고 강조했다. 권력이든 신의성실의 측면이든 이 세상에서 유일하게 믿을 수 있는 국가가 로마라고 여러 차례 납득시켰다. 그는 섬 주민들에게 페르세우스와의 전쟁이 임박했다고 말했다. 로마 인들은 예전에 필리포스와 싸웠을 때, 그리고 그 뒤에 안티오코스와 싸웠을 때와 동일한 해군력을 유지해야 할 것이었다. 따라서 로도스 인들은 지금 이 순간부터 함선들을 수리하고 수병들을 배치하지 않는다면, 함선의 지원을 요청받고 허둥거리게 될 것이므로, 사전 대비를 해야 한다고 강조했다. 특히 에우메네스가 로도스 섬을 비난한 바 있으므로, 구체적 행동으로 그것을 반박하기 위해서는 특별한 정성을 기울여서 함선 수리 작업에 임해야 한다는 말도 했다.

이런 논리에 격려되어 로도스 인들은 로마 사절단이 현장에 도착했을 때 잘 보수되고 정비된 함선 40척을 내보이며, 지시를 받을 때까지 기다리고 있기만 한 것은 아님을 증명해 보였다. 조사위원단은 아시아 여러 도시들로부터 로마에 대한 충성심을 이끌어내기 위해 엄청난 노력을 기울였다. 오로지 데키무스만이 아무런 성과 없이 로마로 돌아왔다. 그가 일리리아 족장들로부터 뇌물을 받았다는 의혹이 널리 퍼져 있어서 그의 명성은 어두운 구름 아래 놓이게 되었다.

46. 페르세우스는 로마 사절단과 회담을 마친 후 마케도니아로 돌아가서 평화 조약을 논의하기 위한 사절단을 로마에 파견했다. 그 조약의 초안은 왕이 마르키우스와 함께 작성한 것이었다. 왕은 사절단에게 비잔티움, 로도스, 그 외의 다른 도시들에게 가는 편지를 주었다. 그 편지의 내용은 각각 동일했다. 그 편지에 왕은 로마 조사위원들이 그에게 말한 것과 왕 자신이 답변한 것의 개요를 적었고 그 결과 자신이 그 회담에서 승자였다고 느낄 만한 이유가 있다고 말했다. 마케도니아 사절단은 로도스 사람들을 만난 자리에서 평화가 유지될 것으로 확신한다고 말했다. 왜냐하면 마르키우스와 아틸리우스의 권유로 로마에 사절단이 파견되었기 때문이다. 그러나 로마 인들이 조약과는 다르게 호전적인 태도로 나온다면 그때엔 로도스 인들이 그들을 상대로 영향력을 행사하여 평화의 회복 쪽으로 사태가 진전되게 해달라고 호소했다. 만약 로도스 사람들의 호소가 실패한다면 그들은 보편적 권위와 권력이 로마라는 단 한 나라의 손에 집중되는 것을 막아야 한다. 마케도니아 사절단은 이것이 모든 민족에게 이익이 되고 특히 로도스 사람들에게 더욱 그러하다고 말했다. 로도스

는 체면이나 자원의 측면에서 다른 도시 국가들보다 월등 우수한 나라이기 때문에 만약 사람들이 쳐다볼 나라가 로마밖에 없게 된다면 로도스의 이런 고귀한 지위도 굴종과 의존의 나락으로 추락하고 말 것이다.

로도스 사람들은 왕의 편지와 마케도니아 사절단의 말을 우호적으로 읽고 들었다. 그러나 그것이 로도스 사람들의 전반적 분위기를 바꿔 놓지는 못했다. 귀족 계급의 영향력이 더 지배적이었던 것이다. 투표를 거친 후에 로도스는 사절단에게 이런 답변을 했다: 로도스는 평화를 희망한다. 그러나 전쟁이 터진다면 마케도니아 왕은 로도스의 지원을 기대하거나 요청해서는 안 된다. 그것은 로도스와 로마 사이에 존재하는 오래된 우호 관계에 위배되기 때문이다. 양국의 관계는 평화시와 전쟁시를 막론하고 많은 중요한 호혜적 사업에 의해 강화되어 온 것이다.

로도스에서 돌아오는 길에 마케도니아 사절단은 테베[33]는 물론이고, 보이오티아, 코로네아, 할리아르토스의 도시들을 방문했다. 왕과의 동맹을 포기하고 로마에 복종하기로 한 합의는 이들 도시로부터 강제로 이끌어낸 것이었기 때문이다. 테베 인들은 사실상 변한 것이 없었다. 그들은 행정관들을 단죄하고 유배자를 복직시킨 일로 로마에 대하여 분노하고 있었다. 코로네아와 할리아르토스의 주민들은 원래 왕정 체제를 좋아하기 때문에 마케도니아에 사절을 보내어 수비대를 요청했다. 테베 사람들의 끝없는 오만함에 대비하여 그들 자

---

33 이 도시는 티스베이지 테베가 아니다(기명에 티스베로 나와 있다). 리비우스는 자신이 갖고 있는 폴리비오스 필사본에서 이 오독(誤讀)을 발견하고 앞에서 나온 테베와 일치시키려 한 것이다.

신을 보호하려는 조치였다. 그러나 왕은 로마와 휴전 중이기 때문에 수비대를 보낼 수 없다고 답변했다. 그렇지만 테베 인의 부당한 처사에 가능한 한 현명하게 대응하라고 조언했다. 로마 인에게 테베를 상대로 가혹한 처사를 하도록 만드는 빌미를 주지 말라는 뜻이었다.

47. 마르키우스와 아틸리우스는 로마로 돌아와서 카피톨리움에서 그들의 임무에 대하여 보고서를 제출했다. 그들은 특히 왕에게 휴전을 허락하여 평화의 희망을 안겨준 기만술을 부린 것에 대하여 자화자찬했다. 그들은 이런 보고도 했다. 왕은 전쟁 준비를 모두 끝냈고 로마는 모든 면에서 전쟁 준비가 미진한 상태이므로, 왕은 로마 군이 그리스에 파견되기 전에 모든 전략적 요충을 점령할 수 있었다. 하지만 이제 휴전으로 로마가 시간적 여유를 얻었으므로, 다가오는 전쟁은 동등한 입장에서 수행할 수 있게 되었다. 왕은 로마보다 더 좋은 위치에 있다고 할 수 없고, 반면에 로마는 모든 부분에서 충분히 대비를 한 채 전쟁을 치를 수 있게 되었다. 게다가 두 조사위원은 자신들이 보이오티아 연맹을 분열시켰다고 말했다. 그리하여 보이오티아 사람들은 이제 더 이상 마케도니아와의 협력과 관련하여 통일된 정책을 내놓을 수 없게 되었다.

대부분의 원로원 의원들은 가장 높은 수준의 외교술을 발휘했다며 그런 조치를 칭찬했다. 그러나 오래된 행동 기준을 기억하고 있는 나이든 의원들은 그러한 외교술에서 로마 인의 고상한 행동 방식을 찾아볼 수 없다고 말했다. 그들은 스스로 이렇게 말했다.

"우리의 조상들이 전쟁을 수행하는 방식은 그런 술수가 아니었어. 매복을 하거나 야간 전투를 하거나 겁먹은 척 퇴각하다가 되돌아 와 무방비 상태의 적을 공격하는 행위는 하지 않았어. 조상들은 그런 교활한 술수가 아니라 진정한 용감성을 발휘하며 싸우는 것을 더 영광스럽게 생각했어. 전투를 시작하기 전에 먼저 선전 포고를 했고, 때로는 전투가 벌어진다는 사실을 미리 알려주었고, 전쟁을 치르게 될 장소까지 알려주었어. 그래서 피로스 왕의 주치의가 왕의 목숨을 노린다는 사실을 알았을 때 그것을 왕에게 알려주는 신의를 보였어. 또 팔리스칸 사람들의 자녀를 인질로 사용하라고 로마 군에게 귀띔한 배신자를 밧줄로 묶어서 팔리스칸 사람들에게 넘겨주기도 했어. 로마 인들은 이처럼 양심에 따라 행동했고 카르타고 인의 교활한 수작이나 그리스 인의 영리한 술수는 사용하지 않았어. 이런 사람들은 힘으로 적을 제압하는 것보다는 적을 기만하여 이기는 것을 더 자랑스럽게 여기고 있지만 말이야. 때때로 술수가 용맹함보다 더 큰 이익을 가져다주기도 해. 기만술, 우연한 사고에 의해 제압당한 것이 아니라 정의롭고 올바른 전쟁에서 백병전의 힘에 의해 제압당했을 때, 적은 비로소 패배를 인정하고 정신적으로 승복해 오는 거야."

이상이 새롭게 도입된 영리한 기만술을 탐탁지않게 여기는 나이 든 원로원 의원들의 생각이었다. 그러나 명예보다 실익을 더 중시하는 의원들의 의견이 승리를 거두었다. 그런 의원들이 결국 마르키우스의 외교술을 승인해 주었고 마침내 그를 그리스로 다시 파견했다. [...] 마르키우스는 5단 노선들을 인솔했고 로마 공화국에 가장 실익을 가져다주는 방향으로 협상을 진행하라는 지시를 받았다. 아울루스 아틸리우스 또한 그리스로 파견되어 테살리아의 라리사를 점령했다. 원로원은 휴전 기간이 끝나면 페르세우스가 라리사로 수비대를 파견하여 테살리아의 수도를 장악할 것을 염려했던 것이다. 아틸리우스는 이 임무를 위하여 그나이우스 시키니우스로부터 병력 2천을 요구하라는 지시를 받았다. 또한 아카이아에서 돌아온 푸블리우스 렌툴루스는 이탈리아 인 300명으로 구성된 부대를 인솔하여 테베로 들어가서 보이오티아가 계속 로마의 지배하에 있도록 최선을 다하는 임무를 맡았다.

48. 이런 준비를 마친 후, 비록 전쟁 계획이 이미 수립되었지만 그래도 원로원은 (마케도니아) 왕의 사절들을 접견하기로 결정했다. 사절단이 내놓은 호소는 페르세우스가 마르키우스와의 회의에서 내놓은 것과 사실상 동일했다. 그들은 에우메네스 암살 시도가 사실이 아니라는 것을 주장하려고 최대한의 노력을 기울였으나 그 문제에 관한 한 그들의 방어 논리는 별로 설득력이 없었다. 알려진 사실들이 너무나 명백했기 때문이다. 전반적으로 보아 그들의 호소는 정상 참작을 해서 마케도니아에 대한 조치를 완화해 달라는 것이었다. 그러나 의원들은 논쟁을 하거나 동정을 해줄 심리 상태가 아니었다. 사절들에게는 로마의 성벽을 빨리 벗어나서 30일 안에 이탈리아를 떠나라는 지시가 떨어졌다.

이어 마케도니아를 담당하게 된 집정관 푸블리우스 리키니우스에게 지시가 내려갔다. 가능한 한 빨리 군대의 동원 날짜를 선포하라는 것이었다. 함대 사령관으로 임명된 법무관 가이우스 루크레티우스는 40척의 5단 노선을 이끌고 로마로부터 출발했다. 로마에는 그 외의 수리한 배들을 남겨 여러 목적에 활용하기로 결정되었기 때문이다. 법무관은 동생 마르쿠스 루크레티우스에게 5단 노선을 한 척 주어서 먼저 보냈다. 동생의 임무는 조약에 의거하여 동맹국들로부터 배들을 인수한 후에 케팔라니아에 정박 중인 함대와 합류하는 것이었다. 그는 게리움에서 3단 노선 1척, 로크리스에서 2척, 우리아에서 4척을 인수한 후 이탈리아 해안을 따라 항해하여 칼라브리아 곶에 도착한 후 그곳에서 이오니아 해를 건너 디라키움으로 갔다.

그곳에서 그는 디라키움 사람들로부터 소형 범선 10척, 이사 사람들로부터 12척, 겐티우스 왕으로부터 54척을 인수했다. 그 배들이 로마 인의 사용을 위해 거기 모인 것이라고 판단하고서 그는 사흗날에 그 배들을 이끌고 코르키라로 갔고, 다시 거기서 곧바로 케팔라니아로 갔다. 법무관 가이우스 루크레티우스는 나폴리에서 출발하여 메시나 해협을 지나 닷새 만에 케팔라니아에 도착했다. 함대는 거기에 정착하면서 지상군이 그리스로 건너오기를 기다렸다. 또한 바다 전역에 흩어져 있는 곡물 수송선들이 충분한 시간적 여유를 가지고 함대에 합류하기 위하여 대기했다.

49. 이 무렵 집정관 푸블리우스 리키니우스는 카피톨리움에서 맹세를 선서한 후에 사령관 제복을 입고서 도시로부터 출발했다. 집정관이 출발할 때에는 엄청난 군중이 몰려들어 장엄하게 환송하는 것이 변함없는 관습이었다. 사람들의 눈과 마음은 특히 용맹과 행운으로 명성 높은 적과 싸우러 가는 집정관에게 집중되었다. 그들의 관심사는 일차적으로 환송 행사에 나옴으로써 시민의 의무를 다하는 것이었으나 그들은 그 장엄한 광경에 깊은 관심을 갖고 있었고 또 집정관을 직접 보고 싶어 했다. 그의 권위와 판단에 국가 보호의 중책을 맡겼으니까 말이다. 이어 그들은 전쟁 중에 벌어지는 우연한 사건들에 생각이 미쳤다. 그들은 운명의 결과가 얼마나 불확실한지 잘 알았다. 또 전쟁의 신이 집정관이라고 해서 특별히 편애하지 않는다는 것도 알았다. 그들은 전투의 성공과 실패, 사령관들의 무능함과 무모함에서 빚어지는 참사들을 깊이 생각했다. 반면에 다른 지휘관들의 지혜와 용기로 얻어진 전쟁의 전리품들도 생각했다. 그들은 스스로 이렇게 물었다.

"우리 인간이 이제 전쟁터로 환송하는 집정관이 맞이할 운명이 어떤 것인지 또 그가 전장에서 발휘할 성품이 어떤 것인지 어떻게 알겠는가? 우리는 그가 전투에서 승리를 거두고 돌아와 개선식을 거행하는 광경을 볼 수 있을 것인가? 그가 카피톨리움 언덕에 올라가 지금 작별을 고하고 있는 신들에게 감사 기도를 올릴 수 있을 것인가? 아니면 우리는 적에게 승리의 행복을 안겨주게 될 것인가?"

전쟁의 맞상대인 페르세우스 왕은 아주 명성이 드높았다. 그는 마케도니아 국가가 거둔 군사적 위세를 한 몸에 갖추었고 또 그의 선왕이 많은 군사적 업적을 쌓고 또 로마와 전쟁을 벌임으로써 얻은 명성을 한 몸에 누리고 있었다. 페르세우스라는 이름은 그가 왕위에 오른 직후부터 모든 사람의 입술과 마음에 끊임없이 오르내렸다. 그가 곧 로마를 상대로 전쟁을 벌일 것이라는 기대가 높았기 때문이다. 바로 이런 것들에 대해서 깊이 생각하면서 로마 군중은 전쟁터로 떠나는 집정관을 환송했다. 전에 집정관을 역임한 가이우스 클라우디우스와 퀸투스 무키우스는 그의 밑에서 천인대장으로 이번 전쟁에 출전하게 되었다. 푸블리우스 렌툴루스와 동명이인인 두 명의 만리우스 아키디누스(한 명은 마르쿠스 만리우스의 아들이고, 다른 한 명은 루키우스 만리우스의 아들) 등 세 명의 저명한 청년들도 천인대장으로 참전하게 되었다. 집정관은 이런 장교들을 거느리고 브룬디시움에 있는 지상군에게 합류하기 위해 출발했다. 그는 거기서 전 부대를 이끌고 바다를 건너가 아폴로니아 지역의 님파이움 근처에다 진지를 설치했다.

50. 이보다 며칠 전, 로마에 파견되었던 마케도니아 사절단이 돌아와서 평화의 희망이 모두 사라졌다고 보고했다. 그러자 페르세우스는 국무회의를 개최했는데 거기에 참석한 신하들은 서로 엇갈린 견해를 내놓으면서 한동안 갈등을 벌였다. 먼저 주화파는 이런 주장을 펼쳤다: 로마가 세금을 부과한다면 그것을 지불해야 한다. 만약 영토의 일부를 떼어달라고 요구한다면 그 땅을 포기해야 한다. 평화를 유

지하기 위해 감내해야 하는 것이라면 어떤 것이든 거부해서는 안 된다. 왕은 왕 자신과 왕국을 위험에 빠뜨릴 수 있는 조치를 취해서는 안 된다. 그 위험이 너무나 크다. 만약 왕이 단독으로 왕국을 무사히 보존하면서 권좌에 앉아 있다면, 시간이 흘러가서 이렇게 잃어버린 것들을 만회할 수 있을 것이고, 심지어 왕이 지금 두려워하고 있는 자들에게 공포를 안겨줄 수도 있을 것이다.

그러나 회의 참석자들 중 대부분을 차지하는 주전파는 그보다 좀 더 대담한 의견을 내놓았다: 어떤 양보를 하든 간에 왕은 그런 양보와 함께 결국에는 왕국을 잃게 될 것이다. 로마 인들은 돈이나 땅을 필요로 하지 않는다. 그들은 모든 인간적인 일들, 특히 위대한 왕국이나 제국은 많은 변화와 우연에 따라 흥망이 결정된다는 것을 알고 있다. 로마는 카르타고 인들의 권력을 깨뜨리고 그들 옆에 강력한 왕을 세워 놓았다. 안티오코스와 그의 후손들은 타우로스 산맥 너머로 쫓겨갔다. 마케도니아 왕국은 로마 근처에 남아 있는 유일한 위대한 왕국이다. 로마의 행운이 다른 지역에서 실패로 돌아갈 경우에, 마케도니아 왕국의 왕은 선왕들의 상무 정신을 내세울 수 있는 유일한 왕국이다. 이처럼 아직 강력한 힘이 남아 있을 때 페르세우스는 양단간에 결정을 내려야 한다. 하나 둘 로마에게 양보하다가 결국은 자원을 모두 빼앗기고 결국에는 왕국에서 쫓겨나 사모트라키아나 그와 유사한 섬에서 로마 인들에게 구차하게 목숨을 구걸하는 신세가 될 것이다. 그곳에서 왕은 아무런 신분이나 지위도 없이 경멸과 가난 속에서 늙어갈 것인가? 아니면 용감한 군왕에 걸맞게 전쟁이 어떤 불확실성을 가져오든 그것을 꿋꿋하게 견디면서 마침내 온 세상을 로마의 압제로부터 해방시킬 것인가?

주전파는 계속해서 이런 주장을 폈다. 로마 인이 그리스에서 쫓겨가는 것은 한니발이 이탈리아에서 쫓겨가는 일만큼이나 그리 놀라운 것이 아니다. 엉뚱한 흑심을 품은 동생에게 있는 힘을 다해 저항하여 왕국을 안정시킨 왕이 이제 반석 위에 올려놓은 왕국을 외국인에게 그냥 갖다 바친다는 것이 어떻게 상호 일관된 행동이라고 할 수 있겠는가? 사람들은 절대로 그런 반응을 이해하지 못할 것이다.

결론적으로 전쟁과 평화에 대한 논의는 결국 이런 의견으로 수렴되었다. 싸움 한 번 해 보지 않고 왕국을 로마에 바친다는 것은 아주 수치스러운 일이고, 장엄한 군주답게 국가를 방어하기 위해 전쟁을 하는 것은 정말로 멋진 일이다.

51. 이 회의는 마케도니아 왕들의 고대 왕궁인 펠라에서 개최되었다. 페르세우스는 신하들의 말을 다 듣더니 이렇게 대답했다.

"그렇다면 전쟁을 하기로 합시다. 신들이 잘 도와주신다면 이것이 최선의 길인 듯하오."

이어 그는 예하 군 장교 전원에게 독전의 편지를 보냈고 전 부대를 마케도니아의 도시인 키티움에 집결시켰다. 그는 몸소 제왕의 규모에 걸맞은 희생 제의를 집전하면서 1백 마리의 희생 동물을 잡아서 미네르바(그들의 이름으로는 '백성의 수호자'라는 뜻의 아르키데모스)에게 바친 다음, 궁중의 귀족들과 경호원들을 이끌고 키티움으로 출발했다. 모든 마케도니아 군대와 외국인 보조 군대가 이미 거기에 집결해 있었다. 페르세우스는 그 도시 앞에다 진지를 설치하고서 모든 병사들을 들판에 소집했다.

왕의 군대는 병력 수가 약 4만 3천이었는데 그 중 절반이 중무장 보병이었고 베로에아의 히피아스가 부대장이었다. 그 다음에 체력이 강건하고 완력이 출중한 청년으로 구성된 경보병 부대가 있었다. 마케도니아 사람들은 이 연대를 아게마('수호대')라고 불렀다. 이 부대의 지휘관은 두 명으로서 에우이에스타 출신의 레오나토스와 트라시포스였다. 약 3천명으로 구성된 다른 경보병 부대의 지휘관은 에데사의 안티필로스였다. 파로리아와 파라스트리모니아—트라키아 근처에 있는 지역—에서 온 파이오니아 사람, 아그리아네스 사람, 트라키아 정착민 등 약 3천 명은 특별 혼성부대를 구성했다. 왕자 데메트리오스를 살해한 파이오니아의 디다스가 이 부대의 지휘를 맡았다. 무장을 한 2천 병력의 갈리아 인 부대도 있었는데 신티안 족의 헤라클레아에서 온 아스클레피오도토스가 부대장이었다. 3천명의 자유 트라키아 인들로 구성된 부대는 그들 중에서 뽑은 부대장을 두었다. 이와 비슷한 숫자의 크레타 사람들이 그들의 지도자인 팔라사르나이의 수소스와 크노소스의 실로스를 따라서 참전했다. 스파르타의 레오니다스는 그리스에서 온 500명을 지휘했는데 이들은 서로 다른 종족들로 구성되어 있었다. 레오니다스는 왕족의 후예이면서 유배자였는데, 그가 페르세우스에게 보낸 편지가 중간에 탈취되면서 아카이아 사람들의 국무회의에서 단죄 받은 바 있었다. 아카이아의 리콘은 아이톨리아 인과 보이오티아 인들의 지휘관이었는데 이들의 병력은 다 합쳐 봐야 5백을 넘지 않았다. 이처럼 서로 다른 민족과 종족에서 뽑아온 보조 부대는 전체 병력이 약 1만 2천이었다.

왕은 마케도니아 전역에서 3천의 기병을 모집했다. 오드리사이 부족의 왕인 세우테스의 아들 코티스는 약 1천 명의 정예 기병과 같은 숫자의 보병을 거느리고 키티움에 도착했다. 이렇게 하여 마케도니아 전국의 병력은 보병 3만9천에 기병 4천이었다. 그리스에서 아시아로 넘어갈 때 대군을 이끌고 갔던 알렉산드로스 대왕을 제외하고, 이처럼 대규모의 군대를 징집한 마케도니아 왕은 일찍이 있어 본 적이 없었다.

52. 이제 필리포스의 요청에 의해 마케도니아에 평화가 허락된 지 26년이 흘렀다. 이 기간 동안 마케도니아는 국내에 큰 혼란이 없어서 많은 아이들이 출생했다. 그 아이들 중 많은 숫자가 이제 군복무를 할 수 있는 나이가 되었다. 게다가 이 나라는 끊임없이 전쟁을 하면서 트라키아의 이웃 나라들을 상대로 소규모 전투를 벌였다. 그것은 병사들을 피로하게 만들지 않으면서도 군사 훈련을 시킬 정도의 그런 전투였다. 게다가 로마를 상대로 오랜 기간 동안 먼저 필리포스, 그리고 이어서 페르세우스 치하에서 전쟁 준비를 해왔다. 그리하여 모든 것이 준비 완료되었고 곧바로 전투에 돌입할 수 있는 상태로 유지되었다.

전투 대형을 구축한 군대는 정규 훈련은 아니지만 단기 기동전을 연습함으로써 무장 상태로 대기만 하는 것은 아니었다. 페르세우스는 무장 상태의 군대를 열병식에 소집했다. 왕은 두 아들을 데리고 높은 연단 위에 섰다. 한 아들은 실제로는 그의 동생이나 아들로 입양했고, 알렉산드로스라는 나이 어린 아들은 그가 실제로 낳은 아들이었다. 왕은 병사들의 전투 사기를 높이기 위하여 그 연단에서 사자후를 토했다.

그는 먼저 로마 인이 선왕과 그 자신에게 행한 잘못된 소행을 지적했다. "선왕은 자신에게 온갖 무례한 짓이 저질러지자 반격에 나설 수밖에 없었다. 하지만 선왕은 전쟁 준비 중에 뜻을 이루지 못하고 몸이 먼저 죽었다. 로마가 그리스의 여러 도시들을 점령하기 위해 군대를 파견하던 그 순간에 왕에게 로마의 사절단이 파견되었다. 그리고 평화를 회복한다는 구실 아래 진정성 없는 회담을 하느라고 겨울이 지나갔고, 그동안 로마 인은 시간을 벌어 전쟁을 준비했다. 그리고 이제 로마 집정관이 각각 보병 6천, 기병 3백으로 구성된 2개 군단과, 역시 그와 같은 병력을 갖춘 보조 부대를 이끌고 그리스로 건너오고 있다. 에우메네스와 마시니사가 제공한 보조 부대를 다 합쳐도 로마의 병력은 보병 3만7천에 기병 2천을 넘어가지 않는다.

자, 로마의 병력을 파악했으므로 이제 우리의 병력을 한번 살펴보라. 숫자나 참여 병력의 유형에 있어서 로마 군을 압도하고도 남음이 있다. 이 전쟁을 위해 급조된 로마의 보조 군대와는 비교가 되지 않는다. 마케도니아 병사들은 어린 시절부터 전쟁 기술을 연마해 왔고 많은 전투에 의해 단련되고 강해졌다. 로마의 보조 군대는 리디아 인, 프리기아 인,[34] 누미디아 인으로 구성되어 있지만 우리 마케도니아는 트라키아 인과 갈리아 인 등 가장 호전적인 민족으로 구성되어 있다. 로마 군은 돈 없는 병사들이 스스로 마련한 무기를 들고 있지만 마케도니아 병사들은 왕실 무기고에서 나온 무기를 들고 있다. 그것은 선왕의 계획과 비용 지출 아래 여러 해에 걸쳐 만들어진 훌륭한 무기들이다.

또한 적의 군수 물자는 먼 거리에서 수송되어 온 것들이다. 게다가 그 물자들은 수송 도중에 바다의 위험에 노출되어 사라질 수도 있다. 왕은 10년간 전쟁을 치를 수 있는 돈과 군량을 준비해 놓았다. 이것은 금광에서 나오는 수입은 따지지 않은 것이다. 신들의 관대함과 왕의 철저한 계획 아래 모든 것이 준비되어 있으므로 마케도니아 병사들은 모든 면에서 풍족하다. 게다가 우리 병사들은 빛나는 조상의 용

---

34 이 두 부족은 전통적으로 그리스 인과 로마 인에 의하여 유약한 노예근성을 가진 민족으로 치부되었다. 특히 리디아 인들은 키루스 대왕이 이들의 반란을 사전 예방하기 위하여 전쟁을 싫어하도록 교육되었다. 그들의 예전 왕 크로이소스의 조언을 받아들여 키루스 대왕은 그들에게 무기 지급을 금지하고 대신 상인과 음악인이 되게 했다. 헤로도토스 『역사』 1권 155.

맹한 얼을 간직하고 있다. 일찍이 조상들은 온 유럽을 정복하고 아시아로 건너가 그때까지 알려져 있지 않던 전혀 다른 세상을 무기로써 개척했고 인도양의 경계 안에서 더 이상 정복할 곳이 없을 때까지 정복 전쟁을 계속 했었다.

그러나 이제 운명이 바뀌어 인도의 먼 해안을 정복하는 것이 아니라, 마케도니아 그 자체를 지키기 위하여 전쟁을 해야 하는 상황이 되었다. 로마 인들은 선왕을 상대로 싸울 때 그리스를 해방시킨다는 기만적인 구실을 내세웠다. 이제 저들은 노골적으로 마케도니아를 노예로 만들려고 한다. 로마 제국 주위에 왕국이 아예 없게 만들고 또 전쟁에서 용맹함을 떨친 국가가 아예 무기를 지니지 못하도록 하려는 속셈이다. 우리 마케도니아가 전쟁을 피하고 로마의 요구 조건을 다 들어준다면 그것은 왕과 왕국을 모두 포기하고 로마라는 오만한 영주에게 우리의 무기를 모두 갖다 바치는 것을 의미하기 때문이다."

53. 왕이 이상과 같은 내용의 연설을 하는 동안에 자주 옳다고 외치는 함성과 박수가 터져 나왔다. 동시에 병사들은 로마 인에 대한 분노와 위협의 고함 소리를 내지르면서 왕에게 힘을 내라고 격려했다. 그에 맞추어 병사들에게, 사정이 급박하니 출동 준비를 완료하라고 이르면서 연설을 끝냈다. 로마 인들이 님파이움에서 이미 행군을 시작했다는 보고가 들어왔기 때문이다. 열병식을 마친 후에 페르세우스는 마케도니아의 여러 도시에서 온 사절단을 접견했다. 이 사절단들은 그들 도시의 재정 규모에 맞추어 전쟁 비용과 군량 조달을 약속하기 위해 온 것이었다. 왕은 그들에게 감사 표시를 했으나 그들의 제안은 거부했다. 왕실의 국고만으로도 그런 목적을 충분히 달성할 수 있다는 것이었다. 그러나 이미 준비된 엄청난 숫자의 투척 무기와

다른 군사 장비를 수송할 마차는 필요하다며 사절단에 지원을 요청했다.

제 43 권

그리스에 조사위원을 파견하다

2. [기원전 171년] 스페인의 여러 지방에서 온 사절단이 원로원을 방문했다. 그들은 로마 관리들의 탐욕과 오만한 행동을 불평했고, 의원들 앞에서 무릎을 꿇고서 로마의 동맹국들이 로마의 적들보다 더 사악하고 잔인한 사람들이 되지 않게 해달라고 호소했다. 그들은 여러 가지 부당한 행동들에 대하여 불평했다. 그들로부터 돈을 강탈해 간 것이 분명해 보였다. 그리하여 스페인 담당 법무관인 루키우스 카눌레이우스는, 스페인 사람들이 돈을 강탈해 갔다고 비난한 로마 관리를 감사할 감사위원 5명을 임명했다.[1] 감사위원은 원로원 의원급 인물 중에서 선택하되, 스페인 사람들은 그들이 원하는 변호사를 선택하는 것이 허용되었다. 그들은 다음 네 명을 지명했다. 마르쿠스 포르키우스 카토, 푸블리우스 코르넬리우스 스키피오(그나이우스의 아

---

1 감사위원은 민법의 규정 아래 특별히 임명되는 사람으로서, 로마 인과 동맹국 사람들 사이에서 벌어진 '시정' 조치에 대하여 판결을 내렸다. 동맹국 사람들은 '변호인'을 내세워서 그들의 입장을 대변시켰다. 스페인에 사는 사람들은 로마 인의 권리를 누리지 못했다. 기원전 149년에 '돈의 회수'에 관한 주장은 상설 위원회에서 맡게 되었는데 이 위원회는 강탈 법정의 전신이 되었다.

들), 루키우스 아이밀리우스 파울루스(루키우스의 아들), 가이우스 술피키우스 갈루스. 감사위원단 앞에 제출된 첫 번째 사건은 마르쿠스 티티니우스 건이었다. 티티니우스는 아울루스 만리우스와 마르쿠스 유니우스가 집정관을 지낸 해에(기원전 178년), 가까운 스페인에서 법무관을 지낸 인물이었다. 감사는 두 번이나 연기되었다가 세 번째 청문회에서 피고는 무죄로 방면되었다.

그 후 두 스페인 지역의 사절단 사이에서 이견이 발생했다. 가까운 스페인 사람들은 마르쿠스 카토와 푸블리우스 스키피오를 변호사로 선임한 반면에, 먼 스페인 사람들은 루키우스 파울루스와 술피키우스 갈루스를 선택했다. 가까운 스페인 사람들은 푸블리우스 푸리우스 필루스를 감사 대상으로 고발했다. 반면에 먼 스페인 사람들은 마르쿠스 마티에누스를 고발했다. 필루스는 스푸리우스 포스투미우스와 퀸투스 무키우스가 집정관을 지낸 때(기원전 174년)보다 3년 전에 법무관을 역임했고, 마티에누스는 그보다 이태 앞선 루키우스 포스투미우스와 마르쿠스 포필리우스의 집정관 시절(기원전 173년)에 그 직책을 역임했다.

두 사람은 똑같은 위중한 혐의로 고발을 당했고 그 감사 건은 여러 차례 연기되었다. 그러나 재판을 다시 시작해야 할 때가 오자, 피고 측 변호인은 두 사람이 로마에서 벗어나 유배를 떠났다고 보고했다. 필루스는 프라이네스테로, 마티에누스는 티부르로 자진 유배를 갔다. 변호인들이 지위와 영향력 있는 인물들을 고발하는 것을 가로막을 것이라는 소문이 나돌았다. 이러한 소문은 법무관 카눌레이우스의 행동에 의해 더욱 증폭되었다. 그는 재판을 중단하고 징병을 시작하더니 갑자기 자신의 임지로 떠나버렸다. 스페인 사람들이 고위 로마 관리를 더 이상 괴롭히지 못하게 하려는 행동이었다.

이렇게 하여 과거는 정적 속에 파묻히게 되었지만 원로원은 스페인 사람들이 원하는 것이 앞으로는 이루어지도록 결의안을 통과시켰다. 로마 관리들은 곡식의 가격을 고정시키는 조치를 할 수 없고 또 스페인 사람들이 로마 관리가 고정시킨 가격에 농산물의 5퍼센트 쿼타[2]를 판매하도록 강요하지 못하게 하는 법령을 제정한 것이었다. 또한 세금을 거두기 위해 스페인의 도시들에 징수관을 파견하는 것도 금지되었다.

3. 새로운 계급의 사람들을 대표하는 또 다른 사절단이 스페인에서 도착했다. 이들은 로마 병사와 스페인 여자 사이에 태어난 자들이었다. 이러한 결혼은 아무런 법적 권리를 보장받지 못했다. 그런 사람들이 4천명 이상이 되었는데 그들은 자신들이 살 수 있는 마을을 마련해 달라고 호소했다. 원로원은 그들에게 각자 이름과 그들이 면천시켜준 노예들의 이름을 법무관 루키우스 카눌레이우스에게 제출하라고 지시했다. 원로원은 이 사람들이 바다에 면한 도시 카르테이아에 정착하도록 조치했다. 기존에 카르테이아에 살고 있던 주민으로서 계속 거기에 살기를 원하는 사람들은 정착자로 명부에 등재될 권리가 있었고 또 땅도 배정되었다. 이 식민지는 라틴 인의 지위를

2 현지에 나가 있는 로마 행정관들은 본국에서 그들에게 제공한 곡식에 대하여 임의로 가격을 정하는 것이 금지되어 있었다. 가격을 정하는 방식으로 그 곡식을 처분하여 행정관 자신이나 그의 휘하 부대가 사적으로 활용할 수 있기 때문이다. 또 행정관들은 스페인 사람들이 로마 인에게 팔아야 하는 곡식(이탈리아로의 곡식 수급을 원활하게 하기 위한 것)의 가격도 임의로 결정하지 못하게 되어 있었다. 시칠리아에서는 세금으로 거둔 곡식이 현물이었으나, 스페인에서는 곡식 세금을 현금으로 납부한 듯하다. 여기에 언급된 5퍼센트는 세금이 아니라 강제 판매로서, 시칠리아에서도 가끔 있었던 두 번째 세금에 해당하는 것이다. 할당량의 크기가 5퍼센트로 비교적 적은 것은 스페인의 땅이 시칠리아에 비해 척박한 사정을 반영한 것으로 보인다. 스페인에서 특별히 돈과 곡식을 강제 징발한 사례는 리비우스 『로마사』 29권 3장, 30권 3장, 30권 16장 등에서 언급되어 있다.

가질 것이고 자유인의 식민지로 불리게 될 것이었다.[3]

그 무렵 마시니사의 아들인 굴루사 왕자가 아버지를 대신하여 아프리카에서 도착했다. 카르타고 사절단도 때맞추어 찾아왔다. 먼저 굴루사가 원로원을 방문하여 아버지 마시니사가 마케도니아 전쟁을 위해 보내온 군수품을 일일이 보고했다. 이어 왕자는 로마가 이것 이외에 다른 것을 더 요구한다면 로마 인이 왕에게 해준 봉사에 보답하여 얼마든지 더 내놓을 수 있다는 왕의 뜻을 전했다. 그는 원로원 의원들에게 카르타고 사람들의 농간을 경계해 달라고 요청했다. 카르타고 인들은 마케도니아 전쟁에서 로마 인을 지원하기 위한 것이라며 대 함대를 집결시킬 계획을 세웠는데 막상 이 함대가 교전에 나서야 할 시점이 오면 카르타고 인이 누구를 적으로 삼고 누구를 우방으로 삼을 것인지는 그들 마음대로 결정할 것이므로 극도로 경계해야 한다는 얘기도 했다.

* * *

[기원전 170년: 두 집정관은 아울루스 호스틸리우스 만키누스와 아울루스 아틸리우스 세라누스]

6. 그리스와 아시아에서 온 사절단들도 같은 시기에 로마에 도착했다. 먼저 아테네 사람들이 원로원을 방문했다. 그들은 전 함대와 군대를 집정관 푸블리우스 리키니우스와 법무관 가이우스 루크레티우

---

3 온전한 이름은 '라틴 시민과 자유민의 식민지'이다. 이탈리아 밖에 설치될 최초의 라틴 식민지이다.

스에게 보냈다고 설명했다. 하지만 로마 사령관들은 이 파견 병력을 활용하지 않고 10만 펙(1펙은 9리터)의 곡식을 요구해 왔다. 아테네 인들은 척박한 땅에서 농사를 짓고 그들의 농부도 외국 곡식을 먹고 있지만 그래도 이 요구 사항을 맞추기 위해 노력해 왔다고 보고했다. 그들은 앞으로도 요구하는 것을 충실히 이행하겠다는 말도 했다.

밀레시아 사람들은 그들이 제공한 군수 물자에 대해서는 아무런 언급도 하지 않고 원로원이 필요한 전쟁 물자를 요구하면 뭐든지 다 공급하겠다고 말했다. 알라반다 사절단은 '로마 시'에 바치는 신전을 건설했고 그 여신을 기념하여 해마다 게임을 개최한다고 보고했다. 그들은 지고지선의 신 유피테르에게 바칠 선물로서, 카피톨리움에 설치할 50파운드 무게의 황금관을 가져왔고 또 기병용 방패 300점을 가져왔다. 그들은 이 방패를 원로원이 지시하는 사람에게 바치겠다고 말했고, 그들의 선물을 카피톨리움에 진설하고 희생 제의를 거행해도 좋다는 허가를 내려달라고 요청했다.

80파운드 무게의 왕관을 가져온 람프사코스 사절단도 같은 요청을 해왔다. 그들은 예전에는 필리포스 그리고 그 후에는 페르세우스에게 종속되어 있었으나, 로마 사절단이 마케도니아에 도착한 이래로 페르세우스와의 관계를 끊었다고 말했다. 이런 관계 단절과, 로마 사령관들에게 각종 군수 물자를 공급한 공로를 감안하여, 로마와 우호적인 관계를 맺을 수 있게 해달라고 요청했다. 그리고 페르세우스와 평화가 체결된다면 그들에게 특별 조치를 내려 또다시 왕의 지배 아래에 들어가지 않게 해달라는 말도 했다.

다른 사절단들에게는 정중한 답변이 내려졌다. 람프사코스 사절단에 대해서, 법무관 퀸투스 마에니우스는 그들을 공식 동맹국으로 등재하라는 지시를 받았다. 각각 2천 아스의 선물이 사절단에게 하사되었다. 알라반다의 사절단은 300점의 방패를 도로 가져가서 마케도니아의 집정관 아울루스 호스틸리우스에게 건네주라는 지시를 받았다.

아프리카의 사절단들도 도착했다. 카르타고 사절단과 마시니사의 사절단이 동시에 로마에 들어왔다. 카르타고 사람들은 밀 1백만 펙과 보리 50만 펙을 가져왔다면서 원로원이 지정한 곳에다 즉각 배달하겠다고 보고했다. 그들은 이것은 선물이라기보다 의무이며 로마 인들에게서 받은 은혜에 비하면 턱없이 미치지 못하는 보답일 뿐이요, 그들이 실제로 하고 싶어 했던 양에도 멀리 미치지 못한다고 말했다. 그렇지만 양국이 번영을 구가하던 다른 시기들에, 충실하고 믿음직스러운 우방으로서 의무를 다했다는 점도 부연 설명했다.

마시니사의 사절단은 같은 수량의 밀을 약속했고 그 외에 1,200명의 기병과 12마리의 코끼리를 내놓겠다고 했다. 그들은 원로원에게 그 외에 필요한 것이 있으면 말씀만 해달라고 요청했다. 마시니사 왕은 자발적으로 내놓기로 한 물품들 못지않게 그런 추가적인 요구사항도 즉각 이행할 의사가 있다는 말도 했다.

원로원은 카르타고와 마시니아 왕의 사절단에 감사를 표시했다. 사절단들에게는 그 제공하겠다는 군수 물자를 마케도니아의 호스틸리우스에게 전달하라는 지시를 받았다. 그리고 각 사절단에게는 2천 아스의 현금 선물이 하사되었다.

7. 크레타 사절단은 집정관 푸블리우스 리키니우스가 요구한 규모의 궁수 부대를 마케도니아로 파견했다고 보고했다. 그러나 그들은 질문을 받고서 로마 군에 파견된 궁수보다 페르세우스 밑에서 근무하는 궁수가 더 많다는 사실을 시인했다. 이 사절단에게는 다음과 같은 답변이 내려졌다: 만약 크레타 사람들이 로마와의 우호적 관계를

페르세우스에 대한 그것보다 더 중시하기로 마음먹는다면 로마 원로원은 그들을 의심할 수 없는 동맹으로 대우할 것이다. 따라서 사절단은 크레타로 돌아가 이렇게 보고해 주기 바란다. 크레타는 가능한 한 빠른 시간 내에 페르세우스 왕 밑에서 근무하고 있는 병사들을 본국으로 소환해야 한다. 로마 원로원은 그것을 간절히 원하고 있다.

크레타 사절단이 이런 지시를 받고서 물러간 후에 칼키스 사절단이 소환되었다. 이 사절단은 원로원에 들어설 때 그 기이한 입장 방식이 사람들의 동정을 자아냈다. 사절단 대표 미키티오는 다리가 마비되어 걸을 수가 없기 때문에 가마를 타고 들어왔다. 그것을 보고서 사람들은 아주 긴급한 상황이 벌어졌구나, 라고 짐작들 했다. 상황이 그처럼 위급하다 보니 저런 중환자가 자신의 건강을 돌보지 아니하고 이렇게 찾아왔구나 하고 생각했던 것이다. 아니면 환자가 면제를 요청했는데 거절당한 것일 수도 있었다. 그는 먼저 자신의 온 몸이 성한 데가 없지만 조국의 참상을 호소할 혀는 아직 건강하다고 말했다. 이어 그는 칼키스가 필리포스와 전쟁할 때 그리고 페르세우스와 전쟁하는 중에 로마 사령관과 병사들에게 해주었던 봉사를 열거했다. 이렇게 로마에 헌신적으로 대했는데 로마 관리들의 횡포가 웬 말이냐고 따졌다. 그는 로마 법무관 가이우스 루크레티우스가 칼키스를 상대로 저지른 오만, 탐욕, 잔인의 행위들을 일일이 열거했고, 이어 현재의 칼키스 주재 법무관 루키우스 호르텐시우스가 저지른, 루크레티우스보다 더 심한 오만, 탐욕, 잔인의 행위들을 비난했다.

물론 칼키스 인들은 그 어떤 학대도 참아야 한다는 것을 알고 있다. 로마에 대한 충성심을 버리기보다는 지금보다 더 혹독한 학대도 견뎌내야 한다는 것을 안다. 그렇지만 루크레티우스와 호르텐시우스의 경우에는 예외여서 그들과 같은 자들을 도시 안에 받아들이기보다는 그들에게 도시의 성문을 닫아 버리는 것이 더 안전했다. 그들을 못 들어오게 했던 도시들, 가령 에마티아, 암피폴리스, 마로네아, 아이노스 등은 피해를 입지 않았다. 그러나 칼키스는 신전들의 장식물을 약탈당했다. 가이우스 루크레티우스는 이런 신성모독의 행위를 저지르면서 획득한 약탈품을 안티움에 정박한 자신의 함대로 수송시켰다. 자유민들을 잡아가서 노예로 만들었고, 로마의 동맹국 시민들의 개인 재산을 약탈했고, 그런 무도한 행위가 날마다 저질러지고 있다. 호르텐시우스는 전임자 루크레티우스의 관례에 따라 여름이나 겨울에 선원들을 개인 집에다 강제 숙영시키고 있다. 그리하여 칼키스 시민들의 집은 이런 함대 소속의 선원들로 가득 차게 되었다. 자신의 말과 행동에 전혀 양심의 가책을 느끼지 않는 자들이 칼키스 시민, 여자, 어린아이들과 날마다 접촉하고 있다.

8. 루크레티우스는 원로에 소환하여 자신의 처사를 몸소 해명하고 또 그 자신의 입장을 옹호할 기회를 주기로 결정되었다. 그리하여 원로원에 출두한 그는 궐석이었을 때 나온 것보다 더 많은 비난을 온몸에 받았다. 좀 더 영향력 있고 비중 있는 비난자들이 그 대열에 가세했는데 두 명의 호민관 마르쿠스 유벤티우스 탈나와 그나이우스 아우피디우스였다. 두 호민관은 원로원에서 그를 공격하는 것만으로는 성에 차지 않아 그들을 민회 앞으로 데려가서 계속 공격을 퍼부었고 이어 재판 기일을 지정했다.

원로원의 지시에 의거하여, 법무관 퀸투스 마이니우스는 칼키스 사절단에 이런 답변을 내놓았다: "원로원은 칼키스가 과거의 전쟁과 현재의 전쟁에서 로마 인들에게 해준 봉사에 대해서 잘 인지하고 있다. 그 봉사의 가치는 아주 소중하게 평가될 것이다. 과거의 가이우스 루크레티우스와 현재의 루키우스 호르텐시우스의 소행에 대해서는, 그런 행위를 원로원이 승인했다고 믿는 사람은 과거에도 없었고 현재에도 없다. 적어도 로마의 전쟁 대의를 잘 아는 사람이라면 그것을 믿지 않을 것이다. 로마는 그리스의 자유를 위하여 먼저 필리포스에게, 이어 페르세우스에게 전쟁을 선포했다. 동맹이나 우방들이 로마 관리들의 손에 그런 학대를 당하라고 전쟁을 일으킨 것이 결코 아니었다. 원로원 의원들은 루키우스 호르텐시우스에게 편지를 보내어 그가 칼키스 사람들에게 저지른 행위를 못마땅하게 여기고 있음을 분명하게 알릴 것이다. 만약 자유민들을 노예로 팔아넘겼다면 호르텐시우스는 가능한 한 빠른 시간이 그런 사람들을 찾아내어 원래의 상태로 회복시켜야 할 것이다. 또한 함선의 선장을 제외하고, 일반 수병들이 개인 주택에 강제 숙영하는 일은 절대로 있어서는 안 된다."

이러한 지시가 원로원의 명령에 의해 서면으로 호르텐시우스에게 하달되었다. 사절단 각각에게 2천 아스의 선물을 하사받았고, 국가 비용으로 미키티오를 실어 나를 마차가 임차되어 그를 편안하게 브룬디시움까지 수송했다. 가이우스 루크레티우스는 재판 날짜에 민회에 나와 호민관들의 비난을 받았고 1백만 아스의 벌금이 부과해야 한다는 의안이 제출되었다. 그 안건이 투표에 붙여졌을 때 35개 부족 전원이 그를 유죄로 판결했다.

9. 이해(기원전 170년)에 리구리아에서는 언급할 만한 사건이 벌어지지 않았다. 적은 군사적 행동을 하지 않았고 집정관도 군단을 적의 영토로 이동시키지 않았다. 그는 평화로운 한 해가 될 것이라고 판단했으므로, 임지에 도착한 후 60일 내에 2개 로마 군단의 병사들에게 휴가를 주어 귀국시켰다. 이어 라틴 지위의 동맹군들을 이끌고 루나와 피사에서 겨울 숙영에 들어간 후, 그는 기병대를 이끌고서 갈리아

의 여러 도시들을 방문했다.

마케도니아는 그 당시 전투가 진행 중인 세계 유일의 지역이었다. 그러나 일리리아의 왕인 겐티우스는 여전히 의심을 받았다. 그래서 원로원은 완전 무장한 배 8척을 브룬디시움에서 이사의 부사령관으로 있는 가이우스 푸리우스에게 보내라는 지시를 내렸다. 그 무렵 푸리우스는 2척의 이사 전함들을 이끌고 그 섬을 방위하고 있었다. 원로원의 지시에 의거하여 법무관 마르쿠스 라이키누스는 일리리아를 마주 보고 있는 이탈리아 지역에서 2천명의 병사를 징발하여 8척의 배에 실어서 푸리우스에게 보냈다. 같은 시기에 집정관 호스틸리우스는 아피우스 클라우디우스에게 보병 4천을 주어 일리리쿰으로 들어가게 했다. 일리리아의 경계지에서 사는 주민들을 보호하기 위한 조치였다. 클라우디우스는 인솔해온 보병 4천이 흡족하지 않아서 동맹 도시들로부터 다양한 부족 출신으로 구성된 병력을 모집하여 부대의 규모를 8천으로 늘렸다. 그는 그 지역을 순찰한 다음에 다사레티이 사람들의 도시인 리크니도스에 본부를 설치했다.

10. 리크니도스에서 그리 멀지 않은 곳에, 페르세우스 왕국에 소속된 영토인 우스카나 시가 있었다. 도시의 주민은 1만 명이고 도시의 보호를 위해 소규모 크레타 인 수비대가 주둔했다. 이 도시에서 클라우디우스에게 비밀 전령이 도착하여 이런 보고를 했다: 만약 클라우디우스가 우스카나 근처까지 부대를 이끌고 오면 그 도시를 배반할 사람들이 호응을 할 것이다. 그러니 한 번 작전을 시도해볼 만하다. 그 도시에서 나오는 전리품으로 클라우디우스와 친구들은 물론이고 병사들도 만족시킬 수 있을 것이다. 탐욕과 소망으로 판단력이 흐려진 클라우디우스는 그에게 접근해온 전령들 중 일부를 잡아두는 조치를 취하지 않았다. 그는 전령들의 계획을 실행하는 과정에서 속임

수를 예방하기 위해 인질을 내놓으라는 요구도 하지 않았다. 그는 정찰대를 파견하여 적정을 탐지하지도 않았고 그 어떤 엄숙한 약속도 받지 않았다. 일방적으로 출격 날짜를 정한 뒤에 리크니도스를 출발하여 공격 목표인 우스카나에서 20km 떨어진 곳에 진지를 설치했다. 그리고 약 1천 명을 뒤에 남겨 진지를 지키게 한 다음, 4경(새벽 3시)이 되자 우스카나로 행군했다. 로마 군은 야간 행군을 했으므로 대열이 흐트러진 무질서한 상태로 그 도시에 도착했다. 그리고 도시의 성벽에 아무런 초병도 배치되어 있지 않은 것을 보고서 더욱 방심하면서 부주의하게 되었다.

그러나 그들이 투척 무기의 사정권 내에 다가서자 두 개의 성문에서 즉시 요격대가 앞으로 돌진했다. 그리고 돌격대의 전투 함성에 더하여 성벽 안에서 여인들이 고함을 쳐대는 소리가 뒤섞였고 어디에서나 청동이 부딪치는 소리가 요란하게 울려 퍼졌다. 그리고 여인들 사이에 뒤섞인 노예들의 각종 함성이 귀를 찢어놓을 정도로 시끄럽게 들려왔다. 온갖 방향에서 이처럼 다양한 괴성이 울려와서 정신이 혼란해진 나머지, 로마 병사들은 요격대의 첫 번째 돌격을 막아낼 수가 없었다. 그 결과 로마 군 병사들은 실제 전투에서 죽은 것보다 달아나면서 죽은 숫자가 더 많았다. 사령관을 포함하여 겨우 2천 정도가 진지로 도망칠 수 있었다. 진지로 돌아가는 길은 너무나 멀었기 때문에 적은 피곤해진 병사들을 제압하여 살해할 기회가 많았던 것이다. 아피우스는 진지에 도착해서도 도중에 대오에서 이탈한 낙오병들을 기다리며 수습할 생각을 하지 않았다. 그랬더라면 도중에 길을 잃고 헤매던 병사들을 상당수 구제할 수 있었을 것이다. 그러나 아피우스는 그 참사에서 살아남은 병사들을 이끌고 곧장 리크니도스로 돌아갔다.

* * *

[기원전 169년: 두 집정관은 퀸투스 마르키우스 필리푸스와 그라이우스 세르빌리우스 카이피오]

13. 나는 오늘날 우리의 역사서에는 기이한 조짐들이 공식적으로 보고되거나 기록되지 않는다는 것을 알고 있다. 이것은 종교를 무시하는 마음가짐에서 나온 결과이다. 그리하여 사람들은 신들이 앞으로 벌어질 일들에 대하여 아무런 경고도 하지 않는다는 것을 당연하게 여기게 되었다. 그렇지만 예전의 사건들을 기록하는 나의 자세는 다소 구식이다. 그런 만큼 나로서는 과거의 현자들이 공식적 조치가 필요하다고 여겼던 사건들을 나의 역사서에서 기록할 필요가 없다고 생각하기가 어렵다.

아나니아에서는 이해(기원전 169년)에 두 가지 신비한 사건이 보고되었다. 하나는 하늘에서 혜성이 밝게 빛난 것이었고, 다른 하나는 암소가 말을 했다는 것이다. 이 암소는 국가 비용으로 유지되었다고 한다. 또한 이 무렵 민투르나이에서는 하늘이 마치 불붙은 것 같은 모습이었다. 레아테에서는 돌 비가 쏟아졌다. 쿠마이에서는 요새의 아폴로 신상이 사흘 낮 사흘 밤 동안 눈물을 흘렸다. 로마 시에서는 두 명의 신전 관리인이 이적을 보고했다. 한 관리인은 운명의 신전에서, 닭의 볏 같은 대가리를 가진 뱀이 여러 사람들에 의해 목격되었다고 알렸다. 다른 관리인은 퀴리누스 언덕에 있는 포르투나 프리미게니아 신전에 두 가지 다른 이적이 발생했다고 보고했다. 신전 안뜰에서 종려나무가 불쑥 솟아올랐고 낮동안 피의 비가 쏟아졌다. 다른 두 조짐은 개인의 처소에서 발생했기 때문에 국가적 의미를 획득하지는 못했다. 티투스 마르키우스 피굴루스는 그의 집 안뜰에서 종려나무가 불쑥 솟아올랐다고 보고했다. 나머지 한 가지 이적은 로마의 땅이 아닌 곳에서 발생했다. 프레겔라이에 사는 루키우스 아르테우스의 집에서 아들의 군복무를 위해 사들인 창에 이런 일이 벌어졌다. 그 창은 낮 동안에 두 시간 이상 불타올랐지만, 그런 오래 간 불에도 불구하고 그 창은 조금도 손상이 되지 않았다.

이런 공적인 조짐들이 발생했으므로 10인 성직 위원회는 성스러운 책을 참고한 후에, 두 집정관이 희생제물을 바치면서 희생 제의를 올려야 할 신들의 이름을 선언했다. 위원회는 또 공식적으로 어떤 날 하루를 기도의 날로 지정하고, 모든 행정관들이 모든 신전들에서 희생 제의를 거행하고, 시민들은 머리에 화관을 쓰라고 지시했다. 10인 성직 위원회의 이런 조치들은 모두 엄숙하게 이행되었다.

14. 그 후 감찰관을 선임하는 민회가 선포되었다. 이 관직에 입후보한 사람들은 대부분 국가의 유지급 인사들이었고 그 면면은 다음과 같다. 가이우스 발레리우스 라이비니우스, 루키우스 포스투미우스 알비누스, 푸블리우스 무키우스 스카이볼라, 마르쿠스 유니우스 브루투스, 가이우스 클라우디우스 풀케르, 티베리우스 셈프로니우스 그라쿠스. 이중 마지막 두 사람이 로마 시민들에 의해 감찰관으로 선임되었다.

마케도니아 전쟁 때문에 그 어느 때보다 징병 절차에 대하여 사람들의 우려가 많았다. 두 집정관은 그런 우려에 자극되어 원로원에 나가 평민들을 비난했다. 군복무 연령에 해당하는 사람들이 도무지 징집에 응소하지 않는다는 것이었다. 그러나 법무관인 가이우스 술피키우스와 마르쿠스 클라우디우스는 그런 비난이 옳지 않다면서 평민들의 편을 들었다. 그들은 징병이 어려운 건 출세주의자 집정관에게나 해당되는 소리라고 반박했다. 평민들의 눈치를 보는 정치가들은 당사자 본인의 의사와 무관하게 장병을 징집하지 않기 때문에, 징병이 어려울 뿐이라는 것이었다. 두 법무관들은 원로원 의원들에게 그들의 말을 증명하기 위해, 비록 집정관보다 권력이나 권위가 떨어지는 지위이기는 하지만 그래도 직접 징병을 완수하겠다고 말했다. 두 사람은 그러면서 원로원의 동의를 요청했다. 의원들은 그 요청에 적극 동의했고 그리하여 두 법무관이 징병 문제를 담당하게 되었다. 이러한 조치는 두 집정관에게는 상당히 창피한 일이었다.

감찰관들은 징병 업무를 지원하기 위하여 시민들의 모임 앞에서 이런 선언을 했다. 앞으로 호구 조사를 할 때에는 전반적인 시민 맹세 이외에 다음과 같은 질문에 선서 후 답변해야 한다. "당신은 나이가 46세 이하인가? 감찰관 가이우스 클라우디우스와 티베리우스 셈프로니우스의 포고령에 의거하여 장병 모집에 응소했는가? 그리고 이 감찰관들의 임기 동안에 자주 징집이 있을 것이므로, 당신이 이미 군대에 소집되지 않았다면 향후 소집이 있을 경우 즉시 응소하겠는가?"

게다가 당시 시민들의 인기에만 영합하는 사령관들 때문에, 공식 휴가증 없이 마케도니아 군대에서 탈영한 로마 병사들이 많다는 소문이 나돌고 있었다. 감찰관들은 푸블리우스 아일리우스와 가이우스 포필리우스의 집정관 시절(기원전 172년)에 마케도니아 전쟁에 징집된 병사들에 관하여 이런 포고령을 내렸다. 이런 병사들 중 현재 이탈리아에 있는 자들은 30일 이내에 해당 지역으로 돌아가야 한다. 그러나 귀대하기 전에 감찰관 앞에 출두하여 그동안의 근무 상황에 대하여 평가를 받아야 한다. 그리고 아버지나 할아버지의 보호를 받고 있는 자들은 그 이름을 감찰관 실에 제출해야 한다.

감찰관들은 또한 제대의 사유도 면밀히 검토할 것이라고 말했다. 근무 기간이 만료되기 전에 제대가 된 병사들은 정실주의의 혜택을 본 것으로 판단하여 재소환장이 내려갈 것이다. 이런 감찰관실의 포고령이 나오고 또 감찰관들이 시장과 기타 모임의 장소에 그런 내용을 알리는 회람이 내려옴으로써, 징집 연령대의 많은 장정들이 로마에 모여들게 되었다. 얼마나 많이 모여들었는지 그 혼잡함이 도시의 통행에 불편을 끼칠 정도였다.

* * *

17. 같은 해(기원전 169년), 가이우스 포필리우스와 그나이우스 옥타비우스가 그리스에 조사위원으로 파견되었다. 그들은 먼저 테베에서, 그리고 이어 펠로폰네소스의 여러 도시에서 원로원의 포고령이 낭독되도록 조치했다. 포고령의 내용은, 원로원의 결의안에 위배하여 로마 관리들이 전쟁 기부금을 요구하면 거기에 응할 필요가 없다는 것이었다. 포고령은 현지 주민들에게 미래에 대한 자신감을 불러일으켰다. 도시들은 여러 관리들의 다양한 요구 사항 때문에 젖은 수건처럼 쥐여 짜이고 있었는데 그런 부담과 비용이 일거에 면제되었기 때문이다. 로마 조사위원들을 위해 아이기움에서 개최된 아카이아 연맹의 회의에서, 로마 조사위원들은 우호적인 어조로 말했고 또 현지 그리스 인들도 우호적인 자세로 그 말을 들었다. 두 사람은 그리스의 충성스러운 사람들에게 미래 상황에 대한 아주 낙관적인 희망을 안겨주었다. 그런 다음 두 조사위원은 아이톨리아로 건너갔다.

아이톨리아에서 실제로 내전이 발생하지는 않았다. 그러나 도처에 의심이 가득했고 공기 중에는 아이톨리아 사람들에 대한 상호 비난이 흘러넘쳤다. 이 때문에 로마 사절단은 인질을 요구했다. 하지만 그들도 그 혼란스러운 상황을 종식시키지 못했다. 그들이 거기서 아카르나니아로 건너가자 그곳 사람들은 티레움에서 로마 사절단을 위한 국무회의를 개최했다. 그곳에서도 파당들 사이에 갈등이 벌어지고 있었다. 일부 지도자들은 국가를 마케도니아에 갖다 바치려고 하는 일부 인사들의 미친 짓으로부터 도시들을 보호하기 위해 수비대를 설치해야 한다고 주장했다. 다른 인사들은 이런 주장에 반대했다. 전쟁으로 점령한 도시에 강제 부과되는 굴욕적인 조치를 평화 시의 동맹 도시들에게 부과하겠다는 것은 말이 되지 않는 얘기라는 것이었다. 이러한 호소는 로마 사절단에게 정당한 것으로 보였다. 그들은 이어 라리사에서 집무 중인 집정관 대리 호스틸리우스에게로 돌아갔다. 당초 그 사절단을 파견한 것은 호스틸리우스였던 것이다. 호스틸리우스는 사절단으로 파견한 두 인사 중 옥타비우스는 그 자신과 함께 있고, 포필리우스에게는 병력 1천을 주어 암브라시아로 가서 겨울 숙영에 들어가라고 지시했다.

18. 겨울이 시작될 무렵, 페르세우스는 마케도니아 영토 밖으로 나가려 하지 않았다. 왕국의 영토 중 일부를 방어하지 않고 비워두면 로마 인들이 그 틈새를 이용하여 공격해올 것을 두려워했기 때문이다. 그러나 동지에 이르러 눈이 두텁게 쌓여서 테살리아로부터 산간 도로를 통하여 이동하는 것이 불가능해지자, 왕은 지금이야말로 이웃 부족들의 희망과 사기를 꺾어놓을 좋은 시기라고 생각했다. 이렇게 미리 조치해 높으면 앞으로 로마와 전쟁을 치를 때 이웃 부족들로부터의 위협은 없게 될 것이었다. 트라키아 쪽에서는 코티스가 평화를 보장했고, 에피로스의 케팔로스도 로마를 갑자기 배신함으로써 마케도니아에 평화를 보장했다. 그리고 페르세우스는 최근의 전투로

다르다니아 인들을 제압했다. 마케도니아에게 유일하게 적대적인 지역은 일리리쿰에 노출된 측면이었다. 게다가 일리리아 사람들은 중립의 자세를 유지하는 것이 아니라 로마 인들에게 마케도니아로 가는 접근로를 열어주고 있었다. 만약 왕이 가장 가까운 데 있는 일리리아 사람들을 진압한다면 지금껏 오랫동안 망설여 왔던 겐티우스 왕도 동맹으로 끌어넣을 수 있을 것이라고 보았다. 그리하여 페르세우스는 1만명의 보병, 중무장보병 1개 부대, 2천명의 경보병 부대, 500명의 기병대를 이끌고 스투베라로 행군했다.

여러 날 동안 버틸 수 있는 군량을 가져가고 공성전에 대비하라는 지시를 내린 다음, 왕은 스투베라에서 페네스티아 지역의 최대 도시인 우스카나로 가서 그 근처에다 진지를 설치했다. 그러나 그 도시를 공격하기 전에 왕은 대리인들을 보내어 그 도시 사람들은 물론이고 수비군 대장들의 성품이 어떤지 알아보게 했다. 그 도시 안에는 일리리아 보병 부대를 거느린 로마 수비대가 있었던 것이다. 대리인들이 돌아와 협상할 의사가 전혀 보이지 않는다고 보고하자, 페르세우스는 공격을 시작했고 포위 전술로 그 도시를 점령하려 했다. 그 공격은 밤낮 없이 계속되었고 병사들이 연달아 투입되었다. 어떤 병사들은 성벽에다 기대 세울 사다리를 가져왔고 다른 병사들은 성문에다 던질 횃불을 가져왔다. 그렇지만 그 도시의 수비대는 이 폭풍 같은 공격을 견뎌냈다. 그들은 마케도니아가 야외에서 상당 기간 동안 겨울의 혹한을 견뎌내지 못할 것이라고 보았다. 게다가 로마 군이 일시 휴식에 들어가 있기는 했지만 왕이 거기에 오래 머무를 수 있을 정도로 길게 휴식을 취하지는 않을 것이라고 생각했다.

하지만 투석 무기를 막아내는 방패들이 성벽 위로 올라오고 공성탑이 성벽에 붙여지는 것을 보자, 그들의 끈덕진 저항은 마침내 허물어졌다. 그들은 엄청난 공격을 감당할 수가 없었을 뿐만 아니라 도시 내에는 군량이나 기타 생활 물자가 충분히 갖추어져 있지 않았다. 그도 그럴 것이 그 공성전이 예기치 않은 시간에 닥쳐왔기 때문이다. 그리하여 저항을 계속한다는 것이 무망하다고 생각하여, 로마 수비대는 스폴레티움의 가이우스 카르빌루스와 가이우스 아프라니우스를 페르세우스에게 보내 휴전 협상을 벌였다. 첫 번째 요구 조건은 로마 군 병사들이 개인 사물을 가지고 무장을 한 채로 도시를 떠날 수 있게 해달라는 것이었다. 만약 그것이 어렵다면 로마 군 병사들이 목숨을 부지한 채 자유를 누릴 수 있게 해달라고 요청했다. 왕은 약속은 잘하지만 이행은 안 하는 사람이었다. 로마 군 병사들에게 도시를 떠나가도 좋다고 해놓고서는 막상 병사들이 성 밖으로 나오자 먼저 그들의 무기를 빼앗고 이어 자유를 빼앗았다. 그런 식으로 로마 병사들이 제거되자, 500명에 달하는 일리리아 군대와 우스카나 사람들은 항복을 하면서 도시를 왕에게 바쳤다.

19. 페르세우스는 우스카나에 수비대를 설치한 후에 항복한 주민 전원—그가 이끌고 온 군대의 병사 수와 거의 비슷한 숫자—을 스투베라로 데려갔다. 거기서 그는 4천명에 달하는 로마 병사들을 여러 도시에 분산 수용시키고서 고급 장교들을 제외한 모든 병사를 엄격하게 감시했다. 그리고 우스카나와 일리리아 사람들을 모두 노예로 팔아넘겼다. 그 후에 왕은 군대를 인솔하여 페네스타이로 갔는데, 오아이네움 도시를 점령할 계획이었다. 오아이네움은 여러 면에서 전략적으로 중요한 도시였다. 특히 겐티우스가 왕으로 있는 라베아테스로 가려면 이 도시를 경유해야 되었다. 그가 인구 조밀한 요새 도시인 드라우다쿰을 그냥 통과하려고 하는데, 그 일대의 지리를 잘 아는 어떤 자가 드라우다쿰을 장악하지 않는다면 오아이네움을 점령해 봐

야 아무 소용이 없다고 건의했다. 드라우다쿰은 모든 면에서 그 도시보다 더욱 전략적 요충이었던 것이다. 페르세우스가 드라우다쿰을 향해 군대를 이동시키자 그 도시의 주민들은 즉각 항복했다.

그 도시가 예상했던 것보다 훨씬 빠르게 항복을 해오자 왕의 사기는 한껏 높아졌다. 왕의 군대가 그 지역 도시에 일으키는 공포심은 생각보다 더 강력한 것이었다. 그는 이런 공포를 교묘하게 조종하여 그 외의 다른 11개 요새 도시들을 점령했다. 그 도시들 중 소수에만 무력을 사용하여 저항을 진압했고 나머지 도시들은 자발적으로 항복했다. 이런 도시들에서도 여러 군데 흩어져 수비대로 근무하던 1,500명의 로마 병사들을 포로로 잡았다. 스폴레티움의 카르빌리우스는 그 자신과 동료들에게 가혹 행위가 저질러지지 않았다고 선언함으로써 그 도시들과 협상하는데 큰 도움을 주었다.

그 후에 페르세우스는 오아이네움으로 시선을 돌렸는데 그 도시는 정규 공성전을 벌이지 않으면 점령할 수가 없었다. 그 도시의 강점은 다른 도시들에 비하여 군복무 연령대에 이른 장정들이 아주 많고, 성벽이 튼튼하고, 천연적인 요새라는 것이었다. 도시 옆 한쪽으로는 아르타토스라는 강이 흐르고, 다른 쪽으로는 아주 높은 산이 있어서 쉽게 오를 수가 없었다. 이처럼 강점이 많았으므로 그 도시의 주민들은 충분히 적의 공격을 막아낼 수 있다는 희망을 품었다. 페르세우스는 그 도시 주변에 누벽을 쌓아올린 후, 그 중에서도 좀 더 높은 곳을 더욱 흙으로 쌓아올려 성벽의 높이와 거의 같은 수준을 유지했다. 이 공성 작업이 진행되는 동안에, 주민들은 성벽을 보호하고 적의 작업을 방해하기 위하여 빈번히 돌격 전투를 감행했다. 그러나 도시의 주민들은 각종 참사를 당하여 그 숫자가 크게 줄어들었다. 살아남은 시민들도 부상을 당했거나 밤낮 없는 노동으로 피곤해져 제대로 움직일 수 없는 자들이 많았다. 페르세우스가 쌓아올린 누벽이 마침내 성벽으로 연결되자, 왕의 근위부대(그들이 부르는 별명으로는 '정복자들')가 시민 방어군을 제압했다. 게다가 성벽에 바싹 붙인 여러 사다리에서도 동시에 시민 방어군을 공격했다. 그 도시의 모든 성인 남자는 살해되었고 그들의 처자식은 엄중한 감시를 받았다. 도시에서 나온 전리품은 마케도니아 병사들에게 돌아갔다.

승리를 거둔 후 그곳에서 스투베라로 돌아오면서, 페르세우스는 겐티우스에게 두 명의 사절을 보냈다. 한 사람은 왕을 측근에서 수행하는 일리리아 유배자 플레우라토스였고, 다른 사람은 베로에아의 마케도니아 인인 아다에오스였다. 왕은 두 사절에게 로마 인과 다르다니아 인을 상대로 여름과 겨울에 왕이 벌였던 무공을 설명하라고 일렀다. 또 최근에 일리리쿰으로 들어가 벌인 겨울 전투의 혁혁한 전과도 겐티우스에게 알려주면서 페르세우스와 마케도니아와의 우호조약을 체결할 것을 권유하라고 지시했다.

20. 두 명의 마케도니아 사절은 스코르두스 산의 등성이를 통과하여 일리리쿰의 황무지를 지나갔다. 그 황무지는 최근에 마케도니아 사람들이 의도적으로 파괴하여 그렇게 황폐하게 된 곳이었다. 다르다니아 인들이 일리리쿰이나 마케도니아에 쉽게 들어오지 못하게 하기 위해 일부런 그런 초토화 작전을 폈던 것이다. 두 사절은 엄청난 어려움을 겪으면서 마침내 스코드라에 도착했다. 겐티우스 왕은 리소스에 있었는데 두 사절을 그의 왕궁으로 불렀다. 사절은 그들의 메시지를 전했고 왕은 정중하게 들어주었다. 하지만 그들이 받아든 답변은 불만족스러운 것이었다. 겐티우스는 로마를 상대로 싸울 용의는 있지만 그런 의지를 실행할 수 있는 자금이 부족하다고 답변했다. 사절은 귀국하여 페르세우스 왕에게 보고했다. 당시 왕은 일리리

쿰에서 잡은 포로들을 노예로 판매하는 일에 열중하고 있었다. 두 사절은 왕의 경호원인 글라우키아스가 사절단에 추가된 상태로 다시 겐티우스에게 파견되었다. 하지만 이번에도 사절단은 돈 얘기를 하지 않았다. 돈이 없는 야만인 왕을 전쟁에 끌어들일 수 있는 유일한 수단은 돈인데 그것이 없었던 것이다.

페르세우스는 스투베라를 출발하여 안키라를 마구 파괴한 후에 군대를 인솔하여 페네스티아 영토로 돌아왔다. 우스카나와 그 인근의 최근 점령된 도시들의 수비대를 강화한 후에 왕은 마케도니아로 돌아갔다.

21. 로마 군의 참모 장교인 루키우스 코일리우스는 일리리쿰의 지휘관이었다. 그는 왕이 그 지역을 돌아다니는 상황에서는 감히 기동 작전을 할 수가 없었다. 그러나 왕이 마케도니아로 철수하자, 그는 우스카나를 되찾을 목적으로 페네스티아 지역에 출동했다. 그러나 그는 그 도시에 주둔 중인 마케도니아 수비대에 의해 격퇴당했고 많은 사상자를 냈다. 코일리우스는 잔여 부대를 리크니도스로 인솔했다. 며칠 뒤 그는 프레젤라이의 마르쿠스 트레벨리우스에게 약간의 부대를 떼어주면서 페네스티아 영토로 들어가, 로마와의 우호 조약을 그대로 지키고 있는 도시들로부터 인질들을 받아오라고 지시했다. 그는 트레벨리우스에게, 인질을 제공하기로 약속한 파르티니도 들르라고 말했다. 트레벨리우스는 이 지역의 도시들로부터 아무런 어려움 없이 인질을 받아냈다. 페네스티아 지역의 기병들은 아폴로니아로 파견되었고, 파르티니의 기병들은 디라키움으로 파견되었다. 디라키움은 에피담노스라고도 하는데 그 당시 그리스 인들 사이에서는 이 이름이 더 널리 사용되었다.

일리리쿰에서 당한 모욕을 복수하고 싶어 하던 아피우스 클라우디우스는 에피로스의 요새인 파노테를 공격했다. 그는 휘하의 로마 군대 이외에 카오니아 인과 테스프로티아 인들로 구성된 보조 부대도 함께 데리고 갔는데 총 병력은 6천 명 정도였다. 하지만 그는 공격에서 성공을 거두지 못했다. 그 도시는 페르세우스가 뒤에 남긴 클레우아스의 지휘를 받는 강력한 수비대가 버티고 있었기 때문이다. 이때 페르세우스는 엘리네아를 향해 출발했다. 그 도시 인근에서 부대를 열병한 후에 왕은 에피로스 사람들의 초청을 받아 부대를 스트라토스로 인솔했다. 스트라토스는 당시 아이톨리아의 가장 강성한 도시였는데 이나코스 강 근처, 암브라키아 만을 내려다보고 있었다.

왕은 보병 1만, 기병 3백을 데리고 이 도시로 출발했다. 기병의 숫자가 이처럼 적은 것은 그곳으로 가는 도로가 비좁은 데다 험난하기 때문이었다. 왕은 사흘 만에 키티움 산에 도착했다. 그 산을 넘을 수 있었던 것은 눈이 깊게 쌓였기 때문이었다. 하지만 왕은 진지를 설치할 땅을 발견하는 데 어려움을 겪었다. 왕은 길이나 날씨가 험해서가 아니라 거기에 머무를 수가 없었기 때문에 그곳을 떠났다. 그의 행운은 고난의 연속이었다. 특히 군용 짐을 나르는 역축들이 고생이 막심했다.

왕은 이틀째 되는 날에 그들이 "승리하는 신"이라고 부르는 유피테르 신전에 진지를 설치했다. 그 신전에서 출발하여 장거리 행군을 한 끝에 아라토스 강에 도착했다. 그는 강물이 너무 깊어서 강가에 머물렀다. 이처럼 휴식을 취하는 동안에 부교가 설치되었고 부대는 무사히 강을 건넜다. 왕은 도강한 후 하루를 꼬박 행군하여 아이톨리아의 지도자인 아르키다모스와 회담을 했다. 당시 아르키다모스는 스트라토스를 마케도니아의 판도 아래에 편입시키려고 공작을 벌이는 중이었다.

22. 마케도니아 인들은 도착 당일에 아이톨리아 경계선에다 진지를 설치했고 이틀째 날에는 거기서 출발하여 스트라토스에 도착하여 이나코스 강 근처에다 다시 진지를 설치했다. 페르세우스는 아이톨리아 사람들이 우르르 성문 밖으로 빠져나와 그의 보호를 요청할 것을 기대했다. 하지만 성문은 굳게 닫혀 있었고 그가 도착한 날 밤에, 부지휘관 가이우스 포필리우스가 이끄는 로마 군 수비대가 도시 안으로 들어왔다. 영향력 높은 아르키다모스의 압박 아래 왕을 초청했던 그 도시의 지도자들은, 아르키다모스가 페르세우스를 영접하러 간 사이에 왕에 대한 호감이 시들해졌다.

이런 기회를 활용하여 반대 당파의 사람들은 암브라키아에서 1천 기병을 거느린 포필리우스를 도시로 불러들일 수 있었다. 더욱이 아이톨리아 연맹의 수석 기병대장인 디나르코스가 때맞추어 6백명의 보병과 1백명의 기병을 거느리고 스트라토스에 도착했다. 그는 페르세우스에게 합류하기 위해 부대를 인솔해 간다고 널리 알려져 있었다. 하지만 마음이 바뀌어서 혹은 운명이 바뀌어서, 그는 지금껏 반대해 왔던 로마 군에 귀순해 왔다.

포필리우스 자신도 상대가 상대인 만큼 극도로 조심했다. 디나르코스는 그처럼 성격이 불안정하여 믿을 수 없는 사람이라고 보았던 것이다. 포필리우스는 곧장 성문 열쇠를 장악했고 성벽의 경비 업무를 전담했다. 그는 디나르코스와 기병대, 그리고 스트라토스의 보병 부대를 성벽 뒤쪽의 요새로 이동시켜 수비 업무를 맡으라고 지시했다.

페르세우스는 처음에는 도시의 높은 지역을 내려다보는 언덕에 올라 협상을 시도했다. 그러나 도시의 주민들은 싸우겠다는 의사가 확고했고 또 왕을 향해 투척 무기를 던졌다. 그리하여 왕은 도시에서

8km 떨어진, 페티라루스 강의 맞은편에다 진지를 설치했다. 그곳에서 왕은 작전회의를 소집했다. 아르키다모스와 에피로스 탈주자들은 왕에게 계속 머무르면서 공격하자고 제안했으나, 마케도니아 지도자들은 군수품의 조달도 미리 계획하지 않은 상태에서 일기 불순한 계절에 전쟁을 해서는 안 된다고 건의했다. 물자 부족은 포위 공격을 하는 쪽이 공격을 당하는 쪽보다 더 빨리 겪게 마련이었다. 게다가 적의 겨울 숙영지가 그리 멀지 않은 곳에 있었다. 이런 주장에 겁을 집어먹은 페르세우스는 진지를 아페란티아로 옮겼다. 아르키다모스가 아페란티아 사람들 사이에서 인기가 높고 또 영향력이 막강했으므로, 그들은 일치단결하여 페르세우스를 받아들이기로 결정했다. 아르키다모스는 800명의 병사로 구성된 수비대를 거느리고 그 도시의 방어를 맡았다.

23. 왕은 이어 마케도니아로 돌아갔다. 그 귀국 길은 스트라토스에의 행군 길이 그러했듯이 수송용 동물들과 병사들에게 엄청난 고난을 안겨주었다. 그러나 아피우스는 왕이 스트라토스 쪽으로 행군한다는 소식을 듣고서 파노테 공성전에서 철수했다. 클레우아스는 활기찬 젊은 병사들을 거느리고 험난하기 짝이 없는 산기슭의 도로를 따라서 아피우스의 뒤를 추격해 왔다. 그는 심각하게 압박당하는 로마 군 대열에서 약 1천명의 병사를 죽였고 약 200명을 포로로 잡았다. 고갯길을 넘어간 후에 아피우스는 멜레온이라는 평야에 잠시 진지를 설치했다.

한편 클레우아스는 산맥을 넘어서 안티고네아의 영토로 들어섰다. 그는 에피로스 부족 병사 500명을 거느린 필로스트라토스를 데리고 갔다. 마케도니아 사람들은 그 지역을 마구 약탈했다. 필로스트라토스는 잘 은폐된 곳에 부대를 데리고 가서 잠복하며 기다렸다. 안티고네아에서는 흩어진 약탈 병사들을 공격하기 위해 돌격대가 달려 나왔다. 병사들이 도주하자 안티고네아 돌격대는 너무 열성적으로 추격하여 적이 매복하며 기다리는 계곡으로 들어갔다. 약 1천명이 그 계곡에서 전사했고 근 1백명이 포로로 잡혔다. 그 작전은 아주 성공적이었고 승리한 부대는 그들의 진지를 아피우스의 고정 진지 가까운 곳으로 이동시켰다. 로마 군이 마케도니아 동맹국들을 공격하여 피해를 입히는 일이 없도록 하기 위해서였다.

그 지역에서 아무런 성과 없이 시간만 낭비하고 있던 아피우스는 카오니아 인, 테스프로티아 인, 에피로스 인 등의 보조부대를, 이탈리아 군대와 함께 일리리쿰으로 돌려보냈다. 그리하여 이 병력은 파르티니의 여러 동맹 도시들로 분산되어 겨울 숙영에 들어갔다. 아피우스는 이어 로마로 가서 희생 제의를 올렸다. 페르세우스는 카산드레아에 수비대를 파견했다. 그 부대는 페네스타이 인으로 구성된 보병 1천과 기병 2백이었다.

겐티우스에게 파견된 마케도니아의 사절단은 전과 마찬가지의 답변을 가지고 돌아왔다. 그렇지만 페르세우스는 일리리아의 왕에게 구애하는 것을 멈추지 않고 계속하여 이런저런 사절단을 보냈다. 겐티우스가 군사적 지원을 해줄 의사가 분명한 데도 페르세우스는 모든 면에서 아주 중요한 그런 문제에 대하여 돈을 내놓을 생각은 하지 않았다.

제 44 권

일리리쿰에서의 승리, 피드나 전투의 승리

1. [기원전 169년] 이 겨울 전투 뒤에 봄이 찾아오자 집정관 퀸투스 마르키우스 필리푸스는 5천명의 병력을 인솔하고 로마를 출발하여 브룬디시움에 도착했다. 그는 기존 군단의 증원군으로서 그 병력을 데리고 바다를 건너갈 생각이었다. 그는 전직 집정관인 마르쿠스 포필루스를 대동했고, 또 천인대장 자격으로 마케도니아 전쟁에 참가할 좋은 가문의 젊은 청년들도 함께 데리고 갔다. 거의 같은 시기에 함대 사령관 직을 맡았던 법무관 가이우스 카르키우스 피굴루스도 브룬디시움에 도착했다. 두 사령관은 함께 이탈리아를 떠나 그 다음날 코르키라에 도착했고 두 번째 날에는 아카르나니아의 항구인 악티움에 들어섰다. 집정관은 거기서 더 항해하여 암브라키아에서 상륙하여 육로로 테살리아를 향해 출발했다. 법무관은 레우카스를 빙 돌아서 코린토스 만으로 항해했다. 그는 함대를 크레우사에 남겨두고 역시 육로로 보이오티아 한가운데 지역을 관통하여 칼키스에 있는 함대로 갔다. 그것은 하루만의 빠른 행군이었다.

아울루스 호스틸리우스는 그 무렵 팔라이파르살로스 근처의 테살리아에 진지를 설치하고 있었다. 그는 이렇다 할 인상적인 무공을 세우지는 못했으나 게으름과 무질서의 상태에 빠져 있던 군대에 철저한 훈련을 시켜서 부대의 규율을 아주 높은 기준으로 끌어올려 놓았다. 그는 동맹국들의 이해관계도 잘 보살펴주었고 그들이 어떤 피해도 입지 않도록 배려했다. 후임자가 도착했다는 소식을 듣고서 그는 병사들, 군사 장비, 마필과 마구 등을 조심스럽게 점검한 후에 부대에 열병식 준비를 하라고 이르고서 다가오는 집정관을 만나러 갔다. 두 사령관의 첫 번째 만남은 두 사람의 지위나 로마의 권위에 합당하게 이루어졌다. 그리고 그 후의 업무 인수인계도 아주 원활하게 진행되었다. 집정관 대리가 그 군대에 그대로 머물러 있기로 되었기 때문이다.

며칠 뒤 신임 집정관은 휘하 부대원들을 모두 모아놓고 연설을 했다. 먼저 동생과 아버지를 상대로 저지른 페르세우스의 흉악한 범죄 행위들을 열거한 다음에, 이어서 부정하게 왕위에 오른 후의 소행들을 비난했다. 독살과 암살, 비천한 암살범들을 동원한 에우메네스의 공격, 로마 인들에 대한 모욕, 조약을 위반하면서 로마 동맹국들을 약탈한 행위 등을 성토했다.

"이러한 행위들은 인간뿐만 아니라 신들이 보아도 흉악한 것입니다"라고 마르키우스는 말했다. "페르세우스는 곧 자신의 운명이 어떤 결말을 맞이할 것인지 알게 될 겁니다. 신들은 충성과 신의의 편에 서 계신데, 로마 인들은 이런 것들을 지키면서 권력의 정상에 올라선 것입니다."

집정관은 이어 세계의 모든 지역을 장악한 로마의 국력과 마케도니아의 국력, 또 두 나라의 군대 규모를 비교했다. 그는 이렇게 외쳤다. "필리포스와 안티오코스의 국력은 아주 대단했습니다. 그렇지만 그들은 그보다 적은 규모를 가진 우리 로마 군에게 패퇴당했습니다."

2. 집정관은 이러한 내용의 사자후를 토하며 병사들의 사기를 돋우어주었다. 그런 다음 그는 전쟁의 전반적 전략에 대하여 참모들과 논의하기 시작했다. 법무관 가이우스 마르키우스는 칼키스에서 함대를 접수한 후에 사령부에 도착했다. 작전회의 결과 테살리아에 더 이상 머무르면서 시간 낭비를 할 것이 아니라 즉각 진지를 해체하여 마케도니아로 행군하기로 결정되었다. 법무관은 휘하의 함대가 그에 맞추어 적의 해안 지대를 공격하는 것을 감독하기로 되었다.

법무관을 파견한 후에 집정관은 병사들에게 한 달 치 군량미를 휴대하라고 지시했다. 이어 그는 지휘권을 넘겨받은 지 아흐레 째 되는 날에 진지를 해체했다. 그는 하루의 행군을 마친 다음에 서로 다른 행군 노선들을 담당한 안내자들을 작전회의에 소집하여 각 안내자에게 로마 군이 어느 방향으로 행군해야 좋은지 의견을 말하라고 지시했다. 이어 집정관은 안내자들을 모두 물러가게 하고 작전회의 앞에 이런 질문을 던졌다. "어떤 행군 노선을 잡는 것이 가장 좋은가?"

어떤 참모 장교들은 피토우스를 경유하는 길이 가장 좋다고 제안했다. 다른 참모들은 작전에 집정관 호스틸리우스가 취했던 캄부니아 산을 넘어가는 길이 좋다고 말했다. 또 다른 참모들은 아스쿠리스 호수를 경유하는 길을 선호했다. 현재 로마 군이 있는 곳에서는, 제시된 모든 노선들이 일정 거리를 지나갈 때까지는 똑같은 길을 타고 갔다. 그래서 어떤 행군 노선을 잡을 것인가 하는 문제는 그 길들의 분기점이 나와서 그 근처에다 진지를 설치할 때까지 연기가 되었다. 집정관은 이어 페라이비아로 들어가서 아조로스와 돌리케 사이의 지점에 진지를 설치하고 앞으로 나아갈 최선의 행군 노선을 논의했다.

이 무렵 페르세우스는 적이 다가온다는 것을 알았지만 어느 노선을 취할지는 몰랐으므로 모든 고개에다 부대를 파견하여 지키기로 결정했다. 캄부니아 산의 등성이—마케도니아 인들은 그곳을 볼루스타나라고 불렀다—에는 1만명의 경보병을 주어 아스클레피오도토스가 지휘하게 했다. 아스쿠리스 호수 근처—현지 지명은 라파토스—요새는 히피아스가 1만2천 명의 마케도니아 병력을 인솔하게 지키게 되었다. 왕 자신은 나머지 병력을 인솔하여 디움 근처에 진지를 설치했다. 나중에 왕은 전략적 계획이 전혀 없어서 거의 정신이 마비된 사람처럼 보였다. 그는 때로는 경기병 부대와 함께 연안지대를 마구 내달리는가 하면, 때로는 헤라클레움까지 전 속력으로 행군을 하기도 하고 때로는 필라에 갔다가 쉬지 않고 디움으로 되돌아오기도 했다.

3. 집정관은 왕의 장군이 오토로보스 근처에 진지를 설치한 고개를 통과하기로 결심했다. 그러나 4천명의 병사를 먼저 보내 전략적 요충을 점령하기로 결정되었다. 이 부대는 마르쿠스 클라우디우스와 퀸투스 마르키우스(집정관의 아들)가 맡게 되었다. 나머지 로마 군 부대는 전 병력이 곧바로 선발대를 따라서 떠났다. 그러나 길이 너무 험하고 가팔라서 가볍게 무장한 선발대도 이틀 동안에 겨우 24km 정도 행군한 다음 진지를 설치할 수 있었다. 그들이 점령한 지역은 디에로스라는 곳이었다. 그 다음날 선발대는 11km를 더 행군하여 적의 진지로부터 그리 멀리 떨어져 있지 않은 언덕을 점령했다. 이어 전령을 집정관에게 보내어 다음과 같이 현황을 보고했다. 선발대는 적 가까운 곳에 도착했고 여러 모로 비추어 안전한 곳에다 진지를 설치했다. 그러면서 집정관 부대가 가능한 한 빨리 행군하여 합류해 주기를 요청했다.

집정관은 자신이 너무 어려운 길을 선택한 것이 아닌지 우려했고 또 소규모 선발대를 적지 한가운데로 보내어 위험에 빠뜨린 것이 아닌지 불안했다. 이 때 그는 아스쿠리스 호수 근처에서 보낸 전령을 만났고 그로부터 소식을 듣고 안심이 되었다.

선발대와 본진은 곧 합류했고 그들은 얼마 전에 점령한 언덕 등성이에다 진지를 차렸다. 그 진지는 주위 지형을 살펴서 가장 적합한 곳에다 설치한 것이었다. 높은 산등성이에 있었기 때문에 2km 정도 떨어진 곳에 있는 적의 진지가 잘 보였을 뿐만 아니라, 디움, 필라, 심지어 해안 지대까지 한 눈에 내려다볼 수 있는 위치였다. 로마 군 병사들의 사기는 충천했다. 왕의 군대를 직접 목격하고 적군 지역을 그처럼 가까운 곳에서 보아서 앞으로 벌어질 전쟁의 윤곽을 파악했기 때문이다. 하지만 로마 군은 행군을 해오느라 피곤했으므로 하루 동안의 휴식이 주어졌다. 그 다음날 집정관은 병력의 일부를 뒤에 남겨 진지를 지키게 하고 적을 향해 나아갔다.

4. 히피아스는 최근에 왕명을 받고서 그 고개를 지키게 되었다. 그는 언덕에 설치된 로마군의 진지를 보자마자 휘하 병사들을 격려하면서 전투 준비를 갖추도록 지시했다. 그리고 곧 다가오는 로마 군과 교전하기 위해 앞으로 나아갔다. 로마 군 병사들은 전투태세를 갖춘 채 다가왔고 적군 병사들은 전투를 도발하기에 적절한 경무장 상태로 맞섰다. 곧 양군은 사정거리 안으로 들어오자 투척 무기를 발사했다. 그 교전에서 양측은 부상자가 속출했다. 그 다음날에도 양군의 전투 사기는 여전하여 어제보다 더 대규모로 격돌하여 많은 피를 흘렸다. 전투 대형이 원만하게 움직일 수 있는 공간이 확보되었더라면 전쟁에 종지부를 찍을 수 있는 결정적 전투가 벌어졌을 것이다. 하지만 전투는 경사가 가파르고 우뚝 솟은 산등성이에서 벌어졌기 때문에 3개 전투 대형이 동시에 움직일 수 있는 공간이 없었다. 그리하여

소수만 실제 전투에 가담했고 중무장한 대다수 보병은 뒤에 처져서 전투의 구경꾼 노릇을 했을 뿐이다. 그러나 경무장 보병들은 산등성이의 구불구불한 길을 타고서 신속하게 행군하여 마케도니아 군의 경보병과 맞붙었다. 로마 군은 더러는 유리한 지형에서 더러는 불리한 지형에서 적의 측면을 공격했다. 밤이 되어 전투가 중단되지 않았더라면 양측에서 더 많은 사상자가 발생했을 것이다.

전투 사흘째 되는 날에 로마 군 사령관은 난처한 딜레마에 빠졌다. 그는 군수품의 원활한 공급 없이 계속 산등성이에 머무를 수는 없었다. 그렇다고 철수하려고 하니 너무나 수치스러운 결과가 기다리고 있었다. 철수하는 로마 군을 적이 높은 고지에서 밑으로 내려오면서 추격해 온다면 로마 군 병사들은 상당한 위험에 처하게 될 것이었다. 그러니 남아 있는 유일한 대안은 지속적으로 과감한 공격 작전을 펴서 성공을 거두는 것뿐이었다. 전쟁에서는 이런 무모한 작전이 때로는 신중한 작전으로 판명되는 경우도 있었다. 실제로 그 상황은 정말 위험했다.

만약 집정관이 예전의 마케도니아 왕(필리포스)을 상대로 전쟁을 치러야 했다면 그는 엄청난 참사를 당했을 것이다. 하지만 현재의 왕 페르세우스는 전략이 없는 사람이었다. 왕은 기병대를 이끌고 디움 근처의 해안을 정찰하여 그 전투의 함성을 거의 들을 수 있는 거리에 있었으면서도 증원군을 보내어 피곤한 마케도니아 군대를 교대해줄 생각도 하지 않았고 전투 장소에 친히 나타나 병사들을 독려하지도 않았다. 만약 그렇게 했더라면 전투 결과는 크게 달라졌을 것이다.

이에 비하여 로마 군 사령관은 나이가 예순이 넘은 데다 아주 비만했지만 군인의 의무를 몸소 정력적으로 실천했다. 그는 자신의 과감한 작전을 끝까지 밀고 나갔다. 포필리우스에게 산등성이를 지키게 하고서 그 자신은 산중의 길도 없는 길을 밀고 나갔다. 그는 소수의 선발대를 먼저 보내어 산속의 길을 트라고 지시했다. 그들이 길을 만드는 동안에 아탈로스와 미사게네스에게 그들 휘하의 보조 부대로 길을 내는 공병들을 보호하라고 지시했다. 집정관은 기병대와 군수물자를 대열의 맨 앞에 위치시키고 그 자신은 맨 뒤에 처져서 군단이 앞으로 행진하는 것을 독려했다.

5. 일단 고개에 올라서서 밑으로 내려가는 길에서 로마 군이 당한 어려움은 필설로 다 묘사하기가 어렵다. 특히 짐을 나르는 동물들과 그 등에 실린 짐들은 커다란 피해를 입었다. 로마 군은 겨우 6km를 행군한 다음에는 길을 되짚어 갈 수만 있다면 그 무엇이든지 내놓겠다는 심정이 되었다. 코끼리들은 적의 공격 못지않게 엄청난 혼란을 일으켰다. 길이 없는 장소에 도달하자 코끼리들은 기수들을 공중에 내던지고 아무 거나 마구 짓밟아서 엄청난 공황 상태를 조성했다. 특히 말들은 너무 놀라서 어쩔 줄 몰라 했다. 그러다가 코끼리들을 무사히 언덕에서 내릴 수 있는 방법이 고안되었다.

먼저 언덕 위에서 아래로 내려갈 길을 미리 선정했다. 그런 다음 그보다 약간 아래쪽에다 두 개의 튼튼하고 높은 기둥을 박는다. 기둥 사이의 폭은 코끼리의 몸집보다 약간 넓은 정도로 잡았다. 그리고 그 기둥 위에 가로대를 설치하고 이어 그 위에다 9m 길이의 판자들을 올려놓고 단단히 묶어서 높은 단을 만들고 그 위에다 흙을 깔았다. 이런 식으로 해서 두 번째 단, 세 번째 단을 계속 만들어나갔다. 특히 비탈이 가파른 곳에다 이런 단들을 설치했다. 그러면 코끼리는 땅에 있다가 그 첫 번째 단 위로 올라서게 하고 단의 끝에 도달하면 두 기둥을 잘라버려서 코끼리가 두 번째 단으로 천천히 미끄러지며 떨어지게 유도했다. 어떤 코끼리들은 선 채로 두 번째 단에 도착했고 어떤 코끼리들은 미끄러지다가 엉덩방아를 찧었다. 이런 식으로 해서 코끼리들이 걸어가기가 좀 더 수월한 계곡에 도달할 때까지 수송 작업이 반복되었다.

그날 로마 병사들은 겨우 11km를 행군했을 뿐이었다. 그들은 두 발 서서 행군한 적이 별로 없었다. 그들은 무기와 군장을 휴대한 채 거의 구르다시피 고갯길을 내려왔다. 행군의 고통은 이루 말할 수 없이 심했다. 심지어 그 길로 행군하자고 제안한 안내자도 만약 적의 소규모 군대가 요격을 해왔더라면 로마 군 병사들이 전멸했을 것이라고 말했다. 밤이 되자 병사들은 어느 정도 평평한 땅으로 내려설 수 있었다. 마침내 그들은 별 희망 없는 행군 길에서 단단한 발판을 제공하는 지점을 발견한 것이었다. 그런 형편이었지만 그들은 자신들의 위험한 상황을 되돌아볼 겨를조차 없었다. 그들은 그 텅빈 계곡에서 다음날 내내, 뒤에 남겨둔 포필리우스의 군대가 도착하기를 기다려야 했다.

뒤따라 출발해온 포필리우스 부대도 적의 공격을 우려할 필요는 없었지만 마치 적의 공격을 받는 것처럼 그 험난한 길 때문에 고통을 받았다. 사흗날에 로마 군의 두 부대는 서로 합류하여 현지인들이 칼리페우케라고 부르는 고개를 통과하여 행군했다. 나흘째 되는 날에 그들은 전과 똑같은 길 없는 지역을 통과해야 되었으나 실전을 통하여 기술이 향상되었으므로 한결 쉽게 통과할 수 있었다. 게다가 병사들의 사기도 높았다. 그 어디에서도 적은 나타나지 않았을 뿐만 아니라 로마 군은 이제 바다를 향해 행군하고 있었기 때문이다. 헤라클레움과 리베트룸 사이의 들판으로 내려오자 로마 군은 진지를 설치했다. 진지의 상당 부분은 언덕 쪽을 차지했고 보병들이 그쪽으로 갔다. 이어 로마 군은 누벽으로 들판을 둘러싸서 기병대의 숙소를 만들었다.

6. 로마 군이 침공해 온다는 소식이 전해졌을 때 왕은 목욕 중이었다고 한다. 소식을 접한 왕은 놀라면서 욕조에서 튀어나와 자신이 싸움도 해보지 못하고 정복당했다고 소리쳤다. 그런 다음 그는 극도의 공황 상태에 빠져서 이런 계획을 내놓았다가 곧바로 다른 계획을 내놓았고, 일련의 황급한 명령을 내렸다. 그는 측근 두 명을 급히 펠라와 테살로니카에 파견했다. 펠라로 간 전령은 파무스에 쌓여 있는 돈을 바다에 내다버리라는 왕명을 전했다. 테살로니카로 간 전령은 선박 건조소를 불태우라는 지시를 전했다. 그는 외곽 전진 기지에 나가 있던 아스케피도토스와 히피아스를 소환함으로써 로마 군의 공격로를 환히 열어주었다. 왕 자신은 모든 황금 조각상을 가지고 디움으로 갔는데 그런 전리품이 적의 수중에 떨어지는 것을 막기 위해서였다. 이어 왕은 그 지역의 주민들에게 피드나로 철수하라고 명령했다.

이렇게 하여 집정관의 무모한 작전 계획—적의 동의 없이는 물러서기 어려운 지점으로 행군한 것—은 페르세우스 왕의 어리석은 행동 덕분에 잘 계산된 과감한 작전으로 판명되었다. 왜냐하면 이제 로마 군은 현재 진지로부터 도피할 수 있는 두 개의 고개를 확보했기 때문이다. 하나는 템페를 통과하여 테살리아로 들어가는 길이고, 다른 하나는 디움을 경유하여 마케도니아로 들어가는 길이었다. 이 두 고개는 원래 왕의 부대가 점령하고 있었다. 만약 왕이 이 두 고개를 지키겠다고 단호하게 결심하고 다가오는 위험에 결연히 맞섰더라면 로마 군은 템페를 통과하여 테살리아로 후퇴하는 길을 확보하지 못했을 것이고 그 결과 보급로가 없게 되었을 것이다. 왜냐하면 템페는 설령 적의 공격이 없더라도 넘어가기가 어려운 고갯길이었기 때문이다. 그 길은 약 8km에 달하는 비좁은 길인데, 짐을 등에 실은 동물들이 지나가기에는 더욱 어려운 길이었다. 거기다가 길 양쪽의 벼랑은 너무나 높고 가팔라서 아래쪽을 내려다보면 눈과 마음이 동시에 어지러워지는 그런 험준한 길이었다.

또 다른 위협적 요소는 저 멀리 아래쪽 계곡에서 흘러가는 페네오스 강의 요란한 격랑 소리였다. 이곳은 아주 위협적인 천연의 요충이었고 왕의 군대는 네 군데 전략적 거점을 차지하고 있었던 것이다. 첫째, 곤노스 근처의 고갯길 입구, 둘째, 난공불락의 요새인 콘딜로스, 셋째, 카락스라고도 불리는 라파토스, 넷째, 도로상의 차단 지점 등이었다. 특히 이 네 번째 요충은 길 한가운데가 너무나 비좁아서 10명 정도의 무장 병사로도 충분히 지킬 수 있을 정도였다.

만약 템페를 경유하는 보급선이나 퇴각로가 끊겨 버렸다면 로마군은 산속으로 들어가 길없는 곳에서 퇴각을 해야 되었을 것이다. 그러나 이 경우 한 번은 적을 속일 수 있을지 몰라도 두 번은 불가능했을 것이다. 높은 고지를 차지하고 있는 적들이 사방을 경계하고 있는데다 산속을 헤매며 아래로 내려가는 어려움을 다시 반복하려면 병사들의 사기는 결정적으로 저하되었을 것이다. 이렇게 퇴각하는 것을 피할 수 있는 대안은 디움을 통과하여 마케도니아로 가는 것인데 이 또한 적의 한가운데를 통과해야 한다. 신들이 도와주어서 페르세우스의 정신을 혼미하게 만들지 않았더라면 이것 또한 지극히 어려운 퇴각로였을 것이다. 왜냐하면 올림포스 구릉(丘陵)들은 산과 바다 사이에 2km 정도의 공간만을 허용하고 있기 때문이다. 게다가 이 공간의 절반 정도가 범람하는 바피로스 강이 흘러가고, 들판의 한 부분은 유피테르 신전이나 도시가 차지하고 있다. 이 협소한 공간은 별로 크지 않은 참호나 방책에 의해 충분히 저지될 수 있었을 것이다. 게

다가 근처에는 돌과 나무가 풍부했으므로 방호벽이나 장애물 탑을 건설하기가 용이했다. 그러나 갑작스러운 공황에 빠진 왕의 혼미한 정신으로는 이런 대책을 세울 수가 없었다. 왕은 모든 방어 시설들을 내팽개쳐서 적의 공격에 모든 접근로를 열어주었고 왕 자신은 피드나로 도피했다.

7. 집정관은 왕의 어리석음과 우유부단함 덕분에 현재로서는 로마 군의 안전을 확보했고 장차 전쟁을 끝낼 수 있겠다는 희망을 갖게 되었다. 그는 라리사의 스푸리우스 루크레티우스에게 전령을 보내어 적이 템페 지역에서 내팽개친 요새들을 장악하라고 지시했다. 그리고 포필리우스를 먼저 디움 지역으로 보내 그 일대를 정찰하게 한 다음, 집정관은 이틀의 행군 끝에 디움 근처에 도착했다. 그 일대에는 로마 군의 행군을 저지하는 적군이나 장애물이 전혀 없었던 것이다. 그는 신전 지역의 신성함을 훼손하지 않기 위하여 신전 옆에다 진지를 설치하라고 지시했다. 이어 그는 디움 시 안으로 들어갔다. 도시는 별로 크지 않았지만 공공건물과 시설이 많았고 많은 조각상들로 단장되어 있었다. 그는 이런 보물들을 그냥 내팽개치고 달아난 왕의 작전이 무엇인지 도저히 이해가 되지 않았다.

그 지역 일대를 전반적으로 정찰할 수 있도록 하루를 기다린 다음에 그는 진지를 이동했다. 피에리아에서는 군량미를 보급할 수 있을 거라고 확신하면서 그는 당일로 미티스라고 하는 강 쪽으로 이동했다. 그 다음날 다시 행군에 나서서 집정관은 아가사이(Agassae)라는 도시의 자발적 항복을 받았다. 다른 마케도니아 도시들도 평화적으로 접수할 목적으로 그는 인질만 잡는 것으로 만족하면서 그 도시를 시민 자치에 맡기겠다고 약속했다. 그리하여 로마 군 수비대도 두지 않았고 자치 정부 운영과 세금 면제 조치를 해주었다. 그는 그 도시에서 하루 정도 행군하여 아스코르도스 강 근처에 진지를 설치했다. 그러나 그는 테살리아에서 멀어질수록 각종 보급품의 결핍을 심각하게 느끼게 되었다. 그래서 그는 디움으로 되돌아갔다. 따라서 모든 사람들이 의심의 여지 없이 다음 사실을 확인하게 되었다. 만약 그가 테살리아로부터 단절이 되었더라면 그는 엄청난 어려움을 겪었을 것이다. 테살리아에서 멀리 떨어지는 것이 결코 안전하지 않다는 것을 이번 행군으로 알게 되었으니까 말이다.

페르세우스는 휘하 군대와 사령관들을 모두 소집해 놓고 외곽 초소를 담당했던 장군들, 특히 아스클레피오데토스와 히피아스를 질책했다. 그들이 마케도니아의 요충을 로마 군에게 그저 넘겨주었다고 비난했다. 하지만 그런 비난은 왕 자신에게 퍼부어져야 마땅한 것이었다.

바다에 로마 함선이 떠 있는 것을 보고서 집정관은 곧 보급품이 공급되겠구나 하는 희망을 갖게 되었다. 사실 로마 군 내에서는 군량미는 물론이고 각종 보급품이 거의 소진되었다. 집정관은 방금 항구로 들어온 자로부터 수송선들이 항구에 들어온 게 아니라 마그네시아에 남겨져 있다는 사실을 보고받았다. 집정관은 설령 적으로부터 공격이 없다 하더라도 각종 상황의 어려움 때문에 힘겹게 하루하루를 넘기고 있었다. 그리하여 앞으로 어떻게 해야 할 것인지 대책을 궁리하는 동안에, 그는 스푸리우스 루크레티우스로부터 반가운 보고를 받았다. 루크레티우스는 템페 위쪽과 필라 근처의 요새들을 장악했고 거기에 비축된 군량미와 다른 필수품들을 발견했다는 것이었다.

8. 집정관은 그 보고서를 받고서 크게 기뻐하면서 디움에서 필라로 이동했다. 그곳의 수비대를 강화하고 동시에 병사들에게 그곳에 비축된 군량미를 나누어주기 위해서였다. 로마의 수송선은 현재 마

그네시아에 있어서 현지까지 도착하려면 시간이 좀 걸리기 때문이었다. 그러나 이런 이동은 호평을 받지 못했다. 한 소문에 의하면 그는 적을 두려워하여 필라로 이동했다고 비난했다. 만약 그가 피에리아에 그대로 머물렀더라면 반드시 적과 싸워야 했기 때문이었다. 어떤 비판가들은 그가 무운(武運)이 날마다 변한다는 것을 알지 못하고 기회가 늘 있는 것처럼 행동함으로써 결코 회복 불가능한 유리한 기회를 스스로 놓쳐 버렸다고 비난했다. 집정관은 일거에 디움 시의 장악을 포기함으로써 적에게 좋은 기회를 갖다 바치고 말았다.

페르세우스는 자신이 수치스럽게도 포기했던 도시를 되찾을 수 있는 좋은 기회라고 생각했다. 집정관이 떠났다는 소식을 듣자마자 왕은 디움으로 되돌아와서 로마 군들이 파괴하고 훼손한 것을 수리하고 성벽에서 떨어져 나간 흉벽을 복구하고 성벽을 전반적으로 강화했다. 이어 그는 그 도시에서 8km 정도 떨어진 엘페오스 강의 강둑에다 진지를 설치했다. 도강하기 어려운 그 강을 천연의 방어 요새로 사용할 계획이었다. 엘페오스 강은 올림포스 산의 계곡에서 흘러나오는 강인데 여름철에는 거의 건천에 가까웠지만 겨울에는 비로 수량이 늘어나서 험준한 바위들 위로 커다란 급류를 형성하며 흘러갔다. 거센 강물은 흙바닥을 파내면서 바다로 흘러가며 깊은 심연을 만들어냈고 흙이 파내진 수로의 양옆에는 우뚝한 강둑이 형성되었다. 왕은 이 강이 적의 접근을 막아줄 것이라고 생각하면서 전투 기간의 나머지 나날을 거기서 보낼 계획이었다.

한편 집정관은 포필리우스에게 병력 2천을 주어 필라에서 헤라클레움으로 보내 공격하게 했다. 헬라클레움은 필라에서 8km 떨어진 곳인데 디움과 템페의 중간 지점으로 강을 내려다보는 벼랑 위에 있었다.

9. 병사들을 그 도시의 성벽에 접근시키기 전에, 포필리우스는 헤라클레움의 행정관과 지도자들에게 전령을 보냈다. 도시는 로마 군의 군사력을 떠보려 하지 말고 로마 인의 의리와 관대함을 믿으면서 항복하라고 권유하기 위해서였다. 이러한 권유는 그들에게 아무런 영향을 미치지 못했다. 엘페오스 강 옆에 설치된 왕의 진지에서 모닥불이 피어오르는 것이 훤히 보였기 때문이다. 그리하여 그 도시에 대한 공격이 시작되었다. 소규모 병력이 공성기와 포를 가지고 접근했다. 그 공격은 육지와 바다 양쪽에서 전개되었다. 당시 함대가 도착하여 도시에서 가까운 해안에 정박하고 있었던 것이다.

일부 젊은 로마 병사들은 군사적 용도로 전환된 서커스 기술을 활용하여 성벽의 가장 낮은 부분을 점령했다. 그 당시는 각종 화려한 공연 행사를 선보이는 것이 대유행이었다. 당시는 아직 오늘날처럼 전 세계의 짐승들을 수입해와 운동장에 풀어놓는 그런 사치는 부리지 못하던 때였다. 대신 4두 마차 경쟁이나 알몸 기사들의 무술 시범 같은 행사를 한 시간 정도 공연했다. 그런 무술 시범의 하나로서 60명의 젊은이들(때로는 게임을 화려하게 하기 위해 더 많은 숫자가 동원됨)이 완전 무장을 하고 경기장에 들어섰다. 그들의 공연은 어느 정도 군사 작전을 흉내 낸 것이었다. 하지만 그것은 보통 병사들이 부릴 수 있는 것보다 더 세련된 기술을 요구했고, 어떻게 보면 검투사 경기와 비슷한 것이었다. 그들은 여러 가지 복잡한 대형을 선보인 후에, 방패를 모두 위로 들어올린 채로 전투 대열을 형성했다. 맨 앞줄은 똑바로 서고, 두 번째 줄은 약간 몸을 구부리고, 세 번째 네 번째 줄은 더욱 구부리고 맨 마지막 줄은 무릎을 꿇음으로써, 전 대열이, 물매가 있는 가옥의 지붕 같은 "거북이"을 형성했다. 이 거북이로부터 무장한 두 명의 병사가 각각 반대쪽 밖으로 튀어나오는데, 두 병사의 거리는 15m 정도 되었다. 두 병사는 바닥에서 거북이의 등까지 뛰어 오르면서 서로 위협적인 몸짓을 했다. 그들은 거북이의 가장자리를 따라 일종의 모의 전투를 흉내 냈고 때로는 거북이 등의 한가운데에서 싸움을 벌이는 척했는데 가만히 서 있거나 뛰어오르거나 하면서 마치 평평한 땅에 서 있는 것처럼 행동했다.

헤라쿨레움에서, 이렇게 생긴 "거북이"를 성벽 가장 밑 부분에다 접근시켰다. 병사들이 이 거북이를 타고 맨 끝 부분까지 올라가면 그 높이가 성벽을 지키는 자들과 거의 비슷한 수준이 되었다. 로마 군은 간단히 적의 방어 병사들을 제압했고 2개 중대가 성벽을 넘어 도시 안으로 들어갔다. 이 공성전이 서커스 공연과 다른 점은, 맨 앞열과 맨 뒷열의 병사들은 방패를 하늘 높이 올리지 않고 정상적인 위치에 들고 있어서 적들의 투척 무기로부터 그들 자신을 보호했다는 점이었다. 이렇게 하여 성벽에서 날아오는 투척 무기는 로마 군 병사들에게 피해를 입히지 못했다. 그리고 "거북이"를 향해 던진 무기들은 아무런 피해를 입히지 못하고 그 미끄러운 등성이를 따라서 비처럼 땅바닥으로 흘러내렸다.

헤라클레움을 점령한 후에 집정관은 진지를 그 도시로 이동시켰다. 마치 디움을 다시 공격하여 왕을 쫓아버린 후 피에리아로 들어갈 것 같은 기세였다. 하지만 그는 이미 겨울 숙영을 준비 중이었으므로 군량을 수송하기 위해 테살리아에서 나가는 도로를 건설하고 또 곡물 창고로 사용할 적당한 지역을 찾아보라고 지시했다. 또 군수 물자를 조달하는 사람들이 밤중에 묵을 피난처들도 세우게 되었다.

10. 페르세우스는 마침내 그를 완전히 광인 상태로 내몰았던 공황으로부터 회복했다. 그는 정신이 혼미한 상태에서 펠라에 있는 보물을 바다에 버리라 했고 또 테살로니카의 조선소를 불태우라고 지시

했으나 그 지시가 이행되지 않았기를 내심 바라고 있었다. 테살로니카로 파견된 전령인 안드로니코스는 왕의 마음이 바뀔지 모른다고 생각하여 지시 이행을 서두르지 않았고 실제로 왕은 마음을 바꾸었다. 하지만 펠라로 파견된 니키아스는 그리 신중하지 못하여 파코스에 있던 일부 돈은 실제로 바다에 내던져졌다. 하지만 그 폐기 작업이 철저하지 못하여 바다에서 그 돈을 회복하지 못할 정도는 아니었다. 잠수부들이 그 돈을 모두 건져왔기 때문이다. 왕은 자신이 공황 중에 내린 지시를 너무나 부끄럽게 생각하여 그 잠수부들을 은밀히 죽여 버리라고 지시했고, 이어 전령으로 보냈던 안드로니코스와 니키아스도 죽였다. 이렇게 하여 그가 정신 이상 상태에서 내린 지시를 알고 있는 자는 아무도 없게 되었다.

* * *

13. 한편 집정관은 적의 영토에서 아무런 일도 없이 그저 시간만 보낼 생각은 없었다. 그는 마르쿠스 포필리우스에게 병력 5천을 주어 멜리보이아 도시를 공격하게 했다. 이 도시는 오사 산의 구릉에 자리 잡고 있었고 도시의 측면은 테살리아를 마주보고 있어서 데메트리아스 시를 위협하기 좋은 위치였다. 로마 군이 도착했다는 첫 소식이 전해지자 그 도시의 주민들은 경악했다. 그러나 곧 그런 공포로부터 회복하여 무기를 잡고서, 공격이 예상되는 성문과 성벽의 초소로 달려갔다. 이렇게 하여 첫 번째 공격으로 그 도시를 점령하려 했던 로마 군의 희망은 사라졌다. 그리하여 공성전 계획이 수립되었고 공격용 장비들이 건설되기 시작했다.

페르세우스는 멜리보이아가 집정관 군대에 의해 공격을 당하고 있고 근처의 이올코스에 로마 군 함대가 정박하고 있어서 해안으로부터 데메트리아스 시를 공격하려고 한다는 보고를 받았다. 왕은 수하 장군인 에우프라노르에게 정예 병력 2천을 주어서 멜리보이아에 파견했다. 왕은 이런 명령을 내렸다. "만약 로마 군을 멜리보이아로부터 축출한다면, 로마의 해군이 이올코스에서 그 도시로 진지를 옮기기 전에 데메트리아스에 몰래 들어가도록 하라." 파견된 에우프라노르 군대가 높은 고지에서 다가오고 있는 것이 목격되자 공성 중이던 로마 군은 크게 당황하면서 진행 중이던 공성 기계의 건설을 포기하고 그 기계에 불을 질렀다. 그들은 멜리보이아 공성전을 포기한 것이었다. 그 도시의 포위 공격을 풀어버리자 에우프라노르는 즉각 데메트리아스 시로 들어갔다. 왕의 군대는 밤중에 성안으로 들어갔고 주민들에게 강한 자신감을 불어넣었다. 그리하여 주민들은 도시의 성벽을 방어할 수 있을 뿐만 아니라 그 도시 인근의 농촌 지방이 약탈되는 것도 막을 수 있다고 생각했다. 도시에서는 돌격대를 출성시켜 흩어진 로마 군 약탈병들을 공격하여 죽이거나 부상을 입혔다.

그렇지만 법무관과 로마를 지원하기 위해 나와 있던 에우메네스 왕은 그 성벽 주위를 돌면서 그 도시의 지형을 꼼꼼히 파악했다. 그들은 어떤 부분을 공략해야 할지 공성기를 써야 할지 병력을 직접 투입해야 할지를 구상했다. 이때 크레타의 키다스와 데메트리아스의 사령관인 안티마코스가 에우메네스와 페르세우스 사이에 우호 조약을 체결하는데 중개인으로 활약했다. 하지만 로마 군은 그런 조약과는 상관없이 데메트리아스로부터 철수했다. 반면에 에우메네스는 마케도니아에 성공적으로 진입한 집정관을 축하하면서 페르가몬과 그 자신의 왕국을 향해 떠나갔다. 법무관 마르키우스 피굴루스는 함대 일부분을 스키아토스에서 겨울 숙영에 들어가라고 지시한 후, 나머지 배들을 이끌고 에우보이아 섬의 오레오스로 갔다. 그 도시가 마케도니아와 테살리아에 나가 있는 로마 군에게 보급품을 보내기에 가장 편리하다고 생각했기 때문이다.

여러 권위 있는 역사가들은 에우메네스 왕에 대하여 아주 다른 이야기들을 전하고 있다. 발레리우스 안티아스에 의하면, 법무관은 왕에게 자주 편지를 보내 좀 와달라고 했으나 왕으로부터 아무런 해군력의 지원을 받지 못했고, 에우메네스 자신도 집정관과 좋은 관계를 유지한 채 아시아로 떠나간 게 아니라고 한다. 에우메네스 왕은 로마 군 진지를 함께 나눠 쓰지 못한 것을 분개했다는 것이다. 또한 왕은 자신이 그리스로 건너올 때 데려온 갈리아 기병대를 뒤에 남겨놓는 것도 거부했다. 반면에 왕의 동생 아탈로스는 집정관과 함께 머무르면서 성실하고 굳건한 충성을 바쳤으며 전투에서도 뛰어난 활약을 했다는 것이다.

14. 마케도니아에서 전쟁이 벌어지고 있는 동안에, 알프스 너머의 갈리아 족장이 보낸 사절단이 로마에 도착했다. 족장의 이름은 발라노스라고 하는데 그 부족의 이름에 대해서는 언급이 없다. 갈리아 사절단은 마케도니아 전쟁에서의 지원을 약속했다. 원로원은 사절단이 가져온 선물에 대하여 감사 표시를 했다. 2파운드 무게의 금 목걸이, 4파운드가 나가는 황금 주발, 화려한 장식이 달린 말 한 필, 기병대 무기 등이었다.

갈리아 사람들 다음에는 팜필리아 사절단이 2만 '필리피' 금화를 가지고 만든 황금관을 원로원에 바쳤다. 사절단은 그 관을 최선의 최고신 유피테르 신전에 바치고, 이어서 카피톨리움에서 희생제의를 올릴 수 있게 해달라고 요청했다. 그 요청은 허가되었다. 팜필리아와 로마 사이에 우호조약을 갱신하자는 사절단의 요청에 대해서도 정중한 답변이 내려갔다. 이 사절단의 단원들에게는 각자 2천 아스의 선물이 하사되었다.

이어 원로원 의원들은 프루시아스 왕이 보낸 사절단을 접견하여 그들의 말을 들어주었다. 그 직후에는 로도스 사절단을 상대로 한 청문회가 있었다. 이 사절단도 우호조약을 언급했으나 그 내용은 아주 달랐다. 두 사절단은 로마가 페르세우스 왕과 다시 평화를 회복하는 일에 깊은 관심을 보였다. 프루시아스 왕의 사절단은 요구한다기보다 호소하는 심정으로 평화의 회복에 대해서 말했다. 프루시아스 왕은 그때까지 로마의 편을 들어왔고 또 전쟁이 계속되는 한 로마를 지지한다는 뜻을 먼저 말했다. 그런데 페르세우스 왕의 사절단이 프루시아스 왕을 찾아와서 로마와의 전쟁을 끝낼 수 있게 도와달라고 요청했다. 그래서 프루시아스는 원로원에 페르세우스의 입장을 호소해주기로 약속했다. 그는 로마 원로원 의원들에게 이 전쟁을 끝낼 능력이 충분히 있으니 가능하다면 그렇게 해달라고 애원했다. 만약 평화가 회복된다면 원로원에게 정말 깊은 고마움을 느낄 것이다. 이상이 프루시아스 왕의 사절단이 전한 말이었다.

반면에 로도스 사절단은 그들이 로마를 지원해준 일들을 아주 오만한 어조로 열거했다. 그러면서 로마가 거둔 승리에 상당한 공로가 있으며, 특히 안티오코스 왕을 패배시킨 것에 대해서는 공로가 많다고 주장했다. 그들은 마케도니아와 로마 사이에 평화가 유지되던 시절에 페르세우스 왕과 우호조약을 맺었다고 말했다. 로도스는 자신의 의지에 반하여 이 우호조약을 파기했는데, 페르세우스 왕의 조약 위반 때문이 아니라 로마 인들이 로도스를 전쟁 준비에 끌어들이는 것을 유익하다고 생각했기 때문이었다.

그리하여 지난 2년 동안 로도스는 전쟁으로 인해 해상 무역이 봉쇄됨으로써 많은 불편을 겪었다. 로도스 섬은 천연자원이 없기 때문에 해상으로 수송되는 생활 물자들이 지원되지 않으면 살 수 없는 섬이기 때문이다. 이제 로도스는 더 이상 이런 불편한 상황을 참아줄 수 없으므로 로도스는 마케도니아의 페르세우스에게 사절단을 보내 왕이 로마와 평화 조약을 맺기를 바라는 것이 로도스의 공식 입장임을 통보했고, 또 로마에도 사절단을 보내어 같은 선언을 하게 되었다. 그러면서 로도스 사절단은 전쟁의 종식을 방해하는 측이 누구든, 로도스 사람들은 그 방해하는 측에 대항하여 필요한 조치를 취하게 될 것이다. 이상이 로도스 사절단의 주장이었다.

나는 심지어 오늘날에도 이런 주장을 읽거나 들으면 분노를 느낄 것이라고 확신한다. 그러니 이런 오만한 주장을 들어주는 원로원 의원들의 심정이 어떠했을지는 충분히 짐작할 수 있다.

15. 역사가 클라우디우스는 이렇게 전한다. 원로원이 아무런 대답도 하지 않고 단지 로마 시민들이 결정한 포고령을 읽어주도록 했다. 포고령의 내용은 이러했다. "카리아 인들과 리키아 인들은 자유를 누리게 될 것이다. 이러한 로마의 결정을 통보하기 위하여 이 두 부족에게 통지문을 보내도록 하라." 이 포고령을 듣자, 방금 전만 해도 원로원 앞에서 자신의 오만한 웅변을 억제하지 못했던 로도스 사절단의 대표는 기절을 해버렸다.

다른 권위 있는 역사가들은 원로원이 다음과 같이 대답했다고 기록했다.

"이 전쟁이 시작될 무렵, 로마 인들은 믿음직한 정보통으로부터 로도스가 로마 공화국에 대항하여 페르세우스 왕과 은밀한 거래 관계에 들어갔다는 것을 알았다. 설사 이것이 의심스러운 정보였다고 할지라도, 지금 로도스 사절단이 한 말은 그 정보가 확실한 사실임을 입증했다. 간악한 술수는 처음에는 신중하여 잘 드러나지 않으나 결국에는 그 간악함이 드러나게 되어 있다. 그게 세상의 이치이다. 로도스가 평화의 중재자 역할을 진정으로 했다면 지금 이렇게 전쟁이 벌어졌겠나! 로마 인들이 무기를 들었다가 로도스 사람들이 시킨다고 그 무기를 내려놓겠나? 우리가 신들을 조약의 입회자로 끌어들일 것이 아니라 로도스 인을 끌어들여야 하겠나? 만약 우리가 그들이 시키는 대로 마케도니아에서 철군한다면 로도스 사람들은 평화를 위한 조치를 취할 것인가? 정말 그럴 것인가? 로도스 사람들이 어떤 행동을 하고 나설 것인지, 그들 자신이 알고 있다. 하지만 로마 인은 페르세우스를 패배시킨 후에－이런 일이 곧 벌어질 것임을 그들은 알고 있다－로도스 인들이 모든 국가에게 이 전쟁에서 올린 공로에 합당한 보상을 해주는지 살펴볼 것이다."

그렇지만 로도스 사절단의 사절 각각에게 2천 아스의 선물이 하사되었다. 그들은 수령을 거부했다.

* * *

19. [기원전 168년] 새로운 해의 시작인 3월 15일에 루키우스 아이밀리우스 파울루스와 가이우스 리키니우스가 집정관 직에 취임했다. 원로원 의원들은 앞날에 대한 기대감이 가득했다. 특히 마케도니아 전역을 담당하는 집정관이 전쟁 수행에 대하여 어떤 제안을 원로원에 제출할 것인지 궁금해했다. 그러나 파울루스는 현지에 나간 사절들이 아직 돌아오지 않았으므로 제출할 만한 제안이 없다고 답변했다.

그러나 집정관은 로마 사절단이 여행 중에 두 번이나 디라키움으로 밀려갔다가, 이제 브룬디시움에 도착했다고 보고했다. 그 사절단으로부터 핵심 정보를 보고 받은 후에 제안을 내놓을 것이며 앞으로 며칠 사이에 제출할 것이라고 답변했다. 또 자신의 임지 출발을 지체시키지 않기 위하여 라틴 축제의 날짜를 4월 12일로 고정하였다고 보고했다. 희생제의에 필요한 의식을 적절히 수행한 후에 집정관과 그나이우스 옥타비우스는, 원로원의 결정에 따라 임지로 출발 예정이라고 말했다. 동료 집정관 가이우스 리키니우스는 파울루스가 전쟁터에 나가 있는 동안에 전쟁터에 보내야 할 물자를 확보하여 발송하는 문제를 담당하게 되었다. 그러니 원로원은 외국의 사절단들을 접견해도 좋을 듯하다고 파울루스는 보고했다.

그리하여 알렉산드리아에서 프톨레마이오스 왕과 클레오파트라 여왕이 보낸 사절단을 맨 처음으로 접견하게 되었다.[1] 알렉산드리아 사절단은 옷에 먼지가 가득하고 머리는 산발하고 수염은 다듬지 못한 상태로 올리브 가지를 들고 원로원으로 들어와 의원들 앞에서 오체투지하며 절을 올렸다. 그들의 언변은 행색보다 훨씬 더 구슬펐다. 한때 로마에 인질로 잡혀 있었던 시리아의 왕 안티오코스는 나이든 형 프톨레마이오스를 왕위에 복위시킨다는 명예로운 구실을 내세워서, 당시 알렉산드리아를 장악한 동생 프톨레마이오스를 상대로 전쟁을 걸어왔다. 안티오코스는 펠루시움 해전에서 큰 승리를 거두었

---

1 프톨레마이오스 피스콘(나중에 프톨레마이오스 8세)은 프톨레마이오스 6세 필로메테오르의 동생이다. 클레오파트라 2세는 이 두 형제의 누나이다. 기원전 169년 안티오코스 4세는 이집트를 쳐들어가서 프톨레마이오스 6세를 멤피스에 구금했다. 그러자 알렉산드리아 시민들은 프톨레마이오스 피스콘과 클레오파트라를 공동 섭정으로 선언했다. 안티오코스는 프톨레마이오스 6세를 다시 왕좌에 옹립한다는 허울 좋은 명분을 내세우며 알렉산드리아를 포위 공격했다. 로마는 이집트의 호소에 대하여 직접적인 행동에 나서지는 않았다. 이집트의 3명의 왕은 서로 화해했다.

고 임시 부교를 세워서 휘하 군대를 이끌고 나일 강을 건너왔다. 그는 포위 공격으로 알렉산드리아를 공포의 도가니 속으로 몰아넣었고 아주 부유한 이집트 왕국을 거의 장악하기 일보 직전까지 와 있는 듯하다.

이집트 사절단은 안티오코스의 이런 행동에 항의하면서 원로원이 로마의 통치에 우호적인 왕국과 그 통치자들을 도와달라고 호소했다. 로마 인들이 안티오코스를 많이 지원해 주었고 또 온 세상의 많은 왕들과 국민들에게 영향력이 막강하므로, 만약 원로원이 안티오코스에게 사절단을 보내어 로마와 동맹관계인 왕들에게 전쟁을 거는 것은 원로원의 바라는 바가 아니라고 분명하게 밝힌다면, 안티오코스는 즉시 알렉산드리아 성벽에서 철군하여 시리아로 돌아갈 것이라고 말했다. 만약 원로원이 이런 조치를 취하지 않는다면 오래지 않아 프톨레마이오스와 클레오파트라는 왕국에서 쫓겨나서 로마에 도착할 것이다. 왕과 여왕이 운명의 위기를 맞는 상황에서 로마가 아무런 도움도 제공하지 않았으므로, 그것은 로마 인에게 상당한 수치가 될 것이다.

알렉산드리아 사절단의 이러한 호소에 감동하여 원로원 의원들은 즉시 가이우스 포필리우스 라이나스, 가이우스 데키미우스, 가이우스 호스틸리우스를 조사위원으로 현지에 파견하여 왕들 사이의 전쟁을 종식시키도록 조치했다. 조사위원단은 먼저 안티오코스를 만나보고 그 다음에 프톨레마이오스를 방문하게 되었다. 그들은 두 왕에게 경고를 내릴 예정이었다. 만약 전쟁이 종식되지 않는다면, 전쟁 지속을 고집한 측은 로마의 우호국도 동맹국도 아닌 나라로 간주될 것이었다.

20. 이 조사위원단은 원로원의 지시가 떨어진 지 사흘 만에 출발

했고 알렉산드리아 사절단과 함께 출발했다. 이어 퀸콰트루스[2]의 마지막 날에 마케도니아로 파견된 로마 사절단이 도착했다. 다들 그 사절단의 도착을 간절히 기다렸기 때문에 만약 그 시점이 저녁 때가 아니었더라면 두 집정관은 원로원 회의를 즉각 소집했을 것이다. 그 다음날 원로원 회의가 소집되어 의원들은 로마 사절단을 접견했다. 조사단의 보고는 이러했다.

"사절단은 길 없는 산길을 통하여 마케도니아로 들어갔으나 기울인 노력에 비하여 소득은 그리 많지 않았습니다. 로마 군이 전에 진주했던 피에리아는 이제 왕이 점령하고 있습니다. 양군의 진지는 서로 맞붙어 있는 것이나 다름없을 정도였고, 그 사이에 엘페오스 강을 두고 있을 뿐이었습니다. 왕은 싸움을 걸어오지 않았고 로마 군은 그에게 싸움을 밀어붙일 정도로 군사력이 강성하지 못했습니다. 그러다가 겨울이 닥쳐와 작전이 중단되었습니다. 병사들은 할 일이 없게 되었고 군량미는 엿새 치밖에 남지 않았습니다. 마케도니아 군대는 병력 수가 3만을 헤아린다고 합니다. 만약 아피우스 클라우디우스가 리크니도스 인근에 충분한 병력을 거느리고 있었더라면 두 개의 전선을 가동하여 왕을 흔들어놓을 수 있었을 겁니다.

그러나 아피우스 휘하의 부대는 급히 증원군을 보내주거나 혹은 철수시키지 않는다면 커다란 위험에 놓여 있습니다. 함대에 대해서 말씀드리면 우리는 진지를 떠난 뒤에 이런 말을 들었습니다. 일부 수병들이 질병으로 사망했고 일부 수병들(특히 시칠리아 출신의 병력)은 귀향하는 바람에 선원이 아주 모자란다는 것입니다. 아직도 함대에 머

---

2 3월 23일. 퀸콰트루스(Quinquatrus)라고 하는데 미네르바 여신을 기념하기 위해 거행되는 군사적 의례.

무르고 있는 수병들은 급료를 받지 못했고 군복도 부족합니다. 에우메네스와 그의 함대는 아무런 뚜렷한 이유 없이 왔다가는 사라졌습니다. 그의 배들은 바람 부는 대로 정처 없이 돌아다니는 것 같았습니다. 에우메네스 왕의 충성심이 한결 같은지 보여주는 것은 아무것도 없습니다."

로마 사절단은 추가로 이런 말도 했다. 형 에우메네스는 그 어떤 점에서도 신뢰할 만한 인물이 되지 못하나 그 동생 아탈로스의 충성심은 아주 믿을 만하다.

21. 사절단의 보고를 듣고난 후에 루키우스 아이밀리우스는 전쟁 수행의 문제를 거론하겠다고 말했다. 원로원은 두 집정관과 민회가 8개 군단에 대하여 8명의 천인대장을 임명할 것을 의결했다. 하지만 그 해에는 정무직을 역임한 바 없는 사람은 임명하지 않기로 결정되었다. 이어 루키우스 아이밀리우스는 이 8명의 천인대장들 중에서 마케도니아에 배정된 2개 군단에 보임할 2명을 선택했다. 라틴 축제가 끝난 후에 집정관 루키우스 아이밀리우스, 함대 사령관으로 임명받은 법무관 그나이우스 옥타비우스는 각자의 사령부를 향해 떠났다. 이 두 사람에게 외국인 법정을 담당했던 법무관 루키우스 아니키우스가 추가되었다. 원로원은 아니키우스를 리크니도스 인근의 일리리아 사령부를 담당했던 아피우스 클라우디우스의 후임으로 임명했다.

장병 모집 업무는 집정관 가이우스 리키니우스에게 돌아갔다. 그는 로마 시민 7천명과 기병 2백명, 그리고 라틴인 지위의 동맹국들로부터 보병 7천에 기병 4백을 징집하라는 지시를 받았다. 그는 또한 기병 600명을 징집하여 갈리아 담당 사령관 그나이우스 세르빌리우스에게 보내야 했다. 리키니우스는 이렇게 징집된 병력을 가능한 한 빠른 시일 내에 마케도니아로 간 동료 집정관에게 보내야 했다. 마케도니아 사령부의 군사력은 2개 군단으로 구성되고, 각 군단은 보병 6천에 기병 3백이 배속되었다. 나머지 보병과 기병들은 각 지역의 수비대로 배정될 예정이었다. 근무하기에 적당하지 않은 병사들은 제대 조치될 계획이었다. 집정관 리키니우스는 2개 군단을 지휘하되 동맹국들로부터 보병 1만에 기병 6백을 지원받기로 되었다.

22. 원로원이 그 결의안을 확정했을 때, 집정관 루키우스 아이밀리우스는 원로원에서 민회로 이동하여 군중에게 이런 연설을 했다.

"로마 시민 여러분, 나는 마케도니아 사령관으로 지명된 날에, 집정관으로 선출되던 날이나 그 자리에 취임했던 날에 받았던 것보다 더 따뜻한 축하의 인사를 받았습니다. 이렇게 환영해 주신 이유는 내가 오래 끌어온 마케도니아 전쟁을 끝내어 로마 인의 위대함을 널리 드러내라는 뜻으로 알고 있습니다.

나는 이런 운명의 결정에 대하여 신들도 호의적으로 대해 주기 바라고 또한 내가 현지에서 작전을 벌일 때 내 곁에서 도와주시기를 바랍니다. 나는 이것을 부분적으로 예견하고 또 부분적으로는 희망하고 있습니다. 나는 여기서 다른 사항 한 가지도 확실한 것으로 여러분에게 각인시키고 싶습니다. 그것은 무엇인가 하면, 여러분이 나에 대해서 품고 있는 희망이 결코 헛된 것이 되지 않도록 전심전력 최선을 다하겠다는 것입니다.

전쟁의 수행을 위해서 필요한 모든 조치는 원로원에서 의결되었습니다. 나는 곧 현지를 향해 출발하기로 되어 있으므로 나 자신 조금도 망설이지 않고 부임할 것입니다. 그리고 나의 동료이며 고매한 사람인 가이우스 리키니우스는 마치 그가 직접 전투를 수행하는 것처럼 온 힘을 기울여 전방에 필요한 물자와 병력을 주선해줄 것입니다. 그리고 여러분은 내가 원로원과 여러분에게 보낼 보고서만 믿어 주시기를 바랍니다.

그리고 여러분이 너무 남의 말을 잘 믿어서 아무런 권위도 없는 헛소문을 만들어내는 것을 특히 경계해 주시기 바랍니다. 왜냐하면 지금 사람들이 긴장하고 있는 이 순간—내가 그동안 살펴본 바에 의하면, 전쟁 중에는 이런 일들이 자주 벌어지는데—소문들은 막강한 힘을 발휘하기 때문입니다. 그 어떤 사람도 소문을 무시해 버릴 수 있을 정도로 강심장이 되지는 못합니다.

모든 클럽과 심지어—하늘이여 우리를 도우소서!—저녁 식탁 자리에서도 전쟁 얘기 하기를 좋아하는 전략가들이 있습니다. 그들은 마케도니아로 군대를 인솔해 가는가 하면, 어떤 부지에다 진지를 설치해야 하는지 훤히 알고 있고, 어떤 장소에 수비대를 배치해야 하는지도 다 꿰뚫고 있습니다. 그들은 마케도니아를 침공해야 할 적절한 순간도 알고 있고, 어떤 고개를 경유하여 쳐들어가야 하는지도 알고 있습니다.

그들은 곡식 창고를 세울 지점도 알고, 보급품을 수송하기 위해 육로가 좋은지 혹은 수로가 좋은지 훤히 꿰고 있습니다. 그들은 우리 로마 군이 어느 순간에 적과 교전해야 하는지 또 어느 순간에 움직이지 말고 가만히 있어야 하는지도 훤히 알고 있습니다. 그들의 이러한 결정과 반대되는 조치가 나오면 그들은 집정관이 마치 재판석에 앉아 있기나 하는 것처럼 그를 비난합니다!

이런 한가한 이야기들은 실제로 전투를 수행하는 사람들에게 커다란 장애입니다. 퀸투스 파비우스처럼 동요되지 않는 불굴의 정신을 가진 사령관은 많지 않습니다. 그는 칭찬을 얻기 위해 국가 이익을 무시하기보다는 군중의 어리석음을 따라 독립 지휘권을 제한받는 것도 순순히 받아들였습니다.[3] 동료 시민 여러분, 물론 나는 사령관이 남의 조언을 받을 필요 없다고 생각하는 사람은 아닙니다. 어떤 사령관이 전투 수행에서 자신의 의견만을 유일한 길잡이로 삼는다면, 그것은 내 판단에 지혜의 표시가 아니라 오만함의 표시일 뿐입니다.

그렇다면 이 문제의 결론은 무엇이겠습니까? 사령관들은 물론 남의 조언을 받아들여야 합니다. 하지만 먼저 지혜가 있는 사람들이 그런 조언을 해야 합니다. 가령 군사적 문제를 전공하고 경험이 풍부한 전문가들이 첫 번째 조언자가 되어야 합니다. 그리고 두 번째로, 현장에 나와 있는 사람들이 좋은 조언을 해줄 수가 있습니다. 현지의 지형을 살펴보고, 적의 동향을 잘 알고, 행동에 나설 좋은 순간을 판단하고, 똑같이 위험을 감당할, 한 배를 탄 것 같은 수병이 현명한 조언을 해줄 수 있는 것입니다.

따라서 내가 앞으로 수행하고자 하는 전투에서 국가의 최고 이익을 위하여 내게 조언해 줄 수 있다고 자신하는 사람은 누구든지 선뜻 나서서 국가를 위해 봉사해 주시기 바랍니다. 그 사람이 나와 함께 마케도니아에 가기를 바랍니다. 나는 그에게 통행로, 말, 천막을 제공하면서 도울 것입니다. 더 나아가 그의 여행비용도 제공하겠습니다. 만약 어떤 사람이 이렇게 하는 것이 너무 성가시고 그래서 전투의 고난보다는 도시의 편안함을 더 선호한다면 그가 육지에 있는 상태에서 감히 배를 몰아보겠다고 말하지는 말기 바랍니다. 도시 자체가 그에게 충분한 대화 거리를 제공할 것입니다. 그는 자신의 수다

3 기원전 217년 독재관 퀸투스 파비우스는 수하의 사마관이었던 미누키우스 루푸스를 공동 독재관으로 임명하는 것을 받아들였다. 리비우스 『로마사』 22권 25장 참조.

스러움을 그런 화제에 국한시키면 될 것입니다. 나는 그에게 다시 한 번 만약 그가 나의 진지까지 따라와서 조언을 해준다면 그것을 흡족한 마음으로 받아들일 것임을 말해주고 싶습니다."

이 연설이 끝난 후, 라틴 축제(알반 산에서 3월 31일에 거행)에서 희생제의를 집전하고, 집정관과 법무관 그나이우스 옥타비우스는 곧바로 로마에서 마케도니아로 출발했다. 집정관은 무운장구를 비는 대규모 군중에 의해 환송되었다는 기록이 전해진다. 군중들은 마케도니아 전쟁이 곧 끝날 것이며 집정관은 아주 빠른 시일 내에 귀국하여 영광스러운 개선식을 거행할 것이라고 거의 확신하는 마음으로 예언했다.

23. 이탈리아에서 이런 일이 벌어지고 있는 동안에, 페르세우스는 로마 군이 고개를 넘어 쳐들어오는 것을 보고서 이제 전쟁의 마지막 위기가 가까이 다가왔다는 것을 알았다. 왕은 금전적 비용이 들어가기 때문에 지금껏 미루어왔던 계획의 실천을 더 이상 미룰 수 없다고 결론 내렸다. 그 계획은 일리리아의 왕 겐티우스에게 자신의 대의를 납득시켜서 마케도니아 편으로 만드는 것이었다. 페르세우스는 대리인 히피아스를 통하여 서로 인질을 교환하는 조건으로 300 은 탈렌트를 겐티우스에게 지불하겠다고 합의한 바 있었다. 그리하여 왕은 최측근 펜타우코스를 겐티우스에게 보내어 그 합의를 마무리짓게 했다. 펜타우코스는 라베아티스 사람들의 영토인 메테온에서 일리리아의 왕을 만났다. 그곳에서 겐티우스는 왕의 맹세와 왕이 보낸 인질들을 접수했다. 겐티우스 편에서는 올림피오라는 사절을 보내 약속된 돈을 받아오게 했다. 그리고 펜타우코스의 제안에 따라서, 마케도니아 사람들과 함께 로도스 섬을 방문할 겐티우스 왕의 사절로는 파르메니오와 모르코스가 지명되었다. 두 사람은 맹세, 인질, 약속된

돈이 접수된 후에 로도스를 향해 출발하라는 지시를 받았다. 두 왕의 이름으로 호소를 하면 로도스 사람들이 로마에 맞서 싸우는 전쟁에 가담할지도 모르고 또 해양 강국으로 명성이 높은 로도스가 마케도니아 편에 붙는다면 로마 군은 육상이든 해상이든 승리하지 못할 것이라고 생각되었다.

일리리아 사람들이 도착하자 페르세우스는 모든 기병대를 이끌고서 엘페오스 강변에 있는 진지를 출발하여 그들을 디움에서 만났다. 거기서 기병대가 회담 현장을 죽 둘러싼 가운데 합의가 이행되었다. 왕은 기병대가 동맹의 체결 현장에 입회하기를 바랐다. 그것이 기병대의 사기를 한껏 올려줄 것이라고 기대했기 때문이다. 인질의 교환 또한 기병대가 지켜보는 가운데 이행되었다. 돈을 수령할 대리인들은 펠라의 왕실 국고로 파견되었다. 반면에 일리리아 사절단을 따라서 로도스로 갈 사람들은 테살로니카에서 승선하라는 지시를 받았다. 메트로도로스는 최근에 로도스에서 도착하여 테살로니카에 와 있었다. 그는 로도스 섬의 지도자들인 디논과 폴리아라토스의 권위를 내세우면서 로도스 사람들이 전쟁을 준비하고 있다고 주장했다. 이어 메트로도로스는 일리리아 사람들과 결성한 공동 사절단의 대표로 임명되었다.

24. 그 무렵 페르세우스는 동일한 내용의 메시지를 에우메네스와 안티오코스에게 보냈다. 그 내용은 이러했다. 자유로운 국가와 국왕 체제는 그 성질상 서로 적대적인 것이다. 로마 인들은 왕정을 하나씩 하나씩 공격했다. 게다가 불의하기 짝이 없게도 다른 왕들의 도움을 얻어서 왕을 공격했다. 페르세우스의 아버지는 아탈로스의 도움으로 전복되었다. 안티오코스는 에우메네스의 도움을 받아 공격했다. 또 어떤 의미에서 보면 페르세우스의 아버지 필리포스의 도움도 받았

다고 할 수 있다. 그리고 이제 에우메네스와 프루시아스가 페르세우스를 상대로 무기를 들었다. 만약 마케도니아 왕국이 제거된다면 그 다음 차례는 아시아가 될 것이다. 로마는 이미 아시아의 여러 국가들을 자유롭게 만든다는 구실 아래, 어느 정도 아시아를 그들의 수중에 집어넣었다. 아시아 다음은 시리아의 차례가 될 것이다. 이미 프루시아스는 에우메네스보다 더 높이 우대되고 있다. 안티오코스는 승리를 거두었다고 하지만 전리품으로 차지해야 마땅한 이집트로부터 손을 떼라는 지시를 받았다. 페르세우스는 두 왕에게 이런 사실을 곰곰 생각해 보라고 권유했다. 그러면 로마 인을 권유하여 마케도니아와 강화 조약을 맺도록 조치하거나, 아니면 불의한 전쟁을 고집하는 로마를 모든 왕들의 공동 적으로 여기게 될 것이다.

안티오코스에게 보낸 메시지는 공개적인 것이었다. 반면에 에우메네스에게 보낸 사절은 포로의 몸값을 치른다는 외양을 취했다. 그러나 실제로는 좀 더 은밀한 논의가 오갔다. 로마 인들은 이미 에우메네스를 의심하고 싫어했는데, 이 일로 인해 에우메네스는 좀 더 심각한 비난을 받게 되었다. 두 왕이 탐욕과 술수로 서로를 이겨먹으려고 바쁜 동안에, 로마는 그를 배신자 혹은 사실상의 적으로 여기게 되었다. 에우메네스의 측근 중에는 키다스라는 크레타 인이 있었다. 이 키다스는 먼저 암피폴리스에서 페르세우스의 신하인 크레타 인 키마루스와 대화를 나누었다. 그리고 나중에는 데메트리아스로 가서 그 도시의 성벽 아래에서 먼저 메네크라테스와 이어서 안티마코스와 얘기를 나누었다. 이 두 사람은 페르세우스의 고위 장교였다. 이 회담을 위해 페르세우스가 특별히 파견한 히에로폰은 전에 에우메네스를 찾아간 두 번의 마케도니아 사절단의 대표였다. 이 회담은 은밀하게 진행되었고 그리하여 나쁜 소문이 퍼졌다. 그러나 회담에서 무슨 얘기가 오갔고 두 왕이 어떤 합의에 도달했는지 아는 사람은 없었다. 사태의 진상은 이러했다.

25. 에우메네스는 페르세우스의 승리를 바라는 사람이 아니었다. 그는 군사적 지원으로 왕의 승리를 거들어주고 싶은 마음이 없었다. 선왕들로부터 물려받은 선대의 원한 탓도 있지만, 그보다는 에우메네스와 마케도니아 왕 사이의 개인적 악감정이 더 큰 이유였다. 두 왕의 경쟁의식은 너무나 치열해서 에우메네스는 페르세우스가 로마를 패퇴시키고서 얻게 될 권력과 영광을 도저히 보아줄 수가 없었다. 에우메네스는 예리하게 이런 점도 관찰했다. 전쟁 초기부터 페르세우스는 평화의 기미가 보이는 것은 뭐든지 다 하려고 했고 그래서 평화가 그의 유일한 목적이고 또 그의 온 생각이었다. 전쟁은 로마 인이 예상했던 것보다 더 길게 끌고 있으므로, 에우메네스가 보기에 로마의 사령관들과 원로원도 이처럼 성가시고 까다로운 전쟁을 끝내고 싶은 마음이 있을 것이다.

에우메네스는 양측에 이런 평화의 의지가 있음을 파악하고서, 평화 회복을 위해 적극 주선하겠다는 상품을 시장에 내놓았다. 에우메네스의 생각에, 그 평화는 강한 측의 피곤함과 약한 측의 두려움이 작용하여 저절로 이루어질 수도 있는 것이었다. 따라서 그는 평화 주선의 보상금을 협상하기 시작했다. 그 주선 방식은 때로는 지상이나 해상에서 로마의 전쟁 노력을 돕지 않는 것인가 하면, 때로는 로마 인들에게 평화를 확보해주는 방식이기도 했다. 그는 전쟁에 끼지 않은 대가로 1천 탈렌트를, 평화를 회복시키는 대가로 1,500 탈렌트를 불렀다. 그는 이런 주선을 적극 하겠다고 맹세의 말만 내놓는 것이 아니라 그것을 보장하기 위해 인질도 제공하겠다고 말했다.

두려움에 떨던 페르세우스는 이런 접근에 아주 적극적으로 반응했고, 인질의 접수 건은 지체없이 진행되었다. 또 그 인질들을 받으면 그들을 크레타로 보내기로 합의되었다. 그러나 대금 지불의 문제가 나오자 페르세우스는 망설였다. 페르세우스는 이처럼 명성 높은 왕들로서 대금 지불이 첫 번째 선택안이 된다는 것은 주는 쪽이나 받는 쪽이나 지저분하고 불명예스러운 일이라고 말했다. 로마와의 평화를 달성하는 문제에 있어서 비용을 아낄 생각은 없으므로, 일이 끝나는 대로 그 돈을 지불하고 싶다고 말했다. 그러면서 그 돈을 사모트라키아의 신전에 공탁하겠다는 말도 했다. 하지만 그 섬은 페르세우스의 영토 내에 있으므로 에우메네스는 그 돈이 거기에 있든 펠라에 있든 마찬가지라고 생각했다. 그래서 합의된 금액의 일부분이라도 착수금으로 받으려고 시도했다. 하지만 서로 상대방을 속여 넘기려는 이런 헛된 노력의 결과로, 두 왕은 나쁜 평판만 얻었을 뿐이었다.

26. 이것만이 페르세우스가 인색함 때문에 날려버린 유일한 기회가 아니었다. 약속된 대금을 지불했더라면 왕은 에우메네스의 적극적인 중재에 힘입어 평화를 달성할 수도 있었다. 설사 그의 왕국 일부를 떼 준다 하더라도 그것은 충분히 매수할 만한 가치가 있는 것이었다. 설사 페르세우스가 기만을 당했다고 하더라도 왕은 돈만 받은 그 기만자의 비위를 폭로하여 그런 사기 행위를 제일 싫어하는 로마의 적개심을 불러일으킬 수도 있었을 것이다. 그보다 전에도 겐티우스 왕과의 동맹이 체결될 가능성도 있었지만 무위로 돌아갔다.

그 뿐만 아니라 페르세우스는 그의 인색함 때문에 일리리쿰 전역에 흩어져 있는 갈리아 인들의 엄청난 도움을 받을 수 있는 기회를 날려 버렸다. 갈리아 기병 1만 명과 같은 숫자의 보병이 출발해 오고 있었다. 이 보병들은 기병 옆에서 달리면서 어떤 기병들이 전사하면 기수 없는 말에 올라타서 전투를 계속했다. 이 부대는 기병 한 사람 당 황금 열 잎, 보병 한 사람 당 다섯 잎, 지휘관에게 1천 잎을 선수금으로 지불하면 페르세우스 왕 밑에서 싸우겠다고 제안해 왔다. 이 부대가 다가오자 페르세우스는 엘페오스 강둑의 진지에서 휘하 부대 절반을 데리고 출발하여 그들을 영접하러 갔다. 왕은 연도의 마을과 도시들에 명령을 내려서 충분한 군량, 술, 소 떼를 마련하여 영접하라고 지시를 내렸다. 왕 자신은 족장들에게 선물로 줄 말, 장식, 겉옷과 소수의 지휘관들에게 줄 소액의 황금을 가지고 갔다. 왕은 갈리아 부대의 사병들은 나중에 충분한 돈을 주겠다는 말로 설득할 수 있으리라 생각했다.

그는 알마나 시에 도착하여 악시우스 강의 강둑에 진지를 설치했다. 갈리아 군대는 마이디카의 데수다바 근처에서 멈춰 서서 합의된 대금이 지불되기를 기다렸다. 페르세우스는 그들에게 왕궁의 귀족들 중 한 사람인 안티고노스를 보내어 갈리아 군대의 병사들은 파이오니아의 빌라조라로 이동하고, 족장들만 왕을 만나러 오라고 했다. 갈리아 인들은 악시오스 강에 있는 왕의 진지에서 120km 떨어진 지점에 있었다. 안티고노스는 왕의 지시를 갈리아 부대에 전했고 그들이 왕을 만나러 오게 될 연도에는 왕의 사전 지시로 풍성한 군수 물자가 마련되어 있다는 얘기도 덧붙였다. 또 족장들이 도착하면 왕이 하사할 풍성한 옷, 은, 말들에 대해서도 말했다. 갈리아 사람들은 연도에서 그런 물자들을 직접 확인할 수 있을 것이라고 대답했다. 그러면서 합의가 끝난 대금의 즉시 지불에 대하여 물었다. 보병과 기병들에게 나누어줄 황금을 직접 가지고 왔는가? 이 질문에 아무런 대답이 없자 족장 클론디코스는 이렇게 말했다. "그렇다면 좋습니다. 다시 돌아가서 왕에게 전해 주십시오. 갈리아 인들은 황금과 인질을 받기 전에는 단 한 발자국도 움직이지 않을 것입니다.”

이것이 왕에게 보고되자 그는 각의를 소집했다. 각료들이 무슨 조언을 할 것인지 분명해지자 왕국보다는 현금을 지키는데 급급했던 왕은 갈리아 인들의 배신과 잔인함에 대하여 장광설을 늘어놓기 시작했다. 그들의 그런 못된 행위는 많은 사람들이 피해를 입고 참사를 겪은 사건들로 증명이 되었다는 것이었다. 이런 자들을 마케도니아 영토 안으로 받아들인다는 것도 위험하다고 지적했다. 갈리아 인들이 적국인 로마 인들보다 더 위험하고 골치 아플 수도 있다고 말했다. 그러니 갈리아 기병 5천으로 충분하며 이것으로 전쟁에 싸우면 되고, 그 숫자에 대해서는 그리 염려할 필요가 없다고 말했다.

27. 왕은 대금 지불에만 신경 쓸 뿐 그 이외의 것은 전혀 걱정하지 않는다는 것이 분명해졌다. 왕이 다른 의견 없느냐고 묻자 아무도 대답을 하지 않았으므로 안티고노스가 다시 갈리아 부대로 가서 기병 5천만 용병으로 쓰고 나머지는 고용하지 않겠다고 전했다. 갈리아 인들은 이 말을 듣자 벌 떼처럼 들고 일어났다. 아무런 소득도 올리지 못한 채 고국을 떠나 이 먼 여행을 했다며 분노했다. 클론디코스는 다시, 왕이 그렇다면 그 5천에 대해서는 대금을 지불할 의사가 있느냐고 물었다. 그러나 이 질문에 대해서도 애매한 답변이 나오자, 갈리아 인들은 엉터리 메시지를 가지고 와 그들을 속이려 한 전령에 대하여 아무런 피해도 입히지 않은 채(전령은 이런 행운을 누릴 희망이 별로 없는 상황이었다) 도나우 강으로 돌아갔다. 하지만 그들은 귀국 길에 연도의 트라키아 지방을 마구 파괴했다.

만약 이 갈리아 부대가 페라이비아 고개를 통하여 테살리아 지방으로 들어왔더라면—왕이 엘페오스 강에서 로마 군과 대치하면서 아무 것도 안 하는 동안에—마구 약탈을 자행하면서 로마의 배후 지역을 초토화했을 것이다. 그랬더라면 로마 군은 그곳으로부터 군량을 조달할 생각을 하지 못했을 것이다. 또한 그 지역의 도시들도 파괴하여, 페르세우스가 엘페오스 강에서 로마 군과 대치하는 동안에 그 도시들로부터 로마 군을 지원하는 병력이 파견되지도 못했을 것이다. 군의 보급창인 테살리아가 함락된다면 로마 군은 현 진지에 그대로 머무를 수도 없고 앞에는 마케도니아 진지가 떡 가로막고 있으니 전진할 수도 없고 진퇴양난의 답답한 상황에 놓이게 되었을 것이다. 이런 좋은 증원군을 확보할 기회를 상실함으로써 페르세우스는 마케도니아 군대의 사기를 크게 저하시켰다. 그들은 외부에서 이런 도움이 지원되는 것을 크게 기다렸기 때문이다.

페르세우스는 이런 인색한 태도로 인해 겐티우스 왕마저도 떨어져 나가게 했다. 페르세우스는 겐티우스가 펠라에 보낸 대리인들에게 300탈렌트를 지불했을 때, 그 돈에 봉인을 부착하라고 지시했다. 이어 펜타우코스에게 10탈렌트를 보내어 이 돈을 겐티우스에게 착수금으로 지불하게 했다. 이어 왕은 일리리아 사람들의 봉인이 찍혀 있는 돈을 급행 파발마로 국경까지 수송하라고 지시했다. 파발마가 마케도니아 국경에 도달하면 거기에 멈춰 서서 왕의 추가 지시를 기다리라고 명령했다.

겐티우스가 이 소액의 착수금을 받았을 때, 펜타우코스는 그에게 도발적인 조치를 취하여 로마 군에 도전하라고 재촉했다. 그래서 왕은 그 무렵 그 지역에 도착해 있던 로마 사절 마르쿠스 페르펜나와 루키우스 페틸리우스를 투옥 조치했다. 이 소식을 듣자 페르세우스는 겐티우스가 이제는 어쩔 수 없이 로마 군에 맞서 싸워야 한다고 판단했다. 그래서 대금을 수송 중이던 대리인에게 되돌아서라는 지시를 내렸다. 왕의 유일한 목표는 로마 군에 패배한 후에 로마에 가능한 한 많은 전리품을 남겨주려는 것처럼 보였다.

히에로폰 또한 에우메네스로부터 돌아왔는데 비밀 협상의 결과는 알려지지 않았다. 마케도니아는 포로 석방에 대한 논의가 있다고 발표했고, 에우메네스도 의심을 피하기 위하여 집정관에게 같은 정보를 보고했다.

* * *

30. 이제 새 해(기원전 168년)의 봄이 되었다. 새로운 사령관들은 각자의 임지로 갔다. 집정관 아이밀리우스는 마케도니아로 갔고, 옥타비우스는 오레오스의 함대에 취임했고, 아니키우스는 일리리쿰으로 갔다. 아니키우스는 겐티우스를 상대로 전쟁을 벌이게 되었다.

겐티우스는 일리리아 사람들의 왕인 플레우라토스와 에우리디케 사이에 태어난 아들이다. 그에게는 두 형제가 있었는데 플라토르는 같은 부모에게서 난 친동생이고, 카라반티우스는 모친이 전부(前夫)에게서 얻은 아들이었다. 후자는 낮은 계급의 전부 소생이기 때문에 별로 의심을 받지 않았다. 그러나 왕은 자신의 왕위를 더욱 공고히 하기 위해 플라토르와 그의 친구 두 명을 죽였다. 그 두 명은 에트리토스와 에피카두로서 정력적인 성품의 소유자였다. 소문에 의하면 동생이 다르다니아 사람의 족장인 모누노스의 딸 에투타와 약혼한 것을 질투하여 플라토르를 죽였다고 한다. 만약 동생이 그 결혼을 성사시키면 그 부족의 세력을 등에 업고 더 강력한 지도자로 부상할 수도 있었기 때문이다. 겐티우스는 동생을 살해한 후에 그 자신이 에투타와 결혼함으로써 그런 소문의 신빙성을 더욱 높였다. 동생을 제거하여 왕위에 대한 위협이 사라지자 왕은 백성들을 포악하게 대하기 시작했다. 게다가 타고난 포악한 성격은 무절제한 음주에 의해 더욱 악화되었다.

겐티우스는 앞에서 말한 것처럼 로마에 대항하겠다고 마음먹자 리소스에 전 군대를 소집했다. 그 병력은 완전 무장한 병사 1만 5천이었다. 그는 리소스에서 동생에게 1천 보병과 50 기병을 주어 카비이 족을 무력 혹은 무력의 위협으로 굴복시키라고 지시했다. 겐티우스 자신은 리소스를 떠나 8km 행군한 끝에 바사니아 시로 갔다. 그 도시의 주민들은 로마의 동맹이었다. 그래서 그들은 일리리아 군대가 사전에 보낸 대리인들을 만났을 때, 항복하기보다는 포위전을 견뎌내기로 결정했다. 카라반티우스가 카비이 족 지역에 도착했을 때, 두르니움 시는 그에게 우호적인 환대를 했다. 그 다음 도시인 카라반디스는 성문을 걸어 잠그고 냉대했다. 그의 군대는 그 일대 농촌 지역을 광범위하게 파괴했다. 일부 대열에서 이탈한 카라반티우스의 낙오병들은 현지 농민들의 공격을 받아 살해되었다.

이 무렵 아피우스 클라우디우스는 불리니 족, 아폴로니아와 디라키움의 시민들을 보조 부대로 받아들여 그가 데리고 있던 로마 군 부대에 편입시켰다. 그는 겨울 숙영지에서 출발하여 게누소스 강 근처에서 진지를 설치했다. 그는 페르세우스와 겐티우스 사이의 동맹 조약을 알게 되었고 로마 사절을 겐티우스가 무례하게 대한 것에 분노했다. 그래서 클라우디우스는 즉각 겐티우스를 상대로 전투를 벌일 생각이었다.

한편 아폴로니아에서 법무관 아니키우스는 일리리쿰에서 벌어지는 일에 대하여 소식을 들었다. 그는 아피우스에게 선발대를 보내어 게누소스 강에서 그의 도착을 기다리라고 지시했다. 아니키우스는 사흘 안에 그곳에 도착했다. 아니키우스가 이미 거느리고 있는 보조 부대 이외에, 파르티니 족의 병력으로부터 보병 2천과 기병 2천을 지원 받았다. 보병 대장은 에피카도스였고 기병 대장은 아갈소스였다. 아니키우스는 바사니아 포위 공격을 해제할 목적으로 일리리쿰으로 이동할 계획이었다. 하지만 그의 과감한 조치는 해안 지역을 약탈하는 작은 범선들로 인해 방해를 받았다. 겐티우스는 판타우코스의 제안에 따라 이런 범선 80척을 보내 디라키움과 아폴로니아 일대를 약탈하라고 지시했던 것이다. [아니키우스는 이런 약탈 부대를 제압했고 이어 북쪽으로 겐티우스를 치러 갔다. 겐티우스는 바사니아 포위 공격을 포기하고 스코드라로 물러갔고 리소스 시는 항복했다.]

31. 그 지역의 다른 도시들도 이것을 보고서 항복해 왔다. 그들은 로마 법무관이 그들 도시에 베푼 정의와 관대함에 감복하여 항복하기로 결정했다. 그 다음에 아니키우스는 로마 군에 대한 저항의 중심지인 스코드라에 도착했다. 겐티우스는 그 도시를 전 왕국을 위한 요새로 삼았을 뿐만 아니라 라베아테스 족의 가장 잘 요새화된 곳이어서 접근이 까다로웠기 때문이다. 그 도시는 두 강에 의해 둘러싸여 있었다. 클라우살 강은 도시의 동쪽을 향해 흘렀고, 라베아티스 호수에서 발원하는 바르바나 강은 서쪽에 있었다. 이 두 강은 서로 합류한 후에 다시 오리운데스 강으로 흘러들었다. 이 강은 스코르도스 산에서 발원하는데 여러 지류를 받아들인 후에 아드리아 해로 빠졌다. 그 지역의 가장 높은 산인 스코르도스 산은 동쪽으로는 다르다니아를 바라보고, 남쪽으로는 마케도니아, 그리고 서쪽으로는 일리리쿰을 내려다보았다.

그 도시는 천연 지형으로 강화된 요새였고 왕을 포함하여 일리리아 전 주민들이 지키고 있었다. 그렇지만 로마 법무관은 첫 번째 군사 행동이 성공을 거두었기 때문에 이어지는 군사 작전에서도 행운이 뒤따를 것이라고 생각했다. 그는 기습 공격이 효과적일 것이라고 판단했다. 그래서 휘하 부대에 전투 대형을 지시하고 성벽 근처로 이동했다. 만약 그 도시의 사람들이 성문을 굳게 잠그고 병사들이 성벽과 성문 타워에서 경계를 철저히 했더라면 그들은 로마 군을 성벽에서 물리치고 공격 의도를 좌절시킬 수 있었을 것이다. 하지만 그들은 성문 밖으로 돌격을 감행했고 평지에서 로마 군과 교전했다. 그들은 전투의 실력보다는 싸우겠다는 생각만 강했을 뿐이었다. 그들은 곧 패퇴했다. 그들이 가축 떼처럼 도시를 향해 달아나는 동안에, 200명 이상이 성문 앞에서 살해되었다. 이 엄청난 패전은 도시의 주민들을 공황 상태에 빠뜨렸다. 그러자 겐티우스는 법무관에게 왕궁의 고위 인사인 테우키토스와 벨로스를 보내어 국가 장래에 대한 국무회의를 개최하겠다며 휴전을 요청했고, 왕은 사흘 간의 시간 말미를 얻자 보트를 타고 어디론가 떠났다. 로마 군의 진지는 도시에서 약 1km 정도 떨어진 곳, 바르나바 강이 라베아티스 호수에서 흘러나오는 지점에 있었다. 왕은 국가의 장래를 위해 깊이 생각하기 위해 한적한 곳을 찾아 떠나는 것 같았다. 그러나 실제로는 망상을 품고 있었던 것으로 드러났다. 그는 아우 카라반티우스가 파견 지역에서 수천 명의 병사를 모집하여 왕을 도우러 달려오고 있다고 생각했다. 하지만 그것이 망상임이 밝혀지자, 그는 사흘째 되는 날에 같은 배를 타고서 하류로 내려와 스코드라로 왔다.

겐티우스는 전령을 보내어 법무관과 직접 면담을 하고 싶으니 허락해 달라고 요청했다. 허락이 떨어지자 그는 로마 군 진지를 찾아왔다. 왕은 자신의 어리석음을 크게 질책하면서 용서해 달라고 탄원하면서 눈물을 쏟았다. 그는 법무관의 발 앞에 무릎을 꿇으면서 자신을 마음대로 처분하라고 말했다. 법무관은 곧바로 그에게 힘을 내라고 말했고 왕은 점심 식사를 대접받은 후 도시로 돌아갔다. 그날 왕은 법무관의 만찬에서 명예 손님으로 대접받았고 그 다음에는 천인대장 가이우스 카시우스의 감시 아래에 놓였다. 겐티우스는 동료 왕 페르세우스로부터 겨우 10탈렌트를 받는 바람에 이런 곤경에 떨어지고 말았다.

32. 스코드라를 접수하자 아니키우스가 내린 첫 번째 명령은 투옥된 로마 사절 페틸리우스와 페르펜나를 찾아내어 그의 앞에 데리고 오라는 것이었다. 두 사절의 지위가 다시 전처럼 회복되자 아니키우스는 즉각 페르펜나를 파견하여 겐티우스 왕의 친지와 친척들을 체포하라고 지시했다. 페르펜나는 라베아테 족의 도시인 메테온으로 출발하여 그곳에서 지시를 이행했다. 그는 곧 스코드라의 로마 군 진지에 왕의 아내 에틀레바와 두 아이 스케르딜라이도스와 플레우라토스, 왕의 동생 카라반티우스를 데려왔다. 아니키우스는 30일 내에 일리리아 전쟁을 끝내고 페르펜나를 로마로 보내 승리의 소식을 전하게 했다. 그리고 며칠 뒤 그는 겐티우스 왕, 그의 어머니, 아내, 아이들, 동생, 그리고 일리리아 귀족들을 로마로 보냈다. 이 전쟁의 독특한 특징은 전투 개시 보고보다 승전 보고가 더 먼저 로마에 도착했다는 것이었다.

일리리쿰에서 이런 사건들이 벌어지는 동안에, 페르세우스는 아이밀리우스의 도착 때문에 엄청난 공포를 느끼고 있었다. 새로운 집정관이 아주 위협적인 존재라는 얘기를 들었을 뿐만 아니라 현장에 법무관 옥타비우스도 동시에 등장했기 때문이다. 왕은 로마 함대의 위협과 함대 병력이 연안 지대에 가할 위험에 대해서도 두려워했다. 테살로니카에서, 마케도니아 인 에우메네스와 아테나고라스가 2천명의 궁수를 거느린 소규모 수비대를 지휘하고 있었다. 페르세우스는 그곳으로 안드로클레스를 파견하면서 조선소 바로 근처에 진지를 설치하라고 지시했다. 연안 지대를 경비하기 위해 안티고네아의 크레온 휘하의 1천 기병이 아이네아로 파견되었다. 이 부대는 로마의 함대가 해안 어느 지점에 접안했다는 소식을 들으면 즉시 그 일대의 농민을 보호하기로 되었다. 피토스와 페트라를 보호하기 위하여 5천 명의 마케도니아 보병이 파견되었다. 이 부대의 지휘관들은 히스티아이오스, 테오게네스, 미돈이었다.

파견부대가 모두 떠났을 때, 페르세우스는 엘페오스 강둑을 보강하기 시작했다. 이제 강바닥이 드러나 도강을 할 수 있기 때문이었다. 이 강둑 강화 작업에 전 병력을 투입하기 위하여 인근 도시들로부터 차출된 여자들이 진지에 식료품을 가지고 왔다. 병사들은 인근 숲에서 필요한 나무들을 가능한 한 많이 가져오라는 지시를 받았다. [아이밀리우스는 엘페오스 강 근처에 진지를 확보하기 위하여 필라에서 이동했다. 이제 말라빠진 강바닥 너머로 마케도니아 진지가 보였다. 하지만 로마 군은 식수가 크게 부족했다.]

33. 이윽고 집정관은 식수 담당 병사들을 인솔하여 바다 근처로 갔다. 바다는 400m 떨어진 곳에 있었다. 집정관은 병사들에게 해변 근처에다 일정한 간격으로 구멍을 여러 개 파도록 지시했다. 주위의 산들이 높은 데다 인근에 시냇물이 보이지 않았기 때문에 지하의 수로를 통하여 바다로 들어가는 물이 분명 있을 것으로 짐작되었다. 모래사장의 지표면을 관통해 들어가자마자 물줄기가 공중으로 분출했다. 처음에는 진흙 빛에다 수량도 적었으나 잠시 뒤에는 맑은 물이 풍부하게 콸콸 흘러나와서 신들의 선물인 것처럼 느껴졌다. 이 성공적인 작전은 병사들 사이에서 사령관의 명성과 위신을 크게 높여주었다.

그 후 병사들에게 전투에 대비하여 무기와 장비를 잘 챙기라는 지시가 내려갔다. 집정관은 천인대장들과 수석 백인대장들을 데리고 도하지점을 정찰하러 나갔다. 어느 지점이 완전 무장한 병사들이 내려가기 가장 좋고 또 반대편 강둑에 이르러서는 올라가기 가장 좋은지를 발견하기 위해서였다. 그런 지점들을 파악한 뒤, 전투 절차에 약간의 변경을 가했다. 먼저 부대가 이동 중일 때 사령관의 사소한 지시도 질서정연하게 아무런 혼란 없이 이행되어야 한다고 말했다. 명령을 전군을 상대로 한 번에 내리면 그들이 모두 알아듣는 것은 아니다. 그러면 불분명한 명령을 받아든 병사들은 알아서 명령 이상의 것을 수행하거나 반대로 의도된 것보다 훨씬 적은 것을 수행한다. 그 결과 행군 부대에 서로 갈등을 일으키는 고함이 터져 나오고 적은 행군하는 병사들 사이에 무슨 일이 벌어지고 있는지 알아채고 만다.

집정관은 이런 점을 지적하면서 다음과 같은 명령 절차를 취하라고 지시했다. 천인대장들은 명령을 군단의 수석 백인대장에게 은밀하게 전달한다. 백인대장은 다시 그 명령을 휘하 병사들에게 개인적으로 전달한다. 병사들은 이어 차하급자에게 명령을 전달한다. 그리하여 모든 병사들이 어떻게 행동해야 하는지를 알게 된다. 그들은 필요에 따라 명령을 전방에서 후방으로 혹은 그 반대로 전달하게 된다.

집정관은 또한 초병이 경계 중에 방패를 들고 있는 것을 금지하는 새로운 규정을 도입했다. 그는 이렇게 말했다. "초병은 전투를 하러 가지 않으므로 무기를 활용할 일이 없다. 그의 주된 임무는 경계이므로, 적의 접근을 발견하는 즉시 뒤로 물러서서 동료 병사들에게 무장을 하라고 경계를 발동하는 것이다. 초병들은 방패를 가슴 앞에 치켜들고 전투모를 머리에 쓰고 있다. 잠시 시간이 지나가면 초병은 피곤해져서 창에 기대고 머리를 방패 가장자리에 내려놓고 선 채로 존다.

그 결과 적은 번쩍거리는 갑옷을 입은 로마 병사를 파악할 수 있게 된다. 하지만 초병은 적이 가까이 다가오는 것을 알지 못한다."

그는 또한 외곽진지의 절차도 바꾸었다. 기존의 관례는 외곽에 나가 있는 병사들이 하루 종일 완전 무장을 하고 기병은 말에 재갈을 물린 채 대기하는 것이다. 햇볕이 뜨겁게 내리쬐는 여름날에 이 관례를 그대로 따르다 보면 보병과 기병들은 여러 시간 더위와 피곤에 노출되어 힘이 빠지게 된다. 이런 상태에서 종종 힘이 왕성한 적의 공격을 받는다. 그러면 소수의 적병도 피곤한 로마 군 병사를 물리칠 수가 있다. 집정관은 이런 점을 지적하면서 새벽에 외곽 진지 근무를 나간 병사들은 정오에 철수를 시키고 오후에는 새로운 초병으로 교대시켜 주라고 지시했다. 이렇게 하면 힘이 생생한 적군이 피곤한 로마 군을 공격하는 일은 없게 된다는 것이었다.

34. 병사들을 모두 진지 한가운데의 광장에 모아놓고 이런 절차 변경을 하달한 뒤에, 집정관은 로마에서 했던 것과 비슷한 연설을 장병들을 상대로 다시 한 번 했다.

"군대 내에는 단 한 명의 사령관이 있어야 한다. 그가 어떤 행동을 취할 것인지 미리 내다보고 궁리를 한다. 때로는 그 혼자서 결정을 내리기도 하고 때로는 부하 장교들을 불러서 작전 회의를 열어서 결정하기도 한다. 작전 회의에 소환되지 않은 사람은 제멋대로 공적이나 사적으로 의견을 제시해서는 안 된다. 군인은 다음 세 가지 사항을 잘 돌보아야 한다.

첫째, 자신의 신체이다. 가능한 한 강인하고 민첩한 상태를 유지해야 한다.

둘째, 무기인데 늘 쓰기 좋은 상태로 보수하고 유지해야 한다.

셋째, 식량인데 예기치 못한 지시에도 대비할 수 있어야 한다. 이 세 가지 이외의 것은 불멸의 신들과 부대의 사령관이 알아서 다 해준다고 생각해야 한다. 부대 내에서 병사들이 작전에 대한 의견을 제멋대로 말하고 사령관이 부하들의 입방아에 휘둘린다면, 그것은 제대로 된 건전한 부대라고 할 수 없다. 나는 사령관으로서의 의무를 다할 것이다. 너희들에게 성공적인 전투의 기회가 돌아가도록 보살필 것이다. 앞으로 무슨 일이 벌어질 것인가 하고 묻는 것은 너희들의 의무가 아니다. 너희의 의무는 신호가 주어지면 전투원으로 맡은 바 역할을 충실히 하는 것이다."

이런 지시와 함께 집정관은 열병식을 해산했다. 고참 병사들을 포함하여 전 병사들은 마치 전장에서 어떻게 행동해야 하는지 훈시를 처음 들은 신병이 된 것 같다는 느낌을 말하며 사령관에 대한 전적인 신임을 토로했다. 그들이 이런 반응을 보인 것은 말로만 그런 것이 아니었다. 행동에도 즉각적인 변화가 일어났다. 전 진지 내에서 게으른 병사를 찾아볼 수가 없었다. 어떤 병사들은 무기를 날카롭게 갈았고, 어떤 병사들은 전투모와 뺨 가리개를 반짝반짝 닦았으며, 어떤 병사들은 방패와 동체 갑옷을 청소했다. 다른 병사들은 완전 무장을 하고서 그 상태에서 신체를 날렵하게 움직일 수 있는지 스스로 확인했다. 또 어떤 병사들은 창을 휘둘러보았고, 다른 병사들은 칼을 휘두르면서 칼끝의 상태를 살폈다. 따라서 이런 병사들을 관찰한 사람이라면 이런 생각을 할 것이었다. '로마 군 병사들은 적과 전투할 기회가 주어진다면 영광스러운 승리로 그 전쟁을 끝내거나 아니면 온 세상 사람들이 결코 잊지 못할 죽음으로 마무리짓겠구나.'

페르세우스는 집정관이 현지에 도착했고 또 봄부터 로마 군 진지가 마치 오늘이라도 전투를 할 것처럼 바쁘게 돌아간다는 것을 알고 있었다. 로마 군의 진지가 필라에서 마케도니아 군대를 마주보는 강둑으로 이동해 왔고 로마 군 사령관이 마케도니아 방어 시설을 정찰하고 있다는 것도 알았다. 그는 도하 지점을 찾고 있는 게 틀림없었다 … [페르세우스는 진지를 강화하고 로마 군의 공격을 기다렸다. 양 군은 며칠 동안 현재 위치에서 그대로 머물렀다. 그러다가 아니키우스가 겐티우스를 상대로 승리를 거두었다는 소식이 전해졌다.]

35. 아니키우스의 승전 소식은 로마 군의 사기를 높였다. 하지만 페르세우스 왕과 마케도니아 인들에게는 적지 않은 충격이었다. 처음에 페르세우스는 일리리쿰에서 왕에게 오고 있는 판타우코스에게 전령을 보내 그 소식을 숨기려 했다. 그런데 일리리아 인질들과 함께 오고 있는 소년들을 그 친척들이 목격했다. 패전 소식을 억지로 숨기려 할수록 그 소식은 왕의 수행원들의 수다스러움을 통하여 더 빨리 새어나갔다.

이 무렵 로도스 사절단이 로마 군 진지에 도착했다. 그들은 전에 로마에서 원로원 의원들을 격분시켰던 것과 똑같은, 평화의 메시지를 들고 왔다. 하지만 로도스 사절단은 로마 군 작전회의장에서 전보다 훨씬 적대적인 대접을 받았다. 그리하여 어떤 장교들은 그 사절단 사람들에게 족쇄를 채워 투옥시켜야 한다고 건의했고, 다른 장교들은 대답을 해줄 것도 없이 진지 밖으로 쫓아내야 한다고 말했다. 집정관은 2주 내로 답변을 주겠다고 대답했다. 그리고 집정관은 로도스 사람들의 평화 제안을 얼마나 무시하고 있는지 보여주기 위해 전투 계획을 논의할 회의를 개최했다. 일부 장교들은 엘페오스 강의 마른 강바닥을 도하하여 적진지의 방어시설을 돌파하는 정면 공격을 하자고 제안했다. 설사 밀집 대형의 일렬종대로 쳐들어가도 적은 저항하지 못할 것이라고 말했다. 마케도니아 군대는 지난해에 현재의 방어시설보다 훨씬 높은 지대에 있고 튼튼한 요새에 강력한 수비대를 갖고 있었음에도 불구하고 간단히 격퇴되지 않았는가.

다른 장교들은 옥타비우스가 함대를 이끌고 테살로니카로 가서 제2의 전선을 형성하는 것이 좋겠다고 건의했다. 함대 병력이 연안 지대를 침략하여 왕의 배후를 어지럽히면 왕은 왕국의 내륙 지방을 보호하기 위하여 군대를 일부 철수할 것이고 그 결과 엘페오스 강의 일부 지점은 무방비 상태로 남겨둘 수밖에 없을 것이다.

집정관은 강둑 자체가 천연의 요새인데다 튼튼하게 방어되고 있다고 생각했다. 게다가 강둑 전역에 고르게 투석기가 배치되어 있고 또 적이 투석 무기를 아주 노련하게 잘 쏘아댄다는 정보가 알려져 있었다. 그리하여 전쟁의 전체적 국면을 생각하는 집정관은 전혀 다른 방향의 작전을 구상했다. 그는 작전 회의를 종료하고, 충성심과 판단력을 신임하는 페라이비아 상인인 코에노스와 메노필로스를 소환했다. 그는 두 상인에게 페라이비아로 들어가는 고갯길의 상태를 개인적으로 물어봤다. 두 상인은 그 길은 그리 까다롭지 않으나 고개는 왕의 파견 부대가 지키고 있다고 대답했다. 집정관은 그 수비대는 강력한 병력으로 야간 기습 공격을 하면 제압하여 물리칠 수 있다고 생각했다. 목표물을 멀리서 알아볼 수가 없는 야간에는 장창, 화살, 기타 투척 무기가 아무 소용이 없기 때문이었다. 그런 혼란스러운 근접전에서는 단검이 가장 유용했다. 로마의 병사들은 단검을 사용하여 기습전에서 성공을 거둘 수 있을 것이었다.

이 상인들을 길잡이로 사용할 생각을 하면서 집정관은 법무관 옥타비우스를 불러서 함대를 이끌고 헤라클레움으로 가서 1천 병사에게 열흘치 식량을 지급하고 대기하라는 지시를 내렸다. 또 집정관은 푸블리우스 스키피오 나시카와 자신의 아들 퀸투스 파비우스 막시무스에게 5천의 정예병을 주어 헤라클레움으로 보냈다. 그것은 마케도니아 내륙의 해안지대를 약탈하겠다는 의도를 보여주기 위한 작전이었다. 이 작전은 이미 작전회의에서 논의되었던 것이었다. 지휘관들에게는 함대의 사병들은 식량을 갖추고 대기하고 있으므로 작전이 지연되어서는 안 된다고 은밀한 지시가 내려갔다. 길잡이들은 로마 군이 사흗날의 제4경(새벽 3시)에 피툰을 공격할 수 있도록 여행을 여러 단계로 나누라는 지시를 받았다.

그 다음날 새벽에 집정관은 강바닥 한가운데에서 적의 전진 기지와 교전을 했다. 왕이 로마 군의 다른 작전을 눈치 채지 못하게 하기 위한 것이었다. 그 전투는 양군의 경무장 보병에 의해 수행되었다. 이 수로처럼 울퉁불퉁한 땅에서 중장보병을 동원한다는 것은 불가능한 일이었다. 양쪽 강둑의 내리막길은 약 500미터였고, 강바닥은 2km 정도의 탁 트인 공간인데 물길에 의해 여러 군데가 다른 깊이로 패여 있었다. 전투는 이 공간 한가운데에서 벌어졌고 양군 진지의 누벽에서는 병사들이 그 광경을 지켜보았다. 한쪽 둑의 누벽에는 왕이 있었고 다른 쪽 둑의 누벽에는 집정관과 그의 휘하 군단이 있었다. 왕의 보조 부대는 투척 무기를 쓸 수 있는 장거리 공간에서 더 잘 싸웠다. 근접전에서는 로마 병사들이 더 안정적으로 싸웠고 둥근 방패와 리구리아 방패로 더 잘 신체를 보호했다.

정오 무렵 집정관은 퇴각 나팔을 불어 병사들을 후퇴시켰다. 그리하여 양측은 많은 사상자를 낸 후에 그날의 전투를 끝냈다. 그 다음날 새벽에 벌어진 전투는 전날보다 더 치열했다. 최초의 전투에 의하여 병사들의 투쟁심이 한껏 고취되었기 때문이다. 그러나 피해는 로마 군이 더 막심했다. 접근전을 벌이는 상대방 병사들로부터 부상을 당했을 뿐만 아니라, 각종 투척 무기와 돌을 갖추고 성탑 위에 배치된 다수의 적군 병사들이 던진 투척 무기에도 많이 다쳤기 때문이다. 로마 군이 적의 강둑 가까운 곳까지 접근하자 투척기에서 날아온 무기들이 로마 군의 후위 부대에까지 떨어졌다. 두 번째 날에 막대한 피해를 입은 후에 집정관은 전날보다 더 늦게 병사들을 퇴각시켰다. 사흗날에 집정관은 전투를 벌이지 않고 진지의 제일 낮은 부분으로 내려갔다. 바다로 내뻗는 방어시설의 팔 부분을 통과하여 도하를 하려는 듯한 모양이었다. 페르세우스는 그의 눈앞에서 벌어지는 로마인들의 움직임을 면밀하게 주목했다. [그렇지만 스키피오 나시카는 기습전으로 피툰을 점령했고, 올림포스 산을 우회하여 페트라 고개를 통해 아래로 내려가서 디움 근처의 들판으로 들어갔다. 마케도니아 군대의 후방이 이런 식으로 뚫리자 페르세우스는 진지를 피드나로 이동시켰다.]

36. 당시 계절은 하지를 막 지나고 있었고 그날의 때는 정오에 가까웠다. 로마 군은 먼지 가득한 길을 행군했고 여름 햇볕은 점점 더 뜨거워지고 있었다. 이제 로마 군 병사들은 피곤함과 목마름을 동시에 느꼈다. 정오가 되면 뜨거운 햇볕이 더 뜨거워진다는 것을 알았기에 집정관은 그처럼 피곤한 병사들이 힘 있고 준비된 적군과 조우하는 것을 원하지 않았다. 그러나 병사들은 날씨가 어떻든 간에 적과 대결하여 끝장을 보고 싶어 했고, 집정관은 적을 기만하는 것 못지않게 로마 군 병사들의 의표를 찌르면서 앞질러 생각해야 하기 때문에 노련한 기술을 발휘해야 되었다.

그의 부대는 아직 모두 전투 대열을 형성한 것은 아니었다. 그는 천인대장들에게 병사들을 전투 대형으로 조직하는 일을 서두르라고 지시했다. 그러면서 그는 병사들을 친히 둘러보면서 격려의 말로써 병사들의 전투 정신을 고취시켰다. 처음에 그들은 빨리 전투 신호를 내려달라고 적극적으로 요구했다. 그러나 더위가 점점 더 심해지자 그들의 얼굴 표정은 덜 생생했고 함성 소리는 힘이 없었다. 어떤 병사들은 방패 위로 몸을 수그리면서 창으로 그들의 몸을 떠받쳤다. 이어 집정관은 수석 백인대장에게 진지의 전면을 구획하고서 군용 짐을 한 곳에 쌓아놓으라고 지시했다.

병사에게 이런 지시가 내려가자 일부 병사들은 감정을 숨기지 않고 기뻐했다. 집정관이 강행군으로 피곤해진 병사들에게 무더위 속의 전투를 강요하지 않아서 얼마나 다행이냐고 말했다. 사령관은 참모 장교와 아탈로스를 포함한 외국인 지휘관들에게 둘러싸였다. 그들은 집정관이 곧 전투 지시를 내릴 거라고 생각하여 부하들에게 전투 개시를 이미 승인한 사람들이었다(집정관은 아직도 그 자신이 전투를 망설이는 이유를 그들에게 밝히지 않았다). 그래서 이런 갑작스러운 작전 변경에 나시카를 제외한 모든 사람이 침묵을 지켰다.

그는 집정관에게 이런 좋은 기회를 놓치지 말라고 건의했다. 적이 교전을 회피함으로써 예전의 사령관들을 좌절시킨 일도 거론했다. 나시카는 적이 밤사이에 도망쳐 버리면 마케도니아의 내륙 지방에서 더 큰 노고와 위험 속에서 적을 추격하게 되는 것이 아닐까 두렵다고 말했다. 예전의 사령관들 사례에서 알 수 있듯이, 마케도니아 산맥의 소로와 고개 주위를 배회하면서 여름이 다 가지 않을까 우려된다는 말도 했다. 나시카는 집정관에게 공격을 서둘러야 한다고 건의했다. 적이 탁 트인 지방의 평지에 있는 동안에 싸워야 하고 승리의 호기를 놓쳐서는 안 된다는 말도 했다.

집정관은 뛰어난 젊은 참모 장교의 솔직한 경고를 받고서 전혀 기분 나빠하지 않았다. 그는 이렇게 대답했다.

"나시카, 나 또한 자네가 지금 갖고 있는 느낌을 가졌었지. 하지만 나중이 되면 자네는 내가 지금 느끼는 감정을 이해하게 될 걸세. 전쟁의 많은 변화와 우연을 겪어보았기에 나는 언제 싸워야 하고 언제 싸움을 멈추어야 하는지 알게 되었지. 자네가 이처럼 전투를 권유하는 상황에서는 오늘 왜 멈추는 것이 좋은지 그 이유를 설명해줄 때가 아니라고 보네. 다른 때에 그 설명을 내게 요구하게. 지금으로서는 전투에 오랜 경험을 갖고 있는 사령관의 권위를 믿어주기 바라네."

젊은 장교는 입을 다물었다. 나시카는 자신이 알지 못하는 전투의 장애물이 있는 게 틀림없다고 짐작했다.

37. 파울루스는 진지의 구획을 짓고 군용 장비를 한 곳에 쌓아올리는 것을 보고서 먼저 전투 대형의 맨 뒤에 있던 제3선을 퇴각시켰다. 이어 제1선을 퇴각시키면서 제2선은 현재의 위치와 대형을 그대로 유지하게 했다. 적이 공격해올 경우를 대비한 것이었다. 마지막으로 그는 제2선을 천천히 퇴각시켰는데, 우익을 필두로 하여 한 번에 일개 중대씩 뒤로 뺐다. 그러나 기병대와 경무장 보병대는 전투 대형을 유지하면서 적과 맞서도록 조치했다. 그리하여 보병들이 아무 소동 없이 뒤로 빠지는 동안에 기병대는 현재 위치에 그대로 머물렀고, 누벽과 참호가 모두 완성된 다음에야 비로소 퇴각시켰다. 페르세우스 왕은 그날 뒤로 퇴각하지 않고 전투 신호를 내릴 준비가 되어 있었으나, 적이 이렇게 꾸물거린다는 것을 휘하 장병에게 알린 다음에 왕 역시 마케도니아 군을 진지로 퇴각시켰다.

진지의 축성 작업을 끝낸 후에, 제2군단의 천인대장인 가이우스 술피키우스 갈루스—전 해에 법무관을 지내기도 했는데—는 집정관의 허락 아래 병사들을 열병식에 소집하고서 다음과 같은 지시를 내렸다: 다음날 밤 두 시에서 네 시 사이에 월식이 벌어질 것이다. 아무도 이 자연 현상을 불길한 징조로 해석해서는 안 된다. 이것은 자연의 질서에 따라 정해진 시간에 벌어지는 현상이다. 따라서 이것은 미리 알 수 있고 예측할 수 있다. 병사들은 밤하늘의 달이 때로는 보름달이고 때로는 찌그러져서 초승달이 되는 현상에 대하여 아무런 두려움도 느끼지 않는다. 왜냐하면 달과 해가 뜨고 지는 것은 주기적인 현상이기 때문이다. 그러니 달이 지구의 그림자 때문에 감추어지는 현상을 보고서 이적(異蹟)이라고 생각해서는 안 되는 것이다.

달이 9월 4일[4]이 되기 전 날 밤에 과연 정해진 시간에 월식 현상을 보였고 병사들은 모두 가이우스의 지혜가 거의 신에 가깝다고 찬탄했다. 마케도니아 사람들은 월식을 불길한 조짐으로 생각하면서 왕국과 왕정이 붕괴할 예고라고 생각했다. 아무리 점술사가 나서서 그렇지 않다고 해도 소용이 없었다. 달이 다시 나와 평소의 환한 빛을 던질 때까지 마케도니아 진지에서는 두려움의 고함과 비탄의 함성이 터져 나왔다.

그 다음날 양군의 병사들은 교전의 의지가 불타올랐다. 왕과 집정관은 일부 병사들에 의해 싸움 없이 퇴각한 것에 대하여 비난을 당했다. 왕은 자신이 내놓을 변명의 말을 미리 준비해 놓았다. 적의 사령관이 노골적으로 교전을 거부했을 뿐만 아니라 병사들을 진지로 불러들였다. 적 사령관은 요소요소에다 로마 군을 배치해 놓아 중장보병이 전진하지 못하게 했다. 땅이 조금만 고르지 못하면 중장보병은 효과적으로 위력을 발휘하지 못하는 까닭이다.

집정관에 대해서 말해 보자면, 그는 전날 전투 기회를 놓쳤을 뿐만 아니라 마치 그렇게 되기를 원하기라도 하듯이 적이 야간에 퇴각

---

4 그 당시의 로마력에 의하면 이 날짜는 맞지 않는다. 기원전 168년 6월 21일의 밤에 일식이 있었다. 이 전투는 아테네에서 발굴된 기명에 의하면 여름에 벌어진 것으로 되어 있다.

할 수 있도록 내버려두었다. 그는 이날에도 희생 제의를 거행해야 한다는 구실 아래 시간을 낭비하고 있는 것처럼 보였다. 새벽녘에 전투 신호를 내려서 교전에 돌입했어야 마땅한 데도 말이다. 희생 제의가 모두 완료된 제3시에 집정관은 작전 회의를 소집했다. 그렇게 함으로써 일부 병사들이 보기에 그는 잡담과 때늦은 회의로 시간을 헛되이 보내고 있었다. 이런 비난에 대하여 집정관은 다음과 같은 취지의 연설을 했다.

38. "저 젊은 장교 푸블리우스 나시카는 어제 싸울 것을 지지한 사람들 중에서 내게 그런 의견을 제시한 유일한 사람이었다. 그러나 그런 그도 나의 의견을 받아들인 듯하여 그 후 입을 다물었다. 다른 사람들은 사령관의 면전에서 흠을 잡기보다는 사령관의 등 뒤에서 비난하는 것을 더 좋아한 듯하다. 푸블리우스 나시카, 그리고 자네의 의견에 동감하는 다른 사람들에게 내가 어제 왜 전투를 지연시켰는지 그 이유를 설명해 주겠다. 나는 어제의 결정을 후회하기는커녕 그 결정이 우리 로마 군을 구제했다고 생각한다.

제군들 중에는 내가 아무런 이유도 없이 이런 결정을 내렸다고 생각하는 사람들도 있을 것이다. 그렇다면 그런 사람들은 모두 앞으로 나와라. 나와 함께 현재의 상황을 검토해 보자. 현재의 상황은 적에게 유리하고 우리에게는 불리하다. 먼저 그들은 병력 수가 우리보다 압도적으로 많다. 제군들은 어제 적의 전투 대형이 전개되는 것을 목격했을 것이므로 이런 사실을 잘 알고 있으리라 생각한다. 우리는 적은 병력 중 4분의 1 정도를 떼어내어 군용 짐을 지키도록 했다. 그리고 짐을 지키는 임무를 맡은 병사들이 그리 비겁한 병사가 아니라는 사실은 제군들도 잘 알고 있다. 우리가 그 4분의 1 병력을 다시 합쳐서 온전한 병력이 되었다고 해보자. 우리는 신들의 도움을 받아서 오늘 전투에 나서는 것이나, 우리가 지난밤을 보낸 이 진지에서 내일 전투에 나서는 것이 그리 중요한 문제가 아니라고 볼 수 있을까?

자, 여기 병사들에게 출격을 지시하는 방법이 두 가지가 있다. 하나는 피곤한 행군이나 건설 공사를 하지 않고 텐트에서 하루를 휴식하여 힘이 넘치는 병사들에게 출격을 명령하는 것이다. 다른 하나는 장거리 행군과 무거운 짐 때문에 땀을 뚝뚝 흘리고, 갈증으로 목이 마르고, 입과 눈에는 먼지가 가득한 병사들을 충분히 휴식을 취하지 못하게 하고서, 힘이 넘치는 적군—전에 교전을 하지 않아 전력 손실이 전혀 없는 적군—을 상대로 싸우라고 지시하는 것이다. 이 두 가지 경우가 서로 아무런 차이가 없다고 보는가? 아무리 용맹한 전사라도 너무 피곤하고 너무 무기력한 상태로 싸움에 나선다면 그 누가 그 전사를 물리치지 못하겠는가?

적은 아주 시간적 여유를 가지고 전투 대형을 배치했다. 그들은 마음의 준비가 되어 있었다. 그들은 전투 대기 자세로 대열을 형성했고 각 병사들은 전선의 각자 위치에 질서정연하게 투입되어 있었다. 우리가 만약 교전을 했더라면 황급히 대열을 형성하느라고 우리의 전투 대열은 무질서하게 우왕좌왕했을 것이다.

39. 그러나 제군들이 잘 알고 있듯이, 우리는 설사 그런 혼란과 무질서 속에 있다하더라도 어떻게든 전투 대열을 형성해야 되었을 것이다. 우리의 진지는 축성이 되고, 식수 공급이 원활하게 이루어지고, 진지로 진입하는 길은 보초를 세워 안전하게 지키고, 진지 주위의 모든 지역을 정찰할 수 있어야 한다. 우리의 병사들이 맨땅에서 싸움을 하도록 할 수는 없지 않은가? 제군들의 조상은 잘 축성된 진지를 병가(兵家)의 불운으로부터 막아주는 피난처라고 생각했다. 병사들은 이 피난처에서 밖으로 나가 싸우고 전투의 폭풍우에 떠밀리

면 여기에서 피신을 했다. 따라서 병사들이 진지 주위에 축성을 잘 해 놓고 그 주위에 강력한 초소를 설치하는 것이다. 왜냐하면 자신의 진지를 빼앗긴 병사들은 설사 전투에서 승리한다고 하더라도 패배한 병사로 간주되기 때문이다. 진지는 정복자의 보호처이고, 정복당한 자의 피난처이다. 전투에서 운이 좋지 못했던 군대가 진지의 누벽 뒤로 밀렸다가 빠른 시간 안에 대열을 정비하여 다시 돌격함으로써 방금 전에 승리를 거둔 적을 패퇴시켰던 사례가 그 얼마이던가? 이처럼 진지는 병사들의 제2의 고향이다. 그 누벽은 도시의 성벽이고 그 텐트는 병사의 집이며 벽난로이다. 우리가 거주지도 없는 유목민처럼 싸우다가 지든 이기든 돌아갈 데도 없는 그런 군대가 되어야 하겠는가?

전투에 수반되는 어려움과 장애에 대하여 이런 질문이 제기될 수 있다. '적이 지난 밤 야음을 틈타서 달아나면 어떻게 하는가? 적을 마케도니아 오지 깊숙이 다시 추격하려면 우리는 얼마나 많은 고통스러운 일들을 감내해야 하는가?' 나 자신은 다음과 같이 확신한다. 만약 왕이 여기로부터 퇴각하기로 결정했다면 그는 여기에 그대로 머물지도 않을 것이고 군대를 진군시켜 공격에 나서지도 않을 것이다. 우리 군이 멀리 떨어져 있을 때 그는 이곳을 떠나기가 훨씬 쉬웠을 것이다. 지금은 우리가 그의 턱밑까지 추격하여 그는 밤이든 낮이든 우리에게 들키지 않고 물러갈 수가 없다. 우리는 적의 진지가 높은 강둑으로 보호되고 누벽으로 울타리를 두르고 많은 성탑으로 보호되고 있다는 것을 알지만 그래도 공격을 시도했다. 왕이 이 축성된 진지를 떠나서 탁 트인 공간으로 물러갈 때 우리가 적을 공격하는 것보다 더 좋은 일이 있다고 생각하는가? 오합지졸로 퇴각하는 적의 후방을 공격하는 것보다 더 좋은 작전이 있다고 보는가?

이상이 내가 어제 오늘로 전투를 지연시킨 주요 이유들이었다. 나 또한 전투에 나서는 것을 더 좋아한다. 그런데 적으로 가는 접근로가 엘페오스 강에 의해 막혀 있으므로 나는 또 다른 고개를 지키는 적의 수비대를 제압함으로써 새로운 길을 열었다. 그리고 이제 나는 이 전쟁을 성공적으로 끝내기 전에는 싸움에서 물러서지 않을 것이다."

40. 집정관의 연설이 끝나자 잠시 장병들 사이에는 침묵이 흘렀다. 어떤 병사들은 집정관의 관점을 이해하고 거기에 승복했다. 다른 병사들은 아무튼 이미 흘러가서 되돌릴 수 없는 기회에 대하여 집정관에게 시비를 걸어 기분 나쁘게 하는 것은 부질없다고 생각했다. 그리고 그 연설이 있던 날에도 왕과 집정관은 전투를 선택하지 않았다. 왕은 로마 군이 전날처럼 행군에 의한 피로를 느끼지도 않았고 또 우왕좌왕하면서 무질서하게 전투 대열을 형성하려고 애쓰는 상태도 아니었기 때문에 전투에 나서지 않았다. 집정관은 새 진지에서 나무와 사료가 부족하여 병사들의 상당수가 인근 농촌 지역으로 이런 군용 물자를 구하러 나갔기 때문에 전투를 감행하지 않았다. 그러나 두 사령관의 의지와는 무관하게 인간의 계획보다 더 강력한 힘을 가진 운명의 여신이 전투를 재촉했다.

마케도니아 군 진지 근처에는 별로 크지 않은 시냇물이 흐르고 있었다. 마케도니아 군과 로마 군은 양쪽 둑에 초병들을 세워두었기 때문에 안전하게 이 시냇물에서 물을 떠올 수가 있었다. 로마 측 둑에는 2개 소대가 있었는데 한 소대는 마루키니 인으로 구성된 것이고 다른 소대는 파일리니 인들의 부대였다. 그리고 삼니움 인들로 구성된 기병 2개 소대가 있었는데 참모 장교 마르쿠스 세르기우스 실루스가 지휘했다. 또 다른 외곽 경계 부대는 진지 바로 밖에 설치되었는데 참모 장교 가이우스 클루비우스가 지휘관이었다. 이 부대는 피르뭄, 베스티니, 크레모나 출신 병사들로 구성된 2개 대대와 플라켄티아와 아세르니아 출신의 기병 2개 대대로 구성되었다.

어느 쪽도 공세를 취할 생각이 없었기 때문에 강 일대는 평온했다. 그런데 9시쯤에 짐 나르는 동물이 동물 관리병사의 손에서 벗어나 적의 강둑 쪽으로 달려갔다. 세 명의 로마 군 병사들은 그 동물을 찾아오기 위해 무릎 깊이의 강물을 건너갔다. 이때 두 명의 트라키아인이 강물 중간쯤을 건너던 그 동물을 낚아채어 반대편 강둑으로 올라갔다. 로마 병사들은 그 둘을 쫓아가서 한 명은 죽이고 동물을 되찾아서 초소로 돌아왔다. 반대편 적의 강둑에는 트라키아 인 800명으로 구성된 경계 부대가 있었다. 동료 병사가 목전에서 살해되는 광경에 분노한 몇몇 트라키아 병사들이 그를 죽인 로마 병사들을 찾아서 강을 건너왔다. 이어 더 많은 병사들이 합류했고 마침내 트라키아 전 부대와 로마 경계 부대 전원이 전투에 돌입했다… [페르세우스는 이제 중장보병 전 부대에 전투 명령을 하달했고, 아이밀리우스 파울루스는 휘하 로마 군의 전열을 정비하여 적의 공격에 맞섰다.][5]

41. 집정관은 제1군단을 먼저 전투에 투입했다. 군단 휘하의 병사들은 집정관 자리의 권위, 집정관의 개인적 명성, 그리고 그의 나이에 깊은 인상을 받았다. 그는 나이가 예순을 넘었으나 전성기 장정의 임무를 스스로 수행했고 자기 몫의 노동과 위험 이상의 것을 해냈다. 제1군단은 투창병(마케도니아의 '펠타스트')과 2개 중장보병 부대 사이의 빈 공간을 채운 다음 적진을 파괴했다. 2개 중장보병 사단 뒤에 펠타

---

5 여기서 필사본 두 장이 결락되었다. 이 빠진 부분은 플루타르코스의 『영웅전』 중 아이밀리우스 파울루스의 생애에 의해 미루어 짐작할 수 있다. 델포이에 있는 아이밀리우스 파울루스 기념비의 기단에 새겨진 양각은 전투의 장면을 보여준다.

스트가 배치되어 있었다. 집정관은 '청동 방패'라고 불리는 중장보병 사단을 대적했고, 전 집정관 루키우스 알비누스는 제2군단을 이끌고 '백색 방패' 중장보병 사단에 맞서서 싸우라는 지시를 받았다. 이 두 사단은 적 대열의 중앙에 해당되었다. 전투가 강 근처에서 시작된 로마 군의 오른쪽 날개에, 집정관은 코끼리 소대와 이방인 부대를 배치했다. 바로 이 오른쪽 날개에서 마케도니아 군의 도주가 시작되었다. 사람들이 새롭게 고안한 무기는 말로 설명할 때에는 그럴 듯하게 들리나, 작동 원리가 아니라 구체적 행동이 필요한 전투에서는 아무런 효과도 없이 고장 나버리는 경우가 종종 있다. 이 경우 적의 '대(對) 코끼리 중대'는 그저 이름만 있을 뿐 아무런 실용성이 없었다. 로마 군의 코끼리들이 앞서 달리자 그 뒤를 라틴 시민 동맹군들이 쫓아갔다. 이 동맹군 부대는 적의 왼쪽 날개를 뒤로 밀어냈다. 중앙에서는 제2군단의 공격이 중장보병 사단의 대열에 구멍을 뚫었다.

로마 군이 승리를 거두게 된 가장 분명한 원인은 다수의 소규모 전투를 유도하는데 성공한 것이었다. 이런 소전투들이 중장보병 밀집 대형(Phalanx)을 무질서 속으로 빠뜨렸고 이어 완전 해체시켰다. 중장보병 부대는 밀집 대형을 유지하고 장창을 밖으로 내밀 때 엄청난 파괴력을 발휘했다. 그러나 여러 군데에서 동시다발적으로 공격해 오면 그 대열은 장창의 길이와 무게 때문에 날렵하게 상황에 맞춰가며 전선을 재정비할 수가 없었다. 그리하여 중장보병 부대는 하나의 거대하고 무질서한 덩어리로 해체되고 말았다. 전열의 측면과 후면에서 계속 소음이 발생하여 그들을 혼란 속으로 빠트렸고 이어 전체 대열이 완전 궤멸하고 말았다. 이것이 이 전투의 핵심사항이었다. 마케도니아 중장보병은 소규모 부대를 짜서 동시다발적으로 공격해 오는 로마 군을 상대해야 되었다. 로마 군은 적 대열의 여러 지점에 구멍을 냈다. 그런 다음 그 빈틈을 뚫고 들어와 적 후방에서 공격을 가해 왔다. 만약 로마 군이 이 밀집대형의 중장보병 사단을 상대로 정면공격을 감행했더라면 로마 병사들은 적의 장창에 온몸이 찔렸을 것이고 그 밀집대형을 이겨내지 못했을 것이다. 개전 초기에 파일리니 족의 부대는 부주의하게도 장창병과 정면 대결을 벌이는 바람에 많은 피해를 입었다.

42. 마케도니아 보병은 무기를 버리고 달아난 자들을 제외하고는 총체적인 학살을 당했다. 반면에 마케도니아 기병은 아무런 피해도 입지 않고 전장에서 도주했다. 왕 자신이 그런 도주의 지도자였다. 그는 '신성 기병대'(Sacred Squadrons)를 이끌고 피드나(Pydna)를 떠나 펠라(Pella)로 곧장 갔다. 코티스와 오드리시아 기병대도 황급히 그 뒤를 따랐다. 다른 마케도니아 부대들도 대열이 산산조각 난 채 황급히 철수했다. 승리한 로마 병사들은 최전선에 섰던 보병들을 학살하느라고 정신이 없어서 적 기병대를 추격한다는 생각은 아예 하지 못했다. 장시간에 걸쳐서 중장보병은 앞, 뒤, 측면에서 몰살되었다.

로마 병사의 손길에서 벗어난 보병들은 무기도 없이 바다로 도망쳤다. 그들은 물속으로 뛰어들어 머리를 밖으로 내놓고 배에 타고 있는 사람들에게 목숨을 구해달라고 애걸했다. 함선 주위의 자그마한 보트들이 그들 쪽으로 오는 것을 보고서 마케도니아 보병들은 죽이지 않고 배에 태워서 포로로 잡으려나 보다, 하고 생각했다. 그래서 그들은 좀 더 바다 깊숙이 들어갔고 일부는 헤엄을 치기까지 했다. 그러나 보트에 탄 로마 병사들이 물에 빠진 보병들을 사정없이 죽이는 것을 보고서 다시 헤엄을 쳐서 해안으로 달아났다. 하지만 보병들은 거기서 더욱 비참한 죽음을 맞았다. 기수들이 해안으로 몰고 간 코끼리들이 기다리고 있다가 물 밖으로 나오는 보병들을 마구 짓밟아서 죽였던 것이다.

로마 인이 단 한 번의 전투로 그토록 많은 마케도니아 인을 죽인 사례가 없었다. 약 2만명이 학살되었고 피드나 전투에서 도망친 6천명이 산 채로 붙잡혔고 뿔뿔이 도망친 병사 5천명도 붙잡혔다. 승리한 로마 군의 전사자는 1백명을 넘지 않았고 그것도 대부분 파일리니 족 병사들이었다. 부상자는 그보다 조금 더 많았다. 만약 전투가 좀 더 일찍 시작되어, 승자가 패자를 추격할 수 있는 충분한 햇볕이 남아 있었더라면 마케도니아 군은 전멸했을 것이다. 곧 밤이 되어 도망자들을 엄폐해 주었기 때문에 로마 병사들은 낯선 땅에서 적을 추격하는 일을 멈추게 되었다.

43. 페르세우스는 대규모 기병대와 왕실 수행원을 데리고 군용 도로를 이용하여 피에리아 숲으로 달아났다. 여러 갈래의 길이 나 있는 숲에 도착하자 곧 밤이 되었다. 그래서 왕은 소수의 최측근들만 데리고 도로에서 벗어났다. 이렇게 하여 지도자가 없게 된 기병대는 여러 갈래의 길을 통하여 여러 도시들로 흩어졌다. 소수의 기병 대원은 페르세우스보다 더 빨리 펠라에 도착했다. 그들은 앞이 잘 내다보이는 직선 도로를 타고 왔기 때문이다. 왕은 한밤중이 될 때까지 어려움을 겪었다. 그는 길을 잃었고 그리하여 노상에서 여러 가지 어려움을 만났다. 왕궁으로 돌아온 페르세우스는 펠라 지휘관들인 에웃토스와 에우라이오스, 그리고 왕실 시종들의 시중을 받았다.

한편 전장에서 벗어나 다양한 행운을 거치며 펠라로 돌아온 친지들은 아무도 왕을 보러 오지 않았다. 여러 번 불렀는데도 대답이 없었다. 도주 중에 왕을 수행한 사람은 셋이었는데 크레타의 에반드로스, 보이오티아의 네오, 아이톨리아의 아르키다모스였다. 이 세 명과 함께 왕은 제4경에 다시 도망길에 올랐다. 왕의 소환에 응하지 않은 자들이 곧 흉악한 짓을 저지를지 모른다고 두려워했기 때문이다. 왕은 약 500명의 크레타 호위대를 데리고 갔다. 그는 암피폴리스로 갈 생각이었다. 하지만 날이 새기 전에 악시오스 강을 건너야 하기 때문에 밤중에 펠라를 떠났다. 왕은 강을 건너기가 어렵기 때문에 로마 병사들이 더 이상 추격하기가 어려울 것이라고 생각했다.

44. 집정관은 대승을 거둔 후 진지에 돌아와서도 엄청난 군사적 성공에 순수한 기쁨을 느낄 수가 없었다. 그의 어린 아들이 점점 걱정이 되었기 때문이다. 그 아들은 푸블리우스 스키피오인데 카르타고(기원전 146년)를 멸망시킨 후에 아프리카누스라는 별명을 추가로 얻게 된다. 그는 원래 파울루스의 아들이었으나 아프리카누스의 손자로 입양되어 갔다.[6] 그 당시 17세였고 이것이 아버지의 불안감을 더욱 고조시켰다. 그 아들은 적을 추격할 때 군중에게 휩쓸려 다른 방향으로 갔다. 그 아들이 밤늦게 안전하고 무사하게 돌아오자 그 제서야 비로소 집정관은 대승의 기쁨을 누릴 수가 있었다.

전투 소식이 이제 암피폴리스에까지 전해졌다. 기혼 부인들은 황급히 타우로폴로스라는 디아나 신전에 모여서 여신의 도움을 호소하는 기도를 올렸다. 그 도시의 사령관인 디오도로스는 2천명의 트

---

6 할아버지 스키피오와 구분하기 위하여 이 스키피오를 가리켜 소 스키피오(기원전 185-129년)라고 부른다. 기원전 146년에 벌어진 제3차 포에니 전쟁에서 소 스키피오는 카르타고를 완전 파괴했다. 그리스에서 로마로 끌려온 역사가 폴리비오스는 아이밀리우스 파울루스의 두 아들을 가르치는 가정교사가 되었는데 이 아들 중 하나가 후일 스키피오가에 입양되어 스키피오 아프리카누스의 손자(小 스키피오)가 되었다. 그 후 폴리비오스는 147-146년에 소 스키피오의 3차 포에니 전쟁에 따라 나서서 카르타고가 완전 파괴되는 것을 직접 목격했다. 소 스키피오가 꿈에서 대 스키피오를 만나는 장면을 가리켜 "스키피오의 꿈"이라고 하여 키케로의 『국가』라는 책에 수록되어 있는데 이 꿈에 대해서는 리비우스 로마사 번역본 제2권 작품 해설 중 "죽음을 두려워하지 않는 용기"를 참조할 것.

라키아 인으로 구성된 수비대가 혼란을 틈타서 도시를 약탈하지 않을까 우려했다. 그는 포룸의 한가운데에서 급보의 소지자라고 주장하는 사람을 소환하여 그로부터 문서를 받았다. 그 메시지의 내용은 이러했다: 로마 함대가 에마티아에 들어와서 그 일대의 농촌 지역을 괴롭히고 있다. 에마티아를 담당하고 있는 관리들은 디오도로스가 부대를 파견하여 약탈자들을 진압해 주기 바란다고 간청했다.

이 메시지를 읽은 다음, 사령관은 트라키아 인 수비대에게 빨리 출발하여 에마티아 해안을 보호하라고 지시했다. 로마 병사들이 농촌 일대에 흩어져 있으므로 그들을 학살하고 많은 전리품을 얻을 수 있을 것이라는 말도 해주었다. 동시에 그는 피드나 전투의 패전 소식은 일부러 과소평가했다. 그러면서 만약 그 이야기가 사실이라면 패전 후에 도망자들이 하나 둘 도착할 것이라고 말했다. 이런 구실을 붙여서 트라키아 수비대를 출발하게 한 후, 그들이 스트리몬 강을 건너가는 것을 보는 즉시 그는 성문을 닫아걸었다.

45. 패전 이틀 후에 페르세우스는 암피폴리스에 도착했다. 거기서 왕은 대표에게 전령의 지팡이를 주어 파울루스에게 파견했다. 한편 왕의 최측근인 히피아스, 미돈, 판타우코스는 패전 후 피신했던 베로에아에서 자발적으로 출발했다. 그들은 집정관의 진지를 찾아가서 로마 인들에게 항복했다. 다른 사람들도 공포에 사로잡혀 항복할 준비를 하고 있었다. 집정관은 그의 아들 퀸투스 파비우스, 루키우스 렌툴루스, 퀸투스 메텔루스에게 승전 보고서를 주어 로마로 파견했다. 그는 보병들에게는 죽은 적에게서 전리품을 취하는 것을 허락했고 기병대에게는 인근 지역의 약탈을 허용했다. 단, 이틀 이상 진지를 떠나서는 안 된다는 조건이었다. 이어 그는 진지를 피드나 근처의 바다 쪽으로 이동시켰다.

먼저 베로에아가 항복했고 이어 테살로니카와 펠라가 그 뒤를 따랐고 이틀 사이에 거의 마케도니아 전역이 항복해 왔다. 가장 가까운 곳에 있는 피드나 사람들은 아직 사절을 보내오지 않았다. 그 도시에는 많은 다른 종족들이 뒤섞여 있었고 패전 후에 전장에서 황급히 달아나 그 도시로 모여드는 바람에 시민들 사이에서 그 어떤 결정이나 합의가 이루어지지 못했다. 그들은 그냥 성문을 닫아 건 것이 아니라 아예 성벽을 더욱 강화했다. 미돈과 판타우코스가 그 성벽으로 파견되어 그 도시의 수비대장 시돈과 대화를 했다. 시돈을 통하여 그 도시에 몰려든 패잔병들의 축출이 이루어졌다. 그 도시가 항복하자 로마 병사들에게 약탈의 권리가 주어졌다.

페르세우스는 마지막 희망인 비살타이 족으로부터 도움을 받기 위해 사절을 보냈으나 아무런 성과도 없었다. 그는 아들 필리포스를 데리고 그 도시의 군중 앞으로 나왔다. 그는 암피폴리스 시민들의 지원과, 그를 따라 도망쳐온, 혹은 달아나다 보니 같은 도시에 오게 된 기병대와 보병대의 지원을 호소했다. 그는 여러 번 말문을 열려 했으나 눈물이 앞을 가려 말이 나오지 않았다. 왕은 입을 열 수가 없었으므로 자신이 시민들에게 하려 했던 말을 크레타의 에반드로스에게 대신 하라고 시키고 거룩한 연단에서 내려왔다. 왕이 가련하게 우는 모습을 보자 군중도 신음소리를 내면서 같이 울었다. 그러나 그들은 에반드로스가 하려는 말을 듣지 않으려 했다. 그들 중 일부는 군중 한가운데에서 크게 소리쳤다. "너는 꺼져 버려! 이제 우리는 소수만 살아남았어. 우리는 네 놈 때문에 죽고 싶지 않아!" 그들이 너무나 거칠게 항의했기 때문에 에반드로스는 입을 다물 수밖에 없었다.

이 일이 있는 후 왕은 집으로 갔다. 그는 자신의 돈, 황금, 은을 스트리몬 강에 계류된 작은 배에다 옮겨 싣고서 강으로 내려갔다. 트라키아 사람들과 나머지 패잔병들은 그 배에다 자신들의 운명을 맡길 생각이 없어서 다들 집으로 사라져 갔다. 크레타 사람들은 돈을 받을 희망으로 페르세우스를 따라왔다. 그러나 공평하게 나눠주면 고마움보다 적개심이 더 커질 것이므로, 50탈렌트를 강둑에 놓아두고 크레타 사람들이 제멋대로 움켜잡게 했다. 그들은 그런 식으로 돈을 챙긴 후 무질서하게 배에 올랐다. 그들은 그런 식으로 승선하면서 과적으로 배 한 척을 강물 속에 가라앉혔다. 그날 도망자들은 갈렙소스에 도착했다. 그리고 다음날 목적지인 사모트라키아에 도착했다. 2,000탈렌트의 돈이 그곳까지 수송되었다고 한다.

46. 파울루스는 평화 초기에 피정복민들이 피해를 입지 않도록 휘하 장교들을 보내어 항복해온 도시들에 보내 지휘하게 했다. 그는 왕의 사절들은 데리고 있었다. 왕이 도주한 사실을 알지 못했기에 그는 푸블리우스 나시카에게 소규모 보병과 기병을 주어 암피폴리스로 보내 신티카 일대를 초토화하고 혹시 있을지 모르는 왕의 움직임을 사전에 봉쇄하도록 했다. 한편 밀리보이아는 그나이우스 옥타비우스가 점령하여 병사들에게 약탈이 허락되었다. 참모 장교 그나이우스 아니키우스는 아이기니움을 공격하기 위해 파견되었다. 그 도시는 돌격에 나선 시민병 2백명을 잃었다. 시민들이 전쟁이 끝났음을 몰랐기 때문에 그런 일이 벌어졌다.

집정관은 이어 전 병력을 이끌고 피드나를 출발하여 두 번째 날에 펠라에 도착했다. 그는 그 도시에서 약 2km 떨어진 곳에 진지를 설치하여 그곳에서 여러 날 머물렀다. 그러면서 그 일대를 정찰하여 그곳이 아무런 이유 없이 왕도로 선정된 게 아님을 알아보았다. 펠라는 남서쪽을 바라보는 언덕 위에 있었다. 습지로 둘러싸였으며 그 주위에는 강들이 흘렀고 물살이 깊어서 여름이나 겨울이나 건너가기가 쉽지 않았다. 요새 파코스는 그 도시에서 아주 가까운 곳에서 습지의 섬처럼 우뚝 솟아올라 있었다. 요새는 방파제 위에 건설되었는데, 방파제는 요새의 성벽 무게를 견디고 주위를 둘러싼 습지의 습기를 물리치기 위한 시설이었다.

멀리서 보면 그 요새는 도시의 성벽과 연결되어 있는 것처럼 보인다. 하지만 실제로는 성벽 사이를 흐르는 강물에 의해 분리되어 있다. 그렇지만 다리에 의하여 도시에 연결되어 있다. 따라서 공격하는 자는 외부의 그 어떤 지점에서도 성벽에 접근할 수가 없다. 또 왕이 누군가를 그 요새에다 가두어 놓으면 결코 도망칠 수가 없었다. 도망치는 길은 다리 하나뿐인데 그것은 경계병들이 철저히 지키고 있는 것이다. 왕실 금고는 그 요새에 있었다. 그 무렵 금고에는 겐티우스 왕에게 보냈다가 보류한 300탈렌트 이외에는 아무것도 없었다.

집정관은 펠라에 진지가 있는 동안에 다수의 사절단을 접견했다. 이들은 축하 인사를 하러 온 사람들이었는데 특히 테살리아에서 많이 왔다. 그 후에 페르세우스가 사모트라키아로 건너갔다는 소식을 듣고서 집정관은 펠라를 떠나 행군 나흘 만에 암피폴리스에 도착했다. 그 도시의 모든 주민이 그를 영접하러 나왔다는 것은 좋은 소식이었다. 파울루스는 그 시민들로부터 선량하고 정의로운 왕을 빼앗은 것은 아니었다.

제 45 권

로도스에 대한 심판, 마케도니아의 분할, 파울루스의 개선식 소동

1. 승리의 전령인 퀸투스 파비우스, 루키우스 렌툴루스, 퀸투스 메텔루스는 가능한 한 이동 속도를 높여서 신속하게 로마에 도착했다. 그들은 로마 시민들이 승전 소식을 기다리고 있는 것을 발견했다. 왕과의 결전이 벌어진 사흗날에 로마 원형경기장에서는 경기가 진행되고 있었다. 그때 관중들 사이에서, 마케도니아에서 왕을 상대로 결전이 벌어졌고 왕이 완패했다는 소문이 크게 퍼져 나갔다. 그 웅얼거리며 전달되던 소리는 커다란 함성으로 증폭되었고 마침내 공식 승전 소식이 도착하기라도 한 것처럼 커다란 고함과 박수 소리가 터져 나왔다. 행정관들은 즐거워하면서도 그런 갑작스러운 즐거움을 안겨준 사람이 누구인지 알아내려 했다. 그런 사람을 발견할 수가 없자 승전을 기정사실화하던 즐거움은 증발해 버렸다. 그렇지만 로마 시민들의 마음속에서는 상서로운 조짐으로 받아들여졌다. 그리고 파비우스, 렌툴루스, 메텔루스의 도착에 의해 그 소문이 사실로 확인되자, 시민들은 그 대승을 열렬하게 반겼고 또 자신들의 예언적 능력이 증명되었다며 크게 기뻐했다.

또한 원형경기장의 관중들 사이에서 그에 못지않은 두 번째 환희가 터져 나왔다는 기록도 전해진다. 9월 16일 로마 게임이 개최된 이튿날에 마케도니아에서 왔다는 한 전령이, 막 전투 경주의 개시 신호를 내리려던 집정관 가이우스 리키니우스에게 월계수 잎사귀로 장식된 급보를 전했다. 경주가 시작된 후에, 집정관은 자신의 전차에 올랐고 원형경기장을 한 바퀴 돌아 공식 석상으로 가면서 관중들에게 월계수 잎사귀로 장식된 석판을 관중들에게 들어 보였다. 그 석판을 보자 관중들은 경기를 까맣게 잊어버리고 경기장 한가운데로 달려 내려 왔다. 집정관은 즉석에서 원로원 회의를 소집했다. 전해진 급보가 낭독된 후에, 원로원 의원들은 집정관에게 공식 석상 앞에서 시민들에게 다음과 같은 사실을 알리도록 지시했다.

"동료 집정관인 루키우스 아이밀리우스는 페르세우스 왕을 상대로 전면전을 치렀다. 마케도니아 군대는 대패하고 패주했으며 왕은 소수의 측근들을 데리고 도주했다. 마케도니아의 모든 도시들은 이제 로마 시민들의 지배를 받게 되었다."

시민들은 엄청난 함성과 박수 소리로 그 소식을 받아들였다. 관중들은 대부분 경기장을 떠나서 집으로 갔는데 그 기쁜 소식을 처자식에게 전하기 위해서였다. 이것은 마케도니아 대전이 벌어지고 열이틀날의 일이었다.

2. 그 다음날 의원들은 원로원에서 다시 회의를 개최했다. 먼저 공식 감사 행사가 의결되었다. 집정관 리키니우스에게 정규 육군과 해군 이외에 특별 맹세 아래 징집했던 병사들을 모두 제대시키라는 지시가 내려갔다. 정규 육군과 해군을 제대시키는 문제는 집정관 루키우스 아이밀리우스가 보낸 공식 전령들—이들이 원형경기장에 먼저 문서 전령을 보냈었다—이 로마에 도착하면 다시 거론될 예정이었다.

9월 25일, 공식 전령들이 2시에 로마 시에 들어와서 포룸으로 곧장 갔다. 그들 뒤에는 엄청난 군중이 따라가고 있었다. 그들은 연도에서 전령들을 만나서 목적지까지 따라왔던 것이다. 의원들은 마침 원로원 건물 안에 있었고 집정관들이 전령들을 건물 안으로 데리고 왔다. 전령들은 오랜 시간 원로원에 머무르면서 왕의 보병과 기병 규모가 엄청났고, 적군 수천 명이 살해되고 또다시 수천 명이 포로로 잡혔으며 그런 대승에 비해 로마 군의 사상자 수는 놀랄 정도로 적었다는 사실을 일일이 보고했다. 전령들은 왕이 황급히 달아난 사실과, 아마도 사모트라키아로 갈 것 같다는 예측을 말했다. 그러나 함대가 이미 왕의 뒤를 쫓고 있으므로 육로든 해로든 왕이 멀리 달아나는 것은 불가능하다고 보고했다.

그 후 민회 앞에 나아가자 전령들은 똑같은 얘기를 되풀이했다. 집정관이 모든 성스러운 신전들을 개방하라고 선언하자 또다시 시민들은 환호했다. 이 모임이 끝나자 시민들은 자발적으로 신들에게 감사 기도를 올렸다. 도시 전역에서 불멸의 신들을 기리는 신전들에 엄청나게 많은 사람들이 몰려들었다. 남자들뿐만 아니라 여자들도 많이 나왔다.

이어 원로원 건물에서 의원들이 소집되었다. 의원들은 집정관 루키우스 아이밀리우스의 위대한 업적에 대한 감사 예식을 모든 신전에서 5일에 걸쳐 거행하고, 희생 제물은 덩치가 큰 동물을 바치라고 지시했다. 필요한 경우에 마케도니아에 즉시 보내기 위해 테베레 강에 계류 중이던 배들은 모두 인거하여 부두에 보관되었다. 선원들은 1년치 급여를 받으면서 제대했고 집정관에게 출정을 맹세했던 다른 병사들도 똑같은 조치를 받았다. 브룬디시움과 코르키라, 아드리아해 연안, 라리눔 영토 등에 대기 중이던 모든 병사들도 제대 조치되었다. 이 병사들은 필요한 상황이 발생할 경우에 즉각 마케도니아로 보내기 위해 집정관 가이우스 리키니우스가 분산 배치한 병력이었다. 민회에서도 10월 11일부터 시작하여 그 후 나흘 동안 감사 기도를 올리기로 결의되었다.

3. 일리리쿰에서 두 전령 가이우스 리키니우스 네르바와 푸블리우스 데키우스가 승전 소식을 가져왔다. 일리리아 군대는 도륙되었고, 겐티우스 왕은 붙잡혔으며, 일리리쿰이 로마 시민의 지배 아래에 들어왔다는 것이었다. 이 업적에 대하여 법무관 루키우스 아니키우스의 지시와 주관에 의해, 원로원은 사흘 간의 감사 기도를 올리기로 의결했다. 집정관은 이 행사의 날짜로 11월 10일, 11일, 12일을 지정했다.

몇몇 권위 있는 역사가들은 다음과 같은 사실을 전하고 있다. 승전 소식이 전해진 후에, 아직 본국으로 돌아가지 않은 로도스 사절단이 원로원으로 소환되었다. 그들의 오만한 어리석음을 조롱하려는 뜻도 있었다. 하지만 그들의 대표 아게폴리스는 이런 취지의 발언을 했다. "우리는 로마와 페르세우스 사이에 평화를 주선하기 위하여 로도스 사람들에 의해 사절로 파견되었습니다. 이 전쟁이 그리스 전역에 고난과 참사의 원인이었고, 로마 인들에게는 비용과 국력의 낭비였던 까닭입니다. 그러나 로마 인들의 행운이 로도스 인들에게 좋은 쪽으로의 상황 변경과 특혜를 가져다주었습니다. 이제 전쟁이 다른 방식으로 종식되었으므로 로마 인의 위대한 승리에 대하여 축하를 드리는 바입니다."

이러한 내용의 로도스 사절단 발언이 끝나자 원로원은 다음과 같이 대답했다: 로도스 인들이 사절단을 파견한 것은 그리스의 안녕이나 로마의 국력 소비를 걱정했기 때문이 아니라 오로지 페르세우스를 위해서였다. 만약 그들의 관심이 그들의 주장한 바대로라면, 페르세우스가 테살리아로 군대를 투입하여 그 후 2년 동안 일부 그리스 도시들을 포위 공격하고 다른 도시들을 공격하겠다고 위협했을 때 사절단을 보냈어야 마땅했다. 그러던 로도스는 로마 인들이 험준한 고개를 넘어가서 마케도니아를 침공하자 그제서야 사절단을 보냈는데, 그 이유는 페르세우스가 급박한 위험에 직면하는 것을 막아주려는 목적 하나뿐이었다.

이 대답과 함께 로도스 사절단은 물러가도 좋다는 지시를 받았다.

4. 앞에서 말한 바와 같이, 집정관 아이밀리우스 파울루스가 오도만티아 영토에 있는 시라이 근처에서 진지를 설치하고 있을 때, 세 명의 신분 낮은 사절이 페르세우스 왕의 편지를 가지고 도착했다. 파울루스는 때 묻은 옷을 입은 사절이 눈물을 줄줄 흘리는 것을 보고서 집정관 자신도 인간의 운명에 대하여 연민을 느끼고 눈물을 터트렸다고 한다. 얼마 전까지만 해도 페르세우스 왕은 마케도니아 영토만으로는 만족하지 못하고 왕은 다르다니아 인과 일리리아 인을 공격했고, 바스타르나이 인을 어서 와서 도우라고 명령했었다. 그러나 이제 왕은 휘하 군대를 모두 잃고 왕국에서 쫓겨나 자그마한 섬으로 피신하고 있었다. 그 자신의 무력으로 보호되고 있는 것이 아니라 그 섬이 성지라는 이유로 간신히 목숨을 부지하고 있는 것이었다.

그러나 집정관이 "페르세우스 왕이 집정관 파울루스에게 인사를 보냅니다"라는 편지 서두를 읽었을 때 왕이 자신의 현재 상황을 제대로 파악하지 못할 정도로 어리석은 사람이라는 것을 알고서 연민의 감정이 싹 달아나 버렸다. 편지의 본문은 왕다운 오만함이 전혀 없는 절절한 호소의 문장이었지만, 사절단은 아무런 답변 없이 돌려보내졌다.

페르세우스는 그제서야 패배한 자는 왕이라는 직함을 써서는 안 된다는 것을 깨달았다. 그래서 왕의 직함을 뺀 채 이름만 쓴 두 번째 편지를 보냈다. 이 편지에서 그는 몇몇 로마 인 사절단을 보내주셔서 그의 상황과 그의 변경된 운명에 대한 조건을 논의해 주기 바란다고 요청했고, 집정관은 사절의 파견에 동의했다. 파견된 세 명의 사절은 푸블리우스 렌툴루스, 아울루스 포스투미우스 알비누스, 아울루스 안토니우스였다. 그러나 이 사절단은 아무런 결과도 얻지 못했다. 페르세우스는 자신의 모든 권한을 유지하는 왕의 자리를 고집했고, 파울루스는 왕이 로마 인들의 신의와 관대함에 그의 신병과 모든 재산을 맡겨야 한다고 주장했기 때문이다.

5. 이러한 협상이 진행되는 중에 그나이우스 옥타비우스의 함대가 사모트라키아에 접안했다. 이렇게 하여 왕을 직접적으로 압박할 수 있게 되자, 옥타비우스는 때로는 협박으로 때로는 감언이설로 항복을 요구했다. 그가 이처럼 협박과 설득을 병용하면서 왕을 압박하는 동안에 그를 도와주는 사건이 우연인지 혹은 의도적인 것인지 알 수 없으나 벌어지게 되었다.

지위 높은 청년인 루키우스 아틸리우스는 사모트라키아 사람들이 민회를 개최한다는 것을 알고서 당국자들에게 민회에 나가 연설을 할 수 있게 해달라고 요청했다. 허락이 떨어지자 그는 사모트라키아 사람들을 상대로 이렇게 말했다.

"존경하는 사모트라키아 사람들이여, 이 섬이 신성한 곳이고 그 모든 땅이 성스럽게 유지되어야 한다고 알고 있는데 이런 믿음이 옳은 것입니까, 아니면 그른 것입니까?" 사람들이 그런 믿음이 옳다고 대답하자 그가 계속 말했다. "그렇다면 어떤 살인자가 에우메네스 왕의 피로써 이 땅을 오염시키고 부패시키는 것은 어떻게 된 일입니까?

성스러운 예식을 거행하는 사전 절차는 부정 탄 손을 가진 자들로 하여금 성스러운 물건을 만지지 못하게 하는 것입니다. 이런 절차에도 불구하고, 당신들이 살인자에다 피에 물든 손을 가진 자가 이 성소를 더럽히고 있는 것을 방치하는 건 어떻게 된 일입니까?"

에반드로스가 델포이에서 에우메네스 왕을 거의 살해할 뻔했다는 얘기는 그리스의 모든 국가들에게 알려져 있었다. 아틸리우스의 항의 결과, 사모트라키아 사람들은 그들을 향한 항의가 근거 있다는 결론을 내렸다. 이것은 그 섬과 성소가 로마 인들의 지배 아래에 있다는 사실과 별개로 내려진 판단이었다. 따라서 그들은 최고 행정관인 테온다스—그들은 '왕'이라고 부르는 자—를 페르세우스에게 보내, 크레타의 에반드로스가 살인자라는 혐의로 고발되었다는 사실을 통고했다. 섬의 전통에 의하여, 성스러운 곳의 거룩한 경계 안에 들어온 부정 탄 손을 가진 자는 사모트라키아 법정에서 재판을 받아야 한다는 말도 했다. 만약 에반드로스가 자신이 그런 고발에 대하여 무고함을 밝힐 수 있다면 법정에 출두하여 재판을 받아야 한다는 것도 통고했다. 만약 법정에 출두할 생각이 없다면 그는 신전에 가해진 신성모독의 혐의를 벗겨주어야 할 것이고 그 자신의 안전을 위한 조치를 취해야 할 것이라는 점도 아울러 통지되었다.

페르세우스는 에반드로스를 따로 불러서, 재판에 나가라는 조언은 하지 않겠다고 그에게 말했다. 에반드로스는 재판을 유리하게 이끌 만한 증거도 없고 또 그 고발에 떳떳하게 맞설 배짱도 없을 거라고 말했다. 왕이 그런 조언을 한 속뜻은 만약 에반드로스가 유죄 판결을 받으면 왕이 그런 고약한 범죄를 배후에서 사주한 자임을 드러낼지 모르니까 재판에 나가지 말라는 것이었다. 그러니 용감하게 자결하는 것 이외에 무슨 대안이 있겠는가 하고 페르세우스는 물었다. 에반드로스는 그 제안을 노골적으로 거부하지는 않았다. 그는 칼보다 독으로 죽는 것을 더 선호한다고 건성으로 대답해 놓고서는 은밀하게 도망칠 계획을 세웠다.

이런 사실이 왕에게 보고되자 왕은 사모트라키아 사람들의 분노가 왕 자신에게 향할 것을 두려워했다. 범죄자가 처벌을 받지 않기 위해 도주하는 것을 배후에서 도왔다는 비난이 터져 나올 게 분명했다. 그래서 왕은 부하들에게 에반드로스를 죽이라고 명령했다. 황급히 에반드로스가 처치되자 왕은 갑자기 깨닫게 되었다. 이제 에반드로스에게 부착된 낙인이 그 자신에게 찍히게 되었음을 오싹하게 깨닫게 된 것이었다. 에반드로스는 델포이에서 에우메네스에게 부상을 입혔다. 페르세우스는 사모트라키아에서 에반드로스를 죽였다. 이것은 세상에서 가장 거룩한 성소 두 곳을 인간의 피로 더럽혔다는 뜻이었다. 그리고 이 두 범죄에 대하여 오롯이 그 자신 혼자서 책임을 져야 했다. 페르세우스는 테온다스에게 뇌물을 주어 이런 비난을 물리치면서 에반드로스가 자살을 했다고 사모트라키아 사람들에게 널리 알리도록 했다.

6. 에반드로스는 여러 운명의 변화를 함께 해 왔고 왕을 배신하지 않았다는 이유로 배신을 당한 것이었다. 이런 식으로 왕에게 남은 유일한 친구에게 그런 끔찍한 범죄를 저지름으로써 페르세우스는 수행원들의 마음을 완전히 잃어버렸다. 그들은 자발적으로 로마 편으로 넘어가 버렸다. 그리하여 이제 거의 혼자가 된 왕은 도피 계획을 세울 수밖에 없었다. 마침내 그는 크레타의 오로안데스에게 호소했다. 오로안데스는 트라키아 해안 지대에서 무역을 많이 해 보았으므로 그 일대를 훤히 잘 알았다. 페르세우스를 작은 배에 태워 그를 코티스까지만 수송해달라는 부탁을 받은 것이었다. 사모트라키아의 곶

들 중에는 데메트리움이라는 항구가 있었다. 작은 배는 거기에 계류되어 있었다.

해질 무렵에 필요한 물자가 항구로 수송되었고 또한 은밀히 가져갈 수 있는 돈도 그 배에 가능한 한 많이 적재되었다. 한밤중에 왕은 세 명의 수행원과 함께 집의 뒷문을 통해 침실 옆의 정원으로 들어갔다. 거기서 어렵사리 담을 넘어서 해변으로 갔다. 오로안데스는 돈이 다 실릴 때까지만 기다렸다가 항구에 어둠이 내리자 곧바로 닻을 거두어들이고 크레타를 향하여 바다로 나섰다. 항구에서 배를 발견하지 못한 페르세우스는 해변에서 서성거리며 기다렸다. 그러나 새벽이 곧 다가오는 것을 두려워하여 신전 측면의 구석진 곳에 몸을 숨겼다. 하지만 그가 묵던 집으로는 감히 돌아가지 못했다.

마케도니아 인들 중에는 왕을 측근에서 모시는 어린 시동들이 있었다. 이들은 고위층 인사의 아들로서 왕을 지근거리에서 시중드는 임무를 맡았다. 이 아이들은 왕이 도망치는 중에 계속 그 곁을 지켰고 이처럼 아주 위험한 순간에 이르러서도 왕의 곁을 떠날 생각을 하지 않았다. 그 무렵 그나이우스 옥타비우스의 명령으로 이런 방이 나붙었다: "만약 사모트라키아에 있는 왕의 시동들과 다른 마케도니아 인들이 로마 편으로 건너온다면, 그들의 신변 안전, 자유, 그들이 휴대한 재산이나 마케도니아 본국의 재산을 모두 안전하게 보장할 것이다."

그러자 그들은 모두 로마 편으로 넘어가서 천인대장 가이우스 포스투미우스에게 이름을 신고했다. 왕의 시동들 또한 테살로니카의 이온에 의해 옥타비우스에게 인도되었다. 이제 왕에게는 맏아들 필리포스 이외에 아무도 남지 않았다.

이어 페르세우스는 아들과 함께 옥타비우스에게 항복했다. 그는 운명의 여신을 저주했고, 그가 피신해 있던 신전의 신들을 원망했고, 그에게 아무런 도움을 주지 않는다고 불평했다. 그는 기함에 승선하라는 지시를 받았고 그가 갖고 있던 돈 또한 기함에 탑재되었다. 함대는 곧바로 암피폴리스로 되돌아갔다. 그곳에서 옥타비우스는 왕을 집정관의 진지로 보냈다. 그 전에 전령을 보내 왕의 신병이 로마 인의 손에 들어와 있으며 곧 집정관에게 보내질 것이라는 보고서를 제출했다.

7. 파울루스는 이 소식을 접수하고 제2의 승리를 거두었다며—실제로 그건 엄청난 승리였다—동물 희생을 바쳐서 희생 제의를 올렸다. 이어 참모 회의를 소집하여 법무관의 보고서를 낭독하게 했다. 그 후 퀸투스 아일리우스 투베로를 보내 왕을 맞이하게 했고 참모 장교들은 전원 집정관의 사령부에서 대기하게 했다.

왕을 보기 위해 그처럼 많은 인파가 몰려든 경우는 일찍이 없었다. 이전 세대에(기원전 203년) 시팍스 왕이 생포되어 로마 군 진지에 압송된 적이 있었다. 그러나 개인적 명성이나 국가적 규모에 있어서 시팍스는 페르세우스와 비교가 되지 않는다는 것 이외에도, 시팍스는 포에니 전쟁의 조연 인사에 지나지 않았고, 이번 마케도니아 전쟁에서 겐티우스의 역할 정도밖에 안 되었다. 이에 비해 페르세우스는 전쟁의 원천이며 중심이었다. 그 자신의 명성, 그 아버지, 할아버지, 혈연과 인종으로 연결된 다른 많은 인사들의 명성으로 인해 페르세우스는 세계적인 관심을 자아내는 인물이었다. 게다가 필리포스와 알렉산드로스 대왕의 영광도 배후에 있었다.[1] 이들은 마케도니아를 지상

1 페르세우스는 알렉산드로스 대왕의 직계 후손은 아니다. 기원전 279년 알렉산드로스 대왕의 부장 안티고노스의 손자인 안티고노스 고나타스(재위 기원전 276-239)가 마케도니

에서 가장 위대한 제국으로 만든 인물들이었다.

페르세우스는 검은 옷을 입고 아들을 대동한 채 진지 안으로 들어섰다. 마케도니아 인 수행원들은 없었다. 만약 그의 몰락을 보여주는 조연으로서 그런 수행원들이 따라왔더라면 그는 더욱더 연민을 자아내는 대상이 되었을 것이다. 왕을 보려고 몰려든 군중 때문에 그는 앞으로 나아갈 수가 없었다. 마침내 집정관이 길나장이들을 보내어 왕이 진지 안으로 들어올 수 있는 길을 열도록 조치했다. 집정관은 참모 장교들에는 착석한 상태로 있으라고 했지만 그 자신은 왕을 맞이하기 위해 일어섰다. 그리고 약간 앞으로 나서면서 오른팔을 내밀어 사령부로 들어오는 왕을 잡았다. 왕이 무릎을 꿇으려 하자 그를 일으켜 세우면서 그의 무릎을 잡지 못하게 했다. 이어 왕을 텐트 안으로 데려가서 회의에 소집되어 앉아 있는 참모 장교들을 마주보며 앉게 했다.

8. 그가 왕을 심문하며 내놓은 첫 번째 질문은 이런 것이었다. "도대체 로마가 그에게 무슨 잘못을 저질렀기에 왕은 로마 인을 상대로 그처럼 사납게 전쟁을 수행했고 그리하여 마침내 왕국을 이런 궁극적 위기로 몰아넣었는가?"

다들 그의 대답을 기다리고 있는 동안, 그는 아무 말 없이 땅바닥을 오래 내려다보더니 울었다. 이어 집정관은 다시 물었다. "만약 당신이 왕위에 올랐을 때 젊은 사람이었더라면 우방으로서 혹은 적국으로서 로마의 위력을 알지 못했던 것에 대하여 놀라지 않을 것이오.

아에 안티고노스 왕조를 세웠고 이 왕조가 기원전 168년까지 존속했다. 기원전 168년은 아이밀리우스 파울루스가 페르세우스 왕을 패배시킨 해이다. 필리포스 왕(기원전 238-179)은 안티고노스 고나타스의 손자이고 페르세우스는 증손이 된다.

그러나 당신은 아버지를 따라 다니면서 우리와 싸웠소. 그리고 그 뒤에 이어진 평화를—우리가 당신의 아버지를 상대로 철저하게 지킨 평화를—기억할 것이므로, 당신이 로마를 상대로 평화를 유지하지 않고 전쟁을 선택한 것은 도대체 무슨 정책이란 말이오? 로마의 전쟁 무력과 로마의 평화 시 신의를 당신이 직접 체험했으면서도 말이오."

페르세우스가 질문이나 비난에 대하여 아무런 답변도 하지 않자, 집정관이 계속 말했다. "그것이야 어떻게 되었든, 이렇게 된 일이 인간의 실수, 우연, 필연 등에 의한 결과일 것이므로, 힘을 내기 바라오. 로마 시민들의 관대함은 많은 왕들과 많은 민족들의 불행한 결과에 의해 잘 알려져 있소. 그처럼 관대한 처분을 내리고 있으므로 당신의 목숨은 구제될 것이라는 희망, 더 나아가 확신을 가질 수 있을 것이오."

집정관은 페르세우스에게 다음의 말을 그리스어로 말했고 이어 참모 장교들에게는 라틴어로 말했다. "당신은 여기에서 인간 운명의 변화무쌍함에 대한 주목할 만한 사례를 보고 있습니다. 나는 이것을 특히 자네들 젊은 사람들에게 말하는 것이오. 따라서 번영의 때에는 그 어떤 사람에 대해서도 오만하거나 난폭하게 대해서는 안 됩니다. 그리고 오전의 행운을 너무 믿어서도 안 됩니다. 저녁에는 또 무슨 일이 벌어질지 아무도 모르기 때문입니다. 번영의 순풍으로 인해 자신의 길에서 벗어나지 않는 사람, 역경에 의해서 자신의 뜻이 꺾이지 않는 사람, 그런 사람이야말로 진정한 남자입니다."

이어 참모 회의는 해산되었고 왕을 감시하는 임무는 퀸투스 아일리우스에게 배정되었다. 그날 페르세우스는 집정관의 연회에 참석했고 파울루스는 그런 상황에서 왕에게 할 수 있는 존대를 가능한 한다 해주려고 애썼다.

로마 군은 이어 겨울 숙영에 들어갔다.

9. 암피폴리스가 로마 군의 병력을 대부분 받아들였고 다른 도시들은 나머지 병력을 받았다.

그렇게 하여 4년에 걸친 로마와 페르세우스 사이의 전쟁은 끝났다. 또한 유럽의 대부분 지역과 아시아 전역에 잘 알려져 있는 왕국의 명성도 끝장이 났다. 페르세우스는 최초의 왕인 카라누스로부터 시작하여 열두번째로 마케도니아의 왕위에 오른 통치자였다. 페르세우스는 퀸투스 풀비우스와 루키우스 만리우스의 집정관 시절(기원전 179년)에 왕위에 올랐고, 마르쿠스 유니우스와 아울루스 만리우스의 집정관 시절(기원전 178년)에 로마 원로원에 의해 왕이라는 호칭으로 불렸다. 그의 재위는 11년이었다.

마케도니아 왕국은 아민타스의 아들인 필리포스 2세 시절 이전에는 사실상 무명에 가까운 왕국이었다. 필리포스의 활약으로 국가의 영토를 넓혀 나가던 시절에도 왕국은 여전히 유럽 일부 지역에 국한되어 있었다. 물론 그 당시에도 그리스 전역을 석권하고 트라키아와 일리리쿰을 지배했다. 그 후에 왕국은 아시아로 진출했고 알렉산드로스는 왕위에 있던 13년 동안에 처음으로 페르시아 제국의 영토를 모두 지배하게 되었고 또 아라비아와 인도까지 진출했다. 인도의 인도양은 당시 지구의 끝이라고 알려져 있었다. 그 당시 마케도니아라는 이름과 제국은 이 세상에서 가장 큰 제국이었다. 그러나 알렉산드로스 사후에 여러 부장(副將)들이 제국의 영토를 자신의 것으로 주장하면서 여러 나라로 분열되었다. 마케도니아 왕국은 그처럼 국력이 약화되었지만 행운의 최전성기에서 최후의 종말에 이르기까지 150년을 버텼다.

10. 로마의 대승 소식이 아시아 전역에 알려지자, 함대를 이끌고 파나이에 정박 중이던 안테노르는 그곳에서 카산드라로 건너갔다. 마케도니아로 건너갈 배를 보호하기 위하여 델로스에 있었던 가이우스 포필리우스는 마케도니아 전쟁이 끝났고 적선들이 정박지에서 이동하고 있다는 소식을 들었다. 그래서 그도 아탈로스의 배들을 고국으로 돌려보내고, 당초 그가 맡았던 임무를 완수하기 위해 이집트로 항해했다. 그의 임무는 안티오코스가 알렉산드리아 성벽에 도착하기 전에 그를 접촉하여 이집트 공략을 정지시키려는 것이었다.

아시아의 해안을 따라서 항해를 하던 중에 로마 조사위원들은 로리마에 도착했다. 로리마는 로도스에서 약 32km 떨어진 곳에 있는 항구로서 로도스 시 맞은편에 있었다. 그 도시의 지도자들이 로마 조사위원들을 영접하러 나왔다. 로마의 대승 소식은 이미 로도스 섬에도 알려져 있었다. 그 도시의 지도자들은 로리마에서 잠시 묵었다가 가라고 호소했다. 그들은 국가의 명성과 안전을 위해서 무엇보다도 조사위원들이 진상을 직접 파악하는 것이 중요하다고 말했다. 그냥 막연하게 떠도는 이야기가 아니라 위원들 자신이 직접 조사한 사실들을 원로원에 보고해 달라는 것이었다. 로도스에서 과거부터 지금까지 무슨 일이 벌어졌고 또 현재 무슨 일이 벌어지고 있는지 분명하게 파악해 달라고 호소했다. 로마 조사위원들은 한참 동안 이 요청을 거부했으나 마침내 동맹 도시의 안전을 위하여 여행 중에 잠시 머물며 지체하는 것을 받아들였다.

그들이 로도스에 도착하자 로리마의 지도자들이 로도스의 민회에 꼭 참석해 달라고 호소했다. 조사위원들이 도착하자 로도스 사회는 공포가 줄어드는 것이 아니라 더욱 높아졌다. 왜냐하면 포필리우스는 전쟁 동안에 개인들뿐만 아니라 로도스 사회 전체에 대하여 거친 말과 행동을 많이 했기 때문이다. 그는 모진 성격의 소유자였고 가혹한 말 이외에도 음울한 표정과 남을 비난하는 듯한 기소자의 어조를 사용했으므로 그야말로 공포의 대상이었다. 포필리우스가 로도스에 대해서 개인적 원한을 품을 일이 없는데 그처럼 가혹하게 나왔던 것을 보고서, 로도스 사람들은 한 원로원 의원의 가혹한 태도가 원로원 전체의 그것을 대표한다고 짐작하게 되었다.

가이우스 데키미우스는 좀 더 절제된 언어를 구사했다. 그는 포필리우스가 지적한 여러 범죄 행위들은 로도스 사회 전체의 소행이라는 것이 아니라 소수의 선동가들이 저질렀다고 말했다. 이 소수의 선동가들은 돈에 매수되어 왕에게 아첨하는 포고를 만들어냈던 것이다. 또한 로도스 사람들이 수치와 후회를 느끼고 있는데, 왕을 옹호하는 사절단을 로마에 파견하기까지 했다. 만약 로도스 사람들이 건전한 판단력의 소유자라면, 이런 극악한 행동은 결국 그런 죄를 지은 자의 머리 위에 다시 떨어지게 될 것이라고 데키미우스는 말했다.

이 연설은 청중들로부터 열광적인 호응을 이끌어냈다. 그는 로도스 시민들을 면책시키면서 소수의 책임 있는 자들에게만 벌을 주어야 한다고 말했기 때문이다. 그리하여 로도스의 지도자들은 로마 조사위원에게 연설을 잘 들었다고 말하고서 포필리우스가 제기한 죄상에 대하여 로도스 전체에 대해서는 정상 참작이 필요하다고 했고, 잘못을 저지른 자들만 가려내어 처벌해야 한다는 데키미우스의 말에는 전적으로 동의한다고 답변했다. 로도스 지도자의 연설 중 정상 참작 운운하는 것보다는 관련 책임자 처벌을 말할 때 더욱 높은 호응을 얻었다. 그리하여 페르세우스를 옹호하면서 로마 인을 비난하는 언행을 한 자들을 사형에 처하는 것으로 즉석에서 의결되었다. 그런 처벌을 받을 가능성이 있는 자들은 로마 조사위원들이 도착한 날에 도시에서 도망쳤고, 일부는 자살을 했다.

로도스에서 닷새 이상 지체한 후에 조사위원들은 알렉산드리아를 향해 출발했다. 그러나 그들이 떠나갔다고 해서 그들이 체류하던 중에 통과된 포고령에 의해 잘못한 로도스 인들을 재판하여 처형하는 절차는 조금도 완화되지 않았다. 이렇게 처벌 결의안이 단호하게 시행된 것은 포필리우스의 가혹함 못지않게 데키미우스의 온화함이 작용한 결과였다.

11. 이런 일이 벌어지고 있는 동안에, 안티오코스는 알렉산드리아 성벽을 공격하다가 그 도시로부터 철수했으나 그 외의 이집트 전역을 장악했다. 그는 형 프톨레마이오스를 멤피스에 남겨두고서 군대를 이끌고 시리아로 돌아갔다. 형 프톨레마이오스는 동생보다 자신이 왕위에 올라야 한다고 주장했는데, 안티오코스는 겉으로는 자신의 군사력을 앞세워 형의 주장을 지지하는 것처럼 행세했으나 실은 형제 간의 내전이 끝나면 승자를 상대로 공격할 속셈이었다.

형 프톨레마이오스는 이런 속셈을 잘 알고 있었다. 형은 동생의 상황을 잘 파악하고 있었다. 동생은 안티오코스가 또다시 포위 공격해올 것을 두려워하고 있었는데, 이때 누나의 도움을 받는다면 형인 자신이 동생의 저항을 받지 않고 알렉산드리아의 왕위에 복귀할 수 있으리라고 내다보았다. 그래서 그는 먼저 누나에게, 이어서 동생과 그의 친구들에게 사절을 보내어서 휴전을 제안했고 마침내 형제들과 싸우지 않고 국가의 평화를 확립할 수 있게 되었다. 안티오코스는 이집트의 나머지 지역을 프톨레마이오스에게 돌려주었지만 펠루시움에 강력한 수비대를 남겨두고 갔다. 이 때문에 프톨레마이오스는 안티오코스에 대한 의심의 눈길을 거두지 않았다. 안티오코스는 이집트의 요충을 장악하고 있으므로 원할 때는 언제든 군대를 이끌고 다시 쳐들어올 수가 있었다.

그래서 프톨레마이오스는 형제 간에 싸워봐야 아무런 소득도 없다고 주장했다. 내전에서 승리한 자는 설사 승리를 거두었다고 해도 너무 탈진하여 안티오코스의 상대가 되지 못한다고 지적했다. 형이 이런 날카로운 지적을 해오자 동생과 그 지지자들은 그 말이 타당하다며 받아들였다. 또한 누나도 조언뿐만 아니라 강력한 호소를 하면서 옆에서 거들었다. 그 결과 만장일치로 평화가 북구되었고 형 프톨레마이오스가 군중의 저항을 받지 않고 알렉산드리아로 돌아와 복위되었다. 군중은 전쟁 중의 물자 부족으로 저항하는 힘이 많이 약화되어 있었다. 포위 공격을 받을 때뿐만 아니라 적이 성벽에서 물러간 이후에도 이집트에는 아무런 물자가 수입되지 않았던 것이다.

이렇게 사태가 발전하는 것은 안티오코스의 당초 의도에 맞는 것이므로 그는 기뻐해야 마땅했다. 그가 형 프톨레마이오스를 복위시킨다는 구실 아래 시리아 군대를 이끌고 공격해 왔으니까 말이다. 그는 사절을 받을 때나 서면 메시지를 보낼 때, 아시아와 그리스의 모든 국가들을 상대로 그런 허울 좋은 구실을 내세웠던 것이다. 그러나 이집트 사태가 이렇게 돌아가자 안티오코스는 더욱 적개심을 불태우면서 한 명의 프톨레마이오스가 아니라 두 명을 상대로 전쟁을 벌일 준비를 했다.

그는 키프로스로 곧장 해군력을 파견했다. 봄(기원전 168년)이 시작될 무렵 안티오코스 자신이 군대를 이끌고 이집트로 가는 길에 코일레-시리아로 들어왔다. 리노콜루라 근처에서 그는 프톨레마이오스가 보낸 사절단을 접견했다. 사절단은 프톨레마이오스를 복위시키는데 도움을 준 데 대하여 감사 표시를 하고서 이런 선물을 계속 유지해 달라고 요청했다. 그러면서 동맹이었다가 갑자기 적으로 돌변하여 군사적 행동에 나설 것이 아니라 무엇을 해주기를 바라는지 말해 달라고 요청했다. 안티오코스는 자신이 해군 함대를 소환하고 지상군을 철수시킬 수 있는 유일한 조건을 말했다. 그것은 키프로스와 펠루시움 전역, 나일강의 펠루시아 하구 일대의 지역을 안티오코스에게 넘겨주는 것이었다. 그는 또한 이 조건을 받아들인다는 보고를 일정한 날짜 이전에 받아야겠다며 그 날짜를 지정했다.

12. 휴전을 허용한 기간이 만료가 되자 안티오코스의 해군 사령관들은 나일강 하구에 있는 펠루시움으로 운항했고 안티오코스 자신은 아라비아 사막을 관통하는 행군에 나섰다. 그는 멤피스 주민들과 나머지 지역의 주민들로부터 환영을 받았다. 주민들이 이렇게 한 것은 부분적으로는 그의 대의에 공감했기 때문이고, 부분적으로는 그에게 겁을 먹었기 때문이다. 그 후 안티오코스는 일련의 급속 행군으로 알렉산드리아로 내려왔다. 그는 알렉산드리아에서 6km 떨어진 곳인 엘레우시스에서 강을 건넜고 이때 로마 조사위원들을 만났다. 로마 인들이 다가오자 왕은 환영의 인사를 하면서 포필리우스에게 오른손을 내밀었다.

그러나 포필리우스는 악수에 응하지 않고 원로원의 의결안이 적혀 있는 문서판을 그에게 내밀면서 무엇보다도 포고령을 먼저 읽어보라고 말했다. 문서판을 읽은 후에 안티오코스는 친지들을 소환하여 앞으로의 행동 노선을 논의하겠다고 말했다. 그러자 포필리우스는 평소의 사나운 기질을 그대로 드러내면서 손에 들고 있던 작은 막대기로 왕이 서 있는 땅바닥 주위에다 동그라미를 그렸다. 포필리우스는 이어서 이렇게 말했다. "이 동그라미 밖으로 나오기 전에 원로원에 보고할 답변을 내놓으시오." 왕은 그런 거친 명령에 놀라 잠시 망설이더니 대답했다. "원로원에서 포고한 것을 그대로 이행하겠습니다." 그러자 비로소 포필리우스는 동맹 겸 친구로서 왕에게 손을 내밀었다.

안티오코스는 정해진 날짜에 맞추어 이집트에서 철수했다. 로마 조사위원들은 그들의 권한으로 프톨레마이오스 형제가 맺은 협약을 추인했다. 조사위원들은 이어 키프로스로 갔고 그곳에서 정박 중인 안티오코스의 함대를 귀국시켰다. 그 함대는 이미 이집트 함대를 상대로 승리를 거둔 상태였다. 조사위원단은 여러 국가들 사이에서 높은 명성을 획득했다. 이집트는 안티오코스에게 나라를 빼앗겼다가 되돌려 받았을 뿐만 아니라 프톨레마이오스 왕가는 조상 대대의 왕위를 다시 회복했기 때문이다.

* * *

17. [기원전 167년]. 원로원은 마케도니아로 나갈 조사위원 10명과 일리리쿰을 담당할 조사위원 5명을 임명했다. 원로원의 조언을 따라서 파울루스와 아니키우스가 이들 지역의 문제를 결말짓게 되었다. 마케도니아 조사위원단이 먼저 임명되었는데 그들은 아울루스 포스투미우스와 가이우스 클라우디우스(둘 다 감찰관 역임), 퀸투스 파비우스 라베오, 퀸투스 마르키우스 필리피스, 가이우스 리키니우스 크라수스(파울루스의 동료 집정관으로서 현재 지휘 기간이 연장되어 갈리아 담당)였다. 이상 다섯 명의 집정관급 인물에 다음 다섯 명이 추가되었다. 그나이우스 도미티우스 아헤노바르부스, 세르비우스 코르넬리우스 술라, 루키우스 후니우스, 티투스 누미시우스 타르퀴니엔시스, 아울루스 테렌티우스 바로. 일리리쿰 쪽의 조사위원으로는 다음 인사들이 지명되었다. 푸블리우스 아일리우스 리구스(전 집정관), 가이우스

키케레이우스와 그나이우스 바이비우스 탐필루스(후자는 바로 전 해의 법무관이었고 전자는 몇 해 전의 법무관), 푸블리우스 테렌티우스 투스키비카누스, 푸블리우스 마닐리우스.

원로원은 두 집정관에게 이런 권고를 했다. 둘 중 한 사람이 마케도니아 조사위원으로 임명된 가이우스 리키니우스로부터 갈리아를 떠맡아야 할 것이니, 두 사람은 가능한 한 빨리 합의에 의하든 추첨에 의하든 임지를 결정하기 바란다. 이렇게 하여 두 사람은 추첨을 했는데 피사는 마르쿠스 후니우스에게 돌아갔고, 갈리아는 퀸투스 아일리우스가 맡게 되었다. 원로원은 또한 후니우스가 임지로 떠나기 전에 세계 각국에서 온 전승 축하 사절들을 원로원 의원들에게 인도하라고 지시했다.

조사위원으로 파견되는 사람들은 모두 높은 지위를 거친 고위 인사들로서 현지 사령관들은 조사위원단의 권고에 따라 로마 시민의 관대함과 위엄에서 벗어나지 않는 결론을 내릴 것으로 기대되었다. 그렇지만 원로원은 열띤 논의 끝에 정책의 일반 원칙을 수립했다. 그리하여 조사위원들은 현장에 나가 있는 사령관들에게 평화 정착의 기본 틀을 전달할 수 있게 되었다.

18. 첫째, 마케도니아 사람과 일리리아 사람들은 자유민이 되어야 한다고 결정되었다. 그리하여 온 세상 사람들에게 로마의 군대는 자유민에게 노예제를 가져온 것이 아니라 그와는 정반대로 노예인 사람들에게 자유를 가져다주었다는 것이 널리 알려져야 한다. 그리하여 자유를 누리는 주민들은 그들의 항구적인 자유가 로마 인의 보호 아래 이루어진 것임을 알아야 한다. 왕정 제도 아래에서 살아온 사람들은 그들의 지도자들이 로마 인에 대한 존경심 때문에 더욱 온화하고 더욱 정의롭게 되었다는 것을 확신해야 한다. 그리고 그들의 지도

자들이 로마를 상대로 전쟁을 벌인다면 그 전쟁은 로마에게 승리를 안겨주고 주민들에게는 자유를 가져다주는 것임을 깨달아야 한다.

막대한 수입을 가져오는 마케도니아 광산과 농촌 토지의 임대는 철폐하기로 결정되었다. 이것은 국가의 계약자가 참여하지 않으면 할 수 없는 일인데, 만약 로마 인 계약자가 현장에 상주한다면 공공 소유권이 취소되었거나 동맹국 주민들의 자유가 없어진 것처럼 보일 것이기 때문이다. 원로원이 볼 때, 마케도니아 인들이 이런 자원을 활용한다는 것도 불가능했다. 행정가들에게 수익 높은 사업이 제공될 경우에 반사회적 활동이나 민간의 싸움에 빌미가 될 가능성이 높은 것이었다.

게다가 마케도니아 국가 전체를 관장하는 하나의 입법 기관이 설립되면 비양심적인 민중선동가가 건전한 절제에 의해 확보되는 자유를 공화국에 해로운 방종으로 바꾸어 놓을 우려가 높았다. 그러므로 원로원은 마케도니아를 넷으로 나누어서 각 지역마다 통치 기구를 두기로 결정했다. 마케도니아는 전에 왕들에게 통상적으로 바쳤던 세금 액수의 절반에 해당하는 돈을 로마 인에게 바쳐야 한다고 의결되었다.

이와 유사한 조치가 일리리쿰에도 내려졌다. 다른 문제들은 현지 사령관과 조사위원단의 재량에 맡겨졌다. 그러나 이런 전후 조치의 기본 원칙을 제시한 것은 해당 지역에서 각종 문제를 풀어나가는 데 있어서 건전한 정책을 수립하는 밑바탕 자료를 제공하기 위한 것이었다.

19. 왕들, 국가들, 민족들이 보낸 사절단 중에서, 특히 에우메네스 왕의 동생 아탈로스가 모든 사람의 주목을 받았다. 특히 그는 마케도니아 전쟁에서 같이 근무했던 사람들로부터, 그의 형인 에우메네스

가 로마에 도착했더라면 받았을 법한 것보다 더 열렬한 환영을 받았다. 두 가지 명예로운 일이 있어서 아탈로스는 로마를 찾아오게 되었다. 하나는 그 자신도 참여하여 도움을 주었던 마케도니아 전쟁의 대승을 축하하는 것이고, 다른 하나는 왕국에 큰 피해와 위기를 안겨준 갈라티아 인들의 반란에 대하여 불평을 호소하려는 것이었다.

그것 이외에 아탈로스는 은밀하게 아주 큰 명예와 보상을 희망하고 있었는데 그것은 형왕(兄王)에게 불충을 저지르지 않고서는 받을 수가 없는 것이었다. 실제로 사악한 로마 인 조언자들은 희망 섞인 제안들을 함으로써 그의 야망을 부추겼다. 그들은 아탈로스에게 로마의 여론을 전했다. 아탈로스는 로마의 믿음직한 친구로 여겨지지만 에우메네스는 로마나 페르세우스나 그 어느 쪽에도 충실치 못한 인물이라고 생각한다는 것이었다. 따라서 원로원이 그가 올리는 두 가지 제안 중 어떤 것을 허락할 것인지는 불문가지라는 것이었다. 그는 자신의 이익을 강조하는 제안을 할 수도 있고 반대로 형 왕의 이익에 반대되는 제안을 할 수도 있었다. 이 사악한 조언자들은 아탈로스에게 모든 것을 내려주고 에우메네스에게는 모든 것을 거부하자는 의견이 보편적으로 널리 퍼져 있다고 속삭여댔다.

그동안의 사건들이 증명하듯이 아탈로스는 그런 희망이 약속하는 모든 것을 열렬히 받아들이고자 하는 사람이었다. 그러나 한 친지의 신중한 조언이 성공으로 고무된 아탈로스의 흥분된 마음에 제동을 걸었다. 그에게는 스트라티오스라는 의사 겸 조언자가 있었다. 왕위에 불안함을 느끼던 에우메네스는 로마에 이 의사를 동생에게 딸려 보냈다. 동생의 행동을 잘 감시하고 동생이 불충한 기미를 보이면 적절히 왕에게 유리한 조언을 해주기 위해서였다.

스트라티오스는 이미 다른 제안들이 귀에 가득하고, 유혹적인 생각이 마음속에 가득한 아탈로스를 상대로 이런 훌륭한 조언을 했다. 그는 적시에 조언을 해줌으로써 거의 절망적인 상황을 부드럽게 넘길 수 있게 했다. 그는 다른 왕국들이 다른 상황을 통하여 국력이 커진 사례를 지적했다. 반면에 페르가몬 왕국은 새롭게 생긴 것이며 오래 확립된 자원을 바탕으로 세워진 왕국이 아니다. 이 왕국은 형제 간의 우애가 있어야만 안정을 도모할 수 있다. 비록 한 형제가 왕이라는 이름을 갖고 권위의 상징으로 머리에 왕관을 쓰고 있지만 나머지 형제들이 함께 통치한다. 아탈로스, 당신에 대해서 말해 보자면 두 번째로 나이가 많은 형제인데 누가 당신을 왕으로 보지 않겠는가? 아탈로스의 권력이 현재에도 이미 크고 또 그가 오래지 않아 왕위에 오르리라는 것을 아무도 의심하지 않기 때문이다. 에우메네스는 고령인데다 병약하고 또 후사도 없지 않은가?(에우메네스는 그 당시 나중에 왕위에 오르게 되는 아들을 자기의 아들로 인정하지 않았다).

그러면서 스트라티오스는 이렇게 물었다: 조금만 있으면 저절로 얻게 될 물건을 얻기 위해 폭력을 사용해야 할 이유가 무엇인가? 게다가 왕국은 갈라티아의 반란 때문에 비상시국이 아닌가? 만약 왕실의 형제들 사이에 합의와 우애가 있다면 이런 반란쯤은 쉽게 진압할 수 있을 것이다. 만약 외국인과의 전쟁에다 형제 간의 내분마저 겹쳐진다면 그 위협은 제지되지 못할 것이다.

아탈로스여, 그대가 지금 하려는 일은 왕위에 빨리 오르기 위하여 형 왕이 왕의 자격으로 죽는 것을 막으려는 것이다. 형 왕을 위해 왕국을 보존하든 당신이 직접 왕위를 차지하든 어느 쪽으로 하든 결국 당신이 영예를 차지하게 될 것이다. 사정이 그렇기는 하지만, 왕국도 보존하면서 형제적 우애를 지킨 사람이라는 명성을 쌓는 것이 더 바람직하지 않겠는가? 하지만 이 두 가지 선택안 중 하나는 혐오스럽고 존속살인이나 다를 바 없는 것이기 때문에, 무슨 의심이 아직도 남아 있어서 더 생각해볼 필요가 있겠는가?

아탈로스여, 지금 거사하여 왕국의 일부부만 차지하겠는가, 아니면 전체를 차지하겠는가? 만약 부분만 차지하겠다면 두 형제는 힘의 분산으로 약화될 것이고 각종 피해를 입게 될 것이다. 만약 전체를 차지한다면 형 왕은 하야하여 일개 시민이 되거나 유배자가 되어야 할 것이다. 고령에다 몸도 약한 사람에게 그렇게 해야 하겠는가? 그리고 아탈로스는 결국 형 왕의 죽음을 명령하겠는가? 전해져 오는 얘기들 속에서 불충한 형제들의 종말이 어떠했는지 보지 않았는가? 페르세우스의 비참한 종말이야말로 그 구체적 사례가 아니고 무엇이겠는가? 그는 승리를 거둔 군대의 발 앞에 무릎을 꿇을 때, 그는 동생을 살해하고 얻은 왕관을 내려놓지 않았는가? 사모트라키아의 신전에서 신들은 페르세우스에게 징벌을 내리지 않았는가? 당신에게 거사를 일으키라고 말하는 자들은 당신의 친구가 아니고 에우메네스의 지독한 적들일 뿐이다. 만약 당신이 형에 대한 신의를 끝까지 지킨다면 이런 자들조차도 당신의 충성심과 일관성을 칭송할 것이다.

20. 이러한 주장이 마침내 아탈로스의 생각을 바꾸어 놓았다.

그 결과 원로원 의원들과 면담하게 되었을 때 먼저 대승을 축하하고, 보잘것없는 것이었지만 그 자신과 형 왕의 전쟁 기여에 대하여 말했다. 이어 최근에 발생한 갈라티아 인들의 반란이 왕국에 큰 소란을 일으키고 있다고 보고했다. 원로원이 갈라티아 인들에게 조사위원단을 보내어 로마의 권위로 그들을 설득하여 무기를 내려놓게 해달라고 요청했다. 페르가몬 왕국의 이익을 위하여 이런 말을 한 다음에 아탈로스는 그 자신을 위해서는 아이노스와 마로네아 지역을 떼어 달라고 요청했다. 이렇게 하여 그가 형 왕을 비난하면서 왕국의 분할을 요청할 것을 기대했던 사람들은 크게 실망했다. 아탈로스는 그 후 원로원 건물을 나섰다. 왕이든 시민 개인이든 다들 아탈로스의 연설을 아주 흥미롭게 들었고 또 크게 칭송했다. 아탈로스는 로마에 체류하는 동안에 영예로운 대접을 받았고 각종 선물을 하사받았다. 그가 로마를 떠날 때에는 많은 시민들이 뒤따라오면서 환송해 주었다.

아시아와 그리스에서 보낸 사절단들 중에서, 로도스의 대표들은 로마 시민들로부터 특별한 주목을 받았다. 그들은 처음에는 하얀 옷을 입고 등장했는데 그것은 전승을 축하하는 사람들에게 어울리는 복장이었다. 만약 그들이 더러워진 옷을 입고 있었다면 페르세우스의 운명을 슬퍼하는 인상을 주었을 것이다. 로도스 사절들이 사절들의 모임에 나왔을 때, 집정관 마르쿠스 후니우스가 원로원 의원들에게 다가가 물었다. "로도스 사절단에게도 숙소, 여흥, 원로원에서의 접견이 허락될 것입니까?" 의원들은 그런 환대의 권리를 그들에게 주지 말라고 답변했다.

이어 집정관은 원로원 건물에서 나왔고 로도스 인들은 전승 축하를 올리고 로도스 섬에게 뒤집어씌운 혐의를 벗기 위해 이렇게 찾아왔다고 집정관에게 말했다. 그러면서 원로원에서의 접견을 허락해 달라고 요청했다. 집정관은 그들에게 공식적으로 답변했다: 로마는 동맹이나 친지들에게는 원로원 방문을 포함하여 정중한 환대와 접대를 해주는 것이 관례이다. 그러나 로도스는 최근의 전쟁 중에 친구나 동맹으로 대접받을 만한 일을 하지 않았다.

이러한 답변을 듣자 로도스 인들은 땅바닥에 몸을 던지면서 집정관과 그 주위의 로마 인들에게 호소했다. 그들은 최근에 나온 잘못된 비난들이 과거에 로도스가 로마에게 해주었던 봉사를 뒤덮는 일은 없어야 한다고 소리쳤다. 그런 봉사에 대해서는 집정관도 또 주위의 로마 인들도 직접 목격하지 않았느냐고 말했다. 그들은 즉시 상복을 입고서 로마 유력인사들을 가가호호 방문하여 눈물과 애원으로 호소하면서 그들의 사정을 다 들어준 다음에 판결을 내려도 늦지 않을 것이라고 말했다.

21. 로마 시민과 외국인들 사이의 소송을 담당하는 마르쿠스 유벤티우스 탈나는 로마 시민들에게 로도스에 대한 반감을 열심히 부추겼다. 탈나는 로도스에 대하여 선전포고하는 법안을 제출하고서, 함대를 이끌고 로도스를 쳐들어갈 사령관으로, 그 해의 행정관들 중에서 한 명을 뽑자고 제안했다. 그는 내심 자신이 그 자리에 선택되기를 바랐다. 이 법안은 호민관인 마르쿠스 안토니누스와 마르쿠스 폼포니우스에 의해 반대되었다. 법무관은 사전에 원로원과 의논하지도 않고 두 집정관에게 통보도 하지 않은 채, 순전히 자기 주관으로 이 일을 밀어붙였다. 그는 로도스를 상대로 선전 포고를 하는 것이 시민들의 뜻이며 명령인지 묻는 질의안을 민회에 제출했다. 전쟁 선포에 관한 한, 그때까지의 관례는 먼저 원로원과 상의하고 그 다음에 원로원의 권위에 힘입어 민회에 그 문제를 제출하는 것이었다.

호민관들 또한 이례적으로 행동하기는 마찬가지였다. 국가제도상의 관례에 의하면, 어떤 제안에 대하여 시민들이 개인적인 찬반을 표시할 수 있는 기회가 주어진 다음에 비로소 어떤 법안을 거부할 것인가 말 것인가 절차에 들어갈 수 있기 때문이다. 이렇게 하여 거부권을 행사하겠다고 마음 먹었으나 그것을 발표하지는 않은 사람들이 반대편의 논증을 들어보고서 그 법안의 결점을 알게 되어 마음을 바꾸는 일이 왕왕 벌어졌다. 그리하여 거부권을 행사하기로 마음먹고 회의장에 나온 호민관들도 그 법안을 지지하는 사람들의 논증에 설득되어 거부권을 포기하는 사례들도 있었다. 이 경우 법무관과 호민관들은 마치 경쟁이라도 하듯이 이례적인 일들을 벌인 것이었다. 호민관들은 때이른 거부권을 행사하여 [현지 장군이 도착하기 전에 전투에 나서려던 법무관의 황급한 계획을 저지했다.]

22. [로도스 사람들은 결국 원로원에 나와 연설을 할 수 있게 되었고 다음과 같은 간곡한 호소를 했다.]

"우리가 잘못을 했는지 여부는 아직 확정되지 않았습니다. 그러나 우리는 이미 온갖 종류의 처벌과 굴욕으로 고통 받고 있습니다. 예전에 우리는 카르타고의 패배 후에, 필리포스의 패전 후에, 또는 안티오코스의 패배 후에 로마를 찾아왔습니다. 원로원 의원님들, 우리는 당시 공식 숙소에서 곧바로 원로원 건물로 올라와 의원님들에게 전승을 축하드렸습니다. 그리고 원로원을 나와서는 곧바로 카피톨리움으로 올라가서 당신들의 신들에게 선물을 바쳤습니다. 그러나 지금 우리는 지저분한 숙소에서 왔습니다. 돈을 준다고 해도 숙소를 찾기가 어려웠습니다. 우리는 도시 외곽에 머물라는 명령을 받는 등 거의 적이나 다름없는 대접을 받았습니다. 우리는 이 지저분한 상복을 입고 원로원 건물 안으로 들어섰습니다. 우리는 로도스에서 왔습니다. 과거에 당신들은 로도스에 리키아와 카리아 지방을 떼주지 않으셨습니까? 또 아주 화려한 보상과 영예를 내려주지 않았습니까?

우리가 들은 바, 당신들은 마케도니아 인과 일리리아 인들을 자유롭게 만들어 주라는 명령을 내리셨습니다. 그들은 로마를 상대로 전쟁을 벌이기 이전에는 노예였는데도 말입니다. 그렇다고 우리가 다른 사람의 행운을 질투하는 건 아닙니다. 우리는 여기 와서 로마의 관대함을 깨닫고 있습니다. 우리는 전쟁 중에 소극적으로 행동한 것밖에 없는데, 당신들은 우리를 우방에서 적국으로 만들 생각입니까? 이렇게 하는 로마 인은 과거의 로마 인과 같은 사람입니까? 당신들은 로마의 전쟁이 정의롭기 때문에 좋은 행운으로 축복받는다고 말했고, 승리를 거두었기 때문에 전쟁의 결과를 자랑스럽게 여기는 것이 아니라 훌륭한 대의를 내세운 전쟁에만 참전하기 때문에 자랑스럽다고 말했습니다.

카르타고가 시칠리아의 메사나를 공격했기 때문에 당신들은 카르타고 인을 당신의 적으로 만들었습니다. 필리포스가 아테네를 공격하여 그리스를 노예로 만들려 했고 또 한니발에게 돈과 군대를 지원했기 때문에 로마의 적으로 여겼습니다. 안티오코스는 아이톨리아 인들이 불러서 그리스에 왔는데 그로 인해 로마의 적이 되었습니다. 그들이 먼저 움직였고 왕이 친히 함대를 이끌고 그리스로 건너왔습니다. 안티오코스는 데메트리아스, 칼키스, 테르모필라이 고개를 점령했고 로마로부터 제국의 소유 영지를 빼앗으려 했습니다. 페르세우스는 로마의 동맹국들을 공격했고 여러 국가나 민족들의 왕자와 지도자들을 암살했기 때문에 로마의 적이 되었습니다.

여기서 저희가 물어보고 싶은 것은 이런 것입니다. 만약 우리가 거꾸러져야 한다면 그렇게 되어야 할 이유가 무엇입니까? 우리는 지금 우리 도시의 사례를 동료 시민들인 폴리아라토스와 디논과 구분하려 하거나, 우리가 로마에게 넘겨주기 위해 데리고 온 사람들과 구분하려고 하는 것이 아닙니다. 만약 모든 로도스 인들이 똑같이 죄를 지었다면 이 전쟁과 관련하여 우리에게 내려질 혐의는 무엇입니까? 그것은 우리가 페르세우스를 지원했다는 것일 겁니다. 우리가 안티오코스와 필리포스와의 전쟁에서 로마 편을 들었던 것처럼, 이 경우에 우리는 로마에 맞선 왕의 편을 들었습니다.

그런데 우리가 동맹을 돕는 방식이나 적극적으로 전투에 임하는 태도 등에 대해서는 로마의 아시아 함대 사령관을 역임했던 가이우스 리비우스나 루키우스 아이밀리우스 레길루스에게 물어보면 좋을 것입니다. 로마의 함선이 해전을 벌이는 곳에 우리 로도스의 군함도 반드시 가세했습니다. 우리는 로도스의 함대를 이끌고 먼저 사모스에서 싸웠고 그 다음 해 팜필리아 근해에서 한니발 휘하의 함대와 싸웠습니다. 이 후자의 승리는 우리에게 커다란 자부심의 원천입니다. 우리는 사모스 패전에서 우리의 함선 상당수와 젊은 병사들을 많이 잃었지만 그런 위중한 참사에도 굴하지 않고 시리아에서 다가오는 왕의 함대와 맞서기 위해 씩씩히 바다로 나아갔습니다. 나는 자랑을 하기 위해 이런 과거의 사건들을 꺼내드는 게 아닙니다. 현재 우리의 곤란한 처지는 그런 자랑을 용납하지 않습니다. 단지 과거에 로도스가 로마를 지원했다는 사실을 여러분들에게 알려드리기 위함입니다.

23. 로마가 필리포스와 안티오코스를 상대로 승리를 거둔 후에 우리가 로마로부터 받은 보상은 아주 풍성했습니다. 만약 현재 로마가 신들의 가호와 로마의 용맹한 군사력 덕분에 누리고 있는 행운이 페르세우스에게 돌아가서 우리가 마케도니아로 왕을 찾아가 보상을 요구해야 한다면, 우리 자신을 위해 어떤 것을 말할 수 있겠습니까? 돈과 군량미를 제공하여 그를 도왔다는 사실? 지상과 해상에서 병력을 제공했다는 사실? 우리가 어떤 요새를 단단히 지키고 있었다고 말하겠습니까? 왕의 장군의 지휘든 우리 로도스 장군의 지휘든 어디서 우리가 싸웠다고 말할 수 있겠습니까?

만약 왕이 우리 병사들이 언제 왕의 군대에 합류했으며, 우리의 함선이 언제 왕의 함대에 가세했느냐고 묻는다면 우리가 어떤 대답을 할 수 있겠습니까? 어쩌면 우리는 지금 여러분 앞에서 재판을 받는 것처럼 승리를 거둔 왕 앞에서 우리 자신을 변명하느라고 급급할 것입니다. 우리가 평화를 추구하면서 양측에 사절단을 파견한 결과는, 우리가 그 어느 쪽으로부터도 호의를 얻지 못한 것이기 때문입니다. 실제로 우리는 로마를 상대로는 우리 자신을 위태롭게 했고 그리하여 지금 맹비난을 당하고 있습니다.

페르세우스는 우리를 비난할지 모릅니다. 하지만 의원 여러분은 우리를 비난하지 못합니다. 전쟁 초기에 우리는 로마에 사절단을 보내어 전쟁 수행에 필요한 물자를 제공하겠다는 약속을 했고, 또 예전의 전쟁 때처럼 배, 무기, 전투 병력 등의 요구를 모두 들어주겠다고 확약했기 때문입니다. 우리가 이런 필요한 물자를 공급하지 못한 것은 당신들의 잘못 때문입니다. 무슨 이유에서인지 당신들은 이번에는 우리의 지원 제안을 일축했던 것입니다. 이것은 우리가 로마의 적처럼 행동한 게 없으며 또 충성스러운 동맹으로서 의무를 저버린 것도 없음을 보여줍니다. 우리가 의무를 이행하지 못한 것은 당신들이 막았기 때문입니다.

당신들이 이렇게 말하는 게 귀에 들려옵니다. '무슨 소리야, 로도스 인들, 당신들이 이제 와서 후회하는 말이나 행동이 로도스에서는 벌어지지 않았다는 거야? 로마 사람들이 분개할 짓은 전혀 하지 않았다는 거야?' 이런 질문에 대한 답변으로, 나는 이미 벌어진 일들에 대해서는 변명하지 않겠습니다. 나는 그럴 정도로 정신이상은 아닙니다. 저는 국가에 대한 변명을 죄를 지은 개개 시민들의 문제와는 구분하고자 합니다.

모든 사회에는 예외 없이 무원칙한 시민들이 있고 언제나 바보 같은 군중이 있습니다. 심지어 로마 시에서도 군중에 영합하면서 사악한 계획을 실행하려고 하는 자들이 있다는 얘기를 들었습니다. 때때로 평민들은 정부를 따르지 않고 제멋대로 떨어져 나가고 그리하여 지도자들은 국가를 제대로 통제하지 못합니다. 이런 일이 로마처럼 잘 단속되고 질서정연한 사회에서도 벌어지는 것이라면, 우리들 중에 왕의 호의를 추구하여 그릇된 제안으로 평민들을 타락시키는 자가 있었다는 게 그리 놀라운 일입니까? 하지만 이런 자들조차도 우리가 동맹으로서 이행해야 할 의무를 어느 정도 태만하게 만든 것 이외에 그 이상의 성공을 거두지는 못했습니다.

나는 이 전쟁과 관련하여 우리에게 퍼부어진 가장 심각한 비난을 그냥 지나치지 않겠습니다. 우리는 실제로 평화를 추구하면서 로마와 페르세우스에게 동시에 사절단을 파견했습니다. 그것은 불운한 계획이었습니다. 그리고 나중에 우리가 들은 바에 의하면, 그 계획의 대표로 행동한 미친 자에 의한 아주 어리석은 정책으로 판명되었습니다. 왜냐하면 그자는 로마에서 안티오코스 왕과 프톨레마이오스 왕이 서로 교전하지 못하게 할 목적으로 파견한 가이우스 포필리우스나 되는 것처럼 굴었기 때문입니다. 하지만 이런 어리석은 행동—그것을 오만함이라고 해야 할지 어리석음이라고 해야 할지 불분명합니다만—이 로마와 페르세우스 앞에서 동시에 노출되었습니다.

그런데 국가의 성격이라는 것이 개인의 그것과 비슷합니다. 어떤 사람은 화를 잘 냅니다. 어떤 사람은 담대하지만 어떤 사람은 소심합니다. 어떤 사람을 술을 너무 많이 마시는가 하면 어떤 사람은 여색을 밝힙니다. 아테네 사람들은 전반적으로 성급하고 자신의 능력 이상으로 모험에 나선다는 평판이 있습니다. 반면에 스파르타 사람들은 성공을 확신하는 일에서조차 첫 걸음을 떼는 것이 어렵고 망설인다고 합니다. 나는 아시아 전역이 이런 무책임한 성격을 만들어냈고,

우리가 허세를 부리는 경향이 있다는 사실을 부정하지 않겠습니다. 우리 로도스 사람들은 우리 자신이 이웃 지역의 다른 국가들에 비하여 뛰어난 입장에 있다고 생각하기 때문에 그렇습니다. 물론 우리가 그런 탁월한 지위를 갖게 된 것은 우리 자체의 국력 때문이 아니라 로마가 우리에게 베풀어준 명예와 로마가 우리에 대해서 갖고 있는 의견 때문에 그렇게 된 것입니다.

아무튼 그런 오만한 지시 사항을 받아들고 로마를 방문한 로도스 사절단에게 바로 그 자리에서 따끔한 지적이 가해졌습니다. 그 당시 로도스 사절단은 그런 오만함에 대하여 굴욕의 죗값을 아주 조금밖에 치르지 않았습니다. 그러나 지금 로마를 찾아온 로도스 사절단은 이처럼 가련한 상태로 애원을 하고 있고 잘못을 깊게 뉘우치고 있으므로, 설령 과거의 실제 사절단보다 더 오만한 사절단이 그 당시 로마를 왔다고 할지라도, 이것으로 충분히 참회가 되리라고 생각합니다. 오만함, 특히 오만한 언사는 황급한 성격을 가진 사람이 가장 화를 내는 것입니다. 그러나 지각 있는 사람이라면 그런 언사에 웃음을 터트립니다. 특히 열등한 자가 우수한 자를 향하여 그런 말을 지껄이면 더욱 웃음거리가 됩니다. 그 누구도 그런 오만한 언사를 한 자를 사형에 처해야 한다고 생각하지 않습니다. 물론 로도스 인이 겁 없이 로마 인을 경멸할 수도 있습니다! 어떤 사람들은 심지어 신들을 상대로 지독한 욕설을 퍼붓기도 합니다. 그렇지만 그것 때문에 벼락을 맞았다는 얘기는 들어본 적이 없습니다.

24. 그러니 우리가 속죄해야 할 죄악으로 남아 있는 것이 무엇입니까? 우리로서는 로마를 상대로 호전적 행동을 한 것도 없습니다. 지난번 사절단의 허풍스러운 언사는 사람들의 귀를 불쾌하게 했을 뿐 국가를 망친 것은 아니었습니다. 원로원 의원님들, 우리의 암묵적

편파성 때문에 발생한 손해를 당신들 사이에서 평가하고 있다는 얘기를 들었습니다. 당신들 중 일부 의원들은 우리가 왕을 지원하면서 그가 이기기를 바랐기 때문에 로도스를 상대로 군사적 행동에 나서야 한다고 주장합니다. 다른 의원들은 로도스가 그런 편파적 생각을 한 것은 사실이지만 그것 때문에 군사적 응징을 해서는 안 된다고 확신합니다. 그 어떤 사회가 되었든 법률적으로나 관습적으로, 적의 죽음을 머릿속으로 소망했으나 그걸 실천에 옮기지 않은 자에게 사형을 선고해야 한다고 하지는 않습니다.

우리를 징벌하지는 않겠지만 비난마저 면제해 줄 수는 없다는 사람들에게 우리는 고마움을 느낍니다. 하지만 이것은 우리가 우리 자신에게 부과한 법입니다. 만약 로도스 사람 전원이 우리가 비난받은 그런 행위로 비난을 받는다면—우리는 생각과 행동을 구분하지 않겠습니다—우리는 전원 징벌을 받을 것입니다. 그러나 우리의 지도자들 중 일부가 로마를 지지하고, 다른 지도자들은 왕을 선호했다면, 왕을 지지했던 자들이 로마 편을 들었던 사람들 덕분에 무죄 처리가 되어야 한다고 주장하는 건 아닙니다. 단지 우리가 그런 자들 때문에 죽는 일은 없게 해달라는 것뿐입니다.

의원 여러분은 그런 자들에 대하여 우리 로도스 사람들이 느끼는 것 같은 그런 강한 적개심은 느끼지 못할 것입니다. 그자들은 이런 사실을 알기 때문에 해외로 도망을 치거나 자결을 했습니다. 그 외에 우리에 의해 단죄된 자들은 로마에 넘겨질 것입니다.

원로원 의원님들, 우리는 이 전쟁에서 당신들로부터 감사 인사를 받을 정도의 일은 하지 못했습니다. 그렇다고 해서 처벌을 받을 정도의 일을 한 것도 없습니다. 우리가 과거에 쌓아올린 봉사의 공덕이 우리가 현재 의무를 게을리한 것을 상쇄하게 해주십시오. 로마는 근년에 들어와서 세 왕을 상대로 전쟁을 벌였습니다. 우리가 마지막 전쟁에서 실패한 것이 그 앞의 두 번의 전쟁에서 로마를 위해 싸운 공적을 압도하지 않게 해주십시오. 우리의 심판과 관련하여 필리포스, 안티오코스, 페르세우스를 세 표라고 해 보십시다. 앞의 두 표는 우리를 무죄 방면시켜 줄 것이지만, 마지막 한 표는 의심스럽습니다. 만약 세 번째 표가 더 무게가 나간다면 우리는 유죄 판결이 날 것입니다. 그 왕들이 우리의 재판관이라면 말입니다.

그렇지만 원로원 의원님들, 이 재판에서 재판관은 왕들이 아니라 여러분들입니다. 로도스가 지구상에서 계속 존속할 것이냐, 아니면 뿌리와 줄기까지 모두 파괴될 것이냐, 이것을 결정할 분은 여러분들입니다. 존경하는 의원님, 여러분들이 심의하는 것은 전쟁의 문제가 아닙니다. 여러분들은 우리에게 전쟁을 선포할 수는 있으나 전쟁을 수행할 수는 없습니다. 왜냐하면 로도스의 단 한 사람도 로마를 상대로 무기를 들지 않을 것이기 때문입니다.

만약 당신들이 끝까지 분노를 풀지 않는다면 우리는 이 운명적인 회담 결과를 고국에 전할 것입니다. 그러면 로도스에 있는 모든 자유인 남녀들은 그들의 돈을 가지고 배에 오를 것입니다. 우리는 집과 신전을 버리고 로마로 건너올 것입니다. 그리고 민회와 원로원 앞에다 국가의 것이든 개인의 것이든 우리의 금과 은을 모두 쌓아올리고 우리의 신병과 우리 처자식의 신병을 모두 여러분의 처분에 맡길 것입니다.

우리가 받아야 할 처벌을 달게 받겠습니다. 그래도 우리의 도시가 불타고 노략질 당하는 것은 보지 않아서 다행입니다. 로마 인들은 로도스가 국가의 적이라고 판결을 내릴 수 있을 것입니다. 하지만 우리도 우리 자신에 대하여 판결을 내릴 권리가 있습니다. 그리하여 우리는 우리가 로마의 적이었다고 결코 판결을 내리지 않을 것이며 로마를 향하여 적대적인 행위도 하지 않을 것입니다. 우리가 상상을 초월하는 재앙을 당한다고 하더라도 말입니다."

25. 이러한 취지의 연설을 마친 후 사절단은 한 사람처럼 일제히 땅바닥에 몸을 던지며 간원했다. 동시에 손에 든 올리브 가지를 흔들어댔다. 곧 그들은 일으켜 세워졌고 원로원 건물을 떠났다. 이어 표결에 들어갔다. 로도스에 대하여 철저한 적개심을 갖고 있는 사람들은 집정관, 법무관, 부사령관 등으로 마케도니아 전쟁에 가담한 사람들이었다. 로도스를 가장 적극적으로 응원한 사람은 마르쿠스 포르키우스 카토였다. 그는 타고난 성질이 사납기로 유명한 사람이었지만 이 경우에는 점잖고 인간적인 원로원 의원이었다. 나는 여기에다 이 웅변가가 한 연설을 그대로 끼워 넣지는 않겠다. 그가 한 연설은 문서로 후대에 전해지고 있으며 그의 저서 『초기 로마사』 제5권에 들어 있다. 로도스 인들에게 내려진 답변은 그들을 적으로 간주하는 것도 아니고 그렇다고 해서 우방으로 간주하는 것도 아니었다.

필로크라테스와 아스티메데스가 이 사절단의 대표였다. 사절단 중 일부는 필로크라테스와 함께 로도스로 귀국하여 임무 보고서를 제출하기로 되었고, 나머지는 아스티메데스와 함께 로마에 남아서 로마 당국의 현재 상황을 파악하여 본국에 보고하기로 되었다. 우선 로마 당국은 로도스 지사들이 지정된 날짜 전에 리키아와 카리아로부터 철수하라고 명령을 내렸다. 이 명령은 그 자체로는 견디기 어려운 것이었으나, 그것이 로도스에 알려지자 곧 환희의 분위기로 바뀌었다.

로도스 인들은 그보다 더 큰 재앙—그들은 전쟁을 예상했다—을 피할 수 있게 되었기 때문이다. 따라서 그들은 즉각 황금 2만 조각의 왕관을 만들기로 의결되었고 함대 사령관 테오도토스가 이 임무에 선정되었다. 그들은 로마 인들에게 동맹국으로 받아달라고 요청할 생각이었다. 하지만 이 문제에 대하여 그들의 민회에서 결의된 것은 없었고 또 문서로 적어놓은 것도 없었다. 만약 그 요청이 거부당할 경우, 그런 것들은 로도스 사람들의 굴욕을 더욱 심화시킬 것이기 때문이다. 따라서 민회에서는 아무런 결의를 내리지 않은 채 함대 사령관에게 이 문제를 협상하는 전권을 부여했다.

사실 로도스 사람들은 지난 여러 해 동안에 동맹 조약으로 자신들을 구속하지는 않으면서 로마와의 우호적 관계를 유지해 왔다. 이런 방침을 세운 유일한 이유는 로도스에 무슨 문제가 생기면 왕들이 도움을 줄지 모른다는 희망과, 왕들의 호의나 행운으로부터 로도스가 이익을 얻을 수도 있다는 희망을 갖고 있었기 때문이다. 하지만 이번에는 무슨 수를 써서라도 로마의 동맹이 되어야 한다고 생각한 듯하다. 다른 사람들에 대하여 로도스 자신을 안전하게 만들어야겠다는 생각보다는—그들은 로마를 제외하고 그 누구도 두려워하지 않았다—로도스에 대한 로마의 의심을 해소하는 것이 무엇보다 급선무였기 때문이다.

이 무렵 카우니아 인들이 로도스를 상대로 반란을 일으켰고 밀라사가 에우로모스 인들의 도시들을 점령했다. 로도스 사람들이 이 당시 어려운 상황에 있기는 했지만 그러한 사태 발전의 의미를 깨닫지 못할 정도는 아니었다. 만약 로마 인들이 리키아와 카리아를 가져가고, 나머지 섬들이 반란으로 떨어져 나가거나 이웃 국가에 의해 점령이 되어버린다면, 로도스는 척박한 땅의 작은 섬에 갇히는 꼴이 될 것이고, 그런 상황에서는 대도시의 조밀한 인구를 먹여살리지 못할 것이었다. 그리하여 로도스는 신속히 군대를 파견하여 카우니아 인들의 반란을 진압하고 로도스의 지배 아래 다시 붙들어 두었다. 로도스는 이 때 키바라 사람들로부터 군사적 지원을 받았다. 밀라사는 알라반다와 힘을 합쳐 로도스로부터 에우로모스의 영토를 탈취한 바 있으나 오르토시아 근처의 전투에서 로도스에게 패배했다.

26. 아시아에서 이런 일이 벌어지고, 마케도니아와 로마에서 위에 언급한 사건들이 발생하는 동안에, 일리리쿰에 나가 있던 루키우스 아니키우스는 위에서 서술한 바와 같이 겐티우스 왕을 포로로 잡았다. 그 후에 아니키우스는 왕의 수도인 스코드라에 수비대를 설치하고 가비니우스를 대장으로 임명했다. 그리고 가이우스 리키니우스는 전략적으로 중요한 도시인 리존과 올키니움을 맡게 했다. 이 두 사람에게 일리리쿰 지역을 맡긴 후, 아니키우스는 나머지 군대를 이끌고 에피로스로 들어갔다.

그곳에서 파노테가 그에게 항복한 최초의 도시가 되었다. 도시의 전 주민들이 머리에 리본을 두른 채 성 밖으로 나와 그를 환영했다. 그는 거기에 수비대를 남겨두고 몰로시스로 가서, 파사론, 테크몬, 필라케, 호레움을 제외한 나머지 모든 도시들의 항복을 받았다. 이어 저항하는 첫 번째 도시인 파사론에 군대를 투입했다.

그 도시의 최고 지도자는 안티노스와 테오도토스였는데 페르세우스를 지지하고 로마를 미워하는 것으로 유명한 인물들이었다. 자신들의 개인적 잘못을 의식하고 있는데다 사면을 받을 가능성은 전혀 없었으므로, 그들은 도시의 성문을 철저히 닫아걸게 했다. 도시가 함락하면 도시와 함께 죽을 생각이었던 것이다. 그들은 시민들에게 노예가 되기보다는 차라리 죽음을 선택하라고 강요했다. 시민들은 이처럼 고압적인 지도자들에 맞서서 입도 벙긋할 생각조차 하지 못했다. 그러나 잠시 시간이 흐른 뒤, 그들 못지않게 지체 높은 가문 출신의 청년인 테오도토스가 두 지도자에게 반대하는 발언을 하고 나섰다. 도시의 지도자들의 압박을 눌러 이길 만큼 로마 인에 대한 두려움이 극심했던 것이다.

"이것이 도대체 무슨 정신 나간 짓이란 말입니까? 왜 온 도시를 두 명의 개인이 저지른 죄의 부속물로 만들고 있습니까? 나는 그들의 국가를 위해 스스로 죽음을 맞이하는 사람들에 대한 얘기를 종종 들었습니다. 그런데 여기에 그들의 조국이 그들을 위해 죽어야 한다고 얘기하는 최초의 사례가 나타났습니다! 왜 우리는 성문을 활짝 열고 온 세상이 받아들인 로마 제국의 힘을 받아들이지 않습니까?"

거기에 모인 군중이 그 연사의 말에 동의하자 안티노스와 테오도토스는 로마 군의 최고 외곽 초소를 향해 달려 나가면서 투척 무기의 표적이 되었다. 곧 투창이 날아와 그들을 처치했다. 도시는 로마 군에게 항복했다. 테크몬의 지도자인 케팔로스도 이와 비슷한 고집을 부리면서 성문을 걸어 잠그게 했다. 그러나 케팔로스는 살해되었고 테크몬은 자발적으로 항복했다. 필라케와 호레움은 로마 군의 공격에 맞서 저항하지 않았다.

에피로스가 진압되고 로마 군이 여러 편리한 도시들에서 겨울 숙영에 들어가자 아니키우스는 일리리쿰으로 돌아왔다. 그는 휘하 주둔 지역의 주요 지휘관들을 불러 모아 스코드라에서 회의를 개최했다. 그곳에는 로마에서 보낸 다섯명의 조사위원단이 도착해 있었다. 이 회의에서 나온 결의안에 따라, 그는 공식 지휘단에 앉아서 로마 원로원과 민회가 일리리아 사람들에게 자유를 하사했다고 선언하고서, 앞으로 모든 도시, 요새, 축성 지역으로부터 로마의 수비대는 철수할 것이라고 밝혔다. 자유와 함께 조세면제의 혜택이 이사 사람, 타울라틴 사람, 그리고 다사레티 사람들 중에서는 피루스타이 인, 그 외에 리존과 올키니니움 사람들에게 부여되었다. 이들은 겐티우스가 아직 패배하지 않은 상황에서 로마의 동맹으로 돌아섰기 때문이다.

다오르시 사람들 또한 조세 면제 혜택을 부여받았는데 카라반티우스에게서 이탈하여 그들의 무기를 가지고 로마 군에 귀순해 왔기 때문이다. 스코드라 사람, 다사렌세스 사람, 셀레피타니 사람, 나머지 일리리아 사람 등에게 부과된 세금은 그들이 전에 왕에게 바치던 금액의 절반이었다. 아니키우스는 이어 일리리쿰을 세 지역으로 나누었다. 첫 번째 지역은 피사 위쪽에 있는 지구였고, 두 번째는 라베아타이 사람들이 거주하는 모든 지구이고, 세 번째는 아그라보니타이, 리존, 올키니움, 그리고 그들의 이웃들이 사는 지구였다. 이렇게 일리리쿰을 분할하는 계획을 발표한 후에 아니키우스는 그곳에서 에피로스로 갔고, 이어 파사론에서 겨울 숙영에 들어갔다.

27. 이런 일들이 일리리쿰에서 벌어지던 때에 파울루스는 로마로부터 돌아와 있던 아들 퀸투스 막시무스를 파견하여, 10명의 조사위원단이 도착하기 전에 아이기니움과 아가사이를 약탈하게 했다. 아가사이가 이런 조치를 당하게 된 것은, 그들이 고향 도시를 자발적으로 집정관 마르키우스에게 바치면서 로마에게 동맹 관계를 요청한 이후에 또다시 배반하여 페르세우스 편으로 넘어갔기 때문이었다. 아이기니움은 최근에 저지른 잘못이 문제가 되었다. 그 도시의 사람들은 로마 군이 승리를 거두었다는 소식을 믿지 않고 그 도시에 들어온 로마 병사들을 마치 적을 대하는 것처럼 폭력을 가했다. 파울루스는 루키우스 포스투미우스를 보내 아이니 사람들의 도시도 약탈하게 했다. 그곳 주민들은 이웃 도시 국가들에 비하여 더욱 거세게 저

항을 해왔기 때문이다.

이제 계절은 가을로 바뀌었다. 파울루스는 이 계절 동안에 그리스 전역의 명소들을 둘러볼 계획을 세웠다. 사실 그런 명소들이란 곳은 소문상 아주 인상적인 장소라고 알려져 있으나 막상 가서 보면 그 소문만큼 인상적이지 못한 곳이 대부분이다. 그는 가이우스 술피키우스 갈루스를 진지의 지휘관으로 임명하고, 아들 스키피오와 에우메네스 왕의 동생 아테나이우스를 개인 경호원으로 삼고 그 외에 소수의 수행원들만을 데리고 길을 나섰다. 그는 테살리아를 경유하여 신탁의 장소로 전 세계에 널리 알려진 델포이로 갔다. 그곳에서 그는 아폴로 신에게 희생 제사를 올렸다. 아폴로 신전의 입구에는 기둥들이 세워져 있었는데 페르세우스 왕의 조각상을 그 위에 올려놓을 의도로 세워놓은 것들이었다. 페르세우스를 정복한 파울루스는 그 기둥에다 자신의 조각상을 올려놓도록 조치했다.

파울루스는 레바디아에서 유피테르 트로포니우스의 신전을 방문했다. 그곳에서 그는 동굴의 입구를 보았는데 신탁을 받고자 하는 자들은 그 입구를 통하여 동굴 안으로 들어가 신들에게 질문을 제시했다. 그 후 그는 그곳에 성소를 두고 있는 유피테르와 헤르키나에게 희생 제사를 올렸다. 파울루스는 이어 칼키스로 내려가 에우리포스 강의 풍경과, 에우보이아라는 큰 섬이 다리에 의해 육지와 연결되어 있는 광경을 보았다. 그는 칼키스에서 5km 떨어져 있는 아울리스로 건너갔는데, 그곳은 전 세계적으로 명성이 높은 항구였다. 아주 오래전에 아가멤논 휘하의 수천 척 전함들이 정박했던 곳이었다. 아울리스에는 디아나 신전이 있었다. 이 왕 중 왕(아가멤논)은 자신의 딸을 이 신전에 희생 제물로 바침으로써 트로이로 가는 바닷길이 열리기를 기원했다.

파울루스는 그곳에서 아티카의 오로포스로 건너갔다. 그곳은 고대의 예언자(암피아라오스)가 신으로 경배되었고 또 오래된 성소가 있는 곳이었다. 성소 주위는 샘과 시냇물이 둘러싸고 있어서 아주 시원했다. 그곳에서 파울루스는 아테네로 갔는데, 이곳 역시 고대의 명성을 한 몸에 받고 있는 곳이었다. 그 외에도 그 도시는 가볼 만한 관광 명소들이 많았다. 아크로폴리스, 항구, 피라이오스를 도시와 연결시켜 주는 성벽, 부두, 위대한 장군들의 기념비 등이 그런 곳이었다. 특히 신들과 인간들의 조각상은 모든 종류의 재료를 활용하여 잘 만들어진 것들로서 모든 예술 양식의 모범이 되는 것들이었다.

28. 아테네에서 아크로폴리스의 주신인 미네르바(아테나)에게 희생 제사를 올린 후, 파울루스는 코린토스로 출발하여 이틀 만에 도착했다. 그 도시는 아직 파괴되기 이전의 시절이었으므로 뛰어난 아름다움을 과시했다. 성벽 안에 있는 요새는 까마득한 높이로 솟아올랐고 샘물이 풍부했으며, 그 비좁은 폭의 지협은 인근 바다를 동쪽과 서쪽으로 나누어 놓았다. 그곳에서 파울루스는 두 유명한 도시인 시키온과 아르고스를 방문했고, 이어 에피다우로스로 건너갔다. 이 도시는 부에 있어서는 다른 도시들의 상대가 되지 못했으나 도시로부터 8km 떨어진 곳에 있는 아이스쿨라피우스의 유명한 신전으로 널리 알려져 있었다. 이 신전은 오늘날 과거의 풍성했던 선물들이 모두 떨어져 나간 상태로 있다. 그러나 파울루스 당시에는 병든 사람들이 자신의 질병을 치료하여 건강을 되돌려준 신들에게 감사 표시로 바친 선물들이 아주 풍성하게 진열되어 있었다.

이어 파울루스는 스파르타를 방문했다. 이 도시는 화려한 건물로 유명한 곳은 아니었으나 그 엄격한 훈련과 사회적 제도(制度)로 유명한 곳이었다. 그곳에서 그는 메갈로폴리스를 경유하여 올림피아로 올라갔다. 그는 올림피아에서 직접 가서 볼 만한 가치가 있는 명소들을 많이 보았다. 그는 유피테르(제우스)의 현신인 것 같은 신상(神像)을 보고서 깊은 감동을 받았다. 그래서 그는 다른 신전에서보다 더 많고 풍성한 희생 제물을 바치라고 명령했다. 그 모습은 마치 그가 로마의 카피톨리움 언덕에 올라 희생 제사를 바치는 것과 흡사했다.

파울루스는 그리스 여러 지역을 여행하면서 페르세우스를 상대로 한 전쟁과 관련하여 개인들이나 도시 국가들의 감정을 묻는 일은 하지 않았다. 혹시라도 보복을 두려워하고 있을지 모르는 동맹국들의 심기를 흔들어놓고 싶은 생각은 없었기 때문이다. 그는 데메트리아스로 돌아오는 길에 지저분한 상복을 입은 아이톨리아 인 군중을 만났다. 그가 놀라면서 이게 대체 무슨 일이냐고 묻자 그들은 로마 군에 대하여 이런 고소를 해왔다. 550명의 지도자급 인사들이 리키스쿠스와 티시푸스에 의해 살해되었고, 의사당은 수비대장인 아울루스 바이비우스가 보낸 로마 병사들로 포위되었다는 것이었다. 또 여러 사람들이 추방을 강요당했고 죽거나 추방당한 사람들의 재산은 몰수가 되었다는 호소였다. 파울루스는 고소당한 자들은 암피폴리스로 출두할 것을 지시했다. 이어 그는 데메트리아스로 가서 그나이쿠스 옥타비우스를 만났다. 이어 10명의 조사위원단이 그 무렵 바다를 건넜다는 보고서가 그에게 도착했다. 그래서 그는 모든 업무를 중단하고 그들을 맞이하러 아폴로니아로 갔다.

아폴로니아에 도착하니, 페르세우스가 하루 거리인 암피폴리스에서 그를 만나러 왔다. 당시 그는 모든 감시에서 해방되어 있었다. 파울루스는 친절하게 왕을 대했다. 그러나 암피폴리스에 있는 집정관 진지에 도착해서는 페르세우스를 그토록 자유롭게 놓아두어서 그 일대를 돌아다니게 한 가이우스 술피키우스를 크게 질책했다. 또 병사들이 도시 성벽의 타일을 벗겨내어 그들의 겨울 숙영지 지붕을 만드는데 사용하도록 방치한 일에 대해서도 술피키우스를 꾸짖었다. 그는 떼어낸 타일을 도로 원위치시켜 성벽의 벗겨진 부분을 원래 상태대로 복구할 것을 지시했다. 그는 페르세우스와 그의 아들 필리포스를 아울루스 포스투미우스에게 넘겨서 잘 감시하도록 했다. 그는 페르세우스의 딸과 어린 아들을 사모트라키아에서 암피폴리스로 데려왔다. 그는 이들을 자유민 취급을 하면서 모든 면에서 우대했다.

29. 파울루스는 지정된 날짜까지 각 도시 별로 10명의 지도자가 암피폴리스로 출두하라고 명령했다. 정해진 날짜까지 서로 다른 장소들에 보관 중인 모든 공식 문서들을 하나로 취합할 것이며, 왕의 돈을 모두 제출하라는 지시도 함께 내렸다. 지정된 날짜가 도래하자 집정관은 10명의 조사위원들을 대동하고 공식 집정관석에 앉아 회의를 진행했다. 그 주위는 많은 마케도니아 인 군중이 둘러쌌다. 마케도니아 사람들은 왕의 권력에는 익숙해져 있었다. 그렇지만 이 새로운 권력자의 모습은 그들에게 두려움을 불러일으켰다. 집정관의 재판석, 길을 만든 후에 등장하는 집정관의 입장, 전령, 수행원 등은 그들의 눈과 귀에 낯선 것들이었고, 정복당한 적들은 말할 것 없고 심지어 동맹국들마저도 겁먹게 하는 위압적인 광경이었다.

전령이 좌중에 정숙을 명하자, 파울루스는 원로원의 결정을 라틴어로 말했고, 뒤이어 참모 회의에서 건의된 그 자신의 결정을 말했다. 현장에 함께 있었던 법무관 그나이우스 옥타비우스가 그 성명을 그리스어로 번역하여 마케도니아 사람들에게 전했다.

그 결정사항은 다음과 같았다: 우선 마케도니아 인들에게 자유가 허용될 것이고 그들의 도시와 영토를 예전처럼 지키고, 그들 자신의 법률을 따르고, 해마다 그들의 행정관들을 선출할 수 있다. 그들은 예전에 왕들에게 납부했던 세금의 절반 금액을 로마에 납부한다. 그 다음에 마케도니아는 다음 4개 지역으로 분할되어야 한다.

첫 번째 지역은 스트리몬 강과 네소스 강 사이에 있는 땅이다. 이 땅에다 네소스 강을 건너 동쪽으로, 페르세우스가 보유했던 마을, 요새, 도시들도 추가된다. 단, 아에노스, 마로네아, 아브데라는 예외적으로 추가되지 않았다. 스트리몬 강을 건너 서쪽으로 헤라클레아(헤라클레아 신티케라고 불리는 곳)를 포함하는 비살타이의 모든 땅도 여기에 추가된다.

두 번째 지역은 동쪽으로는 헤라클레아 신티케와 비살타이를 제외한 스트리몬 강에 면한 땅과, 서쪽으로는 악시오스 강까지의 땅이다. 이 지역에는 악시오스 강 동쪽 둑에 사는 파이오니아 사람들의 땅도 포함된다.

세 번째 지역은 동쪽으로는 악시오스 강에 둘러싸이고 서쪽으로는 페네오스 강에 둘러싸인 땅이다. 북쪽으로는 보라 산이 경계를 이룬다. 이 지역에는 악시오스 강의 서쪽 둑을 따라 펼쳐진 파이오니아 지역도 포함된다. 또한 에데사와 베로이아도 이 지역에 포함된다.

네 번째 지역은 보라 산 너머의 땅이다. 이 지역의 한 면은 일리리쿰에 면하고 다른 면은 에피로스에 면한다. 각 지역의 행정 수도는 다음과 같다. 제1 지역은 암피폴리스, 제2 지역은 테살로니카, 제3 지역은 펠라, 제4 지역은 펠라고니아. 집정관은 각 지역의 국무회의는 이 행정수도에서 개최되어야 하고, 세금도 이 수도에 납부하고 또 행정관들을 선출하라고 지시했다.

그 다음에 집정관은 시민들은 각자 소속 지역 이외의 곳에서는 결혼이나 토지와 건물의 거래를 하지 못한다고 선언했다. 금광과 은광은 운영되어서는 안 되고 철과 구리의 광산은 운영을 허가하되 이 광산들에서 나오는 세금은 예전에 왕에게 바쳤던 것의 절반으로 한다고 말했다. 그는 수입된 소금의 사용을 금지했다. 다르다니아 인들이 파이오니아가 예전부터 그들의 땅이었고 또 배정된 지역의 인근에 있으므로 그 땅의 회복을 요청하자, 파울루스는 페르세우스 왕의 지배를 받던 모든 사람들에게 자유가 부여되었다고 선언했다.

그러나 집정관은 그들에게 파이오니아 땅의 회복을 거부하면서 그들에게는 소금을 수입할 수 있는 권리를 주었다. 그는 제3 지역에게 소금을 파이오니아의 스토비에게 수송하라고 지시하고 이 상품의 가격을 고정시켰다. 그는 마케도니아 인이 배를 건조할 목적으로 나무를 베는 것을 금지시켰고 다른 사람을 시켜서 배를 건조하는 것도 안 된다고 말했다. 국경 지대에 야만인들이 살고 있는 지역들—제3 지역을 제외한 모든 지역들—은 국경에 무장 경비병을 세우는 것이 허용되었다.

30. 회의 첫날에 나온 공고된 이런 결정들은 다양한 감정을 불러일으켰다. 예기치 못한 자유의 부여와 연간 세금의 감경은 사람들의 사기를 높여 주었다. 그러나 각 지역들끼리 장사를 해서 먹고 살던 사람들은 그런 장사를 할 수 없게 되어 마치 필요한 사지를 네 개로 절단당한 동물이 된 느낌이 들었다. 마케도니아 사람들은 그 나라가 아주 크고, 그 영토가 손쉽게 분할될 수 있고 또 각 지역이 충분히 자급자족할 수 있다는 것을 알지 못했다.

제1 지역은 많은 장점을 누리고 있었다. 그 지역에는 일급 전사들인 비살타이 사람들이 살고 있었다. 그들은 네소스 강 너머, 스트리몬 강 근처에서 살았다. 이 지역은 다양한 종류의 곡물을 생산했고 광산을 가지고 있으며, 요충 암피폴리스는 동쪽에서 마케도니아로 들어오는 모든 접근로를 막아주는 장애물이 되었다.

제2 지역은 테살로니카와 카산드레아라는 아주 인구조밀한 도시를 갖고 있었고 그 외에 펠레네에는 비옥하고 생산성 높은 땅이 있었다. 또 토로네, 아토스 산, 아이네이아, 아칸토스 등 편리한 위치의 항구들이 있어서 바다로 나갈 수 있는 장점을 갖고 있었다. 어떤 항구들은 테살리아와 에우보이아 섬을 마주했고, 다른 항구들은 헬레스폰토스를 마주보았다.

제3 지역은 에데사, 베로이아, 펠라 등의 멋진 도시들을 가지고 있었다. 아주 정력적인 농부들인 갈리아 인과 일리리아 인들 이외에 상무적인 베티 인들도 살고 있었다.

제4 지역에는 에오르다에이, 린케스타이, 펠라고니아 사람 등이 살았다. 여기에 아틴타니아, 팀파에이스, 엘리미오티스 인들도 함께 살았다.

이런 지역들은 모두 춥고 농사를 짓기가 어렵고 땅이 척박했다. 그 주민들도 이런 땅을 닮은 성격을 갖고 있었다. 게다가 그 인근 지역에 야만족들이 살고 있어서 그 사나운 성품은 더욱 사납게 되었다. 그 야만족들은 전쟁 시에는 그 주민들에게 싸움하는 방법을 가르쳤고 평화 시에는 관습이 뒤섞이는 결과를 만들어냈다. 마케도니아의 분할은 각 지역의 장점을 분리시킨 것이기는 했지만 동시에 그 나라가 전체적으로 얼마나 큰 나라인지를 보여주었다.

31. 마케도니아 분할 계획을 이와 같이 언명한 후에, 파울루스는 그 자신이 법률을 제정하겠다는 뜻도 밝혔다. 그는 아이톨리아 사람들을 집정관석 앞으로 소환하여 심판했다. 이 심판의 주안점은 어느 쪽이 잘못했고 어느 쪽이 그 잘못으로 인해 피해를 보았는지 따지는 것이 아니라, 누가 왕을 지지했고 누가 로마 편을 들었는지 가려내는 것이었다. 그리하여 로마 편이면 사람을 죽인 자도 무죄 방면되었다.

왕을 지지했다가 추방당한 자들의 추방은 왕을 편들다 죽은 사람들과 마찬가지로 당연한 것으로 여겨졌다. 유죄 판결을 받은 것은 아울루스 바이비우스뿐이었다. 그의 혐의는 로마 병사들이 학살하는 것을 도와주었다는 것이었다.

아이톨리아 인의 재판 결과는 로마 편을 들었던 그리스 인들이나 지역의 사기를 거의 오만함에 가까울 정도로 높여주었다. 반대로 왕을 도와주었다는 혐의를 조금이라도 받는 사람들은 땅이 꺼지는 듯한 무기력을 맛보았다. 그리스 사회 내에서는 지도자 그룹이 세 계급으로 나누어져 있었다.

그 중 두 계급은 로마의 권력에 아부하거나, 왕의 호의에 빌붙어서 그들 도시를 압박함으로써 개인적 치부를 하려는 자들이었다. 중간 계급은 다른 두 계급과는 다르게 소속 사회의 자유와 법률을 수호하려는 자들이었다. 이 계급은 그들의 시민들 사이에서는 큰 인기를 누렸으나 해외 열강들에게는 좋은 인상을 주지 못했다. 이 무렵 로마의 승리로 한껏 고무되어 있던 친 로마당은 모든 행정관 자리를 독차지했고 로마에 보내는 사절단 멤버도 모두 자신들의 사람들로 구성했다. 이 사람들은 주로 펠로폰네소스, 보이오티아, 그 외의 다른 그리스 동맹 출신들로서 10인 조사위원단의 귀를 완전히 사로잡았다.

이들은 이런 보고를 했다: 허영에 빠져서 왕과의 우호적이고 친밀한 관계를 자랑했던 자들만 있는 게 아니다. 이들 이외에 은밀하게 왕의 편을 든 자들도 있었다. 이들은 자유를 수호한다는 미명 아래 동맹의 모든 행위를 반 로마적인 것으로 만들었다. 그러니 로마에 반대했던 자들을 모조리 쓸어내고, 로마의 권력을 적극 지지했던 사람들의 권위를 더욱 강화해 주지 않는다면, 이런 반(反) 로마적인 자들은 앞으로 계속하여 불충하게 행동할 것이라고 로마 조사위원단에게 보고했다.

이 사절단은 그 명단을 제출했고, 이런 식으로 고소를 당한 자들이 아이톨리아, 아카르나니아, 에피로스, 보이오티아 등에서 소환되었다. 집정관은 이들에게 편지를 보내어 그를 따라 로마로 가서 이런 고소에 대하여 답변하라고 명령했다. 아카이아의 경우, 10명의 조사위원들 중 2명이 아카이아로 가서 그 포고령을 직접 전달함으로써 그런 배신자들을 소환했다. 로마 인들이 이런 조치를 취한 데에는 두 가지 이유가 있었다.

첫째, 로마 인들은 아카이아 인들이 다른 그리스 민족에 비하여 자신감과 자부심이 한결 강하다고 생각했고 그리하여 그 명령에 따르지 않을 수도 있다고 보았다. 그렇게 된다면 칼리크라테스와 고소와 비난을 퍼부은 다른 사람들은 처지가 위태롭게 될 수 있었다.

둘째, 일부 사람들은 그들의 동맹 지도자들이 보낸 편지들—왕의 문서철에서 압수된 편지들—을 갖고 있지만, 아카이아 사람들이 보낸 편지를 안 갖고 있을 수도 있었다. 이 경우 이런 사람들에 대한 고소는 근거가 없어지는 것이었다.

아이톨리아 인들이 물러간 후에 아카르나니아 인들의 대표가 소환되었다. 그들의 경우에는 아무런 변경이 가해지지 않고 다만 레우카스가 아카르나니아 연맹으로부터 제거되는 것으로 조치되었다. 이어서 개인으로나 공인 자격으로 왕의 편을 들었던 사람들을 찾아내는 조사가 광범위하게 진행되었다. 이 조사는 아시아로 확대되었고 레스보스 섬에 있는 안티사를 파괴하고 그 주민들을 메팀나로 이동시키기 위하여 라베오가 파견되었다. 이렇게 한 이유는 그들이 부역을 했기 때문이었다. 왕의 해군 사령관인 안테노르가 휘하의 함선을 이끌고 레스보스 섬 주위를 정찰할 때 안티사 시의 사람들이 그를 항구를 맞아들여 군량미 공급을 도와주었던 것이다. 그리스의 저명인사인 안드로니코스와 네오가 단두형을 받았다. 아이톨리아 사람 안드로니코스의 아들인 안드로니코스는 아버지의 뜻을 따라 로마에 무장 저항을 했기 때문이다. 네오는 테베 시가 페르세우스와 동맹을 맺는데 주도적 역할을 했던 인물이었다.

32. 이처럼 외국인들의 문제를 조사하느라고 한동안 지체된 끝에 마케도니아 인들의 국무회의가 다시 열렸다. 마케도니아의 국제(國制)와 관련해서는, 의회 의원들(그들의 용어로는 신데리)을 먼저 선출하여 이들의 지도 아래 공공 정책을 수립하도록 했다. 이어 15세 이상의 아들을 대동하고 로마로 먼저 건너갈 마케도니아 지도자급 인물들의 명단이 낭독되었다. 이 결정은 처음에는 아주 가혹하게 보였다. 하지만 마케도니아의 일반 대중들은 곧 그것이 그들의 자유를 위해 내려진 것임을 분명하게 알게 되었다. 왜냐하면 그 명단에 오른 사람들은 왕실의 국무위원, 왕실 귀족, 군 사령관, 해군 제독, 수비대 지휘관, 왕에게는 비굴하게 아첨하고 복종하면서 남들에게는 오만한 권력을 휘둘렀던 자들이었기 때문이다.

어떤 자들은 엄청난 부자였고, 또 어떤 자들은 그 정도 부자는 아니었으나 사치스럽게 돈을 쓴 자들이었다. 그들은 모두 식사나 복장에서 왕실의 수준을 따라서 살았던 자들이고 평범한 시민의 면모는 전혀 없었으며, 자유로운 사회 내의 준법과 평등의 체제를 견딜 수 없는 자들이었다. 이렇게 하여 왕정 시절에 관직에 있었던 자, 심지어 왕실의 사절단원으로 활약했던 자 등은 모두 마케도니아를 떠나 로마로 가라는 명령을 받았다. 만약 이 명령을 위반하면 사형으로 다스린다는 포고도 내려왔다. 집정관은 마케도니아의 법률을 제정하는데 신중에 신중을 기했고, 그리하여 반포된 법률은 정복된 적에게 내리는 것이 아니라 공로가 많은 동맹국에 내리는 것처럼 보였다. 그 법률은 아주 합리적이어서 장기간 실제로 적용되어도—그 법의 타당성을 증명해주는 유일한 증거—흠결을 찾기 어려운 것이었다.

이런 심각한 업무 처리에 뒤이어 여흥 행사가 벌어졌다. 그것은 일찍이 암피폴리스에서는 거행된 적이 없는 아주 세련된 행사였다. 이 행사는 상당히 오랜 시간에 걸쳐서 준비되었다. 파울루스는 아시아의 도시들과 왕들에게 전령을 보내어 그 행사를 미리 알렸다. 또한 그가 그리스 내의 여러 도시 국가들을 방문하던 중에 주요 시민들에게 친히 알린 행사이기도 했다.

운동선수, 유명한 말[馬]들, 희생 제물을 가지고 오는 각 지역의 공식 대표들 이외에, 각종 연예 분야에서 오래 종사해온 다수의 숙련된 연예인들이 온 세상으로부터 집결했다. 신들과 인간들을 위해 마련되는 그리스 대(大) 게임에 들어가는 통상적인 요소들이 아주 대대적으로 동원되었다. 그 전시의 규모가 너무나 엄청나고 화려하여 사람들의 감탄을 자아냈을 뿐만 아니라, 잘 조직된 쇼맨십의 측면에서도 사상 유례가 없는 것이었다. 사실 로마 인들은 그 당시 이 연예 분야에서는 아직 초보자에 지나지 않았다. 공식 사절단들을 위한 향연이 제공되었고, 그 사치스러움 또한 대 게임 못지않았고 또 아주 세심하게 준비된 것이었다. 이와 관련하여 파울루스가 한 말이 사람들의 입에 많이 오르내렸다. "전쟁에서 정복할 줄 아는 사람은, 향연을 준비하고 대규모 공연 행사를 조직하는 방법도 곧 배우게 될 것이다."

33. 쇼가 공연되고 청동 방패들이 배에 선적된 후에, 각종 무기들은 넓은 들판에 산더미처럼 쌓아올려졌다. 마르스, 미네르바, 마테르 루아(로마의 파괴 신), 그리고 적에게서 빼앗은 전리품을 봉헌하는 것이 옳고 마땅한 다른 신들에게 기도를 올리고 난 후에, 총사령관이 직접

그 무기의 산더미에 횃불을 던져 불을 붙였다. 그 후 산더미 주위에 서 있던 천인대장들이 잇달아서 불붙은 횃불을 던졌다. 유럽과 아시아에서 온 많은 사람들은 부분적으로는 로마의 승리를 축하하고 또 부분적으로는 그 멋진 쇼를 보기 위해서 거기에 모였다. 또한 거기에는 해군과 육군의 많은 병사들도 모여 있었다. 자연히 물자는 아주 풍부했고 곡식도 아주 쌌다. 사령관은 이런 종류의 물건들을 많이 개인이나 도시에 나누어주면서 현장에서 당장 쓸 수 있게 했고 또 집으로 가지고 갈 수 있게 했다.

무대 위의 쇼, 사람들 사이의 경쟁, 경마 등은 암피폴리스를 찾아온 사람들을 즐겁게 만든 행사들이었다. 하지만 사람들은 마케도니아에서 빼앗은 전리품들에 대해서도 많은 관심을 보였다. 그런 전리품으로는 조각상, 그림, 직물, 황금·순은·청동·상아 등으로 만든 그릇(왕의 궁전에서 아주 힘들게 만든 것들) 등이었다. 이런 물품들은 알렉산드리아 궁전에서 흔히 볼 수 있는 물품들처럼 일시적으로 전시하기 위한 것일 뿐만 아니라 지속적으로 사용할 수도 있는 것이었다. 이 전리품은 함선에 실려서 그나이우스 옥타비우스에게 전달되었고 이어 로마로 운송될 예정이었다.

파울루스는 각국의 사절단을 정중하게 돌려보낸 후에 스트리몬 강을 건너서 암피폴리스에서 약 2km 떨어진 곳에다 임시 진지를 설치했다. 이어 그곳을 출발하여 닷새만에 펠라에 도착했다. 그 도시를 지나 펠라이움이라는 곳으로 갔고 이곳에서 이틀을 머물렀다. 파울루스는 아들 퀸투스 막시무스와 푸블리우스 나시카에게 약간의 병력을 주어서 일리리아 사람들의 영토를 파괴하라고 지시했다. 그들은 전쟁 중에 페르세우스를 도왔던 것이다. 이어 아들의 부대에 오리쿰으로 돌아와 그와 합류하라는 지시를 내렸다. 집정관 자신은 에피로스를 향해 출발하여 15일 만에 파사론에 도착했다.

34. 파사론에서 그리 멀지 않은 곳에 아니키우스의 진지가 있었다. 파울루스는 그에게 편지를 보내 집정관이 장차 취할 조치에 대하여 느낄지도 모르는 혼란을 미연에 방지했다. 그는 아니키우스에게 이런 설명을 했다. 원로원은 페르세우스에게 부역했던 에피로스 여러 도시들에서 나오는 전리품을 집정관의 부대에게 하사했으니 그리 알라는 것이었다. 이어 집정관은 그 여러 도시들에 백인대장들을 파견하여 각 도시에 통보하게 했다. 즉, 로마 군은 마케도니아 사람에게 그렇게 했던 것처럼 에피로스 사람들도 자유인으로 해방시키려 하며 그래서 각 도시의 수비대를 해산시키려 한다.

집정관은 이어 각 공동체에서 10명의 지도자들을 소환했고, 그들 도시의 황금과 순은을 지정된 공공장소에 가져오라고 명령했다. 이어 집정관은 모든 도시에 로마 군 부대를 보내어—멀리 떨어진 곳에는 부대를 일찍 출발시키고 가까운 도시는 늦게 출발시킴으로써—각 부대가 같은 날에 목적지에 도착하게 했다. 천인대장과 백인대장들에게 이런 조치가 미리 통보되었다. 그리하여 아침 일찍 황금과 순은이 공공장소에 결집되었다. 그리고 4시에 도시를 약탈해도 좋다는 허락이 병사들에게 내려졌다. 전리품의 규모가 너무나 막대하여 그 물자를 분배하는 과정에서 기병은 각자 400 데나리우스, 보병은 200 데나리우스를 받았고, 사람은 15만 명을 포로로 잡았다. 약탈된 도시들의 성벽—그런 성벽이 약 70개쯤 되었다—은 파괴되었다. 전리품은 모두 판매가 되었고 거기에서 나온 수익으로 위에서 언급한 액수만큼 각 병사들에게 지급되었다.

파울루스는 이어 오리쿰의 해변으로 내려갔다. 하지만 그의 예상과는 다르게 병사들의 희망을 충분하게 충족시켜 주지는 못했다. 병사들은 왕의 국고에서 나온 전리품들을 일부 나누어갖지 못한 것에 대하여 분개했다. 그것은 그들이 마케도니아 전쟁에서 싸운 사실을 부정하는 것이나 다름없었다. 오리쿰에서 스키피오 나시카와 아들 막시무스의 파견 부대와 합류한 집정관은 병사들을 배에 태우고 이탈리아로 귀국했다. 아니키우스도 며칠 후에 바다를 건너 이탈리아로 귀국했다. 그는 마케도니아에서 로마 군이 사용했던 배를 기다리느라고 그렇게 며칠 지체되었다. 그는 그 전에 에피로스 인들과 아카르나니아 인들을 소환하여, 그들의 지도자들에 대한 처리 문제는 원로원에서 결정할 것이므로 그 지도자들은 그와 함께 이탈리아로 가야 한다고 통보했다.

35. 그 후 포로들이 로마에 속속 도착했다. 먼저 그동안 철저히 감시되어 왔던 왕들인 페르세우스와 겐티우스가 그들의 자녀와 함께 도착했고, 이어 다른 포로들이 무리지어 도착했다. 마케도니아의 지도자들과 그리스의 지도자들 또한 로마로 왔다. 그리스 지도자들의 경우 본국에 있던 자들만 출두를 요구받은 것이 아니라 왕의 궁정에서 출사했던 것으로 알려진 자들도 역시 편지로 소환을 통보받았다.

며칠 뒤 파울루스 자신이 배로 테베레 강을 올라와 도시에 도착했다. 그는 16개의 노단으로 움직이는, 엄청나게 큰 왕의 배들 중 하나를 사용했다. 그 배는 마케도니아 전리품, 왕궁에서 나온 직물, 화려한 갑옷 등으로 장식되었다. 강둑에는 귀국하는 집정관을 보기 위해 몰려든 사람들로 인산인해를 이루었다. 며칠 뒤 아니키우스와 옥타비우스도 함대를 이끌고 강을 따라 올라왔다. 원로원은 세 명의 사령관을 위해 개선식을 거행할 것을 의결했고 법무관 퀸투스 카시우스에게는 호민관들과 상의하여 필요한 조치를 취하라는 지시가 내려갔다. 호민관들은 원로원의 결의안에 따라 3명의 사령관들이 개선식을 거행하며 도시로 들어오는 날에 각자 그들의 임페리움(명령권)을 보유하도록 하는 법안을 민회에 제출하게 되었다.

소박한 행운은 질시의 대상이 되지 못한다. 질시는 언제나 가장 높은 행운을 겨냥한다. 아니키우스와 옥타비우스의 개선식에 대해서는 아무런 반감이 없었다. 그러나 파울루스는—다른 두 사령관이 부끄러움을 느낄 정도로 엄청난 전공을 세웠음에도 불구하고—비난 세례를 받았다. 그는 병사들에게 구식의 엄격한 규율을 부과했다. 그는 병사들이 예상했던 것에 비하여 훨씬 인색하게 전리품을 나누어 주었다. 왕실의 국고가 엄청난 부를 자랑했기에 그런 기대감이 높았다. 만약 파울루스가 병사들의 강탈하려는 태도를 그대로 방치했더라면 공화국의 국고에 돌아갈 돈은 아예 없게 되었을 것이다. 마케도니아 전쟁에 참가한 모든 병사들은 사령관에 대하여 분개했고, 그리하여 개선식 관련 법률을 통과시키는 민회에 참석하지 말자는 생각을 품게 되었다.

그러나 마케도니아에 주둔했던 제2군단의 천인대장이었고, 사령관에 대하여 적개심을 품고 있던 세르비우스 술피키우스 갈바는 병사들에게 민회에 참석하여 무더기로 부표를 던지라고 종용했다. 그는 이렇게 하기 위해 직접 병사들을 만나기도 하고 또 휘하의 부하들을 동원하여 병사들을 설득시켰다. 갈바는 병사들에게 이런 제안을 했다. 그들은 개선식에 관한 법률안을 부결시킴으로써 이 인색하고 엄격한 교관 같은 장군에게 복수를 해야 한다는 것이었다. 귀국한 병사들이 이렇게 바람을 잡으면 도시의 평민들은 자연히 따라올 것이라는 말도 했다: 인색한 파울루스가 병사들에게 돈을 나누어주지 않는 것은 그의 자유이다. 그렇다면 병사들도 개선식에 대하여 부결시킬 수 있는 자유가 있다. 그는 자신이 받을 자격이 없는 감사의 표시

(개선식)를 받을 생각을 해서는 안 되는 것이었다.

36. 술피키우스 갈바는 이런 식으로 병사들을 사주했다. 호민관 티베리우스 셈프로니우스가 개선식 법안을 민회에 제출하고, 시민들이 그 법안에 대하여 발언할 기회가 주어졌을 때 아무도 그 법안을 지지하는 발언을 하겠다고 나서지 않았다. 다들 그 법안이 통과될 거라고 믿어 의심치 않았기 때문이다. 그런데 갑자기 세르비우스 갈바가 앞으로 나서더니 호민관들에게 민회를 내일까지 연기해 달라고 요청했다. 이미 시간이 제8시이고, 왜 루키우스 아이밀리우스 파울루스에게 개선식을 허락해서는 안 되는지 그 이유를 설명하기에는 시간이 충분하지 못하다는 것이었다. 게다가 갈바는 내일의 민회가 평소보다 일찍 시작되어야 한다고 요청했다. 자신의 주장을 충분히 펼치기 위해서는 온 종일이 필요하다는 것이었다.

호민관들이 내일로 연기할 것이 아니라 지금 당장 말하고 싶은 것을 말하라고 명하자, 그는 아주 장황한 연설을 하면서 밤이 될 때까지 시간을 끌었다. 그는 파울루스의 다음과 같은 점을 비난했다. 그는 가혹하게 군사적 의무를 부과했다. 상황이 요구하는 것 이상으로 어려움과 위험을 병사들에게 요구했다. 그런 반면에 포상과 훈장은 아주 인색하게 수여되었다. 이런 사령관이 성공을 거둔다면 앞으로 전쟁 중의 군 복무는 더욱 어렵고 위험할 것이며, 승리를 거둔 후에 이익과 보상은 없을 것이다. 갈바는 계속하여 이런 말을 했다.

"마케도니아 인들은 로마의 병사들보다 사정이 더 좋습니다. 만약 여러분이 내일 이 법률안에 무더기로 부표를 던진다면 당국은 모든 것이 장군의 뜻대로 되지는 않는다는 것을 깨닫게 될 것입니다. 병사들이 할 수 있는 것도 있음을 알게 될 겁니다."

이런 연설에 흥분된 병사들은 그 다음날 카피톨리움으로 올라가 광장을 가득 메웠고 병사들 이외에는 아무도 투표를 하기 위해 그 근처에 다가갈 수 없었다. 소환된 최초의 부족이 개선식 법안에 부표를 던지자, 도시의 유지급 시민들이 황급히 카피톨리움으로 올라가 커다란 전쟁에서 대승을 거둔 루키우스 파울루스에게 개선식을 올려주지 않는 것은 아주 사악하고 수치스러운 일이라고 소리쳤다. 장군들이 병사들의 무절제와 탐욕에 굴복하여 무기력한 희생 제물이 된다는 것은 있을 수 없는 일이라고 말했다. 이런 평화 시에도 대중 영합주의는 너무나 잘못된 결점이라고 그들은 지적했다. 그런데 전쟁 시에 병사들이 지휘관의 머리 꼭대기에 올라앉는다면 그 전쟁은 어떻게 될 것인지 한번 생각해 보라고 소리쳤다. 그러면서 도시의 유지들은 각자 갈바에 대하여 비난을 퍼부었다.

이런 소란이 마침내 가라앉자 집정관과 사마관을 역임했던 마르쿠스 세르빌리우스가 투표를 다시 시작해 달라고 호민관들에게 호소했다. 그러면서 그 전에 군중을 향해 연설할 수 있는 기회를 달라고 요청했다. 호민관들은 이 문제를 논의하기 위해 잠시 자리를 비웠다. 그들은 유지급 시민들의 영향력 있는 말에 설득되어 투표를 재개하기로 결정했다. 따라서 호민관들은 마르쿠스 세르빌리우스와 기타 연설하고 싶은 시민들이 연설한 후에, 같은 부족을 두 번째로 호출하겠다고 선언했다.

37. 세르빌리우스는 이렇게 연설했다.

"로마의 시민들이여, 다른 정보를 가지고 루키우스 아이밀리우스 파울루스가 얼마나 위대한 장군인지를 판단하지 못하겠다면, 지금 말하는 이 한 가지 증거로 판단할 수 있을 것입니다. 그의 진지 내에는 반항적이고 믿을 수 없는 병사들이 있었고 또 그의 적인 왕은 무책임한데다 웅변을 잘하는 민중선동가였습니다. 그렇지만 파울루스 부대 내에서 반란이 발생한 적이 없습니다. 병사들이 지금 못마땅하게 여기는 장군의 엄격한 지휘가 그 당시 병사들을 억제했던 것입니다. 그리하여 병사들은 반역적인 것은 말을 하지도 못했고 행동하지도 못했습니다. 그들은 구식의 엄격한 기율을 적용받았던 것입니다.

세르비우스 갈바가 루키우스 파울루스를 비난함으로써 자신의 도제 시대를 끝내고 대웅변가의 능력을 보여주고자 한다면 개선식을 저지하려고 애써서는 안 될 것입니다. 무엇보다도 원로원이 이미 개선식을 의결했기 때문입니다. 개선식이 끝난 다음날에 그는 파울루스를 일개 시민으로 간주하면서 법에 따라 그를 비난하거나 고소할 수 있을 것입니다. 혹은 그보다 시간이 좀 더 지나간 후에 갈바가 최초의 집정관직에 취임한다면 파울루스를 재판에 회부하여 민회에 고소할 수도 있을 것입니다. 이런 식으로 하면 루키우스 파울루스는 영광스러운 승전에 대한 보상으로 개선식을 올릴 수 있을 것이고, 또 현재와 과거의 파울루스 명성에 걸맞지 않은 소행이 있었다면 그에 대하여 처벌을 받을 것입니다.

그런데 갈바는 자신이 고소나 비난을 할 수 없는 사람들에 대하여 칭송이 쏟아지는 것을 막으려 하고 있습니다. 어제 그는 루키우스 파울루스를 고소하는 데 하루 종일이 필요하다고 말했습니다. 하지만 그가 한 일이라고는 어제 남아 있던 네 시간을 그의 연설로 허비한 것뿐이었습니다. 비난받는 사람의 죄상이 도대체 어떤 것이기에 네 시간 동안에 모두 열거할 수 없다는 것입니까? 그 네 시간 동안에 갈바는 파울루스를 상대로 무슨 혐의를 제시했습니까? 만약 파울루스가 재판을 받는 상황이었다면 그 시간을 활용하여 자신의 혐의를 부인하면서 충분히 소명할 수도 있지 않았겠습니까?

나는 누군가가 나를 위해 1~2분 정도면 되는 두 번의 만남을 주선해 주었으면 좋겠습니다. 하나는 마케도니아 군대에 소속된 병사들의 모임이고, 다른 하나는 당파심이 전혀 없고 증오하는 마음이 없는 사람들의 모임입니다. 그러니까 감정이 개입하여 판단력이 흐려지는 법이 없는 로마 시민 전체의 모임을 원하는 겁니다. 그리고 피고를 민간인 복장을 한 전체 시민들의 모임에 소환해 봅시다. 자, 세르비우스 갈바여, 당신은 로마 시민들의 모임 앞에서 무슨 말을 할 것입니까? 당신의 연설이라는 것은 이렇게 요약될 수 있습니다.

'사령관은 부대의 경계 근무를 너무 엄격하게 세웠다. 초병들은 너무 빈번하고 철저하게 순찰을 당했다. 사령관이 부대 일을 잘하는지 철저하게 순시하면서 감독했기 때문에 예전보다 일을 더 많이 해야 되었다. 단 하루 사이에 행군도 하고 전투도 했다. 전투에서 승리를 거둔 후에도 병사들에게 잘 휴식을 내려주지 않았다. 사령관은 곧장 적을 추격하게 했다. 전리품을 풍성하게 나누어주어 병사들을 부자로 만들 수 있었는데도, 사령관은 왕의 재물을 개선식에 그대로 가져가서 로마의 국고에 들어가게 했다.'

이러한 주장은 병사들을 자극시킬 수 있는 요소가 분명 있습니다. 그들은 사령관이 그들의 무절제와 탐욕을 별로 관용해 주지 않았다고 여겼으니까 말입니다. 하지만 그런 주장은 로마 시민들에게는 아무런 영향을 미치지 못할 것입니다. 로마 시민들은 장군들이 병사들의 인기에 영합하다가 겪게 된 참사들을 아버지로부터 듣지 못했거나 혹은 듣더라도 기억하지 못한다고 할지라도, 사령관이 철저한 기율을 단속하여 승리를 거둔 이야기는 기억할 것입니다. 로마 시민들은 지난 포에니 전쟁을 기억할 것이고, 성급하게 공격을 주장하던 사마관 마르쿠스 미누키우스와, 신중하게 교전을 미루었던 독재관 퀸투스 파비우스 막시무스의 차이를 잘 알고 있을 것입니다. 그렇게 한다면 파울루스를 비난하는 자는 입이 열 개라도 할 말이 없을 것이며 파울루스의 옹호는 불필요한 일임을 명백히 알 것입니다.

자, 이제 마케도니아 참전 용사들로만 구성된 모임으로 한번 시선을 돌려봅시다. 이제 나는 그 사람들을 '시민'이라고 부르지 않고 '병사'라고 부르겠습니다. 이 호칭이 그들에게 수치의 감정을 불러일으키고 그들의 사령관을 비난하려는 마음에 제동을 걸 수 있을 것이라고 생각하면서 말입니다.

38. 이제 도시의 시민들이 아니라 병사들의 모임에서 연설을 하는 나 자신을 상상하니까 나 자신의 감정이 달라지는 것을 느낍니다. 병사들이여, 당신들이 지금 말하고 있는 것은 대체 무엇입니까? 로마에는 페르세우스를 제외하고 마케도니아 승전 기념식을 원하지 않는 사람이 있다고 생각합니까? 만약 그런 사람이 있다고 한다면, 당신들은 마케도니아 인들을 상대로 승리를 거둔 전사의 양손으로 그 사람의 사지를 발기발기 찢어버리지 않겠습니까? 당신들이 개선식을 하면서 도시로 들어오는 것을 막으려는 자는, 그렇게 할 힘만 있었더라면 당신들의 승리를 저지했을 법한 자입니다. 병사들이여, 개선식이 장군의 명예만을 위한 것이고 휘하 병사들이나 로마 시민들의 명예와는 무관한 일이라고 생각한다면 당신들은 오해를 한 것입니다. 현재 기념하고자 하는 것은 파울루스의 영광만이 아닙니다.

더욱이 원로원으로부터 개선식 허가를 받지 못한 많은 사람들이 알반 산에서 개선식을 거행했습니다. 그 누구도 파울루스에게서 마케도니아 전쟁을 끝낸 영광을 빼앗아갈 수 없습니다. 이것은 가이우스 루타티우스에게서 제1차 포에니 전쟁의 영광을 빼앗지 못하고, 또 푸블리우스 코르넬리우스에게서 제2차 포에니 전쟁의 영광을 빼앗지 못하는 것과 똑같은 이치입니다. 개선식은 지휘관 루키우스 파울루스의 지위를 더 높여주지도 못하고 그렇다고 더 낮추지도 못합니다. 이 개선식의 문제에는 로마 병사들의 명성과 전 로마 시민의 평판이 걸려 있습니다. 까딱 잘못하면 로마 시민은 로마의 가장 저명한 시민을 상대로 질시하고 배은망덕하는 태도를 가진 사람이라는 악명을 얻게 될지도 모릅니다. 일찍이 아테네 사람들이 질투 때문에 그들의 지도자들을 갈가리 찢어 죽인 것처럼 말입니다. 여러분의 선조들은 카밀루스에게 큰 잘못을 저질렀습니다. 그러나 그 잘못은 카밀루스가 갈리아 인들로부터 로마 시를 수복하기 전에 벌어진 것이었습니다. 그런데 아주 최근에 여러분은 푸블리우스 아프리카누스에게 상당히 큰 잘못을 저질렀습니다. 아프리카를 정복한 장군(스키피오)의 고향 겸 거처가 리테르눔에 있다는 사실은 정말 수치스러운 것입니다. 그런데 지금 그의 무덤 또한 리테르눔에 있습니다. 파울루스의 영광이 이런 과거의 위인들과 걸맞는 것이 되게 합시다. 하지만 파울루스가 여러분의 손에 겪게 될 불의가 그들이 겪은 것과 같은 것이 되게는 하지 맙시다.

그러니 그 무엇보다도 이 불명예를 지워 버리도록 합시다. 이 불명예는 다른 민족들 앞에서 부끄럽기 짝이 없는 것이고 우리 자신에게도 해로운 것입니다. 전쟁에서 공훈을 세운 사람에게 이처럼 적대적이면서 고마운 줄 모르는 행동을 한다면 그 누가 국가를 위하여 아프리카누스나 파울루스처럼 되려고 하겠습니까? 만약 불명예의 문제가 없고 오로지 영광만 문제가 된다고 한다면, 로마의 이름을 빛내는 영광, 모든 로마 인에게 돌아가는 영광을 보여주지 않는 개선식이라는 것이 존재할 수 있겠습니까? 우리가 갈리아 인, 스페인 사람, 카르타고 사람을 꺾고 축하했던 개선식이 오로지 장군만을 위한 것이라고 할 수 있겠습니까? 아니면 그 모든 개선식을 로마 시민들의 영광이라고 해야 하지 않겠습니까? 피로스나 한니발에 대한 승리가 단지 에피로스 인이나 카르타고 인에 대한 승리로만 축하되지 않는 것처럼, 과거에 거행된 개선식은 오로지 마르쿠스 쿠리우스나 푸블리우스 코르넬리우스만을 위한 것은 아니었습니다. 그 개선식은 모든 로마 인들을 위해 거행되었던 것입니다.

물론 병사들도 개인적으로 개선식에 깊이 관여합니다. 그들은 머리에 월계관을 쓰고 가슴에는 훈장을 달아 한껏 단장을 하고서 도시를 행진합니다. 그렇게 씩씩하게 걸어가면서 승리의 신의 이름을 부르고 그들 자신과 장군을 칭송하는 노래를 부릅니다. 전쟁터에 나가 있는 병사들이 개선식에 맞추어 귀국을 하지 못하면, 그들 사이에서 엄청난 항의의 함성이 터져 나옵니다. 비록 그들이 개선식 현장에 참가하지는 못하지만, 그래도 자신들이 개선식에 참석한 거나 마찬가지라고 생각합니다. 전쟁의 승리가 그들의 노력으로 얻어진 것이기 때문입니다. 누군가가 당신들에게 이렇게 물어본다고 해봅시다: 당신들은 무슨 목적으로 이탈리아에 돌아왔는가? 왜 당신들은 임무 완수 즉시 제대 조치가 되지 않았는가? 왜 당신들은 군기를 그대로 들고 부대 병력을 그대로 유지한 채 로마에 왔는가? 왜 각자의 고향으로 흩어져 가지 않고 여기서 기다리고 있는가? 그렇다면 개선식에서 함께 행진하고 싶어서 기다리고 있다는 것 이외에 무슨 대답을 할 수 있겠습니까? 당신들은 정복자인 당신들의 모습을 시민들에게 널리 과시하고 싶은 것입니다.

39. 근년에 페르세우스의 아버지인 필리포스와 안티오코스에 대한 승리를 개선식으로 기념했습니다. 하지만 그 개선식이 거행될 때 이 두 왕은 여전히 자신들의 왕좌를 지키고 있었습니다. 페르세우스 왕과 그 자녀를 포로로 잡아 로마로 데리고 왔는데, 페르세우스에 대

한 승리의 개선식을 거행하지 않는다고요? 다른 두 로마 사령관들이 황금으로 장식된 보라색 옷을 입고서 전차에 탄 채로 카피톨리움으로 올라가는데, 그들을 쳐다보는 어떤 장소에서 루키우스 파울루스—민간인들의 무리 속에 서 있는 하나의 시민—가 두 사령관을 부르면서 이렇게 말한다고 해보십시다.

'루키우스 아니키우스, 그나이우스 옥타비우스, 당신들이 나보다 개선식을 받을 권리가 더 있는가? 아니면 내가 더 있는가? 당신들은 어떻게 생각하는가?'

그들은 아마도 전차 속의 자리를 그에게 양보할 것이고 수치심 때문에 개선식 의상을 벗어서 그에게 건네줄 가능성이 높습니다. 로마의 시민들이여, 당신들은 어떻게 생각합니까? 당신들은 페르세우스 대신에 겐티우스를 개선식에서 걷게 해야 한다고 생각합니까? 전쟁의 주역이 아니라 조역이 개선식 무대에 등장해야 한다고 생각합니까? 일리리쿰의 군단들은 머리에 월계수를 꽂고 도시에 들어올 것이고 해군 함대의 수병들도 그렇게 할 것입니다. 그런데 마케도니아 군단은 개선식이 취소되어 이 두 사령관의 개선식을 그저 구경만 하고 있을 겁니까?

그리고 저 혁혁한 승리에서 나온 저 많은 전리품, 저 풍성한 약탈품은 어떻게 할 것입니까? 적의 시체에서 벗겨온 수천 점의 갑옷들은 어디에다 보관할 것입니까? 황금, 대리석, 상아 조각상들은 어떻게 할 것입니까? 그리고 그림, 직물, 양각을 새긴 순은과 황금, 그리고 저 많은 왕실의 돈은 어떻게 할 것입니까? 이 모든 것이 마치 장물이라도 되는 것처럼 밤중에 몰래 국고에 들어가야 되겠습니까? 그리고 최고의 구경거리인 가장 부유하고 명성 높은 왕, 포로로 잡힌 왕은 어떻게 할 것입니까? 정복자의 민족(로마 인)은 어디에서 그를 구경할 수 있을 것입니까? 우리들은 사로잡힌 왕 시팍스가 많은 구경꾼을 불러 모았다는 사실을 기억하고 있습니다. 하지만 그는 포에니 전쟁의 조역에 불과했습니다. 페르세우스와, 엄청난 명성의 이름을 가진 그의 두 아들, 필리포스와 알렉산드로스는 어떻게 할 것입니까? 그들을 시민들에게 보여주지 않을 생각입니까?

루키우스 파울루스 그 자신에 대해서 말해 보자면, 그는 두 번이나 집정관을 역임했고 그리스의 정복자입니다. 모든 시민들은 승리의 전차를 타고서 도시로 들어오는 장군을 보고 싶어 합니다. 우리는 바로 이런 목적을 위해 그를 집정관으로 만들었습니다. 무려 4년이나 끌어서 우리를 부끄럽게 만든 저 마케도니아 전쟁을 끝내라고 말입니다. 추첨 결과 그가 마케도니아 전역을 배정받고 그가 로마에서 임지를 향해 출발할 때, 우리는 예언자의 심정이 되어 마음속으로 그를 승리와 개선식의 주인공으로 점찍었습니다. 이제 그가 그 승리를 거두고 귀국했는데 그에게 개선식을 거부한다는 말입니까? 나는 여기서 한 걸음 더 나아가겠습니다. 우리는 파울루스뿐만 아니라 신들로부터 그들의 것인 명예를 빼앗으려 한다는 말입니까? 왜냐하면 개선식은 인간뿐만 아니라 신들에게도 바치는 것이기 때문입니다.

당신들의 조상은 신들을 모든 중대한 사업의 출발점으로 삼았습니다. 그리하여 조상들은 신전에서 모든 사업을 종료했습니다. 집정관이나 법무관이 자신의 임지나 전역으로 출발할 때 그는 군복을 입은 길나장이를 데리고 카피톨리움으로 올라가 맹세를 올렸습니다. 그리고 전쟁을 승리로 이끌어 과업을 완수하면 그는 개선식을 거행하면서 다시 카피톨리움으로 올라가 출발하기 전에 맹세를 올렸던 바로 그 신들에게 바쳐야 할 선물을 봉헌했습니다. 그 때문에 신들에게 바칠 희생 제물이 개선식 행렬의 중요한 부분을 이루었던 것입니다. 그 제물들은 장군이 공화국을 위해 봉사하면서 성공을 거둘 수 있도록 해준 신들에게 감사한 마음을 느끼며 귀국했다는 표시가 되는 것입니다.

이런 개선식 행렬 중의 희생 제물들을 모두 치워야 한다고 생각해 보십시오! 그런 제물들을 여기저기에서 따로따로 바쳐야 한다는 것을 생각해 보십시오. 민망한 것은 그것뿐만이 아닙니다. 원로원의 향연은 개인 집이나 축성되지 않은 공공장소에서는 개최될 수가 없고 오로지 카피톨리움에서만 베풀 수가 있습니다. 이 행사의 목적은 무엇입니까? 인간들을 기쁘게 하기 위한 것입니까? 신들에게 명예를 안겨드리기 위한 것입니까?

여러분은 세르비우스 갈바의 사주 때문에 이 모든 의식 절차를 대혼란 속으로 빠트릴 생각입니까? 루키우스 파울루스의 개선 행렬에 대문을 꼭꼭 닫아걸 것입니까? 마케도니아의 왕 페르세우스를 두 아들과 함께 다른 포로들의 무리와 마케도니아 전리품들과 함께 플라미니우스 원형 경기장에 그대로 남겨두어야 하겠습니까? 루키우스 파울루스는 마치 시골 휴가에서 돌아온 사람처럼 일개 시민 자격으로 성문을 통과하여 집으로 돌아가야 하겠습니까?

여러 백인대장들이여, 그리고 여러 병사들이여, 세르비우스 갈바의 잡담에 귀기울일 것이 아니라 원로원이 파울루스에 대하여 선포한 것에 귀를 기울이십시오. 그에게 귀를 기울이기보다는 내가 지금 하고 있는 말에 더 주목하십시오. 그가 할 줄 아는 것이라고는 입을 열어 떠벌이는 것뿐입니다. 그것도 중상과 비방과 악의가 가득한 말만 지껄이는 것입니다. 나에 대해서 말해 보자면, 나는 지금껏 스물세 번 전쟁에 나가서 적과 싸웠습니다. 나는 전투에서 교전한 모든 적병들로부터 전리품을 얻어 돌아왔습니다. 나는 영광스러운 상처가 훈장인 몸을 가지고 있습니다. 그 상처는 모두 내 몸의 앞쪽에 나 있습니다."

이 지점에서 그는 옷을 벗고서 그가 과거의 전쟁에서 입은 상처를 하나씩 헤아리며 보여주었다고 한다. 그는 이렇게 상처를 보여주는 과정에서 우연하게도 반드시 가려야 할 부분을 드러내고 말았다. 그의 사타구니가 불룩 솟아있는 모양은 구경꾼들 사이에서 웃음을 자아냈다. 그러자 그가 말했다.

"좋아요, 당신들은 이것을 보고 웃는군요. 하지만 밤낮없이 계속하여 말 위에 앉았더니 이런 혹이 생겼습니다. 나는 다른 상처들도 그렇지만 이 혹에 대해서도 수치나 후회는 느끼지 않습니다. 본국이나 해외에서 국가를 위해서 성공적인 복무를 하는데 아무런 지장이 없기 때문입니다. 나는 베테랑 군인입니다. 나는 전장에서 칼 세례를 받은 내 몸을 젊은 병사들 앞에서 자주 보여준 적이 있습니다. 이제 갈바더러 그 날씬하고 상처 없는 신체를 한번 드러내보라고 하십시오.

호민관님들, 이제 부족들을 불러서 투표를 하라고 하십시오…… [병사들이여, 나는 당신들 뒤를 따라다니면서 당신들이 선동가와 전쟁에서 이긴 장군 중에 누구를 더 좋아하는지 눈여겨볼 것입니다.]"[2]

그리하여 파울루스는 개선식을 거행할 수 있게 되었다.

40. 역사가 발레리우스 안티아스에 의하면, 개선식에서 전시된 금과 은의 총량은 1억 2천만 세스테르케스였다. 그러나 같은 역사가가

---

2 리비우스의 원고는 이 부분이 결락되어 있다. 이 문장은 플루타르코스의 『영웅전』 중 '아이밀리우스 파울루스'의 생애를 참고하여 보충한 것이다.

다른 제목으로 다룬 마차 수와 황금의 무게를 계산하면 그보다 훨씬 더 많은 금액이 나온다. 또한 페르세우스가 최근의 전쟁을 벌이는 동안에 사용한 비용 혹은 사모트라키아 섬으로 달아날 때 사라진 비용이 또한 그 정도 될 것이라고 전해진다. 더욱 놀라운 것은 이런 거액이 필리포스가 로마와 전쟁을 벌인 이후 30년 동안에 조성되었다는 점이다. 그 돈은 부분적으로 광산에서 나온 수입이었고, 부분적으로는 다른 원천에서 나온 것이었다. 이렇게 볼 때 필리포스는 돈이 부족한 상태에서 전쟁을 시작했으나 페르세우스는 전쟁 초기에 아주 부유했다는 것을 알 수 있다.

마침내 파울루스 그 자신이 전차를 타고서 나타났다. 그는 사람들에게 아주 멋진 인상을 풍기는 인물이었다. 그의 고령은 사령관의 위엄을 더욱 돋보이게 했다. 그의 전차 뒤에는 다른 저명한 로마 인들이 따라왔는데 그 중에는 입양 간 그의 두 아들 퀸투스 막시무스와 푸블리우스 스키피오도 있었다. 이어 기병대가 따라왔고, 그 다음에는 보병 대대들이 순서에 입각하여 등장했다. 모든 보병은 1백 데나리우스를 받았고 백인대장은 그 두 배 금액을 받았으며 기병은 그 세 배 금액을 받았다. 전하는 말에 의하면, 파울루스는 병사들이 당초 개선식에 찬표를 던지고 실제로 주어진 금액에 대하여 만족을 표시했더라면, 그보다 두 배 더 많은 금액을 하사하려 했으나 그렇게 되지 않았다.

인생무상의 구체적 증거를 제시한 사례는 페르세우스뿐만이 아니었다. 그는 승자의 전차 앞에서 쇠사슬에 묶인 채 적의 도시 안으로 걸어 들어와야 했다. 하지만 황금 장식과 보라색 겉옷으로 빛나는 승자 파울루스도 인생무상의 또 다른 구체적 증거였다. 그는 위의 두 아들을 다른 가문에 입양 보내고, 남아 있는 밑의 두 아들을 가지고 그의 대를 잇게 하고 집안의 신들을 모시고, 그의 뒤를 이어 가문을 지키게 할 생각이었다.

남아 있는 두 아들 중 막내는 열두 살이었는데 개선식 닷새 전에 병으로 죽었고, 그 위의 아이는 열네 살이었는데 개선식 사흘 후에 역시 병으로 죽었다. 이 소년들은 아프지만 않았더라면 소년용 토가를 입고 아버지의 전차에 함께 타고 도시로 들어왔을 것이고, 장차 커서는 아버지 같은 개선식을 올리는 장군이 되어야지 하는 생각을 했을 것이다.

며칠 뒤 호민관 마르쿠스 안토니우스가 민회를 소집했고, 파울루스는 사령관들의 관례에 따라 자신의 업적을 보고하는 연설을 했다. 그것은 로마의 지도자에게 어울리는 아주 인상 깊은 연설이었다.

41. "로마의 시민들이여, 여러분은 내가 국가의 일을 수행하는데 있어서 따라온 좋은 행운과, 지난 며칠 동안 나의 집에 들이닥친 두 번의 천둥번개를 잘 알고 있을 것입니다. 왜냐하면 여러분들은 나의 개선식과 내 두 아들의 장례식을 보았던 분들이기 때문입니다. 그렇지만 내가 이제 차분한 마음가짐으로 나의 개인적 운명과 공화국의 행운을 서로 비교해 보려고 합니다.

나는 새벽에 브룬디시움에서 출항하여 이탈리아를 떠났습니다. 그리고 휘하의 모든 전함들을 거느리고 제9시에 코르키라에 도착했습니다. 그보다 닷새 뒤에 나는 델포이에서 아폴로 신에게 직접 희생 제사를 올렸습니다. 로마의 육군과 해군을 잘 보호해 달라는 뜻이었지요. 델포이를 출발하여 나는 닷새 뒤에 진지에 도착했습니다. 나는 지상군의 지휘권을 인수받았고, 필요한 변경 조치를 취하여 승리를 가로막는 장애를 없앴으며, 이어 행군에 나섰습니다. 적의 진지는 뚫고들어가기가 어려웠고 왕은 싸우려들지 않았으므로 나는 먼저 페트라 고개에 있는 적의 파견 부대를 처치하고 그 고개를 통과했습니다.

이어 피드나에서 왕의 부대와 교전하여 왕을 패배시켰습니다. 나는 마케도니아를 로마 시민의 지배 아래에 두게 되었고 15일 만에 전쟁을 끝냈습니다. 내 앞의 세 명의 집정관들이 4년 동안 끌어온 전쟁을 말입니다. 사실 앞의 집정관들은 전쟁을 소홀히 다루어서 그의 후계자에게 더욱 어려운 상황을 물려주었을 뿐입니다. 피드나에서 승리를 거둔 후에 추가적으로 성공의 수확이 있었습니다. 마케도니아의 모든 도시들이 항복을 했고, 왕의 보물 창고가 우리 손에 넘어 왔으며, 왕은 그의 아들들과 함께 사모트라키아의 신전에서 포로로 잡혔습니다. 마치 신들이 직접 왕의 일행을 우리에게 건네주는 것 같았습니다.

심지어 내가 보기에도 이런 좋은 행운은 너무 과도하여 잘 믿어지지 않았습니다. 왕실의 재물을 배에 싣고 또 승리한 병사들을 승선시켜 이탈리아로 돌아올 때, 바다에서 풍랑을 만나 배가 뒤집히는 것은 아닐까 우려했습니다. 그러나 순항한 끝에 모든 것이 로마에 무사히 도착했고 이윽고 나로서는 이렇게 기도하는 일만 남게 되었습니다. 행운은 최고점에 도달하면 반대로 돌아서는 경향이 있기 때문에 그런 반전이 벌어져야 한다면 공화국이 아니라 나 자신의 가정에서 벌어지기를 바랐습니다.

그리하여 나는 국가의 행운이 나 자신에게 벌어진 엄청난 참사로 인해 나쁜 쪽으로 방향 전환하는 일은 끝났다고 생각하게 되었습니다. 나의 승리는 마치 인간의 일을 비웃기라도 하듯이, 내 두 아이의 죽음으로 제지당했습니다.

페르세우스와 나는 인간의 운명에 대하여 아주 주목할 만한 두 가지 사례로 제시될 수 있을 것입니다. 그는 포로가 되어 자식들이 그의 앞에서 포로 신분으로 걸어가는 광경을 보았으나 그래도 그 자식들의 몸은 안전하고 튼튼합니다. 반면에 나는 그에게 승리를 거두었으나, 한 아이의 장례식을 치르고 개선 마차를 타러 왔으며, 카피톨리움에서 집으로 돌아와서는 하나 남은 아이마저 마지막 숨이 넘어가는 것을 목격했습니다. 그래서 루키우스 아이밀리우스 파울루스의 이름을 이어줄 자식은 이제 단 한 명도 남지 않게 되었습니다. 앞서 태어난 두 아들은 대가족 집안의 자식이라도 되는 양 다른 가문에 입양을 보냈습니다. 그래서 그 아이들은 이제 각각 코르넬리우스와 파비우스 가문의 사람입니다.[3] 비록 내 가정에는 이런 참사가 벌어졌으나 저는 공화국의 행복과 행운이 더욱 창대해진 사실에서 위안을 삼으려 합니다."

42. 이 연설은 엄청난 용기가 발휘된 것이었으므로 참척을 당한 부모의 그 어떤 슬픈 연설보다 더 듣는 사람들의 마음을 아프게 했다.

12월 1일, 그나이우스 옥타비우스가 페르세우스 왕에 대하여 해상 승리를 거둔 개선식을 거행했다. 이 개선식은 포로나 전리품은 없었다. 사령관은 수병들에게 각자 75데나리우스를 주었고 항해사에게는 그 두 배, 그리고 전함의 함장에게는 네 배를 주었다.

이어 원로원 회의가 열렸다. 의원들은 퀸투스 카시우스에게 페르세우스 왕과 그의 아들 알렉산드로스를 알바(푸켄티아)로 데려가서 엄중 감시하는 임무를 맡겼다. 카시우스는 왕이 수행원, 돈, 은, 가지고

---

3 푸블리우스 코르넬리우스 스키피오 아이밀리아누스와 퀸투스 파비우스 막시무스 아이밀리아누스.

있는 가구를 그대로 갖게 하고 아무것도 왕에게서 빼앗지 말라는 지시를 받았다. 트라키아의 코티스 왕의 아들인 비티스는 인질과 함께 카르세올리로 보내어져 엄중 감시를 받게 되었다. 원로원은 개선식 행사에 끌려온 다른 포로들은 투옥시키기로 결정했다.

이런 조치가 취해진 지 며칠 후에 트라키아의 코티스 왕의 사절이, 왕의 아들과 인질의 석방금을 들고서 로마를 방문했다. 이 사절은 원로원을 찾아가서 코티스는 할 수 없어서 페르세우스에게 인질을 내놓았다는 점을 강조했다. 그들은 이런 사실을 근거로 코티스 왕이 자발적 의지로 페르세우스를 도운 것이 아니었다고 말했다. 사절은 원로원 의원들이 결정한 금액으로 석방금을 낼 수 있게 해달라고 애원했다.

원로원은 답변을 주기로 의결했고 그 대답은 이러했다: 로마 인들은 로마와 코티스·그의 조상들·트라키아 사람들 사이에 존재했던 우호 관계를 유념하고 있다. 그러나 인질을 제공했다는 사실은 비난받아야 할 점이지, 비난에 대한 변명이 될 수가 없다. 왜냐하면 트라키아 사람들은 페르세우스가 전쟁을 벌이지 않았을 때에도 그를 두려워할 이유가 없었다. 그가 로마와 전면전을 벌일 때에는 두려워할 이유가 더더욱 없었다. 비록 코티스가 로마 인의 우정보다는 페르세우스의 호의를 더 선호하기는 했지만, 로마 인은 코티스 왕의 행적에 적합한 조치가 무엇인지를 생각하기보다는 로마 인에게 합당한 행위가 무엇인지를 먼저 생각했다. 로마 인들이 수여한 혜택은 반대급부를 요구하지 않는 무상이었다. 그래서 로마 인은 현금 몸값을 요구하는 것보다는 그 혜택을 받는 자의 가슴에 보상을 남겨두는 쪽을 더 선호한다.

그 인질들을 트라키아로 돌려보내는 일에 세 명의 로마 사절이 임명되었는데 티투스 퀸크티우스 플라미니우스, 가이우스 리키니우스 네르바, 마르쿠스 카니니우스 레빌루스였다. 트라키아 사절들에게는 각각 2천 아스의 선물이 하사되었다. 비티스는 다른 인질들과 함께 카르세올리에서 소환되어, 로마 사절들과 함께 그의 아버지에게 송환되었다.

마케도니아 인들로부터 포획한 왕의 선박들은 일찍이 본 적이 없을 정도로 대규모 선박이었는데 뭍으로 끌어올려져 캄푸스 마르티우스(마르티우스 들판)에 전시되었다.

43. 마케도니아 전쟁 개선식의 기억이 사람들의 마음뿐만 아니라 눈앞에도 아직 생생한 때에, 루키우스 아니키우스는 퀴리날리아 축일(2월 17일)에 겐티우스 왕과 일리리아 사람들을 상대로 거둔 승리에 대한 개선식을 거행하게 되었다. 로마 인들은 파울루스 개선식과 아니키우스의 그것이 상당히 비슷하지만 서로 같지는 않다는 것을 알아보았다. 우선 아니키우스와 파울루스를 비교해 볼 때 사령관의 출신 배경과 지위에 차이가 있었다. 한 사람은 집정관이고 다른 한 사람은 법무관이었다. 겐티우스 왕은 페르세우스 왕과 비교가 되지 않았고 일리리아 인 대 마케도니아 인, 전리품 대 전리품, 포획한 황금 대 황금, 선물 대 선물 등도 비교가 되지 않았다. 앞서 벌어진 개선식이 뒤의 그것을 훨씬 압도하기는 하지만, 이 소규모 개선식을 구경한 사람들은 결코 그 행사를 무시해서는 안 된다는 것도 알았다. 일리리아 사람들은 지상이나 해상에서 전사들의 민족이었고, 그들 나라의 지세와 축성 등으로 인하여 자신감이 넘치는 사람들이었다. 아니키우스는 이런 민족을 며칠 만에 정복했고 그 왕과 왕실 사람들을 포로로 붙잡았다.

이 개선식에서 법무관은 많은 군기들과 전리품을 과시하면서 도시로 들어왔다. 또 왕실의 가구, 27파운드의 황금, 19파운드의 은, 1만 3천 데나리우스, 일리리아 은은 12만 조각도 운반했다. 그가 탄 전차 앞에는 겐티우스 왕과 처자식, 왕의 동생 카라반티우스, 다수의 일리리아 귀족들 등이 걸어갔다. 아니키우스는 획득된 전리품에서 각 보병에게 45 데나리우스, 백인대장에게는 그 두 배, 그리고 기병에게는 세 배를 주었다. 라틴 지위의 동맹군들도 로마 시민과 같은 액수를 하사받았고 수병들도 보병과 똑같은 금액을 하사받았다. 병사들은 아주 쾌활한 마음으로 이 개선식에 참여했고 그들의 사령관을 칭송하는 노래를 많이 불렀다.

안티아스에 의하면, 2천만 세스테르케스가 이 전리품으로부터 실현되었는데, 이 금액은 로마의 국고로 귀속된 황금과 순은은 따지지 않은 것이다. 이런 구체적 금액이 어떻게 실현되었는지 내게는 분명하지 않으므로 그것을 사실로서 진술하지 않고 역사가의 권위에 의거하여 인용했다.

원로원의 포고령에 따라서, 겐티우스 왕과 처자식 그리고 왕의 동생은 스폴레티움으로 보내어져 엄중 감시를 받았다. 다른 포로들은 로마의 감옥에 투옥되었다. 하지만 스폴레티움 사람들이 왕실 포로들을 받아들이기 거부함으로써 겐티우스 일행은 이구리움으로 이송되었다.

일리리아 전리품에서 220척의 함선이 확보되었다. 이 배들은 겐티우스 왕에게서 전리품으로 획득한 것인데, 원로원의 포고령에 따라 퀸투스 카시우스가 코르키라, 아폴로니아, 디라키움의 사람들에게 건네주었다.

44. 이해(기원전 167년)에, (비티니아의) 프루시아스 왕이 아들 니코메데스와 함께 로마를 방문했다. 그는 대규모 수행원단을 이끌고 도시

로 들어와서 성문으로부터 포룸으로 갔고 이어 법무관 퀸투스 카시우스의 공식 지휘단을 찾아갔다. 온 사방에서 구경꾼들이 몰려들었고 프루시아스는 로마 시에 살고 있는 신들에게 경배를 드리고 이어 로마 원로원과 시민들에게 축하를 드리고 싶다고 말했다. 또한 페르세우스 왕과 겐티우스 왕을 상대로 거둔 혁혁한 승리와, 마케도니아와 일리리아를 제국의 판도 속으로 편입시켜서 제국의 영토를 더욱 확장시킨 데 대하여 축하하고 싶다는 말도 했다.

법무관이 당일로 원로원을 방문할 수 있게 조치하겠다고 대답하자, 프루시아스는 이틀의 말미를 요청했다. 신들의 신전, 도시, 친구들과 친지들을 먼저 방문하고 싶다는 것이었다. 그는 재무관 루키우스 코르넬리우스 스키피오의 경호를 받았다. 스키피오는 카푸아까지 내려가서 왕을 영접해 왔다. 그리고 왕과 그 수행원들이 머무를 집이 임차되었다.

그는 도착 사흗날에 원로원을 방문했다. 그는 로마의 대승을 축하한 후에 마케도니아 전쟁에서 자신이 했던 봉사를 상기시키면서, 열 마리의 대형 희생 제물을 로마의 카피톨리움에서 바치고, 한 마리를 프라이네스테의 운명의 여신에게 바치겠다고 한 맹세를 완수할 수 있게 해달라고 요청했다. 그는 로마 인의 승리를 위해 이런 맹세를 한 바 있었다고 말했다. 그는 로마와의 동맹 조약을 갱신하기를 바란다고 말했고, 이어서 안티오코스 왕에게서 빼앗은 땅을 자신에게 하사해 달라고 요청했다. 로마 인은 현재 그 땅을 아무에게도 하사하지 않았고 현재는 갈라티아 인들이 그 땅에서 살고 있다는 것이었다. 마지막으로 그는 아들 니코메데스를 원로원의 보호에 맡긴다고 말했다.

프루시아스는 마케도니아에서 로마 군을 지휘해 본 경력이 있는 모든 로마 인들의 지지를 받았다. 그 결과 땅을 떼어달라는 요청 이외에 그의 모든 요구사항은 허락되었다. 땅 문제에 대해서는 조사위원을 현지에 파견하여 그 문제를 자세히 알아볼 것이라는 답변이 주어졌다. 만약 그 땅이 로마 인의 소유이고 아직 아무한테도 불하가 되지 않았다면 원로원은 프루시아스를 그 땅을 선물로 받을 가장 적격자라고 생각할 것이었다.

반면에 안티오코스 땅이 아니어서 로마의 소유로 넘어오지 않았거나, 갈라티아 사람들에게 이미 불하가 된 것이라면, 로마 인은 프루시아스에게 건네줄 수가 없을 것이었다. 다른 사람들에게 피해가 돌아가는 조치를 로마 인은 할 수가 없음을 프루시아스가 양해해 줄 것으로 보았다. 주는 사람이 언제라도 다시 그 선물을 회수해 갈 수 있음을 안다면 선물을 받는 자도 그리 기쁠 것이 없지 않은가? 원로원은 아들을 그 보호 아래 맡기겠다는 프루시아스의 요청을 수락했다. 그러면서 이집트의 왕 프톨레마이오스를 잘 배려한 것은 로마 시민들이 왕의 아들들을 잘 보호한 덕택이라고 지적했다.

이러한 대답과 함께 프루시아스는 원로원에서 물러 나왔다.

원로원은 왕에게 [……] 세스테르케스의 돈과 50파운드 무게의 은제 그릇들을 선물로 줄 것을 의결했다. 또한 마시니사 왕의 아들 마스가바에게 준 것과 동일한 액수의 선물을 프루시아스 왕의 아들 니코메데스에게 하사할 것을 의결했다. 프루시아스가 로마든 프라이네스테든 희생 제사를 올리겠다고 하면 로마 행정관들이 할 때와 마찬가지로 그 제사 비용을 국고에서 지불할 것도 의결되었다. 브룬디시움에 계류 중인 배들 중 20척의 전함이 왕이 사용할 수 있도록 배정되었다. 왕이 그에게 배정된 함대에 도착할 때까지 루키우스 코르넬리우스 스키피오가 왕을 수행하면서 왕이 배에 승선할 때까지 왕과 수행원의 경비를 모두 대납하기로 되었다.

왕은 로마 인이 베풀어준 이런 환대를 크게 기뻐했다고 한다. 그는 자신에게 하사할 선물을 받는 것은 사양했지만 아들은 로마 인의 선물을 받게 했다. 이것이 로마의 역사가들이 프루시아스에 대하여 기록한 이야기이다. 그러나 폴리비오스는 이 왕이 그런 장엄하고 존대한 호칭을 받을 만한 가치가 없는 인물이라고 말한다. 그는 면도한 머리에 자유인의 모자를 쓰고서 사절단을 맞았고 자신을 로마 인과 같은 자유인으로 말하는 것이 평소 습관이라고 한다. 그래서 그는 그 자유민 계급의 표시(모자)를 채택하게 되었다는 것이다.

또 같은 권위 있는 역사가(폴리비오스)는 프루시아스가 로마의 원로원을 방문했을 때, 무릎을 꿇고 건물 문지방에 입맞춤을 했으며 원로원 의원들을 "신성한 나의 보호자들"이라고 불렀다고 한다. 이어 원로원에서 연설을 했는데 그것은 청중에게 영예를 안겨주기보다는 왕 자신을 불신하게 만드는 그런 연설이었다고 한다.

프루시아스는 로마와 그 인근 지역에 서른 날 정도를 머문 후에 이탈리아를 떠나 그의 왕국으로 돌아갔다.

연대기

(리비우스 로마사에 나오는 연대를 그대로 따른 것이고 모든 연대는 기원전의 연대이다.)

201 아탈로스, 로도스, 아테네가 로마에 사절을 보내 호소하다. 로마 인들이 갈리아에서 격퇴당하다.

200 로마는 마케도니아를 상대로 전쟁을 선포하다. 인수브리아 족이 반란을 일으키다. 아탈로스의 아테네 방문. 필리포스 5세가 아비도스를 점령하다. 로마 조사위원단이 아프리카를 방문하다. 인수브리아 족이 로마 군에게 패배하다. 필리포스 왕이 아테네를 공격하다. 마케도니아와 로마가 각자 아이톨리아의 지원을 요청하다. 술피키우스 갈바가 마케도니아의 오톨로보스를 침략하다. 아이톨리아가 로마의 동맹으로 가담하다. 에게 해에서의 해상 작전. 루키우스 푸리우스가 갈리아 족을 상대로 승리를 거두었으나 의문이 제기되다.

199 로마 행정관들이 각 지방의 임지를 결정하다. 푸블리우스 빌리우스가 그리스로 건너가다. 로마 군 내에 군사 폭동이 벌어지다.

198 플라미니누스가 그리스 방면 야전군의 사령관이 되다. 아우스 고갯길의 전투. 아이톨리아 인, 아미난드로스, 플라미니누스가 테살리아에 집결하다. 로마와 동맹국들의 해상 작전. 아카이아가 로마의 동맹으로 가담하다. 필리포스가 코린토스를 보유하고 아르고스를 얻다.

197 로마 행정관들이 각 지방의 임지를 결정하다. 로마 군이 보이이 족과 인수브리아 족을 패배시키다. 로마와 동맹국들이 마케도니아와 협상을 하다. 나비스가 아르고스를 점령하다.

197 보이오티아가 로마의 동맹으로 가담하다. 키노스케팔라이 전투. 플라미니누스와 아이톨리아 인. 안티오코스 왕과 로도스 섬. 아탈로스가 사망하다.

196 로마 원로원이 필리포스와의 강화조약을 비준하다. 로마가 내놓은 강화 조약의 구체적 조건들. 플라미니누스가 '그리스의 해방'을 선언하다. 그리스 문제들의 해결. 로마 군이 보이이 족과 인수브리아 족을 패배시키다. 안티오코스와 로마 사절단이 리시마키아에서 회합하다. 카토가 반사치법의 폐지에 반대하다. 카토가 스페인의 엠포리아이에 부임하다. 엠포리아이 근처에서 전투가 벌어지다. 카토가 스페인 캠페인을 성공적으로 이끌다. 플라미니누스가 나비스를 상대하기 위해 아르고스로 가다. 나비스가 스파르타에서 항복하다.

194 로마 원로원이 안티오코스의 사절단에게 경고하다. 한니발의 대리인 아리스토가 카르타고에 나타나다. 마시니사가 카르타고의 '엠포리아'를 자신의 땅이라고 주장하다.

193 스페인에서 로마 군의 원정. 리구리아 인들이 저항했고 보이이 인들의 매복 작전은 실패로 돌아가다. 갈리아 전쟁의 수행에 관하여 로마 군 사이에 논쟁이 발생하다. 집정관 선거에서 후보들의 경쟁이 과열되다. 로마에 맞서는 아이톨리아의 정책. 로마의 사절단이 안티오코스 왕을 만나다.

192 로마 원로원은 전쟁을 준비하다. 아이톨리아는 안티오코스의 도움을 요청하기로 결정하다. 아이톨리아 인들이 데메트리아스를 점령하다. 아이톨리아 인들이 참주 나비스를 암살하다.
필로포이멘이 스파르타를 아카이아 연맹에 합병하다. 안티오코스는 그리스에서 싸우기로 결심하다. 안티오코스와 아이톨리아 인들은 서로 도울 방도를 찾다. 아카이아는 로마 편에 서다.

191 로마는 안티오코스에 대하여 전쟁을 선포하다. 마시니사와 카르타고는 로마에 지원 물품을 보내다. 고국 카르타고에서 도주하여 소아시아로 건너간 한니발이 안티오코스에게 전쟁의 방향에 대하여 조언하다. 마르쿠스 바이비우스와 필리포스가 테살리아로 가다. 마르쿠스 아킬리우스가 그리스 방면의 사령관 직을 맡다. 테르모필라이 전투. 안티오코스가 그리스에서 철수하다. 아킬리우스가 헤라클레아를 점령하다. 아이톨리아가 평화 협상을 시도하다. 플라미니누스가 아카이아 문제를 처리하다. 스키피오 나시카가 보이이 인에 대하여 승리를 거두다. 로마와 동맹국 선단이 안티오코스에 맞서다. 코리코스의 해전.

190 루키우스 스키피오가 그리스 방면의 사령관으로 나가고 그의 형 스키피오 아프리카누스가 부장으로 따라가다. 아이톨리아가 휴전 허가를 얻다. 필리포스가 스키피오 형제를 헬레스폰토스까지 에스코트하다. 헬레스폰토스를 장악하기 위한 해전이 벌어지다. 시데 전투. 미오네소스의 전투. 로마 군이 헬레스폰토스로 건너가다. 마그네시아 전투. 잠정적인 강화 조약.

189 원로원이 아이톨리아 사절단을 만나주지 않고 물리치다. 에우메네스와 로도스 인들이 로마를 방문하다. 원로원이 안티오코스와의 강화 조약을 비준하다. 풀비우스 노빌리오르가 암브라키아를 포위 공격하다. 아이톨리아 인들이 로마의 강화 조약을 받아들이다. 만리우스 불소가 갈리아에서 원정을 벌이다. 필로포이멘이 스파르타를 통제하다.

188 소아시아에서 아포메아의 평화가 성취되다. 만리우스가 트라키아를 통하여 돌아오다.

187 풀비우스의 암브라키아 공격에 대하여 고소가 제기되다. 만리우스가 자신의 갈라티아 원정을 변호하다. 스키피오 아프리카누스에 대한 고소. 셈프로니우스 그라쿠스의 개입. 스키피오 아프리카누스가 사망하다. 루키우스 스키

피오의 재판이 시작되다. 풀비우스가 아이톨리아에 대하여 승리를 거두다. 만리우스가 갈라티아에 대하여 승리를 거두다. 소아시아의 사치가 로마에 수입되다.

186 바쿠스 의례에 대한 대대적 단속과 진압.

185 필리포스가 마케도니아의 국력을 회복시키다.

184 아피우스 클라우디우스와 필리포스. 아피우스 클라우디우스와 리코르테스. 카토가 감찰관에 선임되다. 카토가 감찰관 업무를 수행하다.

183 에우메네스와 데메트리오스가 로마를 방문하다. 필로포이멘이 적군에 사로잡혀 사망하다.

비티니아의 프루시아스 왕에게 몸을 의탁하고 있던 한니발이 로마 군의 추격에 쫓겨 사망하다. 데메트리오스와 페르세우스.

182 필리포스의 정적 탄압과 테옥세나의 죽음. 데메트리오스와 페르세우스가 왕위를 두고서 갈등을 벌이다.

181 필리포스의 하이모스 산 탐사. 데메트리오스가 필리포스 왕의 암묵적 동의 아래 암살되다.

누마의 책들이 발견되다. 풀비우스 플라쿠스가 아이부라에서 켈티베리아 인들을 패배시키다.

180 스페인 주둔 로마 군에 대한 논의. 풀비우스가 켈티베리아 인들의 매복 작전을 분쇄하다.

179 평소 사이가 좋지 않았으나 동시에 감찰관으로 선임된 아이밀리우스 레피두스와 풀비우스 노빌리오르가 그들의 불화 관계를 해소하다. 셈프로니우스 그라쿠스가 켈티브리아를 침공하다. 마케도니아 필리포스 왕이 아들의 죽음

문제로 번민하다가 사망하다. 바스타르나이 인들의 침공이 실패로 돌아가다. 음모를 꾸며 동생을 죽인 페르세우스가 마케도니아 왕위에 오르다.

175 다르다니아 인과 바스타르나이 인이 서로 전쟁을 하다. 안티오코스 에피파네스에 대한 설명.

174 페르세우스가 델포이로 가다. 페르세우스와 아카이아 연맹. 아피우스 클라우디우스가 켈티베리아 반란을 분쇄하다.

173 풀비우스 플라쿠스가 신전을 허물어서 신성모독을 저지르다. 아이톨리아, 테살리아, 페라이비아에서의 소요 사태. 로마의 조사위원단이 현지 사정을 파악하기 위해 그리스와 소아시아에 파견되다.

172 에우메네스가 로마를 방문하다. 페르세우스가 에우메네스를 암살하려 했으나 미수에 그치다. 카르타고와 마시니사 사이에 분쟁이 벌어지다. 로마 조사위원단이 귀국하여 페르세우스에 대하여 보고하다.

171 이 당시의 전반적 정치 상황에 대한 서술. 로마가 마케도니아를 상대로 선전포고하다. 로마의 각 지역 사령관과 징병 현황. 소아시아로 조사위원단을 파견하다. 마르키우스 필리푸스와 페르세우스. 보이오티아 연맹. 마르쿠스 필리푸스가 귀국하여 원로원에 현지 사정을 보고하다. 마케도니아의 전쟁 계획. 스페인 사람들이 재물 강탈에 대하여 불평하다.

170 그리스 인들이 로마의 행정관 가이우스 루크레티우스에 대하여 비난하다. 아피우스 클라우디우스가 일리리아로 가다.

169 이해의 초자연적 현상들. 페르세우스가 일리리아로 가서 겐티우스 왕을 만나다. 페르세우스가 아이톨리아의 스트라토스로 행군하다. 마르키우스 필리푸스가 사령관에 오르다. 로마 군이 마케도니아로 진군하다. 여러 군사 작전들. 에우메네스, 프루시아스, 로도스 인들의 움직임.

168 아이밀리우스 파울루스가 마케도니아 정복 작전을 선언하다. 겐티우스는 페르세우스 편에 붙었고 에우메네스는 거절하다. 아니키우스가 겐티우스를 무찌르다. 파울루스와 페르세우스가 엘페오스 강에서 대치하다. 파울루스는 페르세우스의 진지를 우회할 계획을 세우다. 페르세우스는 피드나로 철수하다. 파울루스가 전략적 준비를 하면서 소규모 접전을 벌이다. 피드나 전투가 벌어져서 페르세우스가 도주하다. 원로원이 승전보를 받다. 페르세우스가 항복하다. 포필리우스 라이나스가 로도스 섬을 방문하다. 포필리우스가 알렉산드리아에서 안티오코스 4세를 만나다.

167 원로원이 마케도니아와 일리리아에 대한 강화 조건을 내놓다. 아탈로스가 로마를 방문하다. 로도스 사람들이 원로원을 찾아와서 호소하다. 아니키우스가 에피로스를 점령하다. 파울루스가 그리스 전역을 여행하면서 신전들을 방문하다. 마케도니아가 네 지역으로 분할되다. 아이톨리아와 아카이아 등 그리스 문제에 대한 조사. 파울루스가 암피폴리스에서 승전을 축하하다. 에피로스의 약탈. 파울루스에 대한 개인적 공격. 파울루스의 개선식과 연설. 아니키우스의 개선식.

작품 해설

이종인

기존에 출간된 리비우스 『로마사』 1-3권에 뒤이어 마지막 완결편인 제4권을 펴내게 되었다. 이 책의 연대는 기원전 200년에서 167년까지 약 33년간이다. 이 해설은 먼저 저작의 배경이 되는 포에니 전쟁의 두 주역 한니발과 스키피오의 생애 말년을 알아보고, 이어 로마와 헬레니즘 세계의 관계, 마케도니아 전쟁의 경과, 그리고 로마의 소아시아 정복 등을 알아본다.

저작의 배경

로마사 제4권의 가장 큰 관심은 지중해 세계의 패권을 두고서 다툰 두 장수 즉 한니발과 스키피오의 생애가 어떻게 마무리되었고 또 마케도니아 전쟁이 어떻게 결말났는가 하는 부분이다. 그러자면 마케도니아가 속한 헬레니즘 세계의 배경을 먼저 살펴보아야 한다. 이 과정에서 자연스럽게, 안티오코스의 셀레우코스 왕조, 페르가몬의 아탈로스 왕, 이집트의 프톨레마이오스 왕, 일리리아의 겐티우스 왕, 로도스의 도시 국가 등이 언급된다. 이어 로마가 피드나 전투 승리 이후에 어떻게 지중해 세계를 석권했는지 그 이후의 과정도 간단히 살펴본다.

1. 한니발과 스키피오의 생애 후반

한니발은 기원전 202년 자마 전투에서 스키피오에게 패한 후 로마와 강화협정을 맺었다. 그 후 한니발은 고위 행정관으로 카르타고 내정에 참여하여 개혁을 시도했으나 친로마적인 반대 세력의 저항으로 개혁은 무산되고 오히려 반대파가 로마 당국에 그를 무고함으로써 국내에서는 목숨을 위협받게 된다. 그리하여 한니발은 야간에 몰래 카르타고를 떠나 먼저 티레로 갔다가 시리아의 안티오코스 왕에게로 가서 몸을 의탁했다. 그는 로마와의 전쟁을 준비하던 안티오코스에게 로마에 대항하려면 시리아—마케도니아—카르타고의 연합 세력을 형성하여 포위 전술을 펴는 것이 좋다고 건의했다. 한니발은 비록 망명자의 신세였으나 그리스와 아시아의 세력을 규합하여 로마를 공격하면 조국 카르타고가 이에 호응해올 것이라는 기대를 버리지 않았다. 만약 안티오코스가 이런 글로벌 작전을 편다면 한니발 자신은 고국 카르타고의 참여를 이끌어내기 위해 최선을 다하겠다고 말했다. 그러나 이것은 왕에게 잘 먹히지를 않았다. 또한 왕의 신하들이 한니발을 극도로 경계하여 중요한 지위를 얻을 수도 없었다. 마침내 안티오코스는 소아시아에 있던 자신의 땅을 지키기 위해 로마와 전쟁을 벌였으나 마그네시아 전투에서 무참하게 패배함으로써 굴욕적인 강화 조건을 받아들여야 했다. 이 전쟁 중의 한 에피소드인 시데 해전에서 한니발은 함대를 이끌고 전투에 참가했으나 이렇다 할 성공을 거두지는 못하고 후퇴했다.

한니발이 이처럼 소아시아에 도피해 있던 시절에, 당시 조사위원으로 현지에 와 있던 스키피오 아프리카누스는 한니발을 만났다. 그리고 두 장군 사이에서 이런 대화가 오갔다. 아프리카누스는 모든 시대를 통틀어 가장 위대한 장군이 누구냐고 한니발에게 물었다. 한니발은 첫째가 마케도니아의 왕 알렉산드로스, 두 번째로 피로스, 그리고 마지막으로 자기 자신이라고 대답했다. 스키피오는 이에 웃음을 터뜨리며, 자마에서 나를 이겼더라면 어떻게 대답할 생각이었느냐고 묻는다. 한니발은, 그랬더라면 그 자신을 분명 알렉산드로스와 피로스 앞에 두었을 것이라고 말한다. 이 대화는 리비우스의 선배인 로마의 역사가 클라우디우스 콰드리가리우스의 기록이라고 하는데 리비우스는 이것을 그대로 인용했다. 이 에피소드는 서기 2세기의 알렉산드리아 역사가인 아피아누스의 『로마이카』(*Romaica*)에서도 언급된다. 그러나 이 시기를 다룬 로마 관련 역사서 중 권위 있는 것으로 평가되는 폴리비오스의 『역사』에서는 언급되지 않는다. 그래서 두 장군의 만남은 후대의 첨가이거나 허구일 가능성이 높다고 보는 학자들도 있다. 이들이 내세우는 근거는 리비우스 『로마사』 37권 45장이다. 여기서 스키피오가 안티오코스 왕과 강화 조건을 얘기하면서 한니발의 신병을 로마로 넘겨달라는 조항이 나온다. 이처럼 한니발을 로마의 대적으로 여기는 스키피오가 한니발을 만나서 그런 한담을 나누었으리라고 보기 어렵다는 것이다.

로마 당국은 이처럼 지중해 세계에 커다란 전쟁을 다시 일으켜 권토중래의 구상을 갖고 있는 한니발을 극도로 경계했다. 그리하여 플라미니누스가 보낸 로마의 한니발 추적대는 한니발이 안티오코스 왕을 떠나 소아시아 비티니아의 왕 프루시아스에게로 도피한 것을 발견한다. 플라미니누스 추격대는 프루시아스를 찾아가 더 이상 한니발을 보호하지 말고 신병을 로마에 인도하라고 말한다. 플라미니누스와 처음 회담을 한 직후 프루시아스는 군인들을 보내 한니발의 집을 지키도록 했다. 이런 행동을 한 이유는 로마 사절이 프루시아스에게 로마 인들에게 가장 위험한 자이고 안티오코스를 로마 인들과의 전쟁으로 휘말리게 한 자를 보호하고 있다고 질책했기 때문이었다. 어쩌면 프루시아스는 로마 인들의 호의를 얻고자 한니발을 죽이거나, 혹은 로마 인들의 손에 넘길 수도 있었다. 한니발은 늘 자신의 삶이 그렇게 끝날 거라고 예견했다. 로마 인들의 증오와 왕들의 변심을 잘 알았기 때문이다. 그는 이미 프루스아스가 신뢰할 수 없는 사람이란 걸 파악했다. 플라미니누스 추격대의 도착은 운명이 종착점에 도달했음을 알리는 표시였다. 한니발은 늘 신변의 위험을 감안하여 머무는 집에 일곱 개의 탈출구를 만들어 놓고서 곧바로 도망칠 준비를 갖추었다.

그러나 프루시아스의 병사들은 한니발의 집 주변 모든 지역을 경계 초소로 포위했고, 그렇게 하여 누구도 빠져나갈 수 없게 했다. 한니발은 왕의 군인들이 현관에 있다는 소식을 듣자 옆문으로 빠져나가려고 했다. 이 옆문은 외딴 곳에 있어 발각되지 않고 떠나기에 아주 좋았다. 하지만 이 출구조차 봉쇄되었고, 모든 지역이 완전 차단된 걸 확인하자 한니발은 비상 상태에 쓰려고 오랜 세월 준비해뒀던 독을 가져오게 했다. 그는 독배를 마시기 직전에 이렇게 말했다. "이제 로마 인들을 그 오랜 불안감에서 해방시켜주도록 하자. 이 노인의 죽음을 기다리기 지루했던 것 같구나. 플라미니누스가 무장도 없고 배반당한 남자에게 거둘 승리는 훌륭하지도, 기억에 남을 만하지도 않을 것이다." 이렇게 하여 한니발은 파란만장한 삶을 마감했고 때는 기원전 183년이었다.

그런데 스키피오 또한 이해에 쓸쓸한 죽음을 맞이했다.

스키피오는 자마 전투 이후인 기원전 205년에 집정관을 지냈고 기원전 199년에 감찰관을 지냈으며 다시 기원전 194년에 집정관을 지냈다. 누미디아와 카르타고 사이에 엠포리아 영유권 문제가 있을 때 현지로 파견되어 조사위원으로 활약하기도 했다. 스키피오의 명성은 퀸크티우스(그리스를 해방시킨 플라미니누스)보다 훨씬 더 컸다. 그리고 바로 그 이유로 질투의 대상이 되기가 쉬웠다. 게다가 스키피오는 이 무렵 대중의 눈에 거의 10년 동안 지속적으로 노출되었고, 그런 상황 탓에 아무리 뛰어난 위인이라도 대중들의 존경심이 다소 약화될 만한 상황에 있었다.

스키피오는 동생 루키우스가 집정관이 되어 그리스 전쟁에 나갔을 때 동생의 부사령관으로 참가하여 군사 고문으로 활약했다. 그리스 현지에서도 아프리카누스의 국제적 명성 때문에 집정관을 만나기 전에 먼저 아프리카누스를 만나서 협상을 하고 싶어 했다. 이 전쟁을 마치고 귀국했을 때, 스키피오에 대한 고발이 로마 당국에 접수되었다. 기원전 184년의 어느 때, 카토는 아프리카누스에 대하여 마지막 공세를 폈다. 그는 감찰관에 선출되면서 라이벌 그룹인 스키피오 가문의 정치적 영향력을 완전히 끊어놓고 싶어 했다. 카토가 구체적으로 어떤 비난 작전을 폈는지는 명확하게 알려져 있지 않다. 그는 호민관 페텔리우스를 앞세워서 아프리카누스를 부족 민회에 고발했고 그의 비행에 대하여 벌금을 부과해야 한다고 주장했다. 고발 내용은 이런 것이었다.

"시라쿠사의 월동 진지에서 사치스럽게 예산을 낭비했다. 로크리에서 플레미니우스가 소동을 일으켰으나 적절한 조치를 취하지 않았다. 스키피오 형제가 공금을 횡령했다. 또 안티오코스 왕의 군대에 붙잡힌 스키피오 아프리카누스의 아들이 몸값도 지불하지 않은 채 돌아왔으니 틀림없이 그에 상응하는 반대급부를 주었을 것이다. 스키피오가 스페인, 갈리아, 시칠리아, 아프리카에 오랫동안 발휘한 정치적 영향력을 그리스, 아시아, 그리고 동쪽의 모든 왕과 민족에게 행사했다(38.51).”

리비우스는 로마의 역사가 발레리우스 안티아스를 인용하면서 당시 떠돌아다니던 다음과 같은 소문도 함께 기록했다(37.48). “집정관 루키우스 스키피오는 푸블리우스 아프리카누스와 함께 안티오코스 왕과의 회담에 초대되었는데 회담 목적은 왕에게 전쟁 포로로 잡힌 아프리카누스의 아들을 돌려받기 위한 것이었다. 이 자리에서 두 장군은 체포되었고, 그 후 안티오코스 왕의 군대가 로마 진지를 공격하여 점령했고, 로마 군 전체가 몰살되었다. 그 결과 아이톨리아 인들은 반항심이 더욱 높아져서 로마 군의 명령을 따르길 거부했다. 그리하여 원로원은 아이톨리아 사절단에게 이렇게 물었다. ‘두 로마 장군이 아시아의 안티오코스 왕에게 붙잡히고 그 후 로마 군이 전멸했다는 정보를 어디서 들었는가?’ 그 사절은 대답했다. ‘집정관과 함께 있던 아이톨리아의 대표들에게서 그 이야기를 들었다.’”

리비우스는 이런 소문의 존재에 대해 다른 권위 있는 역사가는 알지 못하므로 이것을 진실한 사건의 기록으로 받아들이지 않겠다고 하면서도 이를 근거 없는 이야기로 일축해서도 안 된다는 어중간한 입장을 보인다. 하지만 이것은 다소 기이해 보이는 논평이다. 리비우스가 이미 “이런 허구적인 이야기(fabulae huic)”라고 말했기 때문이다(37.48). 현대의 한 역사가(Walsh)는 리비우스가 그 소문의 존재를 말하는 것일 뿐, 그 소문의 내용을 언급한 것은 아니라고 설명했는데, 이 또한 별로 설득력이 없어 보인다. 리비우스가 그 소문을 기록할 만하다고 보았기에 로마사에 기록한 것이 아니겠는가. 아무튼 이렇게 하여 아프리카누스가 포로가 된 자신의 아들을 몸값 지불 없이 안티오코스 왕으로부터 돌려받은 것은 후일 스키피오를 고발하는 핵심적 비난 사항 중 하나가 되었다.

카토는 이런 비난을 입증할 만한 주장은 별로 가지고 있지 않은 듯하다. 하지만 스키피오의 명성을 먹칠하기에는 충분한 비난이었다. 그 전에 아프리카누스의 동생인 루키우스 스키피오가 비난받을 때와 마찬가지로, 아프리카누스는 이러한 카토의 비난에 대하여 자신의 과거 업적을 상기시키는 것으로 맞섰다. 스키피오는 자신을 비난하는 이런 언론의 자유를 나 덕분에 누리면서 그런 근거 없는 비난을 하는 것은 로마의 시민들을 위해 평생을 봉사해온 사람을 홀대하는 처사라고 말했다. 그는 그렇게 말하고 민회 장소를 떠났고 민중은 흩어졌다.

스키피오는 자신의 고매한 인품을 가지고 민회에서 일시적인 승리를 거두었다. 스키피오는 비난에 대해서는 일체 답변을 하지 않았다. 그러나 그의 정적들이 일단 확보한 유리한 고지에서 비방과 중상을 계속 밀어붙이리라는 것을 알고 있었다. 이제 늙고 병든 데다 정치적 게임에 염증을 느낀 스키피오는 쿠마에 근처의 해안 도시 리투르눔으로 은퇴했다. 다시는 고향 로마 도시로 돌아갈 생각을 하지 않고 결국 그 도시에서 쓸쓸하게 죽었다. 카토는 일단 자신의 목적이 달성되었으므로 더 이상 행동을 취하지 않았다. 그 다음 해인 기원전 183년, 한니발을 정복했고 아프리카, 아시아, 스페인의 3개 대륙을 정복한 로마 권력의 창설자가 은퇴지에서 쓸쓸하게 죽었다. 로마 공화국은 늘 선공후사하는 영웅들만 있는 세계는 아니었다. 카토와 같이 정치 지향적인 인물은 자신보다 나아보이는 인물을 헐뜯음으로써 자신의 위상을 높이려 했다.

이런 정치적 인물들 때문에 공화국은 잠시 혼란을 겪었다. 그러나 학생이 시험을 쳐야 실력이 올라가듯이 공화국은 이런 시련을 겪어야 더 강해지는 것이다. 스키피오는 이러한 사실을 잘 알기에 유배 생활을 하면서도 자신의 굴욕과 수모에 대해서 아무런 변명도 하지 않았다. 보에티우스는 『철학의 위안』 제2권에서 “가장 불행한 것은 자신이 한때 행복했다는 사실을 기억하는 것”이라고 말했다. 단테는 이 말이 인상 깊었던지 『신곡』의 지옥편 칸토 5에서 인용했다. 아프리카누스도 분명 과거의 행복한 기억 때문에 불운한 생애 후반을 보냈다. 그러나 영웅은 위기를 당해서 어떻게 처신하느냐에 따라 그 진정함이 드러나는 것이다. 이것은 바다가 넓은 것은 그 파도의 끊임없음으로 알 수 있고 하늘이 높은 것은 풍우의 빈번함으로 헤아릴 수 있는 것과 마찬가지이다.

엄청난 인기와 군사력을 한 몸에 누렸으나, 동료 귀족과 국가 수호에 한평생 헌신해온 스키피오는 사실상 왕관 없는 왕이나 다름없는 존재였다. 또 로마 시민들도 그에게 왕관을 씌워주려 했다. 그러나 그는 선공후사의 공화국 정신을 철두철미하게 신봉하는 사람이었다. 그 누구도 res publica(공중의 것: 공화국, 영어의 republic)를 개인의 소유로 삼아서는 안 된다는 것을 뼛속 깊이 인식하는 사람이었다. 만약 그가 그런 헛된 야망을 뒤쫓았더라면 그는 오늘날과 같은 영원한 명성을 누리지 못했을 것이다. 국가를 위해 한평생을 바쳤으나 높은 영광의 그림자 때문에 자신이 유배지에서 쓸쓸히 죽게 된 것을 자신의 운명으로 받아들였다.

2. 로마와 헬레니즘 세계

기원전 200년에서 167년까지 약 33년간 헬레니즘 세계가 어떤 상황에 놓여 있었는지 이해하면 리비우스 제4권을 읽는데 도움이 된다.

알렉산드로스 대왕 사망(기원전 323년) 이후에 그의 어머니 올림피아스는 대왕의 어린 아들을 왕위에 올리려고 노력했다. 그러나 대왕 휘하의 장군들이 저마다 권력을 차지함으로써 그녀의 노력은 물거품이 되었다. 그리하여 대왕의 사후 20년 만에 세 명의 장군이 3개의 새로운 왕조를 창건했다. 안티고노스와 그의 아들 데메트리오스는 마케도니아와 그리스를 차지했다. 셀레우코스는 시리아와 구 페르시아 제국을 차지했고, 프톨레마이오스는 이집트를 차지했다. 이 세 장군들은 스스로 대왕의 후계 왕이라고 주장했으나 실은 아무런 혈연관계가 없었다.

이들은 자신들의 통치에 대하여 그럴 듯한 정통성의 전통을 수립하여 왕조를 계속 이어가는 것이 급선무였다. 그 결과 신분 높은 가문의 여자를 왕비로 데려와 그 정통성을 수립하려 했다. 그렇지만 이런 혼인에 의한 위상 제고보다는 후계 왕들이 개인적 능력과 권력을 얼마나 발휘하느냐에 따라서 왕조의 오래 가기 여부가 달려 있었다. 이런 이유 때문에 헬레니즘 왕조는 종종 개인 왕조라고 부른다. 먼저 마케도니아의 안티고노스는 다른 후계 왕의 왕국을 공격함으로써 자신의 왕조를 제국으로 만들려 했다. 하지만 나머지 두 왕조가 힘을 합쳐 대항함으로써 그 노력은 수포로 돌아갔다.

알렉산드로스 대왕 휘하의 장수였던 안티고노스의 손자 안티고노스 고나타스는 기원전 276년 경에 마케도니아에 안티고노스 왕국을 재건했다. 셀레우코스 왕국은 왕조 초창기에 극동의 땅을 인도의 현지 왕에게 할양하고, 페르시아 땅의 대부분을 북부 이란 부족인 파르티아 인에게 넘겨주고 시리아 일대를 본거지로 삼았다. 그래서 리비우스 제4권에서 로마와 전쟁을 일으키는 셀레우코스 왕국의 안티고노스 왕은 마케도니아의 동명 왕과 구분하기 위하여 시리아의 안티고노스라고 부른다.

반면에 이집트의 프톨레마이오스 2세는 알렉산드리아에 도서관을 건립했는데, 장서 80만권을 자랑했던 이 도서관은 기원전 3세기에서 1세기까지 헬레니즘 학문의 본산이 되었다. 가톨릭교회에서 히브리어 성서, 불가타 성서와 함께 정전으로 숭상하는 셉투아진트(구약성경의 그리스어 번역) 성경도 이곳에서 번역, 출간되었다. 이 성경은 70인 역 성경이라고도 하는데 기원전 3세기에 이집트 왕 프톨레마이오스 2세가 팔레스티나로부터 72명의 유대인 학자를 알렉산드리아로 초빙하여 70일 동안에 번역시켰다는 전설에 따라 이렇게 불린다. 이 번역서는 지금도 동방 교회에서 사용되고 있다. 또한 플라톤의 사상을 이어 받아 그리스도교가 등장하기까지 당대의 사상을 주도했던 신플라톤주의가 이곳 알렉산드리아에서 생겨났다. 프톨레마이오스 1세가 기하학을 빨리 배우는 방법을 묻자, 수학자 에우클레이데스가 "기하학에 왕도는 없다"라고 대답한 곳도, 당대의 위대한 천문학자 프톨레마이오스가 천문학 대저 『알마게스트』를 써낸 곳도 이곳이다. 또한 아리스토텔레스 전집이 파괴를 피해 온전하게 보관된 곳도 바로 여기이다.

뿐만 아니라 히포크라테스의 의학 텍스트를 집중적으로 연구하여 이론 의학과 경험 의학을 발전시킨 것도 알렉산드리아이다. 특히 프톨레마이오스 2세는 동물학을 좋아하여 이 도서관에는 정원, 동물원, 관측소가 있었다. 프톨레마이오스 5세의 치세 때부터는 학자들이 놀이, 축제, 문학 경시대회를 조직했다. 이 학문의 본산은 기원전 48년에 발생한 대화재로 전소되었다. 전설에 의하면, 누나 클레오파트라와 맞서 싸우던 남동생 프톨레마이오스 14세의 선단이 부두 쪽으로 접근해 오는 것을 막기 위해 율리우스 카이사르의 부하가 고의로 방화했다고 한다.

헬레니즘 시대에 소규모 지역 왕국들도 생겨났다. 그 중 가장 유명한 것은 페르가몬이라는 부유한 도시에 도읍을 정한 아나톨리아(오늘날의 터키 지역)의 아탈로스 왕국이었다. 이 왕국은, 기원전 3세기에 북부 유럽으로부터 페르가몬 왕국을 침범해온 갈리아라는 켈트 부족을 물리치고, 그들을 아나톨리아의 일정 지역에 거주하게 했는데 그 지역은 후에 갈라티아라는 이름으로 알려지게 되었다. 이 갈라티아의 페시누스라는 도시는 대모신(大母神) 키벨레의 고향으로 유명하고, 로마에서는 최고의 시민을 뽑아 이 키벨레 신상을 맞아들이는 습속이 있었다.

동부 지중해 지역에 있는 모든 헬레니즘 왕국들은 결국 로마에 복속되었다. 기원전 3세기에 마케도니아 왕들이 외교적·군사적 실수를 연거푸 저지르면서 로마 인들이 그리스 땅에 들어오게 되었다. 그리하여 그리스는 기원전 2세기 중반부터 로마의 지배를 받게 되었다. 또한 로도스 섬의 도시 국가나 페르가몬의 아탈로스 왕국 같은 소국들도 결국 로마 인들의 진출을 막지 못했다. 그래도 셀레우코스 왕국은 2세기 동안 근동에서 대국으로 존속했다. 하지만 이 왕조도 기원전 1세기 중반에 로마 인에게 멸망당했다.

이집트의 경우, 프톨레마이오스 왕조는 알렉산드로스 대왕의 부장 출신이 세운 3대 왕조 중에서 가장 오래 존속했다. 왕조의 말기에 이르러 왕국의 힘이 점차 약화되면서 이집트 왕들은 간헐적으로 로마에 지원을 요청하게 되었다. 로마 인들은 보호를 요청한 자들이 장래에 로마 인의 뜻을 따른다는 조건 하에 지원했다. 기원전 1세기 후반 클레오파트라 여왕이 로마 내전에서 패배한 안토니우스의 편을 선택함으로써, 기원전 30년에 로마의 침공을 가져왔고 그 결과 프톨레마이오스 왕조는 그녀를 마지막으로 멸망했다. 그리하여 이집트는 로마의 속주가 되었고 그 정복자인 옥타비아누스(로마의 초대 황제 아우구스투스)를 세상에서 최고의 부자로 만들어 주었다. 리비우스 제4권에 나오는 시리아 왕은 안티오코스 3세인데 이 왕의 아들 안티오코스 4세는 시리아 신 바알 조각상을 예루살렘의 유대교 성전에 강제로 안치하여 현지 유대인들의 엄청난 반발을 샀던 인물이다. 이에 항거한 유대인 마카베오 형제의 기록은 기독교의 외경으로 인정되어 가톨릭교회의 구약성경 속에 들어가 있다.

로마가 동방 전쟁에서 이처럼 일관되게 승리한 이유는 그리스와 아시아의 개별 국가나 왕국들이 각자의 야심과 질투심에 사로잡혀 있어서 서로 뭉치지 못했기 때문이다. 로마의 지도자들은 공화국의 영예와 승리를 목표로 적극적으로 군사력과 권력을 행사했고 또 그리스 도시 국가들의 유약한 면모를 적절히 활용하면서 '분할하여 통치하는'(divide and rule) 정책을 펴나갔다. 특히 그리스는 로마를 서방의 야만인이라고 지칭하면서 우월한 자만심에 빠진 나머지 로마의 선진 군사 기술을 도입하지 못하고, 그로써 로마 군단을 상대로 한 전투에서 패배할 수밖에 없었다. 그리스의 중장보병대는 로마의 유연한 전투 대형 앞에서 번번이 무기력하게 무너져 버렸던 것이다. 이 과정에서 로마는 헬레니즘 세계의 국가들을 차례로 무너뜨리고 철저한 약탈과 배상금 부과로 국력을 약화시켰다. 이렇게 하여 헬레니즘 세계의 문화는 내리막길을 걸었고 이제 로마 제국의 시대가 화려하게 개막되게 되었다.

3. 마케도니아 전쟁의 경과

마케도니아 전쟁에 대해서 알아보기 전에 마케도니아라는 나라에 대해서 간단히 알아보자. 마케도니아 왕국은 기원전 7세기 중반에 아르고스 출신의 페르디카스 1세가 창건했다. 그 후 아민타스의 시절에 이웃 아테네와 우호적인 관계를 유지했다. 이어 페르디카스 2세(재위 기원전 452-413) 시절에는 당시 펠로폰네소스 전쟁을 벌이던 아테네와 스파르타 사이를 오가며 국제적 외교전을 펼쳤다. 마케도니아는 필리포스 2세(재위 359-336) 시절에 그리스 역사의 중심적 역할을 했다. 그는 영토 확장 정책을 펴서 카이로네이아 전투(기원전 338년)에서 아테네와 테베를 패배시킴으로써 그리스의 맹주로 떠올랐다. 이 필리포스 2세의 아들이 알렉산드로스 대왕이다. 알렉산드로스는 동쪽으로 정복 전을 벌여서 먼저 페르시아를 정복하고 인도까지 나아갔다. 기원전 333년 그가 사망했을 때 뒤에 남긴 제국의 판도는 동서로는 아드리아 해에서 인도의 펀잡에 이르고, 남북으로는 아프가니스탄에서 리비아에 이르렀다.

알렉산드로스 사후에 그의 집안에서는 대를 이을 만한 재목이 나오지 않아서 그 후 50년 동안 부하 장군들의 권력 갈등이 벌어졌다. 그리하여 마케도니아는 카산드로스가, 소아시아의 페르가몬은 아탈로스가, 이집트는 프톨레마이오스가, 그리고 시리아는 셀레우코스가 각자 독립 왕조를 수립했다. 마케도니아는 처음에 카산드로스가 왕권을 잡았으나 그 후 안티고노스가 다시 권력을 잡았다. 이 장군은 마케도니아의 귀족 가문 출신으로서, 기원전 323년에 알렉산드로스 대왕이 사망할 당시에 소아시아의 프리기아에 총독으로 나가 있던 인물이었다. 기원전 279년 안티고노스 총독의 손자인 안티고노스 고나타스(기원전 277-239)가 마케도니아에 안티고노스 왕조를 세웠고 이 왕조가 기원전 168년까지 존속했다. 리비우스 『로마사』에서 다루어지는 필리포스 5세 왕(기원전 238-179)은 안티고노스 고나타스의 손자이다. 위의 설명에서 알 수 있듯이, 필리포스 5세는 필리포스 2세의 혈연이 아니며 또한 알렉산드로스 대왕의 후예도 아니다. 그러나 이 필리포스는 로마와 맞서 싸운 정력적이고 야심만만하고 난폭한 왕이었다. 그러나 집안의 두 아들을 잘 다스리지 못해 비극적으로 삶을 마감한 군주이기도 하다. 이 왕의 아들인 페르세우스가 마케도니아 왕위에 올라 피드나 전투(기원전 168)에서 로마 사령관 아이밀리우스 파울루스에게 패배하면서 마케도니아의 안티고노스 왕조는 막을 내리게 된다.

마케도니아가 로마를 상대로 벌인 전쟁은 총 3회에 걸쳐서 진행되었다. 1차 전쟁은 리비우스 『로마사』 제3권에 서술되어 있고 2-3차 전쟁은 제4권에서 상술된다.

1차 마케도니아 전쟁은 기원전 215-205년 사이에 벌어진 것으로서, 포에니 전쟁의 후반부에 해당한다. 마케도니아의 필리포스 5세는 한니발과 동맹을 체결한 후, 그리스와 발칸 반도에서 두 번이나 로마를 상대로 제2전선을 형성하려고 시도했다. 기원전 214년, 필리포스는 일리리아에 있는 로마의 보호령과 해군 기지들을 공격했고, 카르타고 함대의 지원을 받아 이탈리아 본토를 공격함으로써 한니발과 연합 세력을 형성하려 했다. 그러나 카르타고 함대는 오지 않았고, 오히려 50척 규모의 로마 함대가 도착하여 기존에 필리포스에게 빼앗겼던 해군 기지들을 탈환했다. 이어 로마 인들은 필리포스의 이탈리아 침공을 사전에 막기 위하여 아이톨리아 연맹 및 반(反)마케도니아 연합을 결성했다. 필리포스는 이 동맹 관계를 분쇄하기 위해 네 차례나 그리스 원정을 시도하게 되었고 그리하여 이탈리아 원정은 포기해야만 되었다. 이로써 이탈리아와 발칸 반도에 세력 균형이 이루어졌고 한동안 전쟁은 소강상태로 들어갔다. 그러나 로마는 카르타고와 싸우는 중에 등 뒤에서 칼을 찌르려 했던 필리포스에 대하여 내심 강한 의구심과 적개심을 갖게 되었다.

제2차 마케도니아 전쟁은 기원전 200년에서 196년까지 벌어졌다. 당초 로마는 카르타고와의 오랜 전쟁에 지쳐서 또 다른 전쟁을 벌이는 것에 별로 마음이 내키지 않았다. 그리하여 첫 전쟁안을 로마 민회는 거부했다. 그렇지만 세 명의 원로원 의원들로 구성된 조사위원단은 좀 더 정확한 현황을 파악하겠다며 동방으로 출발했다. 그들의 주된 목적은 사실 파악이 아니라 전쟁의 구실을 찾으려는 것이었다. 그들은 당시 아테네를 공격하고 있던 필리포스 왕에게 로마 시민들이 요구한 적이 없는 거짓 요구안을 내밀어서 왕을 자극하여 전쟁을 걸게 만들려 했다. 조사위원단은 왕에게 그리스의 어떤 도시도 침공하지 말라고 요구했고 또 페르가몬의 아탈로스 1세에게 배상금을 물라고 요구했다. 실제로는 필리포스가 아탈로스를 선제공격하지 않아서 아무런 배상의 의무가 없었는데 그런 요구를 해오니 왕은 그것을 부당하다고 생각하며 군사 작전을 계속했다.

조사위원단은 로마로 돌아와 필리포스를 성토했고 결국 로마 원로원과 민회는 전쟁을 결정했다. 필리포스는 칸나이 전쟁이 끝난 뒤 한니발과 동맹을 맺음으로써 로마 인들에게 강력한 주변 세력에 대하여 두려움을 갖게 만들었다. 인근 나라인 페르가몬과 로도스의 대사들도 필리포스의 야심을 지적했고 이것이 로마 인들에게 전쟁에 나서려는 큰 자극이 되었다.

제3차 마케도니아 전쟁은 기원전 178년에서 167년 사이에 벌어진 것으로서 이 전쟁이 벌어지기 직전에 필리포스 왕이 사망하고 그의 아들 페르세우스가 마케도니아 왕으로 등극했다. 그러나 페르세우스는 친 로마 성향을 띤 동생 데메트리오스를 암살하여 아버지의 미움을 산 상태로 왕위에 올랐으므로 국정을 안정되게 유지할 수가 없었다. 유럽과 아시아의 여러 동맹들과도 관계가 원만하지 못했고, 동맹의 지원을 얻기 위해서는 자금을 내놓고 지원해야 하는데 너무 인색하여 결국 등을 돌리게 만들었다. 또한 페르가몬의 에우메네스 왕이 델포이 신전에 희생 제사를 올리러 가는 산길에서 왕을 암살하려다 미수에 그친 자들의 배후 세력으로 지목되어 널리 불신의 대상이 되었다.

로마의 집정관 파울루스는 이 페르세우스를 상대로 피드나 전투에서 대승을 거두고 로마에 결정적 승리를 안겨주었다. 이 전쟁을 승리로 이끎으로써 로마는 지중해 전역에서 로마의 패권을 확립하는 발판은 마련했고 이로부터 1세기 후에 지중해 일대의 로마 제국이 완성되었다. 이러한 로마의 제국주의는 다음 세 가지가 복합되어 생겨난 결과물이다.

첫째, 로마와 그 영토에 대한 안보 의식 때문에 원로원과 민회는 적으로 간주되는 자들에 대한 선제공격을 승인했다.

둘째, 로마의 상류 계급과 로마의 평민들은 정복 전에서 나오는 혜택, 가령 전리품, 이탈리아 내의 토지, 속주들로부터의 세입 등을 적극 활용하기를 바랐다.

셋째, 로마 인들은 영광을 추구하는 일을 전통적으로 좋아했다. 상류 계급의 사람들은 개인적 만족을 위해 영광을 추구했고, 로마 평민들은 그들 국가의 높은 명성에 기여하는 것을 영예롭게 여겼다.

여기서 우리는 로마제국이 후대에 생겨난 제국들, 가령 스페인 제국이나 대영제국과 별반 다를 바 없는 제국이 아니었을까, 라는 생각을 해볼 수 있다. 그러나 로마 인들이 살았던 세상에서 권력은 존중되었을 뿐만 아니라 영예로운 것이었다. 또 그리스나 페르시아, 카르타고가 모두 제국을 추구했으나 실력이 로마에 못 미쳐 굴복하게 되었을 뿐 그들의 꿈도 역시 제국 건설이었다. 따라서 로마의 해외 정복을 영국이 인도를 점령한 것이나, 프랑스가 아프리카를 식민지로 삼아서 일방적으로 수탈한 행위와 동일한 것이라고 볼 수 없다. 대영제국이 달성한 글로벌 지배력은 로마 제국이 달성했던 권력의 규모를 월등 뛰어넘는 것이었다. 대영제국이 거둔 엄청난 이득은, 산업화가 진행되던 시대에 그 제국이 휘두른 채찍 밑에서 고통 받았던 다른 많은 사람들의 비참함을 희생으로 얻어진 것이었다. 영국 왕의 칙허를 받은 동인도 회사는 개인 영리 회사였다. 이 탐욕으로 무장한 개인 기업은 사병(私兵)을 고용하고, 수백만 명을 노예로 만들고, 본국과 해외에서 뇌물을 써서 정치적 특혜의 지위를 얻고, 아무런 처벌도 받지 않고 제멋대로 행동했다. 그러므로 동인도 회사의 인도 진출과 로마 공화국의 그리스 진출을 같은 관점에서 볼 수가 없는 것이다.

게다가 로마 인들은 자신들이 공격자가 아니라 국가를 지키고 명예를 드높이기 위해 싸운다고 말하기를 좋아했고 또 그것을 성실하게 믿었다. 리비우스 4권에서는 로마 군에 의한 그리스의 해방이 다루어지고 있는데, 그 해방을 선언한 플라미니누스는 자신이 그리스를 해방한다고 진정으로 믿었고, 그리스를 원자재 확보의 수탈 대상 지역으로는 생각한 적이 없었다. 그러므로 오늘날 우리가 로마 인들을 가리켜 현대의 제국주의자들 못지않게 불성실하고 위선적이고 약탈적인 자들이라고 비판하는 것은 타당하지 않다.

로마 이후에 얼마나 많은 제국이 있어 왔는가. 비잔티움 제국, 신성로마제국, 우마이야 제국, 압바스 칼리프 제국, 몽골 제국, 인도의 무갈 제국, 페르시아의 사파비 제국, 오스만 제국, 티무르 제국, 대영제국, 그리고 중국의 한(漢)·당(唐)·송(宋) 등 지난 2천 년의 역사가 어떤 제국이 건설되었다가 침략당해 망하고, 그러면 다시 다른 제국이 들어서 온 역사였다. 그리하여 현대의 도덕적 기준으로 역사상 부침해온 많은 제국들의 선악을 재단하는 것은 신중하게 접근해야 한다.

4. 로마 승리 이후의 그리스와 소아시아

마케도니아를 4개의 공화국으로 나눈 로마의 실험은 실패로 돌아가고 20년 만에 4차 마케도니아 전쟁이 벌어져서 로마가 다시 승리를 거두었고 그 이후에 마케도니아는 로마의 속주로 전환했다. 그리스의 도시 국가들은 로마가 부여한 자유를 완전한 자유로 오해하고 제멋대로 로마에게 반항하다가 기원전 146년에 로마는 코린토스를 파괴했고, 독립을 되찾으려는 그리스 인들의 희망을 분쇄하고 각 도시 국가의 민주정을 완전 파괴했다. 각 도시 국가는 허약한 왕정이나 귀족의 과두정 체제로 운영되었다. 그리고 마케도니아 속주에 나가 있는 로마 총독에게 내정 간섭권, 분쟁 조정권, 치안 유지권을 부여하여 이 도시들을 지배하게 했다. 그로부터 1세기 뒤에 아우구스투스 시절에 이르러 그리스 전체가 로마의 속주로 전환했다.

페르가몬은 안티오코스가 그리스의 두 전쟁에서 패배하자 가장 큰 수혜국이 되었다. 로마가 소아시아에서 차지할 땅을 모두 페르가몬이 차지하면서 그 나라의 크기는 오늘날 영국의 크기와 비슷하게 되었다. 기원전 159년에 에우메네스 왕이 죽자 그의 동생이 아탈로스 2세로 왕위에 올랐다. 그는 형의 친 로마 정책을 이어 받아 별 문제를 일으키지 않았고 기원전 138년에 아탈로스 3세에게 자리를 물려주었다. 아탈로스 3세는 통치보다 동식물, 의학, 영농, 원예 등에 더 관심이 많았고 후사가 없었다.

에우메네스 왕이 죽었다는 소문이 아시아에서 도착했을 때, 왕의 동생 아탈로스는 슬퍼하며 동생다운 처신을 하기보다는 그 소문을 재빨리 받아들여 사실로 믿었다. 그는 마치 자신이 이미 왕위에 오르기나 한 것처럼 왕비인 형수와 요새의 수비 대장과 대화를 나눴다. 나중에 에우메네스는 이 사실을 알게 되었다. 왕은 그 사실을 무시하고 모른 체하며 참아 넘기기로 했으나, 그래도 동생 아탈로스를 불러놓고 때 아니게 형수에게 구애한 사실을 은근히 질책했다. 왕비는 카파도키아의 왕인 아리아라테스 4세의 딸인 스트라토니케였다. 그녀는 근 16년 동안 아이를 낳지 못했다. 그런데 그녀가 갑자기 임신하여 아들을 낳았다. 폴리비오스 『역사』 30권 27장에 의하면 에우메네스는 그 후 5년 동안 그 아이를 자신의 아들로 인정하지 않았다. 그러나 이 아이는 자신의 법적 삼촌인 아탈로스 2세의 뒤를 이어 아탈로스 3세로 등극하게 된다. 조선시대 숙종의 뒤를 이은 경종은 어머니 장희빈의 죽음을 목격하고 그 충격 속에서 성장했으므로 아주 나약한 군주가 되었는데 아탈로스 3세의 이런 유약한 소행은 경종과 닮은 점이 있다. 아탈로스 3세는 33세의 젊은 나이로 죽으면서 자신의 왕국을 로마에 기증함으로써 페르가몬 또한 로마의 속주가 되었다.

로도스는 안티오코스와의 전쟁 때 로마와 시리아 양편에서 양다리를 걸치려 했다는 이유로 로마의 미움을 샀다. 마그네시아 전투 이후에 얻은 소아시아 내의 영토를 빼앗겨서 연간 110탈렌트의 금전적 손실을 입었다. 마케도니아에서 선박 제조용 목재 수입을 금지당했고 인근 델로스 섬과 무역과 금은의 경쟁에서 밀려 국가의 재정이 크게 줄어들었다. 그로 인해 해군 병력을 축소하지 않을 수 없었고 더 이상 지중해 동부 해안에서 해적들을 제재할 능력이 없게 되었다.

시리아의 안티오코스 3세는 기원전 190년 마그네시아 전투에서 패배한 후에 왕조(셀레우코스 왕조)의 기세가 급속히 기울었다. 셀레우코스 제국은 마케도니아 같은 단일 국가도 아니었고 아테네 같은 도시 국가도 아니었다. 오로지 왕권으로 종족, 언어, 문화, 정부 형태가 다른 광대한 지역을 결집시켜 억누르고 있던 왕조였다. 마그네시아 전투 이후 소아시아의 상당 부분이 페르가몬에게 돌아갔고 아르메니아도 떨어져 나갔다. 파르티아 인들은 이란의 넓은 지역을 차지했다. 그보다 동쪽의 왕국 박트리아는 이란의 동쪽 영토를 차지하며 떨어져 나갔다. 팔레스타인 남부, 요르단 강 동편, 시리아 동부에서 새로운 아랍 왕국들이 들어섰고 그보다 20년 뒤인 기원전 170년 대에는 유대 땅에 새로운 유대 국가가 들어섰다.

안티오코스의 3세의 아들 안티오코스 4세(기원전 175-164)는 유대 왕국을 강력한 헬레니즘 국가로 만들어 이집트와 시리아 사이의 완충지대로 만들려고 했다. 그는 유대인들에게 모세의 율법에 따라 살 수 있도록 한 안티오코스 3세의 법령을 철회했다. 이런 정책의 일환으로 야훼의 성전을 제우스의 신전으로 바꾸어 놓으려고 하자 유대인들의 반란이 터졌다. 사제 계층의 유다 마카베오와 그의 형제들이 반란군을 이끌면서 계속 왕의 군대에 패배를 안겨주었다. 기원전 164년 안티오코스가 사망하면서 셀레우코스 제국이 분열했고, 그를 틈타 마카베오 형제들은 예루살렘에서 헬레니즘의 자취를 일소하고 고대 성전 국가를 회복했다. 기원전 161년에 로마 인들은 유대의 성전 국가를 동맹국으로 승인했다.

이렇게 하여 로마는 헬레니즘 세계의 국가들을 모두 무력화시켰고 정치적으로 멸망시켰다. 철저한 약탈과 배상금 부과로 그들의 경제를 파괴했다. 로마 제국의 밑그림이 이렇게 하여 완성되었는데 빛이 있으면 그림자도 있는 법, 헬레니즘 세계의 사치와 탐욕이 로마에 수입되었고 시칠리아, 카르타고, 그리스, 아시아의 속주들에서 들어오는 엄청난 돈은 로마 인들의 부정부패를 더욱 부채질했다.

5. 리비우스 로마사의 인멸된 책들

리비우스는 10권 한 단위로 14단위(140권)까지 써냈고 생애 마지막에 제15단위로 들어서서 141-142권까지 쓰고서 종결점이 되는 150권까지는 마치지 못하고 사망했다. 142권은 기원전 9년에서 끝나고 있는데, 일부 학자들은 리비우스가 좀 더 살았더라면 로마 초대 황제 아우구스투스의 죽음(서기 14년)까지를 다룬 150권 거질을 완성했을 것이라고 추측한다. 여기에 번역한 리비우스 4권은 네 번째 단위(31-40권)와 다섯 번째 단위 중(41-50권) 중 앞부분 다섯 권만 수록한 것이다. 그 다음 제46권부터는 본문이 인멸되어 후대에 전해지지 않는다. 그래서 리비우스 1-4권을 통독한 독자라면 46권에서 142권까지 어떤 내용이 들어 있었을까 하는 궁금증을 갖게 될 것이다. 이 인멸된 책들의 구성에 대해서는 후대에 전해진 각권의 요약(periochae)과 단편(testimoniae)에 의해 어느 정도 추측해 볼 수 있는데 그것들을 바탕으로 구성된 개요는 대략 이러하다.

46권-70권: 기원전 167년에서 91년까지의 사건들. 누미디아에서 유구르타 왕을 상대로 한 전쟁(기원전 109-107). 이탈리아의 동맹국들이 로마 시민 권리를 주장한 사회 전쟁(기원전 90-88년). 로마가 결국 동맹들에게 시민권을 부여함. 이때 집정관 메텔루스의 부사령관으로 마리우스가 등장.

71권-80권: 로마 군의 실세로 등장한 가이우스 마리우스의 죽음에 이르기까지의 사건들

81권-90권: 내전의 발생. 술라의 독재관 취임과 죽음.

91권-108권: 갈리아 전쟁. 기원전 78년에서 62년까지의 사건들.

109권-117권: 폼페이우스와 카이사르의 내전. 기원전 44년 카이사르의 죽음.

118권-133권: 아우구스투스의 부상과 악티움 해전(기원전 31년)과 안토니우스의 죽음.

134권-142권: 원수정(제정)의 초창기(기원전 29년-기원전 9년).

여기서 하나의 샘플로 109권의 페리오카(요약)를 번역해 보면 이러하다.

"폼페이우스와 카이사르 사이의 내전에 대한 원인과 개시가 설명된다. 갈리아에 나가 있는 카이사르를 교대할 후임자를 보내는 논의가 이루어졌다. 그러나 카이사르는 폼페이우스가 그의 군대를 해산하지 않는 한 자신도 해산하지 않겠다고 주장한다. 원로원은 카이사르의 후임자를 지명해야 한다고 포고령을 내린다. 또한 원로원은 그나이우스 폼페이우스에게 공화국이 피해를 입지 않도록 만반의 조치를 취하라고 명령한다. 카이사르는 적에게 전쟁을 걸기로 결심하고 휘하 군대를 이끌고 이탈리아로 돌아와 코르피니움을 점령한다. 이어 그나이우스 폼페이우스와 그의 지지자들을 이탈리아 밖으로 추방한다."

우리는 이 간단한 샘플만을 가지고서도 본문이 전해지지 않는 46권에서 142권까지 흥미진진한 내용이 많았겠구나, 하고 짐작해볼 수 있다. 그렇지만 리비우스는 서술 연대가 자신의 시대에 가까이 다가올수록 취사선택할 수 있는 자료들이 많았으므로, 신중한 판단과 깊은 생각을 했으리라 여겨진다. 그는 역사적 사실의 전달도 중시했지만 흥미로운 이야기를 만들어내는 데에도 관심이 많았다. 리비우스는 얘기를 구수하게 풀어나간다는 면에서 타의 추종을 불허한다. 이것은 폴리비오스의 『역사』와 비교해 보면 금방 알 수 있다. 같은 얘기도 리비우스가 하면 재미있는데, 폴리비오스가 하면 건조한 느낌이 드는 것이다. 리비우스 책에는 거침없는 입담과 호한한 지식과 깊은 사색을 느낄 수 있다. 우리는 그의 역사서를 재미있게 읽지만 그 배후에는 역사가의 심사숙고가 작동하고 있는 것이다. 우리는 그런 마음가짐의 편린을 이런 문장에서 엿볼 수 있다.

"나는 마치 해안 근처 얕은 물을 걷게 될 줄 알았다가 이제 막막하기 짝이 없는 바다로 나아가고 있다는 느낌이 들었다. 나는 매번 앞으로 걸어갈 때마다 그 깊이를 헤아릴 수 없다고 생각되는 광막한 바다 속으로 빠져 들어가는 느낌이 들었다. 내가 맡은 일은 초기 단계들이 완성되면서 점점 줄어들 것으로 예상했으나, 사정은 그와는 정반대여서 뒤로 갈수록 일의 분량이 더욱 늘어나는 것 같다."(31.1)

리비우스 로마사 1-4권에는 리비우스 선배 역사가들의 이름이 많이 언급되고 있는데, 46권에서 142권에 이르는 인멸된 책들 속에서도 리비우스 직전의 역사가들, 가령 살루스티우스, 키케로, 카이사르(카이사르에게는 『갈리아 전쟁기』와 『내전기』라는 훌륭한 역사서 두 권이 있다) 등의 역사가들을 거명하면서 그들의 기록을 인용했을 것으로 짐작된다. 특히 키케로는 로마 문학의 황금시대를 개시한 철학자·역사가·문장가·웅변가였다. 웅변술에 관심이 많았던 리비우스는 키케로를 깊이 사숙한 것으로 보이며, 제120권의 단편(testimonia)에서 키케로의 죽음을 자세히 언급했다.

율리우스 카이사르가 기원전 40년대 초반 내전의 승자로 부상하여 권력을 장악하자, 키케로는 그를 전제적인 권력자, 왕위에 오르려고 하는 자로 여겨 반발했다. 카이사르가 기원전 44년 3월의 이데스 날에 암살되자, 키케로는 공화국을 다시 수립할 기회라고 생각했다. 그는 카이사르의 후계자인 옥타비아누스에 저항했으나, 옥타비아누스와 안토니우스가 서로 힘을 합치자 외로운 신세가 되었다. 기원전 43년 11월 옥타비아누스, 안토니우스, 마르쿠스 레피두스의 제2차 3두 지배 체제가 시작되었다. 40년 만에 로마는 공개적으로 여러 사람을 범법자라고 고시하는 '징벌 선고'를 했는데, 여기에 키케로가 들어 있었다. 키케로는 달아났으나 성공하지 못했다. 이런 배경 아래에서 리비우스는 키케로의 죽음을 이렇게 서술하고 있다.

"마르쿠스 키케로는 3두가 로마 시에 들어오기 전에 도시를 떠났다. 카이사르의 암살범 브루투스와 카시우스가 목숨을 건질 가능성이 없었듯이, 키케로가 안토니우스로부터 목숨을 구제받을 가능성은 별로 없었다. 먼저 그는 투스쿨룸에 있는 별장으로 달아났고, 이어 시골길로 해서 포르미아이에 있는 별장으로 갔다. 그는 카이에타에서 배를 타고 도망칠 계획이었다. 그는 두 번 출항했다. 한 번은 바닷바람이 너무 거세어서 다시 항구로 밀려왔다. 또 한 번은 엄청난 파도에 배가 심하게 흔들리는 바람에 그가 멀미를 견딜 수 없었다. 마침내 그는 도피 행각과 구차한 목숨에 혐오감을 느끼고서, 바다에서 1마일 정도 떨어진 곳에 있는 별장으로 돌아왔다. '과거에 내 힘으로 여러 번 구제한 바 있는 내 조국에서 죽겠다'고 그는 말했다. 그의 노예들은 최후의 일각까지 그를 위해 싸우겠다고 씩씩하고 의리 있게 말했다.

그러나 키케로는 가마를 조용히 내려놓고 부당한 운명이 부과하는 것을 침착하게 맞아들이라고 명령했다. 그가 가마에서 나와서 조금도 위축되는 바 없이 목을 쭉 내밀자 토벌대는 그 목을 칼로 베었다. 당시 그는 63세였다. 잔인하고 무식한 병사들은 그것만으로 충분하지 않았다. 그들은 안토니우스에게 반박하는 연설문을 쓴 키케로의 두 손에 욕설을 퍼부으면서 양손을 잘랐다. 잘린 머리는 안토니우스 앞에 옮겨졌고, 그의 명령에 따라 포룸의 연단에 놓인 잘린 두 손 사이에 효수되었다. 그 연단은 키케로가 집정관 자격으로, 또는 전 집정관 자격으로 연설했던 곳이고, 또 사망하던 그해에는 안토니우스에게 저항하는 사자후의 연설을 했던 곳이었다. 많은 사람들이 키케로의 웅변에 감동을 받았었다. 그의 동료 시민들은 눈에 눈물이 가득했고, 감히 고개를 들어 그 잘린 손과 머리를 쳐다볼 수가 없었다. 그날은 기원전 43년 12월 7일이었다."

공화정이 망한 후에 아우구스투스 원수정에서 네로에 이르는 시기는 타키투스의 『연대기』와 『역사』가 다루고 있고, 그 이후 5현제로부터 시작하여 서로마 제국이 멸망할 때까지의 시기는 에드워드 기번의 『로마제국 쇠망사』가 기록하고 있다. 그러나 로마사를 처음부터 그 배경을 자세히 알려면 타키투스와 기번에 앞서서 리비우스의 『로마사』를 첫 번째 출발점으로 삼아야 한다.

기원전 200년경의 지중해 세계

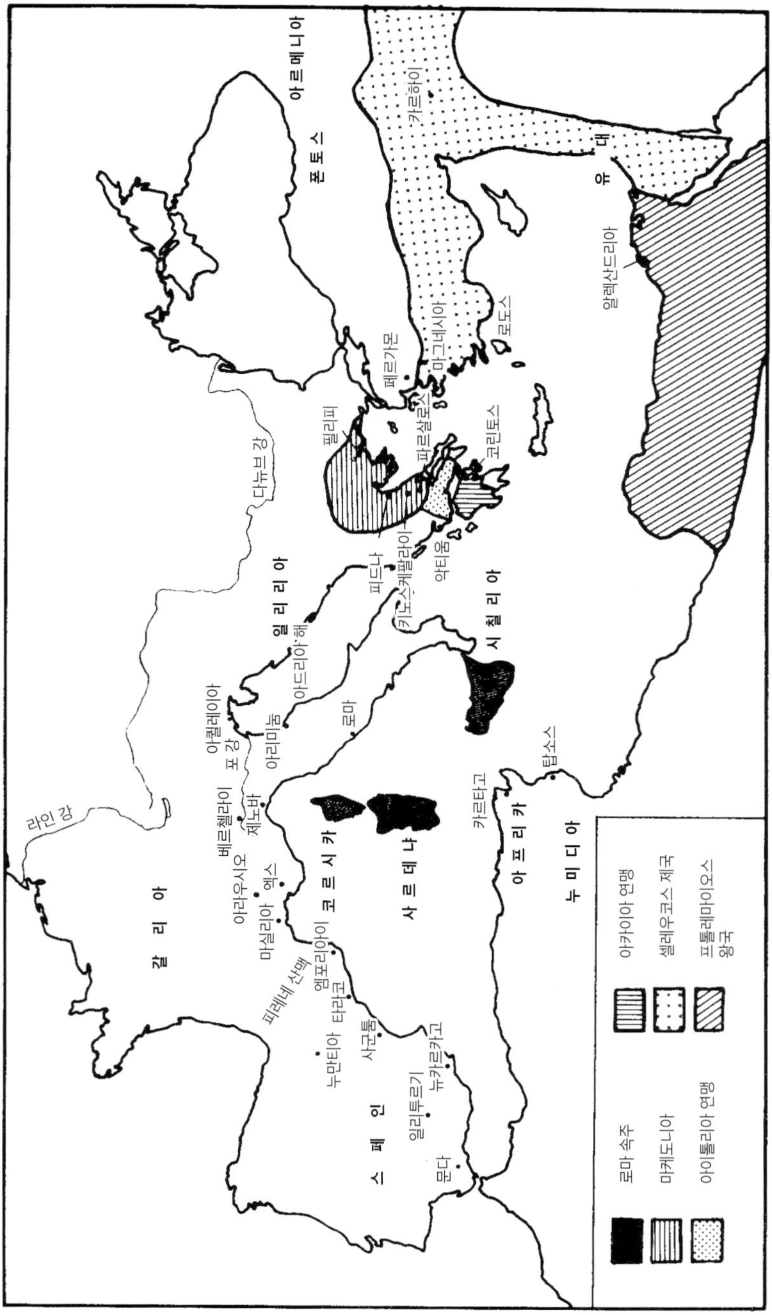

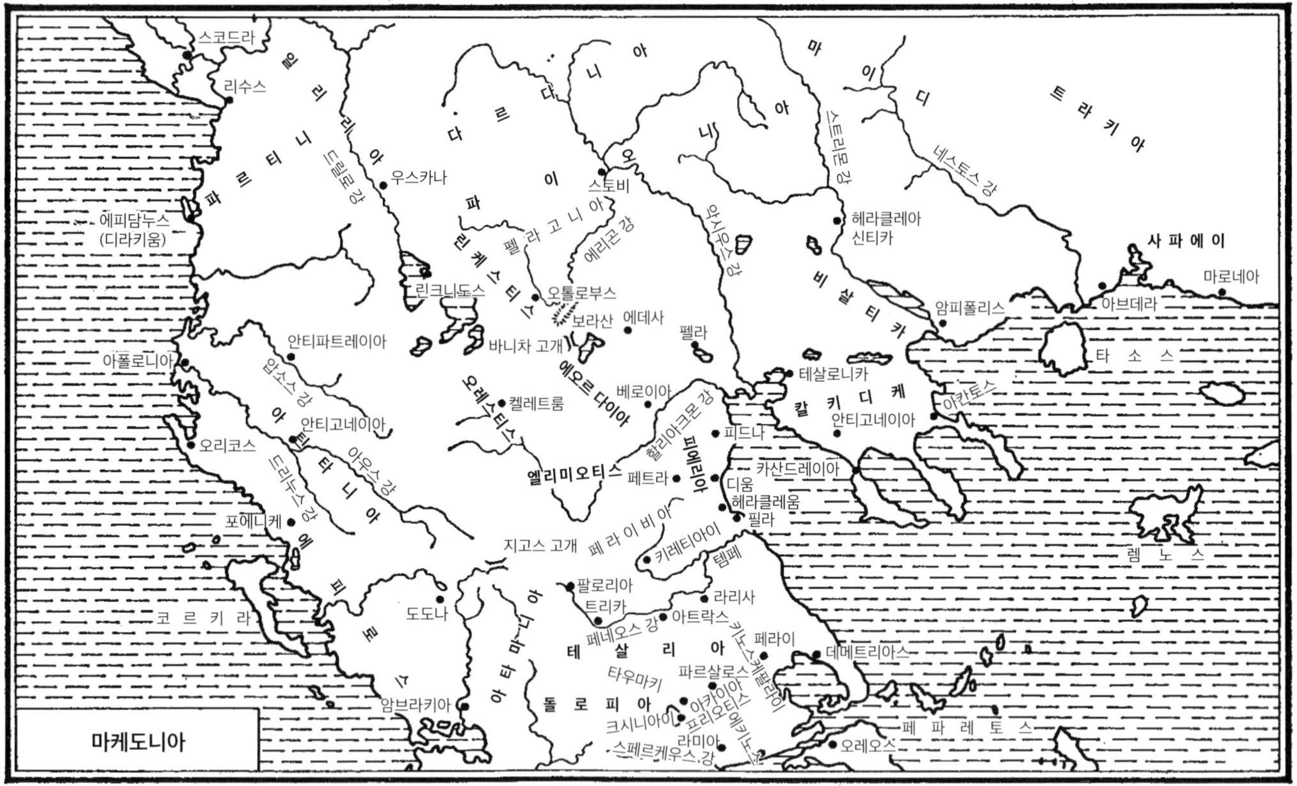

마케도니아
스코드라
리수스
에피담누스
(디라키움)
아폴로니아
오리코스
포에니케
암브라키아
일리리아
파르티니
드릴로 강
우스카나
안티파트레이아
압소스 강
안티고네이아
아우스 강
드리누스 강
아티타니아
에피로스
코르키라
도도나
다르다니아
파이오니아
펠라고니아
린케스티스
에리곤 강
린크니도스
오톨로부스
보라산
바니차 고개
에데사
오레스티스
켈레트룸
에오르다이아
베로이아
펠라
엘리미오티스
페트라
할리아크몬 강
피에리아
피드나
디움
헤라클레움
필라
페라이비아
지고스 고개
키레티아이
템페
팔로리아
트리카
라리사
아트락스
페네오스 강
아타마니아
테살리아
페라이
타우마키
파르살로스
키노스케팔라이
돌로피아
아카이아
크시니아이
프리오티스
에키노스
라미아
스페르케우스 강
스토비
악시우스 강
헤라클레아
신티카
비살티카
테살로니카
칼키디케
안티고네이아
카산드레이아
아칸토스
암피폴리스
스트리몬 강
마이디
네스토스 강
트라키아
사파에이
아브데라
마로네아
타소스
렘노스
데메트리아스
오레오스
페파레토스

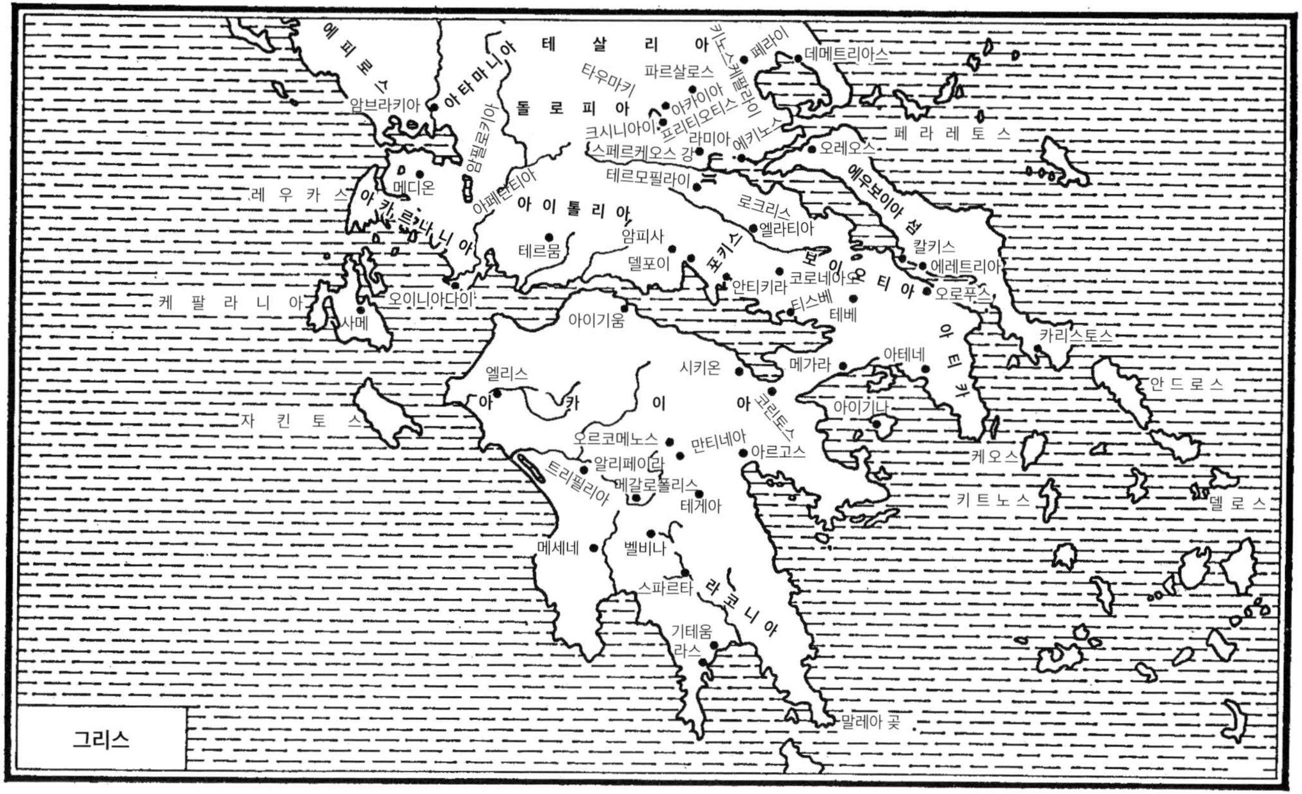
그리스
에피로스
암브라키아
아타마니아
테살리아
돌로피아
타우마키
파르살로스
아카이아
프리티오티스
크시니아이
라미아
스페르케오스 강
테르모필라이
키노스케팔라이
페라이
데메트리아스
에키노스
오레오스
페라레토스
에우보이아 섬
칼키스
에레트리아
오로푸스
카리스토스
로크리스
엘라티아
포키스
암피사
델포이
안티키라
코로네아
보이오티아
티스베
테베
아티카
아테네
메가라
아이기나
암필로키아
아페란티아
아이톨리아
테르뭄
메디온
레우카스
아카르나니아
오이니아다이
케팔라니아
사메
아이기움
엘리스
아카이아
시키온
코린토스
자킨토스
오르코메노스
만티네아
아르고스
알리페이라
트리필리아
메갈로폴리스
테게아
메세네
벨비나
스파르타
라코니아
기테움
라스
말레아 곶
안드로스
케오스
키트노스
델로스

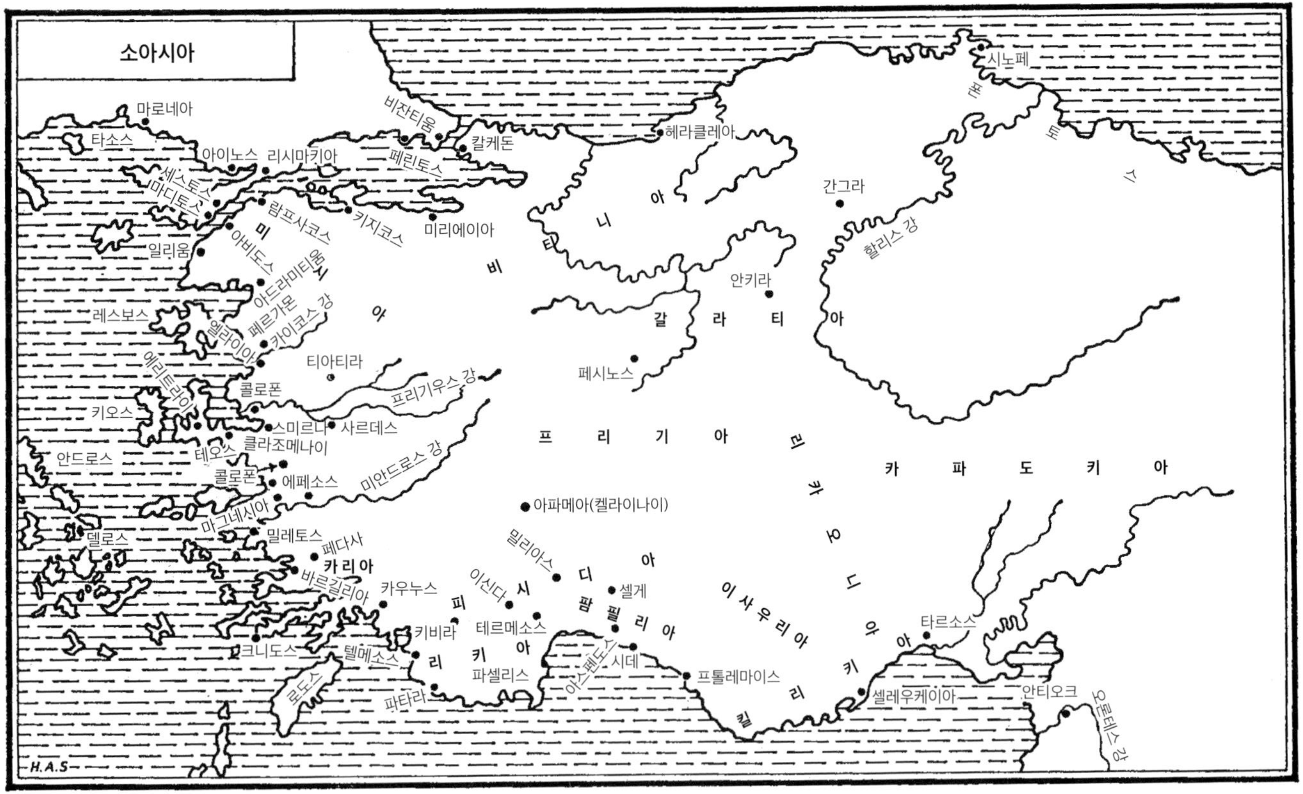

소아시아
마로네아
타소스
아이노스
리시마키아
세스토스
마디토스
람프사코스
아비도스
일리움
키지코스
미리에이아
비잔티움
칼케돈
페린토스
헤라클레아
시노페
폰
토
스
비
티
니
아
간그라
할리스 강
안키라
갈
라
티
아
미
시
아
아드라미티움
페르가몬
카이코스 강
엘라이아
레스보스
티아티라
에리트라이
콜로폰
프리기우스 강
페시노스
키오스
스미르나
사르데스
클라조메나이
테오스
안드로스
콜로폰
에페소스
미안드로스 강
프
리
기
아
리
카
오
니
아
카
파
도
키
아
아파메아(켈라이나이)
마그네시아
밀레토스
델로스
페다사
카리아
바르길리아
카우누스
밀리아스
이신다
피
시
디
아
셀게
팜
필
리
아
이
사
우
리
아
테르메소스
키비라
크니도스
텔메소스
리
키
아
파셀리스
에우리메돈 강
시데
프톨레마이스
킬
리
키
아
타르소스
셀레우케이아
안티오크
오론테스 강
로도스
파타라
H.A.S

옮긴이 **이종인**

1954년 서울에서 태어나 고려대학교 영어영문학과를 졸업하고 한국 브리태니커 편집국장과 성균관대학교 전문 번역가 양성 과정 겸임 교수를 역임했다. 지금까지 250여 권의 책을 번역했다. 인문사회과학 분야의 교양서, 특히 서양의 고대와 중세에 대한 역사서를 많이 번역했다. 번역 입문 강의서 『번역은 글쓰기다』, 『살면서 마주한 고전』 등을 집필했으며, 옮긴 책으로는 『리비우스 로마사 I, II, III, IV』, 『로마제국 쇠망사』, 『고대 로마사』, 『숨결이 바람 될 때』, 『변신 이야기』, 『작가는 왜 쓰는가』, 『호모 루덴스』, 『중세의 가을』, 『유한계급론』 등이 있다.

리비우스 로마사 IV

1판 1쇄 발행 2020년 12월 10일
1판 2쇄 발행 2021년 1월 6일

발행인 박명곤
사업총괄 박지성
기획편집 채대광, 김준원, 박일귀, 이은빈
디자인 구경표, 한승주
마케팅 박연주, 유진선, 이호, 김수연
재무 김영은
펴낸곳 (주)현대지성
출판등록 제406-2014-000124호
전화 070-7791-2136 **팩스** 031-944-9820
주소 경기도 파주시 회동길 37-20
홈페이지 www.hdjisung.com **이메일** main@hdjisung.com
제작처 영신사 월드페이퍼

리비우스 로마사 시리즈
(전4권 완간)